LE NUMÉRO 1 DEPUIS 52 ANS

LE GUIDE DE L'AUTO MC
2018

LES ÉDITIONS DE L'HOMME

Une société de Québecor Média

Rédacteur en chef
Alain Morin

Adjoint au rédacteur en chef
Michel Deslauriers

Coordination de production
Marie-France Rock

Journalistes
Jacques Deshaies, Michel Deslauriers, Denis Duquet, Nadine Filion,
Marc-André Gauthier, Gabriel Gélinas, Jean-François Guay, Marc Lachapelle,
Daniel Melançon, Frédéric Mercier, Alain Morin, Sylvain Raymond,
Mathieu St-Pierre

Correction
Hélène Paraire, Karina Veilleux

Révision
Daniel Beaulieu, Michel Deslauriers

Traduction
Pierre René de Cotret

Fiches techniques, révision technique
Jean-Charles Lajeunesse

Dossier Spécial
Daniel Beaulieu

Graphiste en chef
Marie-Odile Thellen

Graphistes
Leïla Coiteux-Clermont
Bertin Paquin

Conception de la section *Corvette*
Leïla Coiteux-Clermont

Page Couverture
Photo: Aston Martin
Graphiste: Marie-Odile Thellen

Photo de Patrice Robitaille
Isabelle Rancier

Photographe matchs comparatifs
Jeremy Alan Glover, Marius Eduard Laita

Président
Jean Lemieux

Représentation publicitaire
Simon Fortin

Coordination aux ventes
Karine Phaneuf

Adjointe de la production aux Éditions de l'Homme
Roxane Vaillant

DISTRIBUTEUR EXCLUSIF:

Pour le Canada et les États-Unis:
MESSAGERIES ADP*
2315, rue de la Province
Longueuil, Québec J4g 1G4
Téléphone: 450 640-1237
Télécopieur: 450 674-6237
Internet: www.messageries-adp.com
*filiale du Groupe Sogides inc.,
 filiale de Québecor Média inc.

07-17

Imprimé au Canada

© 2017, Les Éditions de l'Homme,
division du Groupe Sogides inc.,
filiale de Québecor Média inc.
(Montréal, Québec)

Consultez nos sites Internet et inscrivez-vous à l'infolettre pour rester
informé en tout temps de nos publications et de nos concours en ligne.
Et croisez aussi vos auteurs préférés et notre équipe sur nos blogues!

EDITIONS-HOMME.COM
EDITIONS-JOUR.COM
EDITIONS-PETITHOMME.COM
EDITIONS-LAGRIFFE.COM

Dépôt légal: 2017
Bibliothèque et Archives nationales du Québec

ISBN 978-2-7619-4785-5

LE GUIDE DE L'AUTO™ 2018

Jacques Deshaies

Chroniqueur automobile et animateur de plusieurs émissions consacrées à l'automobile, Jacques est co-animateur de l'émission Propulsion à TVA et du *Guide de l'auto* à TVA Sport en 2016.

Michel Deslauriers

Michel a amorcé sa carrière de journaliste en 2004. Il a été rédacteur en chef d'Auto123.com, il siège actuellement comme président de l'AJAC et il est superviseur au contenu pour *Le Guide de l'auto.*

Denis Duquet

Chroniqueur automobile depuis 1977, il collabore au *Guide de l'auto* depuis l'édition de 1981. Membre du jury du North American Car and Truck of the Year, il est également membre de l'AJAC.

Nadine Filion

Journaliste depuis 1991, Nadine Filion se consacre à l'auto depuis l'an 2000 (sans bogue!). Depuis, elle a remporté trois fois le prix de Journalisme Auto du Canada. Dans son collimateur : les technos du futur, telle la conduite autonome.

Marc-André Gauthier

Diplômé en administration et journalisme, Marc-André a touché à plusieurs domaines avant de s'arrêter au journalisme automobile. Il aime particulièrement analyser et dégager les tendances de l'industrie.

Gabriel Gélinas

Chroniqueur automobile depuis 1992, Gabriel Gélinas a été instructeur-chef à l'école de pilotage Jim Russell. Il écrit également ment pour *The National Post* et est chroniqueur à *Salut, Bonjour!* au réseau TVA.

Jean-François Guay

Avocat de formation, Jean-François Guay a démarré sa carrière de chroniqueur automobile en 1983. Reconnu pour sa vaste expertise, il réalise des essais routiers et commente l'actualité dans les médias.

Marc Lachapelle

Après ses débuts au *Guide* en 1982, Marc fut collaborateur ou rédacteur en chef pour divers médias, du Québec et d'ailleurs. Il a gagné quelques prix, en chemin, et fait encore partie de trois jurys.

Daniel Melançon

Montréalais d'origine, Daniel a animé *Le Guide de l'auto* pendant 9 ans. Tous les matins, on le retrouve à *Salut, Bonjour!* comme chroniqueur aux sports. Parallèlement, il anime Golf Mag sur TVA Sports.

Alain Morin

C'est en 1997 qu'Alain Morin signe son premier texte portant sur l'automobile. Puis, la vie l'amène à signer la section des voitures d'occasion dans le *Guide de l'auto 2001*. Il en est aujourd'hui le rédacteur en chef.

Sylvain Raymond

Sylvain Raymond a débuté son métier de journaliste automobile il y a plus de 15 ans. Il a été rédacteur en chef d'autonet.ca pendant 5 ans et est maintenant directeur du contenu au *Guide de l'auto.*

Mathieu St-Pierre

Mécanicien automobile de formation, Mathieu devient chroniqueur automobile chez *Protégez-Vous* et l'APA en 1998. Il a collaboré avec CTV et Auto123.com, entre autres. Il est membre de l'AJAC et de l'IMPA.

INDEX

MÊME S'IL A UN NOM À COUCHER DEHORS, FAITES-LUI UNE PLACE DANS VOTRE GARAGE.

Qashqai SL Platine Illustré

Le tout nouveau Nissan Qashqai saura vous convaincre de lui faire une place dans votre garage. Grâce à sa polyvalence rappelant un VUS traditionnel et à son agilité digne d'une voiture, vous vous sentirez aux commandes de votre ville et maître des routes de campagne. Le Nissan Qashqai est arrivé. Et comme son nom, il ne laisse personne indifférent... surtout pas la concurrence.

Pour en savoir plus sur le Nissan Qashqai, visitez votre concessionnaire Nissan ou le

NISSAN.CA/QASHQAI2017

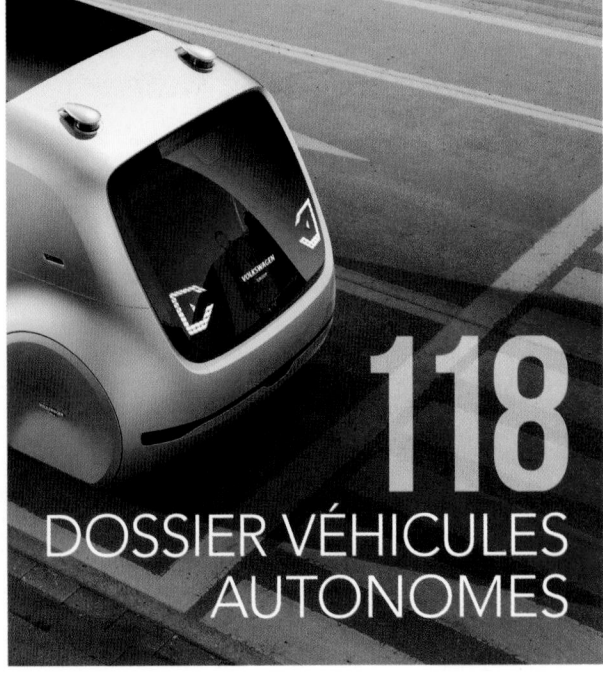

672 SPÉCIAL CORVETTE

Ma vie professionnelle est remplie de surprises. Quand on me demande ce que j'apprécie le plus de mon métier, je réponds invariablement que ce sont les rencontres. Que ce soit au théâtre, à la télé ou au cinéma, sur chacun des projets je suis constamment appelé à travailler avec de nouvelles personnes; l'aventure est donc toujours rafraîchissante, fascinante et humainement riche. Quand on est chanceux, disons-le, la vie nous fait alors des cadeaux comme celui de mettre sur ma route la formidable équipe du *Guide de l'auto*.

Jamais je n'aurais cru possible une telle association. Bien qu'étant un fidèle lecteur du *Guide*, (même si je n'ai pas à changer de voiture dans l'année, je le consulte tout de même sur une base annuelle!) je suis loin d'être un expert de l'automobile. Je m'en remets donc aux conseils nombreux et avisés des différents collaborateurs du *Guide* afin de guider mes choix ou tout simplement par curiosité.

Pour dire la vérité, je m'y connais très peu en mécanique, voire pas du tout. Ce n'est d'ailleurs pas ce qui m'attire quand on parle voiture. C'est plutôt essentiellement une affaire d'émotions.

Du plus loin que je me souvienne, j'ai toujours adoré les moteurs; autos, camions, motos, motoneiges, dès qu'un engin faisait du bruit, j'éprouvais une attirance. J'adorais l'odeur de l'essence quand mon père arrêtait faire le plein ou quand il démarrait la tondeuse l'été ou la souffleuse en hiver.

Si l'on oublie les balades sur les genoux de mon père en Chevrolet Nova ou en Pontiac LeMans, c'est lors de la corvée de déneigement que j'ai eu mon premier flirt avec la conduite automobile: mon père me permettait de sortir sa voiture de l'entrée d'auto afin de faciliter le déblaiement de la neige. Il me donnait alors ses clefs comme s'il m'autorisait à être un homme pour les dix prochaines minutes! L'excitation parcourait mon corps juste en me dirigeant vers son bolide.

Seul à bord de l'habitacle, je me sentais grand. Je m'appliquais à actionner la chaufferette et à activer le dégivreur arrière, comme si je m'apprêtais à faire décoller un 747. Je laissais tourner le moteur le temps d'aller passer le balai à neige sur la carrosserie. De retour à l'intérieur, la chaleur naissante était déjà un indice de la réussite de mon entreprise. Il ne restait plus qu'à reculer l'auto et à la garer adéquatement dans la rue.

Au fil des ans, – ma mère s'étant elle aussi offert une voiture, doublant ainsi mon plaisir – j'ai gagné en assurance, en arrogance aussi sans doute, si bien que je faisais davantage que de simplement reculer les autos. Je profitais des bordées de neige pour faire le tour de la rue; sans permis de conduire bien sûr (pour vous rassurer, je demeurais dans une banlieue très tranquille de Québec). J'ai donc appris à la dure et suis maintenant un redoutable pilote en conduite hivernale!

Le rapport que j'entretiens avec l'automobile m'apparaît assez évident, il en est un de liberté. J'adore être à bord de ma voiture, c'est une extension de mon chez-moi; parfois plus intime encore que la maison, celle-ci étant le lieu dans lequel se déploie toute la famille et où je me retrouve rarement seul.

Photo: Isabelle Rancier

Ce qui est tout le contraire de ma voiture qui est en quelque sorte mon repaire. Je m'y conduis parfois d'ailleurs à la manière d'une bête sauvage.

Un peu comme pour mon domicile, je cherche à garder ma voiture en parfaite condition. Si un pépin survient, j'y vois sans attendre. Je veille aussi à ce qu'elle soit propre à l'extérieur comme à l'intérieur, car j'y passe tout de même de nombreuses heures de ma vie. La voiture n'est pas pour moi simplement un lieu de transition, vous savez, le fameux adage du point A au point B.

Non, pour moi, l'automobile, c'est beaucoup plus. C'est un lieu de vie, un abri à bord duquel je suis fier comme un paon de mener toute la famille saine et sauve au retour des vacances, heureux de me sortir le bras, fenêtre baissée, les premiers beaux jours du printemps, souriant au sortir d'un lave-auto ou chargé du sentiment du devoir accompli après une matinée à bien l'astiquer, frustré quand un « tawouin » a bossé ma porte dans le stationnement de l'épicerie, prudent en zone scolaire, rayonnant en ouvrant le toit électrique, charmé occasionnellement au feu rouge, élégant quand je cède le passage, gourmand au service au volant, talentueux quand je chante à tue-tête, amoureux quand j'embrasse ma blonde, impatient à l'occasion, pressé trop souvent, mais toujours libre. Même dans le trafic.

C'est donc avec une joie immense que je me joins à la merveilleuse équipe du *Guide de l'auto* et espère faire partie du périple avec elle pour plus longtemps que dure le « set de tires » d'une Mustang 5,0 litres.

Patrice Robitaille

LES COUPS DE CŒUR DE PATRICE ROBITAILLE

AUDI **R8**

▲ Chaque fois que j'en croise une sur nos routes, je suis parcouru d'une vive émotion. Le V10 de plus de 600 chevaux de la R8 émet un son tout à fait hallucinant. Autre qualité indéniable à mon avis, il s'agit d'une véritable voiture exotique sans être trop tape-à-l'œil pour autant. Majeur comme détail. Noire ou blanche, ça m'est égal; j'en veux une!

Dur de croire qu'une voiture « familiale » puisse avoir une telle silhouette. L'allure de la RS 7 est à couper le souffle. Pour un gars de 6'3'', père de trois enfants, l'habitacle des plus spacieux est loin d'être un luxe et les manufacturiers allemands l'ont bien saisi. Et que dire du rangement à l'arrière! J'ajouterais en option une peinture à effet mat et le tour serait joué, je serais un père *cool*. Une grande beauté.   ▼

AUDI **RS 7**

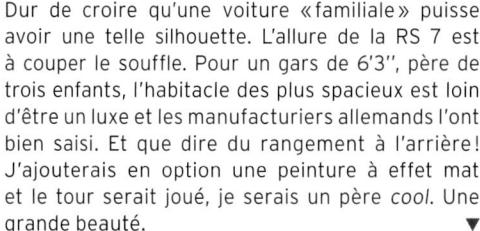

Grand amateur des voitures classiques américaines, j'ai toujours eu un faible pour la Corvette. Le modèle fin des années 70, début 80, avec T-Top demeure, dans mon imaginaire d'enfant, l'un des plus beaux bolides jamais conçus. Je serais très curieux de tenter de dompter les 650 chevaux de la Z06, histoire de combler mon cœur d'enfant.   ▼

CADILLAC **CT6**

▲ J'adore Elvis Presley et j'ai toujours adoré aussi comme lui, les légendaires Cadillac. J'ai également un penchant pour les grandes berlines de luxe. Coup de cœur donc pour la CT6 à bord de laquelle j'écouterais volontiers le *King* chanter *Long Black Limousine*.

CHEVROLET **CORVETTE Z06**

CHEVROLET **SILVERADO**

◄ C'est fou, mais chaque fois que je vais au Salon de l'auto ou me rends dans une exposition de voitures anciennes, je suis attiré vers les *pick-up*. Malheureusement, je ne suis ni travailleur de la construction, ni chasseur, ni pêcheur, je n'ai aucune roulotte à traîner non plus; si seulement j'avais un chalet pour justifier l'achat d'un tel véhicule!

LES COUPS DE CŒUR **DE PATRICE**

- Pour ses lignes tout à fait spectaculaires.
- Pour ses 550 chevaux.
- Pour l'espace à l'arrière qui vous donne presque envie de faire la route derrière le pilote.
- Pour un des plus beaux logos de l'industrie automobile.
- Pour Jaguar, tout simplement. ▼

JAGUAR **XJ**

MERCEDES-BENZ **CLASSE G**
(LE AMG G 65 TANT QU'À Y ÊTRE)

▲ Ailier gauche ayant cru en ses chances de faire carrière dans la NHL, j'ai cessé d'y croire au niveau pee-wee. Quel dommage! Je n'aurai donc probablement jamais la chance de me balader au volant du magnifique VUS Classe G de Mercedes. Classique, racé, imposant, majestueux. Si seulement j'avais été bon au hockey!

J'étais jeune à l'époque, mais je m'en souviens comme si c'était hier. Le film *Flashdance* sorti en 1983. Certes, les fameuses séquences où Jennifer Beals retire son masque de soudure ou celle où elle conclut son numéro de danse sous une douche de pluie m'avaient ébranlé, mais je garde aussi un souvenir intact de la fin du film, quand son amoureux l'attend avec une douzaine de roses, son chien et sa Porsche 911. Ma voiture de rêves depuis. ▼

PORSCHE **911**

TESLA **MODEL S**

▲ Je suis lent à convaincre, mais une fois converti, je deviens un ardent défenseur de mes choix. Loin d'être un climatosceptique, je n'ai toujours pas abordé, dans mon choix de véhicule, le virage vert. À mon grand désespoir d'ailleurs. Le modèle S de Tesla sera fort probablement ma prochaine voiture. Quelle réussite, à tous points de vue!

VOLVO **XC90**

J'ai toujours été un grand fan la marque suédoise. Elle occupe d'ailleurs une place de choix dans le palmarès des voitures que j'ai possédées.

La nouvelle version du XC90 est simplement splendide, elle est élégante, agréable à conduire, sans compter la finition intérieure et le confort légendaire des sièges qui m'ont ravi. Mon avis de profane? Une pure réussite. ▶

50 ANS AMG

En compétition avec nous-mêmes depuis 1967.
50 ans de performance de conduite.

REMERCIEMENTS

John Adzija (Kia Canada) - Tina Allison (Royal Automotive Agency) - John Arnone (Mitsubishi du Canada) - Marc Arsenault (Circuit ICAR) - Elie Arsenault (Circuit ICAR) - Jacques Béchard (CCAQ) - Marc Belcourt (BMW Group Canada) - Charles-André Bilodeau (Kia Chambly) - Philippe-André Bisson (GM Canada) - Cheryl Blas (Décarie Motors) - Vincent Boillot (GM Canada) - Eric Boily (CCAQ) - François Boivert (CCAM) - Joanne Bon (BMW Group Canada) - Umberto Bonfa (Ferrari Québec) - Sinead Brown (Mercedes-Benz Canada) - Dominic Cayer (Tapage) - JoAnne Caza (Mercedes-Benz Canada) - Valéry Chartrand (Zone Franche) - Germain Cornet (Alfa Romeo) - Gérald Côté (Kia Canada) - Marianne Cuierrier (CCAM) - Kyle Denton (Volvo Cars of Canada) - Denis Dessureault (CCAM) - Rob Dexter (BMW Group Canada) - Sophie Dufour (Mitsubishi Brossard) - Bernard Durand (John Scotti Auto Lotus / Lamborghini) - Stephen M. Dutile (Services Spenco) - Joe Felstein (Subaru Canada) - Krista Florin (Ferrari USA) - Christophe Georges (Bentley Motors Inc.) - Gemi Giaccari (BMW Laval) - Claudianne Godin (Nissan Canada) - LouAnn Gosselin (FCA Canada) - Terry Grant (BMW Laval) - Carole Guindon (Mazda Canada) - Rania Guirguis (Mazda Canada) - Rose Hasham (Toyota Canada) - Chad Heard (Hyundai Canada) - Laura Heasman (Honda Canada) - John Hill (Bugatti) - Christine Hollander (Ford du Canada) - Bradley Horn (FCA Canada) - Maki Inoue (Honda Canada) - Mark James (Kia Canada) - Megan Joakim (Ford du Canada) - Tamar Kantarjian (CCAM) - Kathryn Keuleman (BMW Group Canada) - Mark Khoury (GM Canada) - Franck Kirchhoff (Circuit Mécaglisse) - Naomi Kislanski (Subaru Canada) - Daniel Labre (FCA Canada) - Alain Laforêt (BMW Group) - Sébastien Lajoie (Subaru Canada) - Romaric Lartilleux (Toyota Canada) - Catherie Lavergne (Mercedes-Benz Canada) - Frédéric Leclerc (CCAQ) - Sandra Lemaitre (Mazda Canada) - Dany Lemelin (CCAM) - Laurence Myre Leroux (Hyundai Canada) - John Lindo (Jaguar Land Rover Canada) - Bruce Logan (GM Canada) - Sylvain Loiselle (Planète Mazda) - Julie Lychak (Subaru Canada) - Yves Madore (Ressources naturelles Canada) - Sophie Des Marais (Mitsubishi du Canada) - Masha Marinkovic (GM Canada)- Richard Marsan (Subaru Canada) - Didier Marsaud (Nissan Canada) - Orazio Mastracchio (Pirelli) - Jennifer McCarthy (Nissan Canada) - Tony McCloud (Ford du Canada) - Karine McGown (Mercedes-Benz Canada) - Heather Meehan (Nissan Canada) - Amanda Michalik (GM Canada) - Lauren More (Ford du Canada) - Maria Morgado (Maserati North America) - Leeja Murphy (Agence Pink) - Natalie Nankil (GM Canada) - Arden Nerling (Mercedes-Benz Canada) - Cort Nielsen (Audi Canada) - Rosemarie Pao (Ford du Canada) - Martin Paquet (Tesla) - Jacques Parent (Mazda Canada) - Luis Pereira (CCAM) - Frank Peronace (Rolls-Royce Montreal) - Nakysha Pierre-Louis (Cadillac Chevrolet Buick GMC du West Island) - Barbara Pitblado (BMW Group Canada) - Daniel Ponzini (Porsche Cars Canada) - Liam Price (FCA Canada) - Chuck Reimer (Mazda Canada) - Don Romano (Hyundai Canada) - Corey Royal (Royal Automotive Agency) - Alen Sadeh (Honda Canada) - George Saratlic (GM Canada) - Matt Drennan Scace (Ford du Canada) - Alex Schteinberg (Saint-Laurent Hyundai) - Pasquale Scotti (John Scotti Auto) - Joel Segal (Décarie Motors) - Frédéric Senay (Circuit ICAR) - Kathleen Smith (Mazda Canada) - Steve Spence (Services Spenco)- Patrick St-Pierre (Porsche Cars Canada)- Maxime Surette (Kia Canada) - Carol Susko (Honda Canada) - Rob Takacs (Mercedes-Benz Canada) - Jean-François Taylor (Hyundai Canada) - Andrew Taylor (Kia Canada) - Mélanie Testani (Toyota Canada) - Thomas Tetzlaff (Volkswagen Canada) - Éric Tremblay (Audi Park Avenue) - Michael Tsang (Mazda Canada) - Catherine Vachon (CCAM) - Ashley Vaness (Tesla) - Elizabeth Williams (Rolls-Royce North America) - Laurance Yap (Pfaff Automotive) - Oz Yucel (Volvo Cars of Canada)

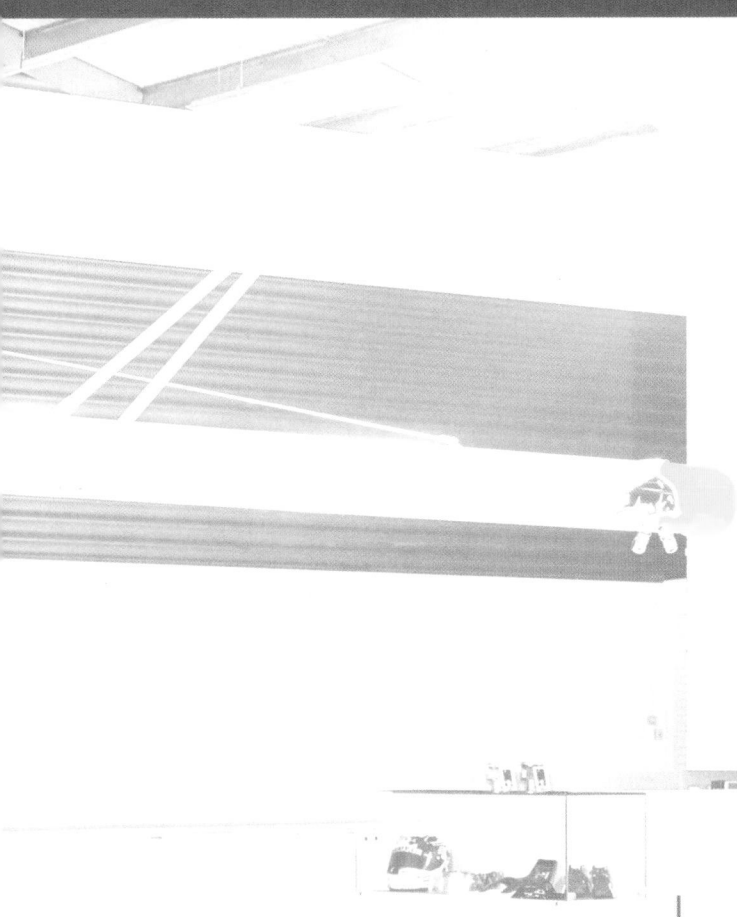

SPECTACULAIRE !

Année après année, *Le Guide de l'auto* demeure le plus important succès de librairie de la province. Nous, l'équipe du *Guide de l'auto*, sommes évidemment très fiers de cet honneur que les Québécois nous accordent et nous faisons tout en notre pouvoir pour que chaque *Guide* soit meilleur que celui qui le précède.

Pour l'édition 2018, nous avons encore réuni les meilleurs journalistes québécois pour vous offrir des comptes-rendus d'essais les plus complets et, surtout, les plus justes de l'industrie. Nous avons aussi voulu que ce soit plus spectaculaire que jamais. Un exemple ? Le match comparatif entre une Acura NSX, une Chevrolet Corvette Grand Sport, une Nissan GT-R et une Jaguar F-TYPE SVR, en plus de vous en apprendre beaucoup sur leur comportement à la limite de l'adhérence, en met plein la vue. Ces voitures vont d'un extrême à l'autre et la conclusion du match risque de vous surprendre. Et même s'ils ne l'avoueront pas, les auteurs de ce match ont d'abord voulu se faire plaisir... et ensuite partager ce plaisir avec vous !

Un autre match comparatif qui retient l'attention, celui des VUS compacts. Pour déterminer où se situe chacun des véhicules de cette importante catégorie, nous avons demandé à des experts de différents domaines de l'automobile de se prononcer. Si ces véhicules ne sont pas tous spectaculaires, la logistique derrière l'organisation d'un tel événement, elle, l'est ! Nous avons même dû améliorer notre gestion des clés pour éviter qu'un essayeur en garde une dans ses poches et parte avec un autre véhicule. Onze véhicules, onze révélations ! Allez vite lire le compte-rendu de ce match pour les découvrir.

Enfin, nous avons réuni six voitures hybrides rechargeables. Cette catégorie s'avère de plus en plus populaire, non sans raison, puisque ces voitures profitent du meilleur de deux mondes, alors que les moteurs à essence et électriques travaillent main dans la main pour fournir une très grande autonomie. Ce match remet les pendules à l'heure...

Parlant de remettre les pendules à l'heure, où en est rendue la voiture autonome en 2018 ? Daniel Beaulieu s'est penché sur le sujet et, fort de ses relations dans ce milieu, livre un dossier sans complaisance, très fouillé et extrêmement éclairant.

Le choix de la page couverture, la superbe Aston Martin Valkyrie, n'est pas le fruit du hasard. Cette magnifique voiture, spectaculairement complexe, représente ce qui se fait de mieux, maintenant, dans le domaine de l'automobile et, juste pour cette raison, mérite amplement sa place sur la couverture. Cette auto sportive, à défaut d'avoir un meilleur qualificatif, pourrait coûter plus de trois millions de dollars. Croyez-le ou non, ses 150 exemplaires se vendront comme des petits pains chauds.

Et que dire des dernières pages, consacrées à l'histoire d'une des voitures les plus spectaculaires de l'industrie américaine, la Corvette ! Vraiment, un passé à découvrir. Et même ceux qui pensent tout connaître de cette voiture mythique risquent d'apprendre un petit quelque chose de nouveau ! Un dossier complet signé Alain Morin.

Les habitués du Guide remarqueront un nouveau visage, bien connu, celui du comédien Patrice Robitaille. Ce dernier est un véritable maniaque de voitures qui s'y connaît beaucoup en la matière et son coup de clavier (le temps des crayons est révolu !), tout comme son coup de volant, est impressionnant. Patrice nous fait l'honneur de signer la préface du présent Guide de l'auto, nous parle de ses coups de cœur et signe même quelques textes.

Enfin, les Marc Lachapelle, Gabriel Gélinas, Denis Duquet – qui, en quelques pages, raconte l'évolution de l'automobile depuis sa première contribution au *Guide de l'auto 1981* –, Alain Morin, Sylvain Raymond, Michel Deslauriers, Jacques Deshaies, Mathieu St-Pierre, Jean-François Guay, Marc-André Gauthier, Daniel Melançon et Nadine Filion ont passé nombre d'heures derrière un volant et un clavier et ont fait vivre quelques compagnies de café pour vous offrir un *Guide de l'auto 2018* plus complet et, comme je le disais, plus spectaculaire que jamais !

Jean Lemieux
Président du *Guide de l'auto*

CONCEPTS ET À VENIR...

ALPINE A110

- À VENIR... -

ALPINE A110 2017

ALPINE A110 1963-1977

Le groupe Renault a décidé de ressusciter une célèbre sportive française en dévoilant, au Salon de l'auto de Genève 2017, l'Alpine A110. Évidemment, ce petit coupé biplace est lourdement inspiré de la A110 «berlinette» ayant été produite entre 1963 et 1977. La A110 mise avant tout sur le plaisir de conduite. Affichant un poids de 1 080 kilogrammes, la voiture est équipée d'un quatre cylindres turbo de 1,8 litre, développant 252 chevaux métriques et un couple de 236 livres-pied. Sa boîte de vitesses est une automatique à sept rapports avec double embrayage. Selon Alpine, la A110 peut accélérer de 0 à 100 km/h en 4,5 secondes. L'habitacle de la A110 propose des matériaux de qualité, y compris des sièges en cuir, des éléments de structure exposés en aluminium et des garnitures en fibre de carbone. Tristement, la petite Alpine ne sera pas vendue en Amérique.

JE SUIS ÉQUIPÉE POUR ROULER LOIN.

J'ai la traction intégrale, les phares directionnels et je suis très écoénergétique. Avec ça, on peut aller où tu veux. On pourrait aller voir ton groupe préféré, un film au ciné-parc ou essayer ce nouveau resto thaï. Tu as le choix. Tout ce qui pourrait gâcher ton plaisir, c'est l'état des routes. Et ça, je m'en occupe. Pour en savoir plus, visitez subaru.ca/impreza.

La toute nouvelle Impreza 2018 de Subaru. *TOUJOURS ACTIVE*

AUDI **Q8 CONCEPT**

- À VENIR... -

Au Salon de l'auto de Detroit en janvier 2017, Audi a présenté le concept Q8, un VUS pleine grandeur, à quatre places, aux allures d'un coupé, et qui sera l'inspiration d'un modèle de production dévoilé au cours de 2018. Le Q8 se démarque par sa calandre élargie, dotée de bandes verticales chromées et flanquée de blocs optiques incorporant des phares au laser. Les portes sans cadre de fenêtre permettent d'accentuer le profil bas du toit. On complète le look avec des piliers arrière très larges et plats, comme sur l'Audi Ur-quattro des années 80. Une motorisation hybride rechargeable propulse le Q8 concept, elle est composée d'un six cylindres turbo de 3,0 litres et d'un moteur électrique, pour une puissance combinée de 449 chevaux métriques et un couple de 516 livres-pied, bon pour accélérer de 0 à 100 km/h en 5,4 secondes.

BENTLEY **EXP 12 SPEED 6e CONCEPT**

C'est avec l'ambition de prendre d'assaut le créneau de la voiture électrique de grand luxe que Bentley présentait au Salon international de l'auto de Genève sa plus récente création, l'EXP 12 Speed 6e. Bentley cherche, par le biais de ce concept, à engager la conversation avec de futurs acheteurs et ainsi connaître leurs impressions du modèle.

L'avènement d'une division électrique chez le constructeur anglais ne compromettrait en rien la qualité, les performances et le raffinement si cher à la marque. C'est dans cette optique, justement, qu'une petite touche de cuivre a été ajoutée ici et là afin de bien spécifier l'aspect électrique du bolide. On promet même que le 6 légèrement décentré à l'avant, s'illuminera une fois la voiture en marche, histoire de rester dans le thème.

- CONCEPT -

– Patrice Robitaille

DEMANDEZ UN ESSAI GRATUIT

ÉCOUTEZ CE QUI VOUS PASSIONNE.

Demandez un essai gratuit à votre concessionnaire et faites l'essai de plus de 120 stations de musique sans pauses publicitaires, et de ce qui se fait de mieux en matière d'actualités, de sports, d'humour et de discussions.

))) SiriusXM)))

BMW **CONCEPT X2**

- CONCEPT -

Un VUS sous-compact avec le style d'un coupé et un charme urbain sportif. Si ces attributs vous enchantent, jetez un coup d'œil au Concept X2, et patientez jusqu'à l'an prochain alors qu'une version de production sera lancée. À l'instar des BMW X4 et X6, plus profilées et dynamiques que les X3 et X5, le Concept X2 annonce l'arrivée imminente d'un nouveau modèle chez le constructeur, basé largement sur le petit X1. On misera sur un design plus accrocheur avec une ligne de toit aplatie, une fenestration amincie, des porte-à-faux très courts et un pilier C fortement incliné. Le concept séduit aussi par sa posture plus musclée, ses gigantesques roues de 21 pouces et sa peinture rouge lustrée, nommée Luminous Red. Pas de détails sur l'habitacle jusqu'à maintenant, mais l'on assume qu'il sera très similaire à celui du X1, évidemment, avec un peu moins d'espace pour les passagers arrière et dans le coffre.

BMW **SÉRIE 8**

L'actuelle Série 6 prend de l'âge, et sera bientôt remplacée par la nouvelle Série 8. Il s'agira de la deuxième génération de ce modèle, la première ayant été vendue chez nous durant les années 90. La version coupé de la Série 8 devrait normalement apparaître au début de 2018, alors qu'une variante cabriolet devrait également voir le jour. On a d'ailleurs présenté une version conceptuelle du coupé au Concorso d'Eleganza Ville d'Este, en Italie, en mai 2017. BMW promet un heureux mélange entre une dynamique de conduite relevée et un niveau de luxe moderne. On en profite aussi pour faire évoluer le style avec une calandre affûtée, des blocs optiques amincis et une carrosserie musclée. On introduira aussi la très performante BMW M8, qui misera sur un V8 biturbo de 4,4 litres développant plus de 600 chevaux et sur un rouage intégral M xDrive. Toutefois, pour préserver l'expérience de conduite d'une voiture à propulsion, ce dernier pourra être désactivé.

- À VENIR... -

REDESSINÉ DE LA TÊTE AUX PNEUS

Dans les moindres détails : voilà jusqu'où nous sommes allés pour améliorer le Mazda CX-5.
Du design KODO inspiré des techniques japonaises ancestrales au raffinement
de l'habitacle exceptionnellement silencieux, en passant par le contrôle de vecteur
de la force G et les technologies SKYACTIV et i-ACTIVSENSE, tout a été perfectionné
pour mettre ce VUS dans une classe au-dessus et que vous preniez le volant
sans plus jamais vouloir le lâcher.

MAZDA CX-5 2017

VROUM-VROUM   LA CONDUITE SANS COMPROMIS

DUBUC **MOTORS TOMAHAWK**

- À VENIR... -

Une entreprise québécoise s'est lancée dans la grande aventure des voitures sport 100 % électriques, et l'on s'approche d'une production en série. En effet, Dubuc Motors a annoncé la commercialisation de la Tomahawk, en 2018. Cette petite voiture à quatre places, dotée d'un châssis et d'une carrosserie en fibre de carbone, miserait sur quatre moteurs électriques, créant ainsi un rouage intégral, et un bloc de batteries de 100 kWh. Avec 800 chevaux et un couple de 1 000 livres-pied, la Tomahawk abattrait le 0-96 km/h (0-60 mi/h) en quatre secondes, voire en deux secondes avec le mode de course activé. La voiture disposerait également d'une autonomie de 592 kilomètres. L'habitacle de la Tomahawk proposera quatre sièges garnis de cuir, une finition en cuir et en fibre de carbone, un système de caméra de 360 degrés ainsi qu'un avertisseur de précollision frontale.

ELECTRA **MECCANICA SOLO**

Basée à Vancouver, la compagnie Electra Meccanica a lancé au cours de 2017 la SOLO, qu'elle qualifie de « voiture la plus intelligente au monde ». La SOLO, une microvoiture monoplace à trois roues 100 % électrique, est équipée d'un moteur produisant 82 chevaux et un couple de 140 livres-pied, lui permettant d'accélérer de 0 à 100 km/h en huit secondes. Sa vitesse de pointe est estimée à 130 km/h. Grâce à sa batterie de 16,1 kWh, l'autonomie de la SOLO est évaluée à 160 km, et sur une borne de 240 volts, la voiture peut être chargée à bloc en seulement trois heures. L'équipement de la SOLO comprend un télédéverrouillage, une chaîne audio avec port USB et connectivité Bluetooth, une caméra de recul et des roues en alliage de 15 pouces, alors qu'un climatiseur est optionnel. La SOLO coûte environ 20 000 $.

- À VENIR... -

Étonnamment électrisante.

IONIQ

IONIQ hybride   IONIQ électrique   IONIQ électrique plus

Oubliez tout ce que vous pensez au sujet des véhicules hybrides et électriques. La toute nouvelle IONIQ est le tout premier véhicule au monde à être offert avec un choix de trois motorisations électrifiées : hybride, électrique et électrique plus. Alliant les technologies les plus innovantes de l'industrie, une utilisation révolutionnaire des matériaux, un design des plus aérodynamiques et toute une panoplie de dispositifs intelligents, l'IONIQ privilégie une approche plus judicieuse et plus éclairée de la conduite automobile – qu'il s'agisse de l'apparence des véhicules, de leur dynamique de conduite ou de la manière dont ils s'insèrent dans votre vie.

hyundaicanada.com

FORD **BRONCO 2020**

- À VENIR... -

I semblerait que Ford ait répondu à l'appel de ses clients, qui demandent le retour d'un VUS habile dans les sentiers, un vrai 4x4. Le Bronco 2020, lequel partagera son architecture et probablement ses motorisations avec le Ford Ranger 2019, qui sera également réintroduit sur les marchés étasunien et canadien, remplira ce rôle.

Ford a dévoilé très peu d'informations sur le Bronco, à savoir s'il s'agira d'un tout nouveau modèle ou bien d'un véhicule basé sur le VUS Everest, lui-même basé sur le Ranger actuel, deux véhicules vendus sur d'autres marchés. On s'attend toutefois à ce que ce prochain Bronco possède cinq portes et non trois, comme c'était précédemment le cas. Il sera construit à l'usine du constructeur située au Michigan, celle-ci recevra d'ailleurs une mise à jour pour l'occasion.

ÉCONOMISEZ SUR VOS ASSURANCES
Jusqu'à 240 $ EN REGROUPANT VOS ASSURANCES AUTO ET HABITATION
OU
Jusqu'à 100 $ SUR UNE NOUVELLE ASSURANCE AUTO
Optez pour la meilleure protection Réclamations auto pardonnées
et évitez les hausses causées par 1 ou même 2 réclamations!
Payez 0 $ d'augmentation
pendant 24 mois grâce à nos polices 2 ans
Demandez une soumission!
1 855 747-7805 lacapitale.com
La Capitale
Assurances générales
L'ASSURANCE QUI NE

FORD **RANGER 2019**

- À VENIR... -

L e constructeur américain a confirmé le retour de la camionnette Ranger sur les marchés étatsunien et canadien, et investit actuellement 850 millions $ US au Michigan afin d'amorcer sa production à la fin de 2018. Le tout nouveau Ranger sera de taille intermédiaire et partagera son architecture avec un autre modèle ressuscité, le VUS Ford Bronco, qui arrivera pour l'année-modèle 2020. Le Ranger concurrencera donc les Chevrolet Colorado et GMC Canyon, le Honda Ridgeline, le Nissan Frontier et le Toyota Tacoma. Les motorisations du Ford Ranger n'ont pas été confirmées au moment de mettre sous presse. Toutefois, le V6 de 3,3 litres à essence ainsi que le V6 turbodiesel de 3,0 litres, deux nouveaux moteurs du F -150 2018, seraient des choix logiques. On devrait également proposer une motorisation quatre cylindres dans les versions de base.

HYUNDAI **FE FUEL CELL CONCEPT**

H yundai croit fermement au potentiel de l'hydrogène comme source d'énergie verte. Outre le Tucson Fuel Cell, disponible au compte-gouttes dans certaines régions du Canada, la marque coréenne a récemment présenté son véhicule vert de l'avenir, le FE Fuel Cell Concept, un avant-goût d'un VUS de production prévu pour 2019. Adoptant un style minimaliste, le concept FE (pour Future Eco) fait étalage de la quatrième génération de motorisation à pile à combustible, mise au point par Hyundai. Comparativement à celle équipant le Tucson FCEV, son poids est réduit de 20 % tout en bonifiant l'efficacité énergétique de 10 %. De surcroît, sa puissance est en hausse de 30 %. On avance une autonomie de 800 km pour chaque plein d'hydrogène. Le concept FE dispose aussi de batteries amovibles pouvant servir à recharger les appareils portatifs des passagers. On retrouve également un espace de rangement et de charge à l'arrière, pour un scooter électrique.

- CONCEPT -

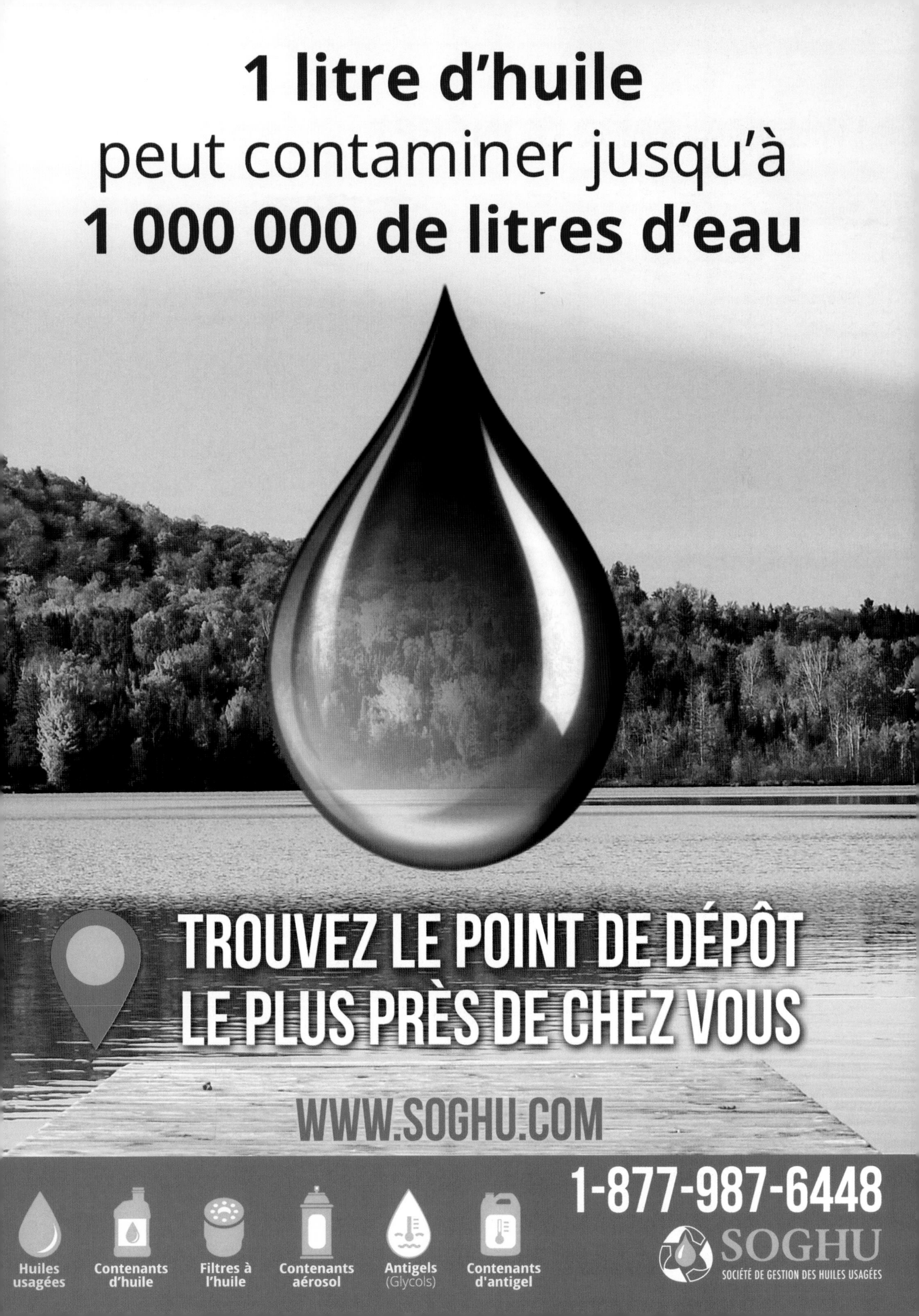

1 litre d'huile
peut contaminer jusqu'à
1 000 000 de litres d'eau

TROUVEZ LE POINT DE DÉPÔT
LE PLUS PRÈS DE CHEZ VOUS

WWW.SOGHU.COM

1-877-987-6448

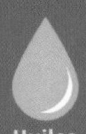
Huiles
usagées

Contenants
d'huile

Filtres à
l'huile

Contenants
aérosol

Antigels
(Glycols)

Contenants
d'antigel

HYUNDAI **RN30 CONCEPT**

- CONCEPT -

Au Salon de l'auto de Paris, en 2016, et à celui de Montréal, en 2017, le constructeur a présenté le concept RN30, un avant-goût de ce que nous réserve la nouvelle division de performance, Hyundai N.

La toute première voiture N sera basée sur la Hyundai Elantra GT cinq portes, qui fait peau neuve en 2018. On ne connaît pas encore tous les détails techniques de ce modèle, mais il devrait concurrencer les Volkswagen Golf GTI/ Golf R et Ford Focus ST/RS.

Le concept RN30 est une version de course de ce futur modèle N. On note sa carrosserie résolument agressive, sa peinture bleu pâle, ses immenses roues et ses portes-papillon. Un quatre cylindres turbo de 2,0 litres logerait sous son capot, et le constructeur avance une puissance de 375 chevaux ainsi qu'un couple de 333 livres-pied. Ce moteur serait associé à une boîte à double embrayage et à un rouage intégral. Ça promet !

UN CONSTAT AMIABLE
EFFICACE, SÉCURISÉ
ET GRATUIT

L'APPLICATION QUI VOUS
ACCOMPAGNE PAS À PAS
APRÈS UN ACCIDENT

Simplifiez-vous la vie avec le
Constat amiable électronique :

- Téléchargez l'application
- Suivez les directives à l'écran
- Prenez des photos et signez

En un clic, transmettez le tout
à votre assureur.

INFINITI **PROJECT BLACK S**

- CONCEPT -

Au même titre que les divisions M Performance chez BMW et AMG chez Mercedes-Benz, on a essayé de recréer une ligne similaire chez Infiniti, sans grand succès. Après avoir tenté une percée avec la gamme IPL (Infiniti Performance Line) et mis au point le concept Q50 Eau Rouge, la marque japonaise planche sur un nouveau projet. Dévoilée en mars 2017 au Salon de l'auto de Genève, l'Infiniti Project Black S vise à explorer à nouveau le potentiel d'une telle sous-division de performance. La voiture conceptuelle est basée sur le coupé Q60, et projette l'idée d'une puissante motorisation hybride, conçue en collaboration avec l'équipe F1 Renault Sport. La Project Black S dispose d'ajouts aérodynamiques, de roues de 21 pouces, de composants en fibre de carbone, et d'un aileron surdimensionné à l'arrière. Une version de production devrait être révélée l'an prochain.

ITALDESIGN **ZEROUNO**

- À VENIR... -

Dévoilée au Salon de l'auto de Genève 2017, la Zerouno sera une supervoiture très légère, très puissante et très exclusive, proposée par la nouvelle marque italienne Italdesign Automobili Speciali, propriété du groupe Volkswagen. Utilisant l'architecture de la Lamborghini Huracán, la Zerouno profitera d'une carrosserie en fibre de carbone que les acheteurs pourront personnaliser, faisant en sorte que chacun de ces bolides soit unique. On conserve aussi le moteur de la Huracán, soit un V12 atmosphérique de 5,2 litres, permettant à Zerouno d'accélérer de 0 à 100 km/h en 3,2 secondes et d'atteindre une vitesse maximale de 330 km/h. Avec une production limitée à seulement cinq unités, la supervoiture d'Italdesign sera non seulement extrêmement rare, mais outrageusement dispendieuse. Mince consolation : les acheteurs de la Zerouno recevront, en prime, une montre Excalibur Spider exclusive, gracieuseté du prestigieux horloger genevois, Roger Dubuis.

- À VENIR... -

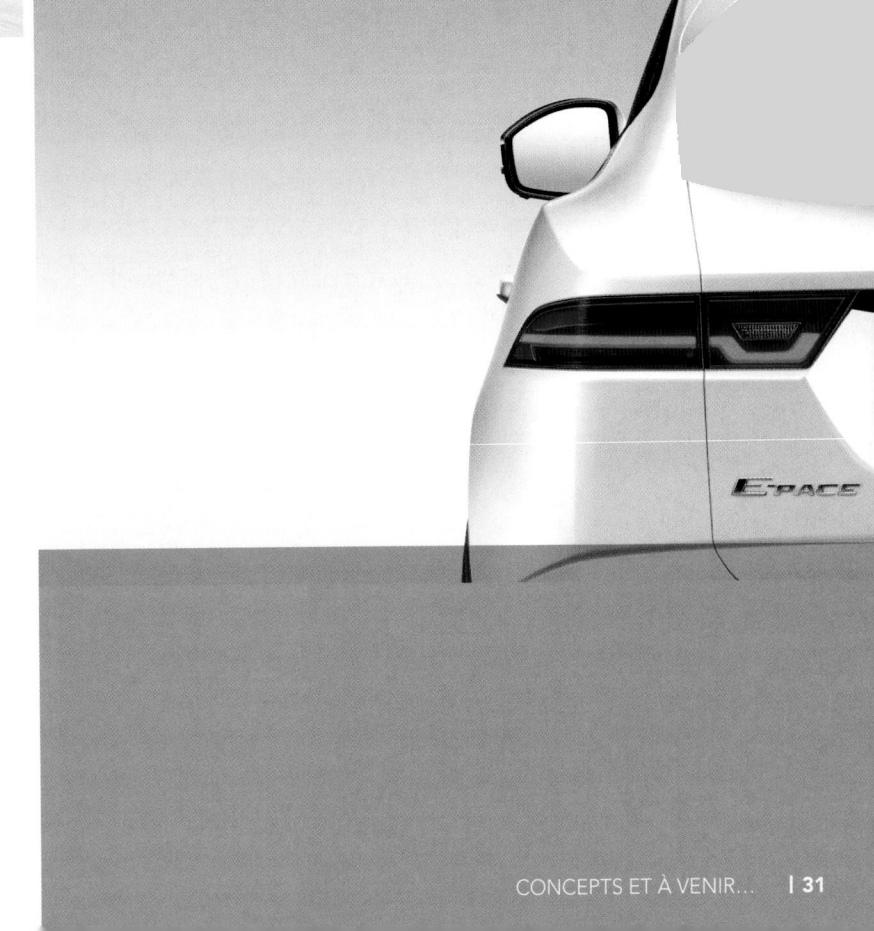

Après avoir mis au monde son tout premier VUS, le F-PACE, Jaguar récidive avec le E-PACE, un utilitaire de format compact. Les motorisations de ce nouveau modèle n'ont pas été officiellement dévoilées au moment de mettre *Le Guide de l'auto 2018* sous presse, mais l'on s'attend au quatre cylindres turbo de 2,0 litres à essence, avec 247 chevaux, ainsi qu'au quatre cylindres turbodiesel de même cylindrée, bon pour 180 chevaux et un couple de 318 livres-pied.

Le constructeur pourrait également offrir son nouveau quatre cylindres turbo de 2,0 litres, développant 296 chevaux dans une version plus performante. Par contre, peu importe le moteur, le E-PACE sera équipé de série d'une transmission intégrale. En vente au début de 2018, tout juste avant le lancement en grande pompe du I-PACE 100 % électrique, le petit E-PACE se détaillerait à environ 43 000 $ sur le marché canadien.

JEEP CJ66

- CONCEPT -

Chaque année, que ce soit dans le cadre de l'exposition SEMA ou du Moab Easter Jeep Safari, les ingénieurs et les stylistes de Jeep concoctent des versions inédites ou conceptuelles de leurs produits. L'année passée, l'un de ceux-là était le Jeep CJ66.

La particularité de celui-ci, c'est qu'il constitue un amalgame de trois générations de Jeep. À la plate-forme d'un Wrangler TJ (1997-2006), on a greffé la carrosserie Tuxedo Park d'un Wrangler CJ, datant de 1966, et certains composants intérieurs d'un Wrangler JK (2007 à aujourd'hui).

Le CJ66 se démarque par sa peinture orange nommée Copper Canyon, sa suspension surélevée de deux pouces et ses roues gigantesques de 35 pouces entourées de pneus tout-terrain BFGoodrich. L'habitacle inclut des sièges sport prélevés d'une Dodge Viper. Et question d'ajouter un peu de piquant, on a installé dans le Jeep CJ66 un V8 HEMI de 5,7 litres qui développe 383 chevaux, assorti d'une boîte manuelle à six rapports.

23 000+
véhicules d'occasion
disponibles en tout temps !

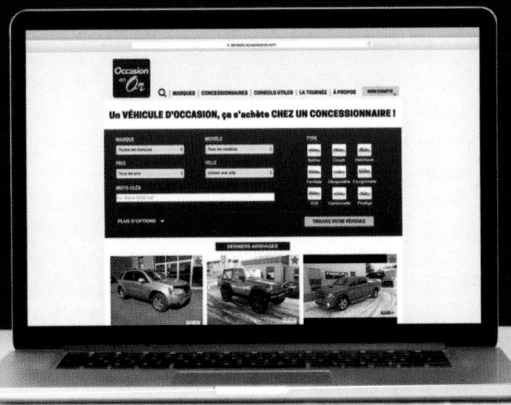

OccasionenOr.com

Affilié à la Corporation des concessionnaires d'automobiles du Québec • www.ccaq.com

JEEP **QUICKSAND**

- CONCEPT -

L'incontournable rendez-vous annuel des amateurs de Jeep, le Moab Easter Jeep Safari, dans l'état de l'Utah, est l'endroit idéal à la marque pour présenter des versions conceptuelles de ses produits. Ces dernières sont parfois loufoques, parfois ingénieuses, mais jamais ennuyantes. Le Jeep Quicksand, présenté en 2017, est particulièrement spectaculaire avec son allure de *hot rod*, sa suspension relevée ainsi que ses roues de 32 pouces à l'avant et de 37 pouces à l'arrière. Son capot découpé laisse entrevoir son moteur V8 HEMI de 392 pouces cubes (6,4 litres), orné de son système d'injection à huit pipes. Ce puissant concept est évidemment basé sur un Jeep Wrangler, mais avec un empattement allongé et une carrosserie tronquée. De plus, le toit et le pare-brise ont été coupés pour une apparence plus sinistre. Selon Jeep, le Quicksand est bruyant, rapide et amusant.

KIA **STONIC**

Peu de temps après que Hyundai ait dévoilé le Kona, Kia a également présenté son nouveau VUS sous-compact, le Stonic. Les deux partageront vraisemblablement leur plate-forme et leurs motorisations, dont un trois cylindres turbo de 1,0 litre produisant 120 chevaux, des quatre cylindres atmosphériques de 1,25 et de 1,4 litre ainsi qu'un quatre cylindres diesel de 1,6 litre.

Le style musclé et sophistiqué du Kia Stonic est rehaussé d'un choix de couleurs de carrosserie vives avec un toit de couleur contrastante, de longerons de toit et de proportions bien gardées. Ce VUS proposera une foule de systèmes de sécurité avancée, dont le régulateur de vitesse adaptatif, l'avertissement précollision frontale, la surveillance des angles morts et la détection de somnolence du conducteur. Au moment d'écrire ces lignes, Kia n'avait pas encore confirmé l'arrivée du Stonic dans le marché canadien.

- À VENIR... -

- CONCEPT -

Au Salon de l'auto de Paris de 2016, la marque de luxe Lexus a dévoilé le UX Concept, qui représente une évolution de sa direction stylistique, mais aussi une vision de son prochain véhicule utilitaire compact. Sa carrosserie angulaire et ciselée dissimule les portes arrière afin d'arborer le look d'un coupé, alors que la calandre en forme de sablier, signature de Lexus, arbore une forme tridimensionnelle.

L'habitacle du UX Concept fait résolument futuriste avec un design squelettique, des écrans en remplacement des rétroviseurs et une instrumentation épurée. Les sièges, nommés Lexus Kinetic Seat Concept, disposent d'une assise en toile d'araignée et sont conçus pour suivre le mouvement de la colonne vertébrale pour un confort accru et une conduite plus aisée. Quant au système multimédia, il propose une expérience 3D avec un affichage holographique et des commandes électrostatiques.

LUCID **MOTORS AIR 2020**

- À VENIR... -

Plusieurs petits constructeurs automobiles ont été créés ces dernières années, cherchant à profiter de l'engouement grandissant pour les voitures de luxe à motorisation électrique. C'est le cas de Lucid Motors, qui mettra en vente sa berline 100 % électrique en 2019 aux États-Unis, suivi du marché canadien peu après, selon les représentants de cette nouvelle marque. Côté prix, la berline Air se positionnerait entre la Model 3 et la Model S de Tesla, alors que sa motorisation produirait quelque 1 000 chevaux. Grâce à cette cavalerie, l'Air pourrait accélérer de 0 à 96 km/h (0-60 mi/h) en 2,5 secondes. De plus, son ensemble de batteries permettrait une autonomie allant jusqu'à 640 kilomètres. Dans l'habitacle, Lucid Motors promet une planche de bord truffée d'écrans tactiles, d'un minimum de boutons physiques et d'une chaîne audio à 29 haut-parleurs.

MERCEDES-AMG GT **CONCEPT**

Avec la GT Concept, présentée au Salon de l'auto de Genève 2017, la division AMG de Mercedes-Benz dévoile non seulement un coupé quatre portes qui se joindra éventuellement à la gamme, mais aussi le début des motorisations hybrides AMG.

- CONCEPT -

La GT Concept, dispose d'un moteur V8 biturbo de 4,0 litres et d'un moteur électrique, qui développent une puissance combinée de 815 chevaux métriques. Selon le constructeur, cette motorisation propulserait la GT Concept de 0 à 100 km/h en moins de trois secondes. On vante également la polyvalence de ses quatre portes et de son hayon, ce dernier recouvrant une aire de chargement modulaire. La voiture affiche également les éléments stylistiques que l'on conférera à la version de production, y compris la calandre Panamericana, le capot qui s'étend sur les jusqu'aux roues et les glaces latérales sans cadre.

MERCEDES-BENZ **CLASSE X**

- À VENIR... -

I fallait s'y attendre. Après avoir couvert tous les segments du marché des véhicules de luxe, Mercedes-Benz se lance dans la catégorie des camionnettes. Pour y arriver, le constructeur allemand collabore avec le groupe Renault-Nissan, qui s'occupera aussi de la production de la Classe X en Espagne et en Argentine.

Deux variantes de la camionnette intermédiaire ont été présentées en Suède en octobre 2016. L'une d'elles mise sur la robustesse et les capacités hors route avec une garde au sol élevée, des pneus de 35 pouces et un treuil, alors que l'autre met l'accent sur le design, le confort et la conduite inspirée auxquels on s'attend d'un produit Mercedes-Benz. Les versions les mieux équipées obtiendront un moteur V6 turbodiesel ainsi qu'un rouage intégral 4MATIC, permettant une capacité de remorquage de 3 500 kg et une charge utile allant jusqu'à 1 117 kg. Pour l'instant, Mercedes-Benz ne prévoit pas commercialiser la Classe X aux États-Unis et au Canada.

MITSUBISHI **GT-PHEV CONCEPT**

- CONCEPT -

Depuis le retrait de l'Endeavor il y a quelques années, Mitsubishi n'a plus de grand VUS au sein de sa gamme canadienne. Cela pourrait bientôt changer si le constructeur japonais décide de produire un modèle basé sur le GT-PHEV. Présenté au Salon de l'auto de Montréal en 2017, ce VUS conceptuel mise sur une motorisation hybride rechargeable composée d'un moteur à essence ainsi que de trois moteurs électriques, soit deux à l'arrière et un à l'avant. Cet ensemble procure au GT-PHEV un rouage intégral, une autonomie en mode 100 % électrique de 120 kilomètres et une autonomie totale de 1 200 km. Ce VUS cinq passagers à l'allure massive et musclée s'ouvre sur un habitacle luxueux avec des sièges garnis de cuir brun, et intègre les plus récentes technologies multimédias et de connectivité élaborées par Mitsubishi.

MITSUBISHI **XM CONCEPT**

Au Salon de l'auto Gakindo en Indonésie, en 2016, Mitsubishi a présenté son XM Concept, un petit véhicule multiusage (VMU) à sept passagers. Par contre, on lui a conféré le design extérieur d'un VUS afin de combiner le style robuste de ce dernier et la polyvalence d'un VMU.

L'habitacle est garni de cuir blanc avec accents noirs, alors que le tableau de bord propose aussi ce mélange élégant de couleurs et sur la console centrale, on retrouve un levier de vitesses en titane. Les portes arrière conventionnelles donnent accès aux deuxième et troisième rangées, et un toit panoramique rend l'habitacle plus invitant.

Une version de production du Mitsubishi XM Concept sera introduite sur le marché indonésien, à partir du mois d'octobre 2017. Pour l'instant, le constructeur n'envisage pas de commercialiser ce modèle en Amérique du Nord.

- À VENIR... -

NISSAN **GRIPZ**

- CONCEPT -

Nissan croit fermement au potentiel des petits véhicules multisegments sportifs. Le sympathique et énergique JUKE prend de l'âge, et la prochaine génération, s'il y en a une, pourrait bien ressembler au Nissan Gripz. Multisegment quatre places ciblant une clientèle jeune et branchée, avec un design inspiré par des voitures de rallye et des motos de course, le Gripz propose un style résolument sportif et une garde au sol élevée. On agence donc une conduite dynamique avec de légères capacités hors route. Sous la carrosserie du Gripz, on retrouve une motorisation hybride comprenant le moteur électrique de la Nissan LEAF ainsi qu'un moteur à essence agissant comme génératrice.

NISSAN **VMOTION 2.0**

- CONCEPT -

Vainqueur du prix 2017 EyesOn Design pour le meilleur véhicule concept, Nissan pousse encore plus loin sa signature V-motion que l'on retrouve déjà sur la grille avant de la Maxima, l'Altima et le Murano avec son prototype Vmotion 2.0.

Fer de lance de la mobilité intelligente chez Nissan, la Vmotion 2.0 est équipée du système ProPILOT afin de rendre l'expérience de conduite confortable et sécuritaire. Avec la stratégie Nissan Intelligent Mobility, les ambitions du constructeur sont grandes puisqu'il souhaite, grâce à ce type de véhicule, rendre nulles les émissions et ramener à zéro les accidents mortels. Nissan espère donc faire de la Vmotion 2.0 la berline des années futures.

Patrice Robitaille

PAL-V **LIBERTY**

- À VENIR... -

Photos: Pal-V

Vous êtes du genre ambitieux, exigeant, et détestez la perte de temps et les bouchons de circulation ? Eh bien, vous serez sans doute ravi par le Liberty de la voiture néerlandaise PAL-V ! Véritable bagnole volante à trois roues, elle peut atteindre – grâce à ses 100 chevaux – 160 km/h sur la route et 180 km/h en mode aérien. Il faut moins de cinq minutes pour passer aisément d'une voiture à un hélicoptère, et seulement 330 mètres de piste sont nécessaires pour permettre au véhicule de prendre son envol. Ses dimensions sont les mêmes que celles d'une voiture ordinaire, et il est muni d'un dispositif autostabilisateur permettant de diminuer de 80 % les effets de la turbulence. Avec la PAL-V Liberty donc, il est clair que l'on cherche à amener la mobilité, c'est le cas de le dire, à un niveau supérieur. – Patrice Robitaille

SPYKER **C8 PRELIATOR**

La marque de voitures de prestige hollandaise Spyker, qui a connu des hauts et des bas durant ces dernières années, a réitéré son désir de faire sa place sur le marché nord-américain en présentant la C8 Preliator Spyder au Salon de l'auto de New York 2017.

À l'instar du coupé C8 Preliator, sportif biplace à moteur central, la version sans toit affiche un style particulier, inspiré du domaine de l'aviation, avec beaucoup de détails rehaussant l'aérodynamisme et la créativité artistique de ses designers. Et ce, tant pour la carrosserie que pour l'habitacle.

Spyker a récemment conclu une entente avec la petite firme suédoise Koenigsegg, qui lui fournira des moteurs pour la C8 Preliator. Il s'agit d'un V8 de 5,0 litres développant 600 chevaux et un couple de 443 livres-pied, assorti d'une boîte manuelle à six rapports. Seulement 100 unités de la Spyder seront construites à partir de l'été 2018.

- À VENIR... -

- À VENIR... -

'Ascent, le nouveau VUS à sept passagers, qui sera assemblé à l'usine de Subaru en Indiana, aux États-Unis, arrivera bientôt sur le marché. À quelques détails près, il ressemblera au concept présenté au Salon de l'auto de New York, en avril 2017.

Au moment de mettre *Le Guide de l'auto 2018* sous presse, le constructeur n'avait pas encore dévoilé toutes les informations techniques de l'Ascent, outre le fait qu'il sera équipé d'un moteur turbocompressé de type « boxer », c'est-à-dire à cylindres horizontalement opposés, comme c'est le cas de toutes les motorisations chez Subaru. Il proposerait donc un quatre cylindres turbo de 2,0 litres, et possiblement le six cylindres de 3,6 litres que l'on retrouve actuellement dans la berline Legacy et la familiale Outback.

Selon les dimensions du concept, l'Ascent devrait figurer parmi les plus grands VUS intermédiaires présentement offerts, taillé sur mesure pour le marché nord-américain. Ce nouveau modèle Subaru serait millésimé 2019, peut-être même 2018.

TOYOTA **FT-4X CONCEPT**

- CONCEPT -

Les concepteurs de chez Calty Design Research inc. – un studio de design établi en Californie – visent les jeunes professionnels urbains de la génération Y avec le Toyota FT-4X. Ces citadins aux horaires surchargés ont parfois besoin, sur un coup de tête, de s'évader pour une brève balade à l'extérieur de la ville. Pour répondre à leur envie, on a donc créé un 4x4 au design compact et au charme rugueux inspiré des emblématiques aventurières du constructeur nippon. Pour ce faire, on mise sur la simplicité, les qualités hors route et la durabilité.

On qualifie le hayon de ce multisegment de véritable chef-d'œuvre de l'ingénierie; s'ouvrant de deux manières, à l'horizontale en mode urbain facilitant le chargement, et à la verticale en mode plein air créant ainsi un abri en cas d'intempéries. Ce multi-hayon est aussi muni de deux boîtes de rangement, l'une chaude et l'autre froide servant, vous l'aurez deviné, à y garder breuvages et victuailles. Le but avoué étant de faire du FT-4X, le point de ralliement de vos escapades dans la nature.

Patrice Robitaille

VOLKSWAGEN **ARTEON 2019**

- À VENIR... -

L'Arteon remplacera la CC au sein de la gamme Volkswagen avec un style tout aussi éclatant. Cette berline cinq portes de type «fastback» devrait arriver au Canada au cours de 2018, et deviendra la voiture porte-étendard de la marque allemande, du moins, en Amérique du Nord. Construite sur l'architecture MQB modulaire du groupe Volkswagen, l'Arteon affiche des dimensions similaires à celles de la berline Passat, mais elle arbore un design beaucoup plus dynamique. Selon le constructeur, le capot, qui s'étend par-dessus les ailes et les blocs optiques, est l'un des éléments clés du design de la voiture. Plusieurs motorisations seront offertes à travers le monde, bien qu'aux États-Unis et au Canada, si elle est commercialisée chez nous, l'Arteon disposera d'un quatre cylindres turbo de 2,0 litres, bon pour 276 chevaux, épaulé par une boîte automatique DSG à sept rapports et un rouage intégral 4MOTION.

VOLKSWAGEN **SEDRIC**

- CONCEPT -

C'est lors d'une soirée organisée à Genève que Volkswagen dévoilait son véhicule concept Sedric (pour *Self-Driving Car*), une voiture entièrement autonome. Le groupe mise beaucoup sur la Chine dans le but de développer ce qu'il appelle la mobilité du futur. C'est d'ailleurs en collaboration avec Mobvoi, une compagnie chinoise se spécialisant dans les technologies de reconnaissance vocale, que Volkswagen a mis au point un système de pilotage automatisé régi par une intelligence artificielle élaborée par ses partenaires.

Le Sedric serait pratique, durable et facile d'utilisation. Sa mission étant de mener à destination les quatre passagers qu'il peut loger de façon sécuritaire, et ce, sans même qu'ils aient à lever le petit doigt.

Patrice Robitaille

VOLVO **XC40 2018**

Après la refonte majeure du XC90 il y a deux ans, et celle du XC60 au cours de 2017, Volvo introduira le XC40 au début de 2018. Ce véhicule utilitaire de taille compacte fera partie de la Série 40 du constructeur, et marquera le retour de petites voitures à la gamme nord-américaine. En effet, une berline S40 et une familiale V40 suivront quelque temps après le lancement du XC40.

Ils seront tous fabriqués sur la plate-forme CMA (Compact Modular Architecture) de Volvo, conçue pour accueillir plusieurs types de motorisations. On pourra compter sur un trois cylindres turbo de 1,5 litre jumelé à une boîte automatique à sept rapports avec double embrayage et un rouage intégral optionnel, un nouveau T5 Twin Engine hybride composé du trois cylindres et d'un moteur électrique, mais aussi d'un moteur 100 % électrique. Ce dernier proposerait d'ailleurs une autonomie d'environ 350 kilomètres.

ON AIME
LE TRAFIC

LE GUIDE DE L'AUTO MC
SUIVEZ LE GUIDE

MEILLEURS ACHATS

CITADINES

1er NISSAN MICRA

2e CHEVROLET SPARK

3e SMART FORTWO

EN LICE : Chevrolet Spark, Fiat 500, Mitsubishi Mirage, Nissan Micra, smart fortwo

SOUS-COMPACTES

1er CHEVROLET BOLT EV

2e HONDA FIT

3e TOYOTA YARIS

EN LICE : Chevrolet Bolt EV, Chevrolet Sonic, Ford Fiesta, Honda Fit, Hyundai Accent, Kia Rio, MINI 3 portes / 5 portes, Nissan Versa Note, Toyota Prius c, Toyota Yaris

COMPACTES

1er MAZDA3

2e SUBARU IMPREZA

3e HYUNDAI ELANTRA

EN LICE : Chevrolet Cruze, Fiat 500L, Ford C-MAX, Ford Focus, Honda Civic, Hyundai Elantra, Hyundai Ioniq, Kia Forte, Mazda3, Mitsubishi Lancer, Nissan LEAF, Nissan Sentra, Subaru Impreza, Toyota Corolla, Toyota Corolla iM, Toyota Prius, Volkswagen Beetle, Volkswagen Golf, Volkswagen Jetta

BERLINES INTERMÉDIAIRES — 1er HONDA **ACCORD** (Photo modèle 2017)

EN LICE :
Buick Regal, Chevrolet Malibu, Ford Fusion, Honda Accord, Honda Clarity, Hyundai Sonata, Kia Optima, Mazda6, Nissan Altima, Subaru Legacy, Toyota Camry, Volkswagen Passat

2e TOYOTA **CAMRY**

3e KIA **OPTIMA**

BERLINES DE LUXE MOINS DE 50 000 $ — 1er AUDI **A4 / A5 SPORTBACK**

Audi A4

Audi A5

EN LICE :
Acura ILX, Acura TLX, Audi A3, Audi A4, Audi A5, BMW i3, BMW Série 3, Cadillac ATS, Chevrolet Volt, Infiniti Q50, Jaguar XE, Kia Cadenza, Kia Stinger, Lexus ES, Lexus IS, Lincoln MKZ, Mercedes-Benz Classe C, Mercedes-Benz CLA, Volvo S60

2e BMW **SÉRIE 3**

3e MERCEDES-BENZ **CLASSE C**

BERLINES DE LUXE
50 000$ À 100 000$

1er AUDI **A5 SPORTBACK**

EN LICE :
Acura RLX, Audi A5, Audi A6,
Audi A7, Audi A8, BMW Série 3,
BMW Série 4, BMW Série 5,
BMW Série 6, Cadillac CT6,
Cadillac CTS, Cadillac XTS,
Genesis G80, Genesis G90, Infiniti Q70,
Jaguar XE, Jaguar XF, Jaguar XJ,
Kia Stinger, Lexus GS, Lexus LS,
Lincoln Continental, Lincoln MKZ,
Maserati Ghibli, Mercedes-Benz Classe C,
Mercedes-Benz Classe E, Volvo S60,
Volvo S90

2e MERCEDES-BENZ **CLASSE E**

3e VOLVO **S90**

BERLINES DE LUXE ET
COUPÉS PLUS DE 100 000$

1er TESLA **MODEL S**

EN LICE :
Aston Martin Rapide, Audi A8,
Bentley Continental, Bentley Flying Spur,
Bentley Mulsanne, BMW Série 6,
BMW Série 7, Lexus LS, Maserati Quattroporte,
Mercedes-Maybach, Mercedes-Benz Classe S,
Porsche Panamera, Rolls-Royce Ghost,
Rolls-Royce Wraith, Tesla Model S

2e PORSCHE **PANAMERA**

3e BMW **SÉRIE 7**

GRANDES BERLINES   1ᵉʳ NISSAN **MAXIMA**

2ᵉ DODGE **CHARGER**   2ᵉ TOYOTA **AVALON**

3ᵉ BUICK **LACROSSE**

EN LICE : Buick LaCrosse, Chevrolet Impala, Chrysler 300, Dodge Charger, Ford Taurus, Nissan Maxima, Toyota Avalon

COUPÉS MOINS DE 50 000 $ 1ᵉʳ CHEVROLET **CAMARO**

2ᵉ HONDA **CIVIC**

3ᵉ CADILLAC **ATS**

EN LICE : Cadillac ATS, Chevrolet Camaro, Dodge Challenger, Ford Mustang, Honda Accord, Honda Civic, Hyundai Veloster, Infiniti Q60, Kia Forte

COUPÉS DE 50 000 $ À 100 000 $ 1ᵉʳ AUDI **A5**

2ᵉ MERCEDES-BENZ **CLASSE E**

3ᵉ LEXUS **RC**

EN LICE : Audi A5, BMW Série 4, Cadillac ATS, Infiniti Q60, Lexus RC, Mercedes-Benz Classe C, Mercedes-Benz Classe E

SPORTIVES MOINS DE 50 000 $

1er VOLKSWAGEN **GOLF R**

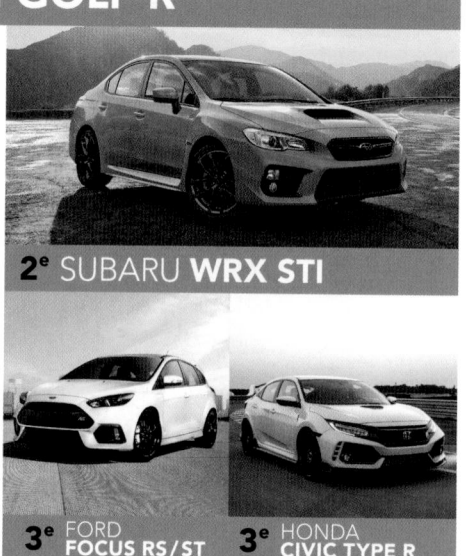

2e SUBARU **WRX STI**

3e FORD **FOCUS RS / ST**

3e HONDA **CIVIC TYPE R**

EN LICE : Chevrolet Camaro, Dodge Challenger, Fiat 500 Abarth, Ford Fiesta ST, Ford Focus RS/ST, Ford Mustang, Honda Civic Si, Honda Civic Type R, Hyundai Veloster, MINI 3 portes / 5 portes, Nissan 370Z, Subaru BRZ, Subaru WRX, Toyota 86, Volkswagen Golf GTI, Volkswagen Golf R, Volkswagen Jetta GLi

SPORTIVES 50 000 $ À 100 000 $

1er PORSCHE **718**

2e BMW **M2**

3e AUDI **S3 / RS 3**

EN LICE : Alfa Romeo 4C, Alfa Romeo Giulia, Audi A3, Audi A4, Audi A5, Audi TT, BMW Série 2, BMW Série 3, BMW Série 4, BMW Série 5, Cadillac ATS, Cadillac CTS, Chevrolet Camaro, Chevrolet Corvette, Dodge Challenger, Dodge Charger, Ford Mustang, Infiniti Q50, Jaguar F-TYPE, Lexus RC, Mercedes-Benz CLA, Mercedes-Benz Classe C, Mercedes-Benz Classe E, Mercedes-Benz SLC, Porsche 718, Volvo S60, Volvo V60

SPORTIVES PLUS DE 100 000 $

1er PORSCHE **911**

2e FERRARI **488**

3e MCLAREN **570S / GT**

EN LICE : Acura NSX, Aston Martin DB11, Aston Martin Vanquish, Aston Martin Vantage, Audi A7, Audi A8, Audi R8, BMW i8, BMW Série 6, Bugatti Chiron, Dodge Challenger, Ferrari 488, Ferrari 812, Ferrari California T, Ferrari GTC4Lusso, Ford GT, Jaguar F-TYPE, Jaguar XJ, Koenigsegg Regera, Lamborghini Aventador, Lamborghini Huracán, Lexus LC, Lotus Evora, Maserati GranTurismo, McLaren 540S, McLaren 570GT, McLaren 570S, Mercedes-AMG GT, Mercedes-Benz Classe S, Mercedes-Benz SL, Nissan GT-R, Pagani Huayra, Porsche 911

CABRIOLETS ET ROADSTERS MOINS DE 50 000 $

1er MAZDA MX-5

2e FIAT 124 SPIDER

3e CHEVROLET CAMARO

EN LICE : Audi A3, BMW Série 2, Chevrolet Camaro, Fiat 124 Spider, Fiat 500c, Ford Mustang, Mazda MX-5, MINI Cabriolet, Volkswagen Beetle

CABRIOLETS ET ROADSTERS PLUS DE 50 000 $

1er AUDI A5

2e MERCEDES-BENZ CLASSE C

3e BMW SÉRIE 4

EN LICE : Alfa Romeo 4C, Audi A5, Bentley Continental, BMW Série 2, BMW Série 4, BMW Série 6, Mercedes-Benz Classe C, Mercedes-Benz Classe S, Nissan 370Z, Rolls-Royce Dawn

FAMILIALES MOINS DE 50 000 $

1er VOLKSWAGEN GOLF

2e SUBARU OUTBACK

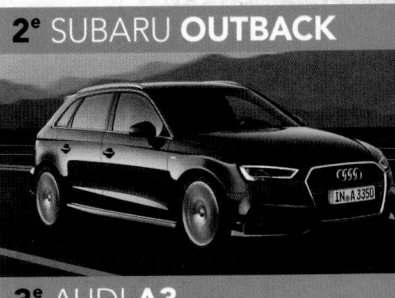

3e AUDI A3

EN LICE : Audi A3, Mercedes-Benz Classe B, MINI Clubman, Subaru Outback, Toyota Prius v, Volkswagen Golf, Volvo V60

VUS SOUS-COMPACTS 1er MAZDA **CX-3**

EN LICE :
Buick Encore, Chevrolet Trax, Honda HR-V, Jeep Renegade, Kia Niro, Kia Soul, Mazda CX-3, MINI Countryman, Mitsubishi Eclipse Cross, Mitsubishi RVR, Nissan JUKE, Nissan Qashqai, Subaru Crosstrek, Toyota C-HR

2^e NISSAN **QASHQAI**

3^e HONDA **HR-V**

VUS COMPACTS MOINS DE 40 000 $ 1er MAZDA **CX-5**

EN LICE :
Audi Q3, Chevrolet Equinox, Dodge Journey, Ford Escape, GMC Terrain, Honda CR-V, Hyundai Tucson, Jeep Cherokee, Jeep Compass, Kia Sportage, Mazda CX-5, Mitsubishi Outlander, Nissan Rogue, Subaru Forester, Toyota RAV4, Volkswagen Tiguan

2^e HONDA **CR-V**

3^e KIA **SPORTAGE**

VUS COMPACTS PLUS DE 40 000 $

1er PORSCHE **MACAN**

EN LICE :

Acura RDX, Audi Q3, Audi Q5,
BMW X1, BMW X3, BMW X4,
Buick Envision, GMC Terrain,
Infiniti QX30, Infiniti QX50,
Jaguar F-PACE, Jaguar I-PACE,
Land Rover Discovery Sport,
Land Rover Range Rover Evoque,
Lexus NX, Lincoln MKC,
Mercedes-Benz GLA,
Mercedes-Benz GLC,
Porsche Macan, Volvo XC60

2e AUDI **Q5**

3e MERCEDES-BENZ **GLC**

VUS INTERMÉDIAIRES MOINS DE 50 000 $

1er HONDA **PILOT**

EN LICE :

Cadillac XT5, Chevrolet Traverse,
Dodge Durango, Ford Edge,
Ford Explorer, Ford Flex, GMC Acadia,
Honda Pilot, Hyundai Santa Fe,
Infiniti QX60, Jeep Grand Cherokee,
Jeep Wrangler, Kia Sorento,
Lincoln MKX, Mazda CX-9,
Nissan Murano, Nissan Pathfinder,
Toyota 4Runner, Toyota Highlander,
Volkswagen Atlas

2e MAZDA **CX-9**

3e KIA **SORENTO**

VUS INTERMÉDIAIRES PLUS DE 50 000 $

1er AUDI Q7

EN LICE :

Acura MDX, Audi Q7, BMW X5, BMW X6, Buick Enclave, Cadillac XT5, Dodge Durango, Ford Explorer, GMC Acadia, Infiniti QX60, Infiniti QX70, Jeep Grand Cherokee, Land Rover Discovery, Land Rover Range Rover Sport, Land Rover Range Rover Velar, Lexus GX, Lexus RX, Lincoln MKT, Maserati Levante, Mercedes-Benz Classe G, Mercedes-Benz GLE, Porsche Cayenne, Tesla Model X, Volvo XC90

2e PORSCHE **CAYENNE**

3e VOLVO **XC90**

VUS GRAND FORMAT

1er LAND ROVER **RANGE ROVER** / MERCEDES-BENZ **GLS**

Land Rover Range Rover

Mercedes-Benz GLS

EN LICE : Bentley Bentayga, Cadillac Escalade, Chevrolet Suburban, Chevrolet Tahoe, Ford Expedition, GMC Yukon, Infiniti QX80, Land Rover Range Rover, Lexus LX, Lincoln Navigator, Mercedes-Benz GLS, Nissan Armada, Toyota Sequoia

2e LEXUS **LX**

3e CADILLAC **ESCALADE** / GMC **YUKON**

FOURGONNETTES

1er TOYOTA **SIENNA**

2e CHRYSLER **PACIFICA**

3e HONDA **ODYSSEY**

EN LICE : Chrysler Pacifica, Dodge Grand Caravan, Ford Transit Connect, Honda Odyssey, Kia Sedona, Mercedes-Benz Metris, Ram ProMaster City, Toyota Sienna

---

CAMIONNETTES COMPACTES ET INTERMÉDIAIRES

1er HONDA **RIDGELINE**

2e GMC **CANYON**

3e CHEVROLET **COLORADO**

EN LICE : Chevrolet Colorado, GMC Canyon, Honda Ridgeline, Nissan Frontier, Toyota Tacoma

---

CAMIONNETTES PLEINE GRANDEUR

1er FORD **F-150**

2e GMC **SIERRA**

3e RAM **1500**

EN LICE : Chevrolet Silverado, Ford F-150, GMC Sierra, Nissan Titan, Nissan Titan XD, Ram 1500, Toyota Tundra

MEILLEUR DESIGN
DE L'ANNÉE

VOLVO S90

VOLVO V90

LA VOLVO P1800ES, DÉRIVÉE DU FABULEUX COUPÉ P1800,
ÉTAIT UNE FAMILIALE À LA FOIS DIFFÉRENTE ET PRATIQUE.

VOLVO **S90/V90**

Outre quelques impairs au cours de sa longue vie, la marque Volvo a toujours su comment dessiner de belles voitures. Surtout de belles familiales. Songeons seulement à la spectaculaire P1800ES, introduite en 1972. La dernière en lice est la toute nouvelle V90, qui en met plein la vue, surtout dans sa livrée R-Design. La berline dont elle est dérivée n'est pas mal non plus...

Le long capot de ces belles suédoises, les porte-à-faux très courts, la ligne du toit qui se fond à celle du coffre donnant l'impression qu'on a affaire, sur la berline, à un hayon, tout contribue à faire des Volvo S90 et V90 des modèles de raffinement et d'équilibre visuel.

Les parties avant et arrière sont inspirées du Concept Coupe qui avait été présenté au Salon de Francfort en 2013. Quant au tableau de bord, similaire à celui du VUS intermédiaire XC90, il ne présente pratiquement pas de boutons, tous les paramètres de la voiture étant gérés via l'énorme écran central. C'est d'un chic fou. À défaut d'être très convivial.

Bien entendu, vous avez le droit de ne pas partager notre enthousiasme pour ces Volvo. Notre choix est purement subjectif.

EXPLICATIONS
MEILLEURS ACHATS

Chaque année, le choix des gagnants de chaque catégorie du *Guide de l'auto* fait l'objet de vives discussions, autant dans nos officines que parmi le public. Il n'est d'ailleurs pas toujours facile de s'y retrouver, tellement le nombre de catégories a augmenté depuis quelques années.

Chaque véhicule est jugé selon six critères: *consommation, fiabilité, sécurité, système multimédia, agrément de conduite et appréciation générale*. Les cinq premiers critères sont purement objectifs. Tous les modèles ont été évalués par rapport à ceux de la même catégorie. Toutes ces notes génèrent le pourcentage final donné à chaque voiture, permettant ainsi de déterminer le gagnant de chaque catégorie. Le vote se fait sur une échelle de 1 à 10 ou de 1 à 30 (1 étant particulièrement mauvais et 10 ou 30, exceptionnel)

 CONSOMMATION 10%

Nous avons établi la moyenne de consommation pour toute la gamme d'un modèle, selon les données de Ressources naturelles Canada. Cette année, nous avons apporté un petit changement. Même si les véhicules 100% électriques ne consomment pas d'essence, ils consomment de l'électricité. Nous nous sommes donc basés sur la consommation en Le/100 km (litres équivalents/100 km). Par exemple, la Tesla S 70D consomme 2,3 Le/100 km. Les données de consommation équivalente, comme celles de la consommation d'essence, proviennent de Ressources naturelles Canada.

 **FIABILITÉ** 10%

Elle est calculée à partir de données statistiques recueillies par diverses institutions spécialisées en la matière, et ajustée en fonction des conditions particulières du Québec. D'année en année, certaines notes changent dramatiquement, tandis que d'autres sont plus constantes. La chute soudaine et importante d'un modèle reflète souvent, par exemple, l'introduction d'une nouvelle technologie et/ou d'une nouvelle mécanique qui s'avère problématique sur les premiers modèles vendus. Généralement, le constructeur corrige la mise sur les modèles suivants, nous rappelant qu'il est toujours risqué d'être parmi les premiers à adopter une nouvelle technologie.

 SÉCURITÉ 10%

Elle représente la capacité d'un véhicule à protéger ses occupants, lors d'un impact, à l'aide de coussins gonflables et de la solidité de son châssis, pour 50% de la note, et les technologies d'aide à la conduite, comme les freins antiblocage, les détecteurs d'angle mort, etc., pour 30%, Le dernier 20% de cette note concerne la nature du véhicule, soit sa motricité (traction, propulsion, quatre roues motrices, etc.), ainsi que la visibilité dont le conducteur dispose derrière le volant.

 AGRÉMENT DE CONDUITE 30%

Même si cette donnée est difficilement quantifiable, nous croyons avoir trouvé la bonne recette. En faisant abstraction du prix, de la consommation, de la fiabilité, de la sécurité et du système multimédia, chaque auteur du *Guide* vote pour le plaisir ressenti au volant de chaque voiture.

 SYSTÈME MULTIMÉDIA 10%

Elle a été déterminée par l'ensemble des journalistes automobiles du *Guide de l'auto*, qui ont eu à voter pour le système de chaque voiture. Nous devions prendre en considération ces critères:

- **La facilité d'utilisation et de compréhension**
- **La qualité graphique**
- **La rapidité de l'affichage**
- **L'ergonomie des commandes**
- **La qualité sonore du système audio.**

Ce barème devient obligatoire tant les systèmes diffèrent selon la marque... et même, quelquefois, entre un modèle haut de gamme et un d'entrée de gamme. Cette note aurait très bien pu se retrouver dans la section «sécurité» tellement certains systèmes demandent une attention soutenue pendant la conduite. Ces derniers sont ceux qui, en général, ont reçu les pires notes.

 APPRÉCIATION GÉNÉRALE 30%

Une Ferrari peut bien être des plus agréables à conduire, mais vivre avec elle au quotidien est une autre histoire... Il peut donc arriver qu'une voiture ait un 9/10 pour l'agrément de conduite et un 5/10 pour l'appréciation générale. Ou le contraire.

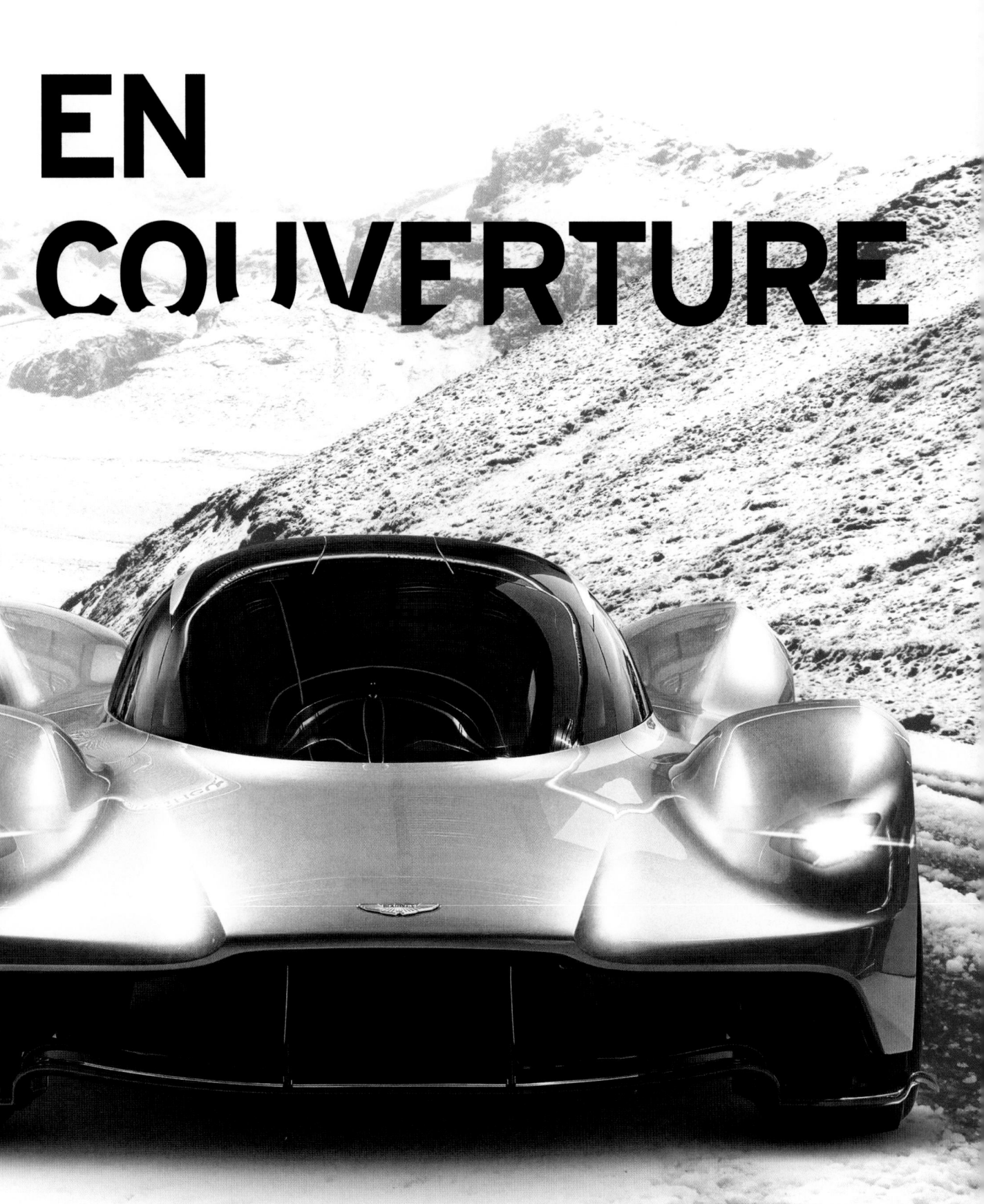

EN
COUVERTURE

ASTON MARTIN VALKYRIE
UNE F1 POUR LA ROUTE

Née d'un partenariat entre Aston Martin et l'écurie Red Bull de Formule 1, l'Aston Martin Valkyrie, vedette de la page couverture du présent Guide de l'auto, est une voiture dont le design représente un croisement entre une Formule 1 et une voiture de la catégorie LMP1 participant aux 24 Heures du Mans qu'il sera possible de conduire sur la route, rien de moins.

TEXTE: GABRIEL GÉLINAS   PHOTOS: ASTON MARTIN

La Valkyrie, d'abord connue sous le nom de code AM-RB 001, sera construite à 150 exemplaires seulement, qui seront suivis par 25 voitures conçues exclusivement pour la piste, et les livraisons débuteront en 2019. Prix ? Rien n'est fixé, mais on s'attend à ce que la facture dépasse allègrement les deux millions de dollars et qu'elle pourrait même atteindre les trois millions ! Chacune de ces voitures affiche un rapport poids / puissance voisin, semble-t-il, de 1 pour 1, soit un cheval-vapeur de puissance pour chaque kilo... Pour vous situer, chaque cheval-vapeur de l'Acura NSX doit traîner trois kilos, comme nous l'avons démontré dans le match comparatif des sportives. D'ailleurs, nous vous invitons à le consulter dans les prochaines pages !

La Valkyrie, au design hors du commun, est capable de générer une charge aérodynamique supérieure à 1 800 kilos à haute vitesse, sans l'aide d'un aileron arrière, grâce à des formes très évoluées ainsi qu'à des passages permettant à l'air de s'écouler presque au travers d'elle.

▲
L'Aston Martin Valkyrie doit beaucoup aux formule 1 dessinées par Adrian Newey, comme cette Red Bull.

À l'instar de la McLaren F1 à trois places, construite entre 1993 et 1998, l'Aston Martin Valkyrie est aussi l'œuvre d'un célèbre designer de voitures de course. La McLaren, dotée d'un V12 BMW, a été l'œuvre de Gordon Murray (Brabham et McLaren). La Valkyrie, elle, a été créée par Adrian Newey.

Si vous êtes un véritable adepte de Formule 1, le nom d'Adrian Newey – aérodynamicien puis designer de voitures de course – ne vous est pas inconnu. C'est à lui que l'on doit la March 881, qui était la plus rapide des F1 animées par un moteur atmosphérique en 1988, et qui a permis à l'écurie March Leyton House d'atteindre le podium à trois reprises. En 1991, il est recruté par Frank Williams pour créer les FW14 qui ont remporté sept victoires en Grand Prix. C'était le début de l'ère Williams en F1, ère qui s'est achevée en 1997 avec la conquête du championnat du monde par Jacques Villeneuve à bord de la FW19.

Newey passe ensuite chez McLaren où les succès arrivent rapidement, Mika Häkkinen remportant le titre avec la MP4/14 en 1999. En 2006, Adrian Newey rejoint l'écurie Red Bull et Sebastian Vettel gagnera trois championnats du monde des pilotes de F1 en 2010, 2011 et 2012 au volant des RB6, RB7 et RB8, toutes dessinées par Newey.

« **LA VALKYRIE** FERA APPEL À UNE **STRUCTURE** EN FIBRE DE **CARBONE** RÉALISÉE PAR LA **FIRME** CANADIENNE **MULTIMATIC.** »

La Valkyrie fera appel à une structure en fibre de carbone réalisée par la firme canadienne Multimatic, responsable de la structure de la récente Ford GT et qui a collaboré aux projets One-77 et Vulcan d'Aston Martin dans le passé. Elle sera animée par un V12 de 6,5 litres, assemblé par le constructeur de moteurs de course Cosworth, et sa puissance devrait se situer entre 900 et 1 000 chevaux. À cela, il faudra ajouter un système de récupération de l'énergie cinétique générée lors du freinage servant à alimenter les batteries développées par Rimac, ce qui permettrait techniquement à la Valkyrie de rejoindre le groupe sélect des supervoitures à motorisation hybride, que notre collègue Marc Lachapelle qualifie de «voitures hybrides pour milliardaires».

Impossible de vous montrer l'habitacle de ce modèle aux performances délirantes pour l'instant. Cependant, Aston Martin nous fait part d'un détail intéressant en précisant que tous les acheteurs de la Valkyrie devront se soumettre à un balayage en trois dimensions de leur corps afin de permettre la construction d'un siège parfaitement adapté à leur morphologie, rien de moins.

La commercialisation, si l'on peut s'exprimer ainsi dans le cas d'un modèle aussi rarissime que performant, est déjà commencée et parions que toutes les Valkyries trouveront preneur en raison d'une diffusion extrêmement limitée, faisant d'elles des classiques instantanés qui vaudront leur pesant d'or dans quelques années à peine. Elles seront sur la route dès 2019, et vous aurez peut-être la chance d'en apercevoir une rouler près de chez vous...

MATCHS
COMPARATIFS

LES SUPERSTARS S'AMUSENT !

NISSAN **GT-R**

CHEVROLET **CORVETTE GRAND SPORT**

Le balancier, vous connaissez? Celui qui revient toujours... Durant les années 60 et au début des années 70, la puissance des moteurs a connu une hausse exponentielle jusqu'à ce que de nouvelles normes de sécurité et environnementales viennent la stopper net. Il faudra attendre le début des années 2000 avant que le mot puissance puisse être prononcé en public sans risquer la flagellation.

Depuis près d'une dizaine d'années, la puissance des moteurs a connu une autre progression à la limite de la décadence. Une berline familiale à 300 chevaux? Il y en a des tonnes! Un VUS à 400 chevaux? Vous avez le choix.

PAR MATHIEU ST-PIERRE / ALAIN MORIN
PHOTOS : JEREMY ALAN GLOVER

JAGUAR **F-TYPE** SVR

ACURA **NSX**

Voilà qui explique en partie pourquoi la voiture la moins puissante du groupe que nous avons formé pour ce match ne fait « que » 460 chevaux ! Avons-nous atteint un sommet ? Sommes-nous rendus au « jusqu'à ce que... » ? De toute évidence non, et nous profitons pleinement de cette débauche de chevaux.

L'idée de ce match comparatif est venue à notre collègue Marc Lachapelle dès que Honda a enfin annoncé la production de sa supersportive, la NSX, la suite logique de la NSX qui avait hanté les ados et les amateurs de belles mécaniques entre 1990 et 2005. La NSX de seconde génération fait partie d'une nouvelle génération de sportives qui fait appel à un moteur à essence de moindre cylindrée assisté de moteurs électriques. Avant elle, des voitures comme la Ferrari LaFerrari, la McLaren P1 ou la Porsche 918 Spyder ont fait appel à une telle technologie, mais il s'agissait de voitures très exclusives qui commandaient un prix démentiel. La NSX sera produite en masse. Une petite masse, mais une masse quand même !

Sa configuration mécanique assure une puissance très élevée pour une consommation moindre et une adhérence maximale puisque chacun des deux moteurs électriques gère une roue avant (en tout, il y a trois moteurs électriques). Rien de tel que l'épreuve ultime, la piste, pour voir comment elle se comporte.

Pour l'affronter, la Chevrolet Corvette s'est imposée. Respectant à la lettre son passé, la Corvette demeure un monstre de puissance, mû par les roues arrière. Ses 460 chevaux vont-ils pouvoir se mesurer aux 573 de la NSX ?

Entre la techno japonaise et le gros cube américain, il y a une foule d'interprétations de ce que devrait être une voiture de haute performance. En 2009, la Nissan GT-R débarquait au Canada, précédée d'une enviable réputation et adulée par une génération d'amateurs de jeux vidéo comme *Gran Turismo* et *Need for Speed*. Même si elle a perdu son aura d'icône depuis quelques années, la foudroyante puissance de son V6 et son rouage intégral font de la GT-R une bête qu'il convenait d'inviter à notre match comparatif.

Ces trois voitures ont été construites dans le but d'être supra-performantes. Tout en elles a été pensé pour une conduite à la limite. Qu'en serait-il d'une voiture qui, à la base, a été conçue davantage pour une utilisation sportive au quotidien, loin des circuits ? Une telle voiture, amenée à près de 600 chevaux, verrait-elle son châssis tordre sous l'effet des incroyables forces émises par un tel déferlement de puissance ? Sa liaison au sol serait-elle convenable ? Bienvenue à la Jaguar F-TYPE SVR !

Pour voir de quoi il en retournait, nous nous sommes rendus au complexe de sport motorisé Mécaglisse, à Notre-Dame-de-la-Merci, dans les belles Laurentides, là où les moustiques nous ont attaqués comme si nous étions les derniers humains sur Terre. Pour les besoins d'un tel match comparatif mettant aux prises des autos sport aguerries, nous avions besoin d'un pilote aguerri. Les journalistes-pilotes du *Guide* étant tous partis essayer des voitures aux quatre coins du globe, nous avons demandé à Philippe Létourneau, l'un des instructeurs de course les mieux cotés au Canada, de se joindre à nous pour pousser chacune de nos voitures à son extrême limite.

De prime abord, le circuit de Mécaglisse nous apparaissait un peu trop serré pour des voitures aussi puissantes, mais nos appréhensions ont été balayées du revers de la main dès les premiers tours de Philippe. En plus d'évoluer dans un décor quasiment paradisiaque, la piste est dans un était impeccable et Franck, le propriétaire, est éminemment sympathique et toujours prêt à nous donner un coup de main. Ça valait bien le détour !

Comme vous le remarquerez, nous n'avons pas évalué ces quatre voitures selon les critères habituels de nos matchs comparatifs. Au volant de tels parangons de puissance, des éléments comme la finition, la contenance du coffre ou le système audio deviennent très, très secondaires. Puisque ces voitures sont créées dans le seul but de procurer des sensations fortes, nous avons préféré donner des points à ce qui compte vraiment. C'est ainsi que les sections Conduite et Performances mesurées se taillent la part du lion, soit 400 points sur 500. Ou 80 % des points. Car sur une piste de course, un système de navigation, une caméra de recul et de belles petites moulures sont inutiles...

Encore une fois, les auteurs du *Guide de l'auto* se sont sacrifiés pour vous permettre de mieux cerner ces superstars qui allient savoir-faire technique et émotions, à différents degrés. C'est bien parce qu'on vous aime...

1re

ACURA **NSX**

| POINTAGE | 425,9 points |
| PRIX DE LA VERSION ESSAYÉE | 232 195 $ |

MAÎTRESSE DE LA TECHNIQUE... MAIS FROIDE

L'Acura NSX est extraordinairement compétente, autant sur la route que sur la piste. Elle est très puissante, confortable sur la voie publique et dotée d'une tenue de route superlative. Si elle accélère comme un missile, merci à ses moteurs électriques dont le couple maximal est atteint dès que l'on enfonce l'accélérateur, elle brille surtout en reprises. Lors de sorties de courbe, c'est la meilleure!

Toutefois, la sonorité de son moteur à essence, situé à quelques centimètres des oreilles, n'a impressionné personne. Lorsque le V6 entre en action, prenant le relais ou s'unissant aux moteurs électriques, on est surpris par la cacophonie. Au moins, la NSX a été la plus frugale du lot.

Même si l'été ne faisait que débuter lors de ce «comparo», Michel Deslauriers se demandait quel serait le comportement de la NSX en plein hiver. Après tout, c'est une intégrale! Tous ont déploré son système multimédia trop complexe, mais ont salué la visibilité tout le tour. Mathieu St-Pierre se demande si la configuration hybride à 200 000$ ne positionne pas la NSX dans un entre-deux inconfortable. D'un côté, il y a les voitures sport entre 100 000$ et 150 000$ et de l'autre, celles qui dépassent 250 000$.

Sur la piste avec Philippe Létourneau: «La tenue de route est superbe, mais la voiture pourrait pointer mieux en entrée de courbe, elle sous-vire et l'avant ne tourne pas suffisamment vite. Cela est dû à une suspension trop rigide. Quand on relâche les freins, l'avant se relève trop rapidement, ce qui fait perdre de la traction. Il est surprenant que l'on ne retrouve pas de mode de conduite Custom ou Individuel, comme c'est souvent le cas, ce qui permettrait d'adopter des réglages de suspension un peu moins fermes. Le freinage est superefficace».

S'il n'y avait que la route... l'Acura NSX serait le choix numéro un de deux essayeurs et le choix numéro deux des deux autres.

CHEVROLET
CORVETTE GRAND SPORT

POINTAGE	**421,8 points**
PRIX DE LA VERSION ESSAYÉE	**114 615 $**

À PRENDRE AVEC DES GANTS BLANCS

La Grand Sport se veut la solution du juste milieu dans le petit monde de la Corvette. Elle a plusieurs attributs de la très puissante Z06, mais sans le moteur. Ainsi, avec sa suspension magnétique, ses pneus de performance, ses freins plus puissants et son différentiel à verrouillage électronique, ses 460 chevaux peuvent être exploités à leur maximum !

Les plus perspicaces auront remarqué un temps d'accélération entre 0 et 100 km/h de 4,7 secondes, loin des 3,6 promis par Chevrolet. Il y a plusieurs explications à cette « contreperformance ». Premièrement, Chevrolet a effectué un 0-60 mi/h, soit 0-96 km/h. Aussi, le temps canon de Chevrolet a sans doute été réalisé par une température et une pression barométrique parfaites pour la mécanique et les pneus. Enfin, Philippe nous faisait remarquer que les pneus de performance, des Michelin Pilot Sport Cup 2, mordent énormément. À tel point qu'il est difficile de les faire patiner juste assez pour un départ canon idéal et lors des premiers essais, les pneus patinaient trop ou pas assez. Il faudrait plusieurs essais avant de trouver la modulation parfaite de l'embrayage. Parlant de ces pneus, Mathieu fait remarquer qu'il en faudrait un jeu pour la route, question de conserver les Cup 2 (et la carrosserie de la voiture !) pour la piste. Car sous la pluie avec ces pneus, on apprend vite à être délicat avec l'accélérateur...

Sur la piste avec Philippe Létourneau : « Wow, c'est la voiture la plus le fun du groupe ! La position de conduite est excellente (meilleure que celle de la NSX), tout comme les freins. Le pédalier est parfait pour la technique du talon-pointe et je ne me suis jamais servi du "Rev Match" (NDLR une fonction activée par des palettes au volant permettant des montées en révolution lors des freinages. Ainsi, tout le monde peut avoir l'air d'un pro sans rien y connaître en matière de talon-pointe...). C'est la voiture des extrêmes. Elle est la plus agréable sur la piste et la plus désagréable sur la route ».

S'il n'y avait que la route... la Corvette serait le troisième choix de la plupart des essayeurs, un l'ayant même reléguée à la dernière place.

3e

JAGUAR **F-TYPE** SVR

POINTAGE	396,5 points
PRIX DE LA VERSION ESSAYÉE	145 254 $

CIVILISÉE OU FOLLE

C'est la surprise du match! Et une surprise agréable, en plus! Alors que l'on croyait avoir affaire à une voiture désagréable sur la route et pataude sur la piste, ce ne fut pas le cas. Il y a tout d'abord la sonorité, absolument sublime, de son V8 5,0 litres surcompressé qui envahit l'habitacle à la moindre accélération et fait retourner les passants à tout coup. La division Special Vehicle Operations de Jaguar a bien fait son travail!

Cette F-TYPE d'enfer présente un habitacle plutôt confortable, quoique plutôt spartiate, mais son système multimédia est loin d'être aussi au point que la mécanique! L'assemblage de notre modèle d'essai n'était pas parfait, pas raté non plus cependant.

Même si elle n'est pas à double embrayage, la boîte automatique mérite une pluie d'éloges autant par la rapidité des changements de rapports que parce qu'elle trouve toujours le bon, peu importe le style de conduite. Les freins et la direction ont aussi fait une très forte impression sur les essayeurs. Sur la piste, une fois le mode Race enclenché, le rouage intégral se comporte comme une pure propulsion.

Curieusement, cette Jaguar est arrivée dernière à la ligne «Moteur», plus subjective, alors que les données mesurées relativisent les choses. Les données mesurées sont implacables alors que le pointage de la ligne «Moteur» tient davantage compte de la façon dont la puissance est livrée, plus que des chiffres.

Sur la piste avec Philippe Létourneau: «C'est vraiment une voiture *old school!* Hyperpuissante et lourde, cependant, elle pointe très bien en virage: on peut la placer où l'on veut en jouant de l'accélérateur. La gestion de l'antiblocage est excellente et je pouvais freiner très tard pour donner plus de traction à l'avant (NDLR *trailbraking* en bon français). Quand on est à la limite, on se sent beaucoup plus en sécurité dans cette Jaguar que dans la GT-R, par exemple. Cette voiture me fait penser aux anciennes Mustang 5,0 litres!»

S'il n'y avait que la route... la F-TYPE serait le premier choix de deux essayeurs, ex aequo avec la NSX. Pas de chicane!

NISSAN **GT-R**

LA MAGIE NE FONCTIONNE PLUS

POINTAGE **364,8 points**

PRIX DE LA VERSION ESSAYÉE **127 600 $**

La GT-R est arrivée dernière. Mais, elle s'est permis de remporter un élément, et pas le moindre, celui du moteur. Car du moteur, elle en a! Son V6 3,8 litres biturbo n'est pas le plus puissant des quatre, mais ses chevaux déferlent avec une telle constance qu'il abat le 0-100 km/h en 3,3 secondes, battant le chrono de la NSX par 0,3 seconde. Ce n'est pas rien, surtout à moins de 130 000 $! Puisque la GT-R était la plus lourde du lot, cela veut dire que la liaison au sol est exceptionnelle.

La boîte de vitesses, autrefois un symbole de brusquerie, s'est grandement améliorée avec le temps, mais elle n'est pas parfaite et a conservé un zeste de son côté brutal. Comme le fait remarquer Michel «À basse vitesse, elle se conduit comme un *truck*.» La direction n'est pas optimale non plus. Mathieu note: «Au centre et dans les premiers degrés de rotation du volant, il y a peu de résistance, mais la direction s'alourdit par la suite». En général, par contre, la GT-R a déçu. Son style fait encore tourner les têtes, néanmoins, il n'a plus ce petit je-ne-sais-quoi de ses débuts. L'habitacle, revu l'an dernier, est nettement plus moderne et moins kitsch qu'avant. Malgré cela, il demeure petit comparativement aux dimensions de la voiture. Pour toutes ces raisons, elle a été le dernier choix personnel de chacun des essayeurs.

Sur la piste avec Philippe Létourneau: «Tout d'abord, il faut dire que la piste de Mécaglisse n'est pas la meilleure pour exploiter la GT-R. Son point fort est la puissance de son moteur, mais on peut difficilement l'exploiter ici. Au moins, il y a beaucoup de couple à bas régime, ce qui aide à la relance lors des sorties de courbe. Son point faible concerne les freins, passablement sollicités sur une courte piste serrée. En plus, son poids élevé ne l'aide pas. L'antiblocage est plus ou moins bien calibré et en freinage tardif, l'arrière devient très sensible. En fait, c'est un "char de drag"!»

S'il n'y avait que la route... la pauvre GT-R ne ferait pas beaucoup de kilométrage! Un seul de nos essayeurs ne l'a pas classée en dernière position, trouvant que la Corvette GS serait un pire choix.

ET APRÈS LE MATCH?

Ben, après le match, on retourne chez nous. Sous la grosse pluie battante. Le chanceux qui s'est retrouvé avec la Corvette a dû user de délicatesse (et des contrôles électroniques) pour compenser la capacité d'évacuation d'eau quasi nulle des Cup 2 qui équipaient sa voiture. Il avait d'ailleurs l'impression de conduire sur de la glace vive par une journée de grand vent.

Toutefois, nous savons que ce n'est pas ce que vous voulez savoir! Tout d'abord, si l'on s'amuse à faire quelques calculs, on découvre que l'argent ne peut tout acheter. L'Acura NSX, la plus dispendieuse du lot, n'était pas la plus puissante. Cet honneur revient à la Jaguar F-TYPE SVR. Voici d'ailleurs le résultat d'un calcul du rapport prix/puissance (combien coûte chaque cheval):

Acura **NSX**:	232 195 $ pour 573 chevaux = **405 $/cheval**
Chevrolet **Corvette Grand Sport**:	114 615 $ pour 460 chevaux = **249 $/cheval**
Jaguar **F-TYPE SVR**:	145 254 $ pour 575 chevaux = **253 $/cheval**
Nissan **GT-R**:	127 600 $ pour 565 chevaux = **226 $/cheval**

Bien entendu, personne ne fait un tel calcul avant d'acheter une voiture sport! Toutefois, l'exercice est intéressant et permet de constater que le meilleur rapport prix/puissance appartient à la dernière voiture du classement, la GT-R. À titre d'exemple, le rapport prix/puissance d'une Toyota Corolla de base est... 18 404 $ pour 132 chevaux = **139 $/cheval**. Donc, il est plus avantageux de faire l'achat d'une Corolla!

Un autre calcul intéressant, et sans doute plus pertinent, celui du rapport poids/puissance (combien chaque cheval doit-il traîner):

Acura **NSX**:	1 725 kilos pour 573 chevaux = **3,0 kilos/cheval**
Chevrolet **Corvette Grand Sport**:	1 555 kilos pour 460 chevaux = **3,4 kilos/cheval**
Jaguar **F-TYPE SVR**:	1 705 kilos pour 575 chevaux = **3,0 kilos/cheval**
Nissan **GT-R**:	1 784 kilos pour 565 chevaux = **3,2 kilos/cheval**
Toyota **Corolla**:	1 265 kilos pour 132 chevaux = **9,6 kilos/cheval**

Finalement, la Corolla n'est pas si avantageuse que ça! La NSX et la F-TYPE offrent donc le meilleur rapport poids/puissance.

Au-delà de ces statistiques, un fait demeure : nos quatre bolides (et plusieurs autres) sont des voitures-cadeaux, le genre de bagnole que l'on se procure pour avoir du plaisir et parce que l'on a les moyens de le faire. D'ailleurs, une personne qui possède une telle sportive a déjà un ou deux autres véhicules dans le garage, dont au moins un VUS pour l'hiver.

Notre match à quatre voitures a fait ressortir quatre personnalités différentes. Avant de dépenser une fortune pour se faire un petit cadeau, il convient donc de bien cerner ses goûts et ses besoins. Entre l'efficacité sur piste de la Corvette GS et les super chronos de la GT-R, il y a une kyrielle de créations répondant à une kyrielle de goûts. Pensez aux Aston Martin DB11, Audi R8, BMW M6, Chevrolet Camaro ZL1, Dodge Challenger SRT Hellcat (et Demon tant qu'à y être), Ford Mustang Shelby GT350, Lexus LC 500, McLaren 570S, Mercedes-AMG GT S ou Porsche 911, parmi tant d'autres. Ce n'est pas le choix qui manque.

50 ans plus tard, la course aux chevaux bat encore son plein. Mais cette fois, les voitures ne sont pas que des monstres d'accélération incapables de freiner ou de tourner. Elles se sont incroyablement raffinées et sont aussi sécuritaires qu'une berline compacte (avec des pneus appropriés, de dire celui qui a conduit la Corvette sous la pluie). En cinq décennies, nous sommes passés de la voiture puissante à la voiture sport, ce qui est très différent.

Le marché de la voiture sport est en pleine santé et les modèles qui le constituent sont diversifiés et invariablement spectaculaires. L'automobile, c'est aussi ça.

L'équipe du *Guide de l'auto* tient à remercier le complexe motorisé Mécaglisse de l'avoir accueillie encore cette année. Situé dans un décor paradisiaque à Notre-Dame-de-la-Merci (on se croirait plus au Nevada que dans les Laurentides !), ce haut-lieu du plaisir automobile présente une piste assez courte qui commande de fortes compétences en pilotage, surtout pour des voitures du gabarit des nôtres. La piste est parfaitement lisse et comprend plusieurs virages différents. Enfin, le propriétaire, Franck Kirchhoff, est un gentleman, toujours là pour donner un coup de main, sourire en prime. Merci Franck !

**Mécaglisse
1253, chemin Dufresne
Notre-Dame-de-la-Merci, Qc
J0T 2A0
819 424-3324
www.mecaglisse.com**

MICHEL **DESLAURIERS**

ALAIN **MORIN**

JEAN-CHARLES **LAJEUNESSE**

PHILIPPE **LÉTOURNEAU**

MATHIEU **ST-PIERRE**

PHILIPPE LÉTOURNEAU

Les journalistes automobiles du *Guide de l'auto* ont tous, un jour ou l'autre, participé à des écoles de conduite avancée, ou même de pilotage. D'ailleurs, certains d'entre nous détiennent une licence de pilote. Si nous avons tous acquis des notions importantes de pilotage, c'est bien grâce à des gens comme Philippe Létourneau.

Philippe est pratiquement né avec un volant entre les mains ! Il avait à peine terminé l'école primaire qu'il démontrait déjà un talent impressionnant. Quelques années plus tard, on le retrouve au volant de Formule 1600 et 2000. Puis, il court en Champ Car Light et Daytona Prototype, entre autres... Le triomphe ne se fait pas attendre et il monte sur le podium pratiquement une fois sur trois.

Son talent et son entregent incontestables, l'ont amené à entreprendre une carrière comme instructeur-chef pour plusieurs écoles, dont la légendaire Jim Russel Racing School, en plus du BMW Driver Training et du Ferrari Driving Experience.

Philippe réalise son coup de maître lorsqu'il se joint à l'équipe de Canada's Worst Driver en 2007. L'émission, diffusée sur Discovery, et en français sur Z télé, connaît un franc succès, grâce, en bonne partie, à l'implication de notre ami Phil. On imagine bien que ses étés sont plutôt occupés, mais il a réussi à trouver une journée de congé pour... piloter, pour *Le Guide de l'auto* cette fois !

Nous avons été honorés d'avoir un pilote de la trempe de Phil avec nous et le remercions de sa participation et de ses commentaires indispensables.

RANG		ACURA NSX	CHEVROLET CORVETTE GRAND SPORT	JAGUAR F-TYPE SVR	NISSAN GT-R
		1	**2**	**3**	**4**
DESIGN / STYLE					
Extérieur (silhouette, proportions, originalité, style, attrait visuel pur)	/20	**16,5**	16,0	14,8	12,8
Intérieur (design, couleurs, style, originalité, agencement des matériaux)	/20	**15,3**	14,8	14,8	13,0
	/40	31,8	30,8	29,5	25,8
CONFORT / ERGONOMIE					
Sièges (accès, position de conduite, ajustements, confort, etc.)	/15	12,0	**12,4**	12,2	11,4
Ergonomie (facilité d'atteindre les commandes, douceur, précision)	/10	7,8	**7,9**	7,3	7,1
Visibilité (surface vitrée, largeur des montants, rétroviseurs, angles morts)	/10	**7,9**	6,9	6,8	7,1
	/35	27,7	27,1	26,2	25,6
CONDUITE					
Tenue de route (équilibre, agilité, adhérence, marge de sécurité, etc.)	/40	**34,0**	33,5	32,5	29,0
Moteur (puissance, couple à bas/haut régime, réponse, sonorité, etc.)	/40	**33,5**	**33,5**	31,0	32,5
Direction (précision, *feedback*, résistance aux secousses, braquage)	/40	**34,5**	**34,5**	31,5	29,0
Freins (sensations, modulation, constance, performances, résistance)	/40	34,0	**35,5**	31,0	28,5
Transmission (précision, rapidité, étagement, douceur, embrayage)	/40	**33,5**	**33,5**	30,5	29,0
Qualité de roulement (silence, suspension, solidité structurelle, etc.)	/10	**8,4**	7,1	8,1	7,4
	/210	177,9	177,6	164,6	155,4
PERFORMANCES MESURÉES					
tour de piste	/50	47,5	**48,5**	45,0	41,0
Accélération 0-100 km/h	/40	**30,0**	28,0	28,8	**30,0**
Freinage 100-0 km/h	/40	32,8	**39,2**	32,8	32,8
Reprises 80-120 km/h	/40	**39,2**	37,2	37,2	34,4
Consommation	/15	**12,5**	8,4	10,8	9,9
	/185	162,0	161,3	154,6	148,1
AUTRES CLASSEMENTS					
Choix des essayeurs	/30	**26,7**	25,0	21,6	10,0
POINTAGE FINAL	/500	**425,9**	421,8	396,5	364,8

FICHES TECHNIQUES

	ACURA NSX	CHEVROLET CORVETTE GRAND SPORT	JAGUAR F-TYPE SVR	NISSAN GT-R
RANG	1	2	3	4
Emp. / lon. / haut. (mm)	2 629 / 4 470 / 1 214	2 710 / 4 519 / 1 234	2 622 / 4 475 / 1 311	2 780 / 4 710 / 1 370
Lar. (avec / sans rétros) (mm)	2 217 / 1 940	n.d. / 1 966	2 042 / 1 923	n.d. / 1 895
Voie av. / ar. (mm)	1 656 / 1 617	1 613 / 1 588	1 585 / 1 611	1 590 / 1 600
Poids	1 725 kg	1 555 kg	1 705 kg	1 784 kg
Répartition (av. / ar.)	42 / 58 %	n.d.	n.d.	54 / 46 %
Coussins de sécu. / places	6 / 2	4 / 2	4 / 2	6 / 4
Coffre min. / max.	110 litres	425 litres	408 litres	249 litres
Boîte de vit. / rapports	Auto / 9	Man / 7	Auto / 8	Auto / 6
Rouage	Intégral	Propulsion	Intégral	Intégral
Moteur	V6 / 3,5 litres	V8 / 6,2 litres	V8 / 5,0 litres	V6 / 3,8 litres
Puissance (à tr/min.)	500 ch. à 6 500	460 ch. à 6 000	575 ch. à 6 500	565 ch. à 6 800
Couple (à tr/min.)	406 lb-pi à 2 000 - 6 000	465 lb-pi à 4 600	516 lb-pi à 3500 - 5 000	467 lb-pi à 3 300 - 5 800
Alimentation	Turbo.	Atmos.	Surcomp.	Turbo.
Carburant, type / qté	Super / 59 litres	Super / 70 litres	Super / 70 litres	Super / 74 litres
Moteur (électrique) arrière	1	Sans objet	Sans objet	Sans objet
Puiss. max. (à tr/min.)	47 ch. à 3000	Sans objet	Sans objet	Sans objet
Couple max. (à tr/min.)	109 lb-pi à 500 - 2000	Sans objet	Sans objet	Sans objet
Moteur (électrique) avant	2	Sans objet	Sans objet	Sans objet
Puiss. max. (à tr/min.)	36 ch. à 3000 x 2	Sans objet	Sans objet	Sans objet
Couple max. (à tr/min.)	54 lb-pi à 0 - 2000 x 2	Sans objet	Sans objet	Sans objet
Puiss. combinée / couple	573 ch / 476 lb-pi	Sans objet	Sans objet	Sans objet
Batterie, type / refroid.	Lithium-ion / Liquide	Sans objet	Sans objet	Sans objet
Suspension avant	Ind. bras inégaux	Ind. bras inégaux	Ind. double triangulation	Ind. double triangulation
Suspension arrière	Ind. multibras	Ind. bras inégaux	Ind. double triangulation	Ind. multibras
Freins (type x qté)	Disque x 4	Disque x 4	Disque x 4	Disque x 4
Freins diamètre (av. / ar.)	370 / 360 mm	394 / 380 mm	381 / 376 mm	391 / 381 mm
Pneus (av. / ar.)	P245/35ZR19 - P305/30ZR20	P285/30ZR19 - P335/25ZR20	P265/35ZR20 - P305/30ZR20	P255/40ZRF20 - P285/35ZRF20
Pneus Marque/modèle	Continental Conti SP Contact	Michelin Pilot SP Cup 2	Pirelli P Zero	Dunlop SP Sport Maxx GT600 DSST
Direction	Crémaillère, assist. vari. électri.	Crémaillère, assist. vari. électri.	Crémaillère, assist. vari. électri.	Crémaillère, assist. vari.
Diamètre de braquage	12,1 m	11,5 m	11,3 m	11,2 m
Cons. RNC (vil / rte / comb. l/100 km)	11,1 / 10,8 / 11,0	15,6 / 10,6 / 13,4	16,2 / 8,5 / 12,7 (estimé)	14,5 / 10,7 / 12,8
Émissions CO_2 RNC	261 g/km	312 g/km	298 g/km (estimé)	300 g/km
Prix de base	189 900 $	75 895 $	139 500 $ (2017)	125 000 $
Prix modèle essayé	232 195 $	114 615 $	145 254 $ (2017)	127 600 $
Lieu de fabrication	Marysville, OH	Bowling Green, KY	Birmingham, GB	Tochigi, JP
Garantie (ans/km)	4 / 80 000 - 5 / 100 000	3 / 60 000 - 5 / 160 000	4 / 60 000 - 5 / 80 000	3 / 60 000 - 5 / 100 000
Consommation calculée (l/100 km)	14,3	18,5	18,0	18,1
Moyenne afficheur (l/100 km)	13,3	18,0	15,7	16,4
0-100 km/h (16 - 19°C)	3,6 s	4,7 secs	4,0 s	3,3 s
80-120 km/h (16 - 19°C)	2,8 s	3,5 s	3,5 s	4,1 s
100-0 km/h (16 - 19°C)	35,7 m	30,1 m	35,5 m	35,4 m
Vitesse maxi (constructeur)	307 km/h	n.d.	322 km/h	315 km/h
Piste (mm:ss.00)	00:47,92	00:47,25	00:49,12	00:49,96

RAPPORT POIDS/PUISSANCE
COMBIEN DE KILOS CHAQUE CHEVAL DOIT TIRER (KILO/CHEVAL)

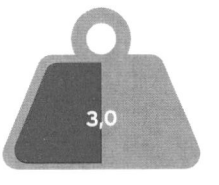

ACURA **NSX** — 3,0

JAGUAR **F-TYPE SVR** — 3,0

NISSAN **GT-R** — 3,2

CHEVROLET **CORVETTE GRAND SPORT** — 3,4

FREINAGE 100-0 KM/H
(EN MÈTRES)

CHEVROLET **CORVETTE GRAND SPORT**	30,1
NISSAN **GT-R**	35,4
JAGUAR **F-TYPE SVR**	35,5
ACURA **NSX**	35,7

PUISSANCE
(EN CHEVAUX)

JAGUAR **F-TYPE SVR**	575
ACURA **NSX**	573*
NISSAN **GT-R**	565
CHEVROLET **CORVETTE GRAND SPORT**	460

*PUISSANCE COMBINÉE

COUPLE
(EN LIVRES-PIED)

JAGUAR **F-TYPE SVR**	516
ACURA **NSX**	476**
NISSAN **GT-R**	467
CHEVROLET **CORVETTE GRAND SPORT**	465

**COUPLE COMBINÉ

CONSOMMATION OBSERVÉE (l/100 KM)
PISTE/ROUTE COMBINÉ

ACURA **NSX**	14,3
JAGUAR **F-TYPE SVR**	18,0
NISSAN **GT-R**	18,1
CHEVROLET **CORVETTE GRAND SPORT**	18,5

CHRONO CIRCUIT ROUTIER DE MÉCAGLISSE
(EN SECONDES)

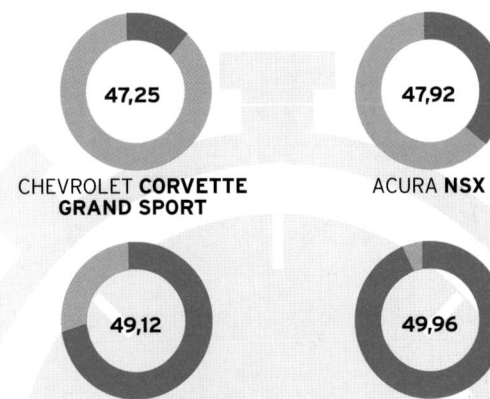

47,25 — CHEVROLET **CORVETTE GRAND SPORT**

47,92 — ACURA **NSX**

49,12 — JAGUAR **F-TYPE SVR**

49,96 — NISSAN **GT-R**

LES ENTRE-DEUX

CHRYSLER **PACIFICA**

CHEVROLET **VOLT**

FORD **FUSION ENERGI**

C'est le temps de changer de véhicule, et l'on veut bien afficher une volonté de réduire notre empreinte écologique, tout en économisant du carburant, sans toutefois changer drastiquement nos habitudes de conduite et notre train de vie. Une voiture 100 % électrique serait parfaite pour cesser de financer les pétrolières polluantes, mais son prix élevé et son autonomie somme toute limitée nous empêchent de faire le saut, et ce, malgré les rabais proposés par le gouvernement du Québec à l'achat de ce type de véhicule. Une voiture hybride peut aussi s'avérer intéressante, mais dans plusieurs cas, son économie de carburant est à peine plus élevée que celle de ses contreparties à motorisation conventionnelle. Et depuis avril 2017, on n'a même plus droit au rabais de 500 $ accordé par le gouvernement...

PAR MICHEL DESLAURIERS
PHOTOS : MARIUS EDUARD LAITA

FORD
C-MAX ENERGI

TOYOTA
PRIUS PRIME

BMW **330e**

L'entre-deux, c'est la voiture hybride rechargeable. À son bord, on peut se rendre où l'on veut en faisant le plein d'essence, mais sur de courtes distances autour de la ville, elle peut effectuer le trajet sans dépenser une goutte de carburant. Le hic, c'est son prix plus élevé par rapport aux simples hybrides, mais depuis quelques années, le gouvernement québécois propose un rabais à l'achat ou au financement pouvant atteindre 4 000 $. Et parfois 8 000 $ dans certains cas. Autrement dit, on se retrouve avec une hybride rechargeable pour le prix d'une simple hybride à équipement égal, ou presque. On peut même obtenir un crédit lors de l'achat et de l'installation d'une borne de recharge à la maison.

Un autre avantage des véhicules hybrides rechargeables, au même titre que les véhicules 100 % électriques, c'est qu'on leur permet d'utiliser les voies réservées au covoiturage sur certains tronçons routiers de la province, comme sur l'autoroute des Laurentides (A-15) de Montréal à Laval ou sur l'autoroute Robert-Bourassa (A-740) à Québec. Ils ont également un accès gratuit aux ponts à péage, comme les autoroutes 25 et 30, et aux services de traversiers payants de la Société des traversiers du Québec, comme celui reliant Québec et Lévis.

Après avoir comparé des voitures 100 % électriques dans *Le Guide de l'auto 2017*, le temps est donc venu de faire un tour d'horizon des modèles hybrides rechargeables sur le marché, en se limitant toutefois à des véhicules relativement abordables. Ford en commercialise deux, la Fusion et le C-MAX, tous les deux équipés du même groupe motopropulseur. Fiat Chrysler Automobiles a récemment lancé une version hybride rechargeable de sa fourgonnette Pacifica, tout comme BMW avec la berline 330e et Toyota avec la nouvelle Prius Prime. Et même si elle dispose d'une motorisation techniquement plus complexe, la Chevrolet Volt peut être considérée comme une voiture électrique à autonomie prolongée ou comme une hybride rechargeable, alors on l'a également invitée au match.

Nous avons aussi lancé une invitation à la Hyundai Sonata, la Kia Optima et l'Audi A3 Sportback, toutes les trois disponibles avec des motorisations rechargeables, mais elles n'étaient malheureusement pas libres. D'autres modèles auraient pu s'ajouter à notre groupe, tel que le MINI Countryman, la Honda Clarity, le Kia Niro et la Hyundai Ioniq, tous des nouveautés pour 2018 au Canada, mais ils n'étaient pas encore arrivés au pays à temps pour notre match. Il y a aussi le Mitsubishi Outlander PHEV présenté une fois de plus au Salon de l'auto de Montréal en janvier 2017, mais dont la mise en vente tarde à se confirmer pour le Canada.

Notre sextuor d'hybrides rechargeables a fini par être un mélange diversifié de véhicules, soit une berline sportive de luxe, une berline intermédiaire populaire, un véhicule multi-usage compact, deux voitures écolos dédiées et une fourgonnette. Nous avons pris la route afin d'évaluer l'efficacité de leurs motorisations en mode 100 % électrique et hybride, mais aussi leur autonomie en conduite réelle ainsi que leur utilisation au quotidien, en tenant compte de leur prix et de leur mission.

Notre match s'est déroulé sur deux jours au mois de mai 2017, sous un ciel nuageux et la température oscillait autour de 12 degrés Celsius, et tous les véhicules ont été chargés à bloc avant de prendre la route lors des deux matins. La première journée était consacrée à effectuer un trajet autour de Montréal, avec un saut sur l'autoroute pour effectuer des boucles de conduite à Laval, permettant à chaque essayeur de parcourir le même circuit dans chaque véhicule. Une journée composée donc à 75 % de circulation urbaine. La deuxième journée, notre groupe a effectué un aller-retour de Montréal à Saint-Eustache, le trajet étant composé à 75 % d'autoroute. Le tout, bien sûr, en respectant les limites de vitesse.

Sans plus tarder, le classement.

1re

CHRYSLER
PACIFICA HYBRIDE

POINTAGE	**409,8 points**
PRIX DE LA VERSION ESSAYÉE	**56 495 $**

LA SURDOUÉE

Sacrée championne de sa catégorie dans *Le Guide de l'auto 2017*, il était tout indiqué d'inclure la Pacifica dans ce match. Cette fourgonnette hybride rechargeable a impressionné nos essayeurs par l'efficacité de sa motorisation, et surtout, par le peu de compromis requis pour transporter la famille écologiquement.

Au chapitre de la polyvalence, la seule différence tangible, c'est que les sièges de deuxième rangée ne peuvent plus se rabattre dans le plancher, devenu la demeure du bloc de batteries. Son autonomie estimée de 53 km en mode 100 % électrique lui permet de couvrir de petites distances, comme amener les enfants au cinéma ou à la pratique de hockey, en passant par l'épicerie, sans dépenser une goutte d'essence.

À la fin de nos essais, on s'est retrouvé avec une moyenne de consommation de 6,5 l/100 km, excellente pour une fourgonnette sept passagers. Et ce, avec l'agrément d'une bonne puissance sous le pied droit ainsi que des freins efficaces. Le système hybride se gère par lui-même, donc pas de boutons pour choisir un mode de conduite spécifique. C'est bon ou mauvais, selon les goûts des conducteurs, mais le tout s'est avéré très agréable durant le match.

L'habitacle a également épaté le groupe par son design chic, la qualité des matériaux, la belle sonorité de la chaîne audio et le système multimédia Uconnect facile à utiliser. En revanche, la console centrale à l'avant s'est trouvé peu d'admirateurs. «Peu pratique, design creux qui ne permet pas d'y cacher ses objets de valeur» a noté Daniel.

Évidemment, toute cette polyvalence et cette liste de caractéristiques exhaustives résultent en un prix assez élevé, mais pour 2018, la Pacifica hybride est maintenant offerte en déclinaisons moins dispendieuses, et avec le rabais de 8 000 $ du gouvernement, le tarif devient drôlement intéressant.

BMW 330e

LA SPORTIVE

POINTAGE **400,8 points**
PRIX DE LA VERSION ESSAYÉE **60 800 $**

Il faut l'avouer, cette Série 3 hybride rechargeable a probablement terminé deuxième au classement en nous séduisant par sa tenue de route et ses performances, même si personne ne l'a choisie comme étant son véhicule préféré du groupe. En tout cas, ce n'est pas son autonomie en mode 100 % électrique, estimée à 21 km à peine, qui nous a éblouis.

La 330e respecte la philosophie de la marque allemande en matière de comportement routier. De plus, les transitions entre la conduite 100 % électrique et hybride sont transparentes, ce qui nous a plu. Comme tout modèle BMW, celui-ci nous donne envie de rouler plus vite, nuisant évidemment à la consommation, comme en témoigne sa moyenne calculée. Le plus âgé d'entre nous a toutefois trouvé la voiture « trop sportive » à son goût.

La présentation intérieure est sobre, un peu trop peut-être, mais l'exécution est sans faille. Le système iDrive est un charme avec sa molette multifonction et ses boutons principaux bien répartis. Par contre, des essayeurs ont noté un manque de soutien latéral sur les sièges avant – inhabituel pour une BMW.

C'est une berline compacte, alors on doit s'attendre à un espace restreint pour les passagers arrière. « Il est difficile de débarquer dû à l'étroitesse de la porte et le plancher avancé par rapport à celle-ci », a gribouillé votre humble serviteur dans son calepin de notes. Cependant, même si le coffre est réduit comparé à celui de la berline de Série 3 conventionnelle, son volume est beaucoup plus grand et utilisable que celui de la Fusion Energi.

La 330e est loin d'être une aubaine, du moins, si on la compare aux autres hybrides rechargeables dans ce groupe. Toutefois, elle n'a actuellement pas son égal chez Audi, Mercedes-Benz et Volvo, et elle ne coûte que quelques milliers de dollars de plus qu'une 330i « ordinaire », compensés par le rabais du gouvernement.

3e

| POINTAGE | 374,1 points |
| PRIX DE LA VERSION ESSAYÉE | 40 188 $ |

FORD FUSION ENERGI

LA DISCRÈTE

Les acheteurs de berlines intermédiaires préfèrent une voiture spacieuse et confortable, et rarement ils chercheront à obtenir les innovations technologiques et un style tape-à-l'œil. La Fusion possède les atouts pour plaire, et l'ajout d'une motorisation hybride rechargeable la rend passablement moins énergivore. Les accélérations sont surprenantes, compte tenu de la puissance annoncée, et outre un moteur bruyant à plein régime, la conduite est silencieuse. De plus, les transitions entre le moteur électrique et le moteur à essence étaient quasi imperceptibles, mais c'était le cas de tous les autres véhicules de ce match.

Évidemment, une berline de cette taille procure beaucoup d'espace à ses passagers. Par contre, la banquette peut difficilement accueillir trois personnes confortablement. L'ensemble des commandes est ergonomique, la finition est honnête et pour le prix, on obtient une belle qualité de sellerie de sièges. Le système SYNC 3 est facile à utiliser, même en conduite, et la fonction de reconnaissance vocale est étonnamment douée. L'instrumentation est intéressante par sa façon de coacher le conducteur afin de perfectionner son écoconduite.

Toutefois, à l'instar des autres hybrides rechargeables de son segment, la capacité du coffre est coupée de moitié à cause de sa batterie. Ses rivales directes, la Sonata et l'Optima, disposent d'un volume de chargement un peu plus élevé.

«Une excellente routière confortable, silencieuse et plutôt économique», a souligné Jean-Charles. Cependant, c'était la voiture la plus difficile du lot à évaluer, puisqu'elle n'excite aucunement les sens, et à l'exception de son petit coffre, on ne peut lui reprocher grand-chose. En somme, la Fusion Energi n'a rien de spectaculaire, mais pour attirer la clientèle dans son segment, c'est exactement la carte qu'elle doit jouer.

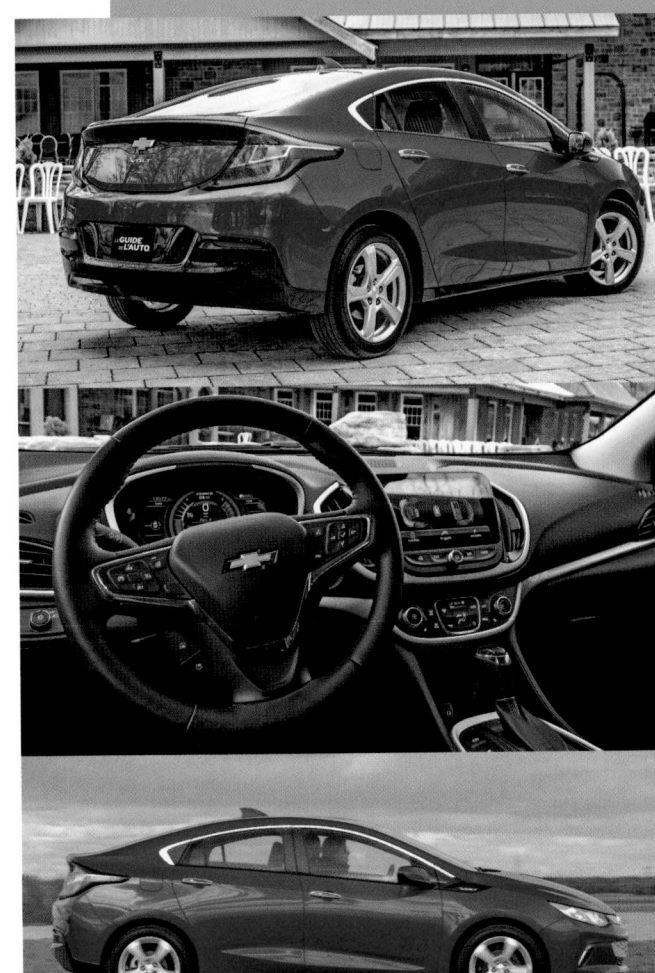

CHEVROLET **VOLT**

L'EXPLORATRICE

POINTAGE   **371,1 points**

PRIX DE LA
VERSION ESSAYÉE   **39 285 $**

La Volt est la seule du groupe dotée d'un moteur à combustion agissant comme générateur aux moteurs électriques, et non comme source d'énergie principale. Une motorisation complexe, mais géniale. C'est celle qui profite de la plus grande autonomie avant de consommer de l'essence, estimée à 85 km, et selon notre trajet quotidien, on peut passer des semaines avant de devoir arrêter à la station-service. Comme preuve, sa maigre consommation de 3,0 l/100 km lors de notre essai.

L'enrobage de cette mécanique énergique et ultra-efficace est moderne sans être trop criard comme la Prius Prime. Par contre, sa ligne de toit profilée limite l'espace pour les têtes dans l'habitacle. À l'avant, on doit fortement incliner le dossier des sièges pour être à l'aise, et à l'arrière, l'espace est précieux. Chevrolet vantait l'ajout d'une cinquième place lors de l'introduction de la deuxième génération de la Volt, mais cette place n'a clairement pas été conçue pour accueillir autre qu'un bébé dans son siège d'appoint.

Quant au coffre, il est peu profond et le cache-bagages n'est qu'une vulgaire toile tenue en place par quatre œillets, comme si les designers de GM avaient oublié ce détail lors de la conception de la voiture… «Un hamac pour chats», a noté Marie-France. Finalement, la Volt s'apparente davantage à un coupé quatre portes qu'à une véritable berline familiale.

Le système multimédia de la Volt est facile à utiliser, et les informations affichées sont claires. Il y a beaucoup de plastiques de qualité discutable, un défaut typique des véhicules GM, mais au moins l'assemblage est rigoureux.

Au final, pour son prix relativement accessible, on se retrouve avec une Volt agréable à conduire, silencieuse et raffinée. Toutefois, côté pratico-pratique, elle devrait être nettement plus logeable.

5^e

TOYOTA **PRIUS PRIME**

POINTAGE	364,2 points
PRIX DE LA VERSION ESSAYÉE	38 565 $

LE VAISSEAU SPATIAL

D'abord et avant tout, le design extérieur n'a pas fait l'unanimité chez nos essayeurs, mais a plu davantage aux plus jeunes qu'aux plus vieux d'entre nous. La Prius Prime est futuriste à la fois dans son style et aussi par les timbres sonores et les bips-bips qu'elle émet lorsque l'on démarre ou éteint le moteur, et lors des manœuvres de recul.

C'est dans les détails que la Prius rechargeable a perdu des points. Le petit levier de vitesses à ressort en a agacé plus d'un, et son écran tactile – bien que grand – est quasi illisible par temps ensoleillé. La qualité de la chaîne audio JBL a déçu nos essayeurs mélomanes. La grande lunette arrière aurait vraiment besoin d'un essuie-glace. La visibilité vers l'avant est excellente, mais vers l'arrière, c'est autre chose... Et on s'est tous accroché les pieds sur la pédale de frein de stationnement mécanique, mal placée, et étant un anachronisme dans une voiture si *high-tech*.

Sans qualifier la Prius Prime de sportive, son comportement routier nous a surpris. Avec une modeste cavalerie combinée de 121 chevaux, elle s'est avérée la plus lente du sextuor, mais s'est rachetée avec une consommation évaluée à 3,0 l/100 km lors de notre essai, ex aequo avec la Volt.

Bien que la Prime ne compte que quatre places et que le coffre soit peu profond à cause de l'emplacement des batteries, la majorité d'entre nous ont beaucoup aimé le confort des sièges et l'espace. «Places arrière surprenantes!» a noté Marc-André.

Bref, comme voiture écologique dédiée à la cause, la Toyota Prius Prime fait son travail admirablement bien, et les friands de technologie apprécieront cette hybride rechargeable nouvelle tendance. Par contre, dans la vie de tous les jours, on préférerait une voiture un peu moins extrovertie et un peu plus pratique.

FORD **C-MAX ENERGI**

LE DOYEN

POINTAGE	341,1 points
PRIX DE LA VERSION ESSAYÉE	31 628 $

Il faut l'avouer, le C-MAX n'a pas eu la vie facile depuis son arrivée au Canada, au moment où les ventes de petits véhicules multi-usages, comme le Mazda5 et le Kia Rondo, amorçaient leur déclin en faveur de VUS compacts et sous-compacts. Pourtant, le C-MAX ne manque pas de qualités. Ses dimensions réduites, sa grande fenestration et sa position de conduite élevée le rendent plus facile à manœuvrer et à garer qu'un VUS, et son assise bien droite s'est avérée confortable. À l'arrière aussi, on profite d'un grand dégagement pour la tête et de suffisamment d'espace aux pieds pour asseoir trois personnes.

Le design de son habitacle n'est plus au goût du jour, et certaines commandes n'ont pas été placées de façon ergonomique, telles que celles de la climatisation qui sont obstruées par le levier de vitesses. Par contre, le système SYNC 3, installé en 2017, est moderne et efficace avec des zones de boutons clairs et son écran tactile réactif.

Côté motorisation, la contribution du moteur à essence et du moteur électrique permet au C-MAX de livrer des performances intéressantes, puisqu'il est le deuxième plus rapide de ce groupe éclectique sur le 0-100 km/h, quoique loin derrière la BMW. Toutefois, sa consommation était peu reluisante et les essayeurs ont tous noté que les freins étaient trop mordants à basse vitesse, au point d'être désagréables.

Le gros problème du C-MAX Energi, c'est sa batterie qui compromet la capacité de chargement, car avec les sièges arrière en place, le volume du coffre égale celui d'une voiture sous-compacte. Le plus âgé de nos essayeurs n'était toutefois pas en accord avec le reste des essayeurs. «Les avantages de ce véhicule sont supérieurs à ce petit inconvénient», a noté André. C'est l'hybride rechargeable le plus abordable au Canada, mais l'on préfère payer un peu plus pour une voiture plus agréable au quotidien.

DU CHOIX, IL Y EN A DÉJÀ BEAUCOUP

Avec des normes d'émissions polluantes et des autorités gouvernementales imposant aux constructeurs automobiles la commercialisation de véhicules plus propres, on verra apparaître sur le marché un plus grand nombre de véhicules électriques et hybrides rechargeables.

En effet, au Québec, on cherche à augmenter le nombre de véhicules à zéro émission, et l'on prépare tranquillement l'arrivée de véhicules dotés de motorisations à piles à combustible ou à l'hydrogène. Des projets-pilotes de stations multicarburants seront mis en place, offrant de l'essence, des biocarburants, du gaz naturel, du propane, de l'électricité et de l'hydrogène. Après 2030, toutes les stations-service, nouvelles ou rénovées, devront offrir un choix varié de carburants.

Les six véhicules mis à l'essai lors de ce match comparatif ont tous bien performé dans le cadre de leur mission. Toutefois, on se rend bien compte qu'une autonomie 100 % électrique d'environ 30 kilomètres, avant l'apport du moteur à essence, c'est bien, mais une vingtaine de kilomètres supplémentaires permettrait de rouler sans dépenser du carburant liquide. On se retrouverait donc dans la moyenne de distance parcourue par les Québécoises et Québécois au cours d'une journée, évaluée à 45 km, selon la firme AddÉnergie, qui construit et gère les bornes de recharge publiques du Circuit Électrique et du Réseau FLO. La Chrysler Pacifica hybride et la Chevrolet Volt l'ont d'ailleurs prouvé non seulement durant ce match, mais aussi lors de nos essais routiers habituels.

Cet entre-deux devient intéressant, car on n'a pas besoin de se soucier de l'autonomie sur de plus longues distances, comme c'est le cas dans une voiture 100 % électrique, plus chère à l'achat de surcroît. Et grâce aux rabais actuellement offerts par le gouvernement, si l'achat d'une hybride rechargeable finit par coûter la même mensualité qu'une simple hybride, comme c'est le cas de la Ford Fusion, pourquoi ne pas faire le saut ?

Si ces véhicules ne requièrent pas un changement de nos habitudes de conduite, il en va autrement à la maison. Pour bénéficier d'une consommation réduite, on doit brancher la voiture avec assiduité, beau temps mauvais temps, alors une borne installée dans le garage ou sur le côté de la maison serait beaucoup plus rapide et plus simple que de sortir le fil de recharge de 120 volts du coffre. L'évidence même.

En revanche, si l'on oublie un soir de brancher notre véhicule, ou si une panne de courant survient, nous pourrons malgré tout aller travailler le lendemain, contrairement à des voitures 100 % électriques. De plus, les véhicules hybrides rechargeables sont généralement dotés d'une fonction pour programmer nos temps de charge, à des moments où l'électricité coûtera moins cher, durant la nuit, par exemple. Cette tarification variable n'est pas encore implantée partout, mais ça viendra tôt ou tard. L'habitacle de la voiture sera préchauffé avant de quitter la maison pour le travail le matin, pendant que la voiture est encore branchée. On exploite donc l'énergie électrique au maximum.

Bien qu'un réseau étendu de bornes de recharge soit maintenant établi au Québec, y compris des bornes de recharge rapide (480 volts), si l'on décide d'acheter une hybride rechargeable ou une voiture 100 % électrique, l'idéal serait d'effectuer notre trajet quotidien sans devoir arrêter à une borne publique et payer plus cher le kilowatt qu'à la maison. Sans compter que plus il y aura de véhicules électrifiés sur la route, plus on devra attendre que ces bornes se libèrent avant de pouvoir recharger la batterie et de continuer notre chemin.

Pour l'année-modèle 2018, des véhicules hybrides rechargeables, il y en a pour tous les goûts. Outre ceux essayés dans ce match et les modèles plus abordables énumérés plus tôt, on retrouve également plusieurs choix proposés par les marques de luxe. Des véhicules utilitaires (BMW X5, Mercedes-Benz GLC et GLE, Porsche Cayenne, Volvo XC90), des berlines (BMW Série 5 et Série 7, Cadillac CT6, Porsche Panamera), et même des sportives (BMW i8) sont disponibles.

L'objectif du gouvernement du Québec de mettre 100 000 véhicules électriques sur les routes d'ici 2020 n'est que le début. Il désire par la suite immatriculer 300 000 VÉ d'ici 2026 et 1 000 000 d'ici 2030, ce qui représentera environ 20 % des véhicules légers sur la route. Autrement dit, on finira bien par devoir s'en acheter un.

L'équipe du *Guide de l'auto* aimerait remercier chaleureusement Steve Spence et les Services Spenco pour l'entreposage, la préparation et la recharge des véhicules de notre essai comparatif.

Pour vos besoins automobiles clé en main dans la région de Montréal, privés ou corporatifs, visitez www.servicesspenco.com ou composez le (514) 332-3334.

Nous tenons également à remercier la Cabane à sucre Lalande à Saint-Eustache pour leur hospitalité et leur décor enchanteur.

Pour déguster un repas traditionnel ou bien pour planifier vos réunions, vos réceptions ou vos événements, visitez www.lalande.ca ou composez le (450) 473-3357.

LE GUIDE DE L'AUTO TIENT À REMERCIER LES GENS AYANT PARTICIPÉ À NOTRE MATCH DES VÉHICULES HYBRIDES RECHARGEABLES:

Daniel Beaulieu, André Deslauriers, Marc-André Gauthier, Jean-Charles Lajeunesse et Marie-France Rock.

Résumé parcours

0 km
0 km
00:00:00

Temps estimé pour 100%
9 h 53 min   1 h 26 min
120 V (Niveau 1)   240 V (Niveau 2)

Horaire chargement
Aucun horaire réglé

RANG		BMW 330e	CHEVROLET VOLT	CHRYSLER PACIFICA HYBRID	FORD C-MAX ENERGI	FORD FUSION ENERGI	TOYOTA PRIUS PRIME
		2	**4**	**1**	**6**	**3**	**5**
DESIGN / STYLE							
Extérieur (silhouette, proportions, originalité, style, attrait visuel pur)	/25	**22,1**	20,4	19,6	13,8	19,8	18,8
Intérieur (design, couleurs, style, originalité, agencement des matériaux)	/25	**21,3**	17,3	21,3	15,6	18,8	16,5
	/50	**43,3**	37,7	40,8	29,4	38,5	35,2
CARROSSERIE							
Finition intérieure + extérieure (qualité de peinture, écarts, assemblage)	/15	12,0	11,6	**12,6**	10,5	11,4	12,1
Qualité des matériaux (texture, couleur, surface)	/15	**13,0**	10,1	11,8	9,9	11,8	11,0
Tableau de bord (clarté, lisibilité des cadrans, graphisme, disposition)	/20	15,5	16,2	**16,5**	14,8	15,3	13,5
Équipement (accessoires, innovations, qualité du système audio, etc.)	/20	16,3	14,8	**17,8**	14,0	15,8	14,8
Coffre (accès, volume, commodité, modularité, polyvalence: passage)	/30	22,0	18,8	**29,0**	17,3	15,0	20,8
Rangements (accès, nombre, taille, commodité, efficacité)	/20	14,0	13,0	**16,8**	13,8	14,7	12,8
	/120	92,8	84,5	**104,5**	80,3	84,0	85,0
CONFORT / ERGONOMIE							
Position de conduite (volant, sièges avant, repose-pied, réglages)	/20	**17,7**	14,0	16,3	15,3	16,5	15,0
Ergonomie (facilité d'atteindre les commandes, douceur, précision)	/20	16,7	15,7	**17,0**	14,5	15,7	13,3
Silence de roulement (sur chaussée lisse ou raboteuse, bruit de vent)	/20	15,2	15,7	**16,5**	13,8	16,2	15,0
Places arrière (nombre, accès, confort, espace, appuie-tête)	/20	14,2	10,7	**18,7**	15,3	16,0	15,3
	/80	63,7	56,0	**68,5**	59,0	64,3	58,7
CONDUITE							
Tenue de route (équilibre, agilité, adhérence, marge de sécurité, etc.)	/30	**27,3**	23,0	22,0	20,5	23,0	20,8
Moteur (puissance, couple à bas/haut régime, réponse, sonorité, etc.)	/25	**21,7**	18,5	18,8	17,7	18,3	16,7
Consommation de carburant et/ou d'énergie	/25	15,8	**22,0**	20,5	18,8	18,8	21,0
Direction (précision, *feedback*, résistance aux secousses, braquage)	/20	**17,0**	15,2	12,3	13,3	14,8	14,7
Freins (sensations, modulation, constance, performances, résistance)	/20	**15,3**	15,2	14,7	14,7	**15,3**	14,8
Transmission (précision, rapidité, étagement, douceur, embrayage)	/20	**16,7**	**16,7**	15,5	14,3	15,2	15,5
Qualité de roulement (silence, suspension, solidité structurelle, etc.)	/20	**17,0**	15,7	15,5	13,8	15,3	14,8
	/160	**130,7**	126,2	119,3	113,1	120,8	118,3
SÉCURITÉ							
Visibilité (surface vitrée, largeur des montants, rétroviseurs, angles morts)	/20	15,7	13,3	16,5	**17,2**	15,0	15,2
Systèmes d'aide à la conduite (efficacité, ajustabilité, rapidité)	/20	**16,3**	15,0	16,0	13,0	14,0	14,3
	/40	32,0	28,3	**32,5**	30,2	29,0	29,5
AUTRES CLASSEMENTS							
Choix des essayeurs	/50	38	38	**44**	29	38	38
POINTAGE FINAL	/500	400,8	371,1	**409,8**	341,1	374,1	364,2

FICHES TECHNIQUES

	BMW 330e	CHEVROLET VOLT	CHRYSLER PACIFICA HYBRID	FORD C-MAX ENERGI	FORD FUSION ENERGI	TOYOTA PRIUS PRIME
RANG	2	4	1	6	3	5
Emp. / lon. / haut. (mm)	2 810 / 4 633 / 1 429	2 695 / 4 528 / 1 433	3 089 / 5 176 / 1 777	2 648 / 4 410 / 1 620	2 850 / 4 872 / 1 473	2 700 / 4 646 / 1 470
Lar. (avec / sans rétros) (mm)	2 031 / 1 811	n.d. / 1 808	2 297 / 2 022	2 086 / 1 828	2 121 / 1 852	n.d. / 1 760
Poids	1 780 kg	1 607 kg	2 262 kg	1 750 kg	1 783 kg	1 530 kg
Coussins de sécu. / places	8 / 5	10 / 5	8 / 7	7 / 5	8 / 5	8 / 4
Coffre min. / max.	370 litres	300 litres	915 - 3 979 litres	545 - 1 211 litres	232 litres	560 litres
Boîte de vit. / rapports	Auto / 8	Auto / var. cont.	Auto / var. cont.	Auto / var. cont.	Auto / var. cont.	Auto / var. cont.
Rouage	Propulsion	Traction	Traction	Traction	Traction	Traction
Moteur (thermique)	4L turbo - 2,0 litres	4L - 1,5 litre	V6 - 3,6 litres	4L - 2,0 litres	4L - 2,0 litres	4L - 1,8 litre
Puissance (à tr/min.)	184 ch à 5 000	101 ch à 5 600	248 ch à 5 800	141 ch à 6 000	141 ch à 6 000	95 ch à 5 200
Couple (à tr/min.)	215 lb-pi à 1 350 - 4 250	n.d.	230 lb-pi à 4 000	129 lb-pi à 4 000	129 lb-pi à 4 000	105 lb-pi à 3 600
Carburant, type / qté	Sup. / 41 litres	Ord. / 34 litres	Ord. / 64 litres	Ord. / 53 litres	Ord. / 53 litres	Ord. / 43 litres
Moteur (électrique)	AC synch (aimants perm.)	n.d.	n.d.	AC synch (aimants perm.)	AC synch (aimants perm.)	AC synch (aimants perm.)
Puiss. max. (à tr/min.)	65 kW à 2 500	111 kW	63 kW	88 kW à 6 000	88 kW à 6 000	53 kW
Couple max. (à tr/min.)	184 lb-pi	294 lb-pi	n.d.	177 lb-pi	177 lb-pi	n.d.
Puiss. combinée	248 ch	149 ch	260 ch	188 ch	188 ch	121 ch
Tension / capacité batteries	293 V / 7,6 kWh	300 V / 18,4 kWh	360 V / 16,0 kWh	n.d. / 7,6 kWh	n.d. / 7,2 kWh	352 V / 8,8 kWh
Recharge niv. 1: 120 VAC	n.d.	13,0 heures	14,0 heures	7,0 heures	7,0 heures	5,5 heures
Recharge niv. 2: 240 VAC	2,0 heures	4,5 heures	2,0 heures	2,5 heures	2,5 heures	2,2 heures
Suspension avant	Ind., jambe de force	Ind., jambe de force	Ind., jambe de force	Ind., jambe de force	Ind., jambe de force	Ind., jambe de force
Suspension arrière	Ind., multi-bras	Semi-ind, poutre de torsion	Semi-ind, poutre de torsion	Semi-ind, poutre de torsion	Ind. multi-bras	Ind. multi-bras
Freins (av. / arr.)	Disque / disque	Disque / disque	Disque / disque	Disque / disque	Disque / disque	Disque / disque
Pneus	P225/45R18	P215/50 R17	P235/60 R18	P225/50 R17	P235/45 R18 (hiver)	P195/65 R15
Direction	Crémaillère électr. vari.	Crémaillère électr. vari.	Crémaillère électr.	Crémaillère électr. vari.	Crémaillère électr. vari.	Crémaillère électr. vari.
Diamètre de braquage	11,3 m	11,1 m	12,1 m	11,6 m	11,4 m	10,2 m
Cons. RNC (vil / rte / comb.) (l/100 km)	8,5 / 6,9 / 7,8	5,5 / 5,6 / 5,6	7,3 / 7,2 / 7,3	5,8 / 6,2 / 6,0	5,5 / 5,7 / 5,6	4,3 / 4,4 / 4,3
Cons. RNC (comb.)	3,3 Le/100 km	2,2 Le/100 km	2,8 Le/100 km	2,5 Le/100 km	2,4 Le/100 km	1,8 Le/100 km
Autonomie estimée	21 km	85 km	53 km	33 km	35 km	40 km
Prix de base	52 100 $	38 790 $	56 495 $	29 828 $	35 088 $	32 990 $
Prix modèle essayé	60 800 $	39 285 $	56 495 $	31 628 $	40 188 $	38 565 $
Frais transport et prép.	2 145 $	1 950 $	1 795 $	1 850 $	1 650 $	1 715 $
Lieu de fabrication	Munich, DE	Hamtramck, MI	Windsor, ON	Wayne, MI	Hermosillo, MX	Toyota, JP
Garantie batterie	8 ans / 160 000 km	8 ans / 160 000 km	10 ans / 160 000 km	8 ans / 160 000 km	8 ans / 160 000 km	8 ans / 160 000 km
Calculée (ville / route)	8,9 l/100 km	3,0 l/100 km	6,5 l/100 km	7,1 l/100 km	5,0 l/100 km	3,0 l/100 km
Moyenne (afficheur)	7,3 l/100 km	2,0 l/100 km	8,1 l/100 km	5,8 l/100 km	4,9 l/100 km	2,8 l/100 km
Autonomie calculée	21 km	70 - 77 km	56 - 62 km	24 - 25 km	24 - 26 km	34 km
0-100 km/h:	7,1 s	8,6 s	8,7 s	8,4 s	9,1 s	11,2 s
80-120 km/h:	5,6 s	8,1 s	6,6 s	6,7 s	7,0 s	9,2 s
100-0 km/h	43 m	40 m	40 m	43 m	41 m (pneus d'hiver)	43 m

RAPPORT
PRIX/AUTONOMIE 100% ÉLECTRIQUE
PRIX DE LA VOITURE ESSAYÉE (PDSF DE BASE)/NOMBRE DE KM D'AUTONOMIE

CHEVROLET **VOLT** LT
456 $/km

FORD C-MAX ENERGI SE
904 $/km

TOYOTA PRIUS PRIME TECHNOLOGIE
943 $/km

FORD FUSION ENERGI SE
1 002 $/km

CHRYSLER PACIFICA
HYBRID PLATINUM
1 066 $/km

BMW 330e
2 481 $/km

LONGUEUR DES CÂBLES
DE RECHARGE (EN MÈTRES)

CHRYSLER PACIFICA
HYBRID PLATINUM
7,9 mètres

CHEVROLET
VOLT LT
7,4 mètres

FORD C-MAX ENERGI SE
7,5 mètres

TOYOTA
PRIUS PRIME
7,1 mètres

FORD FUSION
ENERGI SE
7,5 mètres

BMW 330e
5,2 mètres

FREINAGE 100-0 KM/H (EN MÈTRES)

CHRYSLER PACIFICA HYBRID	**40**	CHEVROLET VOLT	**40**	FORD FUSION ENERGI	**41***
BMW 330e	**43**	FORD C-MAX ENERGI	**43**	TOYOTA PRIUS PRIME	**43**

*ÉQUIPÉE DE PNEUS D'HIVER

ACCÉLÉRATION 0-100 KM/H (EN SECONDES)

BMW 330e	**7,1**
FORD C-MAX ENERGI	**8,4**
CHEVROLET VOLT	**8,6**
CHRYSLER PACIFICA HYBRID	**8,7**
FORD FUSION ENERGI	**9,1**
TOYOTA PRIUS PRIME	**11,2**

ACCÉLÉRATION 80-120 KM/H (EN SECONDES)

BMW 330e	**5,6**
CHRYSLER PACIFICA HYBRID	**6,6**
FORD C-MAX ENERGI	**6,7**
FORD FUSION ENERGI	**7,0**
CHEVROLET VOLT	**8,1**
TOYOTA PRIUS PRIME	**9,2**

CAPACITÉ DE CHARGEMENT (EN LITRES)

CHRYSLER PACIFICA

BASE	915 / 2 478 / 3 979
HYBRIDE	915 / 2 478 / 3 979

TOYOTA PRIUS

BASE	697
PRIME	560

CHEVROLET

CRUZE	419
VOLT	300

FORD C-MAX

HYBRIDE	694 / 1 489
ENERGI	545 / 1 211

BMW SÉRIE 3

BERLINE	480
330e	370

FORD FUSION

BASE	453
HYBRIDE	340
ENERGI	232

CONSOMMATION ÉQUIVALENTE (Le/100 KM)

TOYOTA PRIUS PRIME
1,8 Le/100 km

FORD C-MAX ENERGI
2,5 Le/100 km

CHEVROLET VOLT
2,2 Le/100 km

CHRYSLER PACIFICA HYBRID
2,8 Le/100 km

FORD FUSION ENERGI
2,4 Le/100 km

BMW 330e
3,3 Le/100 km

CONSOMMATION OBSERVÉE (l/100 KM)

TOYOTA PRIUS PRIME
3,0 l/100 km

CHRYSLER PACIFICA HYBRID
6,5 l/100 km

CHEVROLET VOLT LT
3,0 l/100 km

FORD C-MAX ENERGI
7,1 l/100 km

FORD FUSION ENERGI
5,0 l/100 km

BMW 330e
8,9 l/100 km

QUAND UNE MODE DEVIENT UN MONDE

MAZDA **CX-5**

CHEVROLET **EQUINOX**

KIA **SPORTAGE**

NISSAN **ROGUE**

HONDA **CR-V**

Inutile de se le cacher. Les VUS ont pris le marché d'assaut. En 2016, il s'en est vendu (ou loué, ne nous enfargeons pas dans les fleurs du tapis des concessionnaires automobiles) davantage que de voitures. Au Canada, les ventes de camions légers (camionnettes, fourgonnettes et VUS) ont progressé de 5,7 % par rapport à 2015, alors que les ventes de voitures ont perdu 2,1 % pour la même période. Le même phénomène s'applique au Québec, évidemment.

Or, quand une catégorie est de plus en plus populaire, que font les constructeurs automobiles ? Ils dégotent soudainement des millions, que dis-je des milliards, de dollars pour faire de la recherche et du développement. Ils étudient minutieusement toutes les données démographiques, géographiques, politiques, financières qu'ils recueillent. Google et les médias sociaux sont très pratiques pour ça, vous savez... Bref, le public veut des VUS et il en a !

PAR ALAIN MORIN
PHOTOS : JEREMY ALAN GLOVER

JEEP **COMPASS**   MITSUBISHI **OUTLANDER**   FORD **ESCAPE**

TOYOTA **RVA4**   SUBARU **FORESTER**   HYUNDAI **TUCSON**

L es raisons qui motivent les gens à acheter des VUS plutôt que des automobiles sont nombreuses et pas toujours logiques. On apprécie leur capacité de chargement, la position de conduite plus élevée qu'ils procurent et leur rouage intégral qui améliore la traction durant l'hiver. Et qui amène aussi un faux sentiment d'invincibilité, ce qui pourrait explique pourquoi, dès la première neige de l'automne, ce sont généralement des VUS qu'on retrouve dans le champ…

En raison de la popularité de ce segment, le rythme de développement des nouveaux modèles s'accélère. Il y a 20 ans, on comptait à peine une trentaine de VUS, souvent issus de camionnettes. Personne, ou presque, n'a oublié les Chevrolet Blazer/GMC Jimmy, Jeep Grand Wagoneer et Suzuki X-90. Dans le présent *Guide*, on en compte plus de 100. Même des constructeurs de véhicules de luxe ou de performance comme Lamborghini ou Bentley embarquent dans la danse !

On retrouve donc des VUS dans toutes les couches de la société automobile. Un des marchés les plus populaires est celui des VUS compacts, l'équivalent à rouage intégral des berlines compactes (Chevrolet Cruze, Hyundai Elantra, Honda Civic et cie). D'ailleurs, la plupart des VUS compacts sont construits sur la plate-forme d'une berline compacte. Et ils changent vite, ces VUS !

La dernière fois que nous les avons tous comparés, c'était pour *Le Guide de l'auto 2013*. Les onze véhicules essayés à ce moment sont tous passés à une nouvelle génération. Il était temps de répéter l'expérience, question de mieux cerner l'ensemble de la catégorie. Nous avons donc réuni les Chevrolet Equinox, Ford Escape, Honda CR-V, Hyundai Tucson, Jeep Compass, Kia Sportage, Mazda CX-5, Mitsubishi Outlander, Nissan Rogue, Subaru Forester et Toyota RAV4. Je vous épargne les détails menant à la réunion de onze véhicules, autant d'essayeurs et un photographe au même endroit, en même temps! En fait, le match s'est déroulé pendant trois journées. Une pour le lavage des voitures et la prise des photos et deux journées pour les essais.

Les plus perspicaces auront remarqué une absence, celle du Volkswagen Tiguan. Volkswagen Canada n'a pu avoir un exemplaire 2018 à temps. Ironiquement, alors que notre match comparatif battait son plein, les 25 et 26 mai 2017, notre collègue Marc-André Gauthier en faisait un essai sommaire à Detroit! Les amateurs de Volkswagen nous diront que nous aurions pu attendre l'an prochain pour faire notre match comparatif. C'est vrai. Mais à ce moment, c'est le Ford Escape 2019 que nous aurions raté. Et le Hyundai Tucson dont une nouvelle mouture est attendue pour 2019 aussi. Bref, avec la rapidité des changements dans cette catégorie, on est assuré de toujours rater une nouveauté.

Qu'est-il ressorti de ce match comparatif? Les prochaines pages vous le diront!

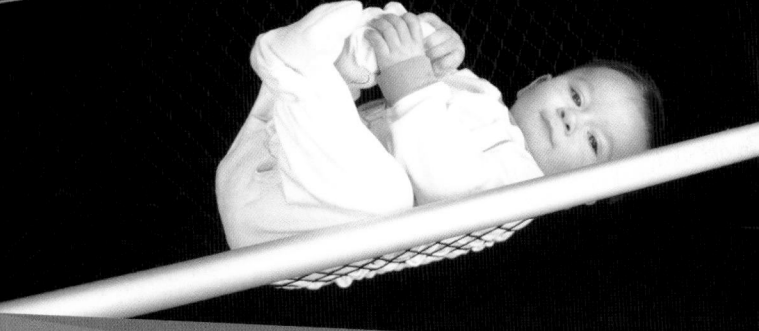

L'ESSAI DE WILLIAM

William, neuf mois, ne peut pas encore conduire, mais il peut essayer des sièges d'enfant!

Pour chaque véhicule, William devait vérifier trois choses:

Place centrale arrière ......reste-t-il suffisamment d'espace au centre pour qu'une personne puisse s'asseoir lorsque deux sièges de bébé sont installés sur la banquette arrière?

Ancrages ....les ancrages sont-ils faciles à repérer et à atteindre?

Ouverture des portes.......les sièges de bébé sont devenus de véritables forteresses qui prennent beaucoup de place. L'ouverture des portes arrière des véhicules, elle, tend à diminuer. Est-ce que le siège de William passe bien dans tous les véhicules essayés?

Classement de William.....enfin, William a donné à chaque véhicule une position sur onze (car il y avait onze véhicules), allant du meilleur VUS pour accueillir un ou deux bébés au pire.

Marie-Andrée, sa maman, nous a transmis ses impressions...

1er

MAZDA **CX-5**

POINTAGE	315,7 points
PRIX DE LA VERSION ESSAYÉE	40 195 $

LE MEILLEUR... MAIS POUR COMBIEN DE TEMPS?

Faire l'essai d'un modèle est une chose. L'essayer en même temps que dix concurrents en est une autre ! Nous ne sommes pas surpris de la première position du Mazda CX-5. La surprise provient du fait qu'il n'a pas dominé comme l'on s'y attendait !

Le CX-5 a mené dans trois sous-catégories de la section Carrosserie et habitacle, mais il a perdu des points au chapitre du coffre, le plus petit du groupe. Or, pour un VUS, l'espace de chargement est primordial.

Plusieurs essayeurs ont souligné sa bonne qualité d'assemblage et l'attention aux détails. Normand Laberge a d'ailleurs comparé son habitacle à celui d'un produit Audi. Daniel Beaulieu, de son côté, a trouvé que le tableau de bord et la console prenaient trop d'espace. Presque tous ont conspué le système multimédia qui n'offre pas Apple CarPlay ni Android Auto et dont les menus sont confus.

Beaucoup ont aimé la direction précise du CX-5 et l'excellente tenue de route obtenue au prix d'une suspension assez dure. Benoît Dumoulin a souligné le manque de performance du moteur « qui semble avoir une lourde carrosserie à tirer ». En général, le mode Sport n'a pas été apprécié, faisant dire à Benoît Cléroux « qu'il rend les changements de rapports désagréables ».

Le CX-5 n'a pas gagné de façon éclatante et il a été sauvé par l'ensemble de son œuvre même si seulement trois personnes en ont fait leur véhicule préféré. Ce fut cependant suffisant pour devancer son éternel concurrent, le Honda CR-V.

Hors route: le CX-5 est d'abord et avant tout une traction (roues avant motrices) et peu de couple semble envoyé aux roues arrière, même quand la surface est meuble.

L'ESSAI DE WILLIAM (SIÈGE DE BÉBÉ)

Place centrale arrière	non
Ancrages	accessibles, mais trop loin de la surface
Ouverture des portes	très juste
Classement	moyen (5e position)

HONDA **CR-V**

TOUT CE QUE LE CX-5 N'EST PAS

POINTAGE	313,9 points
PRIX DE LA VERSION ESSAYÉE	40 130 $

Un des éléments qui a fait mal paraître le Mazda CX-5 a été son très petit coffre. Or, c'est exactement ce qui a sauvé le Honda CR-V! Ses places arrière sont aussi bien plus accueillantes. Marie-Andrée Ayotte a bien apprécié le plancher bas et plat du coffre: «pas besoin de te casser le dos pour y faire entrer la poussette de 50 livres!»

Ceux qui ont possédé ou essayé un produit Honda ces dernières années étaient heureux de constater que la radio du CR-V possédait un bouton rotatif pour ajuster le volume. Auparavant, on ne trouvait que des commandes à effleurement. Il y en a encore, remarquez, et elles «restent désagréables à utiliser» selon Michel Deslauriers. Quelques essayeurs ont aussi noté la présence de plusieurs ports USB et pratiquement tous ont salué le confort des sièges.

Lors du passage à une nouvelle génération à l'automne dernier, son moteur a subi une réduction de sa cylindrée mais, grâce à la magie de la turbo compression, sa puissance a augmenté, passant de 185 à 190 chevaux. Le couple, lui, a fait un bond de 181 à 190 livres-pied. Or, la motorisation du CR-V ne s'est attiré aucun commentaire négatif, ni positif et certains, comme Laurent St-Onge, ont souligné que la boîte CVT était quelquefois lente à réagir, surtout lors de reprises. Avec une excellente consommation moyenne de 9,3 litres/100 km, le CR-V arrive deuxième, derrière la Subaru Forester.

Le travail de la suspension a été encensé par la plupart des essayeurs. La direction a été appréciée pour sa précision et sa fermeté, mais le système de prévention de sortie de voies (LKAS) qui avertit le conducteur par une vibration dans le volant l'a été beaucoup moins!

Hors route: le CR-V jouit d'un bon angle de départ, le dessous du pare-chocs avant ne frotte donc pas sur la moindre bosse. Le différentiel ne peut être verrouillé, mais cela ne constitue pas un problème majeur sur ce type de VUS.

L'ESSAI DE WILLIAM (SIÈGE DE BÉBÉ)

Place centrale arrière ..oui
Ancrages ....faciles à trouver et à manipuler
Ouverture des portes ..très juste
Classement ....très bon (2e position)

3^e

KIA **SPORTAGE**

POINTAGE	312,2 points
PRIX DE LA VERSION ESSAYÉE	41 635 $

LE POUVOIR DE LA PUISSANCE

Le Kia Sportage et le Hyundai Tucson sont des cousins qui partagent la même plate-forme. Même si leurs motorisations sont différentes tout comme le réglage des suspensions et des directions, nous nous attendions à ce qu'ils aient des pointages similaires. Toutefois, la puissance du 2,0 litres turbo du Sportage a balayé le pauvre 1,6 litre du Tucson du revers de la... bielle.

Pourtant, le 2,0 litres du Sportage a moins bien paru que l'autre 2,0 litres, celui du Ford Escape. Laurent mentionne que « la livraison de la puissance semble moins linéaire et moins agréable à exploiter que dans le Ford. » Sans doute que si notre Sportage avait été doté du moteur de base (un 2,4 litres de 181 chevaux), sa position au classement aurait été un peu moins élevée. La boîte automatique passe ses rapports franchement. Elle s'est même emparée de la première place à ce chapitre. Sur la route, Daniel Beaulieu a trouvé le Sportage vif, sportif et rapide, avec une direction précise et une tenue de route impressionnante. Le Kia a même été le coup de cœur de la journée de Benoît Cléroux.

Les essayeurs ont généralement apprécié le style du Sportage. Daniel Beaulieu trouve que son avant lui donne un air de bébé Cayenne qui promet sportivité. Pour sa part, Jean-Charles Lajeunesse a trouvé cet avant bizarre. Plusieurs ont noté que le tableau de bord recèle d'une quantité phénoménale de boutons, que l'habitacle est sombre et que les places arrière sont un peu moins logeables que la moyenne. Le coffre est l'un des plus petits du groupe, ce qui a fait perdre de précieux points au Sportage.

Hors route: le fait de pouvoir verrouiller le différentiel central (4x4 Lock) ajoute à la traction du Sportage en envoyant autant de couple aux roues avant et arrière.

L'ESSAI DE WILLIAM (SIÈGE DE BÉBÉ)

Place centrale arrière ..non
Ancrages ....on les trouve facilement, mais y accéder peut être difficile
Ouverture des portes ..bonne
Classement ....pauvre (9e position)

FORD **ESCAPE**

GUEULE DE CINÉMA

POINTAGE	**311,3 points**
PRIX DE LA VERSION ESSAYÉE	**43 689 $**

Dans une catégorie aussi concurrentielle que celle des VUS compacts, il faut toujours innover, sinon... Sinon, on se retrouve dans la position du Ford Escape. Remarquez que terminer à la quatrième place, n'a rien de déshonorant dans une catégorie aussi relevée ! Ironiquement, au chapitre des ventes en 2016 au Québec, l'Escape a aussi terminé à la quatrième place, derrière le Toyota RAV4, le Honda CR-V et le Nissan Rogue.

Beaucoup d'essayeurs ont craqué pour le style extérieur de l'Escape qui est encore dans le coup. Lorsque l'on ouvre la portière, par contre... Jean-Charles Lajeunesse apparente le module du tableau de bord, devant le conducteur, au casque de Darth Vader, Laurent St-Onge dit qu'il a été concocté pour faire plaisir aux amateurs de Star Wars et Benoît Cléroux trouve que l'habitacle est *bling-bling* et ressemble à un Transformer. Décidément, l'Escape devrait faire du cinéma !

La finition générale n'a impressionné personne, d'autant plus qu'il s'agit du véhicule le plus dispendieux du match. Normand Laberge fait remarquer que le bouton de la radio semble très fragile. De son côté, le système SYNC 3 a su gagner le cœur de Michel Deslauriers qui trouve sa reconnaissance vocale tout simplement magnifique.

La petitesse du coffre a fait perdre beaucoup de points à l'Escape, mais ce dernier s'est repris sur le plan des performances, catégorie où il s'est imposé... même s'il a consommé plus d'essence que tous les autres. Son comportement routier a quelquefois été encensé, a quelquefois laissé indifférent et quelques-uns n'ont guère apprécié ses suspensions trop dures.

Hors route: le rouage intégral de l'Escape fonctionne de façon transparente, sans aucune intervention du pilote. L'avant du véhicule n'accroche pas indûment à la moindre bosse.

L'ESSAI DE WILLIAM (SIÈGE DE BÉBÉ)

Place centrale arrière ..oui

Ancrages ....il faut parfois chercher des ancrages inutilement cachés et on doit se battre un peu avec le cuir des sièges pour y accéder

Ouverture des portes ...bonne

Classement ....bon (4ᵉ position)

5e

HYUNDAI **TUCSON**

LE JUSTE MILIEU

POINTAGE	**301,5 points**
PRIX DE LA VERSION ESSAYÉE	**38 918 $**

Des onze véhicules à l'essai, seul le Hyundai Tucson n'a mérité aucune première place et aucune dernière (outre son score de zéro point pour l'absence d'un système de navigation). Cet équilibre ne rapporte pas vraiment au Tucson qui se retrouve à presque dix points de son plus proche rival, l'Escape.

Benoît Dumoulin souligne que le style du Tucson est réussi et qu'il marque une belle amélioration par rapport au modèle précédent. Mais son style commence déjà à vieillir, fait remarquer Michel. Dans l'habitacle, il y a beaucoup de plastiques et Marie-Andrée ajoute que leur texture ressemble à celle de ses voitures des années 90... Le fait que notre véhicule ne possédait pas de navigation lui a fait perdre quelques points. L'abondante quantité d'espaces de rangement lui en a fait gagner d'autres. Si les sièges avant ont plu grâce au confort qu'ils procurent, la banquette a été jugée plus sévèrement, surtout pour le dégagement à la tête, pauvre.

Le 1,6 litre turbo n'a ébloui personne même si tout le monde, ou presque, s'entend pour dire qu'il fait le travail et que la boîte à six rapports livre la marchandise, sans passion, mais sans anicroche non plus, malgré le poids à déplacer. Seulement trois VUS sont plus lourds que lui (Equinox, Escape et Sportage). Fait à noter, le moteur le plus puissant du Tucson (1,6T à 175 chevaux) l'est moins que le moteur de base de son cousin, le Sportage (2,4 litres à 181 chevaux).

Plusieurs ont noté que la suspension absorbe bien les trous et les bosses et que la direction s'avérait plutôt précise.

Bref, le Tucson n'a éveillé aucune passion, mais personne ne l'a détesté non plus.

Hors route: le dessous du pare-chocs n'accroche pas inutilement et il est possible de verrouiller le rouage intégral... comme pour le Kia Sportage !

L'ESSAI DE WILLIAM (SIÈGE DE BÉBÉ)

Place centrale arrière ..... non
Ancrages .... on les trouve facilement, mais y accéder peut être difficile
Ouverture des portes .... bonne
Classement .... pauvre (8e position)

SAUVÉ PAR SON SYSTÈME MULTIMÉDIA !

CHEVROLET EQUINOX

6ᵉ

Surprise, l'Equinox a remporté cinq catégories ! Toutefois, il a compensé en perdant de précieux points ici et là. Voyons ça de plus près...

Certains essayeurs ont dit que la ligne de l'Equinox était la plus belle du lot et d'autres ont déclaré en être déçus. Des goûts, on ne discute pas ! Daniel estime que l'intégration de l'écran central était réussie alors que Jean-Charles pense exactement le contraire. Des goûts, comme on disait... Plusieurs ont critiqué les plastiques durs figurant ici et là, mais personne ne s'est plaint des nombreuses prises USB présentes autant à l'avant qu'à l'arrière. Normand Laberge n'a toutefois pu insérer son téléphone sur la plaquette de chargement, trop petit pour certains appareils. De son côté, le système multimédia a impressionné tout le monde et a remporté cette catégorie. L'Equinox est, sans contredit, le véhicule possédant l'habitacle le plus vaste.

Malheureusement pour lui, il est plutôt lourd et son moteur est le moins puissant du groupe. À peu près tout le monde a décrié son manque de puissance. Notons que du lot, c'est celui qui s'arrêtait sur la plus courte distance à partir de 100 km/h, une donnée non négligeable quand on transporte des enfants. Ou que l'on veut en éviter un !

Hors route : la partie avant, assez basse, frotte lors d'une montée le moindrement abrupte. Alors que les autres systèmes sont transparents, dans l'Equinox le conducteur doit lui-même enclencher un bouton sur la console pour avoir droit au rouage intégral (qui ne se verrouille pas). Par contre, une fois engagé, le rouage est efficace.

L'ESSAI DE WILLIAM (SIÈGE DE BÉBÉ)

Place centrale arrière ..oui
Ancrages ....se trouvent et se manipulent facilement
Ouverture des portes ..grande
Classement ....excellent (1ʳᵉ position)

POINTAGE
292,2 points

PRIX DE LA VERSION ESSAYÉE
40 490 $

MÉCHANTE DÉBARQUE

NISSAN ROGUE

7ᵉ

Le Nissan Rogue, l'un des VUS compacts les plus populaires de l'heure, en prend pour son rhume dans notre match. On l'a déjà dit, faire l'essai d'un véhicule est une chose, l'essayer ainsi que dix de ses concurrents la même journée et sur le même trajet en est une autre ! Certains en ressortent grandis, d'autres...

Tout d'abord, tout le monde, sans exception, l'a trouvé beau. Et c'était avant d'ouvrir la portière. Alors là, ils ont été soufflés, à tel point qu'ils lui ont décerné le prix du plus bel intérieur. Il faut avouer que nous n'avions pas une version de base. Les sièges avant ont aussi mérité de beaux commentaires et de belles notes. Son système de navigation a aussi été considéré comme le meilleur du groupe et tous ont salué la caméra à 360 degrés. Quant aux places arrière et au coffre, personne n'a émis de commentaires dithyrambiques à leur sujet...

Sous le capot (lourd, tient à préciser Normand) niche un 2,5 litres de 170 chevaux. Ce moteur semble toujours sur le point de mourir et si le Rogue n'a pas terminé bon dernier dans la catégorie des performances mesurées, c'est uniquement grâce à sa consommation retenue. Et ce n'est pas sa boîte CVT qui vient sauver la mise, elle qui a été qualifiée de « horrible » et de « désagréable ».

Sur la route, le Rogue ne prétend aucunement à la sportivité et sa suspension procure un bon niveau de confort, quoique personne n'ait pensé le comparer à une Lincoln Continental.

Hors route : sans doute l'un des moins aptes, avec le CX-5, à s'éloigner des routes asphaltées, malgré son différentiel verrouillable qui laisse croire à des performances de haut niveau...

L'ESSAI DE WILLIAM (SIÈGE DE BÉBÉ)

Place centrale arrière ..oui, mais restreinte
Ancrages ....difficiles à trouver et à manipuler, cachés par le cuir de la banquette
Ouverture des portes ..bonne
Classement ....pauvre (10ᵉ position)

POINTAGE
290,0 points

PRIX DE LA VERSION ESSAYÉE
38 028 $

8ᵉ

TOYOTA **RAV4**

POINTAGE
284,5 points

**PRIX DE LA
VERSION ESSAYÉE**
41 503 $

LA RÉALITÉ
DU MARCHÉ...

Le Toyota RAV4 est le VUS compact qui se vend le mieux au Québec. Et sa contre-performance dans notre match n'y changera sans doute absolument rien. La qualité de la finition en a déçu plusieurs. Normand (et d'autres) a entendu un concert de bruits de caisse, des *rattles* en bon français. Daniel, qui avait participé au match de 2013, avait noté le même phénomène sur le RAV4 de l'époque !

Le coffre du RAV4 est vaste et fait exprès pour une maman dont le conjoint aurait acheté la poussette la plus volumineuse sur le marché, selon Marie-Andrée... Toutefois, le hayon électrique est désespérément lent à ouvrir ou à fermer. Les places arrière aussi sont spacieuses, mais il n'y a pas de ports USB. Les enfants ados de Michel préféreraient assurément l'Equinox !

Le 2,5 litres du RAV4 développe 176 chevaux et est lié à une boîte automatique à six rapports. Les mesures chronométrées n'ont pas révélé de problème majeur, sauf que... Sauf que le manque d'insonorisation amène dans l'habitacle beaucoup, beaucoup de décibels à la moindre accélération. Si les distances de freinage se situent dans la moyenne de la catégorie, bien peu ont apprécié les réactions du véhicule qui « semble peser 10 000 livres », selon Benoît Cléroux. La suspension cogne allègrement sur les aléas de notre réseau routier et n'inspire pas confiance à nos essayeurs.

Hors route : il est possible de verrouiller le rouage intégral. Même si l'interrupteur est à OFF, le contrôle de la traction n'est jamais entièrement coupé, ce qui peut affecter les performances en hors route dans certains cas.

L'ESSAI DE WILLIAM (SIÈGE DE BÉBÉ)

Place centrale arrière..non
Ancrages ....accessibles, mais cachés par
le cuir de la banquette
Ouverture des portes..bonne
Classement ....bon (3ᵉ position)

9ᵉ

SUBARU **FORESTER**

POINTAGE
282,3 points

**PRIX DE LA
VERSION ESSAYÉE**
34 970 $

IL NE FAIT
POURTANT
RIEN DE MAL !

L'expérience de plusieurs matchs comparatifs nous a appris que les modèles Subaru brillent rarement dans ce type de confrontation. Toujours un peu à côté des sentiers battus, ils rejoignent une clientèle fidèle qui privilégie plus l'efficacité que le tape-à-l'œil. Dans le cas du Forester, ils sont servis !

Malgré son classement, ce Subaru ne s'est fait planter dans aucune catégorie. Il en a même remporté une, celle portant sur la sécurité. Son style n'a pas tellement plu et Benoît Dumoulin a noté qu'il avait la même apparence qu'en 2010 ! L'avantage, et tous l'ont souligné, c'est que la fenestration est généreuse, ce qui autorise une bonne visibilité tout le tour. Dans l'habitacle, plusieurs éléments ont été critiqués pour leur apparence. Michel a même comparé la résolution graphique de l'ordinateur de bord à celle d'un Commodore 64 ! Quant au système audio, mieux vaut ne pas gaspiller de précieuses lignes à son sujet...

Le quatre cylindres à plat de 2,5 litres n'a déplu à personne, mais n'a épaté personne non plus. La boîte CVT qui l'accompagne a même été bien reçue. Ce tandem est même responsable de la meilleure moyenne de consommation du match ! La suspension est suffisamment confortable pour éviter les insultes et, surtout, pour éliminer toute velléité sportive. Enfin, bien peu ont apprécié la sensation de la pédale de frein.

Hors route : le rouage intégral de Subaru n'a plus besoin de présentation. La fonction X-Mode agit sur la puissance du moteur, la boîte de vitesses et la répartition du couple, entre autres.

L'ESSAI DE WILLIAM (SIÈGE DE BÉBÉ)

Place centrale arrière..acceptable pour un enfant,
pas trop gros !
Ancrages ....enfoncés dans le siège et cachés
par un morceau de tissu.
Finition un peu bâclée.
Ouverture des portes..suffisante
Classement ....moyen (7ᵉ position)

SI JEUNE ET DÉJÀ SI VIEUX

JEEP COMPASS — 10e

Avec le Chevrolet Equinox, il partage l'honneur d'être le plus récent VUS compact sur le marché. En plus de porter un nom (Compass) qui rappelle à plusieurs propriétaires des histoires d'horreur en matière de fiabilité, l'exemplaire que nous avions souffrait de tares inacceptables sur un véhicule affichant moins de 1 000 km...

Côté motorisation, ce n'est guère plus reluisant. Le duo moteur/boîte de vitesses ne fait pas très bon ménage et le quatre cylindres de 2,4 litres, malgré ses 180 chevaux, ne parvient pas à répondre adéquatement aux sollicitations de l'accélérateur. Jean-Charles trouve que « le temps de réponse de la boîte automatique laisse à désirer et, conjugué au manque de puissance du moteur, les dépassements demandent une certaine planification ». Ces deux éléments ont d'ailleurs terminé au bas du classement. Même constat pour la consommation...

Outre ces facéties mécaniques, le Compass se débrouille plutôt bien sur la route et très bien en hors route, là où il n'ira sans doute jamais !

Hors route: bien qu'il brille en hors route, le Compass nous a surpris lorsque le bas de son pare-chocs a accroché là où la plupart ont passé sans anicroche... Une fois sur la terre meuble, par contre, c'est le meilleur !

L'ESSAI DE WILLIAM (SIÈGE DE BÉBÉ)

Place centrale arrière..non
Ancrages ....accessibles, mais cachés par le cuir de la banquette
Ouverture des portes..très bonne
Classement ....pauvre (11e position)

POINTAGE
264,8 points

PRIX DE LA VERSION ESSAYÉE
37 395 $

SI SEULEMENT MITSUBISHI L'AIDAIT...

MITSUBISHI OUTLANDER — 11e

Un match comparatif est sans doute ce qu'il y a de plus révélateur et le pauvre Mitsubishi Outlander a fait les frais de celui des VUS compacts. Il a vieilli, beaucoup vieilli, et Mitsubishi ne semble pas vouloir lui donner les moyens pour que ses qualités soient davantage mises en valeur.

Peu d'essayeurs ont apprécié son style, autant extérieur qu'intérieur, quoiqu'il s'agisse uniquement d'une question de goût. Au moins, sa grande surface vitrée et ses rétroviseurs extérieurs ont été appréciés. Il s'agissait du seul véhicule du match à avoir une troisième banquette, un plus pour plusieurs. Mais comme le mentionne Laurent « bonne chance pour y accéder ! » Le coffre est passablement grand, merci au pneu de secours logé sous le véhicule.

Le 2,4 litres, le moins puissant du lot, est heureusement combiné à une boîte CVT plutôt compétente. Le fait que l'Outlander soit le plus léger du groupe ne nuit pas non plus et il a terminé dans la moyenne dans la catégorie des performances mesurées. La consommation à vitesse de croisière sur la grand-route impressionne, mais elle perd des plumes en milieu urbain. En conduite, l'Outlander en a surpris plus d'un par son comportement plus confortable que sportif, mais pas dépassé.

Tout seul, l'Outlander n'est pas vilain du tout. C'est quand on le conduit la même journée que ses concurrents que ça se

gâte... Malheureusement pour l'Outlander, nous ne donnons pas de points pour la garantie et la fiabilité.

Hors route: il est possible de verrouiller le rouage intégral via un bouton sur la console. Cependant, le manque de puissance du moteur annihile en partie les qualités de ce rouage dans un sol très meuble.

L'ESSAI DE WILLIAM (SIÈGE DE BÉBÉ)

Place centrale arrière..non
Ancrages ....accessibles, mais cachés par le cuir de la banquette
Ouverture des portes..bonne
Classement ....moyen (6e position)

POINTAGE
264,2 points

PRIX DE LA VERSION ESSAYÉE
35 048 $

ET LE MEILLEUR VUS COMPACT EST...

Le meilleur VUS compact est celui que vous aimerez conduire et qui répondra à vos besoins. Notre mission était de vous aider à faire un choix éclairé et, malgré les centaines d'années d'expérience qui étaient réunies pour réaliser ce match comparatif, nous en avons appris sans doute autant que vous !

Comme mentionné, la faible marge qui a permis au Mazda CX-5 de s'emparer de la position de tête nous a surpris. En fait, les quatre premières positions tiennent dans un mouchoir. Cela n'est pas surprenant puisque la catégorie des VUS compacts est l'une des plus homogènes qui soient et dès que l'un arrive avec une nouveauté, les autres l'imitent aussitôt, bien que chacun ait sa propre personnalité. Les positions 5 à 9 sont un zeste distancées, mais pas larguées et, encore une fois, sont séparées par peu de points. Quant aux deux dernières places, seuls quelques dixièmes de point les distinguent, comme si chacun tentait d'être plus mauvais que l'autre.

Cette «proximité» dans le pointage peut s'expliquer par différents facteurs. Tout d'abord, chacun de nos VUS est issu d'une automobile et ils affichent, à des degrés différents, le comportement routier d'une berline compacte. Or, ils ajoutent à ces berlines de l'espace intérieur, une position de conduite relevée et un rouage intégral, même si leur version de base arrive généralement avec les seules roues avant motrices. La plupart des VUS souffrent des mêmes maux que les berlines dont ils sont dérivés: visibilité arrière et 3/4 arrière généralement mauvaise, un prix qui augmente dramatiquement selon le niveau d'équipement et des moteurs dont la consommation n'est pas toujours proportionnelle à la puissance.

Les VUS sont certes plus dispendieux, mais comme la plupart des gens les louent à long terme, les montants mensuels ne sont pas si élevés que ça. Et ceux qui préfèrent en faire l'acquisition peuvent bénéficier d'un prêt sur une période allant jusqu'à 96 mois dans certains cas. Eh oui, huit ans. Rendu là, ce n'est plus d'un conseiller automobile dont vous avez besoin, mais d'un conseiller financier...

Parlant d'argent... Lors du match de 2013, le prix moyen d'un VUS compact de base était de 23 500 $ alors que le prix moyen des véhicules essayés grimpait à 31 173 $. Or cinq ans plus tard, le prix de base moyen est rendu à 35 256 $ et celui des véhicules essayés montait à 39 273 $. Comment expliquer cette importante hausse? Tout d'abord, les VUS, comme le reste de la production automobile, se raffinent et offrent de plus en plus d'équipement de sécurité et d'autres rehaussant l'expérience de conduite. Toutefois, ces équipements ne coûtent souvent pratiquement rien à produire. Sans être un génie de l'administration, il est facile d'imaginer que puisque la demande est élevée, les prix le sont aussi... D'autant plus que grâce au crédit, on peut conduire un véhicule «loadé au bouchon» plutôt qu'une vulgaire version de base!

D'aucuns feront remarquer que nous n'avons pas fait l'essai de nos véhicules dans des sentiers hors route très difficiles. Nous leur ferons remarquer que notre virée dans un champ fraîchement hersé avec chacun des VUS représente sans doute l'épreuve la plus difficile à laquelle ils seront soumis... Évidemment, on achète ces véhicules surtout pour la sécurité accrue que leur rouage intégral procure durant l'hiver. Sauf que trouver des routes enneigées et glacées en mai, c'est assez complexe. Remarquez qu'en ce printemps 2017 particulièrement pourri, ça aurait très bien pu arriver! Seul le rouage du Jeep Compass peut prétendre à l'appellation 4x4.

Difficile à croire mais, un jour, les VUS céderont leur place à un autre type de véhicules. On peut se fier à nos enfants pour ça. Après tout, ne sommes-nous pas responsables de la montée des VUS dans les années 1990 et 2000 au détriment des fourgonnettes adulées par nos parents qui, eux, ont rejeté en masse les *station wagon* des années 50 et 60 ?

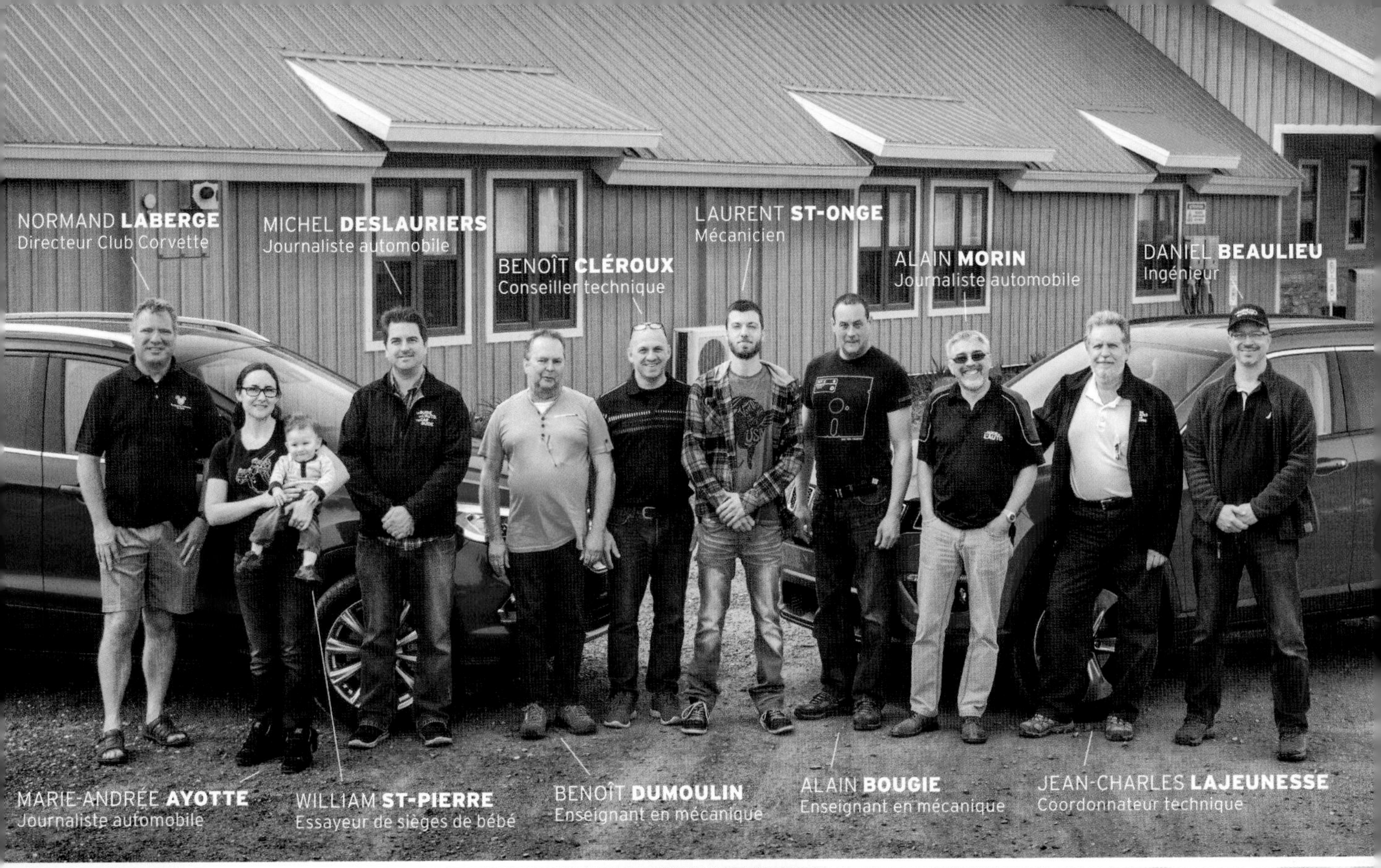

NORMAND **LABERGE**
Directeur Club Corvette

MICHEL **DESLAURIERS**
Journaliste automobile

BENOÎT **CLÉROUX**
Conseiller technique

LAURENT **ST-ONGE**
Mécanicien

ALAIN **MORIN**
Journaliste automobile

DANIEL **BEAULIEU**
Ingénieur

MARIE-ANDRÉE **AYOTTE**
Journaliste automobile

WILLIAM **ST-PIERRE**
Essayeur de sièges de bébé

BENOÎT **DUMOULIN**
Enseignant en mécanique

ALAIN **BOUGIE**
Enseignant en mécanique

JEAN-CHARLES **LAJEUNESSE**
Coordonnateur technique

LE GUIDE DE L'AUTO TIENT À REMERCIER LES GENS QUI ONT PRIS DEUX JOURNÉES POUR VENIR FAIRE L'ESSAI DE NOS ONZE VUS:

Marie-Andrée Ayotte, Daniel Beaulieu, Alain Bougie, Benoît Cléroux, Michel Deslauriers, Benoît Dumoulin, Normand Laberge, Jean-Charles Lajeunesse et Laurent St-Onge. Un merci tout spécial à notre coordonnatrice, Marie-France Rock ainsi qu'à Karine Phaneuf, Leïla Coiteux-Clermont et Marie-Odile Thellen qui ont fait du transport de VUS avant et après le match. N'oublions pas William qui, à sa façon, a participé au match. Enfin, merci à l'École des métiers en équipement motorisé de Montréal (ÉMÉMM) qui a permis à trois de ses enseignants de participer à ce match.

FICHES TECHNIQUES	CHEVROLET EQUINOX	FORD ESCAPE	HONDA CR-V	HYUNDAI TUCSON	JEEP COMPASS
RANG	6	4	2	5	10
Emp. / lon. / haut.	2725 / 4652 / 1661 mm	2690 / 4524 / 1684 mm	2660 / 4586 / 1689 mm	2670 / 4475 / 1650 mm	2636 / 4394 / 1647 mm
Lar. (avec / sans rétros)	n.d. / 1843 mm	2078 / 1839 mm	2107 / 1951 mm	n.d. / 1850 mm	2033 / 1874 mm
Voie av. / ar.	1580 / 1581 mm	1562 / 1565 mm	1598 / 1613 mm	1615 / 1604 mm	1542 / 1532 mm
Poids	1705 kg	1708 kg	1617 kg	1683 kg	1648 kg
Coussins de sécu. / places	6 / 5	7 / 5	6 / 5	6 / 5	7 / 5
Coffre min. / max.	846 - 1798 litres	964 - 1926 litres	1065 - 2146 litres	877 - 1754 litres	770 - 1693 litres
Boîte de vit. / rapports	auto / 6	auto / 6	auto / CVT	auto / 7	auto / 9
Rouage	Intégral	Intégral	Intégral	Intégral	Intégral
Moteur	4 l / 1,5 litre	4 l / 2,0 litres	4 l / 1,5 litre	4 l / 1,6 litre	4 l / 2,4 litres
Puissance (à tr/min.)	170 ch à 5600	245 ch à 5500	190 ch à 5600	175 ch à 5500	180 ch à 6400
Couple (à tr/min.)	203 lb-pi à 2000 - 4000	275 lb-pi à 3000	179 lb-pi à 2000 - 5000	195 lb-pi à 1500 - 4500	175 lb-pi à 3900
Alimentation	Turbo	Turbo	Turbo	Turbo	Atmosphérique
Carburant, type / qté	Sup. / 59 litres	Sup. / 61 litres	Ord. / 53 litres	Ord. / 62 litres	Ord. / 51 litres
Suspension avant	Ind. jambes de force	Ind. jambes de force	Ind. jambes de force	Ind. jambes de force	Ind. jambes de force
Suspension arrière	Ind. Multibras	Ind. Multibras	Ind. Multibras	Ind. Multibras	Ind. jambes de force
Freins (type x qté)	Disque x 4	Disque x 4	Disque x 4	Disque x 4	Disque x 4
Pneus	P235/50R19	P235/50R18	P235/60R18	P245/45R19	P225/55R18
Pneus (modèle essayé)	Hankook Ventus S1 Noble	Michelin Latitude Tour HP	Hankook Kinergy GT	Hankook Kinergy GT	Continental ProContact TX
Direction	Crém. Électri. Vari.	Crém. Électri. Vari.	Crém. Électri. Vari.	Crém. Électri. Vari.	Crém. Électri.
Diamètre de braquage	11,4 m	11,7 m	11,4 m	10,6 m	10,8 m
Cons. RNC (vil / rte / comb.)	9,8 / 7,9 / 8,9	11,5 / 8,7 / 10,2	8,7 / 7,2 / 8,0	9,9 / 8,5 / 9,3	10,8 / 7,8 / 9,5
Émissions CO_2 RNC	209 g/km	239 g/km	188 g/km	221 g/km	222 g/km
Prix de base	34 195 $	35 999 $	38 290 $	36 499 $	29 400 $
Prix modèle essayé	40 490 $	43 689 $	40 130 $	38 918 $	37 395 $
Lieu de fabrication	Ingersoll, ON	Oakville, ON	Alliston, ON	Ulsan, KR	Toluca, MX
Garantie (ans / km)	3 / 60K - 5 / 160K	3 / 60K - 5 / 100K	3 / 60K - 5 / 100K	5 / 100K	3 / 60K - 5 / 100K
Capacité remorquage	n.d.	1587 kg	680 kg	6801 kg	909 kg
Consommation (2 jrs, l/100 km)	9,7	11,3	9,3	10,5	11,4
0-100 km/h	10,0 s	7,8 s	9,4 s	8,7 s	10,3 s
80-120 km/h	7,7 s	5,2 s	6,8 s	6,5 s	7,3 s
100-0 km/h	39,3 m	42,5 m.	42,7 m	41,1 m	43,5 m

3	1	11	7	9	8
2670 / 4480 / 1645 mm	2698 / 4550 / 1680 mm	2670 / 4695 / 1680 mm	2706 / 4630 / 1715 mm	2640 / 4610 / 1735 mm	2660 / 4600 / 1705 mm
n.d. / 1855 mm	2115 / 1842 mm	n.d. / 1810 mm	n.d. / 1840 mm	2031 / 1795 mm	n.d. / 1845 mm
1608 / 1620 mm	1596 / 1596 mm	1540 / 1540 mm	1,780 - (n/d)	1545 / 1555 mm	1560 / 1560 mm
1813 kg	1659 kg	1535 kg	1643 kg	1588 kg	1635 kg
6 / 5	6 / 5	7 / 7	6 / 5	7 / 5	8 / 5
798 - 1703 litres	875 - 1687 litres	968 - 1792 litres	1112 - 1982 litres	892 - 1940 litres	1090 - 2080 litres
auto / 6	auto / 6	auto / CVT	auto / CVT	auto / CVT	auto / 6
Intégral	Intégral	Intégral	Intégral	Intégral	Intégral
4 l / 2.0 litres	4 l / 2,5 litres	4 l / 2,4 litres	4 l / 2,5 litres	4 l / 2,5 litres	4 l / 2,5 litres
237 ch à 6000	187 ch à 6000	166 ch à 6000	170 ch à 6000	170 ch à 5800	176 ch à 6000
260 lb-pi à 1450 - 3500	185 lb-pi à 4000	162 lb-pi à 4200	175 lb-pi à 4400	174 lb-pi à 4000	172 lb-pi à 4100
Turbo	Atmosphérique	Atmosphérique	Atmosphérique	Atmosphérique	Atmosphérique
Ord. / 62 litres	Ord. / 58 litres	Ord. / 60 litres	Ord. / 55 litres	Ord. / 60 litres	Ord. / 60 litres
Ind. jambes de force	Ind. jambes de force	Ind. jambes de force	Ind. jambes de force	Ind. jambes de force	Ind. jambes de force
Ind. Multibras	Ind. Multibras	Ind. Multibras	Ind. Multibras	Ind. Multibras	Ind. Multibras
Disque x 4	Disque x 4	Disque x 4	Disque x 4	Disque x 4	Disque x 4
P245/45R19	P225/55R19	P225/55R18	P225/55R19	P225/60R17	P235/55R18
Hankook Kinergy GT	Hankook Kinergy GT	Nexen Npriz RH7	Bridgestone Ecopia HL422 Plus	Yokohama Geolander G91	Bridgestone Ecopia HL422 Plus
Crém. Électri. Vari.	Crém. Électri.	Crém. Électri. Vari.	Crém. Électri. Vari.	Crém. Électri. Vari.	Crém. Électri.
10,6 m	11,0 m	10,6 m	11,4 m	10,6 m	11,2 m
11,9 / 10,2 / 11,1	10,2 / 8,3 / 9,2	9,8 / 8,1 / 9,0	9,6 / 7,4 / 8,6	9,2 / 7,4 / 8,4	10,5 / 8,3 / 9,5
263 g/km	221 g/km	211 g/km	203 g/km	196 g/km	222 g/km
39 595 $	36 300 $	30 398 $	35 698 $	33 295 $	38 155 $
41 635 $	40 195 $	35 048 $	38 028 $	34 970 $	41 503 $
Gwangju, KR	Hiroshima, JP	Nagoya, JP	Smyrna, TN	Ota, JP	Woodstock, ON
5 / 100K - 5 / 100K	3 / Illimité - 5 / Illimité	5 / 100K - 10 / 160K	3 / 60K - 5 / 100K	3 / 60K - 5 / 100K	3 / 60K - 5 / 100K
907 kg	907 kg	567 kg / 6801 kg	454 kg	680 kg (rem. frein.)	680 kg
11,4	10,0	10,3	9,7	8,4	10,2
8,7 s	9,3 s	9,7 s	11,1 s	9,8 s	10,3 s
5,7 s	6,2 s	6,4 s	8,0 s	6,6 s	7,6 s
40,5 m	42,1 m	42,3 m	43,6 m	42,0 m	41,3 m

POINTAGE DÉTAILLÉ

	RANG	CHEVROLET EQUINOX	FORD ESCAPE	HONDA CR-V	HYUNDAI TUCSON	JEEP COMPASS
		6	**4**	**2**	**5**	**10**
DESIGN / STYLE						
Extérieur (silhouette, proportions, originalité, style, attrait visuel pur)	/20	12,1	13,5	13,9	13,9	12,4
Intérieur (design, couleurs, style, originalité, agencement des matériaux)	/20	13,0	13,2	14,2	12,5	14,1
	/40	25,1	26,7	28,1	26,4	26,5
CARROSSERIE						
Finition intérieure + extérieure (qualité de peinture, écarts, assemblage)	/10	6,1	6,4	7,2	6,6	5,9
Qualité des matériaux (texture, couleur, surface)	/10	6,3	6,8	7,2	6,5	5,9
Tableau de bord (clarté, lisibilité des cadrans, graphisme, disposition)	/10	6,2	7,0	6,4	6,6	6,0
Équipement (accessoires, innovations, qualité du système audio, etc.)	/10	**7,3**	7,1	6,9	6,8	5,8
Coffre (accès, volume, commodité, modularité, polyvalence: passage)	/40	28,2	26,0	**31,2**	26,0	24,0
Rangements (accès, nombre, taille, commodité, efficacité)	/20	13,9	13,7	14,1	14,2	11,8
	/100	67,9	66,9	**72,9**	66,7	59,4
CONFORT / ERGONOMIE						
Siège conducteur (accès, position de conduite, ajustements, confort, etc.)	/15	10,7	11,2	11,2	10,4	9,3
Siège passager (accès, ajustements, confort, etc.)	/15	10,8	**11,3**	11,1	10,5	9,1
Siège arrière (ajustements, accès, modularité, etc.)	/15	10,5	10,7	**11,5**	10,2	9,2
Ergonomie (facilité d'atteindre les commandes, douceur, précision)	/10	7,2	**7,6**	7,2	7,1	6,3
	/55	39,2	40,7	**41,0**	38,1	33,9
SYSTÈME MULTIMÉDIA						
GPS (facilité d'entrer des données, clarté, précision des instructions, etc.)	/5	3,7	**3,8**	**3,8**	0,0	3,7
Système audio (facilité d'utilisation, sonorité, etc.)	/10	**7,5**	7,1	6,7	7,3	6,8
Connectivité (facilité de connexion, compatibilité, etc.)	/10	**7,3**	7,2	6,9	7,0	6,9
Freins (sensations, modulation, constance, performances, résistance)	/10	7,4	**7,6**	6,4	7,0	6,6
	/35	**25,9**	25,7	23,8	21,3	24,0
CONDUITE						
Tenue de route (équilibre, agilité, adhérence, marge de sécurité, etc.)	/20	13,3	14,9	13,6	14,0	13,4
Moteur (puissance, couple à bas/haut régime, réponse, sonorité, etc.)	/20	12,4	15,5	13,0	13,0	11,1
Direction (précision, *feedback*, résistance aux secousses, braquage)	/20	12,9	14,4	13,0	13,6	12,6
Freins (sensations, modulation, constance, performances, résistance)	/20	13,9	14,3	12,4	14,0	12,6
Transmission (précision, rapidité, étagement, douceur, embrayage)	/20	12,6	14,4	12,3	14,0	10,9
Qualité de roulement (silence, suspension, solidité structurelle, etc.)	/15	10,3	10,3	**11,2**	10,4	9,5
	/115	75,3	83,7	75,5	79,1	70,2
SÉCURITÉ						
Visibilité (surface vitrée, largeur des montants, rétroviseurs, angles morts)	/20	14,0	14,1	14,1	13,1	12,3
Systèmes d'aide à la conduite (efficacité, ajustabilité, rapidité)	/10	6,1	6,9	6,7	6,8	7,1
	/30	20,1	21,1	20,8	19,9	19,4
PERFORMANCES MESURÉES*						
Accélération 0-100 km/h	/10	6,3	**7,7**	6,6	7,3	5,9
Reprises 80-120 km/h	/20	14,0	**18,6**	15,2	16,4	14,0
Freinage de 100 km/h	/20	**15,2**	10,4	10,4	12,8	9,2
Consommation	/25	**20,8**	16,5	**20,8**	18,8	16,5
	/75	56,3	53,2	53,0	55,3	45,6
AUTRES CLASSEMENTS						
Choix des essayeurs	/50	21,6	38,4	40,7	34,0	19,3
POINTAGE BRUT	/500	331,3	356,6	355,6	340,7	298,2
POINTAGE FINAL*	/500	292,2	311,3	313,9	301,5	264,8

* Pointage selon des courbes adaptées ** Avec pondération pour le prix selon la courbe des prix annuels de l'AJAC

		KIA SPORTAGE	MAZDA CX-5	MITSUBISHI OUTLANDER	NISSAN ROGUE	SUBARU FORESTER	TOYOTA RAV4
RANG		3	1	11	7	9	8
DESIGN / STYLE							
Extérieur (silhouette, proportions, originalité, style, attrait visuel pur)	/20	13,4	**14,2**	10,5	13,4	11,0	11,7
Intérieur (design, couleurs, style, originalité, agencement des matériaux)	/20	13,1	14,5	10,1	**14,7**	11,9	12,0
	/40	26,5	**28,7**	20,6	28,2	23,0	23,7
CARROSSERIE							
Finition intérieure + extérieure (qualité de peinture, écarts, assemblage)	/10	6,8	**7,3**	5,7	6,6	6,7	6,9
Qualité des matériaux (texture, couleur, surface)	/10	6,6	**7,3**	5,5	7,2	5,8	6,4
Tableau de bord (clarté, lisibilité des cadrans, graphisme, disposition)	/10	6,9	**7,1**	5,9	6,9	6,4	6,1
Équipement (accessoires, innovations, qualité du système audio, etc.)	/10	6,7	6,7	5,4	6,8	5,5	6,3
Coffre (accès, volume, commodité, modularité, polyvalence: passage)	/40	25,6	26,4	26,8	26,5	28,2	28,5
Rangements (accès, nombre, taille, commodité, efficacité)	/20	14,1	13,2	12,2	12,9	12,4	**14,4**
	/100	66,7	68,0	61,6	66,8	65,1	68,6
CONFORT / ERGONOMIE							
Siège conducteur (accès, position de conduite, ajustements, confort, etc.)	/15	11,0	10,7	9,4	**11,4**	9,9	10,3
Siège passager (accès, ajustements, confort, etc.)	/15	10,6	10,7	9,2	**11,3**	9,8	10,0
Siège arrière (ajustements, accès, modularité, etc.)	/15	9,9	9,5	10,4	9,9	10,4	11,4
Ergonomie (facilité d'atteindre les commandes, douceur, précision)	/10	7,4	7,1	6,2	6,8	6,7	5,9
	/55	38,9	37,9	35,1	39,3	36,8	37,6
SYSTÈME MULTIMÉDIA							
GPS (facilité d'entrer des données, clarté, précision des instructions, etc.)	/5	3,2	2,5	0,0	**3,8**	0,0	3,5
Système audio (facilité d'utilisation, sonorité, etc.)	/10	7,0	7,1	6,7	6,9	5,8	6,0
Connectivité (facilité de connexion, compatibilité, etc.)	/10	7,2	5,0	6,7	6,6	5,9	6,7
Freins (sensations, modulation, constance, performances, résistance)	/10	6,6	6,4	6,2	6,8	5,8	6,6
	/35	24,0	21,0	19,6	24,1	17,5	22,8
CONDUITE							
Tenue de route (équilibre, agilité, adhérence, marge de sécurité, etc.)	/20	15,3	**15,6**	11,6	12,9	11,9	11,6
Moteur (puissance, couple à bas/haut régime, réponse, sonorité, etc.)	/20	**16,0**	14,0	11,3	11,8	12,1	11,4
Direction (précision, *feedback*, résistance aux secousses, braquage)	/20	14,7	**14,8**	11,9	12,8	12,8	11,7
Freins (sensations, modulation, constance, performances, résistance)	/20	14,7	**14,8**	12,6	12,7	11,9	12,3
Transmission (précision, rapidité, étagement, douceur, embrayage)	/20	**15,0**	14,6	11,5	11,1	12,1	13,2
Qualité de roulement (silence, suspension, solidité structurelle, etc.)	/15	**11,2**	10,8	9,5	10,1	8,9	7,5
	/115	**86,9**	84,5	68,3	71,3	69,7	67,6
SÉCURITÉ							
Visibilité (surface vitrée, largeur des montants, rétroviseurs, angles morts)	/20	13,6	13,0	14,4	14,2	**15,2**	13,9
Systèmes d'aide à la conduite (efficacité, ajustabilité, rapidité)	/10	7,5	6,9	6,1	6,4	**7,6**	6,4
	/30	21,1	19,9	20,5	20,6	**22,8**	20,3
PERFORMANCES MESURÉES*							
Accélération 0-100 km/h	/10	7,3	6,6	6,6	5,6	6,6	5,9
Reprises 80-120 km/h	/20	18,0	17,2	16,4	12,8	16,4	14,0
Freinage de 100 km/h	/20	12,8	11,6	11,6	9,2	11,6	12,8
Consommation	/25	16,5	20,0	18,8	**20,8**	23,3	20,0
	/75	54,6	55,4	53,4	48,4	**57,9**	52,7
AUTRES CLASSEMENTS							
Choix des essayeurs	/50	36,2	**42,4**	16,7	28,2	23,3	30,0
POINTAGE BRUT	/500	354,9	**357,8**	295,8	327,0	316,1	323,2
POINTAGE FINAL**	/500	312,2	**315,7**	264,2	290,0	282,3	284,5

Dénicher un endroit où stationner onze voitures dans un beau décor, avec suffisamment de dégagement pour que notre photographe puisse avoir une vue d'ensemble pour la photo de groupe, n'est pas chose aisée. Avoir des installations permettant de laver les voitures et une place où se réfugier en cas de pluie et offrant des toilettes, non plus. Cet endroit de rêve, nous l'avons trouvé! Il s'agit du Coteau Rougemont, situé dans un décor magnifique et doté d'installations modernes, parfaites pour des événements corporatifs ou des mariages. Ou des matchs comparatifs.

Un beau paysage et de beaux édifices et des hôtes exceptionnels. Merci beaucoup à André Lamarre et Claudia Lachance!

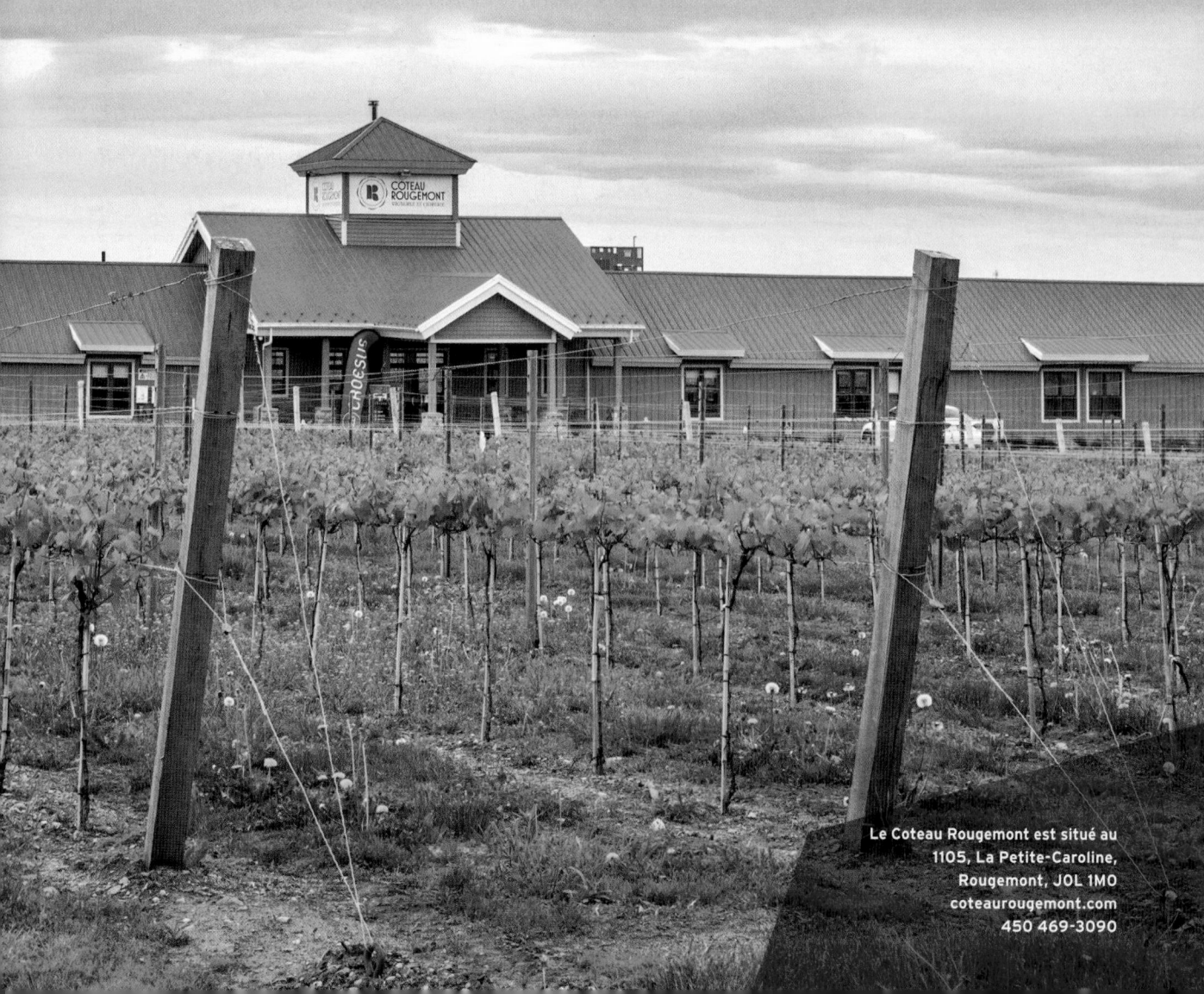

Le Coteau Rougemont est situé au
1105, La Petite-Caroline,
Rougemont, J0L 1M0
coteaurougemont.com
450 469-3090

DOSSIER VÉHICULES AUTONOMES

LA VOITURE AUTONOME... OÙ EN SOMMES-NOUS ?

PAR DANIEL BEAULIEU, ing.

1939

NORMAN BEL GEDDES, UN DESIGNER INDUSTRIEL A PRÉVU LA CONDUITE AUTONOME LORS DE L'EXPOSITION UNIVERSELLE DE NEW YORK DE 1939. NOMMÉE FUTURAMA, L'EXPOSITION ANTICIPAIT LE GRAND RÉSEAU AUTOROUTIER DE L'APRÈS-GUERRE.

1957

FRAPPÉ PAR LE NOMBRE CROISSANT DE DÉCÈS SUR LES ROUTES, VLADIMIR ZWORYKIN ET SON ÉQUIPE VOULAIENT RÉGLER LE PROBLÈME EN TRANSFÉRANT À L'INFRASTRUCTURE ROUTIÈRE LE CONTRÔLE DU VÉHICULE. AVEC UN SIMPLE CÂBLE ÉLECTRIQUE ENFOUI DANS LA CHAUSSÉE, L'INGÉNIEUR ENGAGEAIT LE « PILOTAGE ÉLECTRONIQUE » ET LA VOITURE SE GUIDAIT D'ELLE-MÊME DANS LES COURBES GRÂCE À DES CAPTEURS MONTÉS SOUS LE PARE-CHOCS AVANT; ELLE POUVAIT MÊME FREINER ET S'ARRÊTER TOUTE SEULE SI UN OBSTACLE BLOQUAIT LA VOIE DEVANT.

Depuis ses débuts, l'automobile a toujours su attiser les passions, positives comme négatives. Les tenants du cheval n'avaient que peu faire de ces machines pétaradantes. Les autres voyaient plutôt les frontières de leur mobilité abattues par ce nouveau moyen de transport. L'évolution de l'automobile est marquée par de grands pas qui ont jalonné son histoire : la consolidation du moteur à combustion interne – qui a eu le dessus sur la vapeur et l'électricité, la carrosserie monocoque, la crise du pétrole, la prise de conscience écologique, la sécurité, la quête de la performance et la revanche ultime de l'électricité. Et les inconditionnels de l'automobile devront bientôt, à regret, céder le volant au plus grand changement qui soit : la conduite autonome.

Depuis la fin du 20e siècle, nous vivons la 3e révolution industrielle, celle des technologies de l'information et des communications. Le secteur technologique est de plus en plus indissociable de l'automobile. Des processeurs contrôlent depuis longtemps les groupes motopropulseurs, mais de nos jours l'interaction entre le conducteur et sa monture passe de plus en plus par un écran tactile et des commandes vocales. Comme un téléphone intelligent, l'automobile regroupe des applications qui sont au service de l'humain. Le conducteur personnalise les paramètres de son véhicule, et interagit avec lui par ces interfaces technologiques. Dans un monde où l'humain contrôle son destin du bout des doigts, et que le transport est devenu mobilité, il n'y a qu'un pas à franchir pour que l'automobile devienne une application et le conducteur... un simple passager.

COMME UN TÉLÉPHONE INTELLIGENT, L'AUTOMOBILE REGROUPE DES APPLICATIONS QUI SONT AU SERVICE DE L'HUMAIN.

Photo : Bosch

UN PEU D'HISTOIRE...

C'est évidemment le cinéma qui nous a donné un avant-goût populaire de ce qu'est une voiture autonome. Outre la célèbre et caractérielle coccinelle Herbie de Walt Disney, plusieurs films de science-fiction ont mis de l'avant des automobiles – parfois volantes – qui se conduisent seules, comme dans *I, Robot* ou *Minority Report*. La télévision n'est pas en reste – souvenez-vous de KITT, la volubile Trans Am noire parfois conduite par le personnage de David Hasselhoff dans la série *Knight Rider*.

Toutefois, un réel visionnaire, Norman Bel Geddes, un designer industriel qui a aussi conçu les décors de grandes productions théâtrales, a prévu la conduite autonome dès les années 30. General Motors voulait frapper un grand coup à l'Exposition universelle de New York de 1939 : la présentation d'une ville du futur, horizon 1960. Nommée Futurama, l'exposition anticipait le grand réseau autoroutier de l'après-guerre, mais comportait aussi des autoroutes urbaines automatisées qui permettaient une plus grande efficacité et fluidité de la circulation. Bel Geddes avait déjà compris le principe du peloton, où les véhicules se suivent en convois serrés, optimisant l'espace de chaussée.

C'est finalement en 1953 que General Motors s'est attaquée à rendre la technologie plausible, se joignant à l'ingénieur Vladimir Zworykin, connu pour ses travaux sur la télévision chez RCA. Ce dernier était frappé par le nombre croissant de décès sur les routes. Sa vision pour régler le problème était de transférer à l'infrastructure routière le contrôle du véhicule. L'équipe de Zworykin travaillait avec la technologie de l'époque, mais déjà – avec un simple câble électrique enfoui dans la chaussée –, l'ingénieur engageait le « pilotage électronique » et la voiture se guidait d'elle-même dans les courbes de la piste d'essais grâce à des capteurs montés sous le pare-chocs avant ; elle pouvait même freiner et s'arrêter toute seule si un obstacle bloquait la voie devant. Nous étions en 1957 !

Le père de l'automobile autonome sera toutefois Ernst Dickmanns, ingénieur aérospatial et chercheur de l'Université Bundeswher de Munich. Dickmanns a frappé l'imaginaire en 1994 avec un voyage de 1 600 km à travers l'Europe, complété à 95 % sans mains sur le volant d'une Mercedes-Benz Classe S, à des vitesses atteignant 180 km/h.

Toute cette recherche n'était pas passée inaperçue. Bien avant Uber, les premiers à voir l'intérêt du véhicule autonome ont été... les militaires. Envoyer un véhicule autonome au combat ou en mission dangereuse sans risquer la vie des soldats a évidemment un attrait. C'est alors que le grand coup d'envol du VA (Véhicule Autonome) est lancé par l'armée américaine en 2004: un concours annuel de véhicules parfaitement autonomes (niveau 5), commandité par la DARPA (Defense Advanced Research Projects Agency). Ces courses sont chaotiques et après quelques années – et plusieurs véhicules enlisés ou affolés –, les chercheurs se rendent compte qu'il y a encore énormément de travail à faire. Depuis, les progrès ont été exponentiels.

LE VÉHICULE AUTONOME, PARCE QUE L'ÊTRE HUMAIN N'EST QU'UN ÊTRE HUMAIN.

Comme on le constate, la naissance du VA est due aux préoccupations sur notre bilan routier. Depuis la démocratisation de l'automobile au début du 20e siècle, le réseau routier s'est allongé, nos flottes nationales de véhicules ont augmenté et les kilomètres parcourus ont explosé. Ce qui ne se fait pas sans heurts: les blessés et victimes de la route se comptent annuellement par milliers... C'est trop. Malgré les efforts et les progrès de la sécurité active et passive des véhicules, et malgré les efforts de mes collègues ingénieurs en transport pour rendre nos routes plus sûres, où l'homme va, il y a hommerie.

Les statistiques sont cruelles: comme pour toute activité répétée à l'infini, il y a un taux d'incident qui est inévitable. L'homme, par contre, y ajoute du sien en prenant le volant sous influence, sans sommeil et parfois sans cervelle... Grâce aux merveilleux petits monolithes noirs à écrans tactiles que l'on traîne sur nous, la distraction est aussi une source croissante d'accidents.

Les bonzes de la sécurité routière se sont donc transformés en lobbyistes du VA. En enlevant l'homme de l'équation transport mécanique, ce groupe croit fermement que nous atteindrons la fameuse «Vision zéro», le cri de ralliement de notre époque pour tout le domaine de la santé et sécurité publique. Cette vision est noble, mais hélas un peu naïve. D'abord, en suivant une logique purement statistique, des objets en mouvement vont toujours finir par se rencontrer.

Mais surtout: le monde a changé. La naissance du iPhone à l'époque du concours DARPA a marqué un tournant dans le quotidien technologique de l'homme. Le besoin d'immédiateté et de connectivité a modifié ses attentes en matière de transports. La prise de conscience écologique des dernières décennies a aussi changé «transport» pour «mobilité». Les ventes de voitures vont bon train, certes, mais l'équation du transport urbain est maintenant la somme de plusieurs modes de transport qui s'assemblent pour rendre service à l'homme.

DERRIÈRE LE VOILE DE LA SÉCURITÉ ROUTIÈRE SE CACHE LA MOTIVATION PRINCIPALE DE LA COURSE AU VA: LE PROFIT.

C'est la naissance du MAAS (Mobility As A Service), la mobilité en tant que service. Aujourd'hui, la mobilité inclut le vélo en libre-service, l'autopartage et le covoiturage à but lucratif qui viennent tous perturber le marché des taxis. La prise du permis de conduire est en chute libre dans les grandes villes nord-américaines. L'«homo centrevillus» se déplace en pianotant des applications sur son téléphone intelligent. La mobilité n'est plus un véhicule, mais un service, qui se paie... en millions de dollars.

Le secteur technologique a vite compris que le conducteur peut être relégué à des tâches plus... rentables. Et quoi de plus rentable que le commerce en ligne? Tous ces achats doivent bien se rendre aux consommateurs, mais le camionnage est si réglementé... Restrictions d'horaire au volant, dangers de somnolence, marchandise immobilisée pendant que le chauffeur dort ou prend ses repas. Pourquoi ne pas lancer des camions autonomes qui roulent jour et nuit?

Vous aurez rapidement compris que derrière le voile de la sécurité routière se cache la motivation principale de la course au VA: le profit. Les analystes s'entendent que le marché du VA atteindra les 87 milliards $ US en 2030, ouvrant la porte à de nouvelles opportunités d'affaires pouvant accroître les revenus des manufacturiers de 30%.

EN QUÊTE D'AUTONOMIE, UN DEGRÉ À LA FOIS

On entend souvent parler de l'âge d'or de l'automobile quand il est question de l'effervescence du début du 20ᵉ siècle, et en ce moment, on pourrait presque dire que l'on vit l'adolescence de la voiture autonome. Comme nos ados, elle est en quête d'une autonomie croissante, une étape à la fois. Elle doit faire ses preuves et se montrer digne de confiance avant que l'on accepte de lui donner plus de liberté, même si elle voudrait bien brûler quelques étapes...

Reste que la voiture autonome est beaucoup plus balisée qu'un ado dans sa quête. La documentation techno classe souvent les VA selon cinq degrés d'autonomie. Dans le contexte du véhicule autonome, on retrouve plutôt six niveaux d'autonomie, en tenant compte du « Niveau zéro », soit la conduite tout à fait manuelle d'un véhicule. Voici donc ces six fameux degrés d'autonomie, tels que définis par la SAE (Society of Automotive Engineers) :

NIVEAU 0

Comme il faut bien commencer quelque part, le Niveau 0 représente l'humain derrière le volant qui s'occupe de tout ; la voiture peut émettre des avertissements, mais elle n'a aucun contrôle sur les systèmes. C'est l'automobile que l'on connaît tous.

NIVEAU 1

Ici, nous sommes en présence d'un système d'aide à la conduite qui prend en charge une fonction spécifique, comme la direction ou l'accélérateur, mais seulement une. Le régulateur de vitesse adaptatif avec radar en est un exemple, tout comme les systèmes d'aide au stationnement parallèle et l'aide au maintien de voie qui agit temporairement sur la direction. Ces aides ont une « lecture » limitée de l'environnement, se fiant au marquage routier pour la trajectoire (caméras de « vision machine ») et à la détection d'objets (radar).

La capacité des systèmes de Niveau 1 est donc limitée à des environnements forts simples, comme les autoroutes. Sur quelques voitures essayées, dont une Volkswagen Golf GTI, on note que le voyant lumineux de l'assistance à la direction s'éteint à basse vitesse. Le véhicule n'est simplement pas conçu pour offrir une assistance automatisée dans les environnements plus complexes et imprévisibles des villes. Un VA de Niveau 1 est un pré-ado : il a besoin de directives très claires pour – brièvement – évoluer librement.

Introduits d'abord sur des véhicules de grand luxe, ces dispositifs se démocratisent de plus en plus et se retrouvent maintenant sur des marques grand public comme Ford, Hyundai ou Volkswagen. Ce sont des aides à la conduite, des fonctions automatisées qui viennent en assistance au conducteur. Ce dernier a toujours le plein contrôle du véhicule.

NIVEAU 2

On marque un grand saut : le véhicule possède au moins un système qui contrôle à la fois l'accélération et la décélération, et un autre qui prend le contrôle de la direction, au-delà du simple maintien dans la voie, mais pour une portion de trajet dans des conditions précises. Le conducteur peut donc avoir les pieds et les mains libres, mais il doit être attentif et pouvoir reprendre le contrôle du véhicule en tout temps. Le logiciel AutoPilot de Tesla est un exemple connu, permettant une autonomie supervisée du véhicule dans des environnements simples et bien balisés, comme les autoroutes en dehors des grands centres. Notre ado grandit.

NIVEAU 3

Le conducteur peut délaisser des tâches critiques au véhicule selon l'environnement où il se trouve. Il peut devoir intervenir à l'occasion, mais son attention n'est pas requise au même degré que pour le Niveau 2. La configuration du véhicule doit toutefois permettre au conducteur de reprendre totalement le contrôle de la conduite, à la demande du conducteur ou du véhicule. Un VA de niveau 3 sera par exemple à même d'effectuer une manœuvre de dépassement simple, sur l'autoroute, quand il doit contourner un véhicule roulant plus lentement.

Certains manufacturiers comme Ford et Volvo entendent passer par-dessus cette étape, en amenant leurs produits directement du Niveau 2 au Niveau 4. Toutefois, le contexte législatif actuel (sauf en Allemagne) n'autorise pas la conduite autonome de Niveau 3 ou plus, sauf pour des projets pilotes encadrés par les gouvernements. Nos grands ados ont beaucoup de liberté, mais on les surveille du coin de l'œil.

Photo : Volvo

NIVEAU 4

C'est ici que l'on parle d'autonomie complète, mais en conditions contrôlées. Le véhicule peut assumer l'ensemble des tâches pour un trajet complet, en fonction des conditions d'opérations pour lequel il a été conçu. En dehors de celles-ci, le VA peut demander au conducteur de reprendre les commandes. C'est pourquoi l'habitacle d'un «Niveau 4» comporte toujours un volant et des pédales, avec une position assise dédiée au conducteur. Le VA est devenu un jeune adulte, mais qui demande parfois conseil à ses parents.

NIVEAU 5

L'autonomie est totale, peu importe l'environnement rencontré. Un VA de Niveau 5 peut affronter tous les types de routes par lui-même, en ville comme en campagne, peu importe le type de surface ou les conditions météorologiques. Bref, la conduite autonome est ici égale à ce que le conducteur humain pourrait faire, car notre VA passe à l'âge adulte. Le volant et les pédales font maintenant partie du passé, le véhicule n'est pas tenu d'en avoir. Les passagers – car on ne parle plus de conducteurs – peuvent lire, visionner un film, travailler ou même dormir à bord. On est essentiellement à bord d'un taxi-robot.

Si nos ados sont bien supervisés par leurs parents, il en va tout autant des VA qui sont surveillés de près par les gouvernements, qui limitent par de l'encadrement juridique les avancées parfois hâtives de la technologie. La prochaine génération de l'Audi A8 sera par exemple la première voiture de production à atteindre le Niveau 3; l'évolution est graduelle.

La norme de la SAE insiste beaucoup sur le respect des conditions d'opérations pour lesquelles le véhicule a été conçu. Ce n'est pas un hasard si les premiers pas des VA se sont faits dans les déserts du Sud-ouest américain, là où les routes se fondent à l'horizon, bien loin des tempêtes de neige et de la jungle urbaine. Il reste qu'il est étonnant de voir ce que l'on peut accomplir en combinant des systèmes actuels de Niveau 1 sous des conditions archicontrôlées.

Pour souligner le degré d'intelligence de sa berline Genesis de seconde génération, Hyundai a créé une publicité qui a frappé l'imaginaire en 2014. Six voitures se suivent à vitesse et distance constantes sur un circuit ovale. Un à un, les pilotes-cascadeurs activent les systèmes d'aide à la conduite (libérés ici des contraintes d'opération du modèle de série). Puis, chacun quitte son véhicule par le toit ouvrant, sautant sur un camion qui remonte le long des voitures. Le conducteur de la voiture de tête, lui, se bande les yeux et se croise les bras. Le camion passe devant, puis freine sec. Toutes les Genesis s'immobilisent prestement, sans tôle froissée.

Une telle performance en conditions de laboratoire montre à quel point les systèmes de Niveau 1 peuvent réaliser des prouesses et épater la galerie quand l'environnement est somme toute simple et prévisible. Ce que la cascade publicitaire de Hyundai démontre, c'est que c'est avant tout par la programmation, la puissance d'analyse et la capacité d'interagir rapidement avec les composantes mécaniques que le degré d'automatisation va progresser.

Photo : Mercedez-Benz

NIVEAU 0	NIVEAU 1	NIVEAU 2	NIVEAU 3	NIVEAU 4	NIVEAU 5
EN BREF Aucune automatisation	**EN BREF** Avec les mains	**EN BREF** Sans les mains	**EN BREF** Sans les yeux	**EN BREF** La tête ailleurs	**EN BREF** Autonomie totale
DESCRIPTIF SAE conducteur humain + aides à la conduite passifs	**DESCRIPTIF SAE** Conducteur humain actif et réagit aux urgences + automatisation du mouvement longitudinal ou latéral selon l'environnement	**DESCRIPTIF SAE** Conducteur humain supervise et réagit aux urgences + automatisation du mouvement longitudinal et latéral selon l'environnement	**DESCRIPTIF SAE** Conducteur humain passif peut recevoir demande d'intervention du véhicule + automatisation du mouvement longitudinal et latéral selon l'environnement	**DESCRIPTIF SAE** Conducteur humain totalement passif + automatisation du mouvement longitudinal et latéral selon l'environnement	**DESCRIPTIF SAE** Conducteur humain totalement passif + automatisation inconditionnelle sous toutes conditions
EXEMPLES Autos ordinaires	**EXEMPLES** Nissan Cima	**EXEMPLES** Tesla Model S ou Tesla Model X avec AutoPilot	**EXEMPLES** Audi A8 de 5e génération	**EXEMPLES** Projets BMW, Ford, Tesla et Volvo	**EXEMPLES** Taxi-robot (VW Sedric Concept)
	HORIZON 2001	**HORIZON** 2014	**HORIZON** 2018	**HORIZON** 2019	**HORIZON** 2021-2036

ET ÇA MARCHE ?

L'année 2009 a marqué un tournant dans le développement du VA alors que le géant Google s'est lancé tête baissée dans le défi d'adapter la conduite autonome au monde réel. Cet ambitieux projet a débuté avec une flotte de Toyota Prius de seconde génération bardées de caméras, capteurs lasers LiDAR (Light Detection And Ranging) et d'ordinateurs. En se limitant d'abord aux rues environnantes de son campus de recherche à Palo Alto en Californie, Google a aussi lancé ses Prius autonomes et les Lexus RX 400h qui ont suivi, sur les autoroutes rurales du Sunshine State. Évidemment, pas de neige et de nids-de-poule là-bas, mais avant d'affronter l'hiver, il faut d'abord maîtriser la base. La législation californienne encadre de très près les essais de VA, et les firmes participant aux projets pilotes de conduite autonome doivent livrer annuellement un rapport public sur leurs essais.

On y apprend que la flotte expérimentale de Waymo, la branche VA de Google, a parcouru un million de kilomètres en 2016, avec une moyenne de 0,2 prise de contrôle manuel par 1 600 km parcourus. Chez Mercedes-Benz, c'était une prise de contrôle aux 3,2 km. Il faut évidemment lire tout le rapport pour comprendre les contextes spécifiques, et comme il s'agit de projets de développement, la nature des tests influe sur les prises de contrôle. Par exemple, les VA de Ford perdaient le nord quand le marquage routier s'effaçait, et les Tesla n'aimaient pas la pluie.

Google a eu «l'honneur» d'être le premier à froisser de la tôle autonome sur la voie publique. Un de ses Lexus a rencontré un tas de sable près d'un chantier routier, et a alors cru que l'autobus qui arrivait sur sa gauche allait lui céder le passage... Le VUS Lexus s'est lancé dans la trajectoire du bus et s'est fait refaire le côté gauche. Pas pour le mieux.

Les VA ont encore beaucoup à apprendre, car le quotidien au volant comporte son lot de défis anecdotiques pour l'homme, mais complexes pour l'intelligence artificielle. Notre collègue Alain Morin a eu l'occasion de faire une balade à bord d'une Fusion autonome sur les routes internes de Ford à Dearborn; par un pur hasard, son VA est arrivé exactement en même temps qu'un autre VA à une intersection avec arrêts toutes directions. Les deux VA sont demeurés immobiles, indécis, jusqu'à ce qu'une intervention humaine les déloge de cette impasse toute simple.

Un des ingénieurs qui prenait place dans la voiture a profité de l'occasion pour raconter que lors d'un essai précédent, le vent avait renversé une poubelle sur la chaussée, cette dernière se balançant au gré du vent de la gauche à la droite. Le VA était totalement confus par cet étrange ballet et s'est immobilisé. Ces exemples démontrent bien pourquoi le développement des VA passe par des projets pilotes in situ, dans le monde réel. Les ingénieurs d'essai prennent des notes sur le comportement du VA, que les développeurs transforment en lignes de code, et l'on recommence, pendant des milliers de kilomètres.

Les failles de ces lignes de code peuvent être funestes. Tesla a fait la première victime du VA en mai 2016. Joshua Brown circulait sur une route semi-rurale de Floride à bord de sa Tesla Model S avec AutoPilot activé. Bien qu'on ait largement véhiculé que le conducteur écoutait un film au moment de l'accident, l'enquête a récemment démontré qu'il s'agissait d'un canular. Par contre, il reste qu'un VA de Niveau 2 demande toute l'attention du conducteur et Joshua Brown a ignoré les demandes de reprise de contrôle émanant du véhicule, pour des raisons qui ne seront jamais connues. Au final, il n'a pas réagi quand le semi-remorque s'est engagé devant lui, en plein jour. La Tesla non-plus. La voiture a foncé dans le côté du camion sans jamais freiner, arrachant son toit et tuant son conducteur sur le coup. En créant des attentes trop élevées chez sa clientèle, et surtout en nommant son logiciel d'un nom qui va au-delà de ses compétences, la firme californienne porte sans doute une part de responsabilité sur cet accident mortel. Responsabilité qu'elle a immédiatement redirigée vers son fournisseur de capteurs, Mobileye, un leader dans le domaine; le tout a fini en divorce très médiatisé entre les deux firmes.

La technologie des VA repose sur la lecture de l'environnement qui est faite par tous les capteurs, radars et caméras qui équipent déjà des millions de véhicules. Il ne faut pas tenir pour acquis que ces dispositifs et leurs interfaces informatiques sont parfaitement au point et les exemples d'inconduite autonome sont nombreuses... Comme cette belle bagnole allemande que je conduisais par beau temps, et qui a brusquement donné un coup de volant à gauche quand elle a vu l'ombre d'un camion noyé du soleil de fin de journée. Et cette auto japonaise qui s'est brutalement arrêtée en pleine jungle urbaine à Los Angeles, craignant une collision imminente... Chers microprocesseurs, bienvenue dans le monde des humains !

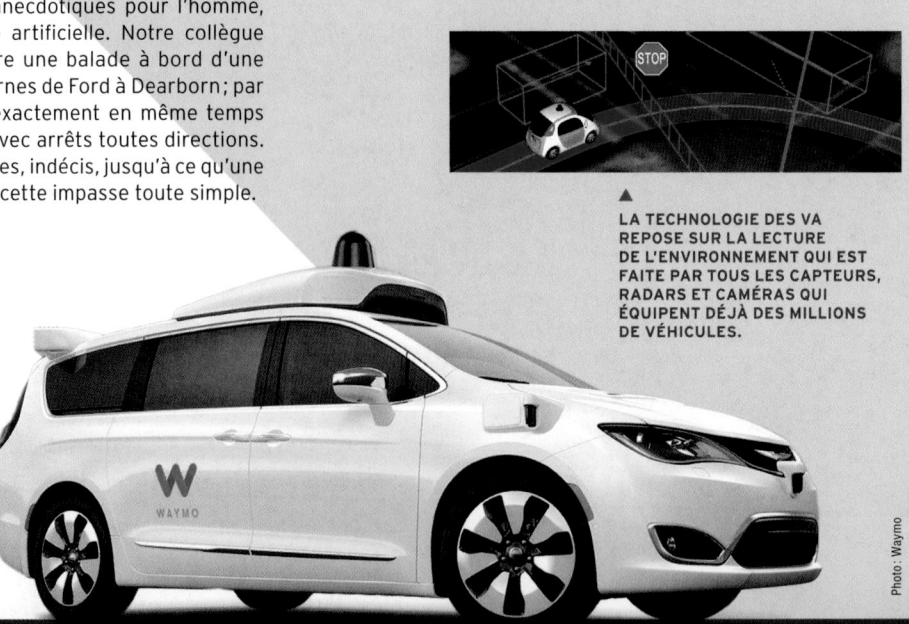

▲
LA TECHNOLOGIE DES VA REPOSE SUR LA LECTURE DE L'ENVIRONNEMENT QUI EST FAITE PAR TOUS LES CAPTEURS, RADARS ET CAMÉRAS QUI ÉQUIPENT DÉJÀ DES MILLIONS DE VÉHICULES.

LA FLOTTE EXPÉRIMENTALE DE WAYMO, LA BRANCHE VA DE GOOGLE, A PARCOURU UN MILLION DE KILOMÈTRES EN 2016, AVEC UNE MOYENNE DE 0,2 PRISE DE CONTRÔLE MANUEL PAR 1 600 KM PARCOURUS. ▶

Photo : Waymo

LE VA
ET SON
INTERFACE
AVEC LE
MONDE

Un vieux dicton dit que rien ne vaut une claque en pleine face pour ramener l'attention de quelqu'un au moment présent. Une vidéo mettant en vedette une autre Tesla Model S agissant sous AutoPilot est devenue rapidement virale en 2017, la voiture se tapant une glissière de béton en plein museau. Disons que l'incident a dû raviver l'attention du conducteur! Que s'est-il passé? La scène est très simple, et se répète des milliers de fois près des cônes orange de notre quotidien: la Tesla est entrée dans une zone de chantier, et une fermeture de voie temporaire avait été mise en place par l'entrepreneur. Ce faisant, le marquage routier existant n'avait pas été effacé. La Tesla a suivi les lignes, sans voir la masse de béton droit devant.

Cet incident montre à quel point les systèmes d'un VA se fient au bon ordre de nos infrastructures routières. Le marquage routier, la signalisation, les feux et la chaussée elle-même doivent être rigoureusement impeccables pour le guidage du VA actuel. Les dérives citées précédemment montrent que, bien que libéré du câble de guidage des prototypes des années 50, le VA doit se guider sur quelque chose de visible.

Les opérations de marquage routier se déroulent en général au début et à la fin de la belle saison; en hiver, la peinture gèle, impossible de tracer quoi que ce soit. Et pour des zones de chantier, imprévisibles et mobiles, le marquage régulier n'est pas toujours effacé, car le procédé très abrasif abîme la chaussée, ou encore n'est pas appliqué le temps de terminer le pavage. Que fera un VA de Niveau 5 sur une autoroute bien noire fraîchement pavée et non peinte? Les ingénieurs planchent donc sur des cartographies réalisées et mises à jour par les véhicules eux-mêmes, couplées au positionnement GPS du VA.

Il est arrivé aussi aux «pilotes» d'essai de reprendre le contrôle d'un VA qui s'apprêtait à passer sur un feu rouge. Quand le soleil tape sur les lanternes, le conducteur humain peut faire une lecture de l'intersection et bien discerner la situation; pour le VA, ce n'est pas si simple, à moins d'évoluer dans un contexte V2I – Véhicule à Infrastructure. Avec le V2I, le VA peut communiquer en temps réel avec le contrôle central des feux de circulation, et connaître à tout moment les phases qui ont cours, et ce, peu importe si les lanternes sont obstruées ou pas.

L'interface *Audi Traffic Light Information* est déjà présente dans plusieurs modèles de production du constructeur allemand. Si vous conduisez dans une juridiction où l'interface peut accéder à des données centralisées, vous verrez lorsqu'arrêté au feu rouge un compte à rebours au tableau de bord, pour vous rappeler à l'ordre au moment de redémarrer.

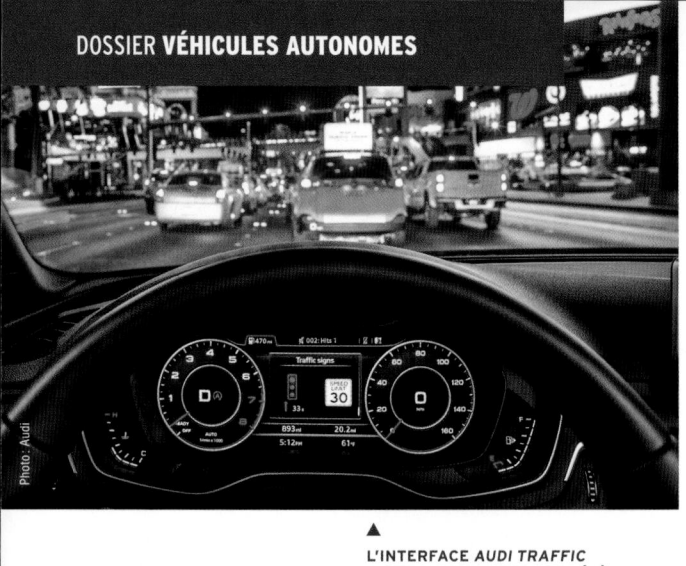

Photo: Audi

▲
L'INTERFACE *AUDI TRAFFIC LIGHT INFORMATION* EST DÉJÀ PRÉSENTE DANS PLUSIEURS MODÈLES DE PRODUCTION DU CONSTRUCTEUR ALLEMAND.

LA TECHNOLOGIE V2V PERMETTRAIT D'ÉLIMINER LES FEUX DE CIRCULATION ET LES PANNEAUX D'ARRÊT, CAR LES VA POURRAIENT SE CROISER SANS SE HEURTER, AJUSTANT SANS CESSE LEURS TRAJECTOIRES ET VITESSES.

Photo: Audi

Photo: Peloton Technology

L'intelligence derrière cette application, développée par la firme américaine Traffic Technology Services, va éventuellement permettre aux VA de «lire» les feux de circulation sans même les voir. On peut imaginer qu'un protocole devra être mis en place quand un policier prend en charge le carrefour par gestes et signes!

Tout cela est bien beau, mais il convient de rappeler ici que la vaste majorité des juridictions n'ont pas de centrale de feux, pas de contrôleurs intelligents et pas de réseaux de communication entre les feux. Mettre à niveau les réseaux de feux existants et suivre la cadence imposée par les entreprises technologiques sera difficile et coûteux pour les agences gouvernementales.

Possiblement plus simple est le V2V, la communication Véhicule à véhicule. *Le Guide de l'auto 2015* s'est d'ailleurs penché sur cette technologie dans un dossier technique. En communiquant entre eux, les VA pourront connaître leurs positions respectives, les obstacles que chacun rencontre et les situations d'urgence. En théorie, le V2V permettrait d'éliminer les feux de circulation et les panneaux d'arrêt, car les VA pourraient se croiser sans se heurter, ajustant sans cesse leurs trajectoires et vitesses. Les tenants du VA ne rêvent qu'à ça.

En pratique, la cohabitation avec les véhicules classiques va durer des décennies, et il faut penser à ces étranges petites bêtes bipèdes que nous sommes, dénuées de capteurs et d'émetteurs. Devra-t-on se munir de téléphones intelligents pour réussir à traverser une rue à pied? Entre-temps, un premier pas a été franchi: une première licence de transmission a été accordée par Innovation, Sciences et Développement économique Canada à un constructeur automobile. La Cadillac CTS 2017 est prête à recevoir et partager des informations avec ses frangines.

Et puis il y a un défi de taille: l'hiver. En amorçant un programme d'essais hivernaux en janvier 2016, Ford est le premier à s'attaquer au plus gros obstacle du VA: le climat. Les détecteurs LiDAR devenant aveugles dans la neige, Ford les emploie pour détecter des structures hautes – des immeubles par exemple – que le véhicule associe à des repères sur des cartes virtuelles à haute résolution qu'il utilise pour guider son orientation. Ces cartes, développées par des firmes comme Mobileye, seront les «yeux» des VA dans les climats moins cléments. Tesla utilise par ailleurs les milliers de voitures qu'elle a vendues pour faire son propre travail de cartographie. Les infrastructures virtuelles auront donc aussi une contribution importante dans la réussite du VA, qui peine à trouver ses repères même sous une simple pluie.

C'EST PAR L'INDUSTRIE DU CAMIONNAGE ET DU TRANSPORT EN COMMUN QUE PASSE L'ÉVOLUTION DE LA VOITURE AUTONOME.
◄

EN ROUTE VERS 2021!

Si les constructeurs automobiles collaborent étroitement avec nos gouvernements pour faire avancer le VA dans un encadrement législatif approprié, il en va tout autrement avec les entreprises technologiques, qui défient souvent l'ordre établi. Prenons Uber en exemple, l'enfant terrible de l'autopartage à but lucratif. La rebelle de la mobilité a lancé ses taxis autonomes Volvo sans autorisation dans les rues de sa San Francisco natale. La vidéo d'un Volvo XC90 autonome d'Uber passant franchement sur un feu rouge, près d'un piéton, est rapidement devenue virale sur le web. La Ville a aussitôt chassé Uber et ses robots, qui ont trouvé refuge à Tempe en Arizona pour poursuivre leur développement sans avoir à se plier au très serré (et public) encadrement californien des projets pilotes.

Plus près de nous, Uber collabore avec Ford dans les rues de Pittsburgh avec des taxis autonomes basés sur des Fusion; au-delà des lignes de presse enjolivées, un journaliste aguerri qui a emprunté ce mode de transport a bien remarqué que le conducteur avait toujours les mains sur le volant dès qu'un piéton se rapprochait du périmètre du véhicule. Toutefois, Uber garde son objectif: développer sa technologie de VA et se défaire éventuellement de ses chauffeurs.

Elle n'est pas la seule. Les transporteurs urbains voient également venir la manne – ou la menace – de la mobilité instantanée. Les opérateurs de transport collectif suivent le même modèle d'opération depuis des décennies, avec des lignes de bus fixes, des véhicules coûteux et encombrants et des chauffeurs qui leur coûtent de plus en plus cher, et dont les horaires sont réglementés. Le potentiel des navettes autonomes est donc indéniable pour ces opérateurs.

Aux Pays-Bas, une telle navette transporte 2 400 passagers par jour dans un parc industriel depuis 1999, sous supervision dans un environnement contrôlé. Depuis peu, ces navettes gagnent en autonomie et l'on voit des projets comme Confluence, où deux navettes autonomes transportent commercialement des passagers à Lyon en France. Cette expérience nous arrive bientôt au Québec alors que le même type de navette sera opéré par le transporteur Keolis à Terrebonne afin de relier un projet résidentiel à ses lignes d'autobus, un projet-pilote sujet à l'approbation du Ministère des transports, de la mobilité durable et de l'électrification des transports. La navette vient combler un créneau inexploité de la mobilité urbaine et va permettre aux opérateurs d'apprivoiser la conduite autonome en conditions commerciales d'exploitation.

Le secteur du transport des marchandises travaille aussi très fort sur le développement du VA. L'explosion du commerce en ligne et la mondialisation des marchés ont décuplé les besoins en livraison, et celle-ci passe par des flottes de camions qui sillonnent nos routes. Or, les chauffeurs au long cours voient leurs heures derrière le volant sévèrement contrôlées (pour éviter la somnolence) et les marchandises sont souvent immobilisées dans les aires de repos des routiers. Rien de surprenant à ce que l'industrie travaille à automatiser la conduite des poids lourds sur les autoroutes pour que les cargaisons demeurent en mouvement quand le chauffeur se repose. Uber est évidemment de la partie, avec son camion autonome OTTO qui a livré seul une cargaison de bière en octobre 2016 (un cliché à la prémisse du film culte *Smokey and the Bandit*?). Mercedes-Benz, Volvo, International et UPS sont aussi très actives dans ce domaine.

Outre les horaires, les camions autonomes peuvent réduire les coûts des opérateurs en circulant en pelotons; en conservant une distance de 9 à 15 mètres entre eux, les tests faits en 2013 dans le désert de l'Utah par l'équipementier Peloton Technology ont démontré une économie de carburant de 4,5 %. Seulement aux États-Unis, les emplois de quatre millions de chauffeurs professionnels sont menacés.

La simple notion du peloton frappe toutefois un mur législatif, alors que chaque état dicte des distances minimales à respecter entre des poids lourds.

LA FIRME UBER POURRAIT BIEN DEVENIR UN JOUEUR MAJEUR DANS LE DOMAINE DE LA VOITURE AUTONOME.

Photo: Volvo

Cet exemple est une toute petite goutte dans l'océan législatif qui donne un cadre légal à la mobilité des personnes et des marchandises. La frénésie autonome actuelle des manufacturiers, équipementiers et entreprises de technologie se solde par de multiples alliances, qui se forment à un rythme vertigineux. La plus notable est de facture récente: l'alliance entre BMW, Intel, Mobileye et Delphi vise à former une synergie de tous les niveaux pour mettre au point une plate-forme autonome pour l'ensemble de l'industrie automobile, une base pour les développeurs.

Cette convergence des efforts consolide l'année 2021 comme cible tangible de mise en marché générale du VA de Niveau 3, le véritable envol de la conduite autonome. Pour ce faire, les lois devront toutefois changer. Tous les projets pilotes qui ont eu lieu à ce jour, de la Californie à l'Ontario, évoluent sous le contexte de lois spéciales pour des projets pilotes. L'Allemagne est passée à l'histoire au printemps 2017 en étant la première nation à autoriser et encadrer la conduite autonome «grand public».

La législation allemande apporte un amendement à la Convention de Vienne de 1968 sur la conduite automobile afin de lui ajouter des articles venant encadrer le VA. Voici quelques éléments qui ressortent du lot:

• un chauffeur avec permis valide doit se trouver derrière le volant;

• le chauffeur doit pouvoir reprendre le volant en tout temps;

• une boîte noire doit enregistrer tous les protocoles de transfert de conduite entre les modes de conduite manuelle et autonome;

• le VA doit pouvoir compléter une manœuvre sécuritaire d'arrêt si le chauffeur ignore une demande de reprise du contrôle (en cas de malaise, par exemple).

Ce dernier point montre bien les limites des lois actuelles. L'amendement vient donc autoriser la mise en marché de VA de Niveau 3 et 4, et évite prudemment le Niveau 5.

Les prophètes du VA, qui avaient manifesté leur indignation aux encadrements californiens exigeant un conducteur derrière un volant lors des projets pilotes devront donc prendre leur mal en patience. Il reste aux Allemands à clarifier certaines zones grises, comme la durée ou la nature du protocole de transfert de la conduite du véhicule au chauffeur, ou la prise de contrôle des appareils électroniques du conducteur (téléphones intelligents, tablettes), question de ramener son attention sur la route avant de lui redonner le volant.

La loi allemande donne toutefois un peu de corde aux développeurs, en autorisant la conduite totalement autonome, sans personne à bord, dans des environnements bien contrôlés et hors des voies publiques comme les complexes privés de stationnement. Ainsi, des applications similaires au valet automatisé de Bosch vont nous permettre de laisser notre véhicule partagé Car2Go à la porte du centre commercial, pour qu'il aille ensuite se stationner de lui-même. Dans un centre commercial près de chez nous dès 2018... si l'on habite en Allemagne.

CONCLUSIONS

Le parc automobile actuel ne pourra pas se volatiliser du jour au lendemain, et la cohabitation avec les bons vieux véhicules de Niveau 0 va se poursuivre sur plusieurs décennies. C'est pourquoi le chercheur canadien Todd Litman estime qu'il faudra attendre à 2040 pour voir un effet tangible du VA sur le bilan routier, et qu'un impact sur la congestion devra attendre à la période 2050-60.

Paradoxalement, les coûts sociaux seront entre-temps élevés alors que toutes nos infrastructures et leur entretien devront atteindre un niveau d'excellence inégalé à ce jour, avec des mises à jour fréquentes pour rester en harmonie avec le développement des VA. Pour citer Denis Coderre, les bottines de nos agences gouvernementales pourront-elles suivre les babines de nos élus, séduits par le VA?

Malgré les milliards investis, on peut aussi se demander si les non-conducteurs seront au rendez-vous. Un sondage auprès de plus de 20 000 jeunes conducteurs canadiens par Elegant E-Learning montre que 60% d'entre eux ne considéreraient pas l'achat d'un véhicule électrique, et que 30% sont «très» ou «extrêmement» préoccupés à l'idée de monter dans un VA. Si les milléniaux n'embarquent pas, qui va le faire?

La rentabilité pour le marché du VA semble devoir passer par les transports collectifs et la mobilité des marchandises, car les conducteurs ne semblent pas prêts à céder le volant, du moins de leur plein gré. Comme avec les véhicules électriques, les investisseurs risquent de faire pression sur les gouvernements pour forcer une demande qui tarde à se manifester.

Assister au développement frénétique du VA est un peu comme se plonger dans un film de science-fiction qui verse dans le réalisme. On sent rapidement qu'on glisse vers une société orwellienne où l'individualisme sera un jour extrait de nos transports. Il est donc rassurant de prendre du recul derrière un volant et deux (ou trois) pédales et de croiser sur notre chemin, toit baissé et échappement ronronnant, un panneau-réclame de Lexus qui nous rappelle que «Vous êtes toujours maître à bord». On cherche presque les petits caractères «... pour l'instant».

▶ À LYON EN FRANCE DEUX NAVETTES AUTONOMES TRANSPORTENT DES PASSAGERS. UN PROJET SIMILAIRE VERRA BIENTÔT LE JOUR À TERREBONNE.

Photo: Kéolis

Symboles Le meilleur achat de chaque catégorie est représenté par un pictogramme. Les modèles qui consomment peu (moins de 7,9 l/100 km en ville) ou qui sont à motorisation diesel, électrique ou hybride (incluant les hybrides rechargeables), sont identifiés par ces symboles.

Cote en pourcentage du *Guide de l'auto* Cette note est liée à la fiabilité, à la sécurité, à la consommation, à l'appréciation générale, à l'agrément de conduite et au système multimédia. Cette cote sert aussi à déterminer le gagnant dans chaque catégorie.

Les ventes canadiennes et québécoises représentent le nombre d'unités vendues durant l'année calendrier 2016.

La cote d'assurance représente une moyenne entre différents acheteurs types (homme âgé de 25 ans, femme âgée de 25 ans, homme âgé de 50 ans, femme âgée de 50 ans, chacun de ces quatre personnages habitant Montréal et un petit village de l'Estrie). Plus le pointeur est dans la zone pâle, moins la voiture coûtera cher à assurer. Nous convenons qu'il s'agit d'une cote plus comparative que réelle.

Connectivité multimédia Cette année, *Le Guide de l'auto* innove en indiquant quels sont les systèmes d'exploitation présents dans le véhicule. Il y a Apple CarPlay (IOS) et/ou Android Auto (Google). Ces données proviennent des sites www.apple.com et www.android.com. Lorsqu'aucun des deux n'est offert, nous indiquons «Aucun». Toutefois, il est possible que le constructeur offre un système maison dont nous ne tenons pas compte.

CADILLAC CT6

77 % COTE DU GUIDE

Prix : 61 715 $ à 97 590 $ (2017)
Catégorie : Berline
Garanties :
4 ans/80 000 km, 5 ans/160 000 km
Transport et prép. : 2 100 $
Ventes QC 2016 : 49 unités
Ventes CAN 2016 : 250 unités
Assemblage : Hamtramck MI US, Shanghai CN (hybride)

Fiabilité — Appréciation générale
Sécurité — Agrément de conduite
Consommation — Système multimédia

Cote d'assurance

Connectivité multimédia
Android Auto — Apple CarPlay

➕ Agilité et solidité • Bon choix de motorisations • Habitacle silencieux et confortable • Échelle de prix abordable

➖ Moteur de base peu intéressant • Pas de moteur V8 pour rivaliser les allemandes • Quelques plastiques intérieurs discutables • Direction peu communicative

Concurrents
Acura RLX, Audi A8, BMW Série 7, Genesis G90, Jaguar XJ, Lexus LS, Mercedes-Benz Classe S, Porsche Panamera, Tesla Model S, Volvo S90

Nec plus ultra, façon Cadillac

Michel Deslauriers

La voiture porte-étendard d'une marque de luxe se doit d'être la vitrine technologique, le sommet de l'opulence et le produit le plus désirable de la gamme. Chez Cadillac, la CT6, introduite au cours de 2016, représente cette voiture.

Avec sa taille forte, cette berline impose un certain respect sur la route. Ses dimensions sont similaires à celles d'une Mercedes-Benz Classe S, d'une BMW Série 7 et d'une Audi A8, mais grâce à l'utilisation de matériaux légers dans sa structure, son poids est significativement moins élevé. Et à l'instar de la concurrence allemande, on a même ajouté une version hybride rechargeable à la gamme, question d'afficher une conscience environnementale.

DES MOTORISATIONS POUR TOUS LES GOÛTS, OU PRESQUE
À la base, la CT6 est équipée d'un quatre cylindres turbo de 2,0 litres, jumelé à une boîte automatique à huit rapports et à un rouage à propulsion. Ses 265 chevaux suffisent à la tâche, mais on se demande bien qui voudrait s'acheter une grande berline de luxe avec un si petit moteur. Tant qu'à se gâter, allons-y pour quelque chose de plus raffiné et de plus musclé.

Le V6 de 3,6 litres avec ses 335 chevaux est bien adapté à la CT6, et disponible avec la transmission intégrale. Les performances ne sont pas à couper le souffle, mais on gagne en douceur tout en sacrifiant environ 1,5 l/100 km par rapport au moteur de 2,0 litres. Par contre, le V6 biturbo de 3,0 litres et ses 404 chevaux permettront à la CT6 de décoiffer davantage.

Pas de V8? Non. On réserve cette motorisation aux Cadillac Escalade et CTS-V. Et une CT6-V alors? Non plus. Avec cette berline pleine grandeur, on ne cherche pas à rivaliser les Mercedes-AMG S 63 ou Audi S8, et pourtant, le potentiel est là, puisque les Canadiens sont parmi les plus grands acheteurs de produits AMG au monde par tête.

On a plutôt droit à la CT6 hybride rechargeable, équipée d'un quatre cylindres de 2,0 litres et de deux moteurs électriques qui produisent 335 chevaux

---

Données principales

Emp. / lon. / lar. / haut.	3109 / 5184 / 1880 / 1471 mm
Coffre / réservoir	300 à 433 litres / 73 litres
Nbre coussins sécurité / ceintures	8 / 5
Suspension av. / arr.	ind., bras inégaux / ind., multibras
Pneus avant / arrière	P245/45R19 / P245/45R19
Poids / Capacité de remorquage	1989 kg / non recommandé

Composantes mécaniques

2.0L TURBO

Cylindrée, alim.	4L 2,0 litres turbo
Puissance / Couple	265 ch / 295 lb-pi
Tr. base (opt) / Rouage base (opt)	A8 / Prop
0-100 / 80-120 / V. max	6,0 s / n.d. / n.d.
100-0 km/h	n.d.
Type / ville / route / CO₂	Sup / 11,0 / 7,8 / 4 480 kg/an

HYBRIDE RECHARGEABLE

Cylindrée, alim.	4L 2,0 litres turbo
Puissance / Couple	265 ch / 295 lb-pi
Tr. base (opt) / Rouage base (opt)	CVT / Prop
0-100 / 80-120 / V. max	5,4 s (est) / n.d. / n.d.
100-0 km/h	n.d.
Type / ville / route / CO₂	Sup / 10,1 / 8,1 / 3 080 kg/an
Consommation combinée	3,8 Le/100km

MOTEUR ÉLECTRIQUE

Puissance / Couple	100 ch (74 kW) / n.d.
Type de batterie	Lithium-ion (Li-ion)
Énergie	18,4 kWh
Temps de charge (120V / 240V)	n.d. / 4,5 h
Autonomie	50 km
Puissance/couple combiné	335 ch/432 lb-pi

3.6L TURBO

V6 3,6 l – 335 ch / 284 lb-pi – A8 – 0-100 : 5.2 s – 13,0 / 8,9 l/100 km

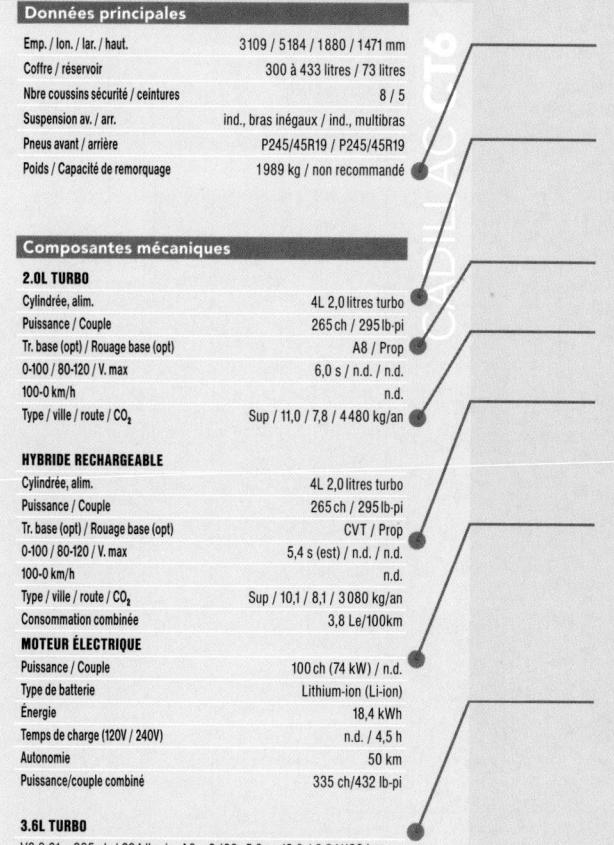

Le poids du véhicule (en ordre de marche, selon les données du constructeur) / La capacité de remorquage est la capacité maximale prescrite par le constructeur, pour le modèle de base. Vérifiez auprès du concessionnaire.

Configuration des moteurs à essence (4 L – quatre cylindres en ligne, V8 – huit cylindres en V, H6 – six cylindres à plat ou W12 – douze cylindres en W), suivi par la cylindrée (2,0 litres, 3,5 litres, etc.), puis par le nombre de soupapes et le type d'alimentation (atmosphérique, turbocompressé, surcompressé).

Transmission A8 - Automatique 8 rapports, M6 – Manuelle 6 rapports, CVT – À rapports continuellement variables.

Les données de consommation proviennent du Guide de consommation de carburant de Ressources naturelles Canada ou du constructeur.

Les mesures de performance proviennent de l'AJAC (Association des journalistes automobiles du Canada). Sinon, elles proviennent des journalistes du *Guide de l'auto* qui utilisent un appareil RaceLogic PerformanceBox. Dans certains cas, les mesures proviennent des constructeurs (const) ou elles sont estimées (est)

La puissance des moteurs électriques est exprimée en chevaux (ch) et en kilowatts (kW). On y retrouve aussi le type de batterie, le plus souvent Lithium-ion, son énergie en kilowatt/heure (kWh). Pour les hybrides branchables (plug in), nous ajoutons le temps de charge, autant sur une prise 120 Volts que sur une 240 Volts en heures, ainsi que l'autonomie en mode électrique seulement, telle qu'annoncée par le constructeur.

Lorsque l'espace n'est pas suffisant, nous devons abréger les données de certains moteurs (configuration, cylindrée, puissance en chevaux, couple en livres-pied, transmission, accélération 0-100 km/h et consommation ville/route).

Dans le but d'alléger les différents textes du Guide de l'auto, seul le masculin est utilisé et englobe le féminin.

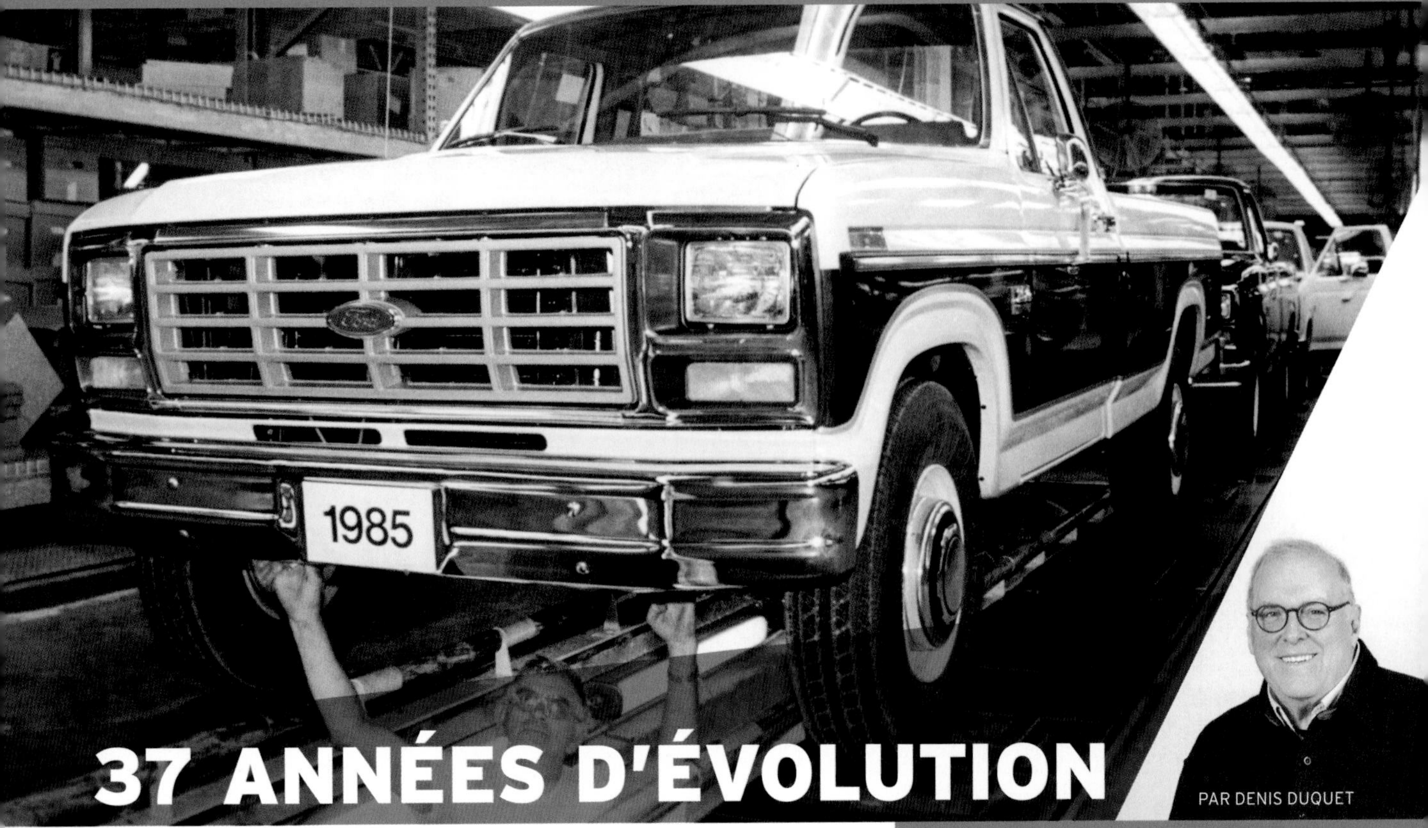

1985

37 ANNÉES D'ÉVOLUTION

PAR DENIS DUQUET

Lorsque j'ai commencé en 1980, pour l'édition 1981 du *Guide de l'auto*, les freins antiblocage étaient embryonnaires, les Mercedes-Benz possédaient une direction à billes, la seule automobile à quatre roues motrices était la AMC Eagle. Notre marché comprenait les véhicules utilitaires sport roumains Aro et les Lada, alors que Chrysler proposait de multiples variantes de ses voitures K. Toutefois, la grande nouveauté chez les fabricants nord-américains était la prolifération de modèles dotés de roues motrices avant, une véritable révolution pour l'automobile américaine. Détail à souligner, à cette époque, la marque Subaru était distribuée au Canada par une compagnie privée dont le président était un Américain propriétaire de multiples concessions Chevrolet et résidant à Boise dans l'Idaho.

Tout au long des années 80, on a vu proliférer de multiples composantes électroniques. Au début, on utilisait cette technologie pour gérer les fonctions du moteur avant toute chose. Il faut savoir qu'à cette époque, le gouvernement américain en tête – suivi par celui du Canada – avait établi des règles plus strictes concernant la pollution atmosphérique causée par les véhicules, et les ingénieurs devaient composer avec ces nouvelles lois. Les résultats n'étaient pas toujours impressionnants et plusieurs voitures accéléraient en émettant un cliquetis inquiétant que les constructeurs automobiles appelaient «le son de l'économie de carburant». Les systèmes de gestion des gaz d'échappement avaient pour effet de causer plusieurs ennuis mécaniques et de réduire la puissance des moteurs, de sorte qu'une Chevrolet Corvette produisait 225 chevaux, ce qui est presque anémique en comparaison de la version de base actuelle de ce modèle qui crache 455 chevaux.

Qui se souvient des 4x4 Aro ?

La Lada a marqué l'imaginaire collectif québécois.

Et la majorité des modèles sur le marché était dotée d'un système d'injection assez élémentaire alors qu'il s'agissait de simples injecteurs placés dans un carburateur. Toutefois, au fil des années, l'allumage électronique a fait son apparition de même que les systèmes d'injection à jets multiples qui ont permis d'améliorer la puissance et de réduire la consommation de carburant. Cela n'est rien en comparaison des systèmes d'injection directe contemporains qui augmentent sensiblement la puissance tout en réduisant la consommation de carburant ainsi que la production de gaz à effet de serre.

Les progrès en matière d'électronique ont bouleversé le monde de l'automobile. Maintenant, tout est géré par l'électronique que ce soit le moteur, les différents systèmes de sécurité (freins antiblocage, contrôle de la traction et stabilité latérale, etc.), le rouage intégral, sans oublier naturellement la climatisation, la gestion de la radio et de multiples composantes du même acabit. D'ailleurs, au milieu des années 90, le système de climatisation d'une Cadillac était doté d'un ordinateur embarqué plus puissant que tous les ordinateurs utilisés lors de la mission américaine sur la Lune en 1969!

Tant et si bien, que l'électronique permet aujourd'hui de détecter les voitures qui sont dans l'angle mort, d'immobiliser le véhicule face à un obstacle et de gérer le régulateur de vitesse afin de conserver toujours la même distance avec un véhicule qui précède. Enfin, la navigation par satellite était encore de la science-fiction au milieu des années 90 et c'est maintenant un élément presque banal. Il est même possible de relier le système de gestion d'une auto à son téléphone.

La révolution n'est pas uniquement mécanique, elle est aussi aérody-namique alors que le coefficient de pénétration dans l'air des voitures s'est passablement réduit au fil du temps. Dans les années 80, il était fréquent de voir des bagnoles dont le coefficient de pénétration dépassait facilement 0,35, voire 0,40 alors qu'il est courant de nos jours de conduire une voiture dont le Cx est de 0,30 ou moins. Les stylistes et ingénieurs sont également aidés par l'utilisation de matériaux plus polyvalents comme des éléments de carrosserie en composites qui peuvent prendre des formes plus aérodynamiques. Par ailleurs, les blocs optiques étaient autrefois réglementés de façon très stricte: ils devaient être de type scellé (*sealed beam*), et ronds ou carrés. Ils ont cédé le pas à des blocs optiques plus efficaces au chapitre de l'illumination tout en réduisant la résistance à l'air. En outre, l'utilisation d'acier de haute qualité plus léger et plus rigide a permis d'optimiser le comportement routier des voitures et d'améliorer l'insonorisation dans l'habitacle.

Et alors que c'était pratiquement impensable il y a plus de 35 ans, on retrouve de plus en plus d'automobiles dont la carrosserie et le châssis sont en grande partie en aluminium, du moins pour les modèles plus luxueux tandis que la fibre de carbone est un autre élément utilisé sur les voitures sport vendues à prix astronomiques.

Et cette progression n'est pas terminée avec l'arrivée des voitures à propulsion électrique et à conduite autonome. En fait, ce sera probablement au cours des deux prochaines décennies que l'on pourra observer des transformations encore plus radicales que celles que nous avons connues dans les dernières années.

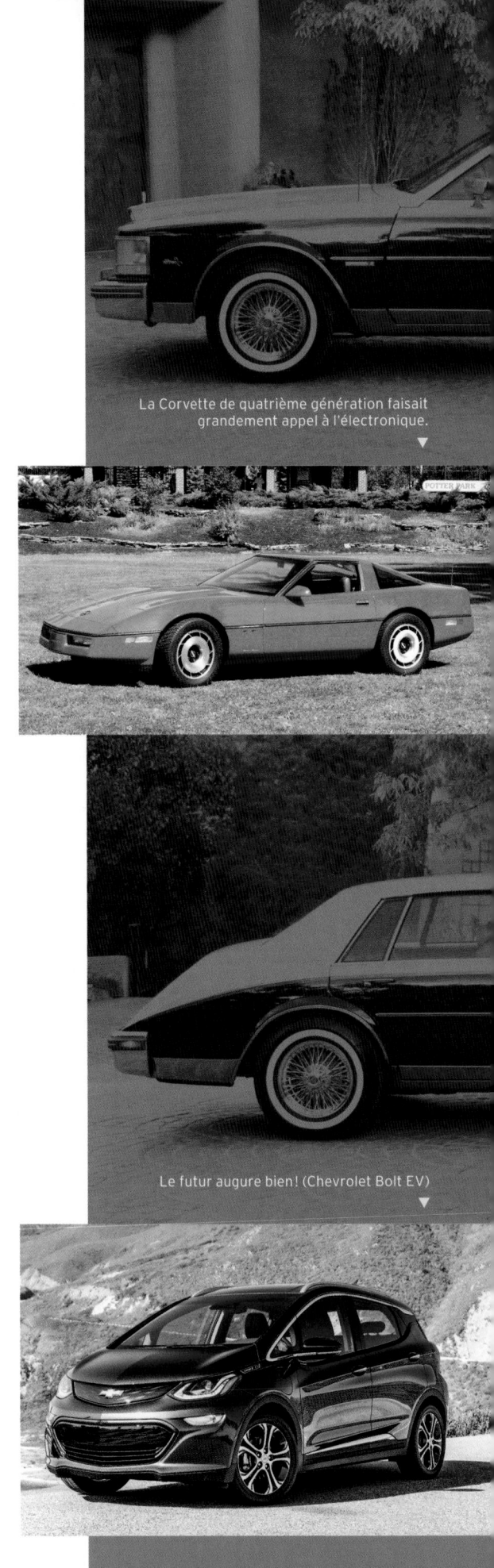

La Corvette de quatrième génération faisait grandement appel à l'électronique.
▼

Le futur augure bien! (Chevrolet Bolt EV)
▼

ESSAIS

ACURA **ILX**

67% COTE DU GUIDE

(((SiriusXM)))

Prix : 29 690 $ à 35 090 $ (2017)
Catégorie : Berline
Garanties :
4 ans/80 000 km, 5 ans/100 000 km
Transport et prép. : 2 160 $
Ventes QC 2016 : 650 unités
Ventes CAN 2016 : 2 459 unités
Assemblage : Greensburg IN US

Fiabilité	Appréciation générale
■■■■■■■□□□	■■■■■■□□□□
Sécurité	Agrément de conduite
■■■■■■■□□□	■■■■■■□□□□
Consommation	Système multimédia
■■■■■□□□□□	■■■■■■■□□□

Cote d'assurance

$ ▽ $$$

Connectivité multimédia

Aucune

➕ Un seul moteur au menu… mais un bon ! • Boîte automatique efficace • Beau look • Habitacle joli • Conduite intéressante

➖ Avenir du modèle incertain • Système multimédia complexe • Pas de boîte manuelle • Groupes d'options trop dispendieux • Pas de performances supplémentaires pour la A-Spec

Concurrents
Audi A3, BMW Série 2, Cadillac ATS, Lexus IS, Mercedes-Benz Classe CLA

Il y a une certaine beauté dans la simplicité

Marc-André Gauthier

Connaissez-vous la légende de l'Acura EL ? Cette voiture, pas mal populaire chez nous et réservée au marché canadien, a été une belle manière pour Acura d'amener les consommateurs dans ses salles de montre. Et certains en ressortaient avec une Acura EL même s'il ne s'agissait que d'une vulgaire Honda Civic, à laquelle on avait apporté quelques petits ajustements, qui justifiaient difficilement la prime à l'achat.

Après les diverses EL que connut notre monde, vint l'Acura CSX. Encore une Civic endimanchée, mais plus jolie, il faut bien lui donner ça. Pourquoi aller vers une Civic Si alors que l'on peut s'acheter une CSX ou Type-S, et mieux paraître devant les beaux-parents ? La CSX était pourtant plus dispendieuse que la Civic…

Alors, quand Acura a annoncé la successeure de la CSX, la ILX, une voiture de luxe d'entrée de gamme qui allait aussi être vendue aux États-Unis, tous les espoirs furent permis. Dès les premiers instants, via des communications officielles, le constructeur japonais mentionnait comment les ingénieurs regrettaient d'avoir vendu des Honda Civic endimanchées tout ce temps, et que cette fois-ci, la ILX allait être un modèle à part entière. Dans les faits, il s'agit d'un modèle basé sur la Civic, mais avec une architecture de suspension différente, et une direction changée.

Au départ, en 2013, nous avons eu droit à plusieurs versions, dont une ILX avec un moteur de Civic Si, et une ILX avec un moteur de Civic hybride… 110 chevaux écologiques, ça déménage (pas vraiment). Et voilà qu'en 2016 elle fut redessinée, et simplifiée. Désormais, il n'y a qu'un seul moteur, qu'une seule boîte de vitesses, et bien franchement, cette ILX gagnerait à être connue par d'autres personnes que le cercle restreint d'amateurs inconditionnels de produits Honda/Acura.

Honda, pardon Acura, a réalisé qu'une voiture de luxe de 110 chevaux n'avait plus sa place dans sa gamme et a donc décidé de n'offrir que le moteur de l'ancienne Civic Si, le quatre cylindres de 2,4 litres et 201 chevaux, pour sa ILX. Toutefois, pas de boîte manuelle. À la place, une automatique à huit rapports avec double embrayage. Acura a donc gardé le meilleur moteur, quoiqu'on n'avait pas trop le choix, quand on réalise que le quatre cylindres turbo de 1,5 litre de la Civic produit 174 chevaux et qu'il faut que la ILX se démarque... On a même envoyé au rancart l'excellente boîte manuelle.

Si la mécanique de la voiture est simplifiée à ce point, pourquoi offrir quatre versions? À la base, la ILX se vend tout juste en bas de 30 000 $, avec des sièges en tissu, mais plusieurs équipements de série, comme un écran pour le système multimédia, la climatisation à deux zones, la caméra de recul et les systèmes de sécurité avancée. Il faut débourser quelques milliers de dollars supplémentaires pour la version Premium, qui ajoute des sièges électriques et un système audio à sept haut-parleurs. La version Tech comprend une chaîne audio ambiophonique ainsi qu'un paquet de trucs que vous ne saviez pas que vous vouliez, comme la navigation à commande vocale qui ne fonctionne pas aussi bien qu'on le souhaiterait.

Pour finir, il y a la version A-Spec qui, pour une majoration de 6 000 $ par rapport à la version de base, comprend tout ce qu'il y a dans la version Tech, en plus de roues exclusives et d'un kit de jupes plutôt réussi. 6 000 $ pour du cuir, des *mags*, et des options pas trop utiles? Tenez-vous-en à la version de base!

UNE CONDUITE À DÉCOUVRIR

La commercialisation de la ILX n'a pas été un grand succès. C'est dommage, parce que sa suspension fait un bon travail en virage, tout en offrant beaucoup de confort sur nos horribles routes défoncées... Le moteur quatre cylindres est aussi plaisant que dans l'ancienne Civic Si, et la boîte automatique à double embrayage est rapide. En mode manuel, elle nous permet même de nous amuser... même si la puissance est acheminée aux roues avant! Franchement, à moins de 30 000 $ pour la version de base, on a là un produit intéressant!

Quel sera l'avenir de ce modèle? Honda se dirige maintenant vers les motorisations turbo, et il y a fort à parier que si la ILX survit quelques années encore, elle recevra des mécaniques de plus en plus performantes.

Mais... Y a-t-il de la place pour une berline de luxe compacte d'entrée de gamme sur le marché? Pour l'instant, ne boudons pas notre plaisir et optons pour la ILX en version de base, meilleure que jamais. Mais, soyez prévenu, le système multimédia d'Acura est un cauchemar à utiliser...

Données principales

Emp. / lon. / lar. / haut.	2 670 / 4 620 / 1794 / 1412 mm
Coffre / réservoir	350 litres / 50 litres
Nbre coussins sécurité / ceintures	6 / 5
Suspension av. / arr.	ind., jambes force / ind., multibras
Pneus avant / arrière	P215/45R17 / P215/45R17
Poids / Capacité de remorquage	1424 kg / n.d.

Composantes mécaniques

Cylindrée, alim.	4L 2,4 litres atmos.
Puissance / Couple	201 ch / 180 lb-pi
Tr. base (opt) / Rouage base (opt)	A8 / Tr
0-100 / 80-120 / V. max	8,0 s (est) / 6,5 s (est) / n.d.
100-0 km/h	n.d.
Type / ville / route / CO$_2$	Sup / 9,4 / 6,8 / 3719 kg/an

> « LA ILX, **SIMPLIFIÉE**, ET SURTOUT EN VERSION **DE BASE**, EST **MEILLEURE** QUE JAMAIS. IL Y A UNE CERTAINE BEAUTÉ DANS LES **CHOSES SIMPLES!** »

DU NOUVEAU EN 2018

Aucun changement majeur au moment de mettre sous presse.

Pour voir la liste complète des informations techniques, veuillez vous référer à la section statistiques.

ACURA | 135

ACURA **MDX**

76% COTE DU GUIDE

((SiriusXM))

Prix: 53 890$ à 69 990$ (2017)
Catégorie: VUS
Garanties:
4 ans/80 000 km, 5 ans/100 000 km
Transport et prép.: 2 160$
Ventes QC 2016: 781 unités
Ventes CAN 2016: 5 425 unités
Assemblage: Lincoln AL US

Fiabilité
■■■■■■■□□□

Appréciation générale
■■■■■■■□□□

Sécurité
■■■■■■■■□□

Agrément de conduite
■■■■■■■□□□

Consommation
■■■■■■□□□□

Système multimédia
■■■■■□□□□□

Cote d'assurance

$ $$$

Connectivité multimédia

Aucune

➕ Échelle de prix concurrentielle •
Rouage intégral efficace • Technologie
de pointe (Sport Hybrid) • Confort de
roulement • Dotation de série relevée

➖ Puissance un peu juste (MDX
conventionnel) • Accès difficile
à la troisième rangée de sièges •
Grand rayon de braquage • Poids élevé

Concurrents

Audi Q7, BMW X5, Buick Enclave,
GMC Acadia, Infiniti QX60, Jeep Grand
Cherokee, Land Rover Discovery, Lexus
GX, Mercedes-Benz GLE, Volvo XC90

L'arrivée de l'hybride

Gabriel Gélinas

Les modèles RDX et MDX représentent à eux seuls près de 60 % des ventes d'Acura au pays. Pour vous donner une idée, Acura a vendu plus d'utilitaires MDX en 2016 que de voitures ILX qui sont pourtant les moins chères de la marque. En 2017, Acura a ajouté une nouvelle version Sport Hybrid qui vient rejoindre la version conventionnelle de la gamme MDX. C'est donc avec une offre doublée que le MDX affronte maintenant la concurrence, quoique la diffusion du modèle à motorisation hybride sera plus limitée que celle du MDX à moteur à essence.**

Le style du MDX a évolué l'an dernier avec l'abandon de la calandre en forme de décapsuleur au profit d'une nouvelle partie avant au design plus courant. Ce look est partagé par les deux variantes du MDX, tout comme le design de l'habitacle qui propose le même volume d'espace intérieur et la même polyvalence, la petite batterie lithium-ion de 1,3 kWh du modèle hybride étant logée sous la console centrale. L'un des points faibles du MDX est son système multimédia à deux écrans qui comporte une molette rotative ainsi que plusieurs boutons de commande dont le fonctionnement n'est pas intuitif et dont la qualité graphique laisse vraiment à désirer. En plus, les fonctionnalités Apple CarPlay et Android Auto ne sont tout simplement pas disponibles. À revoir complètement.

TROIS MOTEURS ÉLECTRIQUES
La motorisation du Sport Hybrid se démarque de celle du MDX ordinaire de plusieurs façons. Dans un premier temps, le V6 de 3,5 litres de la version conventionnelle est remplacé par un V6 de 3,0 litres et trois moteurs électriques sont ajoutés à la chaîne de traction. Le premier est logé à même la boîte automatique à sept rapports et développe l'équivalent de 47 chevaux, alors que les deux autres, d'une puissance analogue à 36 chevaux chacun, sont montés sur le train arrière. La puissance totale de l'ensemble est chiffrée à 321 chevaux, soit 31 de plus que le moteur du MDX. Précisons également que le MDX est équipé d'une boîte automatique à neuf rapports alors que celle du modèle Sport Hybrid en compte sept.

Cette chaîne de traction permet au Sport Hybrid de bonifier la consommation de plus de 30 % et d'améliorer la dynamique en virage. En mettant les moteurs électriques accolés au train arrière à contribution, le MDX Sport Hybrid augmente la vitesse de rotation de la roue extérieure en virage et ralentit la roue intérieure par l'application d'un couple négatif. Le résultat, c'est que le MDX Sport Hybrid s'inscrit plus rapidement en virage, le fonctionnement de ce système étant d'une fluidité remarquable.

UN COMPORTEMENT ROUTIER HOMOGÈNE

La chaîne de traction permet également de décoller silencieusement en mode électrique seulement si l'on est délicat avec l'accélérateur, et l'allumage du moteur V6 est parfois coupé lorsque l'on roule à vitesse de croisière. Seule ombre au tableau, le rayon de braquage du MDX demeure très grand à cause du positionnement latéral du V6 sous le capot des deux variantes, ce qui vient parfois compliquer les manœuvres de stationnement.

La version conventionnelle poursuit sa route en 2018 et continue d'adopter un comportement routier axé davantage sur le confort et le silence de roulement que sur la dynamique. Par ailleurs, la boîte automatique à neuf rapports pourrait se montrer plus discrète. Pendant mon essai du MDX Elite, j'ai également conduit un Mazda CX-9 pour fins de comparaison, et ce dernier s'est avéré beaucoup plus agréable à conduire.

Tous les MDX possèdent une panoplie de systèmes de sécurité avancés intégrant capteurs et radars qui permettent aussi de garder le véhicule dans sa voie, tant et aussi longtemps que les lignes peintes sur la chaussée sont visibles et que les dits capteurs et radars ne sont pas obstrués par la neige et la gadoue.

CONSOMMATION OU REMORQUAGE

En bref, le choix du MDX Sport Hybrid sera motivé par sa consommation réduite et par sa dynamique relevée d'un cran par rapport au MDX ordinaire. Cependant, la capacité de remorquage est une considération qui peut affecter le choix du modèle, le MDX conventionnel pouvant remorquer jusqu'à 5 000 livres ou 2 268 kg (avec l'équipement approprié) alors que le remorquage n'est tout simplement pas recommandé pour la version Sport Hybrid.

En conclusion, le MDX gagne des points en raison de son échelle de prix inférieure à celle des luxueux VUS allemands, de sa dotation complète d'équipement, et de l'ajout du modèle à motorisation hybride. Ce n'est cependant pas le plus dynamique du lot, et le prestige de la marque Acura n'est pas égal à celui d'une marque allemande.

Données principales

Emp. / lon. / lar. / haut.	2 820 / 4 984 / 1 975 / 1 713 mm
Coffre / réservoir	447 à 2 575 litres / 74 litres
Nbre coussins sécurité / ceintures	7 / 7
Suspension av. / arr.	ind., jambes force / ind., multibras
Pneus avant / arrière	P245/60R18 / P245/60R18
Poids / Capacité de remorquage	1 950 kg / 1 588 kg (3 500 lb)

Composantes mécaniques

SPORT HYBRID

Cylindrée, alim.	V6 3,0 litres atmos.
Puissance / Couple	257 ch / n.d.
Tr. base (opt) / Rouage base (opt)	A7 / Int
0-100 / 80-120 / V. max	n.d. / n.d. / n.d.
100-0 km/h	n.d.
Type / ville / route / CO_2	Ord / 9,1 / 9,0 / 4 241 (est) kg/an
Consommation combinée	n.d.
Puissance combinée	321 ch

MOTEUR ÉLECTRIQUE (SYSTÈME HYBRIDE)

Puissance / Couple	47 ch (35 kW) / 109 lb-pi
Type de batterie	Lithium-ion (Li-ion)
Énergie	1,3 kWh
Temps de charge (120V / 240V)	n.d. / n.d.
Autonomie	n.d.

MOTEUR ÉLECTRIQUE (UN POUR CHAQUE ROUE ARRIÈRE)

Puissance / Couple	36 ch (26 Kw) / 54 lb-pi

BASE, ELITE, TECHNOLOGIE

Cylindrée, alim.	V6 3,5 litres atmos.
Puissance / Couple	290 ch / 267 lb-pi
Tr. base (opt) / Rouage base (opt)	A9 / Int
0-100 / 80-120 / V. max	7,2 s (est) / n.d. / n.d.
100-0 km/h	n.d.
Type / ville / route / CO_2	Sup / 12,6 / 9,0 / 4 950 kg/an

DU NOUVEAU EN 2018

Aucun changement majeur au moment de mettre sous presse.

Photos : Acura

Pour voir la liste complète des informations techniques, veuillez vous référer à la section statistiques.

ACURA | 137

ACURA **NSX**

75% COTE DU GUIDE

(((SiriusXM)))

Prix: 189 900 $ (2017)
Catégorie: Coupé
Garanties:
4 ans/80 000 km, 5 ans/100 000 km
Transport et prép.: 2 995 $
Ventes QC 2016: 15 unités
Ventes CAN 2016: 50 unités
Assemblage: Marysville OH US

Fiabilité	Appréciation générale
Nouveau modèle	■■■■■■□□□□
Sécurité	Agrément de conduite
■■■■■■■■■□	■■■■■■■■□□
Consommation	Système multimédia
■■■■□□□□□□	■■■■■■■□□□

Cote d'assurance

n.d.

Connectivité multimédia

Android Auto

Apple CarPlay

+ Silhouette racée • Groupe propulseur exceptionnel • Tenue de route ultraprécise • Performances très relevées • Modes de conduite multiples

− Pas de réglage en hauteur pour les sièges • Poids substantiel • Peu de rangement • Partie arrière banale • Coffre minuscule

Concurrents
Aston Martin DB11, Audi R8, BMW i8, Ferrari 488, Lamborghini Huracán, Lexus LC, Maserati GranTurismo, McLaren 570S, Mercedes-AMG GT, Nissan GT-R, Porsche 911

Une surdouée en manque de caractère

Marc Lachapelle

O n peut compter sur les doigts d'une seule main les sportives hybrides à moteur central que la traction électrique transforme en quatre roues motrices. Facile, il y en a trois. De ce nombre, l'Acura NSX coûte quatre ou cinq fois moins cher que la Porsche 918 Spyder, qui était plus puissante, et nettement plus performante que la BMW i8, dont le prix est moins salé. Reste à voir si cette nouvelle NSX aura un impact aussi profond sur ce segment d'élite que la première par son seul raffinement technique, aussi impressionnant soit-il.

Les rivales les plus sérieuses de cette nouvelle diva japonaise sont les Audi R8 et Porsche 911 Turbo, deux pur-sang germaniques à rouage intégral dont le pedigree, le charisme et le palmarès sportif sont blindés. Le défi est de taille. Chose certaine, la NSX fait déjà nettement mieux que de simplement leur tenir tête par son impressionnante fiche technique. D'abord avec un groupe propulseur qui n'a rien à envier à celui de la mythique 918 Spyder d'un million de dollars.

MAGIE ÉLECTRIQUE

En fait, il est encore plus poussé que celui de l'aristocrate grâce aux deux moteurs électriques qui sont couplés à ses roues avant et qui modulent instantanément la force motrice transmise à chacune pour aiguiser la tenue de route en biffant le sous-virage et en maximisant la motricité. Ils ont aussi pour mission de récupérer l'inertie cinétique et de recharger la batterie de propulsion qui permet de démarrer et rouler à faible vitesse, en silence et en douceur, quand on choisit le mode Quiet (silence) avec la grande molette en aluminium qui domine la console centrale. Les autres modes sont Sport, Sport+ et Track.

En passant de l'un à l'autre, les réglages de la direction, des freins, de l'accélérateur, de l'antidérapage, des amortisseurs et du rouage intégral sont modifiés par ordinateur. Des clapets changent même le son du V6 dans l'habitacle et la note d'échappement. La NSX est d'ailleurs franchement trop dure, directe et bruyante en mode Track sur la route, ce qui n'a rien d'étonnant.

Un troisième moteur électrique se glisse entre le moteur thermique, un V6 de 3,5 litres à double turbo, et la boîte de vitesses à double embrayage et neuf rapports. Le premier rapport, très court, assure des démarrages foudroyants en mode départ-canon avec 573 chevaux en puissance totale et le couple immédiat de trois moteurs électriques. À l'inverse, le V6 tourne à seulement 1 700 tr/min lorsque la NSX file à 100 km/h en neuvième. Les sept autres rapports sont rapprochés pour maximiser la performance sur circuit et toute cette quincaillerie cohabite avec un différentiel autobloquant dans un carter compact auquel sont reliés les deux demi-arbres arrière.

Tous ces éléments ont été créés spécialement pour la NSX. Le constructeur insiste par ailleurs sur le fait qu'elle a été conçue par une équipe basée sur ce continent et que chacune est fabriquée, sur commande, dans une usine tout aussi neuve, à Marysville en Ohio. Ne doutez cependant pas une seconde de l'apport de l'élite des ingénieurs et techniciens japonais au développement de la NSX. Ses moteurs électriques avant et les autres composantes de son groupe propulseur hybride sont même fabriqués au Japon et expédiés ensuite en Ohio.

La NSX est basse, trapue et plutôt belle de l'avant et de profil. Sa partie arrière est par contre très lisse et semble incomplète. Les panneaux d'aluminium ou de thermoplastique de la carrosserie sont fixés à un châssis à caissons qui combine aluminium, acier à haute résistance et fibre de carbone. La rigidité et la sécurité sont impeccables, mais le rouage hybride et la kyrielle d'accessoires font grimper le poids à plus de 1 700 kg, donc près de deux tonnes (américaines). Sur la route, la NSX est d'une efficacité totale, quelle que soit la vitesse. Elle ne laisse cependant jamais oublier son poids et sa complexité, avec un bruit mécanique très présent, sauf en mode Quiet. Malgré la puissance et le couple, on s'ennuie du miaulement sublime du V6 atmosphérique de sa devancière, à plus de 8 000 tr/min.

Le dessin épuré de l'habitacle rappelle également la première NSX. Les écrans de contrôle et commandes sont ergonomiques et efficaces. Le volant est magnifique et la position de conduite fort juste. Les sièges sont très sculptés, mais il leur manque le réglage en hauteur pour que tous puissent profiter de l'excellente visibilité.

Avec une facture qui atteint le quart de million avec toutes les options, la NSX joue assurément dans la cour des grands. À ce prix-là, il lui faut toutefois un caractère plus tranché et une sonorité plus inspirante, en plus de sa mécanique d'exception, pour faire des conquêtes dans un créneau impitoyable. Or, elle est toute jeune. Tous les espoirs sont donc permis.

Données principales

Emp. / lon. / lar. / haut.	2 629 / 4 470 / 1 940 / 1 214 mm
Coffre / réservoir	110 litres / 59 litres
Nbre coussins sécurité / ceintures	6 / 2
Suspension av. / arr.	ind., multibras / ind., multibras
Pneus avant / arrière	P245/35ZR19 / P305/30ZR20
Poids / Capacité de remorquage	1 725 kg / n.d.

Composantes mécaniques

BASE

Cylindrée, alim.	V6 3,5 litres turbo
Puissance / Couple	500 ch / 406 lb-pi
Tr. base (opt) / Rouage base (opt)	A9 / Int
0-100 / 80-120 / V. max	3,6 s / 2,8 s / 307 km/h (const)
100-0 km/h	35,7 m
Type / ville / route / CO$_2$	Sup / 11,1 / 10,8 / 5 962 (est) kg/an
Consommation équivalente	n.d.
Puissance combinée	573 ch

MOTEUR ÉLECTRIQUE (UN POUR CHAQUE ROUE AVANT)

Puissance / Couple	36 ch (26 kW) / 54 lb-pi

MOTEUR ÉLECTRIQUE (SYSTÈME HYBRIDE)

Puissance / Couple	47 ch (35 kW) / n.d.
Type de batterie	Lithium-ion (Li-ion)
Énergie	n.d.

DU NOUVEAU EN 2018

Aucun changement majeur au moment de mettre sous presse.

Photos : Acura

Pour voir la liste complète des informations techniques, veuillez vous référer à la section statistiques.

ACURA | 139

ACURA **RDX**

74% COTE DU GUIDE

(((SiriusXM)))

Prix: 42 190 $ à 46 790 $ (2017)
Catégorie: VUS
Garanties:
4 ans/80 000 km, 5 ans/100 000 km
Transport et prép.: 2 160 $
Ventes QC 2016: 1 531 unités
Ventes CAN 2016: 8 047 unités
Assemblage: Marysville OH US

Fiabilité
■■■■■■■■□□

Appréciation générale
■■■■■■■□□□

Sécurité
■■■■■■■□□□

Agrément de conduite
■■■■■□□□□□

Consommation
■■■■■■□□□□

Système multimédia
■■■■■■■□□□

Cote d'assurance

$ $ $ $

Connectivité multimédia

Aucune

➕ Habitacle bien insonorisé • Moteur six cylindres puissant • Bonne fiche de fiabilité • Espace cargo généreux

➖ Pas très dynamique sur la route • Un seul moteur offert • Système multimédia complexe • Style peu éclatant

Concurrents

Audi Q5, BMW X3, Buick Envision, Infiniti QX50, Jaguar F-PACE, Land Rover Discovery Sport, Lincoln MKC, Mercedes-Benz GLC, Volvo XC60

Bien faire,
sans se démarquer

Sylvain Raymond

Si vous êtes à la recherche d'un VUS de luxe compact, il y a de fortes chances que vous regardiez du côté de chez Audi, BMW ou Mercedes-Benz, sans que vous songiez au Acura RDX. Rassurez-vous, vous n'êtes pas seul dans cette situation. Inintéressant, le RDX? Certainement pas! Il est plutôt le bon petit gars que tout le monde aime, mais qu'on oublie d'inviter à la fête vu qu'il n'est pas celui qui fera lever le party. Dans un segment aussi concurrentiel, se contenter de bien faire son travail sans soulever les passions, ce n'est pas assez pour marquer l'imaginaire des consommateurs.

Alors que Honda semble avoir ravivé l'âme et l'esprit de plusieurs de ses véhicules, le travail reste à accomplir avec sa gamme de luxe Acura. Le RDX, par exemple, est un excellent véhicule, mais il ne dispose pas de l'aspect émotionnel qui fait le succès de ses concurrents. Il faut être armé judicieusement pour rivaliser avec les marques allemandes et même Lexus. Toutefois, rares sont les propriétaires qui sont déçus du RDX. La fiabilité est au rendez-vous, tout comme la qualité. Il demeure un achat rationnel, sans véritables risques. Vous voulez passer inaperçu? Voilà un excellent choix, surtout si vous l'achetez de couleur gris métallisé!

À bord, on apprécie le souci du détail et la qualité de la finition, même si la présentation commence à dater, surtout si on le compare à des rivaux entièrement remaniés que sont les Audi Q5 ou BMW X3, pour ne nommer que ces deux-là. L'impression de luxe est tout de même bien présente, tant dans l'aménagement que dans le choix des matériaux. Toutefois, on a toujours un peu de difficulté avec la présentation et la gestion du système multimédia. C'est complexe et difficile de s'y retrouver rapidement, sans compter le fait qu'il exige trop d'attention à l'utilisation. On ne bénéficie pas non plus des derniers gadgets technologiques, le RDX est vieux jeu à ce sujet.

Le RDX offre amplement d'espace pour quatre passagers. Il peut certes en transporter cinq, mais les trois qui partageront la banquette arrière auront un peu moins d'intimité. Le volume de chargement, 2 178 litres avec la banquette arrière rabattue, est l'un des plus généreux de sa catégorie, ce qui le rend plus pratique si vous avez une petite famille. Il est spacieux, mais ce n'est pas une fourgonnette non plus.

UN SEUL MOTEUR OFFERT

Vous ne ferez pas d'insomnie quant au choix du moteur de votre RDX puisqu'une seule mécanique est offerte et c'est l'increvable V6 atmosphérique de 3,5 litres que l'on retrouve un peu partout dans la famille Honda/Acura. Il remplace le moteur suralimenté de la première génération, l'expérience n'ayant pas été concluante. Dans le cas qui nous occupe, le V6 atmosphérique compte 279 chevaux pour un couple de 252 lb-pi, une puissance supérieure à celle de beaucoup de ses concurrents, qui eux misent de série sur des quatre cylindres turbocompressés.

Le RDX est pratiquement seul dans son royaume, mais Acura reviendra au moteur turbo éventuellement. Curieusement, il faut alimenter le six cylindres du RDX en essence super, tout comme pour une mécanique suralimentée. Dommage, Acura passe à côté d'un bel avantage concurrentiel.

Aucun choix à faire non plus du côté des boîtes de vitesses. Il n'y en n'a qu'une et c'est une automatique à six rapports, associée au rouage intégral de série. Quoiqu'efficace, ce dernier ne l'est pas autant que le système SH-AWD, disponible sur certaines Acura... et dans le RDX de première génération. Ce SH-AWD transfère le couple indépendamment aux roues de gauche et de droite. Toutefois, ce système, qui rehausse la performance du véhicule dans les virages est plus dispendieux et il ferait trop monter le prix du RDX. Quoiqu'il en soit, le rouage intégral actuel du RDX fera l'affaire de la plupart de ses propriétaires.

PLUS CONFORTABLE QUE DYNAMIQUE

Sur la route, le RDX, qui s'appuie sur l'architecture du Honda CR-V, offre une conduite confortable et agréable grâce, notamment, à son insonorisation, qui filtre bien tous les bruits extérieurs. Le moteur développe une puissance linéaire et lorsqu'on enfonce l'accélérateur, il émet une sonorité riche et profonde, typique aux V6. La boîte est également très efficace, exploitant convenablement la puissance disponible, tout en préservant l'économie de carburant. Si vous aimez le confort et la tranquillité, vous apprécierez le RDX.

À l'opposé, si vous cherchez un VUS à vocation sportive, le RDX n'est simplement pas à la hauteur de ce que l'on retrouve chez Porsche (Macan) et Audi (Q5). En fait, il faut le comparer au Lexus NX avec qui il partage, en prime, une excellente fiche de fiabilité. Si le RDX n'a pas toutes les qualités de ses rivaux, il compense par un niveau d'équipement plus complet et par un prix concurrentiel.

Données principales

Emp. / lon. / lar. / haut.	2 685 / 4 685 / 1 872 / 1 678 mm
Coffre / réservoir	739 à 2 178 litres / 60 litres
Nbre coussins sécurité / ceintures	6 / 5
Suspension av. / arr.	ind., jambes force / ind., multibras
Pneus avant / arrière	P235/60R18 / P235/60R18
Poids / Capacité de remorquage	1797 kg / 680 kg (1500 lb)

Composantes mécaniques

Cylindrée, alim.	V6 3,5 litres atmos.
Puissance / Couple	279 ch / 252 lb-pi
Tr. base (opt) / Rouage base (opt)	A6 / Int
0-100 / 80-120 / V. max	7,1 s / 5,5 s / n.d.
100-0 km/h	42,9 m
Type / ville / route / CO_2	Sup / 12,4 / 8,7 / 4 938 kg/an

« L'ACURA RDX S'EST AMÉLIORÉ AU FIL DES ANNÉES, MAIS IL LUI MANQUE TOUJOURS QUELQUES INGRÉDIENTS, DONT UNE CERTAINE SPORTIVITÉ, POUR EN FAIRE UN TÉNOR. »

DU NOUVEAU EN 2018

Aucun changement majeur au moment de mettre sous presse.

Photos: Acura

Pour voir la liste complète des informations techniques, veuillez vous référer à la section statistiques.

ACURA | 141

ACURA **RLX**

75 % COTE DU GUIDE

((SiriusXM))

Prix : 65 490 $ à 69 990 $ (2017)
Catégorie : Berline
Garanties :
4 ans/80 000 km, 5 ans/100 000 km
Transport et prép. : 2 160 $
Ventes QC 2016 : 26 unités
Ventes CAN 2016 : 107 unités
Assemblage : Saitama JP

Fiabilité ■■■■■■■■□□
Appréciation générale ■■■■■■■□□□
Sécurité ■■■■■■■■■□
Agrément de conduite ■■■■■■□□□□
Consommation ■■■■■□□□□□
Système multimédia ■■■■■■□□□□

Cote d'assurance
$ ▼ $ $ $

Connectivité multimédia

Aucune

➕ Habitacle confortable et silencieux • Finition sérieuse • Système hybride impressionnant • Performances impressionnantes • Excellents sièges avant

➖ Style parfaitement invisible • Rapport équipement/prix peu intéressant • Écrans du système multimédia confus • Plutôt plate à conduire

Concurrents
Audi A6, BMW Série 5, Cadillac CTS,
Infiniti Q70, Jaguar XF,
Lexus GS, Lincoln Continental,
Mercedes-Benz Classe E, Volvo S90

Les bien curieuses façons de faire de Honda...

Alain Morin

Honda fait rarement les choses comme les autres. Un exemple parmi tant d'autres : chaque année, *Le Guide de l'auto* et les publications annuelles du genre doivent se battre pour obtenir de Honda, ou Acura, la moindre parcelle d'information sur les modèles à venir. Le constructeur japonais peut même « oublier » d'aviser le changement imminent d'un modèle, comme ce fut le cas l'an dernier avec le CR-V. Même quand une voiture mériterait tous les éloges imaginables, Honda se tait, comme si elle était gênée d'avoir si bien fait.

C'est exactement ce qui se passe avec l'Acura RLX. Cette dernière n'est pas parfaite, loin de là, mais elle mériterait beaucoup plus d'attentions publicitaires.

Il faut tout d'abord avouer que ses lignes n'ont rien pour exciter les sens. Plus drabe que ça, tu disparais. Seuls ses phares Jewel Eye lui apportent un peu de dynamisme. En plus, ils éclairent bien ! Sinon, certaines personnes peuvent confondre la RLX avec une Genesis, une Buick ou une Lexus. Plus rarement avec une Lamborghini. Cette sagesse se transporte dans l'habitacle, recouvert de cuirs et de plastiques de qualité. Les boiseries ne sonnent pas faux et il se dégage de l'ensemble une ambiance, fondée, de plénitude.

RAPPORT PRIX/ÉQUIPEMENT

Personne ne sera surpris d'apprendre que les sièges avant sont très confortables. Ils sont chauffants, mais ils ne sont pas ventilés dans la version de base. Sur une voiture de plus de 65 000 $. Honda est aussi chiche sur l'équipement que sur l'annonce de ses nouveautés... Pour se faire rafraîchir le popotin, il faut choisir la livrée Elite. Cette dernière offre, en autres, un système audio Krell, des capteurs de stationnement et une caméra à 360 degrés, le tout pour la bagatelle de 4 500 $ supplémentaires. Franchement insultant.

Toutefois, ne boudons pas notre plaisir et apprécions le volant qui se prend parfaitement en main, le système multimédia pas trop complexe à comprendre. Ce sont plutôt les deux écrans qui demandent un certain temps d'adaptation.

Il faut jouer avec ces derniers pour comprendre leurs interactions et leurs fonctionnalités spécifiques. Certains pestent contre les boutons commandant la boîte de vitesses. Personnellement, leur maniement ne m'a pas dérangé une fraction de seconde.

SPECTACULAIRE RÉUSSITE TECHNIQUE

S'il y a un rayon où la RLX peut en montrer à quelques vedettes du segment des berlines de luxe, c'est celui de la motorisation. Alors là, les amis, Honda a mis le paquet! Tout d'abord, il convient de préciser que cette Acura fait appel à quatre moteurs, un à essence et trois électriques. Cet ensemble fait partie du SH-AWD (Super Handling – All Wheel Drive), un rouage intégral très sophistiqué.

Le moteur à essence, un V6 de 3,5 litres à injection directe développe 310 chevaux. Il est lié à une très douce boîte à double embrayage à sept rapports dans laquelle un moteur électrique de 47 chevaux et 109 livres-pied est logé. Ce moteur électrique assiste celui à essence dans sa tâche d'entraîner les roues avant. À l'arrière, deux moteurs électriques, rassemblés dans une unité centrale, s'occupent des roues postérieures en leur expédiant le couple nécessaire, au moment jugé opportun par le système. Ce couple peut varier à l'infini entre la roue gauche et la droite. L'ensemble de ces moteurs est géré par un ordinateur central. En un clin d'œil bionique, la RLX passe de traction à propulsion ou à intégrale, dans la discrétion la plus totale. C'est un système semblable que l'on retrouve dans la spectaculaire Acura NSX.

Cet ensemble est certes responsable de performances et d'une tenue de route de haut calibre, mais il est surtout apprécié pour sa consommation retenue d'essence. Malgré son poids qui frôle 2 000 kilos, la RLX peut s'en tirer sous 9,0 l/100 km. Un bémol cependant: son V6 exige de l'essence super.

Avec une carrosserie aussi intéressante à regarder qu'un écran de télé fermé, on se dit que le comportement routier ne doit pas être très dynamique. Il ne l'est effectivement pas, toutefois, il n'est pas soporifique non plus. La suspension a pour mandat de préserver le confort et elle y parvient parfaitement. Même si l'on dénote un certain roulis en virage, la RLX surprend par son agilité. Cependant, j'imagine que les propriétaires d'une telle voiture ont dépassé depuis longtemps l'âge des folies. Aussi, on apprécierait une direction un peu moins assistée, quoique, étonnamment, sa précision ne fasse pas défaut.

Si la RLX était fabriquée par General Motors, Ford ou Volkswagen, on en entendrait assurément parler bien davantage. Après tout, pourquoi laisser un tel monument de technologie seul dans son coin? Vivement, que quelqu'un glisse quelque substance illégale dans l'eau des stratèges marketing de Honda/Acura. On verrait peut-être une pub de la RLX au prochain Super Bowl!

Données principales

Emp. / lon. / lar. / haut.	2 850 / 4 982 / 1 890 / 1 465 mm
Coffre / réservoir	328 litres / 57 litres
Nbre coussins sécurité / ceintures	7 / 5
Suspension av. / arr.	ind., double triangulation / ind., multibras
Pneus avant / arrière	P245/40R19 / P245/40R19
Poids / Capacité de remorquage	1 981 kg / n.d.

Composantes mécaniques

Cylindrée, alim.	V6 3,5 litres atmos.
Puissance / Couple	310 ch / 273 lb-pi
Tr. base (opt) / Rouage base (opt)	A7 / Int
0-100 / 80-120 / V. max	6,0 s / 4,2 s / n.d.
100-0 km/h	44,3 m
Type / ville / route / CO_2	Sup / 8,2 / 7,8 / 3 800 kg/an
Consommation combinée	n.d.
Puissance combinée / Couple	377 ch / 341 lb-pi
MOTEUR ÉLECTRIQUE (SYSTÈME HYBRIDE)	
Puissance / Couple	47 ch (35 kW) / 109 lb-pi
MOTEUR ÉLECTRIQUE (UN POUR CHAQUE ROUE ARRIÈRE)	
Puissance / Couple	36 ch (26 kW) / 54 lb-pi
Type de batterie	Lithium-ion (Li-ion)
Énergie	1,3 kWh
Temps de charge (120V / 240V)	n.d. / n.d.
Autonomie	n.d.

« L'ACURA **RLX** FAIT APPEL À QUATRE **MOTEURS**, UN À **ESSENCE** ET TROIS **ÉLECTRIQUES** CET **ENSEMBLE** COMPOSE LE SH-AWD (SUPER HANDLING — ALL WHEEL DRIVE). »

DU NOUVEAU EN 2018

Aucun changement majeur au moment de mettre sous presse.

Photos: Acura

Pour voir la liste complète des informations techniques, veuillez vous référer à la section statistiques.

ACURA | **143**

ACURA RLX

ACURA **TLX**

70 % COTE DU GUIDE

Prix: 35 990 $ à 50 990 $
Catégorie: Berline
Garanties:
4 ans/80 000 km, 5 ans/100 000 km
Transport et prép.: 2 160 $
Ventes QC 2016: 995 unités
Ventes CAN 2016: 4 137 unités
Assemblage: Marysville OH US

Fiabilité	Appréciation générale
■■■■■□□□□□	■■■■■■□□□□

Sécurité	Agrément de conduite
■■■■■■■□□□	■■■■■■□□□□

Consommation	Système multimédia
■■■■■■■□□□	■■■■■□□□□□

Cote d'assurance

$ $ $ $

Connectivité multimédia

Aucune

➕ Prix intéressant • Valeur de revente •
Bonne tenue de route • Nouveau style plus
attirant • Bonne consommation d'essence

➖ Design intérieur conservateur •
Système multimédia toujours perfectible •
Boîte à neuf rapports hésitante •
Places arrière peu spacieuses •
Manque de caractère

Concurrents
Audi A4, BMW Série 3,
Cadillac ATS, Infiniti Q50, Jaguar XE,
Kia Cadenza, Lexus IS, Lincoln MKZ,
Mercedes-Benz Classe C, Volvo S60

On va s'aimer longtemps

Michel Deslauriers

Si bon nombre d'acheteurs de voitures de luxe préfèrent les engagements courts d'une location, d'autres recherchent plutôt une relation à long terme. C'est à cette portion de la clientèle que s'adresse la TLX.

À une époque où les innovations en matière de conduite semi-autonome, de motorisations turbocompressées et de systèmes d'éclairage au laser font jaser, la berline d'Acura propose sagement une conduite raffinée avec une touche de sportivité, un design qui sera encore regardable dans dix ans ainsi qu'une réputation de fiabilité et une valeur de revente élevée. Néanmoins, pour rester dans le coup, la TLX 2018 a reçu une mise à jour esthétique et dynamique. L'Acura Precision Concept, qui a fait la tournée des salons automobiles en 2016, servira d'inspiration stylistique pour les prochaines années et partage son immense grille pentagonale. Dotée de celle-ci, placée sous un capot aux lignes plus affûtées, la TLX affiche nettement plus de caractère.

RIEN DE NOUVEAU SOUS LE CAPOT
Pas de changements en ce qui a trait aux motorisations. Le quatre cylindres de 2,4 litres, produisant 206 chevaux, figure toujours dans les déclinaisons plus abordables de la TLX, assorti d'un rouage à traction et d'une boîte automatique à huit rapports. Une puissance modeste comparativement aux quatre cylindres turbo de la concurrence, comme la Buick Regal ou la Mercedes-Benz Classe C, alors les performances ne sont pas éblouissantes. Toutefois, le système de quatre roues directionnelles est inclus avec le moteur de 2,4 litres, ce qui contribue à son agilité et son comportement routier somme toute intéressant.

Le V6 de 3,5 litres génère quant à lui 290 chevaux, alors les accélérations en ligne droite sont plus franches accompagnées d'une sonorité nettement plus satisfaisante. De plus, c'est le seul moteur désormais offert avec le rouage intégral SH-AWD. En revanche, la boîte automatique à neuf rapports associée au V6 n'est pas des plus agréables, avec une réaction lente dans tous les modes de conduite sauf Sport+, et elle a connu certains problèmes de fiabilité par le passé. La TLX V6 devrait éventuellement passer à la boîte à dix rapports nouvellement mise au point par Honda, mais d'ici là, nous recommandons la motorisation à quatre cylindres pour la TLX, d'autant plus que celle-ci est plus économique à la pompe avec une consommation mixte ville/route sous la barre des 9,0 l/100 km. Si l'on préfère un rouage intégral pour l'hiver, le système SH-AWD envoie 90 % de sa puissance aux roues avant en conduite normale, ou jusqu'à 70 % à l'arrière, alors qu'une vectorisation du couple permet de balancer cette puissance à la roue gauche arrière, ou à la droite, au besoin.

A-SPEC POUR LE LOOK

Nous préférons les versions A-Spec, esthétiquement plus éclatantes avec une apparence monochrome, une partie avant et des jupes de bas de caisse plus agressives, des jantes en alliage de 19 pouces au fini noir et un béquet noir sur le couvercle de coffre. Les A-Spec obtiennent également une suspension à calibrage sport et une direction plus vive. Ceux qui aiment bien les garnitures chromées en trouveront sur les autres versions de la TLX.

Dans l'habitacle, on a encore affaire à une interface à deux écrans superposés, mais le système est maintenant 30 % plus rapide, l'écran du bas est plus réactif et intègre Apple CarPlay et Android Auto. Les versions Elite ajoutent aussi un ensemble de caméras à 360 degrés. Toutefois, il y a des systèmes plus intuitifs chez la concurrence, et la rangée de boutons servant à contrôler la boîte automatique ne sera jamais aussi facile à utiliser qu'un bon vieux levier.

Comme d'habitude, l'assemblage est soigné dans la TLX, alors que le design est sobre et les garnitures en similibois ne convaincront personne. Dans les versions A-Spec, on profite également d'un volant sport plus dodu ainsi que de sièges en cuir rouge, ou cuir noir avec insertions en Alcantara, et dotés d'un plus grand soutien latéral. Avec des dimensions chevauchant à la fois le segment des compactes et des intermédiaires, la TLX 2018 propose un habitacle adéquatement spacieux à l'avant, un peu à l'étroit à l'arrière. Le volume du coffre est appréciable, et son ouverture est très grande.

L'avantage de la TLX par rapport à certaines concurrentes, c'est son prix. Bien sûr, la TLX ne peut rivaliser avec une Mercedes-Benz ou une BMW au chapitre du prestige, mais elle constitue une voiture de luxe plus accessible et qui gardera sa valeur beaucoup plus longtemps. Elle est peut-être trop conservatrice pour certains acheteurs, cependant les révisions apportées pour 2018 lui donnent le style plus affirmé qui lui manquait tant. Nous verrons bien si la clientèle sera convaincue.

Données principales

Emp. / lon. / lar. / haut.	2775 / 4832 / 2091 / 1447 mm
Coffre / réservoir	405 litres / 65 litres
Nbre coussins sécurité / ceintures	7 / 5
Suspension av. / arr.	ind., jambes force / ind., multibras
Pneus avant / arrière	P225/55R17 / P225/55R17
Poids / Capacité de remorquage	1717 kg / n.d.

Composantes mécaniques

BASE, TECHNOLOGIE

Cylindrée, alim.	4L 2,4 litres atmos.
Puissance / Couple	206 ch / 182 lb·pi
Tr. base (opt) / Rouage base (opt)	A8 / Tr
0-100 / 80-120 / V. max	7,3 s (est) / n.d. / n.d.
100-0 km/h	n.d.
Type / ville / route / CO_2	Sup / 9,6 / 6,6 / 3795 kg/an

SH-AWD

Cylindrée, alim.	V6 3,5 litres atmos.
Puissance / Couple	290 ch / 267 lb·pi
Tr. base (opt) / Rouage base (opt)	A9 / Int
0-100 / 80-120 / V. max	6,6 s / 4,7 s / n.d.
100-0 km/h	47,3 m
Type / ville / route / CO_2	Sup / 11,2 / 7,5 / 4386 kg/an

« LA TLX, POUR LES ACHETEURS DE VOITURES DE LUXE QUI NE VEULENT PAS UNE AVENTURE D'UN SOIR, MAIS UNE RELATION À LONG TERME. »

DU NOUVEAU EN 2018

Révisions esthétiques, ajout de la version A-Spec, améliorations du système multimédia.

Photos: Acura

Pour voir la liste complète des informations techniques, veuillez vous référer à la section statistiques.

ACURA | 145

ALFA ROMEO **4C**

65 % COTE DU GUIDE

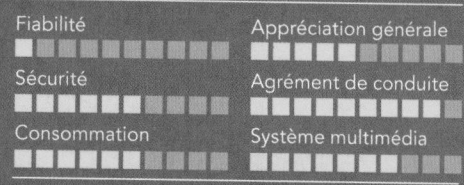

Prix : 66 495 $ à 78 495 $ (2017)
Catégorie : Coupé, Roadster
Garanties :
4 ans/80 000 km, 4 ans/80 000 km
Transport et prép. : 2 595 $
Ventes QC 2016 : 21 unités
Ventes CAN 2016 : 85 unités
Assemblage : Modène IT

Fiabilité	Appréciation générale
■■■■■□□□□□	■■■■■■■□□□
Sécurité	Agrément de conduite
■■■■■□□□□□	■■■■■■■■■□
Consommation	Système multimédia
■■■■■□□□□□	■■■■□□□□□□

Cote d'assurance

$ $ $ $

Connectivité multimédia

Aucune

+ Excellente tenue de route • Performances redoutables • Boîte à double embrayage rapide • Machine à sensations fortes • Look de diva

– Difficile à vivre au quotidien • Direction trop sensible à la route • Visibilité arrière presque nulle • Habitacle étriqué • Volume du coffre ridicule

Concurrents
Audi TT, Chevrolet Corvette, Jaguar F-TYPE, Lotus Evora 400, Porsche 718

Radicale et spartiate

Gabriel Gélinas

Elle a une gueule de *star*, rien de moins. Avec son look de bagnole exotique en format réduit, la 4C d'Alfa Romeo se démarque complètement dans le paysage automobile. Le concept est déjà connu puisqu'il s'agit d'un coupé ou d'un spider de type propulsion à moteur central, soit la même configuration que celle adoptée par Porsche pour ses 718 Cayman et Boxster. Toutefois, dans le cas de l'Alfa Romeo 4C, l'exécution de ce concept est nettement plus radicale...

La 4C fait à peine quatre mètres en longueur et c'est un véritable poids plume. Elle affiche seulement 1 118 kilos à la pesée pour le coupé et 1 128 kilos pour le spider, en raison de l'adoption de matériaux comme la fibre de carbone pour la structure monocoque et l'aluminium pour le bloc-moteur, entre autres.

UNE DOSE D'ADRÉNALINE SANS FILTRE

Il faut faire preuve d'une certaine flexibilité pour monter, ou plutôt descendre, à bord de la 4C à cause de la largeur du seuil qui fait partie intégrante de la structure monocoque. Une fois bien calé dans le siège baquet, au ras du bitume, on découvre la fibre de carbone très apparente, le volant à méplat, ajustable en hauteur et en profondeur, et la chaîne audio de marque Alpine qui nous ramène à peu près en 1985...

L'ambiance est spartiate. Pas de climatisation automatique, pas de système de navigation, pas de caméra de recul, pas de coffre à gants, et il faut obligatoirement consulter le manuel du propriétaire pendant de longues minutes avant de pouvoir jumeler son téléphone intelligent avec le système Bluetooth. Au moins, il y a les vitres électriques et le verrouillage central, c'est déjà ça de pris.

Pour enlever le toit souple de la 4C Spider, il faut actionner deux loquets sur les côtés et tourner deux vis au centre avant de rouler la capote et la ranger dans un petit sac. On remise ce dernier dans le coffre où il occupe la moitié de l'espace disponible. Mieux vaut voyager léger si l'on veut rouler à ciel ouvert...

Le quatre cylindres turbocompressé de 1,7 litre prend vie et annonce la couleur d'un essai qui n'aura rien de banal. Les performances sont carrément délirantes avec un chrono de 4 secondes et demie pour le 0-100 kilomètres/heure, grâce au système de départ-canon. La voiture est légère et le moteur pousse très fort avec une trame sonore où l'échappement libre se mêle au sifflement du turbo. Les suspensions sont très fermes, le freinage est hyper performant, poids plume oblige, et les sensations ressenties sont vives au point d'être carrément viscérales.

Pas de doute, la 4C se comporte avec la vivacité d'une pure sportive et s'accroche en virage avec un aplomb impressionnant. Un vrai tour de manège. La seule boîte disponible est à double embrayage, avec paliers de changement de rapport au volant. Elle passe les rapports en 130 millièmes de seconde lorsque le mode Dynamic ou Race est sélectionné. Sur de belles routes sinueuses où la qualité du revêtement est exemplaire, le charme opère. Les aides électroniques à la conduite de la 4C sont plutôt permissives et n'interviennent que lorsque cela devient nécessaire. Attention toutefois au mode Race qui vous prive de tous les anges gardiens électroniques...

ZÉRO COMPROMIS, FAUT VOULOIR...

La contrepartie de tout ça, c'est que l'Alfa Romeo 4C ne fait aucun compromis pour ce qui est du confort. À titre d'exemple, la direction n'est pas assistée. Tant que la voiture est en mouvement, ça ne pose pas de problème, mais lorsqu'il faut manœuvrer à basse vitesse pour stationner, la direction demande beaucoup d'efforts. Sur les routes secondaires, il faut obligatoirement et constamment garder le volant bien en main car la voiture a tendance à louvoyer en suivant les aspérités et dénivellations de la chaussée. Bref, la 4C exige toute votre attention, à tout moment, ce qui devient fatigant à la longue. Aussi, à vitesse d'autoroute, on se lasse rapidement d'entendre le moteur qui gronde juste derrière soi.

Tout compte fait, la 4C d'Alfa Romeo permet à l'acheteur de jouer à fond la carte de l'exclusivité en raison d'une diffusion presque confidentielle. Il faut vraiment la considérer comme une moto à quatre roues, avec des réactions aussi brutes que vives, soit l'idéal pour s'administrer ponctuellement une bonne dose d'adrénaline. Radicale et spartiate, la 4C ne fait cependant aucun compromis pour assurer ne fût-ce qu'un minimum de confort et sa qualité d'assemblage est artisanale.

En outre, son échelle de prix est beaucoup trop élevée. À ce compte-là, autant s'offrir une Porsche 718 Cayman ou Boxster. Autrement mieux construites et tout aussi performantes, ces voitures allemandes sont vraiment plus faciles à vivre au quotidien et doublées d'un côté pratique qui est cruellement absent sur la 4C.

Données principales

Emp. / lon. / lar. / haut.	
	Coupé - 2 380 / 3 989 / 1 867 / 1 183 mm
	Roadster - 2 380 / 3 989 / 1 867 / 1 185 mm
Coffre / réservoir	**Coupé** - 105 litres / 40 litres
	Roadster - 105 litres / 40 litres
Nbre coussins sécurité / ceintures	2 / 2
Suspension av. / arr.	ind., double triangulation / ind., jambes force
Pneus avant / arrière	P205/45ZR17 / P235/40ZR18
Poids / Capacité de remorquage	**Coupé** - 1 118 kg / n.d.
	Roadster - 1 128 kg / n.d.

Composantes mécaniques

Cylindrée, alim.	4L 1,7 litre turbo
Puissance / Couple	237 ch / 258 lb-pi
Tr. base (opt) / Rouage base (opt)	A6 / Prop
0-100 / 80-120 / V. max	4,5 s (const) / n.d. / 258 km/h (const)
100-0 km/h	36,0 m (est)
Type / ville / route / CO_2	Sup / 9,7 / 6,9 / 3 882 kg/an

«LOOK D'ENFER ET **FORMAT RÉDUIT** POUR CETTE **MACHINE** À SENSATIONS FORTES QUI FAIT **ZÉRO COMPROMIS** CÔTÉ **CONFORT.»**

DU NOUVEAU EN 2018

Aucun changement majeur au moment de mettre sous presse.

Photos : Alfa Romeo

Pour voir la liste complète des informations techniques, veuillez vous référer à la section statistiques.

ALFA ROMEO | **147**

ALFA ROMEO **GIULIA**

75% COTE DU GUIDE

Prix : 48 995 $ à 87 995 $ (2017)
Catégorie : Berline
Garanties :
4 ans/80 000 km, 4 ans/80 000 km
Transport et prép. : 2 595 $
Ventes QC 2016 : 0
Ventes CAN 2016 : 0
Assemblage : Cassino IT

Fiabilité		Appréciation générale	

Sécurité		Agrément de conduite	

Consommation		Système multimédia	

Cote d'assurance

n.d.

Connectivité multimédia

Aucune

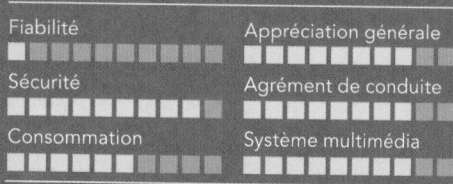 Style unique • Direction hyperprécise •
Version Quadrifogilo très sportive •
Riche sonorité de l'échappement
(mode Race) • Exclusivité garantie

– Fiabilité et valeur de revente
inconnues • Suspension dure • Réseau
de concessionnaires ténu • Coûts
d'entretien sans doute grandioses

Concurrents

Audi A4, BMW Série 3, Cadillac ATS,
Infiniti Q50, Mercedes-Benz Classe C,
Volvo S60

Une question d'attitude

Alain Morin

Même si le nom Alfa Romeo est tout nouveau pour beaucoup
de gens, il n'en demeure pas moins qu'il s'agit d'une marque
plus que centenaire. La débutante de 1910, qui s'appelait
A.L.F.A. à ce moment, s'est rapidement taillé une place en course
automobile. Malgré des années difficiles (1970 – 1980), le sport automobile a toujours fait partie des gènes de cette marque italienne.

Propriété de Fiat depuis 1987, Alfa Romeo appartient maintenant au petit
empire qu'est devenu Fiat Chrysler Automobiles (FCA). Il y a deux ans,
Alfa Romeo revenait en sol nord-américain avec la 4C, un biplace s'adressant
aux amateurs de sensations fortes. Pour le confort, il fallait regarder ailleurs.
Cet ailleurs, c'est la Giulia

BIENVENUE AU CANADA, GIULIA

La Giulia une berline compacte qui se mesure aux BMW Série 3, Audi A4
et Cadillac ATS, est débarquée à Montréal en février 2017. Facilement
reconnaissable grâce à sa partie avant triangulée à la manière Alfa Romeo,
cette nouvelle venue se décline en trois versions : base, Ti et Quadrifoglio.

Avec son quatre cylindres turbo de 280 chevaux, la Giulia de base est
aussi, sinon plus, puissante que ses rivales. Une boîte automatique ZF
à huit rapports envoie la cavalerie aux roues arrière ou, en option, aux
quatre roues. Soulignons au passage que ce rouage intégral se comporte
davantage comme une propulsion (roues arrière motrices) et envoie le
couple aux roues avant quand le besoin se fait sentir. Ainsi, l'esprit sportif de
la voiture est préservé. Aucune boîte manuelle n'est proposée de notre côté
du trou d'eau, ce qui est fort dommage puisque les alfistes nord-américains
sont des passionnés notoires de conduite sportive.

Trois modes de conduite sont offerts au conducteur, allant de Natural à
Dynamic en passant par Advanced Efficiency. En fait, les designers se sont
servis des lettres DNA (ADN en français) pour établir l'ordre de ces modes.
La plupart des gens laisseront le bouton, placé sur la console, sur le

mode N (Natural ou normal), assurés d'un bon compromis entre confort et tenue de route. Notez qu'il s'agit d'un compromis à l'italienne... un propriétaire de Buick LeSabre 1995 pourrait trouver que «ça porte dur en titi»!

La version baptisé Ti amène une suspension active, des roues de 18 ou 19 pouces, un écran central de 8,8 pouces et un système audio de 900 watts. Si vous vous posez la question à savoir si vous devriez cocher la livrée Ti, vous avez notre bénédiction... à défaut de recevoir de l'argent de notre part.

CE N'EST PAS POUR QUELQUES DOLLARS QU'ON VA SE PRIVER!

Rendu là, pourquoi ne pas plutôt choisir une Giulia Quadrifoglio? Outre un petit débours supplémentaire d'à peine 40 000$, on ne voit pas ce qui pourrait vous retenir de vous procurer une alternative à la BMW M3. La passionnée Quadrifoglio est catapultée par un V6 2,9 litres dérivé du 3,9 litres de la Ferrari California T. Alfa Romeo promet un 0-100 km/h en 3,9 secondes, en route vers la vitesse hautement pénale de 307 km/h. Seules les roues arrière sont motrices, comme dans toute bonne voiture sport qui se respecte.

On retrouve dans la Quadrifoglio les mêmes modes de conduite que dans la Giulia de base, mais ils sont beaucoup plus marqués. Le mode Dymanic, par exemple, pourrait vous faire regretter de ne pas avoir un conjoint ou une conjointe massothérapeute. La Quadrifoglio possède toutefois un mode de plus que la Giulia, *Race*. Et qui dit *Race* (Course), dit piste de course, donc aucune aide à la conduite. Si votre pied droit et vos réflexes vous permettent de contrôler 505 chevaux lâchés lousses, faites-vous plaisir et profitez au passage d'une exquise sonorité de l'échappement. Les autres, prévoyez un retour à la maison en taxi...

À plusieurs égards, la Giulia et encore davantage la Quadrifoglio, ramènent à la BMW Série 3 ou à la M3. Sur une piste, le bolide allemand est sans doute plus rapide, mais l'auto italienne affiche un tempérament plus fougueux, plus caractériel. C'est plus une question de *feeling* que de temps au tour. J'en profite pour souligner l'excellente direction de l'Alfa. Juste cet élément pourrait faire pencher quelques amateurs de «BM» pour elle!

La Giulia est une voiture entièrement nouvelle: châssis, moteur, usine, tout est nouveau. Et italienne. Connaissant la triste réputation de fiabilité de certaines marques italiennes et comme tout est nouveau dans la Giulia...

Techniquement, la Giulia, Quadrifoglio ou pas, a tout pour réussir. Souhaitons que la fiabilité soit au rendez-vous, que le réseau limité de concessionnaires n'éloigne pas les acheteurs et que la valeur de revente soit décente.

Données principales	
Emp. / lon. / lar. / haut.	2 820 / 4 643 / 1 860 / 1 426 mm
Coffre / réservoir	480 litres / 58 litres
Nbre coussins sécurité / ceintures	8 / 5
Suspension av. / arr.	ind., double triangulation / ind., multibras
Pneus avant / arrière	P225/50R17 / P225/50R17
Poids / Capacité de remorquage	1 603 kg / n.d.

Composantes mécaniques	
BASE, Q4, TI	
Cylindrée, alim.	4L 2,0 litres turbo
Puissance / Couple	280 ch / 306 lb-pi
Tr. base (opt) / Rouage base (opt)	A8 / Prop (Int)
0-100 / 80-120 / V. max	5,5 s (est) / n.d. / 240 km/h (const)
100-0 km/h	38,5 m (est)
Type / ville / route / CO_2	Ord / 10,0 / 7,2 / 3 823 (est) kg/an
QUADRIFOGLIO	
Cylindrée, alim.	V6 2,9 litres turbo
Puissance / Couple	505 ch / 443 lb-pi
Tr. base (opt) / Rouage base (opt)	A8 / Prop
0-100 / 80-120 / V. max	3,9 s (est) / n.d. / 307 km/h (const)
100-0 km/h	32,0 m (est)
Type / ville / route / CO_2	Sup / 13,8 / 9,6 / 4 791 (est) kg/an

> « APRÈS AVOIR ÉTÉ **COMMERCIALISÉE** AU CANADA DURANT QUELQUES DÉCENNIES, LA **MARQUE ALFA ROMEO** EST ENFIN DE RETOUR AVEC DE **BIEN INTÉRESSANTES VOITURES.** »

DU NOUVEAU EN 2018

Aucun changement majeur au moment de mettre sous presse.

Photos: Marc Lachapelle

Pour voir la liste complète des informations techniques, veuillez vous référer à la section statistiques.

ALFA ROMEO | **149**

ALFA ROMEO **STELVIO**

n.d. COTE DU GUIDE

((SiriusXM))

Prix : 52 995 $ à 92 000 $ (estimé)
Catégorie : VUS
Garanties :
4 ans/80 000 km, 4 ans/80 000 km
Transport et prép. : 2 595 $
Ventes QC 2016 : 0
Ventes CAN 2016 : 0
Assemblage : Cassino IT

Fiabilité n.d.	Appréciation générale n.d.
Sécurité n.d.	Agrément de conduite n.d.
Consommation n.d.	Système multimédia n.d.

Cote d'assurance

n.d.

Connectivité multimédia

Aucune

➕ Style hors du commun • Moteurs puissants • Version Quadrifoglio très attirante • Mode Race, vraiment « Race » • Exclusif, dites-vous ?

➖ Prix assez corsés • Fiabilité à prouver • Réseau de concessionnaires restreint

Concurrents

Audi Q5, BMW X4, Jaguar F-PACE, Land Rover Range Rover Evoque, Mercedes-Benz GLA, Porsche Macan, Volvo XC60

Les Alpes italiennes dans votre entrée

Alain Morin

Quelque part en 2017, le monde du VUS de luxe devrait accueillir un nouveau membre, l'Alfa Romeo Stelvio. Hé oui ! Un autre VUS tentera de s'arroger une partie de la tarte que se disputent les Porsche Macan, Jaguar F-PACE, Audi Q5, BMW X4 et Mercedes-AMG GLA. Ce nouveau venu italien n'arrive toutefois pas démuni. Juste son nom a de quoi faire sourciller les VUS précités.

L'appellation Stelvio provient du plus haut col routier des Alpes italiennes, à 2 758 mètres d'altitude. La route qui sillonne ce col ne compte pas moins d'une soixantaine de courbes, certaines très serrées. Les cyclistes aguerris connaissent bien cette route. Et Alfa Romeo aussi.

Avec un tel nom, on comprend que l'on n'est pas dans le champ de compétence d'un Lincoln MKC. Non. Le Stelvio promet et les journalistes européens qui ont eu la chance de mettre la main sur un exemplaire ont été très impressionnés. Soulignons pour débuter qu'il partage sa plate-forme et ses organes mécaniques avec la nouvelle berline Giulia ce qui est déjà un gage de sportivité.

Le Stelvio sera offert en trois variantes : de base, Ti et Quadrifoglio, toutes à rouage intégral, contrairement à la Giulia qui elle l'offre en option sur certaines déclinaisons. La version de base du Stelvio et la Ti (en passant, Ti ne veut pas dire Transmission intégrale, ça veut dire *Turismo Internazionale* ou, si vous préférez, Tourisme international) reçoivent un quatre cylindres 2,0 litres turbo développant 280 chevaux. Alfa n'a pas divulgué le poids du Stelvio que nous aurons, mais en Europe, il fait plus de 1 600 kilos, un poids plume comparativement aux Porsche Macan et Audi Q5, pour ne nommer que ces deux-là. La boîte est une automatique à huit rapports.

Le Quadrifoglio est d'une autre espèce. Son V6 2,9 litres, dérivé du V8 3,9 litres de la Ferrari California, livre quelque 505 chevaux, comme dans la Giulia Quadrifoglio. Même si nous n'avons pas de données officielles, on s'entend pour dire que ça va décoller plus vite qu'un ado devant aller porter les poubelles au chemin. Ici aussi, la boîte à huit rapports est automatique.

Encore une fois, comme dans la berline, la console du Stelvio recèle d'une molette portant les lettres DNA (comme ADN, mais en anglais). D réfère à Dynamic, N à Natural et A, à Advanced Efficiency. Ce dernier mode favorise une meilleure moyenne de consommation, au détriment de la performance, quoique sur la Giulia il ne s'avère pas trop contraignant. Le mode N est tout indiqué pour la conduite quotidienne alors que le mode Dynamic ajoute... au dynamisme.

Sous son influence, la direction, les freins, l'accélérateur, la gestion électronique du moteur et de la boîte de vitesses ainsi que le rouage intégral deviennent plus nerveux. Sur la molette du Quadrifoglio, on remarque un mode supplémentaire, R, pour Race. Alors là, attachez votre tuque avec de la broche, vous aurez la totale, sans aucune béquille électronique pour rattraper votre Stelvio s'il se retrouve en perdition.

Le Stelvio n'offrira évidemment pas la même expérience de conduite que la Giulia étant perché plus haut et devant composer avec un poids plus élevé, ce qui modifie beaucoup le comportement. Ceux qui ont pu faire l'essai du Stelvio doté du 2,0 litres (et d'un 2,2 litres diesel que nous n'aurons pas) ont apprécié la fougue des 280 chevaux, mais un peu moins la boîte de vitesses qui n'a pas la rapidité d'action d'une unité à double embrayage. Alfa promet un 0-100 km/h en 5,7 secondes. Cela semble plausible, mais attendons un peu avant de nous exciter. Encore plus excitant, le temps annoncé de 3,9 secondes qu'il faudrait au Quadrifoglio pour atteindre 96 km/h.

Si l'on se fie aux subtilités des communiqués de presse, le rouage intégral, baptisé Q4 chez Alfa Romeo, n'a aucune compétence en hors route. Par contre, il en a beaucoup sur la route! En situation normale, les roues arrière sont privilégiées, mais si la situation l'exige, 60 % du couple peut être envoyé aux roues avant.

Le Stelvio fait partie de cette nouvelle race de VUS très sportifs et, après avoir essayé la Giulia dont il est issu, nous sommes convaincus qu'il a de fortes chances de pouvoir tenir tête aux monuments établis. Là où le bât va sans aucun doute blesser, c'est au chapitre des prix. Le Stelvio débute à plus de 50 000 $, soit plus qu'un BMW X4. Le Stelvio a beau être plus puissant et avoir un style hors du commun, mais outre quelques *aficionados*, combien de gens seront prêts à investir un tel montant pour un VUS inconnu ? Le prix du Stelvio Quadrifoglio n'a pas encore été dévoilé, mais si la différence est la même qu'entre la Giulia de base et la Giulia Quadrifoglio, on parle d'environ 90 000 $. C'est beaucoup de sous...

ALFA ROMEO STELVIO

Données principales

Emp. / lon. / lar. / haut.	2 818 / 4 689 / 1 903 / 1 650 mm
Coffre / réservoir	479 à 1 600 litres / 64 litres
Nbre coussins sécurité / ceintures	8 / 5
Suspension av. / arr.	ind., double triangulation / ind., multibras
Pneus avant / arrière	P235/60R18 / P235/60R18
Poids / Capacité de remorquage	1750 kg / 1361 kg (3 000 lb)

Composantes mécaniques

BASE, TI

Cylindrée, alim.	4L 2,0 litres turbo
Puissance / Couple	280 ch / 306 lb-pi
Tr. base (opt) / Rouage base (opt)	A8 / Int
0-100 / 80-120 / V. max	5,7 s (const) / 4,5 s (const) / 230 km/h (const)
100-0 km/h	38,0 m (est)
Type / ville / route / CO_2	Ord / 12,6 / 9,9 / 5 320 (est) kg/an

QUADRIFOGLIO

Cylindrée, alim.	V6 2,9 litres turbo
Puissance / Couple	505 ch / 443 lb-pi
Tr. base (opt) / Rouage base (opt)	A8 / Int
0-100 / 80-120 / V. max	3,9 s (const) / n.d. / 285 km/h (const)
100-0 km/h	34,0 m (est)
Type / ville / route / CO_2	Ord / 15,7 (est) / 12,3 (est) / 6 620 (est) kg/an

« L'APPELLATION **STELVIO** PROVIENT DU **PLUS HAUT** COL ROUTIER DES ALPES **ITALIENNES.** LA ROUTE QUI LE SILLONNE NE COMPTE PAS MOINS D'UNE **SOIXANTAINE** DE COURBES. »

DU NOUVEAU EN 2018

Nouveau modèle

Pour voir la liste complète des informations techniques, veuillez vous référer à la section statistiques.

ASTON MARTIN DB11

ASTON MARTIN **DB11 / VANQUISH**

66 % (DB11) COTE DU GUIDE

((SiriusXM))

Prix : 235 000 $ à 381 715 $ (estimé)
Catégorie : Coupé
Garanties : 3 ans/illimité, 3 ans/illimité
Transport et prép. : 4 900 $
Ventes QC 2016 : n.d.
Ventes CAN 2016 : n.d.
Assemblage : Gaydon GB

Fiabilité
n.d.

Appréciation générale
■■■■■■□□□□

Sécurité
■■■■■■■■□□

Agrément de conduite
■■■■■■■■□□

Consommation
■■■■■□□□□□

Système multimédia
■■■■□□□□□□

Cote d'assurance

n.d.

Connectivité multimédia

Aucune

➕ Silhouettes magnifiques •
Moteurs sublimes (DB11) • Comportement
et performances d'exception • Habitacle
original et raffiné (DB11)

➖ Prix d'exception •
Poids encore important (DB11) •
Fiabilité encore à démontrer (DB11) •
Vanquish en fin de course

Concurrents

Acura NSX, Audi R8, Bentley Continental,
BMW i8, Ferrari California T, McLaren
570GT, Mercedes-Benz Classe S Coupé,
Mercedes-Benz SL, Porsche 911

Un grand *Bond* vers l'avant et d'autres bientôt

Marc Lachapelle

L'histoire d'Aston Martin, dont les rebondissements sont dignes des aventures du suave espion auquel on l'associe immanquablement, se lit comme un roman. Après avoir survécu à sept faillites durant son premier siècle, ce grand spécialiste britannique est en pleine ascension, porté par le succès de la DB11, la toute nouvelle *grand-tourisme* qui est au cœur de sa gamme. C'est James Bond qui doit être content.

Le patron, Andy Palmer, ne s'en cache pas, la nouvelle DB11 est la voiture la plus importante qu'ait lancée Aston Martin depuis la DB9, il y a quinze ans. Sans compter qu'avec une carrosserie, une structure et un groupe propulseur inédits, elle est la plus puissante, agile et frugale qui ait porté les initiales DB. Dans la mesure où une voiture propulsée par un V12 turbocompressé de 5,2 litres et 600 chevaux peut être le moindrement écolo.

Quoi qu'il en soit, à la faveur des quelque deux mille commandes et ventes réalisées en quelques mois, la DB11 a permis à son constructeur de renouer avec la rentabilité et d'engranger ses premiers profits en six ans, au premier trimestre de l'année 2017. Ce qui augure bien pour la suite des choses.

UNE NOUVELLE BEAUTÉ

Le chef-styliste Marek Reichman et son équipe ont réussi à créer, avec la DB11, une version résolument moderne de l'une des plus belles silhouettes jamais imaginées pour une automobile. La DB11 reprend évidemment d'abord cette large grille de calandre en forme de soucoupe volante comprimée, reconnaissable entre toutes. Son profil est cependant plus bas et allongé, avec des lignes plus tendues que ses devancières, et même quelques plis et arêtes.

Derrière les roues avant, de longs évents laissent s'échapper l'air qui s'engouffre par l'avant pour aider au refroidissement et pour créer une portance aérodynamique sans ajouter de becquets inélégants. Même idée pour les grandes prises triangulaires, découpées à l'intérieur des montants arrière du toit, qui acheminent l'air par des conduits vers la pointe du coffre.

Question de mieux plaquer l'arrière au sol sans ajouter un gros aileron. À peine une lame rétractable de deux centimètres.

Le dessin de l'habitacle est entièrement inédit, parfaitement original et remarquablement épuré: vous n'aurez jamais rien vu de tel. C'est voulu, bien sûr. Toutes les surfaces, tous les contrôles, accessoires et commandes ont l'aspect et la texture d'objets de luxe. Partout, du cuir poinçonné, cousu ou matelassé. Et si la grande molette et le graphisme des contrôles ont un air vaguement familier, sur le tableau de bord minimaliste, c'est que la DB11 utilise des interfaces et de grands écrans de 12 et 8 pouces produits par Mercedes-Benz, qui est à la fois actionnaire et partenaire d'Aston Martin. Le volant entièrement gainé de cuir, un croisement entre cercle et carré, est remarquable à lui seul.

La carrosserie, faite de panneaux d'aluminium et de matériaux composites, est posée sur un nouveau châssis à caissons à la fois plus rigide et plus léger, formé d'éléments en aluminium coulé, forgé ou matricé. La structure des portières est en magnésium coulé. L'empattement allongé de 6,5 cm par rapport à la DB9 a permis de monter le V12 plus loin vers l'arrière, pour une répartition de poids quasi-parfaite.

Les trois modes de conduite — GT, Sport et Sport+ — modifient les réglages et réactions de la boîte automatique ZF à huit rapports, des amortisseurs, de la servodirection électrique et de la répartition du couple par application sélective des freins. On en joue facilement, grâce à deux touches sur le volant. La DB offre d'ailleurs un confort très correct, même en mode Sport+ intégral, grâce à sa structure béton et une suspension fantastique.

NOUVELLE VANQUISH ET PLUS ENCORE

Pendant que la nouvelle DB11 rayonne, la majestueuse Vanquish soigne sa fin de carrière sous les traits de versions spéciales telles que les Red Arrows et Vanquish S. Une version remodelée, élaborée sur la même architecture que la DB11, sera bientôt dévoilée.

Aston Martin planche aussi sur une sportive à moteur central qu'elle lancera à l'assaut des Ferrari 488, McLaren et Lamborghini Huracán. Celle-là s'inspirera plutôt de la Valkyrie, une méga-sportive qu'Aston Martin développe avec Adrian Newey, concepteur génial des Red Bull actuelles en F1. De quoi concurrencer celle que prépare AMG pour Mercedes-Benz, groupe propulseur hybride de 1 000 chevaux et facture de 3$ millions à la clé. Bienvenue dans la stratosphère.

ASTON MARTIN DB11 / VANQUISH

Données principales

Emp. / lon. / lar. / haut.	**DB11** - 2 805 / 4 739 / 1 940 / 1 279 mm
	Vanquish - 2 740 / 4 728 / 2 067 / 1 294 mm
Coffre / réservoir	**DB11** - 270 litres / 78 litres
	Vanquish - 187 litres / 78 litres
Nbre coussins sécurité / ceintures	6 / 4
Suspension av. / arr.	ind., double triangulation / ind., double triangulation
Pneus avant / arrière	**DB11** - P255/40ZR20 / P295/35ZR20
	Vanquish - P255/35ZR20 / P305/30ZR20
Poids / Capacité de remorquage	**DB11** - 1770 kg / n.d.
	Vanquish - 1 739 kg / n.d.

Composantes mécaniques

DB11 (V8)

Cylindrée, alim.	V8 4,0 litres turbo
Puissance / Couple	503 ch / 498 lb-pi
Tr. base (opt) / Rouage base (opt)	n.d. / n.d.
0-100 / 80-120 / V. max	4,0 s (const) / n.d. / 300 km/h (const)
100-0 km/h	n.d.
Type / ville / route / CO_2	Sup / n.d. / n.d. / 6281 kg/an

DB11 (V12)

Cylindrée, alim.	V12 5,2 litres turbo
Puissance / Couple	600 ch / 516 lb-pi
Tr. base (opt) / Rouage base (opt)	A8 / Prop
0-100 / 80-120 / V. max	3,9 s (const) / n.d. / 322 km/h (const)
100-0 km/h	n.d.
Type / ville / route / CO_2	Sup / 15,5 / 11,4 / n.d.

VANQUISH (2017)

Cylindrée, alim.	V12 6,0 litres atmos.
Puissance / Couple	568 ch / 465 lb-pi
Tr. base (opt) / Rouage base (opt)	A6 / Prop
0-100 / 80-120 / V. max	4,1 s (const) / n.d. / 295 km/h (const)
100-0 km/h	n.d.
Type / ville / route / CO_2	Sup / 17,5 / 11,4 l/100 km / 6787 kg/an

DU NOUVEAU EN 2018

Ajout d'un V8 biturbo de 4,0 litres développant 503 chevaux dans la DB11. Dévoilement attendu d'une nouvelle Vanquish.

ASTON MARTIN DB11

ASTON MARTIN DB11

Photos: Marc Lachapelle

Pour voir la liste complète des informations techniques, veuillez vous référer à la section statistiques.

ASTON MARTIN **RAPIDE**

75% COTE DU GUIDE

(((SiriusXM)))

Prix : 218 600 $ (2017)
Catégorie : Berline
Garanties : 3 ans/illimité, 3 ans/illimité
Transport et prép. : 3 900 $
Ventes QC 2016 : n.d.
Ventes CAN 2016 : n.d.
Assemblage : Gaydon GB

Fiabilité
Sécurité
Consommation

Appréciation générale
Agrément de conduite
Système multimédia

Cote d'assurance

n.d.

Connectivité multimédia

Aucune

+ Lignes exquises • Moteur V12 puissant • Bel équilibre sur la route • Espace et confort pour quatre

− Gadgets et système de connectivité absents • Prix astronomique • Fiabilité pas sans faille • Réseau de concessionnaires restreint

Concurrents

Bentley Flying Spur, Maserati Quattroporte, Porsche Panamera, Tesla Model S

Si James Bond avait une famille

Sylvain Raymond

La marque anglaise Aston Martin s'est forgé une solide réputation au fil des ans non seulement en raison de l'exotisme de ses véhicules, mais surtout, grâce aux rôles que ces derniers ont incarnés au cinéma. Le grand écran en a fait des vedettes, tout comme n'importe quel acteur qui interprète le rôle de James Bond, le célèbre agent secret. Si l'on devait apercevoir un jour la Rapide S à l'écran, ce serait certainement parce que Bond est devenu papa !

Introduite en 2010, la Rapide S devenait la plus familiale des Aston Martin, ses deux places arrière supplémentaires permettant à quatre personnes en même temps de jouir des plaisirs de la marque. Au royaume des bolides exotiques, elle dispose de peu de rivales, si ce n'est que la Ferrari GTC4Lusso, la Maserati Quattroporte, la Porsche Panamera Turbo et probablement la Tesla Model S P100D, des véhicules qui marient prestige et performance, tout en étant plus pratiques que les coupés sport.

Côté style, la Rapide S reprend le même thème que les autres berlines aux allures de coupés : long capot, roues surdimensionnées et toit qui plonge à l'arrière. Malgré son âge, le style de cette Aston Martin reste fort réussi. On demeure dans le chic et le bon goût, beaucoup plus que dans le tape-à-l'œil, et c'est tant mieux. Le constructeur britannique mise sur son museau, les jantes de 20 pouces et son double échappement pour souligner son dynamisme. Bien entendu, son écusson s'avère aussi une belle carte de visite.

UN VÉRITABLE JET PRIVÉ

Si l'extérieur impressionne, l'habitacle reste l'élément qui vaut le détour. La richesse des matériaux y est certes pour beaucoup, notamment l'attention portée aux détails dans les sièges. Toutefois, le reste n'a rien de commun avec ce qu'il y a sur le marché, c'est franchement spectaculaire ! La présentation du tableau de bord est unique, surtout avec les boutons de commande de la boîte de vitesses qui y sont positionnés très haut. L'effet bolide est assuré ! Entre ceux-ci se trouve le démarreur, qui prend la forme d'une cavité dans laquelle on enfonce la *Cristal Key,* l'un des accessoires les plus dispendieux du véhicule doté d'un embout en cristal véritable. Tout comme dans le cas pour la Porsche Panamera, la console centrale s'étire jusqu'à l'arrière, isolant les deux passagers. En revanche, ces derniers obtiennent des sièges baquets tout aussi confortables et stylisés que ceux qui se trouvent à l'avant. L'effet est splendide, on se croirait à bord d'un jet de grand luxe, surtout grâce aux deux écrans placés dans les appuie-têtes des sièges avant.

LE V12, UNE PIÈCE DE COLLECTION

Sous son long capot loge un moteur V12, mécanique qui fait d'ailleurs partie d'une espèce en voie d'extinction, les plus petites cylindrées suralimentées devenant maintenant la norme, en raison de l'important lobby prônant la réduction de la consommation et des émissions. Logiquement, on devrait maintenant détester ce type de moteur, mais le cœur ne peut s'y résoudre. Il y a tellement peu de Rapide S sur nos routes, alors pourquoi en faire tout un plat ?

Son V12 AM29 développe pas moins de 552 chevaux pour un couple de 465 lb-pi, ce qui permet de boucler le 0-100 km/h en moins de 4,5 secondes. Tout comme les coupés de la marque, la Rapide S reçoit la boîte automatique ZF à huit rapports d'une redoutable efficacité. Beaucoup de bolides disposent d'une bonne dose de performance en accélération, mais ce qui distingue cette mécanique, c'est son couple, étonnant sur une grande plage du régime moteur. Peu importe la vitesse à laquelle vous roulez, ça accélère, et vite !

Parlant de vitesse, la justement nommée Rapide est fortement déconseillée pour ceux qui ont de la difficulté à retenir leurs ardeurs. Tout pousse à enfreindre les limites : le son du moteur, la puissance, mais par-dessus tout, l'aplomb à grande vitesse. Si vous pouviez vous commander une douzaine de permis de conduire en même temps, ce serait l'idéal !

Certes, ce moteur n'est pas le plus économique en carburant, mais rien ne peut égaler sa riche sonorité, puissante et assourdissante, élément typique des grosses cylindrées qui disparaîtra, malheureusement (ou heureusement pour certains), d'ici quelques années.

Données principales	
Emp. / lon. / lar. / haut.	2 989 / 5 019 / 2 140 / 1 360 mm
Coffre / réservoir	223 à 792 litres / 91 litres
Nbre coussins sécurité / ceintures	8 / 4
Suspension av. / arr.	ind., double triangulation / ind., double triangulation
Pneus avant / arrière	P245/40R20 / P295/35R20
Poids / Capacité de remorquage	1990 kg / n.d.

Composantes mécaniques	
Cylindrée, alim.	V12 6,0 litres atmos.
Puissance / Couple	552 ch / 465 lb-pi
Tr. base (opt) / Rouage base (opt)	A8 / Prop
0-100 / 80-120 / V. max	4,4 s (const) / n.d. / 327 km/h (const)
100-0 km/h	n.d.
Type / ville / route / CO_2	Sup / 16,8 / 10,9 / 6 465 kg/an

« LA RAPIDE S EST UN BOLIDE **PUISSANT** ET **EXOTIQUE** QUI NE RESTERA PAS DANS LE GARAGE LORS DES **SORTIES** EN FAMILLE ! **»**

DU NOUVEAU EN 2018

Aucun changement majeur au moment de mettre sous presse.

Photos : Aston Martin

Pour voir la liste complète des informations techniques, veuillez vous référer à la section statistiques.

ASTON MARTIN **VANTAGE**

66% (2017) COTE DU GUIDE

 (((SiriusXM)))

Données 2017
Prix:
194 700 $ à 209 700 $ (2017)
Catégorie: Coupé, Roadster
Garanties: 3 ans/illimité, 3 ans/illimité
Transport et prép.: 3 900 $
Ventes QC 2016: n.d.
Ventes CAN 2016: n.d.
Assemblage: Gaydon GB

Fiabilité n.d.	Appréciation générale ■■■■■■□□□
Sécurité ■■■■■■□□□	Agrément de conduite ■■■■■■■□□
Consommation ■■■□□□□□□	Système multimédia ■■■■■■■■□

Cote d'assurance
▼
$ $ $ $

Connectivité multimédia

Aucune

➕ Moteurs performants •
Look intemporel • Disponibilité de la
boîte manuelle • Exclusivité assurée

➖ Prix stratosphériques • Tarif des
options • Consommation élevée •
Suspensions fermes

Concurrents
Audi R8, Chevrolet Corvette,
Lamborghini Huracán, McLaren 570S,
Maserati GranTurismo,
Mercedes-AMG GT, Porsche 911

Une nouvelle Vantage en approche

Gabriel Gélinas

Aston Martin est en mission! Après le lancement de la nouvelle DB11, l'an dernier, et le dévoilement de la Valkyrie, qui figure en page couverture de ce *Guide de l'auto*, la marque anglaise s'apprête à lancer un nouveau modèle par année, et ce, pour les sept prochaines années. Aston Martin va donc commercialiser un VUS, qui répond pour l'instant à l'appellation DBX, faire revivre le nom Lagonda pour certains de ses modèles, et développer une sportive à moteur central pour rivaliser directement avec la Ferrari 488 GTB. Pour l'heure, c'est la célèbre Vantage qui se voit entièrement renouvelée pour 2018, avec un lancement programmé pour la fin de 2017.

La Vantage actuelle date déjà de 2005 et, malgré son look que l'on peut qualifier d'intemporel, elle démontre certaines faiblesses par rapport aux rivales de conception plus récente. C'est pourquoi ce modèle, devenu emblématique pour la marque anglaise en raison de ses succès en courses d'endurance se trouvera entièrement renouvelé pour 2018. La nouvelle Vantage sera élaborée sur une nouvelle plate-forme créée par Aston Martin, entièrement en aluminium, permettant de réduire le poids de la sportive anglaise et d'en faire une rivale sérieuse pour la mythique Porsche 911 Carrera.

UN V8 MERCEDES-AMG ET UN V12 ASTON MARTIN
La nouvelle Vantage sera à la fois plus longue et plus basse que le modèle actuel, et elle sera fortement inspirée de la DB10. Cependant, comme les designers de la marque ont reçu le mot d'ordre de donner une identité propre à chaque modèle, il y a fort à parier qu'ils trouveront des éléments permettant d'assurer une certaine différenciation entre la nouvelle Vantage et la récente DB11, notamment.

Aston Martin a établi un partenariat avec Mercedes-Benz, ce qui permettra à la nouvelle Vantage d'être animée par le V8 biturbo de 4,0 litres que l'on retrouve déjà sous le capot des Mercedes-AMG GT et GT C Roadster, la boîte automatique ZF à huit rapports assurant la livrée de la puissance et du couple aux roues arrière. Bien évidemment, le V12 Aston Martin reprendra également du service sous le capot de la nouvelle anglaise.

Selon certains membres de la direction, la mission première de la nouvelle Vantage est d'être la meilleure Aston Martin de tous les temps en ce qui a trait à la dynamique et au comportement routier, ce qui laisse présager qu'elle sera largement supérieure au modèle courant à ce chapitre. Histoire à suivre...

INSPIRATION COURSE

En attendant l'arrivée de la nouvelle Vantage, Aston Martin a procédé, au récent Salon de l'auto de Genève, au lancement de sa nouvelle division AMR (Aston Martin Racing), dont le mandat est de développer des versions plus performantes de modèles existants, un peu comme Mercedes-Benz le fait avec sa division AMG. La première voiture de la marque à recevoir le traitement AMR est la Vantage actuelle, qui sera produite à seulement 200 exemplaires, animés par des moteurs V8 de 430 chevaux, et à 100 exemplaires, avec le moteur V12 qui développe 595 chevaux, soit 30 de plus que le modèle V12 Vantage S. Ces deux nouvelles variantes, inspirés de la voiture de course Vantage à moteur V8, qui a remporté le Championnat du Monde FIA pour voitures d'endurance en catégorie GTE Pro, seront offertes avec une boîte séquentielle avec paliers de commande au volant ou une boîte manuelle conventionnelle, comptant six rapports pour le V8 et sept pour le V12.

Les modèles Vantage AMR seront dotés de peintures spéciales, de jantes en alliage de 21 pouces avec cinq ou dix rayons, d'un habitacle réalisé en Alcantara dans le cas des coupés, et en cuir pour les roadsters. Plusieurs options seront au catalogue pour offrir à l'acheteur un degré de personnalisation relevé. Au nombre de ces options, mentionnons, entre autres, le système d'échappement réalisé en titane, qui sera offert avec le moteur V12 et des sièges moulés en fibre de carbone, plus légers.

Précisons d'ailleurs que la division AMR proposera elle aussi un modèle Vantage AMR Pro, dont l'usage sera strictement réservé aux circuits. On s'attend également à ce que les Vanquish et DB11 reçoivent elles aussi le traitement AMR dans un avenir rapproché, permettant à Aston Martin de relever d'un cran le cachet d'exclusivité associé à la diffusion plus limitée de ces modèles.

C'est une véritable renaissance qui s'opère chez Aston Martin à l'heure actuelle. Souhaitons que le constructeur anglais, dont le pedigree est bien établi en sport automobile, puisse combler l'écart qui le sépare de Porsche, en ce qui a trait à la modernité de ses modèles, tout en continuant de produire des voitures aussi séduisantes.

Données principales (2017)

Emp. / lon. / lar. / haut.	**Coupé** - 2 600 / 4 385 / 1 865 / 1 250 mm
	Roadster - 2 600 / 4 385 / 1 865 / 1 250 mm
Coffre / réservoir	**Coupé** - 300 litres / 80 litres
	Roadster - 300 litres / 80 litres
Nbre coussins sécurité / ceintures	4 / 2
Suspension av. / arr.	ind., double triangulation / ind., double triangulation
Pneus avant / arrière	P245/40ZR19 / P285/35ZR19
Poids / Capacité de remorquage	**Coupé** - 1 665 kg / n.d.
	Roadster - 1 745 kg / n.d.

Composantes mécaniques (2017)

V12 S

Cylindrée, alim.	V12 6,0 litres atmos.
Puissance / Couple	565 ch / 457 lb-pi
Tr. base (opt) / Rouage base (opt)	A7 (M7) / Prop
0-100 / 80-120 / V. max	3,9 s (est) / n.d. / 323 km/h (const)
100-0 km/h	n.d.
Type / ville / route / CO₂	Sup / 19,4 / 12,8 / 7760 (est) kg/an

« C'EST UNE **VÉRITABLE RENAISSANCE** QUI S'OPÈRE CHEZ ASTON MARTIN À L'HEURE ACTUELLE. UN **VUS** ET UNE **SPORTIVE** À MOTEUR CENTRAL SERONT MÊME **PRODUITS** ! »

DU NOUVEAU EN 2018

Nouveau modèle sera dévoilé à la fin de 2017 en tant que modèle 2018.

Photos : Aston Martin

Pour voir la liste complète des informations techniques, veuillez vous référer à la section statistiques.

ASTON MARTIN | 157

AUDI **A3**

78% COTE DU GUIDE

  (((SiriusXM)))

Prix : 32 800 $ à 62 900 $ (2017)
Catégorie :
Berline, Cabriolet, Hatchback
Garanties :
4 ans/80 000 km, 4 ans/80 000 km
Transport et prép. : 2 095 $
Ventes QC 2016 : 1 366 unités
Ventes CAN 2016 : 3 795 unités
Assemblage : Győr HU, Ingolstadt DE

Fiabilité	Appréciation générale
Sécurité	Agrément de conduite
Consommation	Système multimédia

Cote d'assurance

$ $ $ $

Connectivité multimédia

Android Auto   Apple CarPlay

➕ Fiabilité et satisfaction de la clientèle au top • Qualité d'assemblage et de finition • Modèle RS 3 très performant • Rouage intégral fort efficace

➖ Prix élevés • Coût des options • Dégagement pour les jambes aux places arrière • Diffusion limitée (A3 Sportback e-tron)

Concurrents

Acura ILX, BMW Série 2, Lexus IS, Mercedes-Benz CLA

De 150 à presque 400 chevaux

Gabriel Gélinas

icket d'entrée pour accéder à la marque aux quatre anneaux, la gamme A3, déjà bien nantie en se déclinant en versions berline, cabriolet et *hatchback*, devient encore plus complète en 2018. En effet, on note l'arrivée de la berline RS 3 aux performances décuplées qui s'ajoute aux A3 et S3. Audi propose également un modèle Sportback e-tron à configuration cinq portes qui est animé par une motorisation hybride dont la diffusion demeure cependant confidentielle. Portrait d'une gamme maintenant aussi complète qu'affûtée.

Audi a reçu de très belles accolades en 2017. La prestigieuse revue américaine *Consumer Reports* l'a consacrée comme étant la meilleure marque, dans son étude portant sur l'industrie automobile, et le sondage de la firme américaine J.D. Power and Associates sur la satisfaction de la clientèle classe Audi au second rang, juste derrière Lexus. Le succès de la gamme A3, remaniée l'an dernier, est en partie responsable de ces excellents résultats.

LE *HATCHBACK*, EXCLUSIVEMENT HYBRIDE

Première voiture hybride rechargeable commercialisée par la marque d'Ingolstadt, la Sportback e-tron est toujours au programme, quoique sa diffusion soit limitée à 200 exemplaires par année au pays, en raison de la forte demande pour ce modèle en Chine et sur d'autres marchés où l'efficacité énergétique prime. Chez nous, la majorité des A3 e-tron sont vendues dans les marchés de Montréal, Toronto et Vancouver.

La motorisation de la A3 Sportback e-tron est assurée par une véritable chaîne cinétique composée d'un embrayage et d'un moteur électrique de 102 chevaux, logés entre le moteur à essence quatre cylindres de 1,4 litre et la boîte à double embrayage à six rapports qui livre la motricité aux roues avant. Cela signifie que la A3 e-tron est une simple traction et qu'elle ne peut malheureusement pas bénéficier du rouage intégral quattro qui a fait la renommée de la marque.

La puissance combinée des deux moteurs est de 204 chevaux, le couple maximal est chiffré à 258 livres-pied et la voiture est capable d'atteindre 100 kilomètres/heure en 7,6 secondes et de rouler jusqu'à 130 kilomètres/heure en mode électrique seulement.

Alimentée par une batterie de 8,8 kWh, la A3 Sportback e-tron peut parcourir entre 17 et 27 kilomètres, dépendamment des conditions météorologiques et du style de conduite, en mode purement électrique. Sa consommation moyenne se chiffre à 6,5 litres aux 100 kilomètres, mais il est possible de l'abaisser à près de 5,5 en adoptant une conduite écoresponsable.

UNE BOMBE DE PRESQUE 400 CHEVAUX

Dernière variante de la gamme, la RS 3 est un authentique *sleeper* avec son look d'innocente berline et son moteur de presque 400 chevaux. Sous le capot, on retrouve un véritable bijou, soit le bloc cinq cylindres en ligne de 2,5 litres turbocompressé qui développe 394 chevaux et 354 livres-pied de couple. En raison du nombre impair de cylindres et d'une séquence d'allumage particulière, ce moteur a une sonorité très typée, presque *staccato*, à pleine charge.

La RS 3 est toujours d'attaque concernant la dynamique et les performances. Très stable à haute vitesse en virage rapide, elle peut devenir très joueuse dans les virages plus serrés si l'on passe au mode ESC Sport qui autorise la dérive du train arrière. Avec la suspension magnétorhéologique de série, il est aussi possible de sélectionner le mode Comfort, qui paramètre un comportement plus souple pour une conduite plus relaxe.

Le look de la RS 3 est juste parfait. Pas d'aileron massif juché sur le coffre, pas d'ouvertures pratiquées dans le capot avant, bref aucun artifice de type *boy-racer*. Même l'habitacle fait preuve d'une belle sobriété, et seul le volant sport multifonction en cuir et en alcantara avec méplat à sa base et paliers de changement de vitesse trahit sa véritable identité. La RS 3 comprend beaucoup d'équipements de série comprenant le cockpit virtuel, un pédalier en aluminium, une chaîne audio Bang & Olufsen de 705 watts avec 14 haut-parleurs et la suspension magnétorhéologique Magnetic Ride, entre autres.

Avec un prix de départ de 62 900 $ au moment d'écrire ces lignes, la RS 3 est onéreuse, toutefois, son prix est comparable à celui de la BMW M2. La BMW est une simple propulsion dont le caractère sport est très affirmé, mais la RS 3 est dotée du rouage intégral ce qui autorise une conduite sportive en toutes saisons, donc parfaitement adaptée à notre climat.

Données principales

Emp. / lon. / lar. / haut.	Berline - 2 637 / 4 479 / 1 802 / 1 392 mm
	Cabriolet - 2 595 / 4 421 / 1 793 / 1 409 mm
	Hatchback - 2 630 / 4 312 / 1 785 / 1 424 mm
Coffre / réservoir	Berline - 283 à 770 litres / 55 litres
	Cabriolet - 279 à 320 litres / 55 litres
	Hatchback - 386 à 955 litres / 40 litres
Nbre coussins sécurité / ceintures	6 / 5
Suspension av. / arr.	ind., jambes force / ind., multibras
Pneus avant / arrière	P275/35R19 / P275/35R19
Poids / Capacité de remorquage	Berline - 1 590 kg / non recommandé
	Cabriolet - 1 625 kg / non recommandé
	Hatchback - 1 640 kg / non recommandé

Composantes mécaniques

E-TRON

Cylindrée, alim.	4L 1,4 litre turbo
Puissance / Couple	150 ch / 184 lb-pi
Tr. base (opt) / Rouage base (opt)	A6 / Tr
0-100 / 80-120 / V. max	7,6 s (const) / n.d. / 220 km/h (const)
100-0 km/h	n.d.
Type / ville / route / CO_2	Sup / 7,1 / 6,4 / 3 121 kg/an
Consommation combinée	2,8 Le/100km
Puissance / Couple combinés	204 ch / 258 lb-pi

MOTEUR ÉLECTRIQUE

Puissance / Couple	102 ch (76 kW) / 243 lb-pi
Type de batterie	Lithium-ion (Li-ion)
Énergie	8,8 kWh
Temps de charge (120V / 240V)	n.d. / 3,5 h
Autonomie	22 km

S3

Cylindrée, alim.	4L 2,0 litres turbo
Puissance / Couple	292 ch / 280 lb-pi
Tr. base (opt) / Rouage base (opt)	A6 / Int
0-100 / 80-120 / V. max	4,9 s (const) / n.d. / 250 km/h (const)
100-0 km/h	n.d.
Type / ville / route / CO_2	Sup / 10,1 / 7,7 / 4 149 kg/an

RS3

Cylindrée, alim.	5L 2,5 litres turbo
Puissance / Couple	394 ch / 354 lb-pi
Tr. base (opt) / Rouage base (opt)	A7 / Int
0-100 / 80-120 / V. max	4,1 s (const) / n.d. / 250 km/h (const)
100-0 km/h	n.d.
Type / ville / route / CO_2	Sup / 13,7 / 7,9 / 5 180 (est) kg/an

KOMFORT, PROGRESSIV, TECHNIK

4L - 2,0 l - 220 ch/258 lb-pi A6, A7 -0-100 : 6,3 s (const) - 9,0/6,5 l/100 km

DU NOUVEAU EN 2018

Aucun changement majeur au moment de mettre sous presse. Arrivée du modèle RS 3.

Photos : Audi

Pour voir la liste complète des informations techniques, veuillez vous référer à la section statistiques.

AUDI | **159**

AUDI **A4**

89% COTE DU GUIDE

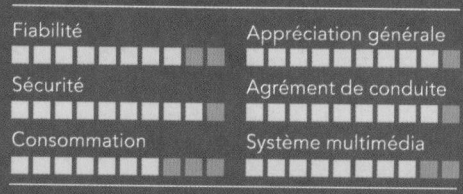

Prix : 38 500 $ à 62 100 $ (2017)
Catégorie : Berline, Familiale
Garanties :
4 ans/80 000 km, 4 ans/80 000 km
Transport et prép. : 2 095 $
Ventes QC 2016 : 1 725 unités
Ventes CAN 2016 : 6 031 unités
Assemblage : Ingolstadt DE

Fiabilité	Appréciation générale
■■■■■■■□□□	■■■■■■■■□□
Sécurité	Agrément de conduite
■■■■■■■□□□	■■■■■■■■□□
Consommation	Système multimédia
■■■■■■□□□□	■■■■■■■■□□

Cote d'assurance

$ $ $ $

Connectivité multimédia

Android Auto

Apple CarPlay

➕ Comportement routier exceptionnel •
Groupes propulseurs et rouage intégral
superbes • Finition et qualité
d'assemblage exemplaires

➖ Technologies de pointe réservées
aux versions les plus chères • Ni boîte de
vitesses à double embrayage, ni manuelle
pour la S4 • On s'ennuie de la RS 4

Concurrents
Acura TLX, BMW Série 3, Cadillac ATS,
Infiniti Q50, Jaguar XE, Lexus IS,
Lincoln MKZ, Mercedes-Benz Classe C,
Volvo S60

Une championne parfois invisible

Marc Lachapelle

C'est fait. Après plus de vingt années d'efforts, Audi produit enfin la meilleure berline sportive compacte de la planète. Cette cinquième génération de la A4 n'est pas la plus puissante, pas la plus racée, pas la plus diabolique sur un circuit non plus. Seulement la plus fine à conduire, la plus équilibrée, la plus vive et la mieux construite. Sans doute aussi la plus douce, raffinée et silencieuse du lot. La marque d'Ingolstadt en remet néanmoins une couche, cette année, avec une nouvelle S4 construite sur les mêmes bases et animée par un V6 turbocompressé de 3,0 litres et 354 chevaux, rien de moins.

Dire que cette merveille qu'est la A4 passe inaperçue, ou presque, tellement le style de sa carrosserie est conservateur. La nouvelle S4 correspond davantage au profil de la berline sportive avec sa grille de calandre et ses coques de rétroviseurs noires, les deux paires d'embouts d'échappement qui bordent l'extracteur en aluminium sous son pare-chocs arrière et ses roues plus grandes. Sans compter que sa carrosserie est abaissée de 23 mm grâce à sa suspension sport de série. Ce qui est toujours gagnant pour le look.

On peut également dire, d'emblée, que la A4 allroad quattro, qui partage la même architecture que celle de ses sœurs, les A4 et S4, s'en tire mieux qu'elles en termes de style. Sa carrosserie surélevée de 89 mm y est certainement pour quelque chose, tout comme ses bas de caisse et ses gros renflements d'ailes foncés. Si elle se démarque, c'est sans doute aussi parce qu'elle a très peu de rivales dans cette catégorie, encore très peu achalandée, des familiales modérément douées pour le tout-terrain. Malgré les attraits indéniables de cette spécialité.

TRIPLE PERSONNALITÉ

Les berlines A4 et S4, comme la familiale sport A4 allroad, sont construites sur la même architecture MLB qu'Audi a conçue pour ses modèles à moteur avant longitudinal. Pour démontrer la grande polyvalence de cette plate-forme ultramoderne, il suffit de mentionner qu'elle sous-tend également l'utilitaire sport Q7 actuel, le véhicule le plus vaste et le plus costaud de la gamme Audi.

Les trois séries partagent le même habitacle. Les différences se manifestent selon les niveaux de présentation et les options ajoutées. Avec une ascension inévitable et rapide des prix. L'équipement est déjà surabondant sur les versions Komfort. Un cran plus haut, les Progressiv plantent déjà un écran de 8,3 pouces, qui a tout l'air d'une tablette électronique rectangulaire, au beau milieu du tableau de bord. En passant aux versions Technik, on ajoute d'abord le «cockpit virtuel», un écran configurable de 12,3 pouces qui remplace les cadrans pour le conducteur, mais aussi une chaîne audio Bang & Olufsen avec ses 19 haut-parleurs. Entre autres. L'essentiel est de souligner que toutes les versions affichent des matériaux et une finition exemplaires, toujours remarquables. Sans oublier la position de conduite qui est juste, les sièges de série, bien taillés, les sièges sport encore meilleurs et l'ergonomie, très correcte, une fois maîtrisés les quelques caprices de l'interface MMI.

Pour extraire toute la quintessence de la berline A4, en conduite, il est sage de la doter de la suspension sport incluse aux groupes S line optionnels, avec des pneus de taille 245/35 montés sur jantes de 19 pouces, des sièges avant sport et un pédalier en inox. Sa carrosserie s'abaisse du même coup de 23 mm, ce qui, encore une fois, lui donne plus fière allure et la rend plus agile et stable.

Les ingénieurs ont tiré le meilleur des nouvelles suspensions à cinq bras qui ont remplacé les triangles classiques. Fabriqués en aluminium, ils réduisent le poids non suspendu, ce qui bonifie autant la qualité de roulement que la tenue de route. Si la S4 est dotée, d'office, de la suspension sport, il faut la version Technik pour ajouter l'amortissement réglable, comme pour les A4 et A4 allroad. Le différentiel arrière autobloquant optionnel, à transfert de couple, est pour la S4 uniquement, par contre. La servodirection électrique, fine et précise, profite de cette nouvelle suspension qui permet à la crémaillère d'agir directement dans l'axe vertical de la roue. Une direction à rapport variable est en option. Le quatre cylindres turbocompressé de 2,0 litres est une pure joie. Vif, sonore et parfaitement servi par une boîte à double embrayage qui livre des changements de rapports nets et instantanés.

Le V6 turbo de la S4, quant à lui, avec sa boîte automatique conventionnelle à huit rapports, a le profil d'une brute qui ne se départit jamais de ses bonnes manières. Ce qui résume assez bien la philosophie du constructeur pour les plus sportives de ses créations. Puisque nous y sommes, à quand une héritière pour la merveilleuse RS 4? À celle-là, il faudrait une version du V8 biturbo de 4,0 litres qui propulse déjà la RS 7. De quoi chasser le gros gibier, assurément.

Données principales

Emp. / lon. / lar. / haut.	**Berline** - 2 825 / 4 745 / 1 842 / 1 404 mm
	Familiale - 2 818 / 4 750 / 1 842 / 1 493 mm
Coffre / réservoir	**Berline** - 368 à 850 litres / 58 litres
	Familiale - 680 à 1 510 litres / 58 litres
Nbre coussins sécurité / ceintures	8 / 5
Suspension av. / arr.	ind., multibras / ind., multibras
Pneus avant / arrière	P245/35R19 / P245/35R19
Poids / Capacité de remorquage	**Berline** - 1 720 kg / n.d.
	Familiale - 1 735 kg / 750 kg (1 650 lbs)

Composantes mécaniques

PROGRESSIVE, KOMFORT

Cylindrée, alim.	4L 2,0 litres turbo
Puissance / Couple	190 ch / 236 lb-pi
Tr. base (opt) / Rouage base (opt)	A7 / Tr
0-100 / 80-120 / V. max	7,4 s (const) / n.d. / 209 km/h (const)
100-0 km/h	n.d.
Type / ville / route / CO₂	Sup / 8,6 / 6,4 / 3 540 kg/an

TECHNIK, ALLROAD

Cylindrée, alim.	4L 2,0 litres turbo
Puissance / Couple	252 ch / 273 lb-pi
Tr. base (opt) / Rouage base (opt)	A7 (M6) / Int
0-100 / 80-120 / V. max	6,0 s (const) / n.d. / 209 km/h (const)
100-0 km/h	n.d.
Type / ville / route / CO₂	Sup / 9,8 / 7,7 / 4 100 kg/an

S4

Cylindrée, alim.	V6 3,0 litres turbo
Puissance / Couple	354 ch / 369 lb-pi
Tr. base (opt) / Rouage base (opt)	A8 / Int
0-100 / 80-120 / V. max	4,7 s (const) / n.d. / 250 km/h (const)
100-0 km/h	n.d.
Type / ville / route / CO₂	Sup / 11,3 / 8,8 / 4 760 (est) kg/an

DU NOUVEAU EN 2018

Suspension sport optionnelle avec amortissement variable, système de contact d'urgence Audi Connect, groupes d'options bonifiés.

Photos : Audi

Pour voir la liste complète des informations techniques, veuillez vous référer à la section statistiques.

AUDI | **161**

AUDI **A5**

89% COTE DU GUIDE

Prix: 46 350$ à 76 600$
Catégorie: Cabriolet, Coupé, Hatchback
Garanties:
4 ans/80 000 km, 4 ans/80 000 km
Transport et prép.: 2 095$
Ventes QC 2016: 356 unités
Ventes CAN 2016: 1 516 unités
Assemblage: Ingolstadt DE

Fiabilité	Appréciation générale
■■■■■■■□□□	■■■■■■■□□□
Sécurité	Agrément de conduite
■■■■■■■■□□	■■■■■■■■□□
Consommation	Système multimédia
■■■■■■□□□□	■■■■■■■■□□

Cote d'assurance

$ $ $ $

Connectivité multimédia

Android Auto   Apple CarPlay

➕ Silhouette élégante • Bon choix de moteurs • Performances élevées (RS 5) • Polyvalente (Sportback)

➖ Le V6 de la RS 5 n'a pas la sonorité du V8 d'antan • Accès aux places arrière (Coupé et Cabriolet) • Visibilité problématique (Cabriolet) • Options coûteuses

Concurrents

BMW Série 4, Cadillac ATS, Infiniti Q60, Jaguar F-TYPE, Lexus RC, Mercedes-Benz Classe C

Elle prend plus de place

Jacques Deshaies

Au cours des dernières années, la Audi A5 a pris toute la place, même celle de la A4 cabriolet, qui a dû abdiquer. Encore une fois, nous voilà dans le monde des entre-deux chez Audi. Sous la forme d'un coupé ou d'un cabriolet, l'A5 se présente aussi en version cinq portes avec hayon pour 2018. Une concurrence saine à sa grande sœur, l'A7? Peut-être! L'élégante A5 s'est pointée avec plusieurs transformations dans les derniers mois, dont un style renouvelé qui n'a toutefois pas bouleversé le genre.

Les nouveaux modèles de la marque Audi sont dévoilés habituellement une année avant leur arrivée en sol canadien. L'A5, par exemple, a été présentée en 2016, mais est arrivée ici au premier trimestre de 2017 sous le millésime 2018, suivie de peu de la version cinq portes. Et au moment d'écrire ces lignes, la nouvelle RS 5 est sur le point d'être commercialisée. Même s'il est difficile de cataloguer les produits d'Audi, ses voitures sont toujours aussi séduisantes et surtout, prisées par les consommateurs.

LE GOÛT D'INNOVER

Chez Audi, les stylistes et les responsables de projets ont toujours été relativement téméraires. À preuve, rappelez-vous de l'introduction de cette grande grille sur tous les modèles de la marque. Certains avaient décrié cette imposante identification. Depuis, beaucoup de concurrents ont suivi cet exemple. Les changements apportés à la nouvelle génération sont somme toute discrets, mais bienvenus. Le capot, entre autres, est beaucoup plus plongeant que celui de la génération précédente. Comme sur les autres nouveautés d'Audi, la grille est mieux définie et certains détails ont été peaufinés.

Même constat pour l'habitacle où l'élégance de la présentation est notable. Il est d'ailleurs notoire que le constructeur d'Ingolstadt propose probablement les plus beaux intérieurs du marché. La finition et la qualité d'assemblage sont exemplaires. Cette nouvelle A5 offre un peu plus d'espace dans l'habitacle, dont un dégagement pour la tête amélioré par rapport à la génération précédente. Évidemment, dans le cas du coupé et du cabriolet, les places arrière ne sont pas très généreuses et leur accès est assez difficile.

Pour ce qui est des accessoires, les dernières technologies sont présentes. Le tableau de bord numérique, baptisé Audi virtual cockpit, vaut à lui seul le détour. Bien sûr, la présentation de la version Sportback demeure la même, excepté les places arrière, qui sont plus généreuses et beaucoup plus accessibles, et la présence du hayon, qui ajoute une grande polyvalence à la voiture. Nul besoin d'un utilitaire, cette version vient également combler le trou qu'a causé la disparition des familiales. Imaginez un volume de chargement qui peut atteindre les 991 litres une fois la banquette arrière complètement rabattue !

LE CHAÎNON MANQUANT

Peut-on qualifier la RS 5 de chaînon manquant ? Évidemment ! Cette déclinaison du coupé était fort attendue. C'est au récent salon de Genève que la direction d'Audi l'a dévoilée. Seule déception pour certains, le V8 abdique au profit du V6 biturbo de 2,9 litres pour 450 chevaux. Cependant, c'est la même puissance que le V8 de la RS 5 d'il y a quelques années ! L'arrivée de ce V6 permet d'abaisser le poids et de diminuer la consommation de carburant, tout en autorisant une conduite expressive et dynamique, appuyée par le rouage intégral quattro.

Toutefois, revenons un peu sur terre pour nous concentrer sur les deux autres groupes motopropulseurs qui vont accaparer la grande majorité des ventes de l'A5. Que ce soit le coupé, le cabriolet ou la version Sportback, le moteur de base est le quatre cylindres de 2,0 litres, assisté du turbocompresseur. Il propose tout de même 252 chevaux et peut se marier à une boîte manuelle à six rapports pour le coupé seulement. La boîte automatique à sept rapports est de mise sur toutes les déclinaisons.

Les versions S profitent quant à elles du moteur six cylindres suralimenté de 3,0 litres, qui livre 354 chevaux. C'est déjà un pas de géant en termes de puissance. Dans ce cas, la boîte automatique Tiptronic à huit rapports se joint au groupe. Il faut également noter que cette nouvelle A5 et les membres de sa famille profitent d'une nouvelle plate-forme, la même qui est exploitée sur la compacte A4 de dernière génération. Avec des voies et une largeur somme toute plus imposantes, elle bénéficie d'une excellente tenue de route.

Le constructeur allemand sait séduire et conserver ses prix de vente élevés en restreignant la disponibilité de ses modèles. Je me souviens encore des mois d'attente pour un Q5 et du nombre limité des versions RS 7, lorsque ces derniers sont arrivés sur le marché. Oui, les Audi savent se faire désirer !

Données principales

Emp. / lon. / lar. / haut.	**Cabriolet** - 2765 / 4692 / 1846 / 1382 mm
	Coupé - 2765 / 4692 / 1846 / 1368 mm
	Hatchback - 2825 / 4752 / 1843 / 1384 mm
Coffre / réservoir	**Cabriolet** - 320 à 380 litres / 58 litres
	Coupé - 465 litres / 58 litres
	Hatchback - 480 litres / 58 litres
Nbre coussins sécurité / ceintures	6 / 4
Suspension av. / arr.	ind., multibras / ind., multibras
Pneus avant / arrière	P245/40R18 / P245/40R18
Poids / Capacité de remorquage	**Cabriolet** - 1920 kg / n.d.
	Coupé - 1635 kg / n.d.
	Hatchback - 1735 kg / n.d.

Composantes mécaniques

2.0 QUATTRO

Cylindrée, alim.	4L 2,0 litres turbo
Puissance / Couple	252 ch / 273 lb-pi
Tr. base (opt) / Rouage base (opt)	A7 (M6) / Int
0-100 / 80-120 / V. max	6,0 s (const) / n.d. / 209 km/h (const)
100-0 km/h	n.d.
Type / ville / route / CO_2	Sup / 9,2 / 6,1 / 3660 (est) kg/an

S5

Cylindrée, alim.	V6 3,0 litres turbo
Puissance / Couple	354 ch / 369 lb-pi
Tr. base (opt) / Rouage base (opt)	A8 / Int
0-100 / 80-120 / V. max	5,0 s (const) / n.d. / 250 km/h (const)
100-0 km/h	n.d.
Type / ville / route / CO_2	Sup / 12,2 / 7,4 / 4700 (est) kg/an

RS5

Cylindrée, alim.	V6 2,9 litres turbo
Puissance / Couple	450 ch / 443 lb-pi
Tr. base (opt) / Rouage base (opt)	A8 / Int
0-100 / 80-120 / V. max	3,9 s (const) / n.d. / 280 km/h (const)
100-0 km/h	n.d.
Type / ville / route / CO_2	Sup. / n.d. / n.d. / n.d.

DU NOUVEAU EN 2018

Nouvelle génération arrivée au Canada au cours de 2017. Arrivée prochaine de la version RS 5.

Photos : Audi

Pour voir la liste complète des informations techniques, veuillez vous référer à la section statistiques.

AUDI | **163**

⊙⊙⊙ AUDI **A6**

81 % COTE DU GUIDE

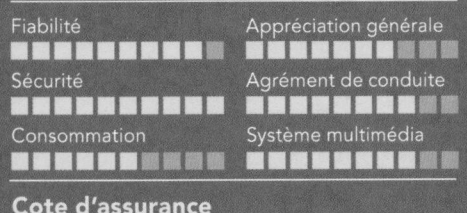

Prix: 56 305 $ à 88 755 $ (2017)
Catégorie: Berline
Garanties:
4 ans/80 000 km, 4 ans/80 000 km
Transport et prép.: 2 095 $
Ventes QC 2016: 186 unités
Ventes CAN 2016: 834 unités
Assemblage: Neckarsulm DE

Fiabilité	Appréciation générale
■■■■■■■□□□	■■■■■■■□□□

Sécurité	Agrément de conduite
■■■■■■■□□□	■■■■■■■□□□

Consommation	Système multimédia
■■■■■■■□□□	■■■■■■□□□□

Cote d'assurance

$ $ $ $

Connectivité multimédia

Android Auto   Apple CarPlay

+ Puissance et performances (S6) •
Finition intérieure soignée • Coffre
immense • Chaînes audio sublimes •
Prix concurrentiels

– Moins de technologies que ses
concurrentes • Petit écran multimédia •
Fini les motorisations diesel •
Modèle vieillissant

Concurrents

Acura RLX, BMW Série 5, Cadillac CT6,
Infiniti Q70, Jaguar XF, Lexus GS,
Lincoln Continental,
Mercedes-Benz Classe E, Volvo S90

Le pied levé

Michel Deslauriers

Avec les récentes refontes de ses modèles plus abordables,
y compris les A4, A5 et Q5, le constructeur allemand Audi
semble avoir négligé ses berlines A6 et A8. Dans le cas de
la première, elle prend un sérieux recul à l'égard de ses rivales
fraîchement redessinées, dont la Mercedes-Benz Classe E,
la BMW Série 5 et la Volvo S90.

Ce ralentissement concerne surtout les motorisations électrifiées et
les technologies de conduite avancée. Au moins, les ventes semblent se
maintenir, même si elles sont loin de celles de ses adversaires allemandes.
Malgré son âge, la présentation soignée de la A6 sauve la mise d'ici à ce
qu'une nouvelle génération voie le jour.

UNE GAMME SIMPLE
Trois moteurs sont disponibles dans la A6, y compris celui du bolide S6,
un V8 biturbo de 4,0 litres, qui produit 450 chevaux et un couple de
406 livres-pied. Grâce à sa boîte automatique à sept rapports avec double
embrayage et à son rouage intégral quattro, la S6 boucle le 0-100 km/h en
aussi peu que 4,6 secondes. Je sais, les nouvelles Mercedes-AMG E 63 S
et BMW M5 déversent plus de 600 chevaux au pavé, mais rendu là,
c'est plus une question de vantardise que de performance pure...

La plupart des acheteurs se tourneront plutôt vers la A6, plus sage.
Les versions de base disposent d'un quatre cylindres turbocompressé de
2,0 litres qui développe 252 chevaux, alors qu'on peut également opter pour
un V6 suralimenté de 3,0 litres. En 2018, ce moteur produit 340 chevaux
dans toutes les déclinaisons, en hausse de sept étalons.

Dans les deux cas, une boîte automatique à huit rapports est incluse, tout
comme le système quattro. Il est à noter que ce dernier offre une répartition
40/60 avant/arrière en conduite normale, mais qui peut varier de 70/30 à
15/85 selon le coefficient d'adhérence. La A6 s'avère donc une voiture
efficace pour affronter les hivers canadiens.

Comme tout produit Audi, le comportement routier de la A6 est solide. Un système de modes de conduite figure de série, alors qu'une suspension sport est incluse avec l'ensemble Sport S line. Bien que la carrosserie n'ait pas changé depuis quelques années, on a révisé la gamme de roues proposées, variant entre 19 et 21 pouces, selon la déclinaison.

DESIGN ET FINITION IMPECCABLES

Chez Audi, on se plaît à offrir des habitacles dotés d'un style à la fois élégant et contemporain. Les riches plastiques composant le tableau de bord se marient avec justesse aux insertions argentées. Le tout est ensuite rehaussé de garnitures en aluminium reluisant ou brossé, en carbone ou encore, en bois de bouleau, de noyer, de chêne ou d'eucalyptus. On a le choix entre plusieurs coloris de sièges, dont le noir, le brun et le blanc. Des sièges multicontours à 14 réglages électriques sont offerts en option, tout comme des sièges sport S lorsque l'on choisit la S6 ou bien l'ensemble Competition sur l'A6 3.0 TFSI.

Le système multimédia MMI comprend une molette multifonctions entourée de boutons principaux ainsi qu'une zone tactile permettant de dessiner des chiffres et des lettres du bout du doigt. Le bouton de volume, situé sur la console centrale, est facilement accessible. De plus, l'intégration Apple CarPlay et Android Auto est désormais disponible, tout comme la recharge sans fil de téléphone.

Au rayon des options, on retrouve la climatisation à quatre zones, des sièges avant ventilés, une fonction de massage et un système de vision nocturne, amélioré pour 2018. De surcroît, les mélomanes pourront profiter des chaînes audio Bose à 14 haut-parleurs et Bang & Olufsen à 15 enceintes. Néanmoins, la A6 traîne de la patte en ce qui a trait à la technologie. Les Mercedes-Benz Classe E et Volvo S90 peuvent être équipées du système de conduite semi-autonome, ce qui n'est pas encore le cas avec notre Audi Et alors que la concurrence propose de grands écrans multimédias, celui de la A6 se limite à une taille de 8,0 pouces, cependant, il se range dans le tableau de bord lorsqu'on l'éteint, une belle touche de sophistication.

La berline A6 est loin d'être une voiture vétuste, mais le progrès avance tellement rapidement dans ce segment de marché qu'on ne peut lever le pied pendant plus de deux ans sans se faire dépasser technologiquement. C'est ce qui arrive en ce moment à cette belle Audi. Si l'on ne peut se payer une rutilante S6, la A6 3.0 TFSI semble alors être le choix logique.

Données principales	
Emp. / lon. / lar. / haut.	2 917 / 4 932 / 1 874 / 1 430 mm
Coffre / réservoir	399 litres / 75 litres
Nbre coussins sécurité / ceintures	8 / 5
Suspension av. / arr.	ind., multibras / ind., multibras
Pneus avant / arrière	P245/45R18 / P245/45R18
Poids / Capacité de remorquage	2 035 kg / n.d.

Composantes mécaniques	
2.0 T	
Cylindrée, alim.	4L 2,0 litres turbo
Puissance / Couple	252 ch / 273 lb·pi
Tr. base (opt) / Rouage base (opt)	A8 / Int
0-100 / 80-120 / V. max	6,9 s (const) / n.d. / 209 km/h (const)
100-0 km/h	n.d.
Type / ville / route / CO_2	Sup / 10,8 / 7,3 / 4 244 kg/an
3.0 T	
Cylindrée, alim.	V6 3,0 litres surcomp.
Puissance / Couple	340 ch / 325 lb·pi
Tr. base (opt) / Rouage base (opt)	A8 / Int
0-100 / 80-120 / V. max	5,3 s (est) / n.d. / 209 km/h (const)
100-0 km/h	n.d.
Type / ville / route / CO_2	Sup / 11,5 / 8,2 / 4 680 (est) kg/an
S6	
Cylindrée, alim.	V8 4,0 litres turbo
Puissance / Couple	450 ch / 406 lb·pi
Tr. base (opt) / Rouage base (opt)	A7 / Int
0-100 / 80-120 / V. max	4,6 s (const) / n.d. / 250 km/h (const)
100-0 km/h	n.d.
Type / ville / route / CO_2	Sup / 13,1 / 8,7 / 5 115 (est) kg/an

DU NOUVEAU EN 2018

Nouvelles couleurs de carrosserie, nouvelles jantes en alliage, phares à DEL désormais de série, autres changements mineurs.

Photos : Audi

Pour voir la liste complète des informations techniques, veuillez vous référer à la section statistiques.

AUDI | 165

(((SiriusXM)))

AUDI **A7**

Prix: 85 900$ à 143 100$ (2017)
Catégorie: Berline
Garanties:
4 ans/80 000 km, 4 ans/80 000 km
Transport et prép.: 2 095$
Ventes QC 2016: 148 unités
Ventes CAN 2016: 887 unités
Assemblage: Neckarsulm DE

Fiabilité	Appréciation générale
Sécurité	Agrément de conduite
Consommation	Système multimédia

Cote d'assurance

$ $ $ $

Connectivité multimédia

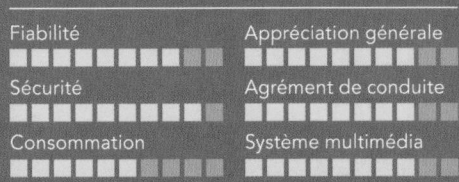

Android Auto   Apple CarPlay

+ Silhouette aguichante •
Performances de haut niveau (RS 7) •
Qualité de présentation •
Degré de finition élevé

— Consommation éhontée du V8 •
Options nombreuses et onéreuses •
Accès aux places arrière •
Prix élevé (RS 7)

Concurrents
BMW Série 6, Cadillac CTS, Infiniti Q70,
Jaguar XF, Lexus GS, Maserati Ghibli,
Mercedes-Benz Classe E, Volvo S90

Prestige et discrétion

Jacques Deshaies

C'est en 2011 que le constructeur d'Ingolstadt a présenté sa A7, une berline sport à hayon venue se loger entre la A6 et la A8, et c'est en 2012 qu'elle a fait son entrée sur notre marché. Son format témoigne clairement que le marché actuel se scinde de plus en plus en microcatégories. D'ailleurs, la populaire A5, qui se déclinait à l'origine en modèles coupé et cabriolet, s'offre le hayon cette année. Alors, laquelle choisir?

À mi-chemin entre une berline traditionnelle et un coupé sportif, l'A7 affronte la BMW Série 6 Gran Turismo. Pour le millésime 2018, c'est le statu quo en ce qui concerne l'A7. Les changements viendront plus tard en cours d'année.

AUX DEUX EXTRÊMES
Pour rejoindre le plus d'acheteurs possible, il en faut pour tous les goûts et la A7 obéit à cette règle. Si vous êtes du style tranquille, la version de base équipée du V6 suralimenté de 3,0 litres saura vous satisfaire. Soulignons que la déclinaison Competition de l'an dernier est devenue la version de base pour 2018. Avec ses 340 chevaux et sa boîte automatique Tiptronic à huit rapports, les performances sont amplement suffisantes. Le compresseur qui accompagne le V6 offre tout le soutien nécessaire pour des accélérations franches et linéaires.

Les amateurs de performances verront la S7 comme LA solution. Elle s'équipe d'un V8 biturbo de 4,0 litres pour plus de 450 chevaux et de la boîte Tiptronic, mais cette fois à sept rapports. La S7 est plus agressive et dégage ce son roucoulant, typique aux V8 d'Audi. Une véritable mélodie aux oreilles des passionnés.

Toutefois, cette quête de puissance ne s'arrête pas là. Il y a, en haut de la hiérarchie, la spectaculaire RS 7. Cette berline, qui cache bien son jeu, dispose encore une fois du V8 de 4,0 litres, mais poussé à plus de 560 chevaux. Et comme si ce n'était pas assez, la version Performance en offre 605. Tout cela accompagné de la boîte Tiptronic à huit rapports.

Les performances de ce monstre sont époustouflantes. Si la S7 parvient à atteindre les 100 km/h en 4,7 secondes, la RS 7 peut le faire en 3,9 seulement. Pas mal pour une voiture qui se veut familiale ! La version Performance abaisse ce résultat d'un autre 0,3 seconde. Pour les amateurs de performance, la RS 7 est un véritable bijou. Cependant, la RS 6 Avant, une familiale tout aussi performante offerte sur d'autres marchés, représente la solution ultime. Le rouage intégral quattro ajoute une belle touche de maniabilité, peu importe les conditions. Même sur chaussée sèche, la RS 7 avale les virages serrés avec une agilité étonnante. Pourtant, cette Audi affiche un gabarit relativement imposant et un poids élevé.

UN STYLE UNIQUE

L'A7 est facilement reconnaissable. D'abord, elle porte cette immense grille qui l'identifie immanquablement à Audi, entourée d'entrées d'air plutôt imposantes. Cette signature visuelle annonce déjà le degré d'agressivité dont elle est capable. Si cette partie de sa silhouette demeure dans le ton des produits de la marque, sa partie arrière est unique en soi. La ligne de toit vient s'appuyer sur un coffre qui arbore des feux effilés montés très haut. L'ensemble est plutôt joli. Selon la version choisie, des éléments de bas de caisse viennent ajouter une touche de sportivité. Vous pourrez même commander des roues de 21 pouces en option.

À l'intérieur, la présentation est soignée et réalisée avec doigté. Les stylistes d'Audi ont ce sens des proportions et du choix des matériaux. Bref, c'est l'un des plus beaux intérieurs offerts sur le marché. Et il n'y a pas que le dessin du tableau de bord qui impressionne. L'ergonomie est également exemplaire. La console centrale, montée très haut, facilite la manipulation du système multimédia. Comme toutes les berlines aux allures d'un coupé, la garde au toit arrière oblige les passagers à se courber un peu plus que d'habitude. Attention à la tête ! De plus, une fois assis, la ligne fuyante du toit diminue le dégagement pour la tête.

Il est possible de personnaliser votre A7 grâce au catalogue d'options. Et là, la limite est grandement repoussée et vous pourrez faire grimper votre facture de façon exponentielle. C'est une méthode très populaire chez les constructeurs allemands.

Entre les branches, on a appris que la future A7 conserverait son style de coupé berline. Il n'y a pas à douter que diverses versions et déclinaisons seront ultérieurement dévoilées. Grâce à sa plateforme MLB, qui héberge aussi la nouvelle A8, elle ferait appel à des moteurs de moindre cylindrée, mais tout aussi puissants, sinon plus que ceux qu'on retrouve présentement sous son capot. En cela, elle ne fait que suivre la tendance actuelle. On vous tient au courant.

Données principales

Emp. / lon. / lar. / haut.	2 917 / 5 012 / 1 911 / 1 398 mm
Coffre / réservoir	535 à 1 390 litres / 75 litres
Nbre coussins sécurité / ceintures	6 / 4
Suspension av. / arr.	ind., pneumatique, multibras / ind., pneumatique, multibras
Pneus avant / arrière	P275/30R21 / P275/30R21
Poids / Capacité de remorquage	2 070 kg / n.d.

Composantes mécaniques

QUATTRO COMPETITION

Cylindrée, alim.	V6 3,0 litres surcomp.
Puissance / Couple	340 ch / 325 lb-pi
Tr. base (opt) / Rouage base (opt)	A8 / Int
0-100 / 80-120 / V. max	n.d. / n.d. / 210 km/h (est)
100-0 km/h	n.d.
Type / ville / route / CO_2	Sup / 11,6 / 7,9 / 4 570 (est) kg/an

4.0 TFSI S7 QUATTRO

Cylindrée, alim.	V8 4,0 litres turbo
Puissance / Couple	450 ch / 406 lb-pi
Tr. base (opt) / Rouage base (opt)	A7 / Int
0-100 / 80-120 / V. max	4,6 s (const) / n.d. / 250 km/h (const)
100-0 km/h	n.d.
Type / ville / route / CO_2	Sup / 13,4 / 8,8 / 5 212 kg/an

4.0 RS7 QUATTRO

Cylindrée, alim.	V8 4,0 litres turbo
Puissance / Couple	560 ch / 516 lb-pi
Tr. base (opt) / Rouage base (opt)	A8 / Int
0-100 / 80-120 / V. max	3,9 s (const) / n.d. / 280 km/h (const)
100-0 km/h	n.d.
Type / ville / route / CO_2	Sup / 16,2 / 9,3 / 6 024 kg/an

4.0 RS7 QUATTRO PERFORMANCE

Cylindrée, alim.	V8 4,0 litres turbo
Puissance / Couple	605 ch / 517 lb-pi
Tr. base (opt) / Rouage base (opt)	A8 / Int
0-100 / 80-120 / V. max	3,6 s (const) / n.d. / 305 km/h (const)
100-0 km/h	n.d.
Type / ville / route / CO_2	Sup / 16,2 / 9,3 / 6 024 kg/an

DU NOUVEAU EN 2018

Aucun changement majeur au moment de mettre sous presse. Nouvelle génération devrait être dévoilée cet automne.

Pour voir la liste complète des informations techniques, veuillez vous référer à la section statistiques.

AUDI | 167

MODÈLE 2017

⌀⌀⌀ AUDI **A8**

76% COTE DU GUIDE
(2017)

Données 2017

Prix : 84 055 $ à 133 405 $ (2017)
Catégorie : Berline
Garanties :
4 ans/80 000 km, 4 ans/80 000 km
Transport et prép. : 2 095 $
Ventes QC 2016 : 53 unités
Ventes CAN 2016 : 216 unités
Assemblage : Neckarsulm DE

Fiabilité	Appréciation générale
■■■■■□□□	■■■■■■□□
Sécurité	Agrément de conduite
■■■■■■■□□	■■■■■■□□
Consommation	Système multimédia
■■■■■□□□	■■■■■■■□

Cote d'assurance

$ $$$

Connectivité multimédia

Android Auto   Apple CarPlay

➕ Style encore actuel • Présentation intérieure • Version S8 exubérante • Confort assuré

➖ Prix élevé • Valeur de revente • Modèle en changement • Coûts d'entretien

Concurrents
BMW Série 7, Cadillac CT6, Genesis G90, Jaguar XJ, Lexus LS, Maserati Quattroporte, Mercedes-Benz Classe S, Porsche Panamera, Tesla Model S

Un vent de changement

Jacques Deshaies

Avez-vous déjà vu cette publicité où l'un des pilotes de l'équipe d'endurance Audi souffle sur la R18, la voiture qui avait donné la victoire à la firme allemande aux 24 Heures du Mans en 2011, pour qu'elle recule toute seule, tant elle est légère ? Cette recherche de légèreté prend beaucoup de place chez le constructeur allemand.

Si la grande berline d'Audi, l'A8, est la digne successeure d'une lignée de voitures aux technologies avancées, elle s'apprête, elle aussi, à céder la place à une nouvelle génération dès le millésime 2019. Nous avons pu étudier les premiers éléments de la structure de cette prochaine génération et force est d'admettre qu'elle donnera le ton aux autres modèles de la marque pour les années à venir.

La prochaine A8 sera plus légère, tout en proposant une caisse toujours plus rigide. Pour le moment, l'A8 est reconduite intégralement pour l'année-modèle 2018. Si vous préférez attendre, sachez que la prochaine A8 sera présentée dans les salons automobiles européens au cours de 2017.

GÉNÉREUSE ET PERFORMANTE

Toutes les Audi possèdent des airs de famille et il faut s'y connaître pour faire la différence entre une A8 et sa petite sœur, la A6. Elles affichent la même bouille élégante, tout en rondeur. Toutefois, l'A8 propose un gabarit plus imposant évidemment, particulièrement dans sa livrée L, pour empattement long. Elle s'inscrit d'ailleurs dans la courte liste des concurrentes à la BMW Série 7 et à la Mercedes-Benz Classe S. Ces deux dernières ayant été renouvelées récemment, c'était maintenant au tour de l'A8 de se refaire une beauté.

Pour le moment, elle se présente encore sous deux variations selon que l'empattement soit court ou long. L'A8 affiche une assise bien affirmée avec ses roues de grande dimension, installées aux quatre coins de la carrosserie. La sobriété a vraiment meilleur goût !

Nous sommes également séduits par la présentation de l'habitacle. Les stylistes d'Ingolstadt connaissent la musique. Leur coup de crayon est exceptionnel et l'apparence du tableau de bord reflète la qualité générale du produit. Tout est à sa place même si l'apprentissage du fonctionnement de certains accessoires demande un peu de temps.

Car il faut bien l'avouer, le luxe commande une panoplie étoffée de technologies qui placent cette voiture dans une classe à part. La surface tactile qui permet de passer des commandes du simple bout du doigt au système multimédia devient vite un gadget dont on ne peut plus se passer. La prochaine génération devrait offrir une évolution de cette reconnaissance de l'écriture intégrée au tableau de bord virtuel.

CATALOGUE DES MOTEURS

Les versions courtes de la berline proposent trois groupes motopropulseurs. La version d'entrée est munie d'un V6 de 3,0 litres pour 333 chevaux. La boîte automatique à huit rapports complète le tableau. Elle accompagne également le V8 de 4,0 litres qui propose 450 chevaux. Les sportifs devront prendre note que la S8 comblerait probablement mieux leurs attentes avec ses 605 chevaux. Cette version suggère un haut niveau de performance, dans un confort ultime.

Si le concept Prologue et ses déclinaisons sont l'orientation stylistique que prendra Audi pour la prochaine décennie, il est possible qu'une version coupé s'ajoute à la gamme A8. Même une familiale pourrait s'y joindre, mais là, ce ne sont que des spéculations! À la lumière des informations recueillies lors de notre visite à la nouvelle usine d'assemblage, et au vu de sa structure, il semblerait qu'une seule version à empattement allongé soit au catalogue pour la prochaine génération. Les résultats de vente des versions longues chez ses concurrentes indiquent clairement que c'est la voie à suivre, du moins en Amérique.

De plus, malgré de nombreuses innovations technologiques sur les dernières générations de la sportive TT, de l'A4 et de la nouvelle A5, il faut avouer que les transformations sur le plan de l'esthétisme sont plutôt timides. Avec l'arrivée d'un nouveau responsable du département design, il est fort à parier que la grande berline du groupe donnera le ton au design des autres voitures de la gamme lorsqu'elles seront renouvelées.

De toute façon, notre boule de cristal nous indique que la prochaine A8 devrait être présentée cet automne, lors de la tenue du grand salon de Francfort, le terroir de prédilection des constructeurs allemands.

Données principales (2017)	
Emp. / lon. / lar. / haut.	3122 / 5265 / 1949 / 1458 mm
Coffre / réservoir	402 litres / 82 litres
Nbre coussins sécurité / ceintures	10 / 5
Suspension av. / arr.	ind., pneumatique, bras inégaux / ind., pneumatique, multibras
Pneus avant / arrière	P265/40R20 / P265/40R20
Poids / Capacité de remorquage	2125 kg / 750 kg (1650 lbs)

Composantes mécaniques (2017)	
3.0 TFSI	
Cylindrée, alim.	V6 3,0 litres surcomp.
Puissance / Couple	333 ch / 326 lb-pi
Tr. base (opt) / Rouage base (opt)	A8 / Int
0-100 / 80-120 / V. max	5,4 s (const) / n.d. / 209 km/h (const)
100-0 km/h	n.d.
Type / ville / route / CO_2	Sup / 12,6 / 8,0 / 4844 (est) kg/an
4.0 TFSI	
Cylindrée, alim.	V8 4,0 litres turbo
Puissance / Couple	450 ch / 444 lb-pi
Tr. base (opt) / Rouage base (opt)	A8 / Int
0-100 / 80-120 / V. max	4,3 s (const) / n.d. / 209 km/h (const)
100-0 km/h	n.d.
Type / ville / route / CO_2	Sup / 12,9 / 8,0 / 4920 (est) kg/an
S8	
Cylindrée, alim.	V8 4,0 litres turbo
Puissance / Couple	605 ch / 517 lb-pi
Tr. base (opt) / Rouage base (opt)	A8 / Int
0-100 / 80-120 / V. max	3,7 s (const) / n.d. / 250 km/h (const)
100-0 km/h	n.d.
Type / ville / route / CO_2	Sup / 15,2 / 8,7 / 5647 (est) kg/an

DU NOUVEAU EN 2018

Aucun changement majeur au moment de mettre sous presse. Nouvelle génération sur le point d'être dévoilée.

MODÈLE 2017

MODÈLE 2017

Photos : Audi

Pour voir la liste complète des informations techniques, veuillez vous référer à la section statistiques.

OOO AUDI **Q3**

77 % COTE DU GUIDE

Prix: 34 600 $ à 44 200 $ (2017)
Catégorie: VUS
Garanties:
4 ans/80 000 km, 4 ans/80 000 km
Transport et prép.: 2 095 $
Ventes QC 2016: 1 198 unités
Ventes CAN 2016: 3 860 unités
Assemblage: Wolfsburg DE

Fiabilité	Appréciation générale
■■■■■■■□□□	■■■■■■■□□□
Sécurité	Agrément de conduite
■■■■■■■□□□	■■■■■■□□□□
Consommation	Système multimédia
■■■■■□□□□□	■■■■■■■□□□

Cote d'assurance

$ $ $ $

Connectivité multimédia

Aucune

➕ Prix intéressant • Caractéristiques de série • Finition intérieure soignée • Style dynamique • Agrément de conduite relevé

➖ Petit coffre • Peu d'espace, surtout à l'arrière • Moins puissant que ses rivaux • Consommation perfectible • Commandes de climatisation à revoir

Concurrents
BMW X1, Infiniti QX30,
Land Rover Range Rover Evoque,
Lexus NX, Lincoln MKC,
Mercedes-Benz GLA

L'aubaine du segment

Michel Deslauriers

Dans un marché où les nouveautés se succèdent à un rythme soutenu, l'Audi Q3 vieillit. Et pourtant, il continue de bien se défendre face à ses adversaires, malgré son âge. Il faut dire que le Q3, arrivé en 2015, est relativement nouveau au Canada, alors que la génération actuelle de ce VUS sous-compact est apparue en Europe dès 2011.

Pour 2018, seuls des changements mineurs ont été apportés au Q3. Malgré tout, les acheteurs semblent attirés par son prix abordable, du moins, en version à traction. Dans sa catégorie, seul l'Infiniti QX30 propose un tel rouage, alors que les autres sont équipés, de série, d'un rouage intégral.

UNE MÉCANIQUE ÉPROUVÉE
Évidemment, sous le capot du Q3, on retrouve un quatre cylindres turbocompressé de 2,0 litres, un moteur bien répandu au sein du groupe Volkswagen. Pratiquement inchangé depuis l'introduction du Q3, il y a sept ans, il n'est pas aussi puissant équipant les Q5 et Q7, ni aussi écoénergétique. Dans le créneau des VUS sous-compacts de luxe, le Q3 est également le moins puissant, et sa consommation n'est pas la plus basse. On peut quand même s'en tirer à moins de 10 l/100 km, même en hiver.

En revanche, son couple à bas régime compense bien, et les performances sont tout de même adéquates. Il faut dire que les consommateurs de ce type de véhicule ne s'attendent pas à conduire un bolide, mais ne leur dites surtout pas qu'en Europe, il existe le RS Q3, qui peut passer de 0 à 100 km/h en 4,8 secondes grâce à son moteur de 340 chevaux. Le Q3 « ordinaire » accomplit cette tâche en 8,6 secondes.

Quoi qu'il en soit, ce qui est important, c'est d'opter pour le rouage intégral qui devrait non seulement assurer une certaine valeur de revente au Q3, mais qui permettra aussi d'affronter la saison hivernale en toute confiance. À cet égard, le système quattro de ce VUS se montre très doué. Dans le Q3, sa prise constante favorise les roues avant en conduite normale, mais lors d'une perte d'adhérence, le rouage peut rapidement réassigner une partie de la puissance aux roues arrière.

DANS LA BULLE DE L'AUTRE

Inutile de vous dire que l'Audi Q3 est de petite taille. Son empattement est plus court que celui des BMW X1, Mercedes-Benz GLA et Infiniti QX30, et en longueur hors tout, il est le plus petit aussi. Par conséquent, l'espace intérieur est limité, tant pour la tête que pour les jambes.

À l'avant, ça passe, mais comme véhicule familial, le Q3 n'est pas très convivial. Comme l'espace réservé aux passagers arrière est particulièrement précieux, les enfants se plaindront que leur frère ou leur sœur se trouve constamment dans leur bulle. La place de milieu devrait uniquement servir de zone tampon. Au chapitre de l'espace de chargement, l'histoire se répète, mais le Q3 est légèrement plus accommodant que le GLA, que les dossiers arrière soient relevés ou abaissés.

La présentation du tableau de bord démontre bien que son design date d'une autre époque, sans être nécessairement vétuste. Les récents produits Audi misent sur des commandes placées sur la console centrale, faciles d'accès, alors que dans le Q3, tout est monté sur la planche centrale. Les commandes rotatives à ressort, pour régler la température, sont moins pratiques que de simples rhéostats, et les autres boutons sont petits. Heureusement, l'écran est logé sur le dessus du tableau de bord, à la hauteur des yeux.

Si l'apparence fait vieillotte, la finition, elle, est toujours bien exécutée. Les commandes sont solides ; les appliques métallisées apportent une touche d'élégance, et trois coloris sont offerts pour les sièges, en cuir dans toutes les versions du Q3 de surcroît.

Un ensemble S line Competition est ajouté en 2018, conférant au petit VUS un look plus agressif. Cet ensemble comprend des jantes de 19 pouces au fini noir, des pédales en alliage, des sièges sport, des garnitures intérieures noir piano et une grille de calandre noire reluisante. Ensemble S line ou non, on peut équiper le Q3 de roues de 20 pouces pour un style encore plus dynamique.

Pour l'instant, l'Audi Q3 est offert à prix d'aubaine, même après l'avoir équipé du rouage intégral, et c'est pourquoi il continue de bien se vendre, malgré les timides changements apportés depuis trois ans. Ce n'est certainement pas le plus moderne, le plus performant ni le plus spacieux des petits VUS de luxe, mais son style unique, l'agrément de conduite indéniable qu'il procure et son rapport prix-équipement compensent allégrement.

AUDI Q3

Données principales

Emp. / lon. / lar. / haut.	2 603 / 4 388 / 1 831 / 1 608 mm
Coffre / réservoir	473 à 1 365 litres / 64 litres
Nbre coussins sécurité / ceintures	6 / 5
Suspension av. / arr.	ind., jambes force / ind., multibras
Pneus avant / arrière	P235/50R18 / P235/50R18
Poids / Capacité de remorquage	1 670 kg / n.d.

Composantes mécaniques

Cylindrée, alim.	4L 2,0 litres turbo
Puissance / Couple	200 ch / 207 lb-pi
Tr. base (opt) / Rouage base (opt)	A6 / Int (Tr)
0-100 / 80-120 / V. max	8,6 s (const) / n.d. / 209 km/h (const)
100-0 km/h	n.d.
Type / ville / route / CO2	Sup / 11,9 / 8,4 / 4750 kg/an

« MALGRÉ SON ÂGE, LE Q3 FAIT BONNE FIGURE PARMI LES PETITS VUS DE LUXE GRÂCE À SON RAFFINEMENT, SA CONDUITE AGRÉABLE ET SON RAPPORT PRIX-ÉQUIPEMENT. »

DU NOUVEAU EN 2018

Ajout de l'ensemble S line Competition, nouvelles roues en alliage et nouvelles couleurs, autres changements mineurs.

Photos : Audi

Pour voir la liste complète des informations techniques, veuillez vous référer à la section statistiques.

AUDI **Q5**

87% COTE DU GUIDE

Prix : 44 950 $ à 65 900 $
Catégorie : VUS
Garanties :
4 ans/80 000 km, 4 ans/80 000 km
Transport et prép. : 2 095 $
Ventes QC 2016 : 1 944 unités
Ventes CAN 2016 : 8 313 unités
Assemblage : San José Chiapa MX

Fiabilité	Appréciation générale
■■■■■■■□□□	■■■■■■■□□□
Sécurité	Agrément de conduite
■■■■■■■■□□	■■■■■■■□□□
Consommation	Système multimédia
■■■■■□□□□□	■■■■■■□□□□

Cote d'assurance

$ $ $ $

Connectivité multimédia

Android Auto   Apple CarPlay

+ Moteur 2,0 litres superbe •
Excellente boîte S tronic à sept rapports •
Design réussi • Habitacle spacieux
et luxueux

– Direction décevante • Vide-poches
limités à l'avant • Il existe un V6 TDI avec
un couple de 457 lb-pi, mais pas
pour nous…

Concurrents

Acura RDX, BMW X3, Land Rover
Discovery Sport, Mercedes-Benz GLK,
Porsche Macan, Volvo XC60

Au sommet, rien de moins

Mathieu St-Pierre

Seriez-vous surpris d'apprendre que le Audi Q5 figure parmi les utilitaires de luxe les plus vendus au monde ? Dans certains marchés européens, il est même le meilleur vendeur, et ce, depuis des années. Au Canada et au Québec, ses ventes se portent assez bien, merci.

Le Q5 est un excellent exemple démontrant à quel point les utilitaires représentent un marché important de nos jours. En 2016, il s'est vendu plus de Q5 au Québec que de Série 3 de BMW, de Classe C de Mercedes-Benz ou d'Audi A4. Voilà ce qu'on appelle un succès. C'est d'autant plus impressionnant quand on constate que le Q5 datait du millésime 2009.

Audi aura attendu jusqu'à l'année-modèle 2018 pour entièrement revoir son champion et, peu importe les critiques, quoiqu'elles soient peu nombreuses, le nouveau Q5 devrait encore être prisé par les consommateurs souhaitant prestige, agrément de conduite et polyvalence.

QUATRE CYLINDRES DE PLAISIR

Le Q5 2018 est mû par l'excellent quatre cylindres turbocompressé TFSI de 2,0 litres qu'on retrouve dans plusieurs véhicules Audi. La plus récente révision de ce moteur, qui remonte au lancement de l'A4 contemporaine, génère 252 chevaux et un couple de 273 lb-pi. Ce petit trésor produit tout son couple entre 1 600 et 4 500 tr/min et dès 5 000 tr/min, la puissance maximale est en plein galop.

Le moteur est dorénavant jumelé à la boîte automatique S tronic à sept rapports avec double embrayage, comme la boîte PDK du Porsche Macan. Autre nouveauté, le système à rouage intégral quattro ultra. Ce dernier actionne uniquement les roues avant jusqu'à ce que le besoin d'activer l'essieu arrière se fasse ressentir. Cette version est d'abord conçue pour l'économie d'essence, mais n'allez pas croire qu'elle est moins efficace qu'auparavant.

Le Q5 est maintenant assemblé sur la toute dernière plate-forme modulable MLB d'Audi, partagée avec les A4 et A5. Cette base permet non seulement de couper 90 kg au poids du Q5, mais sa construction plus rigide rehausse le niveau de raffinement sur la route tout en augmentant ses habiletés en situation de hors route. Tous ces changements se traduisent par un Q5 plus agréable et rapide que jamais. Les accélérations sont vives et soutenues. À preuve, le 0-100 km/h passe de 7,1 secondes à seulement 6,3. Lors de l'essai du Q5 2018, nous avons eu la chance de conduire des exemplaires munis de la suspension pneumatique, ajustable pour toutes les conditions imaginables. Son travail à haute vitesse, tout comme sur un chemin de terre accidenté, est remarquable. Heureusement, Audi l'offre en option sur toutes les versions.

La plus grande faiblesse dans la conduite du Q5 est sa direction électrique. Audi n'a jamais eu la cote à ce niveau, et même la R8 n'a pas toujours été parfaite à ce chapitre. La principale lacune concerne le point mort au centre, car l'assistance met tout son temps avant de faire son boulot.

La version haute performance du Q5, le SQ5, nous revient quant à elle avec un V6 de 3,0 litres turbocompressé (en remplacement du compresseur volumétrique) de 354 chevaux et un couple de 369 lb-pi. Contrairement au Q5, le nouveau SQ5 continue avec un rouage quattro à prise constante et la boîte automatique Tiptronic à huit rapports. Eh oui, il est toujours très rapide, bouclant le 0-100 km/h en seulement 5,4 secondes.

AIRS DE FAMILLE

Lors de la refonte du Q5, Audi n'a pas imaginé un tout nouveau design et il s'apparente beaucoup au Q7, avec un net avantage sur celui-ci. Ses dimensions plus restreintes lui vont à merveille.

L'habitacle du Q5 est à l'image de ce à quoi la marque nous a habitués, soit épuré, sans fla-fla et bien dessiné. Les dimensions accrues du Q5 2018 sont évidentes à l'intérieur puisque tous les occupants ont maintenant un peu plus d'espace. Le cockpit virtuel d'Audi est un bloc d'instrumentation numérique de 12,3 pouces dont la clarté est à couper le souffle. Certes, il distrait au début, mais l'on s'y habitue vite.

Le Q5 est assemblé à l'usine de San José Chiapa, au Mexique. Si vous avez des doutes en ce qui a trait à la qualité, comprenez qu'Audi compte énormément sur le Q5 pour sa survie économique. Soyez donc assuré qu'elle ne lésinera pas sur ce point.

Données principales

Emp. / lon. / lar. / haut.	2 824 / 4 671 / 1 893 / 1 635 mm
Coffre / réservoir	610 à 1 550 litres / 70 litres
Nbre coussins sécurité / ceintures	8 / 5
Suspension av. / arr.	ind., multibras / ind., multibras
Pneus avant / arrière	P255/45R20 / P255/45R20
Poids / Capacité de remorquage	1 995 kg / 2 400 kg (5 290 lbs)

Composantes mécaniques

KOMFORT, PROGRESSIV, TECHNIK

Cylindrée, alim.	4L 2,0 litres turbo
Puissance / Couple	252 ch / 273 lb-pi
Tr. base (opt) / Rouage base (opt)	A7 / Int
0-100 / 80-120 / V. max	6,3 s (const) / n.d. / 209 km/h (const)
100-0 km/h	n.d.
Type / ville / route / CO_2	Sup / 10,4 / 8,6 / 4 480 kg/an

SQ5

Cylindrée, alim.	V6 3,0 litres turbo
Puissance / Couple	354 ch / 369 lb-pi
Tr. base (opt) / Rouage base (opt)	A8 / Int
0-100 / 80-120 / V. max	5,4 s (const) / n.d. / 250 km/h (const)
100-0 km/h	n.d.
Type / ville / route / CO_2	Sup / 12,7 / 10,0 / 5 380 kg/an

« LE NOUVEAU Q5 EST UNE TELLE RÉUSSITE QU'IL SE VENDRA SANS DOUTE À 1,6 MILLION D'EXEMPLAIRES, COMME SON PRÉDÉCESSEUR... ET PLUS ENCORE ! »

DU NOUVEAU EN 2018 Nouveau modèle

Photos : Audi

Pour voir la liste complète des informations techniques, veuillez vous référer à la section statistiques.

AUDI Q7

90% COTE DU GUIDE

((SiriusXM))

Prix: 61 900 $ à 73 500 $ (2017)
Catégorie: VUS
Garanties:
4 ans/80 000 km, 4 ans/80 000 km
Transport et prép.: 2 095 $
Ventes QC 2016: 831 unités
Ventes CAN 2016: 4 335 unités
Assemblage: Bratislava SK

Fiabilité	Appréciation générale
■■■■■■■■□□	■■■■■■■■□□
Sécurité	Agrément de conduite
■■■■■■■■□□	■■■■■■■■□□
Consommation	Système multimédia
■■■■■■□□□□	■■■■■■■■□□

Cote d'assurance

$ $ $ $

Connectivité multimédia

Android Auto   Apple CarPlay

+ Qualité de finition et raffinement exceptionnels • Comportement routier solide et stable • Fiabilité louable pour la catégorie

− Craquements sur chaussée bosselée (roues de 21 pouces) • Troisième banquette peu accessible • Interface de contrôle parfois déroutante • Coût des options

Concurrents

Acura MDX, BMW X5, Infiniti QX60, Jaguar F-PACE, Land Rover Range Rover Sport, Lexus GX, Mercedes-Benz GLE, Porsche Cayenne, Volvo XC90

Un virtuose trop discret

Marc Lachapelle

La marque aux quatre anneaux s'est pointée tard, et sur la pointe des pieds, à la glorieuse fête des utilitaires sport, il y a plus d'une décennie. Son grand Q7 s'est néanmoins inscrit d'emblée parmi les meilleurs de cette catégorie, par son comportement, mais surtout par son raffinement exceptionnel. C'est encore plus vrai pour la deuxième mouture, lancée il y a trois ans. Chose certaine, les intéressés ne se sont pas arrêtés à la silhouette trop sage et discrète de ce nouveau Q7 puisque ses ventes ont presque triplé chez nous, l'an dernier.

Grâce à une métamorphose remarquable, cette deuxième génération du Q7 s'est allégée grandement tout en devenant plus confortable, performante et frugale. Mais surtout, sans perdre un iota de luxe, de finesse et de raffinement. Au contraire. La clé de son caractère et de ses vertus hors-normes est assurément cette traque systématique au poids superflu qu'ont menée les ingénieurs de la marque d'Ingolstadt, sans accepter le moindre compromis en termes de solidité, de finition et de qualité d'assemblage.

CETTE IMPITOYABLE CHASSE AUX KILOS

La perte de poids peut atteindre 325 kg entre les extrêmes des deux générations du Q7, en matière de motorisation et d'équipement. La chose est particulièrement impressionnante pour un grand utilitaire dont la taille a très peu changé. L'écart se chiffre toutefois à 115 kg entre les modèles dotés du même V6 surcompressé de 3,0 litres et 333 chevaux, qui demeure le plus puissant qu'on puisse s'offrir chez nous, toujours couplé à une boîte automatique à huit rapports. L'ajout d'un quatre cylindres de 2,0 litres et 252 chevaux au catalogue, l'an dernier, est venu compenser la disparition des moteurs diesel, pour les raisons que l'on connaît. Il faut évidemment oublier le SQ7 et son fulgurant V8 turbodiesel de 435 chevaux, hélas.

Cet allégement important du Q7 a permis d'améliorer le chrono 0-100 km/h de 1,4 seconde pour la version V6 3.0T, de réduire sa consommation d'environ 17 % et d'augmenter sa capacité de remorquage de 1 000 kg (pour un solide 3 500 kg en tout ou de 7 700 livres si vous parlez l'impérial), sans parler des bienfaits substantiels pour le comportement routier et le confort de roulement. Il faut souligner aussi que le centre de gravité a été abaissé de cinq centimètres, grâce au moteur monté plus bas, entre autres. Un gain considérable qui vient encore bonifier la maniabilité et la tenue de route.

Les données totales, en réduction de poids, ne rendent pas justice à certains exploits des ingénieurs. Le système d'échappement est, par exemple, à lui seul, plus léger de 19 kilos. Au cœur d'un rouage intégral remodelé, un nouveau différentiel central, intégré à la boîte de vitesses, remplace également l'ancien boîtier de transfert. L'ensemble est plus compact et moins lourd de 20 kg. Ce différentiel quattro peut transmettre jusqu'à 70 % du couple aux roues avant et 85 % aux roues arrière, selon les conditions. La répartition avant/arrière normale est de 60/40 %, ce qui aiguise à la fois l'équilibre et l'agilité.

La suspension à bras multiples est aussi moins lourde que l'ancienne, à bras triangulés, d'environ 100 kg. Avec les bienfaits concrets que cela suppose, là encore, pour son efficacité en virage et sur chaussée bosselée. La suspension pneumatique optionnelle peut soulever le Q7 de 25 mm en mode tout-terrain et d'un autre 35 mm en mode « relevé », jusqu'à 30 km/h. Elle l'abaisse également de 55 mm pour faciliter l'accès et de 15 mm, sur la route, pour réduire la traînée aérodynamique et ajouter à la stabilité.

La structure du Q7, composée d'aluminium à 41 %, est plus légère de 71 kg. Tous les grands panneaux de la carrosserie sont faits du même métal et les portières, à elles seules, se sont allégées de 24 kg. C'est pour dire. Et cette quête de légèreté ne s'est pas limitée aux éléments mécaniques et structurels. Les sièges sont ainsi plus légers de 19 kg, selon le constructeur. Très accueillants, aussi, aux places avant et aux places extérieures en deuxième rangée. Oubliez ça pour la troisième banquette, difficile d'accès, à réserver aux contorsionnistes du Cirque du Soleil.

Le Q7 mérite toujours les meilleures notes pour l'aspect, la texture et la pure qualité des matériaux de l'habitacle. Même jugement pour l'écran virtuel configurable, offert en option, pour le conducteur. Si seulement le dessin de l'habitacle, comme celui de la carrosserie du Q7, était aussi spectaculaire que son comportement, son luxe raffiné et la qualité exemplaire de sa fabrication.

Il y a cependant de l'espoir à l'horizon puisque Audi lancera bientôt une version de série du superbe prototype Q8 et que le prochain Q7 sera construit sur la même version la plus récente de l'architecture MLB. Entre-temps, le Q7 actuel demeure, sans contredit, le meilleur grand utilitaire sport de luxe. Il est seulement beaucoup trop modeste.

Données principales

Emp. / lon. / lar. / haut.	2 994 / 5 069 / 1 968 / 1 740 mm
Coffre / réservoir	419 à 2 028 litres / 85 litres
Nbre coussins sécurité / ceintures	6 / 7
Suspension av. / arr.	ind., multibras / ind., multibras
Pneus avant / arrière	P255/55R19 / P255/55R19
Poids / Capacité de remorquage	2 240 kg / 3 500 kg (7710 lbs)

Composantes mécaniques

KOMFORT

Cylindrée, alim.	4L 2,0 litres turbo
Puissance / Couple	252 ch / 273 lb-pi
Tr. base (opt) / Rouage base (opt)	A8 / Int
0-100 / 80-120 / V. max	7,4 s (const) / n.d. / 209 km/h (const)
100-0 km/h	n.d.
Type / ville / route / CO_2	Sup / 11,9 / 9,6 / 5 080 kg/an

PROGRESSIV, TECHNIK

Cylindrée, alim.	V6 3,0 litres surcomp.
Puissance / Couple	333 ch / 325 lb-pi
Tr. base (opt) / Rouage base (opt)	A8 / Int
0-100 / 80-120 / V. max	5,7 s (const) / n.d. / 209 km/h (const)
100-0 km/h	n.d.
Type / ville / route / CO_2	Sup / 12,6 / 9,4 / 5 134 kg/an

« LE CONFORT, LA CONDUITE ET LE RAFFINEMENT DU Q7 SONT DE BELLES **SURPRISES** APRÈS LES **IMPRESSIONS TIÈDES** QUE LAISSENT SA **SILHOUETTE** ET SON **HABITACLE.** »

DU NOUVEAU EN 2018

Aucun changement majeur au moment de mettre sous presse. Groupe optionnel Black Optics, nouvelles couleurs.

Pour voir la liste complète des informations techniques, veuillez vous référer à la section statistiques.

AUDI | 175

AUDI **R8**

(((SiriusXM)))

Prix : 184 000 $ à 213 900 $ (2017)
Catégorie : Coupé, Roadster
Garanties :
4 ans/80 000 km, 4 ans/80 000 km
Transport et prép. : 2 095 $
Ventes QC 2016 : 38 unités
Ventes CAN 2016 : 158 unités
Assemblage : Neckarsulm DE

Fiabilité ■■■■■■□□□□
Appréciation générale ■■■■■■■□□□
Sécurité ■■■■■■■■□□
Agrément de conduite ■■■■■■■■□□
Consommation ■■■■□□□□□□
Système multimédia ■■■■■■■□□□

Cote d'assurance
$ ▼ $ $ $

Connectivité multimédia

Android Auto   Apple CarPlay

+ Style unique • Moteur V10 exaltant •
Rouage intégral • Présentation
de l'habitacle

– Prix en hausse • Entretien
dispendieux • Volume du coffre •
Manque de rangements •
Visibilité réduite

Concurrents

Acura NSX, Aston Martin DB11,
Ferrari 488, Lamborghini Huracán,
McLaren 720S, Mercedes-AMG GT,
Nissan GT-R, Porsche 911

Le meilleur des deux mondes

Jacques Deshaies

Dès la mise en marché de la R8, les commentaires positifs ont inondé le web. L'introduction de cette belle sportive en 2006 a dérangé la concurrence. Son allure digne des superbes exotiques du moment, accompagnée d'une facture relativement abordable, l'a positionné en tête de liste d'achat pour bien des consommateurs.

Cette réussite n'allait pas laisser la direction d'Audi passer outre une excellente occasion d'affaires. Depuis ce temps, le V8 n'est plus livrable et le V10 demeure le seul moteur proposé. À cause de cela, la R8 passe le cap des 200 000 $ après avoir choisi quelques options. Issue de plusieurs voitures-concepts comme l'Avus de 1991, elle se décline maintenant en deux versions, soit coupé et cabriolet. Le constructeur allemand a même dû augmenter la production de sa supervoiture devant une demande toujours élevée.

Soulignons que plus de 30 000 R8 ont trouvé preneur depuis 2006. C'est signe de l'importance de ce marché, très lucratif pour les constructeurs. Le coupé de deuxième génération a été lancé en 2016, tandis que le cabriolet s'est pointé ensuite.

BANC D'ESSAI

Il suffit de regarder les nouvelles cuvées des A4 et A5 pour découvrir que les stylistes d'Audi font dans la subtilité. Même constat pour cette deuxième génération de la R8. La transformation la plus notable concerne la disparition de ces grands panneaux latéraux derrière les portières. Ces parties de couleur contrastante se résument désormais aux entrées d'air qui se bombent le torse comme sur la version à moteur V10 de la première séquence.

La calandre a été redessinée et s'entoure maintenant de phares dans lesquels s'installent des clignotants séquentiels du plus bel effet. Des changements tout aussi raffinés ont été effectués à la partie arrière afin de la démarquer de sa devancière.

À l'intérieur, la présentation est toujours digne de mention. Le dessin du tableau de bord qui vient envelopper le pilote offre un beau coup d'œil. Malgré l'aspect spectaculaire de l'ensemble, le tout est épuré. Les matériaux sont de haute qualité tandis que les commandes sont accessibles. L'affichage Audi virtual cockpit, logé dans la nacelle derrière le volant, est également un atout. Présenté pour la première fois dans la TT, ce nouveau genre d'écran multimédia renferme aussi l'instrumentation de base comme le tachymètre et autres informations essentielles.

Tout porte à croire que le V10 avait la cote de popularité puisque le V8 de base est disparu du catalogue. Ce V10 se présente sous puissances différentes, soit 540 chevaux pour la version d'entrée de gamme et 610 pour le V10 plus. Dans les deux cas, aucune assistance comme le turbocompresseur ou le compresseur volumétrique n'est requise. Par souci d'économie de carburant, une rangée de cylindres peut se désactiver en mode vitesse de croisière.

La boîte automatique à double embrayage et sept rapports complète le groupe motopropulseur. Le rouage intégral est toujours de mise, bien entendu. Si vous êtes friand de chiffres, sachez que les 100 km/h sont atteints en 3,6 secondes dans la version «ordinaire» tandis que la variante V10 plus s'offre le même 100 km/h en moins de 3,3 secondes.

L'unique technologie «Spaceframe» développée au début des années 90 est encore plus poussée dans la R8. L'amalgame de quatre matériaux permet de réduire considérablement le poids de la plateforme, alors que l'acier, l'aluminium, le magnésium et la fibre de carbone se marient. Sur la route, la R8 s'agrippe au bitume avec aisance. La partie avant étant ultralégère, le rouage intégral vient l'asseoir pour améliorer la tenue de cap.

ET LE TOIT S'ABAISSA

Par rapport à la première génération, la R8 Spyder bénéficie également d'une diminution de poids grâce à l'utilisation de matériaux plus sophistiqués. Si le soleil apparaît soudainement sur votre trajet, vous pouvez abaisser le toit en moins de 20 secondes. La vitesse maximale pour effectuer cette opération est de 50 km/h. Pour les fois où il fait moins beau alors que la capote est relevée, vous pouvez abaisser la lunette arrière seulement pour respirer un peu d'air frais.

En résumé, l'Audi R8 demeure, encore et toujours, une valeur sûre. Elle conserve une excellente valeur de revente, réalise des performances relevées et peut être utilisée quotidiennement. Son style exige tout de même quelques compromis, comme un coffre petit et le manque de rangements dans l'habitacle. Toutefois, il faut bien souffrir un peu pour avoir du plaisir!

Données principales

Emp. / lon. / lar. / haut.	**Coupé** - 2650 / 4427 / 1940 / 1240 mm	
	Roadster - 2650 / 4427 / 1940 / 1245 mm	
Coffre / réservoir	**Coupé** - 227 litres / 83 litres	
	Roadster - 114 litres / 80 litres	
Nbre coussins sécurité / ceintures	6 / 2	
Suspension av. / arr.	ind., double triangulation / ind., double triangulation	
Pneus avant / arrière	P245/35ZR19 / P295/35ZR19	
Poids / Capacité de remorquage	**Coupé** - 1695 kg / non recommandé	
	Roadster - 1799 kg / non recommandé	

Composantes mécaniques

V10 COUPÉ, SPYDER

Cylindrée, alim.	V10 5,2 litres atmos.
Puissance / Couple	540 ch / 398 lb·pi
Tr. base (opt) / Rouage base (opt)	A7 / Int
0-100 / 80-120 / V. max	3,6 s (const) / n.d. / 320 km/h (const)
100-0 km/h	n.d.
Type / ville / route / CO_2	Sup / 16,5 / 11,2 / 6600 kg/an

V10 PLUS COUPÉ

Cylindrée, alim.	V10 5,2 litres atmos.
Puissance / Couple	610 ch / 413 lb·pi
Tr. base (opt) / Rouage base (opt)	A7 / Int
0-100 / 80-120 / V. max	3,3 s (const) / n.d. / 330 km/h (const)
100-0 km/h	n.d.
Type / ville / route / CO_2	Sup / 16,5 / 11,2 / 6600 kg/an

« L'AUDI R8 REPRÉSENTE TOUJOURS LE MEILLEUR DES DEUX MONDES ENTRE UNE EXOTIQUE HORS DE PRIX ET UNE VOITURE SPORT DE HAUT NIVEAU. »

DU NOUVEAU EN 2018

Aucun changement majeur au moment de mettre sous presse.

Photos : Audi

AUDI **TT**

77 % COTE DU GUIDE

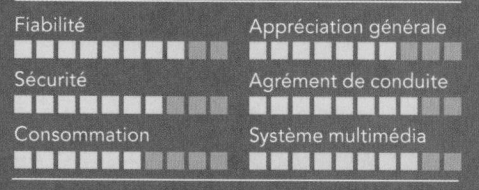

Prix: 52 400 $ à 77 000 $ (2017) (estimé)
Catégorie: Coupé, Roadster
Garanties:
4 ans/80 000 km, 4 ans/80 000 km
Transport et prép.: 2 095 $
Ventes QC 2016: 174 unités
Ventes CAN 2016: 599 unités
Assemblage: Győr HU

Fiabilité	Appréciation générale
■■■■■■■□□□	■■■■■■■□□□
Sécurité	Agrément de conduite
■■■■■■■■□□	■■■■■■■■□□
Consommation	Système multimédia
■■■■■■□□□□	■■■■■■■□□□

Cote d'assurance

$ ▼ $$$

Connectivité multimédia

Android Auto   Apple CarPlay

➕ Style réussi • Comportement routier sûr et prévisible • Design réussi de l'habitacle • Technologies de pointe • Moteur éclatant (TT RS)

➖ Places arrière symboliques (Coupé) • Volume du coffre (Roadster) • Roulement parfois ferme • Pas de boîte manuelle (TT RS)

Concurrents
Alfa Romeo 4C, Chevrolet Corvette, Jaguar F-TYPE, Lotus Evora, Mercedes-Benz SLC, Porsche 718

Sportive toutes saisons

Gabriel Gélinas

L ancée en 2014, la troisième génération de l'Audi TT revisite la silhouette évocatrice du premier modèle tout en faisant le plein de technologies de pointe. La sportive d'Ingolstadt, déclinée en coupé et en roadster, poursuit sa route en 2018 en accueillant une variante plus typée, le coupé RS. Avec cette dernière, la marque aux quatre anneaux entend se livrer à une guerre presque fratricide avec la Porsche 718 Cayman S dans le créneau des voitures sportives.

Élaborée sur l'architecture Audi Space Frame mariant l'acier et l'aluminium, la TT affiche une silhouette qui lui permet de se distinguer dans le paysage automobile. On peut dire que le designer Freeman Thomas a eu la main heureuse lorsqu'il a créé le concept TT en 1995, qui est devenu un modèle de série par la suite. Au fil des ans, le design a évolué mais, avec le modèle de troisième génération, la TT est redevenue plus fidèle au concept original.

UN VÉRITABLE COCKPIT
Prendre place à bord de la TT, Coupé ou Roadster, c'est véritablement faire corps avec elle. Le design est épuré avec cette planche de bord aux aérateurs circulaires au centre desquels on trouve les commandes du système de chauffage/climatisation, une solution technique aussi innovante qu'élégante. Le thème du cockpit se révèle de façon virtuelle avec l'écran couleur modulable baptisé... Audi virtual cockpit, qui remplace à la fois le traditionnel bloc d'instruments et l'écran central. Le conducteur peut donc choisir d'afficher compte-tours et indicateur de vitesse en premier plan, ou d'en réduire la taille pour prioriser la carte de navigation, alors que le tachymètre s'affiche en son centre avec la sélection du mode Sport.

Les modèles Roadster sont plus lourds que les coupés, malgré le retrait des places arrière, symboliques dans le Coupé, et le remplacement du toit par une capote en toile souple, en raison de l'ajout d'éléments structurels visant à rigidifier la structure. L'ouverture, ou la fermeture, du toit se fait en dix secondes et on peut procéder à ces deux opérations lorsque la voiture est en mouvement pourvu que la vitesse soit inférieure à 50 kilomètres/heure. Précisons toutefois que la visibilité vers l'arrière est pratiquement nulle avec le toit en place, mais que l'insonorisation est très bonne, même à vitesse d'autoroute.

Le quatre cylindres turbocompressé de 2,0 litres, qui a presque le don d'ubiquité chez le groupe Volkswagen, développe 220 chevaux pour les versions de base et 292 chevaux en version S plus sportive tout en offrant un couple très généreux. Toutefois, pour obtenir des performances plus musclées, les vrais amateurs peuvent maintenant se tourner vers le coupé TT RS...

PUISSANCE 5

Moteur cinq cylindres suralimenté par turbocompression, suspensions magnéto-rhéologiques, ensemble aérodynamique, boîte à double embrayage, rouage intégral et sièges sport, voilà la recette adoptée par Audi pour créer la RS dont le cinq cylindres 2,5 litres déploie 394 chevaux et un couple de 354 livres-pied. Avec un chrono de 3,7 secondes et une force d'accélération mesurée à 1,2 g, le coupé TT RS rejoint les exotiques de haut calibre. Ce moteur, à nombre impair de cylindres, a un tempo singulier lui donnant une signature vocale rauque et très typée, qui devient rapidement une drogue dure, rien de moins...

Lors d'un essai sur circuit, j'ai été impressionné par la livrée très linéaire du couple du moteur, par la direction plus rapide et par le comportement très incisif du coupé TT RS en entrée de virage. Avec la sélection du mode Dynamic, le rouage intégral livre plus de couple au train arrière en sortie de virage, ce qui rappelle un peu le comportement d'une propulsion en conduite sportive. Le coupé TT RS fait toujours preuve d'une excellente stabilité, même dans les virages rapides, et ses réactions sont toujours très prévisibles. Cependant, le coupé TT RS n'est pas aussi excitant à conduire à la limite sur circuit qu'une voiture sportive de type propulsion. Sur la route, on aime que les liaisons au sol soient assurées par des suspensions magnétorhéologiques, et que le comportement du coupé TT RS soit paramétrable. En mode Comfort, la voiture absorbe bien les inégalités de la chaussée et permet aussi de bien sentir le transfert des masses en conduite plus relaxe.

Le coupé TT RS se démarque par sa calandre en nid d'abeille tridimensionnelle avec logo « quattro » à sa base, alors qu'un aileron arrière fixe et des embouts d'échappement peints en noir complètent le look sport.

Le rouage intégral permet à l'Audi TT, coupé ou roadster, d'assurer une grande stabilité lorsque les conditions météorologiques se dégradent. À lui seul, cet élément permet d'allonger la saison pour cette sportive remarquablement bien adaptée à notre climat.

Données principales

Emp. / lon. / lar. / haut.	Coupé - 2 505 / 4 191 / 1 832 / 1 341 mm
	Roadster - 2 505 / 4 183 / 1 831 / 1 351 mm
Coffre / réservoir	Coupé - 305 à 712 litres / 55 litres
	Roadster - 280 litres / 55 litres
Nbre coussins sécurité / ceintures	8 / 4
Suspension av. / arr.	ind., jambes force / ind., multibras
Pneus avant / arrière	P245/35R19 / P245/35R19
Poids / Capacité de remorquage	Coupé - 1 515 kg / n.d.
	Roadster - 1 530 kg / n.d.

Composantes mécaniques

COUPÉ, ROADSTER

Cylindrée, alim.	4L 2,0 litres turbo
Puissance / Couple	220 ch / 258 lb-pi
Tr. base (opt) / Rouage base (opt)	A6 / Int
0-100 / 80-120 / V. max	5,9 s (const) / n.d. / 209 km/h (const)
100-0 km/h	n.d.
Type / ville / route / CO_2	Sup / 10,1 / 7,8 / 4 240 kg/an

S COUPÉ

Cylindrée, alim.	4L 2,0 litres turbo
Puissance / Couple	292 ch / 280 lb-pi
Tr. base (opt) / Rouage base (opt)	A6 / Int
0-100 / 80-120 / V. max	4,9 s (const) / n.d. / 250 km/h (const)
100-0 km/h	n.d.
Type / ville / route / CO_2	Sup / 10,3 / 8,7 / 4 480 kg/an

RS COUPÉ

Cylindrée, alim.	5L 2,5 litres turbo
Puissance / Couple	394 ch / 354 lb-pi
Tr. base (opt) / Rouage base (opt)	A7 / Int
0-100 / 80-120 / V. max	3,7 s (const) / n.d. / 250 km/h (const)
100-0 km/h	n.d.
Type / ville / route / CO_2	Sup / 13,7 / 7,9 / 5 180 (est) kg/an

DU NOUVEAU EN 2018

Ajout de la version TT RS, changements mineurs.

Pour voir la liste complète des informations techniques, veuillez vous référer à la section statistiques.

AUDI | 179

AUDI TT

BENTLEY **BENTAYGA**

64% COTE DU **GUIDE**

(((**SiriusXM**)))

Prix: 266 090 $ (2017)
Catégorie: VUS
Garanties:
3 ans/illimité, 3 ans/illimité
Transport et prép.: n.d.
Ventes QC 2016: n.d.
Ventes CAN 2016: n.d.
Assemblage: Crewe GB

Fiabilité	Appréciation générale
n.d.	■■■■■■■□□□
Sécurité	Agrément de conduite
n.d.	■■■■■■■□□□
Consommation	Système multimédia
■■■□□□□□□□	■■■■■■■□□□

Cote d'assurance

n.d.

Connectivité multimédia

Apple CarPlay

+ Exclusivité assurée • Performances à couper le souffle • Confort inédit • Qualité des matériaux impressionnante • Système quatre roues motrices efficace

− Visibilité médiocre • Prix exagéré • Points de service limités • Longs délais de livraison • Trop de puissance, ça frustre

Concurrents
Lamborghini Urus,
Land Rover Range Rover,
Mercedes-Benz Classe G,
Mercedes-Benz GLS

Quand votre chalet, c'est votre automobile

Marc-André Gauthier

I l serait intéressant de demander au consommateur moyen, en tout cas assez en moyens pour s'acheter un véhicule, de nommer des marques de voitures de luxe. La réponse ressemblerait à quelque chose comme «Lexus, Acura, Mercedes-Benz, Infiniti, BMW, etc.».

Et pourtant Sachez, lecteurs fidèles et curieux, que les marques de luxe se séparent désormais en deux catégories. On parle maintenant de marques de luxe d'entrée de gamme (Lexus, Acura, Mercedes-Benz, Infiniti, BMW, etc.) et de constructeurs de prestige. Dans ce cas, il s'agit d'un constructeur qui ne parle pas de ses prix. Si la question vous préoccupe, c'est que vous n'avez pas les moyens de vous promener dans une de ses créations. C'est un constructeur qui ne se donne pas vraiment la peine d'offrir des groupes d'options sur ses voitures, parce que de toute façon, son client va finir par se faire construire un modèle sur mesure.

Bentley est un constructeur de prestige. Quand vous irez chez le concessionnaire de cette auguste marque anglaise, on vous présentera des couleurs, des textures, une expérience sensorielle, quoi! Si jamais vous voulez que votre auto soit de la même couleur que votre rouge à lèvres préféré, ce ne sera pas un problème.

Bentley a longtemps fabriqué de grosses berlines prestigieuses, et des coupés tout aussi confortables, capables de vous propulser bien au-delà de 300 km/h. Depuis l'an dernier, suivant une mode qui en est de moins en moins une, car elle devient tranquillement la norme, Bentley offre un VUS: le Bentayga.

UN ESSAI VAUT 4 900 CARACTÈRES
4 900 caractères, c'est ce que notre rédacteur en chef nous donne pour écrire un essai automobile dans l'ouvrage que vous tenez entre les mains, ou feuilletez dans un magasin (vous devriez l'acheter plutôt que le lire debout, vous dérangez tout le monde!). 4 900 caractères, c'est à la fois beaucoup et insuffisant pour décrire le Bentayga. Comme bien des VUS de luxe, on

retrouve deux sièges baquets à l'avant, et une banquette à l'arrière. Il y a un gros écran numérique au centre de la planche de bord. Il y a un levier de vitesses au milieu de la console, une pédale de frein, et un accélérateur. Mais bien honnêtement, ça serait mal décrire le Bentayga. Je crois qu'il est comme un plat exotique : il faut le goûter pour comprendre !

La qualité de ces matériaux est d'un autre monde. Jamais vous n'aurez touché à des cuirs si doux, si moelleux, et si fins, à moins que vous ne possédiez déjà une Bentley. Si c'est le cas, sachez que le Bentayga impressionne. Les gens de Volkswagen (car Bentley appartient à l'éclectique groupe Volkswagen) ont fait un bon travail en laissant à Bentley ce qui en fait... Bentley. Par exemple, les ingénieurs anglais ont le mandat d'offrir un produit avec une finition irréprochable. Imaginez Audi, mais fait à la main, avec de meilleurs matériaux. Déjà que ceux d'Audi sont excellents...

C'EST AUSSI UN VUS

Mais le Bentayga n'est pas qu'un salon raffiné. C'est aussi un VUS, et tout un ! Mécaniquement, on a affaire à un W12 biturbo de 6,0 litres. Un douze cylindres de 600 chevaux, capable de propulser les deux tonnes et demie du Bentayga de 0 à 100 km/h en 4,1 secondes, et jusqu'à une vitesse de 301 km/h. Si votre voisin avec son Tesla Model X P100D prend de l'avance sur vous au décollage, ça ne sera pas long qu'il se fera tout petit dans votre rétroviseur, à condition de risquer la prison, et la première page du journal.

Ce moteur est à la fois terrifiant, quand on appuie à fond sur l'accélérateur, et civilisé, si l'on conduit délicatement. Grâce à un système quatre roues motrices à la fine pointe de la technologie, et à des pneus ultralarges, le Bentayga tient la route comme sur des rails. Bien honnêtement, la manière dont ce gros balourd colle à la chaussée est impressionnante, même lorsqu'il est lancé dans des virages serrés.

Afin d'offrir plus de choix, Bentley vend ailleurs dans le monde des Bentayga avec un V8 biturbo, un V8 diesel et une éventuelle motorisation hybride. Mais à quoi bon, puisqu'un véhicule avec un W12, ça entame bien une conversation au country club !

Si le style de ce VUS vous laisse pantois, sachez qu'une version « coupé » est en préparation, histoire de vous démarquer des quelques dizaines de personnes dans le monde qui ont déjà commandé leur Bentayga. Sinon, attendez la version Supersports, pour pouvoir vous moquer de la limite actuelle de 301 km/h.

Certains achètent un chalet avec leur capital en trop, d'autres, un VUS dont le prix de base est de 266 000 $. Et qui peut grimper à plus de 520 000 $, si vous prenez l'horloge en option à 260 000 $. Vous avez bien lu...

Données principales	
Emp. / lon. / lar. / haut.	2 995 / 5 140 / 1 998 / 1 722 mm
Coffre / réservoir	431 à 1 774 litres / 85 litres
Nbre coussins sécurité / ceintures	6 / 5
Suspension av. / arr.	ind., pneumatique, bras inégaux / ind., pneumatique, multibras
Pneus avant / arrière	P275/50R20 / P275/50R20
Poids / Capacité de remorquage	2 538 kg / n.d.

Composantes mécaniques	
Cylindrée, alim.	W12 6,0 litres turbo
Puissance / Couple	600 ch / 664 lb-pi
Tr. base (opt) / Rouage base (opt)	A8 / Int
0-100 / 80-120 / V. max	4,1 s (const) / n.d. / 301 km/h (const)
100-0 km/h	n.d.
Type / ville / route / CO_2	Sup / 18,2 / 12,2 / 7400 kg/an

> « CERTAINS **ACHÈTENT** UN CHALET AVEC LEUR **CAPITAL** EN TROP, D'AUTRES, **UN VUS** DONT LE PRIX DE BASE EST DE **260 000 $**, QUI PEUT GRIMPER À PLUS DE 520 000 $. »

DU NOUVEAU EN 2018

Un modèle hybride pourrait être commercialisé en cours d'année. Nouvelles finitions.

Photos : Bentley

Pour voir la liste complète des informations techniques, veuillez vous référer à la section statistiques.

BENTLEY | **181**

BENTLEY BENTAYGA

BENTLEY CONTINENTAL GT (2017)

 BENTLEY **CONTINENTAL GT /
CONVERTIBLE / FLYING SPUR**

66 % CÔTE DU GUIDE

(((**SiriusXM**)))

Prix : 253 660 $ à 278 740 $ (2017)
Catégorie : Cabriolet, Coupé
Garanties :
3 ans/illimité, 3 ans/illimité
Transport et prép. : n.d.
Ventes QC 2016 : n.d.
Ventes CAN 2016 : n.d.
Assemblage : Crewe GB

Fiabilité
■■■■■■□□□□

Sécurité
■■■■■■■□□□

Consommation
■■■□□□□□□□

Appréciation générale
■■■■■■■□□□

Agrément de conduite
■■■■■■■■□□

Système multimédia
■■■■■■□□□□

Cote d'assurance

n.d.

Connectivité multimédia

Aucune

➕ Silhouette magnifique (GT) •
Puissance et performances d'exception •
Comportement routier magistral

➖ Prix toujours corsés •
Poids encore substantiel • Freinage
délicat à moduler en conduite normale •
Places arrière limitées (GT et GTC) •
Flying Spur trop anonyme

Concurrents

Continental GT : Aston Martin DB11,
Audi R8, Maserati GranTurismo, McLaren
570GT, Rolls-Royce Dawn et Wraith

Flying Spur : Mercedes-Benz Classe S,
Rolls-Royce Ghost

Charme britannique et rigueur allemande en rappel

Marc Lachapelle

L e millésime 2018 marque le 20ᵉ anniversaire du rachat de Bentley par le conglomérat Volkswagen AG, alors sous la férule du génial et redoutable Dr Ing. Ferdinand Piëch. À n'en pas douter, le groupe a par la suite réussi à merveille la relance de Bentley, dans le plus sage respect des traditions de la noble marque britannique, en l'appuyant sur un raffinement technique exceptionnel, grâce à l'élite de ses ingénieurs. Le coupé Continental GT en aura été la pierre angulaire. À son tour de se métamorphoser bientôt, une deuxième fois, pour mieux affronter les rivales qui l'ont finalement rattrapé.

Pendant plus de quinze années, la superbe Continental GT et ses nombreuses variantes auront été, sans contredit, parmi les voitures les plus belles, puissantes et majestueuses à sillonner les routes de la planète. Le succès du coupé Continental GT fut instantané, dès son lancement, en 2003. À tel point que l'usine de Crewe, en Angleterre, modernisée pour quelques centaines de millions de dollars, n'arrivait pas à satisfaire les quelques milliers de commandes fermes.

Les nouveaux proprios de Bentley ont également eu l'excellente idée de ramener la marque en piste pour qu'elle renoue avec un glorieux passé, qui lui valut cinq victoires aux 24 Heures du Mans au début du siècle dernier, dont quatre consécutives aux mains des légendaires *Bentley Boys*, de 1927 à 1930. Et s'il est vrai que la Bentley Speed 8, qui l'a emporté au Mans en 2003, n'était qu'une version recarrossée de l'invincible prototype Audi R8, le coupé Continental GT3, qui a remporté le titre du championnat européen Blancpain en 2015, était en lien direct avec le modèle de série. Il avait ironiquement devancé une Audi R8 LMS dérivée, elle aussi, de la version de série de cette grande sportive.

UNE RÉUSSITE CONTAGIEUSE

Le coupé Continental GT fut rejoint, en 2005, par la berline Flying Spur et une année plus tard, par la Continental GTC décapotable. En moins de quatre ans, ces trois modèles ont presque décuplé les ventes mondiales de la marque Bentley. Coupé et décapotable furent entièrement redessinés pour 2011 et la berline, deux ans plus tard. Leurs carrosseries s'étaient affinées, mais demeuraient fidèles aux silhouettes qui leur ont valu tant de succès. Ces trois phénomènes étaient encore construits sur l'architecture D1, partagée avec la grande berline Phaeton de Volkswagen. Les GT et GTC conservaient leur puissant W12 de 6,0 litres, marié à un rouage intégral à différentiel central de type Torsen. On pouvait cependant choisir, désormais, un V8 biturbo de 4,0 litres, développé avec Audi, qui produisait 500 chevaux et plus, selon le modèle.

Ce moteur permettait surtout de réduire la consommation gargantuesque des modèles W12 de 40% grâce à la cylindrée variable, à une série de modifications et à une petite réduction du poids substantiel des GT. La nouvelle Flying Spur eut droit au V8 pour sa deuxième année. Le W12 a par la suite été doté, à son tour, de la cylindrée variable et sa puissance a été portée à 582 chevaux, pour les GT ou GTC, et 616 chevaux, pour la Flying Spur.

EXPLOITS D'HIER ET GLORIEUX LENDEMAINS

La première mouture de la Continental GT proposait déjà un raffinement total et une merveilleuse férocité, pour peu qu'on lâche la bride au fabuleux W12 qui ronronnait ou rugissait sous le capot, selon la commande. La stabilité était phénoménale, même à des vitesses inavouables. De toute manière, l'impression de vitesse était nulle dans ce coupé, qui semblait sculpté dans un bloc de granit. En virage, la direction s'alourdissait en amorce, mais la GT s'accrochait bravement, avec un équilibre louable, jusqu'à des vitesses de passage étonnantes. Ce qui n'a rien de banal pour une voiture de plus de deux tonnes métriques. Tout cela en assurant un confort sans faille, dans un habitacle opulent, comme il se doit pour une Bentley.

Les Continental n'ont évidemment cessé de gagner en luxe et en équipement au fil des années, conformément à leur vocation et à leur rang dans l'univers automobile. Or, concurrence impitoyable oblige, elles doivent maintenant faire mieux pour affronter de nouvelles rivales mieux affûtées.

Bentley présentera donc, cette année, une Continental GT entièrement nouvelle. Ce grand coupé sera construit sur une version adaptée de l'architecture MSB que Porsche a développée et utilisée en premier sur la nouvelle Panamera. Ce nouveau GT sera surtout plus léger de quelques centaines de kilos, grâce à une carrosserie et à une structure regorgeant d'aluminium et de matériaux légers.

On retrouvera des versions bonifiées des W12 et V8, mais peut-être aussi un groupe propulseur hybride. Et à l'intérieur, du cuir, du chrome et de l'électronique à profusion. L'avenir est prometteur pour ces aristocrates anglaises au fort accent germanique.

Données principales

Emp. / lon. / lar. / haut.	**GT Cabriolet** - 2746 / 4806 / 2227 / 1403 mm
	GT Coupé - 2746 / 4806 / 2227 / 1404 mm
	Flying Spur - 3 66 / 5 299 / 2 207 / 1 488 mm
Coffre / réservoir	**GT Cabriolet** - 260 litres / 90 litres
	GT Coupé - 358 litres / 90 litres
	Flying Spur - 475 litres / 90 litres
Nbre coussins sécurité / ceintures	5 / 4
Suspension av. / arr.	ind., pneumatique, bras inégaux / ind., pneumatique, multibras
Pneus avant / arrière	**GT** - P275/40ZR20 / P275/40ZR20
	Flying Spur - P275/45ZR19 / P275/40ZR19
Poids / Capacité de remorquage	**GT Cabriolet** - 2 495 kg / n.d.
	GT Coupé - 2 320 kg / n.d.
	Flying Spur - 2 417 kg / n.d.

Composantes mécaniques

FLYING SPUR V8
V8 4,0 l - 500 ch/487 lb·pi - A8 - 0-100: 5,2 s (const) - 15,9/8,0 l/100km

FLYING SPUR V8 S
V8 4,0 l - 521 ch/502 lb·pi - A8 - 0-100: 4,9 s (const) - 16,8/9,8 l/100km

FLYING SPUR W12
W12 6,0 l - 616 ch/590 lb·pi - A8 - 0-100: 4,6 s (const) - 19,6/11,8 l/100km

FLYING SPUR W12 S
W12 6,0 l - 626 ch/605 lb·pi - A8 - 0-100: 4,5 s (const) - 19,6/11,8 l/100km

CONTINENTAL GT V8 (2017)
V8 4,0 l - 507 ch/487 lb·pi - A8 - 0-100: 4,8 s (const) - 9,4/12,4 l/100km

CONTINENTAL GT V8 S (2017)
V8 4,0 l - 520 ch/502 lb·pi - A8 - 0-100: 4,5 s (const) - 9,4/12,4 l/100km

CONTINENTAL GT
W12 6,0 l - 582 ch/531 lb·pi - A8 - 0-100: 4,5 s (const) - n.d. /n.d. l/100 km

CONTINENTAL GT SPEED (2017)
W12 6,0 l - 633 ch/620 lb·pi - A8 - 0-100: 4,1 s (const) - 11,2 /15,7 l/100 km

CONTINTAL GT SUPERSPORT (2017)
W12 6,0 l - 700 ch/750 lb·pi - A8 - 0-100: 3,5 s (const) - n.d. /n.d. l/100 km

BENTLEY CONTINENTAL GT/CONVERTIBLE/FLYING SPUR

DU NOUVEAU EN 2018

Coupé Continental GT entièrement nouveau. La Flying Spur et la décapotable continuent sans changement... pour l'instant.

BENTLEY FLYING SPUR

BENTLEY CONTINENTAL GT (MODÈLE 2017)

Photos : Bentley

Pour voir la liste complète des informations techniques, veuillez vous référer à la section statistiques.

BENTLEY | 183

BENTLEY **MULSANNE**

66% COTE DU GUIDE

((SiriusXM))

Prix : 367 510 $ à 406 120 $ (2017)
Catégorie : Berline
Garanties :
3 ans/illimité, 3 ans/illimité
Transport et prép. : n.d.
Ventes QC 2016 : n.d.
Ventes CAN 2016 : n.d.
Assemblage : Crewe GB

Fiabilité n.d.	Appréciation générale ■■■■■■■□□□
Sécurité ■■■■■■■■□□	Agrément de conduite ■■■■■■■□□□
Consommation ■■■□□□□□□□	Système multimédia ■■■■■■■□□□

Cote d'assurance

n.d.

Connectivité multimédia

Aucune

➕ Luxe quasi inégalé • Performances étonnantes • Aura de prestige indéniable • Le confort d'un salon • Exclusivité garantie

➖ Prix démesuré • Poids excessif • Apparence peu changée depuis 2011 • Consommation exagérée • Manque de caractère

Concurrents
Mercedes-Maybach S 600

La vedette du *country club*

Michel Deslauriers

Pour 99 % des gens, le prix de la Mulsanne la rend hors d'atteinte. Pour les autres, c'est une démonstration de leur richesse et de leur pouvoir, et plus le prix d'une automobile est élevé, plus elle leur est attrayante. À ce niveau stratosphérique, Bentley pourrait ajouter 100 000 $ au prix de ses voitures et elle en vendrait autant. Peut-être même davantage.

Voyez-vous, la Mulsanne possède tous les atouts permettant à son propriétaire de se péter les bretelles au *country club*. Elle est puissante, somptueusement bien finie et des plus exclusives — surtout au Canada, où seulement quatre unités ont été vendues en 2016.

Quelques changements esthétiques lui ont été apportés l'an passé. La calandre arbore désormais des bandes verticales en acier inoxydable, le détail à l'intérieur des blocs optiques a été redessiné et les feux arrière ont également été révisés. Les différences sont très subtiles, et il faut avoir l'œil averti pour les apercevoir. D'autant plus que l'on croisera une Mulsanne très, très rarement.

UNE EXPÉRIENCE D'ACHAT HORS DU COMMUN
Évidemment, la richesse ouvre des portes normalement fermées à la classe moyenne. En se procurant une Bentley, la firme anglaise nous invite à son usine d'assemblage à Crewe afin de choisir les matériaux, les couleurs et les textures qui habilleront l'habitacle de notre Mulsanne, tasse de thé à la main. Malgré la rareté de la voiture sur nos routes, on ne voudrait surtout pas en croiser une identique à la nôtre! Aucun problème, puisque Bentley comblera les besoins et les désirs de tous ses clients. Même de ceux qui n'ont aucun talent pour agencer les couleurs.

Le corps dénudé de la Mulsanne est fabriqué par un sous-traitant et arrive à Crewe, prêt pour la peinture, l'aménagement intérieur et la mécanique. Les cuirs proviennent de taureaux élevés dans la partie sud de la Scandinavie, passant leurs journées dans un champ libre de clôtures en barbelé qui risqueraient de laisser des cicatrices sur leur peau. Pas moins de 17 bêtes doivent être déshabillées pour habiller l'intérieur d'une Mulsanne, et 24 teintes différentes sont disponibles. Les boiseries arrivent de plusieurs pays, dont l'Espagne, le Japon et les États-Unis. Ou d'un arbre de notre choix, puisque le client a toujours raison. On prépare 24 couches de placage pour chaque voiture; 17 sont utilisées et les autres sont conservées par le manufacturier si jamais l'auto a besoin de pièces de rechange.

Les sièges, les accoudoirs et les panneaux de porte ont été redessinés, mais sinon, cet endroit a peu changé depuis 2013. Selon Bentley, des ressorts pneumatiques et des coussinets hydrauliques révisés ont permis une réduction du bruit de quatre décibels dans ce havre de paix, alors que le moteur est également plus silencieux de 25 décibels. Entrelacé dans cette orgie de cuirs, de boiseries et de métaux, on a aussi droit à un système multimédia revu et corrigé.

Enfin, pour ceux qui préfèrent se faire reconduire plutôt que s'asseoir au volant, la Mulsanne à empattement allongé procure 250 millimètres de dégagement supplémentaire pour les jambes à l'arrière. Cette version de la berline comprend également des fauteuils inclinables et un toit ouvrant arrière.

TOUTE UNE CAVALERIE

Le moteur de la Bentley Mulsanne est également assemblé à Crewe. Ce bon vieux V8 biturbo de 6,75 litres parvient à demeurer moderne malgré le poids des années, et produit actuellement 505 chevaux et un couple massif de 752 livres-pied. Le tout est acheminé au sol par l'entremise d'un rouage à propulsion et d'une boîte automatique à huit rapports. Le constructeur promet des accélérations de 0 à 100 km/h de 5,3 secondes et une vitesse maximale de 284 km/h. Pas mal pour une berline de plus de 2 700 kg !

Fait étonnant, et malgré la rapidité de la Mulsanne, cette puissance s'exploite sans violence, sans brasser ses occupants. Comme si l'on nous tirait d'un canon enveloppé d'une immense boule de ouate pour absorber le choc et le bruit. On entend le moteur, bien sûr, mais il souffle comme une tornade au lieu de grogner. La Mulsanne Speed, elle, dispose de 530 chevaux et d'un couple de 811 livres-pied, pour ceux qui voudraient ajouter un peu de sportivité à leur salon sur roues. Elle retranche 0,4 seconde sur le 0-100 et franchit le cap des 305 km/h. Malade.

Malgré tout, cette berline n'est pas des plus enivrantes à conduire, surtout considérant son prix et son gabarit. L'arrivée de la Rolls-Royce Phantom VIII risque de causer des ennuis à la Mulsanne, puisque l'aspect de la nouveauté incitera probablement les acheteurs de ces berlines de prestige à délaisser la Bentley. À bien y penser, ils s'achèteront sans doute les deux parce qu'ils en ont largement les moyens. Quel dilemme !

Données principales

Emp. / lon. / lar. / haut.	3266 / 5575 / 2208 / 1521 mm
Coffre / réservoir	443 litres / 96 litres
Nbre coussins sécurité / ceintures	6 / 5
Suspension av. / arr.	ind., pneumatique, bras inégaux / ind., pneumatique, multibras
Pneus avant / arrière	P265/40ZR21 / P265/40ZR21
Poids / Capacité de remorquage	2711 kg / n.d.

Composantes mécaniques

BASE

Cylindrée, alim.	V8 6,8 litres turbo
Puissance / Couple	505 ch / 752 lb-pi
Tr. base (opt) / Rouage base (opt)	A8 / Prop
0-100 / 80-120 / V. max	5,3 s (const) / 0,0 s / 284 km/h (const)
100-0 km/h	n.d.
Type / ville / route / CO_2	Sup / 19,6 / 12,4 / 7526 (est) kg/an

SPEED

Cylindrée, alim.	V8 6,8 litres turbo
Puissance / Couple	530 ch / 811 lb-pi
Tr. base (opt) / Rouage base (opt)	A8 / Prop
0-100 / 80-120 / V. max	4,9 s (const) / n.d. / 305 km/h (const)
100-0 km/h	n.d.
Type / ville / route / CO_2	Sup / 19,6 / 12,4 / 7526 (est) kg/an

« DANS CE **SEGMENT** DE MARCHÉ OÙ LA **VANTARDISE** EST SOUVENT LE PRINCIPAL **CRITÈRE D'ACHAT**, PLUS **LE PRIX** EST **ÉLEVÉ**, PLUS LA VOITURE EST **ATTRAYANTE.** »

DU NOUVEAU EN 2018

Aucun changement majeur au moment de mettre sous presse.

Photos : Bentley

Pour voir la liste complète des informations techniques, veuillez vous référer à la section statistiques.

BENTLEY | 185

BMW i3

72 % COTE DU GUIDE

((SiriusXM))

Prix : 46 900 $ à 51 500 $ (2017)
Catégorie : Hatchback
Garanties :
4 ans/80 000 km, 4 ans/80 000 km
Transport et prép. : 2 852 $
Ventes QC 2016 : n.d.
Ventes CAN 2016 : n.d.
Assemblage : Leipzig DE

Fiabilité	Appréciation générale
■■■■■□□□□□	■■■■■■□□□□
Sécurité	Agrément de conduite
■■■■■■□□□□	■■■■■■■□□□
Consommation	Système multimédia
■■■■■■■■□□	■■■■■■□□□□

Cote d'assurance

n.d.

Connectivité multimédia

Apple CarPlay

➕ Performances convaincantes en ville •
Conduite à une seule pédale ou presque •
Look inédit • Style réussi de l'habitacle

➖ Prix très élevé • Pneus avant
rapidement saturés • Roulement plutôt
ferme • Autonomie moyenne •
Temps de recharge sur 120 volts

Concurrents

Chevrolet Bolt EV, Chevrolet Volt,
Hyundai Ioniq, Kia Soul EV, Nissan LEAF,
smart fortwo, Tesla Model 3,
Volkswagen e-Golf

Citadine électrique et dynamique

Gabriel Gélinas

La BMW i3 est une voiture innovante sur le plan technique, mais sa diffusion au Canada demeure presque confidentielle. À preuve, BMW a écoulé 134 voitures de sa division électrique «i» (comprenant la i3 et la i8) au pays en 2016 sur un total de 7 215 véhicules. Pour la marque bavaroise, cela ne représente qu'un maigre 1,85 % de ses ventes annuelles. La i3 n'est pourtant pas dépourvue d'intérêt, bien au contraire, et peut facilement combler les besoins en mobilité d'une certaine clientèle par sa vocation de voiture citadine.

Avec la i3, l'innovation n'est pas limitée qu'au groupe propulseur électrique, puisque cette voiture est dotée d'une architecture qui fusionne un châssis en aluminium à une carrosserie réalisée en fibre de carbone renforcée de plastique. Ce procédé de fabrication innovant s'imposait afin de réduire la masse de la voiture et de compenser le poids des batteries logées sous le plancher.

Avec son gabarit singulier et sa silhouette étrange, la i3 clame haut et fort sa spécificité de voiture électrique. La hauteur de la caisse étonne, tout comme les portes antagonistes et l'originalité des lignes. On remarque aussi l'étroitesse de la monte pneumatique, nécessaire pour réduire la résistance au roulement et bonifier l'aérodynamique. Pas de doute, le design futuriste permet à la i3 de se distinguer dans le paysage automobile et il faut remarquer le *roundel* (l'emblème de BMW) et les naseaux à l'avant pour prendre conscience de son appartenance à la marque de Munich.

En prenant place à bord, on note que la position de conduite est un peu haute, mais que l'espace est tout à fait convenable aux places avant. C'est carrément autre chose en arrière, où les dossiers sont très droits et où il est impossible de glisser ses pieds sous les sièges avant. L'habitacle est très lumineux et son aménagement fait la part belle aux matériaux de couleurs et de textures très variées qui rappellent un ameublement design haut de gamme.

Avec la nouvelle batterie de 94 ampères/heure (33 kilowatts/heure) introduite en 2017, l'autonomie de la i3 a progressé de 50 %, selon le constructeur, ce qui permet d'envisager une autonomie de 200 kilomètres en mode électrique et de 130 kilomètres supplémentaires si la voiture est pourvue du prolongateur d'autonomie, appelé REx (pour *Range Extender*, en anglais) qui est un moteur atmosphérique à deux cylindres de 650 centimètres cubes emprunté à la division moto de BMW (Motorrad). Fait à noter, ce moteur thermique ne fait pas partie de la chaîne de traction de la voiture et agit comme une simple génératrice afin de produire du courant pour réalimenter la batterie.

Avec la batterie de 60 ampères/heure qui équipait précédemment la i3, je n'ai jamais été en mesure de faire mieux qu'une centaine de kilomètres avec une pleine charge. Heureusement, notre plus récente i3 était munie du prolongateur d'autonomie qui se mettait automatiquement en marche une fois le niveau minimal de charge atteint avec un bourdonnement qui ne cadrait toutefois pas avec la vocation « premium » de la i3. Comme la capacité du réservoir de carburant n'est que de 8,7 litres et que la consommation observée était supérieure à 7,0 litres aux 100 kilomètres, je ne me suis jamais retrouvé aussi souvent à une station-service pendant une semaine d'essai... Pas de doute, l'autonomie — électrique comme à essence — constitue le principal facteur limitatif de la i3.

Pour des déplacements en ville ou une courte navette entre la banlieue et le centre-ville, la i3 est dans son élément. Son format compact et son rayon de braquage ultracourt lui confèrent une grande agilité dans l'environnement urbain, et le couple de son moteur électrique permet de la catapulter vers l'avant avec une immédiateté étonnante de 0 à 50 kilomètres/heure. Le freinage régénératif est performant au point où il est possible d'immobiliser la voiture à un arrêt simplement en apprenant à lever le pied de l'accélérateur au moment opportun, sans même toucher à la pédale de frein.

Sur les routes secondaires ou sur l'autoroute, on note que la direction est un peu trop légère et que l'adhérence du train avant est vite saturée en raison des pneumatiques étroits qui provoquent l'intervention hâtive du système de contrôle électronique de la stabilité. Aussi, l'amortissement se montre un peu ferme, particulièrement à la croisée de joints de dilatation.

LA TOTALE

Il faut être plutôt fortuné pour accéder à la mobilité électrique selon BMW puisque le prix de base d'une i3 est supérieur à 45 000 $. Si l'on ajoute le prolongateur d'autonomie et quelques groupes d'options, la facture peut facilement atteindre 55 000 $. C'est très cher, ce qui fait que l'on peut qualifier la BMW i3 de citadine électrique et dynamique pour avant-gardistes aussi fortunés que branchés.

Données principales	
Emp. / lon. / lar. / haut.	2 570 / 4 008 / 1 775 / 1 578 mm
Coffre / réservoir	260 à 1100 litres / 9 litres
Nbre coussins sécurité / ceintures	6 / 4
Suspension av. / arr.	ind., jambes force / ind., multibras
Pneus avant / arrière	P155/70R19 / P175/60R19
Poids / Capacité de remorquage	1470 kg / non recommandé

Composantes mécaniques	
LOFT DESIGN	
Puissance / Couple	168 ch (125 kW) / 184 lb-pi
Tr. base (opt) / Rouage base (opt)	Rapport fixe / Prop
0-100 / 80-120 / V. max	7,3 s (const) / 5,1 s (const) / 150 km/h (const)
100-0 km/h	44,7 m (est)
Consommation combinée	1,9 Le/100 km
Type de batterie	Lithium-ion (Li-ion)
Énergie	33,2 kWh
Temps de charge (120V / 240V)	8,0 h / 4,5 h
Autonomie	200 km
RANGE EXTENDER	
Cylindrée, alim.	2L 0,7 litre atmos.
Puissance / Couple	38 ch / 41 lb-pi
Tr. base (opt) / Rouage base (opt)	Rapport fixe / Prop
0-100 / 80-120 / V. max	8,0 s / 6,2 s / 150 km/h (const)
100-0 km/h	44,7 m
Type / ville / route / CO_2	Sup / 5,7 / 6,3 / 2760 kg/an
Consommation combinée	2,0 Le/100 km
MOTEUR ÉLECTRIQUE	
Puissance / Couple	168 ch (125 kW) / 184 lb-pi
Type de batterie	Lithium-ion (Li-ion)
Énergie	33,2 kWh
Temps de charge (120V / 240V)	8,0 h / 4,5 h
Autonomie	200 km

DU NOUVEAU EN 2018

Aucun changement majeur au moment de mettre sous presse.

Photos : BMW

Pour voir la liste complète des informations techniques, veuillez vous référer à la section statistiques.

BMW i3

HYBRIDE

BMW i8

74% COTE DU GUIDE

((SiriusXM))

Prix: 150 000 $ (2017)
Catégorie: Coupé
Garanties:
4 ans/80 000 km, 4 ans/80 000 km
Transport et prép.: 2 852 $
Ventes QC 2016: n.d.
Ventes CAN 2016: n.d.
Assemblage: Leipzig DE

Fiabilité	Appréciation générale
■■■■□□	■■■■■□
Sécurité	Agrément de conduite
■■■■■□	■■■■■□
Consommation	Système multimédia
■■■■■□	■■■■■□

Cote d'assurance

n.d.

Connectivité multimédia

Apple CarPlay

+ Look de concept-car • Technologie de pointe • Exclusivité assurée • Très efficiente en consommation • Confort étonnant

– Places arrière symboliques • Espace de chargement très limité • Manque de rangements dans l'habitacle • Freinage régénératif sec

Concurrents

Acura NSX, Aston Martin Vantage, Jaguar F-TYPE, Lamborghini Huracán, Lexus LC, Maserati GranTurismo, McLaren 540C, Porsche 911

Remise à niveau

Gabriel Gélinas

Quelques années à peine après son lancement, voici que la i8, une voiture sport, conjuguée au futur de BMW, fera l'objet de retouches ayant pour but de rafraîchir son style et d'augmenter la puissance de sa motorisation hybride. De plus, la gamme i8 sera dorénavant composée de deux modèles avec l'ajout d'une version découvrable appelée Roadster, qui se pointera en début d'année 2018.

Côté look, la partie avant de la i8 fera l'objet d'un léger *lifting* qui permettra d'intégrer de nouveaux blocs optiques de type DEL, pour assurer une signature visuelle légèrement distincte... et ça devrait se limiter à ça! La i8 conservera donc son allure de concept-car, avec ses portières en élytre, ses voies larges et sa silhouette singulière, qui en fait l'une des voitures les plus frappantes que l'on puisse croiser sur la route. On s'attend également à ce que la i8 reçoive la toute dernière génération du système de télématique iDrive ainsi que la technologie de contrôle par la gestuelle, inaugurée sur la Série 7 du constructeur bavarois.

PLUS DE 400 CHEVAUX

Au moment d'écrire ces lignes, rien n'a été confirmé par BMW au sujet des modifications apportées à la gamme i8, mais les rumeurs persistantes à son sujet font état d'une hausse de puissance de sa motorisation hybride, composée d'un moteur trois cylindres turbocompressé de 1,5 litre et d'un moteur électrique, qui permettrait à la puissance combinée de la voiture de passer de 357 à près de 420 chevaux. Voilà qui est très significatif compte tenu du poids plume de la i8, qui affiche 1 567 kilos à la pesée grâce à un usage étendu de matériaux très légers, notamment sa coque en plastique renforcée de fibre de carbone. Le fait de pouvoir annoncer une puissance supérieure à 400 chevaux permettrait aussi à BMW de combler l'écart qui s'est creusé entre la i8 et les sportives plus récentes. En effet, ces dernières ont largement adopté la suralimentation par turbocompresseur en vue de bonifier la puissance de leurs moteurs.

On l'attendait en cours d'année 2017 et il semble que le modèle découvrable de la i8, appelé Roadster, se pointera avec un peu de retard, soit en début d'année 2018. Bien évidemment, ce nouveau modèle recevra les modifications esthétiques apportées à la i8 conventionnelle et sera animé par la même motorisation hybride, avec augmentation de puissance. Concernant son look, le modèle Roadster remplacera le hayon par une paire de piliers reliant le toit et la partie arrière de la voiture. Le toit devrait être composé d'un panneau qui devra être retiré à la main et remisé.

SPORTIVITÉ ET EFFICIENCE

Comme il s'agit d'une remise à niveau et non pas d'une refonte, la i8 conservera l'essentiel de ses caractéristiques et son comportement routier ne différera pas beaucoup de celui du modèle précédent, quoique l'augmentation de la puissance la rendra forcément plus véloce et pourrait même lui permettre de retrancher quelques dixièmes au chrono du sprint de zéro à cent kilomètres/heure, qui pourrait être abattu en quatre secondes. Comme l'efficience est au cœur de la i8, cette voiture est équipée de pneus qui ne sont pas très larges, histoire de réduire la résistance au roulement, bonifiant ainsi la consommation, et cette monte pneumatique fait en sorte que la voiture peut se montrer sous-vireuse lors de l'entrée en virages à haute vitesse. Le grognement sourd du moteur trois cylindres donne une sonorité atypique, qui n'est toutefois pas désagréable, et la i8 se montre remarquablement sobre, en conduite normale, avec une moyenne observée de six litres aux cent kilomètres. En conduite plus sportive, la consommation demeure raisonnable avec une moyenne de neuf litres aux 100.

Comme la i8 est une hybride rechargeable, il est possible de la brancher pour charger à bloc sa batterie lithium-ion, permettant de la conduire en mode électrique seulement, dans un silence complet, sur une distance d'environ 20 kilomètres, l'énergie de la batterie alimentant le moteur électrique relié aux seules roues avant. Il est également possible de paramétrer le comportement de la i8 sur plusieurs modes, comme Confort, où la conduite en mode électrique est limitée à la circulation à basse vitesse, ou encore le mode Sport, qui fait appel à la fois au moteur électrique, qui entraîne les roues avant, et au moteur thermique, qui est relié aux roues arrière.

Avec son apparence de *star* et sa technologie de pointe, la i8 fait la démonstration d'une étonnante dualité. Son niveau de performance n'est peut-être pas aussi relevé que celui d'une authentique sportive à moteur thermique conventionnel, mais la i8 peut se montrer d'attaque tout en étant redoutablement efficiente. C'est d'ailleurs une vitrine technologique sans égale pour le constructeur bavarois qui s'est engagé à déployer l'électrification, sous une forme ou une autre, sur tous ses modèles, dans un horizon rapproché.

Données principales

Emp. / lon. / lar. / haut.	2 800 / 4 697 / 1 942 / 1 291 mm
Coffre / réservoir	154 litres / 42 litres
Nbre coussins sécurité / ceintures	6 / 4
Suspension av. / arr.	ind., bras inégaux / ind., multibras
Pneus avant / arrière	P215/45R20 / P245/40R20
Poids / Capacité de remorquage	1567 kg / n.d.

Composantes mécaniques

BASE

Cylindrée, alim.	3L 1,5 litre turbo
Puissance / Couple	228 ch / 236 lb-pi
Tr. base (opt) / Rouage base (opt)	A6 / Int
0-100 / 80-120 / V. max	4,3 s / 3,6 s / 250 km/h (const)
100-0 km/h	39,1 m
Type / ville / route / CO$_2$	Sup / 8,4 / 8,1 / 3 802 kg/an
Puissance combinée	357 ch

MOTEUR ÉLECTRIQUE

Puissance / Couple	129 ch (96 kW) / 184 lb-pi
Type de batterie	Lithium-ion (Li-ion)
Énergie	7,1 kWh
Temps de charge (120V / 240V)	3,5 h / 1,5 h
Autonomie	24 km

« AVEC SES **PORTIÈRES** EN **ÉLYTRE**, SES VOIES LARGES ET SA **SILHOUETTE** SINGULIÈRE, LA i8 FAIT FIGURE DE VÉRITABLE *CONCEPT-CAR.* »

DU NOUVEAU EN 2018

Hausse de puissance anticipée, nouveaux blocs optiques, nouvelle génération du système iDrive. Arrivée de la i8 Roadster à toit amovible.

Photos : BMW

Pour voir la liste complète des informations techniques, veuillez vous référer à la section statistiques.

BMW **SÉRIE 2**

76% COTE DU GUIDE

Prix : 36 700 $ à 63 000 $ (2017)
Catégorie : Cabriolet, Coupé
Garanties :
4 ans/80 000 km, 4 ans/80 000 km
Transport et prép. : 2 852 $
Ventes QC 2016 : 583 unités
Ventes CAN 2016 : 2 091 unités
Assemblage : Leipzig DE

Fiabilité	Appréciation générale
■■■■■■□□□□	■■■■■■■□□□
Sécurité	Agrément de conduite
■■■■■■■□□□	■■■■■■■■□□
Consommation	Système multimédia
■■■■■□□□□□	■■■■■■□□□□

Cote d'assurance

$ $ $ $

Connectivité multimédia

Apple CarPlay

+ Mécaniques au point • Classique assuré (M2) • Tenue de route de haut niveau (230i et M240i) • Tenue de route de très haut niveau (M2)

– Habitacle restreint • Performances de la 230i un peu en retrait • Coûts d'entretien élevés • Roulement très dur (M2) • Peu d'espaces de rangement

Concurrents
Audi A3, Lexus RC,
Mercedes-Benz CLA, Porsche 718

Le bonheur sur quatre roues

Alain Morin

Au courant de l'année 2014, BMW a dévoilé la remplaçante de la Série 1, la Série 2. Ce changement de dénomination s'inscrit dans la logique BMW. La nomenclature des coupés et des cabriolets débute maintenant par un chiffre pair et celle des berlines et familiales par des chiffres impairs.

Depuis son arrivée, les ventes de la 2 n'ont cessé de progresser. Malgré tout, on parle d'à peine plus de 2 000 unités au Canada en 2016. Ce qui est quand même beaucoup pour une voiture plus petite qu'une Civic et dont le prix de base est deux fois plus élevé. On a beau dire que bien des gens seraient prêts à payer une fortune juste pour stationner une BMW (ou une Audi, une Ferrari, une Rolls-Royce ou une Pagani, l'orgueil n'a pas de limites...) dans leur entrée, cela n'explique pas le relatif succès de la Série 2. Si elle est populaire, c'est simplement parce qu'elle est l'une des voitures les plus agréables à conduire, surtout dans ses versions huppées.

Pas moins de huit versions constituent la Série 2. Chapeau au gestionnaire de l'inventaire ! Ces huit versions sont réparties en deux carrosseries, coupé et cabriolet. À la base, on retrouve le coupé 230i mû par un quatre cylindres 2,0 litres développant 248 chevaux. Une automatique à huit rapports ou une délicieuse manuelle à six rapports relaient la cavalerie aux roues arrière. Cette 230i peut aussi recevoir le rouage intégral xDrive, ce qui en fait une 230i xDrive coupé ou cabriolet. On y perd certes un tantinet au chapitre des performances en raison du poids plus élevé du rouage intégral, mais comme la 230i n'est pas axée sur les hautes performances, il n'y a pas de raison de s'en priver.

C'EST PAS PARCE QU'IL Y A UN M QUE C'EST UNE M...

Suivent les M240i (propulsion) et M240i xDrive (intégral), offertes autant pour le coupé que le cabriolet. Ces versions sont dotées d'office de l'ensemble M Performance qui ajoute des éléments cosmétiques propres aux vraies M ainsi que quelques gâteries dont, entre autres, des pneus plus gros, une suspension adaptative et des freins plus costauds. Attention, malgré ce que pourrait laisser croire l'appellation M Performance, il ne s'agit pas de la M2. Cette dernière se situe dans une catégorie à part. En fait, BMW joue avec la notoriété de ses modèles M pour créer des noms « confusants ».

Toujours est-il que les M240i et M240i xDrive font appel à une mécanique de haut niveau. En effet, le six cylindres en ligne biturbo de 3,0 litres bénéficie de 335 chevaux et d'un couple de 369 livres-pied pour offrir des performances éclatantes. BMW annonce un 0-100 km/h de 4,6 secondes pour le coupé M240i (4,8 pour le M240i xDrive). Le conducteur a, sous la main, les mêmes boîtes de vitesses que dans la 230i.

Grâce à une plate-forme d'une rigidité exemplaire, ces M240i et M240i xDrive sont de véritables machines à plaisir. La tenue de route s'avère sans reproche et il est possible de s'amuser un peu (beaucoup même) puisque les roues motrices sont situées à l'arrière. Je sais, le xDrive est un rouage intégral, mais son mode Sport est calibré de façon à envoyer davantage de couple à l'arrière. En passant, sur nos routes dégradées, le mode Confort est à conseiller.

ÇA, C'EST UNE M !

Impressionnés ? Attendez de mettre la main sur une M2, offerte en coupé seulement. Pas une Série 2 dotée d'éléments M. Non, la vraie M, celle dont le six en ligne de 3,0 litres biturbo développe 365 chevaux. À peine 30 de plus que la M240i, me direz-vous. Cependant, tout dans cette M2 est pensé pour une utilisation sportive. La direction est d'une extraordinaire précision et la boîte automatique à double embrayage à sept rapports (livrable) ne peut être prise en défaut, même dans les conditions très difficiles imposées par un usage sur piste. Parlant de piste, il est possible de désactiver tous les systèmes de sécurité. À ce moment, il faudra être rapide pour contre-braquer puisque l'arrière devient léger à la limite et peut décrocher brutalement. Autrement dit, à ne pas mettre entre toutes les mains. Sur la route, la dureté de la suspension et la tonalité de l'échappement à vitesse de croisière pourraient en déranger certains. Pour ceux-ci, la M240i est tout indiquée !

Pour le reste, et ça s'adresse à toute la gamme, on a affaire à une voiture compacte dont les sièges avant sont confortables, quoique trouver une bonne position de conduite puisse être difficile pour certains. Les sièges arrière sont moins accueillants. Et encore faut-il pouvoir s'y rendre... Il y a peu d'espaces de rangement et la visibilité tout le tour n'est pas optimale, spécialement dans le cabriolet lorsque le toit est relevé.

Pour rouler en Série 2, il faut être prêt à faire quelques sacrifices. Mais elle en vaut la peine, surtout la M2, sans doute la M la plus pure que BMW ait conçue depuis plusieurs années.

Données principales

Emp. / lon. / lar. / haut.	**Cabriolet** - 2 690 / 4 437 / 1 774 / 1 413 mm
	Coupé - 2 693 / 4 476 / 1 854 / 1 410 mm
Coffre / réservoir	**Cabriolet** - 280 à 335 litres / 52 litres
	Coupé - 390 litres / 52 litres
Nbre coussins sécurité / ceintures	6 / 4
Suspension av. / arr.	ind., jambes force / ind., multibras
Pneus avant / arrière	P225/40R18 / P225/40R18
Poids / Capacité de remorquage	**Cabriolet** - 1 793 kg / n.d.
	Coupé - 1 665 kg / non recommandé

Composantes mécaniques

230I, 230I XDRIVE

Cylindrée, alim.	4L 2,0 litres turbo
Puissance / Couple	248 ch / 258 lb-pi
Tr. base (opt) / Rouage base (opt)	A8 (M6) / Int (Prop)
0-100 / 80-120 / V. max	5,9 s (const) / n.d. / 210 km/h (const)
100-0 km/h	43,5 m (est)
Type / ville / route / CO_2	Sup / 10,7 / 6,9 / 4 135 (est) kg/an

M240I, M240I XDRIVE

Cylindrée, alim.	6L 3,0 litres turbo
Puissance / Couple	335 ch / 369 lb-pi
Tr. base (opt) / Rouage base (opt)	A8 (M6) / Int (Prop)
0-100 / 80-120 / V. max	4,8 s (const) / n.d. / 210 km/h (const)
100-0 km/h	n.d.
Type / ville / route / CO_2	Sup / 11,8 / 7,8 / 4 600 (est) kg/an

M2 COUPÉ

Cylindrée, alim.	6L 3,0 litres turbo
Puissance / Couple	365 ch / 343 lb-pi
Tr. base (opt) / Rouage base (opt)	M6 (A7) / Prop
0-100 / 80-120 / V. max	4,9 s / 3,2 s / 250 km/h (const)
100-0 km/h	37,5 m
Type / ville / route / CO_2	Sup / 13,1 / 9,0 / 5 177 (est) kg/an

DU NOUVEAU EN 2018

Quelques changements cosmétiques à l'avant et au tableau de bord, nouveau système d'infodivertissement iDrive 6,0 avec écran enfin tactile, phares et feux arrière révisés, quelques nouvelles couleurs, nouvelles roues.

Photos : BMW

Pour voir la liste complète des informations techniques, veuillez vous référer à la section statistiques.

BMW | 191

BMW **SÉRIE 3**

78% COTE DU GUIDE

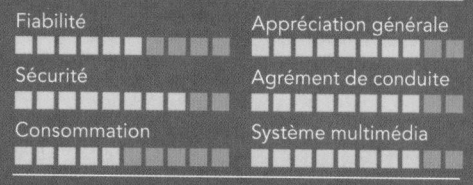

Prix: 45 600 $ à 77 050 $
Catégorie: Berline, Familiale
Garanties:
4 ans/80 000 km, 4 ans/80 000 km
Transport et prép.: 2 195 $
Ventes QC 2016: 1 763 unités
Ventes CAN 2016: 7 452 unités
Assemblage: Ratisbonne DE, Munich DE

Fiabilité ■■■■■□□□□□
Appréciation générale ■■■■■■■□□□
Sécurité ■■■■■■■□□□
Agrément de conduite ■■■■■■■□□□
Consommation ■■■■■□□□□□
Système multimédia ■■■■■■□□□□

Cote d'assurance

$ $ $ $

Connectivité multimédia

Apple CarPlay

+ Agréable à piloter • Choix de groupes motopropulseurs • Look très réussi • Consommation d'essence raisonnable

− Places arrière serrées • M3 : suspension inutilement ferme • L'habitacle a pris de l'âge • Prix quelquefois corsés

Concurrents
Acura TLX, Audi A4, Cadillac ATS, Infiniti Q50, Jaguar XE, Lexus IS, Mercedes-Benz Classe C, Volvo S60

Toujours une référence

Mathieu St-Pierre

J e me souviens de l'époque où les amis de la famille ne juraient que par leurs BMW. Après avoir roulé en MG et en Triumph, ils étaient passés aux 325e, i et is des années 1980. Ensuite, ils ont gradué vers les Séries 3 E36, et 5 E34. Des années après, ces médecins, dentistes et dirigeants d'entreprise se sont tournés vers Audi et Mercedes-Benz, peut-être parce qu'en vieillissant, ils recherchaient un véhicule plus huppé.

Les Audi et Mercedes étaient des véhicules plus luxueux, et qui misaient moins sur le plaisir de la conduite. BMW a compris le message et elle a adapté ses modèles. De voitures misant essentiellement sur l'agrément de conduite, les béhèmes sont devenues des voitures de luxe avec de bonnes aptitudes routières. Résultat ? Une hausse des ventes, un succès sans précédent, de nombreux nouveaux modèles et des voitures mieux construites, plus sécuritaires et plus rapides que jamais. Au fil des 20 dernières années, la Série 3 a gagné en popularité, mais la concurrence a également gagné en férocité.

Aujourd'hui, l'offre est plus abondante et plus pertinente que jamais pour ceux qui recherchent une alternative à la Série 3. Cela dit, ces BMW ont eu droit à un bon *facelift* en 2015 et ils demeurent en tête des ventes du constructeur arborant l'hélice bleue et blanche. À mon avis, la Série 3 a perdu son titre de l'automobile compacte de luxe la plus emballante à conduire aux mains de la nouvelle Alfa Romeo Giulia, mais elle reste une excellente voiture. D'ailleurs, avec la vaste gamme d'options et de groupes motopropulseurs, vous pouvez concocter une machine qui répondra exactement à vos goûts.

PLUSIEURS DÉCLINAISONS
Selon moi, la nouvelle 330i xDrive d'entrée de gamme à rouage intégral représente la configuration la plus intéressante de la Série 3. Elle est mue par un quatre cylindres de 2,0 litres révisé et plus puissant, relié à une boîte automatique à huit rapports. Grâce à son couple maximal généreux

et disponible à très bas régime, la 330i est à la fois rapide et frugale. Ce moteur ne manque jamais de souffle et la livrée de puissance est réellement satisfaisante. Il permet d'accélérer de 0 à 100 km/h en moins de six secondes.

La 328d est l'un des rares modèles à motorisation diesel disponibles dans ce segment de marché. En y allant mollo avec le pied droit, on peut obtenir une économie de carburant non négligeable, de 10 à 20 % inférieure à celle de la 330i. La 330e détonne dans la famille, car j'estime que les hybrides rechargeables constituent une façon trompeuse de se déculpabiliser, surtout avec une autonomie de moins de 25 km en mode tout électrique et un poids supplémentaire de 200 lb (90 kg) à cause des batteries.

La M3, mis à part la 340i, est le dernier membre de la Série 3 avec un six cylindres en ligne sous le capot, et l'on peut le jumeler avec une boîte manuelle à six rapports. C'est une voiture très rapide, capable de faire la barbe à bien des modèles soi-disant sportifs.

Un des grands atouts de la Série 3, c'est que peu importe la configuration choisie, la conduite sera pratiquement toujours la même. La stabilité et la réactivité font partie intégrante de ce modèle, et c'est surtout le moteur qui différencie les déclinaisons. La direction, les freins et tous les organes mécaniques sont conçus pour améliorer le pilotage.

Quant à la M3, elle fait partie d'une classe à part avec sa puissance extrême et son look à couper le souffle. Est-ce que j'achèterais une M3 plutôt qu'une 340i ? Non. Plutôt qu'une Mercedes-AMG C 63 ? J'y pense encore...

UNE HABILE COMBINAISON

Toutes les versions de la Série 3 offrent une tenue de route impressionnante tout en étant confortables. On retrouve également cette impression de contrôle à l'intérieur de l'habitacle. Toutes les déclinaisons sont munies d'un volant qui tombe bien en main, la position de conduite est excellente et les sièges procurent un bon soutien. Le tableau de bord a pris un peu d'âge par rapport à celui des séries 5 ou 7, mais il vieillit tout de même avec élégance et il demeure très fonctionnel. L'équipement disponible, le confort et la connectivité sont de haut niveau.

La Série 3 est une mesure étalon et elle le sera probablement toujours. Le modèle 2018 affiche une allure clairement reconnaissable et il est vraiment beau. Bravo aussi à BMW de continuer à offrir la magnifique familiale, baptisée Touring. Si je peux me permettre, j'aimerais demander à nos lecteurs de l'acheter en grand nombre, car je pense éventuellement me procurer un modèle d'occasion et je voudrais avoir le plus de choix possible...

Données principales

Emp. / lon. / lar. / haut.	Berline - 2 812 / 4 671 / 2 037 / 1 429 mm
	Familiale - 2 920 / 4 824 / 2 031 / 1 435 mm
Coffre / réservoir	Berline - 370 à 480 litres / 60 litres
	Familiale - 520 à 1 600 litres / 60 litres
Nbre coussins sécurité / ceintures	8 / 5
Suspension av. / arr.	ind., jambes force / ind., multibras
Pneus avant / arrière	P225/45R18 / P225/45R18
Poids / Capacité de remorquage	Berline - 1 780 kg / n.d.
	Familiale - 1 800 kg / n.d.

Composantes mécaniques

330e BERLINE

4L 2,0 l - 184 ch/215 lb-pi - A8 - 0-100: 6,1 s (const) - 8,5/6,9 l/100 km

Consommation équivalente	1,3 Le/100 km
Puissance combinée	248 ch /310 lb-pi

MOTEUR ÉLECTRIQUE

Puissance / Couple	87 ch (64 kW) / 184 lb-pi
Type de batterie	Lithium-ion (Li-ion)
Énergie	7,6 kWh
Temps de charge (120V / 240V)	n.d. / 2,0 h
Autonomie	21 km

330I XDRIVE

Cylindrée, alim.	4L 2,0 litres turbo
Puissance / Couple	248 ch / 258 lb-pi
Tr. base (opt) / Rouage base (opt)	A8 / Int
0-100 / 80-120 / V. max	6.0 (est) / n.d. / n.d.
100-0 km/h	n.d.
Type / ville / route / CO_2	Sup / 10,0 / 6,8 / 3 938 (est) kg/an

M3 BERLINE

Cylindrée, alim.	6L 3,0 litres turbo
Puissance / Couple	425 ch / 406 lb-pi
Tr. base (opt) / Rouage base (opt)	M6 (A7) / Prop
0-100 / 80-120 / V. max	4,3 s (const) / n.d. / 250 km/h (const)
100-0 km/h	n.d.
Type / ville / route / CO_2	Sup / 13,7 / 9,0 / 5 329 kg/an

328D

4L 2,0 l - 184 ch/280 lb-pi - A8 - 0-100: 7,7 s (const) - 7,6/5,5 l/100 km

340I

6 L 3,0 l - 320 ch/330 lb-pi - A8 - 0-100: 5,0 s (const) - 12,1/7,6 l/100 km

DU NOUVEAU EN 2018

Groupes d'options révisés.

Pour voir la liste complète des informations techniques, veuillez vous référer à la section statistiques.

BMW | 193

BMW **SÉRIE 4**

78% COTE DU GUIDE

Prix: 51 450 $ à 86 800 $
Catégorie: Cabriolet, Coupé, Hatchback
Garanties:
4 ans/80 000 km, 4 ans/80 000 km
Transport et prép.: 2 852 $
Ventes QC 2016: 851 unités
Ventes CAN 2016: 4 765 unités
Assemblage: Munich DE

Fiabilité	Appréciation générale
■■■■■■■□□□	■■■■■■■□□□
Sécurité	Agrément de conduite
■■■■■■■■□□	■■■■■■■■□□
Consommation	Système multimédia
■■■■■■□□□□	■■■■■■■□□□

Cote d'assurance

$ $ $ $

Connectivité multimédia

Apple CarPlay

+ Dynamique exceptionnelle •
Disponibilité du rouage intégral •
Moteurs six cylindres performants •
Style affirmé • Gamme étendue
de modèles

– Prix élevés • Tarifs des options •
Espace aux places arrière (Cabriolet) •
Changements très subtils côté look

Concurrents
Audi A5, Audi TT, Cadillac ATS,
Infiniti Q60, Jaguar F-TYPE, Lexus RC,
Mercedes-Benz Classe C, Porsche 718

Remise à niveau

Gabriel Gélinas

P our 2018, la Série 4 subit un léger restylage de mi-carrière, mais profite surtout de quelques évolutions techniques, histoire de rehausser la dynamique d'un cran afin de contrer les avancées de la concurrence germanique. Un conseil, sortez votre loupe avant d'examiner et de comparer les nouveaux modèles par rapport à ceux de l'année dernière, car les changements sont subtils au point de passer presque inaperçus pour les non-initiés.

À l'avant, il faut observer les blocs optiques de près pour s'apercevoir que la forme des phares est maintenant hexagonale et que le bouclier a été retravaillé afin de souligner la largeur de la voiture et ainsi affirmer un peu plus sa sportivité. Même scénario à l'arrière, où le bouclier a évolué et où les feux conservent leur forme en «L», mais adoptent une signature visuelle différente. De nouvelles jantes en alliage de 19 pouces sont au programme, et deux nouvelles couleurs s'ajoutent à la palette de la Série 4, soit un bleu métallisé presque turquoise et un orange presque rouge. Ces changements s'appliquent autant au Coupé qu'au Cabriolet et au modèle Gran Coupé à quatre portes.

De subtiles modifications ont également été apportées à l'habitacle comme en témoignent les trois couleurs ajoutées au catalogue de la sellerie de cuir, l'ajout d'éléments en carbone et en aluminium proposés, en option, et le nouveau look en noir de la console centrale. La nouvelle génération du système multimédia adopte la même présentation, sous forme de «tuiles», que la récente Série 5. Le conducteur peut les disposer, comme bon lui semble, pour consulter les informations pertinentes et interagir avec les différents sous-menus.

UNE DYNAMIQUE RELEVÉE D'UN CRAN
Les modifications les plus importantes se sont opérées du côté du châssis pour les modèles Coupé et Gran Coupé, celui des modèles Cabriolet demeurant inchangé. Les amortisseurs ont été affermis, la barre antiroulis, montée à l'avant, a été rigidifiée et le carrossage du train avant a été

légèrement augmenté. De plus, les ingénieurs ont reprogrammé le système électronique de la stabilité et le système de freinage antiblocage en fonction des modifications apportées aux liaisons au sol. Tous ces changements ont pour but de rehausser d'un cran la dynamique des Coupé et Gran Coupé par rapport aux modèles antérieurs.

Le six cylindres en ligne des déclinaisons 440i fait encore et toujours preuve d'une superbe linéarité et d'une belle souplesse, qui s'exprime de 1 400 à 7 000 tours/minute avec une trame sonore qui s'avère beaucoup plus inspirante que celle du moteur quatre cylindres turbo des versions 430i. La boîte automatique à huit rapports est offerte de série dans toutes les versions, et la manuelle à six rapports est option-nelle, sans frais, sur les Coupés animés par le moteur six cylindres turbo seulement.

LA M4, UNE BÊTE À PART

Avec son six cylindres biturbo de 425 chevaux, la M4, déclinée en coupé et en cabriolet, boîte manuelle ou à double embrayage, fait preuve d'une belle dualité avec un chrono variant de 4,1 secondes (coupé à boîte double embrayage) à 4,6 secondes (cabriolet à boîte manuelle) pour le sprint de zéro à cent km/h, jumelé à un comportement routier qui n'est pas trop pénalisant côté confort. Doté d'un châssis très rigide, de bonnes liaisons au sol et d'une monte pneumatique bien adaptée, le Coupé M4 met l'accent sur la dynamique et témoigne d'un bel équilibre, même si la puissance développée est en retrait par rapport à certaines rivales, comme les Lexus RC F ou Mercedes-AMG C 63 qui sont dotées de moteurs plus puissants.

La M4 CS, dévoilée à Shanghai, sera produite à seulement 2 500 unités dont certaines feront le trajet jusque chez nous en 2018. Plus légère de 40 kilos, grâce à un usage étendu de matériaux comme la fibre de carbone et le carbone renforcé de plastique, la M4 CS gagne aussi en dynamique par l'abaissement de son centre de gravité. Son moteur développe 460 chevaux, sa limite de révolution est de 7 600 tours/minute, et il est jumelé à la boîte à double embrayage à sept rapports. BMW annonce un chrono de 3,9 secondes pour le 0-100 km/h. Les suspensions sont raffermies et des pneus Michelin Pilot Sport Cup 2 sont montés sur des jantes de 19 pouces à l'avant et de 20 pouces à l'arrière.

Moins pratique, mais plus typée que la Série 3, la Série 4 propose une dynamique exceptionnelle doublée d'un style affirmé qui démontre quand même une belle retenue. Il est cependant dommage que les changements apportés ne soient pas évidents au premier coup d'œil. Quand on veut convaincre la fidèle clientèle de passer au nouveau modèle, ne doit-on pas la séduire par un coup de foudre?

Données principales

Emp. / lon. / lar. / haut.	**Cabriolet** - 2 812 / 4 671 / 2 017 / 1 384 mm	
	Coupé - 2 812 / 4 671 / 2 017 / 1 377 mm	
	Hatchback - 2 810 / 4 638 / 1 825 / 1 389 mm	
Coffre / réservoir	**Cabriolet** - 220 à 370 litres / 60 litres	
	Coupé - 445 litres / 60 litres	
	Hatchback - 480 à 1 300 litres / 60 litres	
Nbre coussins sécurité / ceintures	8 / 4	
Suspension av. / arr.	ind., jambes force / ind., multibras	
Pneus avant / arrière	P225/45R18 / P225/45R18	
Poids / Capacité de remorquage	**Cabriolet** - 1 937 kg / n.d.	
	Coupé - 1 703 kg / n.d.	
	Hatchback - 1 763 kg / n.d.	

Composantes mécaniques

430i

Cylindrée, alim.	4L 2,0 litres turbo
Puissance / Couple	248 ch / 258 lb-pi
Tr. base (opt) / Rouage base (opt)	A8 / Int
0-100 / 80-120 / V. max	6,4 s (est) / n.d. / n.d.
100-0 km/h	n.d.
Type / ville / route / CO_2	Sup / 10,5 / 7,4 / 3 609 (est) kg/an

440i

Cylindrée, alim.	6L 3,0 litres turbo
Puissance / Couple	320 ch / 330 lb-pi
Tr. base (opt) / Rouage base (opt)	A8 (M6) / Prop (Int)
0-100 / 80-120 / V. max	5,4 s (est) / n.d. / n.d.
100-0 km/h	n.d.
Type / ville / route / CO_2	Sup / 11,1 / 7,8 / 3 818 (est) kg/an

M4

Cylindrée, alim.	6L 3,0 litres turbo
Puissance / Couple	425 ch / 406 lb-pi
Tr. base (opt) / Rouage base (opt)	M6 (A7) / Prop
0-100 / 80-120 / V. max	4,6 s / 4,8 s / 250 km/h (const)
100-0 km/h	n.d.
Type / ville / route / CO_2	Sup / 13,7 / 9,1 / 4 628 (est) kg/an

M4 CS

Cylindrée, alim.	6L 3,0 litres turbo
Puissance / Couple	460 ch / 442 lb-pi
Tr. base (opt) / Rouage base (opt)	A7 / Prop
0-100 / 80-120 / V. max	3,9 s (const) / 4,3 s (const) / 280 km/h (const)
100-0 km/h	n.d.
Type / ville / route / CO_2	Sup / 13,7 / 9,1 / 4 628 (est) kg/an

DU NOUVEAU EN 2018

Léger restylage de la carrosserie et de l'habitacle, nouvelle génération du système multimédia, deux nouvelles couleurs de carrosserie et trois pour la sellerie de cuir, modifications apportées au châssis des Coupé et Gran Coupé.

Pour voir la liste complète des informations techniques, veuillez vous référer à la section statistiques.

BMW | 195

BMW **SÉRIE 5**

75%	COTE DU GUIDE

Prix : 61 500 $ à 80 900 $
Catégorie : Berline
Garanties :
4 ans/80 000 km, 4 ans/80 000 km
Transport et prép. : 2 852 $
Ventes QC 2016 : 389 unités
Ventes CAN 2016 : 2 019 unités
Assemblage : Dingolfing DE

Fiabilité	Appréciation générale
■■■■■■□□□□	■■■■■■■□□□
Sécurité	Agrément de conduite
■■■■■■■■□□	■■■■■■■■□□
Consommation	Système multimédia
■■■■■■□□□□	■■■■■■□□□□

Cote d'assurance

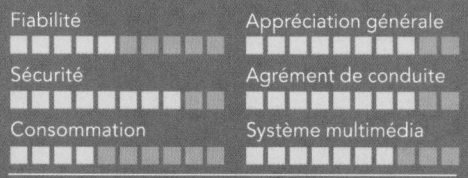

$ $ $ $

Connectivité multimédia

Apple CarPlay

+ Agrément de conduite indéniable •
Finition intérieure impeccable •
Système iDrive plus intuitif •
Version hybride rechargeable

– Le système iDrive occupe toujours
un peu trop l'attention • Peu de variété
dans les configurations • Prix et quantité
des options • Pas de boîte manuelle

Concurrents

Audi A6, Cadillac CTS, Infiniti Q70,
Jaguar XF, Lexus GS, Lincoln Continental,
Maserati Ghibli, Mercedes-Benz Classe E,
Tesla Model S, Volvo S90

Plaisir de conduire avant tout !

Sylvain Raymond

C'est vers la fin de 2016 que BMW a introduit la septième génération de sa Série 5, son modèle le plus réputé. Si les ventes de la Série 5 sont en baisse ces dernières années, cela n'a rien à voir avec le produit. On doit plutôt accuser les VUS de luxe, les nouvelles coqueluches des acheteurs. La Série 5 est au sommet de son art depuis sa récente refonte.

UN PEU MOINS DE CHOIX QUE CHEZ LA CONCURRENCE
Au sujet du style, la distinction n'est pas évidente entre la nouvelle et l'ancienne génération. Les ingénieurs se sont concentrés sur des éléments tout aussi importants, mais moins visibles, notamment une réduction de poids avec l'adoption de matériaux légers et une optimisation des mécaniques. La Série 5 utilise la même structure que la Série 7, mais on a réussi à lui retrancher un peu plus de 63 kilos tout en haussant légèrement ses dimensions. Rien n'a été négligé et si le diable est dans les détails, la nouvelle Série 5 est carrément démoniaque.

Contrairement à Mercedes-Benz, BMW n'offre pas autant de variété en fait de versions. Ainsi, la gamme n'est pas aussi étoffée que dans le cas de la nouvelle Classe E, surtout que la familiale de BMW, présentée au dernier salon de Genève, ne traversera pas l'Atlantique. La version la plus abordable est la 530i xDrive, qui reçoit un nouveau moteur quatre cylindres turbocompressé délivrant 248 chevaux à un régime assez élevé, de 5 200 à 6 500 tr/min. Son couple de 258 lb-pi est toutefois déployé assez rapidement, dès 1 450 et jusqu'à 4 800 tr/min.

La seule boîte proposée est une automatique à huit rapports. Bonne nouvelle, le rouage intégral est de série, tout comme à bord de la BMW 540i qui, grâce à son six cylindres de 3,0 litres, dispose d'un peu plus de puissance, soit 335 chevaux. Elle retranche environ 1,2 seconde au 0-100 km/h par rapport à la 530i. Ce n'est pas majeur, mais le simple fait que la 540i propose un six cylindres attirera les acheteurs qui ont de la difficulté à accepter la présence d'un « quatre » sous le capot d'une Série 5 !

DE L'HYBRIDE À LA M

La grande nouveauté, c'est l'arrivée de la 530e iPerformance, une version hybride rechargeable qui pour la première fois permet d'électrifier un modèle de la Série 5. On a marié un moteur quatre cylindres de 2,0 litres de 180 chevaux à un moteur électrique de 83 kW (111 chevaux). L'ensemble envoie ses 248 chevaux combinés aux quatre roues, ceux qui ne jurent que par le rouage intégral en seront heureux! Quand les conditions sont idéales, la batterie lithium-ion de 9,2 kWh permet une autonomie d'environ 50 km en mode purement électrique. Cette fois, c'est un avantage pour BMW face à ses rivaux qui n'ont rien pour répliquer.

À l'opposé, la M550i xDrive est la plus performante en attendant la véritable M5. Son ensemble M inclus de série accentue son style dynamique tant à l'intérieur qu'à l'extérieur, et si vous aimez les chiffres de performance, sachez que son V8 biturbo de 4,4 litres avec ses 455 chevaux et 480 lb-pi de couple permet de boucler le 0-100 km en 4,0 secondes.

UN HABITACLE AXÉ SUR LE CONDUCTEUR

À bord, le travail accompli est simplement spectaculaire, il suffit d'ouvrir la portière pour s'extasier devant l'éclairage de couleur omniprésent. Dans le cas du tableau de bord, tout est orienté vers le conducteur et à portée de main. C'est une voiture de pilote et cette mission est très bien transposée dans tous les détails, entre autres dans le volant et les sièges qui sont en grande partie responsables de l'impression ressentie au volant.

Dans la guerre des gadgets et technologies, la BMW n'est pas en reste face à Mercedes-Benz et Volvo. Son nouveau système multimédia peut être actionné de plusieurs manières différentes, notamment par la voix, l'écran tactile, les commandes habituelles et le nouveau système de commande gestuelle. Ce dernier système peut interpréter une série de signes faits par la main devant l'écran.

Lors de notre essai, on a retrouvé l'ADN qui a fait le succès de la Série 5. Non seulement elle est plus pratique et spacieuse qu'une Série 3, mais on éprouve le même plaisir de conduite et sentiment de contrôle, un aspect que la concurrence a beaucoup de difficulté à transposer dans ses gammes supérieures. On adore la précision de la direction alors que les différents modes de conduite procurent à la bagnole une personnalité distincte. On aime bien le mode Sport qui laisse rugir un peu plus le moteur, surtout lors des changements de rapport.

La Série 5 affronte de sérieuses rivales, que ce soit du côté des autos allemandes, de chez Volvo ou même de Cadillac. Toutefois, si vous aimez avaler les kilomètres, cette nouvelle Série 5 ne vous décevra pas.

Données principales

Emp. / lon. / lar. / haut.	2 975 / 4 936 / 1 868 / 1 466 mm
Coffre / réservoir	410 à 530 litres / 68 litres
Nbre coussins sécurité / ceintures	6 / 5
Suspension av. / arr.	ind., double triangulation / ind., multibras
Pneus avant / arrière	P245/45R18 / P245/45R18
Poids / Capacité de remorquage	2 064 kg / 750 kg (1650 lb)

Composantes mécaniques

530e xDRIVE

Cylindrée, alim.	4L 2,0 litres turbo
Puissance / Couple	180 ch / 255 lb-pi
Tr. base (opt) / Rouage base (opt)	A8 / Int
0-100 / 80-120 / V. max	6,0 s (const) / n.d. / 235 km/h (const)
100-0 km/h	n.d.
Type / ville / route / CO_2	Sup / 9,4 / 7,6 / 4 020 (est) kg/an
Consommation équivalente	3,6 Le/100 km
Puissance combinée	248 ch

MOTEUR ÉLECTRIQUE

Puissance / Couple	111 ch (82 kW) / 184 lb-pi
Type de batterie	Lithium-ion (Li-ion)
Énergie	9,2 kWh
Temps de charge (120V / 240V)	n.d. / 2,5 h
Autonomie	50 km

530i xDRIVE

Cylindrée, alim.	4L 2,0 litres turbo
Puissance / Couple	248 ch / 258 lb-pi
Tr. base (opt) / Rouage base (opt)	A8 / Int
0-100 / 80-120 / V. max	6,0 s (const) / n.d. / 210 km/h (const)
100-0 km/h	n.d.
Type / ville / route / CO_2	Sup / 10,5 / 7,4 / 4 260 kg/an

540i xDRIVE

Cylindrée, alim.	6L 3,0 litres turbo
Puissance / Couple	335 ch / 332 lb-pi
Tr. base (opt) / Rouage base (opt)	A8 / Int
0-100 / 80-120 / V. max	4,8 s (const) / n.d. / 210 km/h (const)
100-0 km/h	n.d.
Type / ville / route / CO_2	Sup / 11,4 / 7,8 / 4 560 kg/an

M550i xDRIVE

Cylindrée, alim.	V8 4,4 litres turbo
Puissance / Couple	445 ch / 480 lb-pi
Tr. base (opt) / Rouage base (opt)	A8 / Int
0-100 / 80-120 / V. max	4,0 s (const) / n.d. / 250 km/h (const)
100-0 km/h	n.d.
Type / ville / route / CO_2	Sup / 15,2 / 8,2 / 5 640 (est) kg/an

DU NOUVEAU EN 2018

Ajout de la version M550i et de la 530e hybride rechargeable.

Photos : BMW

BMW SÉRIE 5

BMW **SÉRIE 6**

66% COTE DU GUIDE

(((SiriusXM)))

Prix: 92 200 $ à 132 300 $ (2017)
Catégorie: Berline, Cabriolet, Coupé
Garanties:
4 ans/80 000 km, 4 ans/80 000 km
Transport et prép.: 2 852 $
Ventes QC 2016: 61 unités
Ventes CAN 2016: 458 unités
Assemblage: Dingolfing, DE

Fiabilité
■ ■ ■ ■ ■ □ □ □ □ □

Appréciation générale
■ ■ ■ ■ ■ ■ □ □ □ □

Sécurité
■ ■ ■ ■ ■ ■ □ □ □ □

Agrément de conduite
■ ■ ■ ■ ■ ■ ■ □ □ □

Consommation
■ ■ ■ ■ ■ □ □ □ □ □

Système multimédia
■ ■ ■ ■ ■ ■ □ □ □ □

Cote d'assurance

$ $ $ $

Connectivité multimédia

Apple CarPlay

+ Voiture confortable •
Lignes sophistiquées • Bonne puissance
des moteurs • Livrée M6 exclusive

– Places arrière symboliques
(sauf Gran Coupé et Gran Turismo) •
Beaucoup d'équipements en option •
Visibilité arrière difficile •
Habitacle qui commence à dater

Concurrents

Audi A7, Cadillac CTS, Lexus LC,
Mercedes-Benz Classe E

Une sportive en pantoufles

Sylvain Raymond

La BMW de Série 6 n'est pas celle qui génère le plus grand volume de ventes chez le constructeur bavarois, mais depuis sa réintroduction en 2004 en tant que modèle 2005, elle apporte un peu d'exotisme à la gamme. La génération actuelle est avec nous depuis 2012 et une légère refonte esthétique a été effectuée il y a deux ans, histoire de rester dans le coup. La voiture devrait forcément passer au bistouri dans les prochaines années, alors si vous cherchez la nouveauté à tout prix, il vaudrait mieux patienter.

Pour vous situer, la Série 6 utilise la même plate-forme que la Série 5, et se présente sous les traits d'un coupé et d'un cabriolet deux portes. Pour brouiller les cartes, BMW la commercialise aussi en berline quatre portes, cette dernière se distinguant par une ligne de toit très plongeante, d'où son style de coupé quatre portes. On l'appelle la Gran Coupé et elle s'attaque à des véhicules tels l'Audi A7 et la Mercedes-Benz CLS. Et il ne faudrait pas oublier la Gran Turismo, une version *hatchback* qui reprend le thème visuel de la Gran Coupé, mais avec infiniment moins de *sex-appeal*. Par contre, grâce à sa partie arrière relevée, son coffre est plus logeable. Elle remplace la Série 5 GT des années passées et sera offerte en variante 640i xDrive seulement.

La marque allemande a révisé récemment le design de sa Série 6, notamment la grille avant et les phares, afin de le rapprocher de celui des récentes nouveautés. Du reste, la voiture a l'air plus sophistiquée et moins dynamique que les autres modèles BMW, comme une auto sport en pantoufles. On la trouve moins éclatante, surtout que l'équipe chargée des couleurs de la carrosserie a éliminé de la palette tout ce qui est un peu plus osé. Dommage. À bord, l'habitacle est vieillot et trahit l'âge de la voiture. On est loin des nouveautés présentées par BMW ou de celles de la concurrence. Le tout demeure fonctionnel avec une instrumentation bien orientée vers le conducteur. Contrairement aux places avant qui sont d'un grand confort, celles d'en arrière du coupé et du cabriolet serviront principalement à transporter des objets. Ou — sur de longues distances — à punir les gens que vous détestez!

QUATRE CONFIGURATIONS, ET UN PRIX DANS LES SIX CHIFFRES

Une fois que vous aurez tranché entre le cabriolet, le coupé, la Gran Turismo ou la Gran Coupé, il vous ne vous restera qu'à choisir la mécanique. Les Gran Coupé et Gran Turismo 640i xDrive sont les seules à pouvoir être équipées du six cylindres en ligne turbocompressé de 3,0 litres qui développe 320 chevaux (335 pour la Gran Turismo) et un couple de 332 lb-pi.

Les plus populaires sont certainement les 650i xDrive: moteur V8 à double turbo de 4,4 litres déployant 445 chevaux. Certes, on apprécie la puissance supérieure de cette mécanique, et surtout sa riche sonorité, mais on ne peut passer sous silence son couple de 479 lb-pi libéré dès 2 000 tr/min. Impressionnant!

Ce moteur, jumelé à une excellente boîte automatique à huit rapports, offre une mécanique fort bien adaptée, même si l'économie de carburant n'est pas nécessairement au rendez-vous. Ce moteur représente davantage ce que l'on attend d'une voiture de grand tourisme, car il ne faut pas se leurrer, c'est exactement ce qu'est la Série 6. Sur la route, on a droit à un comportement carrément axé sur le confort et non sur les performances extrêmes. C'est parfait si vous désirez parcourir de longues distances dans un coupé stylisé et confortable, ça l'est moins si vous cherchez un bolide de piste... Ce comportement ne vient pas tant de la direction — assez communicative — que de la suspension qui manque de fermeté, tout comme le châssis qui manque de rigidité en conduite plus agressive.

M POUR « MOI J'AI UN BUDGET PLUS IMPORTANT »

Si vous cherchez une exclusivité, c'est la M6 qu'il faut viser. Elle arbore un design extraverti avec un bas de caisse plus agressif et des prises d'air élargies. Juste ses jantes spécifiques suffisent à nous faire tomber sous son charme, mais son véritable attrait s'avère son V8 biturbo de 4,4 litres qui libère 560 chevaux pour un couple de 500 lb-pi. Cette fois, pas de rouage intégral, toute la puissance est réservée au train arrière qui, grâce à un bon système de contrôle électronique du patinage, vous aidera à bien maîtriser le bolide.

Vous aimeriez posséder l'ultime M6 et vous targuer d'avoir 600 chevaux sous le capot? Pas de problème, demandez à votre représentant de cocher l'ensemble Compétition lors de votre commande. Vous aurez droit à une pression supérieure du turbo, une calibration de la direction et de l'accélération plus agressive et un petit boni: des jantes de 20 pouces sur lesquelles sont montés des pneus de haute performance.

Données principales

Emp. / lon. / lar. / haut.	Gran Coupé - 2 968 / 5 009 / 1 894 / 1 392 mm
	Cabriolet - 2 855 / 4 896 / 1 894 / 1 365 mm
	Coupé - 2 855 / 4 896 / 1 894 / 1 369 mm
Coffre / réservoir	Gran Coupé - 460 à 1 265 litres / 70 à 80 litres
	Cabriolet - 300 à 350 litres / 70 litres
	Coupé - 460 / 70 litres
Nbre coussins sécurité / ceintures	6 / 4
Suspension av. / arr.	ind., double triangulation / ind., multibras
Pneus avant / arrière	P265/35R20 / P295/30R20
Poids / Capacité de remorquage	Grand Coupé - 2 073 kg / n.d.
	Cabriolet - 2 105 kg / n.d.
	Coupé - 2 003 kg / n.d.

Composantes mécaniques

640i xDRIVE

Cylindrée, alim.	6L 3,0 litres turbo
Puissance / Couple	Gran Coupé - 320 ch / 332 lb-pi
	Gran Turismo - 335 ch / 332 lb-pi
Tr. base (opt) / Rouage base (opt)	A8 / Int
0-100 / 80-120 / V. max	Gran Coupé - 5,4 s (const) / n.d. / 210 km/h (const)
	Gran Turismo - 5,1 s (const) / n.d. / n.d.
100-0 km/h	n.d.
Type / ville / route / CO_2	Sup / 12,4 / 8,4 / 4738 kg/an

M6

Cylindrée, alim.	V8 4,4 litres turbo
Puissance / Couple	560 ch / 500 lb-pi
Tr. base (opt) / Rouage base (opt)	A7 (M6) / Prop
0-100 / 80-120 / V. max	4,2 s (const) / n.d. / 250 km/h (const)
100-0 km/h	n.d.
Type / ville / route / CO_2	Sup / 17,2 / 11,6 / 6757 kg/an

ALPINA B6 GRAN COUPE

Cylindrée, alim.	V8 4,4 litres turbo
Puissance / Couple	600 ch / 590 lb-pi
Tr. base (opt) / Rouage base (opt)	A8 / Int
0-100 / 80-120 / V. max	3,8 s (const) / n.d. / 324 km/h (const)
100-0 km/h	n.d.
Type / ville / route / CO_2	Sup / 14,7 / 9,7 / 5543 (est) kg/an

650i GRAN COUPÉ xDRIVE, 650i xDRIVE CABRIOLET, 650i xDRIVE COUPÉ

V8 4,4 l - 445 ch/479 lb-pi - A8 - 0-100: 4,5 s (const) - 13,8/9,1 l/100 km

DU NOUVEAU EN 2018

Arrivée à l'automne 2017 de la version Gran Turismo.

Pour voir la liste complète des informations techniques, veuillez vous référer à la section statistiques.

BMW | 199

BMW **SÉRIE 7**

82% COTE DU GUIDE

Prix: 110 400 $ à 162 200 $
Catégorie: Berline
Garanties:
4 ans/80 000 km, 4 ans/80 000 km
Transport et prép.: 2 852 $
Ventes QC 2016: 109 unités
Ventes CAN 2016: 626 unités
Assemblage: Dingolfing DE

Fiabilité
■■■■■■□□□□

Appréciation générale
■■■■■■■■□□

Sécurité
■■■■■■■■□□

Agrément de conduite
■■■■■■■□□□

Consommation
■■■□□□□□□□

Système multimédia
■■■■■■■■□□

Cote d'assurance

$ $ $ $

Connectivité multimédia

Apple CarPlay

➕ Technologie de pointe • Confort souverain • Gamme élargie de modèles • Moteurs puissants (B7 et M760) • Consommation de carburant (740Le)

➖ Prix démentiels • Tarifs des options • Poids élevé • Boîte automatique peu réactive

Concurrents

Aston Martin Rapide, Audi A8, Jaguar XJ, Lexus LS, Mercedes-Benz Classe S, Porsche Panamera, Tesla Model S

La vitrine techno de BMW

Gabriel Gélinas

Véritable vitrine technologique du constructeur bavarois, la sixième génération de la Série 7 ne se contente pas de jouer à fond la carte du luxe, mais mise également sur plusieurs autres tableaux puisque deux déclinaisons affichent des performances dignes d'une authentique sportive et qu'une autre impressionne par sa frugalité. Portrait d'une gamme complète animée par des motorisations variées comprenant, entre autres, un quatre cylindres turbocompressé assorti d'un moteur électrique et un V12 biturbo de 600 chevaux.

Pour concevoir l'actuelle Série 7, BMW a pu profiter des avancées technologiques réalisées par sa division «i», responsable de la mise au point des modèles i3 et i8, en ce qui a trait à l'usage de la fibre de carbone. Ainsi, la Série 7 affiche fièrement l'inscription «Carbon Core» signalant que sa structure monocoque comporte une quinzaine de pièces moulées en fibre de carbone fixées à des endroits stratégiques afin de la rigidifier. Côté style, la Série 7 conjugue dynamisme et élégance et l'ajout d'éléments, comme la baguette de chrome qui relie les feux arrière ou celle qui souligne les bas de caisse à partir des ouvertures Air Breather, ne manque pas de rappeler la vocation luxueuse de la plus grande berline de la marque.

CONFORT SOUVERAIN

Pour BMW, la Chine est devenue un marché de prédilection, et c'est pourquoi plusieurs versions de la Série 7 offrent un empattement allongé, afin de permettre à la richissime clientèle de profiter d'un confort souverain aux places arrière. Assis du côté droit, le «patron» peut éloigner au maximum le siège du passager avant pour ensuite déployer le repose-pied et interagir avec le système multimédia via la tablette électronique amovible.

À l'avant, il est possible d'actionner plusieurs fonctions dont la téléphonie ou certaines autres du système d'infodivertissement au moyen de commandes gestuelles, ce qui ne manque pas d'impressionner les passagers.

La version 740Le iPerformance se démarque par sa chaîne de traction hybride rechargeable composée d'un quatre cylindres turbocompressé de 2,0 litres et d'un moteur électrique alimenté par une batterie lithium-ion dont la capacité nette est chiffrée à 6,5 kWh. La puissance totale est de 322 chevaux et il est techniquement possible d'atteindre la vitesse de 140 kilomètres/heure en mode électrique grâce au mode de conduite Max eDrive. Avec un rayon d'action d'un peu plus de 40 kilomètres en mode électrique et une consommation moyenne de 8,8 litres aux 100 kilomètres, la 740Le iPerformance est la plus frugale des Série 7.

PERFORMANCES DÉCUPLÉES

La Série 7 a toujours été reconnue pour ses qualités dynamiques et celles-ci sont relevées d'un cran dans les cas des modèles M760Li à moteur V12 biturbo et Alpina B7 à moteur V8 biturbo, qui développent respectivement 600 et 608 chevaux. Grâce à son rouage intégral et un système de départ-canon, la M760Li est catapultée vers l'avant avec une souplesse désarmante alors que le chrono affiche 3,7 secondes pour le 0-100 kilomètres/heure, ce qui est carrément stupéfiant pour une berline de plus de deux tonnes métriques. Le V12 devient plus sonore lorsque le mode Sport est sélectionné et que les volets pilotés de l'échappement permettent au moteur de s'exprimer avec autorité. Le paysage défile à vitesse grand V tandis que la M760Li se montre aussi rapide en accélération franche qu'une Porsche 911 Carrera S.

On apprécie la contribution du mode de conduite «adaptative» qui scrute la route par le biais d'une caméra stéréoscopique et ajuste de façon préventive la calibration des amortisseurs, histoire de bonifier le confort. On note toutefois que la M760Li est dépourvue d'éléments comme un différentiel à glissement limité ou vectoriel de couple ou encore d'une boîte à double embrayage et l'on se dit que ces équipements se retrouveront probablement sur une future M7 dont la dynamique sera plus affûtée. Côté look, la M760Li remplace les phares antibrouillards par de larges prises d'air et les volets actifs ainsi que les barres de la double calandre sont de couleur gris cérium.

L'Alpina B7 offre des performances aussi délurées que celles de la M760Li, mais le fait avec un caractère légèrement différent qui est conditionné par le choix d'un moteur V8 biturbo. La Alpina B7 se distingue également par un comportement routier remarquablement équilibré qui optimise la tenue de route sans pénaliser le confort, ce qui est un exploit digne de mention.

L'actuelle génération de la Série 7 est de loin la plus aboutie dans l'histoire de ce modèle. Avec elle, prestige, opulence et dynamique vont de pair, et le côté techno de la grande berline de BMW ne manque pas d'impressionner la galerie. Mission accomplie.

Données principales

Emp. / lon. / lar. / haut.	3 210 / 5 248 / 1 902 / 1 467 mm
Coffre / réservoir	420 à 515 litres / 78 litres
Nbre coussins sécurité / ceintures	6 / 5
Suspension av. / arr.	ind., pneumatique, double triangulation / ind., pneumatique, multibras
Pneus avant / arrière	P245/45R19 / P245/45R19
Poids / Capacité de remorquage	2 326 kg / n.d.

Composantes mécaniques

740Le xDRIVE

Cylindrée, alim.	4L 2,0 litres turbo
Puissance / Couple	255 ch / 295 lb-pi
Tr. base (opt) / Rouage base (opt)	A8 / Int
0-100 / 80-120 / V. max	5,3 s (const) / n.d. / 210 km/h (const)
100-0 km/h	n.d.
Type / ville / route / CO$_2$	Sup / 9,5 / 8,0 / 2 660 kg/an
Consommation équivalente	3,6 Le/100 km
Puissance / couple combinés	322 ch (240 kW) / 369 lb-pi

MOTEUR ÉLECTRIQUE

Puissance / Couple	111 ch (82 kW) / 184 lb-pi
Type de batterie	Lithium-ion (Li-ion)
Énergie	6,5 kWh
Temps de charge (120V / 240V)	n.d. / 4,0 h
Autonomie	40 km

M760Li xDRIVE

Cylindrée, alim.	V12 6,6 litres turbo
Puissance / Couple	600 ch / 590 lb-pi
Tr. base (opt) / Rouage base (opt)	A8 / Int
0-100 / 80-120 / V. max	3,7 s (const) / n.d. / 210 km/h (const)
100-0 km/h	n.d.
Type / ville / route / CO$_2$	Sup / 18,4 / 9,6 / 6760 (est) kg/an

ALPINA B7

Cylindrée, alim.	V8 4,4 litres turbo
Puissance / Couple	608 ch / 590 lb-pi
Tr. base (opt) / Rouage base (opt)	A8 / Prop
0-100 / 80-120 / V. max	3,7 s (const) / n.d. / 310 km/h (const)
100-0 km/h	n.d.
Type / ville / route / CO$_2$	Sup / 16,2 (est) / 8,7 (est) / 5 900 kg/an (est)

750Li xDRIVE

V8 4,4 l - 445 ch/480 lb-pi - A8 - 0-100: 4,4 s (const) - 13,8/9,1 l/100 km

DU NOUVEAU EN 2018

Nouveau modèle M760Li xDrive.

Photos : BMW

Pour voir la liste complète des informations techniques, veuillez vous référer à la section statistiques.

BMW **| 201**

BMW **X1**

81% COTE DU GUIDE

(((SiriusXM)))

Prix: 39 500 $ (2017)
Catégorie: VUS
Garanties:
4 ans/80 000 km, 4 ans/80 000 km
Transport et prép.: 2 852 $
Ventes QC 2016: 1 378 unités
Ventes CAN 2016: 5 205 unités
Assemblage: Leipzig DE

Fiabilité	Appréciation générale
■■■■■□□□□□	■■■■■■■□□□
Sécurité	Agrément de conduite
■■■■■■■□□□	■■■■■■□□□□
Consommation	Système multimédia
■■■■■□□□□□	■■■■■■■□□□

Cote d'assurance

$ $ $ $

Connectivité multimédia

Aucune

+ Comportement routier sûr et stable •
Spacieux et pratique pour la catégorie •
Soute cargo spacieuse pour sa taille •
Bonne fiabilité

– Conduite peu inspirante pour un BMW •
Sonorité du moteur décevante à bas
régime • Roulement ferme sur une chaussée
dégradée • Groupes d'options coûteux

Concurrents
Audi Q3, Infiniti QX30, Lexus NX,
Mercedes-Benz GLA, MINI Countryman

Au goût du jour

Marc Lachapelle

BMW se livre, comme ses rivaux germaniques, à une chasse systématique au moindre créneau, dans cette guerre sans merci qui les oppose. Or, le constructeur bavarois a été le premier à lancer un utilitaire sport «sous-compact» de luxe chez nous, il y a déjà six ans. Et le nouveau X1, lancé en 2016, est revenu au sommet de la catégorie dont il a été le pionnier, avec des ventes qui ont bondi de 75 % dès la première année. Le pari de le construire sur une nouvelle architecture encore plus sage est donc déjà très payant.

Le premier défi était de tailler à ce nouveau X1 des habits plus modernes, sans trop s'éloigner d'une silhouette qui avait indéniablement réussi au premier et qui était reconnaissable au premier coup d'œil. Sans compter l'importance de marquer clairement son appartenance à la famille des utilitaires sport de Série X, avec leur profil à la fois anguleux et ciselé auquel s'ajoutent les incontournables doubles naseaux des BMW.

Cette fois, les grilles de sa calandre allaient être plus larges et plus grandes, dans la lignée de celles qu'on a d'abord vues sur la grande berline de Série 7 et qui ont ensuite été reprises sur les autres. Le produit final, à la fois élégant et juste assez costaud — comme il se doit pour un utilitaire sport, aussi domestiqué soit-il — est très réussi. Il n'a d'ailleurs pas été retouché depuis.

UNE VOLTE-FACE OU PRESQUE

Cette continuité esthétique était d'autant plus cruciale que sous les panneaux d'acier de la carrosserie, le changement a été franchement radical. Le X1 est effectivement passé d'une architecture dérivée de celle de la Série 3, une propulsion à l'origine, à la plate-forme UKL, conçue avant tout pour des tractions, qu'il s'agisse des MINI Clubman et Countryman actuelles ou des BMW de Série 1 ou Série 2 Active et Grand Tourer, qui ne sont pas importées. On offre d'ailleurs un X1 à roues avant motrices en Europe et maintenant aux États-Unis, mais pas chez nous. Ce qui va de soi pour un tel véhicule.

La différence la plus déterminante est, sans contredit, l'implantation transversale plutôt que longitudinale du moteur sous le capot. Cette disposition a permis, entre autres, d'améliorer l'espace pour les passagers dans l'habitacle, même si le nouveau X1 est plus long que le tout premier d'un seul millimètre. Il est par contre plus haut de 53 mm, ce qui a permis de soulever les assises des sièges de 36 mm à l'avant et de 64 mm à l'arrière, pour améliorer à la fois l'accès et le coup d'œil vers l'extérieur. L'ergonomie de conduite est superbe, comme toujours chez BMW, et les contrôles, nets et précis. On finit même par se débrouiller très correctement avec l'interface iDrive, une fois maîtrisée la logique douteuse de certains de ses menus.

Les sièges sont bien découpés, mais leurs coussins, un peu trop plats et fermes. L'espace gagné à l'avant et un empattement plus court de 90 mm ont également permis de tailler au X1 une soute cargo plus vaste, dont le volume est passé de 480 à 505 litres, avec le dossier de la banquette arrière en place, et de 1 350 à 1 550 litres lorsqu'on en rabat les trois sections (40/20/40). Le X1 est d'ailleurs le mieux nanti de sa catégorie, à ce sujet. Un avantage qui n'est pas négligeable dans un véhicule «sous-compact» où l'espace est compté et qu'on espère utilitaire au-delà du seul nom de cette espèce diablement envahissante.

ILS JONGLENT AVEC LES MASSES

La disposition transversale du moteur a également modifié la répartition du poids, qui est passée d'un rapport avant/arrière parfait de 50/50 sur le tout premier X1 à un rapport de 56/44, qui est typique pour une traction. Qu'à cela ne tienne, les ingénieurs de la maison ont largement prouvé qu'ils savent tirer un comportement routier équilibré d'une telle architecture. Malgré tout, la conduite du X1 n'a rien de mémorable, surtout pour les écussons bleu et blanc qu'il porte. Sûr et efficace, sans plus, avec un roulement plutôt ferme sur les chaussées raboteuses. Comme plusieurs BMW.

Quant au moteur quatre cylindres turbocompressé de 2,0 litres, depuis le choc initial ressenti dans le premier X1, on s'est fait peu à peu à sa sonorité de diesel à froid et à bas régime. En cela il fut, malgré lui, le précurseur d'une époque où les quatre cylindres turbo sont devenus légion, même dans des voitures et utilitaires de grand luxe. Fidèle à son code génétique, le moteur de la X1 s'anime nettement à mesure que grimpe l'aiguille du compte-tours et livre des performances très convenables en pleine accélération. Le couple à bas régime, gracieuseté du turbo, permet une conduite normale en souplesse, bien servi par une boîte automatique à huit rapports, efficace elle aussi.

Somme toute, le X1 est un utilitaire sport joli, agréable et pratique. Assez fiable aussi. Pour le grand frisson, il faudra toutefois repasser. Ou attendre le X2 qui se révélera peut-être, l'an prochain, son *alter ego* véritablement sportif.

Données principales

Emp. / lon. / lar. / haut.	2 670 / 4 455 / 1 821 / 1 598 mm
Coffre / réservoir	505 à 1 550 litres / 61 litres
Nbre coussins sécurité / ceintures	6 / 5
Suspension av. / arr.	ind., jambes force / ind., multibras
Pneus avant / arrière	P225/50R18 / P225/50R18
Poids / Capacité de remorquage	1 681 kg / n.d.

Composantes mécaniques

xDRIVE28i

Cylindrée, alim.	4L 2,0 litres turbo
Puissance / Couple	228 ch / 258 lb-pi
Tr. base (opt) / Rouage base (opt)	A8 / Int
0-100 / 80-120 / V. max	8,0 s / 4,8 s / 210 km/h (const)
100-0 km/h	40,9 m
Type / ville / route / CO_2	Sup / 10,7 / 7,4 / 4 239 kg/an

« **BMW** A TROUVÉ LA BONNE RECETTE POUR UN **UTILITAIRE SPORT** COMPACT DE **LUXE POPULAIRE,** CE QUI N'EN FAIT PAS POUR AUTANT UN **PLAT GASTRONOMIQUE.** »

DU NOUVEAU EN 2018

Aucun changement majeur au moment de mettre sous presse. Groupes d'options remixés.

Photos : BMW

Pour voir la liste complète des informations techniques, veuillez vous référer à la section statistiques.

BMW | **203**

BMW X3

 BMW X3/X4

n.d. COTE DU GUIDE

(((SiriusXM)))

Prix: 47 000 $ à 61 850 $ (estimé)
Catégorie: VUS
Garanties:
4 ans/80 000 km, 4 ans/80 000 km
Transport et prép.: 2 852 $
Ventes QC 2016: 1 049 unités*
Ventes CAN 2016: 6 653 unités**
Assemblage: Spartanburg SC US

Fiabilité	Appréciation générale
Nouveau modèle	Nouveau modèle
Sécurité	Agrément de conduite
Nouveau modèle	Nouveau modèle
Consommation	Système multimédia
Nouveau modèle	Nouveau modèle

Cote d'assurance

$ $ $ $

Connectivité multimédia

Apple CarPlay

 Nouvelle génération bienvenue (X3) •
Version M40i prometteuse • Conduite
très sportive • Rouage intégral sérieux

— Véhicule plus ou moins utile (X4) •
Suspension assez raide • Visibilité arrière
pauvre (X4) • Options souvent très
chères • Coûts d'entretien élevés

Concurrents

BMW X3: Acura RDX, Audi Q5, Lexus NX,
Mercedes-Benz GLC, Volvo XC60,

BMW X4: Infiniti QX50, Jaguar F-PACE,
Land Rover Range Rover Evoque,
Porsche Macan

Les deux font (moins) la paire

Alain Morin

Arrivé un peu tard dans le marché des VUS compacts de luxe avec son X3, BMW n'a pas tardé à faire sa marque. En 2015, il a même eu un rejeton, le X4. Quinze ans après ses débuts, le X3 entreprend, cette année, une troisième génération et ceux qui s'attendaient à des changements drastiques seront déçus. Les autres, c'est-à-dire la majorité, apprécieront cette sérieuse remise à jour. Ce X3 2018 a été présenté sur Internet le 26 juin 2017 et la presse spécialisée pourra lui toucher au prochain Salon de Francfort, en septembre 2017.

L'œil peu rompu aux subtilités de BMW ne verra pas tout de suite les naseaux et les grilles d'admission d'air plus gros, les phares redessinés et les nouveaux feux arrière, ma foi, fort jolis. Il y a évidemment bien d'autres améliorations ici et là, mais c'est le tableau de bord qui hérite du gros des transformations. Plus moderne, on y trouve moins de boutons qu'avant. Un jour prochain, il n'y aura peut-être plus de boutons du tout, les systèmes de reconnaissance gestuelle se propageant comme des factures dans ma boîte aux lettres. Le X3 disposera d'un tel système, sans doute en option.

Le volant est nouveau, la présentation des jauges, l'intérieur des portières et la console centrale aussi. Mais c'est surtout l'écran central qui étonne. Autrefois (dans le domaine de l'automobile, 2017 c'est tellement dépassé!), il était bien intégré au reste du tableau de bord. Désormais, il est posé dessus. Ainsi, il est placé plus haut et, selon une ergonome employée par une autre marque (General Motors, pour ne pas la nommer), les yeux auraient moins de chemin à faire avant de le consulter, ce qui améliorerait la sécurité. L'empattement du X3 a gagné 54 mm, passant de 2 810 à 2 864 mm. BMW n'a pas précisé comment ces millimètres sont distribués, mais puisque le coffre conserve ses dimensions d'antan (550 à 1 600 litres une fois les dossiers de la banquette rabattus), je parierais que ce sont les jambes des passagers arrière qui en profiteront le plus.

*Québec   X3: 830 unités / X4: 219 unités
**Canada   X3: 5 417 unités / X4: 1 236 unités

MOTEURS EN VERVE

Comme pour toute marque allemande qui se respecte, les changements à la motorisation sont nombreux. Lorsqu'il arrivera chez les concessionnaires canadiens, en novembre 2017, le X3 2018 sera offert en deux versions, xDrive30i et M40i. La première sera mue par un quatre cylindres 2,0 litres turbo de 248 chevaux et 258 livres-pied obtenues entre 1 450 et 4 800 tr/min, secondé par une boîte automatique Steptronic Sport à huit rapports.

Cette boîte se retrouve aussi à bord de la livrée M40i, mais elle est calibrée pour obtenir un comportement plus sportif. Grâce à son six cylindres en ligne turbo de 3,0 litres de 355 chevaux, les accélérations de cette M40i promettent d'être intéressantes. BMW avance un chrono de 4,8 secondes pour le 0-100 km/h, certainement en utilisant le mode départ-canon. D'ailleurs, le conducteur pourra, au moyen d'une molette, choisir entre les modes ECO PRO, CONFORT, SPORT et SPORT+. Notez que ce dernier mode ne se retrouve que dans le M40i équipé de la suspension adaptative. M optionnelle, mais il reçoit de série une suspension M Sport plus... sportive. Elle sera offerte en option sur le xDrive30i, de même qu'une version moins pointue de la suspension adaptative.

LA VERSION SPORT D'UN MODÈLE SPORT

De son côté, le X4, un X3 doté d'une ligne de toit plongeant vers l'arrière qui lui donne un air plus sportif, continue dans sa forme actuelle, sans modifications. Il y a donc fort à parier qu'il héritera de la plate-forme du nouveau X3 pour l'année-modèle 2019. Ce X4 a droit aux motorisations de l'ancien X3, soit un quatre cylindres de 2,0 litres développant 241 chevaux (xDrive28i). Enfin, le X4 M40i, sans être un vrai M, a quand même droit à un six en ligne déballant pas moins de 355 chevaux. En passant, n'essayez pas de trouver une quelconque corrélation entre les dénominations des modèles et les moteurs. S'il y en a une, je vous prie de me l'expliquer. Lentement. La principale différence entre un X3 et un X4, outre le changement générationnel du premier, réside dans la partie arrière. Dans le X4, les places arrière ne sont d'aucun intérêt et le coffre est plus petit, ce qui est loin de rebuter une clientèle davantage à la recherche de style et de performances que d'utilité. En revanche, la conduite du X4 est plus dynamique que celle d'un X3. D'un X3 de la dernière génération, faut-il préciser.

Le duo X3 / X4 de BMW n'est pas le plus populaire du marché. Les Audi Q5 et Acura RDX sont de meilleurs vendeurs. Cette nouvelle génération du X3, qui mise sur une variété de variantes, allant de tranquille à malade, sera toutefois un peu plus difficile à battre. Dans le «difficile à battre», je vous invite à attendre le X3 M, une bête qui ne devrait pas développer moins de 450 chevaux, prévue pour 2019.

Données principales

Emp. / lon. / lar. / haut.	**X3** - 2 864 / 4 716 / 1 897 / 1 676 mm
	X4 - 2 810 / 4 671 / 1 881 / 1 624 mm
Coffre / réservoir	**X3** - 550 à 1 600 litres / 65 litres
	X4 - 500 à 1 400 litres / 67 litres
Nbre coussins sécurité / ceintures	6 / 5
Suspension av. / arr.	ind., jambes force / ind., multibras
Pneus avant / arrière	**X3** - P245/50R19 / P245/50R19
	X4 - P245/50R18 / P245/50R18
Poids / Capacité de remorquage	**X3** - 1 885 kg / 2 000 kg (4 410 lb)
	X4 - 1 877 kg / 750 kg (1 653 lb)

Composantes mécaniques

X4 xDRIVE28i

Cylindrée, alim.	4L 2,0 litres turbo
Puissance / Couple	241 ch / 258 lb-pi
Tr. base (opt) / Rouage base (opt)	A8 / Int
0-100 / 80-120 / V. max	6,4 s (const) / n.d. / 210 km/h (est)
100-0 km/h	n.d.
Type / ville / route / CO_2	Sup / 11,8 / 8,6 / n.d. kg/an

X3 xDRIVE30i

Cylindrée, alim.	4L 2,0 litres turbo
Puissance / Couple	248 ch / 258 lb-pi
Tr. base (opt) / Rouage base (opt)	A8 / Int
0-100 / 80-120 / V. max	6,3 s (const) / n.d. / 210 km/h (est)
100-0 km/h	n.d.
Type / ville / route / CO_2	Sup / 10,5 / 8,1 / 4 400 (est) kg/an

X3 M40i, X4 M40i

Cylindrée, alim.	6L 3,0 litres turbo
Puissance / Couple	355 ch / 343 lb-pi
Tr. base (opt) / Rouage base (opt)	A8 / Int
0-100 / 80-120 / V. max	4,8 s (const) / n.d. / 250 km/h (const)
100-0 km/h	n.d.
Type / ville / route / CO_2	Sup / 12,7 / 9,1 / 4 880 (est) kg/an

DU NOUVEAU EN 2018

Nouveau modèle (X3). Aucun changement majeur pour le X4 au moment de mettre sous presse.

BMW X4

BMW X3

Photos : BMW

Pour voir la liste complète des informations techniques, veuillez vous référer à la section statistiques.

BMW | 205

BMW X5

BMW **X5 / X6**

75% COTE DU GUIDE

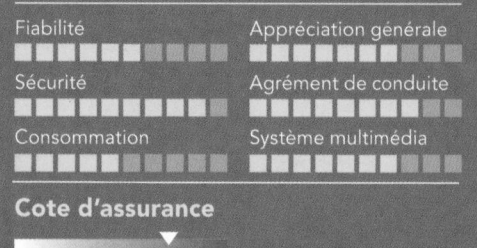

Prix: 68 500 $ à 112 700 $ (2017)
Catégorie: VUS
Garanties:
4 ans/80 000 km, 4 ans/80 000 km
Transport et prép.: 2 195 $
Ventes QC 2016: 877 unités*
Ventes CAN 2016: 8 120 unités**
Assemblage: Spartanburg SC US

Fiabilité	Appréciation générale
Sécurité	Agrément de conduite
Consommation	Système multimédia

Cote d'assurance

$ $ $ $

Connectivité multimédia

Apple CarPlay

+ Bon choix de groupes motopropulseurs • Look costaud et séduisant • Agréable à piloter • Mises à jour technologiques

– Entretien souvent très coûteux • Versions haut de gamme très chères • Versions M: roulement parfois rude • Consommation élevée (sauf 40e)

Concurrents

BMW X5: Acura MDX, Land Rover Discovery, Mercedes-Benz GLE, Volvo XC90

BMW X6: Infiniti QX70, Range Rover Sport, Maserati Levante, Porsche Cayenne

Prestige et polyvalence

Mathieu St-Pierre

Avez-vous remarqué le nombre élevé de X5 et de X6 que l'on voit sur la route, même en déclinaison M? Que peut-on conclure de cette observation? D'abord, que les VUS M de BMW sont devenus le choix de prédilection des familles qui ont besoin d'espace et de hautes performances. Ensuite, que les grandes berlines familiales de luxe sont en voie de disparition.

Dans la catégorie des véhicules de luxe de format moyen, le X5 est l'un des modèles les plus populaires (surtout si l'on comptabilise aussi le X6). Au Québec, ce duo est devancé seulement par les Lexus RX et Jeep Grand Cherokee, plus abordables, et par son grand rival, le Mercedes-Benz GLE.

La firme bavaroise continue à faire évoluer le X5 (et le X6) en conservant ses critères d'efficacité, de luxe et de performance. La mise à jour de 2014 avait amené différentes améliorations sur le plan des performances et du style, de même qu'une légère baisse de poids. Elle a également entraîné une solide hausse des ventes dans le monde entier, et un peu plus du tiers des nouvelles livraisons étaient destinées au Canada et aux États-Unis. Pas surprenant, donc, que les X5 et X6 soient construits à l'usine Spartanburg de Greer, en Caroline du Sud.

DES LIGNES RÉUSSIES

Le X5 a toujours été très élégant et la déclinaison actuelle dégage toujours une image musclée et hautement désirable. Le X5 a peut-être l'air un peu moins dynamique qu'avant, mais il conserve une présence forte avec son look élargi et sa ceinture de caisse surélevée.

Un des aspects intéressants des X5 et X6, c'est qu'en alignant quelques milliers de dollars supplémentaires pour ajouter de grandes roues, vous obtenez un véhicule qui a l'air de valoir 25 000 $ de plus. À l'intérieur, on est accueilli par des sièges de cuir à ajustement électrique et la position de conduite est idéale. Le tableau de bord présente des lignes élaborées et l'arrangement complexe des matériaux reflète le luxe et la qualité de la

*Québec   X5: 729 unités / X6: 148 unités
**Canada   X5: 6 942 unités / X6: 1 178 unités

construction. Les commandes demeurent toutefois simples et relativement faciles à maîtriser.

Cette année, BMW élève la barre en matière de connectivité et d'intégration avec les téléphones intelligents grâce à un ensemble appelé ConnectedDrive. De concert avec la nouvelle structure de menu du système iDrive, il promet de rendre les interactions technologiques à bord plus conviviales. La spacieuse banquette arrière permet d'accueillir jusqu'à trois adultes, du moins pour une courte période. Le coffre arrière est volumineux (sauf si vous optez pour une troisième rangée de sièges). Le volant sport à prise solide est des plus agréables à prendre en main et, une fois en route, vous ne voudrez plus le quitter.

UN BON CHOIX DE MOTORISATIONS

BMW a toujours été réputée pour son penchant vers les performances. Mais comme tous les fabricants, la firme doit s'adapter aux nouvelles exigences en matière de consommation de carburant. Ainsi, la déclinaison xDrive40e est propulsée par un quatre cylindres turbo couplé à un moteur électrique. On s'attend souvent à des performances très ordinaires de la part d'un véhicule hybride rechargeable, mais ce n'est pas du tout le cas ici. En fait, le 40e est pratiquement aussi rapide que le 35i, mais il affiche un avantage marqué en matière de consommation d'essence. Notez que la version 40e n'est pas offerte dans le X6.

Quant au 35i, il est la version le plus populaire, et ça se comprend. On peut même ajouter des options pour lui donner le look costaud du 50i sans se ruiner. Sous le capot, on trouve un six cylindres turbo qui produit une puissance très linéaire. Dès qu'il quitte le ralenti, il livre un couple abondant et les chevaux s'accumulent sans aucun délai de réponse jusqu'à la zone rouge.

Pour ceux qui préfèrent un moteur regorgeant de couple, il y a le xDrive35d, offert uniquement avec le X5. Cette motorisation diesel, qui gagnerait à être mieux connue, se situe entre les deux précédentes. Elle engendre une économie de carburant remarquable et des performances impressionnantes.

Le 50i trône au sommet avec son V8 surpuissant, qui livre des accélérations extrêmes et transforme les dépassements en jeu d'enfant. Quant aux X5 M et X6 M, elles serviront surtout à épater la galerie (ou à rouler en piste), car avec leur puissance phénoménale, peu de gens oseront enfoncer la pédale plus qu'à la moitié. Toutes les déclinaisons sont munies d'une boîte automatique à huit rapports. Le BMW X5 est à la fois un symbole social de réussite et un véhicule véritablement fonctionnel pour les activités familiales. En fait, il est très polyvalent, et il peut même vous emmener loin des routes pavées si vous le désirez.

Données principales

Emp. / lon. / lar. / haut.	2 933 / 4 908 / 2 184 / 1 717 mm
Coffre / réservoir	520 à 1 870 litres / 85 litres
Nbre coussins sécurité / ceintures	6 / 5
Suspension av. / arr.	ind., double triangulation / ind., multibras
Pneus avant / arrière	P255/50R19 / P255/50R19
Poids / Capacité de remorquage	2 386 kg / 750 kg (1 650 lb)

Composantes mécaniques

X5 xDRIVE40e

Cylindrée, alim.	4L 2,0 litres turbo
Puissance / Couple	241 ch / 258 lb-pi
Tr. base (opt) / Rouage base (opt)	A8 / Int
0-100 / 80-120 / V. max	6,8 s (const) / n.d. / 210 km/h (const)
100-0 km/h	n.d.
Type / ville / route / CO_2	Sup / 10,2 / 9,5 / 4 547 kg/an
Consommation équivalente	4,1 Le/100 km
Puissance combinée	n.d.

MOTEUR ÉLECTRIQUE

Puissance / Couple	111 ch (82 kW) / 184 lb-pi
Type de batterie	Lithium-ion (Li-ion)
Énergie	9,2 kWh
Temps de charge (120V / 240V)	n.d. / 2,8 h
Autonomie	40 km

X5 M, X6 M

Cylindrée, alim.	V8 4,4 litres turbo
Puissance / Couple	567 ch / 553 lb-pi
Tr. base (opt) / Rouage base (opt)	A8 / Int
0-100 / 80-120 / V. max	4,2 s (const) / n.d. / 250 km/h (const)
100-0 km/h	n.d.
Type / ville / route / CO_2	Sup / 16,6 / 12,1 / 6 705 kg/an

X5 xDRIVE35d

6L 3,0 l - 255 ch/413 lb-pi - A8 - 0-100: 7,0 s (const) - 10,3/8,0 l/100 km

X5 xDRIVE35i, X6 xDRIVE35i

6L 3,0 l - 300 ch/300 lb-pi - A8 - 0-100: 6,5 s (const) - 13,0/9,8 l/100 km

X5 xDRIVE50i, X6 xDRIVE50i

V8 4,4 l - 445 ch/479 lb-pi - A8 - 0-100: 4,9 s (const) - 15,6/11,3 l/100 km

DU NOUVEAU EN 2018

Ensemble de navigation ConnectedDrive livré de série, nouvel affichage des fonctions iDrive.

BMW X6

BMW X5

Photos : BMW

Pour voir la liste complète des informations techniques, veuillez vous référer à la section statistiques.

BMW | 207

BUGATTI **CHIRON**

n.d. COTE DU GUIDE

Prix : 3 500 000 $ (estimé)
Catégorie : Coupé
Garanties :
2 ans/50 000 km, 2 ans/50 000 km
Transport et prép. : n.d.
Ventes QC 2016 : n.d.
Ventes CAN 2016 : n.d.
Assemblage : Molsheim FR

Fiabilité	Appréciation générale
Nouveau modèle	Nouveau modèle
Sécurité	Agrément de conduite
Nouveau modèle	Nouveau modèle
Consommation	Système multimédia
Nouveau modèle	Nouveau modèle

Cote d'assurance

n.d.

Connectivité multimédia

Aucune

➕ Puissance, accélération et vitesse stupéfiantes • Complexité et raffinement mécanique extraordinaires • Exclusivité absolument garantie

➖ Conception technique passéiste • Massive et lourde malgré tout • Consommation scandaleuse • Un peu chère, mettons

Concurrents

Koenigsegg Regera, Pagani Huayra

La nouvelle impératrice

Marc Lachapelle

Avec la multiplication des hyper-sportives à groupe propulseur hybride, ou même électriques, on pouvait douter que Bugatti donne suite à la Veyron et son moteur à seize cylindres extraordinairement complexe, ce pur délire mécanique. Or, voici la Chiron, sa digne héritière, propulsée par une version mise à jour et encore plus puissante de ce moteur, blotti sous une carrosserie nouvelle, aux lignes pourtant si familières. Une sportive à la fois imposante et trapue, qui promet d'être la plus rapide et qui demeure une des voitures les plus rares et chères de la planète.

Il y a quelque chose de franchement baroque dans les multiples excès des Bugatti. Quelque chose de royal, sinon d'impérial, en fait. Rien d'étonnant puisque cette marque française, créée par un génie italien de l'automobile, est devenue le joyau du groupe allemand Volkswagen AG, il y a maintenant vingt ans, par la seule volonté de Ferdinand Piëch, son grand patron à l'époque. La Bugatti Veyron, c'était son idée et le projet de lui donner une héritière aura donc survécu à son éviction du conseil et à son départ de chez VAG, il y a trois ans.

Qui aurait cru que VAG allait approuver et financer le développement d'une nouvelle méga-sportive de luxe, dans le moule de la Veyron, alors qu'elle aurait perdu quelques millions sur chacune des 450 qu'elle a produites et vendues ! Finalement. Cette fois-ci, Bugatti promet de fabriquer la Chiron au nombre « strictement limité » de 500 exemplaires et annonçait déjà, au dernier Salon de Genève, qu'elle avait reçu des commandes pour la moitié d'entre elles, au prix modique de 2,5 millions d'euros, soit 3,5 $ millions canadiens.

TRADITION ET MODERNITÉ FAROUCHEMENT SOUDÉES

Bugatti exposait d'ailleurs, à Genève, une Chiron dont la carrosserie en fibre de carbone apparente affichait la couleur « Bleu Royal ». Tiens, tiens ! Cette teinte côtoyait une abondance de noir sur les flancs de cette nouvelle Chiron, comme sur l'une des gigantesques et rarissimes Bugatti Royales de la grande époque. Et comme la Veyron, son nom est celui d'un pilote français renommé, qui s'est illustré en course au volant des créations d'Ettore Bugatti. Le prototype des nouvelles Bugatti avait d'ailleurs porté le nom de Louis Chiron, qui était également Monégasque.

La silhouette de la Chiron est une évolution subtile du profil bas et allongé de la Veyron, en plus moderne et gracieux. À l'avant, l'écusson Bugatti en argent massif et en émail rouge, qui trône au milieu de la fameuse grille de calandre en fer à cheval, est encore plus grand.

La coque est maintenant entièrement faite de fibre de carbone, y compris la partie arrière. Sa fabrication exige quatre semaines de travail et sa rigidité se compare à celle d'un prototype LMP1, comme ceux des 24 Heures de Mans. Son coefficient de traînée varie de 0,35, en mode «vitesse maxi», à 0,59 quand l'aileron arrière, plus grand de 39%, se dresse à la verticale pour jouer à l'aérofrein. L'effet était déjà hallucinant sur la Veyron et le sera d'autant plus sur la Chiron, dont les disques de freins plus grands de 420 et 400 mm (avant/arrière) sont faits avec du carbure de silicium qui les rend plus légers, performants et durables. Ils sont pincés par des étriers à huit pistons en titane à l'avant et six à l'arrière.

MISSILE TERRESTRE CLÉ EN MAIN

C'est exactement ce qu'il faut à une voiture dont le W16 de huit litres a été intégralement revu, produisant maintenant 1 479 chevaux SAE (la cible était de 1 500 chevaux PS) grâce à quatre turbos plus grands et pleins de nouvelles astuces. Assez pour toucher les 100 km/h en 2,5 secondes. Pour atteindre la vitesse de pointe promise de 420 km/h, il faut actionner une clé spéciale, attendre que les 50 ordinateurs de bord donnent le feu vert et disposer d'une très, très longue ligne droite parfaitement dégagée.

Dans l'habitacle, c'est toujours l'opulence, avec le cuir le plus riche, des moulures et commandes en aluminium satiné et une pléthore de systèmes et accessoires. Elle offre un peu plus d'espace aussi, puisque la Chiron est plus large que sa devancière de 40 mm. Droit devant, trois écrans électroniques où trône, en plein milieu un grand cadran analogue aux allures de «montre de luxe suisse», selon Bugatti, dont l'aiguille rouge peut grimper jusqu'à une vitesse indiquée de 500 km/h.

Somme toute, la Bugatti est un lingot ultrarapide à seize pistons suralimentés, qui promène ses 1 995 kilos sans le moindre complexe, dans un monde obsédé par la légèreté où se préparent actuellement des versions routières de F1 à groupe propulseur hybride. La Chiron y occupe donc une place unique. La sienne. Le paysage automobile n'en est que plus riche. Sans parler de la clientèle.

Données principales

Emp. / lon. / lar. / haut.	2711 / 4544 / 2038 / 1212 mm
Coffre / réservoir	44 litres / 100 litres
Nbre coussins sécurité / ceintures	6 / 2
Suspension av. / arr.	ind., triangles superposés / ind., triangles superposés
Pneus avant / arrière	P285/30ZR20 / P355/25ZR21
Poids / Capacité de remorquage	1995 kg / n.d.

Composantes mécaniques

Cylindrée, alim.	W16 8,0 litres turbo
Puissance / Couple	1500 ch / 1180 lb-pi
Tr. base (opt) / Rouage base (opt)	A7 / Int
0-100 / 80-120 / V. max	2,5 s (est) / n.d. / 420 km/h (const)
100-0 km/h	31,3 m (est)
Type / ville / route / CO_2	Sup / 35,2 / 15,2 / 12 052 (est) kg/an

BUGATTI CHIRON

« LA CHIRON REPOUSSE À NOUVEAU **DES LIMITES** QU'AUCUNE AUTRE **VOITURE DE SÉRIE** NE POURRA VRAISEMBLABLEMENT ATTEINDRE ET ENCORE **MOINS SURPASSER.** »

DU NOUVEAU EN 2018

Nouveau modèle

Photos : Bugatti

Pour voir la liste complète des informations techniques, veuillez vous référer à la section statistiques.

BUICK ENCLAVE

BUICK **ENCLAVE** / CHEVROLET **TRAVERSE**

n.d. COTE DU GUIDE

((SiriusXM))

Prix : 35 000 $ à 57 000 $ (estimé)
Catégorie : VUS
Garanties :
4 ans/80 000 km, 6 ans/110 000 km
Transport et prép. : 2 050 $
Ventes QC 2016 : 711 unités*
Ventes CAN 2016 : 8 118 unités**
Assemblage : Lansing MI US

Fiabilité	Appréciation générale
Nouveau modèle	Nouveau modèle
Sécurité	Agrément de conduite
Nouveau modèle	Nouveau modèle
Consommation	Système multimédia
Nouveau modèle	Nouveau modèle

Cote d'assurance

$ $ $ $

Connectivité multimédia

Aucune

➕ Silhouettes réussies •
Mécaniques éprouvées • Rouage intégral
sophistiqué • Troisième rangée correcte •
Tableau de bord réussi (Buick)

➖ Absence de moteur diesel •
Dimensions encombrantes •
Groupes d'options onéreux

Concurrents
Acura MDX, Dodge Durango, Ford
Explorer, Honda Pilot, Hyundai Santa Fe,
Infiniti QX60, Jeep Grand Cherokee,
Kia Sorento, Mazda CX-9, Nissan Pathfinder,
Toyota Highlander

Le luxe pour l'un, le côté pratique pour l'autre

Denis Duquet

L orsque les Buick Enclave, Chevrolet Traverse et GMC Acadia
sont apparus en 2007 et en 2008, General Motors éprouvait
de sérieuses difficultés financières qui allaient se solder
par un dépôt de bilan. Pourtant, bien qu'ils aient été développés
dans des circonstances assez difficiles, ces trois VUS se sont
révélés être très concurrentiels tant en ce qui a trait à la silhouette
et à la mécanique qu'au comportement routier.

Toutefois, faute de moyens et de temps, ils étaient affectés par quelques
lacunes, lacunes qui se sont manifestées tout au long de la décennie. Le
plus bel exemple est le démarrage par bouton-poussoir, que l'on n'a jamais
été capable d'intégrer, car cela aurait exigé une refonte quasi complète de
l'électronique à bord. Après une décennie, il était grand temps de moderniser
ce trio, et le premier modèle à connaître des changements d'importance a
été l'Acadia, qui a bénéficié l'an dernier d'une nouvelle plate-forme et qui
fait l'objet d'un texte séparé dans ce *Guide de l'auto*.

Pour 2018, c'est au tour des deux autres modèles de connaître des changements
en profondeur. Et pour mieux cibler les clientèles associées à chacune de
ces marques, le Buick Enclave prend un virage encore plus luxueux que
sur l'édition précédente, tandis que le Chevrolet Traverse propose un
caractère plus pratique et plus familial.

SILHOUETTE ÉPURÉE, HABITACLE SEXY
Même après une décennie sur le marché, le plus gros VUS de Buick
réussissait à se défendre honorablement en raison d'une révision réalisée
il y a quelques années. Cette fois encore, les stylistes ont eu le coup de
crayon très réussi alors que la silhouette est fort moderne. L'intégration de
la nouvelle grille de calandre, adoptée par toutes les Buick, est plus heureuse
sur d'autres modèles. Par contre, il s'agit d'une histoire de goût.

C'est surtout dans l'habitacle que l'Enclave nous séduit, avec une planche
de bord à la fois élégante et pratique qui semble tirer son inspiration de la

*Québec   Buick Enclave : 317 unités / Chevrolet Traverse : 394 unités
**Canada   Buick Enclave : 3 632 unités / Chevrolet Traverse : 4 486 unités

berline LaCrosse. Et l'on ne saurait reprocher ce choix à Buick, car ce tableau de bord a été plébiscité comme étant parmi l'un des plus beaux sur le marché. Les sièges sont moelleux tandis que l'attention aux détails rend cet habitacle à trois rangées un endroit où il fait bon vivre. Et la version Avenir propose encore plus de luxe avec un volant garni de bois, un intérieur bicolore châtaigne et ébène ainsi que des appuie-têtes brodés à l'avant. L'Enclave Avenir inclut aussi des roues de 20 pouces, une grille de calandre distincte et des couleurs de carrosserie exclusives.

Au chapitre de la mécanique, un seul moteur figure au programme, un V6 de 3,6 litres produisant 302 chevaux, associé à une boîte automatique à neuf rapports, la même qui est utilisée sur la berline LaCrosse. On y retrouve également le même levier de vitesse à commande électronique, lequel demande un certain temps d'acclimatation. Il est également possible de commander une version à rouage intégral doté d'un différentiel à double embrayage permettant de transférer le couple à la roue gauche ou droite.

PRATIQUE ET POLYVALENT

Si l'Enclave privilégie le luxe et le silence de roulement, son vis-à-vis chez Chevrolet possède une silhouette plus équarrie, un indice du caractère nettement plus pratique et familial de ce véhicule. Comme tous les nouveaux VUS de cette catégorie chez General Motors, le Traverse fait appel à une nouvelle plate-forme qui est non seulement plus rigide, mais qui l'allège de 100 kg. Ce qui ne l'empêche pas d'avoir une capacité de remorquage de 2 268 kg (5 000 lb) lorsqu'équipé en conséquence.

Lors de son dévoilement dans le cadre du Salon de l'auto de Detroit, en janvier 2017, deux moteurs étaient au programme, un quatre cylindres turbo 2,0 litres produisant 255 chevaux et un couple de 295 livres-pied ainsi qu'un V6 3,6 de 305 chevaux. Curieusement, il doit céder 35 lb-pi de couple au 2,0 litres. Dans les deux cas, la boîte automatique à neuf rapports est la seule disponible et celle-ci permet de faire appel à un système arrêt/redémarrage automatique. Le rouage intégral offert sur certaines versions utilise la même mécanique que sur l'Enclave.

La planche de bord se démarque par une présentation s'inspirant de celle des véhicules de la gamme Chevrolet où les espaces de rangement pullulent. Une nouvelle livrée High Country s'ajoute, qui comprend une présentation intérieure plus soignée, une sellerie en cuir avec empiècements de suède ainsi que des dossiers de troisième rangée à commande électrique.

Dans l'ensemble, GM a bien ciblé ses clients potentiels attachés à une marque ou à l'autre. C'est une approche réussie, car les deux véhicules possèdent suffisamment de différences pour les départager aux yeux du public.

Données principales

Emp. / Ion. / lar. / haut.	Enclave - 3 071 / 5 189 / 2 002 / 1 775 mm
	Traverse - 3 071 / 5 189 / 2 002 / 1 795 mm
Coffre / réservoir	Enclave - 668 à 2 765 litres / 82 litres
	Traverse - 651 à 2 789 litres / 82 litres
Nbre coussins sécurité / ceintures	7 / 7
Suspension av. / arr.	ind., jambes force / ind., multibras
Pneus avant / arrière	Enclave - P255/65R18 / P255/65R18
	Traverse - P255/65R18 / P255/65R18
Poids / Capacité de remorquage	Enclave - 2 077 kg / 680 kg (1 500 lb)
	Traverse - 2 078 kg / 680 kg (1 500 lb)

Composantes mécaniques

BUICK ENCLAVE

Cylindrée, alim.	V6 3,6 litres atmos.
Puissance / Couple	302 ch / 260 lb·pi
Tr. base (opt) / Rouage base (opt)	A9 / Tr (Int)
0-100 / 80-120 / V. max	9,4 s / 7,1 s / 200 km/h (est)
100-0 km/h	44,1 m
Type / ville / route / CO$_2$	Ord / 15,2 / 10,7 / 6 160 (est) kg/an

CHEVROLET TRAVERSE

Cylindrée, alim.	V6 3,6 litres atmos.
Puissance / Couple	305 ch / 260 lb·pi
Tr. base (opt) / Rouage base (opt)	A9 / Tr (Int)
0-100 / 80-120 / V. max	n.d. / n.d. / 200 km/h (est)
100-0 km/h	n.d.
Type / ville / route / CO$_2$	Ord / 15,2 / 10,7 / 6 160 (est) kg/an

CHEVROLET TRAVERSE RS

Cylindrée, alim.	4L 2,0 litres turbo
Puissance / Couple	255 ch / 295 lb·pi
Tr. base (opt) / Rouage base (opt)	A9 / Tr (Int)
0-100 / 80-120 / V. max	n.d. / n.d. / 200 km/h (est)
100-0 km/h	n.d.
Type / ville / route / CO$_2$	Sup / 13,9 / 11,9 / 6 080 (est) kg/an

DU NOUVEAU EN 2018

Nouveaux modèles

CHEVROLET TRAVERSE

CHEVROLET TRAVERSE

Photos: Buick, Chevrolet

BUICK ENCLAVE / CHEVROLET TRAVERSE

Pour voir la liste complète des informations techniques, veuillez vous référer à la section statistiques.

BUICK | 211

BUICK **ENVISION**

| **70**% | COTE DU GUIDE |

Prix : 40 195 $ à 49 765 $ (2017)
Catégorie : VUS
Garanties :
4 ans/80 000 km, 6 ans/110 000 km
Transport et prép. : 2 050 $
Ventes QC 2016 : 175 unités
Ventes CAN 2016 : 1 018 unités
Assemblage : Yantai CN

Fiabilité	Appréciation générale
■■■■■□□□□□	■■■■■■■□□□
Sécurité	Agrément de conduite
■■■■■■■□□□	■■■■■□□□□□
Consommation	Système multimédia
■■■■■□□□□□	■■■■■■■□□□

Cote d'assurance

n.d.

Connectivité multimédia

Android Auto

Apple CarPlay

➕ Rouage intégral sophistiqué •
Choix de moteurs • Finition sérieuse •
Freinage efficace • Bonne tenue
de route

➖ Fiabilité inconnue • Direction
engourdie • Silhouette anonyme •
Pédale de frein molle •
Insonorisation perfectible

Concurrents

Acura RDX, Cadillac XT5, Infiniti QX50,
Land Rover Discovery Sport,
Lincoln MKC

Made in China... et alors ?

Denis Duquet

L'arrivée du Buick Envision sur notre marché s'est effectuée en toute discrétion, contrairement à ce qui se produit généralement lorsqu'un nouveau modèle est offert. Serait-ce pour éviter de souligner trop ouvertement la provenance de ce VUS de luxe, la Chine ?

Peu importe la raison, l'Envision en est à sa seconde année sur notre marché et il devrait se tailler une place respectable dans la catégorie des VUS intermédiaires de luxe, non pas en raison de la réputation de la marque, mais parce qu'il s'agit d'un véhicule bien équilibré et doté d'indéniables qualités. Quant à ses origines, nous sommes mieux de nous y faire, car ce n'est ni le premier, ni le dernier produit motorisé en provenance de l'empire du Milieu.

LES DOUTES DISSIPÉS

Puisque ce VUS est assemblé en Chine, plusieurs observateurs ont immédiatement soupçonné une finition bâclée et des matériaux de seconde qualité. Rien de plus faux ! En effet, un examen très attentif des deux ou trois modèles mis à notre disposition a démontré une finition très soignée de la carrosserie avec des interstices très étroits entre les différentes pièces de la caisse. Il en est de même pour l'habitacle alors que la finition est tout aussi impeccable, tandis que la majorité des matériaux est au moins l'équivalent de ce que peut proposer la concurrence. Par contre, plusieurs véhicules rivaux donnent l'impression d'être plus luxueux.

Si la qualité d'assemblage est nickel, force est d'admettre que le design extérieur est d'une très grande sobriété. Si ce n'était de la calandre mise en évidence et d'une ligne de caractère située à la hauteur des poignées de porte, ce serait vraiment trop sobre. Néanmoins, c'est une question de goût et on ne peut pas accuser les stylistes d'en avoir beurré trop épais.

L'habitacle est mieux réussi et la présentation est tout au moins égale à celle des autres Buick. L'ergonomie est correcte tandis que la plupart des applications du système multimédia propres à ce constructeur sont de la partie, tout comme les connexions Apple CarPlay et Android Auto. Le système IntelliLink avec écran tactile de huit pouces figure d'ailleurs de série, alors que le système de navigation est optionnel. Soulignons la présence d'une pendulette analogique destinée à faire chic, mais placée à quelques centimètres de l'horloge intégrée dans l'écran d'affichage...

L'habitabilité est bonne, bien que l'habitacle nous semble quelque peu étroit, de sorte que trois adultes prenant place sur la banquette arrière se sentiront coincés. Cependant, cette dernière est inclinable et glisse sur des rails. À l'avant, les sièges baquets sont confortables, mais le support latéral et celui des cuisses pourraient être meilleurs. Notons la disponibilité d'un toit ouvrant panoramique pour apporter plus de lumière dans l'habitacle.

DEUX QUATRE CYLINDRES!

Comme c'est la tendance actuelle, pas question d'avoir un moteur V6 sous le capot. Deux quatre cylindres sont au catalogue. La livrée de base est propulsée par un quatre cylindres 2,5 litres atmosphérique d'une puissance de 197 chevaux, tandis que le 2,0 litres turbo produisant 252 chevaux devrait être adéquat pour boucler le 0-100 km/h en moins de huit secondes. Dans les deux cas, la seule boîte offerte est une automatique à six rapports. On pourrait avoir choisi une boîte proposant au moins deux rapports supplémentaires, mais on a sans doute préféré jouer de sagesse. Ou de sauver sur les coûts de fabrication pour ainsi offrir l'Envision à un prix plus concurrentiel. Au moins cette boîte est efficace et très fiable. Le rouage intégral est de conception très sophistiquée avec un système à double embrayage et l'essieu arrière est un vecteur de couple, ce qui permet une meilleure maîtrise du véhicule dans les virages en transférant le couple d'une roue à l'autre au besoin.

Compte tenu du rapport poids/puissance, les accélérations ne sont pas foudroyantes, mais tout de même adéquates. D'ailleurs, tout dans ce véhicule est adéquat. Il n'y a rien qui retrousse, rien qui irrite, juste la bonne moyenne sous tous les aspects. Cela signifie une tenue de route correcte, bien que la direction soit passablement engourdie. Quant à la suspension, elle est relativement souple, mais elle n'empêche pas de négocier des virages prononcés à des vitesses relativement élevées. En plus, les distances de freinage enregistrées ont été plutôt courtes.

Dans la famille Buick, l'Envision se situe entre le diminutif Encore et l'Enclave à trois rangées de sièges, ce qui en fait un choix logique aux yeux de plusieurs. Cependant, ses origines pourraient en inquiéter certains. Ceux qui choisiront l'Envision n'auront pas à regretter leur acquisition!

Données principales

Emp. / lon. / lar. / haut.	2740 / 4666 / 1839 / 1697 mm
Coffre / réservoir	761 à 1622 litres / 66 litres
Nbre coussins sécurité / ceintures	10 / 5
Suspension av. / arr.	ind., jambes force / ind., multibras
Pneus avant / arrière	P225/60R18 / P225/60R18
Poids / Capacité de remorquage	1852 kg / 680 kg (1500 lb)

Composantes mécaniques

PRIVILÉGIÉ

Cylindrée, alim.	4L 2,5 litres atmos.
Puissance / Couple	197 ch / 192 lb-pi
Tr. base (opt) / Rouage base (opt)	A6 / Int
0-100 / 80-120 / V. max	n.d. / n.d. / n.d.
100-0 km/h	n.d.
Type / ville / route / CO_2	Ord / 11,1 / 8,4 / 4547 kg/an

HAUT DE GAMME

Cylindrée, alim.	4L 2,0 litres turbo
Puissance / Couple	252 ch / 260 lb-pi
Tr. base (opt) / Rouage base (opt)	A6 / Int
0-100 / 80-120 / V. max	7,9 s / 5,5 s / 210 km/h (est)
100-0 km/h	39,9 m
Type / ville / route / CO_2	Ord / 11,8 / 9,1 / 4890 kg/an

> « BUICK EST **UNE MARQUE TRÈS RESPECTÉE** ET TRÈS **POPULAIRE EN CHINE.** IL N'EST DONC PAS **SURPRENANT** QUE SES DIRIGEANTS SE TOURNENT VERS CE PAYS **POUR ÉTOFFER** LEUR GAMME DE VUS EN AMÉRIQUE. »

DU NOUVEAU EN 2018

Aucun changement majeur au moment de mettre sous presse.

Photos : Buick

Pour voir la liste complète des informations techniques, veuillez vous référer à la section statistiques.

BUICK | 213

BUICK **LACROSSE**

75% COTE DU GUIDE

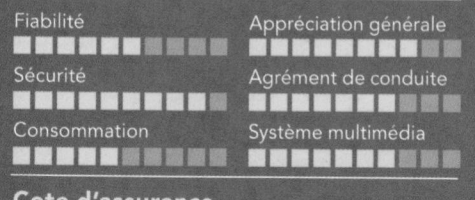

Prix : 35 645 $ à 47 700 $ (2017)
Catégorie : Berline
Garanties :
4 ans/80 000 km, 6 ans/110 000 km
Transport et prép. : 2 495 $
Ventes QC 2016 : 140 unités
Ventes CAN 2016 : 785 unités
Assemblage : Hamtramck MI US

Fiabilité	Appréciation générale
▪▪▪▪▪▪▫▫▫▫	▪▪▪▪▪▪▪▫▫▫
Sécurité	Agrément de conduite
▪▪▪▪▪▪▪▪▫▫	▪▪▪▪▪▪▫▫▫▫
Consommation	Système multimédia
▪▪▪▪▪▫▫▫▫▫	▪▪▪▪▪▪▪▫▫▫

Cote d'assurance

$ $ $ $

Connectivité multimédia

 Android Auto   Apple CarPlay

+ Silhouette élégante • Habitacle raffiné • Rouage intégral disponible • Tenue de route sécurisante • Confort assuré

− Crédibilité à refaire • Dimensions d'une autre époque • Faible diffusion • Certaines options onéreuses

Concurrents
Chevrolet Impala, Chrysler 300, Dodge Charger, Ford Taurus, Nissan Maxima, Toyota Avalon

L'hybride en renfort

Denis Duquet

L a LaCrosse, la grande berline de Buick ne jouit pas tellement d'une grande popularité sur notre marché. Ce n'est pas par manque de qualité et de performances, mais plutôt à cause d'un désintérêt du public pour ce type de voiture. Cette grosse américaine est une automobile fort raffinée à tous les points de vue et jouit d'une très grande popularité sur le marché chinois. Dans ce pays, la marque est très respectée, et les stylistes chinois ont d'ailleurs participé au développement de la LaCrosse afin qu'elle continue d'avoir du succès dans leur pays. Il faut aussi savoir que là-bas, se promener au volant ou être conduit dans un véhicule de marque Buick est un synonyme de réussite sociale.

ÉLÉGANTE DE PARTOUT

Il est certain que plusieurs personnes ont des préjugés envers les produits américains, notamment les modèles de luxe. C'est pourquoi cette Buick n'a pas connu les éloges qu'elle méritait lors de son lancement l'an dernier. Car même si la caisse est d'une très grande classe, on peut émettre des doutes quant au design de la calandre, traversée par une barre transversale chromée qui sied plus ou moins à l'ensemble de la voiture. En revanche, c'est mieux réussi à l'arrière.

Sachez que le point fort de la LaCrosse est son habitacle, et surtout la présentation de sa planche de bord louangée par bon nombre de publications. De plus, de nombreux efforts ont été effectués pour insonoriser davantage l'habitacle en utilisant des matériaux isolants en plus grand nombre et un système d'annulation active du bruit. Profitons de l'occasion pour mentionner que les matériaux utilisés dans l'habitacle sont de très bonne qualité et que leur assemblage est fort bien réussi. Compte tenu des dimensions généreuses de cette voiture, l'habitabilité ne fait pas défaut et les places arrière sont très accueillantes. Quant aux places avant, elles pourraient être plus larges mais la console centrale prend beaucoup d'espace. Le coffre possède des dimensions correctes, mais il faut déplorer la hauteur de son seuil de chargement.

UNE MÉCANIQUE RÉVISÉE

L'an dernier, un seul moteur était disponible (et il l'est encore n'ayez crainte!). Ce V6 de 3,6 litres produit 310 chevaux et fait appel aux toutes dernières technologies en fait de motorisation. Il était couplé à une boîte automatique à huit rapports, mais celle-ci est remplacée cette année par une boîte à neuf rapports, histoire d'améliorer la consommation de carburant. En outre, il est possible de commander un rouage intégral passablement sophistiqué qui devrait intéresser les acheteurs résidant dans des zones enneigées. C'est d'ailleurs la tendance de proposer un rouage intégral sur le marché des voitures de luxe.

Pour 2018, une nouvelle motorisation vient s'ajouter au catalogue : un groupe propulseur hybride composé d'un quatre cylindres de 2,5 litres associé à un moteur électrique. Cette fois, la boîte de vitesses est une automatique à six rapports et il n'est pas possible de commander le rouage intégral avec la version hybride.

Toujours au chapitre des modifications, les changements pour 2018 comprennent également l'abandon de certaines couleurs et l'arrivée d'autres. Il faut souligner qu'au cours de l'année, les ventes de la LaCrosse ont connu des hauts et des bas.

Par ailleurs, l'expérience de conduite de cette voiture est assez gratifiante grâce à un habitacle très confortable et d'une très belle finition. L'insonorisation est très poussée (oui, je sais, je l'ai déjà dit, mais c'est vrai!), tandis que la tenue de route — qui n'est manifestement pas sportive — permet quand même d'aborder les routes secondaires très sinueuses sans devoir vous inquiéter. Quant à la suspension ordinaire, elle est souple et absorbe les imperfections de la chaussée sans provoquer un roulis trop important dans les virages.

Par ailleurs, celles et ceux qui opteront pour le groupe Conducteur dynamique et ses pneus de 20 pouces auront la surprise de découvrir que la suspension est nettement plus ferme et cela peut causer des désagréments sur les routes en mauvais état. En fait, la sportive de la famille, c'est la Regal. Cette dernière possède, entre autres, une direction qui offre plus de *feedback* de la route.

Somme toute, la Buick LaCrosse est une grosse berline américaine dans la plus pure des traditions, mais elle s'est fortement raffinée au fil des années. Les suspensions guimauve sont chose du passé tout comme les motorisations ineptes. Il s'agit d'une voiture dotée d'un bon comportement routier, d'un habitacle confortable et d'une grande sophistication au chapitre du design. Bref, elle est maintenant en mesure de se défendre honorablement sur un marché concurrentiel.

Données principales

Emp. / lon. / lar. / haut.	2 905 / 5 017 / 1 867 / 1 460 mm
Coffre / réservoir	405 à 425 litres / 61 litres
Nbre coussins sécurité / ceintures	10 / 5
Suspension av. / arr.	ind., jambes force / ind., multibras
Pneus avant / arrière	P235/50R18 / P235/50R18
Poids / Capacité de remorquage	1 741 kg / 454 kg (1 000 lb)

Composantes mécaniques

eASSIST

Cylindrée, alim.	4L 2,4 litres atmos.
Puissance / Couple	194 ch / 254 lb-pi
Tr. base (opt) / Rouage base (opt)	A6 / Tr
0-100 / 80-120 / V. max	n.d. / n.d. / n.d.
100-0 km/h	n.d.
Type / ville / route / CO_2	Ord / 10,8 / 7,7 / 4 460 (est) kg/an
Consommation équivalente	n.d.
Puissance combinée	n.d.

MOTEUR ÉLECTRIQUE

Puissance / Couple	27 ch (20 kW) / n.d.
Type de batterie	Lithium-ion (Li-ion)
Énergie	0,5 kWh

V6 3,6 LITRES

Cylindrée, alim.	V6 3,6 litres atmos.
Puissance / Couple	310 ch / 268 lb-pi
Tr. base (opt) / Rouage base (opt)	A9 / Tr (Int)
0-100 / 80-120 / V. max	6,6 s (est) / 4,6 s (est) / n.d.
100-0 km/h	41,1 m (est)
Type / ville / route / CO_2	Ord / 11,2 / 7,5 / 5 280 (est) kg/an

DU NOUVEAU EN 2018

Ajout d'une motorisation hybride et d'une boîte automatique à neuf rapports pour le V6. Nouvelles couleurs de carrosserie.

Photos: Buick

Pour voir la liste complète des informations techniques, veuillez vous référer à la section statistiques.

BUICK | 215

BUICK **REGAL**

n.d. COTE DU GUIDE

((SiriusXM))

Prix : 35 000 $ à 45 000 $ (estimé)
Catégorie : Hatchback
Garanties :
4 ans/80 000 km, 6 ans/110 000 km
Transport et prép. : 2 000 $
Ventes QC 2016 : 111 unités
Ventes CAN 2016 : 841 unités
Assemblage : Oshawa ON CA

Fiabilité	Appréciation générale
Nouveau modèle	Nouveau modèle
Sécurité	Agrément de conduite
Nouveau modèle	Nouveau modèle
Consommation	Système multimédia
Nouveau modèle	Nouveau modèle

Cote d'assurance

$ $ $ $

Connectivité multimédia

Android Auto   Apple CarPlay

+ Belle silhouette • Confort et silence de roulement • Coffre volumineux • Traction intégrale • Exclusivité assurée

− Regal TourX non offerte au Canada • Qualité de fabrication à vérifier • Faible valeur de revente (à prévoir) • Tableau de bord d'allure trop classique

Concurrents

Chevrolet Malibu, Ford Fusion, Honda Accord, Hyundai Sonata, Kia Optima, Mazda6, Nissan Altima, Subaru Legacy, Toyota Camry, Volkswagen Passat

L'attrait du hayon

Jean-François Guay

L'an passé, Buick a décidé de supprimer la Verano de sa gamme. Une décision controversée que les concessionnaires ont encore de la difficulté à digérer puisque cette berline compacte était le modèle Buick le plus vendu au Québec. Pour 2018, la marque de luxe de GM pose un autre geste audacieux puisqu'elle abandonne la configuration berline classique de la Regal pour l'offrir en deux nouvelles configurations à hayon : une berline cinq portes, appelée Sportback, et une familiale désignée, TourX. Cette décision tend à suivre la mouvance actuelle qui a fait naître l'Audi A5 Sportback et la BMW Série 4 Gran Coupé, par exemple.

La Regal TourX, elle, vise également un marché de niche en ayant, dans son collimateur, les Audi A4 Allroad, Volvo V60 Cross Country, sans oublier la Subaru Outback. Or, cette familiale ne sera pas vendue au Canada, mais uniquement aux États-Unis. Ce n'est pas la première fois que Buick nous joue ce vilain tour. Le dernier exemple en liste est le cabriolet Cascada, dévoilé chez nos voisins du sud en 2016.

Il ne faut pas chercher midi à quatorze heures pour comprendre la stratégie de Buick. Au printemps dernier, GM a vendu pour 2,2 milliards de dollars ses marques allemande et britannique, respectivement Opel et Vauxhall, au groupe PSA, qui exploite les marques Peugeot, Citroën et DS Automobiles. Cependant, avant de quitter l'aventure européenne, GM a pris soin de conclure un partenariat entre Buick et Opel dans le but d'importer, en Amérique du Nord, les nouveaux modèles Insignia Grand Sport et Insignia Sports Tourer. Chez nous, vous aurez compris que la Grand Sport devient la Regal Sportback tandis que la Sports Tourer a été rebaptisée Regal TourX.

Si vous ne connaissez pas la gamme Opel, sachez que l'Insignia est la voiture la plus luxueuse de la marque. Elle s'est vendue à plus de 900 000 exemplaires à travers le monde depuis son lancement, en 2008.

SPORTBACK

La mission de la Regal Sportback est de laisser croire au conducteur qu'il est assis derrière le volant d'un coupé, sans pour autant négliger les besoins utilitaires d'une famille qui recherche la praticité d'une voiture à grand coffre. On devine que la commercialisation de cette Regal à hayon vise une fois de plus à rajeunir la clientèle de Buick, qui se fait plutôt vieillissante. Or, il y a loin de la coupe aux lèvres puisqu'il est extrêmement difficile de changer les habitudes des acheteurs. Parlez-en à Cadillac et à Lincoln !

Comparativement à la Regal sortante, les dimensions de la Sportback sont plus imposantes. La longueur totale et l'empattement s'étirent respectivement de 6,6 cm et de 9 cm en faveur du nouveau modèle, la largeur demeure sensiblement la même alors que la hauteur diminue de 1,8 cm. À l'intérieur, les passagers profitent d'un habitacle plus spacieux, et ce, tant aux places avant qu'à l'arrière. En rabattant la banquette, la capacité du coffre passe de 892 à 1 719 litres. Un volume nettement plus généreux et plus pratique que la malle de la berline, qui se limitait à 402 litres.

La silhouette à profil bas de la Regal Sportback est adaptée à la conduite sportive, surtout que la structure de la carrosserie est plus rigide, plus robuste et plus légère d'environ 91 kg. Cette nouvelle génération propose des performances décentes, assurées par un quatre cylindres turbo de 2,0 litres, qui développe 250 chevaux et un couple de 260 livres-pied. La puissance est acheminée aux roues avant via une boîte automatique à neuf rapports. Le rouage intégral figure également au catalogue et afin que le moteur réponde prestement à la commande des gaz, le couple du moteur a été augmenté à 295 livres-pied alors que la boîte compte huit rapports.

Le groupe d'aides au conducteur inclut des fonctions de sécurité actives comme l'alerte de changement de voie avec système de détection d'obstacles latéraux, l'alerte de circulation transversale et le radar de stationnement arrière. Il est possible de relever d'un cran le niveau de sécurité en optant pour un groupe plus évolué comprenant un système de protection des piétons (une nouveauté chez Buick), un système de maintien automatique sur la voie et un régulateur de vitesses adaptatif avec freinage automatique.

TOURX

Dans l'éventualité où Buick se ravise et nous offre la TourX, voyons brièvement les caractéristiques de cette familiale. Dans un premier temps, elle possède la même mécanique et les mêmes équipements que la Sportback. Outre le design, les principales différences résident au niveau du châssis, lequel est plus long de 8,9 cm, alors que le volume du coffre varie de 560 à 1 665 litres selon que les dossiers de la banquette soient rabattus ou non.

Données principales

Emp. / lon. / lar. / haut.	2 829 / 4 899 / 1 863 / 1 455 mm
Coffre / réservoir	892 à 1 719 litres / 62 litres
Nbre coussins sécurité / ceintures	10 / 5
Suspension av. / arr.	ind., jambes force / ind., multibras
Pneus avant / arrière	P255/55R17 / P255/55R17
Poids / Capacité de remorquage	1 770 kg / n.d.

Composantes mécaniques

BASE

Cylindrée, alim.	4L 2,0 litres turbo
Puissance / Couple	250 ch / 260 lb-pi
Tr. base (opt) / Rouage base (opt)	A9 / Tr
0-100 / 80-120 / V. max	n.d. / n.d. / n.d.
100-0 km/h	n.d.
Type / ville / route / CO_2	Ord / 11,4 / 7,9 / 4 520 (est) kg/an

ESSENCE, PRIVILÉGIÉ II TI

Cylindrée, alim.	4L 2,0 litres turbo
Puissance / Couple	250 ch / 295 lb-pi
Tr. base (opt) / Rouage base (opt)	A8 / Int
0-100 / 80-120 / V. max	6,9 s (est) / n.d. / 250 km/h (est)
100-0 km/h	n.d.
Type / ville / route / CO_2	Ord / 12,4 / 8,7 / 4 520 (est) kg/an

« SI BUICK A VRAIMENT **L'INTENTION DE RAJEUNIR** SON IMAGE, ELLE DEVRA SE RÉSOUDRE À **NOUS OFFRIR LA FAMILIALE TOURX** ET LE **CABRIOLET CASCADA.** »

DU NOUVEAU EN 2018 | Nouveau modèle

Pour voir la liste complète des informations techniques, veuillez vous référer à la section statistiques.

BUICK | **217**

CADILLAC **ATS**

75% COTE DU GUIDE

Prix: 37 595 $ à 68 295 $ (2017)
Catégorie: Berline, Coupé
Garanties:
4 ans/80 000 km, 5 ans/160 000 km
Transport et prép.: 2 300 $
Ventes QC 2016: 735 unités
Ventes CAN 2016: 2 375 unités
Assemblage: Lansing MI US

Fiabilité
■■■□□□□□□□

Appréciation générale
■■■■■□□□□□

Sécurité
■■■■■■■□□□

Agrément de conduite
■■■■■■■□□□

Consommation
■■■■■■□□□□

Système multimédia
■■■■□□□□□□

Cote d'assurance

▼

$ $ $ $

Connectivité multimédia

Android Auto

Apple CarPlay

➕ Excellente tenue de route •
Performances très relevées (ATS-V) •
Moteurs puissants et animés •
Très bons sièges avant

➖ Places arrière un peu justes •
Certaines finitions ternes •
Interface CUE toujours ahurissante •
Coffre pas très vaste

Concurrents
Acura TLX, Alfa Romeo Giulia, Audi A4,
Audi A5, BMW Série 3, Infiniti Q50,
Infiniti Q60, Jaguar XE, Lexus IS, Lexus RC,
Lincoln MKZ, Mercedes-Benz Classe C

Funambules méconnues

Marc Lachapelle

Élégantes, fines et construites sur une nouvelle architecture fantastique, tous les espoirs étaient permis aux berlines et coupés ATS. Avec les versions de performance ATS-V pour doubler la mise, cette série s'est bien défendue face à des rivales de grand calibre. Or, une évolution rapide et un raffinement constant sont la rançon de la gloire et de la réussite dans ces catégories où la concurrence est toujours extrêmement féroce. Il est d'ailleurs temps que ces beautés américaines trouvent leur second souffle.

Dès son apparition, il y a six ans déjà, la berline ATS a prouvé qu'elle avait les qualités requises pour affronter les meilleures compactes de luxe, surtout européennes. En plus d'une silhouette moderne et fine, elle proposait un comportement routier exceptionnel, souvent supérieur à celui des ténors germaniques qu'elle défiait. Elle se démarquait par une excellente rigidité structurelle, un amortissement bien dosé et, par-dessus tout, un train avant et une direction aux réactions superbement linéaires, d'une précision réjouissante.

UNE PLATE-FORME EXCEPTIONNELLE
Cette ATS pouvait remercier les ingénieurs qui avaient développé la nouvelle architecture Alpha, dont elle était la première à profiter. Elle combinait une suspension avant à jambes de force McPherson, comme les BMW de Série 3, et une suspension arrière à roues indépendantes et bras multiples, comme les meilleures allemandes, là encore. Ces mêmes ingénieurs ont d'ailleurs parcouru des milliers de kilomètres sur le légendaire circuit du Nürburgring pour peaufiner tout ça.

En toute logique, le comportement de l'ATS s'améliorait progressivement, à mesure que l'on grimpait vers les déclinaisons plus chères et performantes. Ces derniers recevaient, par exemple, des composantes telles que les superbes amortisseurs à variation magnétique qu'on retrouve maintenant sur les Ferrari 488, Audi R8 et tant d'autres, qui furent développés à l'origine par Delphi, une filiale de GM.

Cette première ATS avait également de bons moteurs. Le V6 à injection directe de 3,6 litres s'y révélait sous son meilleur jour, avec une sonorité qu'on ne lui avait jamais connue jusque-là. Les dimensions compactes de l'ATS et sa légèreté relative lui permettaient de s'exprimer mieux que jamais. Ce groupe a gagné en puissance depuis et ses 335 chevaux actuels sont mieux servis par la boîte automatique à huit rapports qu'on lui a greffée en chemin.

Le quatre cylindres turbocompressé de 2,0 litres et 272 chevaux est souple et nerveux, mais il lui manque une part de caractère et de sonorité. On peut toutefois le jumeler à une boîte de vitesses manuelle sur les versions à roues arrière motrices. Parce qu'il est évidemment possible de joindre à ces deux moteurs un rouage intégral, atout désormais indispensable pour rivaliser avec les meilleures compactes sportives de luxe. Surtout chez nous.

DE BELLES BÊTES SAUF POUR LE CAPOT

La série ATS est évidemment passée aux choses sérieuses en matière de performance et de tenue de route, autant la berline que le coupé qui l'a rejointe à sa troisième année, avec le lancement des versions ATS-V, il y a deux ans. Tout y est, des amortisseurs à variation magnétique, mentionnés plus tôt, aux pneus de performance, en passant par des freins Brembo aux disques plus grands, pincés par des étriers gris, rouges ou dorés, au choix. Les ATS-V proposent aussi un différentiel arrière autobloquant électronique fort utile, parce qu'il s'agit de propulsions qu'on peut doter de la boîte manuelle à six rapports ou de l'automatique à huit rapports.

Sous leur capot gonflé et percé d'une large prise d'air qui n'est pas élégante du tout, les ATS-V sont animées par un V6 biturbo à injection directe de 3,6 litres qui produit 464 chevaux et un couple de 445 lb-pi à 3 500 tr/min. Assez pour un chrono 4,6 secondes au sprint 0-100 km/h dans la berline à boîte automatique, malgré une chaussée froide lors de nos mesures. La tenue de route est incisive et remarquablement neutre, y compris sur un circuit. Facilement l'égale des meilleures allemandes.

Pour tout dire, le point faible des ATS-V, et de toutes leurs sœurs, est un habitacle dont la présentation et la finition sont correctes, tout au plus. On peut douter aussi de la qualité et de la durabilité de certains matériaux, à en juger par l'aspect du cuir sur les sièges d'une voiture d'essai pourtant presque neuve. Malgré la dure vie que mènent trop souvent ces voitures. Sans compter cette interface CUE aux contrôles par effleurement qui font rager plus qu'autre chose.

C'est sur cet aspect que devraient, sans contredit, se concentrer les efforts de Cadillac pour relancer cette série de surdouées et pour permettre à la marque de se tailler enfin la place qu'elle mérite largement.

Données principales

Emp. / lon. / lar. / haut.	**Berline** - 2776 / 4673 / 1811 / 1415 mm
	Coupé - 2776 / 4691 / 1842 / 1384 mm
Coffre / réservoir	**Berline** - 294 à 295 litres / 61 litres
	Coupé - 295 litres / 61 litres
Nbre coussins sécurité / ceintures	8 / 5
Suspension av. / arr.	ind., jambes force / ind., multibras
Pneus avant / arrière	P225/45R17 / P225/45R17
Poids / Capacité de remorquage	**Berline** - 1646 kg / non recommandé
	Coupé - 1679 kg / non recommandé

Composantes mécaniques

2,0 LITRES TURBO

Cylindrée, alim.	4L 2,0 litres turbo
Puissance / Couple	272 ch / 295 lb-pi
Tr. base (opt) / Rouage base (opt)	A8 (M6) / Prop (Int)
0-100 / 80-120 / V. max	n.d. / n.d. / n.d.
100-0 km/h	n.d.
Type / ville / route / CO_2	Ord / 10,6 / 7,7 / 4 340 kg/an

V6 3,6 LITRES

Cylindrée, alim.	V6 3,6 litres atmos.
Puissance / Couple	335 ch / 285 lb-pi
Tr. base (opt) / Rouage base (opt)	A8 / Prop (Int)
0-100 / 80-120 / V. max	n.d. / n.d. / n.d.
100-0 km/h	n.d.
Type / ville / route / CO_2	Ord / 11,6 / 8,0 / 4 960 kg/an

ATS-V

Cylindrée, alim.	V6 3,6 litres turbo
Puissance / Couple	464 ch / 445 lb-pi
Tr. base (opt) / Rouage base (opt)	M6 (A8) / Prop
0-100 / 80-120 / V. max	4,0 s (est) / n.d. / 300 km/h (const)
100-0 km/h	n.d.
Type / ville / route / CO_2	Sup / 14,4 / 10,4 / 5 900 kg/an

DU NOUVEAU EN 2018

Connectivité plus poussée avec profils personnalisés et navigation intégrée, connexion 4G LTE active, volant chauffant automatique, échappement de performance.

Photos : Cadillac

Pour voir la liste complète des informations techniques, veuillez vous référer à la section statistiques.

CADILLAC **CTS**

Prix : 49 735 $ à 93 010 $ (2017)
Catégorie : Berline
Garanties :
4 ans/80 000 km, 5 ans/160 000 km
Transport et prép. : 2 100 $
Ventes QC 2016 : 141 unités
Ventes CAN 2016 : 880 unités
Assemblage : Lansing MI US

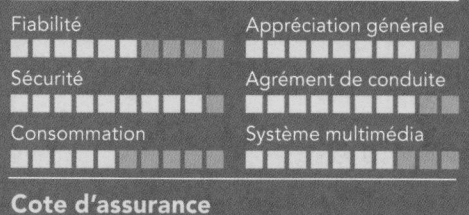

Fiabilité	Appréciation générale
Sécurité	Agrément de conduite
Consommation	Système multimédia

Cote d'assurance

$ $ $ $

Connectivité multimédia

Android Auto   Apple CarPlay

+ Performances et tenue de route exceptionnelles (CTS-V) • Très bonne position de conduite • Systèmes électroniques impeccables

– Roulement assez bruyant et rude (V-Sport) • Finition de l'habitacle décevante • Interface de contrôle CUE distrayante

Concurrents
Audi A6, BMW Série 5, Infiniti Q70, Jaguar XF, Kia Cadenza, Lexus GS, Maserati Ghibli, Mercedes-Benz Classe E, Volvo S90

Quelques bourgeoises et un pur-sang confortable

Marc Lachapelle

C'est la série CTS qui a tenu le cap et montré la voie à Cadillac, à travers les tourmentes que cette grande marque a dû affronter depuis l'apparition de cette berline, il y a quinze ans déjà. Plus compacte, agile et moderne que les paquebots d'antan, elle a peu à peu dépoussiéré et transformé l'image de Cadillac, tout en renouvelant et rajeunissant sérieusement sa clientèle. Maintenant que la série ATS est là pour jouer ce rôle, la CTS peut viser de nouvelles cibles. Y compris en performance pure.

La troisième génération de la CTS, qui a soufflé cinq chandelles cette année, partage avec sa jeune sœur l'ATS l'excellente plate-forme Alpha. Si la parenté semble évidente en comparant leurs silhouettes ou le dessin de leur habitacle, elle l'est moins en conduite. Rien d'étonnant, si l'on considère que la CTS est plus longue que la berline ATS d'environ 35 cm, sur un empattement qui a gagné 13,5 cm, et que son poids est supérieur de près de 125 kilos, à moteur et rouage identiques.

UNE MISSION PLUS CLAIRE

Avec un tel gabarit, la CTS peut maintenant jouer pleinement les berlines de luxe intermédiaires et laisser l'ATS courir avec les compactes. Elle est non seulement plus longue et spacieuse que sa devancière mais également plus légère d'environ 75 kilos, malgré un équipement et des systèmes de sécurité nettement plus complets. Plus frugale et plus performante aussi, puisque la puissance et le couple supérieurs de son V6 de 3,6 litres sont mieux exploités par une boîte automatique à la fine pointe, qui compte maintenant huit rapports. Même histoire pour le quatre cylindres turbocompressé de 2,0 litres et 268 chevaux qui équipe les versions plus abordables. Il est supérieur, en puissance et en couple, au V6 de 3,0 litres qu'il a remplacé et contribue à une réduction de poids de près de 100 kg et à une meilleure répartition des masses entre l'avant et l'arrière.

L'habitacle est lumineux et spacieux, mais sa présentation, sa finition et la qualité de ses matériaux sont décevantes. Il faut songer que la CTS affronte des berlines qui sont parmi les meilleures voitures au monde, à tous les égards. Elle profite, cette année, de la troisième génération de l'interface CUE dont les réglages par effleurement ont amplement fait rager. Il faudra voir, à l'usage, si de nouvelles icônes sur l'écran tactile et des menus personnalisés sauront la racheter. L'espace et le confort nouveaux qu'offre malgré tout la CTS ne l'empêchent nullement d'explorer son penchant sportif. D'abord avec la version V-Sport profitant d'un V6 biturbo de 3,6 litres qui produit 420 chevaux, bons pour un sprint 0-100 km/h de 5,3 secondes. Or, en dépit de performances fort respectables, d'une adhérence en virage louable, d'un jeu d'amortisseurs à variation magnétique et de gros freins Brembo, la V-Sport n'a tout simplement pas le nerf et les réflexes que l'on attend des meilleures berlines sportives. Comme si elle regrettait toujours un peu ses pantoufles.

LA BÊTE MAGNIFIQUE

Sans le moindre doute, la pièce de résistance de cette série est la troisième édition de la CTS-V, offerte cette fois uniquement sous les traits anguleux d'une berline. Cette sportive fabuleuse est avant tout propulsée par un V8 surcompressé de 6,2 litres, qui livre 640 chevaux à 6 400 tr/min et un couple de 630 lb-pi à 3 600 tr/min. C'est le frère de sang du LT4 que l'on trouve sous le capot des Corvette Z06 et Camaro ZL1 actuelles. Celui de la CTS-V est d'ailleurs niché, comme celui de ses fringantes cousines, sous un capot en fibre de carbone.

La CTS-V sait dévorer un circuit avec un aplomb et une férocité extraordinaires. Malgré ses 1 878 kilos ou 4 141 livres, donc plus de deux tonnes américaines! Parce que son équilibre est sans reproche, sa suspension impeccable et le mordant de ses pneus parfaitement dosé. Ce sont des gommes de performance de taille P265/35R19 à l'avant et P295/30ZR19 à l'arrière, en passant. Les sièges avant Recaro sont très sculptés et la jante du volant sport, drapée d'Alcantara, tombe bien sous la main. On apprécie vite, aussi, le solide repose-pied et l'excellent maintien qu'il favorise en permettant au pilote de bien se caler au fond du baquet.

Cette Cadillac est vraiment une lionne et certainement une des meilleures berlines et sportives de cette galaxie, malgré son poids substantiel et ses quatre portières. Ou peut-être aussi à cause de ces deux éléments. Il ne lui manque qu'un rouage intégral pour donner la chasse aux nouvelles Mercedes-AMG E 63 S 4MATIC et BMW M5 qui en sont pourvues, désormais.

Avec un mode *Drift*, pour déraper librement, comme elles. Une berline sportive américaine surpuissante, dénuée de tout complexe. Voilà qui décrit parfaitement la CTS-V. Chapeau aux ingénieurs!

Données principales

Emp. / lon. / lar. / haut.	2 911 / 5 019 / 1 834 / 1 453 mm
Coffre / réservoir	388 litres / 72 litres
Nbre coussins sécurité / ceintures	10 / 5
Suspension av. / arr.	ind., jambes force / ind., multibras
Pneus avant / arrière	P265/35ZR19 / P295/30ZR19
Poids / Capacité de remorquage	1 878 kg / non recommandé

Composantes mécaniques

2,0 LITRES TURBO

Cylindrée, alim.	4L 2,0 litres turbo
Puissance / Couple	268 ch / 295 lb-pi
Tr. base (opt) / Rouage base (opt)	A8 / Prop (Int)
0-100 / 80-120 / V. max	n.d. / n.d. / n.d.
100-0 km/h	n.d.
Type / ville / route / CO_2	Ord / 11,0 / 7,8 / 4 545 kg/an

V6 3,6 LITRES

Cylindrée, alim.	V6 3,6 litres atmos.
Puissance / Couple	333 ch / 285 lb-pi
Tr. base (opt) / Rouage base (opt)	A8 / Int (Prop)
0-100 / 80-120 / V. max	5,1 s / 3,1 s / n.d.
100-0 km/h	38,0 m
Type / ville / route / CO_2	Ord / 11,6 / 8,0 / 4 846 (est) kg/an

V-SPORT

Cylindrée, alim.	V6 3,6 litres turbo
Puissance / Couple	420 ch / 430 lb-pi
Tr. base (opt) / Rouage base (opt)	A8 / Prop
0-100 / 80-120 / V. max	5,3 s / n.d. / 275 km/h (const)
100-0 km/h	n.d.
Type / ville / route / CO_2	Sup / 15,0 / 9,9 / 5 748 (est) kg/an

CTS-V

Cylindrée, alim.	V8 6,2 litres surcomp.
Puissance / Couple	640 ch / 630 lb-pi
Tr. base (opt) / Rouage base (opt)	A8 / Prop
0-100 / 80-120 / V. max	4,3 s / 2,6 s / 322 km/h (const)
100-0 km/h	35,9 m
Type / ville / route / CO_2	Sup / 16,5 / 11,1 / 6 498 (est) kg/an

DU NOUVEAU EN 2018

Technologie de sécurité V2V, interface CUE 3 avec connectivité plus poussée et profils personnalisés, volant chauffant automatique, deux nouvelles couleurs.

Photos: Cadillac

Pour voir la liste complète des informations techniques, veuillez vous référer à la section statistiques.

CADILLAC | **221**

CADILLAC **CT6**

| 77% | COTE DU GUIDE |

((SiriusXM))

Prix: 61 715 $ à 97 590 $ (2017)
Catégorie: Berline
Garanties:
4 ans/80 000 km, 5 ans/160 000 km
Transport et prép.: 2 100 $
Ventes QC 2016: 49 unités
Ventes CAN 2016: 250 unités
Assemblage: Hamtramck MI US, Shanghai CN (hybride)

Fiabilité
■■■■■■□□□□

Sécurité
■■■■■■■□□□

Consommation
■■■■■■■□□□

Appréciation générale
■■■■■■■□□□

Agrément de conduite
■■■■■■□□□□

Système multimédia
■■■■■■■□□□

Cote d'assurance

$ $ $ $

Connectivité multimédia

Android Auto

Apple CarPlay

➕ Agilité et solidité • Bon choix de motorisations • Habitacle silencieux et confortable • Échelle de prix abordable

➖ Moteur de base peu intéressant • Pas de moteur V8 pour rivaliser les allemandes • Quelques plastiques intérieurs discutables • Direction peu communicative

Concurrents
Acura RLX, Audi A8, BMW Série 7, Genesis G90, Jaguar XJ, Lexus LS, Mercedes-Benz Classe S, Porsche Panamera, Tesla Model S, Volvo S90

Nec plus ultra, façon Cadillac

Michel Deslauriers

La voiture porte-étendard d'une marque de luxe se doit d'être la vitrine technologique, le sommet de l'opulence et le produit le plus désirable de la gamme. Chez Cadillac, la CT6, introduite au cours de 2016, représente cette voiture.

Avec sa taille forte, cette berline impose un certain respect sur la route. Ses dimensions sont similaires à celles d'une Mercedes-Benz Classe S, d'une BMW Série 7 et d'une Audi A8, mais grâce à l'utilisation de matériaux légers dans sa structure, son poids est significativement moins élevé. Et à l'instar de la concurrence allemande, on a même ajouté une version hybride rechargeable à la gamme, question d'afficher une conscience environnementale.

DES MOTORISATIONS POUR TOUS LES GOÛTS, OU PRESQUE
À la base, la CT6 est équipée d'un quatre cylindres turbo de 2,0 litres, jumelé à une boîte automatique à huit rapports et à un rouage à propulsion. Ses 265 chevaux suffisent à la tâche, mais on se demande bien qui voudrait s'acheter une grande berline de luxe avec un si petit moteur. Tant qu'à se gâter, allons-y pour quelque chose de plus raffiné et de plus musclé.

Le V6 de 3,6 litres avec ses 335 chevaux est bien adapté à la CT6, et disponible avec la transmission intégrale. Les performances ne sont pas à couper le souffle, mais on gagne en douceur tout en sacrifiant environ 1,5 l/100 km par rapport au moteur de 2,0 litres. Par contre, le V6 biturbo de 3,0 litres et ses 404 chevaux permettent à la CT6 de décoiffer davantage.

Pas de V8? Non. On réserve cette motorisation aux Cadillac Escalade et CTS-V. Et une CT6-V alors? Non plus. Avec cette berline pleine grandeur, on ne cherche pas à rivaliser les Mercedes-AMG S 63 ou Audi S8, et pourtant, le potentiel est là, puisque les Canadiens sont parmi les plus grands acheteurs de produits AMG au monde par tête.

On a plutôt droit à la CT6 hybride rechargeable, équipée d'un quatre cylindres de 2,0 litres et de deux moteurs électriques qui produisent 335 chevaux combinés. Avec une pleine charge d'électrons dans sa batterie de 18,4 kWh, la voiture peut parcourir jusqu'à 50 kilomètres en mode 100 % électrique, selon Cadillac. Et sa recharge complète prend quatre heures et demie avec une borne de 240 volts.

La CT6 Plug-in Hybrid n'est pas offerte avec un rouage intégral, contrairement à la BMW 740Le iPerformance et à la Porsche Panamera S E-Hybrid, mais elle coûte beaucoup moins cher. Sa consommation équivalente est estimée à 3,8 Le/100 km, deux dixièmes de plus que la BMW, qui affiche une puissance similaire.

La CT6 est étonnamment agile pour sa taille, surtout si l'on opte pour les roues arrière directionnelles, qui favorisent non seulement les changements de voie rapides, mais aussi les manœuvres de stationnement. En effet, avec celles-ci, le diamètre de braquage passe de 12,2 à 11,3 mètres, ce qui est exceptionnel.

UN HABITACLE LUXUEUX, MAIS...

Nous sommes encore à des lunes de la cabine d'une Classe S ou d'une A8. Le travail des designers de Cadillac est quelque peu gâché par un surplus de plastique, comme les massifs encadrements autour des sièges avant. On semble incapable chez General Motors de consacrer un budget plus généreux à la confection des habitacles, et s'il y a une voiture qui pourrait coûter un peu plus cher pour en profiter, c'est bien la CT6.

Le système CUE fonctionne mieux ici que dans les autres produits Cadillac, grâce à son écran plus grand et à la simplification des commandes en dessous de celui-ci. Et en option, il est possible d'équiper la CT6 d'une chaîne audio Bose Panaray à — sans blague — 34 haut-parleurs. Sa sonorité est excellente, mais ne parvient pas à nous émerveiller comme le font les systèmes Burmester ainsi que Bang & Olufsen des berlines allemandes.

En allongeant quelques dollars supplémentaires, on peut obtenir un toit ouvrant panoramique, un système de divertissement aux places arrière avec deux écrans ainsi qu'une fonction de massage, de chauffage et de ventilation pour les sièges avant et arrière. À bord d'une CT6 si bien équipée, la vie est sereine et relaxante pour quatre personnes. Ou cinq.

La Cadillac CT6 est une grande voiture solide, raffinée et technologiquement poussée, offerte à un prix beaucoup plus abordable que celui de ses rivales. Toutefois, c'est aussi ce qui l'empêche d'être une menace sérieuse pour les marques allemandes. Jouer la carte du rapport prix équipement est peut-être favorable pour Genesis et sa G90, mais pas pour Cadillac, autrefois la référence en matière de voitures de luxe.

Données principales

Emp. / lon. / lar. / haut.	3109 / 5184 / 1880 / 1471 mm
Coffre / réservoir	300 à 433 litres / 73 litres
Nbre coussins sécurité / ceintures	8 / 5
Suspension av. / arr.	ind., bras inégaux / ind., multibras
Pneus avant / arrière	P245/45R19 / P245/45R19
Poids / Capacité de remorquage	1989 kg / non recommandé

Composantes mécaniques

2.0L TURBO

Cylindrée, alim.	4L 2,0 litres turbo
Puissance / Couple	265 ch / 295 lb-pi
Tr. base (opt) / Rouage base (opt)	A8 / Prop
0-100 / 80-120 / V. max	6,0 s / n.d. / n.d.
100-0 km/h	n.d.
Type / ville / route / CO_2	Sup / 11,0 / 7,8 / 4 480 kg/an

HYBRIDE RECHARGEABLE

Cylindrée, alim.	4L 2,0 litres turbo
Puissance / Couple	265 ch / 295 lb-pi
Tr. base (opt) / Rouage base (opt)	CVT / Prop
0-100 / 80-120 / V. max	5,4 s (est) / n.d. / n.d.
100-0 km/h	n.d.
Type / ville / route / CO_2	Sup / 10,1 / 8,1 / 3 080 kg/an
Consommation combinée	3,8 Le/100km

MOTEUR ÉLECTRIQUE

Puissance / Couple	100 ch (74 kW) / n.d.
Type de batterie	Lithium-ion (Li-ion)
Énergie	18,4 kWh
Temps de charge (120V / 240V)	n.d. / 4,5 h
Autonomie	50 km
Puissance/couple combiné	335 ch/432 lb-pi

3.0L TURBO

Cylindrée, alim.	V6 3,0 litres turbo
Puissance / Couple	404 ch / 400 lb-pi
Tr. base (opt) / Rouage base (opt)	A8 / Int
0-100 / 80-120 / V. max	n.d. / n.d. / n.d.
100-0 km/h	n.d.
Type / ville / route / CO_2	Sup / 13,0 / 9,1 / 5 260 kg/an

3.6L TURBO

V6 3,6l - 335 ch / 284 lb-pi - A8 - 0-100 : 5.2 s -13,0 / 8,9 l/100 km

DU NOUVEAU EN 2018

Apparition de la version hybride rechargeable au cours de 2017.

Pour voir la liste complète des informations techniques, veuillez vous référer à la section statistiques.

CADILLAC | **223**

CADILLAC **XT5**

77% COTE DU GUIDE

Prix: 45 100 $ à 68 595 $ (2017)
Catégorie: VUS
Garanties:
4 ans/80 000 km, 5 ans/160 000 km
Transport et prép.: 1 950 $
Ventes QC 2016: 660 unités
Ventes CAN 2016: 2 789 unités
Assemblage: Spring Hill TN US

Fiabilité	Appréciation générale
■■■■■□□□	■■■■■■□□
Sécurité	Agrément de conduite
■■■■■■□□	■■■■■□□□
Consommation	Système multimédia
■■■■■□□□	■■■■■■□□

Cote d'assurance

$ $ $ $

Connectivité multimédia

 Android Auto   Apple CarPlay

+ Direction précise • Boîte automatique efficace • Découplage possible du rouage intégral • Système multimédia efficace

− Puissance très moyenne • Sélecteur de vitesses électronique récalcitrant • Dégagement limité pour la tête à l'arrière

Concurrents
Acura RDX, Audi Q5, BMW X3, Infiniti QX50, Land Rover Discovery Sport, Lexus RX, Lincoln MKX, Mercedes-Benz GLC, Volvo XC60

Encore du chemin à faire

Gabriel Gélinas

Lancé l'an dernier, le VUS de luxe XT5 prend le relais du SRX avec une double mission, soit celle de retenir la clientèle fidèle de Cadillac et d'attirer de nouveaux acheteurs. Élaboré sur une nouvelle plate-forme, partagée avec le GMC Acadia, le XT5 vise à bonifier l'habitabilité et le confort des occupants grâce à un empattement accru par rapport au SRX. La gamme comprend des versions à simple traction et d'autres à rouage intégral, ce qui permet à Cadillac de jouer sur plusieurs tableaux.

Côté style, le XT5 reprend les codes esthétiques de la marque et on note une certaine filiation avec le SRX, voire même l'Escalade. Toutefois, les blocs optiques en forme de crochet qui ceinturent la très grande calandre permettent au XT5 d'affirmer son identité propre.

Le côté luxe de l'habitacle est assuré par le choix de matériaux de qualité comme le cuir, le suède et la fibre de carbone, et par un design qui fait preuve d'une certaine sobriété. General Motors mise beaucoup sur la connectivité pour ses modèles, et le XT5 table donc lui aussi sur la borne Wi-Fi OnStar 4G LTE (abonnement en sus) ainsi que sur l'interface Apple CarPlay et Android Auto qui font tous partie de la dotation de série.

Les sièges avant sont confortables et offrent un bon maintien. La banquette arrière est coulissante, inclinable et divisible en sections 40/20/40. Avec la banquette reculée au maximum, le dégagement pour les jambes des passagers est très bon mais, comme l'assise est élevée, le dégagement pour la tête est limité, surtout dans le cas des modèles ayant un toit ouvrant panoramique.

On note aussi que toutes les déclinaisons sont équipées de la caméra de recul dont les images sont affichées sur l'écran du système d'infodivertissement. Dans la version haut de gamme Platine, on obtient également une caméra intégrée au rétroviseur intérieur, transformant ce dernier en écran couleur. Cet écran reproduit l'image captée en grand-angle, permettant ainsi une vision élargie vers l'arrière. Il est également possible d'activer cette caméra en roulant vers l'avant.

V6 OU QUATRE CYLINDRES…

Il y a plusieurs éléments du XT5 qui ne font pas vraiment «voiture de luxe», le premier étant son V6 atmosphérique de 3,6 litres qui développe 310 chevaux et un couple de 271 livres-pied. En quelques mots, ce V6 permet des accélérations et des reprises correctes, mais sans plus. Le XT5 est plus léger que le SRX et son moteur est plus vigoureux, mais on ne sent pas vraiment toute cette puissance à l'œuvre.

De plus, la boîte automatique réagit lentement à la commande des gaz et il faut attendre qu'elle rétrograde de plusieurs rapports avant de sentir une poussée vers l'avant. On retient toutefois que ce moteur est doté d'un système de désactivation des cylindres qui permet de passer de six à quatre cylindres à vitesse de croisière et que les versions à rouage intégral peuvent passer à la simple traction à la pression d'un bouton afin de bonifier la consommation.

L'autre élément qui détonne est le sélecteur de vitesses électronique. Celui-ci exige un mouvement vers l'avant et vers la gauche afin d'enclencher la marche arrière, ce qui demande une période d'adaptation et peut devenir frustrant lorsque l'on tente de manœuvrer rapidement. La structure du XT5 est très rigide, l'insonorisation est bien réussie et le comportement routier est sûr grâce à des suspensions à amortissement en temps réel qui sont paramétrables sur plusieurs modes. Cela étant dit, l'agrément de conduite du XT5 est nettement moins élevé que celui d'un BMW X3 ou d'un Porsche Macan.

En plus du V6 de 3,6 litres, le XT5 est également disponible avec un quatre cylindres turbocompressé de 2,0 litres sur certains marchés, notamment celui de la Chine. Ce moteur développe moins de puissance, mais plus de couple, ce qui permet de dynamiser la conduite. Il est possible qu'il soit aussi proposé en Amérique du Nord, selon l'aveu même de Johan de Nysschen, président et chef de la direction de Cadillac.

UNE VERSION V-SPORT EN VUE

Il est également possible que Cadillac propose une version V-Sport du XT5, ce qui permettrait à la marque de se positionner dans le giron des modèles S de Audi ou encore M Performance de BMW. Il ne s'agirait pas d'une version aussi performante ou débridée que les Cadillac ATS-V ou CTS-V, mais qui miserait plutôt sur un look plus typé, dont les liaisons au sol se feraient au moyen de suspensions aux calibrations plus fermes et qui serait possiblement animé par le moteur V6 biturbo de 3,0 litres que l'on retrouve sous le capot de l'actuelle Cadillac CT6. À suivre…

CADILLAC XT5

Données principales

Emp. / lon. / lar. / haut.	2 857 / 4 815 / 1 903 / 1 675 mm
Coffre / réservoir	1 784 litres / 83 litres
Nbre coussins sécurité / ceintures	6 / 5
Suspension av. / arr.	ind., jambes force / ind., multibras
Pneus avant / arrière	P235/65R18 / P235/65R18
Poids / Capacité de remorquage	1 931 kg / 1 588 kg (3 500 lbs)

Composantes mécaniques

Cylindrée, alim.	V6 3,6 litres atmos.
Puissance / Couple	310 ch / 271 lb-pi
Tr. base (opt) / Rouage base (opt)	A8 / Int (Tr)
0-100 / 80-120 / V. max	7,8 s / 5,3 s / n.d.
100-0 km/h	41,0 m
Type / ville / route / CO_2	Ord / 12,9 / 8,9 / 5 106 kg/an

« IL Y A PLUSIEURS ÉLÉMENTS DU **XT5** QUI NE FONT PAS VRAIMENT " **VOITURE DE LUXE** ", COMME SON MOTEUR V6 ATMOSPHÉRIQUE DE **3,6 LITRES.** »

DU NOUVEAU EN 2018 — Quelques nouvelles couleurs et options.

Pour voir la liste complète des informations techniques, veuillez vous référer à la section statistiques.

CADILLAC **XTS**

Prix: 50 735 $ à 75 760 $ (2017)
Catégorie: Berline
Garanties:
4 ans/80 000 km, 5 ans/160 000 km
Transport et prép.: 2 100 $
Ventes QC 2016: 132 unités
Ventes CAN 2016: 707 unités
Assemblage: Oshawa ON CA

Fiabilité n.d.	Appréciation générale ■■■■■□□□□□
Sécurité n.d.	Agrément de conduite ■■■■■■□□□□
Consommation ■■■■□□□□□□	Système multimédia ■■■■■■□□□□

Cote d'assurance

$ $ $ $

Connectivité multimédia

Android Auto   Apple CarPlay

➕ Habitacle et coffre spacieux •
Roulement confortable •
Jolis agencements de couleur • Bonnes
motorisations • Tarifs abordables

➖ Système multimédia CUE perfectible •
Consommation (surtout V6 biturbo) •
Quelques plastiques intérieures discutables •
Place arrière centrale peu confortable

Concurrents
Acura RLX, Audi A6, BMW Série 5,
Genesis G80, Infiniti Q70, Jaguar XF,
Lexus GS, Lincoln Continental,
Mercedes-Benz Classe E, Volvo S90

59% COTE DU GUIDE

Résilience

Michel Deslauriers

L orsque la Cadillac CT6 a été lancée en 2016, on croyait fermement que la berline XTS y laisserait sa place au sein de la gamme de la marque. Au moment de mettre *Le Guide de l'auto 2017* sous presse, même les gens de General Motors nous avaient dit qu'elle serait vraisemblablement abandonnée. On l'a donc retirée de la liste de modèles en versant une infime larme.

Surprise! Non seulement la XTS a survécu, mais elle obtient une mise à jour esthétique pour 2018, dont les détails ont été révélés au moment, encore une fois, d'aller sous presse. Si GM avait bel et bien décidé de passer la grande berline au couperet, elle s'est ravisée et la XTS poursuivra sa carrière aux côtés de la CTS et de la CT6.

Il faut avouer que la plupart des XTS aperçues sur nos routes sont peintes en noir, et soit elles portent une plaque d'immatriculation de service de limousine, soit elles sont précédées ou suivies d'un corbillard. Il s'agit donc d'une voiture spacieuse pour les passagers arrière, luxueuse et relativement abordable à l'achat et en entretien.

ESCALA, UNE INSPIRATION
Pour remodeler la XTS, et l'on parle ici de changements légers, Cadillac s'est tourné vers le design de sa grande sœur CT6, mais aussi de l'Escala Concept, initialement dévoilée au Concours d'élégance de Pebble Beach en 2016, puis dans quelques salons automobiles par la suite.

On a donc conféré à la XTS des blocs optiques amincis, en forme de Y inversé, avec un pare-chocs redessiné et des lignes de caractère sur le capot. À l'arrière, on reconnaît l'influence du concept Escala alors que le couvercle de coffre présente un pli vertical en son centre et une ligne qui s'amorce du haut des feux pour surplomber le dessus du pare-chocs. Ce dernier abrite désormais la plaque d'immatriculation. Des changements mineurs, mais qui confèrent à la XTS les nouveaux éléments de design de Cadillac.

L'habitacle reçoit également quelques changements, notamment de nouvelles selleries et des structures de sièges repensées. On propose toujours quelques choix de coloris pour les sièges et le tableau de bord, agrémenté de boiseries véritables et de garnitures contrastantes. Le résultat est élégant, comme toujours, avec une qualité d'assemblage généralement soignée.

Comme mentionné plus tôt, le charme de la XTS c'est son grand confort, que ce soit au chapitre des sièges ou de la qualité de roulement. C'est une « Caddy » traditionnelle, grosse et luxueuse, mais sans la suspension spongieuse des Fleetwood d'antan qui donnait le mal des transports. La modernité se trouve au centre du tableau de bord, ce système multimédia Cadillac CUE qui n'est pas des plus conviviaux à utiliser. Si les zones de boutons sur l'écran tactile sont d'une dimension adéquate, les commandes à effleurement pour le volume de la radio et pour régler la climatisation ne sont pas faciles à utiliser en conduite.

Cette berline peut aussi être équipée de caractéristiques telles un toit ouvrant panoramique, des sièges ventilés à l'avant et chauffants à l'arrière, une chaîne audio Bose à 14 haut-parleurs, un affichage numérique de 12,3 pouces pour le conducteur, des roues de 20 pouces, un rétroviseur à caméra arrière et, évidemment, les habituels systèmes de sécurité avancée.

V6 OU V6. NOUS, ON CHOISIT LE V6

Sous le capot de la XTS, on mise toujours sur le six cylindres de 3,6 litres, bien répandu chez GM, jumelé à une boîte automatique à six rapports. Ses 304 chevaux sont suffisants pour la clientèle visée, et pour transporter les clients à l'arrière sans les bousculer. On peut également équiper la XTS d'un rouage intégral, et les versions V-Sport rendent les performances nettement plus grisantes avec le V6 biturbo de 3,6 litres qui déploie 410 chevaux.

Moins chère que la CT6, plus logeable que la CTS, la XTS parvient à demeurer au poste grâce aux qualités auxquelles on s'est toujours attendu d'une Cadillac. Autrement dit, c'est la dernière berline de la marque à pouvoir retenir une clientèle fidèle, plus mature. Celle qui, finalement, s'ennuie de la DeVille ou de la Fleetwood, et qui juge les modèles plus récents trop sportifs, au même titre que les concurrentes allemandes.

Même après quelques années sur le marché, elle peut toujours tenir tête à des voitures de luxe comme la Genesis G80, la Lexus GS et l'Acura RLX. De plus, tant que la XTS trouve son lot d'acheteurs en Chine — qui s'arrachent les voitures de luxe — et chez nous en tant que voiture de service, rien ne presse General Motors de laisser aller la XTS.

Données principales	
Emp. / lon. / lar. / haut.	2 837 / 5 131 / 1 852 / 1 501 mm
Coffre / réservoir	509 litres / 74 litres
Nbre coussins sécurité / ceintures	10 / 5
Suspension av. / arr.	ind., jambes force / ind., multibras
Pneus avant / arrière	P245/45R20 / P245/45R20
Poids / Capacité de remorquage	1912 kg / 454 kg (1 000 lbs)

Composantes mécaniques	
COLLECTION LUXE, PLATINUM	
Cylindrée, alim.	V6 3,6 litres atmos.
Puissance / Couple	304 ch / 264 lb-pi
Tr. base (opt) / Rouage base (opt)	A6 / Int (Tr)
0-100 / 80-120 / V. max	7,8 s / 5,7 s / n.d.
100-0 km/h	42.5 m
Type / ville / route / CO_2	Ord / 13,9 / 8,9 / 5 359 kg/an
V-SPORT	
Cylindrée, alim.	V6 3,6 litres turbo
Puissance / Couple	410 ch / 369 lb-pi
Tr. base (opt) / Rouage base (opt)	A6 / Int
0-100 / 80-120 / V. max	5,9 s / 3,9 s / n.d.
100-0 km/h	43,7 m
Type / ville / route / CO_2	Sup / 15,0 / 10,2 / 5 906 kg/an

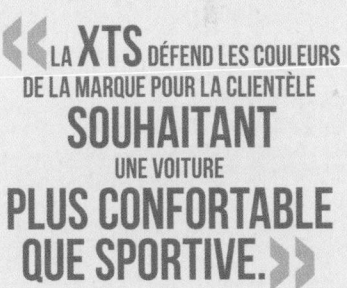

« LA **XTS** DÉFEND LES COULEURS DE LA MARQUE POUR LA CLIENTÈLE **SOUHAITANT** UNE VOITURE **PLUS CONFORTABLE QUE SPORTIVE.** »

DU NOUVEAU EN 2018

Rafraîchissement esthétique intérieur et extérieur, nouvelles jantes et pneus, changements mineurs.

Photos : Cadillac

Pour voir la liste complète des informations techniques, veuillez vous référer à la section statistiques.

CADILLAC | 227

CHEVROLET **BOLT EV**

85% COTE DU GUIDE

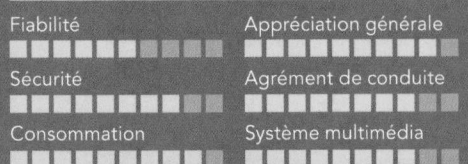

Prix : 42 795 $ (2017)
Catégorie : Hatchback
Garanties :
3 ans/60 000 km, 5 ans/160 000 km
Transport et prép. : 1 950 $
Ventes QC 2016 : 0
Ventes CAN 2016 : 0
Assemblage : Lake Orion MI US

Fiabilité
■■■■■■■□□□

Appréciation générale
■■■■■■■■□□

Sécurité
■■■■■■■■□□

Agrément de conduite
■■■■■■■□□□

Consommation
■■■■■■■■□□

Système multimédia
■■■■■■■■□□

Cote d'assurance

n.d.

Connectivité multimédia

Android Auto

Apple CarPlay

➕ Autonomie intéressante • Coffre de bonnes dimensions • Comportement routier correct • Réseau de concessionnaires établi

➖ Pneus d'origine peu adhérents • Places arrière assez restreintes • Valeur de revente pourrait être basse • Voiture assez chère malgré les incitatifs

Concurrents
BMW i3, Ford Focus Electric, Kia Soul EV, Nissan LEAF, smart fortwo, Volkswagen e-Golf

De plain-pied dans le futur

Alain Morin

La première incursion de General Motors dans le monde de la voiture électrique s'était terminée d'amère façon. La EV1 (1997-1999), distribuée par Saturn dans quelques États américains, avait été rapidement retirée du marché, ne faisant pas ses frais. Sauf que le Général avait mal évalué l'importance du mouvement « électrique », mené par des passionnés qui n'acceptaient pas le retrait de la EV1. Dans un exemple de mauvaise gestion de crise, le Général s'est enlisé et est passé pour un assassin de la voiture électrique.

Fort d'une expérience chèrement acquise, la Chevrolet Volt fut une belle réussite. Aujourd'hui, Chevrolet se relance dans l'aventure électrique (après une petite incursion dans ce marché avec la Spark EV) avec la Bolt EV.

La Bolt EV (EV pour *Electric Vehicle*) a beaucoup fait parler d'elle depuis sa présentation au Salon de Detroit en janvier 2015. Il s'agissait alors d'un concept et déjà, la future voiture promettait une autonomie de 200 milles (320 km). Assez incroyablement, la Bolt EV fait mieux que son concept ! En effet, maintenant, on parle d'une autonomie de 238 milles (383 km).

383 KM D'AUTONOMIE, ÇA COMMENCE À ÊTRE DU SÉRIEUX

Évidemment, pour arriver à faire près de 400 km avant la panne énergétique, il faut un ensemble de conditions parfaites, à peu près impossibles à réunir dans un monde « normal ». Mais une autonomie de 250 à 300 km est tout à fait envisageable sans se priver du chauffage en hiver ou du climatiseur en été, tout en suivant le flot de la circulation.

Cette autonomie est possible grâce à un ensemble de batteries lithium-ion de 60 kWh Celui-ci est situé sous le plancher de la Bolt EV. Il commence vis-à-vis les pieds des passagers avant et se termine avant la suspension arrière, question de dégager un bon espace pour le coffre.

Grâce à un chargeur intégré de 7,2 kW, il est possible de recharger complètement la batterie en neuf heures approximativement sur une prise 240 V. Sur une prise domestique (120 V), il faut plutôt compter... au moins 60 heures! Chevrolet ne divulgue pas officiellement cette durée, mais dit plutôt que chaque heure de charge amène 6,4 km d'autonomie (383 km divisés par 6,4 km égalent 59,84 heures). Avec un chargeur rapide, on est dans un autre univers puisqu'il sera possible de donner 145 km d'autonomie en trente minutes.

Une des particularités de la Bolt EV réside dans son système de régénération des freins, appelé Regen on Demand. Comme tous les véhicules électriques, ce système récupère l'énergie dégagée lors des freinages et la retourne à la batterie pour la régénérer. Dans la Bolt EV, le Regen on Demand, activé par une palette située derrière le rayon gauche du volant, offre quatre niveaux de récupération. Le niveau supérieur permet de stopper la voiture très rapidement, sans toucher aux freins. C'est un peu déstabilisant au début, mais on s'y fait vite. Ce système a déjà été vu dans la regrettée (pas tant que ça...) Cadillac ELR et la Chevrolet Volt actuelle.

De son côté, le moteur électrique de la Bolt EV fournit 200 chevaux et un couple de 266 livres-pied. Les performances ne sont évidemment pas celles d'une Corvette Z06, néanmoins, elles conviennent parfaitement à la sous-compacte qu'est la Bolt EV. Toutefois, une accélération ferme sur une surface mouillée fait rapidement ressortir la faible adhérence des pneus d'origine (des Michelin Energy Saver sur notre voiture d'essai). Ces pneus sont surtout conçus pour faire économiser de l'essence. Si vous voulez un petit conseil d'ami, laissez tomber quelques kilomètres d'autonomie et augmentez votre sécurité en faisant installer de bons pneus.

COMPORTEMENT ROUTIER RELEVÉ

Pour le reste, la Bolt EV est étonnamment facile à conduire et à vivre au quotidien. L'habitacle est spacieux et silencieux, les espaces de rangement sont nombreux et le coffre est vaste. La tenue de route est sans faille et l'on se surprend même à conduire rapidement sur une route sinueuse. La direction pourrait être plus communicative, mais sa précision est très correcte.

Bref, la Bolt EV remplit ses promesses électriques. D'un autre côté, grâce à la subvention gouvernementale de 8 000 $ (au moment d'écrire ces lignes), il est possible d'avoir une Bolt EV de base pour moins de 40 000 $. Oui, c'est cher pour une voiture à peine plus imposante qu'une Chevrolet Sonic. Mais c'est là le prix à payer pour rouler dans une automobile qui marquera l'histoire en étant la première bagnole 100 % électrique offrant une autonomie se rapprochant de celle d'une voiture à essence et des performances très correctes à un prix relativement abordable.

Données principales

Emp. / lon. / lar. / haut.	2 600 / 4166 / 1765 / 1594 mm
Coffre / réservoir	1603 litres / n.d. litres
Nbre coussins sécurité / ceintures	10 / 5
Suspension av. / arr.	ind., jambes force / semi-ind., poutre torsion
Pneus avant / arrière	P215/50R17 / P215/50R17
Poids / Capacité de remorquage	1625 kg / n.d.

Composantes mécaniques

BASE

Puissance / Couple	200 ch (149 kW) / 266 lb-pi
Tr. base (opt) / Rouage base (opt)	Rapport fixe / Tr
0-100 / 80-120 / V. max	7,0 s (est) / n.d. / 145 km/h (const)
100-0 km/h	n.d.
Consommation combinée	0,0 Le/100 km
Type de batterie	Lithium-ion (Li-ion)
Énergie	60,0 kWh
Temps de charge (120V / 240V)	60,0 h / 9,5 h
Autonomie	383 km

> LA BOLT EV EST LA PREMIÈRE VOITURE **100 % ÉLECTRIQUE** ABORDABLE ET **CAPABLE D'UNE BONNE AUTONOMIE.** TOUTES **LES AUTRES** BAGNOLES ÉLECTRIQUES DEVRONT **S'AJUSTER !**

DU NOUVEAU EN 2018

Nouveau modèle.
Lancé au cours de 2017.

Photos : Marc Lachapelle

Pour voir la liste complète des informations techniques, veuillez vous référer à la section statistiques.

CHEVROLET | **229**

CHEVROLET **CAMARO**

79% COTE DU GUIDE

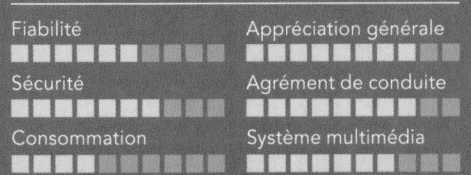

Prix : 29 395 $ à 75 755 $ (2017)
Catégorie : Cabriolet, Coupé
Garanties :
3 ans/60 000 km, 5 ans/160 000 km
Transport et prép. : 2 000 $
Ventes QC 2016 : 332 unités
Ventes CAN 2016 : 2 708 unités
Assemblage : Lansing MI US

Fiabilité	Appréciation générale
■■■■■■□□□□	■■■■■■■■□□
Sécurité	Agrément de conduite
■■■■■■■■□□	■■■■■■■■□□
Consommation	Système multimédia
■■■■■■■□□□	■■■■■■■□□□

Cote d'assurance

$ —————▼————— $ $ $

Connectivité multimédia

Android Auto   Apple CarPlay

➕ Performances et tenue de route
exceptionnelles (ZL1 1LE) • Groupe de
performance 1LE offert sur plusieurs
versions • Série très complète et variée

➖ Visibilité latérale et arrière désolante •
Places arrière sérieusement étriquées •
Coffre petit et difficile d'accès •
Confort réduit au quotidien (ZL1 1LE)

Concurrents
Dodge Challenger, Ford Mustang,
Nissan 370Z, Porsche 718,
Subaru BRZ, Toyota 86

D'agréable à parfaitement redoutable

Marc Lachapelle

Il y a trois ans déjà, Chevrolet a renouvelé avec brio ce classique américain cinquantenaire qu'est la Camaro. Les inconditionnels ont pu se réjouir autant que les simples amateurs parce que toutes les versions étaient réussies, des plus abordables aux plus chères et puissantes. Et le constructeur n'a cessé d'ajouter depuis des versions et modèles de plus en plus sportifs et spectaculaires. Pour que la Camaro soit mieux armée que jamais pour le duel qui l'oppose à sa rivale de toujours, la Mustang.

Les stylistes ont d'abord dessiné une belle robe à cette nouvelle Camaro avec des lignes inspirées de la précédente, en plus moderne. Au prix de la visibilité vers les côtés et l'arrière encore une fois, tellement la surface des vitres est réduite avec une ligne de toit aussi basse. Ne parlons même pas des places arrière et du coffre, toujours minimalistes. Le nouveau tableau de bord est original et moderne, mais surtout mieux présenté et fini. La position de conduite est juste, les sièges avant bien découpés et les contrôles clairs et efficaces.

UNE BASE ULTRASOLIDE

La marque au nœud papillon aura surtout eu l'excellente idée de développer cette sixième génération de la Camaro sur l'architecture Alpha qui faisait des merveilles pour le comportement des Cadillac ATS. Ses ingénieurs ont ensuite eu le talent de tirer le meilleur de cette plate-forme exceptionnelle. Le plus réjouissant est de constater que même les versions les plus sages et abordables de la Camaro adoptent une conduite et un comportement de grand calibre.

Ces précieuses qualités s'apprécient même dans une simple LS dotée du quatre cylindres turbo de 2,0 litres et 275 chevaux ou dans alors une LT équipée plutôt du V6 de 3,6 litres et 335 chevaux. Ces deux-là sont évidemment les plus légères et profitent de la meilleure répartition de poids de toutes les Camaro, avec une proportion avant/arrière de 52/48 %. Un autre gage d'agilité.

Les passionnés de pilotage et de performance ne sont pas en reste pour autant. Les versions SS du coupé et de la décapotable sont là depuis le début, par exemple, propulsées par un V8 atmosphérique de 6,2 litres et 455 chevaux qu'elles partagent avec la Corvette Stingray.

CODE D'OPTION LÉGENDAIRE : 1LE

Depuis l'an dernier, on peut équiper la Camaro du groupe de performance 1LE qui fut développé, à l'origine, pour les voitures de la série canadienne Player's GM. Ces voitures étaient merveilleuses à piloter, tout comme l'option 1LE rendait la SS de la cinquième génération franchement excitante à conduire, même sur la route.

Cette fois, par contre, on peut ajouter le groupe 1LE à plusieurs versions dont les LT à moteur V6 et boîte manuelle, pour la première fois. C'est dire leur potentiel sportif, y compris sur un circuit. Elles héritent alors de la suspension FE3 de la SS, de freins Brembo avec étriers avant à quatre pistons, de pneus Goodyear Eagle F1 plus larges (245/40R20 et 275/35R20) sur des roues de 20 pouces en aluminium forgé, un différentiel autobloquant mécanique avec rapport final de 3,27 et des radiateurs pour l'huile du moteur, la boîte de vitesses et le différentiel. Pour l'habitacle, un volant à jante en suède et, en option, des sièges Recaro et un enregistreur de performances intégré, avec vidéo.

Le groupe 1LE destiné aux modèles SS ajoute la suspension FE4 avec amortisseurs à variation magnétique, des pneus Eagle F1 Supercar élargis (285/30ZR20 et 305/30ZR20), un différentiel autobloquant électronique avec rapport final de 3,73, des étriers à six pistons pour les disques avant plus grands (370 mm), des freins Brembo et, pour la carrosserie, un capot peint en « noir satiné », comme les coquilles des rétroviseurs et l'aileron arrière en trois pièces, et enfin un becquet à l'avant et un extracteur aérodynamique pour l'arrière, peints en gris satiné.

Pour la totale, il faut lorgner plutôt vers le groupe 1LE Extreme conçu pour la nouvelle ZL1 qui est propulsée par un V8 LT4 surcompressé de 6,2 litres et 650 chevaux. Une pure bête, que l'on peut malgré tout conduire sur la route. Elle y gagne une suspension sérieusement réglable avec amortisseurs DSSV de Multimatic, développés en course, un immense aileron arrière et une série de déflecteurs qui ajoutent de la portance, des pneus Eagle F1 Supercar 3R encore plus larges (P305/30ZR19 et P325/30ZR19) et des freins Brembo plus grands aussi (390 et 365 mm). Cette super ZL1 est même plus légère de 27 kg parce que sa lunette arrière est plus mince, le dossier de sa banquette arrière fixe et ses roues et amortisseurs plus légers.

Chose certaine, TOUTES les Mustang n'ont qu'à bien se tenir, maintenant.

Données principales

Emp. / lon. / lar. / haut.	Cabriolet - 2 812 / 4 783 / 1 905 / 1 330 mm
	Coupé - 2 812 / 4 783 / 1 905 / 1 336 mm
Coffre / réservoir	Cabriolet - 206 litres / 72 litres
	Coupé - 258 litres / 72 litres
Nbre coussins sécurité / ceintures	6 / 4
Suspension av. / arr.	ind., jambes force / ind., multibras
Pneus avant / arrière	P245/50R18 / P245/50R18
Poids / Capacité de remorquage	Cabriolet - 1 861 kg / n.d.
	Coupé - 1 789 kg / n.d.

Composantes mécaniques

LS, LT

Cylindrée, alim.	4L 2,0 litres turbo
Puissance / Couple	275 ch / 295 lb-pi
Tr. base (opt) / Rouage base (opt)	M6 (A8) / Prop
0-100 / 80-120 / V. max	6,4 s (est) / n.d. / 240 km/h (const)
100-0 km/h	39,3 m (const)
Type / ville / route / CO_2	Ord / 11,9 / 8,0 / 4 720 kg/an

LT V6

Cylindrée, alim.	V6 3,6 litres atmos.
Puissance / Couple	335 ch / 284 lb-pi
Tr. base (opt) / Rouage base (opt)	M6 (A8) / Prop
0-100 / 80-120 / V. max	6,2 s (est) / n.d. / 240 km/h (const)
100-0 km/h	38,7 m (const)
Type / ville / route / CO_2	Ord / 14,4 / 8,4 / 5 480 kg/an

SS

Cylindrée, alim.	V8 6,2 litres atmos.
Puissance / Couple	455 ch / 455 lb-pi
Tr. base (opt) / Rouage base (opt)	M6 (A8) / Prop
0-100 / 80-120 / V. max	5,3 s (est) / n.d. / 290 km/h (const)
100-0 km/h	35,7 m (const)
Type / ville / route / CO_2	Ord / 14,3 / 9,4 / 5 680 kg/an

ZL1

Cylindrée, alim.	V8 6,2 litres surcomp.
Puissance / Couple	650 ch / 650 lb-pi
Tr. base (opt) / Rouage base (opt)	A10 (M6) / Prop
0-100 / 80-120 / V. max	4,0 s (est) / n.d. / n.d.
100-0 km/h	32,6 m (const)
Type / ville / route / CO_2	Sup / 19,0 / 11,6 / 7 340 kg/an

DU NOUVEAU EN 2018

Version ZL1 1LE, groupe sport 1LE maintenant disponible aussi sur les coupés 2SS, capteur de niveau de lave-glace.

Photos : Chevrolet

Pour voir la liste complète des informations techniques, veuillez vous référer à la section statistiques.

GMC CANYON

![Chevrolet logo] CHEVROLET **COLORADO/** GMC **CANYON**

77% COTE DU GUIDE

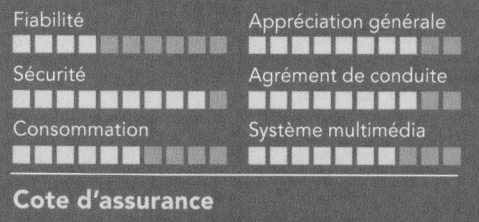

Prix : 21 805 $ à 46 700 $ (2017)
Catégorie : Camionnette
Garanties :
3 ans/60 000 km, 5 ans/160 000 km
Transport et prép. : 2 050 $
Ventes QC 2016 : 1 174 unités
Ventes CAN 2016 : 6 569 unités
Assemblage : Wentzville MO US

Fiabilité	Appréciation générale
■■■■□□	■■■■□□
Sécurité	Agrément de conduite
■■■■■□	■■■■■□
Consommation	Système multimédia
■■■■□□	■■■■□□

Cote d'assurance

$ $ $ $

Connectivité multimédia

Android Auto   Apple CarPlay

+ Version tout-terrain ZR2 impressionnante • Motorisation complète et compétente • Comportement solide et stable • Gamme variée

– Frein de stationnement encombrant et ahurissant • Finition de l'habitacle quelconque • L'arrière sautille et décroche en virage bosselé (Z71)

Concurrents
Honda Ridgeline, Nissan Frontier, Toyota Tacoma

Costaudes et sans complexes

Marc Lachapelle

C omme un capitaine célèbre, grand raconteur d'histoires, Chevrolet et GMC ont vraiment confondu les sceptiques en lançant des versions entièrement nouvelles de leurs camionnettes intermédiaires Colorado et Canyon il y a trois ans. Plus costaudes, plus puissantes et plus modernes, ces deux-là ont tout bonnement relancé à elles seules la catégorie. Et voilà maintenant que Chevrolet secoue le monde du tout-terrain avec un Colorado ZR2 qui vient bousculer les plus réputés des 4x4 avec une polyvalence, des prouesses et un raffinement impressionnants.

Pour rester dans les métaphores nautiques, les camionnettes compactes ou intermédiaires ont vraiment le vent dans les voiles chez nous, avec des ventes qui ont augmenté de plus de 50 % au Québec l'an dernier. Et celles des Colorado et Canyon ont grimpé d'un peu plus encore, soit de 52,1 % et 57,8 %, respectivement. C'est donc du sérieux et cette tendance a toutes les chances de se maintenir puisque les deux marques ne relâchent pas leurs efforts pour rendre leurs camionnettes « poids-moyen » attrayantes pour encore plus de gens.

En installant par exemple l'an dernier, sous le capot de ces camionnettes presque jumelles, une version améliorée du V6 de 3,6 litres qui était déjà un facteur important de leur succès. Avec des cotes légèrement supérieures de 308 chevaux et 275 livres-pied de couple, grâce au calage variable en continu des soupapes, à l'injection directe et à la cylindrée variable, ce V6 est également plus frugal parce que l'on a eu la bonne idée de lui greffer une boîte de vitesses automatique huit rapports. Plus performant aussi, avec un chrono 0-100 km/h mesuré de 7 secondes pile, soit un gain de trois quarts de seconde pour la version Z71 à cabine multiplace du Colorado 4x4.

Le tandem Colorado/Canyon se démarque encore nettement des camionnettes concurrentes par son quatre cylindres diesel turbocompressé optionnel de 2,8 litres et 181 chevaux qui produit 369 lb-pi de couple à seulement

2 000 tr/min. Assez pour un chrono 0-100 km/h de 10,17 secondes pour un Canyon 4x4 qui peut tracter jusqu'à 3 447 kg (7 600 lb) alors que le maximum est de 3 175 kg (7 000 lb) pour le V6. Un moteur souple, peu bruyant et bien servi par sa boîte automatique à 6 rapports.

CARACTÈRE TRANCHÉ

En conduite normale, les Colorado et Canyon sont de vrais camions. Le roulement est toujours ferme, mais bien maîtrisé, même sur une chaussée raboteuse. La carrosserie est alors solide et sans bruit, un bon point pour une camionnette. La modulation des freins est facile et sur la route, la tenue de cap est nette. L'accélérateur est par contre nerveux avec le V6, possiblement pour compenser le couple moyen de ce moteur à bas régime.

Si les Colorado et Canyon méritent que l'on s'attarde à leurs cotes, leurs diverses capacités et leurs performances, c'est qu'à vrai dire, la vie à leur bord n'a rien d'exceptionnel ou de particulièrement réjouissant. La finition de leur habitacle est correcte, sans plus, avec des assemblages et moulures en plastique gris au grain souvent trop marqué et à la surface trop raide dont on croyait que GM avait épuisé ses vastes réserves... Les rangements sont également mal conçus et peu pratiques, ce qui est plutôt embêtant pour un tel véhicule. Cela dit, il faut surtout leur tenir rigueur pour un repose-pied trop étroit et sérieusement inconfortable, à cause d'une pédale de frein de stationnement qui vous éperonne hardiment le tibia gauche à tout moment.

COLORADO ZR2 : L'ATHLÈTE DE LA FAMILLE

L'équipement et le comportement tout-terrain du ZR2 sont exceptionnels. Les ingénieurs n'ont ménagé aucun effort et n'ont pris aucun raccourci au fil de sa conception et de son développement. Les pièces maîtresses sont assurément les amortisseurs à triple soupape et réservoir séparé, conçus pour le ZR2 par Multimatic dont les amortisseurs DSSV brevetés équipent déjà la Camaro Z/28, mais également les F1 de l'équipe Red Bull. Multimatic, la même firme ontarienne d'élite qui a conçu et qui fabrique aussi la nouvelle Ford GT, rien de moins.

En plus de ces amortisseurs au rendement fabuleux qui permettent, entre autres, d'attaquer des séries de bosses à des vitesses inouïes — tel que démontré sur un tracé tortueux lors de la présentation — les ingénieurs ont apporté de nombreuses modifications au Colorado pour en faire un ZR2.

Le ZR2 n'a certes pas la puissance du Ford F-150 Raptor, mais il lui tiendra tête et se faufilera sans doute beaucoup plus facilement dans les chemins et sentiers étroits et tortueux dont le Québec regorge. Duel excitant en perspective.

Données principales	
Emp. / lon. / lar. / haut.	3 569 / 5 713 / 1 886 / 1 785 mm
Boîte / réservoir	1 568 à 1 880 mm / 80 litres
Nbre coussins sécurité / ceintures	6 / 5
Suspension av. / arr.	ind., bras inégaux / essieu rigide, ress. à lames
Pneus avant / arrière	P255/65R17 / P255/65R17
Poids / Capacité de remorquage	2 127 kg / 3 493 kg (7 690 lbs)

Composantes mécaniques	
2,8 DIESEL	
Cylindrée, alim.	4L 2,8 litres turbo
Puissance / Couple	181 ch / 369 lb-pi
Tr. base (opt) / Rouage base (opt)	A6 / 4x4 (Prop)
0-100 / 80-120 / V. max	n.d. / n.d. / n.d.
100-0 km/h	n.d.
Type / ville / route / CO_2	Die / 12,1 / 8,4 / 5 600 kg/an
2,5 LITRES	
Cylindrée, alim.	4L 2,5 litres atmos.
Puissance / Couple	200 ch / 191 lb-pi
Tr. base (opt) / Rouage base (opt)	A6 (M6) / 4x4 (Prop)
0-100 / 80-120 / V. max	n.d. / n.d. / n.d.
100-0 km/h	n.d.
Type / ville / route / CO_2	Ord / 12,7 / 9,6 / 5 260 kg/an
3,6 LITRES	
Cylindrée, alim.	V6 3,6 litres atmos.
Puissance / Couple	308 ch / 275 lb-pi
Tr. base (opt) / Rouage base (opt)	A8 / 4x4 (Prop)
0-100 / 80-120 / V. max	7,8 s (est) / 4,7 s (est) / n.d.
100-0 km/h	41,7 m
Type / ville / route / CO_2	Ord / 14,0 / 9,9 / 5 720 kg/an

DU NOUVEAU EN 2018

Version ZR2 conçue pour la conduite tout-terrain.

CHEVROLET COLORADO

CHEVROLET COLORADO

Pour voir la liste complète des informations techniques, veuillez vous référer à la section statistiques.

CHEVROLET | 233

CHEVROLET **CORVETTE**

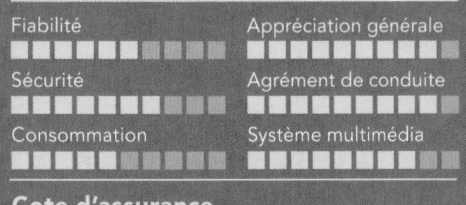

Prix : 64 395 $ à 97 645 $ (2017)
Catégorie : Coupé, Roadster
Garanties :
3 ans/60 000 km, 5 ans/160 000 km
Transport et prép. : 2 350 $
Ventes QC 2016 : 303 unités
Ventes CAN 2016 : 1 758 unités
Assemblage : Bowling Green KY US

Fiabilité	Appréciation générale
■■■■■■□□□□	■■■■■■■□□□
Sécurité	Agrément de conduite
■■■■■■■□□□	■■■■■■■■□□
Consommation	Système multimédia
■■■■■□□□□□	■■■■■■□□□□

Cote d'assurance

$ ▽ $ $ $

Connectivité multimédia

Android Auto   Apple CarPlay

➕ Version Grand Sport brillante •
Moteur fabuleux • Ensemble Z07
vaut amplement son prix •
Démentielle version ZR1 à venir

➖ Quelques boutons et contrôles
vieillots • Pneus Sport Cup 2 trop radicaux
pour usage routier • Tunnel central qui
nuit aux mouvements du coude

Concurrents

Audi R8, BMW Série 6, Ferrari California T,
Jaguar F-TYPE, Lamborghini Huracán,
Lexus RC, Lotus Evora, Nissan GT-R,
Porsche 911

Voiture de rêve...
mais pas pour tous

Mathieu St-Pierre

J'ai été bête pendant des années. Avec l'arrivée de la Corvette C4 (Corvette de quatrième génération) en 1984, cette voiture a cessé de faire partie de ma liste d'automobiles sportives préférées. Les ZR1 et Grand Sport ainsi que la C5 Z06 étaient bien, mais elles ne m'ont jamais vraiment emballé. J'ai ensuite piloté une C6 et une version ZR1 de 638 chevaux. Même résultat : je n'ai pas saisi pourquoi les gens aimaient tant les Corvette.

J'ai eu une illumination, en 2014, lors du lancement de la C7 Stingray 2015. Les sons, la puissance, la boîte de vitesses, le côté brut... J'ai eu un coup de foudre. À peu près au même moment, j'ai aussi eu l'occasion d'essayer deux Camaro, une ZL1 et une fantastique SS 1LE. J'ai réalisé subitement que les Chevy étaient des incontournables pour les amateurs de voitures performantes à prix abordable.

Le destin ne faisant pas les choses à moitié, j'ai ensuite eu la chance de piloter une Corvette 3LT Grand Sport de série limitée avec boîte manuelle à sept rapports et, surtout, dotée de l'ensemble Z07. Bref, maintenant j'aime cette voiture.

Avec le recul, je réalise que j'étais snob, je l'avoue. Je trouvais que les Corvette étaient surestimées, mais ce n'est pas du tout le cas. J'en avais assez d'entendre que le vaisseau amiral de Chevrolet était une aubaine pour les amateurs de machines sportives ; c'est pourtant la vérité. Par contre, la Corvette n'est pas pour tout le monde. Avec son prix de base d'un peu moins de 70 000 $, on pourrait aussi acheter de très bonnes allemandes ou japonaises à caractère sportif. Or, les acheteurs potentiels de ces voitures plus chics et plus raffinées seraient malheureux dans une Corvette. Mais pas vous et moi, car nous avons compris...

DE QUOI FAIRE GRIMPER VOTRE POULS

Le V8 de 6,2 litres LT1 est un brillant exemple d'une approche à l'ancienne, simple mais efficace. Ce moteur grimpe en régime avec beaucoup de vivacité jusqu'aux 6 600 tr/min de sa zone rouge. De plus, il émet un véritable son (et non pas une reproduction numérisée), emballant et envoûtant.

La boîte manuelle à sept rapports n'est pas aussi précise et légère que celle d'une Porsche 911, cela fait toutefois partie du charme de la Corvette. Contrairement à plusieurs voitures sport modernes, il faut travailler pour la piloter. La pédale d'embrayage est ferme (mais pas à l'excès) et il faut un geste solide pour changer les rapports. Il m'arrivait parfois de passer involontairement de la première à la quatrième.

EN ATTENDANT LA C8...

Avec son poids relativement léger (1 500 kg) et sa répartition avant-arrière idéale de 50-50, la Corvette est beaucoup plus agile qu'on ne pourrait le croire. Notre version d'essai GS avec ensemble Z07 était munie de la suspension magnétique. En mode Tourisme, l'amortissement est amplement suffisant pour circuler sur les routes en mauvais état. En mode Circuit, de concert avec les pneus Michelin Pilot Sport Cup 2 très larges et très adhérents, on peut attaquer les virages avec beaucoup d'entrain, et beaucoup de plaisir. Pour la conduite de tous les jours, vous devriez acheter des pneus moins sportifs montés sur jantes.

À haute vitesse sur circuit, les éléments aérodynamiques de la GS la font coller au sol. Les freins carbone-céramique sont extrêmement puissants ; ils permettent, à répétition, de passer de 100 à 0 km/h en moins de 30 mètres et des poussières. On peut exploiter à fond la GS ; la Z06, avec son 6,2 litres surcompressé livrant 650 chevaux a de quoi de terrifier le conducteur moyen. Imaginez qu'une ZR1 d'environ 750 chevaux sera bientôt dévoilée...

Dans le poste de pilotage, le tunnel de transmission élevé supporte un appui-bras confortable pour la conduite de tous les jours. En conduite sportive, par contre, je me retrouvais avec le coude droit coincé, ou en position trop élevée pour bien tenir le volant. J'ai également expérimenté ce problème avec d'autres produits GM.

Avant de participer à la comparaison des voitures sportives dont vous pourrez lire le compte rendu en première partie de ce *Guide*, je ne me serais jamais attendu à ce que ma voiture préférée sur les quatre invitées à notre match soit la Corvette. Pour moins de 90 000 $, vous pouvez vous procurer une voiture capable de tenir tête à des automobiles qui valent trois fois son prix. Mais ne vous attendez pas à trop de subtilité ou de raffinement, ni à recevoir des regards admiratifs des propriétaires d'automobiles de luxe. Car il y a quelque chose qu'ils n'ont pas encore compris...

Données principales

Emp. / lon. / lar. / haut.	Coupé - 2710 / 4519 / 1966 / 1234 mm
	Roadster - 2710 / 4519 / 1966 / 1235 mm
Coffre / réservoir	Coupé - 425 litres / 70 litres
	Roadster - 283 litres / 70 litres
Nbre coussins sécurité / ceintures	4 / 2
Suspension av. / arr.	ind., bras inégaux / ind., bras inégaux
Pneus avant / arrière	P285/30ZR19 / P335/25ZR20
Poids / Capacité de remorquage	Coupé - 1602 kg / n.d.
	Roadster - 1628 kg / n.d.

Composantes mécaniques

STINGRAY, STINGRAY Z51

Cylindrée, alim.	V8 6,2 litres atmos.
Puissance / Couple	455 ch / 460 lb-pi
Tr. base (opt) / Rouage base (opt)	M7 (A6) / Prop
0-100 / 80-120 / V. max	3,8 s / n.d. / n.d.
100-0 km/h	n.d.
Type / ville / route / CO₂	Sup / 12,2 / 6,9 / 4 515 kg/an

GRAND SPORT

Cylindrée, alim.	V8 6,2 litres atmos.
Puissance / Couple	460 ch / 465 lb-pi
Tr. base (opt) / Rouage base (opt)	M7 (A8) / Prop
0-100 / 80-120 / V. max	4,7 s / 3,5 s / n.d.
100-0 km/h	30,1 m
Type / ville / route / CO₂	Sup / 12,3 / 7,8 / 4 727 (est) kg/an

Z06

Cylindrée, alim.	V8 6,2 litres surcomp.
Puissance / Couple	650 ch / 650 lb-pi
Tr. base (opt) / Rouage base (opt)	M7 (A8) / Prop
0-100 / 80-120 / V. max	3,0 s (est) / n.d. / 330 km/h (const)
100-0 km/h	n.d.
Type / ville / route / CO₂	Sup / 15,7 / 10,6 / 6 166 kg/an

DU NOUVEAU EN 2018

Nouvelles roues de série plus larges. Version ZR1 sera dévoilée bientôt. Une nouvelle génération (C8) à moteur central serait présentée au Salon de Detroit en janvier 2018.

Photos : Chevrolet

Pour voir la liste complète des informations techniques, veuillez vous référer à la section statistiques.

CHEVROLET | **235**

CHEVROLET **CRUZE**

| **80**% COTE DU GUIDE

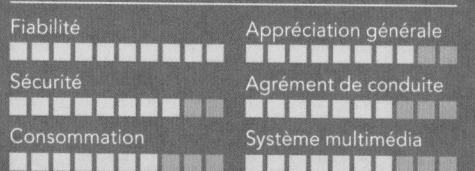

Prix: 15 995 $ à 24 645 $ (2017)
Catégorie: Berline, Hatchback
Garanties:
3 ans/60 000 km, 5 ans/160 000 km
Transport et prép.: 1 950 $
Ventes QC 2016: 6 704 unités
Ventes CAN 2016: 26 824 unités
Assemblage:
Lordstown OH US, Ramos Arizpe MX

Fiabilité
■■■■■■■■■□□
Appréciation générale
■■■■■■■■□□

Sécurité
■■■■■■■■□□
Agrément de conduite
■■■■■■■□□□

Consommation
■■■■■■■□□□
Système multimédia
■■■■■■■■□□

Cote d'assurance

$ $ $ $

Connectivité multimédia

Android Auto   Apple CarPlay

➕ Polyvalence de la Cruze
à hayon • Connectivité et écran tactile
de série • Style moderne •
Moteur diesel peu gourmand

➖ Prix élevé des groupes d'options •
Finition intérieure perfectible •
Moteur diesel dispendieux •
Larges piliers qui obstruent la visibilité

Concurrents
Ford Focus, Honda Civic,
Hyundai Elantra, Kia Forte, Mazda3,
Mitsubishi Lancer, Nissan Sentra,
Subaru Impreza, Toyota Corolla,
Volkswagen Jetta

Crise d'identité

Michel Deslauriers

L a deuxième génération de la compacte Cruze, introduite
pour l'année-modèle 2016, est une bien meilleure voiture
que sa devancière. Et pourtant, elle se vend moins bien.
Ça, c'est la dure réalité d'un segment de marché très concurrentiel,
dominé par des joueurs déjà établis.

Confronter la Honda Civic, la Mazda3 et la Toyota Corolla, entre autres,
ce n'est pas une mince tâche. Il y a quelques années, l'ancienne Cruze
représentait une alternative intéressante dans une catégorie où les modèles
vieillissaient et devenaient fades. Il faut avouer aussi que les rabais alléchants
proposés par Chevrolet ont grandement contribué à mousser les ventes.
Toutefois, depuis deux ans, les nouvelles générations de la Civic, de la
Volkswagen Golf et de la Hyundai Elantra sont des produits performants,
peu énergivores et très stylisés. Que peut faire la Cruze pour se démarquer
à nouveau, alors? Pourquoi pas un hayon et un moteur diesel?

LA GOLF DANS SA MIRE
Outre la berline, le marché nord-américain a maintenant droit à une Cruze
dotée d'un hayon. Plus pratique, cette voiture propose un volume de coffre
de 699 litres, contre 419 pour la berline. Leur empattement est identique,
mais la version à hayon est plus courte et d'apparence plus sportive.
En y ajoutant l'ensemble décoratif RS, on obtient une compacte drôlement
bien présentée. Et tant mieux, puisque les modèles à hayon sont populaires
au Québec, et même la Civic est désormais disponible en version cinq portes.

Berline ou à hayon, la Cruze est équipée d'un quatre cylindres turbo
de 1,4 litre qui produit 153 chevaux, jumelé à une boîte manuelle ou à une
automatique à six rapports. Il s'agit d'un moteur efficace, peu énergivore,
parfois bruyant. Ce n'est ni le plus fougueux du segment, ni le plus
économique en essence.

En revanche, Chevrolet cherche à attirer les amateurs de motorisations
diesel, notamment ceux laissés en plan par Volkswagen à la suite du retrait

de ses moteurs TDI. La Cruze propose donc un quatre cylindres turbodiesel de 1,6 litre développant 137 chevaux et un impressionnant couple de 240 livres-pied. Le tout est géré soit par une boîte manuelle à six rapports, permettant une consommation sur route d'aussi peu que de 4,5 l/100 km, ou par une automatique à neuf rapports. Dommage par contre que ce moteur diesel coûte quelques milliers de dollars de plus que celui à essence. Et ceux qui souhaitaient voir arriver une Cruze SS, munie d'un moteur plus performant et d'une suspension raffermie, pour rivaliser avec les Ford Focus ST, Civic Si et Golf GTI, devront patienter.

CONNECTIVITÉ, LE FER DE LANCE

Dans les publicités de voitures Chevrolet, vous remarquerez qu'on ne parle presque pas de la puissance ou des performances, et c'est intentionnel. La clientèle plus jeune s'en balance, ses critères d'achat favorisant plutôt les options de connectivité et la technologie embarquée. Dans la Cruze, un écran tactile de sept pouces figure de série, tout comme l'intégration Apple CarPlay et Android Auto, ainsi qu'une borne Wi-Fi 4G LTE, dont l'utilisation nécessite un abonnement mensuel, cela s'entend. Un écran de huit pouces est optionnel, tout comme le système de navigation.

D'autres caractéristiques de confort et de commodité sont également offertes dans les versions supérieures de la Cruze, dont le volant chauffant, les sièges arrière chauffants, le toit ouvrant, le démarreur à distance et la recharge sans fil pour téléphones compatibles. L'arsenal habituel d'équipement de sécurité avancée, dont l'avertissement pré-collision frontale avec freinage autonome d'urgence, la prévention de sortie de voie et la surveillance des angles morts, est aussi offert en option.

Là où la Chevrolet Cruze perd un peu de son lustre, c'est au chapitre de la finition intérieure. À la hauteur des yeux, le design du tableau de bord et celui des panneaux de porte sont jolis, mais les parties inférieures et la console centrale sont assemblées avec du plastique rugueux et dont l'alignement n'est pas toujours parfait. C'est nettement en deçà de ce que l'on retrouve dans une Mazda3 ou une Civic. L'espace de l'habitacle se situe dans la moyenne, et l'on apprécie le dégagement pour la tête et les jambes. Par contre, en arrière, et bien que les mesures soient similaires à celles de ses rivales, les occupants se sentiront à l'étroit dû à la proximité des piliers, larges de surcroît. Surtout dans la Cruze à hayon.

La Cruze est une voiture possédant de beaux atouts, et elle ne se situe pas très loin des références de son segment. Toutefois, la différence se trouve dans les petits détails de finition et de raffinement ici et là. Pour le meilleur rapport prix-équipement, les versions LS et LT de milieu de gamme sont à privilégier.

Données principales

Emp. / lon. / lar. / haut.	Berline - 2700 / 4666 / 1791 / 1458 mm
	Hatchback - 2700 / 4453 / 1791 / 1466 mm
Coffre / réservoir	Berline - 394 à 419 litres / 52 litres
	Hatchback - 699 à 1336 litres / 52 litres
Nbre coussins sécurité / ceintures	10 / 5
Suspension av. / arr.	ind., jambes force / semi-ind., poutre torsion
Pneus avant / arrière	P205/55R16 / P205/55R16
Poids / Capacité de remorquage	Berline - 1364 kg / n.d.
	Hatchback - 1300 kg / n.d.

Composantes mécaniques

L, LS, LT, PREMIER

Cylindrée, alim.	4L 1,4 litre turbo
Puissance / Couple	153 ch / 177 lb-pi
Tr. base (opt) / Rouage base (opt)	M6 (A6) / Tr
0-100 / 80-120 / V. max	9,3 s (est) / 6,3 s / n.d.
100-0 km/h	39,4 m
Type / ville / route / CO_2	Ord / 8,4 / 6,4 / 3425 (est) kg/an

DIESEL

Cylindrée, alim.	4L 1,6 litre turbo
Puissance / Couple	137 ch / 240 lb-pi
Tr. base (opt) / Rouage base (opt)	M6 (A9) / Tr
0-100 / 80-120 / V. max	n.d. / n.d. / n.d.
100-0 km/h	n.d.
Type / ville / route / CO_2	Die / 7,7 / 4,5 / 3380 (est) kg/an

> « UNE **VOITURE COMPACTE** PLUS INTÉRESSANTE POUR SES OPTIONS DE **CONNECTIVITÉ** QUE POUR LA **QUALITÉ** DE SA FINITION ET DE SON **RAFFINEMENT.** »

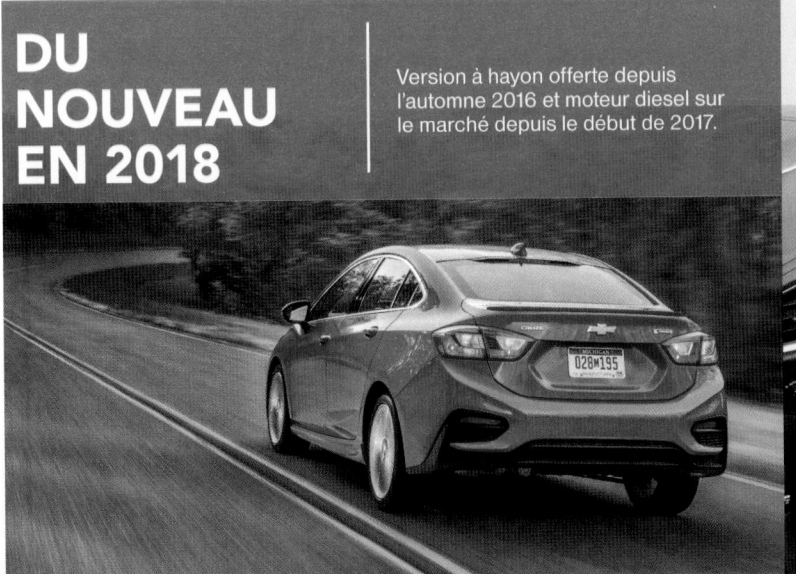

DU NOUVEAU EN 2018

Version à hayon offerte depuis l'automne 2016 et moteur diesel sur le marché depuis le début de 2017.

Photos : Chevrolet

Pour voir la liste complète des informations techniques, veuillez vous référer à la section statistiques.

CHEVROLET | 237

CHEVROLET EQUINOX

CHEVROLET **EQUINOX** / GMC **TERRAIN**

74% COTE DU GUIDE

((SiriusXM))

Prix : 25 195 $ à 34 195 $ (estimé)
Catégorie : VUS
Garanties :
3 ans/60 000 km, 5 ans/160 000 km
Transport et prép. : 2 050 $
Ventes QC 2016 : 3 758 unités*
Ventes CAN 2016 : 30 292 unités**
Assemblage : Ingersoll ON CA

Fiabilité	Appréciation générale
■■■■■■■□□□	■■■■■■■□□□
Sécurité	Agrément de conduite
■■■■■■■■□□	■■■■■■□□□□
Consommation	Système multimédia
■■■■■■■□□□	■■■■■■■■□□

Cote d'assurance

$ $ $ $

Connectivité multimédia

Android Auto   Apple CarPlay

➕ Habitacle vaste • Poids mieux contrôlé • Rouage intégral offert sur toutes les versions • Très bon système multimédia

➖ Moteur 1,5 litre un peu juste • Conduite ennuyante • Fiabilité et valeur de revente à confirmer • Rouage intégral demande intervention du conducteur

Concurrents
Ford Escape, Honda CR-V, Hyundai Tucson, Jeep Cherokee, Kia Sportage, Mazda CX-5, Mitsubishi Outlander, Nissan Rogue, Toyota RAV4, Volkswagen Tiguan

Petit train ira (peut-être) loin...

Alain Morin

Les VUS compacts ont la cote. Tellement que dans la première partie du présent *Guide de l'auto*, plusieurs pages sont consacrées à un match comparatif les opposant tous, sauf les Volkswagen Tiguan et GMC Terrain 2018 qui n'étaient pas encore sur le marché à ce moment. Si l'absence du Tiguan était regrettable, celle du Terrain nous a moins dérangés puisque nous avions le Chevrolet Equinox, son jumeau non identique.

L'Equinox et le Terrain ont été entièrement revus cette année. Et quand on dit entièrement, on veut vraiment dire entièrement. Rien, ou presque, n'a été conservé de l'ancienne génération. Ces deux véhicules étaient attendus avec impatience puisqu'ils peinaient à suivre la parade, une parade très lucrative pour ceux qui l'animent. Avec ces nouveaux produits, GM est-elle en mesure d'être à l'avant ?

SE CONNECTER N'A JAMAIS ÉTÉ AUSSI FACILE

Comme c'est devenu la tendance, le GMC affiche une carrosserie plus musclée que celle du Chevrolet, mais puisque le style est une question tout à fait subjective, nous nous arrêterons ici ! Dans l'habitacle, on semble en présence de deux véhicules complètement différents, bien que les deux recèlent de toutes les technologies qui nous permettent maintenant de vivre : plusieurs prises USB et, surtout, le système MyLink qui donne accès à la connectivité Wi-Fi 4G LTE (abonnement en sus), Android Auto, Apple CarPlay et nombre d'autres applications.

Personnellement, j'aurais volontiers échangé deux ou trois de ces applications contre quelques espaces de rangement supplémentaires. Il faut toutefois avouer que le système multimédia de GM est l'un des meilleurs qui soient. Le Chevrolet affiche un tableau de bord moderne, celui du Terrain étonne... On n'y retrouve aucun levier de vitesses, juste des boutons au tableau de bord, disposés de façon peu orthodoxe. J'imagine que l'on doit s'y habituer rapidement.

*Québec   Chevrolet Equinox : 2 273 / GMC Terrain : 1 485
**Canada   Chevrolet Equinox : 19 197 / GMC Terrain : 11 095

L'habitacle de ces véhicules est le plus vaste de la catégorie. Si vous avez de jeunes enfants, c'est ce VUS qu'il vous faut! Le coffre n'est pas en reste et s'avère grand et polyvalent. Comme on peut s'en douter, plus on monte dans la hiérarchie, plus les matériaux sont nobles et leur assemblage soigné. À ce chapitre, le GMC Terrain, avec sa version Denali, se place en meilleure position que le Chevrolet Equinox Premier. Dans les deux cas, il s'agit de la version la plus luxueuse, cependant le Denali en rajoute une bonne couche. Sauf qu'à plus de 42 000 $, avant taxes, pour un Terrain, même si c'est un Denali, c'est beaucoup de sous...

En passant à la nouvelle génération, le châssis a gagné en rigidité, ce que personne ne lui reprochera. Surtout, les véhicules ont perdu quelque 180 kilos, une bénédiction, autant pour la consommation, mieux contrôlée, que pour le roulis moindre qu'avant et que pour les performances en général. Côté mécanique, on retrouve tout d'abord un quatre cylindres turbocompressé de 1,5 litre développant 170 chevaux à 5 600 tr/min et 203 livres-pied entre 2 000 et 4 000 tr/min. On a beau dire que notre duo a perdu beaucoup de poids, ce moteur manque de pep. La boîte automatique à six rapports qui l'accompagne fait un boulot honnête, à défaut d'être rapide.

DEUX MODÈLES, TROIS MOTEURS

Deux autres moteurs seront ultérieurement offerts, dont un quatre cylindres 2,0 litres turbo de 252 chevaux à 5 500 tr/min et de 260 livres-pied entre 2 500 et 4 500 tr/min. Ce moteur devrait permettre à nos deux VUS de se déplacer avec une célérité certaine et autorisera une capacité de remorquage de 3 500 livres (1 588 kilos) alors que le 1,5, tout comme le 1,6 diesel, ne peuvent remorquer que 1 500 livres (680 kilos). Eh oui, un diesel est prévu! Ses 137 chevaux seront éclipsés par son couple de 240 livres-pied disponible à 2 000 tr/min.

Peu importe le moteur ou la version, d'entrée de jeu les roues motrices sont à l'avant, le rouage intégral étant optionnel. Bizarrement, c'est le conducteur qui doit lui-même appuyer sur un bouton situé sur la console centrale pour engager les quatre roues. Même le luxueux Cadillac XT5 a cette tare. Pourtant, le rouage intégral de la plupart des autres VUS compacts est tout à fait transparent pour le conducteur... Sur la route, l'Equinox se comporte sans trop de surprises. Sa suspension absorbe bien les inégalités de la route et personne ne sera surpris d'apprendre qu'il préfère les routes droites aux courbes serrées. La direction est plutôt floue et son retour d'information est pauvre.

Avec cette nouvelle génération, le duo Equinox/Terrain vient de faire un bond prodigieux. Mais pour se hisser au même niveau que les Mazda CX-5 et Honda CR-V, il lui aurait fallu bien davantage. En conclusion, on se retrouve avec des produits GM corrects, qui se classent au milieu de la catégorie.

Données principales

Emp. / lon. / lar. / haut.	2725 / 4652 / 1843 / 1661 mm
Coffre / réservoir	846 à 1798 litres / 58 litres
Nbre coussins sécurité / ceintures	6 / 5
Suspension av. / arr.	ind., jambes force / ind., multibras
Pneus avant / arrière	P225/65R17 / P225/65R17
Poids / Capacité de remorquage	1740 kg / 1588 kg (3500 lbs)

Composantes mécaniques

DIESEL

Cylindrée, alim.	4L 1,6 litre turbo
Puissance / Couple	137 ch / 240 lb·pi
Tr. base (opt) / Rouage base (opt)	A6 / Tr
0-100 / 80-120 / V. max	n.d. / n.d / n.d.
100-0 km/h	n.d.
Type / ville / route / CO₂	Dié / 7,4 / 5,7 / 3 640 (est) kg/an

LS, LT

Cylindrée, alim.	4L 1,5 litre turbo
Puissance / Couple	170 ch / 203 lb·pi
Tr. base (opt) / Rouage base (opt)	A6 / Tr (Int)
0-100 / 80-120 / V. max	10,0 s / 7,7 s / n.d.
100-0 km/h	39,3 m
Type / ville / route / CO₂	Ord / 9,2 / 7,3 / 3 900 (est) kg/an

PREMIER

Cylindrée, alim.	4L 2,0 litres turbo
Puissance / Couple	252 ch / 260 lb·pi
Tr. base (opt) / Rouage base (opt)	A9 / Int (Tr)
0-100 / 80-120 / V. max	7,0 s (est) / n.d. / n.d.
100-0 km/h	n.d.
Type / ville / route / CO₂	Ord / 10,2 / 8,4 / 4 400 (est) kg/an

CHEVROLET EQUINOX / GMC TERRAIN

DU NOUVEAU EN 2018

Modèles entièrement redessinés. Les moteurs 2,0 litres turbo et 1,6 diesel seront disponibles vers la fin de 2017.

GMC TERRAIN

CHEVROLET EQUINOX

Photos: Chevrolet, GMC

Pour voir la liste complète des informations techniques, veuillez vous référer à la section statistiques.

CHEVROLET | 239

CHEVROLET **IMPALA**

71% COTE DU GUIDE

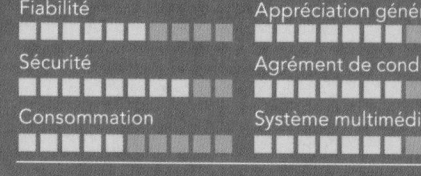

Prix : 29 295 $ à 40 495 $ (2017)
Catégorie : Berline
Garanties :
3 ans/60 000 km, 5 ans/160 000 km
Transport et prép. : 2 000 $
Ventes QC 2016 : 240 unités
Ventes CAN 2016 : 2 844 unités
Assemblage : Oshawa ON CA

Fiabilité	Appréciation générale
Sécurité	Agrément de conduite
Consommation	Système multimédia

Cote d'assurance

$ $$$

Connectivité multimédia

Android Auto   Apple CarPlay

+ Habitabilité garantie •
Boîte automatique efficace • Tenue
de route adéquate • Finition sérieuse •
Moteurs bien adaptés

− Direction engourdie •
Dimensions encombrantes •
Faible visibilité arrière • Modèle en sursis •
Absence de rouage intégral

Concurrents
Buick LaCrosse, Chrysler 300,
Dodge Charger, Ford Taurus,
Nissan Maxima, Toyota Avalon

Le fruit de l'expérience

Denis Duquet

Jusqu'à sa refonte complète en 2014, l'Impala n'était que la caricature de ce qu'elle avait déjà été. Autrefois la référence dans la catégorie des grandes berlines américaines, elle a été victime des comptables qui dictaient l'orientation des modèles à être commercialisés. Ainsi, Chevrolet conservait les dimensions généreuses d'antan, mais les efforts accordés à l'homogénéité de l'Impala, à la qualité d'assemblage et des matériaux n'étaient pas au rendez-vous. Tant et si bien qu'elle se contentait d'être appréciée des acheteurs de parcs automobiles, tels les flottes de taxi ou différents corps policiers.

Toutefois, les choses ont fortement changé lorsqu'elle a été révisée de fond en comble. L'Impala 2014 avait alors surpris tout le monde de façon très positive. On s'est retrouvé devant une voiture de fabrication sérieuse, faisant appel à des matériaux de qualité, et l'homogénéité qui avait fait sa réputation au cours des années 50 et 60 était de retour. Cela ne signifie pas pour autant que les ventes ont monté en flèche, étant donné que les grandes berlines sont de moins en moins populaires. En outre, plusieurs personnes étaient hésitantes à se tourner vers ce modèle qui avait été plus que décevant pendant des années.

LE DÉBUT D'UNE NOUVELLE ÉPOQUE

De nos jours, quand on place les divers modèles Chevrolet côte à côte, ils affichent une similitude au chapitre de la présentation. Il faut souligner que cette tendance a été initiée par l'Impala qui conserve toujours cette calandre légèrement étroite surplombant une vaste prise d'air et encadrée par des feux de route rectangulaires et allongés. Il y a bien entendu des divergences entre les versions, mais l'ensemble du design a été préservé. Certains peuvent discuter de ce style, mais force est d'admettre que c'est quand même élégant et moderne.

L'habitacle est tout aussi raffiné que l'extérieur, et la qualité de l'assemblage et des matériaux est au niveau de tout ce que la concurrence peut offrir. En plus, les sièges avant sont confortables, mais ne fournissent pas tellement de support latéral, ce qui n'est pas très grave car la majorité des acheteurs d'Impala n'ont assurément pas l'intention de s'adonner à une conduite sportive. Quant aux places arrière, compte tenu des dimensions généreuses de l'Impala, leur habitabilité est sans reproche et l'on se croit assis sur un divan et non pas dans une auto. Par ailleurs, comme c'est le cas de plusieurs voitures au design moderne, la visibilité arrière est problématique. Heureusement, la caméra de recul est de série.

Mentionnons que le niveau d'équipement de base a été nettement amélioré cette année afin de rendre l'Impala plus concurrentielle. Cette stratégie est utilisée lorsqu'un constructeur prévoit une refonte sérieuse d'un modèle dans les mois à venir. Un équipement plus riche incite les gens à agir maintenant au lieu d'attendre la relève.

DOUCEUR ET SILENCE

Dans un premier temps, un moteur quatre cylindres de 2,5 litres et 197 chevaux équipe la version de base. Il est associé à une boîte automatique à six rapports. Il ne faut pas s'inquiéter de la faible cylindrée, puisque la puissance est adéquate même pour une voiture pesant plus de 1 700 kilos. Par contre, ce quatre cylindres est relativement bruyant et peine à la tâche lorsque la voiture est chargée de cinq personnes et leurs bagages.

Le moteur le plus populaire est le V6 3,6 litres produisant 305 chevaux. Comme le quatre cylindres, il est associé à une boîte automatique à six rapports qui accomplit un excellent travail avec des passages de rapport presque imperceptibles.

Si vous désirez vous balader dans une bagnole au silence de roulement impressionnant, et munie d'une suspension qui absorbe trous et bosses sans coup férir, l'Impala pourrait bien vous plaire. Malgré la souplesse de la suspension, le roulis en virage est bien contrôlé et la tenue de route est surprenante compte tenu de la configuration générale. Par contre, le *feedback* de la direction laisse fortement à désirer. Il faut cependant préciser que pour certains, une direction engourdie est synonyme de luxe et de raffinement. À chacun ses critères.

Somme toute, l'Impala actuelle est bien née et bien réalisée. Trop imposante et pas assez agile pour vous qui appréciez toutefois son confort et son style ? Il y a la Malibu !

Il y a fort à parier que l'Impala changera au cours des prochains mois. Il s'agira sans doute d'une refonte partielle, ce qui pourrait bien lui apporter un comportement routier un peu plus dynamique sans altérer son proverbial confort. Quoi qu'il en soit, l'Impala est là pour rester.

Données principales

Emp. / lon. / lar. / haut.	2 837 / 5 113 / 1 854 / 1 496 mm
Coffre / réservoir	532 litres / 70 litres
Nbre coussins sécurité / ceintures	10 / 5
Suspension av. / arr.	ind., jambes force / ind., multibras
Pneus avant / arrière	P235/50R18 / P235/50R18
Poids / Capacité de remorquage	1754 kg / 454 kg (1 000 lbs)

Composantes mécaniques

LS

Cylindrée, alim.	4L 2,5 litres atmos.
Puissance / Couple	197 ch / 191 lb-pi
Tr. base (opt) / Rouage base (opt)	A6 / Tr
0-100 / 80-120 / V. max	9,0 s (est) / 8,0 s (est) / n.d.
100-0 km/h	n.d.
Type / ville / route / CO_2	Ord / 10,9 / 7,9 / 4 393 kg/an

LT

Cylindrée, alim.	V6 3,6 litres atmos.
Puissance / Couple	305 ch / 264 lb-pi
Tr. base (opt) / Rouage base (opt)	A6 / Tr
0-100 / 80-120 / V. max	7,3 s / 5,2 s / n.d.
100-0 km/h	41,2 m
Type / ville / route / CO_2	Ord / 12,5 / 8,3 / 4 881 kg/an

>> **L'IMPALA EST BIEN MEILLEURE QUE SA DEVANCIÈRE.** TOUTEFOIS, ELLE FAIT PARTIE DE LA CATÉGORIE **DES GRANDES BERLINES,** DE MOINS EN MOINS POPULAIRE. >>

DU NOUVEAU EN 2018

Amélioration de l'équipement de base. Nouvelles couleurs disponibles. Déflecteur arrière avec moteur V6.

Photos : Chevrolet

Pour voir la liste complète des informations techniques, veuillez vous référer à la section statistiques.

CHEVROLET **MALIBU**

71% COTE DU GUIDE

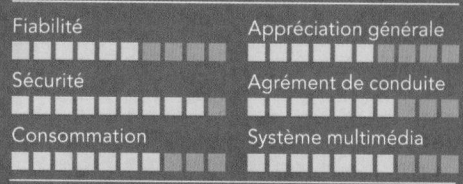

Prix : 21 745 $ à 32 045 $ (2017)
Catégorie : Berline
Garanties :
3 ans/60 000 km, 5 ans/160 000 km
Transport et prép. : 2 000 $
Ventes QC 2016 : 1 847 unités
Ventes CAN 2016 : 11 503 unités
Assemblage : Kansas City KS US

Fiabilité
■■■■■■□□□□
Appréciation générale
■■■■■■■□□□
Sécurité
■■■■■■■□□□
Agrément de conduite
■■■■■■■□□□
Consommation
■■■■■■■■□□
Système multimédia
■■■■■■■□□□

Cote d'assurance

$ $ $ $

Connectivité multimédia

Aucune

➕ Belles lignes extérieures •
Technologies d'avant-garde et conviviales •
Habitacle confortable • Consommation
très frugale (hybride)

➖ Coffre handicapé de moitié (hybride) •
Freinage qui manque de mordant •
Quelques plastiques qui manquent de fini

Concurrents
Ford Fusion, Honda Accord,
Hyundai Sonata, Kia Optima, Mazda6,
Nissan Altima, Subaru Legacy,
Toyota Camry, Volkswagen Passat

Elle sait si bien dissimuler son état d'hybride !

Que l'on se le dise : la Chevrolet Malibu Hybrid n'a rien à voir avec la variante Eco de la berline américaine d'antan, celle qui recourait au système « léger » eAssist. Cette fois, on a affaire à un véritable hybride, aussi vrai que l'est la Toyota Prius depuis près de deux décennies.

Cela dit, si vous voulez une voiture qui parcourt des dizaines de kilomètres en « tout électrique » avant que son moteur à essence n'entre en scène, avancez de quelques pages et... allez lire sur la Chevrolet Volt. Car avec la Malibu, on est dans la trempe de celles qui n'ont pas à être branchées et, donc, qui n'utilisent leur organe électrique qu'en mode d'appoint.

Dans la Chevrolet Malibu Hybrid, on a droit à un quatre cylindres de 1,8 litre, secondé d'un groupe électrique, lui-même alimenté par une batterie au lithium-ion de 1,5 kWh. Merci au système de récupération puisé du côté de la Chevrolet Volt, ces piles font efficacement le plein d'énergie à chaque freinage ou simple décélération. La puissance totale ? Quelque 182 chevaux, soit une vingtaine de plus que ce que produit le quatre cylindres de 1,5 litre de la Volt. Vous dites que c'est bien peu pour une grande intermédiaire ? Tut-tut-tut ! Merci au couple de 277 livres-pied, les reprises sous le pied droit ont plus de dynamisme qu'attendu. Et grâce à la direction bien dosée, que l'on manie d'un volant qui remplit agréablement la paume, la berline attaque la route avec précision.

Certes, il n'y a là rien de diabolique pour faire de vous un Sebastian Vettel, mais mis à part un freinage en manque de mordant et quelques rebonds désordonnés sur les pires cahots que seule la Belle Province peut nous servir, le comportement de la voiture est solide, mature, voire digne d'une voiture de luxe.

DES ATTRIBUTS TOUJOURS AU RENDEZ-VOUS
Surtout, contrairement à celle par qui l'aventure hybride a commencé — et ici, rendons à César ce qui lui appartient, en nommant la Toyota Prius — on n'a pas à souffrir, avec la Malibu, de compromis en termes de design extérieur, de confort d'habitacle ou de technologie.

N'oublions pas d'encenser la connectivité, d'avant-plan et l'une des plus faciles du marché actuel à apprivoiser. Pensez Android Auto et CarPlay d'Apple, mais aussi le point d'accès à Internet sans fil 4G LTE (abonnement en sus) et, un vieux de la vieille, mais toujours de mise, le système OnStar.

Des bémols ? D'abord, le coffre : versus les variantes Malibu non-hybrides, l'espace de chargement sous le hayon est handicapé de moitié par la batterie — comme c'est le cas pour à peu près tous les hybrides. Surprise : la banquette accepte de se rabattre, mais voilà qui ne dégage qu'un mince passage pour accommoder les longs objets. Si les places arrière sont toutes occupées, eh bien, il faut faire avec un volume de 328 litres — c'est restreint.

Avec une étiquette qui débute sous 30 000 $, la Malibu est l'un des hybrides bon marché du... marché, autant dans la catégorie des intermédiaires que des compactes. Même que la berline s'affirme à près de 2 000 $ sous le prix de la Chevrolet Volt, après le rabais provincial de 8 000 $ appliqué à cette dernière. (Petite précision toute québécoise : pour l'année-modèle 2018, notre gouvernement n'offre plus les 500 $ de rabais qu'il accordait, jusqu'à présent, à l'acquisition d'hybrides «conventionnels».)

Et la consommation d'essence, dans tout ça ? Parce qu'elle a bien réussi sa diète à son dernier passage générationnel, la Malibu est désormais l'une des plus légères de sa catégorie. Oui, oui ! Ajoutez l'apport électrique qui peut se charger de la propulsion jusqu'à concurrence de 90 km/h (pourvu que le pied se fasse suave avec l'accélérateur) et hop ! Vous avez là l'un des hybrides intermédiaires les plus frugales du moment. Sur près de 600 kilomètres d'autoroutes et de boulevards urbains, elle a su nous livrer un beau 6,1 l/100 km — quand même !

Nadine Filion

N'OUBLIONS PAS LES VERSIONS SANS ÉLECTRONS

Mais il n'y a pas que l'hybride dans la famille Malibu ! Les versions de base cachent un quatre cylindres turbo 1,5 litre à la puissance décente. Si vous en voulez davantage sous le pied droit, il y a le 2,0 litres turbo optionnel de 250 chevaux. Cette écurie est maîtrisée par une boîte automatique à huit rapports. Cette dernière n'est pas toujours docile et rue plus souvent qu'à son tour, du moins dans l'exemplaire essayé. En plus, cette version est plus lourde que celles dotée du 1,5 litre, ce qui rend sa conduite un peu moins sportive. Mais qui achète une Malibu pour sa sportivité ?

Alain Morin

CHEVROLET MALIBU

Données principales

Emp. / lon. / lar. / haut.	2 829 / 4 922 / 1 854 / 1 463 mm
Coffre / réservoir	328 à 462 litres / 60 litres
Nbre coussins sécurité / ceintures	10 / 5
Suspension av. / arr.	ind., jambes force / ind., multibras
Pneus avant / arrière	P205/60R16 / P205/60R16
Poids / Capacité de remorquage	1571 kg / 454 kg (1 000 lbs)

Composantes mécaniques

HYBRIDE

Cylindrée, alim.	4L 1,8 litre atmos.
Puissance / Couple	124 ch / 129 lb-pi
Tr. base (opt) / Rouage base (opt)	CVT / Tr
0-100 / 80-120 / V. max	8,5 s / 5,9 s / n.d.
100-0 km/h	42,9 m
Type / ville / route / CO_2	Ord / 4,9 / 5,2 / 2 316 (est) kg/an
Consommation combinée	n.d.
Puissance / couple combinés	182 ch / 277 lb-pi

MOTEUR ÉLECTRIQUE

Puissance / Couple	74 ch (55 kW) / n.d.
Type de batterie	Lithium-ion (Li-ion)
Énergie	1,5 kWh
Temps de charge (120V / 240V)	n.d. / n.d.
Autonomie	n.d.

L

Cylindrée, alim.	4L 1,5 litre turbo
Puissance / Couple	160 ch / 184 lb-pi
Tr. base (opt) / Rouage base (opt)	A6 / Tr
0-100 / 80-120 / V. max	8,8 s / 6,5 s / n.d.
100-0 km/h	40,5 m
Type / ville / route / CO_2	Ord / 8,7 / 6,3 / 3 505 (est) kg/an

LIMITED LS

4L 2,5 l - 197 ch/191 lb.pi - A6 - 0-100 : 9,1 s - 10,0/7,0 l/100 km

PREMIER

4L 2,0 l - 250 ch/258 lb-pi - A8 - 0-100 : 6,0 s - 10,6/7,1 l/100 km

DU NOUVEAU EN 2018

Aucun changement majeur au moment de mettre sous presse.

Photos : Chevrolet

Pour voir la liste complète des informations techniques, veuillez vous référer à la section statistiques.

CHEVROLET | 243

CHEVROLET SILVERADO

CHEVROLET **SILVERADO 1500/SILVERADO HD**
GMC **SIERRA 1500/SIERRA HD**

76% COTE DU GUIDE
SILVERADO 1500 ET SIERRA 1500

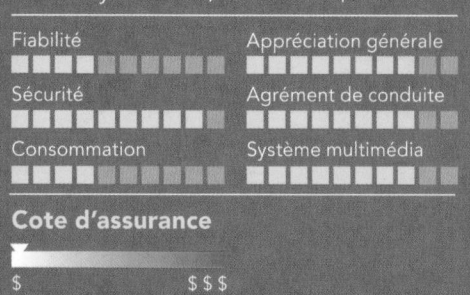

Prix : (1500) 29 785 $ à 63 205 $ (2017)
Catégorie : Camionnette
Garanties :
3 ans/60 000 km, 5 ans/160 000 km
Transport et prép. : 2 050 $
Ventes QC 2016 : 16 451 unités*
Ventes CAN 2016 : 96 023 unités**
Assemblage :
Fort Wayne IN US, Flint MI US, Silao MX

Fiabilité	Appréciation générale
Sécurité	Agrément de conduite
Consommation	Système multimédia

Cote d'assurance

$ $ $ $

Connectivité multimédia

Android Auto   Apple CarPlay

+ Choix de moteurs à essence • Boîtes de vitesses efficaces • Silence et confort de roulement • Cabine facile d'accès

− Garde au sol peu élevée (hors route) • Manque de rangement intérieur • Suspension ferme (option Z71) • Absence d'un moteur diesel (1500) • Motorisation Duramax dispendieuse

Concurrents
Ford F-150, Nissan Titan, Nissan Titan XD, Ram 1500, Toyota Tundra

Bonnet blanc, blanc bonnet

Jean-François Guay

Pour les amants de l'histoire, GMC a été fondée en 1909 — suite au rachat par General Motors de l'entreprise *The Rapid Motor Vehicle Company* qui construisait des camions depuis 1902. Par la suite, GMC a fabriqué non seulement des *pick-up* et des VUS, mais également des camions lourds à deux ou trois essieux, des autobus et des véhicules militaires. De son côté, Chevrolet produit des camions depuis le début des années 1920. À cause de la convergence entre les marques et pour limiter les frais, GMC et Chevrolet offrent depuis plusieurs décennies des véhicules quasi identiques dont les camionnettes Sierra et Silverado.

Pendant de nombreuses années, le GMC Sierra avait une présentation jugée plus luxueuse que celle du Chevrolet Silverado. La surabondance de chrome qui orne la version Denali du Sierra parle d'elle-même, quoique la version High Country du Silverado ne s'en laisse pas imposer. Ce qui différencie principalement les deux camionnettes siamoises de General Motors est le design de leur calandre et des feux arrière, pour le reste c'est bonnet blanc, blanc bonnet.

Somme toute, le Sierra donne l'impression d'adopter une ligne classique style BCBG, alors que le Silverado exhibe un look futuriste avec ses phares en étage. Dans l'habitacle, le décor est du pareil au même et les deux modèles se distinguent par leur logo respectif et le degré de la finition — par exemple, une version huppée ou à tirage limité affichera le sigle Denali, High Country ou autres.

MAGASINER UN PICK-UP
Au risque de prendre une mauvaise décision, on n'achète pas un Sierra ou un Silverado à l'aveuglette. Compte tenu des nombreuses configurations, l'acheteur doit déterminer : la grandeur de la cabine (2 ou 4 portes), la longueur de la caisse (5 pi 8 po, 6 pi 6 po ou 8 pi), la puissance du moteur, le rouage (2 ou 4 roues motrices) et le rapport de pont (3,08, 3,23, 3,42, 3,73 ou 4,10). Pour faire un choix judicieux, il est préférable d'en discuter avec un vendeur chevronné plutôt que d'opter pour un véhicule en inventaire qui ne correspond

*Québec   Silverado 1500: 5 482 / GMC Sierra 1500: 10 969
**Canada   Silverado 1500: 44 932 / GMC Sierra 1500: 51 096

pas nécessairement à ses besoins — surtout s'il s'agit d'un modèle HD à vocation commerciale appelé à tracter une remorque ou à accomplir une tâche spécifique.

Du côté de la mécanique, le modèle 1500 offre trois motorisations : un V6 de 4,3 litres, un V8 de 5,3 litres et un V8 de 6,2 litres. Moins sophistiqués que les moteurs EcoBoost de Ford, ceux de General Motors sont néanmoins pourvus de l'injection directe et d'un dispositif de désactivation des cylindres. Qui plus est, ils ont la réputation d'être fiables. Selon le choix du moteur et de la version, on trouve une boîte automatique à six rapports (4,3 et 5,3 litres) ou à huit rapports (5,3 et 6,2 litres).

Deux groupes motopropulseurs sont au menu des modèles 2500HD et 3500HD. Le V8 de 6,0 litres Vortec n'a pas besoin de présentation, il a fait ses preuves avec la boîte automatique Hydra-Matic 6L90. D'ailleurs, ce duo a le mérite d'être beaucoup moins cher à l'achat et en entretien que le tandem composé du V8 turbodiesel Duramax de 6,6 litres et de la boîte automatique Allison 1000 qui exigent un déboursé additionnel d'environ 12 000 $. Toutefois, la combinaison Duramax Allison vaut son pesant d'or.

UN DURAMAX AMÉLIORÉ

Redessiné, le V8 Duramax développe une puissance allant jusqu'à 445 chevaux et un couple de 910 livres-pied — 90 % du couple est délivré à 1 550 tours/minute. Déjà que le Duramax était plus silencieux que les moteurs turbodiesel des Ford Super Duty et Ram HD, le bruit au ralenti a été réduit de 38 %. Un nouveau système d'admission d'air améliore le rendement du moteur pour les remorquages intenses. Dans la même optique, le circuit de lubrification d'huile a été amélioré afin de mieux refroidir la température du moteur.

Parmi les autres changements, on note la présence d'une nouvelle culasse en aluminium, de nouveaux injecteurs et d'un nouveau turbocompresseur. En terminant, ce Duramax peut fonctionner avec du biodiesel B20, un carburant composé de 20 % de biodiesel et de 80 % de diesel classique. Pour gérer la puissance accrue du moteur Duramax, la boîte Allison 1000 a été renforcée avec l'ajout d'un nouveau convertisseur de couple.

Sur la route, le Sierra 1500 et le Silverado 1500 se distinguent par leur maniabilité et leur silence de roulement. Par rapport à la concurrence, la garde au sol est basse et il est aisé de grimper dans la cabine. En contrepartie, la conduite hors route sera plus ardue au passage des bosses et des ornières à cause de la hauteur du châssis.

Quant aux modèles 2500HD et 350HD, il est vrai qu'ils ne peuvent se targuer d'être les plus forts de la catégorie pour tirer une remorque à sellette. Par contre, on les apprécie pour la douceur et la robustesse de leur mécanique.

Données principales

Emp. / lon. / lar. / haut.	3 886 / 6 085 / 2 032 / 1 867 mm
Boîte / réservoir	1 761 à 2 483 mm / 129 litres
Nbre coussins sécurité / ceintures	6 / 5
Suspension av. / arr.	ind., bras inégaux / essieu rigide, ress. à lames
Pneus avant / arrière	P275/55R20 / P275/55R20
Poids / Capacité de remorquage	2 460 kg / 4 136 kg (9 110 lbs)

Composantes mécaniques

V6 4,3 LITRES

Cylindrée, alim.	V6 4,3 litres atmos.
Puissance / Couple	285 ch / 305 lb-pi
Tr. base (opt) / Rouage base (opt)	A6 / 4x4 (Prop)
Type / ville / route / CO_2	Ord / 14,1 / 10,6 / 5762 kg/an

V8 5,3 LITRES

Cylindrée, alim.	V8 5,3 litres atmos.
Puissance / Couple	355 ch / 383 lb-pi
Tr. base (opt) / Rouage base (opt)	A6 (A8) / 4x4 (Prop)
Type / ville / route / CO_2	Ord / 15,0 / 10,7 / 6 010 kg/an

V8 6,2 LITRES

Cylindrée, alim.	V8 6,2 litres atmos.
Puissance / Couple	420 ch / 460 lb-pi
Tr. base (opt) / Rouage base (opt)	A8 / 4x4
Type / ville / route / CO_2	Ord / 16,0 / 11,7 / 5230 kg/an (est)

« GMC OU CHEVY ? LE SIERRA SE VEND **DEUX FOIS PLUS** QUE LE SILVERADO AU QUÉBEC, ALORS QU'AUX ÉTATS-UNIS, C'EST **L'INVERSE.** »

CHEVROLET SILVERADO 1500/SILVERADO HD/GMC SIERRA 1500/SIERRA HD

DU NOUVEAU EN 2018

V8 turbodiesel Duramax amélioré (2500HD), boîte Allison 1000 renforcée, version Redline (Silverado 1500), version tout terrain X (Sierra 2500HD).

Photos : Chevrolet, GMC

GMC SIERRA HD

CHEVROLET SILVERADO

Pour voir la liste complète des informations techniques, veuillez vous référer à la section statistiques.

CHEVROLET | **245**

CHEVROLET **SONIC**

72% COTE DU GUIDE

((SiriusXM))

Prix: 17 845 $ à 21 795 $ (2017)
Catégorie: Berline, Hatchback
Garanties:
3 ans/60 000 km, 5 ans/160 000 km
Transport et prép.: 1 950 $
Ventes QC 2016: 972 unités
Ventes CAN 2016: 4 404 unités
Assemblage: Lake Orion MI US

Fiabilité	Appréciation générale
■■■■■■□□□□	■■■■■■■□□□
Sécurité	Agrément de conduite
■■■■■■■□□□	■■■■■■■□□□
Consommation	Système multimédia
■■■■■■■□□□	■■■■■■□□□□

Cote d'assurance

$ $ $ $

Connectivité multimédia

 Android Auto   Apple CarPlay

➕ Position de conduite, ergonomie et visibilité impeccables • Comportement routier sûr et stable • Finition intérieure soignée, matériaux de bonne qualité

➖ Roulement assez ferme sur chaussée bosselée (Premier) • Moteurs de plus en plus désuets • Boîte automatique parfois hésitante par temps froid

Concurrents

Ford Fiesta, Honda Fit, Hyundai Accent, Kia Rio, Nissan Versa Note, Toyota Yaris

Entre l'arbre et l'écorce

Marc Lachapelle

Pauvre Sonic. Elle se refait une beauté dedans comme dehors, améliore son mobilier et son équipement pour mieux accueillir la visite, fait tout son possible pour tenir la forme et, malgré tout cela, se fait tasser cavalièrement lorsque vient le temps de signer sur la ligne pointillée. Y compris par ses sœurs, la Cruze et la Spark. Elle est pourtant assez jolie, confortable, pratique et agréable. Il faut sans doute plus que ça, de nos jours, pour se démarquer dans cette catégorie coupe-gorge, mais la Sonic mérite mieux.

Chose certaine, elle ne l'a pas eue facile dans sa propre famille récemment, avec une Spark entièrement renouvelée, dont les ventes ont quintuplé l'an dernier, et une Cruze, également revampée, qui propose maintenant une version avec hayon très réussie et à peine plus chère. Ce ne sont pourtant pas les ajouts, modifications et retouches qui lui ont manqué l'an dernier. À défaut de s'être renouvelée de fond en comble, comme ses deux sœurs, la Sonic a été recarrossée, son tableau de bord, entièrement redessiné, son habitacle, rafraîchi, et son équipement, revu, bonifié et mis à jour. Sérieusement.

LA VERSION PREMIER EN HAUT DE L'AFFICHE

Chevrolet a surtout mis le paquet avec la Sonic Premier, version la mieux équipée du modèle doté d'un hayon. L'autre porte le sigle LT qu'on retrouve également sur l'unique version de la berline. Les deux versions hayon profitent, de série, du groupe RS qui leur vaut des bas de caisse accentués, un aileron à l'arrière, des phares d'appoint, des moulures noir piano au tableau de bord, un volant gainé de cuir à fond plat avec des surpiqûres, des écussons RS et de meilleurs tapis. Le groupe RS est en option sur la berline.

La Premier offre, en plus, des jantes en aluminium de 17 pouces peintes en noir, une suspension sport qui réduit légèrement la garde au sol, un toit ouvrant électrique, un démarrage et un verrouillage sans clé, de même que des sièges en similicuir avec réglages électriques pour le conducteur. Un groupe optionnel ajoute l'alerte de collision, l'avertisseur de sortie de voie et le sonar de stationnement arrière. La seule autre option est un chauffe-moteur.

Les sièges de la Premier sont bien taillés et d'une fermeté très correcte. Des empiècements de suède accentuent le maintien latéral, mais il serait bien de pouvoir aussi régler le soutien lombaire aux sièges avant. Le volant est impeccable, avec sa jante moulée, son cuir lisse ainsi que des boutons de commande et de réglage efficaces.

La position de conduite est à l'avenant, y compris pour un repose-pied suffisamment large et haut. La visibilité vers l'avant et les côtés est sans reproche, avec de grandes glaces latérales et des rétroviseurs montés bas, qui ne gênent pas la vue sur l'intérieur du virage vers la gauche. Une qualité beaucoup plus rare qu'on ne le croirait.

UN ÉCRAN POUR S'Y RETROUVER

Dans toutes les Sonic, le changement le plus bénéfique est sans conteste ce tableau de bord tout nouveau qui les fait passer, d'un seul trait, de l'adolescence à l'âge adulte, avec ses grands cadrans plus clairs et classiques qui sont, malgré tout, d'aspect très moderne. Et sur l'écran tactile de sept pouces qui trône au centre, on navigue sans peine à travers des menus bien structurés, grâce à des icônes et graphiques nets et colorés.

On y retrouve aussi les contrôles et réglages pour la kyrielle de systèmes et d'applications dont GM aime barder ses véhicules, même ces modestes minicompactes. La liste comprend: MyLink, Bluetooth, Siri Eyes Free, compatibilité Android et Apple CarPlay, mais également le système OnStar avec une connexion 4G LTE et une borne Wi-Fi pour sept appareils sans-fil (abonnement en sus). Sans compter une prise audio auxiliaire et deux ports USB.

Si seulement le même vent de modernité soufflait aussi sous le capot des Sonic qui sont, hélas, toujours propulsées par les mêmes moteurs qu'à leur apparition, en 2012. Un premier quatre cylindres atmosphérique de 1,8 litre assure la motorisation de base et un groupe turbocompressé de 1,4 litre est de série pour la Premier et en option pour les versions LT, berline et *hatchback*. La puissance est de 138 chevaux dans les deux cas, mais elle est livrée à plus bas régime avec le moteur turbo, tout comme le couple maxi, bien sûr.

La Sonic la plus frugale est la berline LT avec moteur de 1,4 litre et boîte manuelle optionnelle à six rapports. La Premier la suit de près, mais les deux sont déclassées par la Cruze, pourtant plus grande qu'elles, dont le moteur turbo de cylindrée identique est nettement plus puissant. C'est ce groupe de 153 chevaux, dont le couple est également supérieur, qu'il faudrait aux Sonic pour les requinquer. Parce qu'elles ont l'aplomb qu'il faut et qu'elles sont déjà amusantes à conduire. De quoi les sortir enfin de l'ombre des autres. Surtout qu'elles ont déjà une très jolie palette de couleurs.

Données principales

Emp. / lon. / lar. / haut.	**Berline** - 2 525 / 4 397 / 1 735 / 1 516 mm
	Hatchback - 2 525 / 4 059 / 1 735 / 1 506 mm
Coffre / réservoir	**Berline** - 422 litres / 46 litres
	Hatchback - 538 à 1 351 litres / 46 litres
Nbre coussins sécurité / ceintures	10 / 5
Suspension av. / arr.	ind., jambes force / semi-ind., poutre torsion
Pneus avant / arrière	P195/65R15 / P195/65R15
Poids / Capacité de remorquage	**Berline** - 1 249 kg / non recommandé
	Hatchback - 1 325 kg / non recommandé

Composantes mécaniques

LT

Cylindrée, alim.	4L 1,8 litre atmos.
Puissance / Couple	138 ch / 125 lb-pi
Tr. base (opt) / Rouage base (opt)	A6 (M5) / Tr
0-100 / 80-120 / V. max	10,5 s (est) / 7,6 s (est) / n.d.
100-0 km/h	41,8 m (est)
Type / ville / route / CO_2	Ord / 9,7 / 6,9 / 3 882 kg/an

PREMIER

Cylindrée, alim.	4L 1,4 litre turbo
Puissance / Couple	138 ch / 148 lb-pi
Tr. base (opt) / Rouage base (opt)	A6 / Tr
0-100 / 80-120 / V. max	9,7 s / 7,3 s / n.d.
100-0 km/h	40,3 m
Type / ville / route / CO_2	Ord / 8,8 / 6,6 / 3 593 kg/an

« MALGRÉ SA **JOLIE BOUILLE** ET DES COULEURS MAGNIFIQUES, LA SONIC **SE RETROUVE** SOUVENT DANS **L'OMBRE.** IL SUFFIRAIT D'UN MOTEUR **PLUS MODERNE.** »

DU NOUVEAU EN 2018

Aucun changement majeur au moment de mettre sous presse.

Photos: Chevrolet

Pour voir la liste complète des informations techniques, veuillez vous référer à la section statistiques.

CHEVROLET | **247**

CHEVROLET **SPARK**

74% COTE DU GUIDE

((SiriusXM))

Prix: 9 995 $ à 18 195 $ (2017)
Catégorie: Hatchback
Garanties:
3 ans/60 000 km, 5 ans/160 000 km
Transport et prép.: 1 950 $
Ventes QC 2016: 1 588 unités
Ventes CAN 2016: 3 657 unités
Assemblage: Changwon KR

Fiabilité	Appréciation générale
■■■■■□□	■■■■■□□
Sécurité	Agrément de conduite
■■■■■■□	■■■■■□□
Consommation	Système multimédia
■■■■■■□	■■■■■■□

Cote d'assurance

$ $ $ $

Connectivité multimédia

Android Auto   Apple CarPlay

➕ Prix de base très intéressant •
Apple CarPlay et Android Auto de série •
Conduite raffinée (pour une citadine) •
Style moderne

➖ Version 2LT chère • Petit coffre •
Seulement quatre places •
Pourrait être plus écoénergétique •
Pas d'accoudoir central à l'avant

Concurrents
Fiat 500, Mitsubishi Mirage,
Nissan Micra

En fonction de ses priorités

Michel Deslauriers

I n'y a pas si longtemps, on jugeait encore une voiture par ce qui se trouvait sous le capot. Oui, nous le faisons toujours pour certains modèles et certains segments de marché, mais dans le monde des voitures abordables, le nombre de chevaux-vapeur est devenu moins important.

Dans le cas des petites voitures, les acheteurs d'aujourd'hui seront plutôt intéressés par la liste d'équipements pour le prix demandé, et la convivialité du système multimédia afin de rendre leur vie la plus simple possible. Chevrolet a compris ce changement et s'y est adapté avec la citadine Spark.

Dès son lancement en 2013, on ne vantait pas ses performances ou son comportement routier, puisqu'ils ne font pas partie des critères d'achat. Chevrolet faisait plutôt étalage des caractéristiques de connectivité de la Spark, surtout pour le prix demandé.

TECHNOLOGIE À BON PRIX

Pour environ 10 000 $, avant d'ajouter les inévitables taxes et les frais de préparation chez le concessionnaire, on se retrouve avec une voiture équipée d'une connectivité à mains libres Bluetooth, d'un port USB, mais aussi d'une chaîne audio avec écran tactile et intégration Apple CarPlay et Android Auto. Ce dernier détail est important, car si le forfait de notre téléphone cellulaire comprend une bonne quantité de données, on peut faire fonctionner un système de navigation comme Apple Plans ou Google Maps directement à l'écran du véhicule.

Cet écran de sept pouces permet également à la Spark d'offrir une caméra de recul de série, peu essentiel sur une voiture de ce gabarit, mais qui est néanmoins un ajout apprécié. De plus, comme dans la majorité des véhicules chez GM, le système multimédia intègre une borne Wi-Fi qui fournit une connexion Internet à tous les passagers. Le forfait fonctionne aussi bien aux États-Unis qu'au Canada, mais l'abonnement est en sus.

Outre des sièges garnis de similicuir et chauffés à l'avant ainsi qu'un toit ouvrant, la déclinaison la plus dispendieuse la Spark propose également un sonar de recul, un avertisseur de précollision frontale et un avertisseur de sortie de voie.

Le style de l'habitacle cherche à plaire à une clientèle jeune, avec des motifs sur le tissu des sièges et un design du tableau de bord des plus épurés. Précisons ici que la Spark ne peut accommoder plus de quatre passagers, tandis que l'on peut compter cinq ceintures de sécurité dans la Nissan Micra et la Mitsubishi Mirage. Au moins, chez Chevrolet, on est réaliste quant à l'espace disponible dans une si petite voiture. De série, le dossier arrière rabattable et divisé permet d'augmenter le volume du coffre de 314 à 770 litres, légèrement en deçà du volume de chargement de la Micra.

LES DÉTAILS SECONDAIRES

Évidemment, il faut tout de même parler de la motorisation. Le quatre cylindres de 1,4 litre de la Chevrolet Spark produit 98 chevaux, et peut être jumelé soit à une boîte manuelle à cinq rapports, soit à une automatique à variation continue. Il procure plus de vigueur que la motorisation de la Mirage, et autant que celles de la Fiat 500 et de la Micra, tout en consommant moins de carburant que ces deux dernières.

Bien que la boîte manuelle soit efficace, la plupart des acheteurs se tourneront vers l'automatique, qui fonctionne tout aussi agréablement, permettant au moteur de demeurer dans sa courbe de puissance sans s'époumoner. Il peut même consommer en deçà de 7,5 l/100 km.

Dans la circulation urbaine, la Spark fait preuve de raffinement, pour une citadine du moins. On apprécie sa grande manœuvrabilité en ville et dans le stationnement des centres commerciaux, ce qui n'empêche pas la voiture d'être confortable sur l'autoroute, même si les longs trajets peuvent être lassants avec l'absence d'un accoudoir central à l'avant et l'assise basique des sièges.

La Spark présente un style résolument moderne, et cherche même à dissimuler ses poignées de porte arrière pour se donner l'apparence d'un coupé. Toutefois, elle n'a pas le charme et les rondeurs de la vieillissante Micra, ce qui expliquerait en partie pourquoi la Nissan domine dans son segment au chapitre des ventes. Pourtant, la Spark est tellement mieux équipée !

En conclusion, si l'on est prêt à se passer d'un climatiseur, à monter et à descendre les vitres latérales manuellement et à déverrouiller les portes une par une, la Chevrolet Spark de base n'est pas un vilain choix pour une voiture neuve de 10 000 $. Avec une garantie. Et qui sent le neuf ! Il faut toutefois éviter les options afin de ne pas se retrouver avec une citadine de 20 000 $, car à ce prix-là, il y a de bien meilleurs choix.

Données principales

Emp. / lon. / lar. / haut.	2 385 / 3 635 / 1 595 / 1 483 mm
Coffre / réservoir	314 à 770 litres / 35 litres
Nbre coussins sécurité / ceintures	10 / 4
Suspension av. / arr.	ind., jambes force / semi-ind., poutre torsion
Pneus avant / arrière	P185/55R15 / P185/55R15
Poids / Capacité de remorquage	1 049 kg / non recommandé

Composantes mécaniques

Cylindrée, alim.	4L 1,4 litre atmos.
Puissance / Couple	98 ch / 94 lb-pi
Tr. base (opt) / Rouage base (opt)	M5 (CVT) / Tr
0-100 / 80-120 / V. max	12,6 s / 9,2 s / n.d.
100-0 km/h	42,0 m
Type / ville / route / CO_2	Ord / 8,0 / 6,2 / 3 307 kg/an

« POUR CEUX QUI PRIORISENT LA CONNECTIVITÉ, À PRIX ABORDABLE... VIVE LA CHEVROLET SPARK ! CEUX QUI VEULENT AVOIR DU PLAISIR AU VOLANT SERONT DÉÇUS. »

DU NOUVEAU EN 2018

Aucun changement majeur au moment de mettre sous presse.

Photos : Chevrolet

CHEVROLET SPARK

Pour voir la liste complète des informations techniques, veuillez vous référer à la section statistiques.

CHEVROLET | 249

CHEVROLET **TAHOE** CHEVROLET **TAHOE / SUBURBAN**
GMC **YUKON /** CADILLAC **ESCALADE**

64 % COTE DU GUIDE

Prix : 54 045 $ à 72 800 $ (2017)
Catégorie : VUS
Garanties :
3 ans/60 000 km, 5 ans/160 000 km
Transport et prép. : 2 050 $
Ventes QC 2016 : 1 621 unités*
Ventes CAN 2016 : 13 576 unités**
Assemblage : Arlington TX US

Fiabilité
■■□□□□□□□□

Sécurité
■■■■■■■■■□

Consommation
■■■■■■□□□□

Appréciation générale
■■■■■■■□□□

Agrément de conduite
■■■■■■□□□□

Système multimédia
■■■■■■■□□□

Cote d'assurance

$ $ $ $

Connectivité multimédia

Android Auto   Apple CarPlay

➕ Habitacle confortable • Finition améliorée • Consommation presque retenue • Bonne capacité de remorquage

➖ Dimensions de piscine olympique • Fiabilité en dents de scie • Direction déconnectée • Prix assez intimidants (modèles et versions haut de gamme)

Concurrents

Dodge Durango, Ford Expedition, Infiniti QX80, Lexus LX, Lincoln Navigator, Nissan Armada, Toyota Sequoia

Vestiges du présent

L e quatuor Tahoe/Suburban/Yukon/Escalade est un bel exemple de la diversité automobile actuelle. Diamétralement opposé aux voitures 100 % électriques, il n'en demeure pas moins qu'il a sa place. On verrait mal un entrepreneur en construction transporter quatre employés sur un chantier boueux avec une Bolt EV ! N'allez cependant pas croire que les véhicules formant notre quatuor sont des dinosaures de la route. Que non !

LES PETITS ET LES GRANDS

On pourrait classer ces mastodontes dans deux catégories. Les « petits », ceux dont l'empattement ne mesure que 2 946 mm, sont représentés par les Tahoe, Yukon et Escalade. Les autres, ces immenses objets mobiles roulant sur un empattement de 3 302 mm, sont les Suburban, Yukon XL et Escalade ESV. Grâce à ces 356 mm, les passagers de la deuxième et de la troisième rangée peuvent allonger un peu plus les jambes, mais ce sont surtout les bagages qui sont les plus heureux. À l'avant, l'espace ne manque pas, malgré une console centrale aussi large qu'une autoroute et qui peut engloutir deux ou trois voitures.

Les places de la deuxième rangée sont correctes, mais elles manquent de soutien latéral. L'espace pour les jambes et la tête n'est évidemment pas un problème ! La troisième rangée, par contre, fait preuve de moins d'empathie, surtout pour le dégagement aux jambes. C'est un peu mieux dans les versions allongées, il n'en demeure pas moins qu'on ne s'y assoit que si l'on y est obligé.

DES MOTEURS À L'AVENANT. ET À L'AVANT, BIEN SÛR.

Pour déplacer ces immensités, il faut un moteur à l'avenant. Celui de base est un V8 5,3 litres. Doux, silencieux et souple, il autorise des accélérations musclées. Une consommation moyenne réelle d'environ 16 l/100 km est à prévoir. L'autre moteur, qui loge dans les deux Escalade, est un V8 de 6,2 litres, plus puissant, plus silencieux et plus soyeux que le 5,3 litres. Et il consomme à peine un litre de plus aux cent kilomètres.

*Québec   Tahoe : 281 / Suburban : 291 / Yukon : 694 / Escalade : 355
**Canada   Tahoe : 3 062 / Suburban : 2 173 / Yukon : 5 446 / Escalade : 2 835

Le 5,3 litres est associé avec une boîte automatique dont les six rapports se font oublier tant leur passage est doux. Le 6,2 litres, reçoit une nouvelle boîte à dix rapports.

D'office, sauf pour l'Escalade, les roues motrices sont situées à l'arrière. Cette disposition est plutôt rare chez nous puisque la plupart des gens choisissent le rouage 4x4 qui permet d'amusantes virées hors route. Cependant, ni le Yukon, le Tahoe ou le Suburban ne peuvent prétendre suivre un Jeep Wrangler loin de toute civilisation. Le Cadillac Escalade, à cause de son rang social (mais oui, mais oui, même les voitures ont un rang social!), préfère ne pas trop se salir dans la grosse boue et n'offre qu'un rouage intégral, moins capable que le système 4x4 de ses subalternes.

Quel que soit l'écusson sur la calandre, ce quatuor, malgré une certaine vitalité lors des accélérations, n'est aucunement sportif. La direction souffre d'imprécision et d'un manque de retour d'information, mais c'est là le lot de tous ces grands VUS. La suspension procure un très haut niveau de confort sans toutefois faire de miracles. Après tout, elle est accrochée à un châssis de camion. Au fait, vous saviez que ces quatre membres de la famille GM sont dérivés des Chevrolet Silverado et GMC Sierra? Chacun de nos grands VUS commande un prix assez substantiel, surtout s'il est bien équipé. D'ailleurs, le Cadillac Escalade serait le véhicule le plus souvent payé comptant en Amérique. Je vous laisse deviner pourquoi...

Alain Morin

Depuis la naissance de mon troisième enfant, je conduis un Suburban 2016. Il était hors de question pour moi que je me balade en fourgonnette. Je l'ai toujours trouvé un brin ennuyante à regarder. Je les sais très polyvalentes, mais quand ma Volvo est devenue trop petite pour trimbaler toute ma gang, la venue d'un troisième enfant a, en quelque sorte, légitimé l'achat d'un gros véhicule. Certains diront que j'ai eu un troisième enfant pour pouvoir me procurer un Suburban. Ce sont de mauvaises langues!

Le Suburban est agréable à conduire et on s'habitue relativement vite à ses proportions. Plusieurs en doutent, mais oui, il entre dans un espace de stationnement normal. Le V8 de 5,3 litres n'est pas le plus puissant, le 6,2 de l'Escalade ou du Yukon Denali est beaucoup plus performant, mais le véhicule n'appelle pas ce genre de sensations.

Avec un Suburban, on a l'impression de faire partie d'un convoi diplomatique ou d'un défilé de la reine d'Angleterre. Les sièges, à cet égard, pourraient être plus confortables, la finition un peu plus léchée, mais pour ce qui est de la tenue de route, de l'agrément sur de longs parcours et de la vastitude de son habitacle, il n'a pas son pareil.

Patrice Robitaille

Données principales

Emp. / lon. / lar. / haut.	2 946 / 5 179 / 2 045 / 1 890 mm
Coffre / réservoir	2 681 litres / 98 litres
Nbre coussins sécurité / ceintures	7 / 7
Suspension av. / arr.	ind., bras inégaux / essieu rigide, multibras
Pneus avant / arrière	P275/55R20 / P275/55R20
Poids / Capacité de remorquage	2 554 kg / 3 000 kg (6 610 lbs)

Composantes mécaniques

TAHOE, SUBURBAN, YUKON

Cylindrée, alim.	V8 5,3 litres atmos.
Puissance / Couple	355 ch / 383 lb-pi
Tr. base (opt) / Rouage base (opt)	A6 / 4x4 (Prop)
0-100 / 80-120 / V. max	8.0 s / 5,1 s / n.d.
100-0 km/h	42,1 m
Type / ville / route / CO_2	Ord / 15,2 / 10,8 / 6 081 kg/an

ESCALADE, YUKON DENALI

Cylindrée, alim.	V8 6,2 litres atmos.
Puissance / Couple	420 ch / 460 lb-pi
Tr. base (opt) / Rouage base (opt)	A10 / 4x4
0-100 / 80-120 / V. max	n.d. / n.d. / n.d.
100-0 km/h	n.d.
Type / ville / route / CO_2	Ord / 15,6 (est) / 11,0 (est) / n.d.

CHEVROLET TAHOE / SUBURBAN / GMC YUKON / CADILLAC ESCALADE

CONNAISSEZ-VOUS **VUS** PLUSIEURS CAPABLES DE **REMORQUER** PLUS DE 8 000 LIVRES TOUT EN TRANSPORTANT SEPT OU HUIT PERSONNES EN TOUT **CONFORT ?**

DU NOUVEAU EN 2018

Aucun changement majeur au moment de mettre sous presse.

GMC YUKON

Photos: Chevrolet, GMC

CHEVROLET TAHOE

Pour voir la liste complète des informations techniques, veuillez vous référer à la section statistiques.

CHEVROLET TRAX

CHEVROLET **TRAX** / BUICK **ENCORE** | **68**% COTE DU GUIDE

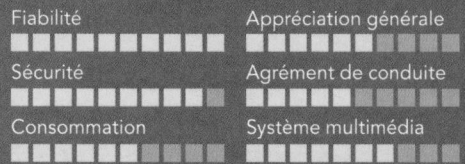

Prix: 19 795 $ à 32 095 $ (2017)
Catégorie: VUS
Garanties:
3 ans/60 000 km, 5 ans/160 000 km
Transport et prép.: 2 050 $
Ventes QC 2016: 1 798 unités
Ventes CAN 2016: 9 072 unités
Assemblage: San Luis Potosí MX

Fiabilité	Appréciation générale
■■■■■■■■□□	■■■■■■■□□□
Sécurité	Agrément de conduite
■■■■■■■■□□	■■■■■■□□□□
Consommation	Système multimédia
■■■■■■□□□□	■■■■■■■□□□

Cote d'assurance

$ $ $ $

Connectivité multimédia

Android Auto

Apple CarPlay

➕ Prix de base alléchant • Connectivité Wi-Fi • Boîte manuelle encore offerte (Trax) • Moteur plus puissant disponible (Encore) • Style dynamique

➖ Puissance du moteur plutôt juste • Insonorisation déficiente • Prix montent rapidement • Qualité de certains matériaux • Agrément de conduite ordinaire

Concurrents
Fiat 500X, Honda HR-V, Jeep Renegade, Mazda CX-3, MINI Countryman, Mitsubishi RVR, Nissan JUKE, Subaru Crosstrek, Toyota C-HR

S'asseoir sur ses lauriers

Frédéric Mercier

I l y a cinq ans, General Motors prenait le pari de lancer un duo de VUS sous-compacts principalement destiné à un usage urbain. Ainsi naissaient le Chevrolet Trax et le Buick Encore.

Malgré les doutes et les critiques, l'idée frôlait le génie. À peine quelques années plus tard, l'industrie automobile a suivi le pas. Aujourd'hui, la majorité des constructeurs ont répondu en lançant des modèles similaires. Honda HR-V, Mazda CX-3, Toyota C-HR et Jeep Renegade en sont quatre excellents exemples.

La question à 100 piastres, maintenant. Si GM a été si rapide à comprendre l'émergence de cette catégorie de véhicules et l'importance de s'y tailler une place, comment se fait-il que le Trax et l'Encore n'y jouent qu'un rôle de figurant?

REGARDER PASSER LA PARADE
Le Trax était très prometteur à son lancement. Une véritable petite révolution. Le hic, c'est qu'il n'a à peu près pas changé depuis. Et pendant ce temps-là, les nouveaux produits se sont succédé à travers l'industrie, proposant tour à tour un équipement plus complet et une présentation plus moderne.

Certes, on a tenté de renverser la vapeur, l'an dernier, en redessinant la devanture et en revampant l'habitacle, mais disons que les changements sont demeurés plutôt timides. Au moins, on en a profité pour se remettre à jour d'un point de vue technologique, en révisant le système d'infodivertissement et la qualité de son affichage. Même son de cloche du côté du Buick Encore, jumeau du Trax.

Comme le Trax, l'Encore a eu droit à une petite cure de rajeunissement l'année dernière. En plus d'une calandre améliorant radicalement son design, le petit Buick a désormais droit à une motorisation plus performante de 153 chevaux et 177 livres-pied, dans sa version Sport Touring.

Pour le reste, les deux modèles demeurent animés d'un moteur turbocompressé à quatre cylindres de 1,4 litre, développant 138 chevaux et un couple de 148 livres-pied. C'est légèrement inférieur à ce qui est offert chez la concurrence. Sur la route, cela se traduit par des accélérations acceptables, sans plus. La consommation d'essence nous laisse aussi sur notre appétit. Encore là, des modèles de la même catégorie dévoilés récemment sont capables de faire mieux. Et avec plus de puissance, à part ça!

Avec un espace de chargement de 530 litres derrière la banquette arrière, le Trax permet un rangement somme toute limité, mais très acceptable dans son créneau. Certains modèles le surpassent, mais d'autres proposent encore moins d'espace. Dans une catégorie où les modèles sont aussi compacts, il faut bien faire des sacrifices quelque part!

CORRECTS, SANS PLUS

Sur la route, le Trax et l'Encore procurent une expérience de conduite bien ordinaire. On ne s'attend pas à un comportement grandiose à bord d'un VUS sous-compact, c'est certain, mais force est d'admettre que plusieurs modèles de cette catégorie les devancent à bien des égards. Le Honda HR-V et le Mazda CX-3 en font partie, alors que de nouveaux modèles prometteurs, comme le Hyundai Kona et le Ford EcoSport, rendront la concurrence encore plus féroce.

Une meilleure insonorisation viendrait assurément aider la cause de notre duo, mais c'est surtout l'utilisation d'une mécanique aussi petite, munie d'un turbo, qui rend ces petits VUS bruyants à plus haut régime.

Si le prix de base du Trax peut paraître alléchant au premier regard, le prix de certaines options vous fera rapidement déchanter. Pour un modèle LT à quatre roues motrices le moindrement équipé, vous franchirez la barre des 30 000 $. Ouch!

À l'intérieur, l'habitacle du Trax propose encore trop de plastiques durs qui minent l'expérience à bord. L'intérieur de l'Encore est de meilleure qualité, mais le prix n'est pas le même. Au moins, les deux véhicules peuvent se targuer d'offrir un système multimédia désormais compatible avec Android Auto et Apple CarPlay, en plus d'une connexion Wi-Fi proposée en option. General Motors a fait bien des efforts pour se positionner comme une marque techno, et le duo Trax/Encore en est une autre preuve.

Ces deux modèles ne font rien de mal, mais ils sont coincés dans une catégorie en pleine effervescence, qui a évolué très vite au cours des cinq dernières années. Si le Trax et l'Encore étaient intéressants à leur lancement, ils doivent maintenant s'avouer vaincus à l'égard d'une concurrence de taille.

Le Trax et l'Encore ont besoin d'une sérieuse mise à jour, et vite à part ça. Parce qu'une campagne de pub avec Maripier Morin, c'est bien, mais c'est nettement insuffisant.

Données principales

Emp. / lon. / lar. / haut.	2 555 / 4 247 / 1776 / 1656 mm
Coffre / réservoir	530 à 1371 litres / 53 litres
Nbre coussins sécurité / ceintures	10 / 5
Suspension av. / arr.	ind., jambes force / semi-ind., poutre torsion
Pneus avant / arrière	P205/70R16 / P205/70R16
Poids / Capacité de remorquage	1455 kg / non recommandé

Composantes mécaniques

TRAX, ENCORE

Cylindrée, alim.	4L 1,4 litre turbo
Puissance / Couple	138 ch / 148 lb-pi
Tr. base (opt) / Rouage base (opt)	M6 (A6) / Tr (Int)
0-100 / 80-120 / V. max	10,3 s / 7,9 s / 186 km/h (const)
100-0 km/h	41,5 m
Type / ville / route / CO$_2$	Ord / 9,2 / 7,1 / 3797 kg/an

ENCORE

Cylindrée, alim.	4L 1,4 litre turbo
Puissance / Couple	153 ch / 177 lb-pi
Tr. base (opt) / Rouage base (opt)	A6 / Tr (Int)
0-100 / 80-120 / V. max	9,2 s (est) / n.d. / 195 km/h (const)
100-0 km/h	n.d.
Type / ville / route / CO$_2$	Ord / 8,6 / 7,0 / 3625 kg/an

« LE CHEVROLET **TRAX** ET LE BUICK **ENCORE** ÉTAIENT TRÈS PROMETTEURS À LEUR **LANCEMENT.** LE HIC, C'EST QU'ILS N'ONT À PEU PRÈS **PAS CHANGÉ** DEPUIS. »

DU NOUVEAU EN 2017

Aucun changement majeur au moment de mettre sous presse.

Photos : Buick, Chevrolet

BUICK ENCORE

CHEVROLET TRAX

Pour voir la liste complète des informations techniques, veuillez vous référer à la section statistiques.

CHEVROLET **VOLT**

| | **69**% | COTE DU **GUIDE** |

((SiriusXM))

Prix : 38 390 $ à 42 490 $ (2017)
Catégorie : Berline
Garanties :
3 ans/60 000 km, 5 ans/160 000 km
Transport et prép. : 1 950 $
Ventes QC 2016 : 2 199 unités
Ventes CAN 2016 : 3 469 unités
Assemblage : Hamtramck MI US

Fiabilité
■■■■■□□□□□

Appréciation générale
■■■■■■■□□□

Sécurité
■■■■■■■□□□

Agrément de conduite
■■■■■■■□□□

Consommation
■■■■■■■□□□

Système multimédia
■■■■■■■■□□

Cote d'assurance

$ $ $ $

Connectivité multimédia

Android Auto   Apple CarPlay

➕ Étonnante réussite technique •
Consommation en essence peut être nulle •
Autonomie électrique intéressante •
Comportement routier à la hauteur

➖ Place du centre ridicule (arrière) •
Visibilité arrière atroce • Prix quand même
élevé • Repose-pied mal positionné

Concurrents
Audi A3 Sportback e-tron,
Ford Fusion Energi, Hyundai Ioniq,
Hyundai Sonata, Kia Optima,
Toyota Prius Prime

Pionnière d'un futur plus vert

Alain Morin

Il y a des voitures qui marquent l'histoire. Ces voitures ont défriché un terrain inconnu et ont amené l'automobile, et la société dans laquelle elle évolue, un peu plus loin. La Volt est de ces pionnières. À ses débuts, en 2011, elle était un pari risqué. Risqué, mais réussi puisque General Motors, qui a su bousiller des voitures infiniment moins complexes, a prouvé, avec la Volt, son savoir-faire technologique.

Risqué, mais réussi parce que le public aurait pu rejeter la Volt, fabriquée par un constructeur qui avait déjà tué une voiture électrique, la Saturn EV1 (une vieille histoire qui a donné vie à un film ayant marqué l'imaginaire collectif, *Who killed the electric car ?*). Risqué, mais réussi parce qu'en 2011, le mouvement électrique commençait à faire réfléchir, infléchir serait plus juste, les dirigeants des constructeurs automobiles à travers la planète.

Il y a deux ans, la Volt entamait une deuxième génération avec une carrosserie moins éclatée que celle de sa devancière. On peut même dire qu'elle se fond presque dans la circulation, même si ses lignes sont modernes. Elles ressemblent à celles de la Cruze. Après tout, les deux voitures sont construites sur la même plate-forme. Celle où, pour des raisons aérodynamiques, le bouclier avant, très bas, racle sans gêne les entrées de cour le moindrement en pente. Et c'était encore pire avec la première génération.

L'habitacle aussi fait preuve de modernité et s'aligne, tout comme la carrosserie, sur l'ensemble de la production de Chevrolet. Excepté la Corvette. Au centre du tableau de bord trône un écran de huit pouces par lequel on gère le système multimédia MyLink, qui offre l'Apple CarPlay ou l'Android Auto. La technologie de connectivité 4g LTE est également de mise, abonnement en sus. Cet écran informe aussi sur le flux de l'énergie, sur la consommation et sur une foule de paramètres ayant trait à la gestion essence/électrique.

Malgré leur tissu d'apparence douteuse (ceux en cuir sont plus invitants), les sièges avant s'avèrent confortables ; ils le seraient davantage si ce n'était pas du repose-pied qui est trop près du conducteur, l'obligeant ainsi à avoir le genou gauche trop replié. Les places arrière, au nombre de cinq maintenant, ne sont pas très logeables. Surtout la place centrale qui ne peut transporter qu'un acarien à la fois. Le coffre non plus n'est pas très grand et la bâche de tissu qui sert de cache-bagages est une insulte à tous les vrais cache-bagages de la Terre.

BALLET ÉLECTRONIQUE ET INFORMATIQUE

S'il y a un domaine où la Volt peut en montrer à tous, c'est bien celui de la motorisation. La batterie au lithium-ion de 18,4 kWh livre 20 % d'énergie de plus que celle de 2011, bien qu'elle ait conservé les mêmes dimensions. Cette batterie se recharge sur une prise domestique à huit ampères pendant 19 heures et pendant 13 heures, à 12 ampères. Bravo à Chevrolet de fournir un câble de plus de sept mètres. Avant 2016, il n'en mesurait que trois. Et il est surprenant de constater qu'on peut retirer le pistolet électrique sans aucun problème, même quand les portes de la voiture sont verrouillées. Branchée sur le 240 V, il faudra 4,5 heures à la batterie avant d'être rechargée à bloc.

Cette batterie se recharge aussi par le moteur à essence, qui agit comme génératrice. Ce quatre cylindres de 1,5 litre développe 101 chevaux. Lorsque la batterie est vidée de ses ions, après 85 km (selon General Motors...), un petit moteur électrique l'active et il commence alors à régénérer la batterie. Le groupe électrique Voltec, de 149 chevaux et 294 livres-pied, actionne les roues avant. Dans certains cas spécifiques, le moteur à essence peut entraîner les roues directement, mais le pourcentage de puissance est peu élevé comparé à celui de la batterie. Le directeur des produits de General Motors à Oshawa devrait se lancer en politique...

ENTRE 0 ET 7,6 L/100 KM

Quant à la consommation de la Volt, elle varie énormément. Une personne qui ne fait que quelques kilomètres par jour pourrait très bien ne jamais mettre d'essence dans le réservoir. Une utilisation plus normale peut faire «grimper» la consommation à 2 ou 3 l/100 km. Un trajet de plus de 600 km sans possibilité de branchement a amené la consommation à 7,6 l/100 km, une moyenne tout à fait honorable pour une voiture de plus de 1 600 kilos.

Si la consommation rend le conducteur joyeux, tant mieux. Car ce n'est pas la sportivité de la Volt qui le fera. N'allez toutefois pas croire qu'elle soit décevante à conduire ou dangereuse dans les virages. Aucunement. Son comportement routier est sain, la direction, vive, mais la pédale de frein gagnerait à être moins molle.

La Volt représente une réussite technique indéniable et elle répond parfaitement aux besoins d'une grande partie de la population. S'il s'en vendait davantage, la Terre ne s'en porterait que mieux !

Données principales

Emp. / lon. / lar. / haut.	2 695 / 4 582 / 1 808 / 1 433 mm
Coffre / réservoir	300 litres / 34 litres
Nbre coussins sécurité / ceintures	10 / 5
Suspension av. / arr.	ind., jambes force / semi-ind., poutre torsion
Pneus avant / arrière	P215/50R17 / P215/50R17
Poids / Capacité de remorquage	1 607 kg / non recommandé

Composantes mécaniques

LT, PREMIER

Cylindrée, alim.	4L 1,5 litre atmos.
Puissance / Couple	101 ch / n.d.
Tr. base (opt) / Rouage base (opt)	CVT / Tr
0-100 / 80-120 / V. max	8,5 s / n.d. / 157 km/h
100-0 km/h	n.d.
Type / ville / route / CO₂	Ord / 5,5 / 5,6 / 640 kg/an
Consommation combinée	2,2 Le/100km

MOTEUR ÉLECTRIQUE (VOLTEC)

Puissance combinée / Couple	149 ch (111 kW) / 294 lb-pi
Type de batterie	Lithium-ion (Li-ion)
Énergie	18,4 kWh
Temps de charge (120V / 240V)	13,0 h / 4,5 h
Autonomie	85 km

« LA CHEVROLET VOLT VA MARQUER L'HISTOIRE. ELLE A DÉFRICHÉ UN TERRAIN INCONNU ET AMENÉ L'AUTOMOBILE, ET LA SOCIÉTÉ DANS LAQUELLE ELLE ÉVOLUE, UN PEU PLUS LOIN. »

DU NOUVEAU EN 2018

Quelques changements dans les couleurs, les options et l'équipement de base.

Photos : Chevrolet

Pour voir la liste complète des informations techniques, veuillez vous référer à la section statistiques.

CHEVROLET | 255

CHRYSLER **300**

(((SiriusXM)))

Prix: 40 545 $ à 48 445 $ (2017)
Catégorie: Berline
Garanties:
3 ans/60 000 km, 5 ans/100 000 km
Transport et prép.: 1 895 $
Ventes QC 2016: 95 unités
Ventes CAN 2016: 3 662 unités
Assemblage: Brampton ON CA

Fiabilité	Appréciation générale
■■■■■■■□□□	■■■■■■■□□□
Sécurité	Agrément de conduite
■■■■■■■■□□	■■■■■■□□□□
Consommation	Système multimédia
■■■■■□□□□□	■■■■■■■■□□

Cote d'assurance

$ ▼ $ $ $

Connectivité multimédia

 Android Auto   Apple CarPlay

➕ Confort de l'habitacle • Look réussi •
Système Uconnect merveilleux •
Aides électroniques efficaces •
Pas trop dispendieuse

➖ Suspension sèche par moment •
Visibilité moyenne • Conduite vague •
Moteurs vieillissants • Fiabilité quelconque

Concurrents

Buick LaCrosse, Chevrolet Impala,
Dodge Charger, Ford Taurus,
Nissan Maxima, Toyota Avalon

Coincée dans une autre époque

Marc-André Gauthier

Les choses ne sont pas roses pour Fiat Chrysler Automobiles. Le PDG de l'entreprise, Sergio Marchionne, ne cache même pas le fait de vouloir vendre la compagnie, ou certaines marques rentables du groupe, comme Jeep ou Ram, à un groupe plus imposant, comme General Motors ou Volkswagen. Si les ventes de camions et de VUS vont quand même bien chez FCA, c'est le tout le contraire en ce qui concerne leur gamme de voitures.

Les problèmes de FCA remontent à la crise financière de 2008, lorsque Chrysler fut acquise par Fiat (2009). À l'époque, déjà, Chrysler était dans le trouble. Ses plates-formes étaient mûres pour des changements, et elle se devait d'investir dans des technologies d'avenir.

Or, des années plus tard, Chrysler est encore au même point. Ses plates-formes n'ont à peu près pas changé, et la Chrysler 300 en est un bel exemple. Cette grosse berline américaine est toujours basée sur une plate-forme modifiée de la Mercedes-Benz Classe E... du temps où Daimler et Chrysler étaient associés (1998 à 2007).

Chrysler devra éventuellement penser à la postérité. Quel avenir l'attend? Quelle forme devrait prendre ses véhicules? En attendant que FCA réponde à ces questions, on ne peut que constater à quel point la Chrysler 300 vieillit, et ce, malgré les apparences.

POUR 2018, ON CHANGE LES VERSIONS

À défaut d'introduire une version hybride, électrique, ou turbo, pour 2018, la 300 présente de nouvelles déclinaisons. La version de base, baptisée Touring, propose des sièges en tissu, mais ils peuvent être ajustés électriquement. Cette 300 comprend aussi un écran multimédia Uconnect de 8,4 pouces, une clé intelligente, des roues de 17 pouces et des feux arrière à DEL.

La 300S demeure au catalogue, offrant des sièges en cuir et une apparence plus sportive, aux accents uniques, et des roues de 20 pouces. La version

300C disparaît, pour devenir simplement la Limited. Elle comprend du cuir Nappa de bonne qualité, en plus de plusieurs options intéressantes, comme les rétroviseurs qui s'ajustent automatiquement en fonction du profil du conducteur enregistré, qui est associé à votre clé. Il sera possible d'opter pour un ensemble Platinum qui ajoute des roues de 20 pouces uniques, des phares adaptatifs au xénon, des sièges en cuir perforé à motif matelassé ainsi que des porte-gobelets chauffants et refroidissants.

COMME CONDUIRE UNE VIEILLE VOITURE

La 300 est équipée, à la base, d'un V6 de 3,6 litres de 292 chevaux (300 dans la version 300S), accouplé à une boîte automatique à huit rapports, qui envoie sa puissance aux roues arrière. Le rouage intégral est offert en option.

Quoi qu'il en soit, ce V6 fait un travail honnête, permettant à cette grosse et lourde voiture de se déplacer sans trop de problèmes. Toutefois, si vous êtes à la recherche de performance, il faudra assurément regarder en direction du V8 de 5,7 litres, proposé sur les versions 300S et Limited. Certes, ce V8 ne développe que 71 chevaux de plus que le V6, pour une puissance totale de 363 chevaux, mais le comportement de ce moteur, disposant de beaucoup de couple à bas régime, convient mieux au caractère de la 300.

Malheureusement, pas de rouage intégral offert avec le V8. Pour avoir conduit la version V8 à propulsion dans la neige, il est approprié de dire que les systèmes d'aide électronique sont efficaces... à condition d'avoir les meilleurs pneus d'hiver qui se retrouvent sur le marché.

L'habitacle de la 300, surtout sur les versions plus dispendieuses, est plutôt réussi. D'ailleurs, cette berline a gagné plusieurs prix *Wards* au fil des ans pour récompenser le design de la cabine. Bien finie, elle offre beaucoup de confort, tant pour les passagers arrière que pour ceux d'en avant. La direction est vague alors que la suspension s'avère confortable, mais sèche par moment, qui jure quelque peu dans une voiture qui ne se veut pas du tout sportive.

La 300 ne séduit pas parce qu'elle nous rappelle une autre époque, au contraire, elle est coincée dans une autre époque. Une cavalerie de 363 chevaux, c'est une quantité modeste pour un V8 moderne. En fait, Mercedes-Benz développe plus de puissance avec un quatre cylindres turbocompressé de deux litres...

On aime la Chrysler 300 parce qu'elle est jolie, rétro et spacieuse, mais elle vieillit de moins en moins bien. Patience, une refonte est attendue pour 2019-2020!

Données principales

Emp. / lon. / lar. / haut.	3 052 / 5 044 / 1 902 / 1 484 mm
Coffre / réservoir	462 litres / 70 litres
Nbre coussins sécurité / ceintures	7 / 5
Suspension av. / arr.	ind., bras inégaux / ind., multibras
Pneus avant / arrière	P235/55R19 / P235/55R19
Poids / Capacité de remorquage	1921 kg / 454 kg (1000 lbs)

Composantes mécaniques

V6

Cylindrée, alim.	V6 3,6 litres atmos.
Puissance / Couple	292 ch / 260 lb-pi
Tr. base (opt) / Rouage base (opt)	A8 / Prop (Int)
0-100 / 80-120 / V. max	8,0 s / 7,0 s / n.d.
100-0 km/h	n.d.
Type / ville / route / CO_2	Ord / 12,4 / 7,7 / 4731 kg/an

V8

Cylindrée, alim.	V8 5,7 litres atmos.
Puissance / Couple	363 ch / 394 lb-pi
Tr. base (opt) / Rouage base (opt)	A8 / Prop
0-100 / 80-120 / V. max	6,7 s / 3,7 s / 210 km/h
100-0 km/h	41,4 m
Type / ville / route / CO_2	Ord / 14,7 / 9,4 l/100 km / 5665 kg/an

ON **AIME** LA CHRYSLER 300 PARCE QU'ELLE EST **JOLIE**, MAIS ELLE VIEILLIT DE MOINS EN MOINS BIEN. **PATIENCE**, UNE REFONTE EST ATTENDUE POUR **2019-2020!**

DU NOUVEAU EN 2018

Uconnect 8,4 de nouvelle génération, édition 300S Alloy disparait, version 300C devient Limited, changements de couleurs.

Photos: Chrysler

CHRYSLER **PACIFICA**

76% COTE DU GUIDE

(((SiriusXM)))

Prix: 43 495 $ à 57 537 $ (2017)
Catégorie: Fourgonnette
Garanties:
3 ans/60 000 km, 5 ans/100 000 km
Transport et prép.: 1 895 $
Ventes QC 2016: 289 unités
Ventes CAN 2016: 2 560 unités
Assemblage: Windsor ON CA

Fiabilité	Appréciation générale
Sécurité	Agrément de conduite
Consommation	Système multimédia

Cote d'assurance

$ $$$

Connectivité multimédia

Android Auto   Apple CarPlay

➕ Polyvalence indéniable • Finition intérieure soignée • Une panoplie d'équipement disponible • Version hybride très intéressante • Conduite raffinée

➖ Prix élevé (Limited et hybride) • Programmation de la motorisation hybride perfectible • Fiabilité du système hybride inconnue

Concurrents
Dodge Grand Caravan, Honda Odyssey, Kia Sedona, Toyota Sienna

Hein? On est déjà rendus?

Michel Deslauriers

Maintenant que les voyages tout inclus dans le Sud sont devenus accessibles, les vacances avec les enfants à bord du véhicule familial semblent moins intéressantes pour plusieurs. Entre relaxer sur la plage, ou passer deux jours dans une voiture pour faire découvrir Niagara Falls ou le Rocher Percé à sa progéniture, que choisiriez-vous?

Pour ceux qui accordent encore de l'importance aux sorties en famille, et surtout si cette dernière est composée de plusieurs enfants, la fourgonnette demeure toujours le choix par excellence. Fiat Chrysler Automobiles, a renouvelé l'an dernier sa fourgonnette avec un nouveau style et même, un nouveau nom.

LA COURSE AUX INNOVATIONS

Chaque fois qu'un constructeur redessine sa fourgonnette, et il y en a de moins en moins, il tente d'innover avec des fonctionnalités uniques, souvent copiées par la concurrence. En option, la Pacifica est munie d'un aspirateur intégré pour ramasser les dégâts des petits, commodité introduite initialement dans la Honda Odyssey. Cette dernière, complètement redessinée pour 2018, propose un système de divertissement arrière avec deux écrans tactiles, offrant des jeux et des applications que l'on a vus pour la première fois dans la Pacifica, l'an dernier. Finalement, on s'échange les bonnes idées.

Étrangement, aucune autre fourgonnette n'a imité jusqu'à maintenant l'ingénieux système de sièges Stow 'n Go, qui permet de replier non seulement la banquette de troisième rangée sous le plancher, mais aussi les sièges capitaine de deuxième rangée. Très pratique pour les déménagements impromptus ou la chasse aux antiquités lors des ventes-débarras. En revanche, ces sièges de la rangée médiane sont peu rembourrés, donc moins confortables sur de longues distances que ceux de la concurrence.

Les enfants risquent de ne pas trop se plaindre, car ils seront occupés à visionner un film provenant d'un disque Blu-ray, d'une clé USB ou d'un appareil branché par connexion HDMI. Ils pourront aussi s'amuser grâce aux nombreux jeux intégrés au système Uconnect Theatre. On a même droit à une appli qui, liée au système de navigation, indique aux passagers arrière l'heure d'arrivée à destination. Les parents pourraient ne plus jamais entendre les : « Est-ce qu'on arrive bientôt ? » Hélas, ce système n'a toujours pas de solutions pour les « J'ai faim ! » et les « Je dois aller aux toilettes ! »...

L'habitacle de la Chrysler Pacifica est peut-être l'aspect le plus important du véhicule, et à cet égard, il ne déçoit pas. La finition est élégante et soignée ; la disposition des commandes, conviviale. L'interface Uconnect, avec son écran de 8,4 pouces, figure parmi les meilleurs sur le marché, et l'on peut, en option, équiper la fourgonnette d'un toit vitré à trois panneaux rendant ainsi les promenades plus agréables.

UNE MOTORISATION PEU ÉNERGIVORE

Le problème avec les fourgonnettes d'aujourd'hui, c'est leur consommation d'essence. La Pacifica est équipée d'un V6 de 3,6 litres, développant 287 chevaux, une bonne puissance pour permettre des performances soutenues et un remorquage de 1 633 kilogrammes (3 600 livres). Par contre, il sera difficile d'obtenir une consommation sous les 10,0 l/100 km. Les rivales de la Pacifica ne font guère mieux.

La solution de FCA est toutefois géniale. La Pacifica hybride, lancée en cours de 2017, est munie d'un moteur V6, mais aussi de deux moteurs électriques, intégrés à une boîte automatique à gestion électronique et d'un bloc-batteries de 16 kWh La puissance totale s'élève à 260 chevaux et l'autonomie en mode 100 % électrique est estimée à 53 km.

Voici maintenant deux bonnes nouvelles et une qui l'est moins. La capacité élevée des batteries permet d'obtenir un rabais gouvernemental de 8 000 $ au Québec, soit celui d'une voiture 100 % électrique. De plus, le temps de charge maximal, avec une borne de 240 volts, n'est que de deux heures, alors on peut facilement gérer les déplacements urbains et minimiser la consommation d'essence. Les parents qui doivent constamment transporter les enfants aux pratiques de hockey ou au cinéma, et retourner les chercher par la suite, peuvent donc rouler à peu de frais.

Les batteries, installées sous le plancher, éliminent les sièges Stow 'n Go de deuxième rangée en faveur de traditionnels sièges amovibles. En contrepartie, ceux-ci sont plus confortables, alors le compromis en vaut la peine.

Bien que la programmation de sa motorisation hybride soit perfectible et que son prix soit élevé, la Pacifica parvient à raviver notre intérêt pour les fourgonnettes et elle demeure la préférée de son segment.

Données principales

Emp. / lon. / lar. / haut.	3 089 / 5 176 / 2 022 / 1 777 mm
Coffre / réservoir	3 979 litres / 72 litres
Nbre coussins sécurité / ceintures	8 / 7
Suspension av. / arr.	ind., jambes force / semi-ind., poutre torsion
Pneus avant / arrière	P235/60R18 / P235/60R18
Poids / Capacité de remorquage	2 262 kg / non recommandé

Composantes mécaniques

HYBRIDE

Cylindrée, alim.	V6 3,6 litres atmos.
Puissance / Couple	248 ch / 230 lb-pi
Tr. base (opt) / Rouage base (opt)	CVT / Tr
0-100 / 80-120 / V. max	7,1 s / 5,6 s / n.d.
100-0 km/h	43,0 m
Type / ville / route / CO_2	Ord / 7,3 / 7,2 / 1 320 kg/an
Consommation combinée	2,8 Le/100km
Puissance combinée	260 ch

MOTEUR ÉLECTRIQUE

Puissance / Couple	84 ch (62 kW) / n.d.
Type de batterie	Lithium-ion (Li-ion)
Énergie	16,0 kWh
Temps de charge (120V / 240V)	14,0 h / 2,0 h
Autonomie	53 km

L, LX, TOURING, LIMITED

Cylindrée, alim.	V6 3,6 litres atmos.
Puissance / Couple	287 ch / 262 lb-pi
Tr. base (opt) / Rouage base (opt)	A9 / Tr
0-100 / 80-120 / V. max	9,0 s / 6,5 s / n.d.
100-0 km/h	49,5 m
Type / ville / route / CO_2	Ord / 12,9 / 8,4 / 5 104 kg/an

DU NOUVEAU EN 2018

Aucun changement majeur au moment de mettre sous presse.

Pour voir la liste complète des informations techniques, veuillez vous référer à la section statistiques.

DODGE **CHALLENGER**

66% COTE DU GUIDE

Prix : 32 345 $ à 103 000 $ (2017) (estimé)
Catégorie : Coupé
Garanties :
3 ans/60 000 km, 5 ans/100 000 km
Transport et prép. : 1 895 $
Ventes QC 2016 : 318 unités
Ventes CAN 2016 : 3 158 unités
Assemblage : Brampton ON CA

Fiabilité	Appréciation générale
■■■■■■□□□□	■■■■■■■□□□
Sécurité	**Agrément de conduite**
■■■■■■■■□□	■■■■■■■□□□
Consommation	**Système multimédia**
■■■■■□□□□□	■■■■■■■■□□

Cote d'assurance

$ ▼ $$$

Connectivité multimédia

Android Auto   Apple CarPlay

+ Version GT à rouage intégral •
Belle à croquer • La SRT 392 chavire
les cœurs • Places avant confortables •
Hellcat et Demon… démentielles

− Visibilité moyenne • Poids et gabarit
imposants, mais on s'en fout, non ? •
Hellcat et Demon… démentielles •
Consommation élevée

Concurrents
Chevrolet Camaro, Ford Mustang

Pour l'amour de l'automobile

Mathieu St-Pierre

La division américaine de Fiat Chrysler Automobiles est bien davantage menée par la passion que par la logique. Si vous avez des doutes, feuilletez les pages de ce *Guide* consacrées à la Charger, au Durango ainsi qu'au Jeep Grand Cherokee et remarquez le nombre de variantes de performance. Depuis toujours, le mot « performance » fait partie du langage automobile. À ce sujet, la dernière décennie appartient en grande partie à FCA. Et quand passion et émotions sont jumelées, nous ne pouvons nous empêcher de rêver à la Dodge Challenger.

Ce gros coupé bénéficie du design intemporel du *muscle car* qu'il était dans les années 70, ce qui ne laisse personne indifférent. Mieux, la gamme de prix est large et il y a une Challenger pour pratiquement toutes les bourses. Et le niveau de plaisir est directement proportionnel au prix demandé !

LE MEILLEUR DU VIEUX ET DU NOUVEAU
Toutefois, peu importe le prix, la Challenger demeure la voiture moderne la plus fidèle à ses racines. Contrairement aux Mustang et Camaro, qui continuent à être peaufinées au nom de l'aérodynamisme, la Challenger, elle, ignore ces tendances au nom de la nostalgie.

Cette raison suffit pour faire chavirer le cœur de votre humble serviteur. Passer une semaine au volant d'une Challenger me propulse dans un monde qui me semble meilleur. La combinaison de la carrosserie, inspirée de la fameuse Challenger du début des années 1970, et de l'habitacle néo-moderne, me transperce l'esprit comme une flèche de Cupidon.

La vieille âme de la Challenger ne limite surtout pas le niveau de technologie offert. De série, on retrouve le système multimédia Uconnect doté d'un écran tactile de cinq pouces. Dès la première série d'options, un écran de 8,4 pouces, avec navigation, devient accessible et en vaut la peine. Les occupants avant sont bien servis par une abondance d'espace et des sièges dont la qualité ne fait que s'améliorer en fonction des versions. À l'arrière, c'est un peu plus serré toutefois.

DE LA PÉDALE? EN V'LÀ!

L'ajout du rouage intégral à la version GT scelle le débat au sujet du caractère exclusivement estival de ce gros coupé. Le V6 de 3,6 litres procure des performances tout au plus intéressantes et il est associé à une efficace boîte automatique à huit rapports. Malheureusement, on ne peut le jumeler à la boîte manuelle à six rapports comme c'est le cas avec les différents V8.

Le fameux V8 HEMI de 5,7 litres commence le bal de la puissance du bon pied avec ses 375 chevaux. Ceux qui mentionnent que plusieurs V6 turbocompressés sont plus puissants n'auront ni compris la Challenger, ni eu la chance d'entendre le son de ce V8 quand il démarre par un temps frais. Par la suite, on passe aux choses sérieuses avec le HEMI SRT de 6,4 litres, où le 392 met l'eau à la bouche des vrais enthousiastes. Ce dernier représente le summum de l'héritage d'un siècle de production de moteurs V8 américains. Il produit non seulement 485 chevaux sans trop d'efforts, mais en plus, entre de bonnes mains (pas les miennes), il peut consommer aussi peu que 10 litres aux 100 km lorsqu'associé à l'automatique.

Cependant, une consommation retenue n'est pas le but de la Challenger. Ce *muscle car* pur et dur a été conçu pour faire beaucoup de bruit... et de traces. La boîte manuelle se prête à merveille à ce jeu.

Et les Hellcat et Demon alors? Ce sont des machines à imprimer des contraventions, donc si un séjour en prison vous intéresse, soyez les bienvenus. La Hellcat peut à peine être conduite «normalement», mais la Demon, avec sa monstrueuse écurie de 840 chevaux, démontre à quel point FCA aime montrer de quel bois elle se chauffe. De nouveau, Tesla devra tenter de reprendre le flambeau de la voiture de production la plus rapide...

En ce qui a trait à la tenue de route, ces Dodge modernes n'ont rien à envier à la concurrence autre que, possiblement, le poids. Toutes les versions sont de bonnes routières, mais encore une fois, les SRT sont les plus douées. Dotées d'amortisseurs Bilstein et de barres stabilisatrices plus grosses, elles sont en mesure de générer d'importantes forces G, tout en assurant stabilité et confort.

Alors que l'avenir se tourne de plus en plus vers les voitures électriques, hybrides ou à petites cylindrées, la Challenger de FCA demeure porteuse de l'image de l'automobile que nous aimons tant. Nous lui souhaitons longue vie!

Données principales

Emp. / lon. / lar. / haut.	2 950 / 5 028 / 2 002 / 1 416 mm
Coffre / réservoir	459 litres / 70 litres
Nbre coussins sécurité / ceintures	6 / 5
Suspension av. / arr.	ind., bras inégaux / ind., multibras
Pneus avant / arrière	P245/40ZR20 / P245/40ZR20
Poids / Capacité de remorquage	2 021 kg / non recommandé

Composantes mécaniques

R/T

Cylindrée, alim.	V8 5,7 litres atmos.
Puissance / Couple (auto)	372 ch / 400 lb-pi
Puissance / Couple (man)	375 ch / 410 lb-pi
Tr. base (opt) / Rouage base (opt)	M6 (A8) / Prop
0-100 / 80-120 / V. max	5,5 s (est) / n.d. / n.d.
100-0 km/h	n.d.
Type / ville / route / CO$_2$ (auto)	Ord / 14,8 / 9,3 / 5 670 kg/an
Type / ville / route / CO$_2$ (man)	Ord / 15,0 / 10,0 / 6 017 kg/an

SRT HELLCAT

Cylindrée, alim.	V8 6,2 litres surcomp.
Puissance / Couple	707 ch / 650 lb-pi
Tr. base (opt) / Rouage base (opt)	A8 (M6) / Prop
0-100 / 80-120 / V. max	5,2 s (est) / 3,7 s (est) / 320 km/h (const)
100-0 km/h	41,7 m (est)
Type / ville / route / CO$_2$	Sup / 17,6 / 10,7 / 6 668 kg/an

SRT DEMON

Cylindrée, alim.	V8 6,2 litres surcomp.
Puissance / Couple	808 ch / 717 lb-pi
Tr. base (opt) / Rouage base (opt)	A8 / Prop
0-100 / 80-120 / V. max	3,0 s (est) / 0,0 s / n.d.
100-0 km/h	0,0 m
Type / ville / route / CO$_2$	Sup / n.d. / n.d. / n.d.

GT, SXT

V6 3,6 l - 305 ch/268 lb-pi - A8 - 0-100: 0,0 s - 13,0/8,7 l/100km

HEMI SCAT PACK (AUTO), HEMI SCAT PACK (MAN), SRT 392

V8 6,4 l - 485 ch/475 lb-pi - A8 - 0-100: 4,5 s (est) - 15,7/9,5 l/100km

DU NOUVEAU EN 2018

Nouvelle version Demon, caméra de recul de série sur toutes les versions, nouveau groupe Performance & Handling dédié à la version R/T, élargisseurs d'ailes disponibles pour Hellcat, système Uconnect nouvelle génération. Nouvelles couleurs, certaines abandonnées.

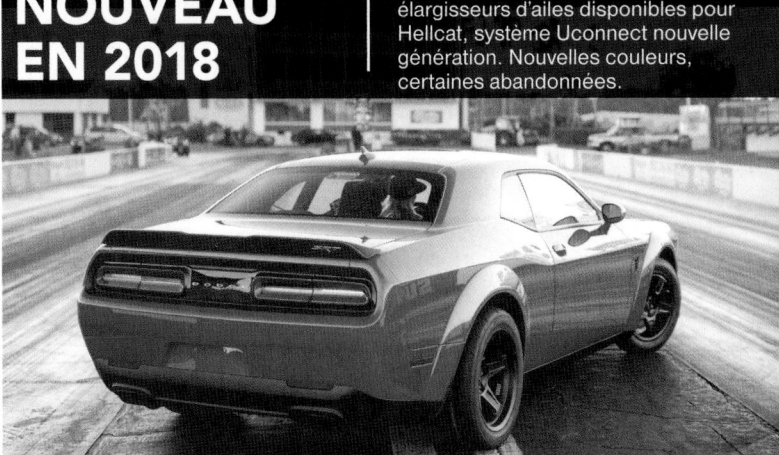

Photos : Dodge

Pour voir la liste complète des informations techniques, veuillez vous référer à la section statistiques.

DODGE | 261

DODGE **CHARGER**

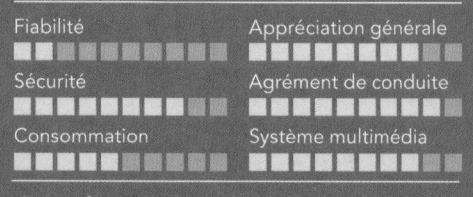

Prix : 35 845 $ à 82 090 $ (2017)
Catégorie : Berline
Garanties :
3 ans/60 000 km, 5 ans/100 000 km
Transport et prép. : 1 895 $
Ventes QC 2016 : 380 unités
Ventes CAN 2016 : 3 738 unités
Assemblage : Brampton ON CA

Fiabilité	Appréciation générale
■■■■■□□□□□	■■■■■■■□□□
Sécurité	Agrément de conduite
■■■■■■■■□□	■■■■■■■□□□
Consommation	Système multimédia
■■■■■□□□□□	■■■■■■■□□□

Cote d'assurance

$ $ $ $

Connectivité multimédia

Android Auto   Apple CarPlay

➕ Choix de motorisations • Performances relevées (moteurs V8) • Version SRT Hellcat démentielle et rare • Confort et espace intérieur • Excellent système multimédia

➖ Consommation outrageuse (V8) • Qualité d'assemblage discutable • Perception anti-environnementale • Valeur de revente perfectible

Concurrents
Buick LaCrosse, Chevrolet Impala, Chrysler 300, Ford Taurus, Nissan Maxima, Toyota Avalon

De la raison à la révolte

Michel Deslauriers

On peut bien critiquer Fiat Chrysler Automobiles pour ses véhicules munis de moteurs V8 énergivores, à une époque où l'on mise sur l'électrification et les cylindrées réduites, avec raison. Toutefois, FCA domine dans le domaine du recyclage.

Les années se succèdent et la Dodge Charger poursuit sa carrière, basée sur la plate-forme nommée LX lancée en 2005. La Chrysler 300 est tout aussi résiliente, et l'on peut dire la même chose pour d'autres modèles du groupe, comme le Jeep Wrangler et le Ram 1500.

Pour conserver l'intérêt des consommateurs, la Charger reçoit des changements mineurs sur une base régulière et ressuscite fréquemment des couleurs et des éditions spéciales, alors que la base et la structure générale ne changent pas.

UN BON VIEUX V8 AVANT SA DISPARITION
La Charger joue la carte de la performance, comme elle se doit, au sein de la division Dodge, alors que sa cousine, la Chrysler 300, mise plutôt sur le luxe et le confort. Les versions les plus éclatantes sont évidemment les plus puissantes, les plus brutales et les plus chères. Les SRT 392, Daytona 392 et R/T 392 disposent d'un V8 HEMI de 6,4 litres dont les 485 chevaux, procurent des performances très relevées et une sonorité à donner la chair de poule. Pour les nostalgiques, c'est la Charger R/T 392 qui perpétue la tradition en héritant du logo Super Bee.

La SRT Hellcat, Némésis des environnementalistes, mise plutôt sur un V8 suralimenté de 6,2 litres. Ses 707 chevaux lui permettent d'atteindre les 100 km/h en à peine plus de trois secondes, et une vitesse maximale de 328 km/h. Tout un bolide, mais en conduite normale, elle n'est pas violente et désagréable pour autant. Difficile de passer inaperçu au volant d'une SRT, et la seule façon dont on peut rapidement distinguer la version Hellcat, c'est en apercevant ses logos de minou endiablé sur les ailes avant.

Suivent les déclinaisons R/T et Daytona, équipées d'un V8 de 5,7 litres et ses 370 chevaux. Si l'on veut se payer un moteur V8 avant que les normes environnementales imposent sa disparition, celui-ci fera amplement l'affaire. Dans tous les cas mentionnés jusqu'à maintenant, la consommation est élevée, pas de surprise ici, mais au Québec, on paiera également une forte surcharge lors du renouvellement de l'immatriculation.

Les variantes plus raisonnables de la Charger obtiennent un V6 de 3,6 litres produisant 292 ou 300 chevaux, pour une meilleure économie d'essence. Pour 2018, Dodge propose avec ce moteur les déclinaisons SXT, SXT Plus ainsi que GT et GT Plus, ces deux dernières troquant le rouage à propulsion pour une transmission intégrale.

ESPACE ET CONFORT

Dans le segment restreint des grandes berlines de marques populaires, ce sont les Charger et 300 qui profitent du plus long empattement, et bien que la ligne de toit soit relativement basse, on retrouve beaucoup d'espace à l'intérieur. Le coffre de la Charger n'est pas le plus logeable, mais il demeure très pratique.

Sur la route, la Charger est confortable, solide, et l'insonorisation de son habitacle est adéquate. Les portes avant s'ouvrent très grand, tellement que lorsqu'assis, on a de la difficulté à atteindre la poignée pour les refermer. Par ailleurs, le diamètre de braquage étroit contribue à faciliter les manœuvres de stationnement, alors que la caméra de recul fait désormais partie de l'équipement de base.

En outre, de série, la Charger est maintenant munie d'un système multimédia Uconnect avec écran tactile de sept pouces et intégration Apple CarPlay et Android Auto, alors que l'écran de 8,4 pouces est également disponible, tout comme la circulation en temps réel SiriusXM. Un système très convivial, rapide et doté d'écrans très réactifs au toucher.

Le reste de l'instrumentation est ergonomique, à l'exception de la commande des essuie-glaces, puisqu'il faut lâcher le volant pour l'activer. Quant à la qualité de la finition et de l'assemblage, le résultat est honnête, sans être impressionnant.

Pour une grande voiture à caractère sportif, la Charger tire son épingle du jeu dans son segment, et ce, malgré son âge vénérable. Ce n'est pas la plus fiable de son segment, mais au moins, elle est construite au Canada, pour ceux qui veulent encourager l'économie locale. Les versions SXT et GT sont les choix les plus logiques par leur prix et leur côté rationnel, bien qu'il soit difficile d'ignorer les éditions plus performantes de la Charger, au détriment d'une facture plus salée à la station-service et du regard haineux des conducteurs de Toyota Prius. Toutefois, un V8 doit être plus simple à recycler qu'une batterie au lithium, non?

Données principales

Emp. / lon. / lar. / haut.	3 058 / 5 100 / 1 905 / 1 479 mm
Coffre / réservoir	467 litres / 70 litres
Nbre coussins sécurité / ceintures	7 / 5
Suspension av. / arr.	ind., bras inégaux / ind., multibras
Pneus avant / arrière	P275/40YR20 / P275/40YR20
Poids / Capacité de remorquage	2 075 kg / non recommandé

Composantes mécaniques

SXT, GT AWD

Cylindrée, alim.	V6 3,6 litres atmos.
Puissance / Couple	292 ch / 260 lb-pi
Tr. base (opt) / Rouage base (opt)	A8 / Prop (Int)
0-100 / 80-120 / V. max	7,5 s. / 5,9 s / n.d.
100-0 km/h	42,8 m
Type / ville / route / CO_2	Ord / 12,4 / 7,7 / 4 731 kg/an
Type / ville / route / CO_2 (GT)	Ord / 12,8 / 8,6 / 5 019 kg/an

R/T, DAYTONA

Cylindrée, alim.	V8 5,7 litres atmos.
Puissance / Couple	370 ch / 395 lb-pi
Tr. base (opt) / Rouage base (opt)	A8 / Prop
0-100 / 80-120 / V. max	6,8 s / 5,0 s / n.d.
100-0 km/h	41,0 m
Type / ville / route / CO_2	Ord / 14,8 / 9,3 / 5 670 kg/an

R/T 392, DAYTONA 392, SRT 392

Cylindrée, alim.	V8 6,4 litres atmos.
Puissance / Couple	485 ch / 475 lb-pi
Tr. base (opt) / Rouage base (opt)	A8 / Prop
0-100 / 80-120 / V. max	n.d. / n.d. / n.d.
100-0 km/h	n.d.
Type / ville / route / CO_2	Sup / 15,7 / 9,5 / 5 939 kg/an

SRT HELLCAT

Cylindrée, alim.	V8 6,2 litres surcomp.
Puissance / Couple	707 ch / 650 lb-pi
Tr. base (opt) / Rouage base (opt)	A8 / Prop
0-100 / 80-120 / V. max	3,5 s (est) / n.d. / 328 km/h (const)
100-0 km/h	n.d.
Type / ville / route / CO_2	Sup / 18,0 / 10,7 / 6 769 kg/an

DU NOUVEAU EN 2018

Déclinaisons renommées, ajout du système Uconnect avec écran de sept pouces et caméra de recul de série, quelques changements de couleurs de carrosserie.

DODGE **DURANGO**

70% COTE DU GUIDE

((**SiriusXM**))

Prix : 43 945 $ à 60 000 $ (2017) (estimé)
Catégorie : VUS
Garanties :
3 ans/60 000 km, 5 ans/100 000 km
Transport et prép. : 1 895 $
Ventes QC 2016 : 640 unités
Ventes CAN 2016 : 6 266 unités
Assemblage : Détroit MI US

Fiabilité	Appréciation générale
■■■■■□□□□□	■■■■■■■□□□
Sécurité	Agrément de conduite
■■■■■■■□□□	■■■■■■■□□□
Consommation	Système multimédia
■■■■■□□□□□	■■■■■■■□□□

Cote d'assurance

$ $ $ $

Connectivité multimédia

Android Auto   Apple CarPlay

➕ Comportement routier • Véhicule polyvalent • Habitacle spacieux • Capacité de remorquage • Écran de 8,4 po ergonomique

➖ Moteurs V8 énergivores • Format encombrant • Absence d'un moteur diesel • Faible valeur de revente

Concurrents
Buick Enclave, Chevrolet Traverse, Ford Explorer, GMC Acadia, Lexus GX, Nissan Armada, Toyota Sequoia, Volkswagen Touareg

Macho *truck*

Jean-François Guay

Vous trouvez que le Durango est énorme ? Vous avez raison. Toutefois, le gros VUS de Dodge est plus petit que les GMC Yukon et Ford Expedition. Et qui dit plus petit, dit forcément plus agile et plus léger. Pour démontrer ses aptitudes face à ses rivaux bedonnants et plutôt maladroits en piste, le Durango se paie la traite cette année en proposant une toute nouvelle variante SRT (Street and Racing Technology) qui était auparavant réservée au Grand Cherokee. Or, le fait que son cousin Jeep se décline maintenant en version Trackhawk avec moteur Hellcat a ouvert grande la porte au Durango, impatient d'enfiler la combinaison et les chaussettes d'un pilote de course.

Malgré la lutte aux changements climatiques, les pachydermes à quatre roues comme le Durango profitent actuellement d'une forte popularité à cause des bas prix de l'essence. À preuve, les ventes ont explosé non seulement aux États-Unis et dans l'Ouest canadien, mais également au Québec. Eh bien ! Il faut croire que plusieurs automobilistes en ont marre de conduire des fourgonnettes et qu'après des années de morosité au volant, ils ont décidé de jeter leur dévolu sur les grands VUS.

GROS MUSCLES

Au premier coup d'œil, on reconnaît le Durango SRT à sa calandre noire sculptée, son capot bombé avec prises d'air, ses étriers de frein rouges, ses jantes de 20 pouces et ses larges pneus Pirelli Scorpion Verde de dimension 295/45ZR20 (ou Pirelli P Zero en option). Toutefois, au-delà des apparences, c'est la mécanique musclée du Durango SRT qui transforme ce véhicule domestique en brute de la pire espèce.

Pour ce baptême de feu, le Durango SRT est mû par un puissant V8 HEMI de 6,4 litres à désactivation des cylindres qui délivrent 475 chevaux et un couple de 470 livres-pied. Cette cavalerie catapulte cette bête de deux tonnes et demie de 0 à 100 km/h en moins de 5 secondes et permet de franchir le quart de mille en moins de 13 secondes. La sonorité des gros tuyaux d'échappement de 2,75 pouces de diamètre est dingue et les remords — face aux changements climatiques — nous tenaillent à chaque coup d'accélérateur !

Pour dompter et diriger la puissance aux quatre roues motrices, la boîte automatique à huit rapports a été renforcée et sa rapidité d'exécution a été améliorée. De même, il est possible de gérer le couple vers les essieux grâce à un dispositif électronique qui fait varier la répartition entre l'avant et l'arrière dans l'ordre de 50:50 jusqu'à 30:70 selon le mode choisi : *Snow, Street,* Sport ou *Track.* Il existe aussi trois autres modes de motricité : *Tow,* Valet et Eco.

Pour ralentir les élans de ce camion gavé de stéroïdes, le système de freinage comprend des disques de 380 mm à l'avant et de 350 mm à l'arrière tandis que les étriers Brembo possèdent six pistons à l'avant et quatre pistons à l'arrière. Bien entendu, la suspension a été raffermie et la garde au sol a été légèrement abaissée. À cause de son poids et de sa taille, le Durango SRT n'est pas aussi maniable et rapide qu'un BMW X5 M ou un Grand Cherokee SRT. En contrepartie, il s'avère plus spacieux et logeable grâce à son long empattement.

LES AUTRES VERSIONS...

Pour rouler dans les ornières et les bosses, la livrée de base SXT du Durango est la mieux adaptée avec ses pneus de 18 pouces et ses angles d'approche, de rampe et de sortie plus accentués que ceux des versions GT, R/T et SRT — lesquelles sont chaussées de pneus de 20 pouces à profil bas. Malgré tout, ces variantes ne sont pas impotentes et elles peuvent s'aventurer en terrain accidenté si la situation l'exige. Il faudra juste faire attention de ne pas abîmer les jantes !

Outre le V8 de 6,4 litres, le Durango ouvre son capot à un V6 de 3,6 litres et 293 chevaux (295 avec l'échappement double) ou à un V8 de 5,7 litres et 360 chevaux. Les deux moteurs sont arrimés à une boîte à huit rapports. Pour sa part, le V8 de 6,4 litres n'excelle pas seulement au sprint, mais également en haltérophilie puisqu'il est capable de tracter une remorque de 3 900 kg. Quant au V6 de 3,6 litres et du V8 de 5,7 litres, ils peuvent tirer respectivement un poids de 2 812 kg et 3 265 kg.

Peu importe la version, le Durango aime jouer les long-courriers pour transporter la famille ou tracter une roulotte. La cabine peut accueillir six ou sept personnes selon la configuration de la deuxième rangée, soit deux sièges capitaines ou une banquette pleine largeur. Au troisième palier, les places ne sont pas aussi confortables et spacieuses que celles d'une fourgonnette. Néanmoins, elles surclassent celles des VUS de taille intermédiaire comme les Ford Explorer et Nissan Pathfinder.

Données principales

Emp. / lon. / lar. / haut.	3 042 / 5 110 / 1 924 / 1 801 mm
Coffre / réservoir	2 393 litres / 93 litres
Nbre coussins sécurité / ceintures	7 / 6
Suspension av. / arr.	ind., bras inégaux / ind., multibras
Pneus avant / arrière	P295/45ZR20 / P295/45ZR20
Poids / Capacité de remorquage	2 505 kg / 3 901 kg (8 590 lbs)

Composantes mécaniques

SXT, GT, CITADEL

Cylindrée, alim.	V6 3,6 litres atmos.
Puissance / Couple	293 ch / 260 lb-pi
Tr. base (opt) / Rouage base (opt)	A8 / Int
0-100 / 80-120 / V. max	9,4 s (est) / 7,8 s (est) / n.d.
100-0 km/h	43,0 m (est)
Type / ville / route / CO_2	Ord / 12,7 / 9,6 / 5 200 kg/an

R/T

Cylindrée, alim.	V8 5,7 litres atmos.
Puissance / Couple	360 ch / 390 lb-pi
Tr. base (opt) / Rouage base (opt)	A8 / Int
0-100 / 80-120 / V. max	9,3 s / 6,7 s / n.d.
100-0 km/h	45,1 m
Type / ville / route / CO_2	Ord / 16,6 / 10,7 / 6 415 kg/an

SRT

Cylindrée, alim.	V8 6,4 litres atmos.
Puissance / Couple	475 ch / 470 lb-pi
Tr. base (opt) / Rouage base (opt)	A8 / Int
0-100 / 80-120 / V. max	5,0 s / n.d. / n.d.
100-0 km/h	n.d.
Type / ville / route / CO_2	Sup / 18,3 / 12,6 / 7 360 (est) kg/an

DU NOUVEAU EN 2018

Version SRT avec V8 HEMI de 6,4 litres, calandre retouchée (R/T), volant sport, système Uconnect de 7 pouces et caméra de recul de série, système Uconnect 8,4 amélioré, changements de couleurs.

Photos : Dodge

Pour voir la liste complète des informations techniques, veuillez vous référer à la section statistiques.

DODGE | 265

DODGE **GRAND CARAVAN** | **68**% COTE DU GUIDE

((SiriusXM))

Prix: 30 245 $ à 45 245 $ (2017)
Catégorie: Fourgonnette
Garanties:
3 ans/60 000 km, 5 ans/100 000 km
Transport et prép.: 1 795 $
Ventes QC 2016: 9 830 unités
Ventes CAN 2016: 51 513 unités
Assemblage: Windsor ON CA

Fiabilité	Appréciation générale
■■■■■□□□□□	■■■■■■□□□□
Sécurité	Agrément de conduite
■■■■■■■□□□	■■■■■□□□□□
Consommation	Système multimédia
■■■■□□□□□□	■■■■■□□□□□

Cote d'assurance

$ $ $ $

Connectivité multimédia

Android Auto   Apple CarPlay

➕ Polyvalence étonnante •
Coffre immense • Bonne capacité de
remorquage • V6 bien adapté •
Prix attirants (après rabais)

➖ Fiabilité en dents de scie • Consommation élevée • Qualité des matériaux de
l'habitacle décevante • Sièges arrière
peu confortables • Sévère dépréciation

Concurrents
Chrysler Pacifica, Honda Odyssey,
Kia Sedona, Toyota Sienna

L'expérience l'emporte sur la nouveauté

Alain Morin

Depuis l'an passé, la Dodge Grand Caravan doit partager le plancher des salles de démonstration avec une autre four-gonnette, beaucoup plus jeune et jolie, la Chrysler Pacifica. Or, l'impétuosité de cette dernière fait bien l'affaire de la Grand Caravan. En effet, lors de son arrivée sur le marché, la Pacifica, au lieu de prendre le temps de juger le terrain pour mieux ajuster son niveau d'équipement et son prix de détail, est débarquée comme une vraie folle, sûre de sa jeunesse et, surtout, de son pouvoir d'attraction. La Grand Caravan l'a laissée faire, sachant que son expérience des trois dernières décennies parlerait d'elle-même. Alors qu'elle aurait normalement dû partir à l'arrivée de la «p'tite maudite nouvelle», elle est encore là...

Pour des raisons tout à fait mercantiles, Fiat Chrysler Automobiles a depuis diminué le prix de la Pacifica et augmenté celui de la Grand Caravan. Fini une Grand Caravan à 19 999 $! Elle n'est donc plus l'aubaine qu'elle a déjà été. Au moment d'écrire ces lignes (fin juin 2017), son PDSF est même plus élevé que celui d'une Kia Sedona, infiniment plus moderne. Pourtant, avec une feuille de route entachée de problèmes de fiabilité souvent importants, FCA aurait toutes les raisons du monde de la vendre à prix très, très bas! Ce qu'elle fait en offrant des rabais à tour de bras pour que, justement, elle ne coûte pas un bras.

L'ÉTERNITÉ DANS LE MONDE DE L'AUTOMOBILE

La Grand Caravan n'est plus une prime jeunesse. La génération actuelle date de 2008. Dix ans! Une éternité dans le monde de l'automobile. C'est John et Horace Dodge en personne qui avaient été maîtres de cérémonie lors du lancement médiatique, cette année-là... Toujours est-il que personne ne sera surpris d'apprendre que FCA ne lui apporte aucun changement pour 2018. Tout au plus une couleur abandonnée et une autre ajoutée. C'est donc dire que nous retrouvons la bonne vieille Grand Caravan, avec ses défauts et ses qualités.

Au-delà de son style qui n'a jamais fait l'unanimité, il faut admettre qu'aucun VUS n'a encore égalé une Grand Caravan, ou toute autre fourgonnette, pour ce qui est de la polyvalence. Son habitacle est immense et son hayon ouvre grand et haut sur un plancher bas. Le génial système Stow 'n Go, qui n'a pas son pareil dans l'industrie, libère énormément d'espace. Toutefois, pour parvenir à insérer les sièges de la deuxième rangée dans le plancher, il a fallu en arriver à un compromis et c'est le confort qui a écopé puisque l'assise est très mince.

Les sièges de la troisième rangée, eux, s'avèrent peu accueillants et l'angle formé par l'assise et le dossier est insolite, mais on finit par s'y faire. On se fait moins, par contre, aux trous et aux bosses qui nous secouent le squelette sans vergogne lorsque l'on y prend place. Quant aux sièges avant, ils procurent une très bonne position de conduite et demeurent confortables, même après plusieurs heures de route. Dans mon cas, à tout le moins.

Le conducteur a devant lui un tableau de bord un peu vieillot, sans fioritures et aux plastiques souvent bas de gamme. Les espaces de rangement pullulent et toutes les commandes — il n'y en a pas beaucoup, remarquez — tombent sous la main. Mention spéciale au système Uconnect, reconnu comme étant l'un des plus compétents sur le marché. Ça doit être vrai, je peux m'en servir sans m'y perdre, et surtout sans perdre mon âme à force de sacrer.

L'IVROGNERIE EST UN BIEN VILAIN DÉFAUT

Sous le capot, on retrouve un V6 3,6 litres, parfaitement adapté à la Grand Caravan. Il est doux et souple et est responsable de performances ma foi fort relevées. Il a par contre une tendance à trop aimer les pompes à essence... En effet, il engloutit facilement 12,5 l/100 km, mais il peut très bien se laisser aller jusqu'à 13 ou 13,5 l/100 à l'occasion. Une boîte automatique à six rapports est boulonnée à ce moteur. Son fonctionnement, du moins dans le dernier modèle essayé, était quelquefois saccadé et, de temps à autre, les changements de rapport s'effectuaient trop lentement. Ceux qui ont eu des Caravan dans les années 90 peuvent sortir de sous l'évier, la boîte automatique des Grand Caravan est beaucoup plus fiable qu'avant. Oui, je sais, ça vous a coûté cher en pièces, en temps et en psychologue, mais c'est terminé.

Selon des rumeurs de plus en plus persistantes, la Grand Caravan nous quitterait après l'année-modèle 2019, ce qui veut dire qu'il lui resterait encore deux ans à vivre. Il y a cependant de fortes chances que les unités de la dernière année soient surtout destinées à des flottes de véhicules comme les taxis, par exemple. D'un autre côté, ça fait cinq ans que l'on pense que le Dodge Journey va être abandonné et il est encore là, bien vivant. Alors...

Données principales	
Emp. / lon. / lar. / haut.	3 078 / 5 151 / 2 247 / 1 725 mm
Coffre / réservoir	4 072 litres / 76 litres
Nbre coussins sécurité / ceintures	7 / 7
Suspension av. / arr.	ind., jambes force / semi-ind., poutre torsion
Pneus avant / arrière	P225/65R17 / P225/65R17
Poids / Capacité de remorquage	2 050 kg / 1 633 kg (3 600 lbs)

Composantes mécaniques	
Cylindrée, alim.	V6 3,6 litres atmos.
Puissance / Couple	283 ch / 260 lb-pi
Tr. base (opt) / Rouage base (opt)	A6 / Tr
0-100 / 80-120 / V. max	8,8 s / 7,3 s / n.d.
100-0 km/h	44,5 m
Type / ville / route / CO_2	Ord / 13,7 / 9,4 / 5 412 kg/an

« AVANT DE **LAISSER** LE CHAMP LIBRE À LA **PACIFICA,** LA GRAND CARAVAN CONTINUE D'OFFRIR UNE **POLYVALENCE INÉGALÉE** ET UN PRIX D'ACHAT **INTÉRESSANT. »**

DU NOUVEAU EN 2018

Aucun changement majeur au moment de mettre sous presse. Une couleur abandonnée, une autre ajoutée.

DODGE GRAND CARAVAN

DODGE **JOURNEY**

67% COTE DU GUIDE

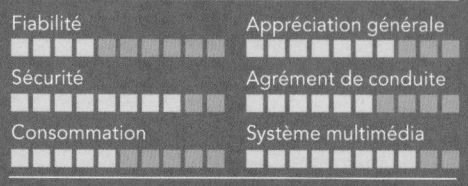

Prix: 22 945 $ à 37 845 $ (2017)
Catégorie: VUS
Garanties:
3 ans/60 000 km, 5 ans/100 000 km
Transport et prép.: 1 895 $
Ventes QC 2016: 2 114 unités
Ventes CAN 2016: 16 883 unités
Assemblage: Toluca MX

Fiabilité
■■■■■□□□□□

Appréciation générale
■■■■■■□□□□

Sécurité
■■■■■■■□□□

Agrément de conduite
■■■■■□□□□□

Consommation
■■■■■□□□□□

Système multimédia
■■■■■■■□□□

Cote d'assurance

$ $ $ $

Connectivité multimédia

Android Auto

Apple CarPlay

➕ Performances avec le moteur V6 •
Capacité de remorquage supérieure à
la moyenne • Vaste espace intérieur •
Système multimédia très convivial

➖ Consommation importante • Pas de
caractéristiques de sécurité avancées •
Pas de rouage intégral à bas prix •
Moteur quatre cylindres peu intéressant

Concurrents

Chevrolet Equinox, Ford Escape,
GMC Terrain, Honda CR-V, Mazda CX-5,
Mitsubishi Outlander, Nissan Rogue,
Subaru Forester, Toyota RAV4,
Volkswagen Tiguan

Non, mais as-tu vu l'heure ?

Michel Deslauriers

On a tous des amis ou des membres de la famille qui viennent nous visiter et qui semblent ne jamais vouloir partir. On regarde l'horloge sur le mur, on baille aux corneilles, on mentionne qu'on doit se lever tôt le lendemain, rien à faire, ces gens ne décollent pas avant tard le soir, ou au petit matin.

Ce sont de bonnes personnes, quand même, et l'on ne veut surtout pas leur faire de la peine, parce que plus tôt dans la soirée, on s'est bien amusés en leur compagnie. Le Dodge Journey est comme l'un de ces individus.

Comme VUS compact, le Journey est polyvalent, spacieux et abordable. Toutefois, chaque année, depuis un bon bout de temps, on se dit qu'il finira par être redessiné, ou abandonné tout simplement. Et pourtant, il est toujours là, fidèle au poste, incapable de déchiffrer notre langage non verbal lui disant qu'il serait temps de rentrer au bercail.

PLACE AU V6
Les versions de base du Journey sont équipées d'un quatre cylindres de 2,4 litres qui développe 173 chevaux. Cependant, la boîte automatique à quatre rapports qui l'accompagne est vétuste, et ce duo peu dynamique n'est associé qu'à un rouage à traction (roues avant motrices). Les performances sont donc ordinaires, tout comme la consommation, avec une cote combinée de 11,1 l/100 km.

Disponible en option, le V6 de 3,6 litres de FCA produit ici 283 chevaux, faisant du Journey le modèle le plus puissant de sa catégorie. De plus, il est jumelé à une boîte automatique à six rapports. Le rouage intégral, optionnel dans la livrée Crossroad et inclus dans la GT, favorise les roues avant en conduite normale, et achemine de la puissance aux roues arrière en cas de perte d'adhérence. Il n'y a rien à redire à propos de son fonctionnement, qui se tire très bien d'affaire durant l'hiver. Si le moteur quatre cylindres consomme beaucoup, il en va de même pour le V6, avec une cote combinée de 12,4 l/100 km. Non seulement le Journey s'éternise chez nous, mais il pige allègrement dans notre caisse de 24...

Environ le tiers des acheteurs de ce VUS optent pour les versions les plus dispendieuses. Ce n'est pas vraiment une surprise, puisque ce sont les seules pouvant être équipées de la transmission intégrale. Au moins, la capacité de remorquage de 1 134 kilogrammes (2 500 livres) le rend pratique.

DE LA PLACE POUR SEPT

On retrouve une quinzaine de VUS compacts de marques populaires sur le marché. Toutefois, seuls quatre d'entre eux, dont le Journey, peuvent accueillir jusqu'à sept personnes à bord. Nous sommes loin de la polyvalence d'une fourgonnette, mais pour trimbaler nos enfants et ceux des voisins à la pratique de hockey, le Journey s'avère très utile.

Quelques petites touches pratiques sont également offertes dans le Journey, telles que des bacs de rangement dissimulés sous le plancher dans la deuxième rangée, amovibles pour faciliter le nettoyage, et des sièges d'appoint pour enfants, intégrés à la banquette. De plus, si l'on opte pour la troisième rangée de sièges, la banquette médiane devient coulissante.

Étant un «gros» compact, le Journey compte sur un habitacle volumineux, avec des sièges confortables, l'exception étant pour le passager au centre de la deuxième rangée, qui devra composer avec le mécanisme de rabat des dossiers. Par ailleurs, grâce au gabarit du véhicule, l'aire de chargement figure parmi les plus vastes.

Contrairement à la majorité de ses rivaux proposant un bataillon de caractéristiques de sécurité avancées, le Journey ne peut être équipé d'un régulateur de vitesse adaptatif, d'un freinage autonome d'urgence ou d'une surveillance des angles morts. En revanche, le système multimédia Uconnect 8,4, disponible dans toutes les déclinaisons sauf dans celle de base, figure parmi les meilleurs sur le marché, et un système de divertissement aux places arrière est optionnel.

Pour l'instant, le Dodge Journey continue d'offrir aux familles québécoises un VUS sept places à prix d'aubaine, surtout avec les fréquents rabais du constructeur proposés. Ceux qui n'ont pas besoin d'un véhicule à la fine pointe de la technologie trouveront leur compte ici, bien que le compromis des arrêts plus fréquents à la station-service soit un facteur tout de même à considérer.

Le Journey est sympathique, et on ne s'ennuie pas lorsqu'il est en visite. Mais là, il est tard et on a hâte d'aller se coucher. Oh! il vient de nous apercevoir en train de regarder notre montre… peut-être qu'il a compris le message? Misère, il vient de s'ouvrir une autre bière…

Données principales

Emp. / lon. / lar. / haut.	2 890 / 4 888 / 1 835 / 1 693 mm
Coffre / réservoir	1914 litres / 80 litres
Nbre coussins sécurité / ceintures	7 / 5
Suspension av. / arr.	ind., jambes force / ind., multibras
Pneus avant / arrière	P225/55R19 / P225/55R19
Poids / Capacité de remorquage	1922 kg / 1134 kg (2 500 lbs)

Composantes mécaniques

ENSEMBLE VALEUR PLUS, SE PLUS

Cylindrée, alim.	4L 2,4 litres atmos.
Puissance / Couple	173 ch / 166 lb-pi
Tr. base (opt) / Rouage base (opt)	A4 / Tr
0-100 / 80-120 / V. max	12,5 s / 10,0 s / n.d.
100-0 km/h	45,6 m
Type / ville / route / CO_2	Ord / 12,7 / 9,2 / 5 118 kg/an

CROSSROAD TI, GT TI, SXT

Cylindrée, alim.	V6 3,6 litres atmos.
Puissance / Couple	283 ch / 260 lb-pi
Tr. base (opt) / Rouage base (opt)	A6 / Int (Tr)
0-100 / 80-120 / V. max	9,2 s / 7,9 s / n.d.
100-0 km/h	45,6 m
Type / ville / route / CO_2	Ord / 14,5 / 10,0 / 5 739 kg/an

« IL A BEAU ÊTRE **ABORDABLE, PRATIQUE** ET **ATTRAYANT** POUR SON ÂGE, LE JOURNEY SERAIT DÛ POUR UNE **REFONTE MAJEURE…** OU POUR LA RETRAITE. »

DU NOUVEAU EN 2018

Aucun changement majeur au moment de mettre sous presse.

Photos : Dodge

Pour voir la liste complète des informations techniques, veuillez vous référer à la section statistiques.

DODGE | 269

FERRARI **488 GTB/SPIDER**

85% COTE DU GUIDE

Prix: 301 000$ à 334 409$ (2017)
Catégorie: Coupé, Roadster
Garanties:
3 ans/illimité, 3 ans/illimité
Transport et prép.: n.d.
Ventes QC 2016: n.d.
Ventes CAN 2016: n.d.
Assemblage: Maranello IT

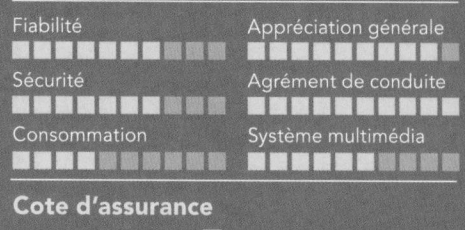

Fiabilité

Sécurité

Consommation

Appréciation générale

Agrément de conduite

Système multimédia

Cote d'assurance

$ $ $ $

Connectivité multimédia

 Android Auto

 Apple CarPlay

➕ Excellente tenue de route • Puissance phénoménale • Aérodynamique très étudiée • Très civilisée en conduite normale • Exclusivité assurée

➖ Prix stratosphérique • Coûts très élevés des options • Délais de livraison importants • Coûts d'entretien élevés

Concurrents

Aston Martin Vantage, Lamborghini Huracán, McLaren 720S, Porsche 911

Radicale et civilisée

Gabriel Gélinas

L
a Ferrari 488 GTB est un paradoxe. À la fois radicale, voire bestiale, et hautement civilisée, c'est une voiture d'exception capable de rouler en conduite relaxe, au quotidien, sans trop brusquer conducteur et passager, pour ensuite faire preuve d'un potentiel de performance absolument ahurissant. Sportive accomplie, la 488 GTB évoque par son appellation la 308 GTB, née en 1975, alors que le chiffre 488 représente le volume de chacun des cylindres du moteur, qui est de 487,7 centimètres cubes. C'est simple et précis à la fois.

En délaissant le V8 atmosphérique de la 458 Italia pour le remplacer par le V8 biturbo qui anime la 488 GTB, Ferrari a pris un risque. Celui de déplaire aux puristes qui ne jurent que par la sonorité exquise d'un moteur atmosphérique à pleine charge, en guise de trame sonore, lorsque le paysage défile à la vitesse grand V.

Il est clair que la sonorité du V8 biturbo de la 488 GTB est plus étouffée par la présence des turbocompresseurs que celle du défunt V8 atmosphérique, mais la poussée vers l'avant est plus forte en raison de la puissance et du couple supérieur du moteur turbo. Sur le plan technique, précisons que le V8 biturbo conserve son vilebrequin à plat, ce qui assure une certaine filiation sonore avec le moteur atmosphérique, mais ce n'est pas tout à fait la même chose qu'auparavant...

Pour profiter pleinement du potentiel de performance de la 488 GTB, il faut se tourner vers les routes secondaires où la circulation est moins dense. Quoique lorsqu'on dispose de 661 chevaux et d'un couple de 561 livres-pied sous le pied droit, il est presque trop facile de rattraper les retardataires!

La livrée du couple est immédiate et l'on ne ressent absolument aucun délai. On comprend pourquoi le moteur de la 488 GTB est si vif en étudiant la conception des turbocompresseurs, dont les turbines sont réalisées avec un alliage de titane et d'aluminium et sont montées sur des roulements à billes. Pas étonnant que la puissance arrive aussi soudainement, et que le sprint de zéro à cent kilomètres/heure soit abattu en seulement trois petites secondes. En fait, les révolutions du moteur augmentent tellement vite qu'il faut absolument se fier aux lumières disposées sur la partie supérieure du volant pour changer de rapport lorsqu'elles sont toutes allumées, signifiant que le régime maximal est atteint.

UNE DYNAMIQUE REMARQUABLE

La tenue de route est phénoménale, tout comme l'équilibre du châssis et l'efficacité des liaisons au sol, assurées par les amortisseurs magnétorhéologiques, dont la fermeté est ajustable. Ce n'est que lorsqu'on s'approche de la limite que l'on ressent un très léger sous-virage qui nous rappelle à l'ordre. La décélération au freinage est massive, la 488 GTB étant freinée par des étriers Brembo, pinçant des disques en composite de céramique, et la direction conserve la légèreté typique des Ferrari.

En roulant en zone urbaine en mode automatique, la 488 GTB est un modèle de civilité, et seule sa pédale de freins très sensible et sa garde au sol limitée nous rappellent que l'on est au volant d'une exotique de haut calibre. Histoire de bonifier la consommation, la boîte à sept rapports avec double embrayage commande rapidement le passage aux rapports supérieurs.

LE LOOK DE L'EMPLOI

La Ferrari 488 GTB est frappante, et son look témoigne d'une obsession presque maladive pour l'efficacité aérodynamique. Avec son aileron fixe sous le bouclier avant, ses volets mobiles sous le diffuseur arrière et ses flancs creusés, la 488 GTB est capable de générer un appui aérodynamique de 325 kilos à 250 kilomètres/heure. Même les poignées des portières sont conçues afin de canaliser le flot d'air vers les prises d'air latérales.

L'habitacle adopte une configuration de type cockpit et plusieurs commandes, dont le célèbre *manettino* permettant de paramétrer le comportement de la voiture, sont localisées directement sur le volant. La version décapotable répond à la désignation 488 Spider, et son toit rigide-rétractable pivote vers l'arrière pour se ranger sous le capot moteur, opération qui demande moins de quinze secondes. Bien évidemment, la conduite à ciel ouvert a comme principal effet d'augmenter légèrement le volume de la trame sonore livrée par le V8 biturbo, et la chasse aux tunnels devient dès lors ouverte pour en profiter pleinement.

Avec la 488 GTB et la 488 Spider, Ferrari réussit avec brio la transition vers les moteurs turbocompressés plus performants et plus efficients en consommation en conservant l'identité et le caractère très typé de ces exotiques de premier plan. Nous sommes sublimés.

Données principales

Emp. / lon. / lar. / haut.	**Coupé** - 2 650 / 4 568 / 1 952 / 1 213 mm
	Roadster - 2 650 / 4 568 / 1 952 / 1 211 mm
Coffre / réservoir	**Coupé** - 230 litres / 78 litres
	Roadster - 230 litres / 78 litres
Nbre coussins sécurité / ceintures	4 / 2
Suspension av. / arr.	ind., double triangulation / ind., multibras
Pneus avant / arrière	P245/35ZR20 / P305/30ZR20
Poids / Capacité de remorquage	**Coupé** - 1475 kg / n.d.
	Roadster - 1525 kg / n.d.

Composantes mécaniques

GTB, SPIDER

Cylindrée, alim.	V8 3,9 litres turbo
Puissance / Couple	661 ch / 561 lb-pi
Tr. base (opt) / Rouage base (opt)	A7 / Prop
0-100 / 80-120 / V. max	3,0 s (const) / n.d. / 325 km/h (const)
100-0 km/h	n.d.
Type / ville / route / CO$_2$	Sup / 14,7 / 10,7 / 5 934 (est) kg/an

« AVEC LA 488 GTB, FERRARI RÉUSSIT AVEC BRIO LA TRANSITION VERS LES MOTEURS TURBOCOMPRESSÉS PLUS PERFORMANTS. NOUS SOMMES SUBLIMÉS. »

DU NOUVEAU EN 2018

Aucun changement majeur au moment de mettre sous presse.

Pour voir la liste complète des informations techniques, veuillez vous référer à la section statistiques.

FERRARI **812 SUPERFAST** | **n.d.** COTE DU GUIDE

Prix : 500 000 $ (estimé)
Catégorie : Coupé
Garanties :
3 ans/illimité, 3 ans/illimité
Transport et prép. : n.d.
Ventes QC 2016 : n.d.
Ventes CAN 2016 : n.d.
Assemblage : Maranello IT

Fiabilité Nouveau modèle	Appréciation générale Nouveau modèle
Sécurité ■■■■■■■■■□□	Agrément de conduite Nouveau modèle
Consommation ■■■■□□□□□□	Système multimédia Nouveau modèle

Cote d'assurance

n.d.

Connectivité multimédia

Android Auto   Apple CarPlay

➕ Lignes majestueuses • Puissance et couple du V12 • Sonorité exquise • Exclusivité assurée

➖ Coûts de possession élevée • Distribution limitée • Consommation et émissions élevées • Options onéreuses

Concurrents
Aston Martin Vanquish, Lamborghini Aventador

Le dernier chant du V12 ?

Sylvain Raymond

Les passionnés de la célèbre marque italienne scrutent à la loupe les moindres nouveautés et cette année, ils ont de quoi s'occuper puisqu'on a droit à plusieurs changements. **La Ferrari F12berlinetta tire sa révérence, après cinq ans de commercialisation, pour faire place à la dernière-née des voitures au cheval cabré, la 812 Superfast, une autre magnifique création de l'usine Ferrari de Maranello.**

Son nom souligne son caractère ultrarapide, mais ceux qui apprécient l'histoire auront deviné que le constructeur pige dans son passé en ressuscitant cette appellation que l'on a connue, notamment avec la 500 Superfast, une voiture de série très limitée, commercialisée entre 1964 et 1966.

La 812 Superfast suit les traces de la F12berlinetta, c'est-à-dire qu'elle se présente sous les traits d'un coupé 2+2 à moteur avant et à roues motrices arrière. Cette particularité permet d'avoir une voiture racée dont le comportement rappelle les Ferrari du passé. On ne peut toutefois pas la comparer aux autres bolides à moteur arrière du constructeur, la 812 étant beaucoup plus une sportive de grand tourisme, moins bestiale, mais plus confortable sur la route.

UNE FICHE TECHNIQUE QUI DÉCOIFFE

Avec un nom pareil, une voiture se doit d'avoir une fiche technique impressionnante et la 812 Superfast livre la marchandise. Ferrari a probablement été tentée de troquer son moteur atmosphérique pour une mécanique turbocompressée, mais contrairement à ce que certains croyaient, elle est demeurée fidèle à sa tradition en l'équipant d'un bon vieux 12 cylindres atmosphérique, comme dans le cas de la F12berlinetta.

Ce V12 de 6,5 litres développe une puissance phénoménale de 800 chevaux pour un couple de 530 livres-pied, ce qui fait de la 812 Superfast la Ferrari à moteur V12 la plus puissante jamais produite. Ce moteur libère sa puissance maximale à un régime de 8 500 tr/min dans un chant digne des grands opéras.

Les ingénieurs s'étaient donnés comme mission de surpasser la puissance de la F12berlinetta. Pour ce faire, ils ont décidé d'exploiter au maximum la cylindrée supérieure, 6,5 litres au lieu de 6,3, en rehaussant la pression des injecteurs et en optimisant le système d'admission d'air et de combustion. L'apport d'air frais supplémentaire est en grande partie responsable de la cavalerie supplémentaire. Le 0-100 km/h n'est l'affaire que de 2,9 secondes, ce qui est assez spectaculaire.

Toute cette puissance est transmise aux roues arrière via une boîte séquentielle à sept rapports, directement issus du programme de Formule 1, et afin d'assurer une meilleure répartition du poids, on l'a positionnée à l'arrière, entre les roues. On obtient ici un équilibre des masses pratiquement idéal.

La 812 Superfast est la première Ferrari à disposer d'une direction à assistance électrique. Appelé EPS, ce système préserve non seulement le sentiment de contrôle au volant, mais les ingénieurs peuvent ainsi lier la direction aux autres dispositifs électroniques de la voiture. Ce changement a notamment permis de greffer à la voiture un nouveau système de roues arrière directionnelles baptisé *Virtual Short Wheelbase*, qui vise à améliorer l'efficacité du véhicule en virage et sa maniabilité à haute vitesse. Pour les plaisirs de la piste, la 812 dispose de la toute dernière itération du contrôle des dérapages latéraux de Ferrari.

DES LIGNES SUBLIMES

Côté style, on reconnaît tout de même l'inspiration de la F12berlinetta, mais modernisé avec un design plus fluide. L'aérodynamisme est mis de l'avant, et Ferrari a surtout voulu souligner son appellation en s'assurant que ses lignes évoqueraient la rapidité. Après tout, c'est une Superfast! L'arrière n'est pas sans nous rappeler la GTC4Lusso, notamment les quatre feux tout en rondeur. Les ouvertures à l'avant et sur les flancs ont un but bien précis, celui d'alimenter le moteur et les freins en air frais. Un ensemble de diffuseurs d'air sous la carrosserie ajoute un effet de sol supplémentaire de 30 % comparativement à la F12berlinetta.

À bord, la planche de bord a été entièrement revue tout en accentuant son caractère sportif. L'effet bolide est assuré par une attention aux détails marquée. Les buses de ventilation rondes nous sont familières, tout comme l'instrumentation entièrement numérique. Le volant demeure une œuvre d'art et, tel celui d'une F1, il comprend plusieurs commandes dont la *Manettino*, la manette rotative rouge qui permet de sélectionner différents modes de conduite.

Les voitures V12 sont une race en voie de disparition. Est-ce que la 812 Superfast sera la dernière en lice chez Ferrari? Si j'étais collectionneur, j'en conserverais certainement un exemplaire!

Données principales

Emp. / lon. / lar. / haut.	2720 / 4657 / 1971 / 1276 mm
Coffre / réservoir	300 litres / 92 litres
Nbre coussins sécurité / ceintures	4 / 4
Suspension av. / arr.	ind., double triangulation / ind., multibras
Pneus avant / arrière	275/35ZR20 / 315/35ZR20
Poids / Capacité de remorquage	1630 kg / n.d.

Composantes mécaniques

Cylindrée, alim.	V12 6,5 litres atmos.
Puissance / Couple	800 ch / 530 lb-pi
Tr. base (opt) / Rouage base (opt)	A7 / Prop
0-100 / 80-120 / V. max	2,9 s (const) / n.d. / 340 km/h (const)
100-0 km/h	32,0 m (const)
Type / ville / route / CO₂	Sup / n.d. / n.d. / 6800 (est) kg/an

FERRARI 812 SUPERFAST

« CHAQUE NOUVELLE FERRARI MARQUE L'HISTOIRE ET LA 812 SUPERFAST N'Y FERA PAS EXCEPTION. »

DU NOUVEAU EN 2018

Nouveau modèle qui remplace la F12berlinetta et la F12tdf.

Photos : Ferrari

Pour voir la liste complète des informations techniques, veuillez vous référer à la section statistiques.

FERRARI | 273

FERRARI **CALIFORNIA T**

Prix: 231 606 $ (2017)
Catégorie: Roadster
Garanties:
3 ans/illimité, 3 ans/illimité
Transport et prép.: n.d.
Ventes QC 2016: n.d.
Ventes CAN 2016: n.d.
Assemblage: Maranello IT

Fiabilité
n.d.

Appréciation générale
■■■■■□□□□□

Sécurité
■■■■■■□□□□

Agrément de conduite
■■■■■■□□□□

Consommation
■■■■□□□□□□

Système multimédia
■■■■■■□□□□

Cote d'assurance

$ $ $ $

Connectivité multimédia

Android Auto   Apple CarPlay

➕ Exclusivité assurée • Moteur
performant • Boîte de vitesses rapide •
Performances relevées • Dualité d'un
coupé et d'un cabriolet

➖ Prix élevé • Coût des options • Délais
de livraison importants • Places arrière
symboliques • Une «vraie» Ferrari?

Concurrents

Aston Martin Vanquish Volante, Audi
R8 Spyder, Bentley Continental Cabriolet,
Maserati GranTurismo, McLaren 570S spider,
Mercedes-Benz SL, Porsche 911 Cabriolet

La moins Ferrari des Ferrari

Gabriel Gélinas

Après six premières années de production avec un moteur
atmosphérique, le cabriolet California est entré dans l'ère
turbo lors d'une remise à niveau qui s'est opérée en 2014.
Aujourd'hui répondant à l'appellation California T, pour turbo, le
cabriolet à toit rigide rétractable poursuit sa route en attendant
une transformation plus radicale.

Avec le V8 biturbo de 3,9 litres, qui a remplacé le V8 atmosphérique de
4,3 litres, la California T a gagné en tonus avec des performances à la
hausse. Le 0-100 kilomètres/heure est abattu en 3,6 secondes, et le
0-200, en 11,2 secondes. Cette dernière donnée représente un gain de
deux secondes et demie comparativement à la récente California. Pour
réduire, voire éliminer, le temps de réponse à la commande des gaz,
qui est souvent présent avec les moteurs turbocompressés, les motoristes
ont fait appel à des turbocompresseurs à double entrée ainsi qu'à une
calibration électronique de la pression de suralimentation.

Le résultat, c'est que ce moteur turbo adopte les caractéristiques d'un moteur
atmosphérique tout en développant 70 chevaux de plus. Le V8 biturbo
adopte aussi l'injection directe de carburant et conserve le vilebrequin à
plat du V8 atmosphérique, qui autorise une progression très rapide des
révolutions-moteur et la livrée de la puissance maximale à 7 500 tours/minute.
La consommation est également bonifiée, quoique très légèrement. Le seul
bémol que l'on peut noter au sujet de cette transplantation cardiaque est que
la sonorité du moteur turbo n'est évidemment pas aussi typée que celle du
défunt V8 atmosphérique.

UN COMPORTEMENT PLUS AFFÛTÉ

Lancée l'an dernier, la version Handling Speciale vise à dynamiser le
comportement de la California T grâce à des calibrations plus fermes pour
les liaisons au sol, afin de mieux contrôler les mouvements de la caisse.
Réduire l'effet de plongée au freinage ainsi que le roulis en virages est le
but visé par les suspensions raffermies de 16 % à l'avant et de 19 % à l'arrière.

De plus, ce modèle spécial est doté d'une ligne d'échappement retravaillée, permettant au V8 turbocompressé de s'exprimer plus librement. La calandre et le diffuseur arrière sont peints en gris mat pour le différencier d'une California T conventionnelle.

Le style de la California T est le résultat d'une collaboration étroite entre les designers de Pininfarina et ceux de Ferrari. On remarque le profilage acéré des blocs optiques, les ouvertures pratiquées dans le capot, ainsi que les flancs sculptés, qui émulent ceux de la mythique 250 Testa Rossa de compétition de la fin des années cinquante. Le toit rigide rétractable se replie dans le coffre en 14 secondes pour nous permettre de découvrir un habitacle de configuration 2+2 où les places arrière sont presque symboliques. La planche de bord intègre un écran multimédia tactile tandis qu'un second écran permet au conducteur d'être informé de la pression de suralimentation du turbocompresseur, entre autres choses.

La boîte de vitesses est contrôlée par trois boutons de commande localisés sur la console centrale et permettant d'enclencher la marche arrière, le fonctionnement automatique de la boîte et le système de «départ canon». Les très grands paliers de changement de vitesse sont localisés sur le volant, de même que le *manettino*, qui permet de paramétrer divers systèmes de la voiture. Vocation typée GT oblige, Ferrari propose en option, aux acheteurs de la California T, une ligne de bagages dont les dimensions sont parfaitement adaptées au volume du coffre, du moins lorsque celui-ci n'est pas encombré par les éléments du toit.

DANS LA BOULE DE CRISTAL

Au dernier Salon de l'Auto de Genève, Sergio Marchionne, président et chef de la direction de Fiat Chrysler Automobiles, dont Ferrari est la marque la plus prestigieuse, a déclaré à la presse qu'il n'était pas satisfait de la California. «J'ai acheté la première et je l'appréciais beaucoup, mais c'est une voiture qui, d'un point de vue d'image de marque, n'était pas une vraie Ferrari». Il est vrai que la California a d'abord été conçue comme un modèle destiné à Maserati, pour ensuite être attribué à la marque au cheval cabré. Cette première California ne disposait pas du moteur turbo, et ses performances étaient en retrait par rapport au modèle actuel.

Malgré cela, tout porte à croire qu'une remise en question est en marche chez la Ferrari quant à l'avenir du modèle et à la transformation qui pourrait s'opérer avec l'arrivée d'une remplaçante. Comme toujours lorsqu'il est question de Ferrari, qui fait parfois l'objet d'un culte, les rumeurs vont bon train au sujet du développement de ces nouveaux modèles, dont l'un pourrait rapidement prendre la place de l'actuelle California T. Histoire à suivre.

Données principales	
Emp. / lon. / lar. / haut.	2 670 / 4 570 / 1 910 / 1 322 mm
Coffre / réservoir	340 litres / 78 litres
Nbre coussins sécurité / ceintures	4 / 4
Suspension av. / arr.	ind., double triangulation / ind., multibras
Pneus avant / arrière	245/40ZR19 / 285/40ZR19
Poids / Capacité de remorquage	1730 kg / n.d.

Composantes mécaniques	
Cylindrée, alim.	V8 3,9 litres turbo
Puissance / Couple	552 ch / 557 lb-pi
Tr. base (opt) / Rouage base (opt)	A7 (M6) / Prop
0-100 / 80-120 / V. max	3,6 s / n.d. / 316 km/h
100-0 km/h	34,0 m
Type / ville / route / CO$_2$	Sup / n.d. / n.d. / 5 000 kg/an

LA CALIFORNIA T EST-ELLE UNE VRAIE FERRARI ? UNE REMISE EN QUESTION SERAIT EN MARCHE CHEZ LA MARQUE ITALIENNE QUANT À L'AVENIR DE CE MODÈLE.

DU NOUVEAU EN 2018

Aucun changement majeur au moment de mettre sous presse.

Photos : Ferrari

Pour voir la liste complète des informations techniques, veuillez vous référer à la section statistiques.

FERRARI **GTC4LUSSO**

73% COTE DU GUIDE

Prix : 325 000 $ à 349 558 $ (2017) (estimé)
Catégorie : Hatchback
Garanties :
3 ans/illimité, 3 ans/illimité
Transport et prép. : n.d.
Ventes QC 2016 : n.d.
Ventes CAN 2016 : n.d.
Assemblage : Maranello IT

Fiabilité	Appréciation générale
n.d.	■■■■■■■□□□
Sécurité	Agrément de conduite
■■■■■■■□□□	■■■■■■■□□□
Consommation	Système multimédia
■■■□□□□□□□	■■■■■■□□□□

Cote d'assurance

$ $ $ $

Connectivité multimédia

 Android Auto   Apple CarPlay

+ Choix de moteurs • Rouage à quatre roues motrices (V12) • Quatre vraies places • Qualité de finition exemplaire • Exclusivité assurée

− Prix stratosphérique • Tarif des options • Visibilité arrière limitée • Consommation importante • Délais de livraison et coûts d'entretien élevés

Concurrents

Audi R8, Bentley Continental, Lamborghini Huracán, Porsche 911

Atmo ou turbo ?

Gabriel Gélinas

igne des temps, Ferrari accélère son passage à l'ère turbo. Après la 488 GTB à moteur suralimenté par turbocompression, qui a succédé à la 458 Italia à moteur atmosphérique, c'est au tour de la GTC4Lusso T d'adopter un V8 turbocompressé en complément, et non en remplacement, de la GTC4Lusso à moteur V12 atmosphérique. L'acheteur de la plus atypique des Ferrari est donc confronté à un choix déchirant : atmo ou turbo ?

Avec la nouvelle version GTC4Lusso T, Ferrari tente de rendre sa familiale à quatre places plus «accessible», en la dotant d'un V8 turbocompressé et en retirant la boîte à deux rapports reliée aux roues avant, présente sur la GTC4Lusso. Ainsi, la variante V8 turbo devient une simple propulsion, alors que le celle dotée du V12 conserve le rouage à quatre roues motrices sur les quatre premiers rapports. Ce faisant, la GTC4Lusso V12 devient une propulsion à partir du cinquième rapport.

Peu importe celle choisie, la familiale de Ferrari est toujours dotée d'un système à quatre roues directrices, qui tourne les roues arrière dans le sens contraire aux roues avant lorsque la voiture roule à basse vitesse. Ceci facilite les manœuvres en zone urbaine, ce qui est grandement apprécié, la GTC4Lusso faisant presque cinq mètres en longueur. À haute vitesse, les roues arrière sont tournées dans le même sens que les roues avant afin d'améliorer la stabilité lors des transitions rapides, comme les changements de voie sur autoroute, à titre d'exemple.

PLUS DE COUPLE, MAIS MOINS DE SENSATIONS

Pour la GTC4Lusso T, Ferrari a retenu le V8 turbocompressé que l'on retrouve sous le capot de la California T, où il développe 552 chevaux, et de la 488 GTB, où il produit 661 chevaux. Sous le très long capot avant de la GTC4Lusso T, ce moteur développe 600 chevaux à 7 500 tours/minute, soit 90 de moins que le moteur V12, mais il produit un couple de 560 livres-pied, soit 45 de plus. Ce couple accru, jumelé à un allégement de 55 kilos, explique pourquoi la version à moteur turbo se montre plus véloce tout en affichant des cotes de consommation et des émissions polluantes plus basses.

Ce que le moteur turbo permet à la voiture de gagner en performance et en efficience se traduit par contre par une perte pour ce qui est des sensations ressenties en accélération franche. À pleine charge, le fabuleux V12 demeure un exemple de musicalité qui ne sera jamais égalé avec sa sonorité exceptionnelle entre 4 000 et 8 000 tours/minute, juste avant l'intervention du rupteur.

QUATRE VRAIES PLACES

En ce qui a trait au look, la GTC4Lusso T se démarque par des jantes en alliage spécifiques et... c'est tout. Cela signifie que les deux versions de la GTC4 sont presque rigoureusement identiques et partagent la même silhouette de style *fastback* ainsi que des proportions singulières. C'est aussi la seule Ferrari qui offre quatre vraies places. Bien que l'accès aux places arrière soit un peu difficile, les passagers de taille adulte trouveront assez d'espace pour assurer leur confort lorsqu'ils s'installeront dans les deux sièges très moulants, séparés par le prolongement de la console centrale. Le volume du coffre est de 450 litres, et il est même possible de l'augmenter à 800 litres en abaissant les dossiers des places arrière, ce qui n'est pas banal pour une Ferrari !

À l'avant, on remarque que le bouton de démarrage est intégré au volant qui comporte aussi le *manettino*, qui permet de paramétrer le comportement de la voiture sur plusieurs modes, ainsi que les paliers de passage des rapports de la boîte.

Comme toujours dans le cas chez Ferrari, l'acheteur peut choisir parmi plusieurs équipements et accessoires qui font partie de la très longue liste d'options. On lui permet alors de personnaliser sa GTC4, au point où celle-ci pourrait devenir un modèle unique en raison d'un choix presque illimité de permutations possibles. Il lui faudra aussi composer avec un délai de livraison important ainsi qu'avec des coûts d'entretien très élevés.

La GTC4Lusso est assurément la plus pratique des voitures de la marque de Maranello, et la présence du rouage à quatre roues motrices sur les quatre premiers rapports de la variante à moteur V12 rend possible son utilisation en hiver, ce qui est exceptionnel pour une voiture portant l'écusson du cheval cabré. Et si le concept d'une voiture performante à quatre places de style *fastback* que l'on peut conduire en toutes saisons vous séduit, mais que le budget ne vous permet pas d'accéder à la GTC4Lusso, rendez-vous chez Porsche pour faire l'essai des versions les plus performantes de la Panamera...

Données principales

Emp. / lon. / lar. / haut.	2 990 / 4 922 / 1980 / 1383 mm
Coffre / réservoir	450 à 800 litres / 91 litres
Nbre coussins sécurité / ceintures	4 / 4
Suspension av. / arr.	ind., double triangulation / ind., multibras
Pneus avant / arrière	P245/35ZR20 / P295/35ZR20
Poids / Capacité de remorquage	1920 kg / n.d.

Composantes mécaniques

GTC4LUSSO T

Cylindrée, alim.	V8 3,9 litres turbo
Puissance / Couple	600 ch / 560 lb pi
Tr. base (opt) / Rouage base (opt)	A7 / Prop
0-100 / 80-120 / V. max	3,5 s (const) / n.d. / 320 km/h (const)
100-0 km/h	33,0 m (const)

GTC4LUSSO

Cylindrée, alim.	V12 6,3 litres atmos.
Puissance / Couple	690 ch / 515 lb-pi
Tr. base (opt) / Rouage base (opt)	A7 / Int
0-100 / 80-120 / V. max	3,4 s (const) / n.d. / 355 km/h (const)
100-0 km/h	34,0 m (const)
Type / ville / route / CO_2	Sup / 19,0 / 13,0 / 7498 (est) kg/an

« LA NOUVELLE GTC4LUSSO T, ADOPTE UN **V8 TURBOCOMPRESSÉ** ET DEVIENT LE SECOND MODÈLE DE LA GAMME, LA GTC4LUSSO **CONSERVANT SON V12** ATMOSPHÉRIQUE. »

DU NOUVEAU EN 2018

Ajout au cours de 2017 de la GTC4Lusso T à moteur V8 turbocompressé.

Pour voir la liste complète des informations techniques, veuillez vous référer à la section statistiques.

FIAT **124 SPIDER**

82 % COTE DU GUIDE

(((**SiriusXM**)))

Prix : 33 495 $ à 37 995 $ (2017)
Catégorie : Roadster
Garanties :
3 ans/60 000 km, 5 ans/100 000 km
Transport et prép. : 1 845 $
Ventes QC 2016 : 88 unités
Ventes CAN 2016 : 258 unités
Assemblage : Hiroshima JP

Fiabilité	Appréciation générale
■■■■□	■■■■□
Sécurité	Agrément de conduite
■■■■■	■■■■□
Consommation	Système multimédia
■■■■□	■■□□□

Cote d'assurance

n.d.

Connectivité multimédia

Aucune

➕ Séduisante à souhait • Habitacle chic • Bon comportement routier • Performances appréciables • Toit facile à abaisser et à remonter

➖ Peu d'espaces de rangement • Version de base dépouillée • Porte-gobelets inutiles • Habitacle étriqué • Sièges peu ajustables

Concurrents

Audi A3, BMW Série 2, Mazda MX-5, MINI cabriolet, Nissan 370Z

Le pouvoir de l'attraction

Michel Deslauriers

Les ventes de véhicules Fiat au Canada étaient en chute libre en 2016, mais en 2017, les choses se sont replacées un peu. La petite 500 à hayon a retrouvé le sourire, et même le VUS sous-compact 500X se vend de plus en plus. Est-ce le résultat de promotions alléchantes, ou la présence de la magnifique 124 Spider sur le plancher de vente qui attire les consommateurs ? Probablement les deux.

Parce que le petit *roadster* de Fiat, introduit l'an dernier, fait indéniablement tourner les têtes. On a réussi à transposer le style de la 124 Spider originale, commercialisée des années 60 jusqu'au milieu des années 80, tout en lui conférant une allure dynamique et moderne.

Concevoir un modèle à si faible diffusion nécessite tout de même un investissement colossal, et c'est pourquoi Fiat Chrysler Automobiles a travaillé en collaboration avec Mazda afin de partager les coûts. La 124 Spider est construite sur la même plate-forme que la MX-5, et reprend certains composants comme le pare-brise, le toit souple sans assistance électrique et l'habitacle. Toutefois, les deux voitures sont bien différentes.

LA MÉCANIQUE ITALIENNE

Alors que la MX-5 dispose d'un moteur atmosphérique de 155 chevaux, Fiat a préféré y installer son propre moteur, question de conserver un peu de caractère de la marque italienne. Son quatre cylindres turbo de 1,4 litre développe 160 chevaux dans toutes les versions, sauf la 124 Spider Abarth qui bénéficie de quatre étalons additionnels. Au choix, une boîte manuelle à six rapports, fournie par Mazda, ou une automatique à six rapports, que l'on retrouve dans d'autres produits Fiat.

Avec un poids légèrement plus élevé, mais profitant d'un couple supérieur, les différences de performances en ligne droite entre la 124 Spider et la MX-5 sont négligeables, bien que la Fiat ait un peu plus de *punch* lors des reprises. Même chose au chapitre de la consommation de carburant, l'écart étant très minime. D'ailleurs, nous avons obtenu une moyenne de 7,4 l/100 km lors de l'essai d'une Spider munie de la boîte manuelle, ce qui est fort appréciable.

Mazda et Fiat ont opté pour des réglages différents de leurs suspensions, et c'est là que se trouve une distinction importante. La MX-5 propose une tenue de route plus ferme et d'un équilibre parfait, alors que la 124 Spider marque des points du côté du confort de roulement. Si votre cœur balance entre les deux modèles, sachez que la Fiat sera la plus agréable au quotidien, en conduite normale. Excluons ici la version Abarth, raffermie et plus bruyante.

L'HABITACLE JAPONAIS

En montant à bord de la 124 Spider, on remarque immédiatement l'habitacle signé par les stylistes de Mazda. En revanche, ceux qui n'ont pas mis les pieds dans un véhicule récent de la marque japonaise risquent de ne pas s'en rendre compte, puisque les designs de Mazda affichent un cachet européen.

On a donc droit à une disposition ergonomique des commandes et à une application tout juste suffisante de garnitures chromées. Le système multimédia convivial de Mazda y figure également, avec sa molette multifonctions logée sur la console centrale. Dommage que le système Uconnect de FCA n'y figure pas, puisque c'est l'un des mieux conçus de l'industrie, mais bon, outre son système de navigation compliqué, l'interface de Mazda n'est pas mauvaise non plus.

En revanche, l'habitacle est petit et les espaces de rangement sont rares et peu commodes. Les porte-gobelets sont amovibles, et l'on peut les fixer soit sur la partie arrière de la console près des coudes des occupants, soit sur le côté de celle-ci, près du genou du passager. Autrement dit, on va certainement finir par accrocher notre café chaud et faire des dégâts...

Si le budget le permet, il est préférable d'éviter la version de base de la 124 Spider, qui n'inclut pas le système multimédia avec écran de sept pouces, connectivité Bluetooth et caméra de recul, bien qu'ils soient disponibles en option. Les sièges chauffants, eux, sont réservés à l'Abarth.

Si c'est un *roadster* qui vous enchante, une vraie voiture biplace qui affiche un vrai plaisir de conduite, la Fiat est très intéressante et relativement abordable. La Volkswagen Beetle décapotable et la MINI Cabriolet sont plus accessibles et proposent de la place pour quatre, alors que les Audi A3 et BMW Série 2 sont plus performantes et plus spacieuses, mais coûtent plusieurs milliers de dollars de plus. Difficile de choisir entre la 124 Spider et la MX-5, bien que les acheteurs plus âgés risquent de préférer la Fiat pour son roulement un peu plus confortable.

Données principales

Emp. / lon. / lar. / haut.	2 309 / 4 054 / 1 740 / 1 232 mm
Coffre / réservoir	140 litres / 45 litres
Nbre coussins sécurité / ceintures	4 / 2
Suspension av. / arr.	ind., double triangulation / ind., multibras
Pneus avant / arrière	P205/45R17 / P205/45R17
Poids / Capacité de remorquage	1 123 kg / non recommandé

Composantes mécaniques

CLASSICA, LUSSO

Cylindrée, alim.	4L 1,4 litre turbo
Puissance / Couple	160 ch / 183 lb-pi
Tr. base (opt) / Rouage base (opt)	M6 (A6) / Prop
0-100 / 80-120 / V. max	7,5 s (est) / n.d. / 215 km/h (est)
100-0 km/h	n.d.
Type / ville / route / CO_2	Ord / 9,0 / 6,7 / 3 664 kg/an

ABARTH

Cylindrée, alim.	4L 1,4 litre turbo
Puissance / Couple	164 ch / 184 lb-pi
Tr. base (opt) / Rouage base (opt)	M6 (A6) / Prop
0-100 / 80-120 / V. max	7,2 s / 5,3 s / 215 km/h (est)
100-0 km/h	40,3 m
Type / ville / route / CO_2	Ord / 9,0 / 6,7 / 3 664 kg/an

« LES **VENTES** DES AUTRES MODÈLES FIAT SONT **À LA HAUSSE** DEPUIS **L'ARRIVÉE** DE LA 124 SPIDER. EST-CE UNE COÏNCIDENCE OU UNE **INFLUENCE ?** »

DU NOUVEAU EN 2018

Aucun changement majeur au moment de mettre sous presse.

Photos : Fiat

Pour voir la liste complète des informations techniques, veuillez vous référer à la section statistiques.

FIAT **500**

65% COTE DU GUIDE

(((SiriusXM)))

Prix: 19 245 $ à 32 245 $ (2017)
Catégorie: Cabriolet, Hatchback
Garanties:
3 ans/60 000 km, 5 ans/100 000 km
Transport et prép.: 1 795 $
Ventes QC 2016: n.d.
Ventes CAN 2016: n.d.
Assemblage: Toluca MX

Fiabilité
Sécurité
Consommation

Appréciation générale
Agrément de conduite
Système multimédia

Cote d'assurance

$ $ $ $

Connectivité multimédia

Android Auto

Apple CarPlay

+ Style accrocheur • Design intérieur intéressant • Performances affûtées (Abarth) • Version décapotable agréable • Charme irrésistible

− Prix élevé • Consommation avec la boîte automatique • Visibilité réduite (surtout 500c) • Fiabilité à améliorer • Places arrière étriquées

Concurrents
Chevrolet Spark, Ford Fiesta,
MINI Hayon, Mitsubishi Mirage,
Nissan Micra

À l'aube d'une métamorphose

Michel Deslauriers

L a petite 500 a fait fureur lors de son arrivée sur le marché canadien en 2011, comme modèle 2012. Les acheteurs de cette mignonne minivoiture se sont surtout manifestés au Québec, ce qui est tout à fait normal, vu notre amour pour les véhicules de plus petites dimensions et notre culture à saveur européenne.

Et puis, les années se sont succédé, et le charme de la Fiat 500 a commencé à s'effriter. Par le cours normal du temps, comme un couple qui tombe dans la routine, mais aussi à cause de certains problèmes de fiabilité. Même si plusieurs propriétaires de la Cinquecento disent n'avoir subi aucun pépin, d'autres ont vécu une relation amour-haine avec elle.

Toutefois, la petite Fiat sera redessinée sous peu, au point où l'édition 2018 retardera son entrée en scène au Canada. Lorsqu'elle le fera, par contre, elle portera une toute nouvelle robe. Pour l'instant, la disponibilité de la version 2017 sera étirée de quelques mois.

Pour le style, que choisiriez-vous entre une 500, une Chevrolet Spark et une Mitsubishi Mirage? Contre une Nissan Micra, le choix est plus difficile, car cette dernière attire bon nombre d'acheteurs non seulement par son bas prix, mais aussi par sa bouille sympathique. En revanche, la Fiat compte trois portes au lieu de cinq, alors en ce qui concerne l'habitabilité, ce n'est pas le meilleur choix.

Deux adultes à l'avant seront à leur aise, mais en arrière, même des enfants se sentiront coincés. Quand personne ne prend place sur cette banquette, il faut abaisser les appuis-tête, car ils bloquent totalement la vue vers l'arrière. Déjà que les piliers B, situés tout juste derrière les portes, sont larges et créent des angles morts.

Le design intérieur est attrayant. On y retrouve quelques plastiques de qualité discutable, mais en général, l'exécution est acceptable. Les commandes sont généralement faciles à utiliser, bien que l'on préfère toujours des rhéostats pour régler la température, au lieu de boutons à enfoncer.

Outre la version *hatchback*, la Fiat 500c est également disponible, et c'est la décapotable la moins chère au Canada. Son toit souple rétractable s'abaisse, alors que les piliers et les cadres de portes demeurent en place afin de conserver la rigidité de la voiture. On profite donc des rayons chauds du soleil, mais malheureusement, le toit compressé à l'arrière obstrue la visibilité.

PETIT MOTEUR, AVEC OU SANS TURBO

La 500 est équipée d'un quatre cylindres de 1,4 litre qui développe 101 chevaux, une puissance convenable dans un segment de marché où les rivales disposent de 78 à 109 chevaux. De série, on obtient une boîte manuelle à cinq rapports qui contribue à rendre la conduite de la petite Fiat drôlement agréable. Avec la boîte automatique optionnelle à six rapports, la voiture est moins enjouée, mais surtout, elle consomme plus. La 500 à hayon affiche une moyenne mixte ville/route de 7,0 l/100 km, mais il faut ajouter un litre avec l'automatique.

La 500 Abarth est une bagnole résolument sportive avec son moteur turbo-compressé de 160 chevaux, ou 157 avec la boîte automatique. La sonorité de son échappement libre lui confère un caractère agressif et une attitude arrogante, alors que sa suspension est réglée pour offrir une dynamique de conduite rehaussée. On se plaît à piloter la petite Abarth, disponible elle aussi en coupé et en cabriolet, et son manque de raffinement comparativement à une Honda Civic Si ou à une Volkswagen Golf GTI, par exemple, est tout à fait intentionnel.

Rappelons qu'en Californie et en Oregon, aux États-Unis, on propose également la Fiat 500e, 100 % électrique. Une voiture maniable, amusante à conduire et procurant une autonomie de 134 km entre les recharges. Dommage qu'on n'y ait pas droit, quoiqu'à 33 000 $ US...

En effet, le gros problème de la Fiat 500 2017, c'est son prix beaucoup trop élevé. À près de 20 000 $ pour le modèle de base, on a droit à un style accrocheur, mais à un côté pratique quasi inexistant, Pour ce prix, on peut avoir une voiture compacte plus conservatrice, certes, mais plus logeable et mieux équipée.

Lancée en 2007, en Europe, la génération actuelle de la Cinquecento commence à se faire vieille. Au moment de mettre sous presse, FCA n'a révélé aucun détail concernant la prochaine mouture de sa minivoiture, mais les spéculations nous laissent croire qu'on ajouterait une version cinq portes de la 500, ce qui la rendrait plus conviviale, et une motorisation hybride. Il faudra attendre pour voir quelle surprise nous réserve la petite Fiat 500, mais pour l'instant, la génération actuelle représente un achat plus ou moins intéressant... à moins d'obtenir un méchant « deal ».

FIAT 500

Données principales

Emp. / lon. / lar. / haut.	Cabriolet - 2 300 / 3 667 / 1 627 / 1 504 mm
	Hatchback - 2 300 / 3 667 / 1 627 / 1 502 mm
Coffre / réservoir	Cabriolet - 663 litres / 40 litres
	Hatchback - 759 litres / 40 litres
Nbre coussins sécurité / ceintures	7 / 4
Suspension av. / arr.	ind., jambes force / semi-ind., poutre torsion
Pneus avant / arrière	P185/55R15 / P185/55R15
Poids / Capacité de remorquage	Cabriolet - 1154 kg / non recommandé
	Hatchback - 1142 kg / non recommandé

Composantes mécaniques

LOUNGE (AUTO), POP

Cylindrée, alim.	4L 1,4 litre atmos.
Puissance / Couple	101 ch / 97 lb-pi
Tr. base (opt) / Rouage base (opt)	M5 (A6) / Tr
0-100 / 80-120 / V. max	12,3 s (est) / 9,7 s (est) / 182 km/h (const)
100-0 km/h	42,0 m (est)
Type / ville / route / CO_2	Ord / 8,5 / 6,9 / 3 579 kg/an

ABARTH

Cylindrée, alim.	4L 1,4 litre turbo
Puissance / Couple	160 ch / 170 lb-pi
Tr. base (opt) / Rouage base (opt)	M5 (A6) / Tr
0-100 / 80-120 / V. max	8,0 s / 5,2 s / 211 km/h (const)
100-0 km/h	42,3 m
Type / ville / route / CO_2	Ord / 8,5 / 6,9 / 3 579 kg/an

« VIEILLISSANTE, LA CINQUECENTO A PERDU UN PEU DE SON CHARME AU FIL DES ANS. LA **NOUVELLE GÉNÉRATION** SAURA-T-ELLE **RAVIVER** LA FLAMME? **»**

DU NOUVEAU EN 2018

Une nouvelle génération de la 500 à hayon sera bientôt dévoilée. D'ici là, Fiat prolonge la vente de l'édition 2017.

Photos : Fiat

Pour voir la liste complète des informations techniques, veuillez vous référer à la section statistiques.

FIAT | 281

FIAT 500L

FIAT **500L/500X**

55 % CÔTE DU GUIDE

Prix : 25 245 $ à 28 245 $ (2017)
Catégorie : Hatchback
Garanties :
3 ans/60 000 km, 5 ans/100 000 km
Transport et prép. : 1 895 $
Ventes QC 2016 : 236 unités*
Ventes CAN 2016 : 1 069 unités**
Assemblage :
 Kragujevac RS (500L), Melfi IT (500X)

Fiabilité	Appréciation générale
■■■■■□□□□□	■■■■■■□□□□
Sécurité	Agrément de conduite
■■■■■■■□□□	■■■■■■□□□□
Consommation	Système multimédia
■■■■■■□□□□	■■■■■□□□□□

Cote d'assurance

$ $ $ $

Connectivité multimédia

Android Auto   Apple CarPlay

➕ Design extérieur et intérieur •
Conduite amusante • Bonne visibilité •
Vaste habitacle • Choix de couleurs

➖ Pas de rouage intégral avec 1,4 litre
(500X) • Boîte manuelle imprécise •
Boîte automatique lente • Pas de banquette
40/20/40 • Fiabilité perfectible

Concurrents

500L : Chevrolet Cruze Hatchback,
Ford Focus, Kia Forte 5, Mazda3 Sport

500X : Buick Encore, Chevrolet Trax,
Honda HR-V, Jeep Renegade,
Mazda CX-3, MINI Countryman

Un fauteuil pour deux

Jean-François Guay

En 2012, les Fiat 500 et 500c ont connu un début de carrière fulgurant. Depuis, la gamme du constructeur italien s'est agrandie et comprend désormais trois autres modèles : la 500L, le 500X et la 124 Spider. Toutefois, au train où vont les choses, on peut se demander si l'offre est assez étoffée pour que Fiat rentabilise ses opérations en Amérique du Nord.

En effet, les ventes ont essuyé une baisse importante depuis deux ans. Fiat espérait que la commercialisation du 500X et de la 124 Spider sauverait la mise. Or, les résultats se font toujours attendre. Normal. Le 500X est arrivé tardivement dans le segment des VUS sous-compacts, alors que la 124 Spider demeure un cabriolet dont le succès est tributaire de la météo durant la belle saison. Pour sortir de sa torpeur, Fiat aurait avantage à mieux faire connaître ses produits auprès des consommateurs. Qui plus est, l'ajout d'une voiture compacte au sein de sa gamme — pour remplacer la défunte Dodge Dart chez FCA — apporterait de l'eau au moulin. Cela dit, voyons ce que nous réservent les 500X et 500L en 2018.

Bien que la 500L arbore des retouches esthétiques à son faciès et que le décor de l'habitacle ait été remanié, c'est quand même le 500X qui mérite notre attention puisqu'il évolue dans une catégorie en pleine expansion, où se côtoient les Honda HR-V, Mazda CX-3 et Kia Soul. Depuis son lancement, le 500X n'a pas eu la vie facile face à ses rivaux. Pourtant, il ne manque pas d'arguments pour mousser sa candidature. Sa jolie bouille européenne devrait émoustiller les Québécoises et les Québécois qui ont, dans leurs gènes, une attirance naturelle pour les automobiles du vieux continent. Or, la passion tarde à s'installer.

Pour expliquer ce manque d'amour, il faut regarder du côté de son cousin, le Jeep Renegade, avec lequel le 500X partage la plupart de ses éléments mécaniques et qui a pris l'avantage en étant dévoilé quelques mois plus tôt. Ce retard, voulu ou non par les dirigeants de FCA pour avantager le Jeep, a forcément affecté la notoriété du 500X, qui doit maintenant vivre

*Québec   Fiat 500L : 86 unités / Fiat 500X : 150 unités
**Canada   Fiat 500L : 303 unités / Fiat 500X : 766 unités

dans l'ombre du Renegade. Une autre explication possible est peut-être la mauvaise presse dont Fiat a été l'objet au cours de la dernière année à propos de son service après-vente. Or, la situation n'est pas catastrophique : il suffit que les dirigeants de Fiat se retroussent les manches pour la corriger.

UN BRIN PLUS SPORTIF

Même si la plateforme et les motorisations sont quasi identiques et que les deux frères ennemis sont assemblés à l'usine de Melfi, en Italie, le 500X et le Renegade n'ont pas la même personnalité. Visuellement différent, avec sa carrosserie aux formes arrondies et inspirée de la famille 500, le 500X offre une conduite plus enjouée que le Renegade grâce à une suspension plus ferme et à une direction plus serrée. En revanche, tradition oblige, le Jeep s'avère plus habile que le Fiat, en conduite hors route, lorsqu'il est équipé (en option) de son rouage intégral exclusif baptisé « Active Drive Low ». Quant au rouage intégral de base, les deux mécanismes sont pareils.

Dans les deux modèles, le moteur d'entrée de gamme est un quatre cylindres turbo de 1,4 litre et 160 chevaux, lequel est arrimé à une boîte manuelle à six rapports. Le quatre cylindres de 2,4 litres et 180 chevaux est couplé à une boîte automatique à neuf rapports, seul ce tandem est offert avec le rouage intégral. Somme toute, le 2,4 litres et l'automatique représentent un meilleur choix compte tenu de leur homogénéité.

S'il n'est pas aussi sportif qu'un MINI Countryman, le 500X aborde tout de même les virages avec maestria. Les pneus de 18 pouces optionnels améliorent la tenue de route, mais diminuent le confort comparativement à ceux de 17 pouces.

LA 500L

Pour relancer les ventes de la 500L, les stylistes ont revu légèrement les parties avant et arrière de la carrosserie. À l'intérieur, l'instrumentation, le volant, la console centrale et l'écran multimédia ont également été retouchés. Côté mécanique, le moteur demeure le quatre cylindres turbo de 1,4 litre qui développe 160 chevaux. Il est couplé à une boîte automatique à six rapports. La transmission intégrale est réservée au 500X.

Au final, la 500L paraît plus jeune qu'avant et pourra en découdre plus aisément avec la MINI Clubman. Certes, la 500L ne propose pas un choix aussi varié de motorisations ni l'acuité de sa rivale germano-britannique en virage. En contrepartie, son habitacle est plus vaste et plus facile d'accès grâce à ses grandes portières. De même, ses tarifs sont plus bas que ceux de la MINI.

Données principales

Emp. / lon. / lar. / haut. (500L)	2 612 / 4270 / 1800 / 1670 mm
Emp. / lon. / lar. / haut. (500X)	2570 / 4273 / 1796 / 1617 mm
Coffre / réservoir (500L)	1927 litres / 50 litres
Coffre / réservoir (500X)	350 à 910 litres / 48 litres
Nbre coussins sécurité / ceintures	7 / 5
Suspension av. / arr.	ind., jambes force / semi-ind., poutre torsion
Pneus avant / arrière (500L)	P205/55R16 / P205/55R16
Pneus avant / arrière (500X)	P215/60R17 / P215/60R17
Poids / Capacité de remorquage (500L)	1476 kg / non recommandé
Poids / Capacité de remorquage (500X)	1 499 kg / non recommandé

Composantes mécaniques

500L

Cylindrée, alim.	4L 1,4 litre turbo
Puissance / Couple	160 ch / 183 lb-pi
Tr. base (opt) / Rouage base (opt)	A6 / Tr
0-100 / 80-120 / V. max	10,1 s (est) / 7,0 s (est) / n.d.
100-0 km/h	45,2 m (est)
Type / ville / route / CO$_2$	Ord / 10,7 / 7,9 / 4 342 kg/an

500X (POP, SPORT, TREKKING)

Cylindrée, alim.	4L 1,4 litre turbo
Puissance / Couple	160 ch / 184 lb-pi
Tr. base (opt) / Rouage base (opt)	M6 (A9) / Tr
0-100 / 80-120 / V. max	10,1 s (est) / 7,0 s (est) / n.d.
100-0 km/h	45,2 m (est)
Type / ville / route / CO$_2$	Ord / 9,5 / 6,9 / 3 832 kg/an

500X (POP TI, SPORT TI, TREKKING TI)

Cylindrée, alim.	4L 2,4 litre atmos.
Puissance / Couple	180 ch / 175 lb-pi
Tr. base (opt) / Rouage base (opt)	A9 / Int
0-100 / 80-120 / V. max	9,5 s (est) / 6,5 s (est) / n.d.
100-0 km/h	n.d.
Type / ville / route / CO$_2$	Ord / 11,0 / 7,9 / 4 418 kg/an

DU NOUVEAU EN 2018

Uconnect 7,0 de série, version Pop à rouage intégral (500X), retouches esthétiques (500L), nouvelle instrumentation et nouveau volant (500L).

FIAT 500X

Photos : Fiat, Michel Deslauriers

FIAT 500X

Pour voir la liste complète des informations techniques, veuillez vous référer à la section statistiques.

FIAT | 283

FORD **C-MAX**

67% COTE DU GUIDE

Prix : 27 328 $ à 31 958 $ (2017)
Catégorie : Familiale
Garanties :
3 ans/60 000 km, 5 ans/100 000 km
Transport et prép. : 1 750 $
Ventes QC 2016 : 270 unités
Ventes CAN 2016 : 851 unités
Assemblage : Wayne MI US

Fiabilité ■■■■■■□□□□

Appréciation générale ■■■■■■■□□□

Sécurité ■■■■■■■■□□

Agrément de conduite ■■■■■□□□□□

Consommation ■■■■■■■□□□

Système multimédia ■■■■■□□□□□

Cote d'assurance

$ $ $ $

Connectivité multimédia

Android Auto   Apple CarPlay

+ Consommation très correcte •
Comportement routier décent •
Performances étonnantes •
Bonne visibilité • Voiture confortable

− Poids élevé (surtout Energi) • Pédale
de frein très sensible • Peu d'espaces
de rangement • Coffre peu logeable
(Energi) • Prix assez élevé (Energi)

Concurrents

Chevrolet Volt, Hyundai Ioniq,
Kia Niro, Toyota Prius

Énigmatique hybride

Alain Morin

Un peu comme la marque Frigidaire est devenue synonyme de réfrigérateur et que le nom Ski-Doo représente désormais n'importe quelle motoneige, la Prius de Toyota est maintenant l'égérie de la voiture hybride. Il reste donc très peu de place pour les autres hybrides. Pourtant, il y en a. Si vous connaissez l'automobile, nommez-m'en cinq, comme ça, tout de suite. Prius. Volt (on ne sera pas pointilleux sur les détails techniques), Leaf (non, c'est une électrique). Camry. Plus difficile qu'il n'y paraît ! Personne n'a pensé à nommer la Ford C-Max ?

C'est normal. Sans doute que bien des concessionnaires Ford n'y penseraient même pas eux non plus ! L'an dernier, au Canada, il s'en est vendu 851, ce qui n'est quand même pas mal pour une voiture que personne ne connaît. De ces 851 unités, 32 % ont trouvé preneur au Québec (270), ce qui tend à confirmer que le Québec est en avance per capita en matière de voitures écoénergétiques. Il convient ici de préciser qu'il existe deux C-Max. La première est un hybride et porte le nom original de Hybrid. La seconde est un hybride rechargeable, baptisée plus judicieusement Energi.

Dans les deux cas, le moteur thermique est un quatre cylindres 2,0 litres développant 141 chevaux. Le moteur électrique aussi est identique. Il livre 118 chevaux pour un total, combiné au moteur à essence, de 188 chevaux. La boîte de vitesses est, invariablement, une CVT et les roues motrices sont situées à l'avant. La différence se situe dans la grosseur de la batterie. Celle de l'Hybrid a une capacité de 1,4 kWh et celle de l'Energi, 7,6, ce qui permet à cette dernière de rouler en mode électrique jusqu'à 33 km. En théorie. Parce que dans les faits, je n'ai jamais pu rouler plus de 25 km sans utiliser de l'essence, même avec un pied droit d'une infinie délicatesse. Cependant, ceux qui ne parcourent qu'une petite distance quotidiennement pourraient très bien ne jamais avoir à passer à la pompe.

AVEC OU SANS CÂBLE?

Ford promet une consommation de 2,5 l/100 km, ce qui se traduit dans la vie de tous les jours par environ 4,0 l/100 km ou moins. Une virée sur des routes secondaires montagneuses, là où une hybride n'est pas très à l'aise, et souvent loin des bornes de recharge, s'est soldée par une moyenne de 6,5 l/100 km. Le câble fourni avec la C-Max Energi fait 7,5 mètres de long, ce qui est amplement suffisant pour se connecter à une bonne vieille prise domestique. Il faudra alors compter sept heures avant une recharge complète, contre 2 h 30 avec une borne 240V. Notons qu'en bonne hybride rechargeable, la C-Max revient toujours au mode EV (électrique) chaque fois qu'on la démarre.

De son côté, l'Hybrid est un peu plus portée sur l'essence, mais sans exagération aucune puisqu'on peut réussir une moyenne de 6,0 l/100 km sans trop faire de compromis. En fait, même si elle consomme un peu plus, cette version n'est pas à dédaigner pour autant. Tout d'abord, elle pèse 117 kilos de moins que sa frangine à câble, puisque sa batterie est beaucoup plus petite. Ces kilos en moins, on les sent dans la conduite plus dynamique de l'Hybrid tandis que l'Energi affiche plus de roulis. Aussi, le coffre de l'Hybrid est plus grand du fait de sa batterie qui prend moins d'espace.

Assez curieusement, alors que l'on s'attendrait à ce qu'elles soient des platitudes à conduire, ces C-Max se comportent très bien. La direction n'est pas un modèle de précision ni de retour d'information, mais on a déjà vu bien pire, et dans des voitures même pas «vertes». Lorsque l'on prend la route pour la première fois, on trouve la pédale de frein plutôt sensible à cause du système de récupération de l'énergie et l'on a invariablement l'air d'un amateur. Mais on s'y fait rapidement (aux freins, pas d'avoir l'air d'un amateur).

AU JOUR LE JOUR

Dans l'habitacle, l'œil inquisiteur a tôt fait de remarquer quelques plastiques bon marché, une absence de rangements et une caméra de recul qui, placée davantage sur le côté droit, renvoie une image un peu déformée et se stationner à reculons peut nous faire (encore) passer pour un amateur. Mais comme la visibilité tout le tour n'est pas mauvaise du tout, on peut très bien faire la manœuvre en se servant des rétroviseurs et de la lunette.

Dans sa gamme, Ford propose aussi la Focus Electric, une voiture fort peu populaire. Puisque la C-Max est construite sur la plateforme de la Focus, on peut se demander pourquoi Ford n'imite pas Hyundai avec sa Ioniq, qui se décline en versions hybride, hybride rechargeable et électrique, et n'offre pas les trois motorisations dans le même véhicule. Peut-être que le public, de plus en plus conscient de la valeur des voitures écoénergétiques, serait davantage attiré par l'offre de Ford...

Données principales

Emp. / lon. / lar. / haut.	2 648 / 4 410 / 1 828 / 1 620 mm
Coffre / réservoir	545 à 1 489 litres / 53 litres
Nbre coussins sécurité / ceintures	7 / 5
Suspension av. / arr.	ind., jambes force / ind., multibras
Pneus avant / arrière	P225/55R17 / P225/55R17
Poids / Capacité de remorquage	1 769 kg / n.d.

Composantes mécaniques

ENERGI , HYBRID

Cylindrée, alim.	4L 2,0 litres atmos.
Puissance / Couple	141 ch / 129 lb-pi
Tr. base (opt) / Rouage base (opt)	CVT / Tr
0-100 / 80-120 / V. max	8,7 s / 5,7 s / 185 km/h
100-0 km/h	42,7 m
Type / ville / route / CO_2 (Hybrid)	Ord / 5,6 / 6,4 / 2 742 kg/an
Type / ville / route / CO_2 (Energi)	Électricité / 5,8 / 6,2 / 1 520 kg/an
Consommation combinée (Energi)	2,5 le/100 km

MOTEUR ÉLECTRIQUE (HYBRIDE)

Puissance / Couple	118 ch (87 kW) / 177 lb-pi
Type de batterie	Lithium-ion (Li-ion)
Énergie	1,4 kWh
Temps de charge (120V / 240V)	n.d. / n.d.
Autonomie	n.d.

MOTEUR ÉLECTRIQUE (ENERGI)

Puissance / Couple	118 ch (87 kW) / 177 lb-pi
Type de batterie	Lithium-ion (Li-ion)
Énergie	7,6 kWh
Temps de charge (120V / 240V)	7,0 h / 2,5 h
Autonomie	33 km

DU NOUVEAU EN 2018

Aucun changement majeur au moment de mettre sous presse.

Photos: Ford

Pour voir la liste complète des informations techniques, veuillez vous référer à la section statistiques.

FORD | 285

FORD **ECOSPORT**

n.d. COTE DU GUIDE

((SiriusXM))

Prix : 21 000 $ à 30 000 $ (estimé)
Catégorie : VUS
Garanties :
3 ans/60 000 km, 5 ans/100 000 km
Transport et prép. : 1 750 $
Ventes QC 2016 : n.d.
Ventes CAN 2016 : n.d.
Assemblage : Sanand IN

Fiabilité
■■■■■■■□□□

Sécurité
■■■■■■■■□□

Consommation
Nouveau modèle

Appréciation générale
Nouveau modèle

Agrément de conduite
Nouveau modèle

Système multimédia
Nouveau modèle

Cote d'assurance

$ ▼ $ $ $

Connectivité multimédia

Android Auto   Apple CarPlay

➕ Données insuffisantes

➖ Données insuffisantes

Concurrents

Chevrolet Trax, Fiat 500X, Honda HR-V,
Jeep Renegade, Mazda CX-3,
MINI Countryman, Mitsubishi RVR,
Nissan JUKE, Subaru Crosstrek

Vieux en Europe, jeune en Amérique

Alain Morin

Le créneau des VUS sous-compacts se développe à vitesse grand V. Inexistant il y a à peine dix ans, il a été créé en Amérique, entre autres, par l'arrivée du Nissan JUKE et du Mitsubishi RVR. Toujours est-il que de plus en plus de constructeurs s'intéressent à cette nouvelle façon de faire de l'argent. Les Chevrolet Trax, Honda HR-V, Jeep Renegade, Kia Soul et Niro, Mazda CX-3, MINI Countryman et Subaru Crosstrek sillonnent maintenant allègrement nos routes. Toutefois, Ford n'avait rien à offrir.

Il faut dire que chez l'auguste constructeur américain, les yeux se mettent à briller, les langues se délient et la passion déferle dès qu'on parle de gros camions ou de voitures très puissantes. J'imagine que ceux qui travaillent dans la division des sous-compactes sont considérés comme des sous-employés, sous-payés, et survivent avec peine dans un océan de quolibets. Ce n'est peut-être pas si pire que ça, remarquez.

Donc, chez Ford, surtout chez Ford of America, les petits véhicules sont des maux nécessaires, utiles pour faire baisser la moyenne de consommation corporative et ainsi respecter les lois en vigueur. Après avoir étudié la question pendant de nombreuses années, Ford est enfin allée voir s'il n'y avait pas, en Europe, un petit VUS pouvant faire l'affaire. Ce petit VUS, c'est l'EcoSport, qui roule sa bosse de l'autre côté de l'Atlantique depuis 2003. Une nouvelle génération a vu le jour en 2012 et c'est celle-ci qui débarquera ici, vers la fin de l'année 2017, en tant que modèle 2018.

IL PORTE À GAUCHE

Esthétiquement, l'EcoSport reprend les thèmes déjà vus sur les grands VUS que sont les Escape et Edge. La configuration du hayon distingue l'EcoSport de ses frangins et même de la concurrence. En effet, alors que pratiquement tous les VUS vendus en Amérique ont un hayon ouvrant vers le haut, celui de l'EcoSport ouvre sur des pentures placées à gauche. Est-ce plus, ou moins, pratique ? C'est, je crois, davantage une question de goût. Et bonne chance pour trouver, du premier coup, le bouton activant le hayon. Il est très bien dissimulé et nous vous laissons vous amuser à le trouver !

Dans l'habitacle, la personne déjà habituée à un produit Ford ne sera pas dépaysée. Les jeunes non plus! En fait, l'EcoSport semble avoir été conçu pour ces derniers et cela se reflète très bien dans le tableau de bord. Devant le conducteur, on retrouve des jauges rétro éclairées du plus bel effet la nuit venue, mais c'est surtout la partie centrale qui attire l'œil. On y retrouve peu de boutons et quand il y en a, ils sont bien disposés et suffisamment gros pour être utilisés sans problème en conduite.

Au-dessus du tableau de bord, on retrouve un écran tactile de huit pouces où le système SYNC 3 intègre de la façon la plus conviviale possible les fonctions Apple CarPlay et Android Auto. Les versions les plus huppées (lire les moins abordables) offriront un système audio B&O de 675 watts. Même dans les versions plus accessibles, on retrouve deux ports USB à chargement rapide et au moins une prise 12 volts.

PLUS DE WATTS QUE DE CHEVAUX…

Sous le capot de l'EcoSport, on retrouvera d'abord le trois cylindres turbo 1,0 litre qui officie déjà dans la Fiesta et la Focus. Des essais nous ont confirmé que si ce moteur est à sa place dans une petite voiture d'à peine 1 150 kilos, il peine à traîner les 1 340 kilos de la Focus. Le nouveau VUS pèsera au moins autant que cette dernière… Heureusement, la plupart des gens opteront pour le quatre cylindres de 2,0 litres, plus à l'aise dans un petit VUS. Ford n'a pas encore divulgué la puissance de ces moteurs, mais en Europe, le 1,0 fait entre 125 et 140 chevaux.

Ford of America annonce une boîte automatique à six rapports pour les deux moteurs, le rouage intégral étant réservé au 2,0 litres. En Europe, le 1,0 litre est livré d'office avec une boîte manuelle à cinq rapports. Ford n'en fait pas mention, mais elle pourrait bien être offerte ici, question de pouvoir attirer les gens dans les salles d'exposition avec un prix vraiment bas.

Lors du dévoilement de l'EcoSport au Salon de Los Angeles, en novembre 2016, nous avons pu nous asseoir dans un véhicule de préproduction. Sa finition était très correcte, de même que la qualité de la plupart des matériaux. Le coffre nous est apparu plutôt petit. Après vérification de la fiche technique d'un modèle européen, il serait d'à peine 375 litres. Et de 1 238 une fois les sièges baissés. Des données inférieures à celles du Mazda CX-3, pourtant reconnu pour être très chiche côté espace de chargement…

Nous n'avons pas encore pu faire l'essai de l'EcoSport, son lancement étant prévu seulement pour la fin 2017 ou début 2018. Si Ford a bien fait ses devoirs, il y a de fortes chances que ce VUS sous-compact se vende très bien. Et surtout à une clientèle jeune, préférant, de loin, avoir beaucoup de ports USB sous la main que plusieurs chevaux sous le pied droit. Le futur, il est là.

Données principales

Emp. / lon. / lar. / haut.	2 521 / 4 273 / 1 765 / 1 693 mm
Coffre / réservoir	375 à 1 238 litres / 52 litres
Nbre coussins sécurité / ceintures	7 / 5
Suspension av. / arr.	ind., jambes force / semi-ind., poutre torsion
Pneus avant / arrière	P205/60R16 / P205/60R16
Poids / Capacité de remorquage	1 450 kg / n.d.

Composantes mécaniques

S, SE

Cylindrée, alim.	3L 1,0 litre turbo
Puissance / Couple	123 ch / 125 lb-pi
Tr. base (opt) / Rouage base (opt)	M5 / Tr
0-100 / 80-120 / V. max	12,7 s (const) / 0,0 s / 180 km/h (const)
100-0 km/h	n.d.
Type / ville / route / CO_2	Ord / 7,9 / 5,6 / 3 220 (est) kg/an

SES, TITANIUM

Cylindrée, alim.	4L 2,0 litres atmos.
Puissance / Couple	160 ch / 146 lb-pi
Tr. base (opt) / Rouage base (opt)	A6 / Int
0-100 / 80-120 / V. max	0,0 s / 0,0 s / n.d.
100-0 km/h	n.d.
Type / ville / route / CO_2	E85 / 9,1 / 6,4 / 3 680 (est) kg/an

« L'ECOSPORT RISQUE DE PLAIRE À UNE CLIENTÈLE JEUNE ET BRANCHÉE, À LA RECHERCHE DE TECHNOLOGIE BIEN PLUS QUE DE PUISSANCE. »

DU NOUVEAU EN 2018

Nouveau modèle, arrivée prévue fin 2017, début 2018.

Photos : Ford

Pour voir la liste complète des informations techniques, veuillez vous référer à la section statistiques.

FORD **EDGE**

73% COTE DU GUIDE

Prix : 33 199 $ à 46 499 $ (2017)
Catégorie : VUS
Garanties :
3 ans/60 000 km, 5 ans/100 000 km
Transport et prép. : 1 790 $
Ventes QC 2016 : 3 054 unités
Ventes CAN 2016 : 20 517 unités
Assemblage : Oakville ON CA

Fiabilité ■■■■■□□□□□
Sécurité ■■■■■■□□□□
Consommation ■■■■□□□□□□
Appréciation générale ■■■■■■□□□□
Agrément de conduite ■■■■■■□□□□
Système multimédia ■■■■■■□□□□

Cote d'assurance

$ $ $ $

Connectivité multimédia

Android Auto

Apple CarPlay

✚ Version Sport plus dynamique que les autres • Habitacle convivial • Nombreuses technologies offertes • Confort relevé • Bonne capacité de chargement

➖ Style joli, mais plutôt anonyme • Poids incontrôlé • Consommation exagérée • Direction pas très communicative • Prix qui peut grimper rapidement

Concurrents

Hyundai Santa Fe, Kia Sorento, Nissan Murano, Toyota Highlander

Le poids des VUS...

Daniel Melançon / Alain Morin

Nous ne sommes pas les premiers à l'écrire, et certainement pas les derniers, la tendance du public vers l'achat de VUS (ou multisegments, c'est comme vous voulez) n'est pas près de se résorber. En fait, c'est tout le contraire !

Bien qu'on apprécie le côté pratique de ces véhicules utilitaires, mais la plupart du temps peu sportifs, personne ne termine un essai à leur volant tout excité. À moins que ledit véhicule utilitaire s'appelle Porsche ou BMW, évidemment. En général, les VUS sont lourds et ne se conduisent pas comme une berline, et ce, malgré les efforts déployés par les constructeurs afin de rendre l'expérience concluante.

UN EDGE SPORT ?

Pour, justement, rendre l'expérience plus concluante, ils (Ford dans le cas qui nous intéresse) créent des versions plus dynamiques de certains de leurs VUS. Comme le Ford Edge Sport. Son style est assez agréable. Sans être trop tape-à-l'œil, il attire l'attention, notamment avec sa calandre noir laqué et ses roues de 20 pouces (21 pouces en option). Sous le capot du Edge Sport, on retrouve un V6 2,7 litres turbo développant la bagatelle de 315 chevaux et un impressionnant couple de 350 livres-pied.

Une boîte automatique à six rapports active un rouage intégral qui ajoute au dynamisme sur la route, mais qui n'est pas très doué en hors route. Le calibrage de la suspension la rend plus ferme et plus en mesure de contenir les transferts de poids. Car malgré ses prétentions sportives, l'Edge Sport souffre d'un indice de masse corporel vraiment peu avantageux. C'est à se demander si Ford n'aurait pas dû investir davantage dans des matériaux plus légers plutôt que dans l'ajout de chevaux... Vous aurez donc compris que cet Edge, malgré une puissance accrue et une suspension plus dure, n'est pas aussi sportif qu'on voudrait nous le faire croire. Ce qui n'en fait pas un véhicule inintéressant, loin de là !

Les autres Ford Edge (SE, SEL et Titanium) sont plus discrets visuellement. Certains conducteurs pourraient toutefois être agacés par la présence de deux nervures assez prononcées sur le capot. À l'arrière, le bloc lumineux à DEL, à la fois imposant et équilibré, complète la signature du Edge. Ces quelques éléments stylistiques ne parviennent cependant pas à démarquer un Edge du reste de la production automobile. Dans le trafic, on peut même le confondre avec un Hyundai Santa Fe tant leur design se ressemble. Qui a copié qui ?

Dans l'habitacle, la planche de bord est bien dessinée. On s'y retrouve facilement avec le système multimédia SYNC 3 que l'on peut contrôler verbalement ou manuellement sans avoir besoin d'un bac en communication pour l'apprivoiser. Ford a incorporé de nombreux rangements dans l'habitacle du Edge qui se veut confortable, tant en ville que sur les longs trajets. Les passagers qui prendront place à l'arrière apprécieront le bon dégagement au niveau des jambes. Les dossiers de la banquette sont rabattables de façon 60/40, ce qui permet d'obtenir un volume de rangement impressionnant de près de 2 100 litres une fois qu'ils sont baissés ! Rien à redire au sujet de l'insonorisation qui est efficace, même à vitesse plus élevée. Cependant, lors d'une bonne accélération, les décibels se feront bien entendre, surtout dans l'Edge Sport, ce qui n'est pas désagréable du tout !

LE POIDS, L'ENNEMI JURÉ

Tous les Edge, autres que le Sport, se déplacent grâce à un quatre cylindres turbo de 2,0 litres, lié aux roues avant par une boîte automatique à six rapports dont le passage des rapports s'effectue en toute transparence... si elle n'est pas brusquée. Cette observation vaut aussi pour le 2,7 précité et le V6 de 3,5 litres.

Un V6 3,5 litres atmosphérique est livrable en option sur certaines versions. Bien que les roues motrices soient situées à l'avant d'office, nous ne saurions recommander assez le rouage intégral qui ajoute certes 2 000 $ à la facture, mais qui amène une certaine tranquillité d'esprit la blanche saison venue. Sans compter qu'une bonne partie de ce montant sera récupérée lors de la revente. Par contre, il faut prévoir environ un litre supplémentaire aux cent kilomètres. Déjà que le poids vraiment pas plume du Edge taxe la consommation... En passant, l'Edge remorque jusqu'à 3 500 livres (1 588 kilos) selon les versions et l'équipement approprié.

Si l'Edge souffre d'un problème de surpoids, l'acheteur compulsif risque de souffrir d'un problème de poids sur ses finances. En effet, en faisant preuve d'un peu trop d'enthousiasme lorsque vient le temps de cocher des options, on peut se retrouver avec un Edge Sport, la version la plus dispendieuse faut-il avouer, de plus de 55 000 $. Sans compter les taxes. C'est beaucoup, même pour un véhicule fiable, joli et agréable à conduire au quotidien. Il faut aussi penser à s'ouvrir un compte juste pour l'essence...

Données principales

Emp. / lon. / lar. / haut.	2 849 / 4 779 / 1 928 / 1 742 mm
Coffre / réservoir	1 111 à 2 078 litres / 73 litres
Nbre coussins sécurité / ceintures	8 / 5
Suspension av. / arr.	ind., jambes force / ind., multibras
Pneus avant / arrière	P245/60R18 / P245/60R18
Poids / Capacité de remorquage	1 860 kg / 909 kg (2 000 lb)

Composantes mécaniques

SE, SEL

Cylindrée, alim.	4L 2,0 litres turbo
Puissance / Couple	245 ch / 275 lb-pi
Tr. base (opt) / Rouage base (opt)	A6 / Tr (Int)
0-100 / 80-120 / V. max	n.d. / n.d. / n.d.
100-0 km/h	n.d.
Type / ville / route / CO_2	Ord / 11,5 / 7,8 / 4 524 kg/an

SEL V6, TITANIUM

Cylindrée, alim.	V6 3,5 litres atmos.
Puissance / Couple	280 ch / 250 lb-pi
Tr. base (opt) / Rouage base (opt)	A6 / Tr (Int)
0-100 / 80-120 / V. max	n.d. / n.d. / n.d.
100-0 km/h	n.d.
Type / ville / route / CO_2	Ord / 13,4 / 9,0 / 5 253 kg/an

SPORT

Cylindrée, alim.	V6 2,7 litres turbo
Puissance / Couple	315 ch / 350 lb-pi
Tr. base (opt) / Rouage base (opt)	A6 / Int
0-100 / 80-120 / V. max	6,8 s / 4,4 s / n.d.
100-0 km/h	39,1 m
Type / ville / route / CO_2	Sup / 13,6 / 9,8 / 5 469 kg/an

DU NOUVEAU EN 2018

Aucun changement majeur au moment de mettre sous presse.

FORD **ESCAPE**

75% COTE DU GUIDE

((SiriusXM))

Prix: 25 099 $ à 35 999 $ (2017)
Catégorie: VUS
Garanties:
3 ans/60 000 km, 5 ans/100 000 km
Transport et prép.: 1 790 $
Ventes QC 2016: 9 419 unités
Ventes CAN 2016: 46 661 unités
Assemblage: Louisville KY CA

Fiabilité		Appréciation générale	
■■■■■□□□		■■■■■■□□	
Sécurité		Agrément de conduite	
■■■■■■□□		■■■■■□□□	
Consommation		Système multimédia	
■■■■■□□□		■■■■■■□□	

Cote d'assurance

$ $ $ $

Connectivité multimédia

Android Auto   Apple CarPlay

+ Comportement routier • Choix
de moteurs • Puissance du 2,0 litres •
Arrêt/redémarrage automatique (1,5 l et
2,0 l) • Systèmes d'aide à la conduite

− Poids élevé • Puissance un peu juste
(1,5 litre) • Certaines options à revoir
(1,5 litre) • Prix corsé (2,0 litres)

Concurrents
Chevrolet Equinox, GMC Terrain, Honda
CR-V, Hyundai Tucson, Jeep Cherokee,
Kia Sportage, Mazda CX-5, Nissan Rogue,
Subaru Forester, Toyota RAV4,
Volkswagen Tiguan

Toujours dans le coup

Jean-François Guay

À ses débuts en 2001, l'Escape était perçu comme étant un VUS
pur et dur à cause de sa silhouette carrée qui s'apparentait à
celle de ses grands frères, Explorer et Expedition. Lors de
sa refonte, en 2013, l'Escape a délaissé son look «camion» pour
adopter des lignes fluides, inspirées de la Focus à hayon —
une voiture compacte. On s'est amusé à l'époque, avec respect,
bien entendu, à décrire l'Escape comme étant une grosse Focus
allongée et surélevée avec la traction intégrale en prime.

La décision de Ford d'adoucir les traits de l'Escape avait pour but d'attirer
des acheteurs qui hésitaient à troquer leur voiture au profit d'un multisegment.
Or, Ford a visé juste puisque l'Escape a continué, depuis cette transformation,
à se classer dans le top 3 des ventes de VUS compacts aux États-Unis. Au
Québec, l'Escape connaît également du succès et il figure dans le top 5. Qu'à
cela ne tienne, il est le deuxième véhicule Ford le plus vendu après la Série F.

Pour conserver ses parts de marché face à des rivaux qui ne cessent
de se renouveler, l'Escape a abandonné, l'an dernier, sa calandre de
«voiture compacte» pour adopter un faciès plus viril, calqué sur son frère Edge.

CHOIX DE MOTEURS

L'une des principales caractéristiques des deux premières générations de
l'Escape (2001-2007 et 2008-2012) était la possibilité d'opter pour un V6.
Toutefois, à part le Mitsubishi Outlander et le Jeep Cherokee, qui l'offrent
encore, ce type de moteur a été supprimé des catalogues de tous les constructeurs, incluant Ford, afin de réduire la consommation des VUS compacts.

En contrepartie, l'Escape propose une vaste gamme de moteurs à quatre cylindres,
lesquels sont tous arrimés à une boîte automatique à six rapports. D'entrée
de jeu, le moteur de base est le vénérable Duratec de 2,5 litres, qui produit
168 chevaux et un couple de 170 livres-pied. Même si cette motorisation suffit
amplement à la tâche, elle représente moins de 5% des ventes.

Pour économiser des sous à la pompe tout en rendant service à la planète, le quatre cylindres turbo EcoBoost de 1,5 litre consomme moins d'essence que le 2,5 litres. Toutefois, qui dit protection de l'environnement, dit également hausse des tarifs. À cet égard, il n'est pas surprenant de constater que le moteur turbo de 1,5 litre s'avère plus onéreux à l'achat que le 2,5 litres à cause, notamment, de l'équipement de série qui accompagne chacun des moteurs — le 1,5 litre turbo ne venant, par exemple, qu'avec la transmission intégrale dans la version de base S.

En somme, on s'explique mal que l'acheteur désirant réduire sa consommation d'essence doive opter pour la version intermédiaire SE puisque c'est la seule livrée qui allie le moteur turbo de 1,5 litre à la traction. Cela dit, ce moteur développe 179 chevaux et un couple de 177 livres-pied. Si vous devez tracter une remorque, le 2,5 litres peut tirer une charge de 680 kg (1 500 livres) tandis que le 1,5 litre turbo est capable de traîner un poids de 907 kg (2 000 livres).

LA PUISSANCE A UN PRIX

Pour des performances accrues en matière d'accélération, de reprises et de capacité de remorquage, le moteur turbo EcoBoost de 2,0 litres est tout désigné, avec ses 245 chevaux et 275 livres-pied. Qui plus est, il est assez fort pour tracter une remorque pesant jusqu'à 1 587 kg (3 500 livres), soit la charge la plus élevée des VUS compacts à moteur quatre cylindres qui se trouve sur le marché. C'est bien beau tout ça, dites-vous, mais il y a un prix à payer pour acquérir ce moteur qui est proposé dans la SE ainsi que dans la dispendieuse version de luxe Titanium. À sa défense, l'Escape Titanium est moins cher que les Honda CR-V Touring et Toyota RAV4 Limited, lesquels ne sont toutefois pas animés par un moteur aussi performant que le 2,0 litres EcoBoost.

Malgré la refonte de l'an dernier, l'Escape ne peut cacher son âge ni son poids. Si l'on compare la tenue de route à des concurrents plus jeunes, il n'a pas l'agilité souhaitée. Le diamètre de braquage est trop long et la direction manque de précision. Néanmoins, le comportement routier est équilibré et l'on pourrait dire que l'Escape est bon dans tout, mais n'excelle en rien. Une chose est sûre, la boîte automatique exécute un boulot remarquable et contribue à l'agrément de conduite.

À l'instar des véhicules Ford, les sièges avant sont confortables et conviennent à tous les gabarits. À l'arrière, la banquette manque de rembourrage, mais la minceur des dossiers permet de rabattre complètement ces derniers pour obtenir un plancher plat dans le coffre à bagages. En terminant, le conducteur d'une Focus qui passe à un Escape se sentira en pays de connaissance puisque les volants, les tableaux de bord et les commandes se ressemblent.

Données principales

Emp. / lon. / lar. / haut.	2 690 / 4 524 / 1 839 / 1 684 mm
Coffre / réservoir	963 à 1 926 litres / 61 litres
Nbre coussins sécurité / ceintures	7 / 5
Suspension av. / arr.	ind., jambes force / ind., multibras
Pneus avant / arrière	P235/55R17 / P235/55R17
Poids / Capacité de remorquage	1 711 kg / 1 587 kg (3 500 lb)

Composantes mécaniques

S

Cylindrée, alim.	4L 2,5 litres atmos.
Puissance / Couple	168 ch / 170 lb·pi
Tr. base (opt) / Rouage base (opt)	A6 / Tr
0-100 / 80-120 / V. max	10,5 s (est) / 8,0 s (est) / n.d.
100-0 km/h	n.d.
Type / ville / route / CO_2	Ord / 11,1 / 8,1 / 4 485 kg/an

SE

Cylindrée, alim.	4L 1,5 litre turbo
Puissance / Couple	179 ch / 177 lb·pi
Tr. base (opt) / Rouage base (opt)	A6 / Tr (Int)
0-100 / 80-120 / V. max	n.d. / n.d. / n.d.
100-0 km/h	n.d.
Type / ville / route / CO_2	Ord / 10,2 / 7,8 / 4 280 kg/an

TITANIUM

Cylindrée, alim.	4L 2,0 litres turbo
Puissance / Couple	245 ch / 275 lb·pi
Tr. base (opt) / Rouage base (opt)	A6 / Int
0-100 / 80-120 / V. max	7,8 s / 5,2 s / n.d.
100-0 km/h	42,5 m
Type / ville / route / CO_2	Ord / 11,5 / 8,7 / 4 710 kg/an

DU NOUVEAU EN 2018

Aucun changement majeur au moment de mettre sous presse.

Pour voir la liste complète des informations techniques, veuillez vous référer à la section statistiques.

FORD EXPEDITION

FORD **EXPEDITION/** LINCOLN **NAVIGATOR**

((SiriusXM))

n.d. COTE DU GUIDE

Prix: 55 000 $ à 74 000 $ (estimé)
Catégorie: VUS
Garanties:
3 ans/60 000 km, 5 ans/100 000 km
Transport et prép.: 1 790 $
Ventes QC 2016: 237 unités
Ventes CAN 2016: 4 286 unités
Assemblage: Louisville KY CA

Fiabilité	Appréciation générale
Nouveau modèle	Nouveau modèle
Sécurité	Agrément de conduite
Nouveau modèle	Nouveau modèle
Consommation	Système multimédia
Nouveau modèle	Nouveau modèle

Cote d'assurance

$ $ $ $

Connectivité multimédia

Android Auto   Apple CarPlay

+ Nouvelle carrosserie d'aluminium • Habitacle très spacieux • Équipement surabondant • Grande polyvalence

− Encombrement toujours impressionnant • Consommation du V6 EcoBoost à redouter • Poids encore considérable • Fiabilité à confirmer

Concurrents

Ford Expedition: Chevrolet Suburban / Tahoe, Dodge Durango, Nissan Armada, Toyota Sequoia

Lincoln Navigator: Cadillac Escalade, Infiniti QX80, Land Rover Range Rover, Lexus LX, Mercedes-Benz GLS

Deux vaisseaux grands et costauds

Marc Lachapelle

Deux grands utilitaires de luxe reviennent cette année, entièrement transformés, dans le clan Ford. Deux décennies et des poussières après le lancement du premier Expedition. Ils ont connu leurs plus belles années au tournant du siècle, avant la montée des multisegments et la multiplication des rivaux dans leur catégorie respective. Les revoici, prêts à en découdre, truffés de technologies, de matériaux et de systèmes modernes, sur une architecture résolument traditionnelle, pour une clientèle qui l'est tout autant.

Le premier Expedition est apparu en 1997, construit sur la plate-forme de la grande camionnette F-150 de l'époque. Dans le sillage de l'Explorer, qui connaissait alors un succès monstre, l'Expedition offrait essentiellement les mêmes atouts, en format plus grand, avec un volume intérieur et une capacité de remorquage supérieurs. Succès instantané, pour lui comme pour le Navigator, un cousin plus luxueux, construit sur les mêmes bases et lancé l'année suivante par la vénérable marque Lincoln.

Cette fois-ci, Expedition et Navigator sont lancés simultanément, pour le millésime 2018. Les deux sont construits, à nouveau, sur une plate-forme dérivée de l'architecture la plus récente de la camionnette F-150. Ils profitent donc, pour la première fois, d'une carrosserie en aluminium, posée sur un châssis à longerons scellés et hydroformés, fabriqué avec de l'acier au bore, à haute résistance. La nouvelle plate-forme des Expedition et Navigator se distingue surtout de celle des F-150 par sa suspension arrière à roues indépendantes, une caractéristique dont l'Expedition a profité dès sa deuxième génération, lancée en 2003.

PLUS LÉGERS ET POURTANT PLUS GRANDS

Ces matériaux ont permis une réduction du poids de près de 140 kilos, ce qui a certainement compensé l'ajout d'une kyrielle d'accessoires et de systèmes dernier cri. Au final, le nouvel Expedition est plus léger que l'ancien d'environ 44 kg, même s'il est plus long d'environ 10 cm, sur un empattement

*Québec   Ford Expedition: 186 unités / Lincoln Navigator: 51 unités
**Canada   Ford Expedition: 3 729 unités / Lincoln Navigator: 557 unités

qui a gagné un peu moins de 8 cm, pour le plus grand bonheur des passagers à la deuxième et à la troisième rangée. Ces banquettes se replient également en touchant un bouton pour créer un plancher plat sur lequel on peut glisser la légendaire feuille de contreplaqué 4x8, et refermer ensuite le hayon. En appuyant sur un autre bouton.

Expedition et Navigator seront offerts à nouveau en version allongée, sur un empattement identique à celui des modèles de 3e génération. Ils sont également plus bas d'environ un pouce (2,5 cm), ce qui adoucit l'impact de leurs silhouettes anguleuses et massives. Surtout le Navigator, dont c'est toujours un signe distinctif. Le modèle de série est d'ailleurs remarquablement semblable au prototype présenté dans plusieurs grands salons. Sauf pour les gigantesques portières latérales qui s'ouvraient à la verticale.

DU MUSCLE ET DU LUXE

Le V6 EcoBoost de 3,5 litres à double turbocompresseur, qui avait redonné un peu de vigueur à ce duo de colosses ces dernières années, est la pièce maîtresse du groupe propulseur de la 4e génération. Lincoln promet une puissance d'environ 450 chevaux, comme le F-150 Raptor, pour celui du Navigator. Parions que cette cavalerie sera plus discrète, silencieuse et raffinée que sous le capot de ce cousin turbulent.

Le moteur de l'Expedition sera évidemment un peu moins puissant que celui du Navigator, établi à 375 chevaux, ou 400 pour la version Platinum, pour éviter qu'il porte ombrage à son jumeau non identique, plus cossu et plus cher. Espérons que la boîte automatique à dix rapports que partagent les deux sera également plus raffinée que celle des F-150, qui est parfois brusque et saccadée. Il est question aussi, pour bientôt, de versions à groupe propulseur hybride essence-électricité de l'Expedition et du Navigator qui seront forcément encore plus douces, et nettement moins assoiffées. Ford met par ailleurs l'accent, pour l'Expédition, sur le groupe propulseur à quatre roues motrices, dont le système de gestion Terrain Management offre sept modes de conduite différents, comme dans le Raptor. Sauf que le mode Baja est remplacé par un mode « sable » qui est quand même un peu plus sage.

Chez Lincoln, on met plutôt l'accent sur l'habitacle du Navigator où règne évidemment l'opulence. Même si la version de série n'a pas tous les joujoux spectaculaires du prototype, il lui reste un grand tableau d'affichage configurable pour le conducteur et des écrans de style tablette pour tous les passagers, avec tous les systèmes imaginables, sans fil ou branchés. Le tableau de bord de l'Expedition est plus fonctionnel et pragmatique.

Chose certaine, ces nouveaux Expedition et Navigator ont derechef des atouts et arguments solides pour se relancer dans la catégorie des poids lourds de luxe polyvalents.

Données principales

Emp. / lon. / lar. / haut.	3 342 / 5 635 / 2 124 / 1 936 mm
Coffre / réservoir	546 à 3 968 litres / 127 litres
Nbre coussins sécurité / ceintures	6 / 8
Suspension av. / arr.	ind., double triangulation / ind., multibras
Pneus avant / arrière	P275/55R20 / P275/55R20
Poids / Capacité de remorquage	2 668 kg / 4 173 kg (9 190 lb)

Composantes mécaniques

EXPEDITION

Cylindrée, alim.	V6 3,5 litres turbo
Puissance / Couple	375 ch / 470 lb·pi
Tr. base (opt) / Rouage base (opt)	A10 / 4x4
0-100 / 80-120 / V. max	n.d. / n.d. / n.d.
100-0 km/h	n.d.
Type / ville / route / CO_2	Ord / 16,1 / 12,2 / 6 599 (est) kg/an

EXPEDITION PLATINUM

Cylindrée, alim.	V6 3,5 litres turbo
Puissance / Couple	400 ch / 480 lb·pi
Tr. base (opt) / Rouage base (opt)	A10 / 4x4
0-100 / 80-120 / V. max	n.d. / n.d. / n.d.
100-0 km/h	n.d.
Type / ville / route / CO_2	Ord / n.d. / n.d. / n.d.

NAVIGATOR

Cylindrée, alim.	V6 3,5 litres turbo
Puissance / Couple	450 ch / 500 lb·pi (est)
Tr. base (opt) / Rouage base (opt)	A10 / 4x4
0-100 / 80-120 / V. max	n.d. / n.d. / n.d.
100-0 km/h	n.d.
Type / ville / route / CO_2	Ord / n.d. / n.d. / n.d.

DU NOUVEAU EN 2018

Nouveaux modèles

LINCOLN NAVIGATOR

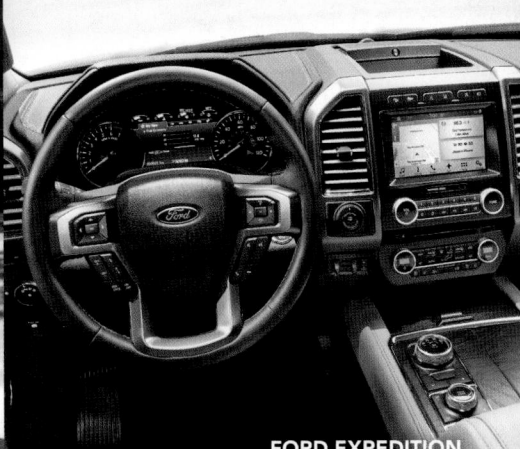

FORD EXPEDITION

FORD EXPEDITION / LINCOLN NAVIGATOR

Photos : Ford, Lincoln

Pour voir la liste complète des informations techniques, veuillez vous référer à la section statistiques.

FORD | 293

FORD **EXPLORER**

70% COTE DU GUIDE

Prix : 34 499 $ à 60 099 $ (2017)
Catégorie : VUS
Garanties :
3 ans/60 000 km, 5 ans/100 000 km
Transport et prép. : 1 790 $
Ventes QC 2016 : 2 069 unités
Ventes CAN 2016 : 15 275 unités
Assemblage : Chicago IL US

Fiabilité	Appréciation générale
■■■■■□□□□□	■■■■■■■□□□
Sécurité	Agrément de conduite
■■■■■■■□□□	■■■■■■□□□□
Consommation	Système multimédia
■■■■■□□□□□	■■■■■■■□□□

Cote d'assurance

$ ————————— $ $ $

Connectivité multimédia

Android Auto   Apple CarPlay

➕ Habitacle vaste et silencieux •
Moteurs performants • Version Platinum
haut de gamme (mais chère) • Finition
très correcte • Rouage intégral efficace

➖ V6 EcoBoost qui consomme en titi •
Versions à roues avant motrices peu
intéressantes • Autonomie assez faible
(environ 550 km)

Concurrents

Buick Enclave, Chevrolet Traverse,
GMC Acadia, Honda Pilot, Hyundai
Santa Fe, Jeep Grand Cherokee, Kia
Sorento, Mazda CX-9, Nissan Pathfinder

Peu de changements...
pour le moment !

Daniel Melançon / Alain Morin

L a cuvée 2018 du Ford Explorer ne propose que de légers changements avant une éventuelle transformation plus en profondeur, prévue l'an prochain. Pour l'instant, vous devez être très attentif, car il y a peu de différence entre un modèle 2017 et un 2018. On aperçoit une grille et des phares antibrouillards différents tandis qu'à l'arrière, on remarque quatre sorties d'échappement sur les modèles dotés du V6 EcoBoost de 3,5 litres. Les consommateurs auront aussi droit à quelques nouvelles couleurs ainsi qu'à un choix de cinq nouvelles roues.

Le Ford Explorer est l'un des utilitaires sport intermédiaires les plus populaires de sa catégorie, catégorie composée d'autres gros calibres comme le Nissan Pathfinder, le Honda Pilot et le Toyota Highlander, entre autres. Comme ses comparses, il a trois rangées de sièges et se situe, en matière de gabarit, au-dessus du Escape (un VUS compact) et du Edge (un VUS intermédiaire aussi, doté de deux rangées de sièges seulement), mais une coche sous le toujours excentrique Flex, à trois rangées.

Dès qu'on ouvre la portière, l'intérieur étonne par sa modernité et sa vastitude. Il se peut, toutefois, que les personnes prenant place à la troisième rangée ne partagent pas notre enthousiasme... Curieusement, l'espace pour les pieds du passager avant est plutôt restreint.

JEAN-MARIE, MON NOUVEAU MEILLEUR AMI

Cet habitacle, il passe de beau à très beau, à luxueux, à impressionnant et enfin, à « Wow, Jean-Marie, as-tu gagné à la 6/49 ? » Cependant, pour passer d'un qualificatif à l'autre, il faut y mettre le prix. Les sièges de l'Explorer 2018 peuvent être recouverts d'un choix judicieux de tissus ou de cuir et la climatisation indépendante est disponible pour les places arrière. Précisons que la version Platinum est livrée avec un équipement des plus riches et très peu d'options peuvent y être ajoutées.

La marque Ford pousse beaucoup sur les dernières technologies pour mousser les ventes de ses véhicules et l'Explorer ne fait pas exception à la règle. Le système SYNC 3, qui fut une aberration dans ses générations précédentes, se compare avantageusement à ce qui se fait ailleurs. Ce qui ne veut pas dire qu'il est le meilleur, mais il s'en rapproche. Le tableau de bord est bien fini, quoiqu'il manque un bouton rotatif pour régler la température. N'en demandons pas trop à Ford qui, il y a à peine quelques années, avait enlevé tous les boutons qui avaient pu être enlevés !

Encore cette année, l'acheteur doit choisir entre trois motorisations. Il y a tout d'abord un V6 3,5 litres atmosphérique, puissant et souple, permettant de remorquer jusqu'à 5 000 livres (2 268 kilos). En option, on retrouve un quatre cylindres turbocompressé (EcoBoost) de 2,3 litres. Il affiche dix chevaux de moins que le V6, mais son couple est nettement supérieur, 310 livres-pied contre 255 et, surtout, ce couple est disponible plus bas dans les tours. Ce qui n'est toutefois pas suffisant pour autoriser le remorquage de charges pesant au-delà de 2 002 livres ou, en français, de 908 kilos. Néanmoins, les performances de ce moteur surprennent. En outre, il consomme environ deux litres de moins que le V6 atmosphérique à tous les 100 kilomètres. Ces deux moteurs sont mariés d'office aux roues avant. Selon nous, les 3 000 $ demandés pour le rouage intégral sont amplement justifiés.

SIX, EN ATTENDANT

Il existe un second V6, dopé à la double turbocompression cette fois. Il fait des Explorer Sport et Platinum de véritables missiles. Nous avons eu beau chercher dans divers ouvrages balistiques, nous n'avons pas pu trouver la consommation d'essence d'un missile. Toutefois, nous savons que chez Ford, elle est très élevée. Dans ce cas, seul le rouage intégral est offert, une sage décision. Peu importe l'Explorer, la boîte automatique compte six rapports. Cette boîte n'est pas la plus dégourdie ni la plus raffinée qui soit. Lorsque l'Explorer passera à une nouvelle génération, parions qu'elle recevra quelques rapports supplémentaires.

L'Explorer est un véhicule confortable et son habitacle est silencieux. S'il était moins lourd, nul doute que son comportement serait moins aseptisé et le roulis, mieux maîtrisé en virages, même dans la livrée Sport.

L'Explorer a beaucoup à offrir et il demeure un véhicule concurrentiel sur papier, mais force est d'admettre que ses rivaux sont féroces, voire supérieurs. Dans tous les aspects touchant le confort, l'assemblage, le luxe et l'agrément de conduite, l'Explorer a du bon, sans vraiment dominer par contre. Vivement la prochaine génération même si l'actuelle n'est pas vilaine !

Données principales

Emp. / lon. / lar. / haut.	2 866 / 5 037 / 2 292 / 1 803 mm
Coffre / réservoir	595 à 2 314 litres / 70 litres
Nbre coussins sécurité / ceintures	8 / 5
Suspension av. / arr.	ind., jambes force / ind., multibras
Pneus avant / arrière	P245/60R18 / P245/60R18
Poids / Capacité de remorquage	2 223 kg / 2 268 kg (5 000 lb)

Composantes mécaniques

BASE

Cylindrée, alim.	4L 2,3 litres turbo
Puissance / Couple	280 ch / 310 lb·pi
Tr. base (opt) / Rouage base (opt)	A6 / Tr (Int)
0-100 / 80-120 / V. max	n.d. / n.d. / n.d.
100-0 km/h	n.d.
Type / ville / route / CO_2	Ord / 12,6 / 8,5 / 4 947 kg/an

V6

Cylindrée, alim.	V6 3,5 litres atmos.
Puissance / Couple	290 ch / 255 lb·pi
Tr. base (opt) / Rouage base (opt)	A6 / Tr (Int)
0-100 / 80-120 / V. max	8,8 s / 7,2 s / n.d.
100-0 km/h	42,0 m
Type / ville / route / CO_2	Ord / 13,9 / 9,6 / 5 504 kg/an

PLATINUM, SPORT

Cylindrée, alim.	V6 3,5 litres turbo
Puissance / Couple	365 ch / 350 lb·pi
Tr. base (opt) / Rouage base (opt)	A6 / Int
0-100 / 80-120 / V. max	6,0 s (est) / n.d. / n.d.
100-0 km/h	n.d.
Type / ville / route / CO_2	Sup / 14,9 / 10,7 / 5 985 kg/an

DU NOUVEAU EN 2018

Quelques modifications mineures aux parties avant et arrière, quatre embouts d'échappement pour la version Sport, quelques nouvelles couleurs et roues.

Photos : Ford

FORD F-150

FORD **F-150/SUPER DUTY**

78% (F-150) COTE DU GUIDE

Prix : 29 999 $ à 90 599 $ (2017) (F-150)
Catégorie : Camionnette
Garanties :
3 ans/60 000 km, 5 ans/100 000 km
Transport et prép. : 1 800 $
Ventes QC 2016 : 25 855 unités (F-150)
Ventes CAN 2016 : 145 409 unités (F-150)
Assemblage :
Dearborn MI US, Kansas City MO US

(2017)

Fiabilité	Appréciation générale
■■■■■□□□□□	■■■■■■□□□□
Sécurité	Agrément de conduite
■■■■■■□□□□	■■■■■■□□□□
Consommation	Système multimédia
■■■□□□□□□□	■■■■■■■□□□

Cote d'assurance (F-150)

▼

$ $ $ $

Connectivité multimédia

Android Auto   Apple CarPlay

➕ Motorisation solide et variée • Cabines confortables et pratiques • Systèmes d'aide à la conduite ingénieux et efficaces

➖ Secousses et sautillements sur fentes et bosses (Raptor, F-350) • Distances en freinage d'urgence (Raptor, F-350) • Boîte automatique à dix rapports parfois saccadée • Quelques soucis de fiabilité

Concurrents

Chevrolet Silverado 1500/HD, GMC Sierra 1500/HD, Nissan Titan/XD, RAM 1500/HD, Toyota Tundra

Famille très fonctionnelle

Marc Lachapelle

Avec le recul, on peut maintenant affirmer que Ford a gagné son énorme pari qui consistait à miser quelques milliards sur des carrosseries en aluminium et sur des moteurs V6 turbocompressés pour ses grandes camionnettes de Série F. En plus de répéter, l'an dernier, leur titre de «meilleur vendeur toutes catégories» pour une septième fois consécutive, elles ont préservé celui de «camion le mieux vendu au pays» qu'elles détiennent depuis 51 ans. Si ce constructeur connaît la recette, il vient de démontrer qu'il sait également la maintenir parfaitement à jour.

Chose certaine, aussi populaire qu'elle soit, la catégorie des grandes camionnettes est un univers particulier, avec sa multitude d'options et ses complexités. Le nombre quasi infini des combinaisons possibles existe parce que la clientèle le réclame, tout simplement. L'acheteur type est souvent un spécimen exigeant, qui connaît parfaitement ses besoins ainsi que tout obscur accessoire qui peut le satisfaire.

À l'inverse, les grandes camionnettes séduisent également parce qu'elles sont imposantes et qu'elles n'ont aucune limite apparente en matière d'équipement, de luxe ou de capacités. C'est à cette clientèle que Ford destine, par exemple, le F-150 Limited, en sommet de gamme. Équipé du V6 biturbo de 3,5 litres et 375 chevaux, avec une boîte automatique à dix rapports et tous les accessoires imaginables, ce camion va chercher près de 77 000 $.

À l'autre extrême, on retrouve la XL à cabine simple, équipée d'un nouveau V6 atmosphérique de 3,3 litres et 282 chevaux, avec boîte automatique à six rapports, offerte à 30 000 $ et des poussières. Un pur outil de travail, sans le moindre luxe, ou fioriture. Comme dans le bon vieux temps.

POUR EXCITER VOTRE CERVEAU REPTILIEN

Sans surprise, cette famille grandiose recèle aussi quelques beaux monstres. Le mieux connu est certainement le nouveau Raptor, conçu pour filer à toute allure en plein désert de l'Ouest américain. Propulsé par une version fortifiée du V6 turbo de 3,5 litres, dont les ingénieurs ont tiré 450 chevaux, il atteint 100 km/h en 6,3 secondes en version SuperCrew à quatre portières, avec une autre boîte automatique à dix rapports. Ce qui en fait la camionnette la plus rapide à ce jour répertoriée dans ces pages, malgré ses 2 630 kilos. C'est quand même 227 kg de moins que le premier Raptor, grâce à la carrosserie en aluminium.

L'autre version du Raptor est le SuperCab à deux portières et à cabine allongée, allégé de 90 kg et posé sur un empattement plus court de 30 cm. Plus larges que les autres F-150 de 15 cm et plus bas de 5 cm, les Raptor sont pourvus d'amortisseurs Fox Racing qui font grimper le débattement de leurs suspensions avant et arrière de 185 et 241 mm à 330 et 353 mm, respectivement. Un gain énorme. L'ennui, c'est que les immenses pneus tout-terrain de taille LT 315/70R17, qui leur permettent d'encaisser les bosses et de franchir des cratères en plein désert, n'apprécient guère l'asphalte ravagé de nos routes. Ils rebondissent allègrement sur les fentes et bosses; ils feront même décrocher l'arrière du Raptor s'il les rencontre en virage. Avec leurs rainures profondes, ces pneus allongent aussi la distance en freinage d'urgence de 100 km/h à 46,9 mètres, alors qu'un F-150 Lariat Supercrew FX4 stoppe en 40,8 mètres sur des pneus polyvalents. Une différence considérable.

On peut ranger en outre dans cette catégorie des machines hors normes, les F-250 et F-350 Super Duty, conçues pour le gros travail et le remorquage de charges lourdes, qu'on a entièrement renouvelées l'an dernier. Elles aussi proposent maintenant une carrosserie en aluminium posée sur un châssis en acier à longerons scellés.

Au volant d'un F-350, équipé du V8 turbodiesel de 6,7 litres qui produit 440 chevaux, mais surtout un couple de 925 lb-pied, on croit piloter à la fois une locomotive et un traversier tellement la machine est haute, lourde et massive. On y sent des flexions, même si le nouveau châssis est réputé 24 fois plus rigide. L'important est de se rappeler que le F-350 à roues arrière simples peut tracter jusqu'à 1 474 kilos (27 500 livres) avec une attache à sellette (fifth-wheel) et 14 515 kg (32 000 livres) avec une attache de semi-remorque (gooseneck). Sans charge, il se permet même de boucler le sprint 0-100 km/h en 8,3 secondes.

Quelles que soient leurs différences de mécanique et de comportement, les Série F à cabine double ou complète ont toutes en commun d'offrir de l'espace, du confort et de la commodité en abondance, pour cinq. Leur équipement est aussi complet qu'on le souhaite et leurs commandes et contrôles, d'une ergonomie et d'une facilité d'utilisation louable. Exception notoire : les commandes des essuie-glaces et des clignotants qui se retrouvent encore sur un seul levier, à la gauche du volant. Parions que ces géantes aux talents éclectiques conserveront leur titre de «meilleurs vendeurs» pour encore un bout.

Données principales (F-150)

Emp. / lon. / lar. / haut.	**cab simple, caisse 8'** - 3 584 / 5 789 / 2 029 / 1908 mm
	Raptor Super Crew - 3 708 / 5 889 / 2 192 / 1 994 mm
Boîte / réservoir	**cab simple, caisse 8'** - 2 438 mm / 136 litres
	Raptor Super Crew - 1 676 mm / 136 litres
Nbre coussins sécurité / ceintures	6 / 5
Suspension av. / arr.	ind., double triangulation / essieu rigide, ress. à lames
Pneus avant / arrière	P275/45R22 / P275/45R22
Poids / Cap. de remorq.	**cab simple, caisse 8'** - 1 883 kg / 2 268 kg (5 000 lb)
	Raptor Super Crew - 2 584 kg / 3 628 kg (8 000 lb)

Composantes mécaniques (F-150)

V6 2,7 LITRES TURBO

Cylindrée, alim.	V6 2,7 litres turbo
Puissance / Couple	325 ch / 375 lb-pi
Tr. base (opt) / Rouage base (opt)	A10 (A6) / Prop (4x4)
Type / ville / route / CO$_2$	Ord / 11,7 / 9,4 / 4 980 kg/an

V6 3,5 LITRES TURBO (365 CH)

Cylindrée, alim.	V6 3,5 litres turbo
Puissance / Couple	365 ch / 420 lb-pi
Tr. base (opt) / Rouage base (opt)	A10 / 4x4 (Prop)
Type / ville / route / CO$_2$	Ord / 13,6 / 10,3 / 5 660 (est) kg/an

V8 5,0 LITRES

Cylindrée, alim.	V8 5,0 litres atmos.
Puissance / Couple	385 ch / 387 lb-pi
Tr. base (opt) / Rouage base (opt)	A6 (A10) / 4x4 (Int, Prop)
Type / ville / route / CO$_2$	Ord / 15,0 / 11,3 / 6 240 (est) kg/an

V6 3,5 LITRES TURBO (RAPTOR)

Cylindrée, alim.	V6 3,5 litres turbo
Puissance / Couple	450 ch / 510 lb-pi
Tr. base (opt) / Rouage base (opt)	A10 / 4x4
Type / ville / route / CO$_2$	Sup / 15,6 / 13,2 / 6 679 kg/an

V6 3,3 LITRES

V3 3,3 l - 282 ch/253 lb-pi - A6 - 0-100: n.d. - 14,0/10,6 l/100 km

V6 3,5 LITRES TURBO (375 CH)

V6 3,5 l - 375 ch/470 lb-pi - A10 - 0-100: n.d. - 13,6/10,3 l/100 km

DU NOUVEAU EN 2018

Carénage avant redessiné, V6 turbodiesel de 3,0 litres, V8 et V6 2,7 litres turbo revus, système de détection de piétons avec freinage automatique.

FORD SUPER DUTY

FORD F-150

Pour voir la liste complète des informations techniques, veuillez vous référer à la section statistiques.

FORD | 297

FORD **FIESTA**

74% COTE DU GUIDE

Prix: 16 348 $ à 25 948 $ (2017)
Catégorie: Berline, Hatchback
Garanties:
3 ans/60 000 km, 5 ans/100 000 km
Transport et prép.: 1 750 $
Ventes QC 2016: 1 091 unités
Ventes CAN 2016: 3 093 unités
Assemblage: Cuautitlán Izcalli MX

Fiabilité	Appréciation générale
■■■□□□□□□□	■■■■■■□□□□
Sécurité	Agrément de conduite
■■■■■□□□□□	■■■■■■□□□□
Consommation	Système multimédia
■■■■■■□□□□	■■■■■□□□□□

Cote d'assurance
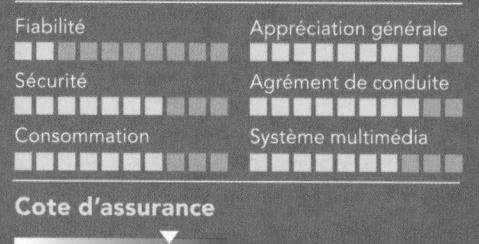
$ $ $ $

Connectivité multimédia

Apple CarPlay

+ Version ST délirante • Consommation raisonnable • Plusieurs équipements technos • Agréable à conduire

− Peu d'espace aux places arrière • Intérieur vieillissant • Boîte à cinq rapports seulement (version de base) • Volume de chargement limité

Concurrents
Chevrolet Sonic, Honda Fit, Hyundai Accent, Kia Rio, Nissan Versa Note, Toyota Yaris

Souvent ignorée, mais surprenante à conduire

Sylvain Raymond

Lorsque l'on magasine une voiture sous-compacte, le prix et le niveau d'équipement sont souvent des éléments déterminants et c'est pourquoi les modèles coréens sont généralement prisés. On en veut pour notre argent, cela va de soi. La Ford Fiesta fait étonnamment bonne figure, elle qui non seulement possède des qualités générales intéressantes, mais qui s'avère aussi drôlement agréable à conduire, une caractéristique plutôt rare dans ce segment.

Ce n'est pas parce que l'on se paie une sous-compacte que l'on n'apprécie pas les voitures stylisées! Malgré l'âge de cette génération par rapport à des rivales fraîchement remaniées, la Fiesta demeure élégante et... festive, mais cela s'applique beaucoup plus à la version à hayon qu'à la berline. À moins que vous n'y teniez, il est plus difficile de recommander la berline, moins pratique et surtout, moins sexy. Côté couleurs, la Fiesta est disponible dans une palette assez joyeuse et beaucoup moins monotone que celle de plusieurs véhicules de luxe.

TROIS MÉCANIQUES, PLUSIEURS PERSONNALITÉS

La Fiesta est offerte sous diverses personnalités, abordable, très luxueuse ou hypersportive, un élément que plusieurs concurrentes ne partagent pas. La livrée de base arrive équipée d'un quatre cylindres atmosphérique de 1,6 litre développant 120 chevaux et un couple de 112 lb-pi. La puissance est transmise aux roues avant via une boîte manuelle à cinq rapports seulement, comparativement aux boîtes à six rapports, qu'elles soient automatiques ou manuelles, des rivales. Ainsi, mise à part la Toyota Yaris et la Nissan Versa Note, la Fiesta est la moins puissante de sa catégorie.

Ford réserve son petit trois cylindres turbocompressé à la Fiesta SE, mais étonnamment, la puissance ne se situe pas à des lieues du quatre cylindres, trois petits chevaux et 13 livres-pied en prime. Son avantage? Un couple libéré beaucoup plus rapidement, ce qui ajoute à l'effet de puissance, mais surtout, ce qui permet une économie de carburant supérieure. Il faut toutefois laisser ce moteur révolutionner pour en extirper toute la puissance, un aspect que favorise la boîte manuelle.

FIESTA ST, LA SEULE EN SON GENRE

Si vous affectionnez les petites sportives, la Fiesta ST est la seule de sa classe à être offerte en version survitaminée. Pas de berline ST, elle n'est disponible, à notre grand plaisir, qu'en version à hayon. Ensemble esthétique intérieur et extérieur, jantes de 17 pouces, suspension à calibration sport et freins plus mordants, la Fiesta ST prouve qu'une petite voiture peut soulever les passions et c'est du bon boulot de la part de Ford.

Son dynamisme, elle le doit à un quatre cylindres turbocompressé de 1,6 litre développant 197 chevaux et un couple de 202 lb-pi. Cette fois, pas de boîte automatique ; on a réservé à ce petit bolide la manuelle à six rapports, histoire d'être en harmonie avec l'ADN de cette mini-sportive. Certes, son prix de près de 26 000 $ l'éloigne de ce pour quoi l'on se paie normalement une sous-compacte, mais peu de petites voitures peuvent se vanter d'offrir un concentré de performance et un plaisir de conduite équivalent, pour ce prix. Juste le son du moteur vaut pratiquement le déboursé supplémentaire.

UN HABITACLE UN PEU PLUS ÉTRIQUÉ

À bord, le gabarit réduit de la Fiesta nous force à faire quelques compromis en matière d'espace, surtout pour les passagers arrière. La Honda Fit en offre plus à ce chapitre alors que la reine du segment, la Hyundai Accent, se distingue par son excellente garantie, un autre élément important aux yeux des acheteurs. L'histoire se répète en ce qui a trait au volume de chargement, mais heureusement, la version à hayon dispose d'un peu plus de flexibilité, principalement avec ses sièges rabattables.

Il s'est écoulé plusieurs années depuis la dernière refonte de la Fiesta et ça commence à être perceptible, surtout dans le cas du tableau de bord. Si vous n'êtes pas d'accord, c'est que vous posez probablement vos yeux sur la plus cossue des Fiesta, la Titanium, qui profite de plusieurs éléments rehaussant le luxe, notamment des garnitures plus riches. Au moins, un bel éventail de gadgets est offert, incluant un système de navigation, la compatibilité Apple CarPlay et Android Auto ainsi qu'un écran multimédia de 4,2 et de 6,5 pouces, selon la version.

En général, la Fiesta adopte une conduite plus dynamique que ses rivales avec une direction précise et une suspension misant sur la tenue de route, sans mettre de côté le confort en conduite prolongée. Elle transmet bien les sensations de la route et on la sent précise et agile. La Fiesta est la voiture la plus abordable chez Ford et heureusement, on n'a pas l'impression de se payer un véhicule à bas prix.

FORD FIESTA

Données principales		
Emp. / lon. / lar. / haut.	**Berline** - 2 489 / 4 406 / 1 977 / 1 475 mm	
	Hatchback - 2 489 / 4 067 / 1 977 / 1 454 mm	
Coffre / réservoir	**Berline** - 363 litres / 47 litres	
	Hatchback - 285 à 720 litres / 47 litres	
Nbre coussins sécurité / ceintures	7 / 5	
Suspension av. / arr.	ind., jambes force / semi-ind., poutre torsion	
Pneus avant / arrière	P205/40R17 / P205/40R17	
Poids / Capacité de remorquage	**Berline** - 1 169 kg / non recommandé	
	Hatchback - 1 244 kg / non recommandé	

Composantes mécaniques	
S , SE , TITANIUM	
Cylindrée, alim.	4L 1,6 litre atmos.
Puissance / Couple	120 ch / 112 lb-pi
Tr. base (opt) / Rouage base (opt)	M5 (A6) / Tr
0-100 / 80-120 / V. max	10,7 s / 9,2 s / n.d.
100-0 km/h	43,2 m
Type / ville / route / CO_2	Ord / 8,5 / 6,5 / 3 496 kg/an
SE 1.0 ECOBOOST	
Cylindrée, alim.	3L 1,0 litre turbo
Puissance / Couple	123 ch / 125 lb-pi
Tr. base (opt) / Rouage base (opt)	M5 / Tr
0-100 / 80-120 / V. max	9,4 s / n.d. / 196 km/h
100-0 km/h	43,2 m
Type / ville / route / CO_2	Ord / 7,5 / 5,6 / 3 057 kg/an
ST	
Cylindrée, alim.	4L 1,6 litre turbo
Puissance / Couple	197 ch / 202 lb-pi
Tr. base (opt) / Rouage base (opt)	M6 / Tr
0-100 / 80-120 / V. max	6,9 s / n.d. / 220 km/h
100-0 km/h	n.d.
Type / ville / route / CO_2	Sup / 8,9 / 6,8 / 3 659 kg/an

DU NOUVEAU EN 2018

Aucun changement majeur au moment de mettre sous presse.

Pour voir la liste complète des informations techniques, veuillez vous référer à la section statistiques.

FORD FLEX

FORD **FLEX** / LINCOLN **MKT**

74% COTE DU GUIDE

((SiriusXM))

Prix : 28 899 $ à 55 100 $ (2017)
Catégorie : VUS
Garanties :
3 ans/60 000 km, 5 ans/100 000 km
Transport et prép. : 1 790 $
Ventes QC 2016 : 169 unités*
Ventes CAN 2016 : 2 689 unités**
Assemblage : Oakville ON CA

Fiabilité ■■■■■■■■□□
Sécurité ■■■■■■■■■□
Consommation ■■■■■□□□□□

Appréciation générale ■■■■■■■□□□
Agrément de conduite ■■■■■■■□□□
Système multimédia ■■■■■■□□□□

Cote d'assurance
$ ▮▮▮▮▯▯▯▯▯▯ $ $ $

Connectivité multimédia

Aucune

➕ Habitacle très grand et polyvalent •
Confort certifié • Capacité de remorquage
correcte • V6 3,5 litres turbo très
performant • Boîte de vitesses efficace

➖ Moteurs assoiffés • Certaines
commandes peu ergonomiques •
Visibilité arrière problématique •
Troisième rangée de sièges éprouvante

Concurrents
Ford Flex : Dodge Durango, GMC
Acadia, Honda Pilot, Hyundai Santa Fe,
Nissan Pathfinder, Toyota Highlander

Lincoln MKT : Acura MDX, Audi Q7,
Buick Enclave, Infiniti QX60, Volvo XC90

Les plus improbables des sleepers

Alain Morin

Au volant de votre Ford Flex, vous attendez à un feu rouge. À côté de vous, une toute récente Mazda3 décolle à fond de train dès que le feu passe au vert. Après un moment d'hésitation, vous mettez le pied au tapis vous aussi. Et vous torchez la Mazda3. Oui Monsieur, oui Madame ! Il faut toutefois préciser que seul un Ford Flex équipé du V6 3,5 litres EcoBoost peut réussir un tel exploit. Avec le 3,5 atmosphérique, ç'aurait été plus difficile. Mais pas impossible.

Et cet exploit, vous l'avez réussi avec un véhicule qui a l'air de tout, sauf d'un véhicule rapide. Vous auriez pu faire la même chose avec un Lincoln MKT avec qui il partage sa plate-forme. Dans le jargon des amateurs, ce type de véhicule, très puissant, mais doté d'une carrosserie banale, est appelé un *sleeper*.

GROS COMME UN FRIGO
Peu importe que l'on opte pour le Ford ou le Lincoln, l'habitacle est immense. Et immense est un adjectif plutôt faible... Chacun peut recevoir six ou sept personnes. Outre les deux places à l'avant et à la peu confortable troisième rangée, la deuxième rangée accueille trois personnes... sauf si l'on fait le choix d'une console (on peut même l'avoir réfrigérée !) au centre. Toutes les places, saufs celles, impitoyables, de la troisième rangée, laissent beaucoup d'espace pour les jambes et la tête. Le coffre, on s'en doute, ne fait pas dans la parcimonie. Celui du Flex peut engloutir environ 200 litres de plus que celui du MKT, à cause de la ligne beaucoup plus verticale de son hayon. Bizarrement, même si ces deux véhicules font dans le gigantesque, on retrouve peu d'espaces de rangement.

La qualité des matériaux ne peut être mise à l'index, surtout dans le Lincoln où l'on passe à un niveau supérieur. Le système SYNC 3, ayant autrefois la capacité de faire sacrer un pape, s'est nettement amélioré et il ne faut plus peser trois fois avant que les commandes s'exécutent. En plus, il est suffisamment simple pour que l'auteur de ces lignes s'y retrouve. C'est tout dire !

*Québec   Ford Flex : 161 unités / Lincoln MKT : 8 unités
**Canada   Ford Flex : 2 587 unités / Lincoln MKT : 102 unités

La liste d'équipements standard est impressionnante, mais personnellement, je serais prêt à troquer les dizaines d'alarmes qui sonnent à qui mieux mieux quand on recule en même temps qu'une mouche se déplace chez le troisième voisin, pour des commandes de chauffage/climatisation normales, c'est-à-dire à boutons. Pour le moment, il faut se contenter de foutus boutons à effleurement, lesquels obligent à quitter la route des yeux dès que l'on veut les manipuler. Alors, quand Ford (et d'autres constructeurs) se fait aller la trappe pour dire à quel point la sécurité des usagers est importante pour elle...

Deux moteurs sont proposés pour le Flex. Il y a d'abord un V6 3,5 litres atmosphérique dont les performances sont très correctes, d'autant plus qu'il ne s'agit pas d'un poids plume. En effet, le Flex (et le MKT) dépasse joyeusement la barre des 2 000 kilos! Ce moteur est associé d'office aux roues avant — une offre que vous pouvez refuser sans remords — et le rouage intégral est optionnel selon la version, une offre que vous devez accepter. Notez que ce moteur et la traction ne sont pas disponibles dans le MKT.

DES VOITURES ÉLECTRIQUES FONT MIEUX!

Le Lincoln MKT et le Ford Flex Limited ont droit à plus d'égards. Et à un prix plus élevé. Sous leur capot, on retrouve un autre V6 3,5 litres, double turbo celui-là (EcoBoost). C'est avec lui que l'on plante les Mazda3. Disponible avec le rouage intégral uniquement, ce moteur consomme toutefois autant qu'une personne qui trouve un baril d'eau après deux semaines dans le désert. Pour s'en tirer sous les 14 litres/100 km, il faut avoir un pied droit de fée. Remarquez que le V6 atmosphérique, bien que moins glouton, n'est pas non plus un exemple de sobriété. Comme si ce n'était pas suffisant, l'autonomie avec un réservoir plein n'atteint même pas 500 km. Il faut donc planifier ses déplacements. Comme avec une voiture électrique! Curieusement, peu importe le moteur, la capacité de remorquage demeure la même (4 500 livres – 2 041 kg).

Bien qu'ils accélèrent avec vélocité, les Flex et MKT sont bien démunis en conduite le moindrement dynamique et la première courbe prise rapidement vous fait réfléchir sur le sens de la vie. D'ailleurs, le flou de la direction devrait allumer une petite lumière AVANT ladite courbe! Tout comme la suspension assez molle, dont la mission est de préserver le confort des occupants, peu importe l'état de la chaussée.

Ford prévoit renouveler plusieurs de ses VUS d'ici 2020 et il est logique que ces deux mammouths, qui datent de 2009, soient éliminés ou modernisés. Pour le moment, et même s'ils détonnent de plus en plus dans la jungle automobile, ils demeurent des véhicules éminemment pratiques.

Données principales

Emp. / lon. / lar. / haut.	2 995 / 5 126 / 2 256 / 1 727 mm
Coffre / réservoir	566 à 2 356 litres / 70 litres
Nbre coussins sécurité / ceintures	6 / 7
Suspension av. / arr.	ind., jambes force / ind., multibras
Pneus avant / arrière	P255/45R20 / P255/45R20
Poids / Capacité de remorquage	2 195 kg / 2 041 kg (4 500 lb)

Composantes mécaniques

FLEX SE, SEL, LIMITED

Cylindrée, alim.	V6 3,5 litres atmos.
Puissance / Couple	287 ch / 254 lb-pi
Tr. base (opt) / Rouage base (opt)	A6 / Int (Tr)
0-100 / 80-120 / V. max	9,1 s / n.d. / n.d.
100-0 km/h	n.d.
Type / ville / route / CO$_2$	Ord / 13,7 / 10,1 / 5 557 kg/an

FLEX LIMITED TI ECOBOOST, MKT

Cylindrée, alim.	V6 3,5 litres turbo
Puissance / Couple	365 ch / 350 lb-pi
Tr. base (opt) / Rouage base (opt)	A6 / Int
0-100 / 80-120 / V. max	7,2 s / 5,9 s / n.d.
100-0 km/h	40,9 m
Type / ville / route / CO$_2$	Sup / 14,6 / 10,4 / 5 847 kg/an

‹‹ POUR LE MOMENT, MÊME S'ILS DÉTONNENT DE PLUS EN PLUS DANS LA JUNGLE AUTOMOBILE, LE FLEX ET LE MKT DEMEURENT DES VÉHICULES ÉMINEMMENT PRATIQUES. ››

FORD FLEX / LINCOLN MKT

DU NOUVEAU EN 2018

Aucun changement majeur au moment de mettre sous presse.

LINCOLN MKT

FORD FLEX

Photos : Ford

Pour voir la liste complète des informations techniques, veuillez vous référer à la section statistiques.

FORD | 301

FORD **FOCUS**

74% COTE DU GUIDE

(((SiriusXM)))

Prix: 17 398 $ à 48 418 $ (2017)
Catégorie: Berline, Hatchback
Garanties:
3 ans/60 000 km, 5 ans/100 000 km
Transport et prép.: 1 750 $
Ventes QC 2016: 4 130 unités
Ventes CAN 2016: 16 627 unités
Assemblage:
Wayne MI US, Sarrelouis DE

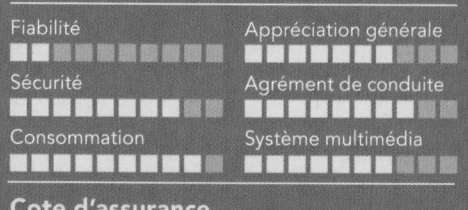

Fiabilité
■■■□□□□□□□

Appréciation générale
■■■■■■■□□□

Sécurité
■■■■■■□□□□

Agrément de conduite
■■■■■■□□□□

Consommation
■■■■■■■□□□

Système multimédia
■■■■■□□□□□

Cote d'assurance

$ $ $ $

Connectivité multimédia

Aucune

➕ Focus Electric efficace et abordable •
La RS aussi… mais en moins abordable •
Design toujours pertinent •
Choix de versions

➖ L'âge la rattrape • Coffre de la version
Electric restreint • Grand rayon de
braquage • Trois cylindres 1,0 litre
peu intéressant

Concurrents
Chevrolet Cruze, Honda Civic,
Hyundai Elantra, Kia Forte, Mazda3,
MINI Hayon, Mitsubishi Lancer, Nissan
Sentra, Subaru Impreza, Toyota Corolla,
Volkswagen Golf, Volkswagen Jetta

La concurrence
fait de l'ombre

Mathieu St-Pierre

Je me souviens clairement de mon premier essai de la Focus en 2000. Cette voiture, qu'on attendait depuis longtemps en Amérique du Nord, promettait d'être plus moderne, dynamique et beaucoup plus attrayante que l'Escort qu'elle remplaçait. Le pari fut gagné, mais avouons que ce n'était pas très difficile…

J'étais au lancement médiatique de la 2e itération de la Focus en 2008 et disons que le déridage a eu du mal à convaincre la presse spécialisée. C'est en janvier 2011, pour l'année modèle 2012, lors de l'évènement de presse ayant eu lieu tout près de Malibu, en Californie, que j'ai pris connaissance de la Focus actuelle, qui allait devenir la référence dans la catégorie des compactes.

Nous voilà déjà en 2018 et la Focus n'a subi que quelques changements esthétiques et seules quelques éditions spéciales se sont rajoutées à sa gamme au courant des sept dernières années. Cependant, depuis 2012, ses ventes ne cessent de décliner. La raison est fort simple: la Focus n'est pas mauvaise, loin de là. C'est la concurrence provenant des Honda Civic, Hyundai Elantra et Mazda3 qui lui fait beaucoup de tort.

Lors de l'arrivée du modèle de troisième génération en 2012, la Focus était non seulement l'une des plus belles voitures de la catégorie — son habitacle était particulièrement moderne — mais son comportement routier alliait raffinement, tenue de route et confort à la perfection.

Le design de la carrosserie était, et demeure, moderne suite à son dernier remodelage en 2015. Il vieillit bien et se tire toujours d'affaire comparativement à la Civic qui, pour certains, est tout simplement hideuse. La version à hayon de la Focus continue d'être la plus polyvalente et, selon moi, la plus agréable au regard.

Le principal défaut de la Focus concerne ses dimensions intérieures, surtout si l'espace compte pour beaucoup dans vos critères d'achat. La Focus *hatchback* compte environ 200 litres en moins que ses principales rivales comme la

Mazda3 Sport. L'ergonomie d'ensemble de la planche de bord résiste aussi au ravage des années même si on aimerait plus de vide-poches à l'avant, mais heureusement, la belle finition nous fait oublier ces lacunes. Rares sont les voitures qui, comme la Focus, sont offertes avec cinq motorisations distinctes. Avant de passer à deux versions aux antipodes, notez que la version à moteur trois cylindres n'offre pas d'avantages en matière de consommation tandis que le quatre cylindres de base fait un boulot honnête.

EXTRÊME NO 1: FOCUS ELECTRIC

En général, les véhicules électriques élaborés à partir d'une voiture à essence, comme la Focus, s'avèrent souvent la meilleure version. C'est le cas de cette Focus Electric qui ne souffre que d'un seul vrai défaut : un petit coffre.

Ce dernier passe de 660 litres à 402 litres à cause de l'emplacement des batteries. Lors d'une utilisation quotidienne, on ne remarque pas cette perte, mais les emplettes hebdomadaires chez Costco devront être complétées avec le VUS familial. Comme tous les VÉ, la Focus bénéficie d'un couple maximum dès que l'on appuie sur l'accélérateur. En situations urbaines, elle brille au plus haut de ses électrons.

EXTRÊME NO 2: FOCUS RS

La RS est le mouton noir de la gamme Focus, mais elle est également celle qui nous fait le plus tripper, comme on dit en bon québécois. Si la ST de 252 chevaux anime les émotions par ses performances, la RS enflamme les passions et crée des sueurs froides grâce à son quatre cylindres turbo développant 350 chevaux. Dans une voiture d'à peine 1 600 kilos !

Le plus grand défaut de la RS est son prix. Malgré l'équipement complet et le fait que des pneus d'hiver Michelin Pilot Alpin PA4 sur jantes de 18 pouces soient inclus, il est difficile de préférer la Ford Focus RS à la Volkswagen Golf R. Cette dernière est plus civilisée et, selon les goûts, moins criarde.

L'avantage qu'a la RS sur la Golf R est son système de rouage intégral complexe. Jusqu'à 70 % du couple disponible peut se rendre aux roues arrière et ce couple peut se retrouver à 100 % sur un des deux côtés, ou se diviser infiniment. Autrement dit, la RS est conçue pour quitter un point de corde avec un maximum de traction. Une bonne dextérité est nécessaire pour manier les pédales et le levier, mais si tous les éléments sont en place, la puissance du 2,3 litres permet des reprises foudroyantes.

Le roulement et le calibrage des suspensions limitent exagérément le débattement, ce qui rend cette Focus peu agréable en ville. Elle n'existe que pour une utilisation sur une piste de course et ce n'est que là qu'elle peut être intelligemment exploitée.

Données principales

Emp. / lon. / lar. / haut.	**Berline** - 2 648 / 4 538 / 1 823 / 1 466 mm
	Hatchback - 2 648 / 4 391 / 1 823 / 1 466 mm
Coffre / réservoir	**Berline** - 374 litres / 47 litres
	Hatchback - 1 243 litres / 51 litres
Nbre coussins sécurité / ceintures	7 / 5
Suspension av. / arr.	ind., jambes force / ind., multibras
Pneus avant / arrière	P235/35R19 / P235/35R19
Poids / Capacité de remorquage	**Berline** - 1 386 kg / non recommandé
	Hatchback - 1 661 kg / non recommandé

Composantes mécaniques

ÉLECTRIQUE

Puissance / Couple	143 ch (106 kW) / 184 lb-pi
Tr. base (opt) / Rouage base (opt)	Rapport fixe / Tr
0-100 / 80-120 / V. max	10,5 s / 7,3 s / 135 km/h (est)
100-0 km/h	42,3 m
Consommation équivalente	2,2 Le/100 km
Type de batterie	Lithium-ion (Li-ion)
Énergie	33,5 kWh
Temps de charge (120V / 240V)	30,0 h / 5,5 h
Autonomie	185 km

ST

Cylindrée, alim.	4L 2,0 litres turbo
Puissance / Couple	252 ch / 270 lb-pi
Tr. base (opt) / Rouage base (opt)	M6 / Tr
0-100 / 80-120 / V. max	6,9 s / 4,1 s / 248 km/h (est)
100-0 km/h	40,3 m
Type / ville / route / CO_2	Ord / 10,5 / 7,7 / 4 250 kg/an

RS

Cylindrée, alim.	4L 2,3 litres turbo
Puissance / Couple	350 ch / 350 lb-pi
Tr. base (opt) / Rouage base (opt)	M6 / Int
0-100 / 80-120 / V. max	5,1 s / 4,3 s / n.d.
100-0 km/h	37,7 m
Type / ville / route / CO_2	Sup / 12,1 / 9,3 / 4 986 kg/an

1,0 LITRE

3L 1,0 l - 123 ch/125 lb-pi - M6 - 0-100: 11,2 s (est) - 7,8/5,7 l/100 km

2,0 LITRES

4L 2,0 l - 160 ch/146 lb-pi - A6 - 0-100: 9,3 s - 8,9/6,0 l/100 km

DU NOUVEAU EN 2018

Aucun changement majeur au moment de mettre sous presse. Nouvelles couleurs pour la Focus Electric et la Focus RS.

Photos : Ford

Pour voir la liste complète des informations techniques, veuillez vous référer à la section statistiques.

FORD **FUSION**

71 % COTE DU GUIDE

Prix: 23 688 $ à 45 088 $ (2017) (estimé)
Catégorie: Berline
Garanties:
3 ans/60 000 km, 5 ans/100 000 km
Transport et prép.: 1 700 $
Ventes QC 2016: 1 751 unités
Ventes CAN 2016: 14 424 unités
Assemblage: Hermosillo MX

Fiabilité
■■■■■■■■□□

Sécurité
■■■■■■■■■□

Consommation
■■■■■□□□□□

Appréciation générale
■■■■■■■□□□

Agrément de conduite
■■■■■■■□□□

Système multimédia
■■■■■■■■□□

Cote d'assurance

$ $ $ $

Connectivité multimédia

Android Auto

Apple CarPlay

+ Style plaisant • Habitacle vaste et silencieux • Très bonne autonomie (Energi) • Version Sport réussie • Comportement routier adéquat

− Consommation quand même élevée (sauf hybrides) • Version Sport chère • Moteur 2,5 litres énergivore • Direction sans émotion (sauf Sport… un peu plus tactile)

Concurrents

Chevrolet Malibu, Honda Accord, Hyundai Sonata, Kia Optima, Mazda6, Nissan Altima, Subaru Legacy, Toyota Camry, Volkswagen Passat

De la substance et de la prestance

Daniel Melançon / Alain Morin

La Ford Fusion se retrouve dans la catégorie des berlines intermédiaires où la concurrence est pour le moins féroce. Pas facile de se faire une niche quand vos adversaires sont des succès techniques et commerciaux comme les Honda Accord, Hyundai Sonata et Toyota Camry. Par contre, la Fusion a tellement de variantes à proposer à sa clientèle qu'il faut vraiment être difficile pour ne pas trouver chaussure à son pied!

Pour bien vous situer dans la grande famille Ford, la Fusion se classe au-dessus de la Fiesta, une sous-compacte et de la Focus, une compacte. Elle est cependant moins grande que la Taurus, la berline pleine grandeur du constructeur américain. En 2017, un vent de fraîcheur a soufflé sur la Fusion, lui apportant plusieurs améliorations esthétiques et mécaniques et, surtout, une version Sport pas piqué des vers.

La Fusion 2018 arrive de base avec un quatre cylindres atmosphérique de 2,5 litres développant 175 chevaux. Suivent trois moteurs turbocompressés (lire EcoBoost). L'offre débute avec un 1,5 litre livrant six chevaux de plus que le 2,5, soit 181. Il y a également un 2,0 litres de 245 chevaux et, enfin un V6 2,7 litres déballant 325 équidés. Sans oublier la version hybride (quatre cylindres 2,0 litres associé à un moteur électrique de 118 chevaux, pour un total de 188 équidés). Oh, il y a aussi la version Energi, un hybride rechargeable qui reçoit les mêmes moteurs que l'hybride, mais elle est dotée d'une batterie lithium-ion plus imposante. La Fusion est proposée en traction, cependant un rouage intégral est disponible sur certaines versions, et de série sur les plus huppées. Si vous n'y trouvez pas votre compte...

MOTEURS À ESSENCE

Décortiquons tout ça... Avec son 2,5 litres de 175 chevaux, la Fusion n'est pas un foudre de guerre, mais comme on dit « il fait la job ». Toutefois, malgré sa faible écurie, il consomme pas mal, surtout en milieu urbain. Le 1,5 litre turbocompressé, même s'il n'est pas beaucoup plus puissant, s'avère plus intéressant, ne serait-ce que pour sa consommation mieux contrôlée (pourvu que l'on conduise avec modération). Soulignons au passage que sous 3 000 tours/minute, l'angle de l'accélérateur n'a aucune incidence sur la vitesse de rotation du turbocompresseur et il faut quelquefois bien planifier les dépassements.

On commence à jaser avec le 2,0 litres turbo de 245 chevaux. Il s'agit, selon nous, du meilleur compromis possible entre le 1,5 et le V6 2,7 litres, autant en matière de performances, de consommation que de sensations. Enfin, il y a la version Sport avec son V6 2,7 litres biturbo dont les prestations sont nettement plus intéressantes. Néanmoins, n'espérez pas vous en tirer sous 10,0 l/100 km au combiné, en conduite normale. Tous ces moteurs sont accouplés à une boîte automatique à six rapports qui a le don apprécié de se faire oublier.

Le comportement routier s'améliore au fur et à mesure que l'on monte dans la hiérarchie des moteurs. Autant la livrée de base avec le 2,5 atmosphérique laisse indifférent, autant la version Sport est agréable à conduire. Sur la console, un bouton permet au conducteur de choisir entre quelques modes de conduite et, chose inusitée dans une berline intermédiaire américaine, le mode Sport est un vrai mode Sport qui agit sur le moteur et la boîte, sur le rouage intégral de série, sur la suspension qui gagne en rigidité et sur l'échappement. Tout ça se monnaye par contre...

HYBRIDES

Quant aux versions Hybrid et Energi, elles s'avèrent de véritables cactus et, selon un propriétaire d'une Hybrid rencontré récemment, les 5,5 l/100 en ville et 5,7 sur la route sont tout à fait atteignables sans trop d'efforts. L'Energi, grâce à sa plus grosse batterie (7,6 kWh contre 1,4 pour l'Hybrid), promet une autonomie en mode électrique de 35 km. Dans la vie normale, calculez plutôt entre 20 et 25 km. Ces deux Fusion écologiques sont mues par les roues avant via une boîte CVT.

À l'intérieur, la Fusion propose un habitacle bien insonorisé, sobre et esthétiquement réussi avec un tableau de bord en deux tons sur les versions les plus relevées. La finition optionnelle de sièges en cuir m'apparaît plus confortable que celle en tissu, surtout au niveau du soutien latéral. À l'arrière, deux passagers profiteront d'une banquette confortable, malgré un dégagement un peu serré pour la tête des personnes mesurant plus de six pieds. Le système d'infodivertissement SYNC 3 a été amélioré avec une nouvelle molette rotative qui permet de naviguer efficacement d'un mode à l'autre.

Quelle que soit la version choisie, la Fusion est étonnamment agréable à conduire. Sans être une voiture excitante, elle est stylisée et se comporte presque comme une berline européenne, surtout dans sa version Sport. Avec la Fusion, Ford a bien fait ses devoirs. Est-ce que j'entends de méchantes langues qui chuchotent qu'une fois n'est pas coutume ?

Données principales

Emp. / lon. / lar. / haut.	2 850 / 4 872 / 1 852 / 1 473 mm
Coffre / réservoir	453 litres / 68 litres
Nbre coussins sécurité / ceintures	8 / 5
Suspension av. / arr.	ind., jambes force / ind., multibras
Pneus avant / arrière	P235/45R18 / P235/45R18
Poids / Capacité de remorquage	1783 kg / non recommandé

Composantes mécaniques

S HYBRIDE, SE HYBRIDE ET ENERGI
4L 2,0 l - 141 ch/129 lb-pi - CVT - 0-100: 9,1 s - 5,5/5,7 l/100 km

Consommation combinée	2,4 Le/100 km

MOTEUR ÉLECTRIQUE

Puissance / Couple	118 ch (87 kW) / 177 lb-pi
Type de batterie	Lithium-ion (Li-ion)
Énergie (Hybride)	1,4 kWh
Énergie (Energi)	7,6 kWh
Temps de charge (120V / 240V) (Energi)	7,0 h / 2,5 h
Autonomie (Energi)	35 km

S, SE

Cylindrée, alim.	4L 2,5 litres atmos.
Puissance / Couple	175 ch / 175 lb-pi
Tr. base (opt) / Rouage base (opt)	A6 / Tr
0-100 / 80-120 / V. max	9,2 s / n.d. / n.d.
100-0 km/h	n.d.
Type / ville / route / CO$_2$	Ord / 10,6 / 7,0 / 4131 kg/an

SE TI, TITANIUM AWD

Cylindrée, alim.	4L 2,0 litres turbo
Puissance / Couple	245 ch / 275 lb-pi
Tr. base (opt) / Rouage base (opt)	A6 / Int
0-100 / 80-120 / V. max	7,5 s / 6,5 s / n.d.
100-0 km/h	n.d.
Type / ville / route / CO$_2$	Ord / 10,6 / 7,0 / 4131 kg/an

SPORT

Cylindrée, alim.	V6 2,7 litres turbo
Puissance / Couple	325 ch / 380 lb-pi
Tr. base (opt) / Rouage base (opt)	A6 / Int
0-100 / 80-120 / V. max	n.d. / n.d. / n.d.
100-0 km/h	n.d.
Type / ville / route / CO$_2$	Ord / 13,5 / 9,0 / 5 279 kg/an

SE TA 1.5 ECOBOOST
4L 1,5 l - 181 ch/185 lb-pi - A6 - 0-100: n.d. - 9,9/6,5 l/100 km

DU NOUVEAU EN 2018

Aucun changement majeur au moment de mettre sous presse.

Pour voir la liste complète des informations techniques, veuillez vous référer à la section statistiques.

(((SiriusXM)))

Prix : 450 000 $ (estimé)
Catégorie : Coupé
Garanties :
3 ans/60 000 km, 5 ans/100 000 km
Transport et prép. : n.d.
Ventes QC 2016 : 0
Ventes CAN 2016 : 0
Assemblage : Markham ON CA

Fiabilité	Appréciation générale
n.d.	n.d.
Sécurité	Agrément de conduite
n.d.	n.d.
Consommation	Système multimédia
n.d.	n.d.

Cote d'assurance

n.d.

Connectivité multimédia

Aucune

➕ Silhouette radicale et fascinante •
Raffinement technique exceptionnel •
Suspension impressionnante • Double
personnalité pleinement assumée

➖ Habitacle plutôt austère et dépouillé •
Tableau de bord vaguement psychédé-
lique • Coffre microscopique ou ridicule,
au choix • Faut-il parler du prix ?

Concurrents

Acura NSX, Audi R8, Chevrolet Corvette,
Ferrari 488 GTB, Lamborghini Aventador,
Mercedes-AMG GT, McLaren 720S,
Porsche 911

La diva américaine
se révèle, un peu

Marc Lachapelle

Après une entrée en scène spectaculaire, au Salon de Detroit,
et une apparition remarquée sur la couverture de la
50e édition du *Guide de l'auto*, la Ford GT a permis au
constructeur de célébrer dignement le 50e anniversaire de la
première victoire de son aïeule, aux 24 Heures du Mans, en
emportant la catégorie GTE-Pro, à sa première tentative.
Maintenant que les premières versions de route ont été produites,
on en sait enfin un peu plus sur ce qui fait rouler cette sportive
américaine d'exception.

Le deuxième passage des Ford GT aux 24 Heures du Mans a été moins
glorieux, même si les quatre voitures inscrites ont rallié l'arrivée, ce qui est
déjà un exploit dans ce marathon aussi imprévisible qu'impitoyable.

POUR TOUTES SORTES DE BONNES RAISONS

De toute manière, les victoires au Mans n'étaient pas le seul objectif Ford
lorsque la conception de cette nouvelle GT s'est amorcée, en 2013. Ford
voulait permettre à ses ingénieurs de pousser leurs connaissances en
développement de nouveaux moteurs et en aérodynamique, mais également
de perfectionner l'utilisation de matériaux légers tels que la fibre de carbone.

On peut en outre présumer que l'idée de fabriquer 250 exemplaires de la
GT, chaque année, pour les vendre ensuite 400 000 $ US chacune, jusqu'en
2020, n'avait rien non plus pour déplaire à Ford. Chose certaine, la vénérable
marque ne serait pas arrivée si rapidement à de tels résultats sans l'aide
précieuse de la firme Multimatic, référence mondiale en technologies de
pointe appliquées à l'automobile, y compris en Formule 1. La version « civile »
de la Ford GT est d'ailleurs fabriquée par Multimatic dans son usine de
Markham, en Ontario.

Parmi les nombreuses réalisations de Multimatic, on compte la coque en
fibre de carbone de la rarissime Aston Martin One-77 et les amortisseurs
DSSV utilisés par l'équipe Red Bull en F1. Ces deux technologies sont

d'ailleurs très présentes dans la Ford GT. Sa structure et sa carrosserie en fibre de carbone font, par exemple, qu'elle ne pèse que 1 385 kg à sec et 1 440 kg avec tous les fluides nécessaires, sauf l'essence à octane 93 qui est prescrite.

UNE MÉTAMORPHOSE ÉLECTROMÉCANIQUE

La Ford GT s'abaisse de 5 cm d'un coup sec lorsqu'on passe du mode Route au mode Piste. Parce que les ressorts hélicoïdaux sont alors découplés et que la carrosserie est désormais soutenue uniquement par des barres de torsion beaucoup plus rigides. Les amortisseurs DSSV appuient la suspension, en continu, quel que soit le mode de conduite. De petits vérins hydrauliques permettent aussi de soulever l'avant de la GT jusqu'à 40 km/h pour franchir les bosses, entrées et autres dos d'âne, sans endommager le becquet ou la précieuse coque en fibre de carbone.

En mode Piste, le grand aileron arrière réglable se soulève du même coup d'une vingtaine de centimètres sur les bras qui le supportent, et les volets se ferment dans les prises d'air à l'avant pour maximiser la déportance aérodynamique et l'adhérence en virage. L'aileron se dresse également à la verticale, comme celui de la Bugatti Chiron et de la McLaren P1, pour jouer à l'aérofrein et appuyer les freins Brembo. Leurs grands disques carbone-céramique (394 mm à l'avant et 360 mm derrière) sont pincés par des étriers à six et à quatre pistons, respectivement. Ah oui! la servodirection à crémaillère est hydraulique plutôt qu'électrique, comme c'est la mode actuellement.

Par la lunette arrière rectangulaire de la GT, on aperçoit son moteur, un V6 de 3,5 litres à double arbre à cames en tête, suralimenté par deux turbos, qui produit 647 chevaux et un couple de 550 lb-pi. Il lui permettrait d'atteindre une vitesse de pointe de 348 km/h, couplé à une boîte de vitesses à double embrayage Getrag à sept rapports. En mode Sport ou Piste, les turbos tournent constamment à 20 000 tr/min minimum, pour éviter tout temps de réponse.

Ce moteur a été développé en parallèle avec celui de la GT de course, mais également avec celui du F-150 Raptor, avec lequel il partagerait 60 % de ses pièces. Puissant, certes, mais pas tellement frugal, avec des cotes ville/route/combinée de 20,6 / 13,2 / 17,3 l/100 km, selon les normes de Ressources naturelles Canada. Rien de très étonnant.

Sous les portières en élytre, on découvre un habitacle plutôt spartiate dans lequel est préalablement intégrée une cage de sécurité en acier, approuvée par la FIA. Les sièges baquets sont déjà prêts pour des ceintures à six ancrages. Le dessin du tableau de bord est d'un style rétrofuturiste quelque peu étrange et le volant, dont la jante en suède est presque carrée, est truffé de boutons de contrôle.

Données principales

Emp. / lon. / lar. / haut.	2710 / 4763 / 2004 / 1110 mm
Coffre / réservoir	11 litres / 58 litres
Nbre coussins sécurité / ceintures	6 / 2
Suspension av. / arr.	ind., multibras / ind., multibras
Pneus avant / arrière	P245/35R20 / P325/30R20
Poids / Capacité de remorquage	1385 kg / non recommandé

Composantes mécaniques

COUPÉ

Cylindrée, alim.	V6 3,5 litres turbo
Puissance / Couple	647 ch / 550 lb-pi
Tr. base (opt) / Rouage base (opt)	A7 / Prop
0-100 / 80-120 / V. max	4,0 s (est) / 3,8 s (est) / 348 km/h (const)
100-0 km/h	39,2 m (est)
Type / ville / route / CO$_2$	Sup / 20,6 / 13,2 / 7 944 (est) kg/an

« LA FORD GT EXPLOITE À FOND L'AÉRODYNAMIQUE ET L'ÉLECTRONIQUE **POUR BRILLER TANT SUR LA ROUTE QUE SUR LES CIRCUITS, POUR LES QUELQUES** HEUREUX **PROPRIÉTAIRES. »**

DU NOUVEAU EN 2018

Aucun changement majeur au moment de mettre sous presse. Production prolongée jusqu'en 2020.

Photos : Ford

Pour voir la liste complète des informations techniques, veuillez vous référer à la section statistiques.

FORD | 307

FORD **MUSTANG**

73% COTE DU GUIDE

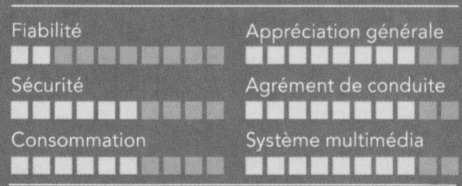

Prix: 26 898 $ à 84 178 $ (2017)
Catégorie: Cabriolet, Coupé
Garanties:
3 ans/60 000 km, 5 ans/100 000 km
Transport et prép.: 1 750 $
Ventes QC 2016: 1 055 unités
Ventes CAN 2016: 7 655 unités
Assemblage: Flat Rock MI US

Fiabilité	Appréciation générale
■■□□□□□□□□	■■■■■■■□□□
Sécurité	Agrément de conduite
■■■■■■□□□□	■■■■■■■□□□
Consommation	Système multimédia
■■■■■■■□□□	■■■■■■■□□□

Cote d'assurance

$ ▼ $ $ $

Connectivité multimédia

Apple CarPlay

➕ Performances et tenue de route réjouissantes (GT) • Tableau de bord et affichage plus clairs • Coupés Shelby GT350 et GT350R spectaculaires • Groupe Performance optionnel (GT)

➖ Moteur 2,3 litres turbo peu inspirant • Places arrière étriquées • Fiabilité décevante • Versions GT350 chères

Concurrents
Chevrolet Camaro, Dodge Challenger, Nissan 370Z, Subaru BRZ, Toyota 86

Pas de vacances pour les icônes

Marc Lachapelle

Si la stupéfiante Ford GT mérite une salve de superlatifs, y compris pour sa rareté et son prix hallucinant, c'est assurément par la Mustang que la marque à l'ovale bleu fait apprécier les joies de la conduite et de la performance, à des degrés hautement variables, depuis plus d'un demi-siècle. La chose est d'autant plus vraie depuis que l'aïeule des *pony cars* est devenue la voiture sport la plus vendue sur cette planète.

Il s'est vendu 150 000 Mustang l'an dernier, dont 45 000 à l'extérieur des États-Unis. Cette nouvelle Mustang globe-trotter est même devenue la sportive la plus populaire en Chine, le plus grand marché automobile au monde, depuis qu'elle y a été lancée, en 2015. Elle sera d'ailleurs vendue désormais dans 146 pays. Six de plus que l'an dernier.

La Mustang ne se repose pas sur ses lauriers pour autant. Entre autres parce que le duel féroce et sans merci qui l'oppose à la Camaro, depuis les années 60, a repris de plus belle au retour de cette dernière, il y a huit ans. Ford devait surtout réagir à la refonte très sérieuse et réussie de cette grande rivale, il y a deux ans. Remarquez qu'il s'est tout de même encore vendu trois Mustang pour une Camaro chez nous, l'an dernier.

CENT FOIS SUR LE MÉTIER...

On a d'abord redessiné les parties avant et arrière de la carrosserie de la Mustang, calandre, capot et prises d'air incluses. Les phares et les feux de position sont entièrement à diodes électroluminescentes (DEL), maintenant. On a redessiné du même coup les feux arrière, en plus du pare-chocs, du carénage et du diffuseur. Le modèle équipé du quatre cylindres turbocompressé de 2,3 litres possède un embout d'échappement double alors que la GT à moteur V8 de 5,0 litres en affiche deux paires, installées de part et d'autre, aux extrémités du pare-chocs. Ces deux moteurs ont été revus et ils sont plus puissants, mais on ne sait toujours pas de combien. Ah oui: c'est feu le V6 atmosphérique cette année, pour la Mustang.

De toute manière, les reines de la puissance et de la performance demeurent la Shelby GT350 et la GT350R, sa version plus légère et plus pointue, conçue pour les circuits avec ses pneus Michelin Pilot Sport Cup 2 sans compromis, montés sur des jantes en fibre de carbone, un grand becquet à l'avant, un gros aileron arrière en fibre de carbone et des sièges arrière optionnels. La GT350R est livrée de série avec d'excellents amortisseurs à variation magnétique qui sont en option sur la GT350.

Ces deux-là sont de retour pour une autre année, sans changement autre que le choix des trois nouvelles couleurs de la Mustang : Furie orange, Bleu Kona et Rouge royal. Toujours équipées de sièges Recaro, de freins Brembo et propulsées par le fabuleux V8 « Voodoo » de 5,0 litres avec son vilebrequin à manetons plats qui lui permet de produire 526 chevaux à un régime de 7 500 tr/min, transmis aux roues arrière par un différentiel autobloquant de type Torsen.

UNE CARTE D'ATOUT POUR LA GT

Les passionnés de performance et de conduite qui ne roulent pas sur l'or devraient jeter un sérieux coup d'œil au groupe Performance qui est offert pour la GT. Il lui ajoute, entre autres, des jantes d'alliage noires de 19 pouces chaussées de pneus de performance, des étriers Brembo à six pistons à l'avant qui pincent des disques plus grands, des entretoises pour les tourelles d'une suspension retouchée, une barre antiroulis plus costaude à l'arrière, le différentiel autobloquant Torsen et un radiateur plus gros.

Cette option de 3 700 $ est une pure aubaine qui transforme la GT en une auto sport plus complète, qui se débrouille aussi très honnêtement sur un circuit. Surtout que l'on peut désormais ajouter les amortisseurs MagneRide et un nouvel échappement dont on peut contrôler le niveau sonore à volonté. Avec le beau rugissement de son V8 Coyote plus puissant, cette GT est la quintessence de la Mustang, tout simplement. La version EcoBoost ? Ni charme, ni verve, ni sonorité. Je ne vois pas l'intérêt. Pas plus que pour la SVO d'antan, d'ailleurs, en dépit d'une meilleure répartition des masses, etc.

Cette GT améliorée sera d'autant plus agréable sur la route qu'elle profitera de la kyrielle d'ajouts et de retouches apportées pour 2018 à l'habitacle et l'équipement des Mustang les plus accessibles. Outre une boîte automatique optionnelle à dix rapports, la nouveauté la plus marquante est sans contredit le grand écran à haute résolution de 12 pouces, entièrement configurable, qui se charge désormais d'afficher les données essentielles, y compris la vitesse et le régime du moteur. De quoi dire, encore une fois : à nous deux, la Camaro !

Données principales

Emp. / lon. / lar. / haut.	**Cabriolet** - 2720 / 4783 / 1915 / 1395 mm
	Coupé - 2720 / 4818 / 1928 / 1361 mm
Coffre / réservoir	**Cabriolet** - 323 litres / 61 litres
	Coupé - 382 litres / 61 litres
Nbre coussins sécurité / ceintures	6 / 4
Suspension av. / arr.	ind., jambes force / ind., multibras
Pneus avant / arrière	P235/50R18 / P235/50R18
Poids / Capacité de remorquage	**Cabriolet** - 1740 kg / n.d.
	Coupé - 1705 kg / n.d.

Composantes mécaniques

2.3 TURBO

Cylindrée, alim.	4L 2,3 litres turbo
Puissance / Couple	310 ch / 320 lb-pi
Tr. base (opt) / Rouage base (opt)	M6 (A6) / Prop
0-100 / 80-120 / V. max	6,6 s (est) / 3,8 s (est) / n.d.
100-0 km/h	39,2 m (est)
Type / ville / route / CO$_2$	Sup / 11,2 / 7,4 / 4 365 (est) kg/an

GT

Cylindrée, alim.	V8 5,0 litres atmos.
Puissance / Couple	435 ch / 400 lb-pi
Tr. base (opt) / Rouage base (opt)	M6 (A6) / Prop
0-100 / 80-120 / V. max	6,2 s / 3,4 s / n.d.
100-0 km/h	39,5 m
Type / ville / route / CO$_2$	Sup / 14,7 / 9,4 / 5 665 (est) kg/an

SHELBY GT350, SHELBY GT350R

Cylindrée, alim.	V8 5,2 litres atmos.
Puissance / Couple	526 ch / 429 lb-pi
Tr. base (opt) / Rouage base (opt)	M6 / Prop
0-100 / 80-120 / V. max	5,0 s / 3,2 s / n.d.
100-0 km/h	37,2 m
Type / ville / route / CO$_2$	Sup / 16,8 / 11,2 / 6 569 (est) kg/an

DU NOUVEAU EN 2018

Écran numérique configurable de 12 pouces, moteurs plus puissants, amortisseurs MagneRide, nouvelles roues et couleurs, échappement quadruple modulable (GT). Disparition du moteur V6. Line Lock de série avec le 2,3 litres.

Photos : Ford

Pour voir la liste complète des informations techniques, veuillez vous référer à la section statistiques.

FORD **TAURUS**

71% COTE DU GUIDE

Prix: 31 498 $ à 52 098 $ (2017)
Catégorie: Berline
Garanties:
3 ans/60 000 km, 5 ans/100 000 km
Transport et prép.: 1 750 $
Ventes QC 2016: 411 unités
Ventes CAN 2016: 2 816 unités
Assemblage: Chicago IL US

Fiabilité ■■■■■■□□□□
Appréciation générale ■■■■■■■□□□
Sécurité ■■■■■■■■□□
Agrément de conduite ■■■■■■■□□□
Consommation ■■■■□□□□□□
Système multimédia ■■■■■■■□□□

Cote d'assurance

$ $ $ $

Connectivité multimédia

Aucune

+ Prix concurrentiels • Aménagements intérieurs luxueux • Silence de roulement • Moteurs V6 modernes • Nouvelle version Sport

− Consommation élevée • Prestige en devenir • Réseau de concessionnaires balbutiant • Moteur V8 moyen

Concurrents

Buick LaCrosse, Chevrolet Impala, Chrysler 300, Dodge Charger, Nissan Maxima, Toyota Avalon

Quelques rides

Michel Deslauriers

L'actuelle génération de la Ford Taurus a été introduite en 2009, comme année-modèle 2010. Depuis ce temps, on a apporté quelques retouches esthétiques ici et là, ajouté des caractéristiques de sécurité et bonifié la liste des motorisations. Toutefois, en général, cette berline pleine grandeur a peu évolué au cours des huit dernières années.

Ce n'est pas trop grave, car elle prend ses aises dans un segment de marché où les nouveautés se succèdent à pas de tortue. La Chrysler 300 et la Dodge Charger sont vieillissantes, mais au moins, FCA leur apporte des retouches sur une base régulière. La Chevrolet Impala a été complètement redessinée en 2014, et depuis, c'est le calme plat. La Toyota Avalon, quant à elle, n'a reçu qu'un petit *lifting* depuis sa refonte totale pour l'année-modèle 2013. La jeunesse du groupe, c'est la Nissan Maxima, dont l'actuelle génération date de 2016. Les ventes de ces grandes berlines sont en déclin, au profit des VUS, alors les constructeurs ne veulent pas dépenser des sommes colossales pour rajeunir ces voitures qui se vendent de moins en moins.

BIEN ENROBÉE

La Taurus n'est pas une petite voiture. C'est la berline la plus longue, la plus large et la plus haute de sa catégorie, et pourtant, seule la Maxima est moins volumineuse à l'intérieur. L'espace pour les pieds à l'avant est étroit, ce qui rend difficile l'étirement lors de longs voyages. On n'a qu'à constater la taille des tapis protecteurs pour réaliser à quel point c'est petit.

De plus, les panneaux de portes sont massifs, tout comme le tableau de bord et la console centrale. À l'arrière, la ligne de toit est basse, néanmoins, l'espace est suffisant pour deux adultes. La mince fenestration et la ceinture de caisse élevée restreignent la visibilité vers l'extérieur, et l'on finit par se sentir confinés. En revanche, le coffre est vaste. Caverneux. Immense.

Ranger cette voiture dans un stationnement au centre commercial n'est pas une mince tâche non plus, surtout pour les personnes à mobilité quelque peu réduite. Au moins, la caméra de recul figure de série sur toutes les versions de la Taurus, alors que l'aide active au stationnement, qui guide la voiture dans un espace perpendiculaire ou parallèle pendant que le conducteur module les freins, est disponible dans les déclinaisons supérieures.

La Taurus compte sur le système infodivertissement SYNC 3 du constructeur, avec son écran tactile réactif, mais aussi son puissant logiciel de reconnaissance vocale. En branchant une clé USB remplie de musique, on n'a qu'à prononcer le nom de l'artiste ou de la chanson que l'on désire, et le système s'exécute efficacement. En option, on a également droit à un régulateur de vitesse adaptatif, une surveillance des angles morts et une prévention de sortie de voie. Malheureusement, la fonction massage des sièges n'est plus offerte dans la Taurus.

SUPER HAUT RENDEMENT

La motorisation de base consiste en un V6 de 3,5 litres qui produit 288 chevaux, dans la norme pour une berline pleine grandeur, et qui est jumelée à boîte automatique à six rapports. De plus, un rouage intégral est optionnel. Rien de spectaculaire ici, mais cette combinaison accomplit son travail comme il se doit. Sa consommation mixte ville/route est établie à 11,1 l/100 km, faisant de la Taurus la plus ivrogne de son segment si l'on se limite à des moteurs V6. Car la berline peut aussi être équipée d'un quatre cylindres turbocompressé de 2,0 litres avec 240 chevaux. Un moteur suffisant, mais qui ne livre pas la douceur et le raffinement d'un six cylindres, et dont la consommation ne descend que d'un litre aux 100 km.

Et puis, au sommet de la gamme trône toujours la Taurus SHO, pour Super High Output. Son V6 biturbo de 3,5 litres déverse 365 chevaux au pavé par l'entremise d'un rouage intégral, une puissance quasi équivalente au V8 HEMI de 5,7 litres de la Charger et de la 300. Sa consommation est similaire également. La SHO obtient le plein d'équipement et propose même un ensemble de performance optionnel, comprenant une suspension plus ferme, des freins plus performants, une direction plus dynamique et un volant garni d'Alcantara, entre autres. Ces ajouts ne font pas de la SHO une voiture de course, mais son côté sportif et ses performances en ligne droite sont indéniables.

La Taurus prend de l'âge, mais sa qualité de grande routière demeure, même si le niveau de confort n'est pas à la hauteur de certaines de ses rivales, dont les Charger et 300. Il faudrait songer à la redessiner bientôt, mais puisqu'elle passe inaperçue, on ne remarque pas trop ses rides. Les versions de milieu de gamme offrent le meilleur rapport prix équipement, alors que la version SHO, à plus de 50 000 $, est dispendieuse. À ce prix-là, une Charger Daytona ou SRT 392 devient drôlement intéressante.

Données principales

Emp. / lon. / lar. / haut.	2 868 / 5 154 / 2 177 / 1 542 mm
Coffre / réservoir	569 litres / 72 litres
Nbre coussins sécurité / ceintures	6 / 5
Suspension av. / arr.	ind., jambes force / ind., multibras
Pneus avant / arrière	P235/55R18 / P235/55R18
Poids / Capacité de remorquage	1 967 kg / 454 kg (1 000 lb)

Composantes mécaniques

SE

Cylindrée, alim.	4L 2,0 litres turbo
Puissance / Couple	240 ch / 270 lb·pi
Tr. base (opt) / Rouage base (opt)	A6 / Tr
0-100 / 80-120 / V. max	8,4 s / n.d. / n.d.
100-0 km/h	n.d.
Type / ville / route / CO_2	Ord / 11,8 / 8,1 / 4 188 kg/an

SE, SEL, LIMITED TI

Cylindrée, alim.	V6 3,5 litres atmos.
Puissance / Couple	288 ch / 254 lb·pi
Tr. base (opt) / Rouage base (opt)	A6 / Tr (Int)
0-100 / 80-120 / V. max	n.d. / n.d. / n.d.
100-0 km/h	n.d.
Type / ville / route / CO_2	Ord / 13,1 / 8,7 / 5 173 kg/an

SHO

Cylindrée, alim.	V6 3,5 litres turbo
Puissance / Couple	365 ch / 350 lb·pi
Tr. base (opt) / Rouage base (opt)	A6 / Int
0-100 / 80-120 / V. max	5,9 s / 4,3 s / 215 km/h
100-0 km/h	40,3 m
Type / ville / route / CO_2	Sup / 14,7 / 9,8 / 5 483 kg/an

DU NOUVEAU EN 2018

Aucun changement majeur au moment de mettre sous presse.

Photos : Ford

Pour voir la liste complète des informations techniques, veuillez vous référer à la section statistiques.

FORD | **311**

FORD **TRANSIT CONNECT**

60% COTE DU GUIDE

Prix: 29 099 $ à 37 799 $ (2017)
Catégorie: Fourgonnette
Garanties:
3 ans/60 000 km, 5 ans/100 000 km
Transport et prép.: 1 800 $
Ventes QC 2016: 575 unités
Ventes CAN 2016: 2 799 unités
Assemblage: Valence ES

Fiabilité	Appréciation générale
■■■■■□□□□□	■■■■■■□□□□
Sécurité	Agrément de conduite
■■■■■□□□□□	■■■■■□□□□□
Consommation	Système multimédia
■■■■■■□□□□	■■■■■■□□□□

Cote d'assurance

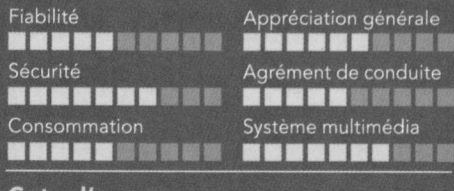

$ $ $ $

Connectivité multimédia

Aucune

➕ Espace de chargement •
Polyvalence indéniable • Consommation
acceptable • Dimensions compactes •
Excellent système SYNC 3 optionnel

➖ Prix élevé • Liste d'équipement peu
étoffée • Sièges arrière non amovibles •
Style utilitaire et commercial •
Pas aussi familial qu'une fourgonnette

Concurrents
Ram ProMaster City

Pour la famille ou le travail

Michel Deslauriers

Des petits fourgons commerciaux, on en retrouve partout en Europe, et surtout dans les grandes villes où les routes sont étroites et les espaces de stationnement sont rares. Chez nous, ces véhicules ne constituent pas des choix incontournables, mais leur gabarit moins encombrant et leurs motorisations moins énergivores les rendent ô combien plus agréables!

C'est Ford qui a orchestré l'arrivée de ces fourgons compacts en Amérique du Nord en important le Transit Connect, il y a plusieurs années maintenant. Redessiné pour l'année-modèle 2014, on a affaire à un véhicule beaucoup plus moderne, mais qui doit maintenant composer avec des rivaux tels que le Ram ProMaster City, le Nissan NV200 et le Chevrolet City Express.

CONÇU POUR LE TRAVAIL
Le Transit Connect propose une grande variété de configurations selon les besoins des travailleurs autonomes ou professionnels, que l'on soit plombier, électricien ou livreur. À l'arrière, on a le choix entre un hayon ou des portes pouvant s'ouvrir jusqu'à un angle de 180 degrés, une ou deux portes coulissantes ainsi que deux déclinaisons, soit XL et XLT.

Comparativement à son plus grand rival chez Ram, le Transit Connect concède l'avantage en ce qui a trait à l'aire de chargement, de la charge utile et de la hauteur du plancher. Toutefois, les écarts sont très minces, et l'on peut toujours charger une palette de transport directement à l'arrière du Ford. De plus, la capacité de remorquage de 907 kilogrammes est égale à celle du ProMaster. Le plancher est recouvert de vinyle et muni de crochets d'arrimage afin de sécuriser la cargaison.

COMME UNE FOURGONNETTE
Une seule motorisation est offerte dans le Transit Connect depuis l'an dernier. Il s'agit d'un quatre cylindres de 2,5 litres qui développe 169 chevaux, assorti d'une boîte automatique à six rapports et d'un rouage à traction. Un moteur qui suffit à la tâche, et qui procure à la version passager une

consommation ville/route de 12,4/8,8 l/100 km. La version cargo est à peine moins énergivore, mais ses rivaux sont capables de faire mieux.

Le Transit Connect passager peut transporter jusqu'à sept personnes, et l'on obtient également une fenestration complète, ce qui assure évidemment une visibilité beaucoup plus aisée. Si la version XL est dénudée et destinée à un usage commercial, avec ses sièges recouverts de vinyle, les variantes XLT et Titanium, elles, sont mieux équipées pour la vie de famille. Les portes coulissantes sont pratiques pour les enfants qui débarquent du véhicule par eux-mêmes, évitant le risque de les cogner par mégarde sur les autres véhicules, dans le stationnement du centre commercial.

L'équipement disponible dans le Transit Connect passager lui permet de se distancer davantage de la version utilitaire. Cela comprend un toit ouvrant panoramique, des sièges avant chauffants, une chaîne audio à six haut-parleurs avec l'excellent système SYNC 3 et un écran tactile de 6,5 pouces, ainsi qu'un système de navigation et une caméra de recul. Côté sécurité, on peut aussi ajouter, au Transit Connect, une surveillance des angles morts.

Les sièges arrière ne sont pas amovibles, mais les deux rangées ainsi que le siège du passager avant se rabattent au besoin, pour créer une aire de chargement de 2 951 litres, soit un volume supérieur à celui que l'on retrouve dans la majorité des VUS intermédiaires tels que le Ford Explorer. Le petit Transit Connect ressemble peut-être à un véhicule commercial, mais il est drôlement logeable grâce à sa forme carrée.

De plus, pour ce qui est du transport de passagers, le Ford est plus accommodant que le Ram, puisque ce dernier n'offre qu'une banquette pour un total de cinq places, alors que le Transit Connect est en mesure d'en accueillir un ou deux de plus, selon que l'on opte pour la banquette ou pour des sièges individuels dans la rangée médiane.

Le gros problème avec le Transit Connect, c'est son prix. À plus de 30 000 $, la version passager ne peut rivaliser avec les versions les plus abordables de vraies fourgonnettes comme la Dodge Grand Caravan et la Kia Sedona. La version Titanium, avec quelques options, dépassera le cap des 40 000 $, alors que cette somme nous permet de nous procurer un vaste choix de VUS équipés d'un rouage intégral.

Si nous sommes tout de même charmés par ses dimensions plus modestes, si une fourgonnette ou un gros VUS ne peut se loger dans notre garage, le Transit Connect sera d'une immense polyvalence en plus d'offrir une conduite agréable et une consommation raisonnable.

Données principales

Emp. / lon. / lar. / haut.	3 062 / 4 818 / 1 835 / 1 828 mm
Coffre / réservoir	445 à 3 698 litres / 60 litres
Nbre coussins sécurité / ceintures	6 / 7
Suspension av. / arr.	ind., jambes force / semi-ind., poutre torsion
Pneus avant / arrière	P215/55R16 / P215/55R16
Poids / Capacité de remorquage	1 800 kg / 907 kg (2 000 lb)

Composantes mécaniques

Cylindrée, alim.	4L 2,5 litres atmos.
Puissance / Couple	169 ch / 171 lb-pi
Tr. base (opt) / Rouage base (opt)	A6 / Tr
0-100 / 80-120 / V. max	10,4 s (est) / n.d. / n.d.
100-0 km/h	n.d.
Type / ville / route / CO_2	Ord / 12,4 / 8,8 / 4 812 kg/an

« LE TRANSIT CONNECT EST LE PLUS **FAMILIAL** DES FOURGONS COMMERCIAUX, MAIS IL NE PEUT **REMPLACER** LA **CONVIVIALITÉ** D'UNE FOURGONNETTE. »

DU NOUVEAU EN 2018

Aucun changement majeur au moment de mettre sous presse.

Photos : Ford

Pour voir la liste complète des informations techniques, veuillez vous référer à la section statistiques.

FORD | 313

GENESIS **G80**

n.d. COTE DU GUIDE

Prix: 54 000 $ à 65 000$ (2017)
Catégorie: Berline
Garanties:
5 ans/100 000 km, 5 ans/100 000 km
Transport et prép.: n.d.
Ventes QC 2016: 6 unités
Ventes CAN 2016: 55 unités
Assemblage: Ulsan KR

Fiabilité	Appréciation générale n.d.
Sécurité	Agrément de conduite n.d.
Consommation n.d.	Système multimédia n.d.

Cote d'assurance

$ $ $ $

Connectivité multimédia

Android Auto   Apple CarPlay

+ Prix concurrentiels • Aménagements intérieurs luxueux • Silence de roulement • Moteurs V6 modernes • Nouvelle version Sport

− Consommation élevée • Prestige en devenir • Réseau de concessionnaires balbutiant • Moteur V8 moyen

Concurrents

Acura RLX, Audi A6, BMW Série 5, Cadillac CTS, Lexus GS, Mercedes-Benz Classe E, Volvo S90

Ode à la compétitivité

Denis Duquet

L a grande aventure du constructeur Hyundai, dans la catégorie des voitures de luxe, s'est amorcée l'an dernier avec la mise en place d'une division autonome, dont la tâche consistera à concurrencer les meilleures allemandes, britanniques, japonaises et américaines. Le fer de lance de la marque Genesis est la toute nouvelle berline G90. Toutefois, il ne faut pas oublier la G80 qui ne manque pas de qualités, à tous les points de vue. En plus d'arborer une silhouette similaire à celle de la version plus huppée, la G80 propose un rapport qualité-prix fort intéressant. Par contre, le prestige associé à cette marque devra s'établir au fil des années.

La G80 est l'héritière directe du modèle Genesis, qui faisait partie de la gamme Hyundai jusqu'en 2016. Et puisque la demande pour la Hyundai Genesis était assez faible, d'ici quelques mois, la grande majorité du public ignorera cette filiation un peu trop plébéienne au goût de certains.

Quoi qu'il en soit, les stylistes ont quand même eu le coup de crayon relativement heureux avec une silhouette plus classique qu'audacieuse et des lignes qui s'harmonisent assez bien à celles du modèle G90, plus cher et, bien entendu, plus prestigieux. Nombreux sont ceux qui lui ont trouvé une petite ressemblance avec les produits Audi, ce qui est relativement flatteur, d'autant plus que les stylistes de la marque coréenne ont quand même su lui donner un aspect visuel unique. Même que son badge ressemble à celui des Bentley. On ne copie que les meilleurs!

Ceci dit, pour 2018, plusieurs modifications sont apportées à la carrosserie de la G80, alors que les parties avant et arrière ont été révisées. Une nouvelle grille de calandre permet de mieux associer les deux modèles Genesis, tandis que plusieurs autres retouches raffinent son apparence.

CONFORT ET SILENCE

L'habitacle est de même cuvée que la caisse en fait de design, alors qu'on a visé un certain classicisme au lieu de prendre le risque de trop vouloir innover et de porter le flanc à des railleries et à des comparaisons négatives avec les leaders de la catégorie. Dès qu'on prend place à bord, on est impressionné par la qualité de la finition, l'élégance discrète du tableau de bord et le confort des sièges.

En plus, il faut souligner de belles touches de modernisme pour ce millésime. Non seulement l'acheteur a le choix entre plusieurs essences de bois pour les appliques dans la cabine de la G80, mais les systèmes Apple CarPlay et Android Auto sont dorénavant inclus. Et il faut mentionner que le silence de roulement de ce modèle est impressionnant, contribuant ainsi à cette impression de véhicules de luxe. Soulignons au passage que l'on suit une tendance forte de l'industrie en offrant la recharge sans fil des téléphones portables à partir de la version 3.8 Technologie. Bref, grâce à un équipement très complet, une finition sérieuse et une planche de bord aussi élégante que simple à consulter, la G80 propose plusieurs arguments plaidant en sa faveur, d'autant plus que son prix de vente est très concurrentiel.

NOUVELLE VERSION SPORT

Au chapitre de la mécanique, les versions Luxe et Technologie sont propulsées par un V6 produisant 311 chevaux tandis que la livrée Ultimate est équipée d'un V8 5,0 litres de 420 chevaux. Toutes les G80 sont dotées d'une boîte automatique à huit rapports et d'une transmission intégrale de série. De ces deux groupes propulseurs, le V6 est plus moderne et ses performances sont très correctes. En plus, il permet de sauver au moins deux litres d'essence aux cent kilomètres. C'est le choix logique à faire, à moins que vous ne désiriez afficher des ressources financières supérieures en optant pour la version Ultimate et son V8.

Pour 2018, une quatrième version rejoint la famille G80, il s'agit de la Sport qui comprend l'équipement du Ultimate, une présentation distincte, avec une calandre et une partie avant différentes, ainsi que des jantes de 19 pouces en alliage. Dans l'habitacle, on retrouve des garnitures en fibres de carbone, des pédales sport, un volant de plus petit diamètre et des sièges sport. Concernant la mécanique, un moteur V6 3,3 litres à double turbo produit 365 chevaux.

Toutes les versions proposent une tenue de route sans surprise, une direction précise et un silence de roulement impressionnant. Selon le choix de moteurs et de versions, les performances sont plus ou moins incisives tandis que la Sport, avec sa suspension et sa direction calibrée pour améliorer l'agrément de conduite, devrait convaincre ceux qui privilégient une conduite plus impliquée.

Et cette marque n'a pas fini de se développer, comme en témoigne le dévoilement du GV80 Concept, un VUS qui donne des indices quant à l'arrivée d'un tel véhicule dans la famille.

Données principales

Emp. / lon. / lar. / haut.	3 010 / 4 990 / 1 890 / 1 480 mm
Coffre / réservoir	433 litres / 73 litres
Nbre coussins sécurité / ceintures	9 / 5
Suspension av. / arr.	ind., multibras / ind., multibras
Pneus avant / arrière	P245/45R18 / P245/45R18
Poids / Capacité de remorquage	2 143 kg / n.d.

Composantes mécaniques

3.8

Cylindrée, alim.	V6 3,8 litres atmos.
Puissance / Couple	311 ch / 293 lb-pi
Tr. base (opt) / Rouage base (opt)	A8 / Int
0-100 / 80-120 / V. max	7,1 s (est) / 4,7 s (est) / n.d.
100-0 km/h	44,1 m (est)
Type / ville / route / CO_2	Ord / 14,4 / 9,4 / 5 589 kg/an

3.3

Cylindrée, alim.	V6 3,3 litres turbo
Puissance / Couple	365 ch / 376 lb-pi
Tr. base (opt) / Rouage base (opt)	A8 / Int
0-100 / 80-120 / V. max	n.d. / n.d. / n.d.
100-0 km/h	n.d.
Type / ville / route / CO_2	Ord / n.d. / n.d. / n.d.

5.0

Cylindrée, alim.	V8 5,0 litres atmos.
Puissance / Couple	420 ch / 383 lb-pi
Tr. base (opt) / Rouage base (opt)	A8 / Int
0-100 / 80-120 / V. max	5,8 s (est) / 4,2 s (est) / n.d.
100-0 km/h	n.d.
Type / ville / route / CO_2	Sup / 17,3 / 10,5 / 6 550 kg/an

DU NOUVEAU EN 2018

Habitacle révisé, sections avant et arrière redessinées, nouvelle version Sport avec moteur 3,3 litres biturbo.

Photos : Genesis

Pour voir la liste complète des informations techniques, veuillez vous référer à la section statistiques.

GENESIS | 315

GENESIS **G90**

(((SiriusXM)))

Prix : 84 000 $ à 87 000 $ (2017)
Catégorie : Berline
Garanties :
5 ans/100 000 km, 5 ans/100 000 km
Transport et prép. : n.d.
Ventes QC 2016 : 3 unités
Ventes CAN 2016 : 38 unités
Assemblage : Ulsan KR

Fiabilité	Appréciation générale
■■■■■□□□□□	■■■■■■■□□□
Sécurité	Agrément de conduite
■■■■■■■■□□	■■■■■□□□□□
Consommation	Système multimédia
■■■□□□□□□□	■■■■■■■□□□

Cote d'assurance

$ $ $ $

Connectivité multimédia

Aucune

+ Rapport équipement/prix dur à battre • Habitacle aussi confortable que silencieux • Puissance adéquate • Construction solide

– Lignes anonymes • Prestige à peu près inexistant • Direction sans envergure • Systèmes de contrôle très… contrôlants • Valeur de revente questionnable

Concurrents
Audi A8, BMW Série 7, Cadillac CT6, Lexus LS, Mercedes-Benz Classe S

La Genesis n'est plus, vive la marque Genesis !

Alain Morin

Rarement une marque a-t-elle porté un nom aussi mal adapté à sa réalité. Le mot anglais *genesis*, genèse en français, réfère à la gestation, à l'élaboration. Avant la naissance. Or, la nouvelle marque de luxe de Hyundai, Genesis, est tout sauf quelque chose en formation ! Elle est plutôt un aboutissement, un résultat. Celui d'un long processus commencé avec la « chic » Hyundai XG350, appelée Grandeur en Corée et distribuée ici entre 2001 et 2005. Puis Hyundai a créé l'Azera et ensuite la Genesis (à ne pas confondre avec la Genesis Coupé) pour culminer avec l'Equus.

Chacun de ces modèles était un bureau d'études mobile pour Hyundai. Comprendre les goûts et les besoins d'une clientèle américaine aisée tout en explorant un créneau encore inconnu, celui des voitures de luxe, fut, pour les Coréens, une longue série d'essais et d'erreurs. Après toutes ces années, Hyundai était prête à passer à l'étape ultime, la création d'une marque de luxe. Alors pour la genèse, on repassera !

La marque Genesis présente deux voitures, la G80 qui prend la place de la Hyundai Genesis (voir autre texte) et la toute nouvelle G90 qui remplace l'Equus déjà oubliée.

Au chapitre du style, on ne peut pas dire que la G90 révolutionne le petit monde de la voiture de luxe. Selon l'angle, elle a des relents de BMW, de Mercedes-Benz ou de Lexus. Le résultat final a de la classe, mais pas beaucoup de prestance. La même remarque s'applique à l'habitacle dont le tableau de bord regorge de boiseries (au demeurant fort belles et chaleureuses), alors que la tendance va plutôt vers un habillement de cuir, de fibre de carbone ou d'aluminium brossé.

Quoi qu'il en soit, tous les matériaux utilisés sont d'une excellente qualité. La plupart des commandes sont bien disposées et l'écran central est de bonnes dimensions et les informations qu'il diffuse sont nettes et précises. La caméra de recul, par exemple, est un modèle de clarté.

Tous les sièges font preuve d'un grand confort même si la position de conduite idéale ne se trouve qu'après de nombreux essais. En tout cas, pour moi. Enfin, mentionnons que les sièges chauffants sont très chauffants et que le volant chauffant ne l'est pas beaucoup.

AVEZ-VOUS VRAIMENT BESOIN D'UN V8 ?

Genesis propose deux moteurs pour sa G90. Le premier est un V6 3,3 litres turbocompressé qui déballe 365 chevaux. Sans être un modèle de puissance, il suffit amplement à la tâche de déplacer la masse de 2 170 kilos. L'autre est un V8 5,0 litres développant 420 équidés. Les performances sont certes plus relevées, mais pas autant qu'on serait porté à le croire. En pleine accélération, la sonorité, quoique quelque peu étouffée sous des kilos de matériel insonore, vaut le coup. Et le coût puisque la consommation augmente au même rythme que le pied droit enfonce l'accélérateur.

Peu importe le nombre de cylindres, la boîte automatique (est-il vraiment utile de préciser qu'il s'agit d'une automatique ?) possède huit rapports. Elle commande un rouage intégral qui favorise les roues arrière. En effet, lorsque l'on s'amuse à accélérer sur une surface glacée, on sent que le couple se dirige de suite à l'arrière, ce qui autorise des dérobades. Remarquez que je n'ai pas écrit « de belles dérobades ». Les différents systèmes de contrôle interviennent rapidement et avec autorité. Pourquoi avoir du plaisir dans une berline de luxe, hein ?

La conduite d'une G90 n'a rien d'excitant. L'habitacle est d'un silence monacal, la direction est un tantinet floue, les différents modes de conduite ne sont pas très incisifs — sauf peut-être le mode Sport qui rend la direction un zeste plus ferme —, et la suspension offre un haut niveau de confort à défaut d'être sportive. Malgré tout, la G90 est une routière compétente, confortable et puissante.

COMME UNE MERCEDES-BENZ... D'IL Y A DIX ANS

En fait, le comportement de la G90 se rapproche beaucoup de celui d'une Lexus LS de la génération précédente (une toute nouvelle LS arrive en 2018) ou d'une Mercedes-Benz d'il y a dix ans. Il est encore loin de celui d'une BMW Série 7 ou d'une Audi A8. Et ce n'est pas un défaut.

La G90 compense en offrant un niveau d'équipement très relevé pour un prix très étudié. C'est ainsi que les Coréens ont pénétré le marché américain il y a plus de trente ans et l'ont conquis, après l'avoir étudié sous toutes ses coutures pour mieux le comprendre. Si les Coréens avaient voulu attaquer de front les Allemands avec leur G90, ils l'auraient fait. Leur stratégie est différente et a toutes les chances de fonctionner.

Données principales

Emp. / lon. / lar. / haut.	3160 / 5205 / 1915 / 1495 mm
Coffre / réservoir	444 litres / 83 litres
Nbre coussins sécurité / ceintures	9 / 5
Suspension av. / arr.	ind., multibras / ind., multibras
Pneus avant / arrière	P245/45R19 / P275/40R19
Poids / Capacité de remorquage	2 225 kg / non recommandé

Composantes mécaniques

3.3T

Cylindrée, alim.	V6 3,3 litres turbo
Puissance / Couple	365 ch / 376 lb-pi
Tr. base (opt) / Rouage base (opt)	A8 / Int
0-100 / 80-120 / V. max	6,4 s / 3,9 s / n.d.
100-0 km/h	42,6 m
Type / ville / route / CO_2	Sup / 13,7 / 9,7 / 5 474 kg/an

5.0

Cylindrée, alim.	V8 5,0 litres atmos.
Puissance / Couple	420 ch / 383 lb-pi
Tr. base (opt) / Rouage base (opt)	A8 / Int
0-100 / 80-120 / V. max	n.d. / n.d. / n.d.
100-0 km/h	n.d.
Type / ville / route / CO_2	Sup / 15,2 / 10,2 / 5 957 kg/an

« LES CORÉENS POSSÈDENT LES CONNAISSANCES ET LA TECHNOLOGIE POUR AFFRONTER LES ALLEMANDS. MAIS LEUR STRATÉGIE EST DIFFÉRENTE. ET POURRAIT ÊTRE PAYANTE. »

DU NOUVEAU EN 2018

Aucun changement majeur au moment de mettre sous presse.

Photos : Genesis

Pour voir la liste complète des informations techniques, veuillez vous référer à la section statistiques.

GENESIS | **317**

GMC **ACADIA**

73% COTE DU GUIDE

Prix : 34 995 $ à 54 795 $ (2017)
Catégorie : VUS
Garanties :
3 ans/60 000 km, 5 ans/160 000 km
Transport et prép. : 2 050 $
Ventes QC 2016 : 499 unités
Ventes CAN 2016 : 3 939 unités
Assemblage : Spring Hill TN US

(2017)

Fiabilité	Appréciation générale
■■■■■■□□□□	■■■■■■■□□□
Sécurité	Agrément de conduite
■■■■■■■■□□	■■■■■■□□□□
Consommation	Système multimédia
■■■■■□□□□□	■■■■■■■□□□

Cote d'assurance

n.d.

Connectivité multimédia

Android Auto   Apple CarPlay

+ 2017 : Nouveau style réussi • Nouveau
V6 plus économique • Conduite souple et
raffinée (V6) • Véhicule confortable

− 2017 : Puissance mal adaptée
(2,5 litres) • Prix qui grimpent rapidement •
Conduite pas très sportive • Consommation
d'essence relativement élevée •
Pas de version hybride ou turbo

Concurrents

Ford Explorer, Honda Pilot,
Hyundai Santa Fe, Infiniti QX60,
Jeep Grand Cherokee, Mazda CX-9,
Nissan Pathfinder, Toyota Highlander

Mon stationnement souterrain

Marc-André Gauthier

Plusieurs édifices à condo construits dans les années 80 ont des places de stationnement intérieur très larges, tandis que le dégagement en hauteur est loin d'être suffisant. Quand on tente d'y accéder avec un VUS, c'est toujours une opération risquée, puisqu'on se demande toujours si ça va passer ! Les architectes qui ont imaginé ces stationnements ne sont pas à blâmer. Comment ces pauvres diables auraient-ils pu se douter, qu'un jour, les voitures allaient disparaître, balayées aux quatre vents par des VUS beaucoup plus hauts ? Ces stationnements sont donc une belle métaphore de ce marché que personne n'a vu venir.

C'est donc avec une certaine frustration que j'ai dû laisser un GMC Acadia dans le stationnement extérieur de mon condo, alors qu'il pleuvait à boire debout, sachant qu'il y avait une belle place intérieure libre... Toutefois, cela n'enlève rien aux qualités (et aux défauts !) de l'Acadia, redessiné l'an dernier.

Comment se compare-t-il à la concurrence ? Sincèrement, c'est un véhicule des plus honnêtes, mais qui manque d'un certain je-ne-sais-quoi, qui lui permettrait de se classer parmi les meilleurs de sa catégorie.

UN RELOOKAGE QUI FAIT DU BIEN

L'ancien Acadia avait l'air d'un *truck*. Sauf qu'aujourd'hui, les gens veulent des VUS, pas des *trucks*. GM lui a donc donné un look ultra-VUS, si ce terme peut être utilisé. Mais bon sang que ça lui a fait du bien ! Ce nouveau look, un mélange de formes carrées et arrondies, est convaincant. On a l'impression d'avoir affaire à un véhicule aussi macho que féministe et aussi conservateur que progressiste. Serait-ce le Justin Trudeau des camions ?

Même constat pour l'habitacle. Le design du tableau de bord, qui reprend quelques éléments empruntés à d'autres véhicules GM, n'est pas mal du tout. Surtout dans la version luxueuse Denali, dont l'intérieur est garni de cuir de bonne qualité et de quelques boiseries joliment peaufinées.

Comme c'est la norme maintenant, on retrouve un grand écran multimédia, habité par un système d'exploitation dont on ne souligne pas suffisamment les vertus. GM insiste sur «l'activation de la navigation par satellite» à un prix mensuel, mais on peut simplement brancher son téléphone, et avec l'aide d'Apple CarPlay et Android Auto, utiliser son appareil comme système de navigation.

Raccourci de quelques pouces, l'Acadia offre tout de même un vaste environnement, confortable pour les passagers, à l'exception des deux malchanceux qui prendront place sur la banquette du fond, laquelle ne convient qu'à deux enfants. Volkswagen arrive à faire quelque chose de bien dans son Atlas, GM devrait s'en inspirer.

UN V6 PLUS ÉCONOMIQUE

La mécanique de l'Acadia précédent datant de l'ère protohistorique, on devait mettre de l'essence à Berthierville pour faire le trajet Montréal-Québec. C'était un V6 de 3,6 litres, qui pouvait faire jusqu'à 17 l/100 km si l'on avait le malheur d'avoir le pied droit un peu trop lourd.

Maintenant, on a toujours affaire à un V6, toujours de 3,6 litres, et tout à fait moderne, responsable d'une moyenne plus raisonnable tournant aux alentours de 11 l/100 km. Avec une puissance de 310 chevaux, tout y est pour avoir une conduite souple et raffinée. À la base, on retrouve un moteur quatre cylindres de 2,5 litres, mais comme c'est souvent le cas, il est un peu juste pour un véhicule de ce poids, surtout pour ceux qui désirent remorquer, alors que le poids maximal à tirer est seulement de 454 kilos (1 000 livres). Avec le V6, on parle de 1 814 kilos (4 000 livres).

Les versions de base de l'Acadia sont mues par les roues avant tandis que le rouage intégral est de série sur les autres et optionnel sur les mêmes versions de base. Quant à la boîte automatique, elle compte six rapports. La suspension arrière de l'ancienne génération a été remplacée par quelque chose de moderne et de plus dynamique, ce qui confère au nouvel Acadia une bien meilleure tenue de route et, globalement, une impression de qualité rehaussée. Il faut dire que lors de son passage à la nouvelle génération, il a perdu au-delà de 300 kilos, ce qui n'est pas rien.

L'Acadia, malgré ses qualités, n'a rien de bien magique, dans une catégorie où l'on retrouve des valeurs établies telles les Honda Pilot, Hyundai Santa Fe, Ford Explorer ou Toyota Highlander, pour ne nommer que ceux-là. La seule version de l'Acadia qui se démarque vraiment est la Denali, très luxueuse... mais très chère. En pigeant joyeusement dans le catalogue des options, on peut se retrouver avec un Acadia Denali de plus 65 000 $. Rendu là, un Yukon, ça ne vous tenterait pas? De toute façon, vous devrez le laisser à l'extérieur...

Données principales

Emp. / lon. / lar. / haut.	2 857 / 4 917 / 1915 / 1676 mm
Coffre / réservoir	363 à 2 237 litres / 82 litres
Nbre coussins sécurité / ceintures	8 / 6
Suspension av. / arr.	ind., jambes force / ind., multibras
Pneus avant / arrière	P235/55R20 / P235/55R20
Poids / Capacité de remorquage	1885 kg / 1814 kg (4 000 lb)

Composantes mécaniques

2,5

Cylindrée, alim.	4L 2,5 litres atmos.
Puissance / Couple	193 ch / 188 lb-pi
Tr. base (opt) / Rouage base (opt)	A6 / Tr (Int)
0-100 / 80-120 / V. max	n.d. / n.d. / n.d.
100-0 km/h	n.d.
Type / ville / route / CO$_2$	Ord / 11,0 / 9,2 / 4 687 (est) kg/an

3,6

Cylindrée, alim.	V6 3,6 litres atmos.
Puissance / Couple	310 ch / 271 lb-pi
Tr. base (opt) / Rouage base (opt)	A6 / Int
0-100 / 80-120 / V. max	7,7 s / 5,9 s / n.d.
100-0 km/h	42,3 m
Type / ville / route / CO$_2$	Ord / 13,3 / 9,5 / 5 331 (est) kg/an

« L'ANCIEN ACADIA AVAIT L'AIR D'UN *TRUCK*. SAUF QU'AUJOURD'HUI, LES GENS VEULENT DES VUS, PAS DES *TRUCKS*. GM LUI A DONC DONNÉ UN LOOK ULTRA-VUS ! »

DU NOUVEAU EN 2018

Aucun changement majeur au moment de mettre sous presse.

Photos: GMC

Pour voir la liste complète des informations techniques, veuillez vous référer à la section statistiques.

GMC ACADIA

MODÈLE 2017

HONDA **ACCORD**

83% COTE DU GUIDE

((SiriusXM))

Données 2017

Prix: 24 690 $ à 37 400 $
Catégorie: Berline, Coupé
Garanties:
3 ans/60 000 km, 5 ans/100 000 km
Transport et prép.: 1 851 $
Ventes QC 2016: 2 368 unités
Ventes CAN 2016: 12 952 unités
Assemblage: Marysville OH US

Fiabilité	Appréciation générale
■■■■■■■□□□	■■■■■■■□□□
Sécurité	Agrément de conduite
■■■■■■■□□□	■■■■■□□□□□
Consommation	Système multimédia
■■■■■□□□□□	■■■■■■□□□□

Cote d'assurance

$ ▼ $ $ $

Connectivité multimédia

Android Auto   Apple CarPlay

➕ Habitacle confortable •
Consommation peu élevée (2,4 et
hybride) • Espace intérieur • Réputation
de fiabilité • Forte valeur de revente

➖ Système multimédia perfectible •
Style générique • Petit écran de
navigation • Assise des sièges avant
basse • Effet de couple au volant (V6)

Concurrents

Chevrolet Malibu, Ford Fusion,
Hyundai Sonata, Kia Optima, Mazda6,
Nissan Altima, Subaru Legacy,
Toyota Camry, Volkswagen Passat

Une valeur sûre, hier et aujourd'hui

Même si les informations sur la nouvelle Accord 2018 ne sont pas toutes connues au moment de la date de tombée du présent *Guide*, nous avons eu la chance de la découvrir et d'effectuer quelques tours de roues à son volant. Tout d'abord, précisons que cette nouvelle génération emprunte la plateforme du HR-V et de la Civic, allongée légèrement pour la cause. Côté style, on a droit à des lignes un peu plus angulaires, surtout à la partie avant. La voiture affiche un style plus dynamique, notamment en raison de sa largeur accrue et de sa ligne de toit plus basse.

Alors que Honda a toujours défendu haut et fort ses mécaniques atmosphériques face à la multiplication des moteurs turbocompressés, il semble que la course à la réduction de la consommation et des émissions de CO_2 aura eu le dessus! Pour 2018, l'Accord a droit à deux nouveaux moteurs et aucun n'est à aspiration naturelle. De base, on retrouve un quatre cylindres de 1,5 litre turbocompressé. Il s'agit de la même mécanique qu'on retrouve dans la Civic, mais avec environ 200 chevaux. Ce moteur peut être jumelé à une boîte automatique à variation continue (CVT) ou, selon les versions, à une manuelle à six rapports, une bonne nouvelle!

On ne peut passer sous silence la disparition du V6 de 3,5 litres qui a fait la renommée des versions plus sportives. Il cède sa place au moteur qui équipe la Civic Type R, un quatre cylindres de 2,0 litres profitant de l'injection directe et de la technologie de calage variable des soupapes. Oubliez les 306 chevaux de la Type R par contre, car Honda a réduit sa puissance en abaissant la pression du turbocompresseur au nom d'une meilleure efficacité. La bonne nouvelle, c'est qu'on peut l'alimenter en carburant régulier.

Une boîte manuelle est toujours offerte, de même qu'une boîte automatique à dix rapports qui a trouvé sa première application à bord de la nouvelle Odyssey. Cette boîte s'est avérée très efficace lors de notre premier contact. Dommage qu'on ne la réserve qu'à la plus dispendieuse des Accord. Le moteur livre son couple rapidement, chose assez étonnante puisque l'on est en présence d'un seul turbo, à simple volute de surcroît. Selon les ingénieurs, il a été conçu avec un bas coefficient d'inertie, et cela semble porter fruit.

Sylvain Raymond

Au moment où *Le Guide de l'auto 2018* se retrouve sur les tablettes des libraires, la bonne «vieille» Honda Accord est toujours en vente. Et ce n'est pas parce qu'une nouvelle s'en vient que sa fiabilité, son assemblage rigoureux et sa valeur de revente élevée vont disparaître! L'an dernier, on a salué le retour de la version hybride. Il y a même de fortes chances que cette dernière poursuive sa carrière telle quelle pendant quelque temps, aux côtés de la nouvelle Accord.

L'Accord actuelle mise avant tout sur un espace appréciable pour les occupants de tout gabarit et une finition soignée. Le système multimédia de l'Accord utilise deux écrans, l'un par-dessus l'autre, qui demandent un certain temps d'adaptation. Mais le plus gros péché ici, c'est l'absence d'un bouton physique pour ajuster le volume.

Sinon, l'habitacle de la berline Accord est spacieux, l'un des plus volumineux de sa catégorie en fait, et son coffre est l'un des plus gros du segment. La version hybride doit composer avec un volume réduit à cause de la présence des batteries, mais c'est le cas de toutes ses rivales dotées de ce type de motorisation. Avec une puissance combinée de 212 chevaux et une consommation mixte de 5,0 l/100 km, elle est à la fois la plus musclée et la moins énergivore des berlines intermédiaires hybrides que sont les Hyundai Sonata, Chevrolet Malibu et Toyota Camry, entre autres.

L'Accord sortante a droit à un quatre cylindres de 2,4 litres développant 185 ou 189 chevaux, selon la version. La boîte automatique à variation continue est de mise, et il faut avouer que celle-ci est très bien programmée et qu'elle ne fait pas crier le moteur lors des accélérations soutenues. Avec une cote combinée ville/route de 7,8 l/100 km, le duo quatre cylindres et boîte CVT est des plus écoénergétiques. Quelques versions peuvent recevoir une boîte manuelle.

On peut toutefois rehausser les performances avec le V6 de 3,5 litres, développant 278 chevaux, assorti d'une automatique à six rapports. Dans le coupé, on peut même obtenir une boîte manuelle. La consommation augmente passablement avec le V6, mais la voiture gagne en douceur et en raffinement. D'ici à ce que la Honda Accord 2018 fasse son apparition dans les concessions canadiennes, la génération actuelle représente encore et toujours une valeur sûre.

Michel Deslauriers

Données principales (2017)

Emp. / lon. / lar. / haut.	**Berline** - 2776 / 4 907 / 1 849 / 1 460 mm	
	Coupé - 2725 / 4 832 / 1 854 / 1 436 mm	
Coffre / réservoir	**Berline** - 348 à 447 litres / 65 litres	
	Coupé - 379 litres / 65 litres	
Nbre coussins sécurité / ceintures		6 / 5
Suspension av. / arr.		ind., jambes force / ind., multibras
Pneus avant / arrière		P225/50R17 / P225/50R17
Poids / Capacité de remorquage	**Berline** - 1 643 kg / n.d.	
	Coupé - 1 559 kg / n.d.	

Composantes mécaniques (2017)

HYBRIDE

Cylindrée, alim.	4L 2,0 litres atmos.
Puissance / Couple	141 ch / 122 lb-pi
Tr. base (opt) / Rouage base (opt)	CVT / Tr
0-100 / 80-120 / V. max	8,0 s / 6,3 s / n.d.
100-0 km/h	46,3 m
Type / ville / route / CO_2	Ord / 3,7 / 4,0 / 1 745 kg/an
Consommation combinée	n.d.

MOTEUR ÉLECTRIQUE

Puissance / Couple	166 ch (123 kW) / 226 lb-pi
Type de batterie	Lithium-ion (Li-ion)
Énergie	1,3 kWh
Temps de charge (120V / 240V)	n.d. / n.d.
Autonomie	n.d.

COUPÉ, BERLINE 2,4 LITRES (2017)

Cylindrée, alim.	4L 2,4 litres atmos.
Puissance / Couple	185 ch / 181 lb-pi
Tr. base (opt) / Rouage base (opt)	CVT (M6) / Tr
0-100 / 80-120 / V. max	8,7 s (est) / 5,8 s (est) / n.d.
100-0 km/h	46,6 m (est)
Type / ville / route / CO_2	Ord / 8,7 / 6,6 / 3 567 kg/an

COUPÉ TOURING V6 (2017)

Cylindrée, alim.	V6 3,5 litres atmos.
Puissance / Couple	278 ch / 251 lb-pi
Tr. base (opt) / Rouage base (opt)	M6 (A6) / Tr
0-100 / 80-120 / V. max	6,7 s / 4,1 s / n.d.
100-0 km/h	47,3 m
Type / ville / route / CO_2	Ord / 12,9 / 8,4 / 5 003 kg/an

DU NOUVEAU EN 2018

Une nouvelle génération de la berline Accord fera son apparition pour l'année-modèle 2018.

MODÈLE 2017

Pour voir la liste complète des informations techniques, veuillez vous référer à la section statistiques.

HONDA **CIVIC**

79% COTE DU GUIDE

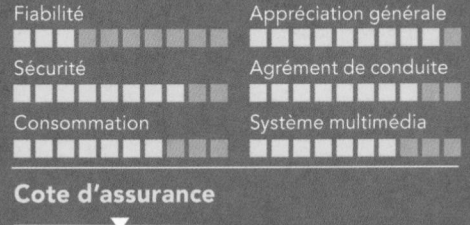

Prix : 16 490 $ à 40 890 $ (2017)
Catégorie : Berline, Coupé, Hatchback
Garanties :
3 ans/60 000 km, 5 ans/100 000 km
Transport et prép. : 1 710 $
Ventes QC 2016 : 19 161 unités
Ventes CAN 2016 : 64 552 unités
Assemblage :
Alliston ON CA, Swindon GB

Fiabilité	Appréciation générale
■■■■□□□□	■■■■■□□□
Sécurité	Agrément de conduite
■■■■■■■□	■■■■■□□□
Consommation	Système multimédia
■■■■■■■□	■■■■□□□□

Cote d'assurance

$ $ $ $

Connectivité multimédia

 Android Auto   Apple CarPlay

➕ Performances élevées (Type R) •
Choix de configurations • Moteur turbo
efficace • Consommation retenue

➖ Boîte CVT peu inspirante • Style
éphémère • Système multimédia peu
convivial • Pas de boîte automatique
pour la berline de base (DX)

Concurrents
Chevrolet Cruze, Ford Focus, Hyundai
Elantra, Kia Forte, Mazda3, Mitsubishi
Lancer, Nissan Sentra, Subaru Impreza,
Toyota Corolla, Volkswagen Jetta

Enfin la Type R !

Jacques Deshaies

Depuis son arrivée toute discrète en 1973, plus de 2 millions d'exemplaires de la Honda Civic ont pris la route au Canada. Maintenant assemblée à l'usine d'Alliston en Ontario, la Civic demeure la Honda la plus vendue au monde et elle domine depuis longtemps le marché des voitures compactes au Canada. Et tout porte à croire qu'elle le dominera encore longtemps. L'arrivée d'une nouvelle génération de la populaire Honda il y a deux ans a poussé la concurrence à réagir rapidement. À titre d'exemple, la Mazda3 a été revue afin de lui redonner un élan supplémentaire pour reprendre le terrain acquis par la Civic.

D'ailleurs, cette dernière avait besoin d'un bon coup de barre à tous les points de vue. Rappelez-vous le millésime 2012 qui n'a pas survécu longtemps aux virulentes critiques qui dénonçaient la pauvreté des matériaux, l'assemblage déficient et le manque général de caractère. Dès l'année-modèle 2013, la direction nipponne avait apporté plusieurs transformations afin de calmer le jeu.

Après un changement générationnel aussi drastique, l'année modèle 2018 n'apporte rien de neuf sur le plan technique. Après la berline et le coupé, Honda a introduit la version cinq portes à hayon fin 2016. Puis ce fut le tour à la version Si de revenir en force en 2017 et enfin, la Type R vient tout juste de faire son entrée.

SILHOUETTE MODERNE
Il faut bien l'avouer, la Civic ne passe pas inaperçue. Si la génération précédente était plutôt anonyme, la nouvelle cuvée prêche par un style moderne et distinctif. D'ailleurs, comme chez tous les concurrents, la partie avant porte la signature particulière de son constructeur.

La grille à deux paliers de la Civic s'entoure de pourtours d'ailes bien galbés. Son profil annonce un caractère plutôt sportif tandis que la partie arrière laisse entrevoir un hayon. Mais ce n'est pas toujours le cas, car avec coffre ou hayon, il est difficile de faire la différence tant la ligne de toit est similaire.

Les feux viennent presque se joindre au centre du coffre. L'aileron de la Si donne même l'impression qu'ils sont liés.

Avec la nouvelle génération, les stylistes ont repris le droit chemin avec une présentation intérieure moderne, et plus conviviale. En son centre loge l'écran tactile qui continue de nous donner quelques maux de tête quand on le manipule. Heureusement, le bouton du volume de la chaîne audio semble reprendre du service sur certains modèles de la marque. Les sièges sont toujours aussi durs, mais offrent un excellent maintien latéral. Particulièrement dans la nouvelle Type R.

AU ROYAUME DU TURBO

Comme il faut bien s'adapter à la nouvelle réalité des normes antipollution et de consommation d'essence, les cylindrées sont en diminution et le turbocompresseur mis à contribution. Les moteurs varient selon le modèle choisi et surtout selon la configuration de la carrosserie.

À titre d'exemple, la version LX à hayon porte le moteur quatre cylindres turbo de 1,5 litre pour 174 chevaux. La LX, coupé et berline, s'équipe du moteur 2,0 litres sans turbo pour 158 chevaux. Allez comprendre! Et comme si ce n'était pas assez, la version Sport Touring à hayon profite du même moteur quatre cylindres turbo que la LX, mais avec une puissance accrue à 180 chevaux, alimentés au super.

Si vous êtes un fan fini de la version Si, vous serez déçu d'apprendre que le moteur de 1,5 litre turbo ne grimpe qu'à 205 chevaux. En comparaison avec ses concurrentes directes comme la Golf GTI, elle accuse un certain recul. Mais qu'à cela ne tienne, cette année. Après une longue et interminable attente, la Type R va finalement débarquer. Facilement reconnaissable avec ses ajouts aérodynamiques et ses gros échappements au centre du diffuseur arrière, elle s'équipe d'un quatre cylindres turbo de 2,0 litres calibré pour développer plus de 306 chevaux et un couple de 295 lb-pi. Elle affiche une seule lacune à mon avis: l'absence du rouage intégral. Les Subaru WRX STI et Focus RS vont demeurer au sommet de la catégorie.

Bref, la nouvelle Civic fait un malheur depuis sa transformation. Il vous suffit d'ouvrir l'œil pour les apercevoir partout sur nos routes. Je me permets tout de même d'apporter un bémol sur ses capacités à bien vieillir. De plus, sa fiabilité ne semble plus aussi parfaite qu'avant puisque la Civic ne fait plus partie du Top 10 de la réputée publication américaine Consumer Reports, à cause, principalement, de problèmes électroniques touchant le tableau de bord. Malgré cet accroc à sa réputation, la Civic devrait continuer à dominer le marché des compactes au Canada.

Données principales

Emp. / lon. / lar. / haut.	Berline - 2700 / 4645 / 1878 / 1411 mm
	Coupé - 2700 / 4492 / 1878 / 1395 mm
	Hatchback - 2700 / 4557 / 1878 / 1429 mm
Coffre / réservoir	Berline - 379 à 428 litres / 47 litres
	Coupé - 337 à 343 litres / 47 litres
	Hatchback - 728 à 1308 litres / 47 litres
Nbre coussins sécurité / ceintures	6 / 5
Suspension av. / arr.	ind., jambes force / ind., multibras
Pneus avant / arrière	P245/30ZR20 / P245/30ZR20
Poids / Capacité de remorquage	Berline - 1341 kg / non recommandé
	Coupé - 1317 kg / non recommandé
	Hatchback - 1415 kg / non recommandé

Composantes mécaniques

BERLINE DX, EX BERLINE, LX, COUPÉ LX

Cylindrée, alim.	4L 2,0 litres atmos.
Puissance / Couple	158 ch / 138 lb-pi
Tr. base (opt) / Rouage base (opt)	CVT (M6) / Tr
0-100 / 80-120 / V. max / 100-0 km/h	n.d. / n.d. / n.d./ n.d.
Type / ville / route / CO₂	Ord / 7,8 / 5,8 / 3174 kg/an

SI BERLINE

Cylindrée, alim.	4L 1,5 litre turbo
Puissance / Couple	205 ch / 192 lb-pi
Tr. base (opt) / Rouage base (opt)	M6 / Tr
0-100 / 80-120 / V. max / 100-0 km/h	n.d. / n.d. / n.d./ n.d.
Type / ville / route / CO₂	Sup / 8,5 / 6,2 / 3460 kg/an

TYPE R

Cylindrée, alim.	4L 2,0 litres turbo
Puissance / Couple	306 ch / 295 lb-pi
Tr. base (opt) / Rouage base (opt)	M6 / Tr
0-100 / 80-120 / V. max / 100-0 km/h	n.d. / n.d. / n.d./ n.d.
Type / ville / route / CO₂	Sup / 10,6 / 8,3 / 4480 kg/an

EX-T BERLINE / COUPÉ, LX HAYON (AUTO), TOURING BERLINE / COUPÉ

4L 1,5 l - 174 ch/162 lb-pi - CVT - 0-100: 7,7 s - 7,7/6,0 l/100 km

LX HAYON

4L 1,5 l - 175 ch/167 lb-pi - M6 - 0-100: 8,2 s - 8,0/6,2 l/100 km

SPORT HONDA SENSING HAYON

4L 1,5 l - 180 ch/162 lb-pi - CVT - 0-100: 7,7 s - 7,9/6,6 l/100 km

SPORT TOURING HAYON, SPORT HAYON

4 L 1,5 L - 180 ch/177 lb-pi - M6 - 0-100: n.d. - 8,0/6,2 L/100 km

DU NOUVEAU EN 2018

Modèle Si mis en marché en mai 2017, arrivée de la Type R à l'été 2017.

Photos: Honda

HONDA CIVIC

Pour voir la liste complète des informations techniques, veuillez vous référer à la section statistiques.

HONDA | 323

HONDA **CLARITY**

73% COTE DU GUIDE

Prix: n.d.
Catégorie: Berline
Garanties:
3 ans/60 000 km, 5 ans/100 000 km
Transport et prép.: 1 851 $
Ventes QC 2016: 0
Ventes CAN 2016: 0
Assemblage: n.d.

Fiabilité
■■■■■■■□□□

Appréciation générale
■■■■■■■□□□

Sécurité
■■■■■■■■□□

Agrément de conduite
■■■■■■□□□□

Consommation
■■■■■■■□□□

Système multimédia
■■■■■■■■□□

Cote d'assurance

n.d.

Connectivité multimédia

Android Auto

Apple CarPlay

➕ Habitacle spacieux •
Matériaux de qualité • Allure différente

➖ Autonomie globale peu
impressionnante • Voiture lourde •
La moins intéressante à conduire du trio •
Pas de bouton rotatif pour le volume •
Allure différente

Concurrents

Ford Fusion Energi,
Hyundai Sonata PHEV,
Kia Optima PHEV

Celle qui réécrit l'Histoire

Il y a un peu plus de cent ans, alors que l'automobile commençait à se répandre, trois types d'énergies étaient surtout utilisés. Il y avait l'essence, la vapeur et l'électricité. Pour diverses raisons, l'essence a, pendant des décennies, régné en maître absolu. Depuis quelques années, on assiste à une répétition de l'Histoire, alors que trois types d'énergie sont utilisés. Il y a l'essence, évidemment, mais l'électricité se taille une place de plus en plus respectable. En filigrane, l'hydrogène tente de se faufiler, sans succès jusqu'à présent.

Honda est l'un des constructeurs les plus actifs du côté de la recherche sur l'hydrogène. C'est ainsi qu'est née la FCX Clarity en 2008, dérivée du concept FCX de 2006. Il s'agissait à ce moment d'une voiture à hydrogène, destinée majoritairement au marché sud-californien où existe un réseau de distribution de gaz hydrogène.

Honda offre maintenant trois Clarity: une hybride rechargeable, une électrique réservée au marché américain, du moins pour l'instant, et une à hydrogène (*Fuel Cell*). Cette dernière est dotée d'un moteur électrique de 174 chevaux, d'une pile à combustible de 103 kW et d'une batterie de 1,7 kWh Elle ne sera pas offerte au Canada, faute de réseau de distribution d'hydrogène.

Enfin, la Clarity Plug-in Hybrid (hybride rechargeable) sera vendue chez nous. Honda a cependant donné bien peu de détails techniques mais on sait que son moteur électrique développe 181 chevaux. Grâce à sa batterie de 17 kWh elle affiche une autonomie de 68 km en mode tout électrique, ce qui l'approche de celle de la Chevrolet Volt et une recharge complète sur un système 240 V avec un chargeur de niveau 2, ne prend que 2,5 heures pour une recharge. Une fois l'autonomie électrique épuisée, le moteur à essence, un quatre cylindres 1,5 litre à cycle Atkinson, prend le relais, soit pour recharger la batterie, soit pour faire tourner les roues avant, selon les besoins. L'autonomie totale annoncée par Honda est de 530 km, une donnée intéressante, mais peu impressionnante.

D'ici 2030, Honda prévoit que les deux tiers de sa production consisteront en des modèles électriques, ce qui inclut les modèles à hydrogène, hybrides, hybrides rechargeables et électriques. Il s'agit d'un programme ambitieux et il est à souhaiter qu'il se réalise pour le bien de la planète...

Alain Morin

En raison de ses dimensions — elle est aussi imposante que la Accord — la Clarity offre un habitacle spacieux. À l'arrière, trois adultes disposent d'amplement d'espace, surtout aux jambes, un contraste avec la plupart autres hybrides rechargeables! Même constat dans le cas de l'espace de chargement, très grand (sauf pour la Clarity à l'hydrogène, l'imposant réservoir amputant une partie du volume disponible). Bref, la Clarity peut occuper le rôle de voiture principale sans exiger trop de compromis. Vous pourrez vous déplacer en mode 100% électrique les jours de semaine tout en ayant l'opportunité d'aller là où bon vous semble les *week-ends*, l'esprit tranquille.

Nous avons eu la chance de mettre à l'essai les trois Clarity et côté performance, les Canadiens auront malheureusement droit à la moins dynamique du trio. Ses deux moteurs (électrique et essence) et son ensemble de batteries la rendent beaucoup plus lourde, ce qui mine ses accélérations et son agilité en virage. En activant le mode Sport de cette hybride rechargeable, on force le moteur à essence à s'animer, ce qui compense la puissance moindre du moteur électrique, par rapport à celui de la version 100% électrique. Dans le cas de cette dernière, les accélérations se sont avérées beaucoup plus vives, surtout grâce au couple légendaire de ce type de moteur.

La Clarity la plus intéressante, selon nous, est celle propulsée à l'hydrogène. Son moteur électrique n'est pas aussi puissant que celui de la Clarity 100% électrique, mais puisque l'on peut stocker une réserve d'électricité sous forme d'hydrogène, son moteur et l'ensemble des batteries sont beaucoup plus compacts, donc plus légers. Cette voiture est très agile et elle accélère rapidement dans un silence complet, seule sa pompe à air qui alimente la pile à combustible s'excite lorsque l'on enfonce l'accélérateur, trahissant sa mécanique. Honda souligne également que cette technologie avantage les véhicules plus imposants car le poids, principal ennemi de l'autonomie, devient beaucoup moins problématique ici.

La Honda Clarity est annonciatrice de nouveaux horizons automobiles. Le futur est déjà intéressant!

Sylvain Raymond

Données principales

Emp. / lon. / lar. / haut.	2750 / 4895 / 1877 / 1478 mm
Coffre / réservoir	300 litres / n.d. litres
Nbre coussins sécurité / ceintures	7 / 5
Suspension av. / arr.	ind., jambes force / ind., multibras
Pneus avant / arrière	P235/45R18 / P235/45R18
Poids / Capacité de remorquage	1900 kg / n.d.

Composantes mécaniques

PHEV	
Cylindrée, alim.	4L 1,5 litre
Puissance / Couple	n.d. / n.d.
Tr. base (opt) / Rouage base (opt)	n.d. / Tr
0-100 / 80-120 / V. max	n.d. / n.d. / n.d.
100-0 km/h	n.d.
Type / ville / route / CO_2	Ord / n.d. / n.d. / n.d.
Consommation combinée	2,4 Le/100 km
MOTEUR ÉLECTRIQUE	
Puissance / Couple	181 ch (134 kW) / 232 lb-pi
Type de batterie	n.d.
Énergie	17,0 kWh
Temps de charge (120V / 240V)	n.d. / 2,5 h
Autonomie	68 km

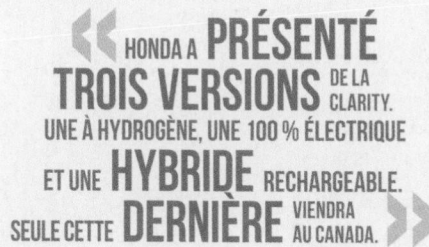

« HONDA A **PRÉSENTÉ** **TROIS VERSIONS** DE LA CLARITY. UNE À HYDROGÈNE, UNE 100 % ÉLECTRIQUE ET UNE **HYBRIDE** RECHARGEABLE. SEULE CETTE **DERNIÈRE** VIENDRA AU CANADA. »

DU NOUVEAU EN 2018

Nouveau modèle

Pour voir la liste complète des informations techniques, veuillez vous référer à la section statistiques.

HONDA | 325

HONDA **CR-V**

83% COTE DU GUIDE

(((SiriusXM)))

Prix: 26 890$ à 38 290$ (2017)
Catégorie: VUS
Garanties:
3 ans/60 000 km, 5 ans/100 000 km
Transport et prép.: 1 840$
Ventes QC 2016: 11 721 unités
Ventes CAN 2016: 44 789 unités
Assemblage: Alliston ON CA

Fiabilité ■■■■■□□	Appréciation générale ■■■■■□□
Sécurité ■■■■■■□□	Agrément de conduite ■■■■■□□
Consommation ■■■■□□□□	Système multimédia ■■■■■■□

Cote d'assurance

$ ————————————— $ $ $

Connectivité multimédia

Android Auto   Apple CarPlay

➕ Motorisation efficace • Look plus affirmé • Bonne habitabilité • Dotation de série • Consommation raisonnable

➖ Prix élevé • Système multimédia perfectible • Moteur bruyant en accélération franche • Design des jantes en alliage

Concurrents

Chevrolet Equinox, Ford Escape, GMC Terrain, Hyundai Tucson, Jeep Cherokee, Kia Sportage, Mazda CX-5, Mitsubishi Outlander, Nissan Rogue, Subaru Forester, Toyota RAV4, Volkswagen Tiguan

Vers le sommet

Gabriel Gélinas

Au Canada, le CR-V de Honda se classe au troisième rang de la catégorie au chapitre des ventes, derrière le Toyota RAV4 et le Ford Escape. Avec le modèle de cinquième génération, Honda vise maintenant la plus haute marche du podium pour dominer le créneau des VUS de taille compacte de la même façon que la Civic domine celui des voitures compactes.

Le CR-V partage plusieurs éléments avec la Civic, notamment son architecture et son moteur quatre cylindres turbocompressé de 1,5 litre dont la puissance a été augmentée à 190 chevaux, avec hausse du couple à 179 livres-pied, afin de composer avec le poids plus élevé du véhicule. Cette hausse de puissance du moteur, jumelée à une boîte à variation continue et au rouage intégral, permet au CR-V de miser sur la consommation de carburant avec une moyenne observée de 9,1 litres aux 100 kilomètres lors d'un essai réalisé en plein hiver.

LES VOLETS N'AIMENT PAS L'HIVER

Le CR-V est équipé de volets actifs à action automatique qui s'ouvrent pour permettre au flot d'air de traverser le radiateur, afin d'assurer le refroidissement du moteur. Ces volets se referment lorsque la demande en refroidissement n'est pas élevée, de façon à bonifier l'aérodynamique du véhicule. Lors d'un trajet Québec-Montréal alors qu'il neigeait, une alerte est apparue sur le bloc d'instruments indiquant que la puissance du véhicule était réduite en raison du blocage par la neige et la glace de ces volets actifs. Impossible d'augmenter la vitesse, même avec l'accélérateur à fond.

Il a donc fallu quitter l'autoroute pour couper le contact et tenter de déloger la neige et la glace des volets, ce qui est très difficile à faire, ceux-ci étant protégés par la calandre. J'ai repris la route avec la pleine puissance du moteur, mais le même avertissement est apparu une soixantaine de kilomètres plus tard, nécessitant la même intervention. Au total, j'ai dû immobiliser le véhicule à trois reprises pour cette opération de dégagement des volets actifs lors de ce trajet de 240 kilomètres. Un cas isolé ? On l'espère. Sinon, Honda risque de se retrouver avec des clients mécontents.

Le CR-V est maintenant doté d'une nouvelle direction électrique adaptative, plus rapide et plus précise que celle du modèle précédent, et sa tenue de route est bonne, mais le CX-5 de Mazda demeure la référence de la catégorie concernant la dynamique. On sent d'ailleurs que le CR-V n'a pas une vocation sportive en raison du délai ressenti lors de l'accélération initiale, et ce n'est que lorsque le régime dépasse 2 000 tours/minute que l'on sent la poussée du moteur qui devient cependant bruyant à haut régime.

UN LOOK PLUS TYPÉ

Avec sa nouvelle silhouette plus affirmée, le CR-V reprend un peu les codes du Pilot et du Ridgeline. L'empattement est plus long que celui du modèle précédent et le porte-à-faux arrière est réduit, ce qui dynamise le style. Dommage cependant que ce look plus costaud soit gâché par l'affreux design des jantes en alliage du modèle Touring. Comme l'empattement est plus long que celui du modèle antérieur, l'habitabilité est bonifiée, particulièrement aux places arrière où le dégagement pour les jambes a progressé de dix centimètres, permettant au CR-V d'offrir plus d'espace aux passagers que le Toyota RAV4 ou le Ford Escape. L'espace de chargement est vaste et la polyvalence est assurée par des dossiers rabattables par l'action de leviers localisés dans le coffre.

Le traditionnel bloc d'instruments est remplacé par une instrumentation numérique, et l'on remarque que les designers ont choisi de tenir compte des doléances de la clientèle puisque le gradateur qui permettait de contrôler le volume de la chaîne audio a été troqué contre un bon vieux bouton rotatif conventionnel. Cependant, le système multimédia avec écran couleur tactile de sept pouces demeure une source de frustrations par son opération lente et ses menus qui ne sont pas intuitifs. On se console avec l'ajout, en équipement de série, des dispositifs Apple CarPlay et Android Auto, lesquels peuvent dupliquer certaines applications et fonctionnalités de votre téléphone intelligent directement sur l'écran central.

Le côté pratique est rehaussé par un grand compartiment de rangement localisé entre les sièges avant qui est pourvu de deux ports USB. Le confort du modèle Touring est bonifié par les sièges chauffants à l'avant comme à l'arrière, ainsi que par un volant chauffant, ce qui est particulièrement apprécié en hiver. Avec le CR-V de cinquième génération, Honda mise encore et toujours sur la fiabilité et la valeur de revente tout en proposant un véhicule plus spacieux et plus efficace en consommation, ce qui devrait permettre à la marque d'augmenter ses ventes et de rattraper les leaders de la catégorie.

Données principales

Emp. / lon. / lar. / haut.	2 660 / 4 586 / 1 951 / 1 679 mm
Coffre / réservoir	1065 à 2146 litres / 53 litres
Nbre coussins sécurité / ceintures	6 / 5
Suspension av. / arr.	ind., jambes force / ind., multibras
Pneus avant / arrière	P235/60R18 / P235/60R18
Poids / Capacité de remorquage	1617 kg / n.d.

Composantes mécaniques

Cylindrée, alim.	4L 1,5 litre turbo
Puissance / Couple	190 ch / 179 lb-pi
Tr. base (opt) / Rouage base (opt)	CVT / Int (Tr)
0-100 / 80-120 / V. max	9,4 s / 6,8 s / n.d.
100-0 km/h	42,7 m
Type / ville / route / CO₂	Ord / 8,7 / 7,2 / 3 692 kg/an

« LE NOUVEAU CR-V EST PLUS SPACIEUX, PLUS EFFICACE EN CONSOMMATION ET SON NOUVEAU LOOK LUI DONNE DES AIRS DE MINI-PILOT. »

DU NOUVEAU EN 2018

Aucun changement majeur au moment de mettre sous presse.

Pour voir la liste complète des informations techniques, veuillez vous référer à la section statistiques.

HONDA **FIT**

79% COTE DU GUIDE

(((SiriusXM)))

Prix: 15 050 $ à 23 150 $ (2017)
Catégorie: Hatchback
Garanties:
3 ans/60 000 km, 5 ans/100 000 km
Transport et prép.: 1 610 $
Ventes QC 2016: 2 965 unités
Ventes CAN 2016: 8 622 unités
Assemblage: Celaya MX

Fiabilité ■■■■■■□□□□

Appréciation générale ■■■■■■■□□□

Sécurité ■■■■■■■□□□

Agrément de conduite ■■■■■■■□□□

Consommation ■■■■■■■□□□

Système multimédia ■■■■■■□□□□

Cote d'assurance

$ ▼ $ $ $

Connectivité multimédia

Android Auto

Apple CarPlay

➕ Très confortable et spacieuse pour sa taille • Volant et commandes superbes • Polyvalence imbattable • Fiabilité démontrée • Excellente valeur résiduelle

➖ Sonorité creuse du moteur • Généralement bruyante • Roulement ferme et sautillant • Boîte manuelle trop courte en 6ᵉ

Concurrents
Chevrolet Sonic, Ford Fiesta, Hyundai Accent, Kia Rio, Nissan Versa Note, Toyota Yaris

Perfectionniste et un peu nerveuse

Marc Lachapelle

Pas facile d'être la petite sœur d'un grand *best-seller*. Surtout quand on est douée. Parlez-en à la Fit, la mieux conçue et la plus ingénieuse des petites voitures, qui vit forcément un peu dans l'ombre de la Civic, une compacte qui n'est certes pas dénuée de qualités. Or, quel que soit leur coût mensuel respectif, ces deux-là ne visent simplement pas le même public. La Fit est une spécialiste. Une petite voiture brillante qui s'adresse aux citadins pragmatiques et hyperactifs qui aiment bricoler, jardiner, pagayer ou déménager...

Pour être parfaitement clair, la Fit et la Civic ne sont pas de la même espèce. Si l'on compare ce qui est comparable, c'est-à-dire une Fit LX et une Civic LX avec hayon, la Fit est plus courte de 455 mm (presque 18 pouces !), plus étroite de 176 mm et plus haute de 90 mm. Son coffre peut néanmoins gober jusqu'à 1 492 litres, soit 184 litres de plus que la Civic, lorsque le dossier de leur banquette arrière est replié. Banquette qui est d'ailleurs d'un confort très raisonnable, dans les deux cas.

Toutes deux équipées de la boîte automatique à variation continue (CVT) optionnelle, cette Civic LX atteint 100 km/h deux secondes plus tôt malgré ses 150 kilos en plus, parce que son moteur turbo produit 44 chevaux de plus. En revanche, la Fit LX consomme un peu moins en ville, mais à peine moins (0,1 l/100 km) sur la route. Elle coûte surtout 5 000 $ de moins, au tarif actuel, une différence considérable dans ces catégories où le prix est un facteur primordial et déterminant. Est-ce assez clair ?

LA MAÎTRISE DE L'ESPACE

La Fit devance aussi toutes les sous-compactes les mieux vendues au Québec pour le volume de son habitacle et la facilité de l'utiliser. Plus courte que toutes ses rivales, sauf la Chevrolet Sonic (de 25 mm, donc un pouce), elle offre 141 litres de volume de chargement de plus que cette dernière, la meilleure du lot. Tout ça, grâce à un réservoir d'essence installé sous les sièges avant qui dégage beaucoup d'espace dans le coffre arrière, mais surtout grâce à cette ingénieuse banquette arrière «magique» dont on peut fixer le coussin en position verticale ou alors replier les deux pans du dossier.

Les sièges avant sont très confortables et offrent un très bon maintien général, avec un soutien lombaire moelleux qui fait un boulot sans reproche, à défaut d'être réglable. Le volant est superbe, avec une jante gainée de cuir bien taillée et les meilleurs boutons de contrôle jamais conçus pour ajuster la sono et le régulateur de vitesse.

On ne se lasse effectivement jamais de ces soucoupes creuses bien moulées, avec leur gros bouton bombé au milieu, que l'on manipule sans devoir quitter la route des yeux pour les repérer ou les déchiffrer. Parfaitement simples et logiques. Personne ne fait mieux. Même pas Honda elle-même, qui les a hélas remplacées par des boutons plus minces et petits, sur les modèles plus récents. Côté commodité, il y a de bons rangements à bord de la Fit et une abondance de prises pour brancher tous nos machins électroniques.

BEAUCOUP PLUS VILLE QUE CAMPAGNE

La Fit est toujours vive, une qualité que l'on apprécie grandement en conduite urbaine, surtout que la visibilité est excellente vers l'avant et les côtés, avec des rétroviseurs montés sur les portières et des vitres découpées très bas, dont une section triangulaire qui fait des merveilles, entre les rétroviseurs et les montants du pare-brise.

La plus menue des Honda est par contre beaucoup moins impressionnante pour son insonorisation et son confort de roulement. Elle est même plutôt faible dans ces deux domaines, comme le fut longtemps la Civic, quand elle était plus... compacte, justement. La Fit est presque toujours assez bruyante et réagit sèchement à la moindre fente ou bosse. La pauvre se fait également ballotter joyeusement lorsque le vent souffle de côté ou en oblique. Pour toutes ces raisons, cette citadine dans l'âme n'est certes pas une grande routière, hélas. Elle s'acquittera évidemment de sa tâche convenablement, mais bien des voitures se révéleront plus douces et silencieuses sur de longs trajets. Plus frugales aussi, surtout s'il s'agit de la version à boîte de vitesses manuelle dont le 6ᵉ rapport est trop court, ce qui impose au moteur un régime inutilement élevé.

Dans son élément, la Fit est virtuellement imbattable. Voilà effectivement une voiture toute petite à l'extérieur, qui peut se faufiler et se garer à peu près n'importe où en ville et faire ensuite la leçon à bon nombre de soi-disant utilitaires pour la quantité et la variété de choses que l'on peut y transporter. Très fiable et assez peu assoiffée aussi, avec la meilleure valeur de revente de sa catégorie en prime. Vive, confortable et agréable en ville. Sur la grand-route, pas mal moins...

Données principales

Emp. / lon. / lar. / haut.	2 530 / 4 064 / 1 702 / 1 524 mm
Coffre / réservoir	470 à 1 492 litres / 40 litres
Nbre coussins sécurité / ceintures	6 / 5
Suspension av. / arr.	ind., jambes force / semi-ind., poutre torsion
Pneus avant / arrière	P185/55R16 / P185/55R16
Poids / Capacité de remorquage	1 204 kg / n.d.

Composantes mécaniques

Cylindrée, alim.	4L 1,5 litre atmos.
Puissance / Couple	130 ch / 114 lb-pi
Tr. base (opt) / Rouage base (opt)	M6 (Aucune, CVT) / Tr
0-100 / 80-120 / V. max	10,2 s (est) / 7,2 s (est) / n.d.
100-0 km/h	43,6 m (est)
Type / ville / route / CO_2	Ord / 8,1 / 6,6 / 3 440 kg/an

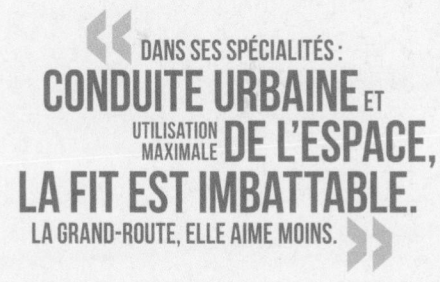

« DANS SES SPÉCIALITÉS :
CONDUITE URBAINE ET UTILISATION MAXIMALE **DE L'ESPACE, LA FIT EST IMBATTABLE.** LA GRAND-ROUTE, ELLE AIME MOINS. »

DU NOUVEAU EN 2018

Parties avant et arrière redessinées, version Sport entre LX et EX, groupe Honda Sensing optionnel avec systèmes de sécurité, nouvelle couleur Orange Furie.

Pour voir la liste complète des informations techniques, veuillez vous référer à la section statistiques.

HONDA | 329

HONDA **HR-V**

78% COTE DU GUIDE

Prix: 21 150 $ à 30 450 $ (2017)
Catégorie: VUS
Garanties:
3 ans/60 000 km, 5 ans/100 000 km
Transport et prép.: 1 651 $
Ventes QC 2016: 3 865 unités
Ventes CAN 2016: 12 371 unités
Assemblage: Celaya MX

Fiabilité	Appréciation générale
■■■■■■■□□□	■■■■■■■□□□
Sécurité	Agrément de conduite
■■■■■■■□□□	■■■■■■□□□□
Consommation	Système multimédia
■■■■■■□□□□	■■■■■□□□□□

Cote d'assurance

n.d.

Connectivité multimédia

Android Auto   Apple CarPlay

➕ Finition intérieure soignée •
Bon volume de chargement •
Fiabilité assurée • Conduite agréable

➖ Système multimédia •
Manque un peu de puissance •
Boîte automatique CVT •
Peut devenir dispendieux

Concurrents

Buick Encore, Chevrolet Trax, Fiat 500X,
Jeep Renegade, Mazda CX-3,
MINI Countryman, Mitsubishi RVR,
Nissan Qashqai, Subaru Crosstrek

Une Fit
génétiquement modifiée

Sylvain Raymond

Si vous étiez un constructeur automobile et que vous cherchiez à produire des modèles populaires, vous auriez sans doute plusieurs VUS, de tous les formats, sur votre table à dessin. Au grand déplaisir de certains, la popularité de ces véhicules ne s'estompe pas, au contraire, elle ne fait qu'accroître. Les constructeurs l'ont très bien compris, et leurs derniers-nés sont les modèles sous-compacts, un croisement entre une voiture sous-compacte et un véhicule utilitaire sport.

Leur intérêt? Un style plus attrayant, mais surtout, les acheteurs ont l'impression d'acquérir un véhicule tendance — ce qui est très gratifiant —, et non un modèle à petit budget comme c'est souvent le cas avec les voitures sous-compactes.

Le HR-V, ce n'est ni plus ni moins une Honda Fit un peu plus haute sur pattes et dotée d'un rouage intégral optionnel. Vu son poids supérieur — 181 kilos — et ses dimensions plus imposantes par rapport à la Fit, le HR-V a droit à un moteur un peu plus puissant, un quatre cylindres de 1,8 litre développant 141 chevaux pour un couple de 127 lb-pi.

Il est possible d'obtenir le HR-V avec une boîte manuelle à six rapports, mais vous ferez alors face à un dilemme important car elle ne peut être couplée au rouage intégral. Seules les livrées à traction peuvent en être équipées, ce qui est dommage. Pourquoi opter pour un VUS sans rouage intégral? Il faut alors vous rabattre sur la boîte automatique CVT qui favorise certes l'économie de carburant, mais qui n'est pas aussi agréable. Choisir un HR-V à rouage intégral vous pénalisera de près de 2,0 l/100 km par rapport à une Fit.

Côté style, le HR-V affiche un design très réussi. Sans être aussi typé que certains rivaux, il a été l'un des premiers modèles à profiter des nouvelles lignes de Honda et c'est tant mieux. Sa stature est apportée par son arrière plus élevé, alors qu'un effet de robustesse est mis en évidence par de larges garnitures grises qui entourent le bas de la caisse et les ailes. Les roues de

17 pouces rehaussent grandement son style. Fait intéressant, les poignées de porte arrière noires sont bien dissimulées dans le haut du pilier C. On obtient l'effet d'un coupé deux portes.

À l'intérieur, l'aménagement est typique des autres produits Honda. Le tableau de bord se présente au centre sur deux niveaux, alors qu'un écran tactile permet d'activer tout ce qui est multimédia et connectivité. Ce que l'on aime moins ? L'absence d'un bouton pour le réglage du volume. Il faut se rabattre sur une commande tactile qui ne veut pas toujours collaborer.

La bonne nouvelle, c'est que le HR-V est sans doute le plus pratique en son genre. Sa ligne de toit, qui demeure assez haute, permet de maximiser l'espace aux places arrière et le volume de chargement. Honda a fait du beau boulot et nous présente un véhicule qui dispose d'un hayon de bonne dimension, ce qui facilite le chargement de gros objets. Avec ses 688 litres de chargement, 1 665 une fois les sièges rabattus, le HR-V domine son segment.

Étonnamment, plusieurs acheteurs intéressés par ces modèles croient qu'ils obtiendront un petit VUS à rabais. Ce n'est pas le cas. Le HR-V coûte vraiment plus cher que la Fit puisqu'il faut compter au-delà de 21 000 $ pour la version de base et près de 25 000 $ pour un HR-V équipé d'un rouage intégral. Le plus cossu se détaille à plus de 30 000 $. Dans cette gamme de prix, on est loin du budget des acheteurs de sous-compactes et l'on entre rapidement en concurrence avec les modèles compacts. Voilà la raison qui freine souvent les ardeurs des acheteurs !

SUR LA ROUTE

Les VUS sous-compacts se rattrapent au chapitre de la conduite. Leur petit gabarit les rend non seulement agiles en ville, et leur conduite s'apparente davantage à celle d'une voiture qu'à celle d'un VUS. Dans le cas du HR-V, l'assistance électrique de la direction est correcte, apportant un bon degré de précision, sans être surassistée.

Notre principal reproche dans le cas du HR-V, c'est sa boîte CVT. Certes, elle favorise l'économie de carburant, mais elle rend le moteur beaucoup plus bruyant en maintenant le régime plus élevé lors des accélérations. Les 141 chevaux ont alors fort à faire ! Côté puissance, le HR-V a des performances dans la moyenne de la catégorie et il fallait au moins dix secondes pour attendre 100 km/h dans le cas de notre modèle d'essai.

Honda nous a habitués à plus d'excitation du côté de son groupe motopropulseur... C'est pratiquement la seule chose qui manque au HR-V pour en faire le meilleur de sa catégorie.

Données principales	
Emp. / lon. / lar. / haut.	2 610 / 4 294 / 1 772 / 1 605 mm
Coffre / réservoir	657 à 1 665 litres / 50 litres
Nbre coussins sécurité / ceintures	6 / 5
Suspension av. / arr.	ind., jambes force / semi-ind., poutre torsion
Pneus avant / arrière	P215/55R17 / P215/55R17
Poids / Capacité de remorquage	1 413 kg / non recommandé

Composantes mécaniques	
Cylindrée, alim.	4L 1,8 litre atmos.
Puissance / Couple	141 ch / 127 lb-pi
Tr. base (opt) / Rouage base (opt)	CVT (A6) / Int (Tr)
0-100 / 80-120 / V. max	10,1 s / 8,2 s / n.d.
100-0 km/h	43,9 m
Type / ville / route / CO_2	Ord / 8,8 / 7,2 / 3 717 kg/an

« LE HR-V PROFITE DU MEILLEUR DE HONDA, IL NE LUI MANQUE QU'UN PEU PLUS DE DYNAMISME POUR SE HISSER AU **SOMMET. »**

DU NOUVEAU EN 2018

Aucun changement majeur au moment de mettre sous presse.

Photos : Honda

Pour voir la liste complète des informations techniques, veuillez vous référer à la section statistiques.

HONDA **ODYSSEY**

76% COTE DU GUIDE

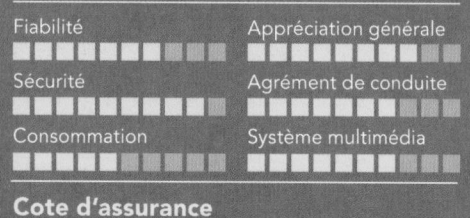

Prix: 34 890 $ à 50 290 $
Catégorie: Fourgonnette
Garanties:
3 ans/60 000 km, 5 ans/100 000 km
Transport et prép.: 1 840 $
Ventes QC 2016: 1 942 unités
Ventes CAN 2016: 12 311 unités
Assemblage: Lincoln AL US

Fiabilité	Appréciation générale
■■■■■□□□□□	■■■■■■■□□□
Sécurité	Agrément de conduite
■■■■■■■□□□	■■■■■■□□□□
Consommation	Système multimédia
■■■■■□□□□□	■■■■■■■□□□

Cote d'assurance

$ $ $ $

Connectivité multimédia

Android Auto   Apple CarPlay

+ Boîte automatique à dix rapports géniale • Habitacle modulable • Bonne valeur de revente • Systèmes de sécurité intéressants • Belle qualité d'assemblage

− Puissance additionnelle peu perceptible • Boîte à neuf rapports décevante • Pas de système quatre roues motrices • Nouvelle suspension sport pas convaincante

Concurrents
Chrysler Pacifica, Dodge Grand Caravan, Kia Sedona, Toyota Sienna

Pourquoi jouer la carte de la sportivité?

Marc-André Gauthier

Les journalistes automobiles se font souvent reprocher de mettre trop l'accent sur le plaisir de conduire. Pourtant, le plaisir de conduire, c'est important. On passe beaucoup de temps dans notre auto, alors, autant en faire une expérience agréable! Cela dit, il est vrai que lorsque l'on parle de certaines catégories de véhicules, le plaisir de conduire semble devenir très, très secondaire... Les fourgonnettes en sont un bel exemple. Les gens attendent de ces dernières de l'espace, du rangement, de la fiabilité, du raffinement, et du confort.

En réponse à la Chrysler Pacifica, qui innove avec beaucoup de technologies et un confort impressionnant, Honda a dévoilé, au Salon de Detroit 2017, son Odyssey 2018. Depuis, la marque japonaise insiste beaucoup sur le caractère sportif de sa fourgonnette; suspension plus ferme, direction connectée à la route... C'est bien. Mais est-ce vraiment nécessaire?

LOOK ENTIÈREMENT NOUVEAU... MAIS SIMILAIRE
L'Odyssey a donc été complètement redessinée! Pourtant, quand on la regarde rapidement, on dirait qu'elle n'a pas changé, ou si peu. C'est que son look, même s'il s'inscrit dans le nouveau style visuel des produits Honda, ne rompt pas drastiquement avec ce qui se faisait avant.

Mais rendons à César ce qui appartient à César. L'habitacle a subi un méchant coup de plumeau, et ça fait du bien: la planche de bord est dominée par un gros écran multimédia, lui-même animé par un nouveau système d'exploitation Honda, compatible avec Apple CarPlay et Android Auto, ce qui devrait plaire aux jeunes parents. Le levier de vitesses a été remplacé par la même disposition de boutons que celle que l'on retrouve dans les produits Acura. On peut reprocher à cet ensemble de prendre trop de place. Certains apprécient cette configuration à boutons qu'il faut enfoncer ou baisser, d'autres détestent. Devant nos yeux, le tableau de bord est composé, lui aussi, d'un grand écran, mais épaulé par des cadrans classiques.

Ces modifications s'avèrent plus ergonomiques que jamais, permettant au pilote d'accéder aisément aux commandes.

Les sièges avant sont particulièrement confortables, tandis que ceux du milieu et la banquette à l'arrière ne sont pas mal non plus. D'ailleurs, parlant de cette troisième rangée, elle offre suffisamment de dégagement pour les jambes, faisant de l'Odyssey l'une des bonnes fourgonnettes pour ceux qui veulent transporter des adultes. Soulignons le système *Magic Seats* de Honda, qui se traduit essentiellement par des sièges de la seconde rangée que l'on peut bouger de l'avant vers l'arrière, mais également de gauche à droite. Ainsi, on peut créer une voie d'accès permanente vers l'arrière, ou transformer la banquette en deux sièges capitaines en enlevant la place centrale! Tout est possible.

Alors, que dire de cette métamorphose sportive? Tout d'abord, il faut savoir que le moteur de l'Odyssey est toujours un V6 de 3,5 litres, mais maintenant doté de l'injection directe, dont la puissance a été portée à 280 chevaux.

Si l'on compare ce V6 à l'ancien, on constate que les courbes de puissances sont identiques, excepté au-delà de 5 000 tr/min, où ce nouveau moteur va justement chercher la puissance additionnelle... Autrement dit, si pour profiter de ces chevaux supplémentaires, il faut conduire le pied au plancher, sinon il n'y a aucune différence...

PLUTÔT INUSITÉ POUR UNE FOURGONNETTE!

L'Odyssey compte de série sur une boîte automatique de l'équipementier ZF à neuf rapports au comportement erratique, qui donne des coups et qui a connu des problèmes de fiabilité. Toutefois, la version Touring, la plus équipée, possède la nouvelle boîte à dix rapports, signée Honda. Un charme que cette boîte. Heureusement, elle devrait être disponible sur toutes les versions d'ici quelques années.

La nouvelle suspension n'est pas convaincante. On sent, en virage, l'effort de Honda pour la rendre plus ferme, mais elle ne peut compenser le poids et la forme de la voiture... Ainsi, la conduite est étrange, on lui aurait préféré une expérience plus « plate », mais plus confortable.

L'Odyssey est renouvelée, mais elle n'offre toujours pas de système quatre roues motrices... Qu'est-ce que Honda attend pour imiter Toyota?

Même si la transformation apportée cette année déçoit à quelques niveaux, on peut toujours recommander l'Odyssey, ne serait-ce que pour son assemblage impeccable, ses espaces de rangement pratiques, son habitacle modulable, et surtout, sa valeur de revente.

Données principales

Emp. / lon. / lar. / haut.	3 000 / 5 161 / 2 110 / 1 767 mm
Coffre / réservoir	929 à 4 103 litres / 74 litres
Nbre coussins sécurité / ceintures	8 / 8
Suspension av. / arr.	ind., jambes force / ind., double triangulation
Pneus avant / arrière	P235/55R19 / P235/55R19
Poids / Capacité de remorquage	2 086 kg / 1 587 kg (3 500 lb)

Composantes mécaniques

Cylindrée, alim.	V6 3,5 litres atmos.
Puissance / Couple	280 ch / 262 lb-pi
Tr. base (opt) / Rouage base (opt)	A9 (A10) / Tr
0-100 / 80-120 / V. max	n.d. / n.d. / n.d.
100-0 km/h	n.d.
Type / ville / route / CO_2	Ord / 12,6 / 8,4 / 5 020 kg/an

> « HONDA INSISTE BEAUCOUP SUR LE **CARACTÈRE SPORTIF** DE L'ODYSSEY; **SUSPENSION PLUS FERME,** DIRECTION CONNECTÉE **À LA ROUTE...** EST-CE VRAIMENT NÉCESSAIRE? »

DU NOUVEAU EN 2018 — Nouveau modèle

HONDA ODYSSEY

Pour voir la liste complète des informations techniques, veuillez vous référer à la section statistiques.

HONDA | **333**

HONDA **PILOT**

82% COTE DU GUIDE

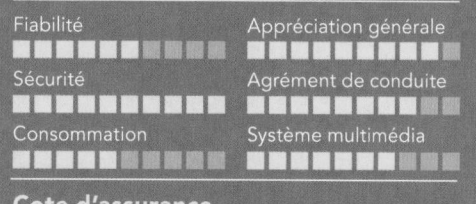

Prix : 40 090 $ à 51 490 $ (2017)
Catégorie : VUS
Garanties :
3 ans/60 000 km, 5 ans/100 000 km
Transport et prép. : 1 840 $
Ventes QC 2016 : 1 291 unités
Ventes CAN 2016 : 7 279 unités
Assemblage : Lincoln AL US

Fiabilité
■■■■■■■□□□

Sécurité
■■■■■■■■□□

Consommation
■■■■■■□□□□

Appréciation générale
■■■■■■■□□□

Agrément de conduite
■■■■■■■□□□

Système multimédia
■■■■■■■□□□

Cote d'assurance

▼

$ $ $ $

Connectivité multimédia

Android Auto   Apple CarPlay

+ Moteur V6 éprouvé • Excellente
habitabilité • Fiabilité assurée •
Boîte automatique à neuf rapports •
Multiples espaces de rangement

− Version Touring onéreuse •
Agrément de conduite mitigé •
Système HondaLink parfois déconcertant

Concurrents

Buick Enclave, Chevrolet Traverse,
Ford Explorer, GMC Acadia,
Jeep Grand Cherokee, Mazda CX-9,
Nissan Pathfinder, Toyota Highlander

Sobriété et efficacité

Denis Duquet

Le Pilot de troisième génération, dévoilé en 2016, connaît un certain succès, aussi bien en raison de la réputation de la marque que de la polyvalence apportée par ses trois rangées de sièges. Pour pouvoir offrir une telle configuration, il faut que les dimensions soient quand même assez imposantes et c'est justement le cas. Toutefois, les stylistes ont reçu la directive de dessiner des lignes qui avaient tendance à réduire la perception des dimensions afin que les gens se montrent agréablement surpris de l'habitabilité de ce Honda.

Si la silhouette du Pilot précédent était d'une très grande sobriété, celle du modèle actuel possède un certain caractère grâce à une calandre chromée passablement en évidence, tandis que les parois latérales sont parcourues d'une ligne de caractère placée directement sous les poignées de porte. Le hayon arrière est presque vertical dans le but d'optimiser la capacité de chargement du coffre à bagages. Comme sur tous les modèles Honda, la finition est excellente et la qualité des matériaux est légèrement supérieure à la moyenne.

PRATIQUE ? PAS TOUJOURS !

À l'intérieur, on est impressionné par l'habitabilité du Pilot. Bien entendu, compte tenu de son gabarit, les places avant sont très spacieuses et les sièges confortables, bien qu'un peu plus de support latéral n'aurait pas fait de tort. Entre les deux sièges avant, la console est dotée d'un grand espace de rangement. On y retrouve également les boutons de passage des rapports sur la version Touring, la plus luxueuse. Sur les autres versions, on retrouve un levier de vitesses.

À l'arrière, les sièges capitaines de la seconde rangée ajoutent au confort et sur la version Touring que nous avons essayée, on disposait de commandes permettant de gérer la climatisation et de contrôler un écran d'affichage monté sur le pavillon. Ainsi, on peut visionner des DVD ou jouer avec des consoles de jeux. Les écouteurs sans fil permettent de ne pas déranger les autres occupants. Enfin, si la troisième banquette n'est pas nécessairement facile d'accès, elle fournit un confort acceptable.

En fait, le seul point de controverse dans cet habitacle est la planche de bord qui devient une source d'irritation au fil des jours à cause de certaines commandes mal situées ou de gestion difficile. Même s'il est possible de gérer le niveau sonore du système audio à l'aide d'un bouton placé sur le volant, on a surtout tendance à vouloir le régler sur la commande tactile logée sur le côté gauche de l'écran, un exercice frustrant en plus d'être imprécis. La combinaison de commandes placées à l'écran et les pavés mécaniques ne sont pas toujours intuitive et il faut parfois effectuer plusieurs opérations avant d'obtenir le réglage de climatisation et le niveau de température voulus.

UN CLASSIQUE

Sur le plan de la mécanique, une impression de solidité se dégage du Pilot. Après avoir roulé quelques kilomètres à peine, on sent que les suspensions sont costaudes tout en absorbant quand même les aspérités de la chaussée. Voilà un véhicule que l'on pourra conserver longtemps sans être agacé par de multiples bruits de caisse, causés à la longue par une carrosserie manquant de rigidité. Honda en a même tiré une version camionnette, le Ridgeline. C'est dire à quel point son châssis est solide.

Un seul moteur est au catalogue, il s'agit du traditionnel V6 de 3,5 litres. Un moteur de cette cylindrée était utilisé précédemment, mais lors de la refonte en 2016, il a été complètement révisé et est désormais doté de l'injection directe, de la cylindrée variable et du système arrêt-redémarrage automatique. Dans la version la plus économique, ce moteur est associé à des roues motrices avant et fait appel à une boîte automatique à six rapports.

Dans la version Touring, la plus huppée, le moteur demeure le même, produisant toujours 280 chevaux, mais il est associé à une boîte à neuf rapports. Celle-ci, sans être extraordinaire, accomplit du bon travail. Cette fois, le rouage intégral est de série et il est doté de multiples réglages. Un bouton sur la console centrale permet de régler ce rouage intégral en fonction des conditions de la chaussée.

Sur la route, la suspension est relativement confortable et la direction d'une précision correcte pour un VUS intermédiaire. Par contre, le Pilot est surtout à l'aise lorsque l'on respecte les limites de vitesse affichées. Grâce à une efficace transmission intégrale, il est en mesure de tirer son épingle du jeu sur les routes secondaires en mauvais état. Somme toute, à défaut d'être excitant, le Pilot est équilibré, spacieux et sa mécanique fiable devrait rassurer les propriétaires.

Données principales	
Emp. / lon. / lar. / haut.	2 820 / 4 941 / 2 296 / 1 773 mm
Coffre / réservoir	510 à 3 092 litres / 74 litres
Nbre coussins sécurité / ceintures	6 / 8
Suspension av. / arr.	ind., jambes force / ind., multibras
Pneus avant / arrière	P245/50R20 / P245/50R20
Poids / Capacité de remorquage	1975 kg / 2 268 kg (5 000 lb)

Composantes mécaniques	
Cylindrée, alim.	V6 3,5 litres atmos.
Puissance / Couple	280 ch / 262 lb-pi
Tr. base (opt) / Rouage base (opt)	A9 (A6) / Int
0-100 / 80-120 / V. max	7,2 s / 5,2 s / n.d.
100-0 km/h	44,6 m
Type / ville / route / CO_2	Ord / 12,4 / 9,3 / 5 062 kg/an

> IL NE FAUT PAS SE **FIER À L'ALLURE** DE **COFFRE-FORT** DU HONDA PILOT. IL EST **POLYVALENT, CONFORTABLE** ET SA FIABILITÉ MÉCANIQUE SERA RASSURANTE.

DU NOUVEAU EN 2018

Aucun changement majeur au moment de mettre sous presse.

Photos : Honda

Pour voir la liste complète des informations techniques, veuillez vous référer à la section statistiques.

HONDA | **335**

HONDA PILOT

HONDA **RIDGELINE**

79% COTE DU GUIDE

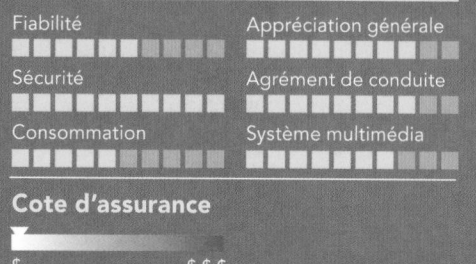
Prix: 36 790 $ à 48 790 $ (2017)
Catégorie: Camionnette
Garanties:
3 ans/60 000 km, 5 ans/100 000 km
Transport et prép.: 1 851 $
Ventes QC 2016: 405 unités
Ventes CAN 2016: 2 622 unités
Assemblage: Lincoln AL US

Fiabilité	Appréciation générale
■■■■■■□□□□	■■■■■■■□□□
Sécurité	Agrément de conduite
■■■■■■□□□□	■■■■■■■□□□
Consommation	Système multimédia
■■■■■□□□□□	■■■■■■■□□□

Cote d'assurance

$ $ $ $

Connectivité multimédia

Android Auto   Apple CarPlay

+ Excellente tenue de route • Moteur bien adapté • Cabine confortable • Caisse de chargement polyvalente • Rouage intégral efficace

− Version Black Edition plus ou moins utile • Prix corsés • Capacité de remorquage un peu juste • Certaines commandes audio à revoir • Caissecourte et peu profonde

Concurrents
Chevrolet Colorado, GMC Canyon, Nissan Frontier, Toyota Tacoma

Quand l'originalité paye

Denis Duquet

La camionnette Ridgeline est revenue sur le marché l'an dernier après un hiatus de deux ans. Ce délai a été causé par le temps qu'il a fallu à Honda pour adapter la nouvelle génération du VUS Pilot à sa vocation de camionnette. Car le Ridgeline est, en fait, un Pilot doté d'une caisse. Les ingénieurs ont fait fi des normes en vigueur pour les camionnettes en conservant le châssis autonome, la suspension arrière indépendante et en faisant appel à la plupart des composantes du Pilot. Bref, le caractère quelque peu excentrique du Ridgeline s'est accentué lors de la seconde génération et le résultat a été concluant puisque la camionnette a mérité plusieurs récompenses, notamment celle de la « Camionnette nord-américaine de l'année ».

Et encore une fois, la discussion se poursuit à savoir si le Ridgeline est une vraie camionnette étant donné qu'elle s'éloigne des standards reconnus pour ce type de véhicule. Quoi qu'il en soit, on peut prétendre sans se tromper que ce *pick-up* est en mesure de répondre aux besoins de plus de 80 % des utilisateurs grâce, surtout, à sa grande polyvalence.

En effet, aucun véhicule du genre n'a un espace de rangement sous le plancher, espace qui est même muni d'un drain pour ceux qui désirent le transformer en glacière ! Le fait que ce coffre soit verrouillable permet de transporter des objets de valeur. Il ne faut pas oublier le battant arrière qui s'ouvre de façon verticale ou latérale, ce qui ajoute à la polyvalence. Une seule grandeur de boîte est offerte, elle fait 6 pi 4 po de long par 4 pi 2 po de large.

CONFORT GARANTI
Pendant des années, les camionnettes n'étaient pas reconnues pour le confort de leur cabine. Dans bien des cas, on se contentait du strict minimum. Cependant, au fil des années, l'aménagement intérieur est devenu plus cossu, luxueux même, et le nombre d'accessoires ne cède rien à celui proposé dans la majorité des berlines. Le Ridgeline se démarque par un

niveau de luxe encore plus élevé que la plupart des modèles concurrents. Normal, puisque la cabine est une copie conforme de celle du Pilot.

Les sièges avant sont confortables et leur support latéral est correct pour un véhicule à vocation utilitaire. Quant aux places arrière, elles offrent un dégagement très généreux pour les jambes et la tête en plus de proposer une banquette passablement confortable. Celle-ci se relève et transforme ainsi l'arrière en vaste espace de rangement, du moins assez grand pour y mettre une bicyclette.

La planche de bord est pratiquement identique à celle du Pilot et l'on y retrouve les mêmes commandes. Il faut toutefois souligner une exception d'importance, la camionnette fait appel à un levier traditionnel monté sur la console entre les sièges avant alors que le VUS possède des boutons de commande. Il faut souligner les nombreux espaces de rangement, dont un important vide-poches à la console. Par ailleurs, l'ingénieux système Honda LaneWatch, de série sur certaines versions, permet d'afficher à l'écran une vue du côté droit du véhicule lorsque l'on allume le clignotant. Comme il se doit de nos jours, le Ridgeline a droit aux dernières technologies de connectivité. Android Auto, Apple CarPlay, système HondaLink incluant la navigation dans certaines versions, entre autres, sont au menu.

COMPORTEMENT ROUTIER ET POLYVALENCE

Le Ridgeline fait appel à la plate-forme et à la mécanique du Pilot. Sa suspension arrière indépendante assure une bonne tenue de route et un confort qui n'a rien de comparable avec les autres véhicules concurrents dotés d'un essieu arrière rigide et de ressorts longitudinaux. On se plaît à négocier les routes sinueuses au volant de ce véhicule qui est propulsé par un moteur V6 3,5 litres de 280 chevaux à cylindrée variable associé à une boîte automatique à six rapports.

La transmission intégrale est de série au Canada, contrairement aux modèles du marché américain où elle est optionnelle dans la plupart des déclinaisons, autrement offertes avec les roues avant motrices. Eh oui, une camionnette mue par les roues avant ! Cependant, bien que les capacités hors route du Ridgeline toutes roues motrices soient assez relevées, il ne peut prétendre suivre un Ford F-150 dans des sentiers très difficiles, par exemple.

Les courbes accentuées prises à haute vitesse ne dérangent pas le Ridgeline, et le conducteur même peut s'amuser à son volant. Précisons que cette camionnette propose un assortiment complet de systèmes de sécurité comme on en retrouve généralement dans des modèles à vocation moins pratique. Et parlant de caractère pratique, même si la capacité de remorquage de 5 000 livres (2 268 kilos) peut paraître juste, cela devrait satisfaire les besoins de bien des gens.

Données principales

Emp. / lon. / lar. / haut.	3180 / 5335 / 2116 / 1798 mm
Boîte / réservoir	1625 mm / 74 litres
Nbre coussins sécurité / ceintures	6 / 5
Suspension av. / arr.	ind., jambes force / ind., multibras
Pneus avant / arrière	P245/60R18 / P245/60R18
Poids / Capacité de remorquage	2 054 kg / 2 268 kg (5 000 lb)

Composantes mécaniques

Cylindrée, alim.	V6 3,5 litres atmos.
Puissance / Couple	280 ch / 262 lb-pi
Tr. base (opt) / Rouage base (opt)	A6 / Int
0-100 / 80-120 / V. max	8,0 s (est) / n.d. / n.d.
100-0 km/h	n.d.
Type / ville / route / CO_2	Ord / 12,8 / 9,5 / 5 205 kg/an

« LE RIDGELINE EST UNE **CAMIONNETTE INTÉRESSANTE** POUR LES NON CONFORMISTES À LA RECHERCHE **D'UN VÉHICULE** POLYVALENT ET AGRÉABLE À CONDUIRE. »

DU NOUVEAU EN 2018

Aucun changement majeur au moment de mettre sous presse.

Photos : Marc Lachapelle

Pour voir la liste complète des informations techniques, veuillez vous référer à la section statistiques.

HONDA | 337

HYUNDAI **ACCENT**

77% COTE DU GUIDE
(2017)

 (((SiriusXM)))

Prix: 14 500$ à 21 000$ (estimé)
Catégorie: Berline, Hatchback
Garanties:
5 ans/100 000 km, 5 ans/100 000 km
Transport et prép.: 2 209$
Ventes QC 2016: 9 329 unités
Ventes CAN 2016: 19 198 unités
Assemblage: Ulsan KR

(2017)

Fiabilité	Appréciation générale
■■■■■■■■□□	■■■■■■■□□□
Sécurité	Agrément de conduite
■■■■■■■□□□	■■■■■■□□□□
Consommation	Système multimédia
■■■■■■■□□□	■■■■■□□□□□

Cote d'assurance

$ $ $ $

Connectivité multimédia

Android Auto   Apple CarPlay

➕ 2017 : Confort correct • Bonne boîte manuelle • Comportement routier adéquat • Bon rapport qualité/prix

➖ 2017 : Modèle en fin de carrière • Comportement bien peu dynamique • Insonorisation ratée • Modèle de base, très de base • Équipement technologique inexistant

Concurrents

Chevrolet Sonic, Ford Fiesta, Honda Fit, Kia Rio, Nissan Versa Note, Toyota Yaris

Un vent de fraîcheur qui ne fera pas de tort

Frédéric Mercier

Après avoir revu l'Elantra de fond en comble pour 2017, Hyundai ne chôme pas et présente cette année une toute nouvelle génération de l'Accent. Pourtant, ce n'est pas comme si cette sous-compacte avait cruellement besoin de renouveau. Certes, la version de 2017 n'avait pas changé depuis quelques années, mais dans le créneau des sous-compactes, elle demeurait une sérieuse candidate.

Mais voilà. Les choses changent vite dans le monde automobile, surtout dans une catégorie aussi concurrentielle. Et avec une sérieuse rivale comme la Honda Fit dans les pattes, ainsi qu'une Kia Rio qui s'annonce très intéressante pour 2018, Hyundai n'avait pas le choix de bouger.

UNE MINI ELANTRA

Preuve que le marché canadien est important pour ce modèle, c'est au Salon de l'auto de Toronto que Hyundai a procédé au dévoilement mondial de l'Accent 2018. On ne nous l'a présentée qu'en version berline, mais rassurez-vous, une Accent à cinq portes devrait être révélée d'ici les prochains mois.

Adoptant un style très similaire à celui des autres berlines de la marque, la nouvelle Accent promet un comportement routier meilleur que jamais, gracieuseté d'une utilisation accrue d'acier haute résistance, comme on l'a fait avec l'Elantra l'an dernier, ce qui améliore la rigidité de la plate-forme tout en réduisant le poids. Parlant de l'Elantra, vous aurez remarqué que le design de la nouvelle Accent en a fortement été inspiré. Disons que les stylistes chez Hyundai ne se sont pas trop cassé la tête...

L'Accent demeure animée par un petit moteur à quatre cylindres de 1,6 litre, d'une puissance annoncée à 132 chevaux et 119 livres-pied. Il s'agit d'un léger pas en arrière par rapport aux spécifications de 2017 (137 chevaux et 123 livres-pied), mais la perte de poids promise par l'adoption d'un nouveau châssis devrait compenser.

Aucun chiffre officiel n'avait été annoncé au moment d'écrire ces lignes, mais Hyundai promet aussi une amélioration de 7% en matière d'économie d'essence pour l'Accent 2018. Très bonne affaire, parce que la consommation du modèle 2017 représentait l'un de ses points faibles. Sans être inacceptable, la cote combinée ville/route de 7,8 l/100 km de l'Accent 2017 pourrait assurément s'améliorer.

Deux boîtes à six rapports demeurent offertes, une manuelle et une automatique. La manuelle équipera évidemment les versions de base, mais c'est l'automatique qui prendra le plus de place dans les cahiers de commandes des concessionnaires.

Un écran tactile de sept pouces, compatible avec les systèmes Android Auto et Apple CarPlay, sera désormais proposé en option, tout comme une panoplie de technologies d'aide à la conduite. À partir de maintenant, la petite Hyundai Accent pourra aller jusqu'à freiner d'elle-même si elle détecte une collision frontale imminente alors que le conducteur ne réagit pas. Encore là, impossible de ne pas établir de comparatifs entre l'habitacle de la nouvelle Accent et celui de l'Elantra. C'est pratiquement la même chose!

La Hyundai Accent 2018 arrivera chez les concessionnaires du Québec vers la fin de 2017. La version à hayon suivra peu de temps après. Les diverses bonifications apportées au modèle devraient faire gonfler la facture un peu, mais en termes de rapport qualité/prix, l'Accent 2017 était déjà pas mal dure à battre. Avec tout ce qu'on nous promet pour 2018, disons que Hyundai place la barre plutôt haute.

À une époque où certains constructeurs semblent laisser tomber la serviette dans le créneau des voitures sous-compactes, l'avènement d'une nouvelle génération de l'Accent prouve la volonté de Hyundai à demeurer les deux pieds dans l'arène.

ET L'ACCENT 2017?

En attendant l'Accent 2018, la cuvée 2017 mérite tout de même un coup d'œil. Déclinée en versions à hayon à cinq portes et berline, l'Accent demeure une voiture de base, qui emmène ses occupants du point A au point B sans problème, mais sans passion non plus.

S'il est un domaine où Hyundai devra améliorer l'Accent, c'est au chapitre de l'insonorisation. Bon sang que ça hurle sous le capot lors des accélérations! Si, au moins, les performances justifiaient un tel vacarme...

L'Accent 2017 est loin d'être une mauvaise affaire, d'autant plus que lorsque les modèles 2018 débarqueront chez les concessionnaires, ces derniers liquideront les modèles 2017...

Données principales (2017)	
Emp. / lon. / lar. / haut.	**Berline** - 2580 / 4385 / 1729 / 1450 mm
	Hatchback - 2580 / 4185 / 1729 / 1450 mm
Coffre / réservoir	**Berline** - 387 litres / 43 litres
	Hatchback - 616 à 1361 litres / 43 litres
Nbre coussins sécurité / ceintures	6 / 5
Suspension av. / arr.	ind., jambes force / semi-ind., poutre torsion
Pneus avant / arrière	P175/70R14 / P175/70R14
Poids / Capacité de remorquage	**Berline** - 1165 kg / n.d.
	Hatchback - 1139 kg / n.d.

Composantes mécaniques (2017)	
Cylindrée, alim.	4L 1,6 litre atmos.
Puissance / Couple	132 ch / 119 lb-pi
Tr. base (opt) / Rouage base (opt)	A6 (M6) / Tr
0-100 / 80-120 / V. max	10,2 s (est) / 6,3 s (est) / n.d.
100-0 km/h	44,7 m (est)
Type / ville / route / CO_2	Ord / 8,6 / 6,4 / 3560 (est) kg/an

« LA **NOUVELLE** ACCENT PROMET UN **COMPORTEMENT** ROUTIER MEILLEUR QUE JAMAIS, GRACIEUSETÉ D'UNE **UTILISATION ACCRUE D'ACIER** HAUTE RÉSISTANCE. »

DU NOUVEAU EN 2018

Nouveau modèle sera introduit sur le marché vers la fin de 2017.

Photos: Hyundai

Pour voir la liste complète des informations techniques, veuillez vous référer à la section statistiques.

HYUNDAI **ELANTRA**

82% COTE DU GUIDE

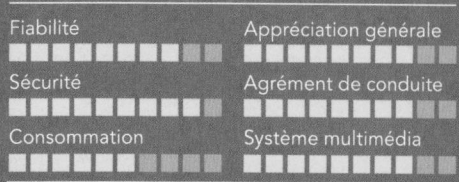

Prix: 15 999 $ à 28 999 $ (2017) (estimé)
Catégorie: Berline, Hatchback
Garanties:
5 ans/100 000 km, 5 ans/100 000 km
Transport et prép.: 2 309 $
Ventes QC 2016: 18 463 unités
Ventes CAN 2016: 48 875 unités
Assemblage:
Montgomery AL US, Ulsan KR

Fiabilité	Appréciation générale
■■■■■■□□□□	■■■■■■■□□□
Sécurité	Agrément de conduite
■■■■■■■□□□	■■■■■■■□□□
Consommation	Système multimédia
■■■■■□□□□□	■■■■■■□□□□

Cote d'assurance

$ $ $ $

Connectivité multimédia

Android Auto   Apple CarPlay

➕ Choix de déclinaisons et de moto-
risations • Versions Sport intéressantes •
Excellent rapport prix/équipement •
Solidité et confort de roulement

➖ Consommation perfectible •
Manque un peu de punch (berline) •
Version de base dénudée (berline) •
Disponibilité limitée de la boîte manuelle

Concurrents

Chevrolet Cruze, Ford Focus, Honda Civic,
Kia Forte, Mazda3, Mitsubishi Lancer,
Nissan Sentra, Subaru Impreza,
Toyota Corolla, Volkswagen Golf

Sur le podium

Michel Deslauriers

L e segment des voitures compactes est bien garni, et les
changements au classement des ventes sont rares. Au sommet,
on retrouve encore et toujours la Honda Civic, alors que la
Toyota Corolla prend la troisième marche du podium, deux modèles
qui n'ont plus rien à prouver côté fiabilité et valeur de revente. Entre
les deux se trouve la Hyundai Elantra, qui mérite amplement sa place.

Avec sa qualité générale en progrès, tout comme son niveau de raffinement
et son économie de carburant, l'Elantra possède de belles qualités pour
épauler son rapport prix/équipement, un avantage offert par Hyundai depuis
de nombreuses années. La berline ayant été fraîchement redessinée l'année
dernière, c'est au tour de l'Elantra GT, la version à hayon cinq portes, de
profiter d'une cure de rajeunissement.

UNE SUPERSTRUCTURE POUR LA GT

L'Elantra GT repose sur une nouvelle plate-forme composée à 53% d'acier à
haute résistance, soit le double que dans la structure de la génération sortante.
Une plate-forme plus rigide permet évidemment une réduction du bruit, un
meilleur comportement routier et un niveau de sécurité bonifié en cas d'accident.

À l'instar de sa devancière, la version GT arrive de l'Europe, un clone de la
Hyundai i30 vendue là-bas. Le constructeur ne se gêne donc pas pour nous
dire que le comportement routier de la voiture a été mis au point sur le fameux
circuit du Nürburgring en Allemagne. La Volkswagen Golf n'a toutefois rien
à craindre à ce chapitre.

La cinq portes introduit également un nouveau design de calandre, qui sera
dupliqué à d'autres modèles de la marque dans les prochaines années.
Hyundai le qualifie de «grille en cascade» par ses motifs simulant une chute
d'eau. Par rapport à la GT de l'ancienne génération, la nouvelle mouture est
légèrement plus longue et plus large. On se retrouve conséquemment avec
un coffre de 705 litres avec les dossiers arrière en place, contre 651 pour
l'ancienne GT, et 1 560 litres avec les dossiers rabattus.

Appuyant ses prétentions plus dynamiques, la GT obtient un quatre cylindres de 2,0 litres produisant 162 chevaux, soit 15 de plus que le moteur de la berline. Au choix, une boîte manuelle à six rapports ou une automatique à six rapports également.

De plus, l'Elantra GT est le premier modèle Hyundai au Canada à disposer du système de télématique Blue Link. Ce service, gratuit durant les cinq premières années après l'achat, procure une assistance d'urgence et des alertes d'entretien. À l'aide d'une appli, on peut aussi démarrer la voiture et en déverrouiller les portières à distance. En revanche, l'écran multimédia de la GT est fixé très haut sur la planche de bord, entouré de ses boutons de commande, un peu hors de portée.

MAINTENANT DEUX VERSIONS SPORT

La berline Elantra, elle, mise sur son confort de roulement et son économie de carburant. Son quatre cylindres à cycle Atkinson de 2,0 litres engendre 147 chevaux et une consommation mixte ville/route de 7,4 l/100 km avec la boîte automatique. Ce n'est pas la berline compacte la plus écoénergétique, ni la plus énergivore.

L'Elantra quatre portes propose un habitacle logeable, avec de la place pour deux ou trois personnes à l'arrière, grâce à un plancher bas, et un coffre doté d'un bon volume. De plus, l'ergonomie des commandes est presque sans faille et, évidemment, il y a beaucoup de caractéristiques pour le prix demandé, à l'exception de la déclinaison de base. La version GL inclut un volant chauffant et des sièges avant chauffants pour un peu plus de 20 000 $.

Au cours de 2017, Hyundai a ajouté la berline Elantra Sport, et en 2018, on a également droit à l'Elantra GT Sport. Les deux troquent la suspension arrière à barre de torsion pour une configuration indépendante à tringlerie, chaussent des roues de 18 pouces et bénéficient de freins plus performants. Mais surtout, elles comptent sur un moteur turbo de 1,6 litre développant 201 chevaux ainsi qu'un couple de 195 livres-pied, assorti d'une boîte manuelle à six rapports ou d'une automatique à sept rapports avec double embrayage. Sans être électrisantes, les performances de l'Elantra Sport sont nettement plus vives. Toutefois, le moteur turbo de Hyundai n'est pas aussi musclé que les 2,0 litres survitaminés de la Volkswagen Golf GTI et de la Ford Focus ST.

Avec l'ajout des déclinaisons Sport, et surtout l'arrivée de la nouvelle génération de l'Elantra GT, Hyundai ne devrait avoir aucun problème à conserver sa place de choix dans un segment chaudement disputé. L'Elantra est maintenant devenu un joueur établi sur le marché des voitures, tant au Canada qu'aux États-Unis. Si l'on avait dit ça il y a dix ans à peine, qui l'aurait cru?

Données principales

Emp. / lon. / lar. / haut.	Berline - 2700 / 4570 / 1860 / 1435 mm
	Hatchback - 2650 / 4340 / 1795 / 1465 mm
Coffre / réservoir	Berline - 407 litres / 53 litres
	Hatchback - 705 à 1560 litres / 53 litres
Nbre coussins sécurité / ceintures	7 / 5
Suspension av. / arr.	ind., jambes force / ind., multibras
Pneus avant / arrière	P225/40R18 / P225/40R18
Poids / Capacité de remorquage	Berline - 1420 kg / non recommandé
	Hatchback - 1370 kg / n.d.

Composantes mécaniques

BERLINE GL, GLS, L, LE, LIMITED ULTIMATE, LIMITED, SE

Cylindrée, alim.	4L 2,0 litres atmos.
Puissance / Couple	147 ch / 132 lb-pi
Tr. base (opt) / Rouage base (opt)	A6 (M6) / Tr
0-100 / 80-120 / V. max	9,7 s / 7,0 s / n.d.
100-0 km/h	41,0 m
Type / ville / route / CO_2	Ord / 8,3 / 6,4 / 3480 kg/an

GT

Cylindrée, alim.	4L 2,0 litres atmos.
Puissance / Couple	162 ch / 150 lb-pi
Tr. base (opt) / Rouage base (opt)	M6 (A6) / Tr
0-100 / 80-120 / V. max	9,7 s / 7,0 s / n.d.
100-0 km/h	41,0 m
Type / ville / route / CO_2	Ord / 9,8 / 7,2 / 4040 (est) kg/an

SPORT

Cylindrée, alim.	4L 1,6 litre turbo
Puissance / Couple	201 ch / 195 lb-pi
Tr. base (opt) / Rouage base (opt)	M6 (A7) / Tr
0-100 / 80-120 / V. max	7,5 s / 5,7 s / n.d.
100-0 km/h	40,5 m
Type / ville / route / CO_2	Sup / 12,3 / 8,2 / 4900 (est) kg/an

DU NOUVEAU EN 2018

Elantra GT cinq portes redessinée, changements mineurs pour la berline Elantra.

Pour voir la liste complète des informations techniques, veuillez vous référer à la section statistiques.

HYUNDAI | **341**

HYUNDAI **IONIQ**

79% COTE DU GUIDE

Prix: 24 299 $ à 41 849 $ (2017)
Catégorie: Hatchback
Garanties:
5 ans/100 000 km, 5 ans/100 000 km
Transport et prép.: 2 316 $
Ventes QC 2016: 0
Ventes CAN 2016: 0
Assemblage: Ulsan KR

Fiabilité	Appréciation générale
■■■■■■■□□□	■■■■■■■□□□
Sécurité	Agrément de conduite
■■■■■■■□□□	■■■■■□□□□□
Consommation	Système multimédia
■■■■■■□□□□	■■■■■■□□□□

Cote d'assurance

n.d.

Connectivité multimédia

Android Auto   Apple CarPlay

➕ Choix de trois motorisations • Prix compétitif • Boîte à double embrayage (hybrides) • Bon niveau d'équipement

➖ Pas d'essuie-glace arrière • Puissance un peu juste (hybride) • Autonomie électrique pas très élevée

Concurrents

Chevrolet Bolt EV, Chevrolet Volt,
Ford C-MAX, Ford Focus Electric,
Kia Soul EV, Nissan LEAF, Toyota Prius

La riposte verte coréenne !

Sylvain Raymond

D'ici 2020, Hyundai va déployer un important plan d'électrification et le premier chapitre a été l'introduction de la Ioniq en 2017. Hyundai veut s'imposer rapidement auprès de la clientèle écologique et a pris les grands moyens puisque la Ioniq a profité du plus gros budget de recherche et de développement de son histoire, preuve du sérieux de la démarche.

Au premier coup d'œil, certains pourraient confondre la Ioniq avec l'Elantra, surtout vue de l'avant car l'imposante grille est commune aux deux véhicules. C'est toutefois à l'arrière que la Ioniq se démarque avec son hayon qui comprend deux sections vitrées distinctes, un peu comme c'est le cas pour la Toyota Prius. Ce n'est pas du plagiat puisque ce trait de design est assez commun et est utilisé au nom d'un meilleur coefficient de traînée.

TROIS MOUTURES ÉLECTRISANTES

La Ioniq se distingue en offrant trois façons de rouler électriquement. La plus abordable, c'est la Ioniq hybride. Celle-ci réduit au maximum les tracas et conserve l'aspect pratique d'un véhicule à essence tout en profitant d'une économie de carburant appréciable. Sa consommation annoncée de 4,1 l/100 km est inférieure à celle de plusieurs autres voitures hybrides. Cette hybride dispose d'un moteur à essence de 1,6 litre à cycle Atkinson qui développe 104 chevaux pour un couple de 109 lb·pi. Un moteur électrique de 32 kW (43 chevaux) assiste le moteur thermique. L'ensemble totalise une puissance comparable aux autres compactes exclusivement à moteur thermique. Il faut noter la présence d'une excellente boîte automatique six rapports à double embrayage qui, même si elle n'a pas la sportivité que l'on voudrait, s'avère beaucoup plus agréable qu'une CVT.

Si vous désirez pousser l'expérience électrique un peu plus loin, nous vous suggérons de vous tourner vers l'hybride rechargeable. Elle dispose du même moteur à essence que l'hybride ordinaire, mais son moteur électrique et l'ensemble de ses batteries sont un peu plus performants. Vous pourrez circuler en mode purement électrique sur une distance d'environ 40 km avant que le moteur thermique ne prenne la relève. Un système de régénération de l'énergie au freinage permet d'améliorer l'autonomie. Vous pourrez évidemment aussi recharger l'ensemble via le port de recharge. Outre son prix un peu plus corsé, la Ioniq Plug-In Hybrid traîne un surplus de poids d'environ 100 kilos et son volume de chargement est amputé de 107 litres par rapport à la Ioniq hybride.

ASSEZ D'AUTONOMIE ?

La Ioniq est aussi offerte en version 100 % électrique. Elle laisse de côté tous les organes mécaniques de base et ne conserve qu'un moteur électrique de 88 kW (118 chevaux) jumelé à une transmission à simple rapport. Comme vous le devinez, puisqu'il s'agit d'une voiture électrique, les frais d'entretien sont réduits, un des avantages d'une telle motorisation. L'autonomie est de 200 km, ce qui est inférieur à quelques nouveautés comme la Chevrolet Bolt EV, mais assez intéressant pour ne pas devoir prendre des calmants toutes les quatre heures. Une autonomie supérieure aurait entraîné un coût plus élevé et Hyundai a préféré trouver un compromis acceptable.

On reconnaît rapidement la Ioniq électrique grâce à ses jantes distinctives et par l'absence d'une grille à l'avant. Elle a droit à un panneau plein car il n'y a pas de radiateur. À bord, le levier de vitesses a été remplacé par des boutons qui permettent de sélectionner les différents modes. Parlant d'intérieur, la Ioniq profite d'un aménagement simple et efficace. On déplore quelques plastiques durs pour le tableau de bord qui semble se salir rapidement. La visibilité arrière n'est pas la meilleure et l'absence d'un essuie-glace pour le hayon rend la conduite hivernale plus hasardeuse.

Sur la route, la Ioniq est probablement l'une des plus agréables à conduire de sa catégorie. La suspension et la direction ont été calibrées dans cette optique. Différents modes de conduite, dont le Sport, apportent un certain niveau de personnalisation, selon votre humeur. Dans le cas de l'hybride, on a toutefois l'impression que le moteur a fort à faire et que la boîte à double embrayage ne peut l'empêcher de hurler au moindre l'effort. La version électrique ajoute trois modes de régénération que l'on sélectionne grâce aux palonniers situés derrière le volant. Le plus intéressant, à notre avis, freine pratiquement la voiture lorsque vous relâchez l'accélérateur, ce qui procure un maximum de récupération d'énergie.

Hyundai n'a pas créé de raz-de-marée médiatique avec le lancement de sa Ioniq, mais elle pourrait faire la leçon à plusieurs autres. Il manque juste un peu plus d'autonomie pour en faire LE véhicule de choix !

Données principales

Emp. / lon. / lar. / haut.	2700 / 4470 / 1821 / 1450 mm
Coffre / réservoir	336 à 1505 litres / 45 litres
Nbre coussins sécurité / ceintures	7 / 5
Suspension av. / arr.	ind., jambes force / ind., multibras
Pneus avant / arrière	P195/65R15 / P195/65R15
Poids / Capacité de remorquage	1470 kg / n.d.

Composantes mécaniques

HYBRIDE

Cylindrée, alim.	4L 1,6 litre atmos.
Puissance / Couple	104 ch / 109 lb-pi
Tr. base (opt) / Rouage base (opt)	A6 / Tr
0-100 / 80-120 / V. max	10,8 s (est) / n.d. / 185 km/h (const)
100-0 km/h	n.d.
Type / ville / route / CO$_2$	Ord / n.d. / n.d. / 2 070 (est) kg/an
Consommation combinée	4,1 Le/100 km

MOTEUR ÉLECTRIQUE

Puissance / Couple	43 ch (32 kW) / 125 lb-pi
Type de batterie	Lithium-ion polymère (Li-Po)
Énergie	1,6 kWh
Temps de charge (120V / 240V)	n.d. / n.d.

HYBRIDE RECHARGEABLE

Cylindrée, alim.	4L 1,6 litre atmos.
Puissance / Couple	104 ch / 109 lb-pi
Tr. base (opt) / Rouage base (opt)	A6 / Tr
0-100 / 80-120 / V. max	10,8 s (est) / n.d. / 185 km/h (const)
100-0 km/h	n.d.
Type / ville / route / CO$_2$	Ord / n.d. / n.d. / 640 (est) kg/an
Consommation combinée	n.d.

MOTEUR ÉLECTRIQUE

Puissance / Couple	60 ch (44 kW) / n.d.
Type de batterie	Lithium-ion polymère (Li-Po)
Énergie	8,9 kWh
Temps de charge (120V / 240V)	n.d. / n.d.
Autonomie	40 km

ÉLECTRIQUE

Puissance / Couple	118 ch (87 kW) / 215 lb-pi
Tr. base (opt) / Rouage base (opt)	Rapport fixe / Tr
0-100 / 80-120 / V. max	10,0 s (est) / n.d. / 165 km/h (const)
100-0 km/h	n.d.
Consommation combinée	1,9 Le/100 km
Type de batterie	Lithium-ion polymère (Li-Po)
Énergie	28,0 kWh
Temps de charge (120V / 240V)	n.d. / 4,5 h
Autonomie	200 km

DU NOUVEAU EN 2018

Nouveau modèle, décliné en trois versions ; hybride, hybride rechargeable et électrique.

Photos : Marc Lachapelle

Pour voir la liste complète des informations techniques, veuillez vous référer à la section statistiques.

HYUNDAI | 343

HYUNDAI **KONA**

n.d. COTE DU GUIDE

Prix: 21 000 $ à 24 500 $ (estimé)
Catégorie: VUS
Garanties:
5 ans/100 000 km, 5 ans/100 000 km
Transport et prép.: 1 695 $
Ventes QC 2016: 0
Ventes CAN 2016: 0
Assemblage: Ulsan KR

Fiabilité n.d.	Appréciation générale n.d.
Sécurité n.d.	Agrément de conduite n.d.
Consommation n.d.	Système multimédia n.d.

Cote d'assurance

n.d.

Connectivité multimédia

 Android Auto   Apple CarPlay

➕ Nouveau modèle

➖ Nouveau modèle

Concurrents

Chevrolet Trax, Fiat 500X, Honda HR-V, Jeep Renegade, Kia Soul, MINI Countryman, Mitsubishi RVR, Nissan JUKE, Nissan Qashqai, Subaru Crosstrek, Toyota C-HR

Du Kool-Aid dans l'abreuvoir

Michel Deslauriers

Au risque de nous répéter, le nombre de petits VUS sur le marché canadien ne cesse de s'accroître, et le segment des sous-compacts accueillera bientôt un nouveau joueur. Le Hyundai Kona se joindra à la gamme du constructeur coréen au début de 2018, se positionnant sous le compact Tucson.

Si les VUS urbains semblent tous se ressembler — avec une ou deux exceptions —, le Kona a l'air de déborder de couleurs et de saveurs, proposant un choix de deux motorisations et, comme toujours, une liste d'équipement exhaustive. Son unicité lui permettra-t-elle de déloger les Mazda CX-3 et Honda HR-V ainsi que de se défendre à l'égard des autres nouveautés du segment, tels les Ford EcoSport, Nissan Qashqai et Toyota C-HR?

PERSONNALISABLE À SOUHAIT

Sa carrosserie musclée est rehaussée d'un mince éclairage de jour à DEL, de blocs optiques à DEL logés dans le pare-chocs avant, d'une calandre à grillage noir et de contours d'ailes en plastique. En Europe, où le Kona sera commercialisé en premier, dix couleurs extérieures sont offertes, et avec le choix d'un toit peint en noir ou en gris. À ces vingt combinaisons extérieures, on peut également spécifier un habitacle noir, mais rehaussé au choix de garnitures et de coutures contrastantes orange, lime ou rouge. Dans le cas des deux dernières, on obtient des ceintures de sécurité de couleur assortie.

Parmi l'équipement proposé, le Hyundai Kona offre des sièges avant chauffants et ventilés, un siège du conducteur à commande électrique, un volant chauffant, une clé intelligente, un affichage tête haute et une recharge de téléphones sans fil Qi. De série, les acheteurs ont droit à une chaîne audio avec écran tactile de sept pouces, des ports USB ainsi qu'une intégration Apple CarPlay et Android Auto. En option, un écran de huit pouces avec système de navigation et caméra de recul, et même une chaîne Krell haut de gamme à huit haut-parleurs. Bref, beaucoup de caractéristiques, bien que le prix augmentera en conséquence.

L'espace de l'habitacle n'est pas le plus spacieux ni le plus petit de son segment. Comme il se doit, le dossier de la banquette arrière se rabat, divisible en sections 60/40 et permettant un volume de chargement maximal de 1 143 litres. Avec les dossiers en place, on doit se contenter de 361 litres. À ce chapitre, seuls les Fiat 500X et Nissan JUKE font pire. Mais bon, au moment de mettre *Le Guide de l'auto 2018* sous presse, on ne peut que se fier aux données préliminaires provenant de l'Europe.

UNE NOUVELLE ARCHITECTURE

Pour créer le Kona, Hyundai a mis au point une toute nouvelle plate-forme construite avec de l'acier à haute résistance, qui servira également comme base au Kia Stonic, un autre VUS sous-compact qui pourrait éventuellement être commercialisé au Canada. Le constructeur vante la rigidité de cette structure, qui bonifie évidemment le comportement routier et la solidité du véhicule.

À la base, le Kona recevra un quatre cylindres de 2,0 litres à cycle Atkinson, produisant 147 chevaux et assorti d'une boîte automatique à six rapports, que l'on retrouve aussi dans la berline Elantra. Selon Hyundai, le VUS muni de cette motorisation, dans la moyenne du segment côté puissance, accélère de 0 à 100 km/h en dix secondes. Dans les déclinaisons supérieures, un quatre cylindres turbo de 1,6 litre prend le relais avec 175 chevaux, jumelé à une boîte automatique à sept rapports avec double embrayage. Avec le moteur survitaminé, le 0-100 km/h passe à 7,7 secondes. Comme le veut la tendance, un système de modes de conduite comprend les réglages Normal, Sport et Eco.

Outre la suspension avant à jambes de force, le Kona à roues motrices avant dispose d'une poutre de torsion à l'arrière. Par contre, en choisissant le rouage intégral optionnel, on profite d'une suspension multibras plus complexe, mais qui rehausse la tenue de route. Transmission intégrale ou non, la garde au sol de ce petit VUS est de 170 mm, plus ou moins dans la norme dans la catégorie des sous-compacts.

Enfin, les caractéristiques de sécurité avancées comprennent, en option, le freinage autonome d'urgence avec détection de piétons, la prévention de sortie de voie, les feux de route autoréglables, la surveillance des angles morts avec alerte de trafic transversal ainsi que la détection de somnolence ou de distraction du conducteur.

Avec un Kona aux formes éclatées, Hyundai s'attaque à un marché en plein essor, où les profits sont faciles à engranger. Un segment rempli de véhicules efficaces et abordables, pas très généreux en espace intérieur, mais tout de même à la mode. Par contre, devant une rangée d'abreuvoirs, serons-nous tentés de goûter à celles qui crachent du Kool-Aid rouge ou vert au lieu de l'eau ?

Données principales

Emp. / lon. / lar. / haut.	2 600 / 4 165 / 1 800 / 1 550 mm
Coffre / réservoir	361 à 1 143 litres / n.d. litres
Nbre coussins sécurité / ceintures	6 / 5
Suspension av. / arr.	ind., jambes force / ind., multibras
Pneus avant / arrière	P235/45R18 / P235/45R18
Poids / Capacité de remorquage	1 400 kg / n.d.

Composantes mécaniques

TA

Cylindrée, alim.	4L 2,0 litres atmos.
Puissance / Couple	147 ch / 132 lb·pi
Tr. base (opt) / Rouage base (opt)	A6 / Tr
0-100 / 80-120 / V. max	10,0 s (const) / n.d. / 194 km/h (const)
100-0 km/h	n.d.
Type / ville / route / CO$_2$	Ord / n.d. / n.d. / n.d.

TI

Cylindrée, alim.	4L 1,6 litre turbo
Puissance / Couple	175 ch / 195 lb·pi
Tr. base (opt) / Rouage base (opt)	A7 / Int
0-100 / 80-120 / V. max	7,7 s (const) / n.d. / 210 km/h (const)
100-0 km/h	n.d.
Type / ville / route / CO$_2$	Sup / n.d. / n.d. / n.d.

« LE KONA S'INTRODUIT DANS UN SEGMENT BIEN NANTI. TOUTEFOIS, SES COULEURS VIVES ET SON CARACTÈRE FESTIF POURRAIENT L'AIDER À SE DÉMARQUER. »

DU NOUVEAU EN 2018

Tout nouveau modèle commercialisé au début de 2018.

Photos : Hyundai

Pour voir la liste complète des informations techniques, veuillez vous référer à la section statistiques.

HYUNDAI | 345

HYUNDAI **SANTA FE**

77 % COTE DU GUIDE

((SiriusXM))

Prix : 28 599 $ à 48 099 $ (2017)
Catégorie : VUS
Garanties :
5 ans/100 000 km, 5 ans/100 000 km
Transport et prép. : 2 519 $
Ventes QC 2016 : 5 809 unités
Ventes CAN 2016 : 32 263 unités
Assemblage : West Point GA US

Fiabilité	Appréciation générale
■■■■■□□□□□	■■■■■■□□□□
Sécurité	Agrément de conduite
■■■■■□□□□□	■■■■■□□□□□
Consommation	Système multimédia
■■■■■■□□□□	■■■■■■□□□□

Cote d'assurance

$ $ $ $

Connectivité multimédia

Android Auto   Apple CarPlay

➕ Version Ultimate, mais il faut y mettre le prix • Coffre généreux • Rouage intégral qui peut être verrouillé 50-50 • Silhouette placide, mais agréable

➖ Conduite neutre • Habitacle qui a mal vieilli • Plusieurs éléments de sécurité réservés à la version Ultimate

Concurrents

Sport : Ford Edge, Kia Sorento

XL : Ford Explorer, Honda Pilot, Jeep Grand Cherokee, Mazda CX-9, Nissan Murano, Nissan Pathfinder, Toyota Highlander

---

Dernier tour de piste... du moins, on l'espère !

Nadine Filion

Dans le marché bouillonnant et ultra-concurrentiel des utilitaires, qu'ils soient compacts ou intermédiaires, le Hyundai Santa Fe commence à dater, tant dans sa version Sport que dans sa variante XL proposant trois rangées de sièges.

Certes, cette troisième génération du populaire VUS coréen pouvant accueillir cinq, six ou sept passagers continue d'être à l'avant-plan pour son ratio prix équipement ; peu de concurrents en offrent autant pour l'étiquette. En passant, c'est le Santa Fe XL qui peut accueillir six ou sept personnes grâce à son empattement qui s'étire de 10 cm par rapport au Santa Fe Sport.

Et la silhouette, qui n'a jamais soulevé de montagnes, a su bien vieillir dans ce paysage automobile où à peu près tout le monde a adopté le même style en même temps. Toutefois, une quatrième génération du Santa Fe est plus que nécessaire pour faire concurrence aux autres VUS plus récents, à commencer par le Kia Sorento, le cousin de la fesse gauche.

Pratiquement le seul, autrefois, à oser des gâteries d'options comme les sièges ventilés à l'avant, le volant et les sièges arrière chauffants, voire le méga toit panoramique, l'utilitaire de Hyundai s'est fait rattraper... et se serait même fait dépasser, n'eût été sa version Ultimate.

L'ULTIMATE... EN PREMIER RECOURS

Apparue pour l'année-modèle 2017, cette version Ultimate ajoute essentiellement (et très nécessairement) les aides à la conduite de l'heure. Pensez régulateur de vitesse intelligent avec freinage automatique d'urgence, avertissement de changement de voie et phares adaptatifs. Dire que dans les Toyota et Honda de ce monde, pareille suite technologique arrive nettement plus tôt dans l'échelle des versions, quand elle ne se fait pas carrément de série.

Si l'extérieur du duo Santa Fe a bien vieilli, l'intérieur a moins bien évolué. Ce qui nous était apparu comme sympathique, moderne et pratico-pratique il y a cinq ans, dégage aujourd'hui une impression de bas de gamme comparativement aux plus récents concurrents que sont les Mazda CX-5 ou encore Chevrolet Equinox...

L'habitacle du Santa Fe 2018 a toutefois droit à quelques retouches bienvenues, comme un écran central de sept pouces au lieu de cinq. Souhaitons que les images de recul soient plus claires qu'avant ! Aussi, il sera possible d'équiper le Santa Fe et le Santa Fe XL du Blue Link, un service payant qui permet, par exemple, de connecter son cellulaire ou sa montre au véhicule et ainsi verrouiller ou déverrouiller les portes à distance ou programmer le système de navigation, aussi à distance.

OUI, POUR LE CARGO... ET POUR LA DOUCEUR DU V6

Le Santa Fe n'est pas démuni en termes de chargement il s'en tire avec un coffre plutôt généreux. Pour la version Sport, on parle de 1 003 litres derrière la banquette (quand même !), alors que la variante XL loge jusqu'à 2 265 litres derrière ses sièges avant. Un beau bravo pour la seconde rangée qui coulisse, s'incline et se rabat en pratique configuration 20 / 40 / 20 et, dans le cas du VUS allongé, un autre bravo pour les deux places arrière relativement confortables, en troisième rangée.

Pour ce qui est de la mécanique, le Santa Fe Sport d'entrée de gamme mise encore sur son quatre cylindres de 2,4 litres à injection directe, jumelé à une boîte automatique à six rapports. C'est très conventionnel et ça suffit à la plupart des tâches, bien que les 190 chevaux deviennent superficiels à haut régime.

Pour davantage de caractère, il faut choisir le quatre cylindres 2,0 litres turbo pour ses 265 chevaux, mais surtout, pour son couple de 269 livres-pied. Bien discipliné à des vélocités tranquilles, cet organe est capable, lorsque le poil de la jambe droite s'énerve, d'un beau dynamisme, et ce, sans une once d'effet de couple. Ce 2,0T s'amène évidemment de série avec le rouage intégral, un système que l'on apprécie parce qu'on peut manuellement verrouiller la distribution du couple également entre l'avant et l'arrière.

Bonne nouvelle : dans la mouvance des dernières années qui voit disparaître les V6, le Santa Fe XL persiste et signe avec son Lambda 3,3 litres à injection directe. Fort de ses 290 chevaux, ce moteur dispose toujours de l'une des vigueurs les plus élevées de la catégorie, qu'il livre dans une belle zénitude, en plus de remorquer jusqu'à 2 268 kg (5 000 livres). Zen aussi est la direction, pour ne pas dire platonique, pendant que la suspension arrière à multibras mise davantage sur le confort que sur la sportivité.

De fait, tout est neutre dans la conduite du Santa Fe, sans un zeste d'excitation — mais sans grande déception non plus.

Données principales

Emp. / lon. / lar. / haut.	2 800 / 4 905 / 1 885 / 1 690 mm
Coffre / réservoir	383 à 2 265 litres / 71 litres
Nbre coussins sécurité / ceintures	7 / 5
Suspension av. / arr.	ind., jambes force / ind., multibras
Pneus avant / arrière	P235/55R19 / P235/55R19
Poids / Capacité de remorquage	2 014 kg / 2 268 kg (5 000 lb)

Composantes mécaniques

2,4 LITRES

Cylindrée, alim.	4L 2,4 litres atmos.
Puissance / Couple	190 ch / 181 lb-pi
Tr. base (opt) / Rouage base (opt)	A6 / Int (Tr)
0-100 / 80-120 / V. max	10,1 s / 7,4 s / n.d.
100-0 km/h	40,8 m
Type / ville / route / CO_2	Ord / 12,5 / 9,3 / 5 180 kg/an

2.0T

Cylindrée, alim.	4L 2,0 litres turbo
Puissance / Couple	265 ch / 269 lb-pi
Tr. base (opt) / Rouage base (opt)	A6 / Int
0-100 / 80-120 / V. max	9,2 s / 5,1 s / n.d.
100-0 km/h	43,7 m
Type / ville / route / CO_2	Ord / 12,9 / 9,8 / 5 380 kg/an

V6 3,3 LITRES

Cylindrée, alim.	V6 3,3 litres atmos.
Puissance / Couple	290 ch / 252 lb-pi
Tr. base (opt) / Rouage base (opt)	A6 / Int (Tr)
0-100 / 80-120 / V. max	8,4 s / 6,6 s / n.d.
100-0 km/h	42,7 m
Type / ville / route / CO_2	Ord / 13,0 / 9,7 / 5 380 kg/an

DU NOUVEAU EN 2018

Écran central passe de cinq à sept pouces pour les versions de base, technologie Blue Link disponible, plusieurs accessoires ou équipement ajoutés.

Photos : Hyundai

Pour voir la liste complète des informations techniques, veuillez vous référer à la section statistiques.

HYUNDAI | **347**

HYUNDAI **SONATA**

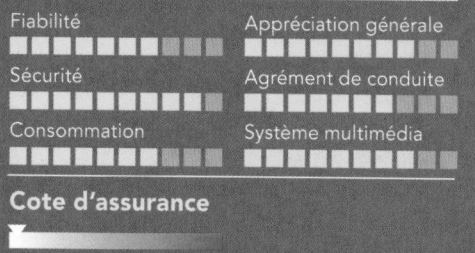

Prix : 24 799 $ à 43 999 $ (2017)
Catégorie : Berline
Garanties :
5 ans/100 000 km, 5 ans/100 000 km
Transport et prép. : 1 795 $
Ventes QC 2016 : 2 246 unités
Ventes CAN 2016 : 10 191 unités
Assemblage :
Montgomery AL US, Asan KR

Fiabilité	Appréciation générale
■■■■■■■□□□	■■■■■■■□□□
Sécurité	Agrément de conduite
■■■■■■■□□□	■■■■■■■□□□
Consommation	Système multimédia
■■■■■□□□□□	■■■■■■■□□□

Cote d'assurance

$ $$$

Connectivité multimédia

Android Auto   Apple CarPlay

+ Confortable routière • Version hybride rechargeable réussie • Plus d'équipement technologique qu'avant • Puissance plus qu'adéquate (2,0T)

− Direction sans âme (2017) • Quelques plastiques rêches • 2,4 litres en manque de puissance • Coffre très petit (hybride rechargeable)

Concurrents
Chevrolet Malibu, Ford Fusion, Honda Accord, Kia Optima, Mazda6, Nissan Altima, Subaru Legacy, Toyota Camry, Volkswagen Passat

De verte à (presque) folle

Au moment de lire ces lignes, une Hyundai Sonata revampée, maintenant dotée d'une boîte automatique à huit rapports et d'une allure rafraîchie, dedans comme dehors, fait son arrivée chez les concessionnaires. Toutefois, il faudra patienter pour que ces modifications rejoignent les versions «vertes» que sont les hybride et hybride rechargeable.

La Hyundai Sonata hybride rechargeable est débarquée à l'automne dernier pour faire concurrence aux Ford Fusion Energi et Kia Optima hybride rechargeable. Elle mise sur un quatre cylindres 2,0 litres à injection directe et sur une automatique à six rapports. Pris comme une tranche de jambon entre ces deux composantes bien connues de la famille se trouve le moteur électrique agissant à titre de convertisseur de couple, pour une puissance de 202 chevaux. Ce dernier organe électrique de 50 kW est allié à des batteries qui emmagasinent cinq fois plus d'énergie que celles de la consœur Sonata hybride.

Reprenant les qualités, mais aussi les limites de la Hyundai Sonata conventionnelle, l'hybride rechargeable se montre une bonne routière, avec un comportement stable et agréablement rehaussé par l'une des suspensions les plus feutrées de la marque. Tout au plus, peut-on regretter que la direction manque sérieusement d'âme — au point de faire oublier qu'on est en train de conduire !

Nadine Filion

De son côté, la Sonata hybride, bien qu'elle soit technologiquement moins poussée que la livrée rechargeable, demeure tout de même fort intéressante. Ne serait-ce que parce qu'elle coûte près de 15 000 $ de moins ! Son quatre cylindres 2,0 litres turbo développe ici 154 chevaux. Son moteur électrique, lui, fait 51 chevaux pour un total combiné de 193 chevaux. La batterie ne fournit que 1,62 kWh ce qui laisse bien peu d'énergie pour rouler en mode électrique seulement.

Outre le prix vraiment plus bas que celui de l'hybride rechargeable, l'hybride ajoute de précieux litres dans le coffre. En effet, il peut contenir 377 litres, 97 de plus. Évidemment, le coffre des versions à moteur à essence les bat à plate couture avec ses 462 litres.

Cette année, les Sonata à motorisation conventionnelle connaissent divers changements, les plus visibles se situent à l'avant, alors que les phares, la grille et les feux de position ont été sérieusement revus. La partie arrière n'est pas en reste avec, surtout, des feux revisités et du plus bel effet. Dans l'habitacle, les changements sont beaucoup plus discrets et les plus notables ont trait à l'écran central des versions de base qui passe de cinq à sept pouces.

Cependant, les améliorations apportées sous la carrosserie sont bien plus intéressantes. Par exemple, la boîte de vitesses associée au 2,0 litres turbo passe de six à huit rapports tandis que les ingénieurs (de grand talent tel que précisé dans le communiqué de presse de Hyundai. Pourquoi Hyundai sent-elle le besoin de le mentionner ?), donc les talentueux ingénieurs de Hyundai ont aussi revu la calibration de la direction pour la rendre plus rapide et améliorer le « feedback » au centre. La suspension arrière a aussi été bonifiée pour moins s'écraser lorsque le coffre est rempli d'objets lourds.

Nous n'avons pas encore pu conduire le modèle 2018, mais outre la boîte à huit rapports, le comportement de la Sonata ne devrait pas changer du tout au tout. Les versions dotées du quatre cylindres 2,4 litres, dont le couple à bas régime compense pour la puissance un peu en retrait, continuera à siroter de l'essence avec modération. Ces Sonata ne sont pas les plus enjouées, sans doute à cause des pneus de 16 pouces d'origine, d'une qualité généralement très douteuse. Si vous voulez négocier avec le représentant des ventes, demandez donc des pneus de qualité !

Les Sonata mues par le 2,0 litres turbo sont d'une autre race et l'on pourrait presque parler d'une conduite sportive. Les principaux reproches vont à la direction, trop vague et trop peu communicative, qui ne cadre pas avec la puissance du moteur. Toutefois, ça risque de changer en 2018. Rouler en Sonata est rarement une expérience grisante (je dirais plutôt qu'elle est grisonnante...), mais elle satisfait à coup sûr ceux qui recherchent un excellent niveau de confort, gracieuseté d'un habitacle vaste et silencieux.

Avec les changements apportés cette année et avec des versions hybride et hybride rechargeable très réussies, Hyundai tient, avec sa Sonata, une voiture mature et sérieuse. Dommage que la popularité de ce créneau du marché diminue à vue d'œil au profit des VUS...

Alain Morin

Données principales

Emp. / lon. / lar. / haut.	2 805 / 4 855 / 1 865 / 1 421 mm
Coffre / réservoir	280 à 462 litres / 70 litres
Nbre coussins sécurité / ceintures	7 / 5
Suspension av. / arr.	ind., jambes force / ind., multibras
Pneus avant / arrière	P205/65R16 / P205/65R16
Poids / Capacité de remorquage	1721 kg / non recommandé

Composantes mécaniques

HYBRIDE, HYBRIDE LIMITED

4L 2,0 l - 154 ch/140 lb·pi - A6 - 0-100 : n.d. - 5,7/5,3 l/100 km

Puissance combinée	193 ch.
Consommation combinée	n.d.

MOTEUR ÉLECTRIQUE

Puissance / Couple	51 ch (38 kW) / 151 lb·pi
Type de batterie	Lithium-ion (Li-ion)
Énergie	1,6 kWh

HYBRIDE RECHARGEABLE

4L 2,0 l - 154 ch/140 lb·pi - A6 - 0-100 : n.d. - 6,2/5,5 l/100 km

Consommation combinée	n.d.
Puissance combinée	202 ch.

MOTEUR ÉLECTRIQUE

Puissance / Couple	67 ch (50 kW) / 151 lb·pi
Type de batterie	Lithium-ion (Li-ion)
Énergie	9,8 kWh
Temps de charge (120V / 240V)	5,0 h / 2,5 h
Autonomie	43 km

GL, GLS, LIMITED, SPORT

Cylindrée, alim.	4L 2,4 litres atmos.
Puissance / Couple	185 ch / 178 lb·pi
Tr. base (opt) / Rouage base (opt)	A6 (A8) / Tr
0-100 / 80-120 / V. max	8,8 s / 6,0 s / n.d.
100-0 km/h	42,9 m
Type / ville / route / CO$_2$	Ord / 9,8 / 6,7 / 3 866 kg/an

ULTIMATE 2.0T

Cylindrée, alim.	4L 2,0 litres turbo
Puissance / Couple	245 ch / 260 lb·pi
Tr. base (opt) / Rouage base (opt)	A8 / Tr
0-100 / 80-120 / V. max	6,7 s (est) / 5,0 s (est) / n.d.
100-0 km/h	n.d.
Type / ville / route / CO$_2$	Ord / 10,4 / 7,4 / 4 163 (est) kg/an

DU NOUVEAU EN 2018

Allure intérieure et extérieure rafraîchie, nouvelle boîte automatique à huit rapports avec le moteur 2,0T, phares adaptatifs, service Blue Link désormais offert, suspension et direction améliorées.

Photos : Hyundai

Pour voir la liste complète des informations techniques, veuillez vous référer à la section statistiques.

HYUNDAI **TUCSON**

79% COTE DU GUIDE

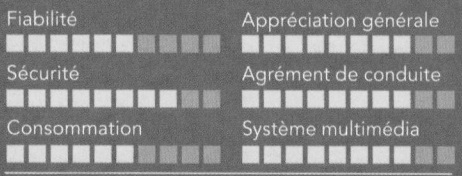

Prix: 24 999 $ à 38 699 $ (2017)
Catégorie: VUS
Garanties:
5 ans/100 000 km, 5 ans/100 000 km
Transport et prép.: 2 409 $
Ventes QC 2016: 6 498 unités
Ventes CAN 2016: 23 789 unités
Assemblage: Ulsan KR

Fiabilité	Appréciation générale
■■■■■■□□	■■■■■■□□
Sécurité	**Agrément de conduite**
■■■■■■□□	■■■■■■□□
Consommation	**Système multimédia**
■■■■■■□□	■■■■■■□□

Cote d'assurance

$ $ $ $

Connectivité multimédia

Android Auto   Apple CarPlay

➕ Grande variété de déclinaisons • Bon niveau d'équipement • Bon rapport prix/équipement • Agréable à conduire

➖ Consommation un peu élevée (1.6T) • La direction pourrait être plus précise • Fiabilité à long terme inconnue (1,6T et boîte à double embrayage)

Concurrents

Chevrolet Equinox, Ford Escape, GMC Terrain, Honda CR-V, Jeep Cherokee, Kia Sportage, Mazda CX-5, Mitsubishi Outlander, Nissan Rogue, Toyota RAV4, Volkswagen Tiguan

Toujours pertinent

Mathieu St-Pierre

I fut un temps où il était presque honteux de regarder du côté des marques coréennes quand venait le moment de magasiner pour une auto neuve. On vous regardait comme si vous étiez tellement, mais tellement pauvre... Hyundai a appris bien des choses depuis cette époque lointaine, notamment que c'était une bonne idée de continuer à miser sur des prix abordables, tout en élevant la valeur de ses produits.

Ce facteur, combiné au fait que Hyundai a été dans les premiers à proposer un VUS compact, fait en sorte que le Tucson figure parmi les cinq ou six meilleurs vendeurs de son créneau, mois après mois. De plus, comme il s'agit d'un VUS, il est perçu comme plus sécuritaire et plus polyvalent. Et si vous êtes prêts à débourser plus de 40 000 $, vous obtiendrez un équipement et des technologies comparables à ce que l'on retrouve dans des voitures qui coûtent presque le double.

Ce rapport équipement/prix permet aux acheteurs sages et économes de rouler dans un véhicule familial bien construit à prix d'aubaine. Ceux qui préfèrent le crédit-bail sont tentés d'ajouter quelques dollars de plus par mois pour avoir un volant chauffant, une chaîne audio Infinity, un grand écran tactile avec système de navigation et des sièges en cuir.

L'IMPORTANCE DU DESIGN

Le Tucson de génération actuelle a été lancé en 2016 et demeure l'un des VUS compacts les plus élégants, avec les Mazda CX-5 et Volkswagen Tiguan, renouvelé cette année d'ailleurs. En ligne et dans sa documentation imprimée, Hyundai met surtout de l'avant le 1,6T Ultimate, mais je préfère le côté classique et subtil de la version Premium à rouage intégral avec roues de 17 pouces. Cette version ainsi que les SE et Luxe offrent une séduisante combinaison de prix et d'équipement.

À l'intérieur, on retrouve un tableau de bord élégant, bien aménagé et sans flafla inutile. L'ergonomie est au rendez-vous et tous les boutons de contrôle sont faciles à utiliser. Il y a un bon nombre de petits rangements pour les portefeuilles, téléphones et autres objets courants. La finition est bonne ; au cours des dernières années, le géant coréen a acquis une solide réputation pour la qualité de ses produits.

Les sièges sont confortables et les places sont suffisamment spacieuses à l'avant et à l'arrière. Toutefois, si l'on installe un siège pour bébé sur le siège arrière, seulement un autre adulte pourra y prendre place. Le coffre offre un bon volume, comparable à celui des autres véhicules de cette catégorie.

Côté technologie, le Tucson est livré de série avec Bluetooth, prises USB et autres, caméra de recul et écran tactile de bon format. Selon les déclinaisons, on peut aussi obtenir Android Auto et Apple CarPlay. Les versions haut de gamme disposent d'un écran tactile plus grand.

DEUX CHOIX DE MOTEURS

Le moteur le plus raisonnable, un quatre cylindres de 2,0 litres, est celui que l'on retrouve dans les versions recommandées. Avec ses 164 chevaux et sa boîte automatique à six rapports, il déploie une puissance amplement suffisante. En fait, avec ce moteur, le Tucson donne l'impression d'être plus rapide que ne le laisse supposer sa fiche technique. Pour élever le niveau de performances, vous pouvez opter pour le quatre cylindres turbo de 1,6 litre. Il livre son couple maximal de 195 lb-pi dès 1 500 tr/min et est relié à une boîte automatique à sept rapports avec double embrayage. Ce moteur ne transforme pas le Tucson en fusée, mais l'on obtient certainement de meilleures accélérations, surtout pour dépasser sur l'autoroute.

En bon véhicule dédié aux familles, le Tucson est doté d'une suspension qui met l'accent sur le confort. Toutefois, la conduite n'est pas molle pour autant, et j'irais même jusqu'à dire que la tenue de route est bonne. Le Tucson est plus amusant à piloter qu'un Nissan Rogue, par exemple, mais il n'offre pas une conduite aussi raffinée que celle du Mazda CX-5. L'habitacle n'est pas aussi silencieux que dans ce dernier, mais rien de problématique. La direction exige peu d'efforts et les freins sont faciles à moduler.

Il n'est pas simple de magasiner dans ce segment de marché, surtout s'il s'agit de votre premier VUS. Hyundai peaufine le sien depuis plus d'une décennie et je n'ai jamais fait l'essai d'un Tucson qui ne m'a pas plu (ou d'un Kia Sportage, son jumeau non identique). La version 2018 du Tucson garde bien le cap, mais je vous recommande tout de même de lire notre grand essai comparatif de 11 VUS compacts avant de vous précipiter chez un concessionnaire.

Données principales	
Emp. / lon. / lar. / haut.	2 670 / 4 475 / 1 850 / 1 650 mm
Coffre / réservoir	877 à 1 754 litres / 62 litres
Nbre coussins sécurité / ceintures	6 / 5
Suspension av. / arr.	ind., jambes force / ind., multibras
Pneus avant / arrière	P225/60R17 / P225/60R17
Poids / Capacité de remorquage	1 683 kg / 454 kg (1 000 lb)

Composantes mécaniques	
2,0 LITRES	
Cylindrée, alim.	4L 2,0 litres atmos.
Puissance / Couple	164 ch / 151 lb-pi
Tr. base (opt) / Rouage base (opt)	A6 / Int (Tr)
0-100 / 80-120 / V. max	n.d. / n.d. / n.d.
100-0 km/h	n.d.
Type / ville / route / CO$_2$	Ord / 11,0 / 9,0 / 4 646 kg/an
1.6T	
Cylindrée, alim.	4L 1,6 litre turbo
Puissance / Couple	175 ch / 195 lb-pi
Tr. base (opt) / Rouage base (opt)	A7 / Int
0-100 / 80-120 / V. max	8,7 s / 6,5 s / n.d.
100-0 km/h	41,1 m
Type / ville / route / CO$_2$	Sup / 9,9 / 8,4 / 4 244 kg/an

> « LE **HYUNDAI TUCSON** S'AVÈRE UN CHOIX FACILE SI VOS PRINCIPAUX CRITÈRES SONT LE **RAPPORT QUALITÉ-PRIX** ET LE STYLE. EN PLUS, IL EST **AGRÉABLE À CONDUIRE !** »

DU NOUVEAU EN 2018

Aucun changement majeur au moment de mettre sous presse.

Photos: Hyundai

Pour voir la liste complète des informations techniques, veuillez vous référer à la section statistiques.

HYUNDAI | 351

HYUNDAI **VELOSTER**

67% COTE DU GUIDE

Prix : 18 599 $ à 29 699 $ (2017)
Catégorie : Coupé
Garanties :
5 ans/100 000 km, 5 ans/100 000 km
Transport et prép. : 2 309 $
Ventes QC 2016 : 554 unités
Ventes CAN 2016 : 1 831 unités
Assemblage : Ulsan KR

Fiabilité	Appréciation générale
■■■■■■■□□□	■■■■■■■□□□
Sécurité	Agrément de conduite
■■■■■■■□□□	■■■■■■■□□□
Consommation	Système multimédia
■■■■■■■■□□	■■■■■■■□□□

Cote d'assurance

$ $ $ $

Connectivité multimédia

Android Auto   Apple CarPlay

➕ Modèle abordable •
Bonne garantie • Boîte à
double embrayage efficace •
Consommation raisonnable

➖ Moteur de base peu puissant • Prix
des assurances • Boîte manuelle moins
intéressante • Modèle en fin de carrière

Concurrents
Honda Civic Si, Nissan 370Z, Subaru BRZ,
Toyota 86, Volkswagen Golf GTI

Pépère ou sportif ?

Sylvain Raymond

La vie des coupés sport n'est pas facile. Ils attirent toujours l'attention des amateurs lors de leur arrivée, mais l'intérêt de ces derniers fond comme neige au soleil dès que le modèle prend de l'âge, forçant les constructeurs à augmenter la cadence des cycles de changements et à investir beaucoup plus qu'ils ne le feraient pour d'autres types de véhicules. Ajoutez des volumes de ventes souvent plus bas, et cela explique pourquoi les coupés sport se raréfient.

Basée sur la plate-forme de l'Accent, modifiée pour la cause, la Veloster a été introduite en 2012 et son rôle était d'apporter un peu de sportivité et d'exotisme au sein des petites voitures de Hyundai. Elle se positionne très proche de l'Elantra GT côté prix, mais son style est nettement plus extraverti tout en se différenciant par son étonnante configuration à trois portes, deux du côté passager et une du côté conducteur. Si vous avez une jeune famille, ce n'est probablement pas le meilleur choix.

ON L'AIME OU PAS
Contrairement à d'autres coupés sport, la Veloster se distingue par sa gamme étendue de versions qui comprend des déclinaisons de base très abordables. Pas étonnant qu'elle attire les jeunes en quête d'une voiture stylisée, mais attention au coût des assurances... Car dans ce domaine, si votre voiture a l'apparence d'un lièvre vous devrez payer cher... même si elle a le cœur d'une tortue !

Malgré l'âge, les lignes de la Veloster ne vieillissent pas trop mal. Cette voiture n'a jamais fait l'unanimité et Hyundai en est conscient. Il y a toujours l'Elantra pour les plus sages. Si la partie avant de la Veloster ressemble un peu plus aux autres petites voitures de Hyundai, l'arrière la particularise davantage avec son hayon vitré intégrant un béquet.

La partie supérieure du coffre est également vitrée, ce qui améliore la visibilité à l'arrière en conduite et contribue au caractère unique de la

Veloster. L'ensemble n'est pas sans nous rappeler la défunte Honda CRX. La palette de couleurs disponibles égaye la gamme.

VIVE LE TURBO

Si vous appréciez le style de la Veloster et que les performances ne sont pas importantes à vos yeux, la version de base vous conviendra probablement : moteur quatre cylindres de 1,6 litre à injection directe développant 132 chevaux pour un couple de 120 livres-pied. Ce sont des chiffres peu impressionnants pour une voiture à vocation sportive, mais la facture est passablement intéressante. Toutefois, n'allez surtout pas vous pointer aux courses d'accélération avec cette Veloster, car même la boîte manuelle à six rapports qui l'équipe de série aura peine à faire patiner les roues. Au moins, Hyundai l'offre aussi avec une boîte à double embrayage, fort efficace.

Pour plus de plaisir, il faut opter pour la Veloster Turbo, facilement reconnaissable par son double échappement central surdimensionné et ses jantes exclusives de 18 pouces. Elle hérite également d'un moteur quatre cylindres de 1,6 litre, mais — comme l'exige la tendance — turbocompressé. Sa puissance est de 201 chevaux pour 195 livres-pied, des chiffres bien plus en ligne avec le style éclaté du modèle, et ce, sans que la consommation ne soit trop majorée, à peine 0,6 l/100 km de plus en moyenne que l'autre moteur, selon les chiffres de Hyundai.

Le 1,6 turbo rend davantage justice aux aspirations sportives de la voiture : il réalise des accélérations et des reprises plus musclées, sans toutefois livrer des performances aussi relevées que d'autres petites sportives de renom, notamment la Volkswagen Golf GTI, sans oublier la nouvelle Honda Civic Si. La Veloster Turbo est plus équilibrée sur tous les plans par rapport à la version de base, avec une suspension à réglages plus sportifs et une direction comportant une démultiplication plus rapide, donnant un meilleur contrôle en conduite. Et si jamais vous trouvez que le son de ce moteur est plus riche, vous avez raison : Hyundai a ajouté un système de sonorité active qui rehausse la sonorité de l'admission d'air et de l'échappement dans la cabine.

Sur la route, la Veloster est assez confortable, moins punitive que d'autres bolides du genre. C'est ici que l'on apprécie sa douceur et son tempérament plus modéré. Étonnamment, le confort à l'arrière est acceptable, pourvu que vous ne soyez pas trop grand, sans quoi vous aurez la tête vissée au hayon. On aime aussi sa direction précise et son format compact. Curieusement, la production de la Veloster 2017 a débuté au printemps 2017. Soit, il y aura très peu de modèles 2017 et l'on passera aux 2018 bientôt, soit 2018 marquera l'arrivée d'une toute nouvelle génération.

Données principales

Emp. / lon. / lar. / haut.	2 650 / 4 220 / 1 805 / 1 399 mm
Coffre / réservoir	440 litres / 50 litres
Nbre coussins sécurité / ceintures	6 / 4
Suspension av. / arr.	ind., jambes force / semi-ind., poutre torsion
Pneus avant / arrière	P215/45R17 / P215/45R17
Poids / Capacité de remorquage	1 310 kg / n.d.

Composantes mécaniques

BASE

Cylindrée, alim.	4 L 1,6 litre atmos.
Puissance / Couple	132 ch / 120 lb-pi
Tr. base (opt) / Rouage base (opt)	M6 (A6) / Tr
0-100 / 80-120 / V. max	9,7 s / 7,0 s / n.d.
100-0 km/h	42,0 m
Type / ville / route / CO_2	Ord / 9,0 / 6,7 / 3 664 kg/an

TURBO

Cylindrée, alim.	4 L 1,6 litre turbo
Puissance / Couple	201 ch / 195 lb-pi
Tr. base (opt) / Rouage base (opt)	M6 (A7) / Tr
0-100 / 80-120 / V. max	8,1 s / 5,6 s / n.d.
100-0 km/h	43,1 m
Type / ville / route / CO_2	Sup / 9,4 / 7,0 / 3 827 kg/an

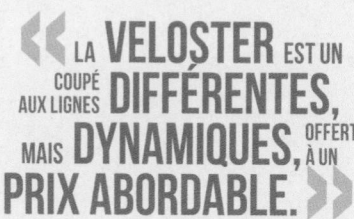

« LA **VELOSTER** EST UN COUPÉ AUX LIGNES **DIFFÉRENTES,** MAIS **DYNAMIQUES,** OFFERT À UN **PRIX ABORDABLE.** »

DU NOUVEAU EN 2018

Aucun changement majeur au moment de mettre sous presse.

Pour voir la liste complète des informations techniques, veuillez vous référer à la section statistiques.

INFINITI Q60

INFINITI **Q50 / Q60**

((SiriusXM))

71% COTE DU GUIDE

Prix : 39 900 $ à 60 990 $ (2017)
Catégorie : Berline, Coupé
Garanties :
4 ans/100 000 km, 6 ans/110 000 km
Transport et prép. : 2 095 $
Ventes QC 2016 : 845 unités*
Ventes CAN 2016 : 3 391 unités**
Assemblage : Tochigi JP

Fiabilité	Appréciation générale
■■■■■□□□□□	■■■■■■■□□□
Sécurité	Agrément de conduite
■■■■■■■■□□	■■■■■■■□□□
Consommation	Système multimédia
■■■■■□□□□□	■■■■■■□□□□

Cote d'assurance

$ $ $ $

Connectivité multimédia

Aucune

+ Style distinctif et exclusif • Moteurs très bien adaptés • Red Sport 400 très puissante • Rouage intégral de série • Fiabilité relevée

− Sportivité décevante (Red Sport 400) • Places arrière peu invitantes • Coffre très petit (Q60) • Essuie-glaces difficile à déneiger

Concurrents

Q50 : Acura TLX, Audi A4, BMW série 3, Cadillac ATS, Jaguar XE, Lexus IS, Lincoln MKZ, Mercedes-Benz Classe C,

Q60 : Audi A5, BMW Série 4, Cadillac ATS, Lexus RC, Mercedes-Benz Classe C

La passion des gens raisonnables

Daniel Melançon / Alain Morin

Infiniti, la marque de luxe de Nissan, ne semble pas jouir du même prestige que Lexus, la marque de luxe de Toyota. Aussi, Infiniti a beau vouloir se positionner comme un incontournable dans le domaine de la voiture sport, elle n'y parvient pas. Pourtant, elle est partie prenante de la formule un (Red Bull et ensuite Renault Sport). Toutefois, on dirait qu'entre la course de très haut niveau et la production de voitures de route, le contact ne se fait pas.

Même la stratégie de mise en marché d'Infiniti peut surprendre. Par exemple, en 2014, elle dévoilait la berline Q50. Puis, il a fallu attendre 2017 avant que sa version coupé fasse son apparition. Or, après quelques années, la Q50 est due pour des modifications de milieu de cycle.

LA CONDUITE SEMI-AUTONOME À LA PORTÉE DE TOUS

Ces modifications, Infiniti les a montrées au dernier Salon de Genève. Heureusement que les gens d'Infiniti les ont montrées ! Car il faut avoir un œil bionique pour les voir. La partie avant est très légèrement revue, de même que le tableau de bord. La vraie nouveauté se trouve dans l'introduction du ProPILOT, un ensemble de technologies visant à accroître la sécurité tout en autorisant une conduite semi-autonome. On parle ici, entre autres, d'une direction active et adaptative (*Direct Adaptive Steering*), du contrôle actif des voies (*Active Lane Control*) et du régulateur de vitesse intelligent. Quant à la version coupé Q60, elle poursuit le chemin entamé l'an dernier. Il s'agit plus ou moins de la berline amputée de deux portes et dont le style étonne par son équilibre visuel. Les deux modèles partagent les mêmes motorisations. À la base, on retrouve un quatre cylindres turbo de 2,0 litres développant 208 chevaux. C'est le même moteur que dans le VUS sous-compact QX30. Ce 2,0 litres est boulonné à une boîte automatique à sept rapports et à un rouage intégral. D'ailleurs, peu importe le type de carrosserie, berline ou coupé, ou la motorisation, les quatre roues sont motrices. Puisque Infiniti veut donner à ses créations un petit côté sportif, les roues arrière sont privilégiées et le couple est expédié aux roues avant lorsque le besoin se fait sentir.

*Québec   Infiniti Q50 : 737 unités / Infiniti Q60 : 108 unités
**Canada   Infiniti Q50 : 2 969 unités / Infiniti Q60 : 422 unités

Nous disions donc que l'offre débute avec un 2,0 litres turbo (2.0t). Ses 208 chevaux sont suffisamment dégourdis pour pouvoir accélérer avec virilité. Ils sont surtout appuyés par une boîte au point, qui passe ses rapports au bon moment et rapidement. En plus, la sonorité de ce quatre cylindres est tout à fait convenable... pour un quatre cylindres. L'autre moteur est un V6 3,0 litres biturbo de 300 chevaux (3.0t). Si sa puissance impressionne, que dire des éléments qui la mettent en valeur ! Comme une direction précise, une suspension juste assez ferme (bien sûr, si vous êtes du genre Buick, vous la trouverez beaucoup trop ferme) et des systèmes de sécurité qui interviennent au bon moment, pas trop tôt, pas trop tard.

DÉCEVANTE RED SPORT 400

Depuis l'an dernier, il y a la Red Sport 400. Le V6 3,0 litres biturbo est ici amené à 400 chevaux, une puissance non négligeable, mais un essai sur piste fait rapidement ressentir les faiblesses de cette sportive, à deux ou à quatre portes. La direction est quelque peu déconnectée et manque de précision et les pneus, des Dunlop SP Sport Maxx 245/40R19, sont plus ou moins bien adaptés à une conduite extrême. De là à dire que la Red Sport 400 ne fait pas peur aux BMW M et aux Mercedes-AMG, il n'y a qu'un pas que nous franchissons allègrement.

Enfin, la berline Q50 a droit à une version hybride. Ironiquement, bien qu'il s'agisse de la variante la plus écologique, elle est plus puissante que les versions 2.0t et 3.0t ! Moteurs à essence et électrique combinés, elle déballe 360 chevaux. Infiniti annonce une consommation de moins de 9,0 l/100 km, ce qui est tout à fait raisonnable. Son comportement routier n'est toutefois pas très sportif.

Peu importe la version, il y a des constantes. Tout d'abord, le choix des matériaux est soigné, mais on remarque des pièces et des boutons identiques à ceux de certains modèles Nissan. Décevant. Le confort est au rendez-vous... à l'avant ! À l'arrière du coupé, les deux places sont symboliques et seulement des gens de petite taille y trouveront un peu de confort. Remarquez que la berline, bien que mieux nantie, n'offre pas beaucoup d'espace pour la tête et les jambes. Quant au coffre du coupé, il faut faire preuve d'imagination quand vient le temps de partir en vacances !

Toujours au Salon de Genève, Infiniti a présenté le Q60 Project Black S. Développé par Renault Sport Formule Un et doté d'une motorisation hybride, il pourrait disposer aux alentours de 500 chevaux. Souhaitons que cette magnifique création soit mise en production et que cette fois, la communication passe entre les ingénieurs de course et ceux de la production...

INFINITI Q50 / Q60

Données principales

Emp. / lon. / lar. / haut.	2 850 / 4 803 / 1824 / 1453 mm
Coffre / réservoir	266 à 382 litres / 75 litres
Nbre coussins sécurité / ceintures	6 / 5
Suspension av. / arr.	ind., bras inégaux / ind., multibras
Pneus avant / arrière	P225/55R17 / P225/55R17
Poids / Capacité de remorquage	1857 kg / n.d.

Composantes mécaniques

2.0t

Cylindrée, alim.	4L 2,0 litres turbo
Puissance / Couple	208 ch / 258 lb-pi
Tr. base (opt) / Rouage base (opt)	A7 / Int
0-100 / 80-120 / V. max	n.d. / n.d. / n.d.
100-0 km/h	n.d.
Type / ville / route / CO$_2$	Sup / 10,6 / 8,4 / 4421 kg/an

3.0t

Cylindrée, alim.	V6 3,0 litres turbo
Puissance / Couple	300 ch / 295 lb-pi
Tr. base (opt) / Rouage base (opt)	A7 / Int
0-100 / 80-120 / V. max	n.d. / n.d. / n.d.
100-0 km/h	n.d.
Type / ville / route / CO$_2$	Sup / 12,3 / 9,0 / 4975 kg/an

HYBRIDE

Cylindrée, alim.	V6 3,5 litres atmos.
Puissance / Couple	302 ch / 258 lb-pi
Tr. base (opt) / Rouage base (opt)	A7 / Int
0-100 / 80-120 / V. max	5,8 s / 3,9 s / n.d.
100-0 km/h	42,4 m
Type / ville / route / CO$_2$	Sup / 8,7 / 7,6 / 3774 kg/an
Puissance combinée	360 ch

MOTEUR ÉLECTRIQUE

Puissance / Couple	67 ch (49 kW) / 214 lb-pi
Type de batterie	Lithium-ion (Li-ion)
Énergie	n.d.

RED SPORT 400

Cylindrée, alim.	V6 3,0 litres turbo
Puissance / Couple	400 ch / 350 lb-pi
Tr. base (opt) / Rouage base (opt)	A7 / Int
0-100 / 80-120 / V. max	n.d. / n.d. / n.d.
100-0 km/h	n.d.
Type / ville / route / CO$_2$	Sup / 12,8 / 9,1 / 5 122 kg/an

DU NOUVEAU EN 2018

Quelques modifications esthétiques à la partie avant et au tableau de bord, ensemble ProPILOT offert.

INFINITI Q50

INFINITI Q60

Photos : Infiniti

Pour voir la liste complète des informations techniques, veuillez vous référer à la section statistiques.

INFINITI Q70

68% COTE DU GUIDE

((SiriusXM))

Prix: 57 300$ à 68 800$ (2017)
Catégorie: Berline
Garanties:
4 ans/100 000 km, 6 ans/110 000 km
Transport et prép.: 2 095$
Ventes QC 2016: 31 unités
Ventes CAN 2016: 156 unités
Assemblage: Tochigi JP

Fiabilité
■■■■■■■■□□

Appréciation générale
■■■■■■■□□□

Sécurité
■■■■■■■■□□

Agrément de conduite
■■■■■■■□□□

Consommation
■■■■■□□□□□

Système multimédia
■■■■■■■■□□

Cote d'assurance

$ $ $ $

Connectivité multimédia

Aucune

➕ Moteurs performants (V6 et V8) •
Silhouette qui vieillit bien •
Structure et châssis rigides •
Gamme de prix concurrentielle

➖ Direction lente • Suspension
dure • Ergonomie imparfaite •
Toit ouvrant de taille lilliputienne •
Modèle en fin de carrière

Concurrents
Acura RLX, Audi A6, BMW Série 5,
Cadillac CTS, Jaguar XF, Lexus GS,
Mercedes-Benz Classe E, Volvo S80

À la remorque des VUS

Jean-François Guay

À peu près tous les modèles de la gamme Infiniti ont connu une augmentation des ventes l'an dernier. La berline Q70, non. Toutefois, ce n'est pas une surprise puisqu'elle évolue dans le segment des grandes berlines de luxe — une espèce en perte de vitesse à cause de la prolifération des VUS. À l'instar de la Q70, les modèles Acura RLX, Audi A6 et Jaguar XJ — pour ne nommer que ceux-là — ont aussi connu un ralentissement au box-office.

Pour relancer la carrière d'un modèle, il suffit habituellement de faire une mise à jour de la silhouette, de la mécanique, de l'habitacle ou de l'équipement. Sauf qu'il en faudra davantage pour que la Q70 retrouve ses lettres de noblesse. Depuis son lancement sous le prénom M en 2003 pour changer d'appellation en 2014, la Q70 a pris un petit coup de vieux et le temps est venu d'introduire sa remplaçante. Toutefois, il faudra s'armer de patience avant de voir arriver l'enfant prodige, car Infiniti aurait mis de côté l'avenir de la Q70 pour s'affairer au développement des futurs QX80 et QX50 — les deux VUS sous la forme de concepts ont été dévoilés aux Salons de Paris 2016 et de New York 2017.

RABAIS À PRÉVOIR
Pour prolonger son existence, il n'est pas question que la Q70 obtienne d'autres accessoires puisque la liste est déjà longue. De série, on retrouve un système de navigation avec écran de huit pouces, des sièges avant chauffants et réfrigérants, un pare-soleil électrique à l'arrière, un volant chauffant, un système de détection de sortie de voie, un système d'angle mort, un système de détection des collisions avant et arrière.

La Q70L à empattement allongé offre des gâteries additionnelles dont des sièges arrière chauffants et un écran de visualisation du périmètre avec détection des objets en mouvement. On s'accorde pour dire que l'équipement n'est pas aussi complet et relevé que celui des Mercedes-Benz Classe E et BMW Série 5. Cependant, les tarifs des Q70 et Q70L sont inférieurs à ceux des bagnoles allemandes — sans compter les rabais alléchants du constructeur.

Lors de sa dernière refonte esthétique, la Q70 a emprunté le code vestimentaire de la berline Q50. Ainsi, la calandre, les carénages avant et arrière, les phares et les feux à DEL, les phares antibrouillards et les rétroviseurs avec clignotants à DEL ont été revus. Trois ans plus tard, la silhouette demeure à la mode et bien malin est celui qui peut affirmer que l'actuelle génération entreprend la huitième année de son mandat. Comme quoi les stylistes d'Infiniti ont le compas dans l'œil. Reste à savoir si du côté mécanique, les babines suivent les bottines...

LA MÉLODIE DU V6

Pour mouvoir cette masse qui frise les deux tonnes, deux motorisations sont offertes. Dans un premier temps, le V6 de 3,7 litres est déjà devenu une légende chez Infiniti — au même titre que le six cylindres en ligne de BMW. Une oreille attentive reconnaîtra la sonorité rauque de ce V6 atmosphérique à trois coins de rue tellement sa tonalité est unique. D'ailleurs, certains acheteurs hésitent à délaisser leurs vieilles G37, berline et coupé, pour se procurer une nouvelle Q50 ou Q60 à cause du timbre du V6 biturbo de 3,0 litres qui sonne faux. Une octave plus aiguë, le V8 de 5,6 litres est une exclusivité de la Q70L. Plus doux et silencieux que le V6, les 416 chevaux de ce gros V8 à injection directe procurent des accélérations plus senties.

Ces deux motorisations sont arrimées à une boîte automatique à sept rapports avec mode séquentiel. Pour optimiser la tenue de route et la motricité sur les surfaces glissantes, le rouage intégral, dit intelligent, redistribue le couple des roues arrière jusqu'à 50 % à l'avant. Quant à la puissante motorisation hybride de 360 chevaux qui combinait un V6 de 3,5 litres et un moteur électrique de 50 kW elle a été supprimée durant l'année 2015.

Seule la Q70 d'entrée de gamme enfile des pneus de 18 pouces alors que les autres versions reposent sur des 20 pouces. Il est probable que les stylistes aient dicté le choix des jantes de 20 pouces afin, notamment, d'embellir la silhouette. Cela dit, on peut parier que les ingénieurs n'ont pas été consultés car le profil des pneus de taille 245/40R20 ne fait pas nécessairement bon ménage avec la fermeté des suspensions.

Résultat, ces pneumatiques ont toute la misère du monde à filtrer les imperfections des «belles» routes québécoises. Quand le temps sera venu de les remplacer, optez pour un pneu dont la semelle est reconnue pour sa douceur de roulement. La même recommandation s'adresse aux pneus d'hiver.

Données principales

Emp. / lon. / lar. / haut.	3 051 / 5 131 / 1 845 / 1 515 mm
Coffre / réservoir	422 litres / 76 litres
Nbre coussins sécurité / ceintures	6 / 5
Suspension av. / arr.	ind., double triangulation / ind., multibras
Pneus avant / arrière	P245/40R20 / P245/40R20
Poids / Capacité de remorquage	1 978 kg / n.d.

Composantes mécaniques

3.7 TI SPORT

Cylindrée, alim.	V6 3,7 litres atmos.
Puissance / Couple	330 ch / 270 lb-pi
Tr. base (opt) / Rouage base (opt)	A7 / Int
0-100 / 80-120 / V. max	6,7 s / 4,7 s / n.d.
100-0 km/h	39,8 m
Type / ville / route / CO_2	Ord / 13,2 / 9,8 / 5 327 kg/an

L 5.6 TI

Cylindrée, alim.	V8 5,6 litres atmos.
Puissance / Couple	416 ch / 414 lb-pi
Tr. base (opt) / Rouage base (opt)	A7 / Int
0-100 / 80-120 / V. max	n.d. / n.d. / n.d.
100-0 km/h	n.d.
Type / ville / route / CO_2	Ord / 14,9 / 14,9 / 5 906 kg/an

> « ENTRE UNE Q70 ET UNE Q70L, J'OPTERAIS VOLONTIERS POUR LA Q70L. **L'HABITACLE EST PLUS CONFORTABLE** TANDIS QUE LE **COMPORTEMENT ROUTIER** EST **SUPÉRIEUR.** »

DU NOUVEAU EN 2018

Aucun changement majeur au moment de mettre sous presse.

Photos : Infiniti

Pour voir la liste complète des informations techniques, veuillez vous référer à la section statistiques.

INFINITI | 357

INFINITI **QX30**

75 % COTE DU GUIDE

(((SiriusXM)))

Prix: 35 990 $ à 46 490 $ (2017)
Catégorie: VUS
Garanties:
4 ans/10 000 km, 6 ans/110 000 km
Transport et prép.: 1 995 $
Ventes QC 2016: 159 unités
Ventes CAN 2016: 439 unités
Assemblage: Sunderland GB

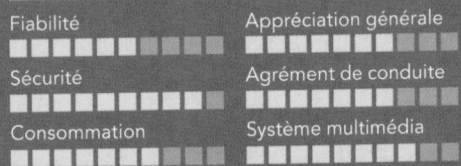

Fiabilité	Appréciation générale
■■■■■□□□□□	■■■■■■□□□□
Sécurité	**Agrément de conduite**
■■■■■■□□□□	■■■■■□□□□□
Consommation	**Système multimédia**
■■■■■■□□□□	■■■■■■□□□□

Cote d'assurance

n.d.

Connectivité multimédia

Aucune

➕ Style distinctif •
Mécanique connue • Structure rigide •
Qualité de finition intérieure

➖ Agrément de conduite
perfectible • Confort perfectible •
Espace limité à l'arrière •
Volume limité du coffre

Concurrents

Audi Q3, BMW X1 Mercedes-Benz GLA,
Land Rover Range Rover Evoque,
Lexus NX, Lincoln MKC, Porsche Macan,
Volvo XC60

La stratégie du clonage

Gabriel Gélinas

Mettons les choses au clair d'entrée de jeu. Le QX30 n'est pas un Infiniti, c'est un Mercedes-Benz. Si ce véhicule existe, c'est parce que le créneau des VUS de luxe de taille compacte est en pleine ébullition à l'heure actuelle et qu'un partenariat entre Mercedes-Benz et Nissan permet à Infiniti de proposer aux acheteurs un produit qui n'a pas été développé par la marque japonaise, mais bien par la marque allemande.

Le QX30 d'Infiniti partage son architecture, son moteur, sa boîte de vitesses, son rouage intégral, ainsi que plusieurs dispositifs avec le Mercedes-Benz GLA. Il suffit de faire une lecture comparative des fiches techniques de ces deux véhicules pour s'en rendre compte. Bref, le QX30 est un clone du GLA, mais un clone dont la plastique a été complètement modifiée pour lui donner une apparence distincte lui permettant de se différencier de son géniteur.

UNE QUESTION DE LOOK
Le moins que l'on puisse dire, c'est que les designers d'Infiniti ont eu la main heureuse et qu'ils ont réussi à créer un véhicule dont le style est particulièrement bien achevé, tout en étant en phase avec celui des autres modèles de la marque, ce qui n'est pas un mince exploit lorsque l'on travaille à partir d'une architecture réalisée par un autre constructeur.

Dans l'habitacle, on constate que le design marque lui aussi un clivage évident avec une planche de bord aux lignes courbées, qui ne ressemble en rien à celle du GLA, et que la qualité de la finition intérieure est très bonne, tout comme celle des matériaux utilisés. Cependant, on remarque que plusieurs commandes sont identiques à celles du GLA, notamment le volant, qui est par contre frappé d'un logo Infiniti et non de l'étoile, le bloc d'instruments, les commandes pour régler la position des sièges avant qui sont localisées sur la surface intérieure de la portière, le bras de commande des essuie-glaces à gauche de la colonne de direction, les commandes du système de chauffage/climatisation ainsi que le levier de vitesses, entre autres.

Même la clé est pareille à celle du GLA, exception faite du logo. Toutefois, le QX30 est équipé du système multimédia InTouch d'Infiniti, et non pas du système de Mercedes-Benz. Malheureusement, c'est un système qui est particulièrement lent à réagir tout en étant peu intuitif. L'espace à bord est compté, ce qui donne un côté intimiste à l'habitacle, et l'espace de chargement est très limité, son volume étant inférieur à celui d'une Volkswagen Golf.

UN MOTEUR TURBO QUI CARBURE AU SUPER

Le moteur turbocompressé développe 208 chevaux, un couple de 258 livres-pied et carbure au super. On note un léger délai de réponse à la commande des gaz, avant que le turbocompresseur entre en action. Une fois passé ce court délai, la livrée du couple est très linéaire et elle est accompagnée d'un petit sifflement du turbo en guise de trame sonore. Pour ce qui est de la consommation, notre moyenne observée s'est chiffrée à 9,5 litres aux 100 kilomètres, ce qui est un peu mieux que plusieurs véhicules concurrents, mais pas assez pour permettre au QX30 de briller par sa sobriété.

La boîte automatique est à double embrayage et son comportement est paramétrable en trois modes : Eco, Sport et Manual. Le mode Eco est celui qui est choisi automatiquement au démarrage et sa mission est de passer les rapports aussi rapidement que possible afin de bonifier la consommation. Le mode Sport fait en sorte que le moteur peut atteindre un régime plus élevé avant le changement de rapport, mais curieusement, nous prive du septième rapport en vitesse de croisière. Comme son nom l'indique, le mode manuel nous permet de changer les rapports au moyen des paliers situés derrière le volant, mais ce mode ne comporte pas de montée en régime automatique au rétrogradage. Dommage.

Concernant le comportement routier, le QX30 d'Infiniti perd plusieurs points par rapport à la concurrence directe pour ce qui est de la tenue de route et même du confort, la suspension arrière réagissant assez sèchement à la croisée de bosses ou de joints de dilatation. La direction est précise, quoique souvent trop légère, et on sent un peu trop le transfert des masses dans un enchaînement de virages ce qui provoque un léger sous-virage en conduite sportive. Tout cela ne cadre pas avec la vocation de ce VUS de luxe de taille compacte à caractère sport qui est commercialisé par une marque dont le slogan est « Performance inspirée ».

En fin de compte, le QX30 s'adresse à une clientèle branchée qui veut s'afficher au volant d'un véhicule au design typé et qui ne se soucie guère de l'agrément de conduite ou des performances. Dans ce créneau, où le style prend souvent une importance démesurée, le QX30 ne manque pas d'arguments, malgré le tarif élevé exigé pour les déclinaisons qui font le plein d'équipements.

Données principales

Emp. / lon. / lar. / haut.	2 700 / 4 425 / 1 815 / 1 476 mm
Coffre / réservoir	544 litres / 56 litres
Nbre coussins sécurité / ceintures	8 / 5
Suspension av. / arr.	ind., jambes force / ind., multibras
Pneus avant / arrière	P235/50R18 / P235/50R18
Poids / Capacité de remorquage	1 580 kg / n.d.

Composantes mécaniques

Cylindrée, alim.	4 L 2,0 litres turbo
Puissance / Couple	208 ch / 258 lb-pi
Tr. base (opt) / Rouage base (opt)	A7 / Tr (Int)
0-100 / 80-120 / V. max	7,2 s (est) / n.d. / 235 km/h (est)
100-0 km/h	n.d.
Type / ville / route / CO_2	Sup / 9,7 / 7,1 / 3 130 (est) kg/an

« L'INFINITI QX30 EST UN **CLONE** DU **MERCEDES-BENZ GLA,** MAIS UN CLONE DONT L'APPARENCE A ÉTÉ COMPLÈTEMENT MODIFIÉE. »

DU NOUVEAU EN 2018

Aucun changement majeur au moment de mettre sous presse.

Pour voir la liste complète des informations techniques, veuillez vous référer à la section statistiques.

INFINITI **QX50**

74% COTE DU GUIDE
(2017)

(((SiriusXM)))

Données 2017
Prix: 38 900 $
Catégorie: VUS
Garanties:
4 ans/100 000 km, 6 ans/110 000 km
Transport et prép.: 2 095 $
Ventes QC 2016: 651 unités
Ventes CAN 2016: 2 326 unités
Assemblage: Tochigi JP

Fiabilité
■■■■■□

Appréciation générale
■■■■□□

Sécurité
■■■■■□

Agrément de conduite
■■■■□□

Consommation
■■■□□□

Système multimédia
■■■■□□

Cote d'assurance (2017)

$ $ $ $

Connectivité multimédia

Aucune

+ Style moderne et raffiné (2018) •
Finition impressionnante (2017) • Moteur
puissant (2017) • Faible consommation
anticipée (2018)

– Style dépassé (2017) • Visibilité
arrière problématique (2017) •
Dégagement pour la tête réduit (2017) •
Coffre limité (2017)

Concurrents
Acura RDX, Audi Q5, BMW X3,
Jaguar F-PACE, Lexus NX,
Mercedes-Benz GLC, Volvo XC60

Un cadeau du ciel

Alain Morin

Quel moment de bonheur que celui où l'on retrouve un peu de monnaie à un endroit inattendu! Quelle joie à la lecture d'une communication du ministère du Revenu nous avisant qu'il nous doit quelques centaines de dollars! Quel bel avenir se dessine lorsque l'on reçoit un courriel d'un prince du Burundi qui nous lègue 15 millions de dollars! Euh... oubliez cet exemple!

C'est sans doute ce sentiment de bonheur intense qu'ont vécu les concessionnaires Infiniti en janvier dernier quand ils ont appris la venue d'un QX50 renouvelé. Ce VUS compact de luxe est arrivé sur le marché en 2009 et s'appelait alors EX35. En 2013, son V6 de 3,5 litres (d'où le 35 dans son appellation) est passé à 3,7 litres, faisant du EX35 un EX37. L'année suivante, Infiniti remaniait le nom de chacun de ses modèles, foutant la pagaille dans le cerveau de l'auteur de ce texte, et l'EX37 est devenu le QX50. En 2016, après huit longues années, Infiniti lui apportait finalement davantage que des modifications de détail. La carrosserie était modernisée — tout en demeurant très fidèle au style des années précédentes — et le châssis était allongé, question d'améliorer l'espace intérieur.

Au fil de ces années, les qualités intrinsèques du QX50 n'ont jamais été altérées. Sauf que la concurrence est d'une incroyable méchanceté et qu'elle saute sur tout produit qui n'est pas parfaitement moderne, et l'engloutit en moins de deux. Le QX50 n'avait plus les armes ni les charmes pour se battre contre les véhicules beaucoup plus modernes que sont les Jaguar F-PACE, Audi Q5, Acura RDX, ou BMW X3.

LE CIEL SE DÉGAGE!
Le vent devrait bientôt tourner puisqu'Infiniti a dévoilé, au Salon de Detroit 2017, le QX50 Concept, une évolution du concept QX Sport Inspiration vu quelques mois plus tôt au Salon de Beijing. Le QX50 Concept arbore les lignes des récents véhicules de la marque de prestige de Nissan, lignes tendues... et tentantes!

L'habitacle montre un tableau de bord contemporain, fonctionnel et épuré, presque entièrement digital et doté de trois écrans ; un entre les jauges et face au conducteur et deux autres au centre. L'espace pour la tête et les jambes ne semble pas problématique, du moins à l'avant. Toutefois, attendons le modèle de production, qui sera assemblé à l'usine d'Aguascalientes au Mexique, avant de nous prononcer définitivement !

Au moment d'écrire ces lignes, fin juin 2017, Infiniti n'a dévoilé pratiquement aucun détail technique. En fouillant un peu, on apprend que le prochain QX50 sera construit sur une plate-forme Mercedes-Benz. Les deux marques collaborent déjà puisque l'Infiniti QX30 est, en fait, un Mercedes-Benz GLA. La plate-forme du GLC nous semble la plus probable pour y asseoir un QX50.

Le QX50 sera le premier véhicule Infiniti à recevoir le moteur à compression variable (VC-T) développé par Nissan. Ce quatre cylindres 2,0 litres turbocompressé développe 268 chevaux et devrait, selon Nissan, permettre des économies de carburant de l'ordre de 20 à 30 % par rapport à un V6 équivalent. La technologie VC-T permet de faire varier la hauteur de la course des pistons et ainsi modifier le taux de compression de 8:1 à 14:1 pour obtenir plus de performances à certains moments, et plus d'économie à d'autres. Nissan a déjà annoncé que le VC-T pourrait bien être marié à une technologie hybride ou être adapté à un moteur V6. Infiniti n'a pas mentionné quelle boîte de vitesses sera utilisée dans le QX50, mais on sait que le rouage sera intégral.

TOUT ÇA C'EST BIEN BEAU, MAIS...

Au moment où le *Guide 2018* est publié, c'est encore le bon vieux QX50 qui est sur le marché. Bien qu'il soit déclassé par la concurrence, il s'agit d'un excellent véhicule, jouissant d'une bonne fiabilité. Son V6 de 3,7 litres a du souffle et la boîte automatique qui y est boulonnée s'avère à la hauteur. Sur la route, le comportement dynamique du QX50 demeure l'un de ses principaux attraits. Son rouage intégral priorise les roues arrière, ce qui met l'accent sur son côté sportif. Au besoin, jusqu'à 50 % du couple peut être transmis aux roues avant.

S'il y a un endroit où l'actuel QX50 montre son âge, c'est dans l'habitacle. L'écran central, entre autres, est très petit en comparaison avec les normes de 2018. Cependant, on ne peut prendre la finition ou la qualité des matériaux en défaut. La version allongée apparue il y a deux ans a octroyé un peu plus d'espace pour les occupants, répondant ainsi à l'une des plus sévères critiques adressées au QX50. Le QX50 2018 sera dévoilé bientôt, sans doute au Salon de Francfort 2017, et le modèle de production devrait débarquer chez les concessionnaires peu de temps après.

Données principales (2017)	
Emp. / lon. / lar. / haut.	2 880 / 4 744 / 1 803 / 1 614 mm
Coffre / réservoir	527 à 1 342 litres / 76 litres
Nbre coussins sécurité / ceintures	6 / 5
Suspension av. / arr.	ind., bras inégaux / ind., multibras
Pneus avant / arrière	P225/55R18 / P225/55R18
Poids / Capacité de remorquage	1831 kg / n.d.

Composantes mécaniques (2017)	
Cylindrée, alim.	V6 3,7 litres atmos.
Puissance / Couple	325 ch / 267 lb-pi
Tr. base (opt) / Rouage base (opt)	A7 / Int
0-100 / 80-120 / V. max	5,5 s / 5,0 s (est) / n.d.
100-0 km/h	n.d.
Type / ville / route / CO_2	Sup / 13,7 / 9,8 / 5 474 kg/an

INFINITI QX50

« LE **QX50** SERA LE PREMIER INFINITI À RECEVOIR LE **QUATRE CYLINDRES 2,0 LITRES TURBO** À COMPRESSION VARIABLE (VC-T). CE MOTEUR **DÉVELOPPE 268 CHEVAUX.** »

DU NOUVEAU EN 2018

Nouveau modèle 2018 sera mis en marché cet automne.

Photos : Infiniti

INFINITI **QX60**

75% CÔTE DU GUIDE

Prix: 47 890 $ à 58 390 $ (2017)
Catégorie: VUS
Garanties:
4 ans/100 000 km, 6 ans/110 000 km
Transport et prép.: 2 095 $
Ventes QC 2016: 894 unités
Ventes CAN 2016: 4 238 unités
Assemblage: Smyrna TN US

Fiabilité
■■■■■■■□□□

Appréciation générale
■■■■■■■□□□

Sécurité
■■■■■■■■□□

Agrément de conduite
■■■■■■□□□□

Consommation
■■■■■□□□□□

Système multimédia
■■■■■■■□□□

Cote d'assurance

$ $ $ $

Connectivité multimédia

Aucune

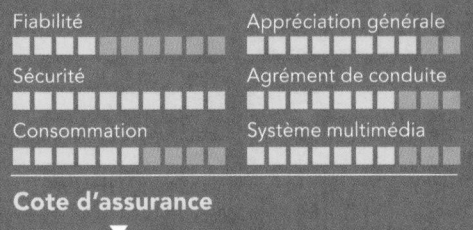 Véhicule raffiné • Habitacle spacieux • Belle qualité d'ensemble • Bon comportement routier

— Groupes d'options dispendieux • Ergonomie de la planche de bord à revoir • Consommation plus élevée qu'indiqué

Concurrents

Acura MDX, Audi Q7, BMW X5, Buick Enclave, Ford Explorer, Jeep Grand Cherokee, Lexus RX, Mercedes-Benz GLE, Toyota Highlander, Volvo XC90

Fourgonnette de luxe

Mathieu St-Pierre

Malgré le fait que la division luxueuse de Nissan ait mis beaucoup d'efforts et ait connu un grand succès avec la création de voitures telles les G35 berline et coupé, et leurs itérations subséquentes, ce sont les véhicules utilitaires qui assurent sa santé financière. Le nouveau QX30 connaît un très bon départ, et les QX50, QX70 et QX80 seront renouvelés dans un proche avenir, même s'ils demeurent populaires auprès des consommateurs recherchant luxe et confort. Par contre, aucun de ces véhicules ne se rapproche du volume de ventes généré par le QX60 de taille intermédiaire.

Se déplacer en «gang» n'est pas une mode, c'est l'essence même de la vie pour des millions de familles en Amérique du Nord. Le QX60 offre l'espace, la polyvalence, le confort et la sécurité que recherchent ardemment les parents mieux nantis et, sur tous ces points, le QX60 satisfait les attentes.

MOINS FOURGON QU'AVANT

Les retouches esthétiques apportées pour le millésime 2016 auront donné plus de gueule, et surtout moins de «minivan» à l'allure d'ensemble du QX60. En redressant certaines lignes de la carrosserie, ce VUS a gagné du muscle visuel, ce qui plaît à un plus grand nombre d'acheteurs.

La grille de calandre et les phares s'alignent avec les autres produits d'Infiniti. D'ailleurs, le prochain QX60 pourrait bien prendre les traits du QX50 qui arrivera sur le marché d'ici quelques mois, ce qui le rendrait plus dynamique encore, mais pour le moment, il fait belle figure.

Une grande partie des acquéreurs du QX60 sont de sexe féminin, d'un âge inférieur à celui de l'acheteur habituel de produits luxueux et, l'aspect le plus important pour les dirigeants, ils sont nouveaux chez Infiniti. C'est donc en tant que véhicule conquête que le QX60 réussit son tour de force. Il représente ce qu'une majorité de personnes recherchent: l'aspect pratique de leurs véhicules familiaux précédents avec, en bonus, un certain panache.

C'est pour les propriétaires et leur famille que l'habitacle a été conçu. Les sièges de la deuxième rangée glissent vers l'avant et se basculent, permettant de se rendre à l'arrière sans se déboîter le dos. Au centre du véhicule, les places sont généreuses, mais les coussins sont fermes. À l'avant, tout y est sauf des vide-poches pour les téléphones et portefeuilles, par exemple.

La qualité des matériaux est excellente et justifie l'appellation « de luxe ». Les cuirs sont souples et les plastiques et garnitures de bois n'ont pas un aspect bon marché. L'équipement de série est plus que complet, aidant à faire passer le prix de base. Ce dernier grimpe rapidement cependant, en particulier avec les ensembles luxe et technologie.

La clé principale du succès du QX60 se situe dans l'abondance d'espace. Le coffre demeure utilisable, même avec la banquette finale en place. Lorsqu'escamotée, on ne peut imaginer remplir tout ce volume à moins de passer une semaine en famille, en camping.

UN PEU PLUS DE SOUFFLE

Lors de la révision de 2016, plusieurs croyaient que le V6 de 3,7 litres se retrouverait sous le capot du QX60. Ce ne fut pas le cas, mais le V6 de 3,5 litres a vu sa puissance grimper à 295 chevaux l'année dernière. Sur papier, cette nouvelle donnée a du bon. Pourtant, en pratique, on ne remarque pas vraiment de différence. La boîte automatique CVT brille par sa douceur et elle est appréciée en ville, lorsque nous ne sommes pas trop pressés. En utilisation normale, le groupe propulseur s'avère efficace, sans plus. La transmission intégrale de série est destinée aux milieux urbains et se débrouille bien. La version hybride est de retour, mais il nous est difficile d'en faire la recommandation. Malgré l'équipement supplémentaire, son prix de base, considérablement plus élevé que celui de la version à moteur V6, n'est pas justifiable vu les performances moyennes et une économie d'essence peu remarquable.

Comme nous l'avons mentionné plus tôt, c'est la douceur, ou le raffinement d'ensemble du QX60 si vous voulez, qui en fait un choix réfléchi. Les suspensions sont ajustées avec soin pour un niveau de confort souhaitable. La direction a été recalibrée en 2016, mais encore une fois, il est difficile de remarquer les améliorations. Infiniti a aussi travaillé l'insonorisation du véhicule, rehaussant une fois de plus la sensation de bien-être à bord. Le moins qu'on puisse dire est qu'on se sent bien au volant du QX60.

Une fois que la fourgonnette familiale a rendu l'âme et que les bambins ont grandi, le QX60 se présente comme étant un excellent véhicule familial à rouage intégral, sans compromis en matière d'espace et de polyvalence.

Données principales

Emp. / lon. / lar. / haut.	2 900 / 4 989 / 1960 / 1742 mm
Coffre / réservoir	447 à 2166 litres / 74 litres
Nbre coussins sécurité / ceintures	6 / 7
Suspension av. / arr.	ind., jambes force / ind., multibras
Pneus avant / arrière	P235/65R18 / P235/65R18
Poids / Capacité de remorquage	2 124 kg / 2 268 kg (5 000 lb)

Composantes mécaniques

HYBRIDE

Cylindrée, alim.	4L 2,5 litres surcomp.
Puissance / Couple	230 ch / 243 lb-pi
Tr. base (opt) / Rouage base (opt)	CVT / Int
0-100 / 80-120 / V. max	n.d. / n.d. / n.d.
100-0 km/h	n.d.
Type / ville / route / CO_2	Sup / 9,5 / 8,6 / 3 991 (est) kg/an
Consommation combinée	n.d.

MOTEUR ÉLECTRIQUE

Puissance / Couple	20 ch (14 kW) / 29 lb-pi
Type de batterie	Lithium-ion (Li-ion)
Énergie	n.d.
Temps de charge (120V / 240V)	n.d. / n.d.
Autonomie	n.d.

3.5 TI

Cylindrée, alim.	V6 3,5 litres atmos.
Puissance / Couple	295 ch / 270 lb-pi
Tr. base (opt) / Rouage base (opt)	CVT / Int
0-100 / 80-120 / V. max	n.d. / n.d. / n.d.
100-0 km/h	n.d.
Type / ville / route / CO_2	Sup / 12,5 / 9,1 / 4 929 kg/an

DU NOUVEAU EN 2018

Aucun changement majeur au moment de mettre sous presse.

Pour voir la liste complète des informations techniques, veuillez vous référer à la section statistiques.

INFINITI | 363

INFINITI QX70

68 % COTE DU GUIDE

Prix : 53 990 $ à 62 950 $ (2017)
Catégorie : VUS
Garanties :
4 ans/100 000 km, 6 ans/110 000 km
Transport et prép. : 2 095 $
Ventes QC 2016 : 113 unités
Ventes CAN 2016 : 481 unités
Assemblage : Tochigi JP

Fiabilité ■■■■■■■□□□
Appréciation générale ■■■■■■■□□□
Sécurité ■■■■■■■□□□
Agrément de conduite ■■■■■■■□□□
Consommation ■■■■■□□□□□
Système multimédia ■■■■■■□□□□

Cote d'assurance
$ $ $ $

Connectivité multimédia

Aucune

➕ Comportement routier très solide • Style encore impressionnant • Fiabilité de bon aloi • Moteur en forme

➖ Dépassé par rapport à la concurrence • Suspension de béton • Visibilité arrière très mauvaise • Consommation assez élevée

Concurrents
BMW X6, Cadillac XT5,
Jeep Grand Cherokee, Lexus RX,
Mercedes-Benz GLE, Porsche Cayenne,
Volvo XC90

Le guépard est vieux

Alain Morin

Lorsqu'il est arrivé sur le marché en 2003, en tant que modèle 2004, l'Infiniti FX avait bouleversé l'ordre qui s'installait dans le monde des VUS de luxe. Il s'inspirait, assez librement d'ailleurs, du concept Infiniti FX45, dévoilé au Salon de Detroit en janvier 2001. À ce moment, Carlos Ghosn, tenant déjà fermement les commandes de Nissan et d'Infiniti, l'avait baptisé le Guépard bionique. L'image était frappante et tout le monde a trouvé que le FX de production ressemblait, effectivement, à un guépard. Le surnom est resté. Mais il ne convient plus.

Le guépard, un félin qu'on imagine toujours prêt à sauter sur sa proie, doté en plus de capacités bioniques, promet des performances absolument fantastiques. Le FX de 2004 en était capable. Sauf que l'espérance de vie d'un guépard est d'environ 20 ans. Et le FX, devenu QX70 en 2014, en est rendu à sa quinzième année... En 2009, alors qu'il commençait à tirer de la patte, Infiniti lui a fait subir une cure de rajeunissement qui lui avait fait le plus grand bien.

Toujours est-il que le QX70 n'a plus rien du bel et noble animal qu'il était. Oublié par Infiniti, il ne s'en est vendu que 113 au Québec l'an dernier. Cela ne veut pas dire qu'il s'agit d'un mauvais véhicule, que non ! Sauf que quand la concurrence s'appelle BMW X6, Mercedes-Benz Coupé GLE, Porsche Cayenne ou Volvo XC90, il ne faut pas baisser la garde longtemps. Dans la jungle, c'est la mort assurée. Dans la jungle automobile aussi.

DE PLUS EN PLUS DE RIDES...

Le passage du temps se fait durement sentir dans l'habitacle. Certes, les matériaux sont de belle qualité, mais leur assemblage, du moins dans le QX70 récemment essayé, n'était pas parfait. On est tout de même encore loin de la finition sommaire d'un Jeep Compass... Le design, quant à lui, en a pris un coup. Remarquez que ça demeure une question de goût, mais quand on constate qu'il est le dernier véhicule Infiniti à avoir ses commandes du système multimédia presque à l'horizontale, juste devant l'écran, on se dit qu'il commence à être fatigué. L'année dernière, Infiniti a eu la bonne idée de concocter l'ensemble Limited. Ce dernier ajoute une foule d'accessoires, de moulures, de fioritures et de bébelles qui attirent toujours le consommateur prêt à dépenser.

La vie à bord d'un QX70 n'est pas désagréable du tout… Les sièges sont confortables, tant à l'avant qu'à l'arrière, sauf pour la place centrale. La visibilité vers l'arrière, on s'en doute, est particulièrement mauvaise. Heureusement, l'écran central nous renvoie une belle image claire lors des manœuvres de recul. Cet écran est aussi au cœur du système multimédia du véhicule. Sauf qu'il n'y a pas d'Android Auto, pas d'Apple CarPlay et trop peu de ports USB. Oui, bien sûr, il y a la navigation, mais elle est optionnelle sur la livrée de base.

ATTENTION, IL PEUT ENCORE ATTAQUER!

Si, du temps où il s'appelait FX, le QX70 pouvait courir très vite grâce à un V8 de 4,5, puis de 5,0 litres, aujourd'hui, il s'est calmé et n'utilise qu'un V6 de 3,7 litres, le même qui se retrouve dans la sportive 370Z et dans la très intéressante G37. Dans le cas présent, il déballe 325 chevaux à 7 000 tr/min et un couple de 267 livres-pied à 5 200 tr/min. Une boîte automatique à sept rapports fait le relais entre le moteur et les quatre roues motrices. D'ailleurs, les Américains peuvent obtenir un QX70 à roues arrière motrices, une configuration qui ne serait pas très populaire ici.

Quoiqu'il soit devenu vieux et qu'il doive se reposer beaucoup plus souvent qu'avant, il arrive au guépard de retrouver les jambes de sa jeunesse et de se taper un bon sprint, question de prouver aux autres mâles qu'il n'est pas encore mort. La sonorité du V6 est réjouissante et dès les premiers coins de rue, on sait qu'on a affaire à un véhicule taillé sur mesure pour procurer du plaisir. Le pied droit en redemande et le plaisir augmente. La direction est juste assez légère et d'une belle précision. C'est à se demander pourquoi Infiniti n'accorde pas plus d'importance à une telle machine!

Cette sportivité a toutefois un prix, celui du confort. Lorsque chaussé de roues de 21 pouces, surtout, le QX70 ne fait pas dans la ouate. Heureusement que, comme mentionné plus haut, les sièges sont confortables. Notez toutefois que des pneus de remplacement de 21 pouces, ça peut vous démolir un compte bancaire assez rapidement…

La décision d'Infiniti de ne pas prêter plus d'attention à son QX70 est difficile à comprendre. Le marché des VUS intermédiaires sport connaît pourtant une croissance exponentielle. Il faut croire qu'Infiniti préfère investir dans l'énorme QX80, qui se démène dans un marché moins important…

Données principales

Emp. / lon. / lar. / haut.	2 885 / 4 859 / 1 928 / 1 680 mm
Coffre / réservoir	702 à 1 756 litres / 90 litres
Nbre coussins sécurité / ceintures	6 / 5
Suspension av. / arr.	ind., double triangulation / ind., multibras
Pneus avant / arrière	P265/60R18 / P265/60R18
Poids / Capacité de remorquage	2 087 kg / 1 588 kg (3 500 lb)

Composantes mécaniques

Cylindrée, alim.	V6 3,7 litres atmos.
Puissance / Couple	325 ch / 267 lb-pi
Tr. base (opt) / Rouage base (opt)	A7 / Int
0-100 / 80-120 / V. max	6,5 s / 5,5 s / n.d.
100-0 km/h	n.d.
Type / ville / route / CO₂	Sup / 14,5 / 10,8 / 5 883 kg/an

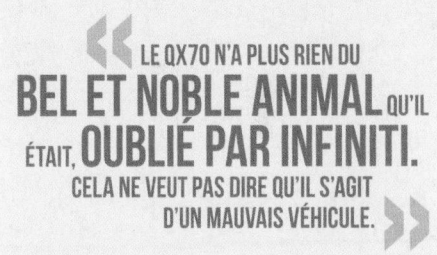

« LE QX70 N'A PLUS RIEN DU **BEL ET NOBLE ANIMAL** QU'IL ÉTAIT, **OUBLIÉ PAR INFINITI.** CELA NE VEUT PAS DIRE QU'IL S'AGIT D'UN MAUVAIS VÉHICULE. »

DU NOUVEAU EN 2018

Aucun changement majeur connu au moment de mettre sous presse. Un nouveau modèle pourrait bientôt être dévoilé.

Pour voir la liste complète des informations techniques, veuillez vous référer à la section statistiques.

INFINITI QX80

INFINITI **QX80** / NISSAN **ARMADA**

64% COTE DU GUIDE

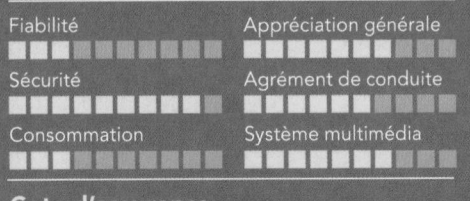

Prix: 64 748 $ à 93 800 $ (2017)
Catégorie: VUS
Garanties:
4 ans/100 000 km, 6 ans/110 000 km
Transport et prép.: 2 095 $
Ventes QC 2016: 237 unités*
Ventes CAN 2016: 1 779 unités**
Assemblage: Kyūshū JP

Fiabilité	Appréciation générale
■■■■□□□□□□	■■■■■■■□□□
Sécurité	Agrément de conduite
■■■■■■■□□□	■■■■■■□□□□
Consommation	Système multimédia
■■■□□□□□□□	■■■■■■□□□□

Cote d'assurance

$ $ $ $

Connectivité multimédia

Aucune

➕ Habitacle confortable et silencieux •
Rouage 4x4 compétent • Très bonne capacité
de remorquage • Coffre très logeable

➖ Conduite urbaine hasardeuse •
Consommation démesurée •
Coûts d'entretien assez élevés •
Comporte-ment routier sans âme

Concurrents

Infiniti QX80: Cadillac Escalade, Lexus LX,
Lincoln Navigator, Mercedes-Benz GLS

Nissan Armada: Chevrolet Suburban /
Tahoe, Ford Expedition, Toyota Sequoia

« En as-tu vraiment besoin ? »

Alain Morin

Le chroniqueur économique Pierre-Yves McSween me pardonnera sûrement d'avoir emprunté le titre de son livre pour coiffer mon article. C'est vraiment le seul qui me venait en tête lorsque j'essayais d'en trouver un qui résumait bien ces deux véhicules, immenses, luxueux, compétents... et chers. L'Infiniti QX80 et le Nissan Armada font partie d'une catégorie soi-disant en voie de disparition, depuis quinze ans, celle des grands VUS. Croyez-le ou non, toutes marques confondues, il s'est écoulé plus de 2 700 de ces stades olympiques mobiles au Québec, seulement l'an dernier. Le QX80 et l'Armada, eux, ont trouvé refuge dans 237 entrées de cour (173 pour le QX80 et 64 pour l'Armada).

Ce qui nous amène à nous demander pourquoi les gens ont-ils majoritairement préféré l'Infiniti, essentiellement le même véhicule que le Nissan, mais vendu au moins 10 000 $ de plus ? Il ne nous appartient pas de découvrir la réponse à cette épineuse question. Nous pouvons toutefois vous entretenir sur chacun de ces parangons d'immensité.

Le Nissan Armada a été entièrement renouvelé en 2017. Fiez-vous sur nous, il n'a pas juste l'air gros. Il l'est. Ayant eu la « chance » de le déneiger l'hiver dernier, on vous recommande, avec insistance, de lui faire passer les nuits d'hiver dans un garage. Si ça rentre. Avec de telles dimensions, il aurait été surprenant que l'habitacle soit restreint. Il y a tellement d'espace que les gens prenant place dans la troisième rangée doivent monter le ton pour pouvoir être compris des bienheureux à l'avant. Et ce n'est pas parce que l'Armada est bruyant. Que non ! Les sièges des deux premières rangées sont d'un grand confort, ce qui n'a rien d'étonnant. Ceux de la troisième, par contre, ne sont pas très accueillants et, à moins d'aimer voyager les genoux dans le front, on ne leur trouve aucun intérêt.

MAUDIT HIVER !

Bien que l'Armada soit tout nouveau, son tableau de bord montre déjà des signes de vieillesse. Les boutons de la radio sont trop petits pour être

*Québec   Infiniti QX80: 173 unités / Nissan Armada : 64 unités
**Canada   Infiniti QX80: 1 063 unités / Nissan Armada : 716 unités

manipulés avec des gants, la commande pour les sièges chauffants a sans doute été dessinée l'année où le mur de Berlin est tombé et il faut faire dérouler les menus pour obtenir la température extérieure. Soulignons en outre que la caméra de recul, pourtant si utile avec un tel édifice, se salit très rapidement et que les innombrables capteurs de proximité, qui parsèment désormais tout véhicule le moindrement luxueux, sonnent à rendre fou dès que de la neige y est collée.

Sous le capot se trouve un moteur seyant pour un véhicule aussi imposant. Il s'agit d'un V8 de 5,6 litres qui assure des accélérations et des reprises ma foi fort véloces, et accompagnées d'une belle sonorité en plus. Lors d'accélérations lentes, la boîte automatique, du moins sur l'exemplaire essayé, semblait se déconnecter du moteur un moment avant de se rengager. Bizarre comme sensation, mais pas dangereux. Combinée au moteur, elle autorise une consommation d'essence d'environ 15,5 l/100 km. Et ça, c'est si vous avez le pied droit bien dompté. Amusez-vous un peu et vous serez bon pour du 17, voire du 18 l/100 km. N'oublions pas que le groupe motopropulseur doit trimballer près de 2 700 kilos ! Un véhicule de ce gabarit se doit d'être compétent hors route et l'Armada l'est. Oh, pas autant qu'un Jeep Wrangler, certes, mais si vous l'enlisez, vous l'aurez cherché !

L'AVENIR DE L'INFINITI QX80

Depuis quelques paragraphes, nous n'avons parlé que de l'Armada. Lorsque ce dernier a été entièrement revu, nous croyions que le QX80, qui n'était qu'un Armada plus cher, allait lui aussi être modifié. Au moment d'écrire ces lignes, ce véhicule, à la face de béluga triste, poursuit son gros bonhomme de chemin. Son moteur est le même que celui du Nissan, mais il fait dix chevaux et 12 livres-pied de plus. Ça justifie amplement les 10 000 $ demandés...

Au Salon de New York 2017, Infiniti a dévoilé le QX80 Monograph Concept qui donne une idée du style que présentera la prochaine génération. La beauté étant relative, on s'abstiendra de passer des commentaires désobligeants. Infiniti n'a fourni aucune donnée technique précise, mais nous pouvons présumer qu'il sera de dimensions similaires à celles de l'Armada et qu'il recevra la même mécanique que maintenant, sans doute agrémentée de quelques chevaux supplémentaires. Ce qui permettrait à Infiniti de demander un prix légèrement majoré...

Avant d'acquérir un tel véhicule, il convient de se poser plusieurs questions : ai-je un garage (ou suis-je suffisamment grand pour le déneiger, c'est-à-dire au moins sept pieds) ? Ai-je besoin de remorquer jusqu'à 8 500 livres environ (3 864 kilos) ? Ai-je envie de dépenser une fortune en essence et en entretien ? Et, surtout, en ai-je vraiment besoin ?

Données principales		
Emp. / lon. / lar. / haut.	**QX80** 3 075 / 5 305 / 2 030 / 1 925 mm	
	Armada 3 075 / 5 305 / 2 030 / 1 925 mm	
Coffre / réservoir	**QX80** 470 à 2 694 litres / 98 litres	
	Armada 470 à 2 692 litres / 98 litres	
Nbre coussins sécurité / ceintures	6 / 7	
Suspension av. / arr.	ind., double triangulation / ind., double triangulation	
Pneus avant / arrière	P275/60R20 / P275/60R20	
Poids / Capacité de remorquage	**QX80** 2 672 kg / 3 864 kg (8 510 lb)	
	Armada 2 705 kg / 3 856 (8 500 lb)	

Composantes mécaniques	
QX80	
Cylindrée, alim.	V8 5,6 litres atmos.
Puissance / Couple	400 ch / 413 lb-pi
Tr. base (opt) / Rouage base (opt)	A7 / Int
0-100 / 80-120 / V. max	7,5 s / 6,0 s / n.d.
100-0 km/h	44,0 m
Type / ville / route / CO$_2$	Sup / 17,4 / 12,2 / 7 040 kg/an
ARMADA	
Cylindrée, alim.	V8 5,6 litres atmos.
Puissance / Couple	390 ch / 401 lb-pi
Tr. base (opt) / Rouage base (opt)	A7 / Int
0-100 / 80-120 / V. max	n.d. / n.d. / n.d.
100-0 km/h	n.d.
Type / ville / route / CO$_2$	Sup / 17,5 / 12,9 / 7 040 kg/an

« AU SALON DE NEW YORK 2017, INFINITI A DÉVOILÉ LE QX80 MONOGRAPH CONCEPT QUI DONNE UNE IDÉE DU STYLE QUE PRÉSENTERA LE PROCHAIN MODÈLE. »

DU NOUVEAU EN 2018

Aucun changement majeur pour l'Armada au moment de mettre sous presse. Nouvelle génération de l'Infiniti QX80 attendue en cours d'année, sans doute en tant que modèle 2019.

NISSAN ARMADA

INFINITI QX80

INFINITI QX80/NISSAN ARMADA

Photos : Infiniti, Nissan

Pour voir la liste complète des informations techniques, veuillez vous référer à la section statistiques.

INFINITI | 367

JAGUAR **F-PACE**

| **79**% | COTE DU GUIDE |

(((**SiriusXM**)))

Prix: 50 750 $ à 68 500 $
Catégorie: VUS
Garanties:
4 ans/80 000 km, 5 ans/80 000 km
Transport et prép.: 2 722 $
Ventes QC 2016: 229 unités
Ventes CAN 2016: 1 289 unités
Assemblage: Solihull GB

Fiabilité
Nouveau modèle

Sécurité
Nouveau modèle

Consommation
■■■■■■■■■□

Appréciation générale
■■■■■■■□□□

Agrément de conduite
■■■■■■■□□□

Système multimédia
■■■■■■■□□□

Cote d'assurance

n.d.

Connectivité multimédia

Aucune

➕ Comportement dynamique •
Bonne habitabilité • Style réussi •
Moteur V6 suralimenté performant

➖ Poids élevé • Suspensions parfois
fermes • Design de l'habitacle •
Fiabilité à démontrer

Concurrents

Acura RDX, Audi Q3, BMW X3,
Buick Envision, Cadillac XT5,
Infiniti QX60, Land Rover Range Rover
Evoque, Lexus NX, Lincoln MKX,
Mercedes-Benz GLC, Porsche Macan

Le conquérant

Gabriel Gélinas

L ancé au Salon de l'auto de Francfort en 2015, le F-PACE a
connu un grand succès dès sa commercialisation au point
de devenir le modèle le plus vendu de la marque au pays.
Chez Jaguar, le F-PACE fait un peu figure de conquérant dans la
mesure où il a été conçu pour affronter directement les Audi Q5,
BMW X3, Mercedes-Benz GLC, Porsche Macan et les autres rivaux
de la catégorie.

À ses débuts, le F-PACE ne proposait que deux moteurs, soit un quatre cylindres
turbodiesel et un V6 à essence suralimenté par compresseur. Pour 2018,
Jaguar ajoute à son offre avec quatre motorisations au programme,
c'est-à-dire des moteurs quatre cylindres turbocompressés carburant à
l'essence ou au diesel et une version du V6 suralimenté.

Le moteur turbodiesel de 2,0 litres développe 180 chevaux, mais surtout
un couple de 317 livres-pied, disponible dès la barre de 1 750 tours/minute. Ce
moteur offre des performances tout à fait honnêtes, sauf en conduite sportive,
où ses lacunes relatives en tonus conjuguées au poids élevé du F-PACE ont
raison de ses ambitions. Si les performances et l'agrément de conduite se
trouvent en tête de vos priorités, mieux vaut choisir le V6 de 380 chevaux et
332 livres-pied de la version S, qui trône au sommet de la gamme.

PAS AUSSI DYNAMIQUE QU'UN MACAN

Le F-PACE S se présente comme étant la version la plus débridée de la gamme,
son comportement est dynamique, mais un peu en retrait comparativement
au Porsche Macan, qui est la référence de la catégorie. La direction manque
un peu de précision et de *feedback*, et le châssis ne maîtrise pas parfaitement
le roulis, surtout dans un enchaînement de virages. Le F-PACE fait preuve
d'une belle progressivité en entrées de courbes mais, même en mode
Dynamique, il nous laisse sur notre appétit, en conduite sportive, tout en
nous faisant payer le prix côté confort sur des routes dégradées. Même la
sonorité du moteur, partagé avec la F-TYPE, n'est pas aussi expressive dans

le F-PACE. Au sujet de la consommation, ce n'est pas la joie non plus avec une moyenne qui dépasse allègrement les 12 litres aux 100 kilomètres.

On s'attendait à mieux, surtout en raison du look très affirmé du F-PACE, qui affiche de belles proportions et une silhouette réussie, indiquant clairement sa vocation sportive. Même constat pour ce qui est de l'habitacle, dont la présentation intérieure n'éblouit pas vraiment en raison du choix des matériaux et d'un design qui ne fait pas très haut de gamme. Bien sûr, le F-PACE reçoit plusieurs équipements essentiels pour cette catégorie, dont un grand écran tactile en couleurs, mais le système multimédia n'est pas très intuitif et l'ergonomie laisse à désirer si on la compare à la concurrence. On accorde tout de même une bonne note pour l'espace accordé aux passagers prenant place à l'arrière ainsi que pour le volume du coffre.

UN MODÈLE SVR ET UN HYBRIDE RECHARGEABLE EN VUE

Il est d'ores et déjà acquis que Jaguar suivra la voie tracée par les autres modèles de la marque en produisant une version SVR du F-PACE, histoire d'aller jouer sur les terres de BMW, Mercedes-Benz et Porsche, qui proposent déjà des VUS dont les performances émulent celles de voitures sport. Animé par le V8 de 5,0 litres suralimenté par compresseur, développant 575 chevaux et un couple de 516 livres-pied, le F-PACE SVR sera certainement doté d'une sonorité aussi évocatrice que celle de la F-TYPE SVR, la voiture idéale pour réveiller tout le voisinage dès la toute première lueur du jour. Le F-PACE est rapidement devenu l'un des meilleurs vendeurs chez Jaguar et l'arrivée d'une déclinaison SVR permettrait à la marque britannique de gonfler d'autant plus ses profits.

On s'attend également à ce que Jaguar produise une version hybride rechargeable du F-PACE, qui sera essentielle pour le développement des ventes en Chine. On prévoit que le bloc de 2,0 litres turbocompressé, que l'on retrouve déjà sous le capot de plusieurs modèles Jaguar et Land Rover, soit mis à contribution pour animer cette variante. Le F-PACE hybride rechargeable sera-t-il éventuellement commercialisé en Europe et en Amérique du Nord? Aucune information n'a filtré à ce sujet jusqu'à maintenant, mais comme la concurrence commercialise déjà des VUS à motorisation hybride rechargeable chez nous, tout porte à croire que Jaguar en fera de même.

Le succès commercial du F-PACE signifie aussi que la marque planche actuellement sur le développement d'un nouveau VUS de taille compacte qui portera le nom E-PACE. Ce véhicule reprendra plusieurs éléments de l'actuel Range Rover Evoque afin de rivaliser directement avec les Audi Q3, BMW X1 et autres VUS de luxe de taille compacte. Son arrivée devrait devancer celle du VUS tout électrique de la marque, le I-PACE, soit au début de 2018. Bref, on ne chôme pas chez Jaguar par les temps qui courent...

Données principales

Emp. / lon. / lar. / haut.	2 874 / 4 731 / 2 070 / 1 667 mm
Coffre / réservoir	508 à 1 600 litres / 63 litres
Nbre coussins sécurité / ceintures	6 / 5
Suspension av. / arr.	ind., double triangulation / ind., multibras
Pneus avant / arrière	P225/55R19 / P225/55R19
Poids / Capacité de remorquage	1 861 kg / 2 400 kg (5 290 lb)

Composantes mécaniques

PREMIUM 20d

Cylindrée, alim.	4L 2,0 litres turbo
Puissance / Couple	180 ch / 317 lb-pi
Tr. base (opt) / Rouage base (opt)	A8 / Int
0-100 / 80-120 / V. max	8,7 s (const) / n.d. / 208 km/h (const)
100-0 km/h	n.d.
Type / ville / route / CO_2	Dié / 10,3 / 8,2 / 5 140 (est) kg/an

PREMIUM 25t

Cylindrée, alim.	4L 2,0 litres turbo
Puissance / Couple	247 ch / 269 lb-pi
Tr. base (opt) / Rouage base (opt)	A8 / Int
0-100 / 80-120 / V. max	6,8 s (const) / n.d. / 217 km/h (const)
100-0 km/h	n.d.
Type / ville / route / CO_2	Sup / 10,9 / 8,9 / 4 680 (est) kg/an

PREMIUM 30t

Cylindrée, alim.	4L 2,0 litres turbo
Puissance / Couple	296 ch / 295 lb-pi
Tr. base (opt) / Rouage base (opt)	A8 / Int
0-100 / 80-120 / V. max	6,0 s (const) / n.d. / 233 km/h (const)
100-0 km/h	n.d.
Type / ville / route / CO_2	Sup / 11,6 / 9,2 / 4 920 (est) kg/an

S

Cylindrée, alim.	V6 3,0 litres surcomp.
Puissance / Couple	380 ch / 332 lb-pi
Tr. base (opt) / Rouage base (opt)	A8 / Int
0-100 / 80-120 / V. max	5,5 s (const) / n.d. / 250 km/h (const)
100-0 km/h	n.d.
Type / ville / route / CO_2	Sup / 15,0 / 11,7 / 6 320 (est) kg/an

DU NOUVEAU EN 2018

Ajout de la version Portfolio, ajout des moteurs quatre cylindres 2,0 litres turbo de 247 et de 296 chevaux, retrait du V6 suralimenté de 340 chevaux, arrivée programmée de la version SVR.

Photos: Jaguar

Pour voir la liste complète des informations techniques, veuillez vous référer à la section statistique.

JAGUAR | 369

JAGUAR **F-TYPE**

76% COTE DU GUIDE

(((SiriusXM)))

Prix : 68 500 $ à 142 500 $ (2017)
Catégorie : Coupé, Roadster
Garanties :
4 ans/80 000 km, 5 ans/80 000 km
Transport et prép. : 2 490 $
Ventes QC 2016 : 95 unités
Ventes CAN 2016 : 522 unités
Assemblage : Birmingham GB

Fiabilité	Appréciation générale
■■■■■□□□□□	■■■■■■■□□□
Sécurité	Agrément de conduite
■■■■■■■□□□	■■■■■■■■□□
Consommation	Système multimédia
■■■■■■□□□□	■■■■■■□□□□

Cote d'assurance

$ ▽ $ $ $

Connectivité multimédia

Aucune

 Silhouette aguichante • Bon choix
de versions • Rouage intégral
performant • Conduite dynamique

— Fiabilité inconnue • Visibilité réduite •
Coffre petit • Peu de rangements

Concurrents
Alfa Romeo 4C, Audi TT,
Chevrolet Corvette, Lotus Evora 400,
Mercedes-AMG GT,
Mercedes-Benz SLK, Porsche 718

Succomber au charme

Jacques Deshaies

Même après trois ans, il est encore difficile de ne pas se retourner sur le passage de la séduisante et indémodable F-TYPE. Elle a fait sa première apparition publique au salon de Paris en 2012. C'est dire à quel point certains styles peuvent demeurer intemporels. L'histoire a débuté avec la charmante et aguichante Type E 1961, mieux connue en Amérique sous le nom XKE. Ce magnifique coupé au museau interminable est devenu, au fil des décennies, une véritable icône de l'industrie. Elle est d'ailleurs toujours classée comme étant l'une des plus belles voitures de tous les temps.

Les stylistes se sont d'ailleurs inspirés de cette légende dans le dessin de la F-TYPE dont les proportions sont presque parfaites. Son nez enveloppant s'allonge vers une grille agressive, bien entourée de grandes entrées d'air, alors que la partie arrière s'arrondit suffisamment pour laisser admirer ses passages de roues. Le tout est superbement ramassé.

Lors de son lancement, la direction de Jaguar annonçait clairement ses intentions. La F-TYPE devait rivaliser les Porsche 911 et Mercedes-AMG GT de ce monde. D'ailleurs, le galbe de leurs ailes arrière affiche une certaine similitude. À ce moment, la F-TYPE se déclinait sous la forme d'un magnifique cabriolet. Ensuite est arrivée la version coupé. La suite est des plus intéressantes avec ses nombreuses versions, toutes plus performantes les unes les autres.

HÉRITAGE

Si le cabriolet est réussi, personnellement, je préfère, de loin, l'allure générale du coupé avec sa lunette arrière, qui nous rappelle justement la magnifique Type E. À l'intérieur, la présentation nous fait étrangement penser à certains éléments d'une célèbre concurrente, l'Audi R8. Suffit de regarder cet arceau, qui sépare le passager du conducteur au centre de la console. La ligne du centre du tableau de bord se fond dans les portières tandis que la nacelle des principaux instruments s'éclate sous nos yeux.

Les sièges sont confortables et offrent un excellent soutien. Par contre, on retrouve très peu d'espaces de rangement. Il faut également noter que la visibilité ¾ arrière est assez limitée.

CHOIX DE MOTEURS

Le millésime 2018 annonce l'arrivée d'un tout premier moteur quatre cylindres turbocompressé dans la F-TYPE. D'entrée de jeu, ce groupe motopropulseur fournit 296 chevaux pour une cylindrée de 2,0 litres. Doté entre autres du contrôle variable des soupapes et d'une soupape de décharge électronique, ce nouveau moteur promet une performance relevée, tout en maintenant une consommation d'essence plus que raisonnable.

On passe ensuite au V6 suralimenté, qui distribue soit 340 ou 380 chevaux selon la version. Il est plus doux, mais également plus gourmand. Qu'à cela ne tienne, c'est une vraie sportive après tout! Toutefois, vous pouvez pousser son potentiel beaucoup plus loin avec la version 400 Sport, qui pousse le même V6 de 3,0 litres à 400 chevaux au final.

Et là, vous pensez que c'est suffisant? Eh bien, détrompez-vous! Un moteur V8 de 5,0 litres de 550 chevaux s'installe dans la F-TYPE R. S'ajoute le rouage intégral par surcroît. Et s'il vous en manque encore un peu, la SVR, avec ses 575 chevaux, devrait vous rassasier. Enfin, j'espère! De plus, le cabriolet reçoit exactement les mêmes dénominations et les mêmes groupes motopropulseurs. Une boîte manuelle à six rapports est offerte sur certaines déclinaisons, alors qu'une boîte automatique à huit rapports complète le tableau.

Pour avoir essayé le V6 et le V8, disons que mon cœur balance entre mon côté rationnel, qui m'indique que le V6 est suffisamment puissant pour une utilisation quotidienne, et le V8, qui sonne à mes oreilles comme la mélodie du bonheur. Néanmoins, peu importe le moteur choisi, la tenue de route de la F-TYPE est exemplaire. Je vous dirais que le rouage intégral est essentiel avec le V8. En mode Sport, il favorise les roues arrière, ce qui autorise des sorties de virage plus rapides et stables.

La F-TYPE est la plus grande réussite de Jaguar depuis des décennies; la XK était certes spectaculaire, mais trop lourde. La F-TYPE est maniable, jolie comme pas une et se décline sous cinq versions du coupé et autant pour le cabriolet. Il nous faudra maintenant voir si la fiabilité est en hausse, une caractéristique qui a nui passablement au constructeur depuis des lunes. Si c'est le cas, la F-TYPE deviendra rapidement une concurrente de choix pour les biens nantis de ce monde.

Données principales

Emp. / lon. / lar. / haut.	**Coupé** - 2 622 / 4 482 / 1 923 / 1 311 mm
	Roadster - 2 622 / 4 482 / 1 923 / 1 308 mm
Coffre / réservoir	**Coupé** - 408 litres / 70 litres
	Roadster - 207 litres / 70 litres
Nbre coussins sécurité / ceintures	6 / 2
Suspension av. / arr.	ind., double triangulation / ind., double triangulation
Pneus avant / arrière	P255/35R20 / P295/30R20
Poids / Capacité de remorquage	**Coupé** - 1 734 kg / n.d.
	Roadster - 1 749 kg / n.d.

Composantes mécaniques

COUPÉ, DÉCAPOTABLE

Cylindrée, alim.	V6 3,0 litres surcomp.
Puissance / Couple	340 ch / 332 lb-pi
Tr. base (opt) / Rouage base (opt)	M6 (A8) / Prop
0-100 / 80-120 / V. max	5,7 s (const) / 7,2 s (const) / 260 km/h (const)
100-0 km/h	36,9 m (est)
Type / ville / route / CO₂	Sup / 14,9 / 9,8 / 5 920 kg/an

400 SPORT

Cylindrée, alim.	V6 3,0 litres surcomp.
Puissance / Couple	400 ch / 339 lb-pi
Tr. base (opt) / Rouage base (opt)	A8 / Int
0-100 / 80-120 / V. max	4,9 s (const) / n.d. / 275 km/h (const)
100-0 km/h	n.d.
Type / ville / route / CO₂	Sup / n.d./ n.d. / n.d.

SVR

Cylindrée, alim.	V8 5,0 litres surcomp.
Puissance / Couple	575 ch / 516 lb-pi
Tr. base (opt) / Rouage base (opt)	A8 / Int
0-100 / 80-120 / V. max	4,0 s / 3,5 s / 314 km/h (const)
100-0 km/h	35,5 m
Type / ville / route / CO₂	Sup / 16,2 / 8,5 / 5 960 (est) kg/an

COUPÉ 2.0, DÉCAPOTABLE 2.0

4L 2,0 l - 296 ch/295 lb-pi - A8 - 0-100: 5,7 s (const) - n.d./n.d. l/100 km

R-DYNAMIC TI

V6 3,0 L - 380 ch/339 lb-pi - A8 - 0-100: 5,1 s (const) - 15,3/10,0 L/100 km

R

V8 5,0 L - 550 ch/502 lb-pi - A8 - 0-100: 4,1 s (const) - 15,7/10,4 L/100 km

DU NOUVEAU EN 2018

Nouveau moteur quatre cylindres 2,0 litres turbo.

Photos : Jaguar

Pour voir la liste complète des informations techniques, veuillez vous référer à la section statistiques.

JAGUAR | 371

JAGUAR **I-PACE**

((SiriusXM))

n.d. COTE DU GUIDE

Prix: 95 000$ (estimé)
Catégorie: VUS
Garanties:
4 ans/80 000 km, 5 ans/80 000 km
Transport et prép.: 1 350$
Ventes QC 2016: 0
Ventes CAN 2016: 0
Assemblage: Solihull GB

Fiabilité	Appréciation générale
Nouveau modèle	Nouveau modèle
Sécurité	Agrément de conduite
Nouveau modèle	Nouveau modèle
Consommation	Système multimédia
Nouveau modèle	Nouveau modèle

Cote d'assurance

n.d.

Connectivité multimédia

Aucune

+ Nouveau modèle

− Nouveau modèle

Concurrents
Tesla Model X

Un nouveau félin électrique

Sylvain Raymond

Jaguar en a fait du chemin ces dernières années en rajeunissant son image par le biais d'une gamme de véhicules beaucoup plus concurrentiels. Toutefois, son plus grand succès est le F-PACE, son premier VUS. Ce dernier lui a même permis de retrouver la santé financière. Cette année, le I-PACE constitue la grande nouveauté. Ce second VUS est plus compact que le F-PACE et il se distingue par une motorisation 100% électrique.

Il faut avouer que Jaguar ne manque pas d'audace en choisissant d'y aller avec une telle motorisation, plutôt que d'opter pour des valeurs sûres que sont les moteurs à essence ou diesel. La marque anglaise prend un pari intéressant en se dirigeant vers un terrain pratiquement vierge, celui des VUS électriques. Cette décision pourrait bien lui permettre de se positionner avantageusement face aux autres constructeurs de prestige, notamment les trois Allemands que sont Mercedes-Benz, Audi et BMW.

D'ailleurs, dès sa présentation dans les Salons de Francfort et Los Angeles, le I-PACE a obtenu beaucoup d'attention de la part des amateurs, surtout en raison de ses lignes exquises. La réputation de luxe et de prestige de la marque lui sera aussi bénéfique... en espérant que la fiabilité sera au rendez-vous.

SON STYLE TOUT AUSSI INTÉRESSANT QUE SON TYPE DE MOTORISATION

Le I-PACE devient donc l'un des principaux concurrents au Tesla Model X et le constructeur anglais compte miser sur son prestige, son réseau bien établi et surtout, sur un prix plus abordable. Depuis quelques années, Jaguar utilise massivement l'aluminium dans la conception de ses carrosseries et le I-PACE ne fait pas exception. Cette fois, l'avantage est encore plus marqué puisque le poids est l'un des principaux ennemis de l'autonomie électrique.

Côté style, le nouveau venu est tout simplement magnifique. C'est une question de goût, évidemment! Toutefois, les designers ont réussi à doter le I-PACE d'un design ultramoderne sans tomber dans l'excès ou l'excentricité.

Ses roues surdimensionnées ajoutent à son dynamisme, tout comme son toit à profil bas qui se marie au hayon arrière. On dirait que l'on a fusionné un VUS et un bolide sport. Pas de doute, non seulement sa motorisation plaira aux amateurs du genre, mais son style représentera aussi un argument de vente intéressant.

À l'intérieur, les designers ont profité de l'absence d'un moteur thermique pour optimiser l'espace. Malgré un toit plus bas et un format compact, on a l'impression d'être assis dans un modèle beaucoup plus imposant. La planche de bord est bien présentée et elle n'est pas sans rappeler celle des derniers produits de la marque avec ses écrans tactiles de bonne taille, entièrement encastrés. L'aménagement est incontestablement chic et les matériaux de qualité, ce qui répond à un reproche souvent adressé aux véhicules électriques, alors que toute l'attention semble avoir été portée sur la motorisation, au détriment de la finition. À ce chapitre, le I-PACE est gagnant !

UN COMPROMIS ENTRE LE PRIX ET L'AUTONOMIE

Entièrement conçu en fonction de sa motorisation électrique, le I-PACE dispose d'un ensemble de batteries de 90 kWh refroidies au liquide et logées dans le plancher, amenant ainsi le poids au centre du véhicule et abaissant son centre de gravité pour une meilleure dynamique de conduite.

En condition idéale, et selon les données préliminaires calculées d'après le cycle EPA, son autonomie se situe à 386 km. Jaguar pourrait rehausser la capacité de la batterie, mais elle préfère conserver un prix plus attrayant afin de mieux percer le marché. Pour réduire l'impact négatif du chauffage, Jaguar a développé une pompe à chaleur qui climatise et réchauffe l'habitacle d'une manière optimale sans surtaxer l'ensemble de batteries.

L'avantage des motorisations électriques, c'est qu'il est facile d'obtenir des performances plus qu'intéressantes. Les deux moteurs électriques du I-PACE, un à l'avant et l'autre à l'arrière, totalisent 400 chevaux pour un couple de 516 livres-pied, rien de moins. Voilà une manière simple et efficace d'être au volant d'un véhicule capable de franchir le 0-100 km/h sous les 4,0 secondes tout en profitant d'un bel aplomb en toute condition grâce à un rouage intégral. Différents modes de régénération sont offerts selon vos goûts, rajoutant à l'autonomie totale du véhicule.

Bref, Jaguar frappe un grand coup avec le I-PACE et ce dernier pourrait bien lui attirer une toute nouvelle clientèle. Le pari est audacieux, mais l'audace a souvent été rentable dans le passé. Il y a fort à parier que Jaguar ne sera pas seul longtemps à rivaliser avec Tesla dans le marché des VUS électriques, Audi et Mercedes-Benz ayant déjà annoncé leur réplique. Le I-PACE aura tout de même un peu d'avance sur ses rivaux.

Données principales	
Emp. / lon. / lar. / haut.	2 990 / 4 680 / 1 890 / 1 560 mm
Coffre / réservoir	530 à 558 litres / n.d. litres
Nbre coussins sécurité / ceintures	/ 5
Suspension av. / arr.	ind., double triangulation / ind., multibras
Pneus avant / arrière	P265/35R23 / P265/35R23
Poids / Capacité de remorquage	n.d. / n.d.

Composantes mécaniques	
MOTEUR ÉLECTRIQUE	
Puissance / Couple	200 ch (149 kW) / 258 lb-pi
Tr. base (opt) / Rouage base (opt)	Rapport fixe / Int
0-100 / 80-120 / V. max	4,0 s (est) / n.d. / n.d.
100-0 km/h	n.d.
Consommation équivalente	n.d.
Type de batterie	Lithium-ion (Li-ion)
Énergie	90,0 kWh
Temps de charge (120V / 240V)	n.d. / n.d.
Autonomie	386 km

JAGUAR I-PACE

« JAGUAR **FRAPPE UN GRAND COUP** AVEC LE **I-PACE** ET CE DERNIER POURRAIT **BIEN ATTIRER UNE TOUTE NOUVELLE CLIENTÈLE** À LA MARQUE. »

DU NOUVEAU EN 2018

Nouveau modèle, sera lancé à la fin 2017 et vendu dans la deuxième moitié de 2018, sans doute en tant que modèle 2019.

Photos : Jaguar

Pour voir la liste complète des informations techniques, veuillez vous référer à la section statistiques.

JAGUAR | 373

JAGUAR **XE**

72% COTE DU GUIDE

(((SiriusXM)))

Prix : 43 900 $ à 135 000 $ (estimé)
Catégorie : Berline
Garanties :
4 ans/80 000 km, 5 ans/80 000 km
Transport et prép. : 2 622 $
Ventes QC 2016 : 74 unités
Ventes CAN 2016 : 358 unités
Assemblage : Solihull GB, Coventry GB

Fiabilité	Appréciation générale
■■■■□□□□	■■■■■■■□
Sécurité	Agrément de conduite
■■■■■■□□	■■■■■■■□
Consommation	Système multimédia
■■■■■□□□	■■■■□□□□

Cote d'assurance

n.d.

Connectivité multimédia

Aucune

➕ Format intéressant • Châssis rigide •
Bon choix de moteurs • Assemblage
honnête • SV Project 8 exclusive

➖ Habitacle exigu •
Accès aux places arrière •
Silhouette anonyme • Fiabilité inconnue

Concurrents

Acura TLX, Audi A4, BMW Série 3,
Cadillac ATS, Infiniti Q50, Lexus IS,
Lincoln MKZ, Mercedes-Benz Classe C,
Volvo S60

Sans surprise...
et une belle surprise !

Jacques Deshaies

L e mandat de la nouvelle XE est clair. Elle doit attirer une clientèle plus jeune chez les concessionnaires Jaguar. Pour ce faire, le constructeur britannique, sous contrôle de Tata Motors, le plus important constructeur automobile en Inde, jouit de ressources pratiquement sans limites afin de se positionner parmi les plus prisées du marché.

La bonne nouvelle dans tout cela est que les modèles antérieurs ont été remplacés par des modèles beaucoup plus achevés. Maintenant, Jaguar peut s'annoncer comme une vraie concurrente aux marques allemandes, lesquelles dominent outrageusement le marché des voitures de prestige.

SANS SURPRISE

Pas de crise identitaire pour cette XE. N'importe quel profane pourrait vous dire qu'elle appartient à la famille Jaguar, avec cette grille signature à la marque et ses phares en forme de sourcils. Certains diront qu'elle ressemble trop à la XF et d'autres vont apprécier ces similitudes. Pour ma part, j'aimerais bien que l'on revienne à cette époque des modèles à la personnalité propre. De face, elles sont jumelles. La XE ne se distingue de la XF que par sa partie arrière, qui semble tronquée. Évidemment, le gabarit parle tout seul puisqu'elle mesure 268 mm de moins que la XF. Même constat pour l'empattement qui se veut plus court de 125 mm. Elle est moins large de 20 mm et perd 32 mm sur la hauteur. Côte à côte, la différence est remarquable.

Tout cela entouré d'ailes bien galbées au profil unique à Jaguar. Pour ce qui est de l'habitacle, là encore, tout est reconnaissable. Par souci d'économie peut-être, la présentation est identique à celle de l'utilitaire F-PACE. Encore une fois, j'aurais apprécié une petite touche d'exclusivité à la berline. L'assemblage est bien réalisé, mais je doute de la qualité de certains matériaux, notamment des plastiques bon marché. Vous reconnaîtrez bien sûr cette fameuse manette agissant comme levier de vitesse, qui s'extirpe de la console au démarrage. C'est un gadget réservé à Jaguar.

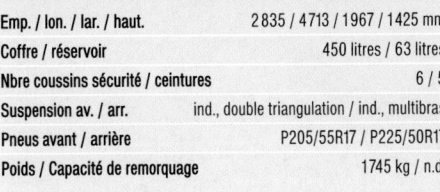

Compte tenu du format de la XE, les places arrière sont assez justes. Et c'est aussi hasardeux d'y entrer et d'en sortir sans se cogner le crâne sur le cadre de porte. Le coffre propose un volume raisonnable de 450 litres. Là encore, c'est moins que la XF !

La XE est proposée avec un moteur quatre cylindres turbodiesel de 2,0 litres pour 180 chevaux seulement, mais avec un couple élevé de 318 livres-pied. Légèrement rugueux, il n'offre pas les performances souhaitées. Dommage, car sa faible consommation est un atout.

Pour l'année-modèle 2018, Jaguar annonce l'introduction de deux moteurs quatre cylindres turbocompressés de 2,0 litres. Le premier propose une puissance de 247 chevaux et un couple de 269 lb-pi. Le deuxième produit 296 chevaux, un couple de 295 lb-pi, et remplace un des deux V6 suralimentés de 3,0 litres de l'an dernier, soit celui de 340 chevaux. L'autre, de 380 chevaux, propulse toujours le XE S, alors que toutes les motorisations sont gérées par une boîte automatique à huit rapports.

SV PROJECT 8, UNE BELLE SURPRISE !

Enfin, que dire de la XE SV Project 8, issue de la division Special Vehicle Operations de Jaguar. Cette bête est dotée d'un V8 5,0 litres développant tout près de 600 chevaux et plus de 500 livres-pied. La boîte à huit rapports permettrait des changements de rapports en 200 millisecondes. J'ai bien hâte de chronométrer ça ! Le rouage intégral est de mise. Un mode Piste fait partie de l'équipement de base de cette SV Project 8 et, pour soutenir un usage intense sur piste le différentiel arrière est refroidi. Dépêchez-vous, seulement 300 de ces monstres seront distribués mondialement !

Mais revenons sur terre. Peu importe la version, la XE s'équipe du rouage intégral au Canada. Voilà une voiture bien adaptée à notre réalité climatique. Un match comparatif entre cette XE, la BMW Série 3, la Audi A4 et la Mercedes-Benz Classe C, pourrait être un exercice intéressant. Le châssis de la XE est également très rigide et procure un bel aplomb à la voiture. Sur route sinueuse, elle offre un plaisir de conduite dont Jaguar ne nous a pas habitués depuis belle lurette.

Au final, la Jaguar XE est une voiture bien née. Maintenant, il faut qu'elle démontre clairement qu'elle peut rivaliser avec ses concurrentes. Pour se faire, il faudra en retrouver un grand nombre sur la route. C'est aux concessionnaires de faire le boulot. Encore une fois, il faut rappeler que ce marché est passablement relevé et que la réputation de la marque est à refaire.

Données principales

Emp. / lon. / lar. / haut.	2 835 / 4713 / 1967 / 1425 mm
Coffre / réservoir	450 litres / 63 litres
Nbre coussins sécurité / ceintures	6 / 5
Suspension av. / arr.	ind., double triangulation / ind., multibras
Pneus avant / arrière	P205/55R17 / P225/50R17
Poids / Capacité de remorquage	1745 kg / n.d.

Composantes mécaniques

PREMIUM 20d

Cylindrée, alim.	4L 2,0 litres turbo
Puissance / Couple	180 ch / 317 lb-pi
Tr. base (opt) / Rouage base (opt)	A8 / Int
0-100 / 80-120 / V. max	7,8 s (const) / n.d. / 195 km/h (const)
100-0 km/h	n.d.
Type / ville / route / CO$_2$	Dié / 7,8 / 5,8 / 3720 kg/an

25t

Cylindrée, alim.	4L 2,0 litres turbo
Puissance / Couple	247 ch / 269 lb-pi
Tr. base (opt) / Rouage base (opt)	A8 / Int
0-100 / 80-120 / V. max	6,2 s (const) / n.d. / 195 km/h (const)
100-0 km/h	n.d.
Type / ville / route / CO$_2$	Sup / 10,3 / 7,7 / 4 280 kg/an

S

Cylindrée, alim.	V6 3,0 litres surcomp.
Puissance / Couple	380 ch / 332 lb-pi
Tr. base (opt) / Rouage base (opt)	A8 / Int
0-100 / 80-120 / V. max	5,0 s (const) / n.d. / 250 km/h
100-0 km/h	n.d.
Type / ville / route / CO$_2$	Sup / n.d. / n.d. / n.d.

SV PROJECT 8

Cylindrée, alim.	V8 5,0 litres surcomp.
Puissance / Couple	592 ch / 516 lb-pi
Tr. base (opt) / Rouage base (opt)	A8 / Int
0-100 / 80-120 / V. max	3,7 s (const) / n.d. / 322 km/h (const)
100-0 km/h	n.d.
Type / ville / route / CO$_2$	Sup / n.d. / n.d. / n.d.

3,0T

4 L 2,0 L - 296 ch/295 lb-pi - A8 - 0-100 : n.d. - n.d. / n.d. l/100 km

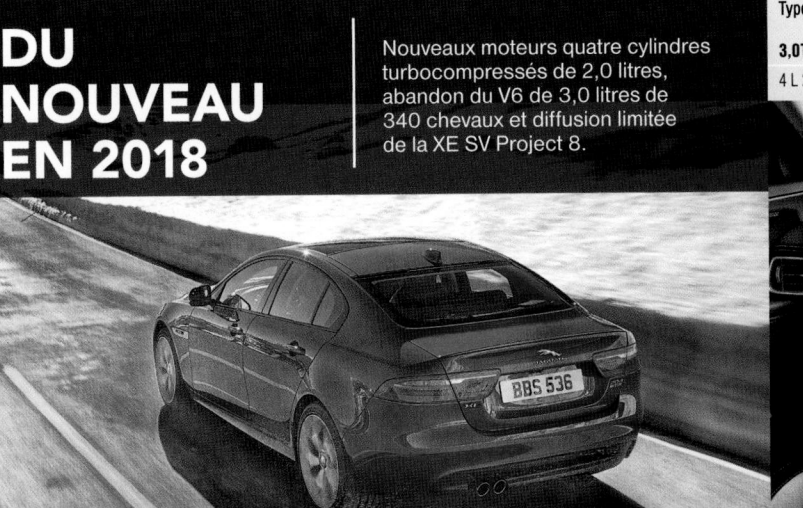

DU NOUVEAU EN 2018

Nouveaux moteurs quatre cylindres turbocompressés de 2,0 litres, abandon du V6 de 3,0 litres de 340 chevaux et diffusion limitée de la XE SV Project 8.

Photos : Jaguar

Pour voir la liste complète des informations techniques, veuillez vous référer à la section statistiques.

JAGUAR | **375**

JAGUAR XE

JAGUAR XF

Prix: 58 900 $ à 79 990 $ (2017)
Catégorie: Berline
Garanties:
4 ans/80 000 km, 5 ans/80 000 km
Transport et prép.: 2 622 $
Ventes QC 2016: 105 unités
Ventes CAN 2016: 542 unités
Assemblage: Birmingham GB

Fiabilité	Appréciation générale
■■■■□□□□□□	■■■■■■□□□□
Sécurité	Agrément de conduite
■■■■■■■□□□	■■■■■■■□□□
Consommation	Système multimédia
■■■■■□□□□□	■■■■■□□□□□

Cote d'assurance

$ $ $ $

Connectivité multimédia

Aucune

➕ Excellent comportement routier •
Design dynamique • Moteurs peu
énergivores • Prestige de la marque •
Bon volume du coffre

➖ Habitacle un peu fade •
Système multimédia de base à éviter •
Version XF S manque de caractère •
Moteur diesel peu raffiné

Concurrents

Acura RLX, Audi A6, BMW Série 5,
Cadillac CTS, Infiniti Q70, Lexus GS,
Maserati Ghibli, Mercedes-Benz Classe E

71 % COTE DU GUIDE

Ronronner au lieu de grogner

Michel Deslauriers

Un constructeur qui décide de confronter les joueurs bien établis du segment des voitures de luxe intermédiaires doit faire ses devoirs. Les BMW Série 5 et Mercedes-Benz Classe E ont été récemment redessinées, elles sont bourrées de talents et de technologies, et proposent une panoplie de variantes pour satisfaire tous les goûts.

La deuxième génération de la Jaguar XF n'est pas trop vieille non plus, apparue pour l'année-modèle 2016. Par contre, a-t-elle les griffes assez pointues pour se défendre contre ces bagnoles allemandes, sans compter la Cadillac CTS, l'Audi A6 et la Volvo S90? Pour se défendre, oui, mais elle ne les fait pas reculer pour autant.

Si le design et le comportement routier de la XF n'ont rien à envier à ses adversaires, sans oublier le prestige que la marque Jaguar détient toujours, cette berline mise peut-être un peu trop sur le conservatisme. Après tout, ses rivales ont déployé une gamme plus diversifiée de motorisations et des technologies plus poussées.

UN MOTEUR DE PLUS

Au courant de 2017, Jaguar a ajouté deux motorisations à la XF et en a retiré une. On aurait souhaité l'arrivée d'une version XF R ou XFR-S pour concurrencer les BMW M5 et Mercedes-AMG E 63, mais Jaguar a plutôt opté pour un quatre cylindres turbo de 2,0 litres jumelé à une boîte automatique à huit rapports. Avec 247 chevaux au galop, ce moteur permet à la berline d'afficher un prix de base légèrement plus abordable. Précisons qu'au Canada, toutes les versions de la XF sont équipées d'une transmission intégrale.

On a droit par la suite au quatre cylindres turbodiesel de 2,0 litres, avec ses 180 chevaux et son couple intéressant de 318 livres-pied. Alors que ses adversaires germaniques semblent vouloir abandonner le diesel au Canada et aux États-Unis, Jaguar voit son potentiel, et ce moteur s'avère franchement efficace avec une consommation mixte ville/route de 6,9 l/100 km. En revanche, sa sonorité n'est pas des plus raffinées, surtout dans une voiture de ce prix. Le V6 suralimenté de 3,0 litres, développant 340 chevaux, cède sa place à un autre quatre cylindres turbo de 2,0 litres, qui produit 296 chevaux. Enfin, la XF S profite toujours du V6 suralimenté de 380 étalons.

L'AGILITÉ D'UN CHAT

Avec sa structure en aluminium, la XF affiche un poids réduit par rapport à ses rivales. On sent bien cette légèreté sur la route, la voiture étant à la fois solide et agile à souhait. En conduite normale, le rouage intégral envoie 90 % de la puissance du moteur aux roues arrière, afin de conserver l'expérience de conduite d'une voiture à propulsion, mais peut temporairement réassigner jusqu'à 100 % aux roues avant lors d'une perte d'adhérence.

En option sur presque toutes les déclinaisons, de série sur la XF S, le système Adaptive Dynamics varie les réglages de la suspension en temps réel en analysant nos habitudes de conduite, et l'on peut également configurer nos propres réglages de la réactivité de l'accélérateur, des points de changements de rapport de la boîte automatique et de la sensibilité de la servodirection électrique.

L'habitacle de la XF présente un design épuré et une qualité d'assemblage rigoureuse, mais peut-être un peu trop terne. Plusieurs types de selleries sont disponibles, selon la version choisie, alors que la Portfolio s'avère la plus cossue et la R-Sport, la plus racée. Une vaste sélection de garnitures intérieures permet d'habiller la XF à notre goût, bien que l'on évitera le fini noir piano de base, qui attire rapidement la poussière.

Le système multimédia Touch avec son écran tactile de huit pouces déçoit par sa lenteur d'exécution. Par contre, l'ensemble Touch Pro, plus performant, fait mieux avec son écran de 10 pouces plus réactif, inclus avec l'instrumentation numérique de 12,3 pouces pour le conducteur et la sublime chaîne ambiophonique Meridian de 825 watts à 17 haut-parleurs. On conseille vivement cette dépense supplémentaire afin de rendre la vie à bord de la XF plus agréable, en plus d'ajouter une couche de sophistication.

Tous ces éléments sont enrobés d'une carrosserie séduisante et musclée, qui manque tout de même un peu de punch visuel, même si l'on peut ajouter un habillage plus sportif à la XF afin de rehausser son design dynamique. Si la XF n'offre pas des systèmes de conduite semi-autonome ou des motorisations hybrides rechargeables, elle est néanmoins un peu moins chère que les Séries 5 et Classe E à équipement égal.

Données principales	
Emp. / lon. / lar. / haut.	2 960 / 4 954 / 1987 / 1457 mm
Coffre / réservoir	505 litres / 74 litres
Nbre coussins sécurité / ceintures	6 / 5
Suspension av. / arr.	ind., double triangulation / ind., multibras
Pneus avant / arrière	P245/45R18 / P245/45R18
Poids / Capacité de remorquage	1760 kg / n.d.

Composantes mécaniques	
20d	
Cylindrée, alim.	4L 2,0 litres turbo
Puissance / Couple	180 ch / 317 lb-pi
Tr. base (opt) / Rouage base (opt)	A8 / Int
0-100 / 80-120 / V. max	8,4 s (const) / n.d. / 195 km/h (const)
100-0 km/h	n.d.
Type / ville / route / CO_2	Dié / 7,8 / 5,8 / 3720 kg/an
PREMIUM 25t	
Cylindrée, alim.	4L 2,0 litres turbo
Puissance / Couple	247 ch / 269 lb-pi
Tr. base (opt) / Rouage base (opt)	A8 / Int
0-100 / 80-120 / V. max	6,6 s (const) / n.d. / 195 km/h (const)
100-0 km/h	n.d.
Type / ville / route / CO_2	Sup / 11,7 / 9,0 / 4 900 (est) kg/an
PREMIUM 30t	
Cylindrée, alim.	4L 2,0 litres turbo
Puissance / Couple	296 ch / 295 lb-pi
Tr. base (opt) / Rouage base (opt)	A8 / Int
0-100 / 80-120 / V. max	n.d. / n.d. / 195 km/h (est)
100-0 km/h	n.d.
Type / ville / route / CO_2	Sup / 11,7 / 9,0 / 4 900 (est) kg/an
S	
Cylindrée, alim.	V6 3,0 litres surcomp.
Puissance / Couple	380 ch / 332 lb-pi
Tr. base (opt) / Rouage base (opt)	A8 / Int
0-100 / 80-120 / V. max	5,3 s (const) / n.d. / 195 km/h (const)
100-0 km/h	n.d.
Type / ville / route / CO_2	Sup / 12,0 / 8,4 / 4 860 kg/an

DU NOUVEAU EN 2018

Ajout de deux moteurs quatre cylindres turbocompressés de 2,0 litres, abandon du V6 suralimenté de 340 chevaux, changements mineurs.

Photos : Jaguar

Pour voir la liste complète des informations techniques, veuillez vous référer à la section statistiques.

JAGUAR | 377

JAGUAR **XJ**

(((SiriusXM)))

Prix: 93 000 $ à 125 000 $ (2017)
Catégorie: Berline
Garanties:
4 ans/80 000 km, 5 ans/80 000 km
Transport et prép.: 2 490 $
Ventes QC 2016: 56 unités
Ventes CAN 2016: 323 unités
Assemblage: Birmingham GB

Fiabilité	Appréciation générale
■■■□□□□	■■■■■■□□□
Sécurité	Agrément de conduite
■■■■■■□	■■■■■■■□□
Consommation	Système multimédia
■■■■□□□	■■■■■■■□□

Cote d'assurance
▼
$ $ $ $

Connectivité multimédia

Aucune

➕ Silhouette encore élégante et moderne • Comportement et performances inspirées (XJR) • Habitacle spacieux et confortable • Exclusivité certaine

➖ Grosse consommation (V8) • Pas de rouage intégral pour la XJR • Finition en léger recul sur les meilleures

Concurrents
Audi A8, BMW Série 7, Cadillac XTS, Lexus GS, Maserati Quattroporte, Mercedes-Benz CLS, Mercedes-Benz Classe S, Porsche Panamera, Tesla Model S

Luxueuse, longiligne et larguée

Marc Lachapelle

La grande berline XJ, qui a propulsé Jaguar dans le nouveau siècle en matière de style, est encore magnifique à sa huitième année. C'est dire le talent du styliste visionnaire et génial qu'est Ian Callum, maître illustre du design chez Jaguar Land Rover. Or, la beauté pure n'est pas tout, hélas, dans ce monde des grandes berlines de luxe où l'opulence, la performance et l'innovation débridée sont la règle. À ce jeu, la plus grande des Jaguar, pour tout son charme et son caractère, n'est plus dans le peloton de tête.

Le constat est simple: toutes les rivales de la XJ ont été entièrement renouvelées ces deux dernières années, sans exception. Et elles sont toutes plus puissantes, plus frugales, plus sûres et truffées des technologies les plus innovantes et payantes, tant pour la réputation de la marque que pour les ventes. En cette compagnie remarquablement sélecte et affûtée, la grande britannique ne peut évidemment offrir que ce qu'elle a déjà.

ÉCLAIRAGE ET AFFICHAGE MODERNES
À défaut de tenir le même rythme endiablé que la concurrence, Jaguar a tout de même fait plusieurs mises à jour et rehaussements, au fil des huit dernières années. Les XJ profitent maintenant, par exemple, d'un écran à haute résolution de 12,3 pouces, qui affiche les données pertinentes pour le conducteur, droit devant. Cet écran configurable fonctionne de concert avec l'écran tactile de huit pouces, qui trône au centre du tableau de bord. On peut, par exemple, afficher la carte en 3D du système de navigation dans la nacelle des instruments au lieu de l'écran central, pour suivre l'itinéraire plus facilement. Le système InControl, accessible sur l'écran central, regroupe des applications liées au téléphone, qui assurent la connectivité, borne Wi-Fi incluse. L'application InControl Remote permet de se connecter à la voiture pour vérifier les systèmes et ainsi chauffer ou rafraîchir l'habitacle, au besoin. En cochant les bonnes options, les passagers arrière ont droit à des écrans de 10,2 pouces, eux aussi.

La XJ peut désormais être dotée d'un régulateur de vitesse adaptatif lui permettant de gérer la conduite dans le trafic. Cette berline, dont les versions à empattement long font 5,25 mètres, possède un système qui surveille les angles morts et les véhicules qui risquent de bloquer le passage en marche arrière. Elle contrôle aussi le stationnement à l'aide de sonars et de caméras périphériques.

Côté sécurité active, les phares entièrement à diodes électroluminescentes (DEL) sont plus blancs, plus puissants et jumelés à la direction pour suivre fidèlement les contours de la route. Ils sont également moins énergivores et plus durables, comme le sont d'ailleurs les DEL employées pour tous les feux de position.

Pas de mode de conduite semi-autonome en prolongement du régulateur adaptatif, par contre. Non plus de système de maintien de voie ni de freinage d'urgence automatique, en marche avant ou arrière. En cela, la grande XJ traîne la patte derrière nombre de voitures qui ne sont pas des berlines de grand luxe.

UNE CAVALERIE FAMILIÈRE ET BIEN DOMPTÉE

En ce qui concerne la mécanique, on a maintenant le choix entre deux moteurs suralimentés par compresseur : un V6 de trois litres et 340 chevaux ou le V8 de cinq litres et 550 chevaux de la fringante XJR, prédilection des mordus de performance et de conduite, même avec l'empattement allongé. C'est une propulsion, par contre. Pas de rouage intégral pour le modèle le plus puissant, performant et sportif, donc. Tous les autres modèles jouissent d'un rouage intégral qui peut acheminer plus de 90 % du couple aux roues avant ou arrière, selon les conditions. Très efficace et désormais indispensable, chez les berlines de luxe.

En somme, on s'offre une XJ, plus que jamais, pour le plaisir de regarder et de conduire une berline au style original, encore très performante et entièrement construite en aluminium, de surcroît. On la choisit plutôt qu'une des vedettes allemandes du créneau, une japonaise ultra-fiable, une chic suédoise, une ambitieuse limousine coréenne ou une Tesla Model S, la coqueluche d'hier. Bien sûr, il faut accepter une finition, qui n'est pas au niveau des meilleures, et aussi les aléas d'une fiabilité encore imparfaite, selon les références les plus crédibles.

Chose certaine, il était plus que temps que Jaguar accorde un peu, sinon beaucoup d'attention à cette grande dame qui trône toujours au sommet d'une gamme qui est, simultanément, en pleine croissance et renaissance. Une toute nouvelle génération de la XJ serait d'ailleurs dévoilée au cours de 2017.

Données principales

Emp. / lon. / lar. / haut.	3157 / 5252 / 1899 / 1456 mm
Coffre / réservoir	520 litres / 82 litres
Nbre coussins sécurité / ceintures	6 / 5
Suspension av. / arr.	ind., double triangulation / ind., pneumatique, multibras
Pneus avant / arrière	P245/45R19 / P275/40R19
Poids / Capacité de remorquage	1884 kg / n.d.

Composantes mécaniques

PORTFOLIO, R-SPORT

Cylindrée, alim.	V6 3,0 litres surcomp.
Puissance / Couple	340 ch / 332 lb-pi
Tr. base (opt) / Rouage base (opt)	A8 / Int
0-100 / 80-120 / V. max	6,4 s (const) / n.d. / 195 km/h (const)
100-0 km/h	n.d.
Type / ville / route / CO$_2$	Sup / 14,0 / 9,0 / 5405 kg/an

R

Cylindrée, alim.	V8 5,0 litres surcomp.
Puissance / Couple	550 ch / 502 lb-pi
Tr. base (opt) / Rouage base (opt)	A8 / Prop
0-100 / 80-120 / V. max	4,6 s (const) / n.d. / 280 km/h (const)
100-0 km/h	36,4 m (est)
Type / ville / route / CO$_2$	Sup / 15,8 / 10,3 / 6130 kg/an

> **« LA XJ EST TOUJOURS ÉLÉGANTE ET SVELTE, À SA HUITIÈME ANNÉE, MAIS IL EST TEMPS QU'ELLE RATTRAPE SES RIVALES, SURTOUT EN MATIÈRE DE TECHNOLOGIE. »**

DU NOUVEAU EN 2018

Une nouvelle génération de la XJ serait dévoilée au cours de 2017, possiblement comme modèle 2018.

BBF 536

Photos: Jaguar

Pour voir la liste complète des informations techniques, veuillez vous référer à la section statistiques.

JAGUAR | 379

JEEP CHEROKEE

72% COTE DU GUIDE

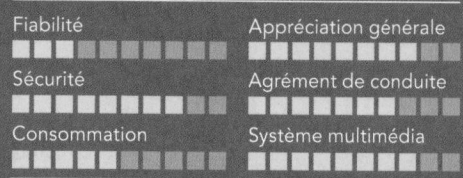

Prix: 27 695 $ à 44 345 $ (2017)
Catégorie: VUS
Garanties:
3 ans/60 000 km, 5 ans/100 000 km
Transport et prép.: 1 895 $
Ventes QC 2016: 6 714 unités
Ventes CAN 2016: 32 250 unités
Assemblage: Toledo OH US

Fiabilité	Appréciation générale
Sécurité	Agrément de conduite
Consommation	Système multimédia

Cote d'assurance

$ $ $ $

Connectivité multimédia

Aucune

＋ Capacités hors route remarquables •
Style Jeep unique • Plancher plat pour
le chargement • Système Uconnect
impeccable • Capacité de remorquage

－ Moteur de base peu intéressant •
Moteur V6 manque de couple • Fiabilité
en bas de la moyenne • Manque de
raffinement • Mission à redéfinir

Concurrents

Chevrolet Equinox, Ford Escape, GMC
Terrain, Honda CR-V, Hyundai Tucson,
Kia Sportage, Mazda CX-5, Mitsubishi
Outlander, Nissan Rogue, Toyota RAV4,
Volkswagen Tiguan

Quelle est
sa place maintenant?

Marc-André Gauthier

Quand Jeep a réintroduit le Cherokee, il y a quelques années,
sa place au sein de la gamme était logique. Il s'agissait
d'offrir l'expérience Jeep à ceux qui désiraient un VUS
plus compact que le Grand Cherokee, et qui ne voulaient pas un
produit bas de gamme comme les Compass et Patriot, qui déjà,
à l'époque, ne volaient pas haut.

Le Cherokee était donc l'offre de Jeep dans le populaire marché des
VUS compacts, où le Toyota RAV4, le Honda CR-V et le Ford Escape
rapportent beaucoup de profits à leurs constructeurs.

Or, Jeep vient de lancer un nouveau Compass, de bien meilleure qualité
que l'ancien et, soudainement, Jeep ne classe plus le Cherokee comme
un VUS compact. Selon Jeep, il ne l'aurait jamais été. Le Cherokee serait
alors le VUS intermédiaire de la marque. Vraiment? Un Jeep Cherokee
dans la même catégorie que le Toyota Highlander et le Honda Pilot?
Au *Guide de l'auto*, si ça ne vous dérange pas, nous continuerons à
considérer le Cherokee comme un VUS compact.

Le Cherokee coûte seulement quelques milliers de dollars de plus que le
Compass, et comme il est à peine plus gros, on peut se demander comment
Jeep arrivera à les positionner correctement... Sérieusement, y a-t-il une
bonne raison d'acheter l'un plutôt que l'autre? On pourrait jouer encore plus
dur en se demandant s'il y a une bonne raison d'acheter un Jeep qui n'est
pas un Wrangler ni un Grand Cherokee, mais ça serait de la mauvaise foi...

VISUELLEMENT, TRÈS PRÈS DU COMPASS

À première vue, le Cherokee et le Compass affichent des airs de famille. Il
y a fort à parier qu'une éventuelle refonte du modèle, attendue pour 2019-2020,
devrait davantage distinguer le Cherokee du Compass. L'habitacle des
deux véhicules aussi se ressemble, tant visuellement qu'en ce qui a trait à

la disposition des jauges et des instruments, sauf que les matériaux semblent être d'une meilleure qualité dans le Cherokee. Il faut bien justifier un prix plus élevé !

Pour revenir à l'habitacle du Cherokee, il faut mentionner que Jeep a fait un bon travail de design. La planche de bord est jolie, mais surtout, les instruments sont facilement accessibles. Et que dire du gros écran multimédia qui trône au milieu de cette planche de bord ! Animé par le système Uconnect, il permet au conducteur de contrôler facilement le système de climatisation, les sièges chauffants, la chaîne audio, le système de navigation optionnel et l'intégration de son téléphone mobile. Le Cherokee est pratique. Lorsque l'on abaisse tous les sièges (on peut même abaisser celui du passager avant droit), un plancher droit se forme devant nous, ce qui plaira à ceux qui utilisent leur véhicule pour transporter plein de trucs.

DEUX MOTEURS POUR VOUS EN FAIRE VOIR DE TOUTES LES COULEURS

Le Cherokee est disponible avec deux moteurs. On retrouve tout d'abord un quatre cylindres de 2,4 litres qui officie aussi dans le Compass. Trop peu puissant, ses 184 chevaux s'égarent quelque part dans la boîte à neuf rapports, au point où le Cherokee manque de punch comparé aux autres véhicules de sa catégorie. En plus, ce 2,4 litres consomme pratiquement autant que le V6 qui est aussi offert.

Ce V6 d'une cylindrée de 3,2 litres, développe 271 chevaux, mais un couple plutôt bas, seulement 239 livres-pied... Accouplé à la même boîte automatique à neuf rapports que le quatre cylindres, ce moteur procure des performances adéquates, bien qu'on aimerait avoir davantage de couple, ne serait-ce que pour agrémenter les manœuvres quotidiennes.

Moyennement confortable, le Cherokee brille toutefois en hors route, là où son ADN Jeep se fait remarquer. Lorsque ce VUS est équipé du système à quatre roues motrices, il est possible de sélectionner une programmation spécifique à plusieurs types de terrain. Le chemin pour vous rendre au chalet est boueux ? Pas de problème ! Pour ceux qui désirent s'aventurer encore plus loin dans le bois, notez qu'il est possible d'opter pour la version Trailhawk, qui comprend des suspensions plus élevées, des pneus hors route, des crochets de remorquage et des plaques de protection sous la carrosserie. Les versions de base du Cherokee sont mues par les roues avant seulement.

Par rapport à sa concurrence parmi les VUS compacts, le Cherokee manque un peu de raffinement et consomme davantage. Heureusement, il se reprend de belle façon avec son choix varié de transmissions intégrales et sa capacité de remorquage de 4 500 livres (2 041 kg), avec l'équipement approprié, le meilleur de sa catégorie à cet égard.

Données principales

Emp. / lon. / lar. / haut.	2719 / 4624 / 1904 / 1670 mm
Coffre / réservoir	697 à 1555 litres / 60 litres
Nbre coussins sécurité / ceintures	10 / 5
Suspension av. / arr.	ind., jambes force / ind., multibras
Pneus avant / arrière	P225/60R17 / P225/60R17
Poids / Capacité de remorquage	1863 kg / 907 kg (2 000 lb)

Composantes mécaniques

4L 2,4 LITRES

Cylindrée, alim.	4L 2,4 litres atmos.
Puissance / Couple	184 ch / 171 lb-pi
Tr. base (opt) / Rouage base (opt)	A9 / Tr (Int, 4RM différentiel vérouillable)
0-100 / 80-120 / V. max	n.d. / n.d. / n.d.
100-0 km/h	n.d.
Type / ville / route / CO_2	Ord / 11,0 / 7,8 / 4 398 kg/an

V6 3,2 LITRES

Cylindrée, alim.	V6 3,2 litres atmos.
Puissance / Couple	271 ch / 239 lb-pi
Tr. base (opt) / Rouage base (opt)	A9 / 4RM différentiel vérouillable
0-100 / 80-120 / V. max	8,5 s / 6,5 s / n.d.
100-0 km/h	46,4 m
Type / ville / route / CO_2	Ord / 12,9 / 9,9 / 5 313 kg/an

« JEEP NOUS VEND LE CHEROKEE COMME UN MODÈLE DE FORMAT INTERMÉDIAIRE, MAIS IL SE SITUE PLUTÔT DANS LE SEGMENT DES VUS COMPACTS, LÀ OÙ SE TROUVE LE NOUVEAU COMPASS. »

DU NOUVEAU EN 2018

Nouvelles couleurs offertes et quelques changements mineurs.

Photos: Jeep

Pour voir la liste complète des informations techniques, veuillez vous référer à la section statistiques.

JEEP | 381

Jeep JEEP **COMPASS**

71% COTE DU GUIDE

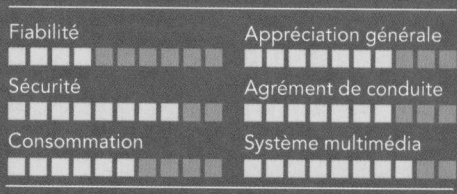

Prix: 24 900 $ à 34 895 $ (estimé)
Catégorie: VUS
Garanties:
3 ans/60 000 km, 5 ans/100 000 km
Transport et prép.: 1 895 $
Ventes QC 2016: 660 unités
Ventes CAN 2016: 4 252 unités
Assemblage: Toluca MX

Fiabilité ■■■■■□□□□□
Appréciation générale ■■■■■■□□□□

Sécurité ■■■■■■□□□□
Agrément de conduite ■■■■■■□□□□

Consommation ■■■■□□□□□□
Système multimédia ■■■■■■■□□□

Cote d'assurance

$ $ $ $

Connectivité multimédia

Android Auto   Apple CarPlay

+ Beau design (c'est une question de goût) • Habitacle spacieux • Système 4x4 efficace • Boîte manuelle disponible avec 4x4

− Prix élevé • Consommation d'essence élevée • Faible fiabilité anticipée • Accélérations décevantes • Gamme Jeep saturée

Concurrents

Chevrolet Equinox, Ford Escape, Honda CR-V, Hyundai Tucson, Kia Sportage, Mazda CX-5, Mitsubishi Outlander, Subaru Forester, Toyota RAV4, Volkswagen Tiguan

Maintenant un VUS concurrentiel

Marc-André Gauthier

Jeep dévoile cette année une nouvelle version du Compass. Nouveau est un mot faible, au sens où cette récente génération du Compass représente une amélioration à tous les points de vue. Toutefois, ce changement a un prix, puisque le Compass est maintenant offert à un prix de base avoisinant les 25 000 $, tandis qu'on pouvait se procurer l'ancienne génération pour moins de 20 000 $ après les généreux rabais du constructeur.

Ainsi, à la base, les versions Sport et North proposent un rouage à traction. Dans les deux cas, vous pouvez équiper votre véhicule d'une transmission intégrale. Il est également possible, pour ces deux versions, d'opter pour une boîte manuelle à six rapports ou une automatique à neuf rapports. Notez, cependant, que la version North à roues motrices avant inclut une boîte automatique à six rapports uniquement.

Deux versions plus cossues sont aussi proposées. Il y a d'abord la Trailhawk dont l'accent est porté sur les balades hors route, avec une garde au sol plus élevée, et des accessoires plutôt pratiques pour s'aventurer sur les sentiers. Et, au sommet de la pyramide se trouve la version Limited, tout équipée. Les deux incluent le rouage intégral et la boîte automatique.

UN HABITACLE À LA HAUTEUR

Si les produits des marques FCA (Fiat, Chrysler, Jeep, Dodge et Ram) ont souvent été la cible de critiques, on doit bien admettre que leurs habitacles, disponibles en plusieurs couleurs, sont bien ficelés.

Le nouveau Compass ne fait pas exception. Au cœur de cette nouvelle génération, on retrouve un habitacle entièrement redessiné. Le design global, composé de formes essentiellement rondes, met en avant-plan un gros écran multimédia fonctionnant avec le système Uconnect, une référence dans l'industrie pour sa simplicité et ses fonctionnalités. Par exemple, il intègre complètement Apple CarPlay et Android Auto, des applications qui vous permettent d'opérer votre téléphone cellulaire à même l'écran de la voiture, et ce, sans vous isoler du reste des commandes du véhicule, disposées au bas de l'écran, comme des icônes sur un ordinateur. Un exemple à suivre dans l'industrie. Sinon, toutes les places sont confortables, et le dégagement pour les jambes à l'arrière, appréciable, font du Compass un VUS compact intéressant pour les familles.

CONDUITE AMÉLIORÉE ET QUESTIONS QUI S'IMPOSENT

Concernant la conduite, le Compass représente, ici aussi, une amélioration marquée comparativement à l'ancienne génération. Son nouveau châssis, plus rigide, combiné à une suspension indépendante bien étudiée et à une direction plus vivante, en font un VUS agréable au quotidien.

Le moteur assez puissant au sein de sa catégorie n'arrive toutefois pas à convaincre les critiques. Les 180 chevaux et le couple de 175 livres-pied livrés par le quatre cylindres 2,4 litres, le seul moteur offert, semblent s'évaporer, se perdant à travers les neuf rapports de la boîte de vitesses et les différentiels composant le système à quatre roues motrices. Quand on appuie sur l'accélérateur, on a plutôt l'impression d'avoir affaire à 130 chevaux, mais comme peu de gens achètent un VUS compact pour les performances, cette écurie diluée n'est peut-être pas si dramatique que ça. Cela dit, la consommation d'essence, à 10 l/100 km, est relativement élevée.

Bien franchement, cette puissance décevante est compensée par des performances hors routes remarquables. La version Trailhawk, en particulier, conçue à la base pour affronter des sentiers défoncés, avec son sélecteur de terrain pour adapter le dispositif 4x4, redéfinit les performances hors route des VUS compacts. De belles capacités hors route que la majorité des acheteurs n'exploiteront probablement jamais.

La question qui s'impose, maintenant, c'est de comprendre la stratégie de FCA. Le Compass de nouvelle génération, qui devient son VUS compact, est offert à seulement quelques milliers de dollars de moins que le Cherokee. Or, le Cherokee n'est guère plus gros que le nouveau Compass. En offrant deux VUS aux dimensions et aux prix rapprochés, Jeep risque de créer une certaine confusion... Pour compliquer les choses, le Jeep Renegade, qui fait partie de la catégorie des VUS sous-compacts, est juste un peu plus petit que le Compass et à peine moins dispendieux, surtout lorsqu'il est le moindrement équipé.

Heureusement, malgré une fiabilité reconnue comme faisant partie des pires de l'industrie, la marque Jeep bénéficie d'une clientèle très fidèle et ses produits conservent leur valeur de revente. Qu'importe, le nouveau Compass est un bon VUS, inégalable lorsqu'il quitte la route. Il s'agit d'une nette amélioration si on le compare à l'ancien, mais il ne rivalise toujours pas avec un Honda CR-V ou encore un Mazda CX-5...

JEEP COMPASS

Données principales

Emp. / lon. / lar. / haut.	2 636 / 4 394 / 1 874 / 1 641 mm
Coffre / réservoir	770 à 1 693 litres / 51 litres
Nbre coussins sécurité / ceintures	7 / 5
Suspension av. / arr.	ind., jambes force / ind., jambes force
Pneus avant / arrière	P215/65R17 / P215/65R17
Poids / Capacité de remorquage	1 648 kg / non recommandé

Composantes mécaniques

Cylindrée, alim.	4L 2,4 litres atmos.
Puissance / Couple	180 ch / 175 lb-pi
Tr. base (opt) / Rouage base (opt)	M6 (A6, A9) / Tr (Int)
0-100 / 80-120 / V. max	11,4 / 10,3 / n.d.
100-0 km/h	43,5
Type / ville / route / CO_2	Ord / 10,0 / 8,0 / 4 260 (est) kg/an

« UNE **NETTE AMÉLIORATION** PAR RAPPORT À **L'ANCIEN COMPASS**, MAIS IL NE **RIVALISE** TOUJOURS PAS AVEC UN **HONDA CR-V** OU ENCORE UN **MAZDA CX-5**... »

DU NOUVEAU EN 2018

Modèle entièrement redessiné apparu au cours de 2017.

Photos : Jeep

Pour voir la liste complète des informations techniques, veuillez vous référer à la section statistiques.

JEEP | 383

Jeep JEEP **GRAND CHEROKEE** | **75**% COTE DU GUIDE

((SiriusXM))

Prix : 44 195 $ à 75 000 $ (estimé)
Catégorie : VUS
Garanties :
3 ans/60 000 km, 5 ans/100 000 km
Transport et prép. : 1 895 $
Ventes QC 2016 : 2 340 unités
Ventes CAN 2016 : 15 091 unités
Assemblage : Détroit MI US

Fiabilité
■■□□□□□□□□

Sécurité
■■■■■■■■□□

Consommation
■■■■■□□□□□

Appréciation générale
■■■■■■■□□□

Agrément de conduite
■■■■■■■□□□

Système multimédia
■■■■■■■■□□

Cote d'assurance
▼
$ $ $ $

Connectivité multimédia

Aucune

➕ Habiletés hors route • Performances ahurissantes (SRT et Trackhawk) • Comportement routier solide • Excellent système multimédia

➖ Fiabilité à améliorer • Consommation de carburant • Moteur turbodiesel très cher • Aspect environnemental = 0 (SRT et Trackhawk)

Concurrents
Acura MDX, Audi Q7, BMW X5, Ford Explorer, Infiniti QX70, Lexus RX, Mercedes-Benz GLE, Nissan Pathfinder, Toyota 4Runner, Volvo XC90

Route, piste et boue

Michel Deslauriers

Toujours aussi populaire année après année, le Grand Cherokee soulignera ses 25 années d'existence après avoir effectué une introduction spectaculaire au Salon de l'auto de Detroit en 1992 — en tant que modèle 1993 —, montant les marches du Cobo Hall et fracassant un mur vitré de l'édifice devant les médias réunis. C'était la belle époque où Chrysler dépensait des sommes colossales en marketing, mais ces *stunts* publicitaires portaient leurs fruits.

En 2018, les efforts publicitaires se réaliseront plutôt avec l'aide des ingénieurs au sein de Fiat Chrysler Automobiles, la grande nouveauté étant le Grand Cherokee Trackhawk, un monstre de 707 chevaux. Bien sûr, on ne vendra qu'une petite quantité de cette version, mais cette tête d'affiche attire les projecteurs sur la gamme bien étoffée de ce VUS intermédiaire, qui comprend des éditions axées sur les performances hors route ou le confort sur route, alors que d'autres brilleront sur une piste de course.

LA SOURDE OREILLE AUX ENVIRONNEMENTALISTES
On en parlait depuis un bon moment, et il est enfin arrivé. Le Grand Cherokee Trackhawk constitue, selon FCA, le VUS le plus puissant et le plus rapide jamais construit, ignorant l'existence du Tesla Model X et sa version P100D, nettement plus écolo. Qu'importe, on a affaire ici au V8 suralimenté de 6,2 litres emprunté aux Dodge Challenger et Charger SRT Hellcat.

Avec 707 chevaux et un couple massif de 645 livres-pied, le Trackhawk peut accélérer de 0 à 96 km/h (0-60 mi/h) en 3,5 secondes et atteindre une vitesse maximale de 290 km/h. Pour un VUS affichant un poids de 2 433 kilogrammes et une garde au sol de 205 millimètres, c'est tout un exploit, et ces performances sont évidemment appuyées par une sonorité de moteur à provoquer des montées d'adrénaline. Le tout est géré par une boîte automatique à huit rapports et par un système à quatre roues motrices à prise constante, dont la répartition de puissance varie de 30/70 % avant/arrière en mode Track à 60/40 en mode *Tow*.

La version SRT figure toujours au catalogue, et n'est pas piquée des vers non plus côté performances. Son V8 HEMI de 6,4 litres produisant 475 chevaux permet des accélérations de 0 à 100 km/h en 5,0 secondes.

UN VÉRITABLE TOUT TERRAIN

On a beau admirer les SRT et Trackhawk, ce sont les déclinaisons plus accessibles et plus raisonnables du Grand Cherokee qui composent la majorité des ventes. Outre les versions Laredo, Limited, Trailhawk, Overland et Summit, qui arborent toutes des finitions uniques et un niveau d'équipement incrémentiel, Jeep ajoute deux nouveaux ensembles en 2018. L'Altitude IV, basé sur le Laredo, dispose de roues noires reluisantes de 20 pouces, d'une calandre noire satinée et de garnitures noires dans l'habitacle, tandis que le High Altitude, basé sur l'Overland, mise sur des roues et des appliques de couleur granite ainsi que sur des caractéristiques supplémentaires.

Les capacités hors route du Grand Cherokee sont indéniables, peu importe la version. En revanche, il est bon de savoir qu'une tempête de neige, une route en gravier ou une autoroute décrépitée n'affectera aucunement le comportement routier solide de ce VUS. Ses systèmes à quatre roues motrices sont tous très efficaces, alors que la suspension pneumatique optionnelle rehausse le niveau de confort sur la route. Un ajout à considérer.

Comme motorisation de base, le V6 de 3,6 litres jumelé à une automatique à huit rapports fait le travail, bien que les performances ne soient pas électrisantes. Le V8 de 5,7 litres en option procure plus de muscle et une riche sonorité mieux associée à un VUS de luxe, mais dans les deux cas, la consommation est loin d'être extraordinaire. Le V6 turbodiesel de 3,0 litres, encore offert au moment d'écrire ces lignes, est un heureux compromis entre puissance et économie de carburant, mais son prix d'achat de plus de 7 000 $ par rapport au V6 à essence sera difficile à rentabiliser, même lors de la revente.

La finition intérieure est agréable à l'œil et au toucher, mais certains plastiques sont d'une qualité discutable et l'assemblage n'est pas toujours soigné. Au moins, le Grand Cherokee profite d'un excellent système multimédia, y compris d'un nouvel écran de 7,0 pouces dans les versions de base et de 8,4 pouces en option.

En somme, le Grand Cherokee possède de multiples talents, qui lui permettent de briller sur la route, sur la piste ou dans la boue. Il peut rivaliser avec les VUS de marques populaires aussi bien qu'avec ceux vendus par des marques de luxe, grâce à sa gamme très diversifiée et son échelle de prix intéressants. Tout ce qui manque, c'est une meilleure réputation de fiabilité, que ce soit du Grand Cherokee lui-même ou de la marque Jeep en général.

Données principales

Emp. / lon. / lar. / haut.	2 915 / 4 822 / 1 943 / 1 773 mm
Coffre / réservoir	1 028 à 1 934 litres / 93 litres
Nbre coussins sécurité / ceintures	7 / 5
Suspension av. / arr.	ind., bras inégaux / ind., multibras
Pneus avant / arrière	P295/45ZR20 / P295/45ZR20
Poids / Capacité de remorquage	2 433 kg / 3 266 kg (7 190 lb)

Composantes mécaniques

OVERLAND D

Cylindrée, alim.	V6 3,0 litres turbo
Puissance / Couple	240 ch / 420 lb-pi
Tr. base (opt) / Rouage base (opt)	A8 / Int
0-100 / 80-120 / V. max	9,3 s / 7,6 s / n.d.
100-0 km/h	43,4 m
Type / ville / route / CO$_2$	Dié / 11,2 / 8,4 / 5 368 kg/an

LAREDO, LIMITED, OVERLAND, SUMMIT, TRAILHAWK

Cylindrée, alim.	V6 3,6 litres atmos.
Puissance / Couple	290 ch / 260 lb-pi
Tr. base (opt) / Rouage base (opt)	A8 / Int
0-100 / 80-120 / V. max	8,8 s / 6,8 s / n.d.
100-0 km/h	44,4 m
Type / ville / route / CO$_2$	E85 / 12,7 / 9,6 / 5 200 kg/an

SUMMIT V8

Cylindrée, alim.	V8 5,7 litres atmos.
Puissance / Couple	360 ch / 390 lb-pi
Tr. base (opt) / Rouage base (opt)	A8 / Int
0-100 / 80-120 / V. max	n.d. / n.d. / n.d.
100-0 km/h	n.d.
Type / ville / route / CO$_2$	Ord / 16,7 / 10,7 / 6 440 kg/an

SRT

Cylindrée, alim.	V8 6,4 litres atmos.
Puissance / Couple	475 ch / 470 lb-pi
Tr. base (opt) / Rouage base (opt)	A8 / Int
0-100 / 80-120 / V. max	5,0 s / n.d. / n.d.
100-0 km/h	35,4 m
Type / ville / route / CO$_2$	Sup / 18,3 / 12,6 / 7 238 kg/an

TRACKHAWK

Cylindrée, alim.	V8 6,2 litres surcomp.
Puissance / Couple	707 ch / 645 lb-pi
Tr. base (opt) / Rouage base (opt)	A8 / Int
0-100 / 80-120 / V. max	4,0 s (est) / n.d. / 290 km/h.
100-0 km/h	35,0 m (est)
Type / ville / route / CO$_2$	Sup / 20,5 / 14,2 / 8 260 (est) kg/an

JEEP GRAND CHEROKEE

DU NOUVEAU EN 2018

Ajout du Grand Cherokee Trackhawk, nouvelles garnitures et couleurs, nouveau système Uconnect avec écran de 7,0 pouces, nouveaux ensembles Altitude IV et High Altitude.

Photos : Jeep

Jeep **JEEP RENEGADE** | **66 %** COTE DU GUIDE

((SiriusXM))

Prix: 21 745 $ à 34 145 $ (2017)
Catégorie: VUS
Garanties:
3 ans/60 000 km, 5 ans/100 000 km
Transport et prép.: 1 895 $
Ventes QC 2016: 792 unités
Ventes CAN 2016: 3 962 unités
Assemblage: Melfi IT

Fiabilité
Appréciation générale
Sécurité
Agrément de conduite
Consommation
Système multimédia

Cote d'assurance

$ $$$

Connectivité multimédia

Android Auto Apple CarPlay

+ Excellente habitabilité • Rouage intégral efficace • Silhouette originale • Tableau de bord pratique

− Boîte automatique excentrique • Roulis en virage • Insonorisation perfectible • Pédale de frein capricieuse • Performances moyennes (1,4 litre)

Concurrents
Chevrolet Trax, Fiat 500X, Honda HR-V, Mazda CX-3, MINI Countryman, Mitsubishi RVR, Nissan JUKE, Subaru Crosstrek

Un VUS sous-compact excentrique

Denis Duquet

Il est tout de même curieux que Jeep, la marque la plus américaine et la plus patriotique, commercialise un modèle *Made in Italy.* Non seulement le constructeur a décidé de produire ce VUS sous-compact dans la péninsule italienne, mais il a également fait appel à une mécanique de même origine. Si cela peut sembler quelque peu intrigant au début, il est logique que FCA ait demandé à sa division italienne de fabriquer un petit VUS. Après tout, FCA veut dire Fiat Chrysler Automobiles et Fiat, une marque italienne, possède une bonne expérience dans la production de véhicules relativement petits.

Cependant, les connaissances nord-américaines en fait de conduite hors route ont été intégrées au Renegade, car ce modèle est le plus efficace de sa catégorie quand il n'y a plus de routes avec la version Trailhawk. En effet, les autres ténors de cette catégorie que sont les Honda HR-V, Mazda CX-3 et Mitsubishi RVR proposent eux aussi une transmission intégrale, toutefois, leur conduite en sentier est moins impressionnante.

LA SILHOUETTE DIT TOUT

Pas besoin d'être un grand spécialiste en design pour déceler les origines européennes de ce Jeep. En effet, les stylistes ont conservé la calandre à sept orifices puisque c'est un élément incontournable de tous les véhicules de la marque, mais pour le reste, cela ressemble davantage à un Fiat plus costaud destiné à un usage utilitaire. Il faut surtout souligner la section arrière et ses feux carrés d'une présentation assez spéciale. La silhouette à la fois raffinée et robuste est du genre «on aime ou on déteste», mais c'est certainement distinctif.

Il est plus facile de faire l'unanimité quant à l'habitacle. La planche de bord est plus stylisée et toutes les commandes sont à la portée de la main. Cette année, plusieurs améliorations ont d'ailleurs été apportées à l'intérieur. Les commandes du réglage du système de rouage intégral ont été modifiées, les espaces de rangement sont plus nombreux, il y en a même un destiné au téléphone cellulaire. On en a profité pour modifier l'apparence des sièges, et ce, dans toutes les déclinaisons. Il s'agit de détails, mais cela permet de rehausser le look intérieur.

Mentionnons au passage que malgré des dimensions plutôt petites, dans le Renegade, le dégagement pour la tête est excellent tandis que les places arrière sont correctes même s'il n'est pas facile de prendre place à bord. Toujours au chapitre des améliorations, la caméra de recul est dorénavant de série dans toutes les livrées. Enfin, certaines d'entre elles sont offertes avec la nouvelle génération du système multimédia Uconnect. En outre, il est maintenant possible d'intégrer Apple CarPlay et Android Auto.

LES AVIS SONT PARTAGÉS

La conduite d'un Renegade suscite des commentaires partagés de la part des essayeurs. Certains trouvent sa tenue de route correcte et affirment que l'expérience de conduite est très positive. Cependant, tous décrient la boîte automatique à neuf rapports qui s'embrouille parfois dans ses passages de rapport et qui n'est pas toujours d'une grande douceur. Les versions propulsées par le moteur 1,4 litre turbo de 160 chevaux sont dotées d'une boîte manuelle à six rapports. Même avec ce moteur, la transmission intégrale est offerte. Par contre, si vous optez pour le quatre cylindres 2,4 litres de 180 chevaux, la seule boîte disponible est l'automatique à neuf rapports.

Si certains apprécient le comportement routier du Renegade, plusieurs ne sont pas friands du roulis prononcé en virage et du manque de réponse de l'un ou l'autre des moteurs. En fait, il n'y a rien de mauvais à reprocher au Renegade, mais on reste sur son appétit aussi bien sur la route qu'en ville.

Il existe plusieurs variantes du Renegade, mais la version Trailhawk est la plus intéressante et la mieux équipée pour la conduite hors route. Pour ce faire, la suspension à grand débattement est un atout non négligeable puisqu'elle absorbe bien les imperfections des chemins secondaires. Le conducteur peut choisir entre différents types de surfaces et, grâce à son rouage intégral efficace, le Renegade Trailhawk est capable de performances que bien peu de ses propriétaires vont pleinement exploiter !

Somme toute, ce VUS compact devrait attirer les personnes à la recherche d'un petit véhicule tout-terrain offrant une bonne dose d'habitabilité, puisque quatre adultes peuvent y prendre place sans se sentir à l'étroit (la place centrale arrière n'est pas très conviviale), sans oublier un espace de chargement assez généreux. Toutefois, c'est un pensez-y bien concernant la fiabilité, car les notes obtenues à ce chapitre ne sont pas tellement rassurantes...

Données principales	
Emp. / lon. / lar. / haut.	2570 / 4232 / 2023 / 1689 mm
Coffre / réservoir	525 à 1440 litres / 48 litres
Nbre coussins sécurité / ceintures	7 / 5
Suspension av. / arr.	ind., jambes force / ind., jambes force
Pneus avant / arrière	P215/65R17 / P215/65R17
Poids / Capacité de remorquage	1621 kg / non recommandé

Composantes mécaniques	
NORTH, SPORT	
Cylindrée, alim.	4L 1,4 litre turbo
Puissance / Couple	160 ch / 184 lb-pi
Tr. base (opt) / Rouage base (opt)	M6 / Tr (Int)
0-100 / 80-120 / V. max	n.d. / n.d. / n.d.
100-0 km/h	n.d.
Type / ville / route / CO_2	Ord / 9,9 / 7,7 / 4145 (est) kg/an
LIMITED, TRAILHAWK	
Cylindrée, alim.	4L 2,4 litres atmos.
Puissance / Couple	180 ch / 175 lb-pi
Tr. base (opt) / Rouage base (opt)	A9 / Int (4x4)
0-100 / 80-120 / V. max	10,0 s / 7,4 s / n.d.
100-0 km/h	43,5 m
Type / ville / route / CO_2	Ord / 10,0 / 7,8 / 4145 (est) kg/an

« LE RENEGADE RESPECTE LA TRADITION DE JEEP POUR SES EXCELLENTES CAPACITÉS EN CONDUITE HORS ROUTE, MAIS IL EST HANDICAPÉ PAR UNE BOÎTE AUTOMATIQUE DÉCEVANTE. »

DU NOUVEAU EN 2018

Nouveau système Uconnect, caméra de recul de série, espaces de rangement plus nombreux, abandon du toit amovible MySky.

Photos : Jeep

Jeep | JEEP **WRANGLER**

61% COTE DU GUIDE

Prix : 28 695 $ à 43 495 $ (2017)
Catégorie : VUS
Garanties :
3 ans/60 000 km, 5 ans/100 000 km
Transport et prép. : 1 895 $
Ventes QC 2016 : 3 393 unités
Ventes CAN 2016 : 18 505 unités
Assemblage : Toledo OH US

Fiabilité	Appréciation générale

Sécurité	Agrément de conduite

Consommation	Système multimédia

Cote d'assurance

$ $ $ $

Connectivité multimédia

Aucune

+ Capacités hors routes indéniables • Toujours prêt pour l'aventure • Modèle Unlimited plus pratique • Moteur bien adapté • Bonne valeur de revente

− Sensible aux vents latéraux • Consommation toujours assez élevée • Finition intérieure sommaire • Espace arrière limité (version deux portes)

Concurrents
Land Rover Discovery Sport,
Toyota 4Runner

Seul un Jeep est un Jeep

Sylvain Raymond

Si la vie n'était qu'une question de logique, le paysage automobile serait beaucoup plus triste et plusieurs véhicules ne seraient pas de ce monde. C'est le cas du Wrangler qui, même s'il procure à la marque Jeep toutes ses lettres de noblesse, dispose d'attributs et de caractéristiques rarement exploités. Heureusement, le cœur a sa place et une fois que l'on goûte aux charmes du Wrangler, on en tombe rapidement amoureux.

Si par le passé la lune de miel pouvait être assez courte en raison de son caractère rude, sa consommation élevée et son comportement routier peu flatteur, le Wrangler est devenu beaucoup plus civilisé ces dernières années, surtout depuis l'arrivée de la version quatre portes Unlimited qui lui donne une vocation nettement plus familiale. Il est maintenant plus agréable au quotidien, ce qui permet de prolonger la relation avec son propriétaire.

UN MODE DE VIE

Le Wrangler, c'est un véhicule pour les aventuriers dans l'âme et c'est aussi un mode de vie pour plusieurs. Vous ferez partie d'une petite communauté toujours prête à s'entraider et n'hésitant pas à se saluer. C'est également le véhicule quatre roues motrices le plus souvent modifié, certains ne craignant pas d'investir des milliers de dollars afin de rehausser ses capacités et ainsi jouer au roi de la montagne.

Si la plupart des acheteurs ne quitteront jamais le bitume, le Wrangler est tout de même celui qui dispose du plus grand taux d'adeptes susceptibles d'aller jouer dans la boue et hors des sentiers battus. Même les légendaires Range Rover ne peuvent en dire autant. Voilà sans doute un argument qui aide le Wrangler à se justifier auprès de ceux qui prônent la rectitude politique.

UN SEUL MOTEUR ET C'EST LE V6 PENTASTAR

Un des éléments qui a été bénéfique au Wrangler fut l'arrivée de son V6 Penstastar en 2012, un moteur qui apportait plus de puissance tout en demeurant relativement économique. D'une cylindrée de 3,6 litres, il développe 285 chevaux pour un couple de 260 livres-pied. Bien qu'il soit le seul moteur proposé, vous avez au moins le choix entre une boîte manuelle à six rapports ou une automatique à cinq rapports. Si vous êtes un puriste, vous voudrez sans doute la manuelle, mais il faut avouer qu'en conduite quotidienne, surtout en zone urbaine, l'automatique s'avère franchement plus conviviale. Vous devriez aussi songer à la valeur de revente, avantage à l'automatique ici.

Malgré son moteur plus moderne, il ne faut pas vous attendre à un modèle d'économie de carburant. Il vous sera difficile d'abaisser votre consommation sous 13 l/100 km, mais par une belle journée d'été à rouler sans toit, cheveux au vent, c'est un détail que vous oublierez probablement assez rapidement. Certains iront même jusqu'à retirer les portes et abaisser le pare-brise, eh oui, cela demeure toujours possible.

UN PEU PLUS DE CONFORT À BORD

Au volant du Wrangler, on découvre un intérieur vraiment moins austère que dans le passé, mais on est loin de l'habitacle d'un Land Rover. L'accent est mis sur la simplicité et un entretien aisé, plutôt que sur la richesse des matériaux. Les arceaux en acier de la cage de sécurité font partie intégrante de l'habitacle, mais ils sont au moins recouverts d'une housse qui non seulement les masque un peu, mais amortit aussi le choc lorsque l'on s'y cogne. Par ailleurs, si vous avez de jeunes enfants et qu'ils font un dégât, vous pourrez presque nettoyer l'intérieur entièrement au boyau d'arrosage.

Ses formes carrées favorisent l'espace à la tête et tous les passagers disposent d'une bonne vision extérieure, un élément que les enfants apprécient. Plus pratiques, les Wrangler modernes intègrent de l'équipement de luxe additionnel tel des vitres électriques, un système audio plus décent, et un système multimédia qui comprend un écran tactile. On aime bien la version Sahara qui dispose d'un bon niveau d'équipement sans être aussi onéreuse et extrême que la variante Rubicon.

Tout n'est pas parfait. L'habitacle est très sombre en soirée et plusieurs commandes ne sont pas éclairées. La visibilité arrière n'est pas très bonne non plus, à cause de la roue de secours qui obstrue la vitre du toit rigide, tout comme le large moteur de l'essuie-glace.

En conduite quotidienne, le Wrangler demeure somme toute assez civilisé, même si nombre de ses composantes sont d'abord optimisées pour la conduite hors route. Sa direction se montre relativement précise, mais lourde et très démultipliée. C'est essentiel en hors route, moins sur l'autoroute. La version Unlimited offre un confort supérieur en raison de son châssis allongé, sans trop réduire ses capacités hors route. À notre avis, il s'agit de la version à favoriser, d'autant plus que son coût n'est pas démesuré.

Données principales	
Emp. / lon. / lar. / haut.	2 946 / 4 697 / 1 877 / 1 842 mm
Coffre / réservoir	362 à 1 999 litres / 85 litres
Nbre coussins sécurité / ceintures	2 / 4
Suspension av. / arr.	essieu rigide, multibras / essieu rigide, multibras
Pneus avant / arrière	LT255/75R17 / LT255/75R17
Poids / Capacité de remorquage	1 957 kg / 1 588 kg (3 500 lb)

Composantes mécaniques	
Cylindrée, alim.	V6 3,6 litres atmos.
Puissance / Couple	285 ch / 260 lb-pi
Tr. base (opt) / Rouage base (opt)	M6 (A5) / 4x4
0-100 / 80-120 / V. max	9,3 s / 6,6 s / n.d.
100-0 km/h	49,1 m
Type / ville / route / CO_2	Ord / 14,2 / 11,0 / 5 870 kg/an

« AUCUN AUTRE VÉHICULE NE PEUT RIVALISER AVEC LE WRANGLER EN CE QUI A TRAIT À LA CAPACITÉ EN HORS ROUTE. MÊME PAS LAND ROVER ! »

DU NOUVEAU EN 2018

Quelques changements de couleurs de carrosserie. Une nouvelle génération du Wrangler serait bientôt dévoilée.

Photos : Jeep

Pour voir la liste complète des informations techniques, veuillez vous référer à la section statistiques.

JEEP | 389

KARMA **REVERO**

n.d. COTE DU GUIDE

(((SiriusXM)))

Prix : 169 000 $
Catégorie : Berline
Garanties : n.d.
Transport et prép. : n.d.
Ventes QC 2016 : 0
Ventes CAN 2016 : 0
Assemblage : Moreno Valley CA US

Fiabilité	Appréciation générale
Nouveau modèle	Nouveau modèle
Sécurité	Agrément de conduite
Nouveau modèle	Nouveau modèle
Consommation	Système multimédia
Nouveau modèle	Nouveau modèle

Cote d'assurance

Nouveau modèle

Connectivité multimédia

Android Auto

Apple CarPlay

➕ Carrosserie sublime • Habitacle luxueux • Bonne autonomie pour une hybride rechargeable • Technologiquement à point

➖ Poids très élevé • Prix d'achat exclusif • Fiabilité et valeur de revente inconnues • Peu d'espace intérieur

Concurrents
Porsche Panamera

Deuxième vie

Michel Deslauriers

Peu de bagnoles mises sur le marché auront été frappées par autant de malchance que la Fisker Karma. Produite entre 2011 et 2012, elle aurait connu une vie très courte si son design extérieur et son architecture n'étaient pas si prometteurs, et profite désormais d'une deuxième chance de se faire valoir.

Pour la petite histoire, Henrik Fisker a établi sa propre marque de voitures il y a une dizaine d'années, et le premier modèle commercialisé fut la Karma. Une berline aux lignes séduisantes, dessinée par Fisker lui-même, elle était technologiquement poussée à l'époque avec sa motorisation électrique, soutenue par un moteur à essence servant de générateur. Comme c'est le cas dans la Chevrolet Volt.

Hélas, après avoir vendu et livré des voitures entre novembre 2011 et novembre 2012, la production de la Karma avait été brusquement freinée après la faillite du seul fournisseur de batteries, A123 Systems. Pour ajouter à l'infortune de Fisker, plus de 300 unités fraîchement assemblées ont dû être envoyées à la casse, inondées par l'ouragan Sandy en octobre 2012. Ces deux coups de masse ont sonné le glas du petit constructeur.

LA RENAISSANCE

Suite à la faillite, le design et les plans de construction de l'auto ont été vendus à une compagnie chinoise nommée Wanxiang, qui exploite désormais une usine de fabrication en Californie. La marque s'appelle maintenant Karma, et la voiture, Revero.

Sa production a débuté à la fin de 2016, et la Revero est disponible au Canada avec, au moment de mettre sous presse, des concessionnaires à Montréal et à Toronto ainsi qu'un centre de service à Vancouver.

Elle est équipée de deux moteurs électriques produisant un total de 403 chevaux et d'un couple prodigieux de 981 livres-pied. Cette puissance est acheminée aux roues arrière par une transmission directe et un différentiel à glissement limité. Malgré son architecture en aluminium, la présence de toute cette mécanique ajoute du poids, et la Revero pèse 2 449 kilogrammes. Selon Karma, avec le mode Sport activé, la berline peut accélérer de 0 à 96 km/h (0-60 mi/h) en 5,4 secondes. On est loin des performances d'une Tesla, mais c'est tout de même rapide.

Le bloc de batteries de 21,4 kWh permet une autonomie électrique de 80 kilomètres, et une fois cette distance parcourue, un quatre cylindres turbo de 2,0 litres s'active, produisant de l'énergie aux batteries pour continuer à alimenter les moteurs électriques. Avec un réservoir d'essence de 36 litres, on peut continuer à rouler jusqu'à ce que l'on puisse brancher la voiture pour une recharge ou faire le plein de super, et son autonomie totale est estimée à 480 km. Branchée sur une borne de 240 volts, la Revero peut être chargée à bloc en trois heures.

LE GRAND LUXE

Étant une voiture de luxe coûtant plus de 100 000 $, on ne s'attend à rien de moins qu'à une finition des plus soignées. Les sièges sont recouverts d'un cuir riche, avec un design uni ou bicolore selon les goûts de l'acheteur. Pour les garnitures intérieures, on peut opter pour de fines boiseries ou de la fibre de carbone. Le système multimédia intègre un écran tactile sur lequel on accède à toutes les fonctionnalités audio et de climatisation. La chaîne audio à neuf haut-parleurs comprend deux ports USB ainsi que l'intégration Apple CarPlay et Android Auto.

La Revero est très longue et très large, mais sa ligne de toit est basse et l'habitacle à quatre passagers est très petit, tout comme la capacité de son coffre, évaluée à 195 litres. Ce n'est clairement pas un véhicule pour les voyages en famille. Un toit ouvrant n'est pas disponible, puisque ledit toit est recouvert d'un panneau solaire permettant de recharger la batterie de 12 volts, mais aussi le bloc de batteries de la voiture.

Malgré sa conception qui date de 10 ans déjà, la carrosserie de la Revero peut toujours faire tourner les têtes. Ses lignes sensuelles lui confèrent un style unique, alors que les ailes semblent caresser les roues de 21 pouces (22 pouces en option) comme une robe ou un habit bien ajusté à la forme du corps. Petite anecdote intéressante : les logos apposés sur la voiture sont peints à la main et insérés dans un anneau en aluminium.

La Revero est exclusive, dispendieuse, luxueuse et peu énergivore — du moins, en mode 100 % électrique. Évidemment, on ne peut se prononcer sur sa fiabilité ou sa valeur de revente pour l'instant, mais nous sommes heureux de voir que cette superbe berline a obtenu une deuxième chance de faire sa marque.

Données principales

Emp. / lon. / lar. / haut.	3160 / 4998 / 2133 / 1330 mm
Coffre / réservoir	195 litres / 36 litres
Nbre coussins sécurité / ceintures	8 / 4
Suspension av. / arr.	ind., bras inégaux / ind., multibras
Pneus avant / arrière	P245/40R21 / P265/40R21
Poids / Capacité de remorquage	2 449 kg / n.d.

Composantes mécaniques

BASE

Cylindrée, alim.	4L 2,0 litres turbo
Puissance / Couple	235 ch / n.d.
Tr. base (opt) / Rouage base (opt)	Rapport fixe / Prop
0-100 / 80-120 / V. max	5,4 s (est) / n.d. / 200 km/h (const)
100-0 km/h	n.d.
Type / ville / route / CO$_2$	n.d. / 13,0 / 12,5 / 2 280 (est) kg/an
Puissance combinée	n.d.
Consommatio équivalente	4,6 Le/100 km

MOTEUR ÉLECTRIQUE

Puissance / Couple	403 ch (300 kW) / 981 lb-pi
Type de batterie	Lithium-ion (Li-ion)
Énergie	21,4 kWh
Temps de charge (120V / 240V)	10,0 h / 3,0 h
Autonomie	80 km

> « **GRÂCE À SON DESIGN** ET SA MOTORISATION AVANCÉE, **LA FISKER KARMA,** DEVENUE **KARMA REVERO,** OBTIENT **UNE DEUXIÈME CHANCE** DE SE FAIRE VALOIR. »

DU NOUVEAU EN 2018

Nouveau modèle, introduit sur le marché au cours de 2017.

Photos : Karma

KARMA REVERO

KIA **CADENZA**

73% COTE DU GUIDE

((SiriusXM))

Prix : 36 295 $ à 45 795 $ (2017)
Catégorie : Berline
Garanties :
5 ans/100 000 km, 5 ans/100 000 km
Transport et prép. : 1 875 $
Ventes QC 2016 : 61 unités
Ventes CAN 2016 : 166 unités
Assemblage : Hwaseong KR

Fiabilité	Appréciation générale
■■■■■□□□□□	■■■■■■□□□□
Sécurité	Agrément de conduite
■■■■■■■□□□	■■■■■■□□□□
Consommation	Système multimédia
■■■■■■□□□□	■■■■■■□□□□

Cote d'assurance

$ $ $ $

Connectivité multimédia

Android Auto   Apple CarPlay

+ Silence de roulement • Motorisation puissante et peu énergivore • Espace intérieur surprenant • Rapport prix équipement • Style sophistiqué

– Son écusson Kia • Peu de choix de couleurs • Pas de rouage intégral pour l'hiver • Manque de punch (sauf en mode Sport)

Concurrents

Acura TLX, Buick LaCrosse, Infiniti Q70, Lexus ES, Lincoln MKZ

Une grande méconnue

Michel Deslauriers

Depuis son introduction en sol canadien pour le millésime 2013, la Cadenza s'est vendue en quantités très limitées. Ce n'est pas la faute à la voiture elle-même, c'est probablement parce que les consommateurs ne pensent pas à Kia quand vient le temps de se procurer une grande berline de luxe.

Si la première génération était intéressante par son design élégant, mais somme toute conservateur, la nouvelle Cadenza, lancée en 2017, arbore un style beaucoup plus sophistiqué et accrocheur, un habitacle encore plus luxueux et, comme c'est l'habitude chez Kia, une liste d'équipement exhaustive. Pourtant, le constructeur peine toujours à trouver des acheteurs.

Évidemment, les clients réguliers de BMW, Audi et Mercedes-Benz ne se laisseront vraisemblablement pas tenter par une Kia. Toutefois, ceux qui lorgnent l'acquisition d'une Buick LaCrosse, d'une Infiniti Q70 ou d'une Lexus ES devraient jeter un coup d'œil à la Cadenza, qui risque de les surprendre.

BELLE GUEULE

Quoique la forme générale de la berline n'ait pas changé, les stylistes ont réussi à rendre son apparence plus riche. La grille de calandre adopte non seulement la signature visuelle de Kia, mais ses lamelles concaves font plutôt chic et sa bande chromée supérieure s'étire sous les blocs optiques, alors que ceux-ci intègrent un éclairage à DEL en forme de Z. Le coffre arbore un couvercle légèrement arrondi et des feux surplombés d'une mince bande de chrome. Rien d'original, mais agréable à l'œil.

Par rapport à la première génération, les dimensions de la Cadenza n'ont presque pas changé. Toutefois, on a réussi à légèrement bonifier l'espace intérieur. Les occupants à l'arrière ont droit à un grand dégagement pour les jambes, et malgré un coussin central un peu ferme, comme c'est devenu la norme dans l'industrie, trois personnes prendront place en tout confort. Le coffre est vaste, tout comme son ouverture.

Kia mise beaucoup sur la déclinaison de base de la Cadenza pour plaire à une clientèle qui trouve les versions les mieux équipées de l'Optima trop sportives, et leurs prix sont similaires. Pour moins de 40 000 $, on obtient entre autres une sellerie de cuir, un volant et des sièges avant chauffants ainsi qu'un système multimédia avec écran tactile de sept pouces et une caméra de recul. Les versions supérieures ajoutent notamment un toit ouvrant panoramique, du cuir Nappa avec motifs matelassés, un plafonnier de toit recouvert de similisuède, un système de caméras à 360 degrés, des roues de 19 pouces et une excellente chaîne Harman/Kardon à 12 haut-parleurs. Tout ça pour moins de 50 000 $ avant les taxes.

LA DOUCEUR D'UN SIX

Une seule motorisation est proposée sous le capot de la Cadenza, parfaitement adaptée au caractère et à la mission de la voiture. Il s'agit d'un V6 de 3,3 litres développant 290 chevaux, assorti d'une boîte automatique à huit rapports qui achemine la puissance aux roues avant.

On a affaire à un six cylindres efficace par sa douceur de fonctionnement et sa consommation de carburant est raisonnable, notre moyenne durant l'essai se chiffrant à 9,4 l/100 km. La voiture est également équipée d'un système de modes de conduite, avec les réglages Eco, Confort, Sport et smart – ce dernier évaluant notre comportement au volant pour proposer le meilleur équilibre du moment. Pour bien ressentir toute la puissance du moteur, il faut nécessairement choisir le mode Sport, ce que la plupart des acheteurs de ce type de voiture feront rarement. Dans la Cadenza, on peut rouler des heures durant, en grand confort, avec sa suspension amortissant très bien les imperfections de la chaussée, sa direction dûment dosée et son habitacle insonorisé. Des qualités recherchées dans le cas de ceux qui trouvent les voitures de luxe d'aujourd'hui trop fermes sur la route, trop complexes d'utilisation et trop dispendieuses.

Qu'est-ce que l'on peut donc reprocher à la Cadenza ? Assurément, on ne s'achète pas cette berline pour ses prétentions sportives, et la même logique s'applique à une LaCrosse ou à une ES 350. Le gros problème, encore et toujours, c'est l'écusson de Kia collé sur le museau de la voiture. Si Hyundai est passé à la prochaine étape en isolant sa marque Genesis, pour lui donner un cachet plus luxueux, la Cadenza doit partager le plancher de vente avec des Rio à 15 000 $. De plus, seulement quatre couleurs de carrosserie sont offertes sur la Cadenza, soit blanc, noir, gris et brun. En revanche, ce sont celles que la clientèle typique choisirait de toute façon.

En somme, cette Kia s'adresse à une clientèle plus âgée, plus mature, et ces consommateurs gagneraient à la connaître davantage.

Données principales	
Emp. / lon. / lar. / haut.	2 855 / 4 970 / 1 870 / 1 470 mm
Coffre / réservoir	452 litres / 70 litres
Nbre coussins sécurité / ceintures	9 / 5
Suspension av. / arr.	ind., jambes force / ind., multibras
Pneus avant / arrière	P245/45R18 / P245/45R18
Poids / Capacité de remorquage	1 710 kg / n.d.

Composantes mécaniques	
BASE, LIMITÉE, PREMIUM	
Cylindrée, alim.	V6 3,3 litres atmos.
Puissance / Couple	290 ch / 253 lb-pi
Tr. base (opt) / Rouage base (opt)	A8 / Tr
0-100 / 80-120 / V. max	7,3 s (est) / 5,0 s (est) / n.d.
100-0 km/h	43,2 m (est)
Type / ville / route / CO_2	Ord / 11,5 / 8,5 / 4 740 kg/an

> « PAUVRE **CADENZA !** PAS FACILE, LA VIE D'UNE **GRANDE BERLINE DE LUXE** VENDUE SOUS LA BANNIÈRE D'UNE **MARQUE POPULAIRE.** »

DU NOUVEAU EN 2018

Aucun changement majeur au moment de mettre sous presse.

KIA **FORTE**

73 % COTE DU GUIDE

((SiriusXM))

Prix: 15 495 $ à 31 570 $ (2017)
Catégorie: Berline, Coupé, Hatchback
Garanties:
5 ans/100 000 km, 5 ans/100 000 km
Transport et prép.: 1 575 $
Ventes QC 2016: 5 334 unités
Ventes CAN 2016: 12 296 unités
Assemblage: Hwaseong KR

Fiabilité	Appréciation générale
■■■■■■□□□□	■■■■■■■□□□
Sécurité	Agrément de conduite
■■■■■■■□□□	■■■■■□□□□□
Consommation	Système multimédia
■■■■■□□□□□	■■■■■■■□□□

Cote d'assurance

$ $ $ $

Connectivité multimédia

Android Auto   Apple CarPlay

+ Rapport prix équipement • Moteur turbo musclé • Choix de carrosseries • Belle polyvalence (Forte5)

− Moteur de base limitrophe • Valeur de revente toujours inférieure • Raffinement perfectible • Direction peu communicative

Concurrents
Chevrolet Cruze, Ford Focus, Honda Civic, Hyundai Elantra, Mazda3, Mitsubishi Lancer, Nissan Sentra, Subaru Impreza, Toyota Corolla, Volkswagen Golf, Volkswagen Jetta

En mode conquête

Mathieu St-Pierre

Kia n'a pas froid aux yeux. En feuilletant les pages réservées à ce constructeur dans votre *Guide de l'auto 2018*, vous remarquerez que toute sa gamme a récemment été revue. Kia propose maintenant des véhicules particulièrement intéressants dans chacune des catégories clés.

Les Forte et Sportage ont beaucoup de pain sur la planche, mais heureusement, Kia a prévu le coup. La Forte, par exemple, a été remaniée pour le millésime 2017, dans le but de la moderniser et de lui greffer un nouveau moteur. Si la voiture demeure concurrentielle, elle ne se mesure pas moins à l'incontournable Honda Civic. À bien étudier la liste d'équipement, en passant par la version SX de la Forte5 à moteur turbo, on constate qu'elle s'en prend aussi à la Volkswagen Golf GTI.

Les Forte, Forte5 et Forte Koup sont les Pharmacies Jean Coutu des voitures, où l'on trouve de tout et peut-être même du plaisir.

MOTORISATION ET ROULEMENT
Le titre du texte de mon collègue Marc-André Gauthier, paru sur le site www.guideautoweb.com à la suite du lancement de la nouvelle Forte, résume parfaitement mon sentiment à l'égard de cette voiture : « L'homme qui touche à tout ne maîtrise rien. » Autrement dit, la Forte est une voiture compacte qui répondra probablement à la majorité de vos attentes, mais elle ne se démarque pas suffisamment de ses rivales.

D'emblée, la Forte LX berline de base est l'unique version motivée par le nouveau quatre cylindres de 2,0 litres à cycle Atkinson. Le seul argument justifiant l'acquisition de ce moteur serait pour la boîte manuelle offerte de série. Cette dernière se manipule aisément, sans plus. Sinon, le 2,0 litres GDI de milieu de gamme est plus puissant, répond mieux aux demandes du conducteur et la hausse de la consommation d'essence est négligeable. L'automatique à six rapports, fidèle au poste, se débrouille bien.

De loin, le moteur le plus intéressant s'avère le quatre cylindres turbocompressé de 1,6 litre. Il dispose de 201 chevaux et de beaucoup de couple. Son couple de 195 livres-pied est disponible à aussi peu que 1 500 tr/min, ce qui explique largement le plaisir que l'on trouve à conduire une Forte, avec le moteur T-GDI. Ici, si vous cherchez à changer de rapports vous-même, vous n'avez pas d'autres choix que celui d'opter pour la Koup. Si c'est la version à hayon qui vous intéresse, la seule boîte offerte est l'automatique à double embrayage, à sept rapports. Toutefois, ce n'est pas une punition puisqu'elle est franchement efficace.

L'une des améliorations apportées à la mécanique est une réponse plus immédiate de l'accélérateur. Peu importe le mode de conduite sélectionné, le résultat est appréciable. Sur la route, la Forte amortit aisément la majorité des imperfections de nos superbes voies urbaines, tout en gardant un léger penchant plus sport que confort. Les SX T-GDI proposent un peu moins de débattement et puisqu'elles sont équipées de jantes de 18 pouces, le roulement est beaucoup plus ferme. La direction électrique transmet peu d'information au conducteur et est d'une précision moyenne. Les freins, cependant, en particulier sur la SX, sont athlétiques.

LE TOUT EST DANS LE CONTENU

Avouons que les changements esthétiques apportés l'année dernière à la gamme Forte sont difficiles à remarquer de loin, mais on doit aussi admettre que c'est réussi. Selon nous, seule la Forte5 mérite un sérieux coup d'œil, car rien ne bat la polyvalence d'une cinq portes avec hayon.

Si les versions plus luxueuses (EX et SX) sont choyées à l'extérieur par de belles grosses jantes et des phares au xénon, une LX à 20 000 $ surprend par son habitacle comprenant sièges avant chauffants, caméra de recul et bien plus. De série, on retrouve la radio satellite, la connectivité Bluetooth et on en passe. Et rendu à 30 000 $, le niveau d'équipement fait honte à plusieurs voitures deux fois plus chères. L'ensemble de l'habitacle est d'une belle finition. Toutefois, certains matériaux ont un aspect bon marché, chose qu'on ne retrouve plus chez une Mazda3 notamment. La disposition des commandes est parfaite et les places, à l'avant comme à l'arrière, sont confortables.

L'élément final que Kia aura à redresser est le raffinement de l'ensemble de la Forte. Bon nombre des dernières voitures compactes sorties procurent une finesse égale ou même supérieure à celui des berlines intermédiaires. Je pense spécifiquement aux Mazda3 et Subaru Impreza, sans oublier la Golf de Volkswagen. Par contre, son prix justifie que certains arrêtent leur choix sur la Forte.

Données principales

Emp. / lon. / lar. / haut.	Berline - 2700 / 4560 / 1780 / 1430 mm
	Coupé - 2700 / 4530 / 1780 / 1410 mm
	Hatchback - 2700 / 4350 / 1780 / 1450 mm
Coffre / réservoir	Berline - 421 litres / 50 litres
	Coupé - 378 litres / 50 litres
	Hatchback - 657 litres / 50 litres
Nbre coussins sécurité / ceintures	6 / 5
Suspension av. / arr.	ind., jambes force / semi-ind., poutre torsion
Pneus avant / arrière	P195/65R15 / P195/65R15
Poids / Capacité de remorquage	Berline - 1374 kg / n.d.
	Coupé - 1353 kg / n.d.
	Hatchback - 1412 kg / n.d.

Composantes mécaniques

BERLINE LX

Cylindrée, alim.	4L 2,0 litres atmos.
Puissance / Couple	147 ch / 132 lb-pi
Tr. base (opt) / Rouage base (opt)	M6 (A6) / Tr
0-100 / 80-120 / V. max	9,0 s / 5,9 s / n.d.
100-0 km/h	42,8 m
Type / ville / route / CO_2	Ord / 9,4 / 6,8 / 3786 kg/an

5 EX, 5 LX+, BERLINE EX, BERLINE SX

Cylindrée, alim.	4L 2,0 litres atmos.
Puissance / Couple	164 ch / 151 lb-pi
Tr. base (opt) / Rouage base (opt)	M6 (A6) / Tr
0-100 / 80-120 / V. max	n.d. / n.d. / n.d.
100-0 km/h	n.d.
Type / ville / route / CO_2	Ord / 9,8 / 7,3 / 3 991 kg/an

5 SX, KOUP SX LUXE

Cylindrée, alim.	4L 1,6 litre turbo
Puissance / Couple	201 ch / 195 lb-pi
Tr. base (opt) / Rouage base (opt)	A7 / Tr
0-100 / 80-120 / V. max	7,5 s / 5,5 s / n.d.
100-0 km/h	n.d.
Type / ville / route / CO_2	Ord / 9,4 / 7,9 / 4 014 kg/an

DU NOUVEAU EN 2018

Aucun changement majeur au moment d'aller sous presse.

Pour voir la liste complète des informations techniques, veuillez vous référer à la section statistiques.

KIA | 395

KIA **NIRO**

77 % COTE DU GUIDE

((SiriusXM))

Prix : 24 995 $ à 32 995 $ (2017)
Catégorie : VUS
Garanties :
5 ans/100 000 km, 5 ans/100 000 km
Transport et prép. : 1 840 $
Ventes QC 2016 : 0
Ventes CAN 2016 : 0
Assemblage : Hwaseong KR

Fiabilité	Appréciation générale
Nouveau modèle	■■■■■■□□□□
Sécurité	Agrément de conduite
■■■■■■■□□□	■■■■■■□□□□
Consommation	Système multimédia
■■■■■■■■□□	■■■■■□□□□□

Cote d'assurance

Nouveau modèle

Connectivité multimédia

Aucune

➕ Rapport prix équipement •
Consomme peu • Bonne polyvalence •
Bon comportement routier

➖ Freins qui manquent de mordant •
Manque un peu de puissance à
haut régime • Pas de cache-bagages
dans la version de base •
Pas de rouage intégral

Concurrents
Buick Encore, Chevrolet Trax,
Fiat 500X, Honda HR-V, Jeep Renegade,
Mazda CX-3, MINI Countryman,
Mitsubishi RVR, Subaru Crosstrek,
Toyota C-HR

De tout pour tous

Michel Deslauriers

Pour attiser l'intérêt des consommateurs envers une voiture, la recette est relativement simple : une consommation d'essence peu élevée, une bonne liste d'équipement technologique et une belle gueule, le tout offert à prix abordable. Ajoutez la polyvalence d'un hayon et un succès commercial est quasi assuré.

C'est la recette qu'on a appliquée chez Kia en introduisant le tout nouveau Niro, du moins en version hybride. En effet, au Canada le Niro sera éventuellement proposé en version hybride rechargeable aussi, mais pas en version 100 % électrique, contrairement à la Hyundai Ioniq avec qui il partage sa plate-forme. L'autre différence entre ces deux modèles, c'est que la Hyundai est une voiture alors que le Kia est vendu comme un multisegment.

Contrairement à certains véhicules hybrides comme la Toyota Prius, qui affiche clairement ses couleurs en tant que voiture écologique, le Niro concurrence plutôt la Toyota Prius v et la Ford C-MAX aux designs plus conservateurs. Sa garde au sol légèrement plus relevée, ses contours d'ailes en plastique noir et ses longerons de toit sur les déclinaisons supérieures confèrent au Niro une apparence plus robuste, prête pour l'aventure.

Il faut avouer qu'un véhicule tel le Kia Niro peut intéresser à la fois les jeunes familles ainsi que les *baby-boomers* qui apprécieront sa polyvalence et son espace de chargement. En abaissant les dossiers des sièges arrière, on se retrouve avec un volume allant jusqu'à 1 789 litres dans la version hybride, ce qui est très appréciable.

DISCRET HYBRIDE
Un seul écusson sur le hayon révèle la motorisation hybride du Kia Niro. Sous le capot, on retrouve un quatre cylindres de 1,6 litre jumelé à un moteur électrique, unissant leurs efforts pour produire 139 chevaux. Une puissance similaire à celle de la Prius, mais son couple maximal de 195 livres-pied est beaucoup plus élevé. Et contrairement à la plupart des hybrides qui

utilisent une boîte à variation continue, le Niro dispose plutôt d'une automatique à six rapports avec double embrayage.

Les accélérations sont peut-être moins franches que ce à quoi l'on s'attendait, compte tenu du couple élevé de la motorisation, mais en général, les performances du Niro sont plus agréables que celles de la Prius v, surtout à bas régime. La boîte automatique est programmée pour maximiser l'économie d'essence, mais on peut activer le mode Sport pour la dégourdir un peu. Le comportement routier de ce petit multisegment hybride surprend aussi. On sent la caisse solide, la suspension est bien réglée à la fois pour le confort et pour la tenue de route, et le constructeur ne lésine pas sur la qualité des pneumatiques, du moins sur les véhicules qu'on a essayés.

La version de base du Kia Niro affiche une consommation de 4,5 l/100 km en ville et de 4,8 sur l'autoroute. Il est donc plus écoénergétique que la Prius v, la C-MAX et tout autre VUS compact, y compris le Toyota RAV4 hybride. En revanche, ce dernier offre l'adhérence hivernale d'un rouage intégral, alors que le Niro est un véhicule à roues motrices avant.

Le Niro hybride rechargeable reçoit évidemment une batterie de plus grande capacité, ce qui réduit légèrement la capacité du coffre. Selon Kia, le véhicule peut couvrir une distance d'environ 43 km avec une pleine charge.

PLAISIRS BASIQUES

On ne le dit pas souvent, mais c'est en fait la version de base du Niro hybride qui nous semble la plus intéressante. Pour un prix d'environ 25 000 $, celle-ci comprend des sièges avant chauffants, un volant chauffant gainé de cuir, un climatiseur automatique bizone, un système d'infodivertissement UVO à écran tactile de sept pouces, une caméra de recul, des jantes en alliage de 16 pouces et beaucoup plus. En fait, tout ce qu'il manque de vraiment important, c'est un cache-bagages, que l'on peut acheter chez le concessionnaire.

Le Niro hybride rechargeable coûtera évidemment beaucoup plus cher, et si votre trajet quotidien se résume principalement à l'autoroute, ce n'est peut-être pas le choix pour vous. Si vous roulez surtout en ville, selon les incitatifs gouvernementaux la version rechargeable pourrait gagner en intérêt.

Le nom Prius est devenu un synonyme de mobilité écologique, et le Niro aura fort à faire pour convaincre le public qu'il est aussi compétent dans le domaine. Ça prendra sûrement quelques années, mais en attendant, sachez qu'il est plus intéressant à conduire que la voiture verte de Toyota.

Données principales

Emp. / lon. / lar. / haut.	2700 / 4355 / 1805 / 1535 mm
Coffre / réservoir	548 à 1789 litres / 45 litres
Nbre coussins sécurité / ceintures	7 / 5
Suspension av. / arr.	ind., jambes force / ind., multibras
Pneus avant / arrière	P205/60R16 / P205/60R16
Poids / Capacité de remorquage	1488 kg / n.d.

Composantes mécaniques

Cylindrée, alim.	4L 1,6 litre atmos.
Puissance / Couple	104 ch / 109 lb-pi
Tr. base (opt) / Rouage base (opt)	A6 / Tr
0-100 / 80-120 / V. max	n.d. / n.d. / n.d.
100-0 km/h	n.d.
Type / ville / route / CO$_2$	Ord / 4,6 / 5,1 / 2260 kg/an
Puissance combinée / Couple	139 ch / 195 lb-pi
MOTEUR ÉLECTRIQUE	
Puissance / Couple	43 ch (32 kW) / 125 lb-pi
Type de batterie	Lithium-ion polymère (Li-Po)
Énergie	1,6 kWh

HYBRIDE RECHARGEABLE (DONNÉES PRÉLIMINAIRE)

Puissance / Couple	60 ch (45 kW) / 125 lb-pi
Type de batterie	Lithium-ion polymère (Li-Po)
Énergie	8,9 kWh
Autonomie	43 km

« LE KIA NIRO, UN RIVAL À LA TOYOTA PRIUS V ET À LA FORD C-MAX, S'AVÈRE PLUS AMUSANT À CONDUIRE ET MOINS ÉNERGIVORE DE SURCROÎT. »

DU NOUVEAU EN 2018

Modèle introduit en 2017, aucun changement majeur.

Pour voir la liste complète des informations techniques, veuillez vous référer à la section statistiques.

KIA | 397

KIA **OPTIMA**

81% COTE DU GUIDE

Prix: 23 995 $ à 45 496 $ (2017)
Catégorie: Berline
Garanties:
5 ans/100 000 km, 5 ans/100 000 km
Transport et prép.: 1 875 $
Ventes QC 2016: 1 268 unités
Ventes CAN 2016: 5 243 unités
Assemblage: West Point GA US

Fiabilité
■■■■■■■■■□□

Sécurité
■■■■■■■■■□

Consommation
■■■■■■□□□□

Appréciation générale
■■■■■■■□□□

Agrément de conduite
■■■■■■■□□□

Système multimédia
■■■■■■■■□□

Cote d'assurance

$ $ $ $

Connectivité multimédia

Aucune

+ Design réussi • Ergonomie
exemplaire • Bon choix de moteurs •
Performance du turbo •
Garantie bienveillante

– Visibilité vers l'arrière • Bruit de
roulement • Petitesse du coffre (Hybride
et PHEV) • Banquette arrière non
rabattable (Hybride et PHEV)

Concurrents
Buick Regal, Chevrolet Malibu, Ford
Fusion, Honda Accord, Hyundai Sonata,
Mazda6, Nissan Altima, Subaru Legacy,
Toyota Camry, Volkswagen Passat

Celle par qui tout a commencé

Jean-François Guay

C omme Hyundai, Kia a enfin réussi à se débarrasser de son image de véhicule bon marché. Dans sa quête d'identité, Kia a également voulu se distinguer de Hyundai en offrant des modèles plus singuliers. Mais avant de trouver sa voie, Kia a dû surmonter de nombreux obstacles. En plus d'embellir les carrosseries et les habitacles, les ingénieurs ont dû mettre la main à la pâte pour moderniser les groupes motopropulseurs et l'ensemble des technologies. Cela dit, la berline Optima est un des modèles qui ont amorcé le grand virage de Kia, au début des années 2010.

En 2011, le dévoilement de l'Optima avait créé toute une commotion. Le design était inédit pour une voiture sud-coréenne et une motorisation turbo était offerte en prime. On ne le répétera jamais assez, mais la reviviscence de Kia est l'œuvre du designer vedette Peter Schreyer; l'Optima a été le premier modèle conçu entièrement sous sa direction. Cette année, le styliste allemand fêtera sa douzième année chez Kia, une période durant laquelle les ventes mondiales sont passées d'un million à plus de trois millions d'unités annuellement.

UN MARCHÉ CONCURRENTIEL
Avec des parts de marché à la baisse, la catégorie des berlines intermédiaires n'est pas la plus populaire au Québec. Ce sont plutôt les voitures compactes qui ont la cote. Les automobiles de taille intermédiaire comme l'Optima sont nettement plus appréciées aux États-Unis, où elles dominent les ventes de voitures.

Pour être aussi innovante que ses semblables, l'Optima s'est mise au diapason en ajoutant une motorisation hybride rechargeable (PHEV) à son catalogue. L'addition de cette mécanique écoénergétique porte à quatre le nombre de moteurs disponibles au Canada si l'on exclut le quatre cylindres turbo de 1,6 litre qui a été supprimé du marché canadien en 2017, faute d'acheteurs.

Les versions d'entrée de gamme de l'Optima sont animées par l'increvable quatre cylindres de 2,4 litres et 185 chevaux. Il s'agit d'un moteur sans histoire et peu sophistiqué malgré l'injection directe d'essence. Somme toute, le quatre cylindres de 2,0 litres turbocompressé s'avère plus intéressant, quoiqu'il soit plus dispendieux à l'achat, à l'entretien et à la pompe. Développant 245 chevaux, il sied mieux à la personnalité sportive de l'Optima en étant capable de passer de 0 à 100 km/h en moins de sept secondes. Les deux moteurs sont arrimés de série à une boîte automatique à six rapports. Pour les nostalgiques de la pédale d'embrayage, sachez que la boîte manuelle n'est plus offerte depuis 2014.

Du côté des hybrides, on retrouve désormais deux procédés. Le premier est une motorisation hybride incluant un quatre cylindres de 2,0 litres (154 ch), un moteur électrique (38 kW et une batterie au lithium-ion polymère d'une capacité de 1,76 kWh En conduisant doucement, il est concevable de maintenir une consommation moyenne en deçà de 6 l/100 km.

Pour réduire davantage sa dépendance au pétrole, il est possible d'opter pour une motorisation hybride rechargeable (PHEV), dont la puissance du moteur électrique (50 kW et de la batterie lithium-ion polymère de 9,8 kWh permet de rouler en mode tout électrique sur une distance d'environ 47 kilomètres selon Kia. Une fois la batterie complètement déchargée en mode tout électrique, le système hybride conventionnel prend la relève. Par rapport à ses concurrentes, qui sont équipées d'une détestable boîte CVT, les Optima hybrides jouissent d'une boîte automatique à six rapports.

LAQUELLE CHOISIR?

Si vous hésitez entre l'Optima Hybride et l'Optima PHEV à cause de la différence de prix, dans vos calculs, n'oubliez pas de compter le rabais gouvernemental de 4 000 $ qui s'applique à l'acquisition d'un véhicule hybride rechargeable. Outre les tarifs élevés, quelques personnes pourraient désenchanter face à une Optima PHEV ou Hybride à cause de la petitesse du coffre à bagages (juste assez grand pour accueillir quelques sacs d'épicerie) comparativement à la caverne qu'abrite une Optima à motorisation conventionnelle.

Peu importe la version, l'Optima offre une conduite prévisible avec un soupçon de sportivité. En la comparant à ses rivales jugées pour la plupart moins agiles en virage, la fermeté des éléments suspenseurs se traduit par des bruits de roulement plus prononcés. Au volant, l'instrumentation est facile à consulter et l'on apprécie l'axe du tableau de bord orienté vers le conducteur. Le champ de vision est correct, mais la faible visibilité vers l'arrière fera maugréer à l'occasion. Heureusement, la caméra de recul et les détecteurs d'angles morts veillent au grain.

Données principales

Emp. / lon. / lar. / haut.	2 805 / 4 855 / 1 860 / 1 460 mm
Coffre / réservoir	280 à 450 litres / 70 litres
Nbre coussins sécurité / ceintures	6 / 5
Suspension av. / arr.	ind., jambes force / ind., multibras
Pneus avant / arrière	P205/65R16 / P205/65R16
Poids / Capacité de remorquage	1720 kg / n.d.

Composantes mécaniques

HYBRIDE

4L 2,0 l - 154 ch/140 lb-pi - A6 - 0-100: n.d. - 6,0/5,1 l/100 km

Consommation combinée	n.d.

MOTEUR ÉLECTRIQUE

Puissance / Couple	51 ch (38 kW) / 151 lb-pi
Type de batterie	Lithium-ion polymère (Li-Po)
Énergie	1,8 kWh
Temps de charge (120V / 240V)	n.d. / n.d.
Autonomie	n.d.

PHEV

4L 2,0 l - 154 ch/140 lb-pi - A6 - 0-100: 8,4 s - 6,2/5,5 l/100 km

Consommation équivalente	2,3 Le/100 km

MOTEUR ÉLECTRIQUE

Puissance / Couple	67 ch (50 kW) / 270 lb-pi
Type de batterie	Lithium-ion polymère (Li-Po)
Énergie	9,8 kWh
Temps de charge (120V / 240V)	n.d. / 3,0 h
Autonomie	47 km

EX, LX

Cylindrée, alim.	4L 2,4 litres atmos.
Puissance / Couple	185 ch / 178 lb-pi
Tr. base (opt) / Rouage base (opt)	A6 / Tr
0-100 / 80-120 / V. max	n.d. / n.d. / n.d.
100-0 km/h	n.d.
Type / ville / route / CO$_2$	Ord / 9,6 / 6,8 / 3703 (est) kg/an

SX TURBO

Cylindrée, alim.	4L 2,0 litres turbo
Puissance / Couple	245 ch / 260 lb-pi
Tr. base (opt) / Rouage base (opt)	A6 / Tr
0-100 / 80-120 / V. max	6,9 s / n.d. / n.d.
100-0 km/h	n.d.
Type / ville / route / CO$_2$	Ord / 10,9 / 7,6 / 4 239 (est) kg/an

DU NOUVEAU EN 2018

Aucun changement majeur au moment de mettre sous presse.

Photos : Kia

Pour voir la liste complète des informations techniques, veuillez vous référer à la section statistiques.

KIA | 399

KIA **RIO**

Données 2017
Prix : 15 000 $ à 21 000 $ (estimé)
Catégorie : Berline, Hatchback
Garanties :
5 ans/100 000 km, 5 ans/100 000 km
Transport et prép. : 1 575 $
Ventes QC 2016 : 3 760 unités
Ventes CAN 2016 : 7 636 unités
Assemblage : Gwangmyeong KR

Fiabilité	Appréciation générale
■■■■■□□□□□	■■■■■■□□□□
Sécurité	Agrément de conduite
■■■■■■■□□□	■■■■■■□□□□
Consommation	Système multimédia
■■■■■■□□□□	■■■■■■□□□□

Cote d'assurance

$ $ $ $

Connectivité multimédia

Android Auto   Apple CarPlay

➕ Voiture plutôt jolie • Comportement routier correct • Équipement complet (version EX) • Polyvalence étonnante (Rio 5 portes)

➖ Voiture assez bruyante en accélération • Direction floue • Consommation décevante • Performances en retrait

Concurrents
Chevrolet Sonic, Ford Fiesta, Honda Fit, Hyundai Accent, Nissan Versa Note, Toyota Yaris

Nouveau design, nouvel espoir

Frédéric Mercier

Dans le monde des sous-compactes, 2018 pourrait très bien être l'année de la Kia Rio. Dans l'ombre des grosses pointures de sa catégorie depuis trop longtemps, la Rio nous revient sous un tout nouveau jour. Et son simple design risque d'attirer plusieurs curieux chez les concessionnaires Kia de la province.

Ce design, Kia le doit à un homme du nom de Peter Schreyer. Designer réputé dans l'univers automobile, Schreyer est notamment l'homme derrière la Volkswagen New Beetle et l'Audi TT. Après des années passées chez Volks, Schreyer œuvre maintenant chez la famille Kia, et son influence n'est pas difficile à flairer. Jetez un œil à l'Optima ou à la nouvelle Cadenza. Depuis quelques années, la signature de Kia commence à avoir de la gueule. Et l'on partait de loin.

ENFIN UN LOOK QUI A DE LA GUEULE

Tout ça pour dire qu'en 2018, la Rio adopte finalement un style qui nous donne envie de prendre place à bord. La génération sortante était loin d'être hideuse, néanmoins, disons que dans une mare de modèles similaires, elle n'avait rien pour sortir la tête de l'eau.

La nouvelle Rio semble maintenant plus à point, plus mature que jamais. C'est comme si, après tout ce temps, Kia avait enfin trouvé sa voie. La Rio propose désormais des petits airs de Volkswagen, tout en conservant une attitude qui lui est propre. C'est réussi sur toute la ligne.

Le design, c'est bien beau, mais ce n'est pas ça qui fait le succès d'une voiture. Du moins, pas dans le créneau des sous-compactes. Ça fera certainement du bien à la Rio, toutefois, ce qui faisait cruellement mal à la version 2017, c'était d'abord et avant tout une gamme de prix peu concurrentielle et une conduite en deçà des standards de sa catégorie. Kia a l'ambition de régler ces points avec la nouvelle Rio. Par contre, comme le modèle n'était toujours pas en vente au moment d'écrire ces lignes, on ne peut malheureusement pas en livrer nos impressions de conduite.

MOINS DE PUISSANCE, PLUS D'ÉQUIPEMENTS

Aujourd'hui construite dans une usine flambant neuve au Mexique, la Rio 2018 est attendue chez les concessionnaires quelque part à l'automne 2017. Ce qu'on sait pour l'instant, c'est que la nouvelle Rio demeure équipée d'un moteur à quatre cylindres de 1,6 litre, le même qui se trouve sous le capot de la petite Hyundai Accent, elle aussi renouvelée de fond en comble pour 2018. La motorisation reste essentiellement la même, bien que Kia lui ait apporté quelques petites modifications dans le but d'en améliorer le rendement écoénergétique. Cela se traduit aussi par une légère perte de puissance pour la nouvelle Rio par rapport au modèle de 2017.

Au lieu des 137 chevaux et des 123 livres-pied qui étaient proposés l'an dernier, Kia parle maintenant d'une cavalerie limitée à 130 chevaux et d'un couple de 119 livres-pied. Pour ce qui est de la boîte de vitesses, les deux mêmes options s'inscrivent au menu : une manuelle ou une automatique, toutes deux comptant six rapports.

Les cotes de consommation n'ont pas encore été confirmées, mais en se fiant à ce qui a été annoncé par Hyundai avec l'Accent, on peut s'attendre à une réduction d'environ 7 % de la consommation d'essence. En 2017, les chiffres officiels faisaient état d'une consommation combinée ville/route de 7,8 l/100 km. Pour un véhicule de ce gabarit, Kia peut nettement faire mieux.

Le constructeur coréen tentera également de regagner son auditoire canadien en intégrant un équipement beaucoup plus complet qu'auparavant. Un écran tactile diffusant les images d'une caméra de recul de série fait partie de la liste d'équipements proposée par la nouvelle sous-compacte. On a en outre confirmé que son système d'infodivertissement est compatible avec Android Auto et Apple CarPlay.

Dans la liste des options, l'offre de Kia s'élargit, proposant notamment un démarrage sans clé par bouton-poussoir, des jantes en alliage de 17 pouces et une application mobile permettant de contrôler certains paramètres de sa voiture, à distance. Kia entend de surcroît jouer la carte de la sécurité avec l'avènement de quelques technologies d'aide à la conduite qui s'avéraient encore indisponibles sur le modèle de 2017. Désormais, la Rio ira même jusqu'à freiner automatiquement si le système détecte un risque de collision frontale imminente. Cependant, tout ça n'a aucune valeur si la Rio ne propose pas finalement un comportement routier digne de son design. Il est là, le grand défi de Kia.

L'an dernier, dans les pages du *Guide de l'auto 2017*, notre collègue, Jacques Deshaies, affirmait que la Rio avait besoin d'un rafraîchissement. C'est maintenant chose faite, et il reste à voir si Kia saura établir une échelle de prix concurrentielle. Si c'est le cas, attendez-vous à en croiser bon nombre sur nos routes. Enfin, il y a de l'espoir.

Données principales

Emp. / lon. / lar. / haut.	**Berline** - 2581 / 4384 / 1725 / 1450 mm
	Hatchback - 2581 / 4064 / 1725 / 1450 mm
Coffre / réservoir	**Berline** - 388 litres / 45 litres
	Hatchback - 493 à 929 litres / 45 litres
Nbre coussins sécurité / ceintures	6 / 5
Suspension av. / arr.	ind., jambes force / semi-ind., poutre torsion
Pneus avant / arrière	P185/65R15 / P185/65R15
Poids / Capacité de remorquage	**Berline** - 1231 kg / n.d.
	Hatchback - 1231 kg / n.d.

Composantes mécaniques

Cylindrée, alim.	4L 1,6 litre atmos.
Puissance / Couple	130 ch / 119 lb·pi
Tr. base (opt) / Rouage base (opt)	M6 (A6) / Tr
0-100 / 80-120 / V. max	n.d. / n.d. / n.d.
100-0 km/h	n.d.
Type / ville / route / CO$_2$	Ord / 8,7 / 6,3 / 3 505 (est) kg/an

« EN 2018, LA RIO ADOPTE ENFIN UN STYLE QUI **NOUS DONNE ENVIE DE PRENDRE PLACE À BORD.** LA SOUS-COMPACTE CORÉENNE EST DÉSORMAIS **PLUS MATURE. »**

DU NOUVEAU EN 2018

Nouveau modèle

Photos : Kia

Pour voir la liste complète des informations techniques, veuillez vous référer à la section statistiques.

KIA | 401

KIA RIO

KIA **SEDONA**

75% COTE DU GUIDE

((·SiriusXM·))

Prix: 27 995 $ à 46 695 $ (2017)
Catégorie: Fourgonnette
Garanties:
5 ans/100 000 km, 5 ans/100 000 km
Transport et prép.: 1 855 $
Ventes QC 2016: 938 unités
Ventes CAN 2016: 4 792 unités
Assemblage: Gwangmyeong KR

Fiabilité
■■■■■■■□□□

Appréciation générale
■■■■■■■□□□

Sécurité
■■■■■■■■□□

Agrément de conduite
■■■■■■□□□□

Consommation
■■■■■■□□□□

Système multimédia
■■■■■■■□□□

Cote d'assurance

$ $ $ $

Connectivité multimédia

Android Auto   Apple CarPlay

➕ Polyvalence indéniable •
Bonne motorisation • Beaucoup de
caractéristiques • Style dynamique •
Finition intérieure appréciable

➖ Consommation élevée en ville •
Sièges de deuxième rangée non
amovibles • Poids et gabarit importants •
Prix élevé des versions SXL et SXL+

Concurrents
Chrysler Pacifica,
Dodge Grand Caravan,
Honda Odyssey, Toyota Sienna

Pour se faciliter la vie

Michel Deslauriers

Personne ne rêve de s'acheter une fourgonnette. Après tout, c'est un véhicule au gabarit imposant, qui n'est pas des plus écoénergétiques et qui n'offre pas une conduite des plus inspirées. On se procure plutôt ce type de véhicule pour son extrême polyvalence, il nous facilite grandement la vie, surtout avec des enfants ou des adolescents qui veulent leur espace.

Chez Kia, la Sedona doit faire sa place aux côtés du Sorento, un VUS intermédiaire accueillant jusqu'à sept personnes, au look plus à la mode et à l'échelle de prix similaire. La Chrysler Pacifica et la Honda Odyssey sont les deux nouveautés du segment, mais n'oublions pas la Toyota Sienna, qui se paye un léger rafraîchissement pour 2018, et la Dodge Grand Caravan, qui prolonge sa carrière d'une autre année grâce à d'importants rabais du constructeur.

Parmi ce petit groupe de fourgonnettes, la Sedona est probablement celle qui parvient le mieux à cacher ses dimensions. Son design, plutôt dynamique, est particulièrement réussi avec une calandre élégante, certains détails stylistiques, comme la fenestration amincie à l'arrière et l'aileron sur le hayon, des éléments qui lui confèrent des airs de VUS. Pas une mauvaise stratégie du tout.

MOTORISATION SIMPLE, MAIS EFFICACE

Sous le capot de la Sedona, on retrouve un V6 de 3,3 litres développant 276 chevaux, acheminés aux roues avant par l'entremise d'une boîte automatique à six rapports. Cette motorisation fait le travail, avec une puissance livrée rapidement et une douceur à laquelle on s'attend d'un bon V6. De plus, la boîte automatique permet à ce dernier de tourner à bas régime sur l'autoroute, contribuant certainement à l'économie d'essence. Tant mieux, car la Sedona consomme généralement entre 11 et 14,5 l/100 km, selon nos habitudes de conduite et selon la saison.

Contrairement à la croyance populaire, il est possible d'avoir du plaisir au volant d'une fourgonnette, du moins, en se limitant à des accélérations en ligne droite. En ce qui a trait à la tenue de route, le poids de la Sedona rentre évidemment en jeu et son centre de gravité élevé calmera nos ardeurs sur les rampes de sorties d'autoroute. De toute façon, on donnerait le mal des transports aux enfants rivés sur leur tablette numérique, et Rex le chien risquerait de gerber son déjeuner, alors vaut mieux prendre les courbes en douceur. Autrement, on peut remorquer une charge allant jusqu'à 1 588 kilogrammes (3 500 livres), la norme dans le royaume des fourgonnettes.

LA CHASSE AUX VENTES-DÉBARRAS EST OUVERTE

Les versions de base ainsi que les mieux équipées de la Sedona offrent de la place pour sept passagers, alors que les déclinaisons de milieu de gamme peuvent accommoder une personne de plus. Dans tous les cas, la troisième rangée se rabat à plat dans le plancher, alors que les sièges de deuxième rangée sont repliables, mais pas amovibles, exception faite de la place centrale. Les sièges capitaine de deuxième rangée des versions SXL et SXL+ disposent même d'un repose-pieds escamotable.

En jetant tout le monde dehors, on se retrouve avec un espace cargo maximal de 4 022 litres, équivalant à celui des fourgonnettes, à quelques litres près. Même avec tous les sièges occupés, on profite quand même d'un volume de 960 litres. La beauté de ce type de véhicule, c'est que tout va rentrer, que l'on prenne le temps de placer les objets ou non. On aperçoit un meuble antique lors d'une vente-débarras, beau, bon, pas cher? Pas de problème, on replie les sièges et le jour est joué. On risque d'être souvent appelés pour déménager le sofa ou la laveuse d'un ami, et on acceptera de l'aider pour prouver que notre fourgonnette, bien que loin d'être désirable, s'avère franchement utile.

À l'avant, la Sedona dispose d'une planche de bord simple, mais dûment exécutée, avec des rangées de boutons faciles à repérer en conduisant. On peut également équiper cette Kia de caractéristiques de luxe telles qu'un garnissage de cuir Nappa bicolore, des sièges avant chauffants et ventilés, un volant chauffant, des sièges de deuxième rangée chauffants et un système de caméras à 360 degrés.

Il faut l'avouer, les fourgonnettes d'aujourd'hui sont toutes similaires en termes de performances, d'économie d'essence et d'espace intérieur, et la Kia demeure dans le coup malgré les améliorations apportées à ses rivales. Si l'on n'achète pas ce type de véhicule par désir, mais bien pour se faciliter la vie, pourquoi ne pas choisir celle qui ressemble le moins à une fourgonnette? Non seulement la Sedona est polyvalente à souhait, mais elle propose aussi un style élégant et un habitacle doté d'une finition soignée.

Données principales

Emp. / lon. / lar. / haut.	3 060 / 5 115 / 1 985 / 1 740 mm
Coffre / réservoir	960 à 4 022 litres / 80 litres
Nbre coussins sécurité / ceintures	6 / 8
Suspension av. / arr.	ind., jambes force / ind., multibras
Pneus avant / arrière	P235/60R18 / P235/60R18
Poids / Capacité de remorquage	2 127 kg / 1 588 kg (3 500 lb)

Composantes mécaniques

Cylindrée, alim.	V6 3,3 litres atmos.
Puissance / Couple	276 ch / 248 lb-pi
Tr. base (opt) / Rouage base (opt)	A6 / Tr
0-100 / 80-120 / V. max	8,8 s / 6,3 s / n.d.
100-0 km/h	45,3 m
Type / ville / route / CO_2	Ord / 14,2 / 10,5 / 5 766 kg/an

« NON SEULEMENT **LA SEDONA** EST **POLYVALENTE** À SOUHAIT, MAIS ELLE PROPOSE AUSSI UN **STYLE ÉLÉGANT** ET UN **HABITACLE** DOTÉ D'UNE **FINITION SOIGNÉE.** »

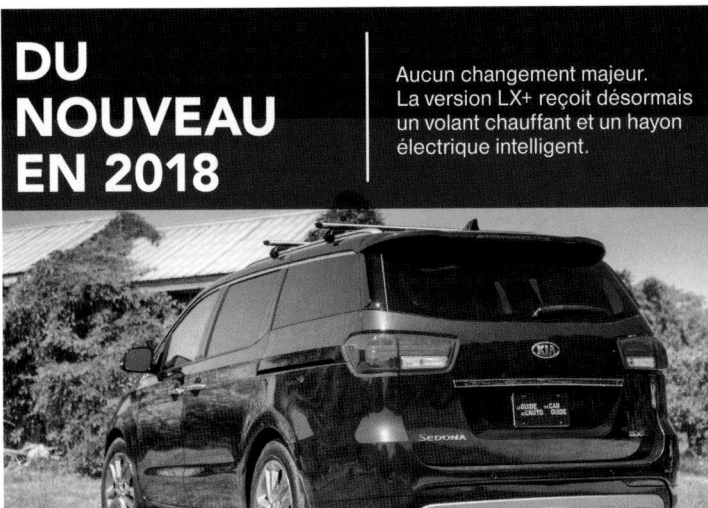

DU NOUVEAU EN 2018

Aucun changement majeur. La version LX+ reçoit désormais un volant chauffant et un hayon électrique intelligent.

Photos : Kia, Jeremy Alan Glover

Pour voir la liste complète des informations techniques, veuillez vous référer à la section statistiques.

KIA | **403**

KIA **SORENTO**

79% COTE DU GUIDE

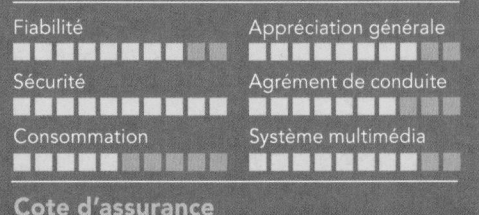

Prix: 27 695 $ à 47 095 $ (2017)
Catégorie: VUS
Garanties:
5 ans/100 000 km, 5 ans/100 000 km
Transport et prép.: 1 855 $
Ventes QC 2016: 4 675 unités
Ventes CAN 2016: 15 466 unités
Assemblage: West Point GA US

Fiabilité	Appréciation générale
■■■■■■□□	■■■■■■□□
Sécurité	Agrément de conduite
■■■■■■■□	■■■■■■□□
Consommation	Système multimédia
■■■■■□□□	■■■■■■□□

Cote d'assurance

$ $ $ $

Connectivité multimédia

Android Auto   Apple CarPlay

+ Joli look • Moteur V6 intéressant •
Habitacle bien fini • Système multimédia
impeccable • Confortable et silencieux

− Prix grimpent rapidement •
Version de base décevante •
Moteur de base pas assez puissant •
Valeur de revente pauvre • Places arrière
justes (version 7 passagers)

Concurrents
Ford Edge, Honda Pilot, Hyundai Santa
Fe, Jeep Grand Cherokee, Lincoln MKX,
Mazda CX-9, Nissan Murano,
Nissan Pathfinder, Toyota Highlander

Le meilleur de Kia

Marc-André Gauthier

Kia cherche à augmenter ses ventes. Alors que la plupart des constructeurs progressent d'une manière presque irréelle, chez Kia, on stagne. La venue du petit VUS écologique Niro devrait aider, mais la marque coréenne devra revoir sa mise en marché. En effet, aussi surprenant que cela puisse paraître, les consommateurs canadiens percevraient Kia comme étant le «bas de gamme de Hyundai».

En tant que personnage ayant la chance de rouler pas mal tout ce qui se roule, ce constat me surprend énormément. Les produits Kia sont de même qualité que ceux de Hyundai, et dans certains cas, je les trouve même supérieurs! On n'a qu'à regarder le Kia Sorento qui, dans l'ensemble, est bien plus raffiné que son équivalent chez Hyundai, le Santa Fe.

POUR 2018, KIA VOUS A ÉCOUTÉ
Voilà déjà quelques années que ce Sorento figure sur le marché. Bien plus silencieux que la génération précédente, il offre une formule similaire en 2018, à quelques exceptions près.

Les gens se sont plaints que les indicateurs de présence dans l'angle mort, sur les rétroviseurs latéraux, étaient trop petits. Ils sont maintenant plus grands. Les gens se sont lamentés que les portes ne faisaient pas un beau bruit lorsqu'elles se verrouillaient. Le son a été amélioré. Les gens ont chialé car les porte-gobelets étaient trop petits. Ils sont désormais plus profonds. Les gens ont rouspété contre le petit message qui les prévenait à partir de trois degrés Celsius qu'il y avait risque de gel. Bonne nouvelle, il ne les embêtera plus. C'est à peu près tout pour les nouveautés.

Le Sorento continue de se démarquer par son style, relativement unique avec ses rondeurs, alors que la majorité des VUS ressemblent à des boîtes carrées. Dans l'habitacle, un design simple et efficace plaît aux yeux, mais surtout, permet d'activer les diverses commandes du véhicule sans trop de problèmes. Heureusement, le système multimédia ne change pas. Facile d'utilisation et composé d'une jolie interface graphique, il permet depuis 2017 de connecter son téléphone pour profiter des fonctionnalités d'Apple CarPlay ou d'Android Auto.

Que ce soit en configuration cinq ou sept passagers, on se doit de saluer le confort des sièges avant et de la banquette du milieu. Par contre, les deux places complètement à l'arrière ne conviennent véritablement qu'à des enfants pour les longs trajets, et à des personnes d'un plus petit gabarit pour les courts trajets.

UNE CONDUITE TOUT EN DOUCEUR

Le Sorento ne cherche pas à épater qui que ce soit côté conduite. Qu'importe la version choisie, vous aurez droit à une direction assistée un peu imprécise, mais à une suspension divinement confortable, capable de vous isoler complètement de la route et de ses bosses. L'insonorisation retravaillée fait du Sorento l'un des véhicules les plus silencieux de sa catégorie. Même à 100 km/h sur l'autoroute, vous vous surprendrez à ne pas devoir hausser la voix pour maintenir une conversation téléphonique à l'aide du dispositif mains libres.

La mécanique demeure identique à celle de l'an passé. À la base, on retrouve un quatre cylindres atmosphérique de 2,4 litres, bon pour 185 chevaux, disponible avec les roues avant motrices. Même si l'on peut équiper son Sorento quatre cylindres de la transmission intégrale, nous ne pouvons vous le recommander, puisque cette puissance est juste dans un VUS de cette taille et de ce poids.

Ensuite vient le quatre cylindres turbocompressé de 2,0 litres, bon pour 240 chevaux, qui convient pas mal mieux au Sorento. Sans dire que les accélérations seront foudroyantes, vous aurez une conduite bien plus agréable, et surtout bien plus souple, particulièrement pour effectuer des manœuvres de dépassement, autant en ville que sur l'autoroute.

Finalement, si vous optez pour la configuration sept passagers, le seul moteur disponible est le V6 de 3,3 litres, développant 290 chevaux. Les 50 chevaux en extra sont les bienvenus, et font de ce V6 le mieux adapté pour le Sorento. C'est dommage qu'il ne soit monté que dans les versions à sept places! Dans tous les cas, ces moteurs sont jumelés à une boîte automatique à six rapports, prévisible et compétente, qui se comporte mieux que la plupart des boîtes du genre.

Si vous recherchez un VUS intermédiaire à caractère sportif, ou capable de remplacer une fourgonnette, n'allez pas vers le Sorento. Non, celui-ci se positionne surtout comme étant le VUS confortable et silencieux par excellence, doux, raffiné et bien construit, qui représente le meilleur du savoir-faire de Kia.

KIA SORENTO

Données principales

Emp. / lon. / lar. / haut.	2780 / 4760 / 1890 / 1690 mm
Coffre / réservoir	320 à 2 082 litres / 71 litres
Nbre coussins sécurité / ceintures	6 / 5
Suspension av. / arr.	ind., jambes force / ind., multibras
Pneus avant / arrière	P235/65R17 / P235/65R17
Poids / Capacité de remorquage	1970 kg / 2 268 kg (5 000 lb)

Composantes mécaniques

LX

Cylindrée, alim.	4L 2,4 litres atmos.
Puissance / Couple	185 ch / 178 lb·pi
Tr. base (opt) / Rouage base (opt)	A6 / Tr (Int)
0-100 / 80-120 / V. max	9,5 s (est) / n.d. / n.d.
100-0 km/h	n.d.
Type / ville / route / CO$_2$	Ord / 11,2 / 8,3 / 4789 kg/an

EX TURBO, LX+ TURBO, SX TURBO

Cylindrée, alim.	4L 2,0 litres turbo
Puissance / Couple	240 ch / 260 lb·pi
Tr. base (opt) / Rouage base (opt)	A6 / Int
0-100 / 80-120 / V. max	8,5 s (est) / n.d. / n.d.
100-0 km/h	n.d.
Type / ville / route / CO$_2$	Ord / 12,3 / 9,4 / 5 087 kg/an

EX (7 PLACES), SX (7 PLACES)

Cylindrée, alim.	V6 3,3 litres atmos.
Puissance / Couple	290 ch / 252 lb·pi
Tr. base (opt) / Rouage base (opt)	A6 / Int
0-100 / 80-120 / V. max	7,7 s / 6,0 s / n.d.
100-0 km/h	42,4 m
Type / ville / route / CO$_2$	Ord / 13,2 / 9,3 / 5 336 kg/an

DU NOUVEAU EN 2018

Caméra de recul maintenant de série sur toutes les versions, version SX+ devient SXL, changements de couleurs, volant en cuir sur toutes les versions (partie en bois éliminée), plusieurs modifications de détail.

Photos: Kia

Pour voir la liste complète des informations techniques, veuillez vous référer à la section statistiques.

KIA | 405

KIA **SOUL**

76% COTE DU **GUIDE**

Prix: 17 395 $ à 39 295 $ (2017)
Catégorie: VUS
Garanties:
5 ans/100 000 km, 5 ans/100 000 km
Transport et prép.: 1 855 $
Ventes QC 2016: 4 118 unités
Ventes CAN 2016: 12 672 unités
Assemblage: Gwangju KR

Fiabilité ■■■■■■■□□□

Appréciation générale ■■■■■■■□□□

Sécurité ■■■■■■■■■□

Agrément de conduite ■■■■■■□□□□

Consommation ■■■■■■□□□□

Système multimédia ■■■■■■■□□□

Cote d'assurance

$ ▬▬□□□□ $ $ $

Connectivité multimédia

Android Auto

Apple CarPlay

➕ Version EV intéressante • Offre de modèles variée • Excellente garantie • Beaucoup d'équipement pour le prix

➖ Pas de rouage intégral • Habitacle un peu terne • Style qui ne fait pas l'unanimité • Puissance du moteur de base un peu juste

Concurrents

Kia Soul : Fiat 500X, Honda HR-V, Jeep Renegade, Mazda CX-3, MINI Countryman, Nissan JUKE, Toyota C-HR

Kia Soul EV: Hyundai Ioniq, Nissan LEAF, Volkswagen e-Golf

Lequel vous convient ?

Sylvain Raymond

Il y a de ces véhicules qui connaissent du succès sans qu'on s'y attende véritablement, et le Kia Soul en est un bon exemple. Lancé en 2010, à une époque où les VUS sous-compacts, si populaires de nos jours, n'existaient pratiquement pas, il a su se faire une niche alors que ses principaux rivaux de l'époque, le Nissan cube, le Honda Element et la Scion xB, sont tous disparus. On aime le Soul pour son design unique, pour ses coloris vibrants et surtout, pour sa valeur de revente intéressante.

La variété ne manque pas cette année pour ce qui est du Kia Soul. Chaque version est accompagnée d'une mécanique distincte, ce qui pourrait bien compliquer votre magasinage. Le plus abordable des Soul, le LX, devient enfant unique puisqu'on a cessé de l'offrir équipé de la boîte manuelle, par manque d'intérêt des acheteurs.

TOUJOURS PAS DE ROUAGE INTÉGRAL

Sous le petit capot du Soul de base, le quatre cylindres de 1,6 litre déploie 130 chevaux, et un maigre couple de 118 lb. pi. Et ne cherchez pas de rouage intégral ici, ni dans aucun Soul d'ailleurs. Même si on l'espère toujours, ce n'est pas pour 2018 malheureusement.

Dès que l'on monte en grade avec le Soul EX, et que l'on franchit les 20 000 $, on a droit à un moteur un peu plus costaud, un quatre cylindres de 2,0 litres qui, cette fois, livre 161 chevaux et 149 lb. pi. Ce moteur, tout comme le petit quatre cylindres de base, doit travailler fort et à haut régime pour libérer sa puissance, et ce, malgré une boîte automatique assez efficace. Sur la route, il faut prévoir ses manœuvres, on ne peut enfoncer simplement l'accélérateur et miser sur la puissance.

La grande nouveauté, c'est l'arrivée l'an passé d'un moteur turbo à bord de la livrée SX, une mécanique qui apporte non seulement un peu plus de bonheur pour le conducteur, mais également du modernisme sous le capot. Avec ses 201 chevaux, il fait preuve d'un excellent ratio poids/puissance.

On apprécie surtout son couple de 195 lb-pi qui, cette fois, est déployé plus rapidement, dès les 1 500 tr/min. La boîte à six rapports est substituée par une sept rapports avec double embrayage. Étonnamment, même s'il est le plus puissant, ce moteur est le plus économe, pourvu que vous demeuriez gentils avec l'accélérateur.

LE MARIAGE PARFAIT SERAIT?

La livrée SX serait sans doute le meilleur Soul à vous recommander, mais il faut aussi savoir qu'elle est assez cossue, avec ses équipements supplémentaires, des jantes de 18 pouces, des sièges sport, des phares au xénon, ce qui porte son prix à plus de 25 000 $. Si Kia offrait ce moteur en option, dans le Soul EX, on serait drôlement en voiture, du moins, en petit VUS!

À une époque de rectitude politique, où tous les VUS semblent similaires, aux mêmes couleurs maussades, le Soul apporte un peu de joie avec ses lignes extraverties, mais surtout, avec des coloris qui feraient fuir les clients de Mercedes-Benz. Orange sauvage, bleu des Caraïbes, jaune extraterrestre… c'est ce qui fait l'âme du Soul. Oh! Kia a retiré le vert alien du catalogue cette année.

À bord, la présentation est beaucoup plus classique, moins moderne que ce que d'autres VUS nous proposent. On se plaindra encore des plastiques durs et d'une finition plus sommaire. Au moins, Kia a ajouté la compatibilité avec Android Auto et Apple CarPlay récemment. Du reste, malgré sa taille, le véhicule demeure confortable et assez spacieux, même pour ceux qui prennent place à l'arrière. La forme carrée du Soul devient ici payante, même constat pour le volume de chargement qui est très généreux.

ET LE SOUL EV?

Chez les véhicules électriques, le Soul EV s'est taillé une place de choix. Non seulement il apporte une polyvalence souvent déficiente chez les VÉ, mais son autonomie se classe parmi les plus intéressantes. Cette année, elle passe de 150 km à 169 kilomètres, principalement grâce à un ensemble de batterie lithium-ion polymère d'une capacité supérieure, 30 kWh au lieu de 27. C'est loin des dernières nouveautés en la matière, notamment la Bolt EV, mais l'équilibre se trouve toujours entre prix et capacités.

Le Soul EV dispose d'un moteur dont la puissance est de 109 chevaux. Ce n'est certes pas très éloquent, mais le couple de 210 lb-pi donne à l'engin toute son efficacité. Ce couple intéressant rend sa conduite très sécuritaire et surtout, plus agréable que dans le cas des versions de base du Soul à essence. C'est véritablement l'as caché de la gamme.

Données principales	
Emp. / lon. / lar. / haut.	2570 / 4140 / 1800 / 1600 mm
Coffre / réservoir	532 à 1402 litres / 54 litres
Nbre coussins sécurité / ceintures	6 / 5
Suspension av. / arr.	ind., jambes force / semi-ind., poutre torsion
Pneus avant / arrière	P205/60R16 / P205/60R16
Poids / Capacité de remorquage	1476 kg / non recommandé

Composantes mécaniques	
EV	
Puissance / Couple	109 ch (81 kW) / 210 lb-pi
Tr. base (opt) / Rouage base (opt)	Rapport fixe / Tr
0-100 / 80-120 / V. max	10,5 s / 8,6 s / 145 km/h
100-0 km/h	44,1 m
Consommation équivalente	n.d.
Type de batterie	Lithium-ion polymère (Li-Po)
Énergie	30,0 kWh
Temps de charge (120V / 240V)	24,0 h / 5,0 h
Autonomie	169 km
LX	
Cylindrée, alim.	4L 1,6 litre atmos.
Puissance / Couple	130 ch / 118 lb-pi
Tr. base (opt) / Rouage base (opt)	A6 / Tr
0-100 / 80-120 / V. max	10,5 s / 8,5 s / n.d.
100-0 km/h	n.d.
Type / ville / route / CO_2	Ord / 9,4 / 7,8 / 3 993 kg/an
EX	
Cylindrée, alim.	4L 2,0 litres atmos.
Puissance / Couple	161 ch / 149 lb-pi
Tr. base (opt) / Rouage base (opt)	A6 / Tr
0-100 / 80-120 / V. max	9,7 s / 7,0 s / n.d.
100-0 km/h	41,9 m
Type / ville / route / CO_2	Ord / 9,5 / 7,8 / 4 018 kg/an
SX	
Cylindrée, alim.	4L 1,6 litre turbo
Puissance / Couple	201 ch / 195 lb-pi
Tr. base (opt) / Rouage base (opt)	A7 / Tr
0-100 / 80-120 / V. max	n.d. / n.d. / n.d.
100-0 km/h	n.d.
Type / ville / route / CO_2	Ord / 9,1 / 7,7 / 3 896 kg/an

DU NOUVEAU EN 2018

Abandon de la boîte manuelle, équipement de sécurité bonifié dans la livrée EX Tech, amélioration du système multimédia avec écran de huit pouces.

Photos: Kia

Pour voir la liste complète des informations techniques, veuillez vous référer à la section statistiques.

KIA | 407

KIA **SPORTAGE**

80 % COTE DU GUIDE

 (((SiriusXM)))

Prix: 24 895 $ à 39 595 $ (2017)
Catégorie: VUS
Garanties:
5 ans/100 000 km, 5 ans/100 000 km
Transport et prép.: 1 840 $
Ventes QC 2016: 4 255 unités
Ventes CAN 2016: 11 410 unités
Assemblage: Gwangju KR

Fiabilité	Appréciation générale
■■■■■□□□□□	■■■■■■□□□□
Sécurité	Agrément de conduite
■■■■■■□□□□	■■■■■■■□□□
Consommation	Système multimédia
■■■■□□□□□□	■■■■■■■□□□

Cote d'assurance

$ $ $ $

Connectivité multimédia

Android Auto   Apple CarPlay

➕ Beaucoup de gâteries de confort (SX) • Suite techno complète • Comportement routier intéressant • Habitacle superbe (versions huppées) • Rouage intégral efficace

➖ Consommateur de carburant (moteur turbo) • Version de base à éviter • Cargo pas aussi généreux qu'ailleurs

Concurrents

Chevrolet Equinox, Ford Escape, Honda CR-V, Hyundai Tucson, Jeep Cherokee, Mazda CX-5, Nissan Rogue, Toyota RAV4, Volkswagen Tiguan

Ne regardez pas à la dépense !

Nadine Filion

Dans sa version de base, le Kia Sportage s'amène avec une finition intérieure qui lui donne des relents bon marché. Mais... si vous vous cherchez un VUS généreux en gâteries, en aides à la conduite, en puissance et à l'habitacle parmi les plus sexy de l'heure, un SX turbo, pourrait être bien intéressant !

Ce dernier n'est pas nécessairement moins cher que les concurrents de même classe, mais il en jette avec des bonbons comme les sièges ventilés à l'avant, la banquette et le volant chauffants, la recharge cellulaire sans fil, le mégatoit panoramique, le hayon à ouverture électrique, évidemment, et... à peu près tout ce qui se fait en assistance à la sécurité. Pensez alors suivi de voie, détecteur d'angles morts, freinage d'urgence automatique, caméra de recul avec circulation transversale, entre autres.

Surtout, le quatre cylindres turbo 2,0 litres à injection directe, réservé à cette variante la plus haut de gamme du Sportage, propose l'une des meilleures performances de la catégorie : 237 chevaux et 260 lb. pi. Il est souple, raffiné, et se délie sans heurt, sportivement même, valeureusement secondé par une boîte automatique à six rapports – avec palettes au volant, s'il vous plaît.

PARCE QUE LES CONDITIONS NE SONT PAS TOUJOURS IDÉALES
On apprécie le fait que le rouage intégral se dote d'un mode de verrouillage 50/50 quand les conditions se corsent réellement. Et, lorsque ces conditions sont idéales et que l'on prend les virages de manière un peu trop marquée, on aime que la direction soit parmi les mieux connectées du segment, que la suspension soit à la fois communicante et disciplinée et que le freinage... soit très convaincant.

Un bémol cependant pour le pied droit qui s'énerve sur l'accélérateur : en contrepartie d'accélérations sans faille, la consommation en carburant se montre plus élevée qu'ailleurs. Si c'est l'économie d'essence que vous priorisez, rendez-vous à l'essai du Honda CR-V...

AUTRES COUPS DE CŒUR

Certes, la silhouette du Sportage SX est conventionnelle, mais elle est quand même bien agréable avec sa bonne bouille souriante à l'avant. En revanche, en dedans, ça impressionne avec les empiècements deux tons, notamment pour le revêtement similicuir de qualité (non, pas de vinyle *cheapette*!), un assemblage serré qui se reflète dans une bonne insonorisation et une panoplie de commandes simples — *et* à apprivoiser *et* à manier — qui entourent de façon ergonomique le grand écran tactile, un peu loin à rejoindre, toutefois.

Au vaste dégagement à l'avant et au confort apprécié des sièges avant (merci au soutien lombaire à ajustement électrique!), il faut cependant pointer quelques fausses notes; les places arrière moins généreuses que la moyenne et l'un des espaces cargo les plus restreints du segment font perdre des points au Sportage. Si c'est l'espace cargo que vous priorisez, encore une fois, rendez-vous au texte sur le Honda CR-V...

VERSION DE BASE : PASSEZ VOTRE TOUR...

Bref, une bien belle surprise, que ce Kia Sportage en version de luxe! Toutefois, si le budget ne vous permet que la version de base, eh bien, vous devrez vous contenter d'une allure extérieure qui manque de punch, les jolies jantes 18 pouces, les accents de chrome et la grille sport en moins...

Dedans, vous souffrirez de plastiques sombres et rêches, pas toujours d'assemblage serré. Oui, vous bénéficierez des sièges chauffants à l'avant et oui, vous aurez la caméra de recul, mais vous n'aurez rien de tous ces accessoires et éléments de sécurité nommés plus haut qui donnent l'avantage au SX. Ainsi, pas de démarreur à bouton-poussoir, pas de partage Android, la climatisation ne sera pas bizone, les petites dimensions de l'écran central nuiront à la lecture des inscriptions et ces dernières seront très minimales, n'offrant pratiquement aucune personnalisation...

Certes, le moteur de base, un quatre cylindres 2,4 litres lui aussi à injection directe, livre une puissance docile de 181 chevaux et 175 lb-pi, ce qui est plus généreux que pour le jumeau Hyundai Tucson en version de base. Celui-là doit se contenter d'un quatre cylindres de 2,0 litres qui ne remorque que 454 kg (1 000 livres), contre 907 kg (2 000 livres) pour le Sportage d'entrée de gamme.

Ce 2,4 litres s'accomplira dans des accélérations moins convaincantes que pour le Sportage SX et, évidemment, le rouage intégral ne sera pas au programme. Dit autrement, si votre budget ne vous permet pas un utilitaire compact bien équipé, passez votre tour pour le Kia Sportage et, vous le devinez, rendez-vous au texte sur le Honda CR-V...

Données principales

Emp. / lon. / lar. / haut.	2 670 / 4 480 / 1 855 / 1 635 mm
Coffre / réservoir	798 à 1 703 litres / 62 litres
Nbre coussins sécurité / ceintures	6 / 5
Suspension av. / arr.	ind., jambes force / ind., multibras
Pneus avant / arrière	P225/60R17 / P225/60R17
Poids / Capacité de remorquage	1 813 kg / 907 kg (2 000 lb)

Composantes mécaniques

EX, LX

Cylindrée, alim.	4L 2,4 litres atmos.
Puissance / Couple	181 ch / 175 lb-pi
Tr. base (opt) / Rouage base (opt)	A6 / Tr (Int)
0-100 / 80-120 / V. max	10,0 s / 7,2 s / n.d.
100-0 km/h	43,9 m
Type / ville / route / CO₂	Ord / 10,4 / 8,0 / 4 825 kg/an

SX

Cylindrée, alim.	4L 2,0 litres turbo
Puissance / Couple	237 ch / 260 lb-pi
Tr. base (opt) / Rouage base (opt)	A6 / Int
0-100 / 80-120 / V. max	8,7 s / 5,7 s / n.d.
100-0 km/h	40,5 m
Type / ville / route / CO₂	Ord / 11,9 / 10,2 / 5 122 kg/an

« ENVIE D'UN **VUS GÉNÉREUX** EN GÂTERIES, EN SÉCURITÉ, **EN PUISSANCE** ET À LA CABINE LA PLUS **SEXY DU MOMENT?** VOTRE RÉPONSE : **LE KIA SPORTAGE SX.** »

DU NOUVEAU EN 2018

Longerons de toit noir lustré (toutes les versions), quelques accessoires ajoutés pour la version EX Premium.

Photos : Kia

Pour voir la liste complète des informations techniques, veuillez vous référer à la section statistiques.

KIA | **409**

KIA **STINGER**

n.d. COTE DU GUIDE

Prix: 45 000 $ à 60 000 $ (estimé)
Catégorie: Berline
Garanties:
5 ans/100 000 km, 5 ans/100 000 km
Transport et prép.: 1 875 $
Ventes QC 2016: 0
Ventes CAN 2016: 0
Assemblage: n.d.

Fiabilité	Appréciation générale
Nouveau modèle	Nouveau modèle
Sécurité	Agrément de conduite
Nouveau modèle	Nouveau modèle
Consommation	Système multimédia
Nouveau modèle	Nouveau modèle

Cote d'assurance

n.d.

Connectivité multimédia

n.d.

+ Carrosserie sublime • Motorisations puissantes • Finition de l'habitacle • Rouage intégral disponible

− Facteur prestige absent • Consommation élevée prévue (V6) • Dégagement pour la tête à l'arrière

Concurrents
Audi A5, BMW Série 3, Buick Regal

Conçue pour piquer les Allemandes

Michel Deslauriers

Née sur les planches à dessin de Kia à Francfort, en Allemagne. Mise au point sur le célèbre circuit du Nürburgring, en Allemagne. Conçue par une équipe d'ingénieurs sous la supervision d'Albert Biermann, un Allemand qui travaillait autrefois au sein de la division M de BMW. La Kia Stinger 2018 est la voiture la plus performante de la marque coréenne à ce jour, savamment dirigée par Peter Schreyer. Un Allemand lui aussi.

Sommes-nous surpris que cette nouvelle berline sportive cinq portes déclare la guerre ouverte à la BMW Série 4 Gran Coupé et à l'Audi A5 Sportback? Pas du tout. Ces dernières doivent probablement se moquer de cette nouvelle rivale, sûres d'elles, présumant qu'aucune voiture coréenne ne pourra les accoter en matière de performances et de tenue de route. Pourtant, la Stinger posséderait la vitesse et l'agilité pour les piquer dans le derrière.

QUATRE OU SIX, UN OU DEUX TURBO
Cette berline cinq passagers affiche les dimensions d'une voiture intermédiaire, alors non seulement cherche-t-elle à niveler les rivales mentionnées plus tôt par ses prouesses dynamiques, mais elle propose un habitacle plus spacieux.

Sous le capot de la Stinger, on retrouve un quatre cylindres turbocompressé de 2,0 litres qui développe 255 chevaux et un couple de 260 livres-pied. La Stinger GT, elle, mise plutôt sur un V6 biturbo de 3,3 litres développant 365 chevaux et un couple de 376 livres-pied, bon pour des accélérations de 0 à 100 km/h en 5,1 secondes et pour une vitesse de pointe de 267 km/h, selon les calculs du constructeur. On est loin d'une Kia Forte5.

Dans les deux cas, une boîte automatique à huit rapports achemine ces étalons aux roues arrière ou, en option, aux quatre roues. Les versions à propulsion sont équipées d'un différentiel à glissement limité pour optimiser la répartition de puissance aux roues gauche et/ou droite, alors que les versions à rouage intégral profitent d'une vectorisation du couple, qui applique les freins sur les roues intérieures dans une courbe, afin de bonifier la tenue de route. On n'a pas convaincu Biermann de quitter son poste chez BMW M pour rire. Devenu chef du développement haute performance chez Kia, il a trimbalé ses ingénieurs et des prototypes de la voiture sur la piste du Nürburgring pour régler la suspension et la direction, à la manière des Allemands.

UN CONCEPT DEVENU RÉALITÉ

La Stinger est lourdement inspirée du concept GT dévoilé par Kia au Salon de Francfort, en 2011, en Allemagne. On a laissé tomber les portes arrière inversées et installé de vrais rétroviseurs, mais la voiture de production est étonnamment similaire au concept. La Stinger arbore un look résolument agressif, musclé et dynamique.

La planche de bord bénéficie d'un design épuré, mais élégant, accentué par des bouches d'aération circulaires, un écran tactile juché sur le dessus de la section centrale, et deux sections de boutons dans la partie inférieure, le tout placé de façon ergonomique. La Stinger peut être équipée de sièges chauffants et ventilés à l'avant, d'un volant chauffant, d'un système de caméras, d'un affichage tête haute pour le conducteur et bien plus. Les mélomanes pourront choisir une chaîne ambiophonique Harman/Kardon de 720 watts avec 15 haut-parleurs, y compris des caissons de graves placés sous les sièges.

Évidemment, on y retrouve les habituels systèmes de sécurité avancés, dont le régulateur de vitesse adaptatif, l'avertissement précollision frontale avec freinage autonome d'urgence, la surveillance des angles morts avec alerte de trafic transversal arrière, la prévention de sortie de voie et, nouveauté chez Kia, le détecteur de somnolence du conducteur.

La Kia Stinger peut donc potentiellement rivaliser avec BMW et Audi, surtout la déclinaison GT, plus performante, mais ce sera aux consommateurs de décider s'ils veulent comparer la coréenne avec les deux allemandes. Après tout, ne s'achète-t-on pas une voiture de luxe en partie pour faire étalage de son écusson plus prestigieux? Celui de Kia n'attire guère l'envie et l'admiration de l'hélice bleue et blanche de BMW, ou des quatre anneaux d'Audi. La Stinger risque de mieux se mesurer à deux berlines cinq portes fraîchement introduites pour 2018, soit la Volkswagen Arteon et la Buick Regal Sportback. Tiens, conçues en Allemagne elles aussi.

Toutefois, cette nouvelle sportive annonce un bel avenir pour Kia. Non seulement la marque dispose d'une équipe de stylistes talentueux, mais ses ingénieurs possèdent l'expérience et la passion pour rendre leurs voitures tant agréables à conduire qu'à regarder.

Données principales

Emp. / lon. / lar. / haut.	2 905 / 4 830 / 1 870 / 1 400 mm
Coffre / réservoir	n.d. litres / n.d. litres
Nbre coussins sécurité / ceintures	n.d. / 5
Suspension av. / arr.	ind., jambes force / ind., multibras
Pneus avant / arrière	P225/45R18 / P225/45R18
Poids / Capacité de remorquage	n.d. / n.d.

Composantes mécaniques

BASE

Cylindrée, alim.	4L 2,0 litres turbo
Puissance / Couple	255 ch / 260 lb-pi
Tr. base (opt) / Rouage base (opt)	A8 / Prop (Int)
0-100 / 80-120 / V. max	6,0 s (est) / n.d. / n.d.
100-0 km/h	n.d.
Type / ville / route / CO$_2$	Sup / n.d. / n.d. / n.d.

GT

Cylindrée, alim.	V6 3,3 litres turbo
Puissance / Couple	365 ch / 376 lb-pi
Tr. base (opt) / Rouage base (opt)	A8 / Prop (Int)
0-100 / 80-120 / V. max	5,1 s (est) / n.d. / 267 km/h (est)
100-0 km/h	n.d.
Type / ville / route / CO$_2$	Sup / n.d. / n.d. / n.d.

❝ AVEC **LA STINGER**, KIA CHERCHE À DÉMONTRER **QUE LES CORÉENS** PEUVENT **RIVALISER** DIRECTEMENT AVEC LES **SPORTIVES ALLEMANDES** ÉTABLIES. ❞

DU NOUVEAU EN 2018

Nouveau modèle.

Photos : Kia

Pour voir la liste complète des informations techniques, veuillez vous référer à la section statistiques.

KIA | **411**

VOITURE ÉLECTRIQUE

AGERA RS

KOENIGSEGG **REGERA / AGERA RS** | **n.d.** COTE DU GUIDE

Prix : 2 000 000 $ (estimé) (USD)
Catégorie : Coupé
Garanties : n.d.
Transport et prép. : n.d.
Ventes QC 2016 : n.d.
Ventes CAN 2016 : n.d.
Assemblage : Ängelholm SE

Fiabilité n.d.	Appréciation générale n.d.
Sécurité n.d.	Agrément de conduite n.d.
Consommation n.d.	Système multimédia n.d.

Cote d'assurance

n.d.

Connectivité multimédia

Aucune

➕ Performances hallucinantes •
Groupe propulseur parfaitement unique
(Regera) • Raffinement technique
impressionnant • Portières et capot à
ouverture hydraulique (Regera)

➖ Visibilité latérale et arrière
manifestement atroces •
Concessionnaires à Calgary et à
Vancouver seulement • Volume cargo
très limité • Prix stupéfiants

Concurrents
Bugatti Chiron, Pagani Huayra

Fascinants missiles suédois

Marc Lachapelle

C hristian von Koenigsegg est, sans contredit, un visionnaire et un concepteur de la trempe d'Horacio Pagani, un rival dont la quête et les réalisations sont d'ailleurs étrangement semblables. Ce Suédois de 45 ans est d'ailleurs un entrepreneur audacieux et un promoteur aussi éloquent qu'Elon Musk chez Tesla. Et même si les voitures qui portent son nom visent le créneau extraordinairement étroit des hypersportives de quelques millions de dollars, elles ont tout pour fasciner les passionnés. La plus récente fera même sourire les écolos avec ses trois moteurs électriques.

Cette Regera est assurément très différente de l'Agera qui l'a précédée et qui fut fabriquée à vingt-cinq exemplaires, tous vendus. Elle a été conçue pour offrir ses meilleures performances sur la route alors que sa sœur visait les prouesses sur circuit. Elle offre également plus de confort grâce aux premiers sièges à réglage électrique à être installés dans une Koenigsegg, par exemple, ou alors un écran de contrôle central de neuf pouces. Ce qui ne l'empêche aucunement d'être encore remarquablement légère avec ses 1 628 kg, malgré les accessoires additionnels, grâce à la fibre de carbone qu'utilise systématiquement le spécialiste suédois depuis 1994.

UN GROUPE PROPULSEUR PARFAITEMENT UNIQUE
Le moteur thermique de la Regera, un V8 biturbo tout aluminium de 5,0 litres qui produit la bagatelle de 1 100 chevaux, est monté sur des attaches à fermeté réglable, isolées de la carrosserie. En conduite normale, elles restent souples, ce qui réduit grandement le bruit et la vibration. Et en conduite intense, ou sur un circuit, elles se raffermissent pour favoriser une rigidité optimale de la coque et une tenue de route précise.

Ce moteur travaille de concert avec trois moteurs électriques, au cœur d'un groupe propulseur dépourvu de boîte de vitesses, qui peut livrer jusqu'à 1 500 chevaux et un couple de 1 475 livres-pied. Le secret : un convertisseur de couple ultraperformant, développé et fabriqué par Koenigsegg, qui permet au moteur thermique et au moteur/générateur électrique de 160 kW monté sur le même axe, de prendre le relais et d'appuyer les moteurs électriques de 180 kW qui sont couplés à chacune des roues arrière.

Résultat : un requin en fibre de carbone capable de faire patiner ses roues arrière jusqu'à 300 km/h, selon von Koenigsegg, ou alors d'atteindre sa vitesse de pointe de 400 km/h en moins de 20 secondes après avoir franchi la référence de 100 km/h en 2,8 secondes. Il faut prévoir un gros budget pour les pneus, quoi qu'il advienne. La Regera peut également rouler en mode purement électrique sur 35 kilomètres, grâce à ces moteurs arrière et à une batterie de 9 kWh qui est montée au centre de l'habitacle. Pour compenser le poids de la batterie à l'avant et préserver l'équilibre de la tenue de route, les ingénieurs ont élargi la voie de 2,5 cm et installé des pneus plus larges.

Ironiquement, le gros embout d'échappement central en aluminium poli qui décore la partie arrière de la voiture sert à évacuer l'air chaud que produisent les multiples composantes électriques du groupe propulseur. Les deux embouts d'échappement en titane du V8 biturbo, de forme allongée pour améliorer à la fois le son et l'efficacité, sont fabriqués par le spécialiste Akrapovic.

COMMODITÉ EXTRÊME EN PRIME

La Regera est aussi la première voiture dotée d'une carrosserie entièrement robotisée. En utilisant les pompes et accumulateurs hydrauliques qu'elle possède déjà pour faire varier la garde au sol, soulever l'avant pour franchir une entrée escarpée ou actionner le gros aileron arrière mobile, von Koenigsegg et ses sbires ont simplement remplacé les vérins des portières et des grands capots en carbone avant et arrière, par des cylindres hydrauliques. Si le gain en poids est minime, de l'ordre de 5 kg, celui de l'élément spectacle et de la pure commodité est immense. Et il ne faut surtout jamais les sous-estimer avec un hyperbolide de trois millions de dollars.

Les Koenigsegg sont également les voitures qui comportent le plus de fibre de carbone. Le patron affirme qu'il y a plus de 400 composantes faites de ce matériau dans chaque Agera RS ou Regera. Chacune de ces pièces est essentiellement fabriquée à la main par un technicien qui découpe et dispose la fibre de carbone, déjà imprégnée de résine époxy, dans un moule en aluminium, couche par couche, avant que le tout passe à l'autoclave pour être « cuit » à haute pression. Y compris les immenses jantes à rayons creux qui sont conçues pour tenir jusqu'à 450 km/h.

À voir le soin qui est mis à leur conception, la recherche maniaque d'innovation et l'absence totale de compromis sur la qualité et le coût des matériaux requis, on comprend mieux qu'une Koenigsegg coûte quelques millions et que le spécialiste suédois en produise seulement une douzaine par année. Souhaitons que le spectacle continue longtemps, à défaut d'avoir chacun la sienne.

Données principales

Emp. / lon. / lar. / haut.	**Regera** - 2 662 / 4 560 / 2 050 / 1 110 mm
	Agera RS - 2 662 / 4 293 / 2 050 / 1 120 mm
Coffre / réservoir (Regera)	**Regera** - 150 litres / 82 litres
	Agera RS - 150 litres / 82 litres
Nbre coussins sécurité / ceintures	2 / 2
Suspension av. / arr.	ind., multibras / -ind., multibras
Pneus avant / arrière (Regera)	**Regera** - P275/35ZR19 / P345/30ZR20
	Agera RS - P265/35ZR19 / P345/30ZR20
Poids / Capacité de remorquage (Regera)	**Regera** - 1628 kg / n.d.
	Agera RS - 1 395 kg

Composantes mécaniques

BASE

Cylindrée, alim.	V8 5,0 litres turbo
Puissance / Couple	1100 ch / 944 lb-pi
Tr. base (opt) / Rouage base (opt)	Rapport fixe / Prop
0-100 / 80-120 / V. max	2,8 s (const) / n.d. / 400 km/h (const)
100-0 km/h	n.d.
Type / ville / route / CO$_2$	Sup / n.d. / n.d. / n.d.
Consommation équivalente	n.d.
Puissance combinée	n.d.

MOTEUR ÉLECTRIQUE (SYSTÈME HYBRIDE)

Puissance / Couple	215 ch / (160 kW) / 198 lb-pi
Type de batterie	n.d.
Énergie	9,0 kWh
Temps de charge (120V / 240V)	n.d. / n.d.
Autonomie	35 km

MOTEUR ÉLECTRIQUE (ROUES ARRIÈRE)

Puissance / Couple	241 ch / (180 kW) / 233 lb-pi

AGERA RS

Cylindrée, alim.	V8 5,0 litres turbo
Puissance / Couple	1160 ch / 944 lb-pi
Tr. base (opt) / Rouage base (opt)	A7 / Prop
0-100 / 80-120 / V. max	n.d. / n.d. / n.d.
100-0 km/h	n.d.
Type / ville / route / CO$_2$	Sup / n.d. / n.d. / n.d.

DU NOUVEAU EN 2018

Versions uniques Agera RS1 et Gryphon dévoilées, premières Regera livrées.

REGERA

AGERA RS

Photos : Koenigsegg

Pour voir la liste complète des informations techniques, veuillez vous référer à la section statistiques.

KOENIGSEGG | 413

LAMBORGHINI **AVENTADOR** | **76**% COTE DU GUIDE

Prix: 488 895 $ à 538 895 $
Catégorie: Coupé, Roadster
Garanties: 3 ans/illimité, 3 ans/illimité
Transport et prép.: n.d.
Ventes QC 2016: n.d.
Ventes CAN 2016: n.d.
Assemblage: Sant'Agata IT

Fiabilité n.d.	Appréciation générale ■■■■■■■□□□
Sécurité ■■■■■■■■■□	Agrément de conduite ■■■■■■■■□□
Consommation ■■□□□□□□□□	Système multimédia ■■■■■■□□□□

Cote d'assurance

$ ▽ $ $ $

Connectivité multimédia

Aucune

➕ Exotisme et exclusivité assurés •
Puissance incroyable du V12 •
Qualité de finition et soucis du détail •
Performances relevées

➖ Peu confortable sur longs trajets •
Boîte sept rapports pas la plus
moderne • Voiture trop dégarnie sans
options • Visibilité difficile au ¾ arrière

Concurrents
Aston Martin Vanquish,
Bentley Continental,
Ferrari 812 SuperFast

Furieuse et drastique

Sylvain Raymond

Introduite en 2011 en tant que modèle 2012, l'Aventador succédait à la Lamborghini Murciélago et poursuivait la tradition des supervoitures à moteur V12 du célèbre constructeur de Sant'Agata. Après quelques années de production et une version un peu plus exclusive, la Superveloce, l'Aventador a droit pour 2017 à un peu plus de puissance. L'Aventador S est née!

Cette Aventador se décline en version Roadster, qui permet de rouler cheveux au vent, et surtout, à la vue de tous. Les puristes préféreront toutefois le coupé. Côté style, l'Aventador S est tout simplement sublime. Lamborghini, c'est l'exotisme, et peu de voitures génèrent autant d'attraits. Son museau angulaire et pointu, son profil bas et, par-dessus tout, sa partie arrière qui s'élargit, demeurent sa véritable signature visuelle. C'est d'ailleurs de l'arrière que la voiture est la plus impressionnante, lorsque l'on se penche et que l'on découvre la largeur incroyable des pneus arrière (355/25ZR21). Leur coût de remplacement sera absolument démentiel.

UN VÉRITABLE SPECTACLE

Le triple échappement placé au centre ajoute au style, mais c'est surtout en regardant à travers le panneau transparent et en apercevant l'imposant moteur V12 que l'on découvre pourquoi la voiture est aussi exceptionnelle. On entrevoit alors tous les organes mécaniques et les éléments de suspension dans un environnement fardé de fibre de carbone, vendu en option, bien entendu.

S'insérer (ou plutôt se laisser tomber) à bord, est une expérience en soi. L'ouverture des portes vers le haut s'avère un véritable spectacle, alors que la qualité et le choix des matériaux de l'habitacle, assemblé à la main, sont impeccables. L'affiliation de la marque avec Audi est rapidement perceptible au vu de certaines commandes, notamment le bloc où résident les jauges ainsi que l'interface multimédia. Les sièges procurent un bon maintien, mais j'ai eu de la difficulté à trouver une position de conduite procurant un réel confort, en raison d'une assise un peu trop horizontale.

DOUZE CYLINDRES, UNE ESPÈCE EN VOIE DE DISPARITION

D'une cylindrée de 6,5 litres, le V12 à aspiration naturelle développe un impressionnant 740 chevaux pour un couple de 507 lb-pi, le tout à un régime maximal de 8 500 tr/min, ce qui ferait littéralement exploser les moteurs turbocompressés modernes. La puissance est envoyée aux quatre roues via une boîte séquentielle à sept rapports, pas la plus moderne, mais toujours efficace.

Une fois démarré, le moteur laisse entendre un rugissement unique. Dès cet instant, on sait que la balade sera inoubliable. En mode Strada (autoroute), la voiture cache bien son tempérament, s'avérant plutôt docile, alors que la suspension tente tant bien que mal d'inhiber les défauts de la route. La boîte sélectionne elle-même les rapports, tout en maintenant bas le régime-moteur. Le mode Sport dynamise la bête avec des réglages plus aiguisés, sans doute le meilleur compromis.

Une fois le mode Corsa (course) activé, l'instrumentation se transforme et fournit des informations supplémentaires sur les performances et sur l'état du moteur, au moyen d'un affichage coloré et vibrant, similaire à celui d'un jeu vidéo des années 80. Cette fois, on contrôle les rapports et le véhicule révèle son tempérament.

À bas régime, on ne perçoit pas l'impact des 740 chevaux, il faut monter le moteur en régime, à plus de 5 000 tr/min, pour sentir le couple se déployer et nous clouer au siège, tout en évoquant la sonorité d'une formule un. Nous ne sommes plus habitués à ce genre de mécanique alors que les moteurs turbocompressés équipant les voitures sport, de nos jours, sont prompts à libérer leur puissance, mais ils ont tendance à perdre leur souffle à haute vitesse, ce qui n'est pas le cas de ce V12. Il en redemande, peu importe la vitesse et le régime. Selon Lamborghini, l'Aventador S peut franchir le 0-100 km/h en 2,9 secondes et atteindre une vitesse maximale de 350 km/h.

QUATRE ROUES DIRECTIONNELLES

La Aventador S profite de roues directionnelles à l'arrière, une technologie initialement introduite sur la Lamborghini Centenario, une version exclusive à diffusion ultra-limitée de l'Aventador. À basse vitesse, les roues arrière, tournent en sens opposé à celles à l'avant, réduisant ainsi le rayon de braquage. À haute vitesse, les roues arrière tournent dans le même sens que celles à l'avant, ce qui améliore la stabilité en virage.

L'attrait principal de l'Aventador S n'est probablement pas ses performances exaltantes, mais bien le statut qui y est associé. Si vous êtes du genre sociable, elle vous vaudra nombre de discussions avec les curieux !

Données principales

Emp. / lon. / lar. / haut.	**Coupé** - 2700 / 4797 / 2030 / 1136 mm
	Roadster - 2700 / 4780 / 2030 / 1136 mm
Coffre / réservoir	**Coupé** - 140 litres / 85 litres
	Roadster - 140 litres / 90 litres
Nbre coussins sécurité / ceintures	6 / 2
Suspension av. / arr.	ind., leviers triangulés / ind., leviers triangulés
Pneus avant / arrière	P255/30ZR20 / P355/25ZR21
Poids / Capacité de remorquage	**Coupé** - 1575 kg / n.d.
	Roadster - 1625 kg / n.d.

Composantes mécaniques

ROADSTER

Cylindrée, alim.	V12 6,5 litres atmos.
Puissance / Couple	700 ch / 509 lb-pi
Tr. base (opt) / Rouage base (opt)	A7 / Int
0-100 / 80-120 / V. max	3,0 s (const) / n.d. / 350 km/h (const)
100-0 km/h	n.d.
Type / ville / route / CO_2	Sup / 24,7 / 10,7 / 8 600 (est) kg/an

COUPÉ S

Cylindrée, alim.	V12 6,5 litres atmos.
Puissance / Couple	740 ch / 507 lb-pi
Tr. base (opt) / Rouage base (opt)	A7 / Int
0-100 / 80-120 / V. max	2,9 s (const) / n.d. / 350 km/h (const)
100-0 km/h	30,0 m (const)
Type / ville / route / CO_2	Sup / 26,2 / 11,6 / 9 180 (est) kg/an

SUPERVELOCE

Cylindrée, alim.	V12 6,5 litres atmos.
Puissance / Couple	750 ch / 509 lb-pi
Tr. base (opt) / Rouage base (opt)	A7 / Int
0-100 / 80-120 / V. max	2,8 s (const) / n.d. / + de 350 km/h (const)
100-0 km/h	30,0 m
Type / ville / route / CO_2	Sup / 26,5 (est) / 11,7 (est) / n.d.

DU NOUVEAU EN 2018

Aucun changement majeur au moment de mettre sous presse.

Pour voir la liste complète des informations techniques, veuillez vous référer à la section statistiques.

LAMBORGHINI **HURACÁN** | **74**% COTE DU GUIDE

Prix: 238 995 $ à 329 895 $
Catégorie: Coupé, Roadster
Garanties: 3 ans/illimité, 3 ans/illimité
Transport et prép.: n.d.
Ventes QC 2016: n.d.
Ventes CAN 2016: n.d.
Assemblage: Sant'Agata IT

Fiabilité
n.d.

Appréciation générale
■■■■■■■□□□

Sécurité
■■■■■■□□□□

Agrément de conduite
■■■■■■■■■□

Consommation
■■■■□□□□□□

Système multimédia
■■■■■■■□□□

Cote d'assurance

$ ▽ $$$

Connectivité multimédia

Aucune

➕ Performances ahurissantes •
Multitude de versions •
Carrosserie flamboyante •
Qualité d'ensemble étonnante

➖ Coffre minuscule • Imprimante à
contraventions • Prix des options •
Coût d'achat démentiel

Concurrents
Aston Martin DB11, Audi R8, Ferrari 488,
Maserati GranTurismo, McLaren 720S,
Mercedes-AMG GT, Nissan GT-R,
Porsche 911

On ne l'oublie pas, celle-là !

Mathieu St-Pierre

Si vous vous êtes procuré cette copie du *Guide de l'auto 2018*, peut-être magasinez-vous votre prochaine familiale. Si vous êtes en train de lire cette page par contre, nous sommes prêts à miser que vous êtes aussi un passionné de voitures. C'est comme ça que commencent les rêves des gagnants de la loterie !

La chance de conduire une Lamborghini n'est pas donnée à tous. J'ai pu prendre le volant de quelques Huracán très différentes au cours des dernières années et quoiqu'en apparence seuls quelques détails changent (à l'exception de la Performante), la personnalité de chacune des versions est bien distincte. On s'entend pour dire que Lamborghini n'a pas une Huracán inspirée d'une Buick Century et une autre d'une F1… mais pas loin.

L'AVENTURE NE FAIT QUE DÉBUTER…
La Huracán Coupé, d'entrée de gamme, si on peut dire, est aussi exquis qu'exclusif. Sa personnalité s'exprime non seulement par sa carrosserie flamboyante, mais également par son moteur prêt à tout. Ce V10 se réveille avec une frénésie aiguë et grave à la fois. Si vous aimez la sonorité créée par un moteur parfaitement ajusté, vous vous imprégnerez de cette mélodie qui vous donnera la chair de poule. Puis, quelques secondes plus tard, une fois le ralenti placé, deux ou trois coups sur l'accélérateur vous feront fondre de plaisir. L'aventure Huracán ne fait que débuter…

La boîte de vitesses Lamborghini Doppia Frizione (à double embrayage) à sept rapports sera votre alliée tout au long de votre épopée. Entre vous et moi, appuyer sur le bouton «M» pour engager le mode manuel de cette boîte est nécessaire. Par contre, on peut la laisser en mode *Drive*, mais la tentation de tirer sur les palettes situées derrière le volant prendra rapidement le dessus.

L'accélération est absolument démentielle. La plus récente Huracán, la Performante, boucle le 0-100 km/h en 2,9 secondes grâce à son rouage intégral sophistiqué. Je vous jure que le pilote a l'impression que c'est la Terre qui se déplace alors que la Lambo arrache l'asphalte. Le tonnerre peut aller se coucher quand on le compare au son du V10 tandis qu'il s'approche des 8 500 tr/min. Pendant ce temps, vous êtes plaqué contre le dossier de votre baquet, particulièrement enveloppant. Ensuite? Eh bien, on recommence!

Les différents modes de conduites sont sélectionnés à l'aide d'une petite manette rouge (rouge comme pour aviser «prenez garde!») placée dans la partie inférieure du volant. *Strada* (rue) est le mode de prédilection. Sport est idéal pour la grande route où une réaction plus viscérale du moteur et de la boîte est souhaitable lorsque vous enfoncez l'accélérateur. Si vous osez sélectionner le mode *Corsa* sans être sur une piste, je promets de vous visiter en prison! Ou à l'hôpital.

Malgré la nature enragée du groupe propulseur, la Huracán peut se montrer civilisée à souhait. La suspension d'origine fait un admirable boulot quand vient le temps d'aller vite, mais les amortisseurs magnétorhéologiques à commande électronique optionnels sont un *must*. Ceux-ci sont en mesure de niveler toutes les dénivellations de la route, transformant cette Lamborghini en voiture confortable. Je vous le jure. Autrement, l'adhérence de la voiture et sa tenue de route sont si impressionnantes que vous aurez l'impression de pouvoir la garer au plafond de votre stationnement intérieur.

Je n'ai pas besoin de vous dire à quel point les énormes freins en carbone-céramique ventilés et perforés sont puissants, mais je vous le dis quand même! Quant à la direction, elle est d'une précision plus redoutable que celle d'Alex Galchenyuk lors de tirs de barrage.

À VOS PLACES, PRÊTS, PARTEZ!

L'habitacle de la Huracán s'avère un mélange de style italien et allemand, ce qui est normal puisque Lamborghini appartient à Volkswagen. L'efficacité et l'ergonomie des commandes sont de toute évidence influencées par Audi, aussi dans le giron Volkswagen. De même pour l'écran numérique TFT configurable. Les boutons pour les essuie-glaces et les clignotants sont montés sur le volant, preuve de l'originalité dont peut faire preuve Lamborghini.

Il va sans dire que les sièges fournissent support et confort supérieurs tandis que la position de conduite semble faite sur mesure pour tout un chacun. Il est surprenant de remarquer à quel point l'habitacle est spacieux pour ce type de voiture. De plus, la visibilité vers l'avant est très bonne. Tout l'équipement technologique nécessaire en 2018 est de série.

La route qu'a prise Lamborghini pour lancer la remplaçante de la très populaire Gallardo a débuté avec le modèle le plus docile et depuis, chaque version subséquente est de plus en plus furieuse et nous fait rêver. Je n'oublierai jamais ma première Huracán...

Données principales

Emp. / lon. / lar. / haut.	**Coupé** - 2 620 / 4 506 / 1 924 / 1 165 mm
	Roadster - 2 620 / 4 459 / 1 924 / 1 180 mm
Coffre / réservoir	**Coupé** - 100 litres / 83 litres
	Roadster - 100 litres / 83 litres
Nbre coussins sécurité / ceintures	6 / 2
Suspension av. / arr.	ind., double triangulation / ind., double triangulation
Pneus avant / arrière	P245/30R20 / P305/30R20
Poids / Capacité de remorquage	**Coupé** - 1 422 kg / n.d.
	Roadster - 1 542 kg / n.d.

Composantes mécaniques

LP 580-2
Cylindrée, alim.	V10 5,2 litres atmos.
Puissance / Couple	580 ch / 398 lb-pi
Tr. base (opt) / Rouage base (opt)	A7 / Prop
0-100 / 80-120 / V. max	3,6 s (const) / n.d. / 320 km/h (const)
100-0 km/h	31,9 m (const)
Type / ville / route / CO$_2$	Sup / 17,5 / 9,1 / 6 420 (est) kg/an

LP 610-4
Cylindrée, alim.	V10 5,2 litres atmos.
Puissance / Couple	610 ch / 413 lb-pi
Tr. base (opt) / Rouage base (opt)	A7 / Int
0-100 / 80-120 / V. max	3,2 s (const) / n.d. / 325 km/h (const)
100-0 km/h	31,9 m (const)
Type / ville / route / CO$_2$	Sup / 17,2 / 9,0 / 6 320 (est) kg/an

LP 640-4 PERFORMANTE
Cylindrée, alim.	V10 5,2 litres atmos.
Puissance / Couple	640 ch / 443 lb-pi
Tr. base (opt) / Rouage base (opt)	A7 / Int
0-100 / 80-120 / V. max	2,9 s (const) / n.d. / 325 km/h (const)
100-0 km/h	31,0 m (const)
Type / ville / route / CO$_2$	Sup / 19,6 / 10,2 / 7 200 (est) kg/an

LAMBORGHINI HURACÁN

DU NOUVEAU EN 2018

Versions Superleggera et Performante.

LAMBORGHINI **URUS**

n.d. COTE DU GUIDE

Prix: 225 000 $ (estimé)
Catégorie: VUS
Garanties:
3 ans/illimité, 3 ans/illimité
Transport et prép.: n.d.
Ventes QC 2016: 0
Ventes CAN 2016: 0
Assemblage: Sant'Agata IT

Fiabilité	Appréciation générale
Nouveau modèle	Nouveau modèle
Sécurité	Agrément de conduite
Nouveau modèle	Nouveau modèle
Consommation	Système multimédia
Nouveau modèle	Nouveau modèle

Cote d'assurance

Nouveau modèle

Connectivité multimédia

Aucune

➕ Données insuffisantes.

➖ Données insuffisantes.

Concurrents
Bentley Bentayga,
Porsche Cayenne Turbo

La puissance d'un tsunami

Alain Morin

C'était au Mondial de l'auto à Paris, en 2008. Lamborghini présentait une berline, l'Estoque. C'était la première voiture à quatre portes de la marque, exception faite de l'étrange VUS LM002, produit à 328 unités, entre 1986 et 1993. L'Estoque respectait à la lettre le credo esthétique de Lamborghini, avec ses lignes en coin et son allure de taureau prêt à fondre sur un morceau de linge rouge. Cette voiture préfigurait les Porsche Panamera et Aston Martin Rapide. Sauf que dès 2009, le projet Estoque a été tué dans l'œuf pour des considérations marketing, semble-t-il. Lamborghini avait-elle compris, à ce moment, que l'avenir n'était pas dans le marché de la berline, mais plutôt dans celui du VUS?

La vague VUS a d'abord décimé le monde des berlines compactes, puis des compactes de luxe, des intermédiaires puis des intermédiaires de luxe... Toujours est-il qu'au Salon de Beijing de 2012, Lamborghini dévoilait un VUS, l'Urus. Cette fois allait être la bonne. En plus, la marque italienne était la première à explorer le créneau des VUS très haut de gamme. Malgré cela, c'est le Bentley Bentayga qui est apparu le premier sur le marché. Et comme ses ventes se portent assez bien, c'est de bon augure pour Lamborghini. Et même pour Rolls-Royce et Ferrari, qui préparent aussi leur VUS. Quand on vous dit que le tsunami VUS déferle...

DU STYLE, DITES-VOUS?

Le nom Urus provient de Aurochs, une des races de taureaux les plus anciennes qui soit. L'Urus possède quatre portes, mais celles d'en arrière sont bien dissimulées. Qu'on le regarde de face, de côté ou de l'arrière, l'Urus ne ressemble à rien... sauf à une Lamborghini. Son bouclier avant agressif, ses immenses roues, ses ailes arrière bombées, sa surface vitrée étroite, tout concourt à lui donner une allure râblée et une présence forte. Plus long qu'un Porsche Cayenne, mais 45 mm plus bas et un zeste plus large, il semble mieux planté sur la route. La marque italienne parle d'un véhicule doté d'un habitacle généreux et d'un coffre polyvalent. Reste juste à déterminer ce que veulent dire les termes «généreux» et «polyvalent» chez Lamborghini...

Son habitacle aussi promet. Typiquement Lamborghini, son tableau de bord, tout en coins, présente un ensemble de jauges numériques, un grand écran central sur la console, des interrupteurs à bascule et un bouton de démarrage du moteur, dissimulé sous un couvercle rouge pour éviter un maniement involontaire, comme dans un avion de chasse. On ne démarre pas une Lamborghini comme une vulgaire Honda Civic.

C'est pourtant ce qu'on ne verra pas qui différencie l'Urus de la plèbe. Ça commence quand même bien puisqu'il partage sa plate-forme avec le très dispendieux Bentley Bentayga. Passons sous silence le fait que cette même plate-forme sert également à trimballer des VUS bas de gamme tels les Audi Q7 et Porsche Cayenne.

JUSTE UN V8...

On sait déjà qu'un V8 logera sous le capot de l'Urus... oui, vous avez bien lu, un V8 dans une Lamborghini, plutôt habituée aux V10 et aux V12. De grâce, attendez un peu avant de paniquer. Je disais donc que l'Urus aura droit à un V8. Un V8 4,0 litres biturbo qui dégagera une écurie d'environ 650 chevaux. D'ailleurs, Audi a justement un tel moteur pour ses RS 7 et S8...

L'autre motorisation serait une hybride rechargeable. On peut imaginer qu'il s'agirait du même 4,0 litres, mais jumelé à un ou à plusieurs moteurs électriques. Cette dernière éventualité me semble la plus plausible, surtout que l'Urus recevra un rouage intégral. Le moteur à essence pour les roues avant et un autre pour les roues arrière. Ou un pour chaque roue arrière. Peut-être aussi s'agira-t-il d'une motorisation semblable à celle de la Porsche Panamera 4 E-Hybrid ?

Quoi qu'il en soit, Lamborghini promet des capacités hors route exceptionnelles. À voir les pneus larges et à profil bas, j'ai comme un petit doute. Je les vois bien plus sur une piste de course. Reste à connaître le poids du nouveau taureau. Lamborghini affirme faire appel à des matériaux très légers et il est permis de croire que l'Urus sera beaucoup plus léger que son cousin chez Bentley.

L'Urus sera construit à l'usine de Sant'Agata Bolognese, là où sont déjà assemblées les Aventador et Huracán. Pour l'occasion, Lamborghini a plus que doublé la superficie des installations. Normal, puisqu'avec ce troisième modèle, elle espère doubler sa production qui passerait de 3 000 unités par an (3 457 en 2016) à environ 6 000. La version production de l'Urus pourrait être dévoilée au prochain Salon de Francfort ou de Los Angeles Selon notre petit doigt, il serait vendu à partir de la mi-2018, sans doute en tant que modèle 2019.

Bon, je me vais me sacrifier encore une fois et demander à mon patron de m'envoyer faire l'essai de l'Urus. C'est bien parce que je vous aime.

Photos : Lamborghini

LAMBORGHINI URUS

Données principales

Emp. / lon. / lar. / haut.	n.d. / 4 990 / 1990 / 1660 mm
Coffre / réservoir	n.d. / n.d.
Nbre coussins sécurité / ceintures	n.d. / 5
Suspension av. / arr.	ind., pneumatique, multibras / ind., pneumatique, multibras
Pneus avant / arrière	P295/35R21 / P295/35R21
Poids / Capacité de remorquage	2 300 kg / n.d.

Composantes mécaniques

Cylindrée, alim.	V8 4,0 litres turbo
Puissance / Couple	650 ch / n.d.
Tr. base (opt) / Rouage base (opt)	n.d. / Int
0-100 / 80-120 / V. max	4,8 s (est) / 0,0 s / n.d.
100-0 km/h	0,0 m
Type / ville / route / CO_2	Sup / n.d. / n.d. / n.d.

« **BENTLEY** A UN VUS, LAMBORGHINI EN AURA BIENTÔT UN, ROLLS-ROYCE ET FERRARI **AUSSI...** IL N'EST **PAS LOIN** LE JOUR OÙ L'ON VERRA UNE FORMULE UN VUS ! »

DU NOUVEAU EN 2018

Nouveau modèle.
Devrait être dévoilé en 2017, sans doute en tant que modèle 2019.

Pour voir la liste complète des informations techniques, veuillez vous référer à la section statistiques.

LAMBORGHINI | 419

(((**SiriusXM**)))

Prix : 61 500 $ à 82 500 $ (2017)
Catégorie : VUS
Garanties :
4 ans/80 000 km, 4 ans/80 000 km
Transport et prép. : 2 590 $
Ventes QC 2016 : 0
Ventes CAN 2016 : 0
Assemblage : Solihull GB

Fiabilité	Appréciation générale
■■□□□□□□□□	■■■■■■□□□□
Sécurité	Agrément de conduite
■■■■■■■■□□	■■■■■□□□□□
Consommation	Système multimédia
■■■■□□□□□□	■■■■■■□□□□

Cote d'assurance

n.d.

Connectivité multimédia

Aucune

➕ Habitacle spacieux, pratique et luxueux • Comportement routier stable et sûr • Sièges avant ultraconfortables • Exceptionnel en conduite tout-terrain

➖ Performances modestes pour la catégorie • Moteur V6 à essence peu inspirant • Suspension talonne en détente et roule sec parfois • Fiabilité à démontrer

Concurrents
Acura MDX, Audi Q7, BMW X5, Lexus RX, Mercedes-Benz GLE, Porsche Cayenne, Volvo XC90

Métamorphose magnifique

Marc Lachapelle

Ce nouveau Discovery lance une cinquième génération pour la série la plus populaire de Land Rover, avec plus de 1,2 million de copies vendues depuis vingt-huit ans. Il prend le relais du LR4 au profil tout en arêtes. Plus grand, il est pourtant plus léger et surtout plus élégant, moderne et raffiné. De quoi se mesurer enfin aux meilleurs utilitaires sport de luxe du moment. En croisant les doigts concernant la fiabilité...

Le nouveau Discovery est plus long de 141 mm, plus haut de 108 mm et plus large que le LR4 de 43 mm, sur un empattement allongé de 38 mm. Il semble pourtant plus petit et svelte, avec une silhouette profilée qui évoque (sans jeu de mots) le Range Rover Sport, construit sur la même plate-forme. Les aérodynamiciens ont ramené le coefficient de traînée d'un médiocre 0,40 à un excellent 0,33 tout en réduisant le bruit et en empêchant la poussière de coller aux surfaces vitrées. Tout vrai, essais à l'appui !

Il faut souligner que le Discovery pèse 480 kg (plus d'une demi-tonne impériale !) de moins que son devancier, grâce à une nouvelle carrosserie autoporteuse faite à 85 % d'aluminium, dont 43 % sont recyclés. Les bienfaits, en termes d'agilité, de solidité, de sécurité et de performance sont multiples.

PREMIÈRE CLASSE
La présentation, la finition et la qualité des matériaux employés dans l'habitacle marquent un progrès remarquable par rapport à la cabine austère du LR4. Cuir souple, boiseries discrètes, pièces d'aluminium et surfaces noires laquées, tout a maintenant l'aspect et la texture du luxe véritable.

L'écran tactile de 10,2 pouces, au centre du tableau de bord, est une nette amélioration. L'affichage « tête haute » multicolore est splendide et l'ergonomie des commandes et contrôles très correcte. On peut s'offrir jusqu'à quinze prises à 12 volts ou de type USB, sans compter les prises HDMI pour la chaîne multimédia optionnelle, pour les places arrière.

Les sièges avant sont bien taillés et confortables pendant des heures. Ils peuvent être chauffés ou rafraîchis et le volant se réchauffe aussi. La deuxième rangée est accueillante et un homme de 1,93 m (6'4'') peut vraiment prendre place sur la troisième banquette, optionnelle et escamotable. L'ingénieur-chef nous l'a prouvé.

On peut replier les deuxième et troisième banquettes individuellement ou simultanément, à l'aide de touches ou d'une application mobile. Les appuie-tête arrière bloquent la vue, mais on peut les replier en appuyant sur une touche à l'écran central. Un grand hayon a remplacé le hayon en deux parties du LR4. Juste derrière, un panneau retient les objets dans le coffre quand il est dressé à la verticale. Replié vers l'extérieur et appuyé sur le pare-chocs, il peut soutenir 300 kg. Parfait pour un pique-nique. Toutes ces commandes sont électriques.

CHOIX DE MOTEURS ET DE ROUAGES

Le Discovery partage deux moteurs de 3,0 litres avec les Range Rover et Range Rover Sport. Le V6 à essence surcompressé de 340 chevaux est discret, souple et musclé, mais il manque de caractère. Le V6 turbodiesel produit 258 chevaux, mais surtout 443 lb-pi de couple à 1 750 tr/min. Assez pour boucler le 0-100 km/h en 8,1 secondes, seulement une de plus que le premier, tout en consommant un tiers de moins en carburant. Les deux moteurs peuvent tracter jusqu'à 3 500 kg avec l'équipement approprié, et sont jumelés à une excellente boîte automatique ZF à huit rapports.

Un rouage intégral avec différentiel central de type Torsen est de série et un rouage à quatre roues motrices avec deux plages de démultiplication est en option, tout comme le système ATPC qui permet une conduite tout-terrain quasi automatique avec différentiel arrière verrouillable. Une molette permet de choisir entre cinq modes de conduite qui adaptent les systèmes aux conditions : Normal, Glissant, Boue et ornières, Sable ou Roc.

La suspension pneumatique optionnelle augmente la garde au sol maximale de 220 à 283 mm, abaisse la carrosserie de 13 mm à plus de 105 km/h pour réduire la consommation ou de 60 mm à l'arrêt pour faciliter l'accès ou l'arrimage d'une remorque.

Ce Discovery adore le tout-terrain, mais affiche un aplomb et une stabilité sans faille sur le bitume. Le roulis est raisonnable en virage, les transitions fluides et la suspension bien amortie. Ces commentaires s'appliquent aux deux versions, mais je confesse volontiers ma préférence pour le Td6 à moteur diesel, pour l'ensemble de son œuvre.

Les qualités techniques, le confort, le luxe et le comportement sont donc au rendez-vous. Il ne reste plus au nouveau Discovery qu'à démontrer sa fiabilité pour mériter sa place parmi les meilleurs. Ce qui est, nul doute, son plus grand défi.

Données principales

Emp. / lon. / lar. / haut.	2 923 / 4 970 / 2 073 / 1 888 mm
Coffre / réservoir	258 à 2 500 litres / 89 litres
Nbre coussins sécurité / ceintures	6 / 5
Suspension av. / arr.	ind., double triangulation / ind., multibras
Pneus avant / arrière	P255/55R20 / P255/55R20
Poids / Capacité de remorquage	2 230 kg / 750 kg (1 650 lb)

Composantes mécaniques

HSE TD6

Cylindrée, alim.	V6 3,0 litres turbo
Puissance / Couple	258 ch / 443 lb-pi
Tr. base (opt) / Rouage base (opt)	A8 / Int
0-100 / 80-120 / V. max	8,1 s (const) / n.d. / 209 km/h (const)
100-0 km/h	n.d.
Type / ville / route / CO_2	Die / 8,3 / 6,5 / 4 045 (est) kg/an

FIRST EDITION, HSE, HSE LUXURY, SE

Cylindrée, alim.	V6 3,0 litres surcomp.
Puissance / Couple	340 ch / 332 lb-pi
Tr. base (opt) / Rouage base (opt)	A8 / Int
0-100 / 80-120 / V. max	7,1 s (const) / n.d. / 209 km/h (const)
100-0 km/h	n.d.
Type / ville / route / CO_2	Sup / 14,2 / 9,3 / 5 518 (est) kg/an

« LE **NOUVEAU** DISCOVERY EST PLUS SPACIEUX, ÉLÉGANT, LÉGER, MODERNE, LUXUEUX ET RAFFINÉ. S'IL PEUT **SEULEMENT** ÊTRE PLUS **FIABLE.** »

DU NOUVEAU EN 2018

Nouveau modèle

Photos : Land Rover

Pour voir la liste complète des informations techniques, veuillez vous référer à la section statistiques.

LAND ROVER | **421**

LAND ROVER **DISCOVERY**

((SiriusXM))

Prix : 42 790 $ à 50 990 $ (2017)
Catégorie : VUS
Garanties :
4 ans/80 000 km, 4 ans/80 000 km
Transport et prép. : 2 170 $
Ventes QC 2016 : 410 unités
Ventes CAN 2016 : 2 354 unités
Assemblage : Halewood GB

Fiabilité	Appréciation générale
■■■■■■■□□□	■■■■■■■□□□
Sécurité	Agrément de conduite
■■■■■■■■□□	■■■■■■■□□□
Consommation	Système multimédia
■■■■■■□□□□	■■■■■■□□□□

Cote d'assurance

n.d.

Connectivité multimédia

Aucune

➕ Prix attrayant • Solides aptitudes en conduite hors route • Bonne habitabilité • Style sobre

➖ Fiabilité perfectible • Look trop classique de la planche de bord • Écran tactile trop petit • Espace et confort limités à la troisième rangée

Concurrents
Acura RDX, Audi Q5, BMW X3, BMW X4, Lexus NX, Lincoln MKC, Mercedes-Benz GLC, Porsche Macan, Volvo XC60

Mission polyvalence

Gabriel Gélinas

Chez Land Rover, les modèles Range Rover jouent à fond la carte du luxe, et aussi de la sportivité dans le cas du Range Rover Sport, alors que les modèles Discovery et Discovery Sport ont comme mission d'assurer la polyvalence en usage quotidien. C'est d'ailleurs ce qui explique pourquoi le Discovery Sport est pourvu d'une banquette arrière coulissante et de deux strapontins à la troisième rangée, histoire d'assurer une configuration « 5+2 ».

Le style est sobre, avec un look nettement moins frappant que celui du Range Rover Evoque, et le Discovery Sport est doté d'une très grande surface vitrée qui permet au conducteur d'avoir une bonne visibilité dans toutes les directions. L'aspect de la planche de bord est très conventionnel, et l'on remarque la très petite taille de l'écran central, qui constitue l'un des points faibles de ce modèle. C'est particulièrement frappant lorsqu'on le compare au nouveau système d'infodivertissement à deux écrans tactiles de 10 pouces inauguré dans le Range Rover Velar. De ce côté, un sérieux rattrapage s'impose...

L'habitabilité est très bonne à l'avant, de même qu'à la deuxième rangée. Lorsque celle-ci est reculée au maximum, pour augmenter le dégagement pour les jambes des passagers, l'espace devient alors meilleur que celui accordé par le Range Rover. Quant aux strapontins offerts en option à la troisième rangée, précisons qu'ils ne peuvent servir que pour de jeunes enfants, comme solution de dépannage, et que l'espace de chargement est réduit à seulement 194 litres lorsque ceux-ci sont déployés. Bref, c'est soit cinq personnes à bord avec bagages ou sept personnes avec le strict minimum.

MOTORISATION UN PEU JUSTE
Le Discovery Sport reçoit le même moteur que le Range Rover Evoque, soit un quatre cylindres de 2,0 litres turbocompressé développant 240 chevaux et un couple de 250 livres-pied. Ce moteur convient bien au gabarit et au poids de l'Evoque, mais s'avère un peu juste côté puissance pour le

Discovery Sport, plus lourd. La boîte automatique ZF à neuf rapports est très efficace et le Discovery Sport passe très rapidement du premier au second rapport, le premier étant relativement court pour faciliter la conduite hors route. Puisqu'il en est question, précisons que le Discovery Sport ne rechigne pas à l'idée de quitter le bitume, bien au contraire.

ÇA PASSE PARTOUT !

Lors d'un premier contact avec ce véhicule, j'ai franchi un gué d'une profondeur de 75 centimètres et roulé sur des routes enneigées et glacées comportant des dénivellations importantes, et jamais le Discovery Sport n'a été pris en défaut. Il faut souligner qu'il est équipé du système Terrain Response comprenant quatre modes. Ce système permet d'adapter le comportement du véhicule en fonction du type de surface sur lequel il roule. De plus, le programme Hill Descent Control règle la vitesse en descente en fonction de l'adhérence qui prévaut. Ces deux systèmes électroniques permettent au Discovery Sport d'évoluer avec aisance, peu importe les conditions.

De retour sur les routes balisées, le Discovery Sport fait preuve d'un comportement équilibré. Toutefois, il affiche rapidement une tendance marquée pour le sous-virage en conduite sportive, ce qui n'est pas sa tasse de thé... Il faut plutôt voir le Discovery Sport comme un véhicule pratique et polyvalent qui peut, à la limite, concurrencer une fourgonnette en raison de son habitabilité.

L'autre as dans sa manche est son échelle de tarifs qui est très concurrentielle et qui représente presque une aubaine par rapport aux VUS des marques de luxe établies. Comme les prix sont relativement bas, cela permet également à Land Rover d'affronter les versions les plus cossues des VUS commercialisés par des marques conventionnelles, comme les modèles les plus équipés des Honda CR-V ou Kia Sorento, entre autres.

FIABILITÉ À LONG TERME

On ne peut passer sous silence l'aspect de la fiabilité à long terme des Land Rover. Au cours des dernières années, la marque britannique croupissait dans les bas-fonds du classement concernant la fiabilité. Cependant, on commence à observer un certain progrès à ce chapitre, puisque Land Rover occupe maintenant le 24e rang sur 31 marques de l'étude Vehicle Dependability Study (VDS) de la firme J.D. Power and Associates qui mesure la fiabilité des modèles après trois années d'usage. Du côté de Consumer Reports, on note que Land Rover se classe au 28e rang en ce qui a trait à la satisfaction de la clientèle et que la tendance est à la hausse. On peut donc dire que la Land Rover connaît du progrès, qu'il y a de la lumière au bout du tunnel, mais qu'il reste encore beaucoup de chemin à parcourir...

Données principales	
Emp. / lon. / lar. / haut.	2 741 / 4 589 / 2 173 / 1 724 mm
Coffre / réservoir	981 à 1 698 litres / 70 litres
Nbre coussins sécurité / ceintures	7 / 5
Suspension av. / arr.	ind., jambes force / ind., multibras
Pneus avant / arrière	P235/60R18 / P235/60R18
Poids / Capacité de remorquage	1 744 kg / 2 000 kg (4 410 lb)

Composantes mécaniques	
Cylindrée, alim.	4L 2,0 litres turbo
Puissance / Couple	240 ch / 250 lb-pi
Tr. base (opt) / Rouage base (opt)	A9 / Int
0-100 / 80-120 / V. max	8,2 s / n.d. / 200 km/h
100-0 km/h	n.d.
Type / ville / route / CO₂	Sup / 10,6 / 6,5 / 4 027 kg/an

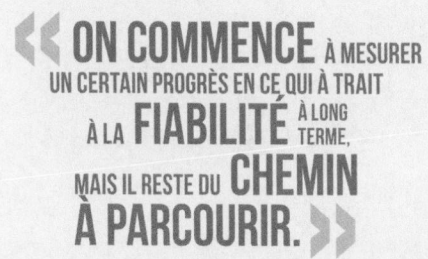

« ON COMMENCE À MESURER UN CERTAIN PROGRÈS EN CE QUI A TRAIT À LA **FIABILITÉ** À LONG TERME, MAIS IL RESTE DU **CHEMIN À PARCOURIR.** »

DU NOUVEAU EN 2018

Aucun changement majeur au moment de mettre sous presse.

Photos : Land Rover

Pour voir la liste complète des informations techniques, veuillez vous référer à la section statistiques.

LAND ROVER | 423

DIESEL

LAND ROVER **RANGE ROVER** | **73**% COTE DU GUIDE

(((SiriusXM)))

Prix : 111 500 $ à 225 000 $ (2017)
Catégorie : VUS
Garanties :
4 ans/80 000 km, 4 ans/80 000 km
Transport et prép. : 2 590 $
Ventes QC 2016 : 146 unités
Ventes CAN 2016 : 1 167 unités
Assemblage : Solihull GB

Fiabilité
■■■□□□□□□□
Sécurité
■■■■■■■□□□
Consommation
■■■■□□□□□□

Appréciation générale
■■■■■■■□□□
Agrément de conduite
■■■■■■■□□□
Système multimédia
■■■■■■□□□□

Cote d'assurance
▽
$ $$$

Connectivité multimédia

Aucune

➕ Style intemporel • Véritable véhicule de grand luxe • Très bonnes aptitudes en conduite hors route • Prestige de la marque

➖ Fiabilité problématique • Prix très élevés • Coût des options • Consommation élevée (moteur V8)

Concurrents
Bentley Bentayga, Cadillac Escalade, Lexus LX, Lincoln Navigator, Mercedes-Benz GLS

Une conception *british* du luxe

Gabriel Gélinas

J aguar Land Rover affiche actuellement des records de vente à l'échelle mondiale, principalement en raison de la forte demande pour ses véhicules en Chine et aux États-Unis, et de la relative faiblesse de la livre anglaise sur le marché monétaire international. Évidemment, le succès du F-PACE chez Jaguar compte pour beaucoup dans cette performance, mais le Range Rover maintient toujours sa position dans le créneau des VUS de grand luxe, en raison de son cachet et du prestige qui lui est associé.

Au fil des ans, le Range Rover a atteint le statut d'icône de l'automobile par sa conception tout à fait britannique du luxe et par son style classique, voire intemporel, qui fait qu'on le reconnaît dès le premier coup d'œil. Afin de faciliter l'accès, le Range Rover s'abaisse de 50 millimètres sur sa suspension pneumatique. Une fois monté à bord, on remarque que le confort des sièges est incomparable et que la position de conduite surélevée donne vraiment le sentiment de dominer la route, en plus de permettre une très bonne visibilité vers l'avant et sur les côtés du véhicule. Le design de l'habitacle, à la fois épuré et chaleureux, produit un très bel effet et le cachet luxe est indéniable.

Toutefois, l'un des points faibles du Range Rover demeure son système multimédia, qui est parfois lent à réagir et dont certaines fonctionnalités ne sont pas intuitives, ce qui fait que le vaisseau amiral de la marque anglaise est en retard par rapport aux véhicules rivaux à ce chapitre.

La suspension pneumatique permet également au Range Rover de pouvoir circuler aisément sur terrain meuble. Tout d'abord en raison d'une garde au sol qui augmente à la seule pression d'un bouton et aussi du système Terrain Response, qui paramètre le comportement du véhicule en fonction du type de terrain sur lequel il évolue. Les très bonnes aptitudes du Range Rover en conduite hors route épatent toujours la galerie et constituent d'ailleurs l'un de ses points forts, mais force est d'admettre que la grande majorité de la clientèle n'en fera jamais l'expérience, se limitant à la conduite sur routes balisées ou peut-être, à l'occasion, sur des chemins de terre ou de gravier.

ESSENCE OU DIESEL

Malgré sa structure autoporteuse réalisée entièrement en aluminium, le Range Rover pèse tout de même plus de deux tonnes métriques, ce qui signifie que les motorisations doivent être adaptées à sa masse. Le choix se porte donc sur un V8 à essence suralimenté par compresseur volumétrique ou sur le moteur six cylindres turbocompressé carburant au diesel, qui a fait ses débuts sous le capot du Range Rover, en 2016.

Si l'idée de rouler au volant d'un véhicule de luxe animé par un V6 diesel vous rebute, sachez que ce type de moteur équipe plus de 90 pour cent des modèles de la marque qui roulent en Europe. Fort de 254 chevaux, mais surtout, d'un couple de 440 livres-pied, ce turbodiesel convient parfaitement au Range Rover. Il faut juste apprendre à composer avec un léger retard, lors de l'accélération initiale, et avec la sonorité particulière du moteur diesel, lors du démarrage à froid, pour ensuite apprécier la consommation de carburant réduite de façon significative comparativement au Range Rover animé par le V8 essence de 5,0 litres.

UNE COCHE DE PLUS

Avec le modèle Range Rover Autobiography à empattement allongé, dont le prix se situe aux alentours de 160 000 $, Land Rover rivalise non seulement avec les autres grands VUS de luxe, mais aussi avec les berlines de grand luxe de ce monde.

Le confort aux places arrière est souverain, grâce au dégagement supérieur qui est accordé pour les jambes des passagers, et il devient suprême dans le cas du modèle SVAutobiography à empattement allongé, dont les places arrière s'apparentent à celles que l'on retrouve en première classe dans un avion de ligne. Précisons que le prix de ce modèle de très grand luxe dépasse les 225 000 $.

Le cachet luxe du Range Rover, tous modèles confondus, est indéniable. Malheureusement, dans le cas de la marque anglaise, luxe ne rime pas avec fiabilité si l'on en juge par les scores obtenus lors des sondages menés par certaines publications et firmes de sondage, alors qu'elle termine très loin au classement. Toutefois, on note une amélioration comparativement aux années précédentes. La tendance est donc à la hausse, et il faut espérer qu'elle se maintienne, mais pour l'heure, on ne peut passer sous silence la fiabilité problématique de la marque.

Données principales

Emp. / lon. / lar. / haut.	3120 / 5199 / 2073 / 1835 mm
Coffre / réservoir	549 à 2345 litres / 105 litres
Nbre coussins sécurité / ceintures	6 / 5
Suspension av. / arr.	ind., pneumatique, double triangulation / ind., pneumatique, multibras
Pneus avant / arrière	P255/55R20 / P255/55R20
Poids / Capacité de remorquage	2523 kg / 3500 kg (7710 lb)

Composantes mécaniques

HSE TD6

Cylindrée, alim.	V6 3,0 litres turbo
Puissance / Couple	254 ch / 440 lb-pi
Tr. base (opt) / Rouage base (opt)	A8 / Int
0-100 / 80-120 / V. max	7,4 s (est) / n.d. / 209 km/h (const)
100-0 km/h	n.d.
Type / ville / route / CO$_2$	Dié / 12,6 / 8,6 / 4968 (est) kg/an

SUPERCHARGED V8

Cylindrée, alim.	V8 5,0 litres surcomp.
Puissance / Couple	550 ch / 502 lb-pi
Tr. base (opt) / Rouage base (opt)	A8 / Int
0-100 / 80-120 / V. max	n.d. / n.d. / 225 km/h (const)
100-0 km/h	n.d.
Type / ville / route / CO$_2$	Sup / 15,4 / 10,0 / 5966 (est) kg/an

> « LES **PLACES ARRIÈRE** DE LA VERSION **AUTOBIOGRAPHY** À EMPATTEMENT ALLONGÉ S'APPARENTENT À CELLES QUE L'ON **RETROUVE EN PREMIÈRE CLASSE** DANS UN AVION. »

DU NOUVEAU EN 2018

Aucun changement majeur au moment de mettre sous presse.

Photos : Land Rover

Pour voir la liste complète des informations techniques, veuillez vous référer à la section statistiques.

LAND ROVER | **425**

LAND ROVER **RANGE ROVER EVOQUE** | **69**% COTE DU GUIDE

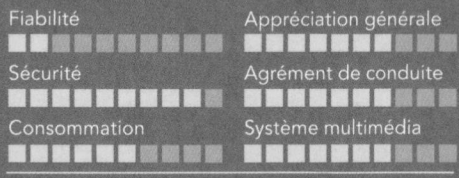

Prix: 49 990 $ à 66 990 $ (2017)
Catégorie: VUS
Garanties:
4 ans/80 000 km, 4 ans/80 000 km
Transport et prép.: 2 590 $
Ventes QC 2016: 330 unités
Ventes CAN 2016: 1 704 unités
Assemblage: Halewood GB

Fiabilité

Sécurité

Consommation

Appréciation générale

Agrément de conduite

Système multimédia

Cote d'assurance

$ $$$

Connectivité multimédia

Aucune

➕ Design qui vieillit bien • Bon groupe motopropulseur • Véritables aptitudes hors route • Sièges avant confortables

➖ Certains éléments de l'habitacle ont vieilli • Places arrière serrées • Système multimédia parfois agaçant • Version décapotable distribuée au compte-gouttes

Concurrents
Acura RDX, Audi Q5, BMW X4, Lexus NX, Lincoln MKC, Mercedes-Benz GLC, Porsche Macan, Volvo XC60

Petit format, grandes aptitudes

Mathieu St-Pierre

L'objectif des constructeurs automobiles est de faire des profits, bien sûr. Et pour faire augmenter les ventes, rien de tel que de faire prendre de l'expansion à une marque, ou d'augmenter le nombre de produits offerts sous une bannière. D'Audi à Volvo, les exemples sont nombreux, et Land Rover compte parmi ceux ayant le mieux réussi, avec la gamme Range Rover.

De 1970 à 2003, le Range Rover était seul au monde. Trois autres modèles se sont joints à la gamme depuis, et le héros du groupe est sans aucun doute le Range Rover Evoque, le plus abordable d'entre eux. Plus de 600 000 exemplaires ont été construits depuis 2011, ce qui constitue un succès sans précédent pour la marque anglaise. Peut-être que le fait d'utiliser l'ex Spice Girls Victoria Beckham comme porte-parole y est pour quelque chose! Remarquez que Range Rover n'est pas la première marque à utiliser une célébrité pour promouvoir ses produits!

Quand on combine les mots luxe et multisegment, on attire immanquablement l'attention des acheteurs. Et quand on y ajoute la signature légendaire de Range Rover, les bourses se délient. L'Evoque propose le look et les aptitudes d'un vrai Range Rover, dans un format réduit. Le résultat est irrésistible.

UN DESIGN RÉUSSI

L'Evoque est doté de tous les bons attributs, à commencer par la partie avant caractéristique de la marque. Même s'il est compact, il n'a pas l'air d'un jouet et il impose le même respect que les autres Rover, plus dispendieux. Et malgré son âge relatif (il a débuté sa carrière durant l'année-modèle 2012), il affiche toujours une allure moderne avec sa surface vitrée étroite, sa ceinture de caisse élevée et ses feux avant et arrière qui font penser à des sourcils froncés. Il est possible de personnaliser l'Evoque de différentes façons pour le rendre plus exclusif. Il est même possible d'opter pour la version décapotable, bien que je n'en ai jamais encore vu sur la route...

L'habitacle marie avec bonheur différents matériaux. Son seul défaut est d'être un peu serré, mais il ne s'agit pas d'un véhicule principalement destiné aux familles. Les amateurs de la marque noteront que la plupart des commandes ont un air vieillot, mais elles font bien leur travail.

Même si les performances d'ensemble de l'Evoque ont été améliorées avec le temps, le système multimédia avec écran tactile de 10 po est encore un peu lent, comme c'est le cas de plusieurs produits récents de Jaguar Land Rover. Les sièges avant sont très confortables et ils sont offerts avec un système de massage intégré, une option qui vaut le coup. Le coffre offre un volume intéressant (575 à 1 445 litres), mais sa capacité à transporter de gros objets peut être limitée par l'angle du hayon.

PETIT MAIS PERFORMANT

Le seul groupe motopropulseur offert au Canada est un quatre cylindres turbo de 2,0 litres couplé à une boîte automatique à neuf rapports et rouage intégral sophistiqué. Le moteur produit une solide dose de couple dès les 1 750 tours/minute et la boîte est calibrée de façon à maximiser la puissance, peu importe le régime. Cela signifie notamment que les accélérations à partir d'un arrêt sont bonnes, même avec une charge à bord. L'Evoque à cinq portes affiche une capacité de remorquage de 1 800 kg — près de 4 000 lb — avec une remorque freinée.

Là où le petit Rover excelle particulièrement, c'est quand on quitte le bitume. Peu de gens le feront réellement, mais si vous avez envie de grimper des pentes à pic ou de rouler dans des mares d'eau (d'une profondeur allant jusqu'à 50 cm), vous le pourrez! Le système Terrain Response offre différents modes de conduite, dont Normal, Herbe/Gravier/Neige, Boue/Ornières, et Sable. Lors du lancement de l'Evoque, j'avais grimpé, avec succès, la montagne de Whistler Blackcomb.

C'est bien d'avoir du plaisir en conduite hors route avec l'Evoque, mais ce dernier se doit aussi d'exceller sur la route et dans la jungle urbaine. Il ne donne pas l'impression d'être aussi luxueux ou aussi solidement ancré au sol qu'une BMW X3, mais il s'en approche. Le roulement est confortable et bien maîtrisé, et les amortisseurs adaptatifs font un bon travail pour isoler les occupants des imperfections de la chaussée. La direction répond bien et les freins sont puissants. L'Evoque est doté d'un système de vectorisation du couple par freinage qui facilite la négociation des courbes.

Au Canada, la demande pour l'Evoque demeure forte, mais elle varie d'une province à l'autre. L'Audi Q5 est très solidement positionné dans ce créneau et il a récemment été revu en profondeur. On s'attend à ce que Land Rover présente un tout nouvel Evoque pour l'année modèle 2019 et qu'il sera, sans contredit, encore plus compétent.

Données principales

Emp. / lon. / lar. / haut.	2 660 / 4 370 / 1 985 / 1 609 mm
Coffre / réservoir	575 à 1 445 litres / 70 litres
Nbre coussins sécurité / ceintures	7 / 5
Suspension av. / arr.	ind., jambes force / ind., jambes force
Pneus avant / arrière	P235/55R19 / P235/55R19
Poids / Capacité de remorquage	1 936 kg / 750 kg (1 650 lb)

Composantes mécaniques

Cylindrée, alim.	4L 2,0 litres turbo
Puissance / Couple	240 ch / 250 lb-pi
Tr. base (opt) / Rouage base (opt)	A9 / Int
0-100 / 80-120 / V. max	7,6 s (const) / 5,9 s (est) / 217 km/h (const)
100-0 km/h	41,0 m (est)
Type / ville / route / CO_2	Sup / 11,3 / 7,9 / 4 494 kg/an

L'EVOQUE **IMPOSE** LE MÊME RESPECT QUE LES AUTRES RANGE ROVER. IL A **FIÈRE ALLURE** ET IL AFFICHE DE **VÉRITABLES** APTITUDES HORS ROUTE.

LAND ROVER RANGE ROVER EVOQUE

DU NOUVEAU EN 2018

Aucun changement majeur au moment de mettre sous presse.

Photos : Land Rover

Pour voir la liste complète des informations techniques, veuillez vous référer à la section statistiques.

LAND ROVER | **427**

DIESEL

LAND ROVER **RANGE ROVER SPORT** | **73**% COTE DU GUIDE

((SiriusXM))

Prix: 77 000 $ à 127 500 $ (2017)
Catégorie: VUS
Garanties:
4 ans/80 000 km, 4 ans/80 000 km
Transport et prép.: 2 722 $
Ventes QC 2016: 546 unités
Ventes CAN 2016: 3 151 unités
Assemblage: Solihull GB

Fiabilité
■■■□□□□□□□

Appréciation générale
■■■■■■□□□□

Sécurité
■■■■■■■■□□

Agrément de conduite
■■■■■■■□□□

Consommation
■■■■□□□□□□

Système multimédia
■■■■■□□□□□

Cote d'assurance

$ $$$

Connectivité multimédia

Aucune

➕ Moteur turbodiesel efficace •
Habitacle luxueux • Aptitudes en conduite
hors route • Performances relevées (SVR)

➖ Fiabilité perfectible •
Système multimédia peu intuitif •
Direction peu communicative •
Prix élevés des versions haut de gamme

Concurrents
Audi Q7, BMW X5, Infiniti QX70,
Mercedes-Benz GLE, Porsche Cayenne,
Volvo XC90

Variations sur thème

Gabriel Gélinas

Chez Land Rover, la gamme Range Rover est maintenant composée de quatre modèles, soit le Evoque, le Velar, le Sport et le Range Rover, qui trône au sommet de la gamme. On pourrait croire que le Evoque, le modèle le plus abordable, soit celui qui se vende le mieux, mais ce n'est pas le cas puisque c'est le Range Rover Sport qui revendique cette distinction chez nous.

Il faut dire que le Range Rover Sport a de la gueule. L'amalgame des codes classiques de la marque avec un look plus dynamique produit un bel effet et le Range Rover Sport est doté d'un cachet indéniable. L'habitacle présente une belle dualité par son design, à la fois épuré et chaleureux, et la sellerie de cuir produit toujours un bel effet. On regrette que le système multimédia du Range Rover Sport ne soit pas aussi intuitif que celui des véhicules concurrents et que l'accès à certaines fonctionnalités soit inutilement compliqué. On apprécie toutefois la présence de la suspension pneumatique, dont l'une des fonctions est d'abaisser le véhicule pour faciliter l'accès à bord.

Parmi les motorisations offertes, le moteur turbodiesel se démarque pour sa consommation bonifiée d'environ 30 pour cent par rapport aux versions animées par le bloc V6 à essence suralimenté. Au cours de l'essai, notre moyenne observée a été de 9,2 l/100 km, ce qui est remarquable pour un VUS de plus de 2 000 kilos. L'accélération initiale du Range Rover Sport à moteur turbodiesel n'est pas aussi immédiate que celle livrée par le moteur à essence, mais son couple plus important lui permet de faire la différence une fois le véhicule en mouvement, ce qui en fait un choix avisé. Il faut juste apprendre à composer avec les vibrations typiques d'un moteur diesel, vibrations qui ne cadrent pas parfaitement avec la vocation de véhicule de luxe du Range Rover Sport.

Pour ce qui est du comportement routier, peu importe le moteur choisi, le Range Rover Sport fait preuve d'une belle dynamique et sa tenue de route est très bonne malgré son poids élevé. On émet toutefois des réserves au sujet de la direction qui se montre peu communicative.

SVR, PERFORMANCE TOUS AZIMUTS

La version SVR est la plus rapide et la plus performante de la gamme, avec son V8 suralimenté par compresseur, sa dynamique bonifiée par les calibrations plus fermes de ses liaisons au sol et sa monte pneumatique surdimensionnée. Véritable bête dont la mission est d'aller en découdre avec les Porsche Cayenne Turbo, BMW X5 M et autres VUS de performance, le Range Rover Sport SVR est capable d'évoluer sur tous les types de terrain grâce au système Terrain Response, qui paramètre le comportement du véhicule en fonction du type de surface sur lequel il évolue.

Land Rover a d'ailleurs réalisé une série de tests d'accélération de 0 à 100 km/h sur diverses surfaces avec le Range Rover Sport SVR, histoire de faire la démonstration de l'efficacité de ce système. Les résultats sont plutôt intéressants avec des chronos de 4,7 secondes sur asphalte, 5,3 secondes sur gravier, 5,5 secondes sur gazon ainsi que sur le sable, 6,5 secondes dans la boue et 11,3 secondes sur la neige. Voilà qui en dit long sur l'étendue des tests menés par les ingénieurs et sur la performance tous azimuts du Range Rover Sport SVR.

UNE VERSION HYBRIDE EN VUE

Jaguar Land Rover est actuellement sur une lancée pour ce qui est de l'électrification de ses véhicules. La marque Jaguar qui, comme Land Rover, fait partie du groupe indien Tata, est présente en compétition de Formule E et s'apprête à lancer le I-PACE électrique pour concurrencer directement le Tesla Model X. Si l'on se fie aux nombreuses photos-espion captées sur le vif, Land Rover ne serait pas en reste, puisque ses ingénieurs seraient en train de tester une variante à motorisation hybride rechargeable du Range Rover Sport en Angleterre.

Selon les rumeurs, ce nouveau modèle serait animé par un quatre cylindres de deux litres associé à un moteur électrique, une configuration semblable à celle du Volvo XC90 T8 actuel. Pour Land Rover, ce modèle revêt une importance capitale puisque plusieurs grandes villes, dont Londres, imposent des frais d'accès au centre-ville pour les véhicules à motorisation conventionnelle, mais pas pour les véhicules électriques ou hybrides rechargeables.

Avec autant de variations sur thème, le Ranger Rover Sport permet à la célèbre marque anglaise de jouer sur tous les tableaux. Il n'est donc pas étonnant de voir que le Range Rover Sport est le modèle le plus vendu de la marque au Québec. On aimerait toutefois voir son bilan s'améliorer en ce qui a trait à la fiabilité à long terme. Land Rover ne croupit plus au bas du classement J.D. Power and Associates sur la fiabilité de ses véhicules après trois ans d'usage, mais elle n'occupe que le 23e rang sur 30 marques répertoriées. Il y a donc encore place à amélioration à ce chapitre.

Données principales

Emp. / lon. / lar. / haut.	2 923 / 4 872 / 2 073 / 1 780 mm
Coffre / réservoir	784 à 1 761 litres / 105 litres
Nbre coussins sécurité / ceintures	6 / 5
Suspension av. / arr.	ind., pneumatique, double triangulation / ind., pneumatique, multibras
Pneus avant / arrière	P275/45R21 / P275/45R21
Poids / Capacité de remorquage	2 335 kg / 3 500 kg (7710 lb)

Composantes mécaniques

HSE TD6

Cylindrée, alim.	V6 3,0 litres turbo
Puissance / Couple	254 ch / 440 lb-pi
Tr. base (opt) / Rouage base (opt)	A8 / Int
0-100 / 80-120 / V. max	7,6 s (const) / n.d. / 210 km/h (const)
100-0 km/h	n.d.
Type / ville / route / CO2	Dié / 10,6 / 8,1 / 5 080 kg/an

HSE DYNAMIC V6

Cylindrée, alim.	V6 3,0 litres surcomp.
Puissance / Couple	380 ch / 332 lb-pi
Tr. base (opt) / Rouage base (opt)	A8 / Int
0-100 / 80-120 / V. max	7,1 s (const) / n.d. / 210 km/h (const)
100-0 km/h	n.d.
Type / ville / route / CO2	Sup / 14,1 / 10,3 / 5 800 kg/an

V8 SURALIMENTÉ

Cylindrée, alim.	V8 5,0 litres surcomp.
Puissance / Couple	510 ch / 461 lb-pi
Tr. base (opt) / Rouage base (opt)	A8 / Int
0-100 / 80-120 / V. max	5,3 s (const) / n.d. / 225 km/h (const)
100-0 km/h	n.d.
Type / ville / route / CO2	Sup / 16,5 / 12,2 / 6 820 kg/an

SVR

Cylindrée, alim.	V8 5,0 litres surcomp.
Puissance / Couple	550 ch / 502 lb-pi
Tr. base (opt) / Rouage base (opt)	A8 / Int
0-100 / 80-120 / V. max	4,7 s (const) / n.d. / 260 km/h (const)
100-0 km/h	n.d.
Type / ville / route / CO2	Sup / 16,5 / 12,2 / 6 820 kg/an

SE V6

V6 3,0 l - 340 ch/332 lb-pi - A8 - 0-100: 7,2 s (const) - 14,1/10,3 l/100 km

DU NOUVEAU EN 2018

Aucun changement majeur au moment de mettre sous presse. Arrivée probable d'une version hybride rechargeable.

LAND ROVER RANGE ROVER SPORT

Pour voir la liste complète des informations techniques, veuillez vous référer à la section statistiques.

LAND ROVER **RANGE ROVER VELAR** | **n.d.** COTE DU GUIDE

(((SiriusXM)))

Prix: 62 000 $ à 95 000 $
Catégorie: VUS
Garanties:
4 ans/80 000 km, 4 ans/80 000 km
Transport et prép.: 2 722 $
Ventes QC 2016: 0
Ventes CAN 2016: 0
Assemblage: Solihull GB

Fiabilité	Appréciation générale
Nouveau modèle	Nouveau modèle
Sécurité	Agrément de conduite
Nouveau modèle	Nouveau modèle
Consommation	Système multimédia
Nouveau modèle	Nouveau modèle

Cote d'assurance

n.d.

Connectivité multimédia

Aucune

➕ Look contemporain •
Gamme étendue de versions • Design
épuré de l'habitacle • Bonne polyvalence

➖ Fiabilité à démontrer •
Coût des options • Efficacité
des poignées de porte affleurantes
en hiver?

Concurrents
Audi Q5, BMW X5, Jaguar F-PACE,
Lexus RX, Mercedes-Benz GLE,
Porsche Macan, Volvo XC60

Le quatrième élément

Gabriel Gélinas

Land Rover ajoute un quatrième élément à sa gamme de véhicules Range Rover avec l'arrivée du Velar, qui se positionne au-dessus du Range Rover Evoque et sous les Range Rover Sport et Range Rover. Ce tout nouveau modèle 2018 fait son entrée avec un prix de départ plutôt abordable pour la marque, soit un peu plus de 60 000 $.

Le nom Velar a été choisi parce que c'est le nom de code donné aux prototypes du Range Rover lors d'essais menés par la marque en 1969. Le mot Velar trouve ses origines dans le mot latin *velaris* qui signifie voiler ou cacher. Élaborée sur une plate-forme partagée avec le Jaguar F-PACE, l'architecture du Velar fait un usage intensif d'aluminium et inaugure le concept de réductionnisme au niveau de son design ce qui en fait, à mon avis, le véhicule le plus réussi de Land Rover.

Avec ce métissage des codes classiques de la marque, tels que le toit flottant et le capot de type *clamshell* (dont l'ouverture déborde sur les côtés) et des éléments plus modernes, comme les poignées de portière affleurantes, les phares amincis de type DEL et le look en 3D des feux arrière, le Velar fait le pont entre le passé et l'avenir de la marque en matière de design. Les proportions sont très équilibrées et la ceinture de caisse, qui s'élève de l'avant vers l'arrière, évoque un certain dynamisme, rehaussé sur les versions haut de gamme par les jantes en alliage de 22 pouces.

Le design très contemporain du Velar se double d'une grande efficacité aérodynamique, son coefficient de traînée étant établi à 0,32, soit le meilleur score jamais obtenu par un Land Rover. On peut se poser des questions quant au fonctionnement des poignées de porte affleurantes en hiver, mais plusieurs tests ont été menés en chambre froide lors desquels les poignées ont été recouvertes d'une couche de glace de dix millimètres et celles-ci se sont déployées sur commande brisant la glace qui les recouvrait. Bref, ça fonctionne en laboratoire, mais attendons de voir dans la vraie vie!

UN SANCTUAIRE SUR ROUES

Afin de créer une impression de sanctuaire sur roues, le design intérieur est très épuré et les commandes et interrupteurs ont été réduits à leur plus simple expression. L'habitacle fait la part belle aux deux écrans tactiles de haute définition de dix pouces du système multimédia InControl Touch Pro Duo, dont les touches s'affichent à l'approche de la main, remplaçant les boutons que l'on retrouve sur une console centrale conventionnelle. Ce design au look très minimaliste contribue à créer une ambiance de sérénité et donne un caractère presque scandinave au Velar.

Véhicule de luxe oblige, la sellerie en cuir est bien évidemment au programme, mais Land Rover en propose également une en matière textile, développée conjointement avec l'équipementier Kvadrat, ce qui représente une première pour ce créneau. Reste à voir si les acheteurs seront séduits par cette sellerie qui risque d'affecter inversement la valeur de revente. La configuration du Velar le dote d'une belle polyvalence en raison de la banquette arrière divisible en sections 40/20/40 et d'un espace de chargement dont le volume est chiffré à 673 litres avec tous les sièges en place.

V6 SURALIMENTÉ PAR COMPRESSEUR OU QUATRE CYLINDRES DIESEL

La gamme Velar se compose de huit déclinaisons animées par deux motorisations, dont le quatre cylindres turbodiesel Ingenium de 2,0 litres qui développe 180 chevaux et un couple de 317 livres-pied, permettant au Velar de faire le sprint de 0-100 km/h en 8,9 secondes. Également au programme, le V6 suralimenté par compresseur de 3,0 litres qui génère 380 chevaux et 332 livres-pied ; ainsi équipé, le Velar se montre plus véloce avec un chrono de 5,7 secondes pour le 0-100 km/h. Deux boîtes automatiques à huit rapports, conçues par l'équipementier ZF, sont associées au rouage intégral et au système Terrain Response qui permet d'adapter le comportement du véhicule en fonction de la surface sur laquelle il évolue.

Les liaisons au sol sont assurées par une suspension conventionnelle pour les versions à moteur turbodiesel, alors que ceux animés par le V6 suralimenté font appel à une suspension pneumatique permettant un accroissement de la garde au sol. Le choix du V6 suralimenté autorise une capacité de remorquage de 2 500 kilos (5 511 livres) et le Velar est doté de la fonction d'assistance au remorquage qui facilite les manœuvres de recul, le conducteur guidant son attelage au moyen du contrôleur rotatif du système multimédia.

L'ajout de ce quatrième modèle à la gamme Range Rover devrait permettre à la marque de poursuivre sur la lancée amorcée il y a quelques années par l'arrivée du Evoque d'entrée de gamme. Une chose est certaine, le look du Velar tape dans le mille !

Données principales

Emp. / lon. / lar. / haut.	2 874 / 4 803 / 2 032 / 1 665 mm
Coffre / réservoir	673 à 1731 litres / 63 litres
Nbre coussins sécurité / ceintures	6 / 5
Suspension av. / arr.	ind., double triangulation / ind., multibras
Pneus avant / arrière	P235/55R19 / P235/55R19
Poids / Capacité de remorquage	1884 kg / 2 500 kg (5 510 lb)

Composantes mécaniques

R-DYNAMIC HSE TD4, S TD4

Cylindrée, alim.	4L 2,0 litres turbo
Puissance / Couple	180 ch / 317 lb-pi
Tr. base (opt) / Rouage base (opt)	A8 / Int
0-100 / 80-120 / V. max	8,9 s (const) / 7,1 s (const) / 209 km/h (const)
100-0 km/h	n.d.
Type / ville / route / CO_2	Dié / 7,5 / 5,9 / 3720 (est) kg/an

FIRST EDITION, R-DYNAMIC HSE V6, S V6

Cylindrée, alim.	V6 3,0 litres surcomp.
Puissance / Couple	380 ch / 332 lb-pi
Tr. base (opt) / Rouage base (opt)	A8 / Int
0-100 / 80-120 / V. max	5,7 s (const) / 3,6 s (const) / 250 km/h (const)
100-0 km/h	n.d.
Type / ville / route / CO_2	Sup / 15,2 / 9,0 / 5 800 (est) kg/an

« AVEC SON **DESIGN CONTEMPORAIN,** LE VELAR EST LE VÉHICULE LE PLUS RÉUSSI DE LA **MARQUE.** »

DU NOUVEAU EN 2018

Nouveau modèle

Photos : Land Rover

Pour voir la liste complète des informations techniques, veuillez vous référer à la section statistiques.

LAND ROVER | **431**

LEXUS **ES**

69% COTE DU GUIDE

HYBRIDE

((SiriusXM))

Prix : 43 300 $ à 46 400 $ (2017)
Catégorie : Berline
Garanties :
4 ans/80 000 km, 6 ans/110 000 km
Transport et prép. : 2 440 $
Ventes QC 2016 : 300 unités
Ventes CAN 2016 : 2 153 unités
Assemblage : Georgetown KY US

Fiabilité
■■■■■■■■■□

Sécurité
■■■■■■■■■□

Consommation
■■■■■■■□□□

Appréciation générale
■■■■■■■□□□

Agrément de conduite
■■■■■■□□□□

Système multimédia
■■■■■■□□□□

Cote d'assurance

$ $$$

Connectivité multimédia

Aucune

➕ Confortable et silencieuse •
Fiabilité éprouvée • Bonne motorisation
(ES 350) • Finition intérieure soignée •
Espace intérieur

➖ Manque de caractère • Commandes
du système multimédia à revoir • Groupes
d'options dispendieux • Design anonyme •
Version hybride peu intéressante

Concurrents
Acura TLX, Genesis G80,
Lincoln MKZ, Volvo S60

Le dilemme d'Akio

Michel Deslauriers

Akio Toyoda, président de la Toyota Motor Corporation, est un passionné avoué de la conduite sportive. Les véhicules de ce constructeur étant généralement qualifiés d'ennuyants, que ce soit par la presse automobile ou par les consommateurs eux-mêmes, Toyoda avait déclaré, il y a quelques années, que tous les nouveaux modèles afficheraient un agrément de conduite rehaussé. Surtout dans le cas des modèles Lexus.

En suivant cette nouvelle philosophie, la Lexus ES aurait dû être le premier modèle à être euthanasié chez Toyota. Et pourtant, elle est toujours là, fidèle au poste. Si la compacte IS et l'intermédiaire GS proposent une conduite sportive et un style dynamique, c'est tout le contraire pour la ES. Ici, on a affaire à une berline plus sage, ciblant une clientèle tout à fait distincte.

LE CONFORT AVANT TOUT
Avec la berline ES, Lexus ne compte manifestement pas concurrencer BMW et Audi, mais plutôt des marques comme Acura, Genesis et Buick. La ES privilégie le confort, le raffinement et le silence de roulement. Et à ces chapitres, elle marque des points.

L'habitacle de la Lexus ES présente une apparence quelque peu éclectique, avec un amalgame de garnitures argentées, de boiseries et de cuir aux coutures contrastantes. Le système multimédia et sa commande fonctionnant comme la souris d'un ordinateur, avec un pointeur à l'écran, est difficile à utiliser, surtout en conduite. En revanche, l'assemblage est impeccable et la finition est élégante, ce à quoi l'on s'attend évidemment de Lexus. De série, les sièges chauffants et ventilés sont habillés de cuir synthétique NuLuxe, mais l'on peut opter pour du cuir véritable.

Et ces sièges sont confortables pour la longue route, avec un excellent soutien et une fermeté parfaite. L'habitacle est étonnamment bien insonorisé, nous permettant de converser avec les autres occupants sans hausser le ton, ou d'écouter de la musique classique, d'ailleurs la spécialité de l'excellente chaîne Mark Levinson à 15 haut-parleurs, disponible en option. Montréal-Québec ? Pas de problème, on arrive à destination frais et dispos. Si, bien entendu, on ne s'est pas endormi au volant, car la ES nous berce dans ses bras comme le fait Morphée, dieu des rêves.

V6 OU HYBRIDE

La ES 350 est équipée d'un V6 de 3,5 litres, un moteur bien répandu au sein du groupe Toyota, et qui développe ici 268 chevaux. Il est assorti d'une boîte automatique à six rapports, qui s'occupe d'acheminer cette puissance aux roues avant. Bref, il s'agit d'une motorisation puissante à souhait, simple et pas trop ivrogne, comme en fait foi sa consommation mixte ville/route de 9,7 l/100 km. Pour le trajet Montréal-Québec mentionné plus tôt, on peut même s'en tirer avec une moyenne de 7,5 l/100 km.

De son côté, la ES 300h mise essentiellement sur une motorisation hybride composée d'un quatre cylindres de 2,5 litres, d'un moteur électrique et d'une boîte automatique à variation continue. L'ensemble produit un total de 200 chevaux, mais un couple plus modeste de 156 livres-pied. Sa consommation baisse à environ 6,0 l/100 km, excellente pour une berline de luxe intermédiaire. En conduite normale, la ES 300h se montre satisfaisante, toutefois, on préfère la ES 350 pour sa douceur et son raffinement supérieurs.

La direction de la ES est fluide, bien qu'aseptisée quelque peu. La suspension préfère de loin absorber les imperfections de la chaussée plutôt que maîtriser les routes sinueuses. Évidemment, on ne s'achète pas cette berline pour ses qualités dynamiques, mais bien pour son confort au quotidien.

À qui s'adresse donc la Lexus ES ? À une clientèle plus âgée, bien sûr, qui n'a aucun intérêt pour les berlines de luxe sportives aux suspensions trop rigides. Elle séduira aussi les consommateurs avertis, qui réaliseront que la ES est plus spacieuse et aussi bien équipée qu'une Lexus IS, à un prix similaire. Et surtout, par sa fiabilité et sa valeur de revente à long terme.

Akio Toyoda figure probablement parmi ceux qui trouvent la berline ES ennuyeuse. Toutefois, il doit se rendre à l'évidence que cette voiture représente plus d'un tiers des ventes de voitures Lexus au Canada, et plus de 60 % aux États-Unis. Visiblement, l'agrément de conduite et la tenue de route dynamique ne sont pas des critères d'achat primordiaux pour les clients actuels de la marque. Bref, on a beau la trouver soporifique, il faut avouer qu'elle a toujours sa place sur le marché. Par ailleurs, il semble que cette berline subira une refonte totale d'ici un an ou deux ; le constructeur japonais devra s'assurer de ne pas égarer sa fidèle clientèle avec une nouvelle génération plus sportive de la ES.

Données principales

Emp. / lon. / lar. / haut.	2 819 / 4 910 / 1 806 / 1 450 mm
Coffre / réservoir	343 à 430 litres / 65 litres
Nbre coussins sécurité / ceintures	10 / 5
Suspension av. / arr.	ind., jambes force / ind., jambes force
Pneus avant / arrière	P215/55R17 / P215/55R17
Poids / Capacité de remorquage	1 674 kg / n.d.

Composantes mécaniques

300h

Cylindrée, alim.	4L 2,5 litres atmos.
Puissance / Couple	156 ch / 156 lb·pi
Tr. base (opt) / Rouage base (opt)	CVT / Tr
0-100 / 80-120 / V. max	8,1 s (est) / n.d. / 180 km/h (const)
100-0 km/h	n.d.
Type / ville / route / CO_2	Ord / 5,8 / 6,1 / 2730 kg/an
Consommation combinée	n.d.
Puissance combinée	200 ch

MOTEUR ÉLECTRIQUE

Puissance / Couple	67 ch (49 kW) / n.d.
Type de batterie	Nickel-hydrure métallique (NiMH)
Énergie	1,3 kWh
Temps de charge (120V / 240V)	n.d. / n.d.
Autonomie	n.d.

350

Cylindrée, alim.	V6 3,5 litres atmos.
Puissance / Couple	268 ch / 248 lb·pi
Tr. base (opt) / Rouage base (opt)	A6 / Tr
0-100 / 80-120 / V. max	7,0 s / 4,4 s / 209 km/h (const)
100-0 km/h	44,4 m
Type / ville / route / CO_2	Ord / 11,3 / 7,5 / 4 411 kg/an

DU NOUVEAU EN 2018

Aucun changement majeur au moment de mettre sous presse. Une nouvelle génération de la ES devrait bientôt être dévoilée.

Photos : Lexus

Pour voir la liste complète des informations techniques, veuillez vous référer à la section statistiques.

LEXUS | 433

LEXUS **GS**

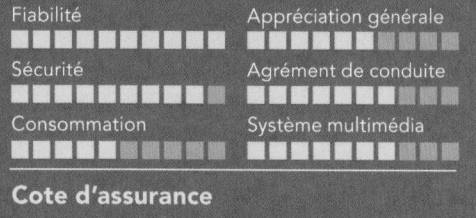

Prix : 58 200 $ à 97 600 $ (2017)
Catégorie : Berline
Garanties :
4 ans/80 000 km, 6 ans/110 000 km
Transport et prép. : 2 440 $
Ventes QC 2016 : 55 unités
Ventes CAN 2016 : 415 unités
Assemblage : Tahara JP

Fiabilité	Appréciation générale
■■■■■■■■□□	■■■■■■■□□□
Sécurité	Agrément de conduite
■■■■■■■□□□	■■■■■■□□□□
Consommation	Système multimédia
■■■■■□□□□□	■■■■■■□□□□

Cote d'assurance

$ ▼ $$$

Connectivité multimédia

Aucune

➕ Version hybride vraiment économique •
Le V8 GS F, une œuvre d'art ! • Suspension
sportive (GS F) • Rouage intégral
efficace (GS 350) • Fiabilité impeccable

➖ Boîte lente à rétrograder
(huit rapports) • Pas de version hybride
quatre roues motrices • Système
multimédia à revoir • Dispendieuse !

Concurrents
Acura RLX, Audi A6, Audi A7,
BMW Série 5, Cadillac CTS, Infiniti Q70,
Jaguar XF, Mercedes-Benz Classe E,
Volvo S90

Quel avenir pour la GS ?

Marc-André Gauthier

Chez Lexus, la berline ES, une Toyota Camry endimanchée, connaît un succès populaire inespéré. À tel point que Lexus travaillerait sur sa remplaçante et, semble-t-il, mettrait le paquet pour qu'elle puisse conserver ses attraits. Le problème, c'est qu'en étant si populaire, la ES cannibalise les ventes de la GS... Comment la ES disponible avec roues motrices à l'avant seulement, peut-elle mettre K.O. une grosse berline de luxe à rouage intégral avec de véritables qualités dynamiques ? Bonne question. Qui peut s'expliquer par le prix moins élevé de la ES, mais il y a sûrement une autre réponse.

Des sources bien informées affirment que la GS disparaîtrait l'an prochain. Le millésime 2018 devrait donc être sa dernière année. Ce qui n'empêche pas d'autres rumeurs d'avancer qu'une nouvelle version GS F avec un V8 biturbo de 4,0 litres serait en préparation. Plutôt contradictoire, en effet. N'empêche que la GS actuelle ne se vend pas, et ce n'est pas à défaut d'avoir des qualités.

TU DOIS M'APPRIVOISER
Le style de la GS est un oxymore, dans la mesure où l'on pourrait le définir de conservateur éclaté. Conservateur, parce que, dans l'ensemble, il est plutôt sobre. En revanche, si l'on s'attarde aux détails, on découvre les mêmes éléments avant-gardistes qui caractérisent si bien Lexus depuis quelques années, telle la partie avant très agressive.

Dans l'habitacle, on retrouve le même raffinement, le même design, réussi selon moi, que dans tous les autres produits Lexus, avec cette qualité d'assemblage qui fait baver de jalousie les marques allemandes. Toutefois, pour paraphraser *Le Petit Prince* de Saint-Exupéry, la GS a besoin d'être apprivoisée par ses passagers. En effet, son système multimédia est fonctionnel, mais difficile à utiliser, étant peu intuitif. Changer de station de radio, ça va. Par contre, naviguer sur la carte routière ou dans les paramètres est un véritable cauchemar, gracieuseté du Remote Touch, une sorte de souris d'ordinateur fixe qui se manipule bien à l'arrêt, mais pas en conduisant.

LEXUS GS

PLUSIEURS BONS MOTEURS

La GS se décline en trois versions, GS 350, GS 450h et GS F. D'entrée de jeu, il y a la GS 350, une berline de luxe intermédiaire, quatre roues motrices, munie d'un V6 de 3,5 litres crachant 311 chevaux, accouplé à une compétente boîte de vitesses automatique à six rapports. Rien à redire sur cet ensemble, tout à fait transparent. La puissance est là, la boîte travaille bien, et le rouage intégral vous garde sur la route, même dans les pires conditions. Franchement, du bon boulot !

Vient ensuite la GS 450h, la version hybride. Ici le V6 3,5 litres est assisté d'un moteur électrique, question de bonifier la consommation, donc de rejeter moins d'émissions nocives. Une boîte CVT envoie les 338 chevaux du duo aux roues arrière, permettant à la GS 450h de faire 0-100 km/h en 5,6 secondes. En plus, cette voiture est vraiment économique, puisqu'on peut facilement obtenir 7 l/100 km de consommation, ce qui est impressionnant compte tenu de son poids élevé.

Finalement, la cerise sur le gâteau, c'est la version F, l'équivalent « lexusien » de AMG chez Mercedes-Benz ou M chez BMW. La GS F reçoit un V8 de 5,0 litres développant 467 chevaux, et cette puissance est acheminée à l'arrière via une boîte automatique à huit rapports. Ce V8 est en soi une œuvre d'art. Sa sonorité est magique, et sa puissance, disponible sur l'ensemble de la plage de révolutions, est digne des maîtres européens de la performance.

Le seul petit hic avec la GS F est sa boîte de vitesses quelquefois lente à rétrograder. Toutefois, au quotidien, la plupart des gens n'y verront que du feu. Sur une piste, en mode course, aussi. Toutefois, à 120 km/h sur le 8e rapport, une accélération à fond pour dépasser un retardataire se traduit par un délai de réponse trop grand. Et hop, la WRX STI qui vous narguait est déjà loin devant.

Toutes les versions de la GS bénéficient d'une tenue de route digne d'une bagnole allemande. Même la version hybride impressionne en virage, bien qu'on ne parle pas d'une voiture sport. Pour la GS F, c'est une autre histoire et avec ses suspensions sport, et on peut dire que Lexus a fait un bon travail pour transformer une grosse intermédiaire en véritable voiture sport. Malgré tout, à 467 chevaux, la puissance est un peu juste comparativement à ses rivales européennes, d'où l'intérêt pour un éventuel V8 biturbo.

Qu'importe ce que l'avenir lui réserve, refonte ou disparition, la GS est un très bon choix. Qui plus est, avec une fiabilité sans rivale, il est difficile de trouver mieux. Pourtant, plusieurs continuent de lui préférer la plus petite ES. Le marché est dur à suivre, des fois...

Données principales

Emp. / lon. / lar. / haut.	2 850 / 4 915 / 1 845 / 1 440 mm
Coffre / réservoir	399 à 520 litres / 66 litres
Nbre coussins sécurité / ceintures	10 / 5
Suspension av. / arr.	ind., double triangulation / ind., multibras
Pneus avant / arrière	P255/35R19 / P275/35R19
Poids / Capacité de remorquage	1 865 kg / n.d.

Composantes mécaniques

450h

Cylindrée, alim.	V6 3,5 litres atmos.
Puissance / Couple	286 ch / 257 lb-pi
Tr. base (opt) / Rouage base (opt)	CVT / Prop
0-100 / 80-120 / V. max	5,6 s (est) / n.d. / 220 km/h (const)
100-0 km/h	n.d.
Type / ville / route / CO₂	Sup / 8,1 / 6,9 / 3 478 kg/an
Puissance combinée	338 ch

MOTEUR ÉLECTRIQUE

Puissance / Couple	202 ch (150 kW) / n.d.
Type de batterie	Nickel-hydrure métallique (NiMH)
Énergie	1,9 kWh
Temps de charge (120V / 240V)	n.d. / n.d.
Autonomie	n.d.

350

Cylindrée, alim.	V6 3,5 litres atmos.
Puissance / Couple	311 ch / 280 lb-pi
Tr. base (opt) / Rouage base (opt)	A6 / Int
0-100 / 80-120 / V. max	5,8 s (est) / n.d. / 209 km/h (const)
100-0 km/h	n.d.
Type / ville / route / CO₂	Sup / 12,4 / 9,0 / 5 000 kg/an

F

Cylindrée, alim.	V8 5,0 litres atmos.
Puissance / Couple	467 ch / 388 lb-pi
Tr. base (opt) / Rouage base (opt)	A8 / Prop
0-100 / 80-120 / V. max	4,5 s (est) / n.d. / 270 km/h (const)
100-0 km/h	n.d.
Type / ville / route / CO₂	Sup / 14,9 / 9,7 / 5 778 kg/an

DU NOUVEAU EN 2018

Aucun changement majeur au moment de mettre sous presse.

Photos : Lexus

Pour voir la liste complète des informations techniques, veuillez vous référer à la section statistiques.

LEXUS | **435**

LEXUS **IS**

79% COTE DU GUIDE

Prix : 40 150 $ à 53 350 $ (2017)
Catégorie : Berline
Garanties :
4 ans/80 000 km, 6 ans/110 000 km
Transport et prép. : 2 440 $
Ventes QC 2016 : 599 unités
Ventes CAN 2016 : 3 033 unités
Assemblage : Tahara JP

Fiabilité	Appréciation générale
■■■■■■□□□□	■■■■■■■□□□
Sécurité	Agrément de conduite
■■■■■■■□□□	■■■■■■■□□□
Consommation	Système multimédia
■■■■■■□□□□	■■■■□□□□□□

Cote d'assurance

$ $ $ $

Connectivité multimédia

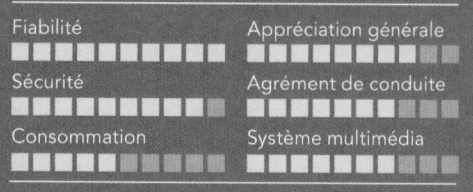

Aucune

➕ Look dynamique • Design de
l'habitacle réussi • Suspension
confortable • Fiabilité inégalée •
Rouage intégral bienvenu

➖ Boîte de vitesse hésitante (IS de base) •
Version milieu de gamme peu intéressante •
Pas de rouage intégral sur la IS de base •
Systèmes d'aide électroniques agressifs

Concurrents

Acura TLX, Audi A4, BMW Série 3,
Cadillac ATS, Infiniti Q50, Lincoln MKZ,
Mercedes-Benz Classe C, Volvo S60

La magie commence à s'estomper

Marc-André Gauthier

J e me souviens comme si c'était hier de l'arrivée sur le marché de la Lexus IS 2014. Le monde de l'automobile fut frappé de plein fouet par cette nouvelle génération d'une voiture jusqu'alors considérée honnête, sans plus. Là, on présentait un design original, et un comportement routier dynamique, de l'inédit pour une Lexus.

Mais ça, c'était il y a quatre ans. Et quatre ans, c'est une éternité dans le merveilleux monde de l'auto. Pour répondre aux nouvelles Audi A4, Mercedes-Benz Classe C et BMW Série 3, l'an dernier Lexus a mis à jour sa IS. Il ne s'agit pas d'un nouveau modèle, mais plutôt d'une version légèrement améliorée. Cela dit, ces modifications ne permettent pas à cette berline de se hisser vers le haut du classement de son segment. En fait, on ne sent plus la magie de la IS depuis un certain temps.

NOUVEAU STYLE, NOUVEL ÉCRAN

L'une des premières choses que l'on remarque sur cette Lexus IS 2018 est sans doute son nouveau style. Vous n'avez rien remarqué ? C'est généralement un signe que ces modifications sont de bon goût. Essentiellement, ce que les designers de Lexus ont fait, c'est de rendre encore plus agressive une voiture qui l'était déjà. Tant à l'avant qu'à l'arrière, les lignes sont encore plus marquées.

Si l'on doit bien donner une chose à Lexus, c'est que les designers responsables de la cabine ont fait un bon travail. L'ensemble est beau, mais surtout, unique. C'est moderne, voire avant-gardiste, tout en restant distingué.

Le système multimédia demeure toutefois complexe, s'opérant, entre autres, à l'aide d'un contrôleur et d'un pointeur à l'écran, comme une souris d'ordinateur. Renvoyant des vibrations afin de vous indiquer que vous vous situez sur une commande sélectionnable, la présence de ce surplus de commandes rend le système imprécis, tandis qu'il fonctionnait relativement bien sur les versions antérieures. Mais bon, le gros écran de dix pouces qu'on retrouve sur certaines versions est bien fignolé. Ses graphiques sont clairs et il s'intègre bien au tableau de bord. Les sièges avant sont confortables, surtout dans les versions F SPORT où ils offrent un très bon support. À l'arrière, l'espace est correct, tout comme le confort, sans plus.

TROIS MOTEURS INÉGAUX

L'offre a bien changé depuis 2012, au chapitre de la motorisation. Tout d'abord, dans la version de base, on retrouve un quatre cylindres turbo de deux litres, avec 241 chevaux pour un couple de 258 livres-pied. Ce moteur énergique envoie sa puissance aux roues arrière à l'aide d'une boîte à huit rapports. Cette boîte est mal adaptée, du moins, en conduite sportive. Sur l'autoroute, lorsqu'on enfonce l'accélérateur, pour dépasser par exemple, elle prend trop de temps pour rétrograder de rapport. Qu'importe, une Lexus à propulsion, on va la prendre pendant qu'elle passe.

Les déclinaisons supérieures utilisent le même moteur, un V6 de 3,5 litres qui produit 255 chevaux ou 306 chevaux. Dans les deux cas, la puissance est acheminée aux quatre roues par une boîte automatique à six rapports, qui, elle, fonctionne bien. Les questions qu'il faut soulever sont les suivantes. D'abord, qui souhaite acheter une voiture avec un moteur qui a été délibérément restreint par rapport à une autre version disponible? Ensuite, pourquoi acheter la IS de milieu de gamme quand elle dispose d'une puissance à peine plus élevée que celle de la version de base? En revanche, elle est dotée du rouage intégral, bien entendu, au lieu des roues arrière motrices de la IS de base.

À cause d'une boîte de vitesses hésitante dans la version de base et d'une version médiane peu intéressante avec sa puissance plus modeste, la IS 350 est la seule qui mérite véritablement considération, surtout si on la compare au meilleur de l'Allemagne, représenté ici par la BMW de Série 3.

Cela dit, les trois versions sont confortables dans la vie de tous les jours. En ce qui concerne le dynamisme, les choses se corsent. Lexus a prétendument revu la tenue de route, mais dans un contexte de conduite dynamique, la suspension ne se compare pas à celle de la précitée BMW Série 3, par exemple. Et c'est sans parler de la direction, artificielle.

Dans deux ou trois années, Lexus mettra en marché une nouvelle génération de sa IS, et c'est prometteur. Mais d'ici là, la IS ne rivalise plus aussi bien avec les vedettes du segment, particulièrement côté dynamisme. Elle demeure tout de même une voiture merveilleusement bien finie et d'une fiabilité légendaire. Confortable au quotidien, elle conviendra aux acheteurs qui veulent une berline compacte de luxe, pas compliquée, et dont le logo importe peu...

Données principales

Emp. / lon. / lar. / haut.	2 800 / 4 665 / 2 027 / 1 430 mm
Coffre / réservoir	306 litres / 66 litres
Nbre coussins sécurité / ceintures	10 / 5
Suspension av. / arr.	ind., double triangulation / ind., multibras
Pneus avant / arrière	P225/40R18 / P225/40R18
Poids / Capacité de remorquage	1 699 kg / n.d.

Composantes mécaniques

200T

Cylindrée, alim.	4L 2,0 litres turbo
Puissance / Couple	241 ch / 258 lb-pi
Tr. base (opt) / Rouage base (opt)	A8 / Prop
0-100 / 80-120 / V. max	6,9 s (est) / n.d. / 230 km/h (const)
100-0 km/h	n.d.
Type / ville / route / CO_2	Sup / 7,4 / 10,7 / 4 087 (est) kg/an

300 TI

Cylindrée, alim.	V6 3,5 litres atmos.
Puissance / Couple	255 ch / 236 lb-pi
Tr. base (opt) / Rouage base (opt)	A6 / Int
0-100 / 80-120 / V. max	6,1 s (est) / n.d. / 210 km/h (const)
100-0 km/h	n.d.
Type / ville / route / CO_2	Sup / 9,0 / 12,4 / 4 844 (est) kg/an

350 TI

Cylindrée, alim.	V6 3,5 litres atmos.
Puissance / Couple	306 ch / 277 lb-pi
Tr. base (opt) / Rouage base (opt)	A6 / Int
0-100 / 80-120 / V. max	6,5 s (est) / 4,7 s (est) / 210 km/h (const)
100-0 km/h	40,7 m (est)
Type / ville / route / CO_2	Sup / 9,0 / 12,4 / 4 844 (est) kg/an

DU NOUVEAU EN 2018

Aucun changement majeur au moment de mettre sous presse.

Photos : Lexus

Pour voir la liste complète des informations techniques, veuillez vous référer à la section statistiques.

LEXUS | 437

LEXUS **LC**

77% COTE DU GUIDE

Prix : 101 600 $ à 118 750 $
Catégorie : Coupé
Garanties :
4 ans/80 000 km, 6 ans/110 000 km
Transport et prép. : 2 440 $
Ventes QC 2016 : 0
Ventes CAN 2016 : 0
Assemblage : Toyota JP

Fiabilité	Appréciation générale
Sécurité	Agrément de conduite
Consommation	Système multimédia

Cote d'assurance

n.d.

Connectivité multimédia

Aucune

➕ Architecture très rigide • Comportement routier de haut niveau • Direction précise et linéaire • Style époustouflant • Qualité des matériaux et de l'assemblage

➖ Voiture trop lourde • Performances moyennes • Contrôleur « Remote Touch » peu convivial • Petit coffre

Concurrents
Audi S7, BMW Série 6,
Mercedes-Benz Classe S Coupé

Un look de *concept-car*

Gabriel Gélinas

Si le coupé LC existe aujourd'hui c'est parce que Akio Toyoda, président et chef de la direction de Toyota, a lancé un défi à ses concepteurs en déclarant que Lexus ne produirait plus de voitures « ennuyantes ». Déclaration faite lors d'une visite au prestigieux Concours d'Élégance de Pebble Beach en 2011. Présagé par des concepts, l'actuel coupé LC, décliné en LC 500 à moteur V8 atmosphérique et en LC 500h à motorisation hybride, ne symbolise rien de moins que la renaissance de la marque de luxe du géant Toyota.

Fidèle au look provocateur des concepts qui l'ont précédé, le coupé LC ne laisse personne indifférent. Lignes tendues, imposante calandre trapézoïdale cerclée de chrome avec maillage, capot avant surbaissé, toit flottant, hanches galbées et porte-à-faux réduits, tous ces éléments se retrouvent dans ce coupé au profil athlétique qui marque un nouveau jalon dans l'audace stylistique.

Côté moteurs, on est en terrain familier. Le V8 atmosphérique du coupé LC 500 crache 471 chevaux et est partagé avec l'actuel coupé RC F. La boîte automatique à dix rapports est inédite, mais de facture plutôt conventionnelle, et provient de l'équipementier Aisin. Quant au LC 500h, son V6 de 3,5 litres est secondé par un moteur électrique, alimenté par un ensemble lithium-ion, et développent une puissance combinée de 354 chevaux. Sa transmission est appelée Multi-Stage Hybrid et est composée d'une boîte CVT avec deux moteurs électriques ainsi que d'une boîte automatique à quatre rapports. Il s'agit donc, dans les faits, de deux transmissions travaillant de concert pour recréer virtuellement l'effet d'une boîte à dix rapports.

UNE VOCATION DE GT
À l'occasion du lancement mondial du coupé LC, j'ai pu boucler quelques tours de circuit avec les deux variantes. Premier constat : le son du V8 atmosphérique à pleine charge est très évocateur, grâce à l'ingénieuse canalisation avec membrane qui achemine la sonorité du V8 jusque dans l'habitacle, un dispositif inauguré par Lexus sur la supervoiture LFA. Cela

dit, le V8 ne sonne pas autant qu'un moteur AMG de Mercedes-Benz ou un V8 de Jaguar et la boîte automatique à dix rapports a un peu de mal à suivre le rythme dans cet environnement particulier.

Il suffit de quelques virages pour s'apercevoir que le châssis du coupé LC est vraiment très rigide et que la répartition des masses est excellente avec 52 % du poids reposant sur le train avant et 48 % sur l'arrière. La voiture s'inscrit en courbe avec une grande précision grâce à une direction exceptionnellement linéaire qui livre un très bon *feedback*. Le principal handicap demeure le poids très élevé, ce qui affecte inversement les distances de freinage et la vitesse de passage en virage. Le coupé LC 500 « sonne » bien et son comportement est tout à fait prévisible, mais ce n'est pas une voiture sport.

Le modèle LC 500h à motorisation hybride est moins puissant, et sa masse plus élevée n'aide pas sa cause. Aussi, sa boîte automatique a encore plus de difficulté à composer avec la conduite sportive. Quant à la sonorité, vaut mieux en faire abstraction. Le V6 s'exprime faiblement et on perçoit un certain sifflement en accélération franche. Bref, on ne fait pas le plein de sensations avec la conduite aseptisée du modèle hybride.

Évidemment, les acheteurs d'un coupé LC n'attaqueront jamais un circuit avec leur voiture. Ils se contenteront plutôt de rouler sur des routes balisées pour découvrir la véritable vocation du coupé LC qui est plus axé sur le grand tourisme que sur la conduite sportive. Sur de belles routes au revêtement lisse, le confort s'avère royal et la vie à bord est particulièrement agréable. On regrette toutefois que Lexus ait conservé son contrôleur de type *touchpad* pour le système multimédia. Ce type d'interface fonctionne remarquablement bien sur un ordinateur, mais nettement moins bien sûr la console centrale d'un véhicule en mouvement...

UNE LC F EN VUE

Lexus ayant protégé l'appellation LC F auprès du bureau européen des marques et des brevets, il faut s'attendre à ce qu'un nouveau modèle plus typé vienne gonfler les rangs de la gamme. Les plus récentes rumeurs font état d'un nouveau moteur V8 biturbo développant 600 chevaux, ce qui permettrait à ce modèle de relever d'un cran le niveau de performances, tout en s'approchant du V8 biturbo de 612 chevaux du Mercedes-AMG Coupé S 63 et de damer le pion du V8 biturbo de 560 chevaux de la BMW M6. Parions aussi que les liaisons au sol seront revues afin de rehausser la dynamique.

Le coupé LC témoigne d'une véritable renaissance de Lexus côté style. La qualité d'assemblage est impeccable et la fiabilité sera assurément au rendez-vous pour ces coupés à vocation Grand Tourisme. Une belle réussite.

Données principales

Emp. / lon. / lar. / haut.	2 870 / 4 760 / 1 920 / 1 345 mm
Coffre / réservoir	130 à 172 litres / 84 litres
Nbre coussins sécurité / ceintures	8 / 4
Suspension av. / arr.	ind., multibras / ind., multibras
Pneus avant / arrière	P245/45R20 / P275/40R20
Poids / Capacité de remorquage	2 130 kg / n.d.

Composantes mécaniques

500h	
Cylindrée, alim.	V6 3,5 litres atmos.
Puissance / Couple	295 ch / 257 lb-pi
Tr. base (opt) / Rouage base (opt)	CVT + A4 / Prop
0-100 / 80-120 / V. max	5,0 s (est) / n.d. / 250 km/h (const)
100-0 km/h	n.d.
Type / ville / route / CO_2	Sup / 8,9 / 7,0 / 3 760 (est) kg/an
Consommation combinée	n.d.
Puissance combinée	354 ch
MOTEUR ÉLECTRIQUE	
Puissance / Couple	177 ch (131 kW) / 221 lb-pi
Type de batterie	Lithium-ion (Li-ion)
Énergie	n.d.
Temps de charge (120V / 240V)	n.d. / n.d.
Autonomie	n.d.

500	
Cylindrée, alim.	V8 5,0 litres atmos.
Puissance / Couple	471 ch / 398 lb-pi
Tr. base (opt) / Rouage base (opt)	A10 / Prop
0-100 / 80-120 / V. max	4,5 s (est) / n.d. / 270 km/h (const)
100-0 km/h	n.d.
Type / ville / route / CO_2	Sup / 16,9 / 10,3 / 6 520 (est) kg/an

DU NOUVEAU EN 2018

Nouveau modèle

Photos : Lexus

Pour voir la liste complète des informations techniques, veuillez vous référer à la section statistiques.

LEXUS | **439**

LEXUS **LS**

((**SiriusXM**))

n.d. COTE DU GUIDE

Prix: 120 000 $ à 135 000 $ (estimé)
Catégorie: Berline
Garanties:
4 ans/80 000 km, 6 ans/110 000 km
Transport et prép.: 2 440 $
Ventes QC 2016: 10 unités
Ventes CAN 2016: 95 unités
Assemblage: Tahara JP

Fiabilité
■■■■■■■■■□

Sécurité
■■■■■■■■■□

Consommation
■■■■□□□□□□

Appréciation générale
Nouveau modèle

Agrément de conduite
Nouveau modèle

Système multimédia
Nouveau modèle

Cote d'assurance

$ $$$

Connectivité multimédia

Aucune

➕ Données insuffisantes

➖ Données insuffisantes

Concurrents

Audi A8, BMW Série 7, Cadillac CT6, Jaguar XJ, Mercedes-Benz Classe S, Tesla Model S

Cinquième édition d'une perfectionniste

Marc Lachapelle

Aucune voiture n'a eu autant d'impact sur le monde du luxe automobile que la première berline Lexus LS, lancée il y a vingt-huit ans. Sous une silhouette résolument conservatrice, elle offrait une qualité de fabrication, un raffinement et une fiabilité sans précédent. Et son V8 exceptionnel renvoya aussitôt les ingénieurs allemands à leurs calculatrices et ordinateurs. Lexus a les mêmes ambitions pour l'étonnante cinquième génération de sa grande LS qui abandonne le classique V8 pour des V6. La quête de la perfection n'exclut pas l'audace.

Les nouvelles berlines LS sont construites sur l'architecture «mondiale» GA-L, destinée aux véhicules de luxe, qu'elles partagent avec le coupé LC 500, sa plate-forme la plus rigide, d'affirmer Lexus. Plus longues et plus basses que leurs devancières, leur empattement est même supérieur de 35 mm à celui des LS allongées précédentes. Elles seraient malgré tout allégées de plus de 90 kg grâce à une utilisation systématique de l'aluminium et de l'acier à résistance ultra-haute pour la structure et la carrosserie.

L'immense calandre en sablier des LS aurait demandé des mois de travail et elles sont les premières Lexus à glaces latérales affleurantes. Les F SPORT se démarquent par des moulures différentes, des écussons sur les ailes, des roues en alliage de 20 pouces exclusives et leur propre calandre, comme toujours.

SALON ZEN OPULENT SUR QUATRE ROUES

L'habitacle regorge évidemment des matériaux les plus fins et riches, assemblés avec le soin exemplaire qu'on connaît. Le dessin en vagues du tableau de bord étonne, avec ses stries métalliques qui ondoient sur toute sa largeur. Commandes et contrôles sont un amalgame parfois intrigant de boutons, touches, leviers et cylindres. Permettez-nous de douter du pavé tactile placé devant le sélecteur de rapports trapu sur la console, jusqu'à preuve concrète de son efficacité.

En plus d'un écran de navigation de 12,3 pouces, on peut ajouter un affichage « tête haute » en couleur de 24 pouces, rien de moins. Les F SPORT ont droit à un indicateur de vitesse numérique et à un compte-tours niché dans un cadran qui coulisse. Elles proposent aussi un sélecteur et un pédalier en aluminium.

L'habitacle promet d'être encore plus silencieux que jadis grâce à un système de contrôle du bruit qui annule les fréquences indésirables en émettant des sons contraires par les haut-parleurs. On oublie évidemment le silence avec la chaîne audio Mark Levinson optionnelle et sa pléthore de haut-parleurs intégrés au plafond.

DEUX GROUPES PROPULSEURS COMPLETS

Comme chez les constructeurs allemands, les appellations de ces nouvelles berlines n'ont plus de lien avec la cylindrée de leurs moteurs. La LS 500 est ainsi animée par un nouveau V6 à course longue de 3,5 litres, qui produit 415 chevaux et un couple de 442 lb-pi grâce à une paire de turbos inspirés, semble-t-il, de ce qu'on utilise en F1. Ce moteur est jumelé à une nouvelle boîte de vitesses automatique à dix rapports d'abord vue sur le coupé LC 500. Son convertisseur de couple se verrouille instantanément, sauf au démarrage, pour des changements de rapports aussi rapides qu'une boîte à double embrayage, selon Lexus. On promet un sprint 0-100 aux alentours de 4,5 secondes pour le modèle à propulsion. Parce que toutes les nouvelles LS seront également offertes avec rouage intégral.

La LS 500h à groupe propulseur hybride combine un V6 atmosphérique à cycle Atkinson de 3,5 litres, une paire de moteurs électriques et une batterie lithium-ion compacte et légère. Une boîte à variation continue de type planétaire travaille de concert avec une automatique à quatre rapports pour livrer une puissance totale maximale de 354 chevaux sur quatre paliers, exploitant pleinement le V6 à tout moment. En mode manuel, l'effet est identique à celui d'une boîte à dix rapports. La LS 500h à version propulsion toucherait 100 km/h en 5,0 secondes et quelques dixièmes.

Les LS disposent d'une suspension à bras multiples avec rotules doubles pour soigner la géométrie et la précision de la direction. Ses composantes sont presque entièrement en aluminium, pour réduire le poids non suspendu. La tenue de route profitera également de barres antiroulis actives et du système LDH à roues arrière directrices. Les F SPORT disposent de roues de 20 pouces et de pneus plus larges, mais également de freins plus grands, coiffés d'étriers à six pistons, à l'avant, et à quatre, à l'arrière.

Un système de « gestion intégrée de la dynamique » s'assure enfin que direction, freins, groupe propulseur et suspension travaillent en parfaite harmonie. On n'attend certes rien de moins des grandes berlines LS.

Données principales	
Emp. / lon. / lar. / haut.	3125 / 5235 / 1900 / 1450 mm
Coffre / réservoir	n.d. litres / n.d. litres
Nbre coussins sécurité / ceintures	10 / 5
Suspension av. / arr.	ind., pneumatique, multibras / ind., pneumatique, multibras
Pneus avant / arrière	P245/45RF20 / P245/45RF20
Poids / Capacité de remorquage	2 360 kg / n.d.

Composantes mécaniques	
500h	
Cylindrée, alim.	V6 3,5 litres atmos.
Puissance / Couple	295 ch / 258 lb-pi
Tr. base (opt) / Rouage base (opt)	CVT + A4 / Int
0-100 / 80-120 / V. max	5,8 s (est) / n.d. / n.d.
100-0 km/h	n.d.
Type / ville / route / CO_2	Ord / n.d. / n.d. / n.d.
Puissance combinée	354 ch
MOTEUR ÉLECTRIQUE	Données insuffisantes
500 F SPORT	
Cylindrée, alim.	V6 3,5 litres turbo
Puissance / Couple	415 ch / 442 lb-pi
Tr. base (opt) / Rouage base (opt)	A10 / Int
0-100 / 80-120 / V. max	4,7 s (est) / n.d. / n.d.
100-0 km/h	n.d.
Type / ville / route / CO_2	Sup / n.d. / n.d. / n.d.

« LEXUS **EXPLORE** DES TERRITOIRES **NOUVEAUX** AVEC CES GRANDES BERLINES DE LUXE LS À MOTEUR TURBO OU GROUPE HYBRIDE. QUI OSERA **PARIER CONTRE ?** »

DU NOUVEAU EN 2018

Nouveau modèle

Photos : Lexus

Pour voir la liste complète des informations techniques, veuillez vous référer à la section statistiques.

LEXUS | **441**

LEXUS LX

LEXUS **LX / GX**

72 % COTE DU GUIDE

Prix: 72 850 $ à 108 000 $ (2017)
Catégorie: VUS
Garanties:
4 ans/80 000 km, 6 ans/110 000 km
Transport et prép.: 2 440 $
Ventes QC 2016: 105 unités*
Ventes CAN 2016: 1 299 unités**
Assemblage: Tahara JP

Fiabilité	Appréciation générale
■■■■■■■□□□	■■■■■■■□□□
Sécurité	Agrément de conduite
■■■■■■■□□□	■■■■■■■□□□
Consommation	Système multimédia
■■■■□□□□□□	■■■■■■■□□□

Cote d'assurance

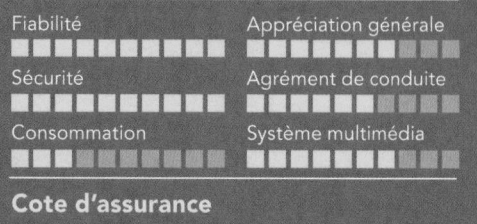

$ $ $ $

Connectivité multimédia

Aucune

➕ Fiabilité assurée • Aptitudes hors route • Silence de roulement • Finition impeccable • Capacité de remorquage

➖ Consommation importante • Conduite ennuyante • Commande Remote Touch frustrante • Vieilles technologies (V8)

Concurrents

LX: Cadillac Escalade, Infiniti QX80, Land Rover Range Rover, Lincoln Navigator, Mercedes-Benz GLS

GX: Audi Q7, BMW X5, Infiniti QX70, Jeep Grand Cherokee, Mercedes-Benz GLE, Volvo XC90

Coureurs des bois en complet-cravate

Jean-François Guay

Lors du dévoilement de sa division de prestige Lexus, les ambitions de Toyota étaient de concurrencer les véhicules germaniques, et tout spécialement ceux de Mercedes-Benz. Trente ans plus tard, on peut dire que la marque de luxe nippone a gagné son pari, du moins en partie. Si la berline IS et les multisegments NX et RX n'ont pas tardé à se faire une place au soleil, d'autres modèles comme les GX et LX ont plus de difficulté à s'imposer face aux meilleurs vendeurs allemands.

À leur défense, ces deux modèles Lexus sont demeurés des VUS purs et durs avec leur châssis en échelle tandis que la plupart de leurs rivaux reposent sur des plates-formes monocoques plus modernes. Or, le fait que les GX et LX aient conservé leurs attributs originels n'est pas mauvais en soi, puisque certains acheteurs ne jurent que par les capacités hors route et de remorquage de ces deux 4x4. En effet, ne perdons pas de vue que les GX et LX sont des variantes bon chic bon genre des réputés 4Runner et Land Cruiser de Toyota, ce dernier n'étant pas distribué au Canada.

Le LX connaît plus de succès que le GX. D'ailleurs, les derniers changements esthétiques apportés au LX ont permis de doubler ses parts de marché. Les ventes sont loin d'être aussi reluisantes que celles des Audi Q7 et Infiniti QX60, mais tout porte à croire qu'il y a encore et toujours des acheteurs pour un VUS pure laine.

LE LX VA-T-EN-GUERRE

Il y a deux ans, les stylistes ont insufflé plus de caractère au LX en lui greffant une immense calandre en forme de sablier, dont l'apparence semble s'inspirer d'une armure de samouraï. Dans la même ligne de pensée, les phares bridés à DEL adoptent un regard menaçant. Qu'on aime ou pas, l'effet est saisissant. Sur le terrain, le LX s'attaque à des modèles comme les Cadillac Escalade, Infiniti QX80, Lincoln Navigator et Mercedes-Benz GLS. Même s'il est moins gros que ses rivaux, il est plus lourd qu'eux! Ce qui ne laisse planer aucun doute sur sa robustesse.

*Québec   Lexus LX: 71 unités / Lexus GX: 34 unités
**Canada   Lexus LX: 748 unités / Lexus GX: 557 unités

Le LX partage son châssis, son moteur V8 de 5,7 litres, sa boîte à huit rapports, son boîtier de transfert à deux gammes de vitesses (*High/Low*) et son différentiel central Torsen à glissement limité avec le légendaire Toyota Land Cruiser. Les aides à la conduite hors route incluent également un régulateur de traction, un système d'assistance en pente ainsi que des plaques de protection sous le moteur et le boîtier de transfert.

Cela dit, il serait surprenant qu'un propriétaire de LX ose s'aventurer en terrain accidenté avec un véhicule dont le prix dépasse les 100 000 dollars. Si l'envie lui vient, il n'aura aucune difficulté à grimper des pentes glissantes et à traverser des ornières ou un fossé. En plus de disposer des habiletés hors route du Land Cruiser, le LX dispose d'une suspension pneumatique réglable en hauteur et de multiples caméras de surveillance du périmètre pour se protéger des éraflures de rochers et de branches d'arbres.

Sur la grande route, le LX est un balourd qui ne craint pas les virages serrés grâce à ses pneus de 21 pouces et à sa suspension à commande active, qui règle automatiquement la fermeté des amortisseurs. Somme toute, il tire bien son épingle du jeu face à ses concurrents, dont plusieurs s'avèrent moins agiles et plus encombrants.

Dans l'habitacle, les stylistes n'ont pas lésiné sur la qualité du mobilier. La finition et l'éclairage d'ambiance mettent en valeur des appliques en bois véritable, une sellerie en cuir souple, des plastiques moelleux et une moquette luxuriante. S'il y a à redire, soulignons que le fonctionnement de l'interface Remote Touch servant à manipuler les menus sur l'écran de 12,3 pouces, au tableau de bord, est énervante et s'avère moins efficace qu'une bonne vieille molette!

PETIT, MAIS COSTAUD, LE GX

Plus petit et presque aussi luxueux que le LX, le GX partage son châssis et plusieurs éléments mécaniques avec le Toyota 4Runner. Noblesse oblige, le GX est propulsé par un puissant V8 de 4,6 litres et une boîte automatique à six rapports tandis que son cousin, le 4Runner, se contente jusqu'à nouvel ordre d'un V6 de 4,0 litres et d'une boîte à cinq rapports.

Le V8 et la boîte automatique du GX fonctionnent en symbiose et les accélérations sont linéaires. Côté remorquage, la puissance du V8 permet au Lexus de tracter un poids de 2 948 kg (6 500 livres) alors que le V6 du Toyota de contente de tirer une charge maximale de 2 268 kg (5 000 livres). Si vous devez choisir entre le GX et le 4Runner, on ne peut passer sous silence le fait que le GX consomme plus d'essence et qu'il se vend presque 20 000$ de plus que le 4Runner Limited. Un pensez-y bien!

Données principales

Emp. / lon. / lar. / haut.	2 850 / 5 080 / 1 980 / 1 910 mm
Coffre / réservoir	259 à 1 267 litres / 93 litres
Nbre coussins sécurité / ceintures	10 / 8
Suspension av. / arr.	ind., pneumatique, double triangulation / ind., pneumatique, multibras
Pneus avant / arrière	P275/50R21 / P275/50R21
Poids / Capacité de remorquage	LX - 2 332 kg / 2948 kg (6 499 kg) GX - 2 680 kg / 3 175 kg (6 990 lb)

Composantes mécaniques

GX

Cylindrée, alim.	V8 4,6 litres atmos.
Puissance / Couple	301 ch / 329 lb-pi
Tr. base (opt) / Rouage base (opt)	A6 / Int
0-100 / 80-120 / V. max	9,2 s / 7,1 s / 177 km/h (const)
100-0 km/h	42,0 m
Type / ville / route / CO₂	Ord / 15,7 / 11,7 / 6 394 kg/an

LX 570

Cylindrée, alim.	V8 5,7 litres atmos.
Puissance / Couple	383 ch / 403 lb-pi
Tr. base (opt) / Rouage base (opt)	A8 / Int
0-100 / 80-120 / V. max	7,6 s / 5,7 s / 220 km/h
100-0 km/h	42,6 m
Type / ville / route / CO₂	Sup / 18,3 / 12,9 / 7 300 kg/an

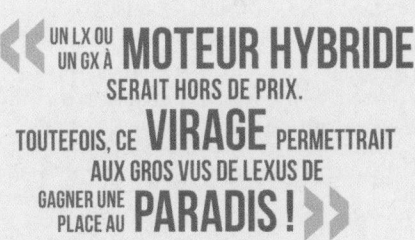

UN LX OU UN GX À **MOTEUR HYBRIDE** SERAIT HORS DE PRIX. TOUTEFOIS, CE **VIRAGE** PERMETTRAIT AUX GROS VUS DE LEXUS DE GAGNER UNE PLACE AU **PARADIS!**

DU NOUVEAU EN 2018 — Nouvelles couleurs

LEXUS GX

LEXUS LX

Photos : Lexus

Pour voir la liste complète des informations techniques, veuillez vous référer à la section statistiques.

LEXUS **NX**

78% COTE DU GUIDE

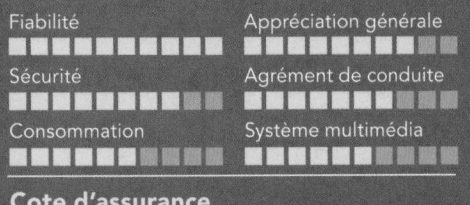

Prix: 42 950 $ à 54 350 $ (2017)
Catégorie: VUS
Garanties:
4 ans/80 000 km, 6 ans/110 000 km
Transport et prép.: 2 440 $
Ventes QC 2016: 1 133 unités
Ventes CAN 2016: 6 295 unités
Assemblage: Kyūshū JP

Fiabilité	Appréciation générale
■■■■■■□□	■■■■■■■□□
Sécurité	Agrément de conduite
■■■■■■■□	■■■■■■□□□
Consommation	Système multimédia
■■■■■□□□	■■■■■■■□

Cote d'assurance

$ $$$

Connectivité multimédia

Aucune

➕ Lignes emballantes (si vous aimez!) •
Choix de couleurs vibrantes •
Fiabilité assurée • Finition impeccable

➖ Carburant super requis (NX 300) •
Version hybride dispendieuse • Le prix
grimpe rapidement avec les options •
Il faut aimer son style

Concurrents

Acura RDX, Audi Q3, BMW X3,
Infiniti QX50, Land Rover Discovery Sport,
Land Rover Range Rover Evoque,
Lincoln MKC, Mercedes-Benz GLA,
Porsche Macan, Volvo XC60

Encore plus de caractère

Sylvain Raymond

Il y a quelques années, Akio Toyoda, le PDG de Toyota, a affirmé haut et fort que la marque Lexus ne serait plus jamais qualifiée d'ennuyante. Introduit en 2014 en tant que modèle 2015, le Lexus NX, un VUS compact, fut le premier à confirmer le changement de cap de la marque de luxe de Toyota. Son style angulaire n'a pas manqué d'attirer l'attention, face à des concurrents germaniques bien plus réputés, mais visuellement plus sages.

En ce qui a trait au style, le NX ne fait pas dans la demi-mesure. Qu'on l'aime ou non, on ne peut que saluer l'audace dont fait preuve Lexus. Si le nez du NX ne vous plaît pas, il y a de fortes chances que ce soit toujours le cas cette année puisque les designers ont conservé la même recette de base. L'imposante grille trapézoïdale en sablier demeure en tête d'affiche, elle qui occupe une bonne partie du devant. Les larges prises d'air situées de chaque côté sont maintenant plus creuses et angulaires, alors que les phares à triples projecteurs, empruntés à la LC 500, campent bien le nouveau design plus défini du véhicule.

UN NOUVEAU NOM, MAIS POURQUOI?

Étonnamment, le Lexus NX 200t est rebaptisé NX 300 en 2018, mais c'est à se demander pourquoi puisqu'il conserve son quatre cylindres de 2,0 litres turbocompressé. Avouons que l'ancien nom reflétait mieux sa cylindrée! Lexus veut peut-être donner l'impression que ce moteur à essence est plus puissant (alors qu'il ne l'est pas) ou rapprocher son appellation à celle du modèle hybride, le NX 300h.

Fort de ses 235 chevaux et de son couple de 258 livres-pied, ce 2,0 litres turbo assure une puissance comparable, voire supérieure, à celle de ses principaux concurrents; le cas du Audi Q3 est un bon exemple. Il transmet sa puissance aux quatre roues par le biais d'une boîte automatique à six rapports; certes, ce n'est pas la plus moderne, mais elle demeure efficace. Pour le prix, le NX 300 est, sans aucun doute, la version la plus intéressante pour sa puissance et pour sa consommation de 8,8 l/100 km en conduite combinée.

INTÉRESSANT, L'HYBRIDE? PAS TELLEMENT

L'autre NX, c'est le 300h, le «h» signifiant, bien entendu, hybride. Le groupe propulseur se compose cette fois d'un quatre cylindres de 2,5 litres de 154 chevaux, auquel on a lié deux moteurs électriques de 141 et 67 chevaux (avant, arrière), pour un total combiné de 194 chevaux. Le couple instantané du moteur électrique apporte la dose de performance recherchée. Cette fois, la boîte est une CVT, qui n'améliore en rien le plaisir de conduire.

Malheureusement, le NX 300h n'est pas rechargeable, ce qui ne joue pas en sa faveur, d'autant plus que l'économie de carburant est modeste, à peine 1,1 litre aux 100 km de moins que la version à essence régulière. Compte tenu de son prix majoré de plus de 11 000 $, c'est cher payé. À sa défense, le NX 300h dispose d'un équipement plus cossu, notamment un volant chauffant, un système de navigation et un hayon électrique. Vous pouvez toutefois les obtenir dans le NX 300 via divers groupes d'options. Parlant d'options, si vous désirez augmenter d'un cran le style de votre NX, jetez un œil aux différents ensembles F SPORT. Ils apportent tout ce qu'il faut pour que votre NX se démarque.

LE PLUS SPACIEUX

Puisque le NX est aussi plus imposant que certains de ses rivaux que sont les Audi Q3, BMW X1, Mercedes-Benz GLA et cie, cela se traduit par un espace accru à l'intérieur, même chose pour le volume de chargement. Quoiqu'il soit compact, il s'avère le plus accueillant pour les petites familles. Aussi, son excellente fiche de fiabilité vous permettra d'être plus souvent présent aux activités familiales, ou au bureau, plutôt que chez le concessionnaire!

À son volant, on découvre un VUS fort agréable à conduire, loin de ce que Lexus représentait dans le passé. La direction est précise et le sentiment de contrôle, excellent, le tout étant appuyé par une bonne position de conduite et un volant qui tombe bien en main. Le moteur travaille tout de même assez fort pour livrer sa puissance, mais en conduite normale, c'est peu perceptible. On préfère la conduite de la version turbo à l'hybride, lequel est plus lourd et moins agile, mettant pratiquement deux secondes de plus pour ficeler le 0-100 km/h.

En plus de son dynamisme, les ingénieurs ont réussi à lui conférer une dose de confort. De nouveaux calibrages de la suspension, des ressorts et des barres stabilisatrices améliorent la tenue de route et le maintien en virage, sans pénaliser le confort sur de longs trajets. Dans le segment où le plaisir de conduite règne, le NX n'est pas laissé pour compte.

Données principales

Emp. / lon. / lar. / haut.	2 660 / 4 630 / 1 845 / 1 645 mm
Coffre / réservoir	475 à 1 545 litres / 60 litres
Nbre coussins sécurité / ceintures	8 / 5
Suspension av. / arr.	ind., jambes force / ind., double triangulation
Pneus avant / arrière	P225/60R18 / P225/60R18
Poids / Capacité de remorquage	1 835 kg / 907 kg (2 000 lb)

Composantes mécaniques

300h

Cylindrée, alim.	4L 2,5 litres atmos.
Puissance / Couple	154 ch / 152 lb-pi
Tr. base (opt) / Rouage base (opt)	CVT / Int
0-100 / 80-120 / V. max	9,1 s (est) / n.d. / 180 km/h (const)
100-0 km/h	n.d.
Type / ville / route / CO$_2$	Ord / 7,1 / 7,7 / 3 390 kg/an
Puissance combinée	194 ch

MOTEUR ÉLECTRIQUE

Puissance / Couple (moteur arrière)	67 ch (49 kW) / n.d.
Puissance / Couple (moteur avant)	141 ch (105 kW) / n.d.
Type de batterie	Nickel-hydrure métallique (NiMH)
Énergie	1,3 kWh
Temps de charge (120V / 240V)	n.d. / n.d.
Autonomie	n.d.

300

Cylindrée, alim.	4L 2,0 litres turbo
Puissance / Couple	235 ch / 258 lb-pi
Tr. base (opt) / Rouage base (opt)	A6 / Int
0-100 / 80-120 / V. max	8,6 s / 5,5 s / 200 km/h (const)
100-0 km/h	41,7 m
Type / ville / route / CO$_2$	Sup / 10,8 / 8,8 / 4 554 kg/an

DU NOUVEAU EN 2018

Parties avant et arrière revues, la nomenclature 200t devient 300.

Pour voir la liste complète des informations techniques, veuillez vous référer à la section statistiques.

LEXUS | 445

LEXUS **RC**

80% COTE DU GUIDE

Prix : 49 050 $ à 85 400 $ (2017)
Catégorie : Coupé
Garanties :
4 ans/80 000 km, 6 ans/110 000 km
Transport et prép. : 2 440 $
Ventes QC 2016 : 72 unités
Ventes CAN 2016 : 526 unités
Assemblage : Kyūshū JP

Fiabilité	Appréciation générale
■■■■■■■□□□	■■■■■■■□□□
Sécurité	Agrément de conduite
■■■■■■■□□□	■■■■■■□□□□
Consommation	Système multimédia
■■■■□□□□□□	■■■■■■■□□□

Cote d'assurance

n.d.

Connectivité multimédia

Aucune

➕ Silhouettes toujours racées
(RC F et F SPORT) • Moteur V8 fantastique
(RC F) • Tenue de route étonnante (RC F) •
Solidité et fiabilité typiques

➖ Roulement ferme sur les chemins
raboteux • Pavé tactile toujours frustrant •
Ligne de toit basse qui limite l'accès •
Visibilité arrière réduite

Concurrents

Audi A5, BMW Série 4, Cadillac ATS,
Infiniti Q60, Jaguar F-TYPE,
Mercedes-Benz Classe C

Des coupés racés et pleins de contradictions

Marc Lachapelle

Dans le monde des coupés sport, où l'attrait et l'intérêt se mesurent en mois plutôt qu'en années, la série RC semble déjà presque désuète et dépassée après son quatrième tour de manège seulement. Ses lignes fuselées, le nom Lexus et la promesse de fiabilité qui l'accompagne n'arrivent pas à compenser une ergonomie parfois douteuse, un plaisir de conduite variable et des prix corsés.

Ils sont pourtant encore beaux, ces coupés RC, même après quatre ans. Ils ont toujours leur silhouette longue et basse, des ailes bien galbées, des bas de caisse sculptés et cette grande calandre en sablier qui fait aussi jaser. C'est encore plus vrai pour les versions F SPORT, dont la grille de calandre est toute en alvéoles noir mat alors que celle du RC 300, le plus sage (et abordable), affiche des fanons chromés qui surplombent la barre transversale tenant lieu de pare-chocs. Sans parler du RC F, en sommet de gamme, dont les ailes avant plus accentuées affichent de grandes écopes.

LA TOUCHE ESSENTIELLE DU GROUPE F SPORT

Il y a de l'espoir, toutefois, parce qu'on peut ajouter au RC 300 un groupe F Sport qui comprend entre autres des amortisseurs réglables, des jantes d'alliage de 19 pouces en plus d'un volant et des sièges sport avec mémoires. Chez Lexus et Toyota, la règle est simple : l'option F SPORT vaut toujours la peine et le coût, parce qu'elle aiguise le look, resserre le comportement et ajoute au plaisir de la conduite.

Il faut dire que ce pauvre RC 300 en a besoin, avec son V6 de 3,5 litres et 255 chevaux qui n'a rien de foudroyant. C'est déjà mieux avec le RC 350, dont le V6 de cylindrée identique produit 307 chevaux, pour des sprints 0-100 km/h en 6,3 secondes. Il se présente avec les composantes F SPORT déjà mentionnées, auxquelles s'ajoutent des éléments tels qu'un pommeau de sélecteur de vitesses et des cadrans qui évoquent ceux de la LFA, cette grande sportive à moteur V10 que Lexus a produite à quelque 500 exemplaires.

En plus d'émousser le caractère de leurs V6 atmosphériques, dont le couple à bas et moyen régime n'a rien d'impressionnant, le rouage intégral des RC 300 et 350 leur vaut une bosse de taille appréciable sur le plancher à l'avant, côté passager. En contrepartie, il ajoute grandement à leur polyvalence dans un climat comme le nôtre.

L'habitacle, quant à lui, est un festival du paradoxe. Aux antipodes de la finition soignée et des matériaux de qualité qu'on retrouve toujours chez Lexus, il y a cette console centrale noir mat, plutôt glauque, où trône un pavé tactile, ahurissant et distrayant, qu'on n'a pas le choix d'utiliser pour contrôler ou régler plusieurs des systèmes. Même constat pour des réglages de température par effleurement. Au moins, le volant, les cadrans et le pédalier sont magnifiques.

DOCTEUR ATKINSON ET MISTER OTTO SOUS LE CAPOT

Ces remarques, en termes d'ergonomie et de présentation, s'appliquent quasi intégralement au coupé RC F, le coq de la famille, avec son V8 de 5,0 litres et 467 chevaux. Le hurlement de ce moteur, lorsqu'il atteint environ 3 600 tr/min en pleine accélération, alors que tous les clapets s'ouvrent et qu'il passe de la frugalité du cycle Atkinson à la furie du cycle Otto, est un plaisir coupable à lui seul. À vrai dire, le RC F appartient à une espèce autre que ses deux frangins par sa puissance, ses roues arrière motrices et son prix substantiel.

Le RC F a d'ailleurs causé la surprise du match des sportives du 50e *Guide de l'auto* en chauffant les ténors de la catégorie que sont les Mercedes-AMG C 63 S et BMW M4, autant sur le circuit qu'au pointage final. Son comportement sur piste fut une révélation, en fait, tellement le RC F encourage son pilote à explorer ses limites, grâce à un équilibre sans faille et ses réactions graduelles et prévisibles. Même en désactivant toutes les aides électroniques, et ce, malgré un poids substantiel de tout près de deux tonnes (impériales). Il exploite alors pleinement les vertus du différentiel autobloquant à répartition de couple qu'ajoute le groupe Performance, en plus des jantes en aluminium forgé et du tandem toit et aileron arrière en fibre de carbone.

Sur la route, par contre, il faut choisir le mode Sport+ pour que le RC F s'anime le moindrement. Et là encore, sa boîte automatique à huit rapports est trop lente à rétrograder, même avec les jolies manettes derrière le volant. On est loin des réactions instantanées des boîtes à double embrayage.

Maintenant que Lexus a prouvé qu'il sait dessiner des coupés beaux et agiles, il est temps de les mettre au régime et de leur offrir des commandes et contrôles à la fois faciles et agréables à manipuler.

Données principales

Emp. / lon. / lar. / haut.	2730 / 4705 / 1845 / 1390 mm
Coffre / réservoir	287 à 295 litres / 66 litres
Nbre coussins sécurité / ceintures	8 / 4
Suspension av. / arr.	ind., double triangulation / ind., multibras
Pneus avant / arrière	P235/40R19 / P235/40R19
Poids / Capacité de remorquage	1795 kg / n.d.

Composantes mécaniques

300 AWD

Cylindrée, alim.	V6 3,5 litres atmos.
Puissance / Couple	255 ch / 236 lb-pi
Tr. base (opt) / Rouage base (opt)	A6 / Int
0-100 / 80-120 / V. max	n.d. / n.d. / n.d.
100-0 km/h	n.d.
Type / ville / route / CO_2	Sup / 12,6 / 9,2 / 5180 kg/an

350 AWD, 350 AWD F SPORT

Cylindrée, alim.	V6 3,5 litres atmos.
Puissance / Couple	307 ch / 277 lb-pi
Tr. base (opt) / Rouage base (opt)	A6 / Int
0-100 / 80-120 / V. max	6,3 s / 4,3 s / 209 km/h (est)
100-0 km/h	41,7 m
Type / ville / route / CO_2	Sup / 12,6 / 9,2 / 5180 kg/an

F

Cylindrée, alim.	V8 5,0 litres atmos.
Puissance / Couple	467 ch / 388 lb-pi
Tr. base (opt) / Rouage base (opt)	A8 / Prop
0-100 / 80-120 / V. max	5,1 s / 3,8 s / 274 km/h
100-0 km/h	38,2 m
Type / ville / route / CO_2	Sup / 15,2 / 9,5 / 5812 kg/an

DU NOUVEAU EN 2018

Aucun changement majeur au moment de mettre sous presse.

Photos : Lexus

Pour voir la liste complète des informations techniques, veuillez vous référer à la section statistiques.

LEXUS | **447**

LEXUS **RX**

74% COTE DU GUIDE

Prix : 55 800 $ à 70 250 $ (2017)
Catégorie : VUS
Garanties :
4 ans/80 000 km, 6 ans/110 000 km
Transport et prép. : 2 440 $
Ventes QC 2016 : 962 unités
Ventes CAN 2016 : 8 147 unités
Assemblage : Cambridge ON CA

Fiabilité	Appréciation générale
■■■■■■□□□□	■■■■■■■□□□
Sécurité	Agrément de conduite
■■■■■■■□□□	■■■■■□□□□□
Consommation	Système multimédia
■■■■■□□□□□	■■■■■■■□□□

Cote d'assurance

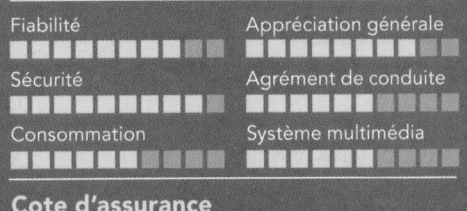

$ $ $ $

Connectivité multimédia

Aucune

➕ Style percutant • Excellente qualité
d'assemblage • Confort relevé •
RX 450h plus sportif que le 350 •
Fiabilité certifiée

➖ Consommation assez élevée (350) •
Direction sans âme • Comportement
peu inspiré (350) • « Remote Touch »
à revoir • Groupes d'options chers

Concurrents
Acura MDX, Audi Q7, BMW X5,
Infiniti QX70, Jeep Grand Cherokee,
Mercedes-Benz Classe GLE,
Toyota Highlander, Volvo XC90

Grosse commande

Alain Morin

Le Lexus RX est avec nous depuis l'année-modèle 1999 et il
en est aujourd'hui à sa quatrième génération. Entre-temps,
il a pris plusieurs centimètres en longueur, en largeur et en
hauteur ainsi que quelques centaines de kilos. Puisque l'ensemble
de l'industrie a fait de même, nous ne lui en tiendrons pas rigueur.

Si à ses débuts il s'avérait un solide concurrent au Mercedes-Benz ML
(devenu GLE à cause d'obscures forces marketing... mais ça, c'est une autre
histoire), il a quelque peu perdu de sa superbe depuis. Nous ne parlons
évidemment pas de sa superbe physique. Nous parlons plutôt de son
évolution, lente. Très lente.

Il y a deux ans, Lexus revoyait assez profondément son RX. La carrosserie
a connu d'évidents changements mais, quand on s'y attarde un peu, on
remarque que sous les plis savamment disposés, les astuces cosmétiques
pour le faire paraître plus long qu'il ne l'est en réalité et la partie avant très
agressive, c'est le bon vieux RX qu'il y a en dessous. On aime ou pas la
présentation générale mais pour une fois qu'un constructeur ose, nous
n'allons surtout pas lui reprocher de trop en faire !

La plate-forme date de 2009 et comme elle s'acquitte encore bien de sa
tâche, il était avisé pour les ingénieurs de la conserver. Ils ont cependant
profité de l'occasion pour y apporter moult améliorations qui rehaussent le
confort et la tenue de route. Nous y reviendrons.

ENTRE 8 ET 12 LITRES AUX CENT KILOMÈTRES
Côté mécanique, Lexus fait honneur à l'omniprésent V6 3,5 litres atmosphérique
qui développe ici 295 chevaux, une écurie suffisante pour l'amener d'une
position stationnaire à 100 km/h en 8,3 secondes. Sans être une Formule 1,
ce n'est pas non plus une tondeuse. La boîte de vitesses à huit rapports,
habituellement d'une douceur — et d'une rapidité — d'arrière-grand-mère,
semblait désorientée dans le dernier modèle essayé, chassant continuellement

entre les rapports dans les montées. Un accélérateur très sensible n'améliorait pas les choses, du moins dans cet exemplaire.

Lexus offre aussi un RX 450h, doté d'une motorisation hybride. Ici aussi on retrouve le V6 3,5 litres atmosphérique mais à cycle Atkinson. Il est lié à deux moteurs électriques. L'un, en collaboration avec le moteur à essence, s'occupe des roues avant. L'autre est placé à l'arrière où il entraîne les roues postérieures. Cela donne au RX 450h un rouage intégral original et techniquement fort réussi. Les accélérations sont franches et la consommation très faible. Réaliser une moyenne de 8,0 l/100 km est tout à fait possible, même en ne faisant pas trop attention. Le RX 350, doté d'un seul moteur atmosphérique s'en tire moins bien et il faut prévoir une moyenne se situant autour de 12,5 l/100 km. Particularité : le RX 350 et le RX 450h peuvent remorquer le même poids, soit 1 585 kilos (3 500 livres).

SPORT, MAIS PAS SPORT

Sur la console figure un bouton permettant de choisir entre divers modes de conduite. Ne vous méprenez pas. Même si vous conduisez un RX 350 doté du groupe F Sport en mode Sport+, cela ne fait pas de ce véhicule utilitaire sport un véhicule sport. Parmi une pléthore d'accessoires qui justifient son prix ridiculement élevé, le groupe F Sport amène des pneus de 20 pouces, une suspension variable adaptative (sur le RX 350) et un système de gestion de la dynamique (sur le RX 350 aussi). Ces éléments bonifient d'un cran le comportement du véhicule. Ce groupe amène également le mode Sport+ précité qui raffermit la suspension et la direction et améliore le rendement du moteur. Dans les faits, on l'essaye une fois et on l'oublie. Curieusement, le 450h, plus écologique, adopte un comportement routier plus affirmé et plus agréable que celui du 350.

L'acheteur d'un RX souhaite sans doute plus profiter d'un environnement luxueux et confortable qu'explorer les limites de la tenue de route. Et là, il sera servi ! L'habitacle est silencieux, douillet, et toutes les places sont très confortables. Inutile de préciser que le choix des matériaux et leur assemblage ne souffrent d'aucune critique. Les choses se gâtent lorsque l'on doit manipuler le Remote Touch, offert de série avec le 450h et en option avec le 350. Ce système permet de naviguer dans les différents menus de l'écran central via un petit levier qui agit un peu comme une souris. Si ce système fonctionne bien à l'arrêt, il en va autrement en conduisant et il s'avère vite plus frustrant à utiliser qu'autre chose.

La catégorie des VUS intermédiaires de luxe est de plus en plus populaire et les constructeurs n'hésitent pas à innover pour se démarquer. BMW, Audi et Mercedes-Benz, entre autres, ne font pas de quartier. Dans ce contexte, le RX de Lexus doit miser sur un confort très relevé et une fiabilité hors pair pour ressortir du lot. Grosse commande.

Données principales	
Emp. / lon. / lar. / haut.	2790 / 4890 / 1895 / 1720 mm
Coffre / réservoir	521 à 1594 litres / 73 litres
Nbre coussins sécurité / ceintures	10 / 5
Suspension av. / arr.	ind., jambes force / ind., double triangulation
Pneus avant / arrière	P235/55R20 / P235/55R20
Poids / Capacité de remorquage	2150 kg / 1585 kg (3490 lbs)

Composantes mécaniques	
450h	
Cylindrée, alim.	V6 3,5 litres atmos.
Puissance / Couple	259 ch / 247 lb-pi
Tr. base (opt) / Rouage base (opt)	CVT / Int
0-100 / 80-120 / V. max	8,0 s (est) / n.d. / 180 km/h (const)
100-0 km/h	n.d.
Type / ville / route / CO_2	Sup / 7,7 / 8,2 / 3646 kg/an
Consommation combinée	n.d.
Moteur électrique	
Puissance / Couple	67 ch (49 kW) / n.d.
Type de batterie	Nickel-hydrure métallique (NiMH)
Énergie	n.d.
Temps de charge (120V / 240V)	n.d. / n.d.
Autonomie	n.d.
350, 350 F SPORT	
Cylindrée, alim.	V6 3,5 litres atmos.
Puissance / Couple	295 ch / 268 lb-pi
Tr. base (opt) / Rouage base (opt)	A8 / Int
0-100 / 80-120 / V. max	8,3 s / 6,1 s / 200 km/h (const)
100-0 km/h	43,4 m
Type / ville / route / CO_2	Ord / 12,2 / 8,9 / 4929 kg/an

DU NOUVEAU EN 2018

Aucun changement majeur au moment de mettre sous presse.

Photos : Lexus

Pour voir la liste complète des informations techniques, veuillez vous référer à la section statistiques.

LEXUS | 449

LINCOLN **CONTINENTAL**

76% COTE DU GUIDE

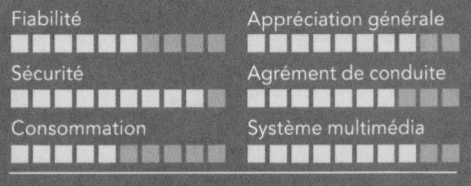

Prix: 57 000 $ à 63 500 $ (2017)
Catégorie: Berline
Garanties:
4 ans/80 000 km, 6 ans/110 000 km
Transport et prép.: 2 000 $
Ventes QC 2016: 32 unités
Ventes CAN 2016: 174 unités
Assemblage: Flat Rock MI US

Fiabilité	Appréciation générale
■■■■■■■□□□	■■■■■■■□□□
Sécurité	Agrément de conduite
■■■■■■■■□□	■■■■■■□□□□
Consommation	Système multimédia
■■■■□□□□□□	■■■■■■■□□□

Cote d'assurance

n.d.

Connectivité multimédia

Android Auto   Apple CarPlay

+ Lignes classiques • Habitacle cossu •
Moteurs puissants • Silence et raffinement

− Puissance indiquée atteinte à l'aide
d'essence à octane 93 • Roulement
flottant à basse vitesse • Rien pour
attirer les «jeunes» ici...

Concurrents

Acura RLX, Audi A6, BMW Série 5,
Cadillac XTS, Genesis G90, Jaguar XJ,
Lexus LS, Mercedes-Benz Classe E,
Volvo S90

Élégante discrétion

Mathieu St-Pierre

S uite à de nombreux faux pas au cours des années 80, 90 et au début des 2000, Lincoln s'est fermement replacé un pied dans le domaine des véhicules de luxe abordables avec le VUS intermédiaire MKX et la berline MKZ. Avec les immenses MKT et Navigator ainsi que le compact MKC, Lincoln était pratiquement devenu un constructeur d'utilitaires. La toute nouvelle Continental ramène les pendules à l'heure.

La Lincoln Continental ne se vante pas d'être la berline la plus spacieuse, rapide ou luxueuse. L'approche de Lincoln est simple: la voiture parlera d'elle-même. L'attrait de cette Continental est justement cette absence ostentatoire, ce qui la rend presque mystérieuse.

Cette voiture est sans doute discrète, car même dans une aire de stationnement, elle est difficile à distinguer non seulement des autres véhicules tout près, mais aussi de sa consœur de salle de démonstration, la MKZ, récemment redessinée. Est-ce que Lincoln a commis une grave erreur en agissant de la sorte? Pour ceux qui recherchent l'anonymat dans le plus grand luxe, cette approche tout en discrétion est appréciée!

LE LUXE FURTIF

Le but de la Continental n'est certainement pas d'en mettre plein la vue. On le sait bien, en général, les propriétaires de véhicules de luxe aiment bien «flasher», question de bien montrer leur succès. La Continental remplira noblement son espace de stationnement au condo du centre-ville, mais sans plus. N'était-ce pas anciennement la recette de Lexus?

Du moins, ce sera le cas jusqu'à ce qu'on s'approche de la Continental. Malgré son absence de prétention, la Continental arbore tout de même de superbes proportions, et une ceinture de caisse élevée et puissante, intégrant les poignées de porte. Cette solution stylistique est très réussie et il ne faudrait pas se surprendre que d'autres constructeurs copient Lincoln.

L'allure composée et sérieuse de la Continental se maintient dans l'habitacle, d'une ambiance pratiquement royale. Les matériaux et l'attention aux détails approchent des niveaux que l'on retrouve dans une Classe S de Mercedes-Benz, en particulier lorsqu'on étudie la console centrale et ses cinq surfaces et textures différentes. L'équipement de série est étonnant, mais il ne faut pas oublier quelques options notables, comme le cuir Bridge of Weir Deepsoft et les sièges ajustables en 30 positions... C'est peut-être même trop quand on sait que trouver une bonne position de conduite n'est pas une sinécure. Au moins, cela donne l'impression d'une voiture plus haut de gamme.

JEUX DE PUISSANCE

La Continental est maintenant le porte-étendard de Lincoln, et non un produit de milieu de gamme. De série, la Continental 2018 se débrouille fort bien grâce à un V6 de 2,7 litres à double turbo de 335 chevaux. Aux États-Unis, le V6 atmosphérique de 3,7 litres est offert de base, mais pas au Canada. L'absence de ce moteur ici indique l'intention de Lincoln de rendre la voiture plus exclusive. Et moins abordable.

Le 2,7 litres propose d'excellentes performances et son couple généreux ne vous laissera jamais tomber. C'est par contre le V6 à double turbo de 3,0 litres qui transforme la Continental en TGV. Comme le train, la vitesse se bâtit progressivement, sans bousculer les occupants et avant qu'ils ne s'en rendent compte, la limite permise est atteinte, même dépassée. On ne s'excite pas au poste de pilotage du Continental, on gagne plutôt du terrain avec un minimum d'efforts et un maximum d'efficacité, le tout dans un confort royal.

La boîte automatique à six rapports se fait un plaisir de passer d'un engrenage à l'autre de manière imperceptible. En mode Sport, et à l'aide des palettes montées au volant, on peut s'impliquer davantage dans la conduite et l'on découvre que la boîte est bien programmée. Le rouage intégral, offert de série, est du type réactif. Lorsqu'il est associé au 3,0 litres, il inclut le vecteur de couple dynamique augmentant l'agilité de la voiture... une masse de près de 2 000 kg. En réalité, la conduite de la Continental n'a rien de sportif. Les amortisseurs s'adaptent aux conditions de la route pour optimiser le confort, sans plus. À plus haute vitesse, le roulis de caisse est limité, mais en revanche, à basse vitesse et en ville, la suspension semble flotter. Un peu plus de fermeté serait appréciée.

La toute nouvelle Lincoln Continental est la voiture par excellence quand on recherche la paix, l'isolement des bruits, et des regards. Elle ne porte pas l'écusson de Mercedes-Benz ou BMW, mais on ne paye pas pour un logo non plus. La Continental est un bel effort de la part de Lincoln qui mérite, justement, plus attention.

Données principales

Emp. / lon. / lar. / haut.	2 994 / 5 115 / 1 984 / 1 487 mm
Coffre / réservoir	473 litres / 68 litres
Nbre coussins sécurité / ceintures	8 / 5
Suspension av. / arr.	ind., jambes force / ind., multibras
Pneus avant / arrière	P225/45R19 / P225/45R19
Poids / Capacité de remorquage	1 920 kg / n.d.

Composantes mécaniques

2.7 TI

Cylindrée, alim.	V6 2,7 litres turbo
Puissance / Couple	335 ch / 380 lb-pi
Tr. base (opt) / Rouage base (opt)	A6 / Int
0-100 / 80-120 / V. max	n.d. / n.d. / n.d.
100-0 km/h	n.d.
Type / ville / route / CO_2	Sup / 11,8 / 8,1 / 4 662 (est) kg/an

3.0 TI

Cylindrée, alim.	V6 3,0 litres turbo
Puissance / Couple	400 ch / 400 lb-pi
Tr. base (opt) / Rouage base (opt)	A6 / Int
0-100 / 80-120 / V. max	6,2 s / 3,8 s / n.d.
100-0 km/h	38,1 m
Type / ville / route / CO_2	Ord / 13,1 / 8,4 / 5 053 (est) kg/an

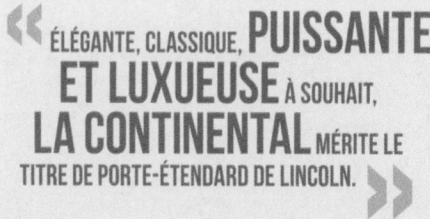

« ÉLÉGANTE, CLASSIQUE, **PUISSANTE ET LUXUEUSE** À SOUHAIT, **LA CONTINENTAL** MÉRITE LE TITRE DE PORTE-ÉTENDARD DE LINCOLN. »

DU NOUVEAU EN 2018

Aucun changement prévu au moment de mettre sous presse.

LINCOLN CONTINENTAL

LINCOLN **MKC**

 ((SiriusXM))

Prix : 45 000 $ à 50 150 $ (2017)
Catégorie : VUS
Garanties :
3 ans/60 000 km, 5 ans/100 000 km
Transport et prép. : 2 000 $
Ventes QC 2016 : 737 unités
Ventes CAN 2016 : 2 618 unités
Assemblage : Louisville KY CA

Fiabilité	Appréciation générale
■■■□□□□□□□	■■■■■■□□□□
Sécurité	Agrément de conduite
■■■■■■■■□□	■■■■□□□□□□
Consommation	Système multimédia
■■■■■□□□□□	■■■■■■■□□□

Cote d'assurance

$ $ $ $

Connectivité multimédia

Android Auto   Apple CarPlay

+ Style intéressant • Habitacle très silencieux • Moteurs en pleine forme Comportement routier adéquat • Rouage intégral bien fignolé

– Moteurs qui frôlent l'ivrognerie • Faible autonomie • Poids exagéré • Direction sans consistance • Espace pour passagers arrière restreint

Concurrents

Acura RDX, Audi Q5, BMW X3, Land Rover Discovery Sport, Lexus NX, Mercedes-Benz GLC, Volvo XC60

Une fois n'est pas coutume...

Alain Morin

Outre la Continental, qui n'a pas son équivalent chez Ford, tous les modèles Lincoln sont issus de modèles provenant de la prolétaire marque américaine. Les designers ont certes passablement bien camouflé le produit Ford sous la carrosserie mais, en général, les Lincoln sont des Ford en habit du dimanche. Si le résultat n'est pas toujours concluant, il existe un modèle qui se démarque de manière positive, le MKC. Et le public sait reconnaître un bon produit puisque dès son arrivée, il est aussitôt devenu le véhicule le plus vendu de la marque.

Deux raisons expliquent ce succès. Tout d'abord, le marché des VUS compacts de luxe est celui qui se développe le plus rapidement et tout le monde veut avoir le sien. Lipton sortirait un VUS à saveur de poulet et nouilles et il se vendrait ! Mais il y a autre chose. Même si le MKC est, en réalité, un Ford Escape, Lincoln a bien fait les choses.

Ce dernier est plus long, plus large et moins haut, ce qui lui donne une allure plus robuste, mieux plantée sur la route. Le hayon est beaucoup plus incliné, ce qui ajoute au dynamisme, mais envoie au rancart de précieux litres de chargement. Après tout, quand on veut du luxe, l'utilitaire passe en second.

Nous venons de dire que le MKC avait l'air mieux planté sur la route que l'Escape. Il n'a pas juste l'air puisque ses voies avant et arrière ont gagné 23 mm par rapport au frangin. Ça ne paraît pas beaucoup, comme ça, 23 mm, mais ce pouce (ou presque) a une incidence positive sur la tenue de route. Oh, on ne prétendra pas ici qu'il peut se mesurer à un Porsche Macan, un lointain concurrent, sur une piste de course, tant s'en faut, mais son comportement en courbes satisfera amplement ses propriétaires. Propriétaires qui préféreront sûrement le confort de la suspension du MKC au dynamisme un peu sec du Macan.

Le MKC souffre d'une tare commune aux produits Ford et Lincoln, un poids trop élevé. Le véhicule est construit solidement et son habitacle est hyper silencieux, donc entouré de plusieurs épaisseurs de matériel insonore, ce qui pourrait expliquer cet excès de poids. Et ce n'est pas la direction, souffrant d'un grave manque de communication avec les roues avant, qui aide à diminuer cette impression de lourdeur. Si le mode Confort rend le MKC encore plus confortable, à l'inverse le mode Sport ne le rend pas vraiment plus sportif. La direction est un iota plus ferme et la boîte de vitesses, qui n'a pas l'habitude des passages rapides, se force un peu plus. Le rouage est intégral et sans être le plus technologique qui soit, il répond présent dès qu'on a besoin de lui.

Le MKC se déplace grâce à deux moteurs turbos. D'office, on retrouve un quatre cylindres 2,0 litres développant 240 chevaux pour un couple de 270 livres-pied. Étonnamment, ce même moteur dans le Ford Escape, un véhicule moins luxueux et surtout moins cher, développe cinq chevaux et cinq livres-pied supplémentaires. Le MKC étant plus lourd, les performances sont quelque peu amenuisées. L'autre moteur est un 2,3 litres de 285 chevaux et de 305 livres-pied, fort déluré et pas plus glouton en essence. Malgré tout, le 2,0 litres fait un boulot très acceptable et permet d'économiser au moins 7 000 $. Quand même... En outre, il remorque autant que le 2,3 litres, soit 2 000 livres (907 kilos) ou 3 000 livres (1 361 kilos) avec l'ensemble remorquage optionnel. Toutefois, aucun de ces moteurs n'est un exemple de sobriété et il faut prévoir une consommation d'au moins 12,5 l/100 km, ce qui assèche le réservoir d'essence de 59 litres en un rien de temps. Certaines voitures électriques ont une autonomie égale ou même meilleure !

Le MKC a fière allure, malgré sa grille avant qui gagnerait à adopter celle de la Continental et de la MKZ. Dans l'habitacle, on touche à des matériaux généralement de qualité, et on écoute l'excellente chaîne audio THX optionnelle. On parle dans le vide, la plupart du temps, quand on s'adresse au SYNC 3 (mais le reste de ce système multimédia fonctionne à merveille), on se demande si c'est le siège qui est inconfortable ou si c'est une lubie passagère, on découvre que non, ce n'est pas une lubie.

On cherche un peu, surtout au début, où est situé le levier de vitesses pour se rendre compte qu'il est remplacé par des boutons au tableau de bord et l'on cherche aussi comment désactiver les tabarouettes de systèmes de sécurité qui crient à l'envi au moindre mouvement extérieur, particulièrement lors des manœuvres de recul. J'avais même l'impression que notre MKC à l'essai avait développé une haine envers ma poubelle et mon bac de récupération.

Le MKC n'est pas le véhicule le mieux vendu chez Lincoln pour rien. Il est moderne, raffiné, silencieux, puissant et, par-dessus tout, c'est un VUS de luxe.

LINCOLN MKC

Données principales

Emp. / lon. / lar. / haut.	2 690 / 4 552 / 2 136 / 1 656 mm
Coffre / réservoir	714 à 1 504 litres / 59 litres
Nbre coussins sécurité / ceintures	7 / 5
Suspension av. / arr.	ind., jambes force / ind., multibras
Pneus avant / arrière	P235/50R18 / P235/50R18
Poids / Capacité de remorquage	1 813 kg / 907 kg (2 000 lbs)

Composantes mécaniques

2.0 ECOBOOST TI

Cylindrée, alim.	4L 2,0 litres turbo
Puissance / Couple	240 ch / 270 lb-pi
Tr. base (opt) / Rouage base (opt)	A6 / Int
0-100 / 80-120 / V. max	9,0 s (est) / n.d. / n.d.
100-0 km/h	n.d.
Type / ville / route / CO_2	Ord / 12,4 / 9,0 / 5 000 kg/an

2.3 ECOBOOST TI

Cylindrée, alim.	4L 2,3 litres turbo
Puissance / Couple	285 ch / 305 lb-pi
Tr. base (opt) / Rouage base (opt)	A6 / Int
0-100 / 80-120 / V. max	7,4 s / 5,7 s / n.d.
100-0 km/h	39,6 m
Type / ville / route / CO_2	Ord / 12,9 / 9,2 / 5 768 kg/an

« LE MKC N'EST PAS LE VÉHICULE LE MIEUX VENDU CHEZ LINCOLN POUR RIEN. **IL EST RAFFINÉ,** SILENCIEUX, PUISSANT ET, SURTOUT, C'EST UN **VUS DE LUXE. »**

DU NOUVEAU EN 2018

Aucun changement majeur au moment de mettre sous presse.

LINCOLN **MKX**

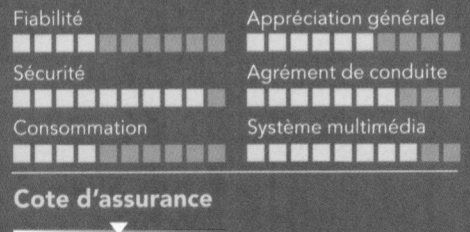

Prix: 48 000 $ à 55 050 $ (2017)
Catégorie: VUS
Garanties:
4 ans/80 000 km, 6 ans/110 000 km
Transport et prép.: 2 000 $
Ventes QC 2016: 569 unités
Ventes CAN 2016: 3 551 unités
Assemblage: Oakville ON CA

Fiabilité   Appréciation générale
■■■■■■■□□□   ■■■■■■■□□□

Sécurité   Agrément de conduite
■■■■■■■■□□   ■■■■■■■□□□

Consommation   Système multimédia
■■■■■□□□□□   ■■■■■■■□□□

Cote d'assurance

$ ▼ $ $ $

Connectivité multimédia

Android Auto   Apple CarPlay

+ Confort certifié • Habitacle
silencieux • Moteurs puissants •
Système audio Revel bon pour les
oreilles • Made in Canada !

− Pas vraiment le fun à conduire •
Direction quelconque • Piliers A très
larges (altèrent la visibilité) • Véhicule
trop lourd

Concurrents
BMW X5, Cadillac XT5, Lexus RX,
Mercedes-Benz GLE, Nissan Murano,
Volvo XC90

À quand la recette Continental ?

Alain Morin

Mai 2013. Quelques journalistes, sûrement triés sur le volet puisque j'y étais, avaient pu s'entretenir avec Jim Farley, un des hauts dirigeants de Lincoln. La noble marque de luxe de Ford entreprenait alors un nième virage stratégique. Lors de cette rencontre, Farley avait mentionné que «Pour percer dans le marché de la voiture de luxe, il faut du temps». Savait-il qu'en 2018, Lincoln commencerait à peine à se sortir les narines de l'eau ? En 2013, les voitures à l'étoile allongée n'étaient que des Ford un peu plus luxueuses. Les temps ont changé, les mentalités, dans la société comme chez Ford, ont changé aussi.

En 2018, il existe à Dearborn une plate-forme qui est utilisée à bien des sauces. Cette plate-forme, baptisée CD4, sert de base à la nouvelle Lincoln Continental, à la Ford Fusion, au Ford Edge et, bien entendu, au Lincoln MKX. Pour la Continental, les ingénieurs ont pris cette plate-forme, l'ont adaptée et ont créé une voiture de toutes pièces. Le MKX, lui, se veut encore un Ford Edge, mais le travail effectué par Lincoln pour le différencier de son peu noble géniteur a été effectué avec soin. La carrosserie et l'habitacle ont été modifiés et on lui a donné un moteur plus puissant et davantage de matériel insonore. Ce type de conversion ne coûte pas cher et «ça fait la job». Or, si un constructeur veut jouer dans la cour des grands, il doit y mettre le prix, comme avec la Continental ou, dans une moindre mesure, le MKC.

UN PEU MOINS EDGE QU'AVANT
Bien que le MKX soit encore un peu trop apparenté au Edge, cela n'en fait pas un mauvais véhicule pour autant ! Esthétiquement, il ne ressemble pas trop au Ford ce qui, selon moi, constitue un plus. Dans l'habitacle, le tableau de bord est suffisamment différent pour que le non initié ne fasse pas le lien entre les deux véhicules. Sa principale caractéristique se trouve du côté du levier de vitesses... absent. En effet, les produits Lincoln font appel à des boutons pour manipuler la boîte de vitesses, ce qui dégage la console et permet d'offrir plus d'espaces de rangement. Certains pestent contre ces

boutons mais, personnellement, leur manipulation ne m'a jamais dérangé. Les piliers A (situés entre le pare-brise et les glaces latérales), très larges, bloquant ainsi la vision vers un coin de rue, m'ont beaucoup plus agacé.

La plupart des matériaux sont de bonne qualité et leur assemblage étonne. C'est presque du Lexus! Le système SYNC 3, qui m'a tant fait rager dans ses versions précédentes (MyFord Touch), est devenu l'un des meilleurs de l'industrie. Les images sont claires, l'écran réagit immédiatement aux commandes digitales et les menus sont faciles à comprendre. Le système audio Revel vous fera sourire des tympans, les fesses bien calées dans un fauteuil confortable, qui offre un bon support pour les cuisses. Ces mêmes cuisses seront toutefois moins heureuses lorsqu'elles s'assoiront sur la banquette arrière, trop dure. Si l'espace pour les jambes est correct, celui pour la tête est moins généreux.

C'EST LE 2,7 QU'IL FAUT CHOISIR

La version de base du MKX se contente d'un V6 3,7 litres atmosphérique développant 303 chevaux à 6 500 tr/min et un couple de 278 livres-pied à 4 000 tr/min, ce qui n'est quand même pas rien. L'autre moteur est aussi un V6, mais il s'agit d'un 2,7 litres turbocompressé, disposant de 335 chevaux et d'un impressionnant couple de 380 livres-pied. Oui, ça avance. En plus, ces chevaux et ces livres-pied sont disponibles plus tôt (1 000 tr/min de moins dans les deux cas), rendant ce V6 turbo plus souple. Ces moteurs sont liés à une boîte automatique à six rapports au fonctionnement très doux... mais pas très pressé. Côté consommation, le 2,7 litres turbo est essentiel. Il ne demande guère plus de liquide que le 3,7 tout en étant beaucoup plus agréable à vivre au quotidien.

L'habitacle est silencieux, à tel point qu'il faut regarder l'aiguille du compte-tours pour savoir si le moteur est en marche! La suspension avale trous et bosses avec compétence, mais s'avère plutôt impuissante à bien maîtriser le roulis en virage. N'oublions pas que le MKX n'est pas un poids plume. Ainsi, lors d'une accélération vive, les amortisseurs arrière semblent s'écraser, ce qui allège la partie avant. Heureusement, il y a un rouage intégral. Pour sa part, la direction n'est pas très communicative et dans le dernier exemplaire essayé, un 2,7 litres équipé de la direction adaptative optionnelle, son assistance électrique semblait mal réglée et l'on sentait très bien son action alors qu'elle tentait de recentrer le volant, même s'il était déjà centré. Bizarre comme sensation, mais pas dangereux.

Le MKX fait partie de la Lincoln qui commençait à se trouver. La Continental est ce qu'auraient toujours dû être les Lincoln. Souhaitons que lors de sa prochaine refonte, d'ici quelques années, le MKX ait droit aux mêmes égards.

Données principales

Emp. / lon. / lar. / haut.	2 849 / 4 827 / 2 188 / 1 681 mm
Coffre / réservoir	1 055 à 1 948 litres / 72 litres
Nbre coussins sécurité / ceintures	8 / 5
Suspension av. / arr.	ind., jambes force / ind., multibras
Pneus avant / arrière	P245/60R18 / P245/60R18
Poids / Capacité de remorquage	1 990 kg / 1 588 kg (3 500 lbs)

Composantes mécaniques

3.7 V6 TI

Cylindrée, alim.	V6 3,7 litres atmos.
Puissance / Couple	303 ch / 278 lb·pi
Tr. base (opt) / Rouage base (opt)	A6 / Int
0-100 / 80-120 / V. max	n.d. / n.d. / n.d.
100-0 km/h	n.d.
Type / ville / route / CO_2	Ord / 14,4 / 10,3 / 5 775 kg/an

2.7 V6 TI

Cylindrée, alim.	V6 2,7 litres turbo
Puissance / Couple	335 ch / 380 lb·pi
Tr. base (opt) / Rouage base (opt)	A6 / Int
0-100 / 80-120 / V. max	6,9 s / 4,3 s / n.d.
100-0 km/h	42,8 m
Type / ville / route / CO_2	Sup / 14,1 / 9,7 / 5 575 kg/an

> « LE MKX EST NETTEMENT PLUS **À L'AISE** SUR LES **BELLES AUTOROUTES** MENANT EN **FLORIDE** QUE SUR LES PETITES ROUTES SECONDAIRES DE L'ESTRIE. »

DU NOUVEAU EN 2018

Aucun changement majeur au moment de mettre sous presse.

Photos : Lincoln

Pour voir la liste complète des informations techniques, veuillez vous référer à la section statistiques.

LINCOLN | 455

LINCOLN **MKZ**

((SiriusXM))

Prix : 42 000 $ à 50 500 $ (2017)
Catégorie : Berline
Garanties :
4 ans/80 000 km, 6 ans/110 000 km
Transport et prép. : 2 000 $
Ventes QC 2016 : 232 unités
Ventes CAN 2016 : 1 120 unités
Assemblage : Hermosillo MX

Fiabilité	Appréciation générale
■■■■■□□□□□	■■■■■■□□□□
Sécurité	Agrément de conduite
■■■■■■■□□□	■■■■■□□□□□
Consommation	Système multimédia
■■■□□□□□□□	■■■■■■□□□□

Cote d'assurance

$ $ $ $

Connectivité multimédia

Android Auto   Apple CarPlay

➕ Style enfin moderne • Performances très correctes (V6) • Économie d'essence notable (hybride) • Rouage intégral de série (sauf hybride) • Voiture très confortable

➖ Crise identitaire pas encore terminée • Conduite sans âme • Certaines versions très chères • Pas de rouage intégral pour l'hybride • Voiture trop lourde

Concurrents

Acura TLX, Kia Cadenza, Lexus ES, Volvo S60

À la recherche du temps perdu

Daniel Melançon / Alain Morin

Ce n'est pas d'hier que Lincoln tente de rivaliser avec les géants de l'industrie et les efforts déployés n'ont pas manqué au fil des ans. Pourtant, les résultats n'ont pas été toujours probants. La plus récente version de la MKZ permettra-t-elle à la marque de luxe de Ford d'enfin se démarquer ?

Tout d'abord, il convient de rappeler qu'après des années de vains essais, Lincoln ne tente plus de battre les pinacles de dynamisme que sont les Mercedes-Benz, BMW et Audi. Durant ce temps, elle a perdu son identité. Avant de régler un problème, il faut d'abord le reconnaître. Et c'est ce qu'a fait Lincoln avec la MKZ. La nouvelle Continental et le Navigator profitent de ce renouveau et, comme la MKZ, s'adressent désormais aux acheteurs de Buick, d'Acura ou de Lexus.

ARRÊTER À MI-CHEMIN

L'an dernier, Ford a donné un bon coup de barre en apportant moult modifications à sa MKZ. Tout d'abord, les designers ont entièrement revu la partie avant, éliminant enfin l'affreuse grille qui ressemblait « au filtre à plancton d'une baleine », dixit notre collègue Marc-André Gauthier dans le *Guide 2017*. L'ensemble est maintenant beaucoup plus moderne. Cependant, la partie arrière est demeurée inchangée. Allez savoir pourquoi ! Le nouveau look est réussi, mais juste à moitié...

Dans l'habitacle, plusieurs améliorations ont aussi été apportées lors du grand changement de 2017. Outre plusieurs détails de présentation, c'est surtout le retour des commandes rotatives qu'il convient de souligner. Adieu, bandes à effleurement qui faisaient sacrer à coup sûr ! Souhaitons que l'ensemble de la planète automobile abandonne ces abominations qui obligent le conducteur à toujours quitter la route des yeux.

Quand vient le temps de magasiner une MKZ, il faut faire ses devoirs quant au choix des différentes motorisations proposées. L'offre commence avec un quatre cylindres 2,0 litres turbo (2,0T) développant 245 chevaux.

Les performances de ce moteur sont satisfaisantes pour quiconque n'a pas de grandes attentes dynamiques. Si l'on n'est pas trop vilain avec l'accélérateur, il est possible de s'en tirer sous les 10 litres/100 km. Le moteur optionnel est nettement plus déluré. Il s'agit d'un V6 de 3,0 litres biturbo (3,0T) déballant 400 chevaux et autant de couple. Et là, ça avance! Mais en engloutissant facilement un ou deux litres de plus tous les cent kilomètres.

Ces deux moteurs sont séparés du rouage intégral par une boîte de vitesses à six rapports. Cette boîte est à l'image de Lincoln, effacée. Elle fait parfaitement son boulot et il est possible de manier les rapports soi-même, même si l'ordinateur n'hésite pas à reprendre les choses en main quand ça lui chante. Aussi, comme mentionné, le rouage intégral arrive de série, ce qui est une excellente chose, compte tenu de notre climat.

SPORTIVE DE SALON

La MKZ propose d'ailleurs, en option, trois modes de conduite, ce qui permet au conducteur de sélectionner les fonctions CONFORT, NORMAL ou SPORT. Dans ce dernier mode, la boîte automatique pousse les révolutions du moteur un peu plus vers la ligne rouge. Mais sans la brutalité, ni la symphonie qui l'accompagne, du V8 surcompressé de la Shelby GT350 poussé à ses limites. La suspension et le volant deviennent en outre un peu plus rigides, ce qui améliore les sensations sur la route. Encore une fois, toute comparaison avec la GT350 est superflue... On aura compris que la conduite d'une MKZ ne procure pas de véritable émotion. La MKZ se décline aussi en version hybride, fort intéressante. Son quatre cylindres 2,0 litres de 141 chevaux est marié à un moteur électrique de 118 chevaux. Ensemble, ils totalisent 188 chevaux. Rien pour arracher le bitume quand le feu passe au vert mais, justement parce que cet ensemble est vert, il n'y a pas de quoi voir rouge. La batterie lithium-ion de 1,4kWh permet au moteur électrique d'assister le moteur à essence, sans plus. Cette MKZ Hybrid est... un hybride, donc sans aucune autonomie électrique. Cependant, alors que les autres MKZ lèvent facilement le coude (pour autant qu'une voiture ait un coude!), celle-ci autorise une consommation très retenue.

La Lincoln MKZ a beau représenter le premier (et intéressant) jalon de la nième renaissance de Lincoln, elle n'a toujours pas atteint le niveau de ses nouvelles concurrentes, ne serait-ce qu'au chapitre de l'identité. Buick, par exemple, ne l'a pas eu facile depuis vingt ans, mais elle a su conserver son public. Pendant ce temps, Lincoln tirait sur tout et ratait ses cibles. Il reste encore à la marque de luxe de Ford beaucoup de chemin à faire...

Données principales	
Emp. / lon. / lar. / haut.	2 850 / 4 925 / 1864 / 1476 mm
Coffre / réservoir	436 litres / 66 litres
Nbre coussins sécurité / ceintures	8 / 5
Suspension av. / arr.	ind., jambes force / ind., multibras
Pneus avant / arrière	P245/45R18 / P245/45R18
Poids / Capacité de remorquage	1 819 kg / non recommandé

Composantes mécaniques	
HYBRIDE	
Cylindrée, alim.	4L 2,0 litres atmos.
Puissance / Couple	141 ch / 129 lb-pi
Tr. base (opt) / Rouage base (opt)	CVT / Tr
0-100 / 80-120 / V. max	9,0 s / 6,5 s / n.d.
100-0 km/h	42,3 m
Type / ville / route / CO_2	Ord / 5,7 / 6,2 / 2 726 kg/an
Consommation combinée	n.d.
MOTEUR ÉLECTRIQUE	
Puissance / Couple	118 ch (87 kW) / 177 lb-pi
Type de batterie	Lithium-ion (Li-ion)
Énergie	1,4 kWh
Temps de charge (120V / 240V)	n.d. / n.d.
Autonomie	n.d.
2.0 GTDI TI	
Cylindrée, alim.	4L 2,0 litres turbo
Puissance / Couple	245 ch / 275 lb-pi
Tr. base (opt) / Rouage base (opt)	A6 / Int
0-100 / 80-120 / V. max	n.d. / n.d. / n.d.
100-0 km/h	n.d.
Type / ville / route / CO_2	Ord / 11,8 / 8,4 / 4 724 kg/an
3.0 GTDI TI	
Cylindrée, alim.	V6 3,0 litres turbo
Puissance / Couple	400 ch / 400 lb-pi
Tr. base (opt) / Rouage base (opt)	A6 / Int
0-100 / 80-120 / V. max	n.d. / n.d. / n.d.
100-0 km/h	n.d.
Type / ville / route / CO_2	Ord / 14,0 / 9,2 / 5 446 kg/an

DU NOUVEAU EN 2018

Aucun changement majeur au moment de mettre sous presse.

Pour voir la liste complète des informations techniques, veuillez vous référer à la section statistiques.

LINCOLN | 457

LOTUS **EVORA 400**

72% COTE DU GUIDE

Prix: 135 000 $ à 137 000 $ (estimé)
Catégorie: Coupé
Garanties:
3 ans/60 000 km, 3 ans/60 000 km
Transport et prép.: n.d.
Ventes QC 2016: n.d.
Ventes CAN 2016: n.d.
Assemblage: Hethel GB

Fiabilité
n.d.

Appréciation générale
■■■■■■■□□□

Sécurité
■■■■■■■□□□

Agrément de conduite
■■■■■■■□□□

Consommation
■■■■■■□□□□

Système multimédia
■■■■■■□□□□

Cote d'assurance

n.d.

Connectivité multimédia

Android Auto

Apple CarPlay

+ Style racé et unique • Exclusivité assurée • Habitacle étonnamment luxueux • Performances et comportement de haut niveau • Direction sublime

− Réseau de concessionnaires limité (un seul au Québec) • Pas de repose-pied • Coûts d'achat et d'entretien terrifiants • Visibilité arrière pourrie • Sonorité du moteur décevante (Evora S)

Concurrents

Alfa Romeo 4C, Audi TT, Jaguar F-TYPE, Lexus RC, Porsche 718 Cayman

Enfin, un avenir !

Alain Morin

Lotus, un très petit constructeur, a remporté 81 victoires en formule un et a raflé sept titres de champion du monde des constructeurs. En dépit de cette impressionnante feuille de route, durant les années 80, Lotus survivait de peine et de misère avant d'être acheté, en 1996, par le constructeur automobile malaisien Proton. Malgré ce rachat, l'avenir de Lotus semblait constamment menacé. Du moins jusqu'en mai 2017, alors que le géant chinois Geely s'est porté acquéreur de la petite marque d'Ethel dans le Norfolk en Angleterre. Si Geely donne à cette marque autant de moyens qu'elle a donnés à Volvo (qu'elle a achetée en 2010), l'avenir sera radieux !

Colin Chapman, le créateur de Lotus, disait : « Ajouter de la puissance vous fera aller plus vite en ligne droite. Enlever du poids vous fera aller plus vite partout ! » Sauf qu'il le disait en anglais. Et sans doute avec un fort accent britannique. Toujours est-il que faire léger pèse lourd sur les finances. En 2014, Ford avait créé le concept Fusion Lightweight. En utilisant des matériaux à la fine pointe de la technologie et reconnus pour leur légèreté (aluminium, magnésium et fibre de carbone, entre autres), Ford avait réussi à retrancher plus de 800 livres (363 kilos) à une Fusion ordinaire. Le prix de cette voiture n'a jamais été divulgué, mais on peut facilement l'évaluer au-delà de 100 000 $. Un exemple parmi tant d'autres, le cadre d'un siège en fibre de carbone coûtait entre 53 et 73 $ tandis que le même cadre en métal ordinaire en coûtait 12 $!

SURVIVRE AUX COÛTS DE PRODUCTION

Si Ford ne peut pas amortir un tel coût avec une production de plusieurs dizaines de milliers d'unités, comment un petit constructeur comme Lotus, qui prône la légèreté, peut-il rivaliser avec une production de moins de 1 000 unités par année ?

L'Evora 400, qui sera enfin disponible cet automne au Canada, devrait se détailler environ 135 000 $. Une Porsche Cayman S, disposant de 50 chevaux de moins faut-il préciser, coûte au bas mot 55 000 $ de moins. Toutefois, les deux biplaces s'adressent à un public différent. La Lotus s'adresse aux puristes qui sont prêts à sacrifier leur colonne vertébrale pour deux minutes de plaisir intense alors que l'acheteur d'une Porsche est plus du genre à analyser la valeur de revente, la fiabilité et le réseau de concessionnaires. La plus proche rivale à la Lotus Evora 400 est sans aucun doute la très rustre Alfa Romeo 4C, beaucoup moins chère cependant.

Promise depuis deux ans au moins, l'Evora 400 garantit toute une *ride* aux bienheureux qui la piloteront. Déjà que l'Evora S avec ses 345 chevaux était la fougue incarnée, la version 400, dotée d'un moteur de 400 chevaux, d'où l'appellation, ne devrait laisser personne indifférent ! Elle sera propulsée, comme l'Evora, par un V6 3,5 litres d'origine Toyota (désolé pour aussi peu de noblesse) auquel un surcompresseur a été ajouté.

Deux boîtes seront offertes, une manuelle et une automatique. Même si cette dernière ne semble pas à sa place dans une voiture de course, elle s'avère très compétente, du moins dans une Evora S. Quant à la manuelle, rarement ai-je manipulé une boîte mécanique aussi généreuse de sensations. On a juste envie de changer les rapports douze fois par minute comme dans *Fast and Furious* ! Et ce, malgré le manque occasionnel de précision du levier.

CHÂSSIS ISSU DE L'AÉRONAUTIQUE

Le châssis en aluminium est collé à l'époxy et riveté, et fait preuve d'une solidité à toute épreuve. Diablement agile et bénéficiant d'un comportement parfaitement équilibré, cette Anglaise semble soudée à la route. Il ne manque qu'un bon repose-pied à gauche du pédalier, une omission rendue obligatoire à cause de la forme du châssis. La direction est un modèle de précision et de sensations tactiles et le freinage est très puissant.

L'habitacle spartiate de l'Evora 400 est infiniment plus luxueux que celui d'une Alfa Romeo 4C. On y retrouve d'excellents sièges, un système multimédia relativement simple à comprendre et le climatiseur, entre autres. Notons que les sièges arrière sont si mal foutus qu'ils ne seront utilisés que pour accueillir un ou deux sacs d'épicerie. De préférence vides.

Nous aurions aimé vous dire que l'Evora 400, le seul modèle vendu chez nous (exception des Elise et Exige de course), sauvera Lotus de la débandade totale. Mais ce ne serait pas vrai. Ce qui sauvera Lotus, c'est son nouveau propriétaire, Geely. Pour la première fois depuis longtemps, on doit sourire dans les bureaux d'Ethel, en Angleterre !

LOTUS EVORA 400

Données principales

Emp. / lon. / lar. / haut.	2 575 / 4 394 / 1 978 / 1 229 mm
Coffre / réservoir	160 litres / 60 litres
Nbre coussins sécurité / ceintures	2 / 4
Suspension av. / arr.	ind., leviers triangulés / ind., leviers triangulés
Pneus avant / arrière	P235/35R19 / P285/30R20
Poids / Capacité de remorquage	1 422 kg / n.d.

Composantes mécaniques

400	
Cylindrée, alim.	V6 3,5 litres surcomp.
Puissance / Couple	400 ch / 302 lb-pi
Tr. base (opt) / Rouage base (opt)	M6 (A6) / Prop
0-100 / 80-120 / V. max	4,2 s (const) / n.d. / 300 km/h (const)
100-0 km/h	n.d.
Type / ville / route / CO_2	Sup / 13,6 / 7,3 / 4 952 (est) kg/an

« LA LOTUS S'ADRESSE AUX PURISTES QUI SONT PRÊTS À SACRIFIER LEUR COLONNE VERTÉBRALE POUR DEUX MINUTES DE PLAISIR INTENSE. »

DU NOUVEAU EN 2018

Evora 400 offerte à partir de l'automne 2017.

Photos : Lotus

Pour voir la liste complète des informations techniques, veuillez vous référer à la section statistiques.

LOTUS | **459**

MASERATI **GHIBLI**

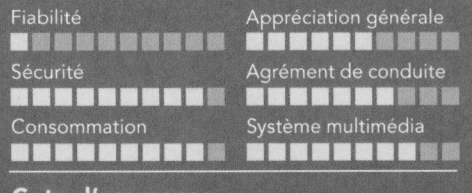

Prix : 84 950 $ à 93 950 $ (2017)
Catégorie : Berline
Garanties :
4 ans/80 000 km, 4 ans/80 000 km
Transport et prép. : 4 595 $
Ventes QC 2016 : 70 unités
Ventes CAN 2016 : 318 unités
Assemblage : Turin IT

Fiabilité
■■■■■□□□□□

Appréciation générale
■■■■■■□□□□

Sécurité
■■■■■■■■□□

Agrément de conduite
■■■■■■■□□□

Consommation
■■■■■■□□□□

Système multimédia
■■■■■■■□□□

Cote d'assurance

$ $ $ $

Connectivité multimédia

Android Auto

Apple CarPlay

➕ Comportement routier agréable sur bonne chaussée • Lignes intemporelles Puissance adéquate (S Q4) • Exclusivité assurée • Grand coffre

➖ Comportement routier décevant sur route dégradée • Qualité d'assemblage pauvre • Plusieurs boutons bas de gamme • Rapport prix/équipement très déficitaire • Fiabilité douteuse

Concurrents
Audi A6, BMW Série 5, Jaguar XF, Mercedes-Benz Classe E

Heureusement, il y a la nostalgie...

Alain Morin

I l y a deux ans, la vie m'a donné le privilège d'écrire un livre sur les cinquante premières années du *Guide de l'auto*. Ces quelques mois, parmi toutes les éditions du *Guide* et en communication quasi constante avec le fondateur, Jacques Duval, ont réveillé en moi des centaines de souvenirs alors que, tout jeune, je m'imprégnais de chaque mot de ce petit livre « de chars ».

Revisiter l'édition 1969 du *Guide de l'auto* a été particulièrement émouvant pour moi qui, à l'époque, avais tripé sur l'essai de la Maserati Ghibli. Presque 50 ans plus tard, Jacques Duval me remettait les photos originales de cet essai pour que je les incorpore au livre *50 ans de passion*.

J'AURAIS DÛ REFUSER...
Inutile de vous dire que lorsque l'on m'a offert de conduire la plus récente Maserati Ghibli, je n'ai pas refusé !

Admettons que le charme est intact. Il s'agit d'une question éminemment personnelle, mais le style de la Ghibli est bourré de caractère. De caractère italien, ce qui nous amène à des lieux de la froideur allemande.

Dans l'habitacle, ça se gâte un peu. Beaucoup même. Tout d'abord, malgré de belles touches de luxe et des matériaux de bonne qualité, les initiés détecteront immédiatement un air de déjà-vu... De déjà-vu chez FCA. Les différents boutons et commandes sont les mêmes que dans une vulgaire Dodge Charger. Même la clé et l'écran central proviennent de la prolétaire américaine. Mais il ne faut pas virer fou non plus. L'important, c'est que ces boutons fonctionnent et c'est le cas ici. L'écran tactile de 8,4 pouces recèle l'un des systèmes multimédia les plus conviviaux qui existe, le Uconnect.

Ce n'est toutefois pas suffisant pour excuser une construction lâche, facilement détectable aux nombreux bruits de caisse qui envahissent l'habitacle et l'absence de plusieurs équipements dont sont dotées des voitures pourtant bien moins chères et prestigieuses. Pas de volant chauffant dans un véhicule qui vaut, au bas mot 85 000 $, c'est plutôt dur à avaler...

PLUS DE 400 CHEVAUX

Suprêmement déçu, on appuie sur le bouton de départ. Et la magie refait surface ! Précisons tout de go que la Ghibli peut recevoir un de deux moteurs. Celui du modèle de base est un V6 3,0 litres biturbo développant 345 chevaux et un couple de 369 livres-pied. Il procure à la voiture des accélérations correctes, mais pas aussi excitantes que l'on serait porté à le croire. Après tout, la Ghibli de base pèse quand même plus de 1 800 kilos. Une boîte automatique à huit rapports expédie la cavalerie aux roues arrière.

L'autre moteur (en fait c'est le même 3,0 litres double turbo) est plus populaire et libère dans les 404 chevaux, ce qui ajoute au plaisir de conduire... et à la facture à l'achat. Baptisée S Q4, cette Ghibli fait preuve d'un caractère plus bouillant qui sied mieux à ses origines et à son physique. En pleine accélération, le V6 s'exprime avec volupté, surtout si l'on a pris la peine d'activer le mode Sport. Comme on peut s'en douter, le chiffre 4 qui orne le coffre signifie que le rouage est intégral.

Sur la route, l'on doit composer avec deux Ghibli. Son comportement routier sur une autoroute ou sur une route en parfait état est difficile à prendre en défaut. La tenue de route est solide, la tenue de cap parfaite et le confort n'est jamais altéré, peu importe la vélocité. Le contrôle de la traction n'intervient pas abusivement et aide à garder la voiture dans la bonne voie, pas à diluer le plaisir comme c'est trop souvent le cas. Ne pensez toutefois pas avoir affaire à une sportive à la Ferrari. Que nenni ! La Ghibli est davantage une GT qui apprécie bien plus les autoroutes que les circuits. Ou les routes en mauvais état... Parce que sur une route secondaire en mauvais état, et Dieu sait que l'on en a quelques-unes au Québec, on a plutôt affaire au côté indiscipliné de la Ghibli. Les craquements dans l'habitacle se font plus présents, la suspension est quelquefois trop dure et les bosses sont bien ressenties à travers la direction. Le châssis est en partie responsable de ce comportement fautif.

Si pour vous une voiture est davantage une relation passionnelle qu'un moyen de transport, la Ghibli pourrait fort bien vous plaire. Il vous faudra toutefois passer outre des commandes à la facture peu noble, un châssis vieillissant, un équipement peu relevé, un prix corsé et une fiabilité qu'on imagine peu reluisante.

La Maserati Ghibli actuelle n'a rien à voir avec le coupé qui avait fait le bonheur de Duval, et le mien, en 1969. Elle est devenue une berline balourde qui peut faire preuve de belles manières si la route s'y prête. Heureusement, j'ai la nostalgie facile. Et je me dis qu'un jour, la vie me permettra de faire l'essai de la vraie Ghibli, celle des années 60.

Données principales

Emp. / lon. / lar. / haut.	2 998 / 4 971 / 1 945 / 1 461 mm
Coffre / réservoir	500 litres / 80 litres
Nbre coussins sécurité / ceintures	7 / 5
Suspension av. / arr.	ind., double triangulation / ind., multibras
Pneus avant / arrière	P245/45R19 / P275/40R19
Poids / Capacité de remorquage	1870 kg / n.d.

Composantes mécaniques

BASE

Cylindrée, alim.	V6 3,0 litres turbo
Puissance / Couple	345 ch / 369 lb-pi
Tr. base (opt) / Rouage base (opt)	A8 / Prop
0-100 / 80-120 / V. max	5,6 s (const) / n.d. / 267 km/h (const)
100-0 km/h	36,0 m (const)
Type / ville / route / CO_2	Sup / 14,1 / 9,8 / 5720 kg/an

S Q4

Cylindrée, alim.	V6 3,0 litres turbo
Puissance / Couple	404 ch / 406 lb-pi
Tr. base (opt) / Rouage base (opt)	A8 / Int
0-100 / 80-120 / V. max	5,7 s / 3,4 s / 284 km/h (const)
100-0 km/h	38,6 m
Type / ville / route / CO_2	Sup / 14,7 / 9,9 / 5 900 kg/an

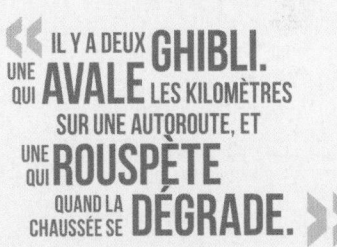

« IL Y A DEUX **GHIBLI.** UNE QUI **AVALE** LES KILOMÈTRES SUR UNE AUTOROUTE, ET UNE QUI **ROUSPÈTE** QUAND LA CHAUSSÉE SE **DÉGRADE.** »

DU NOUVEAU EN 2018

Aucun changement majeur au moment de mettre sous presse. Groupes d'options Luxury et Sport ajoutés au cours de 2017.

Photos : Maserati

Pour voir la liste complète des informations techniques, veuillez vous référer à la section statistiques.

MASERATI | 461

MASERATI GHIBLI

MASERATI **GRANTURISMO** | **63**% COTE DU GUIDE

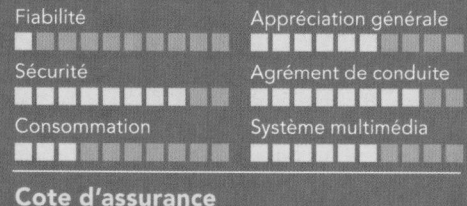

Prix : 152 600 $ à 184 900 $ (2017)
Catégorie : Cabriolet, Coupé
Garanties :
4 ans/80 000 km, 4 ans/80 000 km
Transport et prép. : 4 595 $
Ventes QC 2016 : 17 unités
Ventes CAN 2016 : 69 unités
Assemblage : Modène IT

Fiabilité	Appréciation générale
■■■■□□□□□□	■■■■■■■□□□
Sécurité	Agrément de conduite
■■■■■■■□□□	■■■■■■■□□□
Consommation	Système multimédia
■■■□□□□□□□	■■■■■□□□□□

Cote d'assurance

n.d.

Connectivité multimédia

Android Auto   Apple CarPlay

+ Voiture «émotive» • Style revu et corrigé • Matériaux de très haute qualité • Sonorité du V8 absolument exquise • Assez exclusif, merci

− Moteur qui manque de souplesse • Coûts d'entretien grotesques • Systèmes de sécurité dépassés • Poids très élevé • Consommation de cinq Prius

Concurrents

Aston Martin Vantage, Audi R8, BMW Série 6, Ferrari 488, Jaguar F-TYPE, Mercedes-AMG GT, Porsche 911

Enfin arrivée en 2018 !

Alain Morin

Dans les catégories les plus populaires, pour ne pas dire les plus populistes, la durée de vie d'un modèle ne dépasse guère les cinq ou six ans. À sept ans, on parle de gérontologie automobile. Les catégories moins fréquentées par le public, comme celle des voitures de prestige, demandent moins de nouveautés et laissent le temps aux designers de peaufiner une ligne ici, un accessoire là, d'ajouter un élément esthétique, de créer une version spéciale de temps à autre pour raviver la flamme.

Il n'est donc pas surprenant de constater que la Maserati GranTurismo souffle ses onze chandelles cette année. Entre la version 2007 et la 2018, les moteurs, développés conjointement par Maserati et Ferrari et assemblés par cette dernière, ont gagné en cylindrée ainsi qu'en puissance. Le style de la GranTurismo allie délicatesse, fougue et noblesse, bref, ce à quoi l'on s'attend d'une italienne haut de gamme. Même les petites ouvertures à la Buick n'ont pas l'air quétaines !

Maserati offre aussi une version cabriolet de sa GranTurismo, baptisée... Convertible. En Europe, elle s'appelle GranCabrio, un nom un peu plus original et, surtout, plus classique. Selon mon humble avis, elle est moins jolie que le coupé, lui qui profite d'une superbe ligne de toit. Toutefois, je n'aurai pas beaucoup d'arguments pour vous convaincre si vous affirmez le contraire !

RETOUR VERS LE PASSÉ
Cette année, la partie avant a été redessinée et le résultat est probant. Sans qu'il n'en coûte cher à Maserati, la GranTurismo vient de rajeunir de quelques années ! La partie arrière a aussi été revue mais plus subtilement.

S'il est un domaine où la GranTurismo affichait un retard inadmissible, c'est sur le plan de la technologie. Cette année, la firme italienne met sa voiture à la page en la dotant d'un écran de 8,4 pouces (à haute résolution précise le communiqué de presse) et le système multimédia incorpore les désormais incontournables Apple CarPlay et Android Auto. Si ces technologies sont tout à fait normales dans une Chevrolet de moins de 20 000 $, c'est un pas de géant pour Maserati... Pas un mot par contre sur les différents systèmes de sécurité qui, selon nous, ne changeront pas cette année. Ces systèmes se résument au MSP (Maserati Stability Program) qui fait interagir le système de contrôle de la traction, les freins antiblocage et l'assistance au freinage. Bref, notre Chevrolet de moins de 20 000 $ n'a rien à craindre à ce chapitre.

L'habitacle est toujours tendu de cuirs d'une absolue finesse et d'Alcantara (je parle de l'habitacle de la GranTurismo, pas de celui de la Chevrolet). Les boiseries ne sont pas du toc et les quelques plastiques ne font pas bon marché. Les sièges sont aussi confortables qu'agréables à regarder. À l'arrière, c'est moins évident. Devant le conducteur se trouvent deux gros cadrans, difficiles à manquer, tout comme l'énorme pédalier en aluminium.

La véritable aventure commence quand on appuie sur le bouton de démarrage et que le rugissement du V8 envahit les tympans, particulièrement dans un stationnement souterrain. Quelle enivrante mélodie ! Ce moteur est un V8 4,7 litres développant 444, 454 ou 460 chevaux, selon la version. Bien que ce moteur date de plusieurs années, il est toujours aussi beau et, surtout, performant.

Certes, de nos jours, un 0-100 km/h en 4,7 secondes n'a plus rien d'extraordinaire, mais quand on sait que la GranTurismo chatouille les 2 000 kilos, ceci explique cela. La boîte de vitesses compte six rapports et n'est pas dotée d'un double embrayage, encore une preuve que cette voiture n'est plus une prime jeunesse. Le moteur n'est vraiment à l'aise que lorsque l'aiguille du compte-tours dépasse les 7 000 tr/min, ce qui peut rapidement devenir déplaisant en ville. Heureusement, le hurlement de ce V8 compense allègrement.

UNE GT DANS LE PLUS PUR SENS DU TERME

Les initiales de la GranTurismo sont GT. Et une GT n'est pas une voiture de course. Une GT, c'est une voiture très puissante, très confortable, capable d'avaler les kilomètres à fond de train pendant des heures. Au Québec, pour des raisons techniques, ce concept est inconnu... En conduite sportive, la belle italienne est trop lourde, ce qui affecte sa tenue de route et son freinage. Oui, la livrée MC est plus sportive, mais pas au point de rivaliser avec une Audi R8 ou une Jaguar F-TYPE SVR.

Au dernier Salon de Genève, Maserati a dévoilé une GranTurismo Special Edition, commémorant le soixantième anniversaire de la 3500 GT, la première GT de la marque. D'un autre côté, depuis déjà quelques années, on parle d'une remplaçante, basée sur la Quattroporte, renouvelée en 2014. Or, les changements apportés cette année pourraient bien reculer cette future cuvée de quelques années.

Données principales

Emp. / lon. / lar. / haut.	**Cabriolet** - 2 942 / 4 933 / 2 056 / 1 343 mm
	Coupé - 2 942 / 4 933 / 2 056 / 1 343 mm
Coffre / réservoir	**Cabriolet** - 173 litres / 72 litres
	Coupé - 173 litres / 72 litres
Nbre coussins sécurité / ceintures	6 / 4
Suspension av. / arr.	ind., bras inégaux / ind., bras inégaux
Pneus avant / arrière	P245/35ZR20 / P285/35ZR20
Poids / Capacité de remorquage	**Cabriolet** - 1980 kg / n.d.
	Coupé - 1973 kg / n.d.

Composantes mécaniques

CONVERTIBLE

Cylindrée, alim.	V8 4,7 litres atmos.
Puissance / Couple	444 ch / 376 lb-pi
Tr. base (opt) / Rouage base (opt)	A6 / Prop
0-100 / 80-120 / V. max	5,2 s (const) / n.d. / 283 km/h (const)
100-0 km/h	n.d.
Type / ville / route / CO_2	Sup / 18,5 / 12,2 / 7206 (est) kg/an

CONVERTIBLE MC, CONVERTIBLE SPORT, MC, SPORT

Cylindrée, alim.	V8 4,7 litres atmos.
Puissance / Couple	454 ch / 384 lb-pi
Tr. base (opt) / Rouage base (opt)	A6 / Prop
0-100 / 80-120 / V. max	4,7 s (const) / n.d. / 298 km/h (const)
100-0 km/h	n.d.
Type / ville / route / CO_2	Sup / 17,0 / 11,9 / 6764 (est) kg/an

> LE STYLE DE LA GRANTURISMO ALLIE **DÉLICATESSE, FOUGUE ET NOBLESSE**, BREF, CE À QUOI ON S'ATTEND D'UNE ITALIENNE **HAUT DE GAMME.**

DU NOUVEAU EN 2018

Édition spéciale construite à 400 exemplaires. Parties avant et arrière redessinées. Nouvel écran de 8,4 pouces et ajout d'Android et Apple CarPlay.

Photos : Maserati

MODÈLE 2017

MODÈLE 2017

Pour voir la liste complète des informations techniques, veuillez vous référer à la section statistiques.

MASERATI **LEVANTE**

70 % COTE DU GUIDE

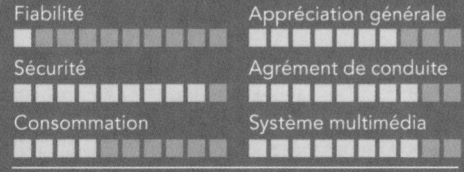

Prix : 88 900 $ à 98 600 $ (2017)
Catégorie : VUS
Garanties :
4 ans/80 000 km, 4 ans/80 000 km
Transport et prép. : 4 595 $
Ventes QC 2016 : 40 unités
Ventes CAN 2016 : 187 unités
Assemblage : Turin IT

Fiabilité	Appréciation générale
■■■■■■□□□□	■■■■■■□□□□
Sécurité	**Agrément de conduite**
■■■■■■■□□□	■■■■■■■□□□
Consommation	**Système multimédia**
■■■■□□□□□□	■■■■■■■□□□

Cote d'assurance

n.d.

Connectivité multimédia

Android Auto

Apple CarPlay

+ Puissance et sonorité de moteur •
Style agressif • Habitacle somptueux •
Exclusivité, — pour l'instant • Capacités
hors route

− Prix élevé • Fiabilité à prouver •
Levier de vitesses mal conçu • Visibilité
vers l'arrière limitée • Capacité de
chargement sous la moyenne

Concurrents

BMW X6, Infiniti QX70,
Land Rover Range Rover Sport,
Mercedes-Benz GLE, Porsche Cayenne

Fruit mûr

Michel Deslauriers

Vous possédez une marque de luxe et cherchez à accroître vos ventes ? Une partie de votre gamme de voitures vieillit et vous n'avez pas assez de cash flow pour les redessiner ? Vous cherchez par tous les moyens à augmenter l'achalandage dans vos salles d'exposition ? Ne vous cassez plus la tête et commercialisez un VUS !

Oui, un véhicule utilitaire, ou un multisegment puisqu'il sera conçu sur la plate-forme d'une voiture existante. Voilà, c'est la solution rapide et efficace pour renflouer vos comptes bancaires. En empruntant la mécanique desdites voitures, vous économisez encore plus d'argent et vous augmenterez facilement votre marge de profit.

Prenez Maserati par exemple. L'arrivée du Levante, un VUS de taille intermédiaire basé sur l'architecture de la berline Ghibli, et qui concurrence les BMW X5 et X6, Mercedes-Benz GLE, Porsche Cayenne et Range Rover Sport, se vend presque trois fois plus que tous les autres modèles du constructeur. Combinés.

Le Levante propose donc les performances et le luxe d'une Maserati, mais avec le style et les capacités hors route d'un VUS. Car oui, on peut quitter les sentiers battus à son bord, du moins, pour se rendre au chalet.

V6 OU V6. OU V8 ?

La version de base est équipée d'un V6 biturbo de 3,0 litres qui développe 345 chevaux, une puissance somme toute très respectable qui procure un temps d'accélération de 0 à 100 km/h sous les six secondes. Trop lent, vous dites ? Optez alors pour le Levante S et ses 424 chevaux, issus du même moteur, mais modifié, qui réduit le 0-100 km/h d'une seconde ou presque. Ce V6, en passant, a été conçu par Maserati et est construit par Ferrari. Dans les deux cas, ces chevaux sont acheminés aux quatre roues par l'entremise de la transmission intégrale Q4 et d'une boîte automatique à huit rapports.

Nous avons essayé le Levante S, et c'est toute une machine. Les accélérations sont féroces, accompagnées d'une sonorité tout à fait enivrante. En effet, en activant le mode Sport, on entend le rugissement du V6 sous le capot, un cri profond et guttural surtout canalisé le long du système d'échappement. En appuyant à nouveau sur le bouton Sport, on raffermit la suspension. Lorsqu'activé, le mode Hors route étire la suspension du Levante de 25 millimètres pour augmenter la garde au sol, et le conducteur peut même la relever de 15 mm supplémentaires au besoin. À l'inverse, sur l'autoroute, les amortisseurs s'écrasent de 20 à 35 mm.

Au moment de mettre sous presse, pas de confirmation à savoir si le Levante adoptera le V8 biturbo de 3,8 litres de la Quattroporte GTS. Les 523 chevaux de ce dernier permettraient au VUS de Maserati de se frotter aux Cayenne Turbo et Mercedes-AMG GLE 63 S, entre autres.

JOLI TRAVAIL, ERMENEGILDO

Dans le Levante, on s'émerveille devant le sublime agencement de cuir riche — avec un choix de trois couleurs — et de garnitures en bois, en aluminium ou en fibre de carbone. Que ce soit avec les sièges de série ou les sièges sport optionnels, on bénéficie d'un réglage électrique à douze positions à l'avant. La banquette arrière comprend des dossiers divisibles 60/40, qui se rabattent pour créer un plancher de chargement parfaitement plat. Les dossiers relevés, la capacité du coffre est évaluée à 550 litres seulement, le volume d'un VUS compact, et non intermédiaire.

Côté connectivité, le Levante est équipé du Maserati Touch Control, un clone du système Uconnect de FCA. Donc, un écran réactif de 8,4 pouces et une disposition des menus très conviviale, surtout en conduisant. Une molette sur la console peut servir à utiliser le système, mais son intégration est perfectible. Vaut mieux utiliser l'écran tactile.

Toutefois, on note deux irritants majeurs pour le conducteur. Le levier de vitesses à bascule est mal conçu, et il faut constamment s'assurer que la position « P » est bien engagée avant de relâcher le frein. Et les palettes de changement de rapport sont tellement grosses qu'on les frôle toujours en s'étirant les doigts pour activer les clignotants ou les boutons du système audio situés derrière le volant.

En somme, le Levante est un nouveau joueur sur le marché et procurera une certaine exclusivité vis-à-vis les marques allemandes. C'est un VUS performant avec du caractère, un style racé et un prix en conséquence. Grâce à lui, Maserati disposera des liquidités nécessaires pour renouveler des voitures comme la GranTurismo qui vieillit sérieusement. Il ne manque qu'à démontrer sa fiabilité.

Données principales

Emp. / lon. / lar. / haut.	3 004 / 5 003 / 1 968 / 1 679 mm
Coffre / réservoir	550 litres / 80 litres
Nbre coussins sécurité / ceintures	6 / 5
Suspension av. / arr.	ind., pneumatique, double triangulation
	ind., pneumatique, multibras
Pneus avant / arrière	P265/50R19 / P265/50R19
Poids / Capacité de remorquage	2 108 kg / 2 700 kg (5 950 lbs)

Composantes mécaniques

BASE

Cylindrée, alim.	V6 3,0 litres turbo
Puissance / Couple	345 ch / 369 lb-pi
Tr. base (opt) / Rouage base (opt)	A8 / Int
0-100 / 80-120 / V. max	6,0 s (const) / n.d. / 251 km/h (const)
100-0 km/h	36,0 m (const)
Type / ville / route / CO_2	Sup / 15,0 / 8,5 / 5 555 (est) kg/an

S

Cylindrée, alim.	V6 3,0 litres turbo
Puissance / Couple	424 ch / 428 lb-pi
Tr. base (opt) / Rouage base (opt)	A8 / Int
0-100 / 80-120 / V. max	5,7 s / 4,2 s / 264 km/h (const)
100-0 km/h	39,4 m
Type / ville / route / CO_2	Sup / 15,0 / 8,5 / 5 555 (est) kg/an

« DISPENDIEUX, MAIS PERFORMANT ET LUXUEUX, **LE LEVANTE EST UN VENT DE CHANGEMENT** DANS UN CRÉNEAU **DOMINÉ** PAR LES **MARQUES ALLEMANDES. »**

DU NOUVEAU EN 2018

Au moment de mettre sous presse, aucun changement majeur. Version GTS à moteur V8 pourrait être ajoutée à la gamme.

Photos: Maserati

Pour voir la liste complète des informations techniques, veuillez vous référer à la section statistiques.

MASERATI | **465**

MASERATI **QUATTROPORTE** | **65**% COTE DU GUIDE

Prix : 122 680 $ à 165 250 $ (2017)
Catégorie : Berline
Garanties :
4 ans/80 000 km, 4 ans/80 000 km
Transport et prép. : 4 595 $
Ventes QC 2016 : 13 unités
Ventes CAN 2016 : 108 unités
Assemblage : Turin IT

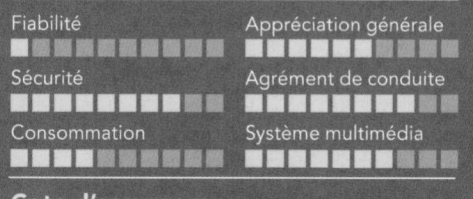

Fiabilité

Sécurité

Consommation

Appréciation générale

Agrément de conduite

Système multimédia

Cote d'assurance

$ $ $ $

Connectivité multimédia

Android auto

Apple Car Play

➕ Style amélioré • Moteurs intéressants
Exclusivité assurée • Boîte de vitesses ZF
à son meilleur • Confort et
sportivité combinés

➖ Prix élevé • Fiabilité historiquement
mauvaise • Design intérieur quelconque
Réseau de concessionnaires limité •
Manque de technologies

Concurrents
Audi A8, BMW Série 7, Jaguar XJ,
Mercedes-Benz Classe S

La personnalité avant la raison

Marc-André Gauthier

Peu de marques évoquent le prestige et les performances comme Maserati. Ce constructeur italien, aujourd'hui sous le giron de Fiat Chrysler Automobiles, tente pourtant de se démocratiser. Ainsi, pour vendre plus de voitures, donc faire davantage de profits, il offre maintenant un VUS, le Levante, et une « petite voiture accessible », la Ghibli. Toutefois, deux voitures représentent parfaitement l'ADN de Maserati. Il y a la belle GranTurismo, la GT par excellence, et la Quattroporte, une voiture qui, comme son nom l'indique, propose quatre portes.

Lors de la réintroduction de la Quattroporte en 1994, Maserati avait un but en tête : offrir une grande berline capable de transporter confortablement quatre adultes, mais avec un comportement véritablement sportif. Aujourd'hui, ce marché est saturé. Il n'y a qu'à penser à Audi, BMW et Mercedes-Benz qui offrent des versions sportives de leurs grandes voitures, ou à Lexus qui lance sa nouvelle LS, à Porsche qui continue de vendre un nombre hallucinant de Panamera, et aux marques de grand luxe qui, comme Aston Martin avec sa Rapide S, en rajoutent une couche.

N'empêche que cette Quattroporte récemment rafraîchie a toujours quelque chose de spécial là où ça compte, c'est-à-dire derrière le volant.

UN HABITACLE PAS TOUT À FAIT À LA HAUTEUR
La génération actuelle de la Quattroporte datant de 2012, elle était plus que mûre pour une mise à jour. Eh bien, nous l'avons eue l'an dernier ! Si la silhouette demeure sensiblement la même, on observe toutefois plusieurs changements ici et là, mais surtout, on remarque le devant de la Quattroporte, maintenant dominé par une grille qui semble découpée au laser, et qui rentre légèrement vers le compartiment moteur. Ces changements sont subtils et la berline de prestige continue d'arborer fièrement les signes particuliers qui en ont toujours fait une voiture unique, qui se distingue facilement de la concurrence.

Or, dans l'habitacle, nous avons affaire à une petite déception. Lors de la mise à jour de la voiture, le design de la planche de bord a changé, principalement pour intégrer un gros écran multimédia de dernière génération. L'ensemble n'est pas mal du tout, mais malheureusement, ça ne nous donne pas l'impression d'être dans une bagnole dont le prix de base dépasse 120 000 $. Parlant du système multimédia, soulignons qu'il est basé sur le Uconnect de FCA. Considéré comme l'un des meilleurs de l'industrie, il continue ici de briller de par ses commandes intuitives et complètes. Outre le design, on doit saluer la qualité d'assemblage. Réputé pour une finition aléatoire, il faut souligner que depuis quelques années, Maserati reprend du poil de la bête à ce chapitre.

MOTEURS EXCLUSIFS, FAITS PAR FERRARI

Quand le monde de l'automobile a appris que Maserati s'était associée à Chrysler, et que les bolides au légendaire trident allaient dorénavant emprunter le système Uconnect, beaucoup ont eu peur que la collaboration ne s'arrête pas là... Pour les amateurs de la marque italienne qui s'inquiètent, ne vous en faites pas, ce n'est pas demain que nous verrons un moteur HEMI dans une Maserati !

La Quattroporte est disponible en deux versions. La première, la S Q4, a sous le capot un V6 biturbo de 3,0 litres de 404 chevaux, et la deuxième, la GTS, est équipée d'un V8 biturbo de 3,8 litres développant 523 chevaux. Dans les deux cas, la voiture reçoit un rouage intégral, ce qui est une bonne chose, considérant que la GTS peut atteindre 310 km/h, tandis que la version de base roule confortablement à plus de 270 km/h.

Si l'on porte attention aux détails, on constate rapidement que la seule boîte de vitesses existante pour la Quattroporte, nonobstant le moteur, est une automatique ZF à huit rapports. L'équipementier ZF fournit aussi des boîtes de vitesses à neuf rapports à FCA et la programmation de ces boîtes laisse à désirer. Or, concernant la Quattroporte, il s'agit d'une huit rapports, beaucoup moins problématique, et c'est sans doute le travail le plus sophistiqué que ZF n'ait jamais fait. En effet, la boîte est contrôlée par un logiciel qui apprend votre façon de conduire, dans les moindres détails. Ainsi, la voiture finira par reconnaître si vous souhaitez accélérer à fond ou si vous êtes seulement en train de partir d'un arrêt. Sinon, il y a toujours les modes de conduite sélectionnables.

Maserati se fait un point d'honneur à dire que ses moteurs sont fabriqués par Ferrari, et employés uniquement dans des produits Maserati. Une chose est certaine, la sensation de conduite de la Quattroporte est digne d'une marque italienne sportive et peu de voitures s'y comparent. Un produit très dispendieux et unique conçu pour l'acheteur dont les émotions dépassent la raison !

Données principales

Emp. / lon. / lar. / haut.	3171 / 5262 / 1948 / 1481 mm
Coffre / réservoir	530 litres / 80 litres
Nbre coussins sécurité / ceintures	6 / 5
Suspension av. / arr.	ind., double triangulation / ind., multibras
Pneus avant / arrière	P245/40ZR20 / P285/35ZR20
Poids / Capacité de remorquage	1920 kg / n.d.

Composantes mécaniques

S Q4 (V6) TI

Cylindrée, alim.	V6 3,0 litres turbo
Puissance / Couple	404 ch / 406 lb-pi
Tr. base (opt) / Rouage base (opt)	A8 / Int
0-100 / 80-120 / V. max	4,9 s (const) / n.d. / 286 km/h (const)
100-0 km/h	35,0 m (const)
Type / ville / route / CO_2	Sup / 15,0 / 10,3 / 6 020 kg/an

GTS (V8)

Cylindrée, alim.	V8 3,8 litres turbo
Puissance / Couple	523 ch / 524 lb-pi
Tr. base (opt) / Rouage base (opt)	A8 / Prop
0-100 / 80-120 / V. max	4,7 s (const) / n.d. / 310 km/h (const)
100-0 km/h	34,0 m (const)
Type / ville / route / CO_2	Sup / 16,1 / 10,8 / 6 420 kg/an

> **UNE CHOSE EST CERTAINE, LA CONDUITE DE LA QUATTROPORTE EST DIGNE D'UNE MARQUE ITALIENNE SPORTIVE ; QUAND LES ÉMOTIONS DÉPASSENT LA RAISON !**

DU NOUVEAU EN 2018

Aucun changement majeur au moment de mettre sous presse.

Photos : Maserati

Pour voir la liste complète des informations techniques, veuillez vous référer à la section statistiques.

MASERATI | **467**

MAZDA **3**

85% COTE DU GUIDE

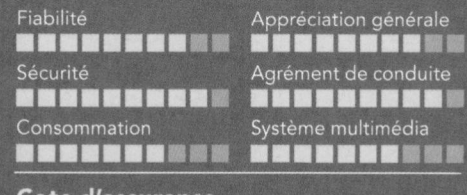

Prix: 15 900 $ à 25 000 $ (2017)
Catégorie: Berline, Hatchback
Garanties:
3 ans/illimité, 5 ans/illimité
Transport et prép.: 1 810 $
Ventes QC 2016: 9 819 unités
Ventes CAN 2016: 27 689 unités
Assemblage: Salamanca MX

Fiabilité	Appréciation générale
■■■■■■■■□□	■■■■■■■□□□
Sécurité	Agrément de conduite
■■■■■■■□□□	■■■■■■■■□□
Consommation	Système multimédia
■■■■■■■□□□	■■■■■■■□□□

Cote d'assurance

$ ▼ $ $ $

Connectivité multimédia

Aucune

➕ Dynamique relevée • Moteur
2,5 litres performant • Excellentes
boîtes de vitesses • Qualité de finition •
Design toujours actuel

➖ Insonorisation perfectible • Confort
sur mauvais revêtement • Dégagement
limité aux places arrière • Absence
des systèmes Apple CarPlay et
Android Auto

Concurrents

Chevrolet Cruze, Ford Focus, Honda Civic,
Hyundai Elantra, Kia Forte, Mitsubishi
Lancer, Nissan Sentra, Subaru Impreza,
Toyota Corolla, Volkswagen Beetle,
Volkswagen Golf, Volkswagen Jetta

Dans le collimateur

Gabriel Gélinas

La Mazda3 n'est pas la voiture la plus vendue de son créneau, puisqu'elle est devancée par la Honda Civic, la Hyundai Elantra et la Toyota Corolla. Elle ne compte pas autant de variantes que certains modèles concurrents, et elle date déjà de quelques années. Pourtant, elle demeure la référence de la catégorie des voitures compactes, grâce à sa grande homogénéité et à sa dynamique relevée d'un cran par rapport à sa concurrence directe, même si des rivales récentes comme la Civic viennent maintenant se porter à sa hauteur.

Récemment, l'équipe du *Guide de l'Auto* a fait un match comparatif, qui figure sur notre site web, regroupant plusieurs modèles de la catégorie des compactes à hayon, dont les Chevrolet Cruze, Honda Civic, Mazda3 et Subaru Impreza. Au final, c'est la Mazda3 qui a remporté les honneurs de ce match suivie, dans l'ordre, de la Civic, de l'Impreza et de la Cruze. C'est surtout par son design, son habitacle et sa conduite que la Mazda3 a réussi à devancer ses rivales directes, ce qui est le signe d'une voiture très bien aboutie.

LE PLAISIR DE CONDUIRE PRIME

Mazda est une marque reconnue pour la dynamique de ses modèles, et ses ingénieurs sont toujours à la recherche de nouveaux dispositifs ou de nouvelles techniques pour améliorer le comportement routier de ses véhicules. Le système de vecteur de couple, qui répond à l'appellation G-Vectoring Control et qui a été inauguré l'an dernier, en est un bon exemple. En bref, ce dispositif réduit le couple du moteur en entrée de virages afin de permettre aux pneus avant d'inscrire la voiture sur la trajectoire souhaitée avec plus de précision, un peu comme un pilote professionnel le ferait, pour maximiser l'adhérence du train avant, tout en réduisant le roulis en courbes. Ce bel exemple de la technologie au service du plaisir de conduire témoigne de l'engagement constant de la marque afin de bonifier la dynamique de ses modèles.

Même si la 3 n'est pas une voiture sport, sa direction est un modèle de précision. Sur la plupart des véhicules concurrents, on peut dire que la direction ne fait que tourner les roues avant alors que celle de Mazda permet au conducteur de véritablement sentir la route à travers la voiture. Précisons également que le châssis de la Mazda3 est particulièrement rigide, ce qui a pour effet de bonifier la dynamique. La boîte manuelle mérite aussi des éloges pour l'action rapide et précise du levier de vitesses. Bref, sans offrir des performances à tout casser, la 3 présente plusieurs caractéristiques ainsi qu'une finesse certaine dans la conduite, des éléments qui sont souvent associés à des sportives. Le comportement routier est très bon, de même que la tenue de route, mais on peut adresser des reproches à la Mazda3 concernant le niveau sonore, lors des accélérations franches, et les suspensions, qui peuvent parfois s'avérer sèches sur mauvais revêtement.

Le moteur 2,0 litres qui anime le modèle de base se montre souple, volontaire, et plutôt économe avec une moyenne observée chiffrée à sept litres aux 100 kilomètres. Le moteur de 2,5 litres que l'on retrouve sous le capot des modèles GT permet à la Mazda3 de relever son jeu d'un degré sans toutefois se montrer pénalisant en ce qui a trait à la consommation de carburant, qui demeure raisonnable. De tous les modèles au catalogue, la Mazda 3 Sport avec moteur 2,5 litres s'avère comme étant le meilleur choix en raison de ses performances et de sa polyvalence.

UN STYLE ACTUEL

Malgré les années, le style de la Mazda3 demeure actuel, et l'on apprécie le design premium de son habitacle, qui rappelle un peu ce que fait Audi dans le créneau des voitures de luxe. La qualité de finition est soignée et le système multimédia, avec écran couleur de sept pouces surplombant la planche de bord et molette de contrôle rotative, est très convivial.

On approuve aussi l'ingénieux dispositif de visualisation tête haute, permettant de consulter certaines données projetées sur un écran qui se déploie au démarrage. Pour ce qui est de la connectivité, on attend toujours l'ajout des systèmes Apple CarPlay et Android Auto chez le constructeur japonais. Les sièges avant offrent un très bon niveau de confort, mais le dégagement pour les jambes des passagers prenant place à l'arrière est compté.

On s'attend à ce qu'une toute nouvelle génération de la Mazda3 se pointe à l'horizon, peut-être dans deux ans. D'ici là, la compacte de Mazda continue de se démarquer par sa dynamique, son style, et la grande polyvalence de son modèle Sport à cinq portes, ce qui en fait, encore et toujours, l'une des forces vives de son créneau.

Données principales

Emp. / lon. / lar. / haut.	Berline - 2700 / 4580 / 2053 / 1455 mm
	Hatchback - 2700 / 4460 / 2053 / 1455 mm
Coffre / réservoir	Berline - 350 litres / 50 litres
	Hatchback - 572 à 1334 litres / 50 litres
Nbre coussins sécurité / ceintures	6 / 5
Suspension av. / arr.	ind., jambes force / ind., multibras
Pneus avant / arrière	P215/45R18 / P215/45R18
Poids / Capacité de remorquage	Berline - 1359 kg / n.d.
	Hatchback - 1384 kg / n.d.

Composantes mécaniques

GS, GX

Cylindrée, alim.	4L 2,0 litres atmos.
Puissance / Couple	155 ch / 150 lb-pi
Tr. base (opt) / Rouage base (opt)	M6 (A6) / Tr
0-100 / 80-120 / V. max	9,6 s (est) / 9,0 s (est) / 200 km/h (const)
100-0 km/h	42,9 m (est)
Type / ville / route / CO_2	Ord / 8,2 / 5,9 / 3296 kg/an

GT

Cylindrée, alim.	4L 2,5 litres atmos.
Puissance / Couple	184 ch / 185 lb-pi
Tr. base (opt) / Rouage base (opt)	M5 (A6) / Tr
0-100 / 80-120 / V. max	8,1 s (est) / 5,2 s (est) / 200 km/h (const)
100-0 km/h	43,3 m (est)
Type / ville / route / CO_2	Ord / 9,3 / 6,4 / 3678 kg/an

« LA MAZDA3 CONTINUE DE SE DÉMARQUER PAR SA **DYNAMIQUE**, SON **STYLE**, ET SA **POLYVALENCE**, CE QUI EN FAIT L'UNE DES **FORCES VIVES** DE SON CRÉNEAU. »

DU NOUVEAU EN 2018

Freinage autonome d'urgence ajouté à l'ensemble commodité (GX), ensemble i-ACTIVESENSE disponible en option (GS), roues de 18 pouces au fini métal foncé avec l'ensemble Premium (GT), changements de couleurs.

Photos : Mazda

Pour voir la liste complète des informations techniques, veuillez vous référer à la section statistiques.

MAZDA | 469

MAZDA 6

79% COTE DU GUIDE

(((SiriusXM)))

Prix: 24 695 $ à 32 895 $ (2017)
Catégorie: Berline
Garanties:
3 ans/illimité, 5 ans/illimité
Transport et prép.: 1 810 $
Ventes QC 2016: 518
Ventes CAN 2016: 2 053
Assemblage: Hofu JP

Fiabilité	Appréciation générale
■■■■■■■■□□	■■■■■■■□□□
Sécurité	Agrément de conduite
■■■■■■■■□□	■■■■■■■□□□
Consommation	Système multimédia
■■■■■□□□□□	■■■■■■□□□□

Cote d'assurance

$ $ $ $

Connectivité multimédia

Aucune

+ Joli look • Habitacle réussi • Moteur quatre cylindres intéressant • Comportement routier exemplaire • Suspension parfaitement calibrée

− Système multimédia décevant • Dispendieuse • Pas de motorisation turbo ou V6 • Pas de rouage intégral • Pas beaucoup de rangement à l'intérieur

Concurrents
Chevrolet Malibu, Ford Fusion, Honda Accord, Hyundai Sonata, Kia Optima, Nissan Altima, Subaru Legacy, Toyota Camry, Volkswagen Passat

Quand les gens ne veulent rien savoir

Marc-André Gauthier

L orsque les ingénieurs de Mazda se mettent au travail, ils sont guidés par un seul désir: concevoir la voiture parfaite. Bon, on va s'entendre, il serait surprenant de trouver un ingénieur d'une autre marque qui se lève le matin en souhaitant délibérément créer un mauvais produit.

La différence, cependant, concerne le concept même de l'excellence. Chez Mazda, la perfection, c'est de créer une voiture qui arrive à marier le conducteur à la route. C'est d'appliquer la conduite inspirée de la MX-5 à un VUS comme le CX-9. C'est de créer un véhicule au look époustouflant, et à la conduite pure.

Les concepteurs ont fait de la Mazda6 de génération actuelle une berline intermédiaire inédite, dont la conduite rappelle celle d'une sportive. Toutefois, force est d'admettre que les consommateurs n'en veulent pas. En fait, ils ne veulent rien savoir de cette voiture. Sur une même période au Canada, la Mazda6 se vend de cinq à six fois moins que la Toyota Camry. Elle se fait dépasser au palmarès des ventes par à peu près toutes ses concurrentes, et pourtant, on ne cesse de la louanger pour ses qualités.

Mais que recherchent les gens chez une berline intermédiaire? Comme on se la pose cette question chez Mazda! On cherche les bons mots au département de marketing, mais ils ne viennent pas. À quel moment avez-vous vu, pour la dernière fois, une pub de la Mazda6?

DESIGN IMPECCABLE
Sur papier, la Mazda6 a tout pour plaire. Cette séduction débute à l'extérieur. Sa carrosserie est tout simplement magnifique. Ses lignes uniques, racées, n'ont rien à voir avec les designs ennuyeux et prémâchés qu'on aime nous servir dans cette catégorie. La Mazda6 ressort du lot, elle est agressive et ressemble à un prédateur sur le point de se jeter sur une proie inconsciente du danger qui la guette.

L'habitacle de la voiture bénéficie aussi de la même attention portée aux détails. Tant la planche de bord que les cadrans démontrent un souci du détail élevé. Le tout est agrémenté de l'écran du système multimédia, surélevé, une jolie touche qui toutefois ne plaît pas à tout le monde. Parlant d'écran, il abrite le fameux système multimédia de Mazda. Rempli de nobles intentions, au design en apparence simple, il s'avère frustrant à utiliser, particulièrement lorsque l'on cherche son chemin sur les cartes de navigation. De plus, n'étant pas compatible avec Android Auto et Apple CarPlay, il se range du côté des dinosaures, l'avenir étant à l'intégration des téléphones intelligents.

Il n'y a qu'un moteur dans la Mazda6. Il s'agit du quatre cylindres SKYACTIV de 2,5 litres, développant 184 chevaux et un couple de 185 livres-pied. Avec une telle puissance, ce moteur se maintient dans la moyenne de sa catégorie, mais il ne peut concurrencer les motorisations V6 optionnelles de la Toyota Camry ou de la Honda Accord, par exemple. Accouplé d'office à une boîte manuelle à six rapports, ou à une automatique à six rapports optionnelle, ce 2,5 litres arrive à nous offrir une réelle économie d'essence, avec une consommation qui peut aisément descendre sous les 8,5 l/100 km. La boîte manuelle est correcte, sans plus, tandis que l'automatique à six rapports fait des merveilles, bien qu'en mode manuel, le changement des rapports est lent, surtout à haut régime.

Pour ce qui est de son comportement, depuis l'ajout du système de contrôle de couple G-Vectoring Control, la Mazda6 se retrouve sans rivale. Avec une direction précise, et une suspension savamment calibrée pour allier tenue de route et confort, sans parler de l'excellent châssis auquel elles sont boulonnées, la Mazda6, avec un moteur plus puissant, passerait pour une BMW Série 3. D'ailleurs, le système G-Vectoring, qui réduit l'effet du transfert de poids dans les virages, contribue avantageusement au confort des passagers.

CHOISIR SON ANGLE D'ATTAQUE

Comment une voiture en apparence si intéressante n'arrive-t-elle pas à se vendre ? C'est une bonne question. Il faut dire que ses concurrentes, même si elles empruntent des formules différentes, sont tout de même de grande qualité !

La vérité, c'est que ce segment est saturé. Il y a beaucoup de modèles, les gens les délaissent pour s'acheter des VUS, et ceux qui restent sont vendus aux deux vedettes, la Toyota Camry et la Honda Accord.

Pour les concurrencer, il faut trouver un angle d'attaque précis. Celui de la berline sport, choisi par Mazda, ne semble tout simplement pas fonctionner pour attirer les acheteurs de Camry et de Accord. Malheureusement.

Données principales	
Emp. / lon. / lar. / haut.	2 830 / 4 895 / 1 840 / 1 450 mm
Coffre / réservoir	419 litres / 62 litres
Nbre coussins sécurité / ceintures	6 / 5
Suspension av. / arr.	ind., jambes force / ind., multibras
Pneus avant / arrière	P225/55R17 / P225/55R17
Poids / Capacité de remorquage	1 444 à 1 474 kg / n.d.

Composantes mécaniques	
Cylindrée, alim.	4L 2,5 litres atmos.
Puissance / Couple	184 ch / 185 lb-pi
Tr. base (opt) / Rouage base (opt)	A6 (M6) / Tr
0-100 / 80-120 / V. max	8,3 s / 5,6 s / 215 km/h (est)
100-0 km/h	44,0 m
Type / ville / route / CO_2	Ord / 8,8 / 6,1 / 3 489 kg/an

DU NOUVEAU EN 2018

Aucun changement majeur au moment de mettre sous presse.

Pour voir la liste complète des informations techniques, veuillez vous référer à la section statistiques.

MAZDA | 471

MAZDA **CX-3**

80% COTE DU GUIDE

Prix: 20 695 $ à 28 995 $ (2017)
Catégorie: VUS
Garanties:
3 ans/illimité, 5 ans/illimité
Transport et prép.: 2 010 $
Ventes QC 2016: 4 093 unités
Ventes CAN 2016: 9 354 unités
Assemblage: Hiroshima JP

Fiabilité	Appréciation générale
■■■■■■□□	■■■■■■□□
Sécurité	Agrément de conduite
■■■■■■■□	■■■■■■■□
Consommation	Système multimédia
■■■■■■■□	■■■■■□□□

Cote d'assurance

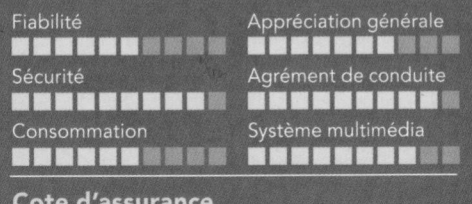

$ $ $ $

Connectivité multimédia

Aucune

➕ Suspension superbe • Châssis rigide
Comportement routier impeccable •
Look intéressant • Joli design
de l'habitacle

➖ Faible volume de chargement •
Prix qui grimpent rapidement •
Puissance un peu juste • Système
multimédia à améliorer

Concurrents

Buick Encore, Chevrolet Trax, Fiat 500X,
Honda HR-V, Hyundai Kona,
Jeep Renegade, Kia Soul, MINI Countryman,
Mitsubishi RVR, Nissan JUKE,
Nissan Qashqai, Subaru Crosstrek

Pour le sportif responsable

Marc-André Gauthier

Quand on est jeune et fougueux, on rêve aux voitures sportives pour faire de chaque balade une occasion unique d'avoir du plaisir. Toutefois, la réalité de la vie remet vite les pieds sur terre. Les factures s'accumulent, il devient difficile de dépenser une fortune sur une voiture, et pour conclure le tout, des enfants arrivent dans le portrait. Il faut donc une voiture pratique pour faire face à la vie moderne d'une famille. C'est pour ça que les VUS sont populaires. Ils sont pratiques, plus que l'étaient les berlines intermédiaires que mes parents conduisaient quand j'étais enfant.

Or, comme tout le monde semble vouloir des VUS, et puisque les marges de profit s'avèrent intéressantes sur ce type de véhicules, les constructeurs, grands visionnaires, ont décidé que même les acheteurs de voitures compactes et sous-compactes devaient avoir une alternative VUS à leurs voitures favorites. Ainsi sont nés les VUS sous-compacts, essentiellement des petites autos hautes sur pattes offertes, généralement, avec une transmission intégrale.

Dans cette catégorie, le choix ne manque pas et deux modèles se distinguent au chapitre des ventes: le Honda HR-V et le Mazda CX-3. Si le HR-V est intéressant pour son espace intérieur malgré sa petite taille, le choix à faire pour ceux qui désirent un peu de plaisir dans leur vie résignée d'adulte est, sans aucun doute, le CX-3.

UN HABITACLE QUI LUI FAIT PERDRE DES POINTS

Le CX-3 partage beaucoup de caractéristiques avec la sous-compacte Mazda2. Cette dernière a déjà été offerte au Canada, mais la nouvelle génération ne l'est pas, pour des raisons économiques. Le CX-3 est construit sur sa plateforme, alors on pourrait donc dire que le CX-3 est une Mazda2 surélevée.

L'habitacle du CX-3 a été conçu pour rappeler celui d'une voiture sportive. Le design global est beau, et l'écran multimédia fixé sur le dessus de la planche de bord s'avère très tendance. D'ailleurs, cet habitacle, si l'on avance de gros sous, peut être garni de cuir de très bonne qualité! Les sièges avant sont des plus confortables, supportant très bien le conducteur et son passager. C'est à l'arrière que ça se corse. La banquette est placée très près des sièges avant, restreignant le dégagement pour les jambes. Cette banquette convient aux enfants, aux jeunes adolescents, mais pas aux grands.

Le coffre de ce petit VUS a le même problème. La banquette arrière relevée, l'espace est tout simplement risible. On peut y mettre quelques bagages, sans plus. Même en abaissant les dossiers, ce n'est pas fameux. On parle de 408 litres de chargement dans la «valise» de la version GT, et de 1 484 litres, la banquette arrière abaissée. Les livrées GX et GS ont droit à 452 et 1 528 litres, ce qui est un peu mieux. Comparativement, le Honda HR-V, reconnu pour son espace, offre 657 et 1 583 litres, selon que les sièges soient relevés ou abaissés.

Le système multimédia est relativement intuitif, avec des contrôles et des menus simplistes, il n'offre toutefois pas de compatibilité avec Apple CarPlay et Android Auto, une fonctionnalité très recherchée.

TOUT UN CHÂSSIS

Mécaniquement, dans toutes les versions du CX-3, on retrouve le même quatre cylindres de 2,0 litres développant 146 chevaux et un couple de 146 livres-pied. Toutes les versions reçoivent aussi une boîte automatique à six rapports, bien que celle de la version GT peut s'opérer en mode manuel. À la base, le petit véhicule est équipé de roues motrices avant, mais on peut ajouter, bien entendu, un rouage intégral.

Dans l'ensemble, il n'y a rien à redire sur ce groupe motopropulseur. Le moteur répond bien à l'accélérateur, la boîte de vitesses ne se perd jamais sur de mauvais rapports, et le système quatre roues motrices, dans la neige, offre un maximum d'adhérence. Cela dit, 146 chevaux, c'est juste, même s'il a moins de 1 400 kilos à traîner. On apprécierait quelques équidés de plus par moment, surtout lorsque vient le temps de dépasser.

La véritable magie du CX-3 se rapporte au châssis et à la suspension qui en font presque une voiture sport. Rigide, il engloutit des virages avec assurance, renforcée par une direction précise, digne des grandes marques européennes.

Pour ceux qui ne se soucient pas vraiment de l'aspect sportif d'un véhicule, les qualités du CX-3 se traduiront par un comportement routier qui les mettra en confiance, même sur l'autoroute. Ainsi, si vous voulez un petit VUS pour une raison ou une autre, et que l'espace n'est pas trop important pour vous, vous serez séduits par la conduite du CX-3 de Mazda.

Données principales	
Emp. / lon. / lar. / haut.	2570 / 4274 / 1767 / 1542 mm
Coffre / réservoir	452 à 1528 litres / 48 litres
Nbre coussins sécurité / ceintures	6 / 5
Suspension av. / arr.	ind., jambes force / semi-ind., poutre torsion
Pneus avant / arrière	P215/50R18 / P215/50R18
Poids / Capacité de remorquage	1339 kg / n.d.

Composantes mécaniques	
Cylindrée, alim.	4L 2,0 litres atmos.
Puissance / Couple	146 ch / 146 lb-pi
Tr. base (opt) / Rouage base (opt)	A6 / Int (Tr)
0-100 / 80-120 / V. max	9,7 s / 6,6 s / 189 km/h (est)
100-0 km/h	45,6 m
Type / ville / route / CO$_2$	Ord / 8,8 / 7,5 / 3779 kg/an

« POUR CEUX QUI **DÉSIRENT** UN PEU DE **PLAISIR** DANS LEUR VIE RÉSIGNÉE D'ADULTE, LE CX-3 EST, SANS AUCUN DOUTE, **LE CHOIX À FAIRE.** »

DU NOUVEAU EN 2018

Aucun changement majeur au moment de mettre sous presse.

Pour voir la liste complète des informations techniques, veuillez vous référer à la section statistiques.

MAZDA | **473**

MAZDA **CX-5**

87% COTE DU GUIDE

((SiriusXM))

Prix : 24 900 $ à 34 700 $ (2017) (estimé)
Catégorie : VUS
Garanties :
3 ans/illimité, 5 ans/illimité
Transport et prép. : 1 895 $
Ventes QC 2016 : 8 941 unités
Ventes CAN 2016 : 25 123 unités
Assemblage : Hiroshima JP

Fiabilité
■■■■■■■■□□

Appréciation générale
■■■■■■■■□□

Sécurité
■■■■■■■■□□

Agrément de conduite
■■■■■■■■□□

Consommation
■■■■■■■□□□

Système multimédia
■■■■■□□□□□

Cote d'assurance

$ $ $ $

Connectivité multimédia

Aucune

➕ Style dynamique • Conduite amusante • Silence de roulement étonnant • Places arrière plus facilement accessibles

➖ Moteur 2,0 litres inutile • Moteur diesel tardif (devrait être offert cet automne) • Pas beaucoup d'espaces de rangement • Système de navigation détestable

Concurrents

Chevrolet Equinox, Ford Escape, GMC Terrain, Honda CR-V, Hyundai Tucson, Jeep Cherokee, Kia Sportage, Mitsubishi Outlander, Nissan Rogue, Subaru Outback, Toyota RAV4, Volkswagen Tiguan

Cet indéfinissable charme...

Alain Morin

Aux prises, depuis des années, avec une réputation autrefois fondée de « rouilleuse », la marque Mazda fait des pieds et des mains pour se réinventer en Amérique. Ce très petit constructeur japonais n'a pas les moyens financiers de ses compatriotes Honda, Nissan ou Toyota et doit donc rivaliser d'ingéniosité pour attirer les consommateurs dans ses salles de démonstration.

Plutôt que développer, à grands frais, de nouvelles plates-formes, de nouveaux moteurs et des technologies d'avant-garde, Mazda pige dans ses stocks et peaufine les éléments qu'elle a déjà. C'est ainsi qu'est née la technologie SKYACTIV, une solution simple, peu coûteuse à produire et à entretenir, et qui fonctionne. Depuis quelques années, les produits Mazda, auparavant des alcooliques décadents, consomment normalement. De plus, ils ont ce tout petit supplément d'âme, cet indéfinissable charme, cette petite flamme qui les rend si agréables à conduire.

Le CX-5, un VUS compact, incarne parfaitement ces paroles de la chanson « Ella, elle l'a » de France Gall. Même si des goûts, on ne discute pas, il est indéniable que le style du CX-5, qu'on l'aime ou pas, lui donne une allure pour le moins dynamique. Revu cette année, ce VUS partage désormais plusieurs éléments esthétiques avec son grand frère, le CX-9, surtout pour la partie avant. Même si Mazda veut nous faire croire à une nouvelle génération, nous préférons parler d'une sérieuse mise à jour, autant à l'extérieur qu'à l'intérieur.

BEAUCOUP DE DÉTAILS, PEU DE CONNECTIVITÉ

Ainsi, une foule d'éléments ont été revus, allant du design des poignées de portes et des rétroviseurs extérieurs aux portes arrière, qui ouvrent maintenant plus grand. Dans l'habitacle, on retrouve une console plus haute qu'avant, mais surtout, un écran déposé sur le dessus du tableau de bord, comme s'il s'agissait d'une tablette, tendance oblige. Via cet écran et une molette sur la console centrale, on accède à un système multimédia souvent peu convivial. Le système de navigation, par exemple, demande un certain apprentissage avant d'être maîtrisé. En plus, lors du lancement du CX-5, Mazda disait toujours travailler à l'intégration des systèmes Apple CarPlay et Android Auto, offerts par presque tous les autres constructeurs depuis déjà quelques années.

Côté moteur, c'est le statu quo, ou presque, par rapport aux années précédentes. Mazda offre encore un quatre cylindres 2,0 litres de 155 chevaux pour la version de base. Ce moteur peut être associé à une boîte manuelle ou à une automatique à six rapports. Avec la manuelle, seule la traction (roues avant motrices) est offerte. Ce moteur n'est pas à sa place dans un CX-5. Il l'est davantage dans le CX-3, mais encore là, malgré quelque 300 kilos de moins à déplacer, on ne parle pas d'une bombe. Dans le CX-5, il n'est pas très performant et consomme pratiquement autant que l'autre moteur disponible, un 2,5 litres de 187 chevaux.

Seule une boîte automatique à six rapports accompagne ce 2,5 soit pour diriger le couple aux roues avant (versions de base) ou, plus souvent, aux quatre coins. Ce moteur est correct, mais Mazda gagnerait à lui ajouter une bonne trentaine de chevaux. D'autant plus que la plate-forme du CX-5 est suffisamment rigide pour les accepter sans problème. Un moteur diesel sera bientôt offert. Ce 2,2 litres, associé à une boîte automatique à six rapports, devrait être un modèle de consommation réduite et de raffinement, pour un diesel, s'entend. À peu près au même moment, Chevrolet devrait aussi présenter un diesel dans son VUS compact, l'Equinox.

PEU DE PUISSANCE, BEAUCOUP DE PLAISIR

Bref, on n'achète pas un Mazda pour sa technologie multimédia ni pour ses moteurs. On l'achète pour le plaisir de conduire qu'il procure. À son volant, on a bien plus l'impression de piloter une berline sport qu'un VUS. Pour une rare fois, le S dans VUS prend tout son sens! La direction est précise et procure une belle sensation tactile. La tenue de route est à l'avenant et les vitesses en courbes peuvent rapidement devenir illégales. On doit cette belle tenue en partie au G-Vectoring Control (ou, en français, le contrôle de vecteur de la force G. Entendons-nous pour GVC). Ce système, offert sur tous les modèles CX-5 est, en fait, un contrôle de la stabilité dont l'influence se fait surtout sentir en maîtrisant les transferts de poids.

Mazda a porté beaucoup d'attention au silence de roulement. Le châssis comporte plus de points de soudure qu'avant et utilise de l'acier plus solide, les vitres sont aussi plus épaisses et l'on retrouve une plus importante quantité de matériel insonore. Il en résulte un véhicule plus raffiné et encore plus agréable à conduire. Heureusement, car dans la catégorie des VUS compacts, la compétition ne dort pas longtemps sur ses lauriers.

Photos : Mazda

Données principales

Emp. / lon. / lar. / haut.	2700 / 4545 / 1840 / 1690 mm
Coffre / réservoir	966 à 1852 litres / 58 litres
Nbre coussins sécurité / ceintures	6 / 5
Suspension av. / arr.	ind., jambes force / ind., multibras
Pneus avant / arrière	P225/65R17 / P225/65R17
Poids / Capacité de remorquage	1610 kg / n.d.

Composantes mécaniques

GX TA

Cylindrée, alim.	4L 2,0 litres atmos.
Puissance / Couple	155 ch / 150 lb-pi
Tr. base (opt) / Rouage base (opt)	M6 (A6) / Tr
0-100 / 80-120 / V. max	10,0 s (est) / 6,0 s (est) / n.d.
100-0 km/h	40,3 m (est)
Type / ville / route / CO$_2$	Ord / 9,4 / 7,4 / 3980 kg/an

GS, GT, GX TI

Cylindrée, alim.	4L 2,5 litres atmos.
Puissance / Couple	187 ch / 185 lb-pi
Tr. base (opt) / Rouage base (opt)	A6 / Int (Tr)
0-100 / 80-120 / V. max	9,3 s / 6,2 s / n.d.
100-0 km/h	42,1 m
Type / ville / route / CO$_2$	Ord / 10,2 / 8,3 / 4380 kg/an

DANS UNE CATÉGORIE **EXTRÊMEMENT RELEVÉE,** LE CX-5 TIRE TRÈS BIEN SON **ÉPINGLE DU JEU,** SURTOUT AVEC LES CHANGEMENTS **APPORTÉS** CETTE ANNÉE.

DU NOUVEAU EN 2018

Plusieurs modifications esthétiques extérieures et intérieures, système G-Vectoring Control de série, moteur diesel à venir.

Pour voir la liste complète des informations techniques, veuillez vous référer à la section statistiques.

MAZDA | 475

MAZDA **CX-9**

80 % COTE DU GUIDE

Prix : 35 600 $ à 50 100 $ (2017)
Catégorie : VUS
Garanties :
3 ans/illimité, 5 ans/illimité
Transport et prép. : 2 010 $
Ventes QC 2016 : 761 unités
Ventes CAN 2016 : 2 444 unités
Assemblage : Hiroshima JP

Fiabilité	Appréciation générale
■■■■■■■□□□	■■■■■■■■□□
Sécurité	Agrément de conduite
■■■■■■■■□□	■■■■■■■□□□
Consommation	Système multimédia
■■■■■□□□□□	■■■■■■□□□□

Cote d'assurance

$ $ $ $

Connectivité multimédia

Aucune

➕ Look réussi • Qualité de finition intérieure • Moteur performant • Silence de roulement • Conduite dynamique pour un VUS

➖ Rouage intégral en option • Faible capacité de remorquage • Espace limité (troisième rangée) • Absence d'un toit panoramique

Concurrents
Buick Enclave, Chevrolet Traverse, Ford Explorer, Honda Pilot, Hyundai Santa Fe, Jeep Grand Cherokee, Kia Sorento, Nissan Murano, Toyota Highlander, Volkswagen Atlas

Pratique, avec un look de *star* en prime

Gabriel Gélinas

Avec le CX-9, Mazda a réussi à concevoir un véhicule aussi polyvalent et pratique qu'élégant, ce qui n'est pas un mince exploit compte tenu du fait qu'il s'agit d'un VUS capable d'accueillir sept passagers. Le CX-9 reprend les codes stylistiques des VUS Mazda, mais y est aussi ajouté une dimension de luxe, particulièrement dans le cas de la version Signature haut de gamme, peinte en Gris mécanique métallisé et chaussée de jantes en alliage de 20 pouces.

Le CX-9 est diablement réussi côté style et cela permet à Mazda d'aller chasser sur les terres des marques de luxe établies avec un véhicule dont le look est certainement plus raffiné que celui de plusieurs concurrents. Sous cette carrosserie finement taillée, le CX-9 cache une structure très rigide, dont la caisse est remarquablement bien insonorisée, ce qui bonifie le confort. En effet, il suffit de parcourir quelques kilomètres sur l'autoroute pour s'apercevoir que le silence de roulement est l'un des points forts du CX-9.

LE TURBO AU BOULOT
Bien que les rivaux directs fassent appel à des moteurs V6, le CX-9 est animé par un moteur quatre cylindres de 2,5 litres avec turbocompresseur à géométrie variable, qui développe 227 chevaux et un couple de 310 livres-pied, deux données qui expliquent en partie pourquoi sa capacité de remorquage n'est chiffrée qu'à 3 500 livres (1 588 kilos). Avec ce moteur turbocompressé, les ingénieurs de la marque ont choisi de prioriser le couple à bas régime plutôt que la puissance à haut régime.

En clair, ils ont déterminé qu'en conduite au quotidien, les moteurs de VUS dépassent rarement les 3 000 tours/minute. C'est pourquoi ils ont conçu celui du CX-9 pour qu'il livre son couple maximal de 310 livres-pied entre 2 000 et 4 000 tours/minute, la plage de fonctionnement la plus fréquemment utilisée. On note également que la boîte automatique fait un très bon boulot en changeant rapidement les rapports en conduite normale, afin d'optimiser la consommation. La sélection du mode sport fait en sorte que les rapports sont maintenus plus longtemps en accélération franche et que le rétrogradage s'opère plus rapidement lors des décélérations.

Le résultat, c'est que le CX-9 est vraiment efficace en conduite de tous les jours et que l'entrée sur l'autoroute se fait sans aucun problème, la réserve de couple étant toujours parfaitement convenable. La puissance est chiffrée à 250 chevaux si le moteur carbure au super (taux d'octane de 93) et à 227 chevaux si on brûle de l'essence ordinaire, mais le choix de carburant n'affecte en rien le couple qui demeure de 310 livres-pied, peu importe le carburant. Les cotes de consommation pour les versions à rouage intégral sont de 11,5 litres aux 100 kilomètres en ville et de 8,9 sur la route, selon Mazda. Signalons au passage que Mazda n'est pas le seul constructeur à faire appel à un moteur quatre cylindres turbocompressé pour animer un VUS, puisque c'est également le cas pour le Volvo XC90.

Le comportement routier du CX-9 impressionne. La direction est précise, bien qu'un peu légère, et la tenue de route est très bonne, à l'image des autres véhicules de la marque. C'est un véritable plaisir d'enfiler les virages et les sorties d'autoroute avec le CX-9, qui fait preuve d'une dynamique supérieure à celle des véhicules concurrents. Ici, l'agrément de conduite prime, même s'il s'agit d'un VUS à vocation pratique. Les suspensions s'avèrent parfois fermes, mais le confort n'en souffre pas outre mesure.

UN INTÉRIEUR D'INSPIRATION AUDI

Il faut croire que Mazda s'est inspiré des intérieurs de véhicules Audi lorsqu'est venu le temps de concevoir l'habitacle du CX-9. En prenant place à bord, on s'aperçoit que la qualité des matériaux utilisés ainsi que leur agencement produisent un bel effet premium, et que la qualité d'assemblage est particulièrement soignée. Le système multimédia est très convivial, mais on regrette l'absence des fonctionnalités Apple CarPlay et Android Auto. Aussi, le toit panoramique brille par son absence et devrait à tout le moins être offert sur la version Signature.

Les passagers prenant place à la deuxième rangée disposent d'un bon dégagement pour les jambes, mais l'espace est compté à la troisième rangée, qui ne conviendra qu'à des enfants. L'espace cargo est chiffré à 407 litres, avec tous les sièges en place, et à 2 017 litres avec les dossiers arrière repliés, ce qui fait que le CX-9 n'offre pas autant d'espace de chargement que plusieurs rivaux.

Au final, le CX-9 se démarque de la concurrence par sa dynamique, qui impressionne beaucoup pour un VUS sept passagers, sa consommation de carburant retenue, son silence de roulement ainsi que le look distingué de sa carrosserie et de son intérieur.

Données principales	
Emp. / lon. / lar. / haut.	2 930 / 5 065 / 1 969 / 1 716 mm
Coffre / réservoir	407 à 2 017 litres / 74 litres
Nbre coussins sécurité / ceintures	6 / 7
Suspension av. / arr.	ind., jambes force / ind., multibras
Pneus avant / arrière	P255/50R20 / P255/50R20
Poids / Capacité de remorquage	1 917 kg / 1 588 kg (3 500 lbs)

Composantes mécaniques	
Cylindrée, alim.	4L 2,5 litres turbo
Puissance / Couple	227 ch / 310 lb-pi
Tr. base (opt) / Rouage base (opt)	A6 / Int (Tr)
0-100 / 80-120 / V. max	8,3 s / 5,2 s / n.d.
100-0 km/h	40,3 m
Type / ville / route / CO$_2$	Ord / 11,5 / 8,9 / 4 840 kg/an

« LE CX-9 SE **DÉMARQUE PAR SA DYNAMIQUE,** SA CONSOMMATION DE CARBURANT RETENUE, **SON SILENCE DE ROULEMENT** ET SON LOOK RAFFINÉ. »

DU NOUVEAU EN 2018

Aucun changement majeur au moment de mettre sous presse.

Photos: Mazda

Pour voir la liste complète des informations techniques, veuillez vous référer à la section statistiques.

MAZDA | 477

MAZDA **MX-5**

87 % COTE DU GUIDE

((SiriusXM))

Prix : 31 900 $ à 42 200 $ (2017)
Catégorie : Roadster
Garanties :
3 ans/illimité, 5 ans/illimité
Transport et prép. : 1 907 $
Ventes QC 2016 : 372 unités
Ventes CAN 2016 : 903 unités
Assemblage : Hiroshima JP

Fiabilité	Appréciation générale
Sécurité	Agrément de conduite
Consommation	Système multimédia

Cote d'assurance

$ $ $ $

Connectivité multimédia

Aucune

➕ Plaisir de conduire absolu • Position de conduite irréprochable • Moteur parfaitement adapté • Boîte manuelle sublime • Version RF fort désirable

➖ Suspension assez dure • Habitacle plutôt restreint, tout comme les espaces de rangement • Porte-gobelets comiques • Système multimédia sacrant • Coffre très petit

Concurrents
Fiat 124 Spider, MINI Cabriolet, Nissan 370Z

La Pietà, version automobile

Alain Morin

I l arrive, rarement, que l'être humain soit génial. Il ressort de ces quelques moments de grâce des œuvres qui transcendent leur époque. Encore plus rarement, un groupe d'hommes et de femmes, malgré leurs différences, amènent un projet à un niveau qui atteint la perfection. Sur les dizaines de milliers de voitures conçues depuis une centaine d'années par êtres exceptionnels, très peu ont touché à la quintessence automobile. Parmi ces voitures qui sont plus que des voitures, il y a la Mazda MX-5.

La MX-5 a vu le jour en 1990 et à l'époque, on l'appelait Miata en Amérique. Ailleurs sur la boule, c'était la MX-5. Ce diminutif roadster a tout de suite été adulé par un public en manque d'émotions. Rappelez-vous qu'il y a 28 ans, le plaisir au volant était relégué très loin dans le cahier de charge des voitures en développement. La Miata ramenait les sensations de conduite des roadsters anglais des années 50 et 60, la fiabilité en plus. Cerise sur le gâteau, elle était abordable ! Près de trois décennies plus tard, la Miata, devenue la MX-5, a gagné quelques millimètres ici et là et une centaine de kilos. Surtout, elle n'a rien perdu de ses réactions viscérales qui la rendent unique.

TOIT SOUPLE OU TOIT RIGIDE
La Pietà de Michel-Ange a beau être un chef-d'œuvre, certains ont découvert que les genoux de la Vierge sont désaxés. Voilà qui enlève beaucoup de pression sur les épaules de notre MX-5 dont l'habitacle est plutôt petit. D'ailleurs, le passager a très peu d'espace pour ses pieds et les espaces de rangement sont réduits à leur plus simple expression.

Il n'y a même pas de coffre à gants. Lorsque le toit de toile est refermé, l'habitacle est fort bruyant. La radio s'avère inutilement complexe à gérer, tout comme le système de navigation. Par contre, le toit souple est un modèle de simplicité et de légèreté ; il se manipule du bras droit, sans même se lever du siège du conducteur. À moins de souffrir d'une bursite. Une fois ouvert, ce toit n'empiète pas dans le coffre. Heureusement, car ce dernier est franchement petit.

Au cours de 2017, le mignon roadster s'est enorgueilli d'un nouveau modèle, la MX-5 RF, pour Retractable Fastback. Cette MX-5 est dotée d'un toit rigide qui se rétracte dans le coffre en 13 secondes, le temps que ses quatre parties s'y insèrent ou s'y délogent dans un ballet dont on ne se lasse jamais. Ce toit, une fois refermé, fait de la MX-5 RF un coupé sport plus silencieux que la MX-5 normale et il est loin de déparer la ligne de la voiture. Au contraire, il lui donne une personnalité propre. Cette personnalité se reflète aussi dans la vocation différente des deux voitures. Si les gens roulent à découvert dans la MX-5 environ 80 % du temps, seulement 20 % le feront avec la MX-5 RF, plus confortable.

PEU IMPRESSIONNANT SUR PAPIER...

Pour mouvoir sa MX-5, RF ou pas, Mazda fait appel à un quatre cylindres 2,0 litres développant 155 chevaux et un couple de 148 livres-pied. Rien d'excitant. Deux boîtes à six rapports sont offertes, une manuelle et une automatique. À moins que vous ne deviez affronter quotidiennement le trafic urbain ou que vous souffriez de la jambe gauche, de grâce choisissez la manuelle. Son levier de vitesse est d'une exquise précision, sa course est courte et juste assez mécanique pour de belles sensations, l'embrayage est d'une fermeté parfaite... Bref, une petite merveille.

Remarquez que si vous optez pour l'automatique, vous serez très bien servi aussi. Et comme elle permet au moteur de tourner moins rapidement, vous y gagnerez. Par exemple, à 100 km/h avec la manuelle sur le sixième rapport, le compte-tours indique 2 500 tr/min, ce qui est très élevé et l'on a tendance à chercher un septième rapport. Avec l'automatique, on parle de 1 750 tr/min, ce qui est nettement mieux. Les ingénieurs de Mazda ont compris ce que Colin Chapman, génie parmi les génies et créateur de la marque Lotus, avait compris il y a 60 ans : le poids est l'ennemi numéro un. Ils ont combattu ce fléau et en sont arrivés à une voiture d'à peine 1 000 kilos. Même si le moteur n'est pas très puissant, le rapport poids/puissance est avantageux et le 0-100 km/h est bouclé en moins de 7,0 secondes.

Ces 7,0 secondes vous laissent peut-être de glace, impressionnés par des 5,0, voire des 4,0 secondes, réalisés par des voitures de 600 ou 700 chevaux... Il faut avoir conduit une MX-5 pour comprendre qu'au-delà des chiffres, il y a le bonheur de conduire une voiture parfaitement ficelée, procurant à son pilote une impression sans pareille de maîtrise de la route. À tel point qu'on oublie ses petites imperfections et qu'on savoure le moment présent. Après tout, devant *la Pietà*, on ne peut qu'être ému. Au point d'en oublier les genoux désaxés de la Vierge.

Données principales	
Emp. / lon. / lar. / haut.	2 309 / 3 914 / 1 918 / 1 234 mm
Coffre / réservoir	**MX-5** - 130 litres / 45 litres
	MX-5 RF - 127 litres / 45 litres
Nbre coussins sécurité / ceintures	4 / 2
Suspension av. / arr.	ind., double triangulation / ind., multibras
Pneus avant / arrière	P205/45R17 / P205/45R17
Poids / Capacité de remorquage	1114 kg / n.d.

Composantes mécaniques	
Cylindrée, alim.	4L 2,0 litres atmos.
Puissance / Couple	155 ch / 148 lb-pi
Tr. base (opt) / Rouage base (opt)	M6 (A6) / Prop
0-100 / 80-120 / V. max	7,0 s / 4,7 s / n.d.
100-0 km/h	39,1 m
Type / ville / route / CO₂	Sup / 8,8 / 6,9 / 3 655 kg/an

CETTE ANNÉE, ON RETROUVE DEUX MX-5. L'ORIGINALE ET LA RF, DOTÉE D'UN **TOIT RIGIDE** QUI S'ESCAMOTE OU QUI SE RELÈVE EN **13 SECONDES.**

DU NOUVEAU EN 2018

Aucun changement majeur au moment de mettre sous presse pour la MX-5. Apparition au printemps 2017 de la MX-5 RF.

Photos : Mazda

MCLAREN **540C / 570S**

Prix : 197 000 $ (2017)
Catégorie : Coupé
Garanties :
3 ans/illimité, 3 ans/unlimited
Transport et prép. : n.d.
Ventes QC 2016 : n.d.
Ventes CAN 2016 : n.d.
Assemblage : Woking GB

Fiabilité	Appréciation générale
n.d.	■■■■■■■□□
Sécurité	Agrément de conduite
■■■■■■■■□	■■■■■■■■■
Consommation	Système multimédia
■■■■■□□□□	■■■■■□□□□

Cote d'assurance

n.d.

Connectivité multimédia

Android auto   Apple Car Play

+ Moteur sublime • Tenue de route exemplaire • Freinage hyperpuissant • Look d'enfer

— Peu d'espace pour les pieds à l'avant • Grand rayon de braquage • Prix quand même élevés • Réseau de concessionnaires ténu

Concurrents

Acura NSX, Aston Martin Vantage, Audi R8, Jaguar F-TYPE, Mercedes-AMG GT, Nissan GT-R, Porsche 911

La réflexion britannique

Mathieu St-Pierre

Le Royaume-Uni, l'Angleterre en particulier, est reconnu pour son énorme rôle dans l'évolution de l'automobile. Pour chaque marque comme Bentley, Jaguar, Lotus et Rolls-Royce, il y a en a dix dont vous n'avez jamais entendu parler. Des bagnoles plus belles, plus robustes ou plus rapides, les Anglais ont toujours conçu des véhicules allant de médiocres à mémorables.

Un joueur récent, McLaren a déjà produit de ces voitures mémorables. En peu de temps, les gens de Woking auront donné des leçons à Ferrari, Lamborghini et Porsche, pour ne nommer que ceux-ci. Et la gamme de supervoitures de McLaren, la Sport Series, est la plus enivrante qui soit.

Cette gamme de McLaren Automotive est la porte d'entrée du constructeur qui propose aussi la Super Series. Vous conviendrez que les 540 et 570 sont bien plus que de simples voitures de base. En fait, ces bolides représentent ce qu'il y a de mieux dans un *supercar*, appliqué dans une formule qui peut facilement être utilisée sur une base quotidienne.

UN V8, DES TURBOS
Pour vous donner une idée du classement de la « petite » 540C, sachez que sa puissance, ses performances et son prix en font une rivale à la Porsche 911 Turbo. De son côté, la plus puissante 570S n'a qu'un seul point faible : son prix qui commande une surprime de 20 % par rapport à la 540C. Remarquez qu'une fois rendu à 200 000 tomates, 40 000 de plus ce n'est pas grand-chose...

La 570S est donc le joyau de cette série, sinon de toutes les McLaren. Son secret ? Elle peut tout faire ! En fait, elle est si douée que c'est difficile de décider sur quel point se lancer. Allons-y avec ses 562 chevaux, son couple de 443 livres-pied et sa boîte à double embrayage SSG (Seamless Shift Gearbox) à sept rapports. Positionné à quelques centimètres de la tête des occupants, le moteur central-arrière émet une mélodie — lors d'un démarrage à froid — qui vous donnera la chair de poule.

Il est important de résister à la tentation d'immédiatement piloter la 570S comme un *supercar*, car c'est en mode «normal» que l'on découvre une voiture étonnamment docile et civilisée. Il faut dire que dès que la voiture est apprivoisée, disons après cinq minutes, on se doit d'appuyer sur le bouton «ACTIVE» et assumer plus de responsabilités en tant que conducteur. Ensuite, sélectionner le mode manuel pour la boîte de vitesses est un *must* absolu, tandis que le groupe propulseur est à son paroxysme en mode Sport. Le châssis, lui, reste en mode Normal.

Peu importe les paramètres choisis, la 570S est la partenaire de conduite parfaite. L'absence complète de délai lors des interactions humain-voiture démontre à quel point on fait corps avec elle. Et, contrairement à une Lamborghini ou même une Audi R8, elle n'offusque jamais son maître, ne faisant qu'exécuter les ordres avec une douceur déconcertante. La technologie évoluée du groupe propulseur est démontrée par l'efficacité tyrannique avec laquelle la voiture accélère. Les contrôles électroniques de la boîte et du différentiel propulsent la 570S à 100 km/h en seulement 3,2 secondes sans que l'on remarque vraiment ce qui se passe.

Ensuite, on met la tenue de route à l'épreuve. La 570S est équipée d'amortisseurs adaptatifs aux quatre coins qui régissent les masses de façon phénoménale. Je n'ai pu trouver une courbe ou une surface routière qui pouvait bouleverser la voiture. La direction semble branchée sur notre système nerveux et la combinaison suspension et direction s'épanouit au fur et à mesure que la vitesse s'accroît.

«ÉLYTREMENT», VÔTRE

L'ouverture des portières en élytre la distingue des Audi, Porsche et Aston Martin de ce monde, mais l'ensemble de l'œuvre est 100% fonctionnel. La 570GT est d'autant plus pratique, grâce à son hayon vitré et, enfin, la nouvelle Spider nous fait rêver de rouler sur la route A1A en Floride ou sur la PCH en Californie.

L'habitacle est épuré, presque dépouillé de distractions qui pourraient entraver la concentration du pilote. Les sièges sport optionnels sont un autre impératif et amplifient la sensation de cockpit déjà mise de l'avant par la position de conduite parfaite.

Parmi les autres modèles de la Sport Series, il y a la 570GT, plus agréable au quotidien avec son hayon qui ouvre sur un habitacle plus luxueux. De son côté, la 540 fait figure de parent pauvre avec ses 533 chevaux. Mais tant qu'à avoir un parent pauvre, aussi bien que ce soit celui-là! Les McLaren de la Sport Series n'ont rien à envier à aucun bolide. Pour l'instant, elles demeurent singulières avec un cachet typiquement britannique et sophistiqué et on les aime beaucoup!

Données principales	
Emp. / lon. / lar. / haut.	2 670 / 4 530 / 2 095 / 1 202 mm
Coffre / réservoir	150 litres / 72 litres
Nbre coussins sécurité / ceintures	6 / 2
Suspension av. / arr.	ind., double triangulation / ind., double triangulation
Pneus avant / arrière	P235/35R19 / P305/30R20
Poids / Capacité de remorquage	1438 kg / n.d.

Composantes mécaniques	
Cylindrée, alim.	V8 3,8 litres turbo
Puissance / Couple	533 ch / 398 lb-pi
Tr. base (opt) / Rouage base (opt)	A7 / Prop
0-100 / 80-120 / V. max	3,5 s (const) / n.d. / 320 km/h (const)
100-0 km/h	32,0 m (const)
Type / ville / route / CO_2	Sup / 16,5 / 7,4 / 5706 kg/an

MCLAREN 540C/570S

> IL FAIT TRÈS BON **ÊTRE RICHE** DE NOS JOURS. LA **SÉLECTION DE JOUETS** N'A JAMAIS ÉTÉ PLUS **PALPITANTE** ET **LA 570S** EST L'UN DES PLUS BEAUX QUI SOIT.

DU NOUVEAU EN 2018

Version 570S Spider ajoutée à la gamme pour 2018.

Photos: McLaren

Pour voir la liste complète des informations techniques, veuillez vous référer à la section statistiques.

MCLAREN | 481

MCLAREN **720S**

n.d. COTE DU GUIDE

Prix: 310 000 $ (estimé)
Catégorie: Coupé
Garanties:
3 ans/illimité, 3 ans/illimité
Transport et prép.: 2 995 $
Ventes QC 2016: n.d.
Ventes CAN 2016: n.d.
Assemblage: Woking GB

Fiabilité n.d.	Appréciation générale n.d.
Sécurité n.d.	Agrément de conduite n.d.
Consommation n.d.	Système multimédia n.d.

Cote d'assurance

$ $ $ $

Connectivité multimédia

Aucune

➕ Performances exceptionnelles •
Aérodynamique très poussée • Structure
monocoque en fibre de carbone •
Suspension hydraulique très efficace

➖ Système de télématique à revoir •
Visibilité problématique • Prix élevé •
Relatif manque de prestige de la
marque par rapport aux rivales

Concurrents

Aston Martin DB11, Audi R8, Ferrari 488
GTB, Lamborghini Huracán,
Mercedes-AMG GT, Nissan GT-R,
Porsche 911

McLaren à la vitesse grand V

Gabriel Gélinas

McLaren est sur une formidable lancée. En seulement
sept ans, la marque anglaise a réussi à s'imposer avec brio
dans le créneau des supervoitures et compte poursuivre
son offensive avec le plan Track 22, qui verra naître quinze nouveaux
modèles d'ici 2022. Le coupé 720S est le premier de cette fulgurante
progression, suivi de la 720S Spider, et probablement d'une
version GT dans un avenir rapproché.

Avec la 720S, McLaren lance la deuxième génération de sa Super Series,
élaborée sur une toute nouvelle structure monocoque en fibre de carbone,
élément fédérateur de la marque. Les formes très évoluées de la 720S
témoignent d'une obsession pour l'efficacité aérodynamique, qui n'est pas
axée ici sur la réduction de la consommation, mais plutôt sur l'appui que peut
générer la voiture à haute vitesse. Des éléments comme l'aileron arrière et le
diffuseur, tous deux mobiles, en sont les manifestations les plus évidentes,
mais même la forme des blocs optiques a été étudiée de façon à canaliser
le flot d'air aux échangeurs de chaleur logés dans la partie avant de la voiture.

Aussi, la 720S est dépourvue des prises d'air logées derrière les portières
que l'on retrouve sur d'autres modèles de la marque. Celles-ci ont été
remplacées par des ouvertures pratiquées juste avant le vitrage latéral arrière
pour canaliser le flot d'air vers les radiateurs, une solution particulièrement
élégante tant sur le plan technique que visuel. Par rapport au modèle
précédent (650S), l'appui aérodynamique a été augmenté de cinquante pour
cent alors que le coefficient de traînée a été réduit.

UN V8 BITURBO DE 710 CHEVAUX

Le chiffre 720, du nom de la voiture, exprime la puissance développée par
son V8 biturbo dont la cylindrée a été portée à 4,0 litres en unités métriques,
mais sa puissance, elle, est chiffrée à 710 chevaux selon les normes
nord-américaines. Véritable cœur de feu, ce moteur est illuminé en rouge
au déverrouillage du véhicule pour le plaisir des yeux. La puissance est
livrée aux roues arrière par l'entremise d'une boîte à double embrayage

comptant sept rapports, contrôlée par des paliers de commande au volant dont le fonctionnement comporte une détente particulièrement agréable sur le plan tactile. Les chronos du coupé sont de 2,9 secondes pour le 0-100 km/h, 7,8 secondes pour le 0-200 et de 21,4 secondes pour le 0-300, alors que la vitesse est de 340 km/h.

METTEZ-MOI ÇA DE CÔTÉ

La 720S est dotée d'une suspension hydraulique qui comporte des unités hydropneumatiques, pour réduire le roulis en virages, ainsi que 21 capteurs, qui permettent de calibrer les liaisons au sol selon l'état du revêtement et le mode de conduite sélectionné. Le système électronique de contrôle de la stabilité comporte également un mode «variable-drift», lequel permet de faire dériver la voiture et de diminuer de beaucoup la longévité de la monte pneumatique...

Il est plus facile de monter à bord de la 720S que de la 650S qui l'a précédée, les seuils de portières, qui font partie de la nouvelle structure monocoque en carbone, ayant été amincis, un peu comme sur la récente 570GT. La 720S est dépourvue d'un bloc d'instruments conventionnel qui est remplacé ici par un écran TFT, en couleurs, qui pivote vers le bas, lorsque le mode Track est sélectionné, pour n'afficher que la vitesse, le rapport de boîte engagé ainsi que le régime du moteur. Tout cela ayant pour but de restreindre la distraction du pilote en piste.

La voiture est en outre dotée d'un système de télémétrie, qui enregistre les forces G lors du freinage, en virages et en accélération, et d'une caméra, qui capte les mouvements du volant. Ces données peuvent être exportées sur un ordinateur pour un examen suivant les séances en piste. Plusieurs circuits sont déjà programmés dans cette unité et il est également possible d'ajouter un circuit qui ne figure pas déjà dans la banque de données.

DANS LA BOULE DE CRISTAL

La 720 Spider viendrait rejoindre les rangs de la gamme pour 2019, le modèle découvrable de la 650, qui a précédé la 720S, s'étant vendu à plus d'exemplaires que le modèle coupé. Par surcroît, il n'est pas exclu que la gamme 720 s'enrichisse également d'une version GT, en raison du succès obtenu par cette version de la 570. Par ailleurs, McLaren devrait logiquement nous offrir une remplaçante pour la P1, qui avait été choisie comme la «star» de la couverture du *Guide de l'Auto 2014*, cette remplaçante répondant pour l'instant au nom de code BP23.

Véritable bête, aussi élégante qu'efficace, la McLaren 720S mérite pleinement sa place dans le créneau des supervoitures au même titre que les créations de marques établies comme Ferrari ou Lamborghini.

Données principales	
Emp. / lon. / lar. / haut.	2 670 / 4 543 / 2 059 / 1 196 mm
Coffre / réservoir	150 litres / 72 litres
Nbre coussins sécurité / ceintures	6 / 2
Suspension av. / arr.	ind., double triangulation / ind., double triangulation
Pneus avant / arrière	P245/35R19 / P305/30R20
Poids / Capacité de remorquage	1 419 kg / n.d.

Composantes mécaniques	
COUPÉ	
Cylindrée, alim.	V8 4,0 litres turbo
Puissance / Couple	710 ch / 568 lb-pi
Tr. base (opt) / Rouage base (opt)	A7 / Prop
0-100 / 80-120 / V. max	2,9 s (const) / n.d. / 340 km/h (const)
100-0 km/h	29,7 m (const)
Type / ville / route / CO_2	Sup / 18,2 / 9,1 / 6 600 (est) kg/an

« EN **SEULEMENT** SEPT ANS, **MCLAREN,** UNE MARQUE ANGLAISE, A RÉUSSI À **S'IMPOSER** AVEC BRIO DANS LE **CRÉNEAU** DES **SUPERVOITURES.** »

DU NOUVEAU EN 2018

Nouveau modèle

Photos : McLaren

Pour voir la liste complète des informations techniques, veuillez vous référer à la section statistiques.

MCLAREN | **483**

MERCEDES-AMG **GT**

78% COTE DU GUIDE

(((SiriusXM)))

Prix: 140 000 $ à 200 000 $ (estimé)
Catégorie: Coupé, Roadster
Garanties:
4 ans/80 000 km, 4 ans/80 000 km
Transport et prép.: n.d.
Ventes QC 2016: 33 unités
Ventes CAN 2016: 95 unités
Assemblage: Sindelfingen DE

Fiabilité	Appréciation générale
■■■■■□□□□□	■■■■■■□□□□
Sécurité	Agrément de conduite
■■■■■■□□□□	■■■■■■■□□□
Consommation	Système multimédia
■■■□□□□□□□	■■■■■■■□□□

Cote d'assurance

n.d.

Connectivité multimédia

Aucune

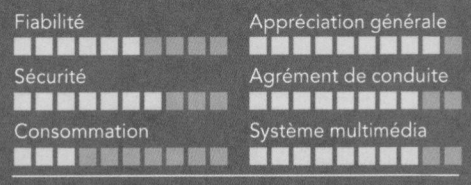 Performances relevées • Boîte de vitesses efficace • Tenue de cap exceptionnelle • Style accrocheur

➖ Son prix • Options coûteuses • Visibilité réduite • Rangements rares

Concurrents

Aston Martin DB11, Audi R8, Ferrari 488, Jaguar F-TYPE, Lamborghini Huracán, McLaren 650S, Nissan GT-R, Porsche 911

Prélude au Bonheur

Jacques Deshaies

Il est de tradition chez Mercedes-Benz de fabriquer, à l'occasion, des modèles à tirage limité. C'est le cas, la plupart du temps, pour les sportives de la marque. Malgré l'étoile d'argent qui orne le « museum » de ces voitures d'exception, cela n'est aucunement un gage de succès. À preuve, la disproportionnée SLR n'a jamais atteint les chiffres de vente qu'on lui avait fixés. La direction de Mercedes et celle de McLaren avait prévu en fabriquer 3 500, mais seulement 1 800 unités ont trouvé preneur.

La collaboration entre le constructeur allemand et McLaren se terminant, c'est la division sportive du groupe, AMG, qui a pris le relais. De cette union est née la magnifique SLS. Elle affichait une caractéristique unique; les portes s'ouvraient telles des ailes d'oiseau pour rappeler la 300 SL des années 50. Même une version à motorisation 100 % électrique avait été dévoilée au Salon de Genève, en 2011. Comme pour la SLR, une déclinaison décapotable est apparue un peu plus tard, ainsi que des versions GT3, créées exclusivement à la compétition.

C'est en 2014 que la remplaçante de la SLS a vu le jour. La Mercedes-AMG GT est née sous la forme d'un coupé, sans toutefois porter ses portières en ailes de mouette. Dommage! Tout est une question de prix et de volume de ventes, diront les spécialistes. Le millésime 2018 apporte encore du changement pour la GT. La lettre R vient s'ajouter en terminaison.

HAUSSE EN PERFORMANCE

Les GT et GT S vont laisser toute la place aux nouvelles déclinaisons GT C et GT R. Surtout, n'oubliez pas de séparer le R de GT pour ne pas faire ombrage à la célèbre Nissan GT-R. Cette nouvelle AMG GT R propose 577 chevaux plutôt que les 456 de la GT et les 503 de la GT S. La GT C version coupé et cabriolet porte le même V8 biturbo de 4,0 litres pour 550 chevaux. Dans tous les cas, la boîte de vitesses à double embrayage et sept rapports assure le transfert de toute cette puissance aux roues arrière.

La GT R peut franchir 100 km/h en moins de 3,6 secondes tandis que les GT C le fait en 3,7 secondes. Ainsi, les accélérations de l'une et de l'autre sont franches et linéaires. Le couple maximal est atteint rapidement (1 900 tr/min) et la puissance est extirpée de façon continuelle, sans aucune hésitation. Nous avons eu la chance de conduire la GT R sur une piste au Portugal et nous devons avouer que cette Mercedes se comporte comme une véritable voiture de compétition.

Outre des performances en ligne droite, cette GT R fait preuve d'innovation technologique grâce, entre autres, à la direction aux roues arrière active. Ce système permet aux roues arrière de prendre la direction opposée à celle des roues avant, jusqu'à 100 km/h. Et, au-delà de cette vitesse, les roues arrière adoptent le même sens que les roues avant en virage. Ainsi, la stabilité de l'ensemble est remarquable.

Pour compléter son aspect sport, la GT R dispose d'un becquet avant ajustable et d'une suspension également ajustable. Et c'est sans compter l'aérodynamisme poussé qui permet de plaquer la voiture au sol. Certaines de ces caractéristiques se retrouvent aussi sur la GT C. Au passage, il faut noter que le poids diffère passablement entre les deux moutures. Si le cabriolet affiche plus de 1 735 kilos, le coupé, plus explosif, pèse seulement 1 630 kilos.

UN STYLE MORDANT

Ces nouvelles GT se présentent sous une apparence rafraîchie. Sans toutefois en changer les lignes, la grille identifiable aux produits de la marque fait place à une calandre bombée plus expressive. Elle est une déclinaison de celle qu'arborait la 300SL Gullwing, qui avait remporté la Carrera Panamericana en 1952.

Les sièges sont enveloppants à souhait afin d'offrir le maintien optimum aux deux passagers. Ces GT R présentent le même tableau de bord sauf au centre, où la GT R intègre la commande pour les multiples modes de conduite. La qualité d'exécution est sans tache évidemment. L'ergonomie demande cependant une certaine adaptation, que ce soit pour la compréhension ou pour l'utilisation du système multimédia. Mais tout est à portée de main. De surcroît, le volant entièrement gainé de suède ajoute une touche de haute performance.

Somme toute, cette version R de la Mercedes-AMG GT nous a conquis. Elle demeure de loin la plus conviviale des sportives de haut niveau. De plus, je me laisserais facilement tenter par ce vert éclatant appelé « AMG Green Hell Magno », qui rappelle une portion difficile du célèbre circuit du Nürburgring. Malgré toute l'émotion qu'il est possible d'éprouver derrière son volant, cette Mercedes demeure une voiture à « savourer » sur un circuit. Car elle devient rapidement frustrante sur la route tellement l'on doit retenir tous les chevaux logés sous son long capot.

Données principales

Emp. / lon. / lar. / haut.	**Coupé** - 2 630 / 4 551 / 2 007 / 1 284 mm	
	Roadster - 2 630 / 4 551 / 1 923 / 1 260 mm	
Coffre / réservoir	**Coupé** - 350 litres / 65 litres	
	Roadster - 165 litres / 75 litres	
Nbre coussins sécurité / ceintures	8 / 2	
Suspension av. / arr.	ind., multibras / ind., multibras	
Pneus avant / arrière	P275/35R19 / P325/30R20	
Poids / Capacité de remorquage	**Coupé** - 1 694 kg / n.d.	
	Roadster - 1 735 kg / n.d.	

Composantes mécaniques

C ROADSTER, C COUPÉ

Cylindrée, alim.	V8 4,0 litres turbo
Puissance / Couple	550 ch / 502 lb-pi
Tr. base (opt) / Rouage base (opt)	A7 / Prop
0-100 / 80-120 / V. max	3,7 s (const) / n.d. / 316 km/h (const)
100-0 km/h	n.d.
Type / ville / route / CO$_2$	Sup / 14,5 / 10,8 / 6 940 (est) kg/an

R COUPÉ

Cylindrée, alim.	V8 4,0 litres turbo
Puissance / Couple	577 ch / 516 lb-pi
Tr. base (opt) / Rouage base (opt)	A7 / Prop
0-100 / 80-120 / V. max	3,6 s (const) / n.d. / 318 km/h (const)
100-0 km/h	n.d.
Type / ville / route / CO$_2$	Sup / 14,5 / 10,8 / 6 940 (est) kg/an

« SI LA MERCEDES-AMG GT R SE VEUT UNE VOITURE EXCEPTIONNELLE SUR LA PISTE, SON UTILISATION SUR LA ROUTE DEVIENT VITE FRUSTRANTE. »

MERCEDES-AMG GT

DU NOUVEAU EN 2018

Nouvelles livrées GT R (coupé) et GT C (coupé et cabriolet) ajoutées à la gamme.

MERCEDES-BENZ **CLA**

67% COTE DU GUIDE

(((**SiriusXM**)))

Prix: 35 700$ à 52 300$ (2017)
Catégorie: Berline
Garanties:
4 ans/80 000 km, 4 ans/80 000 km
Transport et prép.: 2 145$
Ventes QC 2016: n.d.
Ventes CAN 2016: n.d.
Assemblage: Kecskemét HU

Fiabilité	Appréciation générale
■■■■■□□□□□	■■■■■■□□□□
Sécurité	Agrément de conduite
■■■■■■■□□□	■■■■■■□□□□
Consommation	Système multimédia
■■■■■■□□□□	■■■■■■□□□□

Cote d'assurance

$ ▽ $ $ $

Connectivité multimédia

Android Auto   Apple CarPlay

➕ Style toujours actuel • Moteur performant (AMG CLA 45) • Rouage intégral disponible • Dynamique performante (AMG CLA 45)

➖ Performances décevantes (CLA 250) • Confort illusoire • Espace limité aux places arrière • Visibilité limitée • Prix très élevés des versions bien équipées

Concurrents

Acura ILX, Audi A3, Lexus IS

Le style avant tout

Gabriel Gélinas

Avec son look de mini-CLS, la CLA de Mercedes-Benz adopte le style d'un coupé à quatre portes en format réduit, ce qui lui vaut de se démarquer dans le paysage automobile, même après plusieurs années sur le marché. Toutefois, ce style particulier engendre plusieurs critiques en ce qui a trait à l'habitabilité, et les tarifs demandés pour les modèles bien équipés sont élevés au point où le choix d'une Classe C, plus actuelle, s'avère plus avisé.

Avec sa calandre agressive, ses flancs presque taillés au scalpel, et la ligne fuyante de son toit, la CLA joue le jeu de la séduction tous azimuts. C'est particulièrement vrai dans le cas de la Mercedes-AMG CLA 45, dont l'allure est encore plus typée avec son aileron sur le couvercle du coffre et son diffuseur arrière.

STYLÉ, MAIS ÉTRIQUÉ

Malheureusement, le style ravageur de la carrosserie ne trouve pas son écho dans la présentation intérieure dont le design commence sérieusement à montrer de l'âge, surtout lorsqu'on compare la CLA 250 aux plus récents modèles de Mercedes-Benz. L'ergonomie laisse souvent à désirer, tout comme la qualité des matériaux utilisés et la justesse de l'assemblage, deux points où la CLA est déclassée par la rivale Audi A3. Les places avant offrent un bon confort, mais c'est tout autre chose aux places arrière. Dans un premier temps, il faut composer avec la ligne du toit qui complique l'accès à bord, pour ensuite s'accommoder d'un dégagement pour la tête très limité, ainsi que d'un dégagement compté pour les jambes.

La sensation de se retrouver vraiment à l'étroit est aussi renforcée par la très petite surface du vitrage latéral. La visibilité pose également problème pour le conducteur en raison de la forme particulière de la CLA. Heureusement, Mercedes-Benz a cru bon d'y pallier sur les modèles 2018 en ajoutant la caméra de recul à la dotation de série sur toutes les versions, c'est déjà ça de gagné. Le côté pratique d'une berline est aussi occulté par l'étroitesse de l'ouverture du coffre ainsi que par son volume limité.

Si la CLA 250 évoque la sportivité, c'est plus par son look que par ses performances. Animée par un quatre cylindres turbocompressé, la CLA 250 livre des accélérations et des reprises qui sont correctes, sans plus, et le moteur peut se montrer plutôt bruyant en accélération franche, ce qui affecte le confort. De plus, malgré son design aérodynamique, on perçoit un peu trop le bruit de vent à vitesse d'autoroute. Le freinage s'avère performant et la tenue de route est bonne, mais les suspensions adoptent des calibrations fermes qui pénalisent le confort lorsqu'on roule sur des routes dégradées.

LA BOMBE AMG

Dopée aux stéroïdes, l'AMG CLA 45 4MATIC reçoit un quatre cylindres de 2,0 litres turbocompressé, assemblé à la main et développant 375 chevaux, soit 167 de plus que le moteur de la CLA 250. Bien évidemment, cette transplantation cardiaque signifie aussi que les liaisons au sol ainsi que la monte pneumatique ont été bonifiées et que le rouage intégral répond présent, histoire de transmettre efficacement à la route toute la cavalerie développée par ce moteur très performant.

Sur le plan technique, le moteur de l'AMG CLA 45 est doté d'un turbo à double entrée qui peut générer une pression de suralimentation maximale chiffrée à 26,1 psi. Ce souffle abondant permet à la CLA 45 d'atteindre la barre des 100 kilomètres/heure en 4,2 secondes, ce qui est très rapide. Bien que ce moteur soit turbocompressé, il émet une sonorité tout à fait convaincante, surtout lorsque le mode Sport ou Sport Plus est sélectionné.

Pour 2018, Mercedes-Benz apporte quelques changements à sa gamme CLA. Le plus important étant un dispositif «roue libre» ajouté à la boîte automatique pour toutes les déclinaisons, même l'AMG CLA 45. En clair, lorsque la voiture roule sans que le conducteur n'exerce de pression sur l'accélérateur, la transmission se désengage et le moteur se met alors à tourner au ralenti, dans le but de bonifier la consommation. Évidemment, le moteur et la boîte de vitesses reprennent du service immédiatement lorsque le conducteur appuie sur l'accélérateur. Ce dispositif n'est pas nouveau, Porsche l'utilise déjà sur plusieurs modèles, dont la mythique 911 Carrera.

Choisir la CLA, peu importe le modèle, témoigne d'une obsession pour le style avant tout. Malheureusement pour Mercedes-Benz, les CLA 250 sont devancées par la Audi A3, alors que la nouvelle Audi RS 3 chasse maintenant sur les mêmes terres que l'AMG CLA 45 et lui dame facilement le pion en ce qui a trait à la dynamique et aux performances. On attend la riposte de la marque à l'étoile, qui ne devrait pas tarder, Mercedes-Benz ayant l'intention de revoir prochainement son portfolio de véhicules de petite taille.

MERCEDES-BENZ CLA

Données principales

Emp. / lon. / lar. / haut.	2 699 / 4 669 / 1777 / 1416 mm
Coffre / réservoir	470 litres / 56 litres
Nbre coussins sécurité / ceintures	8 / 5
Suspension av. / arr.	ind., jambes force / ind., multibras
Pneus avant / arrière	P235/40R18 / P235/40R18
Poids / Capacité de remorquage	1585 kg / non recommandé

Composantes mécaniques

CLA 250, CLA 250 4MATIC

Cylindrée, alim.	4L 2,0 litres turbo
Puissance / Couple	208 ch / 258 lb-pi
Tr. base (opt) / Rouage base (opt)	A7 / Tr (Int)
0-100 / 80-120 / V. max	7,1 s / 4,9 s / 210 km/h (const)
100-0 km/h	43,0 m
Type / ville / route / CO_2	Sup / 9,6 / 6,4 / 3754 kg/an

CLA 45 AMG 4MATIC

Cylindrée, alim.	4L 2,0 litres turbo
Puissance / Couple	375 ch / 350 lb-pi
Tr. base (opt) / Rouage base (opt)	A7 / Int
0-100 / 80-120 / V. max	4,2 s (const) / n.d. / 250 km/h (const)
100-0 km/h	n.d.
Type / ville / route / CO_2	Sup / 10,7 / 7,6 / 4280 kg/an

> **« LES TARIFS** DEMANDÉS POUR LES MODÈLES **BIEN ÉQUIPÉS** SONT ÉLEVÉS AU POINT OÙ LE **CHOIX D'UNE CLASSE C**, PLUS ACTUELLE, **S'AVÈRE PLUS AVISÉ. »**

DU NOUVEAU EN 2018

Dispositif «roue libre» ajouté à la boîte de vitesses, caméra de recul maintenant de série.

Photos: Mercedes-Benz

Pour voir la liste complète des informations techniques, veuillez vous référer à la section statistiques.

MERCEDES-BENZ | **487**

MERCEDES-BENZ **CLASSE B** | **67**% COTE DU GUIDE

Prix : 35 900 $ à 38 200 $
Catégorie : Familiale
Garanties :
4 ans/80 000 km, 4 ans/80 000 km
Transport et prép. : 2 043 $
Ventes QC 2016 : 1 711 unités
Ventes CAN 2016 : 2 461 unités
Assemblage : Rastatt DE

Fiabilité
■■■■■■■□□□

Appréciation générale
■■■■■■■□□□

Sécurité
■■■■■■■■■□

Agrément de conduite
■■■■■■□□□□

Consommation
■■■■■□□□□□

Système multimédia
■■■■■■■□□□

Cote d'assurance

$ $ $ $

Connectivité multimédia

Android Auto

Apple CarPlay

➕ Style intéressant • Habitacle très spacieux • Moteur dynamique • Boîte de vitesses rapide • Prix bien étudié

➖ Fiabilité moyenne • Suspension sèche • Consommation d'essence élevée (4MATIC) • Faible valeur de revente • Modes de conduites à revoir

Concurrents
Audi A3, MINI Clubman, Volvo V60

La vraie Mercedes-Benz d'entrée de gamme

Marc-André Gauthier

Peu importe leur statut, les constructeurs automobiles ont tous le même but, faire des profits. Et outre certaines marques s'adressant à une clientèle hyper fortunée, les autres doivent vendre le plus de véhicules possible pour y parvenir. Toutefois, contrairement aux constructeurs généralistes que sont les Chevrolet, Hyundai ou Toyota, ceux qui assemblent des voitures de luxe font face à un petit problème : leurs voitures sont dispendieuses.

Pour compenser, on assiste depuis quelques années à une invasion massive de véhicules de luxe abordables, censés convaincre les gens de la classe moyenne que, finalement, eux aussi ont les moyens de rouler en BMW ou en Mercedes-Benz. Or, prenez garde qu'il fut maintes et maintes fois démontré qu'entre une voiture de luxe d'entrée de gamme et une voiture de marque populaire, pour le même prix, vous en avez bien plus pour votre argent dans la deuxième que dans la première.

Ce que l'on apprend dans les cours de marketing, c'est que les marques de luxe se vendent elles-mêmes. Pour beaucoup de gens, il est important d'avoir l'insigne de Mercedes-Benz sur son capot, même si ça implique de payer plus cher. Prenons le cas de la Mercedes-Benz CLA. Intéressante en version AMG, la mouture de base déçoit sur plusieurs points : suspensions sèches, habitacle étroit, peu pratique, finition décevante. Ceux qui ont connu Mercedes-Benz dans ses grandes années se sentiront dépaysés.

Cela dit, voilà que se pointe la Mercedes-Benz Classe B, une voiture que l'on retrouve sur nos routes depuis 2006. Elle a été remise au goût du jour il y a quelques années, et après une semaine à son bord, difficile de ne pas l'aimer. La voici, la vraie Mercedes-Benz d'entrée de gamme, une voiture qui, même en version de base, représente une belle introduction à l'univers Mercedes-Benz.

UN HABITACLE À S'Y PERDRE

Basée sur la même plate-forme que les Mercedes-Benz CLA et GLA, la Classe B n'en a pas les défauts intrinsèques. N'ayant pas à avoir l'air d'un coupé sportif, la Classe B se présente comme une petite voiture familiale ronde, plus européenne que jamais. Son devant reprend toutefois les mêmes lignes que celles des autres modèles, et si on la compare à l'ancienne génération, c'est toute une amélioration ! Elle n'a plus l'air d'une étrangère dans sa famille.

L'habitacle est ce qui rend la classe B vraiment intéressante. Pour faire suite à ce qui est mentionné plus haut, son style arrondi lui confère une habitabilité inédite. Il faut dire qu'on est assis très droit, une position de conduite qui n'a rien de sportif, mais avec un plafond haut qui nous donne un bon dégagement pour la tête, on ne se sent pas à l'étroit. À l'arrière, même constat alors que les passagers de grande taille s'y sentiront particulièrement confortables. Cette forme arrondie offre également une bonne visibilité.

La planche de bord de cette Classe B commence toutefois à vieillir, étant de l'ancien style prôné par Mercedes-Benz, qui se tourne dorénavant vers de larges écrans, comme dans la Classe E. Toutes les commandes de la Classe B sont à portée de la main, et étonnament, le système multimédia s'actionne plutôt bien, même si l'on n'a pas la petite unité de contrôle sur la console centrale, comme dans les autres voitures de la marque. Saluons la belle intégration des systèmes Apple CarPlay et Android Auto, qui se fait à merveille !

DES PERFORMANCES INTÉRESSANTES

Côté motorisation, on a essentiellement le choix entre deux déclinaisons, soit la B 250 et la B 250 4MATIC. Vous l'aurez compris, la principale différence entre les deux est la présence d'un rouage intégral. Dans les deux cas, on obtient un quatre cylindres de 2,0 litres développant 208 chevaux et un couple de 258 livres-pied, accouplé à une excellente boîte automatique à sept rapports avec double embrayage. Ce duo, permettant des accélérations franches et le couple, disponible à bas régime, fait de la Classe B une voiture particulièrement amusante à conduire en ville. Cependant, les modes de conduite sont quelque peu agaçants. En mode Confort, l'accélérateur est trop peu sensible, voire hésitant, et en mode Sport, le moteur s'emballe trop facilement, et la boîte n'atteindra jamais le septième rapport. Il faudrait un juste milieu.

La suspension de la voiture, si elle lui confère une excellente tenue de route, est un peu sèche. On ressent trop les bosses, et ça nuit au confort. Mais bon, avec une version de base à environ 36 000 $, et une version tout équipée à moins de 40 000 $, la Classe B est la voiture par excellence pour découvrir l'univers de Mercedes-Benz sans se faire... rouler !

Données principales

Emp. / lon. / lar. / haut.	2 699 / 4 393 / 1 836 / 1 562 mm
Coffre / réservoir	488 à 1 547 litres / 50 litres
Nbre coussins sécurité / ceintures	11 / 5
Suspension av. / arr.	ind., jambes force / ind., multibras
Pneus avant / arrière	P225/45R17 / P225/45R17
Poids / Capacité de remorquage	1 505 kg / non recommandé

Composantes mécaniques

Cylindrée, alim.	4L 2,0 litres turbo
Puissance / Couple	208 ch / 258 lb-pi
Tr. base (opt) / Rouage base (opt)	A7 / Int (Tr)
0-100 / 80-120 / V. max	7,2 s / 4,5 s / 210 km/h (const)
100-0 km/h	37,0 m
Type / ville / route / CO$_2$	Sup / 9,7 / 6,6 / 4 083 (est) kg/an

« TOUT ÉQUIPÉE À MOINS DE 40 000 $, LA CLASSE B EST **LA VOITURE** PAR **EXCELLENCE** POUR DÉCOUVRIR L'UNIVERS DE **MERCEDES-BENZ** SANS TROP **DÉPENSER ! »**

DU NOUVEAU EN 2018

Aucun changement majeur au moment de mettre sous presse.

Pour voir la liste complète des informations techniques, veuillez vous référer à la section statistiques.

MERCEDES-BENZ **CLASSE C** | **79**% COTE DU GUIDE

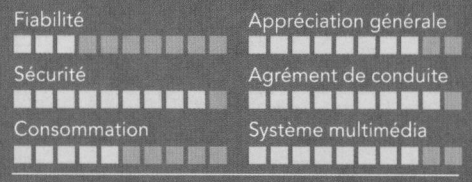

Prix : 44 000 $ à 93 600 $ (2017)
Catégorie :
Berline, Cabriolet, Coupé, Familiale
Garanties :
4 ans/80 000 km, 4 ans/80 000 km
Transport et prép. : 2 041 $
Ventes QC 2016 : 2 185 unités
Ventes CAN 2016 : 9 954 unités
Assemblage : Brême DE

Fiabilité	Appréciation générale
■■■■□□□	■■■■■■□
Sécurité	Agrément de conduite
■■■■■■■	■■■■■□□
Consommation	Système multimédia
■■■■□□□	■■■■■□□

Cote d'assurance

$ $ $ $

Connectivité multimédia

Aucune

➕ Performances et comportement relevés (C 63 et C 63 S) • Moteur V8 biturbo fantastique (C 63 et C 63 S) • Rouage intégral 4MATIC efficace

➖ Mode arrêt-redémarrage lent et brusque (C 63 S) • Visibilité arrière limitée (Cabriolet, Coupé) • Boîte de vitesses parfois lente et saccadée (C 63 et C 63 S)

Concurrents

Acura TLX, Audi A4, BMW Série 3, Cadillac ATS, Infiniti Q50, Lexus ES, Lexus IS, Lincoln MKZ, Volvo S60

Famille nombreuse et personnalités multiples

Marc Lachapelle

La Classe E est peut-être la mieux vendue chez Mercedes-Benz par le vaste monde, mais c'est la Classe C qui est son meilleur vendeur chez nous, et de très loin. Une famille de compactes de luxe très complète, sur une solide lancée depuis la refonte particulièrement réussie qui nous a offert la quatrième génération actuelle, il y a trois ans. Le doyen des constructeurs y ramène d'ailleurs, cette année, une familiale, pour que la fête se poursuive.

C'est lorsqu'on fouille à travers le catalogue complet des modèles, des options, des couleurs, des finitions et des présentations disponibles pour la Classe C qu'on réalise à quel point la somme des variations possibles est hallucinante. Et les prix vont du simple au double, de la version la plus modeste de la berline C 300 au Cabriolet C 63 S, doté de toutes les options disponibles et imaginables, à l'autre extrême de cette échelle.

Des chiffres ? La note passe carrément de 44 000 $ pour la première à 93 600 $ pour la seconde, aux tarifs de 2017. C'est vous dire l'écart, les nuances, les possibilités. Dans le premier cas, l'attrait et le prestige de la marque et de l'étoile à trois pointes sont indiscutables et, pour bien des gens, cette berline est tout simplement irrésistible. Mercedes-Benz a d'ailleurs réussi à rendre ses voitures étonnamment concurrentielles, au fil des années.

L'ADN DE MERCEDES-BENZ

La plus modeste des C 300 ne peut évidemment rivaliser avec ses sœurs plus cossues pour la richesse de sa finition, son équipement ou ses performances. Elle profite toutefois des qualités de la Classe C actuelle, construite sur la plate-forme « modulaire » MRA. Son habitacle est plus spacieux et son comportement équilibré, à la faveur de ses nouveaux trains roulants et de la centaine de kilos qu'elle a perdus, grâce à l'aluminium et l'acier à haute résistance employés en abondance pour sa structure.

On trouve également la C 300 raisonnablement performante, une fois résigné au manque de charme et à la sonorité plutôt banale de son quatre cylindres turbocompressé de 2,0 litres et 241 chevaux. Un type de moteur dont on finit par apprécier le couple à tout régime, tout comme la belle vivacité. Surtout lorsque ces atouts sont aussi bien servis que dans la C 300, avec sa boîte automatique à neuf rapports précise, douce et rapide. Il y a en outre le rouage intégral 4MATIC de série, efficace et linéaire, tant sur la neige que sur la glace.

LES PRODIGES D'AMG

Si l'on veut goûter toute la quintessence de la Classe C, pour la performance, le comportement et les plaisirs qui en découlent, il faut lorgner du côté des versions AMG. D'abord, la berline C 63 S, qui remportait le match des sportives du *Guide de l'auto 2016* devant cinq rivales aguerries. Solide sur le circuit et réjouissante sur la route, elle avait bien sûr ravi les essayeurs par la puissance et la sonorité fabuleuse de son V8 biturbo de 4,0 litres et 503 chevaux, mais également par la finition remarquable, le confort et l'ergonomie de conduite sans reproche de son habitacle. C'est AMG à son meilleur, ce qui n'est pas peu dire, actuellement. Pensez Formule 1, par exemple.

Le coupé AMG C 63 S en remet une couche avec une partie avant plus expressive, une calandre plus découpée et des prises d'air plus grandes. Ses ailes et son capot sont également plus sculptés. Il a franchement la gueule d'une voiture de la série DTM et c'est assurément aussi une belle bête mécanique, polyvalente et raffinée. Surtout avec les différents modes de conduite qui permettent d'explorer ses différentes personnalités, grâce aux multiples réglages électroniques. La boîte de vitesses automatique à sept rapports est encore trop lente, par contre. En particulier pour rétrograder. Même en mode Sport+, avec les manettes.

À vrai dire, les AMG C 43 4MATIC sont sans doute les plus intéressantes pour qui souhaite rouler à longueur d'année au Québec en profitant, sans restriction, de tous leurs attraits. Leur rouage intégral est évidemment l'élément-clé de cette affirmation, pour la longue période hivernale. Leur conduite est cependant tout aussi inspirante par une chaude journée de juillet, avec les 362 chevaux et le couple de 384 lb-pi de leur V6 biturbo de 3,0 litres, maintenant jumelé à la boîte automatique à neuf rapports. Une question d'équilibre et de fine mise au point. Une gracieuseté des ingénieurs de la division AMG, encore une fois.

La familiale C 300 4MATIC, svelte, spacieuse et pratique à souhait, vient compléter à nouveau ce portrait d'une famille de compactes de luxe germanique qui est, ma foi, très complète. Pas étonnant que les ventes suivent. Quant aux versions plus écolos, elles se laissent encore désirer chez nous alors que nos voisins américains ont eu accès à la C 350e hybride rechargeable.

Données principales

Emp. / lon. / lar. / haut.	Berline - 2 840 / 4 756 / 1 839 / 1 426 mm
	Cabriolet - 2 840 / 4 750 / 1 877 / 1 403 mm
	Coupé - 2 840 / 4 750 / 1 877 / 1 400 mm
	Familiale - 2 840 / 4 702 / 1 810 / 1 462 mm
Coffre / réservoir	Berline - 435 à 480 litres / 66 litres
	Cabriolet - 285 à 360 litres / 66 litres
	Coupé - 355 à 400 litres / 66 litres
	Familiale - 490 à 1 510 litres / 66 litres
Nbre coussins sécurité / ceintures	9 / 5
Suspension av. / arr.	ind., multibras / ind., multibras
Pneus avant / arrière	P225/50R17 / P225/50R17
Poids / Capacité de remorquage	Berline - 1 730 kg / n.d.
	Cabriolet - 1 917 kg / n.d.
	Coupé - 1 858 kg / n.d.
	Familiale - 1 705 kg / n.d.

Composantes mécaniques

300 4MATIC

Cylindrée, alim.	4L 2,0 litres turbo
Puissance / Couple	241 ch / 273 lb-pi
Tr. base (opt) / Rouage base (opt)	A9 / Int
0-100 / 80-120 / V. max	6,0 s (const) / n.d. / 210 km/h (const)
100-0 km/h	n.d.
Type / ville / route / CO_2	Sup / 101 / 7,8 / 4 287 (est) kg/an

C 63

Cylindrée, alim.	V8 4,0 litres turbo
Puissance / Couple	469 ch / 479 lb-pi
Tr. base (opt) / Rouage base (opt)	A7 / Prop
0-100 / 80-120 / V. max	4,2 s (const) / n.d. / 250 km/h (const)
100-0 km/h	n.d.
Type / ville / route / CO_2	Sup / 13,4 / 9,6 / 5 820 kg/an

C 63S

Cylindrée, alim.	V8 4,0 litres turbo
Puissance / Couple	503 ch / 516 lb-pi
Tr. base (opt) / Rouage base (opt)	A7 / Prop
0-100 / 80-120 / V. max	4,6 s / 3,2 s / 280 km/h (const)
100-0 km/h	37,2 m
Type / ville / route / CO_2	Sup / 13,4 / 9,6 / 5 700 kg/an

C 43 4MATIC

V6 3,0 l - 362 ch/384 lb-pi - A9 - 0-100: 4,7 s (const) - 11,5/8,3 l/100 km

DU NOUVEAU EN 2018

Nouvelle familiale C 300 4MATIC, boîte automatique à neuf rapports (C 300), caméra arrière (C 300), caméra périphérique (C 63), pare-soleil extensibles.

Pour voir la liste complète des informations techniques, veuillez vous référer à la section statistiques.

MERCEDES-BENZ **CLASSE E**

84 % COTE DU GUIDE

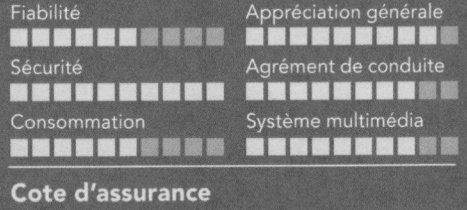

Prix : 61 200 $ à 110 000 $ (estimé)
Catégorie : Berline, Coupé
Garanties :
4 ans/80 000 km, 4 ans/80 000 km
Transport et prép. : 2 092 $
Ventes QC 2016 : 497 unités
Ventes CAN 2016 : 2 953 unités
Assemblage :
Sindelfingen DE, Brême DE

Fiabilité
■■■■■■■□□□

Appréciation générale
■■■■■■■■□□

Sécurité
■■■■■■■■□□

Agrément de conduite
■■■■■■■□□□

Consommation
■■■■■■□□□□

Système multimédia
■■■■■■■□□□

Cote d'assurance

$ $ $ $

Connectivité multimédia

Android Auto

Apple CarPlay

➕ Vitrine technologique • Gamme étendue de modèles • Performances étincelantes (E 63 S) • Confort de roulement (E 300 et E 400) • Finition soignée

➖ Prix élevés • Tarifs des options • Puissance un peu juste (E 300) • Look très semblable aux Classe C et S

Concurrents

Audi A6, BMW Série 5, Cadillac CTS, Infiniti Q70, Jaguar XF, Lexus GS, Maserati Ghibli

Full techno

Gabriel Gélinas

Autrefois, c'était la plus grande berline de la marque qui servait de vitrine technologique pour les constructeurs allemands (Audi A8, BMW Série 7, Mercedes-Benz Classe S). Aujourd'hui, les Classe E chez Mercedes-Benz et la Série 5 de BMW n'ont pas à rougir de la comparaison avec leurs grandes sœurs, leur dotation techno étant tout aussi complète.

Avec la Classe E, Mercedes-Benz poursuit le développement de technologies afin de permettre la conduite semi-autonome. Équipée de l'ensemble Conduite intelligente, il suffit d'enclencher le régulateur de vitesse intelligent pour que la voiture respecte la limite de vitesse indiquée sur les panneaux de signalisation, tout en freinant automatiquement lorsque confrontée à un obstacle. La voiture se maintient automatiquement au centre de sa voie, même dans les courbes, et change elle-même de voie lorsque le conducteur actionne le clignotant. Évidemment, tout cela n'est possible que lorsque les conditions météo le permettent, la neige et la gadoue ayant souvent comme effet d'obstruer les capteurs et caméras dont le bon fonctionnement est essentiel pour la conduite autonome.

Plus techno que jamais, la Classe E innove aussi en adoptant un moteur quatre cylindres turbocompressé de 2,0 litres pour la déclinaison de base E 300, une première dans l'histoire du modèle. Ce moteur adopte l'injection directe de carburant, en plus de la suralimentation par turbo, ce qui lui permet tout de même de développer une puissance de 241 chevaux et un couple chiffré à 273 livres-pied. Le V6 biturbo de 3,0 litres est également au programme dans la E 400 et toutes les Classe E vendues au Canada sont dotées du rouage intégral de série.

AVEC DEUX PORTES EN MOINS

Faisant flèche de tout bois, la Classe E se décline également en modèle Coupé, dont le style est plus sportif en raison, notamment, d'une suspension abaissée de 15 millimètres par rapport à la berline. Un seul moteur est au programme pour le Coupé, du moins pour 2018, et il s'agit du V6 biturbo de 3,0 litres développant 329 chevaux et un couple de 354 livres-pied, qui est jumelé au rouage intégral par l'entremise de la boîte automatique à neuf rapports. Il n'est pas exclu que la division AMG se penche sur le cas de ce modèle dans l'avenir, ce qui permettrait à la marque de proposer un Coupé dont les performances seraient aussi étincelantes que celles de la berline AMG E 63.

Dévoilée au Salon de l'auto de Genève, la Classe E Cabriolet partage le gabarit du Coupé et son look reprend plusieurs éléments des modèles découvrables de la famille, soit la Classe C et la Classe S. La planche de bord est partagée avec le Coupé de Classe E et l'on remarque la présence d'aérateurs dont le design est inspiré par celui des turbines d'avion. Les systèmes AIRCAP, qui déploient un déflecteur au sommet du pare-brise pour réduire l'effet du vent lors de la conduite à ciel ouvert, et AIRSCARF, qui souffle de l'air chaud à la base de la nuque, répondent présent, tout comme le toit qui demeure souple, tradition oblige.

UNE VRAIE AMG ET UNE AMG *LIGHT*

La division AMG a été mise à contribution, et deux fois plutôt qu'une. Au sommet de la pyramide, on retrouve la AMG E 63 S et son fabuleux moteur V8 biturbo de 4,0 litres développant 603 chevaux et un couple de 627 livres-pied. Il s'agit ici d'une voiture au potentiel de performance très élevé, qui demeure toutefois très agréable à conduire, lorsqu'on ne la pousse pas à ses limites et qui s'avère pratique au quotidien en raison de son rouage intégral de série.

Pour ceux que ça intéresse, précisons que la AMG E 63 S est pourvue d'un mode «drift» qui envoie la totalité du couple aux seules roues arrière, histoire de faire partir en fumée les pneus haute performance qui chaussent les jantes en alliage de 20 pouces. Soulignons également au passage que le moteur de la E 63 S développe deux fois et demie plus de puissance que le moteur quatre cylindres turbo de la E 300, ce qui n'est pas banal... Juste en dessous, on retrouve la AMG E 43. Cette dernière offre elle aussi un look plus typé, mais elle est animée par une version légèrement plus puissante du V6 biturbo de 3,0 litres qui développe ici 396 chevaux et 384 livres-pied. On peut donc vraiment qualifier la E 63 S de vraie voiture AMG et la E 43, de AMG *light*, tellement l'écart des performances est grand entre ces deux voitures.

Avec sa gamme étendue de modèles, la Classe E joue à fond la carte techno et se décline en plusieurs configurations, permettant ainsi d'étendre sa portée. Et comme les modèles Coupé et Cabriolet sont maintenant élaborés sur la nouvelle architecture inaugurée l'an dernier par la berline, toutes les Classe E bénéficient des mêmes avancées technologiques.

Données principales

Emp. / lon. / lar. / haut.	**Berline** - 2 939 / 5 005 / 1872 / 1447 mm	
	Coupé - 2 873 / 4 826 / 1860 / 1430 mm	
Coffre / réservoir	**Berline** - 540 à 1820 litres / 80 litres	
	Coupé - 425 litres / 66 litres	
Nbre coussins sécurité / ceintures	8 / 5	
Suspension av. / arr.	ind., pneumatique, multibras / ind., pneumatique, multibras	
Pneus avant / arrière	P245/40R19 / P275/35R19	
Poids / Capacité de remorquage	**Berline** - 2 118 kg / n.d.	
	Coupé - 1845 kg / n.d.	

Composantes mécaniques

300 4MATIC

Cylindrée, alim.	4L 2,0 litres turbo
Puissance / Couple	241ch / 273 lb-pi
Tr. base (opt) / Rouage base (opt)	A9 / Int
0-100 / 80-120 / V. max	6,8 s / 4,8 s / 210 km/h (const)
100-0 km/h	42,9 m
Type / ville / route / CO$_2$	Sup / 10,8 / 8,1 / n.d.

400 4MATIC

Cylindrée, alim.	V6 3,0 litres turbo
Puissance / Couple	329 ch / 354 lb-pi
Tr. base (opt) / Rouage base (opt)	A9 / Int
0-100 / 80-120 / V. max	5,2 s (const) / n.d. / 210 km/h (const)
100-0 km/h	n.d.
Type / ville / route / CO$_2$	Sup / 11,5 / 8,1 / n.d.

E 43 4MATIC

Cylindrée, alim.	V6 3,0 litres turbo
Puissance / Couple	396 ch / 384 lb-pi
Tr. base (opt) / Rouage base (opt)	A9 / Int
0-100 / 80-120 / V. max	4,6 s (const) / n.d. / 210 km/h (const)
100-0 km/h	n.d.
Type / ville / route / CO$_2$	Sup / 13,1 / 9,3 / n.d.

E 63 S

Cylindrée, alim.	V8 4,0 litres turbo
Puissance / Couple	603 ch / 627 lb-pi
Tr. base (opt) / Rouage base (opt)	A9 / Int
0-100 / 80-120 / V. max	3,4 s (const) / n.d. / 300 km/h (const)
100-0 km/h	n.d.
Type / ville / route / CO$_2$	Sup / 14,5 (est) / 10,8 (est) / n.d.

DU NOUVEAU EN 2018

Arrivée de la berline E 63 S, nouvelle génération pour les modèles Coupé et Cabriolet, changements de couleurs.

Pour voir la liste complète des informations techniques, veuillez vous référer à la section statistiques.

MERCEDES-BENZ **CLASSE G** | **65**% COTE DU GUIDE

((SiriusXM))

Prix : 128 100 $ à 250 500 $ (2017)
Catégorie : VUS
Garanties :
4 ans/80 000 km, 4 ans/80 000 km
Transport et prép. : n.d.
Ventes QC 2016 : n.d.
Ventes CAN 2016 : 2 742 unités
Assemblage : Graz AT

Fiabilité n.d.	Appréciation générale ■■■■■■□□□
Sécurité ■■■■■■■□□□	Agrément de conduite ■■■■■■■□□□
Consommation ■■■□□□□□□□	Système multimédia ■■■■■■■□□□

Cote d'assurance

$ ▼ $ $ $

Connectivité multimédia

Aucune

➕ Style unique • Moteurs puissants •
Luxe à bord • Efficace en hors route

➖ Consommation élevée • Prix de
base élevé • Comportement routier
préhistorique • Peu d'espaces
de rangement

Concurrents
BMW X6, Land Rover Range Rover,
Porsche Cayenne

Charmante indécence

Sylvain Raymond

Au premier coup d'œil, on pourrait croire que le Mercedes-Benz de Classe G date de la préhistoire, lui qui marque l'imaginaire avec son design ultra classique et ses lignes angulaires. Il consomme du carburant comme un ivrogne, il possède l'aérodynamisme d'un réfrigérateur et il aime vous torturer sur de longues distances, mais vous savez quoi ? Il est unique en son genre et c'est pour cette raison qu'on l'aime autant. Voilà un véhicule qui fait appel au cœur, non pas à la logique.

Mis à part quelques modèles de chez Land Rover, le Classe G ne ressemble à rien de commun. Depuis son introduction en 1979, son évolution s'est faite de manière très lente, alors qu'il conserve toujours les mêmes traits de caractère issus de son origine militaire, notamment son toit plat, son pare-brise à angle droit et son immense roue de secours accrochée au hayon arrière. Il détonne parmi la horde de VUS modernes tout en rondeurs et c'est pourquoi plusieurs l'apprécient.

UN OBJET DE LUXE AVANT TOUT
Malgré ses grandes capacités hors route, le Classe G, aussi connu sous le nom de « Geländewagen » ou VUS en allemand, est beaucoup plus un objet de luxe qu'un baroudeur des bois. À son avantage en zone urbaine, il a la cote dans les soirées mondaines. Pratiquement aucun propriétaire n'ira s'amuser avec lui dans la boue et c'est encore plus vrai à bord des versions AMG.

Eh oui, le Classe G est offert en trois versions, incluant deux AMG. Le plus abordable des modèles, le G 550, dispose d'un « petit » moteur V8 de 4,0 litres développant 416 chevaux pour un couple de 450 livres-pied. Ce n'est tout de même pas si mal ! Ce moteur est lié à une excellente boîte automatique à sept rapports et bien entendu, le véhicule profite d'un rouage intégral 4MATIC.

Mais pourquoi acheter la version de Monsieur Tout-le-Monde ou lorsque l'on peut jumeler l'exclusivité au savoir-faire de AMG, la division de performance de Mercedes-Benz ? Il suffit alors de vous tourner vers le Mercedes-AMG G 63, étonnamment le plus vendu malgré son prix, qui reçoit sous son capot un V8 turbocompressé de 5,5 litres développant 536 chevaux et un couple de 560 lb-pi. Avouez que peu de VUS peuvent se vanter de disposer d'autant de puissance, mais attention, il ne faudra pas trop vous formaliser de sa consommation d'essence. Outre une puissance décoiffante, vous obtenez, en prime, quelques éléments de design qui soulignent son caractère spécial, dont des jantes de 20 pouces au lieu de 19.

UN V12 DANS UN VUS ?

Et ce n'est pas terminé. Le constructeur pousse l'audace en offrant une version encore plus démentielle, le G 65 AMG qui, tenez-vous bien, dispose d'un V12 6,0 litres qui développe 621 chevaux pour un couple de 738 livres-pied. Exclusivité assurée.

À bord, on a récemment revu l'habitacle du Classe G, mais une fois de plus, il semble être figé dans le temps, spécialement dans le cas de certains blocs de commandes. La bonne nouvelle, c'est que tout est présenté d'une manière efficace et simple à comprendre. La finition est bien et l'effet de luxe, assuré par des matériaux nobles, notamment une sellerie de cuir d'aspect riche. Malgré son apparence assez compacte, le Classe G est très spacieux, ses formes carrées et la hauteur de son toit l'aidant à ce chapitre. Pas de problème de visibilité, les larges vitres vous permettent de bien voir tout autour. Le principal reproche, c'est qu'il manque d'espace de rangement à l'avant.

Au volant, il ne faut pas vous attendre au comportement des VUS modernes qui se conduisent telle une voiture haute sur pattes. Le Classe G conserve le même le raffinement qu'à l'époque, soit très peu, et nous rappelle les 4x4 purs et durs. Sa direction à billes est lourde et il faut constamment jouer du volant pour maintenir le cap sur la route, surtout que ses larges pneus s'amusent à suivre chaque roulière qu'ils rencontrent. Les transferts de poids sont assez importants en virage, ce qui peut surprendre puisque les accélérations musclées, surtout dans le cas des AMG, nous donnent l'impression d'une grande sportivité. Il faut être prudent.

Aussi, le Classe G vient suffisamment équipé pour vous permettre d'escalader l'Everest, notamment des essieux rigides à l'avant et à l'arrière, un système quatre roues motrices comprenant une gamme basse, et un système de contrôle en descente. Qui plus est, il dispose, tout comme les Jeep Wrangler, de trois différentiels (central, avant et arrière) verrouillables indépendamment, ce qui en fait un vrai tank. Même dans nos nids-de-poule, il ne vous laissera jamais tomber !

Données principales

Emp. / lon. / lar. / haut.	2850 / 4764 / 2056 / 1938 mm
Coffre / réservoir	480 à 2250 litres / 96 litres
Nbre coussins sécurité / ceintures	4 / 5
Suspension av. / arr.	essieu rigide, ress. hélicoïdaux / essieu rigide, ress. hélicoïdaux
Pneus avant / arrière	P295/40R21 / P295/40R21
Poids / Capacité de remorquage	2595 kg / 3182 kg (7010 lb)

Composantes mécaniques

G 550

Cylindrée, alim.	V8 4,0 litres turbo
Puissance / Couple	416 ch / 450 lb-pi
Tr. base (opt) / Rouage base (opt)	A7 / Int
0-100 / 80-120 / V. max	5,9 s (const) / n.d. / 210 km/h (const)
100-0 km/h	n.d.
Type / ville / route / CO_2	Sup / 19,0 / 16,6 / 8 223 kg/an

AMG G63

Cylindrée, alim.	V8 5,5 litres turbo
Puissance / Couple	563 ch / 560 lb-pi
Tr. base (opt) / Rouage base (opt)	A7 / Int
0-100 / 80-120 / V. max	5,4 s (const) / n.d. / 210 km/h (const)
100-0 km/h	n.d.
Type / ville / route / CO_2	Sup / 20,0 / 16,6 / 8 496 kg/an

AMG G65

Cylindrée, alim.	V12 6,0 litres turbo
Puissance / Couple	621 ch / 738 lb-pi
Tr. base (opt) / Rouage base (opt)	A7 / Int
0-100 / 80-120 / V. max	5,3 s (const) / n.d. / 230 km/h (const)
100-0 km/h	n.d.
Type / ville / route / CO_2	Sup / 22,2 / 18,0 / 9 343 kg/an

MERCEDES-BENZ CLASSE G

DU NOUVEAU EN 2018

Modèle revu en 2016.
Modifications mineures.
Équipement encore plus complet.

Photos : Mercedes-Benz

MERCEDES-BENZ CLASSE S

MERCEDES-BENZ **CLASSE S / MAYBACH** | **79**% COTE DU GUIDE

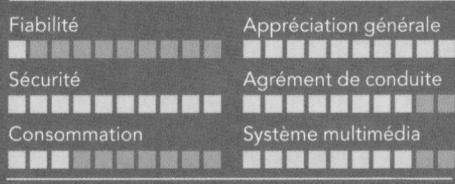

Prix: 105 000 $ à 258 000 $ (estimé)
Catégorie: Berline
Garanties:
4 ans/80 000 km, 4 ans/80 000 km
Transport et prép.: 2 026 $
Ventes QC 2016: 162 unités
Ventes CAN 2016: 1 049 unités
Assemblage: Sindelfingen DE

Fiabilité ■■■■■■■■□□
Appréciation générale ■■■■■■■■□□
Sécurité ■■■■■■■■■□
Agrément de conduite ■■■■■■■□□□
Consommation ■■■□□□□□□□
Système multimédia ■■■■■■■■■□

Cote d'assurance
$ ▼ $ $ $

Connectivité multimédia

Aucune

➕ Luxe, luxe, luxe • Performances
enivrantes • Truffée de technologies •
Espace et confort absolu •
Aura de prestige et de réussite

➖ Prix d'achat outrageux (surtout
Maybach) • Manque d'espace à l'arrière
(Coupé et Cabriolet) • Disparition de la
version hybride rechargeable

Concurrents

Audi A8, Bentley Flying Spur,
BMW Série 7, Jaguar XJ, Lexus LS,
Maserati Quattroporte, Porsche Panamera,
Tesla Model S

PDG et rappeurs, réjouissez-vous !

Michel Deslauriers

Patrons de grandes entreprises, vedettes de musique rap et
hip-hop, vous serez heureux d'apprendre que Mercedes-Benz
vient d'apporter une foule d'améliorations à votre carrosse,
la Classe S, le nec plus ultra de ses modèles.

Depuis l'an dernier, la Classe S comprend plusieurs variantes tout aussi
luxueuses et puissantes que les autres. Bon, d'accord, certaines d'entre
elles sont encore plus cossues, comme les Mercedes-Maybach, alors que
d'autres sont carrément diaboliques, en l'occurrence les Mercedes-AMG.
Et outre la berline, on peut également opter pour le Coupé ou le Cabriolet.
Toutes les déclinaisons de la Classe S 2018 profiteront de nouvelles
motorisations, d'une apparence rafraîchie et — question de rester un pas
devant la concurrence — des caractéristiques de luxe inégalées.

SÉRÉNITÉ ET BIEN-ÊTRE

D'abord, exit les S 550e hybride rechargeable et S 600. La berline S 400
est remplacée par la nouvelle S 450 4MATIC, équipée d'un V6 biturbo de
3,0 litres développant 362 chevaux, assorti d'une boîte automatique à
neuf rapports. La S 550 cède sa place à la S 560 4MATIC — en empattements
court et allongé — et son nouveau V8 biturbo de 4,0 litres. Celui-ci produit
463 chevaux et selon le constructeur, il consomme 10 % de moins que le V8
qu'il remplace, grâce notamment à un système de désactivation de cylindres.
Les Coupé et Cabriolet S 550, avec leurs cristaux Swarovski intégrés aux
blocs optiques, et leur style élégant, accentué par l'absence d'un pilier B
dans le cas du Coupé, sont eux aussi renommés S 560, adoptant le V8,
plus puissant et moins énergivore.

Alors que d'autres constructeurs se vantent d'offrir un écran numérique de
12,3 pouces, Mercedes en installe deux, côte à côte, sur la planche de bord.
Le nouveau volant dispose de boutons Touch Control réagissant au balayage
des doigts, comme sur l'écran d'un téléphone intelligent, permettant de
régler toutes les fonctionnalités audio sans lâcher le volant.

La grande nouveauté, celle que la concurrence cherchera à imiter dès l'an prochain, c'est un gadget qui s'appelle ENERGIZING Comfort. En combinant le système de climatisation, le vaporisateur de fragrance, le chauffage et la ventilation des sièges, la fonction massage, l'éclairage d'ambiance et la musique de détente intégrée, la voiture créera une atmosphère de bien-être basée sur l'humeur des passagers, avec six programmes : fraîcheur, chaleur, vitalité, joie, confort et entraînement. Et ce, pour tous les sièges de l'habitacle, si l'on coche le groupe d'options approprié. Chaque programme fonctionne durant dix minutes, le tout agrémenté de graphiques colorés à l'écran, d'un éclairage apaisant et de musique relaxante ou énergisante. Une chance que les voitures vont bientôt se conduire par elles-mêmes. Puisqu'on en parle, la Classe S profite d'un système de conduite semi-autonome plus performant.

Plus cossue, mais beaucoup plus chère, la Mercedes-Maybach S 600 devient la S 650, mais conserve son V12 biturbo de 621 chevaux. Elle dispose de quelques distinctions esthétiques, mais surtout, d'un habitacle encore mieux insonorisé, et encore plus somptueux, avec des sièges de classe exécutive à l'arrière ainsi qu'un plus grand dégagement pour les jambes grâce à un empattement allongé de 200 mm. Au cours de l'été 2017, la Mercedes-Maybach S 650 Cabriolet est apparue sur le marché, avec un habillage plus luxueux comparativement à la Classe S Cabriolet. Toutefois, seulement 300 unités de cette fastueuse décapotable étaient disponibles à travers le monde, quelques-unes seulement ont débarqué au Canada. Son prix était de 300 000 $, soit l'équivalent d'environ 450 000 $...

ADRÉNALINE ET TRANSPIRATION

Bien sûr, les versions AMG sont les plus performantes, et la berline S 63 4MATIC+ dispose d'un nouveau V8 biturbo de 4,0 litres développant 603 chevaux et un couple massif de 664 livres-pied, le tout géré par une boîte à neuf rapports. Cette voiture de 2 200 kg peut accélérer de 0 à 100 km/h en 3,5 secondes et atteindre les 300 km/h en toute illégalité.

Modes de conduite, système de départ-canon, échappement de performance AMG avec sonorité variable, suspension sport AMG avec amortissement pneumatique, tout y est. Les Coupé et Cabriolet S 63 auront aussi droit à cette nouvelle motorisation.

Dans les trois carrosseries, on peut également opter pour la AMG S 65 avec son V12 biturbo de 6,0 litres. Avec 621 chevaux et un couple monstrueux de 738 livres-pied sous le pied droit, envoyés aux roues arrière via une boîte à sept rapports, on a affaire à une expérience un peu différente de la S 63. Zéro à 100 km/h dans la berline S 65 : 4,2 secondes. Alors, on a les moyens, laquelle prend-on ? Notre choix s'arrêterait sur la berline S 63. Mais bon, on n'est pas tous des PDG ni des rappeurs, alors nos goûts peuvent bien différer...

Données principales

Emp. / lon. / lar. / haut.	2 648 / 4 410 / 1 828 / 1 620 mm
Coffre / réservoir	545 à 1 489 litres / 53 litres
Nbre coussins sécurité / ceintures	7 / 5
Suspension av. / arr.	ind., jambes force / ind., multibras
Pneus avant / arrière	P225/55R17 / P225/55R17
Poids / Capacité de remorquage	1769 kg / n.d.

Composantes mécaniques

450 4MATIC

Cylindrée, alim.	V6 3,0 litres turbo
Puissance / Couple	362 ch / 369 lb-pi
Tr. base (opt) / Rouage base (opt)	A9 / Int
0-100 / 80-120 / V. max	6,1 s (est) / n.d. / 210 km/h (const)
100-0 km/h	n.d.
Type / ville / route / CO₂	Sup / 12,0 / 8,2 / 4 820 (est) kg/an

560 4MATIC MAYBACH

Cylindrée, alim.	V8 4,0 litres turbo
Puissance / Couple	463 ch / 516 lb-pi
Tr. base (opt) / Rouage base (opt)	A9 / Int
0-100 / 80-120 / V. max	4,6 s (est) / n.d. / 210 km/h (const)
100-0 km/h	n.d.
Type / ville / route / CO₂	Sup / 13,6 / 9,6 / 5 220 (est) kg/an

S 63 4MATIC

Cylindrée, alim.	V8 4,0 litres turbo
Puissance / Couple	603 ch / 664 lb-pi
Tr. base (opt) / Rouage base (opt)	A9 / Int
0-100 / 80-120 / V. max	3,5 s (const) / n.d. / 300 km/h (const)
100-0 km/h	n.d.
Type / ville / route / CO₂	Sup / 14,5 / 10,8 / 5 460 (est) kg/an

S 65

Cylindrée, alim.	V12 6,0 litres turbo
Puissance / Couple	621 ch / 738 lb-pi
Tr. base (opt) / Rouage base (opt)	A7 / Prop
0-100 / 80-120 / V. max	4,2 s (const) / n.d. / 300 km/h (const)
100-0 km/h	n.d.
Type / ville / route / CO₂	Sup / 18,1 / 10,7 / 6 900 (est) kg/an

DU NOUVEAU EN 2018

Abandon des versions S 550e et S 600, révisions esthétiques, nouvelles motorisations, ajout de la fonction ENERGIZING Comfort, système de conduite semi-autonome amélioré, révisions de garnitures intérieures, volant redessiné et bien plus.

Pour voir la liste complète des informations techniques, veuillez vous référer à la section statistiques.

MERCEDES-BENZ **GLA**

76% COTE DU GUIDE

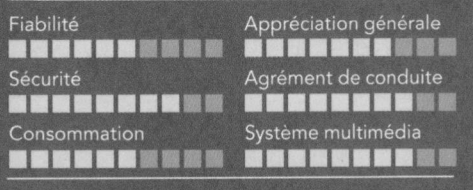

Prix : 38 500 $ à 52 300 $ (2017)
Catégorie : VUS
Garanties :
4 ans/80 000 km, 4 ans/80 000 km
Transport et prép. : 2 000 $
Ventes QC 2016 : 1 232 unités
Ventes CAN 2016 : 4 400 unités
Assemblage : Rastatt DE

Fiabilité	Appréciation générale
■■■■■■□□□□	■■■■■■□□□□
Sécurité	Agrément de conduite
■■■■■■□□□□	■■■■■□□□□□
Consommation	Système multimédia
■■■■■■□□□□	■■■■□□□□□□

Cote d'assurance

$ $ $ $

Connectivité multimédia

Apple CarPlay

+ Style dynamique • Deux moteurs bien adaptés • Nombreux éléments de sécurité • Rouage intégral fort efficace

− Essence super requise • Espace limité • Devient rapidement dispendieux • Habitacle plus sommaire

Concurrents

Audi Q3, BMW X1, Land Rover Range Rover Evoque, Lexus NX, Lincoln MKC, Porsche Macan, Volvo XC60

Petit, mais pas modeste

Sylvain Raymond

Si quelqu'un, à une époque lointaine, a déjà multiplié le pain et le poisson, Mercedes-Benz multiplie les modèles afin de rehausser ses parts de marché, et ce, dans des créneaux jadis inexplorés. Après avoir fait une incursion chez les petites berlines avec sa CLA en 2014, le constructeur allemand répétait la stratégie un an plus tard, mais cette fois, du côté des VUS. Le Classe GLA devenait le plus petit et le plus abordable VUS de la marque. Sa mission ? Attirer une toute nouvelle clientèle dans les salles d'exposition.

Si vous trouvez la Classe B — et la Classe A qui n'est pas commercialisée chez nous — trop petite, vous aurez sans doute le même avis envers le GLA puisqu'il utilise la même plate-forme, baptisée MFA. Il s'agit d'un VUS de luxe sous-compact qui rivalise, notamment, avec l'Audi Q3, le Porsche Macan et le BMW X1.

ON L'A RETOUCHÉ CETTE ANNÉE !

Afin de maintenir l'intérêt des gens pour le GLA on l'a retouché un tantinet cette année. Si vous avez l'œil fin, vous remarquerez son nouveau pare-chocs avant et surtout, sa grille perforée à motifs carrés. La forme des phares antibrouillards est aussi un bel indice. Les designers ont fait preuve d'un peu d'audace dans la palette de couleurs avec le vert Kryptonite, par contre, nous vous défions d'en trouver un exemplaire chez un concessionnaire ! L'arrière aussi profite de subtiles retouches, notamment le bas du pare-chocs dont la couleur contraste avec celle de la carrosserie.

Dans l'habitacle, l'aménagement est identique à celui de la CLA. C'est efficace, mais pas spectaculaire. On reconnaît rapidement l'écran, non tactile, placé sur le tableau de bord et les buses de ventilation rondes. La finition n'est pas mauvaise, peut-être légèrement inférieure à celle de certains rivaux ou même, des autres véhicules de la marque. Au moins, les commandes sont placées de manière fonctionnelle. Il faut aussi aimer l'intimité, particulièrement dans le cas des passagers arrière. L'autre compromis, c'est le volume de chargement qui demeure limité.

Peu de choix au chapitre des versions et des motorisations. La grande partie des acheteurs optent pour le GLA 250 qui dispose d'un moteur quatre cylindres de 2,0 litres développant 208 chevaux pour un couple de 258 livres-pied. Il faudra toutefois l'abreuver au carburant super afin d'en extraire un maximum de performances, ce qui exige un déboursé supplémentaire à chaque visite à la pompe.

Le moteur transmet sa puissance aux quatre roues — oui, tous les GLA disposent d'un rouage intégral 4MATIC — via une excellente boîte automatique sept rapports à double embrayage : performante, rapide et sans aucune hésitation. C'est en conduite plus dynamique que l'on découvre toute son efficacité. À l'opposé, lorsque le conducteur le désire, elle favorise l'économie de carburant et une conduite silencieuse.

QUATRE CYLINDRES GRIFFÉ AMG

Pas d'entre-deux dans le cas du GLA, on passe directement de la version de base à la version AMG GLA 45. Ce VUS permet d'accéder aux iconiques livrées AMG pour un prix, disons, moins indécent. Son moteur de 2,0 litres turbo repousse les limites avec 375 chevaux et un couple de 350 livres-pied libéré à un régime très bas, 2 250 tr/min. La puissance et surtout la sonorité de ce moteur à haut régime pourraient vous donner envie de sortir votre chéquier.

L'exclusivité ne s'arrête pas qu'à la mécanique du AMG GLA 45 : son style est dynamisé par une panoplie d'accessoires rehaussant ses performances. Jantes de 19 pouces exclusives, large béquet posé sur le hayon, échappement sport à quadruple échappement et étriers de frein surdimensionnés dévoilent rapidement le statut particulier de cette livrée. L'intérieur profite également d'un traitement exclusif tout aussi réussi. Dire que Mercedes-Benz nous mentionnait, il y a à peine quelques années, qu'il réserverait ses versions AMG aux modèles plus dispendieux...

Au volant du GLA, on découvre un véhicule qui se comporte beaucoup plus comme une voiture familiale que comme un VUS. C'est normal compte tenu ses origines, mais Mercedes-Benz a également fait du beau travail en dosant le confort et le plaisir de conduite. En livrée AMG, on a l'impression d'être au volant d'une voiture sport, car son profil abaissé, sa suspension à calibration sport et le savoir-faire des ingénieurs d'AMG en font un petit bolide compact capable de faire rougir bien des grandes berlines. Il est facile d'être attiré par le Mercedes-Benz GLA en raison de son prix de base attrayant. Sachez toutefois que s'il est correctement équipé, la facture grimpe très rapidement et qu'il devient dispendieux pour un VUS de cette taille.

Données principales

Emp. / lon. / lar. / haut.	2 699 / 4 445 / 2 022 / 1 479 mm
Coffre / réservoir	421 à 1 235 litres / 56 litres
Nbre coussins sécurité / ceintures	8 / 5
Suspension av. / arr.	ind., jambes force / ind., multibras
Pneus avant / arrière	P235/45R19 / P235/45R19
Poids / Capacité de remorquage	1 585 kg / n.d.

Composantes mécaniques

250 4MATIC

Cylindrée, alim.	4L 2,0 litres turbo
Puissance / Couple	208 ch / 258 lb-pi
Tr. base (opt) / Rouage base (opt)	A7 / Int
0-100 / 80-120 / V. max	7,1 s / n.d. / 210 km/h
100-0 km/h	n.d.
Type / ville / route / CO$_2$	Sup / 10,3 / 7,6 / 4 240 kg/an

45 4MATIC

Cylindrée, alim.	4L 2,0 litres turbo
Puissance / Couple	375 ch / 350 lb-pi
Tr. base (opt) / Rouage base (opt)	A7 / Int
0-100 / 80-120 / V. max	4,4 s (const) / n.d. / 250 km/h (const)
100-0 km/h	n.d.
Type / ville / route / CO$_2$	Sup / 11,3 / 8,5 / 4 660 kg/an

« LE PLAISIR DE CONDUIRE LE MERCEDES-BENZ GLA EST INVERSEMENT PROPORTIONNEL À SA TAILLE, SURTOUT EN LIVRÉE AMG ! »

DU NOUVEAU EN 2018

Quelques couleurs enlevées et d'autres ajoutées, emblème Mercedes-Benz maintenant sur fond noir, jauges redessinées, modifications à l'avant et à l'arrière, nouvelles roues.

Photos : Mercedes-Benz

Pour voir la liste complète des informations techniques, veuillez vous référer à la section statistiques.

MERCEDES-BENZ | 499

MERCEDES-BENZ **GLC**

83 % COTE DU GUIDE

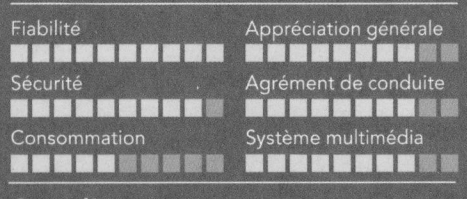

Prix : 45 150 $ à 100 000 $ (estimé)
Catégorie : VUS
Garanties :
4 ans/80 000 km, 4 ans/80 000 km
Transport et prép. : 2 037 $
Ventes QC 2016 : 940 unités
Ventes CAN 2016 : 4 774 unités
Assemblage : Brême DE

Fiabilité
■■■■■■■□□□

Appréciation générale
■■■■■■■□□□

Sécurité
■■■■■■□□□□

Agrément de conduite
■■■■■■■□□□

Consommation
■■■■■■■□□□

Système multimédia
■■■■■■□□□□

Cote d'assurance
$ $ $ $

Connectivité multimédia

Aucune

➕ Sièges avant bien taillés et confortables • Version hybride rechargeable GLC 350e exclusive • Versions de performance GLC 63 S

➖ Soute moins vaste (Coupé GLC) • Soute beaucoup moins vaste (GLC 350e) • Visibilité arrière limitée (Coupé GLC) • Roulement ferme (AMG GLC 43)

Concurrents

Acura RDX, Audi Q5, BMW X3, BMW X4, Land Rover Discovery Sport, Land Rover Range Rover Evoque, Lexus NX, Lincoln MKC, Porsche Macan, Volvo XC60

Plus chic, écolo ou puissant, au choix

Marc Lachapelle

Le changement d'initiales s'est accompagné d'une métamorphose complète pour l'utilitaire sport compact de luxe qu'on a d'abord connu sous l'appellation GLK. Cette deuxième génération, plus longue, large et légère, poursuit son ascension dans une des catégories les plus bouillonnantes et concurrentielles du moment. Elle profite largement, cette année, de la politique de multiplication des modèles que maîtrise particulièrement le doyen des constructeurs. D'une version hybride à une paire de purs bolides, l'arsenal du GLC est maintenant sans égal.

Le moins que l'on puisse dire est que Mercedes-Benz n'y va pas de main morte pour s'imposer dans la catégorie chouchou des utilitaires sport de luxe compacts. Le nouveau GLC y avait fait une entrée discrète à ses débuts, sous les seuls traits du GLC 300.

SOUDAIN, UNE VERSION HYBRIDE RECHARGEABLE

La version GLC 350e, qui arrive à l'automne, est une surprise. Elle prend le relais, au rayon écolo, du moteur diesel qui fut très populaire sous le capot du GLK, mais qu'on a dû rayer du catalogue pour les raisons que l'on connaît. Le groupe propulseur hybride rechargeable combine le quatre cylindres à essence de 2,0 litres et un moteur électrique, pour une puissance combinée de 315 chevaux et un couple assez impressionnant de 413 lb-pi de 1 200 à 4 000 tr/min.

La batterie du GLC 350e lui procurerait aussi une autonomie purement électrique de 34 kilomètres. Il est censé atteindre 100 km/h en 5,6 secondes et ses disques de freins ont le même diamètre (360 mm à l'avant et 320 mm à l'arrière) que ceux du GLC 43 AMG. Le plus grand sacrifice est celui du volume de la soute arrière, qui chute de 155 litres lorsque la deuxième banquette est dressée. À cause de la batterie de propulsion sous le plancher.

Le clan Mercedes-Benz aura joué, entre-temps, une première carte pour contrer le Porsche Macan en performance et une deuxième pour offrir, sous les traits des Coupés GLC, une réplique soignée et une alternative au BMW X4, dans ce créneau étroit des utilitaires compacts de luxe chics et urbains.

Côté performance, les AMG GLC 43 se présentent sous les traits plus carrés de la carrosserie « régulière » ou sous les lignes fluides des Coupés. La rançon de la silhouette chic de ces derniers est d'abord un accès plus délicat à des places arrière, dont la garde au toit est moins généreuse. Mais surtout, une soute cargo amputée de 50 litres, lorsque la banquette arrière est en place, pour un total de 500 litres en tout.

Les GLC 43 sont animés par un V6 à double turbo de 3,0 litres et 362 chevaux. Ce moteur est jumelé à une version de l'excellente boîte automatique à neuf rapports qu'on a modifiée pour en tirer des changements de rapports plus rapides. Le tandem a permis au Coupé GLC 43 de boucler sans peine le sprint 0-100 km/h en 5,5 secondes dans nos mesures impromptues. Leur rouage intégral AMG Performance 4MATIC transmet 69 % du couple aux roues arrière, pour favoriser un comportement plus agile et une conduite plus sportive.

À cet égard, la direction du Coupé GLC 43 est très vive au centre et en amorce de braquage. Un peu trop, même. Sûrement pour compenser le centre de gravité plus haut et le poids substantiel de presque deux tonnes métriques. La suspension sport AMG à ressorts pneumatiques combat de son mieux le roulis, mais on se sent toujours perché haut derrière le beau volant sport du Coupé GLC 43. Même s'il est plus bas que le GLC 300 de 16 mm et posé sur des voies élargies de 19 et 36 mm, devant et derrière, en plus de pneus à taille basse.

BOLIDES COSTAUDS À L'HORIZON

Plus au tournant de l'hiver, on devrait voir débarquer le tandem redoutable des GLC 63 S et Coupé GLC 63 S. Ces deux-là deviendront, *ipso facto*, de super-bolides, grâce au premier V8 qu'un constructeur aura eu l'audace de boulonner sous le capot d'un utilitaire de luxe compact. Coiffé d'une paire de turbocompresseurs, de surcroît. C'est une recette qui a plutôt bien réussi à la berline C 63 S. Les GLC partagent d'ailleurs la même architecture que les Classe C.

Le moteur du GLC 63 S livre 503 chevaux et devrait le propulser de 0 à 100 km/h en 3,8 secondes, selon ses créateurs. Dans les deux cas, les GLC et Coupé GLC devancent nettement le Porsche Macan Turbo et son V6 biturbo de 400 chevaux. Il sera intéressant de voir quelle sera la réplique de Porsche, et celle d'Audi aussi. Entre-temps, la gamme GLC s'élargit, s'enrichit, et ses ventes sont en progression quasi constante. Mercedes-Benz a bien joué ses cartes et fourbi ses armes.

Données principales

Emp. / lon. / lar. / haut.	2 874 / 4 732 / 1 930 / 1 586 mm
Coffre / réservoir	395 à 1 600 litres / 66 litres
Nbre coussins sécurité / ceintures	7 / 5
Suspension av. / arr.	ind., multibras / ind., multibras
Pneus avant / arrière	P235/55R19 / P235/55R19
Poids / Capacité de remorquage	2 025 kg / 1 588 kg (3 500 lb)

Composantes mécaniques

350e 4MATIC

Cylindrée, alim.	4L 2,0 litres turbo
Puissance / Couple	208 ch / 258 lb-pi
Tr. base (opt) / Rouage base (opt)	A7 / Int
0-100 / 80-120 / V. max	5,6 s (const) / n.d. / 210 km/h (const)
100-0 km/h	n.d.
Type / ville / route / CO$_2$	Sup / n.d. / n.d. / n.d.
Consommation équivalente	5,3 Le/100 km
Puissance / Couple combinés	315 ch / 413 lb-pi

MOTEUR ÉLECTRIQUE

Puissance / Couple	114 ch (85 kW) / 251 lb-pi
Type de batterie	Lithium-ion (Li-ion)
Énergie	8,8 kWh
Temps de charge (120V / 240V)	n.d. / 4,0 h
Autonomie	34 km

300 4MATIC

Cylindrée, alim.	4L 2,0 litres turbo
Puissance / Couple	241 ch / 273 lb-pi
Tr. base (opt) / Rouage base (opt)	A9 / Int
0-100 / 80-120 / V. max	6,7 s / 5,1 s / 210 km/h (const)
100-0 km/h	41,2 m
Type / ville / route / CO$_2$	Sup / 11,1 / 8,5 / 4 640 kg/an

AMG 43 4MATIC

Cylindrée, alim.	V6 3,0 litres turbo
Puissance / Couple	362 ch / 384 lb-pi
Tr. base (opt) / Rouage base (opt)	A9 / Int
0-100 / 80-120 / V. max	5,5 s / n.d. / 210 km/h (const)
100-0 km/h	n.d.
Type / ville / route / CO$_2$	Sup / 17,4 / 11,1 / 5 580 kg/an

DU NOUVEAU EN 2018

Version hybride rechargeable GLC 350e, versions de performance GLC 63 S et Coupé GLC 63 S, caméra arrière de série.

Photos : Marc Lachapelle

Pour voir la liste complète des informations techniques, veuillez vous référer à la section statistiques.

MERCEDES-BENZ | 501

MERCEDES-BENZ **GLE**

75% COTE DU GUIDE

 (((SiriusXM)))

Prix: 63 800$ à 117 100$ (2017)
Catégorie: VUS
Garanties:
4 ans/80 000 km, 4 ans/80 000 km
Transport et prép.: 2 045$
Ventes QC 2016: 1 112 unités
Ventes CAN 2016: 7 281 unités
Assemblage: Tuscaloosa AL US

Fiabilité	Appréciation générale
■■■■■■■□□□	■■■■■■■□□□
Sécurité	Agrément de conduite
■■■■■■■■□□	■■■■■■■□□□
Consommation	Système multimédia
■■■■■□□□□□	■■■■■■□□□□

Cote d'assurance

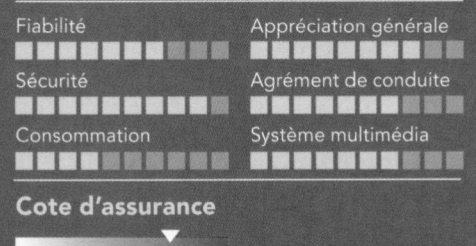

$ $ $ $

Connectivité multimédia

 Android Auto   Apple CarPlay

➕ Gamme élargie de
versions • Version AMG GLE 63 S
performante • Bonne capacité de
remorquage • Bonne qualité de finition

➖ Consommation élevée (GLE 550,
AMG GLE 63 S) • Prix élevés •
Tarifs des options • Système de
télématique peu intuitif

Concurrents

Audi Q7, BMW X5, BMW X6,
Infiniti QX60, Infiniti QX70, Lexus RX,
Porsche Cayenne, Volvo XC90

Refonte imminente

Gabriel Gélinas

Le GLE de Mercedes-Benz, autrefois connu sous la désignation Classe M, se décline en cinq déclinaisons adoptant la configuration classique d'un VUS et en deux versions pourvus d'une ligne de toit plus fuyante qui répondent à la désignation de Coupé GLE. Les constructeurs allemands étant passés maîtres dans l'art de décliner de nouvelles variations de modèles établis, il est tout à fait naturel pour Mercedes-Benz d'aligner des coupés de ses GLE de taille intermédiaire et GLC de taille compacte afin de répondre à la demande d'une certaine clientèle qui n'hésite pas à sacrifier le côté pratique d'un VUS classique au nom du style.

Cinq moteurs, dont la puissance varie de 329 à 577 chevaux, peuvent animer le GLE de format classique, alors que les Coupé GLE sont alignés sous la bannière AMG et ne sont proposés qu'avec deux de ces cinq moteurs. Précisons que tous les GLE vendus au pays disposent du rouage intégral de série, que le niveau d'équipement varie grandement selon les versions et que les coûts associés aux groupes d'options sont souvent très élevés.

De tous les modèles de la marque, le GLE est celui qui affiche le plus de retard par rapport à la concurrence, en raison d'une présentation intérieure sans grand éclat, identique à celle du grand GLS. Le système de télématique COMAND n'est pas très intuitif, mais au moins le GLE peut être équipé des fonctionnalités Apple CarPlay et Android Auto qui sont offertes de série dans les livrées haut de gamme et en option dans les plus abordables.

HYBRIDE ET AMG

Le GLE 550e peut être qualifié d'hybride léger dans la mesure où son petit moteur électrique est intégré à la boîte automatique qui ne compte que sept rapports. Ce moteur électrique est alimenté par une batterie lithium-ion de 8,7 kWh pouvant être rechargée en environ deux heures lorsque le véhicule est branché à une borne de 240 volts. Mercedes-Benz annonce une autonomie de 30 kilomètres en mode électrique, et le GLE 550e peut rouler sur un de quatre modes, le premier étant purement électrique et le second étant un mode hybride où le véhicule choisit lui-même sa source d'énergie en fonction de l'efficacité énergétique. Il existe aussi le mode E-save, où l'énergie contenue dans la batterie est préservée pour un usage ultérieur, et le mode Charge selon lequel le véhicule roule avec le moteur thermique tout en rechargeant la batterie. Avec une puissance totale chiffrée à 436 chevaux et un couple maximal de 479 livres-pied, le 550e est plus puissant et plus rapide que le GLE 400 et même le Mercedes-AMG GLE 43.

Les versions AMG sont au nombre de deux, soit le fougueux AMG GLE 63 S avec son moteur V8 biturbo de 5,5 litres déployant 577 chevaux, et le AMG GLE 43 pouvant être qualifié de « AMG light » dans la mesure où il hérite du moteur V6 biturbo de 362 chevaux, soit seulement 33 de plus que le moteur du GLE 400. Précisons également que le Coupé GLE n'est disponible qu'en versions AMG.

LA QUATRIÈME GÉNÉRATION EN APPROCHE

Le GLE s'apprête à subir une refonte complète avec l'arrivée du nouveau modèle de quatrième génération, programmée pour la fin de 2018. Le GLE 2019 sera donc le premier véhicule de la marque élaboré sur une toute nouvelle plate-forme modulaire qui servira également de base aux éventuels VUS de Mercedes-Benz, dont la future génération du GLS de grande taille qui suivra l'arrivée du GLE de taille intermédiaire. Le look du nouveau modèle sera fort probablement en phase avec celui du récent GLC, et le prochain GLE empruntera plusieurs éléments aux voitures de la Classe E.

Cette nouvelle génération du GLE sera sûrement animée par une série de moteurs à six et huit cylindres, et il n'est pas impossible qu'une variante hybride rechargeable — dont la motorisation serait composée d'un moteur thermique à quatre cylindres jumelé à un moteur électrique — fasse partie de l'offre du constructeur allemand. Il est par ailleurs assuré qu'une ou des versions AMG soient également commercialisées en raison de la forte demande actuelle pour ces VUS. Parions aussi que la configuration Coupé fera encore partie de l'offre pour cette quatrième génération du GLE qui devrait, en toute logique, troquer son bloc d'instruments conventionnel à la faveur des écrans doubles équipant déjà les voitures de Classe S et E de la marque allemande.

On peut également s'attendre à ce que le prochain GLE fasse le plein de toutes les nouvelles technologies et fonctionnalités développées pour les plus récents modèles Mercedes-Benz en ce qui a trait à la télématique et aux systèmes de sécurité avancés, entre autres. À suivre... En attendant la refonte complète, les modèles de troisième génération poursuivent leur route en 2018 sans grands changements et en subissant les assauts plus soutenus de ses concurrents de conception plus récente comme les Audi Q7 et Volvo XC90, entre autres.

Données principales

Emp. / lon. / lar. / haut.	2 915 / 4 918 / 2 003 / 1 718 mm
Coffre / réservoir	650 à 2 010 litres / 93 litres
Nbre coussins sécurité / ceintures	9 / 5
Suspension av. / arr.	ind., double triangulation / ind., multibras
Pneus avant / arrière	P255/50R19 / P255/50R19
Poids / Capacité de remorquage	2 475 kg / 3 265 kg (7190 lb)

Composantes mécaniques

550e 4MATIC

V6 3,0 l - 329 ch/354 lb-pi - A7 - 0-100: 5,3 s (const) - 11,8/10,3 l/100 km	
Consommation combinée	n.d.

MOTEUR ÉLECTRIQUE

Puissance / Couple	114 ch (85 kW) / 251 lb-pi
Type de batterie	Lithium-ion (Li-ion)
Énergie	8,7 kWh
Temps de charge (120V / 240V)	n.d. / 2,0 h
Autonomie	30 km

43 4MATIC

Cylindrée, alim.	V6 3,0 litres turbo
Puissance / Couple	362 ch / 384 lb-pi
Tr. base (opt) / Rouage base (opt)	A9 / Int
0-100 / 80-120 / V. max	5,7 s (const) / n.d. / 210 km/h (const)
100-0 km/h	n.d.
Type / ville / route / CO$_2$	Sup / 13,6 / 10,1 / 5 620 kg/an

550 4MATIC

Cylindrée, alim.	V8 4,7 litres turbo
Puissance / Couple	449 ch / 516 lb-pi
Tr. base (opt) / Rouage base (opt)	A9 / Int
0-100 / 80-120 / V. max	5,1 s (const) / n.d. / 210 km/h (const)
100-0 km/h	n.d.
Type / ville / route / CO$_2$	Sup / 15,3 / 11,3 / 6 320 kg/an

63 S 4MATIC, 63 S 4MATIC COUPÉ

Cylindrée, alim.	V8 5,5 litres turbo
Puissance / Couple	577 ch / 561 lb-pi
Tr. base (opt) / Rouage base (opt)	A7 / Int
0-100 / 80-120 / V. max	4,2 s (const) / n.d. / 250 km/h (const)
100-0 km/h	n.d.
Type / ville / route / CO$_2$	Sup / 17,3 / 13,5 / 7 300 kg/an

400 4MATIC

V6 3,0 L - 329 ch/354 lb-pi - A9 - 0-100 : 6,0 s (const) - 13,3/10,1 L/100 km	

DU NOUVEAU EN 2018

Aucun changement majeur au moment de mettre sous presse. Arrivée programmée du modèle de quatrième génération vers la fin de 2018.

Pour voir la liste complète des informations techniques, veuillez vous référer à la section statistiques.

MERCEDES-BENZ **GLS**

73% COTE DU GUIDE

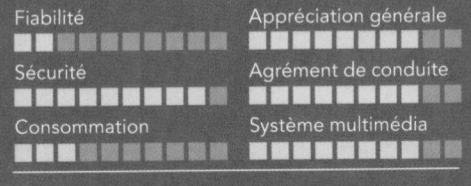

Prix: 82 900 $ à 132 900 $ (2017)
Catégorie: VUS
Garanties:
4 ans/80 000 km, 4 ans/80 000 km
Transport et prép.: 2 026 $
Ventes QC 2016: n.d.
Ventes CAN 2016: n.d.
Assemblage: Tuscaloosa AL US

Fiabilité

Appréciation générale

Sécurité

Agrément de conduite

Consommation

Système multimédia

Cote d'assurance

$ $ $ $

Connectivité multimédia

Android Auto

+ Très bon niveau de confort •
Rouage intégral performant •
Très bonne capacité de remorquage •
Performances relevées (GLS 63)

− Poids très élevé • Consommation
élevée (GLS 550 et GLS 63) • Prix élevé •
Coût des options

Concurrents

Cadillac Escalade, Infiniti QX80,
Land Rover Range Rover, Lexus LX,
Lincoln Navigator

Le confort grand format

Gabriel Gélinas

Mercedes-Benz a décidé de revoir la désignation de ses VUS afin d'assurer une filiation plus étroite avec les différents modèles de voitures qui composent sa gamme. Voilà pourquoi le GLK est devenu le GLC, le ML est devenu GLE et le GL est aujourd'hui connu comme étant le GLS. Ainsi, la famille des VUS, émule celle des voitures de Classe C, E et S.

Véritable boîte sur roues, le GLS ne gagne pas de prix de design, mais se démarque par son volume d'espace intérieur qui lui confère une grande polyvalence. Malgré son encombrement, le GLS est tout de même plus compact que les Cadillac Escalade, GMC Yukon Denali ainsi que le tandem Nissan Armada / Infiniti QX80.

L'habitacle du GLS n'est pas aussi cossu ou luxueux que celui d'une berline de Classe S, mais le confort est très bon et les places de la troisième rangée ne font pas l'effet d'un banc de punitions. Au volant du GLS, on remarque que la visibilité est meilleure sur les côtés et vers l'arrière qu'au volant des véhicules concurrents de General Motors.

Le design de la planche de bord est un peu *old school*, mais il a le mérite d'être fonctionnel même si l'écran central de huit pouces semble avoir été ajouté à la sauvette. Si vous n'êtes pas familier avec le système multimédia appelé COMAND chez Mercedes-Benz, il faudra prévoir une période d'adaptation car les sous-menus sont parfois inutilement complexes. La qualité d'assemblage est à la hauteur, et le choix est vaste pour ce qui est des garnitures en bois ou même en fibre de carbone.

TROIS MOTEURS AU PROGRAMME

Trois blocs peuvent animer le GLS et tous sont associés au rouage intégral ainsi qu'à une boîte automatique à neuf rapports, à l'exception de l'AMG GLS 63 lequel est doté d'une boîte automatique à sept rapports. Le moteur à essence V6 turbocompressé qui équipe le GLS 450 convient parfaitement à la tâche en offrant des performances comparables à celles des véhicules concurrents mus par des moteurs V8. De plus, sa consommation est réduite par rapport au V8 turbocompressé du GLS 550, et comme la capacité de remorquage est chiffrée à 3 500 kilos (7 716 lb) pour les deux variantes, le choix du V8 ne présente qu'un seul avantage, soit celui de gagner un peu plus d'une seconde pour le sprint de 0 à 100 km/h, ce qui est plutôt marginal dans le cas d'un VUS à sept passagers.

Le comportement routier du GLS 450 est aussi tout ce qu'il y a de plus civilisé, et le confort est nettement supérieur à celui du Cadillac Escalade, un véhicule trahi par sa génétique, soit celle d'une camionnette pleine grandeur. Le 450 est également le plus abordable de la gamme GLS, si un VUS de plus de 80 000 $ peut être qualifié comme étant « abordable », à l'achat comme à la pompe !

À FOND LA CAISSE

Prendre le volant du Mercedes-AMG GLS 63, c'est faire l'expérience de la dissonance cognitive dans sa forme la plus pure. En enfonçant l'accélérateur à fond, on est absolument stupéfait de constater qu'un mastodonte de 2 610 kilos soit capable d'accélérer aussi rapidement. Le moteur V8 biturbo de 5,5 litres permet au GLS 63 de décoller avec autorité et d'atteindre la barre des 100 km/h en 4,6 secondes, un chrono qui se situe entre ceux des Porsche 718 Boxster et 718 Boxster S, deux voitures pesant à peu près la moitié du poids du GLS 63. Pour un VUS sept passagers, voilà qui est vraiment impressionnant.

La tenue de route est bonifiée, par rapport aux GLS 450 et GLS 550, grâce à l'adoption d'une monte pneumatique surdimensionnée chaussant des jantes de 21 pouces, à la garde au sol qui se retrouve abaissée en mode Sport+, ainsi qu'aux calibrations adoptées par la suspension pneumatique. En quelques mots, le GLS 63 s'accroche vraiment à la route, malgré son poids élevé et son gabarit, et le freinage s'avère performant grâce aux disques de frein de 390 millimètres de diamètre à l'avant et 360 millimètres à l'arrière. Les performances hors normes du GLS 63 peuvent être qualifiées de délirantes, mais comme aucun de vos passagers n'aimera se faire conduire avec autant de célérité, le choix de cette version relève plus d'un désir de s'afficher au volant de la plus performante de la gamme qu'autre chose. À mon avis, le meilleur choix est le GLS 450. Son moteur V6 biturbo fait amplement le travail et convient parfaitement à la mission première du GLS, soit de transporter la famille, avec armes et bagages, sur de longues distances en tout confort.

Dans le créneau des VUS de grand format, le GLS de Mercedes-Benz est, encore et toujours, la référence. De tous les véhicules de sa catégorie, c'est celui qui conjugue le mieux polyvalence, confort, sécurité et agrément de conduite, ce qui n'est pas un mince exploit pour un VUS sept passagers.

Données principales

Emp. / lon. / lar. / haut.	3 075 / 5 162 / 1 982 / 1 850 mm
Coffre / réservoir	295 à 2 300 litres / 100 litres
Nbre coussins sécurité / ceintures	7 / 7
Suspension av. / arr.	ind., pneumatique, bras inégaux / ind., pneumatique, multibras
Pneus avant / arrière	P275/50R20 / P275/50R20
Poids / Capacité de remorquage	2 610 kg / 3 500 kg (7 710 lb)

Composantes mécaniques

450 4MATIC

Cylindrée, alim.	V6 3,0 litres turbo
Puissance / Couple	362 ch / 369 lb-pi
Tr. base (opt) / Rouage base (opt)	A9 / Int
0-100 / 80-120 / V. max	6,6 s (const) / n.d. / 210 km/h (const)
100-0 km/h	n.d.
Type / ville / route / CO₂	Sup / 14,4 / 11,4 / 5 529 kg/an

550 4MATIC

Cylindrée, alim.	V8 4,7 litres turbo
Puissance / Couple	449 ch / 516 lb-pi
Tr. base (opt) / Rouage base (opt)	A9 / Int
0-100 / 80-120 / V. max	5,3 s (const) / n.d. / 210 km/h (const)
100-0 km/h	n.d.
Type / ville / route / CO₂	Sup / 16,7 / 12,9 / 6 806 kg/an

63 AMG 4MATIC

Cylindrée, alim.	V8 5,5 litres turbo
Puissance / Couple	577 ch / 561 lb-pi
Tr. base (opt) / Rouage base (opt)	A7 / Int
0-100 / 80-120 / V. max	4,6 s (const) / n.d. / 270 km/h (const)
100-0 km/h	n.d.
Type / ville / route / CO₂	Sup / 18,2 / 14,0 / 7 349 kg/an

DU NOUVEAU EN 2018

Aucun changement majeur au moment de mettre sous presse.

Photos : Mercedes-Benz

Pour voir la liste complète des informations techniques, veuillez vous référer à la section statistiques.

MERCEDES-BENZ | 505

MERCEDES-BENZ **METRIS** | **65** % COTE DU GUIDE

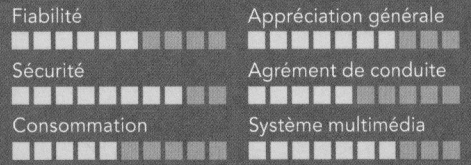

Prix : 33 900 $ à 38 900 $ (2017)
Catégorie : Fourgonnette
Garanties :
3 ans/60 000 km, 5 ans/100 000 km
Transport et prép. : 3 195 $
Ventes QC 2016 : 209 unités
Ventes CAN 2016 : 1 242 unités
Assemblage : Vitoria-Gasteiz ES

Fiabilité	Appréciation générale
■■■■■■■□□□	■■■■■■■□□□
Sécurité	Agrément de conduite
■■■■■■■■□□	■■■■■■■□□□
Consommation	Système multimédia
■■■■■■□□□□	■■■■■□□□□□

Cote d'assurance

n.d.

Connectivité multimédia

Aucune

➕ Comportement routier correct •
Plate-forme très solide • Très bon accès
aux deux rangées arrière • Habitacle vaste •
S'accommode bien des sièges de bébé

➖ Espace de chargement peu polyvalent •
Consommation décevante • Pas de rouage
intégral • Tableau de bord dessiné par le
grand-père de Karl Benz

Concurrents
Ford Transit Connect,
Ram Promaster City

Entre un hôtel et un aéroport

Alain Morin

Parmi les véhicules les plus insolites à rouler sur nos routes, le Mercedes-Benz Metris tient une place de choix. On le repère facilement, car ses formes ultracarrées détonnent dans un monde où la recherche du meilleur aérodynamisme possible donne des carrosseries tout en courbes. Dans son habitacle, on retrouve des surfaces en plastique noir, gris foncé ou gris anthracite très dures au toucher, à la limite désagréables, alors que la tendance veut des plastiques de plus en plus raffinés.

Et que dire de son écran central, qui a l'air d'avoir les dimensions d'une carte professionnelle placée au beau milieu du tableau de bord alors que certaines marques offrent maintenant des écrans géants ! Ce ne sont là que deux exemples parmi tant d'autres. Bref, on se demande si l'on a bien affaire à un véhicule neuf !

Malgré son apparence un peu rustre, le Metris a beaucoup de qualités pour quiconque favorise une relation à long terme plutôt qu'un amour passager, mais ô combien agréable ! Tout d'abord, il convient de mentionner que le Metris a été développé pour le marché européen, tout comme son grand frère, le Sprinter auquel il ressemble, d'ailleurs. Là-bas, il s'appelle Vito et est commercialisé depuis 1996. Il n'est exporté ici que depuis l'an dernier, ce qui peut expliquer le fait qu'on ne se soit pas encore habitués à lui.

IL FAUT PENSER À LONG TERME

Le Metris se décline en deux modèles, Cargo et Combi. Le premier, proposé en deux longueurs, est destiné à un usage strictement commercial et ne compte que deux sièges à l'avant. Le reste de l'habitacle sert à la marchandise. Le modèle Combi, par contre, possède sept places, ce qui le place dans la catégorie des fourgonnettes, tout comme les Chrysler Pacifica, Dodge Grand Caravan, Honda Odyssey et Toyota Sienna. Or, la vocation du Combi est différente. Même s'il peut transporter la famille élargie et les deux chiens sans problème, il est surtout destiné à une utilisation commerciale. D'où les plastiques durs, mais ultrarésistants.

Puisqu'il n'a pas besoin de séduire un public avide de nouveautés, le Metris peut se permettre de présenter un tableau de bord qui semble avoir été dessiné il y a vingt ans. Au moins, il y a plusieurs espaces de rangement parfaits pour y glisser une planche à pince, ce qui compense un peu son système audio, dont la sonorité rappelle celle d'un RCA Victor des années 50... Assis au volant, non télescopique, on remarque que la visibilité arrière est royalement bloquée par les appuie-têtes des deux rangées de sièges. Au moins, cette année, la caméra de recul vient de série.

Toujours dans le rayon des sièges, soulignons que la banquette de troisième rangée ne se replie pas dans le plancher comme dans une fourgonnette «normale».

Si l'on désire plus d'espace, il faut l'enlever au complet, une opération qu'on ne fait qu'en cas d'extrême besoin tant ce siège est lourd. Le tissu des sièges ne paie pas de mine. Et comme il semble d'une résistance à toute épreuve, il ne paiera pas de mine longtemps! Tous ces éléments s'accordent pour faire du Metris une parfaite navette entre un hôtel et un aéroport, par exemple.

UNE PROPULSION PEU PROPULSÉE

Sous son capot se cache un quatre cylindres turbo de 208 chevaux et une boîte automatique à sept rapports qui fait le lien avec les roues arrière. Car le Metris est une propulsion. Seulement oser penser que ce groupe motopropulseur pourrait être aussi performant que celui des autres fourgonnettes relève du chimérique. Dans *Le Guide de l'auto 2017*, nous avions tenu un match entre les cinq fourgonnettes mentionnées plus haut et le Metris avait terminé bon dernier dans les mesures d'accélération et de reprises. Il faut dire qu'il était, et est toujours, le moins puissant du groupe et le plus lourd, une combinaison rarement gagnante... Si l'on est très gentil avec l'accélérateur, on peut s'en tirer sous 11,0 l/100 km. Je serais curieux de le conduire avec six passagers et leurs bagages... Bagages qui entrent dans un espace de 1 060 litres, un volume qui pourrait tripler si les sièges pouvaient être enlevés ou, à tout le moins, déplacés.

Assez curieusement, le Metris n'est pas désagréable à conduire pour peu que l'on respecte les lois de la physique. On sent qu'il s'agit d'un véhicule extrêmement solide qui ne se désagrégera pas après quelques années à rouler sur nos routes bombardées. C'est un pur produit Mercedes-Benz, autant pour cette impression de solidité que pour son catalogue regorgeant d'options dispendieuses. Pour qui gère le parc automobile d'un grand hôtel et a une vision à long terme, le Metris mérite considération.

Données principales	
Emp. / lon. / lar. / haut.	3 200 / 5 141 / 2 244 / 1 890 mm
Coffre / réservoir	1060 à 5 270 litres / 70 litres
Nbre coussins sécurité / ceintures	8 / 7
Suspension av. / arr.	ind., jambes force / ind., multibras
Pneus avant / arrière	P225/55R17 / P225/55R17
Poids / Capacité de remorquage	2 200 kg / 2 250 kg (4 960 lb)

Composantes mécaniques	
Cylindrée, alim.	4L 2,0 litres turbo
Puissance / Couple	208 ch / 258 lb-pi
Tr. base (opt) / Rouage base (opt)	A7 / Prop
0-100 / 80-120 / V. max	11,0 s / 8,1 s / n.d.
100-0 km/h	43,9 m
Type / ville / route / CO$_2$	Sup / 11,5 / 9,3 / 5 348 (est) kg/an

> **«** MALGRÉ **SON APPARENCE** UN PEU RUSTRE, **LE METRIS** A BEAUCOUP DE **QUALITÉS** POUR QUICONQUE FAVORISE UNE **RELATION** **À LONG TERME** PLUTÔT QU'UN AMOUR PASSAGER. **»**

MERCEDES-BENZ METRIS

DU NOUVEAU EN 2018

Caméra de recul et régulateur de vitesse de série, console centrale redessinée, volant redessiné, nouveau groupe d'options «Apparence».

Photos : Jeremy Alan Glover

Pour voir la liste complète des informations techniques, veuillez vous référer à la section statistiques.

MERCEDES-BENZ **SL**

75% COTE DU GUIDE

(((**SiriusXm**)))

Prix : 104 900 $ à 244 400 $ (2017)
Catégorie : Roadster
Garanties :
4 ans/80 000 km, 4 ans/80 000 km
Transport et prép. : 2 092 $
Ventes QC 2016 : 39 unités
Ventes CAN 2016 : 221 unités
Assemblage : Brême DE

Fiabilité
■■■■■■■□□□

Appréciation générale
■■■■■■■□□□

Sécurité
■■■■■■■■□□

Agrément de conduite
■■■■■■■□□□

Consommation
■■■■■□□□□□

Système multimédia
■■■■■■■□□□

Cote d'assurance

$ $ $ $

Connectivité multimédia

Android Auto   Apple CarPlay

➕ Performances très relevées (AMG) •
Boîte automatique à neuf rapports
superbe • Confort et silence sans reproche •
Conduite à ciel ouvert impeccable

➖ Direction floue en mode Confort
(SL 550) • Version AMG SL 65 très chère •
Lourdes malgré l'aluminium • Exploration
des menus distrayante

Concurrents
Aston Martin Vantage,
Bentley Continental, Ferrari California T,
Maserati GranTurismo, McLaren 650S

Les grandes dames
se décoiffent

Marc Lachapelle

Depuis qu'elles n'ont plus à jouer les sportives, avec l'apparition
des coupés et roadsters AMG GT, les SL peuvent assumer
pleinement leur personnalité véritable de grand-tourisme
de luxe. Ces élégants et imposants roadsters à toit rigide rétractable
ont sans doute atteint leur apogée sous leur forme actuelle, définie
lors de leur dernière métamorphose. À leur sixième génération
en six décennies, ce sont vraiment les grandes dames de la marque
Mercedes-Benz.

Il y a belle lurette que les SL ne correspondent plus au sens premier de
leurs célèbres initiales qui signifient *sportlich-leicht* en allemand, ou sportive
légère, dans la langue de Vigneault. Même si elles se sont allégées de 125
à 140 kilogrammes grâce à la coque autoporteuse presque entièrement
faite d'aluminium, dont elles ont hérité lors de leur dernière refonte complète
en 2013. Sans compter la rigidité supérieure de cette architecture.

Le Guide de l'auto avait alors opposé cette SL, présentée comme plus
sportive, à une nouvelle Porsche 911, qui se voulait plus confortable et
raffinée, dans le cadre du match des sportives publié dans l'édition du
même millésime. La SL 550 du match s'était bien débrouillée, même sur le
circuit. C'est toutefois encore sur la route, en conduite plus souple, qu'elle
s'était révélée sous son meilleur jour, allégée ou pas. C'est là qu'elle pouvait
donner toute la mesure de son confort, de sa douceur et de son raffinement,
avec un silence de roulement impressionnant.

LIFTING ET MISES À NIVEAU RÉUSSIS

La SL 550 a été ravivée, l'an dernier, par une série de retouches. Elle a pris un
coup de jeune, entre autres, avec une partie avant redessinée qui comprend
un capot plus sculpté, des prises d'air agrandies et une grille de calandre
parsemée de points argentés qui lui réussit particulièrement. Sous les blocs
optiques plus grands sont également installés des phares à diodes (DEL).

Ces attributs sont essentiellement partagés avec la SL 450 qui s'est ajoutée à la série SL l'an dernier. Plus accessible, ne serait-ce qu'un peu, la nouvelle venue est propulsée par un V6 biturbo de 3,0 litres et 362 chevaux qu'on retrouve aussi sous le capot des AMG C 43, entre autres. Plus légère d'une soixantaine de kilos, la SL 450 affiche en outre une répartition de poids avant/arrière parfaite de 50/50 % alors qu'elle est de 52/48 % pour celle qui se place un cran au-dessus d'elle dans la hiérarchie des déclinaisons.

La SL 550 partage également, avec la SL 450, une nouvelle boîte de vitesses automatique à neuf rapports. Cette salutaire mise à niveau a aiguisé ses réflexes et ses réactions, même lorsqu'on roule en mode Confort, le mode de conduite par défaut. Là encore, cela en dit beaucoup sur le caractère et sur la vocation première des SL. N'empêche que le goût de la performance et l'influence des magiciens de la division AMG ne sont jamais loin. Si l'on aime l'automobile le moindrement, on ne se lasse jamais du rugissement sec que crachent les grands embouts d'échappement de la SL 550 à chaque démarrage.

CHARME CLASSIQUE

Le dessin de l'habitacle et du tableau de bord a quelque chose de « vintage », si on le compare aux modèles plus récents chez Mercedes-Benz. Et ça n'a rien de désagréable. Parlons plutôt de design classique. L'écran central, par exemple, est beaucoup plus petit que ces immenses tablettes que le constructeur allemand a été le premier à planter au milieu du tableau de bord. Il est par contre net et permet de naviguer entre les différents menus, à l'aide de la petite molette installée à la droite du petit sélecteur électronique de la boîte de vitesses. Les cadrans clairs, les grandes buses d'aération rondes et le volant gainé de cuir, dont la jante bien charnue est plate au bas, sont d'autres cadeaux signés AMG.

En mode Confort, la SL 550 roule dans un silence quasi parfait, sur une route le moindrement lisse, et garde son aplomb sans trépigner, sur une route plus bosselée, bien que sa direction soit un peu floue et que l'on sente toujours son poids. Elle se resserre de manière perceptible, tout comme la suspension, son accélérateur devient plus sensible et la boîte de vitesses maintient le V8 à des régimes plus élevés. En mode Sport+, tout ça grimpe encore d'un cran et c'est franchement trop, sauf sur une route très serrée ou sur un circuit.

Tous ces éléments se retrouvent évidemment, en concentration plus forte, sur les AMG SL 63 et SL 65. La première est d'ailleurs assez redoutable sur un circuit, malgré son poids, là encore. Dans toutes les SL, il suffit par contre de quinze secondes pour filer à ciel ouvert dans une cabine sans la moindre turbulence. Et ça, aucune autre voiture ne le fait mieux.

Données principales

Emp. / lon. / lar. / haut.	2 585 / 4 640 / 1 877 / 1 300 mm
Coffre / réservoir	345 à 504 litres / 75 litres
Nbre coussins sécurité / ceintures	8 / 2
Suspension av. / arr.	ind., multibras / ind., multibras
Pneus avant / arrière	P255/35R19 / P285/30R19
Poids / Capacité de remorquage	1 950 kg / n.d.

Composantes mécaniques

450

Cylindrée, alim.	V6 3,0 litres turbo
Puissance / Couple	362 ch / 369 lb-pi
Tr. base (opt) / Rouage base (opt)	A9 / Prop
0-100 / 80-120 / V. max	4,9 s (const) / n.d. / 250 km/h (const)
100-0 km/h	n.d.
Type / ville / route / CO_2	Sup / 11,5 / 8,4 / 4 301 (est) kg/an

550

Cylindrée, alim.	V8 4,7 litres turbo
Puissance / Couple	449 ch / 516 lb-pi
Tr. base (opt) / Rouage base (opt)	A9 / Prop
0-100 / 80-120 / V. max	4,3 s (const) / 2,9 s (est) / 250 km/h (const)
100-0 km/h	37,8 m (est)
Type / ville / route / CO_2	Sup / 13,6 / 9,5 / 5 035 (est) kg/an

AMG 63

Cylindrée, alim.	V8 5,5 litres turbo
Puissance / Couple	577 ch / 664 lb-pi
Tr. base (opt) / Rouage base (opt)	A7 / Prop
0-100 / 80-120 / V. max	4,1 s (const) / n.d. / 250 km/h (const)
100-0 km/h	n.d.
Type / ville / route / CO_2	Sup / 14,7 / 9,5 / 5 665 (est) kg/an

AMG 65

Cylindrée, alim.	V12 6,0 litres turbo
Puissance / Couple	621 ch / 737 lb-pi
Tr. base (opt) / Rouage base (opt)	A7 / Prop
0-100 / 80-120 / V. max	4,0 s (const) / n.d. / 300 km/h (const)
100-0 km/h	n.d.
Type / ville / route / CO_2	Sup / 17,6 / 10,8 / 6 544 (est) kg/an

Photos : Mercedes-Benz

DU NOUVEAU EN 2018

Aucun changement majeur au moment de mettre sous presse.

Pour voir la liste complète des informations techniques, veuillez vous référer à la section statistiques.

MERCEDES-BENZ SL

MERCEDES-BENZ **SLC**

75% COTE DU GUIDE

((SiriusXM))

Prix : 58 800 $ à 70 900 $ (2017)
Catégorie : Roadster
Garanties :
4 ans/80 000 km, 4 ans/80 000 km
Transport et prép. : 2 100 $
Ventes QC 2016 : 52 unités
Ventes CAN 2016 : 280 unités
Assemblage : Brême DE

Fiabilité	Appréciation générale
■■■■■■□□□□	■■■■■■■□□□
Sécurité	**Agrément de conduite**
■■■■■■■□□□	■■■■■■■□□□
Consommation	**Système multimédia**
■■■■■□□□□□	■■■■■■■□□□

Cote d'assurance

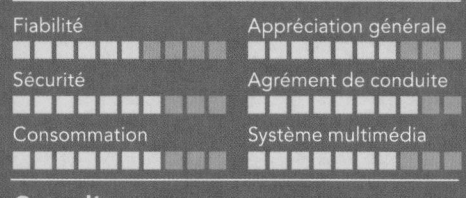

$ $ $ $

Connectivité multimédia

Android Auto

➕ Moteurs efficaces • Bonne routière • Boîte 9G-TRONIC compétente • Belle finition

➖ Design extérieur trop timide (ou trop agressif) • Technologie et connectivité désuètes • Coffre restreint lorsque le toit est baissé • Moins sportive qu'elle en a l'air

Concurrents
Audi TT, Chevrolet Corvette, Jaguar F-TYPE, Porsche 718

L'AMG civile

Mathieu St-Pierre

S i l'on doit à la Miata de Mazda la renaissance du roadster abordable, sachez que Mercedes produit des cabriolets deux places depuis près de 65 ans, si l'on exclut les SSK et 540K des années 20 et 30, pour ne mentionner que ces deux exemples. La SL est la plus connue des roadsters de Mercedes, mais c'est seulement en 1996 qu'est née la SLK.

Dans les années 90, la SL (*Sport-Lightweight*) avait gagné du poids en s'embourgeoisant, pavant ainsi la voie à la SLK (K pour *kurz*, court en allemand). Suite à un remaniement récent des nomenclatures, c'est maintenant la SLC qui sillonne les routes.

Cette SLC, roadster d'entrée de gamme de Mercedes-Benz, est une voiture que l'on peut qualifier de jouet pour ceux qui cherchent à rouler les cheveux au vent la fin de semaine venue. Comme dans tout roadster, les espaces de rangement brillent par leur quasi-absence.

À L'IMAGE DE LA MARQUE
Chez le constructeur de Stuttgart, il est important que tous les produits soient immédiatement identifiables en tant que membres de la très grande famille de Mercedes-Benz. La SLC ne manque pas de se faire remarquer, car elle emprunte beaucoup de traits stylistiques aux SL et AMG GT, deux des voitures sportives les plus convoitées et fameuses de Benz.

La calandre avant est frappante, il n'y a pas d'autre façon de le dire. Et là, je ne parle même pas de la AMG SLC 43. Cette dernière est dotée de grosses prises d'air et d'un bouclier inférieur de grande dimension. D'une certaine distance, on jurerait qu'on fait face à la sublime GT S. Étrangement, le profil de la voiture est insipide. Les jantes AMG à dix branches de 18 pouces, de série sur la SLC 43, rehaussent la ligne de carrosserie. Néanmoins, une discordance existe entre le devant et le reste de la voiture.

Le point saillant extérieur de la SLC est sans équivoque son toit rigide escamotable à commande électrique. Ce dernier se loge efficacement dans le coffre en 20 secondes. L'exhaustive liste d'options de la SLC comprend le MAGIC SKY CONTROL : un toit panoramique vitré dont l'opacité peut être ajustée et qui peut recréer la sensation d'avoir le toit ouvert. Contrairement à plusieurs roadsters, la SLC a plus de gueule avec son toit en place. Son habitacle se veut davantage un endroit confortable pour les randonnées qu'un poste de pilotage dynamique pour ceux qui recherchent les sensations fortes. La AMG SLC 43 intègre des éléments uniques, dont du cuir haut de gamme et des accents en aluminium foncé. Malgré cela, nous n'avons pas l'impression d'être à bord d'une voiture sport.

DES TURBOS PARTOUT

Il fut un temps où sélectionner le moteur de base nécessitait un sacrifice en matière de puissance et de sophistication. De nos jours, ce n'est plus le cas. La SLC 300 dispose de l'excellent quatre cylindres de 2,0 litres turbocompressé qui produit un couple de 273 lb-pi. On ne parle certainement pas d'un moteur inférieur, car il propulse l'auto à 100 km/h en seulement 5,8 secondes ! Les nombreux dollars nécessaires pour acheter la version AMG SLC 43 sont justifiés en bonne partie par le V6 biturbo de 3,0 litres. Celui-ci développe suffisamment de puissance pour tenir tête à une Ford Mustang GT en accélération.

C'est peut-être bizarre à dire, mais le groupe propulseur — incluant la très compétente boîte automatique 9G-TRONIC à neuf rapports — est si doux et sans éclat que l'on n'a pas l'impression de conduire une vraie AMG. La puissance est livrée de manière imperceptible, sans délais ou chute notable de la poussée. Toutefois, en un clin d'œil, les limites de vitesse sont depuis longtemps dépassées... Ce qui camoufle d'autant plus l'impression d'accélération est le fait que l'échappement ne bourdonne pas comme celui d'une AMG C 63 ou même d'une AMG CLA 45.

Au sujet de la 9G-TRONIC, de toutes les boîtes automatiques à autant d'engrenages, celle de Mercedes est sans doute la plus douée. Je dois mentionner aussi qu'en tant que routière, la SLC est chevronnée. Elle ne démontre aucune faiblesse substantielle, trouvant le moyen de jumeler confort et tenue de route. Même si c'est une AMG en tous points, la SLC 43 n'est pas conçue pour la piste, en dépit de la direction précise et du robuste système de freinage qui sont en mesure de subir un certain abus. Les rivales de la SLC se font rares de nos jours, toutefois, la nouvelle Porsche 718 Boxster s'avère son principal obstacle. L'avantage de la 718 est qu'elle peut être tout aussi civilisée que sa voisine de Stuttgart, mais si une fin de semaine sur une piste vous titille, même une Boxster de base peut donner de sérieuses leçons à la SLC 43. Sinon, la SLC saura vous plaire.

Données principales

Emp. / lon. / lar. / haut.	2430 / 4143 / 1854 / 1303 mm
Coffre / réservoir	225 à 335 litres / 60 litres
Nbre coussins sécurité / ceintures	8 / 2
Suspension av. / arr.	ind., jambes force / ind., multibras
Pneus avant / arrière	P225/40R17 / P245/35R17
Poids / Capacité de remorquage	1595 kg / n.d.

Composantes mécaniques

300

Cylindrée, alim.	4L 2,0 litres turbo
Puissance / Couple	241 ch / 273 lb-pi
Tr. base (opt) / Rouage base (opt)	A9 / Prop
0-100 / 80-120 / V. max	5,8 s (const) / n.d. / 210 km/h (const)
100-0 km/h	n.d.
Type / ville / route / CO_2	Sup / 9,5 / 7,2 / 3050 (est) kg/an

43

Cylindrée, alim.	V6 3,0 litres turbo
Puissance / Couple	362 ch / 384 lb-pi
Tr. base (opt) / Rouage base (opt)	A9 / Prop
0-100 / 80-120 / V. max	4,7 s (const) / n.d. / 250 km/h (const)
100-0 km/h	n.d.
Type / ville / route / CO_2	Sup / 11,6 / 8,2 / 3991 (est) kg/an

« NE VOUS LAISSEZ PAS TROMPER PAR L'ABSENCE DE GROSSES JANTES OU D'UN AILERON MASSIF : LA SLC 43 EST UNE VOITURE RAPIDE ! »

DU NOUVEAU EN 2018

Aucun changement majeur au moment de mettre sous presse. Quelques ajouts d'équipement et modifications des groupes d'options. Ensemble Sport abandonné.

Photos: Mercedes-Benz

Pour voir la liste complète des informations techniques, veuillez vous référer à la section statistiques.

MERCEDES-BENZ | 511

MINI COUNTRYMAN

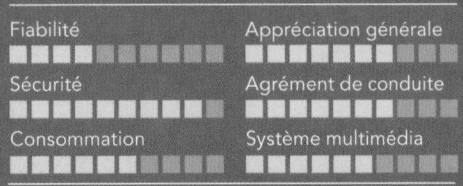 MINI **CLUBMAN / COUNTRYMAN** | **70**% COTE DU GUIDE

(((SiriusXM)))

Prix : 25 490 $ à 38 500 $ (2017)
Catégorie : Familiale / VUS
Garanties :
4 ans/80 000 km, 4 ans/80 000 km
Transport et prép. : 2 695 $
Ventes QC 2016 : 172 unités
Ventes CAN 2016 : 694 unités
Assemblage : Oxford GB

Fiabilité	Appréciation générale
■■■■■□□□□□	■■■■■■■□□□
Sécurité	Agrément de conduite
■■■■■■□□□□	■■■■■■■□□□
Consommation	Système multimédia
■■■■■■□□□□	■■■■■■□□□□

Cote d'assurance

$ $ $ $

Connectivité multimédia

Aucune

➕ Conduite sportive • Style unique •
Polyvalente • Version hybride
rechargeable (Countryman)

➖ Moteur trois cylindres
inadéquat (ALL4) • Poids élevé •
Options coûteuses • Fiabilité pas
toujours reluisante

Concurrents

Clubman : Fiat 500L, Kia Niro,
Mercedes-Benz Classe B, Toyota Prius V,

Countryman : Honda HR-V, Kia Soul,
Mazda CX-3, Nissan JUKE, Subaru
Crosstrek, Toyota C-HR

Les MINI utilitaires

Jacques Deshaies

Les MINI ont pris du poids et du volume depuis leur introduction en 1959. Le constructeur allemand BMW est en grande partie responsable de cette augmentation pondérale. Et comme les nouvelles MINI devaient en offrir toujours plus, les versions Clubman et Countryman ont accentué l'offre. Depuis, même une version deux portières du Countryman, le Paceman, s'est amenée. Toutefois, le manque d'intérêt pour cette dernière a provoqué l'arrêt de sa production.

Elles ne sont pas petites ces MINI. Bien qu'elles partagent la même plate-forme, la Clubman et le Countryman en imposent par un empattement qui gagne plus de 100 mm par rapport à la MINI traditionnelle. Par contre, c'est la Clubman qui remporte la palme quant à sa longueur hors-tout. On remarque aisément que la partie sise derrière les roues arrière est plus longue. C'est la *station wagon* des MINI.

Son frère, le Countryman, offre autant d'espace, mais ajoute un petit penchant pour le hors route. Sa garde au sol plus élevée le positionne davantage vers les utilitaires sous-compacts. Et c'est ce type de véhicule dont les acheteurs se sont épris depuis quelques années.

UN CHOIX DE MOTORISATIONS

Le catalogue MINI affiche toujours un moteur trois cylindres pour les Clubman et Countryman de base. S'il se veut efficace dans les MINI trois et cinq portes, il manque de tonus dans la plus lourde des MINI, le Countryman qui a besoin de plus de puissance pour le pousser en sentier. Même constat pour la Clubman. Si ses 134 chevaux suffisent, sachez que la boîte manuelle six rapports est un atout. Particulièrement si vous optez pour la version à rouage intégral. Si la boîte automatique est votre premier choix, vous aurez droit à six rapports dans les versions d'entrée tandis que les S et ALL4 s'équipent d'une boîte à huit rapports.

Le quatre cylindres turbo de 189 chevaux nous semble beaucoup mieux adapté. D'autant que l'une des grandes qualités d'une MINI est son dynamisme. Raison de plus de compléter l'ensemble par une puissance bien adaptée ! Et si votre cœur vous commande encore plus de sportivité, les versions John Cooper Works auront vite fait de vous combler. Le quatre cylindres des JCW profite de 39 chevaux supplémentaires.

À l'aube de 2018, le Countryman s'installe dans la foulée écologique avec l'addition d'une version hybride rechargeable. Cette déclinaison verte du Countryman porte le moteur trois cylindres de 1,5 litre assisté d'un moteur électrique de 87 chevaux. Au combiné, la puissance grimpe à 224 chevaux. Sur une prise normale, il vous faudra huit heures pour une recharge complète. Si vous êtes équipé d'une prise 240 V, le temps de charge passe à deux heures trente environ. Sans surprise, l'autonomie en mode électrique seulement se situe à 40 km. Cette offre n'est valide que pour le Countryman pour l'instant.

BIENVENUE AUX GABARITS IMPOSANTS

Maintenant, la grande question : laquelle choisir ? Clubman ou Countryman ? Lorsque les dossiers de la banquette sont baissés, le coffre de la Clubman est plus logeable, mais le Countryman est plus polyvalent en raison d'une banquette arrière montée sur rails. La Clubman propose une ouverture de coffre en deux portières tandis que le Countryman dispose d'un hayon conventionnel, mais à ouverture électrique. Et dans ce cas, vous avez droit à un petit coussin amovible pour les fameux « Tailgate » d'avant match de football ! Le confort est supérieur aux MINI régulières, surtout dans le cas du Countryman.

En 2018, le grand cercle au centre du tableau de bord est toujours là, mais il abrite maintenant un nouvel écran tactile. Cette année, MINI apporte quelques subtiles améliorations à sa gamme dont une jauge d'essence plus précise (rassurant pour ceux qui ont une MINI d'il y a quelques années...) et le passage du mode Green au mode Sport ne se fera plus au moyen d'une molette, mais plutôt d'un interrupteur à bascule. La présentation demeurera donc toujours aussi originale.

La gamme MINI se réduit à cinq modèles maintenant, les Clubman et Countryman étant les plus imposantes du groupe. Entre les deux, mon cœur balance, mais tant qu'à posséder une grosse MINI, j'opterais pour le Countryman. Après un essai en mode hors route, il a prouvé qu'il n'a pas à rougir devant ses concurrents. Évidemment, ce n'est pas un tank, mais il se débrouille. Sur la base du BMW X1, il est également beaucoup plus amusant à conduire que bien des utilitaires de sa catégorie. Dans le cas de la Clubman, on parle d'une MINI cinq portes qui souffre d'embonpoint. Elle est plus logeable, c'est vrai, mais à quel point offre-t-elle mieux ? Et, son poids élevé affecte son comportement sportif. Espérons que la fiabilité soit au rendez-vous.

Données principales

Emp. / lon. / lar. / haut.	Clubman - 2 670 / 4 275 / 1 800 / 1 441 mm	
	Countryman - 2 670 / 4 314 / 1 822 / 1 557 mm	
Coffre / réservoir	Clubman - 360 à 1 250 litres / 50 litres	
	Countryman - 450 à 1 390 litres / 61 litres	
Nbre coussins sécurité / ceintures	8 / 5	
Suspension av. / arr.	ind., jambes force / ind., multibras	
Pneus avant / arrière	Clubman - P205/55R16 / P205/55R16	
	Countryman - P225/55R17 / P225/55R17	
Poids / Capacité de remorquage	Clubman - 1 565 kg / n.d.	
	Countryman - 1 599 kg / n.d.	

Composantes mécaniques

COOPER

Cylindrée, alim.	3L 1,5 litre turbo
Puissance / Couple	134 ch / 162 lb-pi
Tr. base (opt) / Rouage base (opt)	M6 (A6) / Tr (Int)
0-100 / 80-120 / V. max	10,9 s / 6,9 s / 205 km/h (const)
100-0 km/h	41,8 m
Type / ville / route / CO_2	Sup / 9,6 / 7,0 / 3770 kg/an

COOPER S, COOPER S ALL4

Cylindrée, alim.	4L 2,0 litres turbo
Puissance / Couple	189 ch / 207 lb-pi
Tr. base (opt) / Rouage base (opt)	M6 (A8) / Tr (Int)
0-100 / 80-120 / V. max	7,2 s (const) / n.d. / 228 km/h (const)
100-0 km/h	n.d.
Type / ville / route / CO_2	Sup / 10,8 / 7,7 / 4214 kg/an

JOHN COOPER WORKS ALL4

Cylindrée, alim.	4L 2,0 litres turbo
Puissance / Couple	228 ch / 258 lb-pi
Tr. base (opt) / Rouage base (opt)	M6 (A8) / Int
0-100 / 80-120 / V. max	6,3 s (const) / n.d. / 237 km/h (const)
100-0 km/h	n.d.
Type / ville / route / CO_2	Sup / 11,4 / 7,8 / 4580 kg/an

COUNTRYMAN COOPER S E ALL4

4L 1,5 l - 134 ch / 162 lb-pi - A6 - 0-100 : 6,8 s

Consommation équivalente	2,5 Le/100 km
Puissance combinée / Couple	224 ch / 284 lb-pi

MOTEUR ÉLECTRIQUE

Puissance / Couple	87 ch
Type de batterie	Lithium-ion (Li-ion)
Énergie	7,6 kWh
Temps de charge (120V / 240V)	8,0 h / 2,5 h
Autonomie	40 km

DU NOUVEAU EN 2018

Jauges et affichage tête haute éclairés en blanc plutôt qu'en orangé, molette pour passer du mode Green au mode Sport est remplacée par un interrupteur à bascule, jauge d'essence plus précise.

MINI CLUBMAN

MINI COUNTRYMAN

Photos : MINI

Pour voir la liste complète des informations techniques, veuillez vous référer à la section statistiques.

MINI | 513

MINI 3 PORTES

MINI **3 PORTES**/**5 PORTES**/**CABRIOLET** | **73**% COTE DU GUIDE

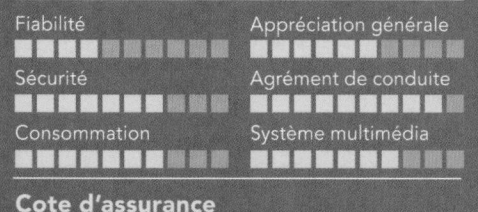

Prix: 21 990 $ à 40 240 $ (2017)
Catégorie: Cabriolet, Hatchback
Garanties:
4 ans/80 000 km, 4 ans/80 000 km
Transport et prép.: 2 695 $
Ventes QC 2016: 5 915 unités
Ventes CAN 2016: 1 374 unités
Assemblage: Oxford GB

Fiabilité	Appréciation générale
■■■■■□□□□□	■■■■■■□□□□
Sécurité	Agrément de conduite
■■■■■■■□□□	■■■■■■■■□□
Consommation	Système multimédia
■■■■■■□□□□	■■■■■■■□□□

Cote d'assurance

$ ▼ $ $ $

Connectivité multimédia

Aucune

➕ Plaisir de conduite indéniable •
Moteurs énergiques • Faible consommation
d'essence • Style unique et accrocheur •
Habitacle joliment conçu

➖ Prix élevé des options • Suspension
ferme (S, JCW) • Places arrière risibles •
Plastiques bon marché dans l'habitacle •
Réputation de fiabilité peu reluisante

Concurrents

3 portes: Fiat 500, Volkswagen Golf

5 portes: Ford Fiesta, Nissan Versa Note,
Volkswagen Golf

Cabriolet: BMW Série 2, Volkswagen Beetle

Triplettes hyperactives

Michel Deslauriers

Peu importe le modèle chez MINI, on tente avec un certain succès d'aller chercher la clientèle par les tripes, suscitant l'émotion avant la raison. Ces acheteurs ont décidé de briser la monotonie dans leur vie — ou d'empêcher sa manifestation — en optant pour une voiture différente, amusante, pas toujours pratique et pas toujours abordable...

Difficile de qualifier la MINI 3 portes de remplaçante du modèle original créé dans les années 50 par Sir Alec Issigonis. Les dimensions ont tellement changé depuis, que l'on a désormais affaire à une sous-compacte, et non à une minivoiture. La Cabriolet est quasi identique, toit rigide en moins, alors que la 5 portes est un tantinet plus grande à cause de son empattement allongé de 72 millimètres. En revanche, il est tout aussi difficile de comparer une MINI à une Toyota Yaris ou à une Hyundai Accent...

LE PLAISIR DE CONDUITE AVANT TOUT
La motorisation des versions MINI Cooper — celles de base — consiste en un trois cylindres turbocompressé de 1,5 litre. Fort de 134 chevaux et d'un généreux couple de 162 livres-pied, ce petit moulinet n'a aucun problème à rendre nos triplettes énergiques. Le couple à bas régime s'exploite à merveille, et l'on sent peu les vibrations typiquement associées aux moteurs au nombre impair de cylindres.

Pour le maximum de plaisir au volant, une MINI se doit d'être équipée de la boîte manuelle à six rapports. Mais bon, si vous n'avez pas envie de composer avec une pédale d'embrayage, l'automatique optionnelle à six rapports fera l'affaire. La consommation mixte ville/route s'élève à 7,5 l/100 km, ou 7,9 avec l'automatique, alors le tricylindre est non seulement fougueux, mais peu énergivore. Les MINI Cooper S sont munies d'un quatre cylindres turbo de 2,0 litres qui développe 189 chevaux, lui aussi associé à l'une des deux boîtes de vitesses. Par rapport aux Cooper, on retranche une seconde sur le 0-100 km/h, se chiffrant à 6,7 secondes pour la 3 portes, quelques dixièmes de plus pour les 5 portes et Cabriolet.

La déclinaison John Cooper Works rend deux de nos triplettes carrément hyperactives avec une cavalerie de 228 chevaux. Deux, parce que la pauvre MINI 5 portes n'a pas droit à sa version JCW.

Peu importe la mouture, le caractère enjoué de toutes ces petites MINI a un impact positif sur notre humeur. Derrière leur volant, on a toujours envie de siffler, de chanter, et d'adopter une conduite, disons, sportive. Bref, côté agrément de conduite, peu de voitures offrent l'expérience de nos triplettes MINI.

PLUS GROSSES, MAIS QUAND MÊME PETITES

Le design intérieur chez MINI est aussi éclaté que les carrosseries. Les stylistes ne travaillent vraisemblablement pas avec des règles et des équerres, mais avec un compas pour dessiner de jolis cercles partout sur le tableau de bord et les panneaux de porte. Commandes de climatisation, écran multimédia, buses de ventilation, poignées de porte, haut-parleurs ; tout a été conçu à partir de formes circulaires. Même le volant est rond (je plaisante) !

On mise également sur certains détails pour assurer le charme unique des MINI, tels que des interrupteurs à bascule, un anneau à DEL sur la planche de bord qui affiche diverses couleurs selon notre style de conduite, et la Cabriolet dispose même d'un compteur indiquant le nombre d'heures durant lesquelles on a roulé le toit baissé. Un toit qui se range et se replace en une quinzaine de secondes, et ce, même en roulant jusqu'à une vitesse de 50 km/h. On peut aussi retrousser une portion de la capote, comme un toit ouvrant. Plusieurs options de garnitures de siège sont offertes, toutes très attrayantes, mais elles ne peuvent camoufler les plastiques rugueux qui composent certaines parties de l'habitacle. Et si l'espace est suffisant à l'avant, les places arrière sont quasi inutilisables dans nos triplettes MINI. La 5 portes compte cinq places au lieu de quatre, mais nous sommes loin d'une voiture pensée pour la famille.

Le prix d'achat de ces MINI n'est pas à la portée de tous les budgets, surtout pour des voitures sous-compactes. Les versions Cooper de base sont relativement accessibles, mais le coût des options fera rapidement grimper la facture. Et des options, il y en a beaucoup, au point où l'on peut facilement s'emporter. Les versions John Cooper Works et leurs suspensions ultrarigides sont foncièrement dispendieuses.

Enfin, si les mensualités de ces petites voitures hyperactives ne réussissent pas à estomper l'attrait émotionnel de leurs acheteurs, les coûts d'entretien et les problèmes de fiabilité de la marque MINI pourraient y parvenir. C'est le prix à payer pour avoir une voiture rapide et agile, extrêmement amusante à conduire, et conçue pour nous faire sourire.

Données principales

Emp. / lon. / lar. / haut.	3 portes - 2 495 / 3 837 / 1 727 / 1 414 mm
	5 portes - 2 567 / 3 998 / 1 727 / 1 425 mm
	cabriolet - 2 495 / 3 837 / 1 727 / 1 415 mm
Coffre / réservoir	3 portes - 211 à 731 litres / 44 litres
	5 portes - 279 à 941 litres / 44 litres
	cabriolet - 160 à 215 litres / 44 litres
Nbre coussins sécurité / ceintures	8 / 4
Suspension av. / arr.	ind., jambes force / ind., multibras
Pneus avant / arrière	3 portes - P195/55R16 / P195/55R16
	5 portes - P195/55R16 / P195/55R16
	cabriolet - P195/55R16 / P195/55R16
Poids / Capacité de remorquage	3 portes - 1 191 kg / non recommandé
	5 portes - 1 247 kg / non recommandé
	cabriolet - 1 295 kg / non recommandé

Composantes mécaniques

COOPER

Cylindrée, alim.	3L 1,5 litre turbo
Puissance / Couple	134 ch / 162 lb-pi
Tr. base (opt) / Rouage base (opt)	M6 (A6) / Tr
0-100 / 80-120 / V. max	7,9 s (const) / n.d. / 210 km/h (const)
100-0 km/h	43,6 m (est)
Type / ville / route / CO$_2$	Sup / 8,5 / 6,2 / 3 271 kg/an

COOPER S

Cylindrée, alim.	4L 2,0 litres turbo
Puissance / Couple	189 ch / 207 lb-pi
Tr. base (opt) / Rouage base (opt)	M6 (A6) / Tr
0-100 / 80-120 / V. max	6,7 s (const) / n.d. / 235 km/h (const)
100-0 km/h	n.d.
Type / ville / route / CO$_2$	Sup / 10,2 / 7,3 / 3 979 kg/an

JOHN COOPER WORKS

Cylindrée, alim.	4L 2,0 litres turbo
Puissance / Couple	228 ch / 236 lb-pi
Tr. base (opt) / Rouage base (opt)	M6 (A6) / Tr
0-100 / 80-120 / V. max	6,3 s (const) / 5,6 s (const) / 246 km/h (const)
100-0 km/h	n.d.
Type / ville / route / CO$_2$	Sup / 10,2 / 7,3 / 4 225 kg/an

MINI 3 PORTES/5 PORTES/CABRIOLET

DU NOUVEAU EN 2018

MINI CABRIOLET

MINI 3 PORTES

Photos : MINI

Pour voir la liste complète des informations techniques, veuillez vous référer à la section statistiques.

MINI | 515

MITSUBISHI **ECLIPSE CROSS** | **n.d.** COTE DU GUIDE

(((SiriusXM)))

Prix : 22 000 $ à 32 000 $ (estimé)
Catégorie : VUS
Garanties :
5 ans/100 000 km, 10 ans/160 000 km
Transport et prép. : 1 719 $ (estimé)
Ventes QC 2016 : 0
Ventes CAN 2016 : 0
Assemblage : n.d.

Fiabilité	Appréciation générale
Nouveau modèle	Nouveau modèle
Sécurité	Agrément de conduite
Nouveau modèle	Nouveau modèle
Consommation	Système multimédia
Nouveau modèle	Nouveau modèle

n.d.

Connectivité multimédia

Apple CarPlay

+ Look sportif • Nouvelle motorisation moderne • Beaucoup de technologies disponibles • Rouage intégral AWC efficace

– Visibilité arrière réduite • Nombre de concessionnaires limité • Petit espace de chargement

Concurrents

Chevrolet Trax, Fiat 500X, Jeep Renegade, Mazda CX-3, MINI Countryman, Nissan Qashqai, Subaru Crosstrek, Toyota C-HR

La zone payante

Michel Deslauriers

Puisque les ventes de voitures sont en déclin en faveur des véhicules utilitaires, il est tout à fait logique pour un constructeur de se concentrer sur les désirs et les besoins des consommateurs. Suivant cette logique, Mitsubishi lancera au cours de 2018 un troisième VUS au Canada.

Ce nouveau VUS, c'est l'Eclipse Cross. Empruntant le nom de la voiture sport autrefois commercialisée chez Mitsubishi en tant que coupé et décapotable, on a voulu souligner le caractère et le comportement sportif de ce nouvel utilitaire. Qu'il s'agisse d'une bonne stratégie ou non, ça fait jaser. Et cela signifie probablement qu'un retour éventuel de l'Eclipse — la voiture sportive, on s'entend — ne sera à tout jamais qu'un mirage. Pardonnez le jeu de mots.

Est-ce que l'Eclipse Cross est le premier résultat de l'association entre Mitsubishi et l'Alliance Renault-Nissan ? Il semblerait que non, du moins, en se fiant aux premières informations filtrées par le premier constructeur japonais ayant célébré ses 100 ans d'existence en 2017.

TURBO ET INJECTION DIRECTE

Mitsubishi commercialisait des voitures truffées de technologie dans les années 80 et 90, et équipées de moteurs à turbocompression, de transmissions intégrales et de suspensions réglables. Depuis, le constructeur mise plutôt sur des motorisations plus conventionnelles et durables, mais peu technologiques.

Pour l'Eclipse Cross, on s'est mis à jour en concevant un quatre cylindres turbo de 1,5 litre, doté de l'injection directe. Un moteur développé par Mitsubishi Motors lui-même, dont la puissance n'a pas été officialisée au moment de mettre *Le Guide de l'auto 2018* sous presse. Toutefois, on peut certainement assumer qu'il produira environ 160 chevaux et un couple de 184 livres-pied. Une seule boîte sera disponible, soit une automatique à variation continue qui inclura un mode manuel avec huit ratios de rapport préprogrammés.

L'empattement de l'Eclipse Cross est identique à celui du RVR et du Outlander, et se positionne entre les deux quant à la longueur, la largeur et la hauteur. Son gabarit le placerait plutôt dans le segment des VUS sous-compacts, où il se mesurera aux Mazda CX-3, Honda HR-V et Subaru Crosstrek, et à son frère, le vieillissant RVR.

Comme c'est le cas des autres utilitaires au sein de la gamme, l'Eclipse Cross misera sur deux variantes de la transmission intégrale de Mitsubishi. Le système AWC (*All-Wheel Control*) favorise les roues avant en conduite normale afin de maximiser l'économie de carburant, et achemine une partie de la puissance aux roues arrière si une perte d'adhérence est détectée. Le rouage peut aussi être verrouillé avec une répartition égale entre les roues avant et arrière. Le système S-AWC (S pour Super) profite d'une programmation additionnelle pour une conduite plus dynamique et d'une vectorisation du couple pour mieux gérer la puissance entre les roues de gauche et de droite.

L'ALLURE D'UN COUPÉ

La distinction entre l'Eclipse Cross et le RVR, c'est que le premier joue la carte du coupé VUS, un style prisé par les designers des marques de luxe allemands. On s'inspire donc des BMW X4 et Mercedes-Benz Coupé GLC, des véhicules actuellement à la mode, une raison de plus expliquant pourquoi on a sorti le nom Eclipse des boules à mites. Son look dynamique se caractérise par un pare-brise et une lunette arrière fortement inclinés, une petite fenestration latérale et une ceinture de caisse élevée. Une ligne de caractère concave prend naissance dans la porte avant pour ensuite suivre le flanc du VUS et rejoindre les feux arrière, alors qu'une ligne convexe au bas des portes contourne la roue arrière. Ensemble, elles créent un effet de dynamisme. Les feux arrière coupent la lunette arrière en deux, ajoutant au caractère dynamique de l'Eclipse Cross, mais évidemment, cela obstrue la visibilité arrière et empêche l'essuie-glace de balayer l'entière surface vitrée.

L'Eclipse Cross peut être équipé de caractéristiques telles qu'un toit panoramique, un affichage tête haute, un régulateur de vitesse adaptatif, un climatiseur automatique bizone, une chaîne audio intégrant Apple CarPlay et Android Auto ainsi que d'une interface de type pavé tactile logée sur la console centrale. Enfin, les occupants des places arrière profiteront d'une assise coulissante et de dossiers inclinables.

En attendant les fruits de l'implication de l'Alliance Renault-Nissan avec Mitsubishi Motors, ce qui risque de prendre encore quelques années en ce qui a trait à sa gamme de modèles nord-américaine, l'Eclipse Cross arrive à point. Avec la retraite de la Lancer et des produits qui tardent à être renouvelés, ce petit VUS sportif apporte un vent de nouveauté et s'insère dans un segment de marché où les ventes et les profits sont faciles à engranger.

Données principales	
Emp. / lon. / lar. / haut.	2 670 / 4 405 / 1 805 / 1 685 mm
Coffre / réservoir	n.d. / n.d.
Nbre coussins sécurité / ceintures	n.d. / n.d.
Suspension av. / arr.	ind., jambes force / ind., multibras
Pneus avant / arrière	P215/70R16 / P215/70R16
Poids / Capacité de remorquage	n.d. / n.d.

Composantes mécaniques	
BASE	
Cylindrée, alim.	4L 1,5 litre turbo
Puissance / Couple	161 ch / 184 lb-pi
Tr. base (opt) / Rouage base (opt)	CVT / Int
0-100 / 80-120 / V. max	n.d. / n.d. / n.d.
100-0 km/h	n.d.
Type / ville / route / CO_2	n.d. / n.d. / n.d. / n.d.

« **L'ECLIPSE CROSS** ARRIVE À POINT, ALORS QUE LA GAMME **CHEZ MITSUBISHI** PREND DE L'ÂGE ET QUE LA **POPULARITÉ DES PETITS VUS** GRANDIT SANS CESSE. »

DU NOUVEAU EN 2018

Tout nouveau modèle qui se positionnera entre le RVR et l'Outlander.

MITSUBISHI ECLIPSE CROSS

MITSUBISHI **LANCER**

67% (2017) COTE DU **GUIDE**

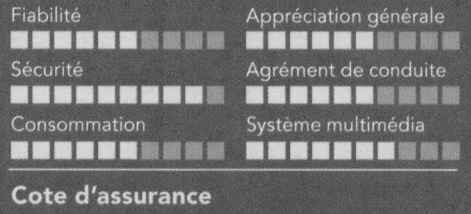

Données 2017
Prix : 17 998 $ à 26 298 $ (2017)
Catégorie : Berline, Hatchback
Garanties :
5 ans/100 000 km, 10 ans/160 000 km
Transport et prép. : 1 719 $
Ventes QC 2016 : 2 201 unités
Ventes CAN 2016 : 6 575 unités
Assemblage : Kurashiki JP

Fiabilité	Appréciation générale
■■■■■■□□□□	■■■■■■□□□□
Sécurité	Agrément de conduite
■■■■■■■□□□	■■■■■□□□□□
Consommation	Système multimédia
■■■■■■□□□□	■■■■■□□□□□

Cote d'assurance

$ ▼ $ $ $

Connectivité multimédia

Aucune

➕ Bouille encore sympathique •
Garantie engageante • Comportement
routier très correct • Très bonne fiabilité •
Rouage intégral bienvenu

➖ Carrière terminée • Moteurs
peu enjoués • Consommation élevée •
Insonorisation nulle • Habitacle dépassé

Concurrents
Chevrolet Cruze, Ford Focus, Honda Civic,
Hyundai Elantra, Kia Forte, Mazda3, Nissan
Sentra, Subaru Impreza, Toyota Corolla,
Volkswagen Golf, Volkswagen Jetta

Comme une main qui sort de terre dans un cimetière…

Alain Morin

La Lancer n'est plus. Celle qui a donné au monde du rallye de très beaux moments, celle qui a fait rêver une génération d'ados avec ses démentes EVO, celle qui a trimballé des centaines de milliers de personnes désirant un moyen de transport honnête et peu dispendieux prend sa retraite, presque en pleine gloire. Si les ventes canadiennes et québécoises se maintenaient, aux États-Unis, c'était une autre histoire. Plutôt que de donner à sa (encore) jolie compacte les outils pour se battre, Mitsubishi a simplement décidé de la retirer du marché.

Sans doute pour remercier le Canada de son assiduité envers sa vieillissante Lancer, Mitsubishi va continuer à l'offrir jusqu'aux premiers mois de 2018, toujours en tant que modèle 2017 par contre. Une édition commémorative devrait aussi être offerte. Bien que cette ultime itération se vendra sans doute plus cher, je serais surpris qu'elle devienne un objet de collection dans 50 ans.

RIDÉE, ET PAS DÉRIDANTE
La Lancer actuelle a commencé sa carrière en 2008 et onze ans plus tard, elle n'a guère changé. Signe qu'elle était bien née, son style est encore d'actualité et ses mécaniques ne donnent pas l'impression qu'on conduit un tracteur. S'il y a un endroit où elle accuse son âge, c'est dans l'habitacle. Le design du tableau de bord a quelque peu évolué avec le temps, mais pas suffisamment. On peut certes se passer du style pour aller du point A au point B, mais dans la Lancer, il faut aussi composer avec des plastiques *cheap* qui siéraient mieux à un Nova 1973. Bon sang que c'est noir dans l'habitacle d'une Lancer! Quant au système multimédia, il répond aux normes actuelles, sans plus.

Les sièges avant sont passablement confortables, même après de longues heures de route. À l'arrière, on ne peut en dire autant, et les gens mesurant six pieds risquent de ressortir de la voiture avec un peu moins de cheveux. Le coffre, déjà l'un des plus petits de la catégorie, se voit en plus amputé de précieux litres, lorsque le système audio Rockford-Fosgate optionnel est choisi, puisqu'il amène un gros « sub » dans le côté gauche. Il y a aussi la version Sportback, une Lancer à hayon, beaucoup plus polyvalente.

Le moteur de base de la Lancer demeure le même bon vieux 2,0 litres de 2008. À l'époque, il livrait 152 chevaux et un couple de 146 livres-pied. Avec les années, ces données ont été revues à la baisse et il développe maintenant 148 chevaux et 145 livres-pied. En réalité, il développe beaucoup plus de décibels que de chevaux... Au moins, il est fiable. Une boîte manuelle à cinq rapports et une boîte à rapports continus (CVT) optionnelle sont au programme. Inutile de vous le cacher, ce moteur n'est intéressant que dans la mesure où il permet d'obtenir une Lancer à bas prix.

L'autre moteur est beaucoup plus intéressant. Excusez, je reprends ma phrase. L'autre moteur est intéressant. Il s'agit d'un 2,4 litres déployant 20 chevaux et 22 livres-pied de plus que le 2,0 litres. Cela n'en fait pas un moteur digne de la feue EVO mais, au moins, on ressent un début d'agrément de conduite au volant. Sauf qu'il y a la boîte CVT, mal adaptée à ce moteur, qui donne l'impression de bouffer la moitié de son écurie, même si elle simule huit rapports qu'on peut passer grâce à des palettes au volant. D'office, les roues avant sont motrices et certaines versions reçoivent le rouage intégral. Ce rouage est étonnamment efficace et il y a même la possibilité de verrouiller le boîtier de transfert, ce qui en fait un véritable tracteur dans la neige. Pour certains, il pourrait s'agir d'une alternative à la Subaru Impreza.

Qualifier le comportement routier de la Lancer de raffiné serait grandement exagéré. Toutefois, ce n'est pas la catastrophe anticipée, merci à la plateforme très rigide. La suspension autorise un bon niveau de confort tout en contrôlant bien le transfert des masses dans les courbes.

SI L'ON POUVAIT REFAIRE LE PASSÉ...

La Lancer est dépassée. Sauf que pour une majorité de gens, elle représente un très bon moyen de transport, relativement peu coûteux à l'achat, fiable et soutenu par une excellente garantie.

La Lancer nous quittera sous peu, après quelques mois de sursis. Il aurait été intéressant de voir ce qu'elle aurait pu devenir si Mitsubishi lui avait donné les moyens de se battre. N'oublions pas que, à l'image de Suzuki, dont la division automobile n'a plus pignon sur rue au Canada, Mitsubishi est une immense corporation ayant des ramifications dans une foule de domaines et l'automobile ne représente qu'une partie de ses activités. Et l'Amérique ne semble pas compter beaucoup dans cette partie. Outre la dérisoire Mirage, Mitsubishi n'offrira plus que des VUS, la Lancer et la i-MiEV étant retirées du catalogue 2018. Dommage.

Données principales (2017)	
Emp. / lon. / lar. / haut.	**Berline** - 2 635 / 4 625 / 1760 / 1480 mm
	Hatchback - 2 635 / 4 640 / 1760 / 1505 mm
Coffre / réservoir	**Berline** - 348 litres / 59 litres
	Hatchback - 391 à 1492 litres / 59 litres
Nbre coussins sécurité / ceintures	7 / 5
Suspension av. / arr.	ind., jambes force / ind., multibras
Pneus avant / arrière	P205/60R16 / P205/60R16
Poids / Capacité de remorquage	**Berline** - 1420 kg / n.d.
	Hatchback - 1355 kg / n.d.

Composantes mécaniques (2017)	
ES, SE LIMITED EDITION	
Cylindrée, alim.	4L 2,0 litres atmos.
Puissance / Couple	148 ch / 145 lb-pi
Tr. base (opt) / Rouage base (opt)	M5 (CVT) / Tr
0-100 / 80-120 / V. max	9,1 s / 6,8 s / n.d.
100-0 km/h	n.d.
Type / ville / route / CO_2	Ord / 9,7 / 7,1 / 3 995 kg/an

ES AWC, GTS AWC, SE LIMITED EDITION AWC	
Cylindrée, alim.	4L 2,4 litres atmos.
Puissance / Couple	168 ch / 167 lb-pi
Tr. base (opt) / Rouage base (opt)	M5 (CVT) / Tr (Int)
0-100 / 80-120 / V. max	9,2 s / 6,3 s / n.d.
100-0 km/h	46,5 m
Type / ville / route / CO_2	Ord / 10,5 / 7,8 / 4 250 kg/an

« LA LANCER REPRÉSENTE UN TRÈS BON MOYEN **DE TRANSPORT, RELATIVEMENT PEU COÛTEUX** À L'ACHAT, **FIABLE** ET **SOUTENU** PAR UNE **EXCELLENTE GARANTIE. »**

MITSUBISHI LANCER

DU NOUVEAU EN 2018

Modèle qui sera retiré du marché canadien au début 2018. Aucun modèle 2018 ne sera produit. Une édition spéciale pourrait bien être présentée avant la fin.

Photos : Mitsubishi

Pour voir la liste complète des informations techniques, veuillez vous référer à la section statistiques.

MITSUBISHI | **519**

MITSUBISHI **MIRAGE**

56% COTE DU GUIDE

Prix: 12 698 $ à 18 298 $ (2017)
Catégorie: Berline, Hatchback
Garanties:
5 ans/100 000 km, 10 ans/160 000 km
Transport et prép.: 1 570 $
Ventes QC 2016: 1 394 unités
Ventes CAN 2016: 3 112 unités
Assemblage: Laem Chabang TH

Fiabilité
■■■■■□□□□□

Appréciation générale
■■■■■■□□□□

Sécurité
■■■■■■□□□□

Agrément de conduite
■■■■□□□□□□

Consommation
■■■■■■■□□□

Système multimédia
■■■■■□□□□□

Cote d'assurance

$ $ $ $

Connectivité multimédia

Android Auto   Apple CarPlay

➕ Espace intérieur (surtout G4) •
Consommation d'essence • Roulement
confortable • Grand coffre (G4) •
Prix concurrentiel

➖ Roulis de caisse important • Moteur
bruyant et peu puissant • Dossiers arrière
non rabattables (G4) • Système Bluetooth
peu efficace • Version de base dénudée

Concurrents
Chevrolet Spark, Fiat 500, Nissan Micra

La patience est une vertu

Michel Deslauriers

L e marché des minivoitures ne représente qu'une mince portion des ventes automobiles au pays, laquelle est concentrée surtout dans les grands centres urbains. En effet, dans les rues étroites et achalandées de ces villes, on apprécie la maniabilité et le gabarit d'une citadine comme la **Mitsubishi Mirage.**

Toutefois, la petite voiture de ce constructeur japonais peine à suivre ces rivales Nissan Micra et Chevrolet Spark, que ce soit au chapitre des ventes ou sur la route. La Mirage a été conçue pour des marchés moins fortunés, et s'adapte tranquillement à la vie nord-américaine où le marketing fait foi de tout. En effet, la Micra jouit d'une campagne publicitaire élaborée. Pourtant, ce ne sont pas les atouts qui manquent, et la Mirage G4 est la seule berline de la catégorie, mais elle souffre de quelques lacunes qui la rendent moins intéressante que ses concurrentes.

COMBIEN DE CHEVAUX?

Honnêtement, la puissance sous le capot d'une minivoiture ne devrait pas être le critère d'achat principal. On devrait plutôt se concentrer sur l'économie de carburant, et à ce chapitre, la Mirage l'emporte avec une consommation mixte ville/route variant de 6,0 à 6,6 l/100 km, selon la carrosserie et la boîte de vitesses, ce qui est très peu. Parmi les petites voitures, seule la Toyota Prius c peut faire mieux, mais elle coûte beaucoup plus cher.

En revanche, les 78 chevaux produits par le trois cylindres de 1,2 litre travaillent fort pour faire décoller la bagnole avec autorité, surtout avec la boîte automatique à variation continue. Les accélérations sont laborieuses, tout comme les reprises, et à plein régime, le moteur ne se gêne pas pour se plaindre. Donc pas question de dépasser un véhicule plus lent sur une route de campagne. Si c'est notre quotidien, oublions la Mitsubishi et achetons-nous une auto sport. Toutefois, en ville, la Mirage suit le trafic, et sur l'autoroute, une fois la vitesse de croisière atteinte, elle devient relativement silencieuse.

La Mirage doit également se tenir loin des chemins sinueux, puisque la tenue de route n'est pas non plus son point fort. La suspension est confortable sur la route, très confortable même, mais elle rebondit facilement et dans les courbes, le roulis de caisse est très prononcé. Les minces pneus 165/65R14, ou 175/55R15 dans le cas des versions SEL mieux équipées, ne font rien pour contribuer au comportement routier, mais ne coûteront pas cher à remplacer.

UNE MINIVOITURE LOGEABLE

Si la Mirage à hayon dispose d'un volume intérieur similaire à celui de la Micra et de la Spark, et plus généreux que celui de la Fiat 500, la Mirage G4 est plus spacieuse à l'arrière en raison de son empattement allongé de 100 millimètres. En fait, on retrouve dans la berline un plus grand dégagement pour les jambes à l'arrière que dans la majorité des compactes. Son coffre de 348 litres est bien pratique, mais malheureusement, les dossiers arrière ne se rabattent pas. Bref, si vous transportez des passagers, la Mirage G4 est celle à privilégier, alors que pour le transport fréquent de gros objets, c'est la Mirage *hatchback* qu'il faut choisir.

Les versions les plus abordables obtiennent une chaîne audio basique à quatre haut-parleurs, et les déclinaisons SEL profitent d'un écran tactile avec intégration Apple CarPlay et Android Auto ainsi qu'une caméra de recul. Une connectivité Bluetooth et une prise USB sont incluses dans toutes les versions sauf la Mirage à hayon de base, mais le microphone du système à mains libres est collé sur le dessus de la colonne de direction, comme si on l'avait acheté chez un détaillant de pièces d'auto. La Spark, elle, inclut l'écran tactile et la connexion Bluetooth dans toutes ses versions. La finition intérieure est bien exécutée pour une minivoiture, surtout dans les déclinaisons plus chères qui profitent d'un volant gainé de cuir, d'un garnissage des sièges avec coutures contrastantes ainsi que des garnitures noir piano. Des sièges avant chauffants, un climatiseur automatique et même des phares au xénon sont livrables, ajoutant une touche de luxe à la Mirage.

Le tout appuyé par une garantie de 10 ans ou de 160 000 km sur le groupe motopropulseur, et la mécanique simple de la voiture contribue à sa fiabilité. Le problème de la Mirage, c'est son prix. En fait, à équipement égal, la petite Mitsubishi coûte environ la même chose que la Micra et la Spark, mais avec un déficit d'une vingtaine de chevaux, elle devient moins intéressante. Autrement dit, elle ne peut démontrer ses qualités avec un court essai routier dans les rues autour du concessionnaire.

Les gens patients et peu pressés trouveront leur compte dans la Mirage, car elle les récompensera avec des frais d'entretien peu élevés et une bonne économie d'essence. Elle n'est tout simplement pas aussi enjouée que les Spark et Micra.

Données principales

Emp. / lon. / lar. / haut.	2450 / 3795 / 1665 / 1510 mm
Coffre / réservoir	487 litres / 35 litres
Nbre coussins sécurité / ceintures	7 / 5
Suspension av. / arr.	ind., jambes force / semi-ind., poutre torsion
Pneus avant / arrière	P175/55R15 / P175/55R15
Poids / Capacité de remorquage	960 kg / n.d.

Composantes mécaniques

Cylindrée, alim.	3L 1,2 litre atmos.
Puissance / Couple	78 ch / 74 lb·pi
Tr. base (opt) / Rouage base (opt)	M5 (CVT) / Tr
0-100 / 80-120 / V. max	13,2 s / 10,1 s / n.d.
100-0 km/h	46,4 m
Type / ville / route / CO$_2$	Ord / 7,1 / 5,8 / 2716 kg/an

« LA MIRAGE MANQUE FRANCHEMENT DE **DYNAMISME,** MAIS COMPENSE AVEC UN **HABITACLE** LOGEABLE ET UNE BONNE ÉCONOMIE **D'ESSENCE. »**

DU NOUVEAU EN 2018

Aucun changement majeur au moment de mettre sous presse.

Photos: Mitsubishi

Pour voir la liste complète des informations techniques, veuillez vous référer à la section statistiques.

MITSUBISHI | **521**

MITSUBISHI MIRAGE

MITSUBISHI **OUTLANDER** | **71**% COTE DU GUIDE

Prix: 26 698 $ à 37 998 $ (2017)
Catégorie: VUS
Garanties:
5 ans/100 000 km, 10 ans/160 000 km
Transport et prép.: 1 450 $
Ventes QC 2016: 2 279 unités
Ventes CAN 2016: 6 324 unités
Assemblage: Nagoya JP

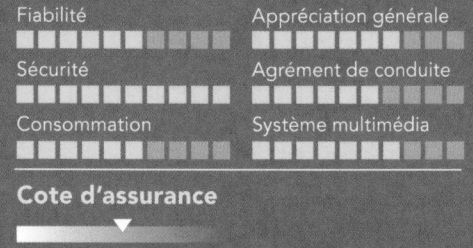

Fiabilité	Appréciation générale
■■■■■■■□□□	■■■■■■■■□□
Sécurité	Agrément de conduite
■■■■■■■■□□	■■■■■■■□□□
Consommation	Système multimédia
■■■■■■■□□□	■■■■■■■■□□

Cote d'assurance

▼
$ $ $ $

Connectivité multimédia

Android Auto   Apple CarPlay

➕ Version hybride rechargeable maintenant offerte • Bon choix de modèles et de moteurs • Excellente garantie • Fiabilité encourageante

➖ Qualité des matériaux de l'habitacle • Troisième banquette peu confortable • Dépréciation élevée • Version deux roues motrices moins intéressante

Concurrents

Chevrolet Equinox, Ford Escape, GMC Terrain, Honda CR-V, Hyundai Santa Fe, Jeep Cherokee, Kia Sportage, Mazda CX-5, Nissan Rogue, Subaru Forester, Toyota RAV4, Volkswagen Tiguan

Il a tout de même d'excellents arguments !

Sylvain Raymond

Afin d'assurer une meilleure rentabilité en Amérique du Nord, le constructeur japonais Mitsubishi a décidé de miser sur les VUS en délaissant de plus en plus les voitures, une décision que l'on peut comprendre vu la popularité grandissante de ce type de véhicule. Lancé en 2003, l'Outlander est arrivé au moment où la marque faisait son apparition au Canada et l'on doit avouer que ce modèle a connu un succès considérable depuis ce temps, notamment en raison de ses qualités globales.

Si, ces dernières années, vous avez de la difficulté à distinguer l'année-modèle de l'Outlander, sachez que vous n'avez pas la berlue. En effet, depuis sa dernière refonte, en 2014, les designers n'ont cessé de jouer un jeu d'essais et erreurs. La partie avant avait été très mal accueillie par la clientèle et depuis ce temps, la marque remanie sa grille chaque année. Elle semble s'être fixée, l'an passé, avec un style plus homogène.

Si vous disposez d'un budget plus important et que vous recherchez un modèle au design un peu plus sophistiqué, n'hésitez pas à vous tourner vers le plus cossu des Outlander, le GT, qui se démarque grâce, entre autres, à ses contours de bouclier chromé, ses phares DEL et des jantes de 18 pouces. À près de 40 000 $, il faut tout de même être assez motivé pour en faire l'achat !

Le premier choix que vous aurez à faire concerne le moteur. Quatre cylindres ou V6 ? Si vous favorisez l'économie de carburant et que la puissance n'est pas une de vos priorités, le quatre cylindres fera sans doute l'affaire, lui qui développe une puissance de 166 chevaux et un couple de 162 livres-pied. Ce n'est pas de la surpuissance, mais c'est en ligne avec ce que la concurrence propose de série, notamment dans les Mazda CX-5, Ford Escape et Kia Sportage. Seul le Honda CR-V en offre davantage. Ce moteur est jumelé à une automatique à variation continue, type de boîte que l'on apprécie rarement puisqu'elle fait dramatiquement augmenter le nombre de décibels dans l'habitacle lors des accélérations, mais dans le cas de l'Outlander, il faut avouer qu'elle n'est pas si désagréable.

Des deux versions qui reçoivent cette mécanique, il vaut mieux opter pour la ES AWC, qui dispose du rouage intégral, sans quoi on perd le principal attrait d'un VUS s'il est à deux roues motrices. Depuis l'an passé, les versions équipées du moteur quatre cylindres peuvent obtenir, en option, la troisième banquette qui était jadis réservée au V6. Elle n'est pas des plus confortables, mais elle demeure pratique.

VOUS AVEZ BESOIN DE REMORQUER?

Étonnamment populaires, les deux livrées les mieux équipées, les SE et GT, abritent, quant à elles, un bon vieux V6 de 3,0 litres développant une puissance de 224 chevaux et un couple de 215 livres-pied déployé dès les 3 750 tr/min. Sans être réellement plus énergivore en carburant, cette mécanique apporte plusieurs avantages, dont une boîte automatique conventionnelle à six rapports, très efficace. Ce V6 attire aussi les acheteurs à la recherche d'un petit VUS offrant une bonne capacité de remorquage, 3 500 livres (1 588 kilos), soit plus que tous ses rivaux, exception faite du Escape EcoBoost 2,0 litres, et du Jeep Cherokee V6.

Dans le cas du plus huppé des Outlander, le GT, on a droit au système S-AWC (super contrôle intégral) qui optimise l'adhérence en distribuant d'une manière optimale le couple aux roues avant et arrière, tout en faisant appel aux freins lorsqu'on atteint les limites de l'adhérence. Son sélecteur de modes comprend également un réglage supplémentaire, soit *Snow*. Sur la route, on apprécie la verve du V6, surtout lorsque le véhicule est fortement chargé et que l'on sollicite fréquemment le rouage intégral.

La direction offre une bonne précision et l'on est rapidement emballé par son court diamètre de braquage, ce qui rend le véhicule plus agréable en ville et lors de manœuvres de stationnement. L'habitacle est bien insonorisé et la conduite est plaisante, mais quand on pousse davantage, on perçoit un effet de roulis un peu plus marqué, comme si la suspension n'absorbait pas suffisamment le transfert de poids. L'Outlander est confortable, mais pas très dynamique, moins qu'un Mazda CX-5 ou un Honda CR-V.

Longuement attendu, l'Outlander hybride rechargeable (PHEV) devrait finalement arriver cette année, lui qui pourrait apporter un argument de vente supplémentaire au modèle. Mitsubishi promet une autonomie d'environ 50 kilomètres en mode 100 % électrique.

L'Outlander compte aussi sur la meilleure garantie de l'industrie, cinq ans ou 100 000 kilomètres générale et 10 ans ou 160 000 km pour le groupe motopropulseur, un gage de tranquillité pour plusieurs années.

Données principales

Emp. / lon. / lar. / haut.	2 670 / 4 695 / 1 810 / 1 680 mm
Coffre / réservoir	292 à 1 792 litres / 60 à 63 litres
Nbre coussins sécurité / ceintures	7 / 7
Suspension av. / arr.	ind., jambes force / ind., multibras
Pneus avant / arrière	P225/55R18 / P225/55R18
Poids / Capacité de remorquage	1 475 à 1 630 kg / 682 à 1 591 kg (1 500 à 3 500 lb)

Composantes mécaniques

ES 2RM, ES AWC

Cylindrée, alim.	4L 2,4 litres atmos.
Puissance / Couple	166 ch / 162 lb-pi
Tr. base (opt) / Rouage base (opt)	CVT / Tr (Int)
0-100 / 80-120 / V. max	9,5 s (est) / n.d. / n.d.
100-0 km/h	n.d.
Type / ville / route / CO_2	Ord / 9,2 / 7,5 / 4 066 kg/an

GT S-AWC, SE AWC

Cylindrée, alim.	V6 3,0 litres atmos.
Puissance / Couple	224 ch / 215 lb-pi
Tr. base (opt) / Rouage base (opt)	A6 / Int
0-100 / 80-120 / V. max	8,3 s / 5,7 s / n.d.
100-0 km/h	43,2 m
Type / ville / route / CO_2	Sup / 11,9 / 8,5 / 4 770 kg/an

PHEV

Cylindrée, alim.	4L 2,0 litres atmos.
Puissance / Couple	119 ch / 140 lb-pi
Tr. base (opt) / Rouage base (opt)	Rapport fixe / Int
0-100 / 80-120 / V. max	11,0 s (const) / n.d. / 170 km/h (const)
100-0 km/h	n.d.
Type / ville / route / CO_2	Sup /n.d. / n.d. / n.d
Puissance combinée	n.d.
Consommation équivalente	n.d.

MOTEUR ÉLECTRIQUE

Puissance / Couple	80 ch (60 kW) / 101 lb-pi
Type de batterie	Lithium-ion (Li-ion)
Énergie	12 kWh
Temps de charge (120V / 240V)	5,0 h / 3,5 h
Autonomie	52 km

DU NOUVEAU EN 2018

Aucun changement majeur au moment d'aller sous presse pour l'Outlander à essence. Version hybride rechargeable disponible bientôt.

Photos: Mitsubishi

Pour voir la liste complète des informations techniques, veuillez vous référer à la section statistiques.

MITSUBISHI | **523**

MITSUBISHI **RVR**

67% COTE DU GUIDE

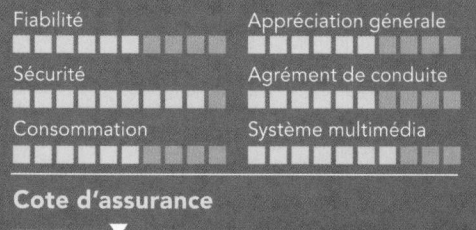

Prix : 19 998 $ à 29 898 $ (2017)
Catégorie : VUS
Garanties :
5 ans/100 000 km, 10 ans/160 000 km
Transport et prép. : 1 819 $
Ventes QC 2016 : 2 161 unités
Ventes CAN 2016 : 6 196 unités
Assemblage : Normal IL US

Fiabilité
■■■■■■■■□□

Appréciation générale
■■■■■■■□□□

Sécurité
■■■■■■■□□□

Agrément de conduite
■■■■■■□□□□

Consommation
■■■■■□□□□□

Système multimédia
■■■■■■■□□□

Cote d'assurance

$ ▽ $ $ $

Connectivité multimédia

Android Auto   Apple CarPlay

➕ Polyvalence appréciable • Espace
intérieur convenable • Solide et fiable •
Rouage intégral efficace •
Excellente garantie

➖ Pas de systèmes de sécurité avancés •
Boîte automatique peu agréable •
Consomme plus que certains rivaux •
Versions mieux équipées dispendieuses

Concurrents
Buick Encore, Chevrolet Trax, Fiat 500X,
Honda HR-V, Hyundai Kona, Jeep Compass,
Jeep Renegade, Kia Soul, Mazda CX-3,
Nissan Qashqai, Toyota C-HR

Cheveux gris

Michel Deslauriers

Avec le retrait de la Lancer et de la i-MiEV, le VUS sous-compact RVR devient le doyen de la gamme Mitsubishi. Il a également été l'un des premiers de son segment à apparaître sur le marché canadien, et chaque année, il se trouve entouré d'un nombre grandissant d'adversaires.

Et pourtant, le RVR se vend bien au Québec. Il est commercialisé chez nous depuis 2011, sans changements majeurs, mais des retouches et améliorations annuelles lui permettent de demeurer dans le coup. Hélas, les cheveux gris sont de plus en plus nombreux sur la tête du RVR. Et s'il ne reçoit pas une refonte significative sous peu, les poils gris vont lui sortir des oreilles...

Avons-nous réellement besoin d'un véhicule à la fine pointe de la technologie ? Construit avec une structure en fibre de carbone et équipé de motorisations turbocompressées, sophistiquées et complexes ? Pour la majorité des consommateurs à la recherche d'un petit véhicule fiable, abordable et doté d'une bonne garantie, la réponse est non. En effet, le RVR comble des besoins, pas des désirs.

C'EST QUOI ÇA, SNAPCHAT ?
Le RVR n'est pas un fervent amateur de technologie, et ça paraît. Contrairement aux jeunes qui s'envoient des images sur Snapchat, ou partagent des photos sur Instagram afin d'obtenir des « j'aime » provenant de parfaits inconnus aux noms fictifs, le RVR ne suit pas vraiment les nouvelles tendances.

Pas de régulateur de vitesse adaptatif, pas de surveillance des angles morts, pas de prévention de sortie de voie ni d'avertissement précollision frontale. Côté sécurité, on se contente de l'essentiel avec une panoplie de coussins gonflables et un programme de stabilité électronique. Dans les tests de collision aux États-Unis, le RVR se tire très bien d'affaire, mais l'absence de ces dispositifs de sécurité avancés l'empêche d'obtenir la cote « Top Safety Pick » de l'IIHS.

Par contre, le petit VUS est loin d'être un dinosaure, puisque l'on a amélioré son système multimédia au fil du temps. Une connectivité Bluetooth, une prise USB, un écran tactile et une caméra de recul sont inclus dans presque toutes les versions, tout comme les applications Apple CarPlay et Android Auto, une nouveauté pour 2018. La puissante chaîne audio de 710 watts, la radio satellite et le système de navigation sont réservés à la version la plus dispendieuse du RVR, en option de surcroît. Dommage.

RELATION À LONG TERME RECHERCHÉE

Contrairement aux photos éphémères que l'on envoie via Snapchat, le RVR propose plutôt de faire partie de notre vie pendant un long moment. Sa garantie de 10 ans ou de 160 000 km sur le groupe motopropulseur en est une preuve.

Ses motorisations ne font pas appel à l'injection directe ni à la turbocompression comme c'est le cas pour son frère, le nouveau Eclipse Cross. Le quatre cylindres de 2,0 litres, produisant 148 chevaux, livre des performances adéquates et enregistre une consommation raisonnable, alors que le moteur de 2,4 litres et ses 168 chevaux rend le RVR plus vif et agréable à conduire. Ces deux moteurs ne sont pas aussi écoénergétiques que ceux du Mazda CX-3 et du Honda HR-V, les deux champions de la catégorie à cet égard. Est-ce grave? Un peu, puisque l'on parle d'un écart variant entre 1 et 1,5 l/100 km. Et ce ne sont pas les plus silencieux non plus, mais au moins, leur conception peu sophistiquée fait en sorte qu'ils seront fiables.

De plus, le RVR dispose, en option, d'un rouage intégral drôlement efficace. Il peut être désactivé pour économiser du carburant, alors qu'en mode Auto, il acheminera de la puissance aux roues arrière en cas de perte d'adhérence. La fonction *Lock* forcera une répartition 50/50 avant/arrière.

La finition de l'habitacle n'épatera personne, mais en même temps, ce n'est pas si mal. Les commandes donnent une sensation de solidité, le garnissage des sièges est de bonne qualité et l'assemblage est soigné. Grâce à son toit élevé, on retrouve beaucoup d'espace dans le RVR et la position de conduite est idéale. De plus, le volume de chargement se situe dans la moyenne de son segment. Même dans sa version la plus abordable, munie d'une boîte manuelle à cinq rapports et d'un rouage à traction, le climatiseur et les sièges avant chauffants sont inclus. À l'instar de bien des véhicules sur le marché, les versions de milieu de gamme sont celles à privilégier.

Il vieillit ce petit VUS, mais il vieillit bien. Malgré tout, il serait temps que Mitsubishi le pousse dans la fontaine de Jouvence, surtout si les acheteurs prévoient le garder pendant de nombreuses années pour profiter de sa généreuse garantie.

Données principales	
Emp. / lon. / lar. / haut.	2670 / 4355 / 1810 / 1645 mm
Coffre / réservoir	569 à 1402 litres / 63 litres
Nbre coussins sécurité / ceintures	7 / 5
Suspension av. / arr.	ind., jambes force / ind., multibras
Pneus avant / arrière	P215/70R16 / P215/70R16
Poids / Capacité de remorquage	1490 kg / n.d.

Composantes mécaniques	
ES, SE	
Cylindrée, alim.	4L 2,0 litres atmos.
Puissance / Couple	148 ch / 145 lb-pi
Tr. base (opt) / Rouage base (opt)	M5 (CVT) / Tr (Int)
0-100 / 80-120 / V. max	11,5 s / 9,2 s / n.d.
100-0 km/h	41,6 m
Type / ville / route / CO$_2$	Ord / 10,3 / 8,2 / 4 303 kg/an
GT, LTD	
Cylindrée, alim.	4L 2,4 litres atmos.
Puissance / Couple	168 ch / 167 lb-pi
Tr. base (opt) / Rouage base (opt)	CVT / Int
0-100 / 80-120 / V. max	10,5 s / 7,7 s / n.d.
100-0 km/h	43,2 m
Type / ville / route / CO$_2$	Ord / 10,5 / 8,6 / 4 437 kg/an

« LE RVR **N'EST PAS** DES PLUS **SOPHISTIQUÉS**, MAIS SA MÉCANIQUE ÉPROUVÉE LUI **CONFÈRE** UNE BONNE FIABILITÉ ET SA GARANTIE EST **EXCELLENTE.** »

MITSUBISHI RVR

DU NOUVEAU EN 2018

Applications Apple CarPlay et Android Auto ajoutées au système multimédia.

Photos : Michel Deslauriers

Pour voir la liste complète des informations techniques, veuillez vous référer à la section statistiques.

MITSUBISHI | 525

NISSAN **370Z**

(((SiriusXm)))

Prix: 29 998 $ à 54 998 $ (2017)
Catégorie: Coupé, Roadster
Garanties:
3 ans/60 000 km, 5 ans/100 000 km
Transport et prép.: 1 850 $
Ventes QC 2016: 185 unités
Ventes CAN 2016: 932 unités
Assemblage: Tochigi JP

Fiabilité	Appréciation générale
■■■■■□□□□□	■■■■■■□□□□
Sécurité	Agrément de conduite
■■■■■■□□□□	■■■■■■■□□□
Consommation	Système multimédia
■■■■■□□□□□	■■■■■□□□□□

Cote d'assurance

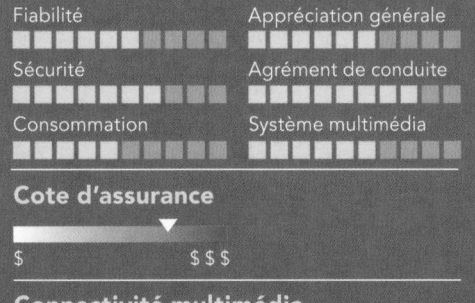

$ $ $ $

Connectivité multimédia

Aucune

➕ Rapport performances-prix
(370Z de base) • Moteur V6 fort en
couple • Silhouette classique •
Très bonne tenue de route

➖ Versions plus équipées moins
intéressantes • Boîte automatique
décevante • Roulement ferme •
Pas vraiment pratique au quotidien

Concurrents
BMW Série 2, Chevrolet Camaro,
Dodge Challenger, Ford Mustang,
Mazda MX-5, Toyota 86, Subaru BRZ

La fin de la route?

Gabriel Gélinas

C hronique d'une mort annoncée? Branchée sur le respirateur
artificiel, la 370Z? Ou plutôt renaissance en vue? Signe
des temps, l'avenir du modèle qui a défini l'image de Nissan
(Datsun à l'époque) en Amérique du Nord est aujourd'hui incertain.
Au récent Salon de l'auto de New York, la direction américaine de
Nissan a laissé entendre que la 370Z ne faisait pas partie de ses
priorités, tout en dévoilant une édition spéciale Heritage de la
370Z, réservée au seul marché étatsunien, qui ne sera donc pas
disponible chez nous.

Il faut le reconnaître, malgré la puissance de leurs moteurs, les voitures
sport sont en perte de vitesse... La 370Z n'échappe pas à cette tendance,
puisque Nissan n'en a vendu que 185 exemplaires au Québec en 2016, alors
que le VUS Rogue a conquis plus de dix mille acheteurs durant la même
période. D'autres facteurs sont également en jeu. Dans l'esprit de plusieurs,
la GT-R a remplacé la 370Z comme symbole de performance de la marque
japonaise, reléguant la sportive biplace dans l'ombre de Godzilla.

Aussi, au Salon de l'auto de Francfort en 2015, Nissan a dévoilé un petit
VUS-concept à quatre portes appelé Gripz, qui pourrait soit présager le
prochain Nissan JUKE, ou assurer la transition de l'appellation Z à un
éventuel multisegment par le biais d'une quelconque mutation génétique.
Il est également possible que Nissan nous surprenne en dévoilant un concept
élaboré sur la plate-forme de l'Infiniti Q60 et qui pourrait être animé par le
moteur V6 biturbo de 400 chevaux emprunté à la Q60 Red Sport. Bref, on
spécule, mais en tenant compte de ce qui précède, on peut craindre pour
la suite des choses de la Z dans sa forme actuelle.

RETOUR AUX SOURCES
La 370Z s'était embourgeoisée au fil des ans en devenant plus équipée et
beaucoup plus lourde, mais Nissan avait donné un sérieux coup de barre
en proposant, dès 2016, une version de base dépourvue du superflu et
offerte à un prix inférieur à 30 000 $. C'est à bord d'un tel modèle que j'ai

eu l'occasion de renouer avec la 370Z, en bouclant plusieurs séries de tours sur le circuit ICAR pour me rendre compte qu'elle était toujours à la hauteur, même lorsque comparée à des modèles rivaux plus récents comme le tandem Subaru BRZ / Toyota 86 ou la Ford Mustang EcoBoost.

Plusieurs éléments témoignent de l'âge de la 370Z, dont son moteur V6 atmosphérique de 3,7 litres qui peut se montrer plutôt rugueux à haut régime, mais dont la poussée est très linéaire grâce à la plage étendue de son couple. De ce côté, la 370Z est plus agréable à conduire au quotidien que la Subaru BRZ ou la Toyota 86, deux rivales qui souffrent cruellement d'un manque de couple à moyen régime.

Sur le circuit, la 370Z est dans son élément. La course du levier de vitesses est courte et l'embrayage est progressif. La disposition des pédales ne pose aucun problème pour le talon-pointe au rétrogradage, mais le freinage pourrait être un peu plus performant. En entrée de virage, la direction permet de guider la voiture sur la trajectoire idéale et d'atteindre chaque point de corde sans problème. La structure n'est peut-être pas aussi rigide que celle d'une auto sport plus récente, mais force est d'admettre que la 370Z se défend remarquablement bien en conduite sportive.

UN HABITACLE *OLD SCHOOL*

Le look de la 370Z est demeuré essentiellement le même depuis 2009, avec un empattement court qui en fait une voiture agréable à piloter, et c'est le même constat pour l'habitacle qui semble provenir d'une autre époque, la version de base n'étant équipé que du strict minimum. Pas de système multimédia, pas de système de chauffage/climatisation automatique et un grand vide-poches qui occupe l'espace accordé à l'écran central des versions plus cossues.

Bref, c'est très spartiate et ça nous ramène à l'époque où les voitures n'étaient pas encore des salons ou bureaux sur roues, ce qui est plutôt rafraîchissant. Le tachymètre est localisé en plein centre du bloc d'instruments, qui fait vraiment *old school*, et la colonne de direction n'est pas télescopique. La présentation intérieure des déclinaisons plus équipées diffère un peu, mais le look demeure figé dans la décennie précédente. La 370Z de base est celle à choisir en raison d'un rapport performances-prix très favorable.

Quelle sera la suite des choses pour la vénérable Z? Une fin de carrière dans l'anonymat ou une refonte complète en tablant sur les ressources considérables du constructeur en ce qui a trait aux motorisations et au design? Bien malin qui peut le prédire! En attendant, si vous êtes tenté par l'achat d'une voiture sport de base à prix abordable, c'est peut-être le temps de passer à l'action car, comme disent les Américains, « You don't know what you've got 'til it's gone... ».

Données principales		
Emp. / lon. / lar. / haut.	**Coupé** - 2 550 / 4 330 / 1 870 / 1 315 mm	
	Roadster - 2 550 / 4 246 / 1 845 / 1 326 mm	
Coffre / réservoir	**Coupé** - 195 litres / 72 litres	
	Roadster - 119 litres / 72 litres	
Nbre coussins sécurité / ceintures	6 / 2	
Suspension av. / arr.	ind., double triangulation / ind., multibras	
Pneus avant / arrière	P225/50R18 / P245/45R18	
Poids / Capacité de remorquage	**Coupé** - 1 547 kg / n.d.	
	Roadster - 1 599 kg / n.d.	

Composantes mécaniques	
370Z COUPÉ, ROADSTER	
Cylindrée, alim.	V6 3,7 litres atmos.
Puissance / Couple	332 ch / 270 lb-pi
Tr. base (opt) / Rouage base (opt)	M6 (A7) / Prop
0-100 / 80-120 / V. max	5,8 s / 4,9 s / n.d.
100-0 km/h	42,1 m
Type / ville / route / CO₂	Sup / 13,3 / 9,3 / 5 290 kg/an
370Z COUPÉ NISMO	
Cylindrée, alim.	V6 3,7 litres atmos.
Puissance / Couple	350 ch / 276 lb-pi
Tr. base (opt) / Rouage base (opt)	M6 / Prop
0-100 / 80-120 / V. max	5,7 s (est) / 6,2 s (est) / n.d.
100-0 km/h	n.d.
Type / ville / route / CO₂	Sup / 13,3 / 9,3 / 5 290 kg/an

> « SI VOUS **ÊTES TENTÉ** PAR L'ACHAT D'UNE **VOITURE SPORT** DE BASE À PRIX **ABORDABLE,** C'EST PEUT-ÊTRE LE TEMPS DE PASSER **À L'ACTION.** »

DU NOUVEAU EN 2018

Aucun changement majeur au moment de mettre sous presse.

Photos: Nissan

Pour voir la liste complète des informations techniques, veuillez vous référer à la section statistiques.

NISSAN **ALTIMA**

67% COTE DU GUIDE

((SiriusXM))

Prix: 23 998 $ à 35 758 $ (2017)
Catégorie: Berline
Garanties:
3 ans/60 000 km, 5 ans/100 000 km
Transport et prép.: 1 850 $
Ventes QC 2016: 1 222 unités
Ventes CAN 2016: 7 753 unités
Assemblage:
Smyrna TN US, Canton MS US

Fiabilité														Appréciation générale												

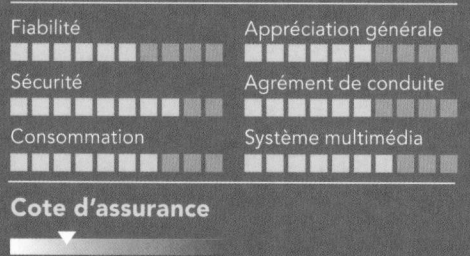

Cote d'assurance

$ $ $ $

Connectivité multimédia

Aucune

➕ Bonne habitabilité • Consommation très correcte (2,5 litres) • Équipement complet • Sièges confortables • Mécanique éprouvée

➖ Conduite soporifique • Roulis en virage • Accélérations très audibles • Direction trop assistée • Système multimédia capricieux

Concurrents
Chevrolet Malibu, Ford Fusion, Honda Accord, Hyundai Sonata, Kia Optima, Mazda6, Subaru Legacy, Toyota Camry, Volkswagen Passat

La loi du juste milieu

Denis Duquet

Vous connaissez la loi du juste milieu? Il s'agit de respecter une limite, ni trop basse ni trop élevée, afin d'éviter d'indisposer les gens, dans le cas qui nous concerne, les acheteurs. Si, dans une catégorie de véhicules, les berlines intermédiaires ici, on joue trop d'audace ou bien, à l'opposé, on se veut trop conservateur, il est fort possible que les clients regardent ailleurs. L'Altima est justement cette voiture du juste milieu qui propose plusieurs choses intéressantes, mais sans vouloir dépasser les normes établies afin de cibler le plus grand nombre de clients possible. Est-ce que cela fonctionne?

La silhouette de l'Altima est donc relativement sage, certainement pas excentrique. Elle a cependant gagné (un peu) en caractère grâce à sa nouvelle grille de calandre, adoptée il y a deux ans. Cette discrétion permet d'offrir un véhicule qui saura demeurer dans le ton pendant plusieurs années.

UN HABITACLE POUR LA FAMILLE

L'habitacle de l'Altima respecte aussi cette politique du juste milieu. En effet, ici aussi, la sobriété est de mise. Par ailleurs, puisque les dimensions de cette berline intermédiaire sont dans les normes de la catégorie, les dimensions de l'habitacle se situent également dans la moyenne. L'Altima est capable d'accommoder cinq personnes dans un confort correct et quatre avec un niveau de confort plus élevé. Bref, les déplacements en famille ne sont pas problématiques.

Et il faut mentionner aussi la présence des sièges avant «zéro gravité» dont se targue Nissan et que l'on dit inspirés des recherches effectuées par la NASA, pour ses astronautes. Il est vrai que ces sièges se révèlent très confortables sur un long trajet et méritent de bonnes notes, surtout lorsqu'on roule sur l'autoroute. Cependant, bien que ce ne soit pas la vocation de cette berline, si vous tentez de conduire agressivement sur une route sinueuse, vous allez déplorer le manque de support latéral de ces mêmes sièges.

La planche de bord respecte les normes en vigueur en fait d'aménagement. Toutefois, elle date quelque peu avec un écran relativement petit et des buses de ventilation situées en partie supérieure. Néanmoins, les commandes sont faciles d'accès et assez peu complexes. Soulignons au passage que certains matériaux pourraient être de meilleure qualité. Enfin, le système multimédia ainsi que les commandes vocales ne sont pas tellement faciles à gérer. Par ailleurs, au chapitre de la sécurité, il faut noter la présence d'un système de détection des angles morts ainsi que d'un avertisseur de changement de voie.

ANONYMEMENT VÔTRE

Si l'on se fie à la rumeur, cette berline devrait connaître une révision importante en cours d'année ou l'an prochain. Pour l'instant, Nissan se contente de nous proposer plus ou moins la même recette que l'an dernier. Cela signifie entre autres que les deux moteurs au catalogue sont de retour. Il s'agit d'un quatre cylindres de 2,5 litres produisant 182 chevaux et de l'incontournable V6 3,5 litres d'une puissance de 270 chevaux, livré uniquement sur la version la plus luxueuse.

Peu importe le moteur, pas de transmission intégrale (seules les roues avant sont motrices), mais une boîte automatique de type CVT efficace bien qu'elle ait pour effet, comme toutes les autres boîtes de ce genre, d'augmenter le niveau sonore des moteurs. Ceci est d'autant plus agaçant avec le quatre cylindres, surtout lors des dépassements. Lorsque vous appuyez sur l'accélérateur avec vigueur, le régime du moteur monte de même que le grondement généré par ce dernier. C'est beaucoup plus doux avec le moteur V6 puisque, étant plus puissant, il doit travailler moins pour faire avancer la voiture.

Pour respecter cette philosophie du juste milieu, la suspension n'est ni trop souple ni trop ferme, et la direction, un peu trop engourdie pour les puristes, devrait plaire à la majorité. Par contre, le roulis en virage pourrait être mieux contrôlé.

Contrairement à son nom, l'Altima ne vise pas les sommets, mais un certain équilibre à tous les points de vue. C'est ce qui la rend intéressante lorsqu'on compare son niveau d'équipement, sa motorisation et son prix. Les gens qui privilégient le rapport équipement-dimensions-prix par rapport à des performances musclées et un agrément de conduite relevé constituent la clientèle ciblée.

Par contre, la concurrence est féroce, les Honda Accord, Hyundai Sonata et Toyota Camry entre autres, ne faisant pas de quartier. Ajoutez à cela une Altima plutôt timide et vous avez la réponse à la question du premier paragraphe : non. En effet, elle se retrouve loin des meneurs au chapitre des ventes. Ce qui n'en fait pas une mauvaise voiture pour autant !

Données principales

Emp. / lon. / lar. / haut.	2776 / 4874 / 1829 / 1468 à 1473 mm
Coffre / réservoir	436 litres / 72 litres
Nbre coussins sécurité / ceintures	6 / 5
Suspension av. / arr.	ind., jambes force / ind., multibras
Pneus avant / arrière	P235/45R18 / P235/45R18
Poids / Capacité de remorquage	1450 à 1571 kg / n.d.

Composantes mécaniques

4L 2,5 LITRES

Cylindrée, alim.	4L 2,5 litres atmos.
Puissance / Couple	182 ch / 180 lb·pi
Tr. base (opt) / Rouage base (opt)	CVT / Tr
0-100 / 80-120 / V. max	8,6 s / 5,7 s / n.d.
100-0 km/h	47,1 m
Type / ville / route / CO_2	Ord / 8,8 / 6,0 / 3556 kg/an

V6 3,5 LITRES

Cylindrée, alim.	V6 3,5 litres atmos.
Puissance / Couple	270 ch / 251 lb·pi
Tr. base (opt) / Rouage base (opt)	CVT / Tr
0-100 / 80-120 / V. max	6,5 s / n.d. / n.d.
100-0 km/h	n.d.
Type / ville / route / CO_2	Ord / 10,6 / 7,3 / 4138 kg/an

« L'ALTIMA NE VISE PAS LES SOMMETS, MAIS UN JUSTE MILIEU CENSÉ PLAIRE À UNE MAJORITÉ RECHERCHANT UN MOYEN DE TRANSPORT SANS EXCENTRICITÉ. »

DU NOUVEAU EN 2018

Aucun changement majeur au moment de mettre sous presse. Ajout du freinage d'urgence autonome.

Photos : Nissan

Pour voir la liste complète des informations techniques, veuillez vous référer à la section statistiques.

NISSAN | 529

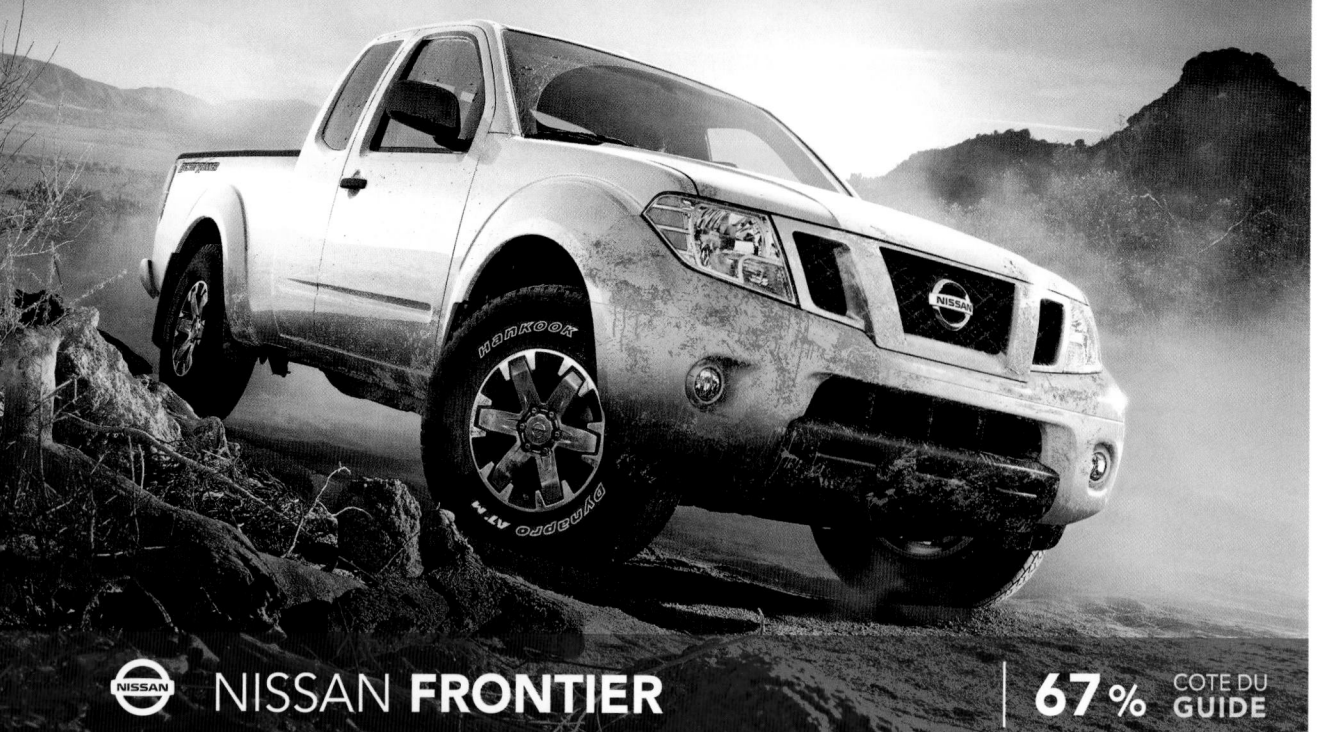

NISSAN **FRONTIER**

67% CÔTE DU GUIDE

Prix : 23 648 $ à 38 828 $ (2017)
Catégorie : Camionnette
Garanties :
3 ans/60 000 km, 5 ans/100 000 km
Transport et prép. : 1 895 $
Ventes QC 2016 : 721 unités
Ventes CAN 2016 : 4 127 unités
Assemblage : Canton MS US

Fiabilité	Appréciation générale
Sécurité	Agrément de conduite
Consommation	Système multimédia

Cote d'assurance

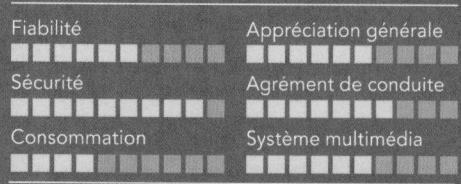

$ $ $ $

Connectivité multimédia

Aucune

➕ Prix de base attrayant • Format
pratique en ville • Véhicule robuste •
Bonne fiabilité

➖ Modèle très vieillissant •
Consommation élevée •
Espace arrière limité (King Cab) •
Capacités de remorquage moindres
que plusieurs concurrents

Concurrents
Chevrolet Colorado, GMC Canyon,
Honda Ridgeline, Toyota Tacoma

Bientôt un nouveau souffle ?

Sylvain Raymond

Dans les années 80 et 90, le marché de la camionnette inter-médiaire battait son plein avec, comme principaux acteurs, Ford, Mazda, Nissan et Toyota. L'intérêt des acheteurs s'est graduellement estompé depuis que les modèles pleine grandeur (Ford F-150, Chevrolet Silverado, GMC Sierra et camionnette Ram) sont devenus plus abordables et tout aussi sophistiqués qu'une voiture. Plusieurs constructeurs ont donc jeté l'éponge, mais Nissan a toujours continué à commercialiser son Frontier, contre vents et marées.

L'attrait pour les camionnettes intermédiaires s'est ravivé ces dernières années, au moment où GM introduisait ses Chevrolet Colorado et GMC Canyon, un tandem fraîchement remanié. Les raisons qui motivent les acheteurs ont toutefois changé. On ne se paie plus une camionnette intermédiaire pour économiser. Elles sont quasiment aussi dispendieuses que leur équivalente pleine grandeur et leur consommation n'est pas réellement moindre. Dans un monde où l'espace devient une rareté, on les apprécie en raison de leur format plus compact et pratique.

PLUS QUE VIEILLISSANT

De son côté, le Nissan Frontier fait pâle figure en raison de son grand âge, plus de dix ans, c'est une éternité, d'autant plus que Honda et Toyota ont accouché récemment de modèles renouvelés. L'âge du Frontier est encore plus marqué dans l'habitacle, on croirait être dans un véhicule Nissan d'occasion du début des années 2000. C'est vieux, très vieux. Vivement de la nouveauté !

D'ailleurs, des rumeurs persistantes veulent qu'un nouveau Frontier soit sur le point de se pointer le bout du nez, mais puisque Nissan n'a rien annoncé sur le sujet et qu'aucun modèle n'a encore été présenté dans un salon, il y a peu de chances qu'il débarque pour 2018. On se croise tout de même les doigts, ce ne serait pas la première fois que Nissan nous réserve une surprise et déjoue nos plans.

Malgré son manque de raffinement, le Frontier continue de bien remplir sa mission, tout en proposant diverses configurations, selon les besoins. Le King Cab dispose de deux portes pleine grandeur ainsi que de deux demi-portières arrière qui s'ouvrent en sens inverse. C'est peu pratique, surtout dans les stationnements, où l'on pourrait se retrouver coincé entre les deux portes et le véhicule stationné à côté. Qui plus est, les deux petites banquettes arrière, presque à angle droit, conviennent à peine à des enfants. Au moins, c'est la version la plus abordable, avec un prix de base très attirant.

Le plus intéressant des Frontier, c'est celui à cabine double, avec ses quatre portes «normales» et son habitacle plus commode et spacieux. Pour les familles, c'est un incontournable.

QUATRE OU SIX CYLINDRES ?

Le plus petit moteur offert est un quatre cylindres de 2,5 litres qui développe 152 chevaux et qui est jumelé à une boîte automatique à cinq rapports, rien de très moderne. L'ensemble peut tracter environ 3 750 lb (1 701 kg), ce n'est pas énorme, plusieurs petits VUS peuvent en faire autant de nos jours. Heureusement, seule la version de base dispose de cette mécanique.

Tous les autres Frontier sont équipés d'un six cylindres de 4,0 litres, générant 261 chevaux et un couple de 281 lb-pi. Malgré sa consommation imposante, pratiquement aussi élevée que celle d'une camionnette pleine grandeur, c'est sans aucun doute la mécanique à retenir, surtout en compagnie du rouage à quatre roues motrices. Cette fois, la capacité de remorquage peut aller jusqu'à 6 700 lb (3 044 kg) selon l'équipement, un chiffre nettement plus intéressant. Pour ceux qui aiment jouer du levier, une boîte manuelle à six rapports est disponible sur certaines versions, sinon l'automatique à cinq rapports à commande électronique est optionnelle ou de série selon la variante.

Le Frontier est compact et agile en ville, et ce, malgré un rayon de braquage assez important. C'est dans les stationnements que l'on préfère son gabarit à celui des grosses camionnettes.

Sa conduite sur longs trajets peut s'avérer plus pénible, un peu moins à bord de la version PRO-4X, qui profite notamment d'amortisseurs Bilstein plus efficaces et de pneus plus larges. Hors des sentiers battus, le PRO-4X a beaucoup moins tendance à sautiller. Sans être très sophistiqué, le moteur six cylindres livre une bonne puissance et son couple généreux facilite les accélérations. En ville, il ne faut pas s'attendre à une consommation exemplaire, nous avons obtenu une moyenne de 14,5 l/100 km, ce qui est assez élevé de nos jours.

Données principales

Emp. / lon. / lar. / haut.	3 554 / 5 574 / 1 850 / 1 745 mm
Boîte / réservoir	1 511 à 1 861 mm / 80 litres
Nbre coussins sécurité / ceintures	6 / 5
Suspension av. / arr.	ind., double triangulation / essieu rigide, ress. à lames
Pneus avant / arrière	P275/75R16 / P275/75R16
Poids / Capacité de remorquage	2 167 kg / 3 044 kg (6 700 lb)

Composantes mécaniques

4L 2,5 LITRES (4X2)

Cylindrée, alim.	4L 2,5 litres atmos.
Puissance / Couple	152 ch / 171 lb-pi
Tr. base (opt) / Rouage base (opt)	A5 / Prop
0-100 / 80-120 / V. max	11,2 s / 8,5 s / n.d.
100-0 km/h	n.d.
Type / ville / route / CO_2	Ord / 13,5 / 10,5 / 5 589 kg/an

V6 4,0 LITRES (4X2, 4X4)

Cylindrée, alim.	V6 4,0 litres atmos.
Puissance / Couple	261 ch / 281 lb-pi
Tr. base (opt) / Rouage base (opt)	M6 (A5) / Prop (4x4)
0-100 / 80-120 / V. max	9,0 s / 7,4 s / n.d.
100-0 km/h	n.d.
Type / ville / route / CO_2	Ord / 15,8 / 11,5 / 6 378 kg/an

« LE NISSAN FRONTIER A GRANDEMENT BESOIN DE SANG NEUF POUR RIVALISER AVEC LES NOUVEAUX VENUS FABRIQUÉS PAR HONDA, GM ET TOYOTA. »

DU NOUVEAU EN 2018

Aucun changement majeur au moment de mettre sous presse.

Photos : Nissan

Pour voir la liste complète des informations techniques, veuillez vous référer à la section statistiques.

NISSAN | 531

NISSAN **GT-R**

73% COTE DU GUIDE

(((**SiriusXm**)))

Prix : 125 000 $ à 149 100 $ (2017)
Catégorie : Coupé
Garanties :
3 ans/60 000 km, 5 ans/100 000 km
Transport et prép. : 2 600 $
Ventes QC 2016 : 20 unités
Ventes CAN 2016 : 156 unités
Assemblage : Tochigi JP

Fiabilité ■■■■□□□□□□

Appréciation générale ■■■■■■□□□□

Sécurité ■■■■■■□□□□

Agrément de conduite ■■■■■■■□□□

Consommation ■■■□□□□□□□

Système multimédia ■■■■■■□□□□

Cote d'assurance

$ $ $ $

Connectivité multimédia

Aucune

+ Puissance et sonorité • Accélérations démentielles • Attire encore les regards • Prix relativement accessible • Finition de l'habitacle en progrès

– Suspension ferme • Lourde, et ça paraît • 94 octane pour des performances maximales • Places arrière quasi inutilisables • Design vieillissant

Concurrents
Aston Martin DB11, Audi R8, Ferrari 488, Jaguar F-TYPE, Lamborghini Huracán, McLaren 720S, Mercedes-AMG GT, Porsche 911

Bombe sans retardement

Michel Deslauriers

Au prix demandé, peu de voitures procurent des poussées d'adrénaline à ses occupants comme la GT-R de Nissan sait le faire. Ce missile sur roues, affectueusement surnommé Godzilla, est l'une des voitures les plus rapides sur le marché, et les jeunes la reconnaissent instantanément par sa présence dans presque tous les jeux vidéo de simulation de course automobile. C'est le fleuron du Japon, l'enfant prodige du pays du Soleil-Levant, la supervoiture nipponne. Du moins, si l'on exclut la Lexus LFA ayant connu une carrière très courte.

Présente sur le marché canadien depuis une dizaine d'années, la GT-R n'est plus une nouveauté, et n'a rien de sensuel, mais attire encore et toujours les regards sur la route. Normal, vu sa rareté, mais aussi son style percutant avec son aileron arrière, ses jupes de bas de caisse et ses pots d'échappement exagérés en titane. L'an dernier, on a apporté des modifications à Godzilla afin de la rendre plus aérodynamique, mais aussi pour la moderniser quelque peu.

TIRÉE D'UNE CATAPULTE

Le V6 biturbo de 3,8 litres, méticuleusement assemblé à la main et doté d'une très belle présentation sous le capot, développe maintenant 565 chevaux. Toute une cavalerie, mais bien gérée par la boîte automatique à six rapports avec double embrayage ainsi que le rouage intégral. Grâce à ce dernier, et en activant le système de départ canon, on a signé un 0-100 km/h de 3,3 secondes à bord de la GT-R, et ce, sans trop se forcer. La force d'accélération est époustouflante, immédiate comme une bombe qui explose, nous collant à notre siège alors que le moteur rugit à s'époumoner. Précisions qu'à partir de 2017, la voiture est munie d'un système d'enrichissement actif du bruit. Autrement dit, un peu de sonorité artificielle.

Pour favoriser la répartition de poids et l'équilibre de la voiture, la boîte de vitesses est montée à l'arrière, tout juste devant l'essieu arrière. Les ingénieurs de Nissan ont réussi leur objectif, puisque la GT-R brille sur la piste, affichant une grande adhérence et une puissance magistrale en sortie de virage.

Le hic, c'est que Godzilla n'est pas un poids plume, dépassant les 1 780 kg à la pesée, et ça paraît dans les courbes. La direction communique bien l'état des choses, mais des fois, le temps d'une seconde, elle s'allège juste assez pour semer un doute dans l'esprit du conducteur, et tout se replace par la suite. La GT-R est ultrarapide, colle à la route, mais on peine à faire corps avec elle, comme si elle nous disait « fais juste tenir le volant, je m'en occupe de cette courbe-là ».

À cet égard, on doit considérer la Nissan GT-R comme une voiture grand tourisme, et non comme une pure sportive légère et maniable. Après tout, c'est ce que les lettres GT signifient dans son nom, pas vrai ? Par contre, pour une tenue de route légèrement plus viscérale, on peut opter pour la GT-R Track Edition, équipée d'une suspension NISMO, de jantes noires de 20 pouces, d'un aileron en fibre de carbone ainsi que de sièges Recaro en cuir noir et rouge. De plus, la Track Edition retranche un maigre huit kilogrammes au poids de la voiture. En revanche, cette version coûte presque 25 000 $ de plus que la version Premium de base, ce qui nous semble superflu.

PLUS LUXUEUSE

Parmi les révisions apportées à la GT-R l'an dernier, on note un meilleur choix de matériaux dans l'habitacle. Le système multimédia a été mis à jour et le nombre de boutons a été réduit pour rehausser sa convivialité, et l'on a perfectionné l'insonorisation également. On entend encore le bruit métallique des engrenages de la boîte de vitesses au travail, mais c'est moins prononcé. L'espace est convenable à l'avant, mais les sièges ne sont pas très confortables lors de longs trajets. Par ailleurs, les places arrière sont quasi inutilisables, d'autant plus que les immenses haut-parleurs logés dans le dossier assourdiront les pauvres volontaires qui s'assoiront à cet endroit. Le coffre est petit, mais tout de même profond pour une supervoiture.

La GT-R Premium propose des sièges et un tableau de bord garnis de cuir semi-aniline en option, sinon l'équipement est complet. De série, on a droit à des sièges en cuir et en suède, des phares à DEL, un système de navigation, une caméra de recul ainsi qu'à une chaîne audio Bose à 11 haut-parleurs. Par contre, pas de systèmes de sécurité avancée tels qu'un régulateur de vitesse adaptatif, un avertissement précollision frontale ou une surveillance des angles morts. Ce dernier serait bien pratique, quoique la visibilité vers l'extérieur ne soit pas mauvaise pour une voiture sport de ce calibre.

Ses performances en ligne droite sont extraordinaires, et en dépit de son âge, Godzilla fait encore tourner les têtes. Elle déborde de caractère, mais malgré tout, ce n'est pas une supervoiture qui excite les sens comme une Porsche 911 Turbo, ou qui se conduit avec la finesse d'une Audi R8.

Données principales

Emp. / lon. / lar. / haut.	2780 / 4710 / 1895 / 1370 mm
Coffre / réservoir	249 litres / 74 litres
Nbre coussins sécurité / ceintures	6 / 4
Suspension av. / arr.	ind., double triangulation / ind., multibras
Pneus avant / arrière	P255/40ZR20 / P285/35ZR20
Poids / Capacité de remorquage	1784 kg / n.d.

Composantes mécaniques

PREMIUM

Cylindrée, alim.	V6 3,8 litres turbo
Puissance / Couple	565 ch / 467 lb-pi
Tr. base (opt) / Rouage base (opt)	A6 / Int
0-100 / 80-120 / V. max	3,3 s / 4,1 s / 315 km/h (est)
100-0 km/h	35,4 m
Type / ville / route / CO$_2$	Sup / 14,5 / 10,7 / 5 883 kg/an

> **AVEC SON STYLE UNIQUE ET SES PERFORMANCES À COUPER LE SOUFFLE, LA GT-R ATTIRE ENCORE ET TOUJOURS SON LOT D'ADMIRATEURS.**

DU NOUVEAU EN 2018

Aucun changement majeur au moment de mettre sous presse.

Pour voir la liste complète des informations techniques, veuillez vous référer à la section statistiques.

NISSAN **JUKE**

| | 72% | COTE DU GUIDE |

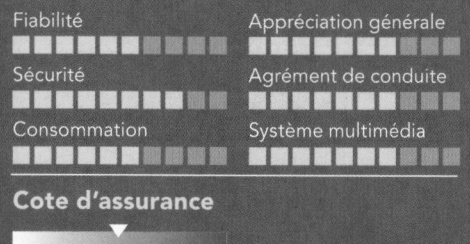

Prix : 20 698 $ à 30 178 $ (2017)
Catégorie : VUS
Garanties :
3 ans/60 000 km, 5 ans/100 000 km
Transport et prép. : 1 850 $
Ventes QC 2016 : 1 310 unités
Ventes CAN 2016 : 4 442 unités
Assemblage : Yokosuka JP

Fiabilité
■■■■■■■□□□

Sécurité
■■■■■■■□□□

Consommation
■■■■■□□□□□

Appréciation générale
■■■■■■■□□□

Agrément de conduite
■■■■■■■□□□

Système multimédia
■■■■■■■□□□

Cote d'assurance

$ $ $ $

Connectivité multimédia

Aucune

➕ Comportement routier agile et sûr •
Moteur souple et vif • Tableau de bord
original et ludique • Cabine agréable et
bien finie • Silhouette unique

➖ Visibilité arrière limitée •
Essence super requise • Places arrière
étriquées • Soute cargo minuscule •
Silhouette unique

Concurrents

Chevrolet Trax, Fiat 500X, Honda HR-V,
Hyundai Kona, Jeep Renegade,
Mazda CX-3, MINI Countryman,
Mitsubishi RVR, Subaru Crosstrek,
Toyota C-HR

L'original persiste

Marc Lachapelle

Si l'imitation est la plus sincère des flatteries, comme le veut
l'adage, c'est assurément un bel hommage qu'a rendu
Toyota à la JUKE, de son rival Nissan, en lançant son C-HR.
Même si la silhouette trapue et joyeusement biseautée de ce nouvel
utilitaire compact n'atteint pas le même niveau d'exubérance, leurs
dimensions sont très voisines. Reste à voir comment l'original saura
répliquer et résister à ce nouvel assaut, alors qu'il amorce une
huitième année sous sa forme et sa configuration actuelles, en
comptant le remodelage léger d'il y a trois ans.

Nul doute que le JUKE, pour toute l'excentricité de sa silhouette, est un
véritable pionnier. Sans blague. Lorsque le tout premier s'est pointé, pour
l'année 2011, la catégorie des utilitaires sport sous-compacts n'existait tout
simplement pas. Or, on y dénombre cette année plus de dix modèles, en
comptant le nouveau Toyota C-HR, mentionné plus haut. Plusieurs d'entre
eux sont d'ailleurs vite devenus des rivaux plus que redoutables.

UN STATU QUO PEU RASSURANT

Dans cette catégorie en plein bouillonnement, dont les ventes ont augmenté
de 24 % au Québec, l'an dernier, le JUKE fait essentiellement du sur-place.
Ce qui n'a rien de déshonorant, à vrai dire, si l'on tient compte du fait qu'il
a finalement changé très peu en huit ans. Ironiquement, ce vétéran s'est
retrouvé sixième au palmarès des ventes, soit exactement à la même position
qu'au classement final du match comparatif qui mettait aux prises huit de
ces utilitaires sport sous-compacts dans la 50ᵉ édition du *Guide de l'auto*.

L'équipe avait alors souligné les forces et lacunes du JUKE. Au-delà de sa
silhouette disons... unique, au sujet de laquelle les opinions sont souvent
diamétralement opposées. Il est bon de noter qu'il s'agissait d'une version SL
à quatre roues motrices, donc la plus chère. On avait apprécié sa tenue de
route assez vive et les bonnes performances de son quatre cylindres
turbocompressé de 1,6 litre et 188 chevaux qu'il faut toutefois abreuver
d'essence super. Ce moteur est d'ailleurs le seul disponible.

Sa boîte automatique à variation continue n'avait certes pas fait l'unanimité dans ce match. Là encore, les réactions étaient fort contrastées. Tous furent par contre d'accord pour critiquer les places arrière très limitées et la soute cargo minuscule du JUKE, lorsque les dossiers 60/40 de la deuxième rangée sont en place, à la verticale. On a également déploré la mauvaise visibilité vers l'arrière et de gros angles morts qu'on peut heureusement compenser et couvrir grâce à de très bons rétroviseurs extérieurs.

SPORTIF ET SYMPATHIQUE

La version NISMO est toujours la plus intéressante dans cette série qui vise essentiellement les hédonistes et les amateurs de conduite sportive. On la reconnaît facilement, de toute manière, à ses jantes d'alliage noires de 18 pouces, chaussées de pneus de performance de taille 225/45R18, plus larges et plus bas. Le NISMO profite également d'une barre antiroulis plus costaude, d'un diamètre de 22 mm, pour appuyer les bras multiples de la suspension arrière à roues indépendantes qu'il partage avec les autres versions à quatre roues motrices. Le JUKE SV traction se contente d'une suspension arrière à poutre de torsion et ses roues avant patinent à rien, de surcroît.

Le NISMO se distingue en outre par ses sièges baquets avant très sculptés, enveloppés de suède et surpiqués au fil rouge, qui offrent un excellent maintien en virage. La jante de son volant est également drapée d'un mélange de suède et de cuir et la face de ses cadrans principaux est d'un beau rouge vif. Il possède aussi des pédales à surfaces métalliques, mais son repose-pied est trop étroit vers le haut.

L'écran tactile est de petite taille, mais il est net et ses menus sont clairs. Parmi eux, le système I-CON, qui permet de sélectionner un des trois modes de conduite offerts: normal, sport ou écolo. Chacun offre des réglages différents pour l'accélérateur, la servodirection électrique et la boîte à variation continue, pour les déclinaisons qui en sont pourvues.

Si le Toyota C-HR — encore lui — risque de causer quelques soucis au JUKE, avec sa silhouette aussi fantasque et une fiche technique étrangement semblable, son rival le plus sérieux habite peut-être à la même adresse. Le tout nouveau Qashqai est effectivement plus spacieux, plus pratique, plus moderne et même plus frugal sur la route que le JUKE. Il est également offert en version traction ou quatre roues motrices, pour seulement quelques centaines de dollars supplémentaires. Chose certaine, si ce nouveau venu fait tourner les têtes, ce ne sera pas exactement pour les mêmes raisons que son original de frère. Cela dit, la seule raison de se procurer un JUKE, surtout la version NISMO, a toujours été le pur plaisir. Le sien propre, pas celui des autres.

NISSAN JUKE

Données principales

Emp. / lon. / lar. / haut.	2 530 / 4 160 / 1 770 / 1 570 mm
Coffre / réservoir	297 à 1 017 litres / 50 litres
Nbre coussins sécurité / ceintures	6 / 5
Suspension av. / arr.	ind., jambes force / semi-ind., poutre torsion
Pneus avant / arrière	P215/55R17 / P215/55R17
Poids / Capacité de remorquage	1 460 kg / n.d.

Composantes mécaniques

Cylindrée, alim.	4L 1,6 litre turbo
Puissance / Couple	188 ch / 177 lb-pi
Tr. base (opt) / Rouage base (opt)	M6 (CVT) / Tr (Int)
0-100 / 80-120 / V. max	8,0 s / 5,7 s / n.d.
100-0 km/h	42,1 m
Type / ville / route / CO_2	Sup / 8,6 / 7,2 / 3779 kg/an

« LE JUKE POURSUIT **BRAVEMENT** SA **CARRIÈRE**, EN DÉPIT D'UNE CONCURRENCE TOUJOURS PLUS NOMBREUSE ET REDOUTABLE, Y COMPRIS DANS **LA GAMME NISSAN.** »

DU NOUVEAU EN 2018

Aucun changement majeur au moment de mettre sous presse.

Photos: Nissan

Pour voir la liste complète des informations techniques, veuillez vous référer à la section statistiques.

NISSAN | 535

VOITURE ÉLECTRIQUE

MODÈLE 2017

NISSAN **LEAF**

75 % COTE DU GUIDE
(2017)

((SiriusXM))

Données 2017
Prix : 33 998 $ à 40 548 $ (2017)
Catégorie : Hatchback
Garanties :
3 ans/60 000 km, 5 ans/100 000 km
Transport et prép. : 2 090 $
Ventes QC 2016 : 862 unités
Ventes CAN 2016 : 1 375 unités
Assemblage : Smyrna TN US

Fiabilité
■■■■■■■□□□

Appréciation générale
■■■■■■■□□□

Sécurité
■■■■■■■□□□

Agrément de conduite
■■■■■■■□□□

Consommation
■■■■■■■■■□

Système multimédia
■■■■■■□□□□

Cote d'assurance

$ $ $ $

Connectivité multimédia

Aucune

➕ Conduite agréable • Habitacle confortable • Bonne capacité de chargement • Rapport prix équipement

➖ Colonne de direction non télescopique • Silhouette vieillissante • Moins efficace sur l'autoroute • Autonomie perfectible

Concurrents
BMW i3, Chevrolet Bolt EV, Ford Focus Électrique, Kia Soul EV

Plus autonome, moins extrovertie

Michel Deslauriers

Au moment de mettre le *Guide 2018* sous presse, tout ce que Nissan a pu nous donner concernant la deuxième génération de sa petite voiture 100 % électrique, c'est la photo de l'un de ses blocs optiques. Pas question de nous partager d'informations techniques ou même de nous donner une indication quant au style de la nouvelle LEAF avant son introduction officielle.

Toutefois, des photos-espionnes parcourant la toile ont révélé une silhouette passablement plus conservatrice que la LEAF actuelle. On tente évidemment d'attirer une clientèle plus diversifiée, qui ne cherche pas nécessairement à afficher son côté environnemental. Ces fameux blocs optiques comprennent chacun deux projecteurs encadrés de chrome, surplombés d'une bande lumineuse à DEL. À l'arrière, on distingue des feux en forme de boomerang, similaires à ceux que l'on retrouve sur plusieurs produits Nissan, comme le VUS Murano. Finalement, on a affaire à une LEAF qui ressemble drôlement au concept IDS, lequel a fait sa première apparition publique au Salon de Tokyo, en 2015.

PLUS D'AUTONOMIE, ÉVIDEMMENT

À l'instar de la génération actuelle, la nouvelle voiture dispose d'un moteur électrique qui alimente les roues avant. La LEAF sortante a dû se contenter d'une puissance de 107 chevaux et d'un couple de 187 livres-pied, et l'on s'attend à de légères augmentations. On voudra sans doute concurrencer la Bolt, qui dispose de 200 chevaux, mais aussi compenser son poids, qui devrait être légèrement plus élevé.

Ainsi, le bloc de batteries de 30 kWh cèdera sa place à une unité de plus grande capacité, atteignant possiblement 60 kWh comme celle annoncée dans l'IDS Concept. Cela permettrait à la LEAF d'offrir une autonomie comparable à la Tesla Model 3 et à la Chevrolet Bolt EV, soit environ 350 km. Des batteries plus petites, avec une capacité de 40 kWh par exemple, équiperaient les déclinaisons de base afin d'afficher un prix d'entrée plus abordable. On obtiendrait à ce moment une autonomie d'à peu près 230 km.

Alors qu'on prépare le déploiement de bornes de recharge de 100 kW qui devrait s'amorcer tranquillement en 2018, au Québec, la nouvelle LEAF pourrait être compatible avec cette vitesse de charge beaucoup plus rapide que celle des actuelles bornes publiques de niveau 3 (480 volts). Il est même possible que la voiture accepte des recharges de 150 kW afin d'obtenir 80% de la capacité des batteries, en quelques minutes à peine, soit le même temps requis pour faire un plein d'essence. Bien sûr, on s'assurera que la LEAF soit prête pour les récents standards en matière de recharge.

CONDUIRE COMME UN PRO

Dans le nouvel habitacle qui propose de la place pour cinq personnes, on misera sur les dernières poussées technologiques afin de satisfaire les *envirogeeks*, mais aussi pour rendre la vie à bord plus agréable pour tous. Évidemment, la nouvelle LEAF sera équipée de sièges chauffants à l'avant et à l'arrière, qui réchauffent les passagers plus efficacement que le système de chauffage allumé au maximum. Comme c'est le cas dans la génération actuelle, le système de navigation indiquera la distance maximale que l'on pourra parcourir avec l'autonomie restante ainsi que la localisation des bornes de recharge à proximité. Le constructeur devra cependant faire preuve d'ingéniosité pour égaler la capacité du coffre de la première LEAF, évaluée à 668 litres lorsque les dossiers arrière sont relevés.

Dans la LEAF, on verra probablement apparaître le deuxième niveau de la technologie de conduite autonome du groupe Renault-Nissan. Intitulé ProPILOT Assist, ce système serait capable de naviguer la voiture par lui-même, sur les autoroutes multivoies, et pourrait en outre effectuer des changements de voie. Le niveau 3 de la technologie ProPILOT Assist est supposé arriver en 2020, permettant la conduite autonome dans la circulation urbaine, alors que le niveau 4 — proposant une conduite 100% autonome, sans aucune intervention du conducteur — devrait suivre quelques années plus tard. D'ailleurs, le constructeur gère déjà quelques petites flottes de « robotaxis » dans certaines villes autour du monde. Nissan tient toutefois à préciser que l'agrément de conduite sera toujours mis de l'avant pour ceux qui voudront piloter la voiture eux-mêmes.

En date du mai 2017, plus de 260 000 LEAF ont été vendues à travers le monde, alors on peut certainement qualifier la petite voiture 100% électrique de Nissan comme étant une réussite sur le plan commercial. Bien sûr, lors de son introduction en 2010, son style particulier a fait l'objet de nombreuses discussions, mais on a fini par s'y habituer. La nouvelle LEAF, plus sobre, saura-t-elle tirer son épingle du jeu cette fois-ci, alors qu'elle devra affronter des concurrentes mieux préparées qu'elles ne l'étaient il y a huit ans?

NISSAN LEAF

Données principales (2017)

Emp. / lon. / lar. / haut.	2700 / 4445 / 1770 / 1550 mm
Coffre / réservoir	668 à 850 litres / aucun
Nbre coussins sécurité / ceintures	6 / 5
Suspension av. / arr.	ind., jambes force / semi-ind., poutre torsion
Pneus avant / arrière	P205/55R16 / P205/55R16
Poids / Capacité de remorquage	1538 kg / n.d.

Composantes mécaniques (2017)

SL, SV

Puissance / Couple	107 ch (79 kW) / 187 lb-pi
Tr. base (opt) / Rouage base (opt)	Rapport fixe / Tr
0-100 / 80-120 / V. max	11,3 s (est) / 10,5 s (est) / n.d.
100-0 km/h	42,9 m (est)
Consommation combinée	n.d.
Type de batterie	Lithium-ion (Li-ion)
Énergie	30,0 kWh
Temps de charge (120V / 240V)	26,0 h / 6,0 h
Autonomie	172 km

S

Puissance / Couple	107 ch (79 kW) / 187 lb-pi
Tr. base (opt) / Rouage base (opt)	Rapport fixe / Tr
0-100 / 80-120 / V. max	11,3 s / 10,5 s (est) / n.d.
100-0 km/h	42,9 m
Consommation combinée	n.d.
Type de batterie	Lithium-ion (Li-ion)
Énergie	24,0 kWh
Temps de charge (120V / 240V)	21,0 h / 5,0 h
Autonomie	133 km

DU NOUVEAU EN 2018

Deuxième génération de la LEAF, entièrement redessinée.

MODÈLE 2017

MODÈLE 2017

Pour voir la liste complète des informations techniques, veuillez vous référer à la section statistiques.

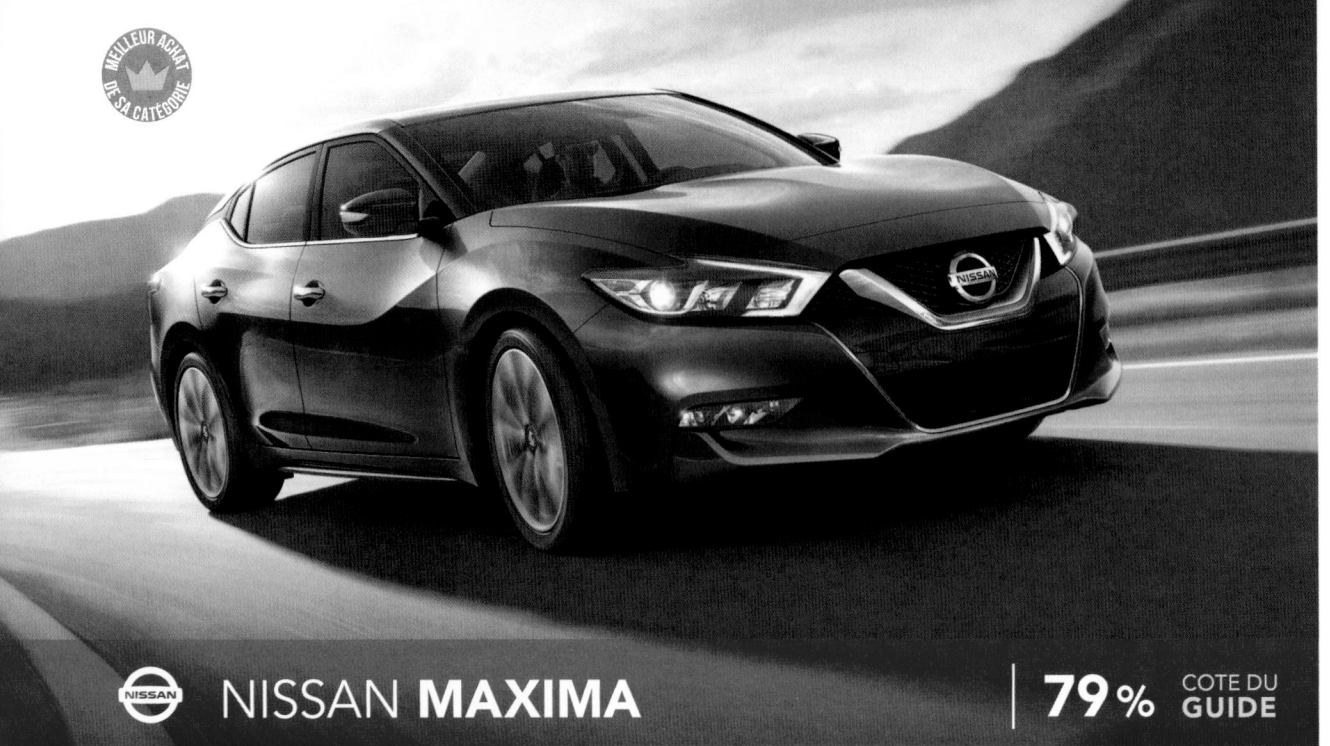

NISSAN **MAXIMA**

79 % COTE DU GUIDE

Prix: 34 400 $ à 43 960 $ (2017)
Catégorie: Berline
Garanties:
3 ans/60 000 km, 5 ans/100 000 km
Transport et prép.: 1 850 $
Ventes QC 2016: 472 unités
Ventes CAN 2016: 2 297 unités
Assemblage: Smyrna TN US

Fiabilité	Appréciation générale
■■■■■□□□□□	■■■■■■□□□□
Sécurité	Agrément de conduite
■■■■■■■□□□	■■■■■■□□□□
Consommation	Système multimédia
■■■■■■■□□□	■■■■■■□□□□

Cote d'assurance

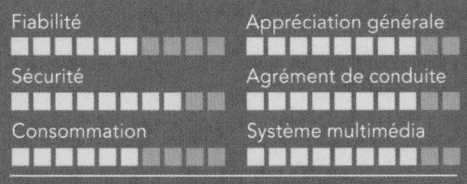

$ $ $ $

Connectivité multimédia

Apple CarPlay

+ Commandes (enfin) ergonomiques •
Dynamique de la version SR • Boîte CVT
agréable • Moteur doux et puissant •
Sièges des plus confortables

− Pas de rouage intégral •
Dégagement intérieur moindre
qu'attendu • Coffre d'une compacte •
Prix du prestige, mais sans le badge

Concurrents
Chevrolet Impala, Chrysler 300,
Dodge Charger, Ford Taurus,
Toyota Avalon

Entre trois chaises

Nadine Filion

Présente sur notre marché depuis 1981, la Maxima a connu son heure de gloire dans les années 1990. Et comme à l'époque, Nissan veut que l'on considère sa Maxima en tant que berline sport. Il est vrai que la 8ᵉ génération a de quoi nous attiser avec, entre autres, l'une des plus belles silhouettes du marché.

Qui dit berline sport, dit plate-forme à propulsion et/ou à rouage intégral. Pas pour la Maxima, qui mise encore et toujours sur la traction. Une berline sport qui se respecte offrirait non seulement l'intégrale, mais aussi la boîte manuelle, ce que la Maxima ne fait plus depuis 15 ans.

Parlons d'abord de son moteur: ce n'est pas un quatre cylindres turbo comme le veut la tendance, mais le bon vieux V6 de 3,5 litres qu'on aime tant de la famille Nissan, notamment pour sa jolie tonalité grondante. D'une respectable consommation sous les 8 l/100 km sur l'autoroute, l'organe se livre dans une douceur qui cache bien ses 300 poulains et son couple de 261 lb-pi. La légendaire main de fer dans un gant de velours, quoi.

La CVT est la seule boîte offerte, mais qu'on ne s'en plaigne pas; elle est l'une des plus évoluées du genre, avec ses sept rapports préprogrammés que l'on peut manuellement négocier. Les reprises sont dynamiques et font passer la voiture pour plus légère qu'elle ne l'est, à environ 1 600 kg. C'est d'autant plus vrai avec la SR, la seule version agrémentée de palettes au volant, mais aussi de pneus 19 pouces (plutôt que 18), d'une suspension raffermie et même — rareté dans la catégorie — d'une gestion électronique du châssis.

Par conséquent, sur la route, contrairement aux autres Maxima, mais aussi bon nombre de concurrentes, la SR se montre la mieux composée, tant en virage qu'en vives accélérations. De quoi rendre tout à fait inutile le sélecteur de conduite Normal et Sport, qui ajuste la réponse de l'accélérateur, la direction (alors d'une belle lourdeur connectée) et la boîte automatique, car même avec le premier mode engagé, le comportement est épicé, bien équilibré et sans nuance. Bref, c'est cette SR qui devrait être le choix du pilote.

DEDANS COMME DEHORS

Nous vous le disions en introduction, la Nissan Maxima est l'une des plus belles allures du moment. Au menu de celle qui a conservé le punch de son inspiration, le superbe Nissan Sedan Concept vu au Salon de Detroit en janvier 2014, nous avons affaire à d'attrayantes courbes musclées, la silhouette d'un coupé quatre portes et un toit qui semble flotter au-dessus des piliers laqués noirs, lesquels passent habilement incognito.

On aurait pensé qu'avec des dimensions similaires à l'ancienne mouture, la Maxima, toujours généreuse de ses 4,9 mètres de long, aurait accordé un bon dégagement intérieur et de l'espace cargo. Détrompez-vous! Au nom du style, les flancs qui descendent en goutte d'eau abaissent le pavillon et étriquent les places arrière. Et à 405 litres, le coffre tient davantage de la compacte que de la grande berline. Le dégagement est plus généreux à l'avant, d'autant que l'on y retrouve l'un des grands atouts de la voiture : les sièges «zéro gravité», qui portent décidément leur désignation. Et ils sont remarquables dans les versions SR et Platine, découpés qu'ils sont d'empiècements à losange. À la planche de bord, les commandes sont simples à apprivoiser et l'instrumentation, devant les yeux du conducteur, livre clairement ses informations, merci à son écran de sept pouces.

L'autre écran, celui tactile de huit pouces fixé au centre de la planche de bord, voit ses fonctions dupliquées par une molette entre les deux sièges. L'intégration Apple CarPlay (mais non l'Android Auto, notez bien) est de série, il faut cependant sélectionner la version la plus haut de gamme pour les fonctions avancées du NissanConnect, tel le contrôle à distance de son véhicule à même son cellulaire. Parmi les aides à la conduite qui équipent l'une ou l'autre des versions de la Maxima, on trouve, entre autres, le très apprécié régulateur de vitesse intelligent et la très efficace détection par visualisation du périmètre.

ENTRE TROIS CHAISES

Et c'est ce qui nous amène à conclure sur la situation «entre trois chaises» de la Nissan Maxima. Car la berline a le malheur (encore) de frapper aux portes et des intermédiaires, et des grandes et des marques à l'aura plus prestigieuse.

On ne sait trop si la proposition veut se mesurer aux Honda Accord ou Volkswagen Passat, aux Toyota Avalon ou Ford Taurus, voire aux Acura TLX ou Lincoln MKZ... mais une chose est sûre : la Maxima entend à jouer dans la cour des grands et, à notre avis, elle en est capable.

Données principales	
Emp. / Ion. / lar. / haut.	2775 / 4897 / 1860 / 1436 mm
Coffre / réservoir	405 litres / 68 litres
Nbre coussins sécurité / ceintures	6 / 5
Suspension av. / arr.	ind., jambes force / ind., multibras
Pneus avant / arrière	P245/40R19 / P245/40R19
Poids / Capacité de remorquage	1630 kg / n.d.

Composantes mécaniques	
Cylindrée, alim.	V6 3,5 litres atmos.
Puissance / Couple	300 ch / 261 lb-pi
Tr. base (opt) / Rouage base (opt)	CVT / Tr
0-100 / 80-120 / V. max	8,6 s / 5,7 s / n.d.
100-0 km/h	47,1 m
Type / ville / route / CO_2	Sup / 11,1 / 7,8 / 4 423 kg/an

NISSAN MAXIMA

> ❮❮ **LA MAXIMA** DE 8ᴱ GÉNÉRATION A DE QUOI **NOUS ATTISER** AVEC, ENTRE AUTRES, L'UNE DES **PLUS BELLES SILHOUETTES DU MARCHÉ.** ❯❯

DU NOUVEAU EN 2018

Aucun changement majeur au moment de mettre sous presse. Ajout du freinage d'urgence autonome.

Photos: Nissan

Pour voir la liste complète des informations techniques, veuillez vous référer à la section statistiques.

NISSAN | **539**

NISSAN **MICRA**

75% COTE DU GUIDE

((SiriusXM))

Prix: 9 988 $ à 16 188 $ (2017)
Catégorie: Hatchback
Garanties:
3 ans/60 000 km, 5 ans/100 000 km
Transport et prép.: 1 600 $
Ventes QC 2016: 5 457 unités
Ventes CAN 2016: 9 896 unités
Assemblage: Aguascalientes MX

Fiabilité		Appréciation générale	
■ ■ ■ ■ ■ ■ ■ □ □ □		■ ■ ■ ■ ■ ■ ■ □ □ □	
Sécurité		Agrément de conduite	
■ ■ ■ ■ ■ ■ □ □ □ □		■ ■ ■ ■ ■ ■ □ □ □ □	
Consommation		Système multimédia	
■ ■ ■ ■ ■ ■ ■ □ □ □		■ ■ ■ ■ ■ □ □ □ □ □	

Cote d'assurance

$ $ $ $

Connectivité multimédia

Apple CarPlay

+ Moteur relativement puissant •
Bonne boîte manuelle • Comportement
routier sûr • Prix de la version de base
attrayant • Voiture bien construite

 Économie d'essence décevante •
Places arrière limitées • Options trop
dispendieuses • Chaîne audio très
basique • Style vieillissant

Concurrents
Chevrolet Spark, Fiat 500,
Mitsubishi Mirage

Oui, mais pas à n'importe quel prix

Marc-André Gauthier

Le titre de cet essai aurait aussi pu être « En as-tu vraiment besoin ? » Cette question, qui sert de titre au populaire livre de Pierre-Yves McSween, incite à une réflexion sur la surconsommation. Quand on prend le temps d'analyser la situation financière des ménages canadiens, on constate que la dette automobile est importante. Autrement dit, les gens s'endettent pour se procurer une belle automobile rutilante. Et l'endettement a toujours un prix.

À une époque où les voitures sont de plus en plus dispendieuses, où une compacte peut coûter plus de 30 000 $, retournons à l'essentiel, vers celle qui reste la moins dispendieuse du marché, la Nissan Micra.

9 988 $

La Nissan Micra est une voiture dite citadine. Une sous sous-compacte, si vous préférez. Elle a principalement trois rivales : la Chevrolet Spark, la Fiat 500, et la Mitsubishi Mirage. La Chevrolet Spark mise sur les technologies, la Fiat 500, sur le style, et la Mirage, sur une longue garantie. La Micra, elle, affiche un prix en deçà de 10 000 $.

Toutefois, il faut faire attention. À ce prix, on obtient une voiture à boîte manuelle, sans climatiseur ni vitres électriques. Et son prix grimpe rapidement. Par exemple, si l'on veut une version automatique avec vitres électriques, vous devrez allonger 5 000 $ de plus. Pour quelques centaines de dollars additionnels, on peut choisir une Versa Note automatique avec climatiseur, une voiture plus spacieuse et plus confortable, et plus économique... À part pour la version de base, la Micra vaut-elle la peine d'être considérée ?

Cette version de base s'avère plutôt... basique. Comme mentionné plus haut, elle n'est pas munie de vitres électriques, les portes se verrouillent à la mitaine, comme dans le bon vieux temps, et seule la radio AM/FM/CD, avec une prise audio auxiliaire qui permet de brancher son téléphone, s'y retrouve.

Le moteur que Nissan met sous le capot de la Micra est le même que dans la Versa Note. Il s'agit d'un quatre cylindres de 1,6 litre, développant 109 chevaux. Avec la boîte manuelle à cinq rapports, Nissan promet une consommation d'essence de 8,7 l/100 km en ville, et 6,8 l/100 km sur l'autoroute, ce qui est relativement élevé quand on considère qu'une Honda Civic, avec son moteur turbo, fait mieux que ça. Mais bon, cette Micra ne coûte que 9 988 $. En réalité, personne ne paiera ce prix. Il faut aussi compter les taxes et les toujours très alléchantes options ou accessoires proposés par les concessionnaires.

LA MICRA AU QUOTIDIEN

Étonnamment, on se prend à aimer la petite Micra. Sa conduite est plutôt sportive, voire épurée. C'est une voiture si simple qu'elle nous ramène à la base de la conduite. Vu ses dimensions, l'habitacle ne convient pas vraiment aux familles. Un grand gaillard peut s'asseoir confortablement à l'avant, mais au prix des places arrière tant le banc sera reculé. À une époque où les voitures arborent pratiquement des téléviseurs au milieu de leur planche de bord, c'est amusant de n'avoir qu'un petit écran primitif sur lequel s'affiche la station écoutée. Bien entendu, le reste de l'habitacle de la Micra n'a rien de flamboyant. À 9 988 $, à quoi vous attendiez-vous ? Nous baignons dans un océan de plastique noir, bon marché, mais la qualité d'assemblage n'est pas mauvaise du tout !

Dans le reste du monde, les voitures de la taille de la Micra sont généralement équipées de petits moteurs de moins de 80 chevaux. Avoir 109 chevaux accouplés à une bonne vieille boîte manuelle est une bénédiction ! Ce moteur se comporte bien, et le couple est dûment distribué sur toute la plage de puissance, ce qui est pratique sur l'autoroute, si l'on veut doubler quelqu'un sans nécessairement rétrograder. Par contre, l'économie d'essence déçoit. En moyenne, il faut s'attendre à 7,5 l/100 km, ce qui est loin d'être dramatique, mais encore une fois, il y a des moteurs plus puissants qui performent mieux à notre époque. La Micra jouit d'un comportement routier qui nous met en confiance. Même si elle est petite, dans le trafic sur l'autoroute et dans les conditions hivernales difficiles, elle se comporte à merveille.

Une nouvelle génération de la Micra est offerte sur d'autres marchés. Malheureusement pour nous, Nissan ne semble pas être intéressée à l'amener en Amérique du Nord. Cette décision est toutefois facile à comprendre puisqu'à part au Québec, les citadines ne sont pas très populaires de notre côté de l'océan.

Malgré tout, cette version outre-Atlantique n'est pas nécessaire. Le point, ici, c'est qu'on puisse se procurer une voiture neuve pour 9 988 $. Oui, à ce prix, elle sera primitive à bien des égards, mais un moteur relativement puissant et un bon comportement routier nous en donnent pour notre argent !

Données principales

Emp. / lon. / lar. / haut.	2 450 / 3 827 / 1 665 / 1 527 mm
Coffre / réservoir	820 litres / 41 litres
Nbre coussins sécurité / ceintures	6 / 5
Suspension av. / arr.	ind., jambes force / semi-ind., poutre torsion
Pneus avant / arrière	P185/60R15 / P185/60R15
Poids / Capacité de remorquage	1 067 kg / n.d.

Composantes mécaniques

Cylindrée, alim.	4L 1,6 litre atmos.
Puissance / Couple	109 ch / 107 lb-pi
Tr. base (opt) / Rouage base (opt)	M5 (A4) / Tr
0-100 / 80-120 / V. max	11,5 s / 9,2 s / n.d.
100-0 km/h	44,1 m
Type / ville / route / CO$_2$	Ord / 8,7 / 6,8 / 3 680 kg/an

AVANT DE FAIRE UN **ACHAT, CONSULTEZ** VOTRE BUDGET, ET N'HÉSITEZ PAS À ALLER VOIR LA PETITE MICRA. EN **VERSION** DE BASE, NE **L'OUBLIEZ PAS !**

DU NOUVEAU EN 2018

Aucun changement majeur au moment de mettre sous presse.

Photos : Nissan, Michel Deslauriers

Pour voir la liste complète des informations techniques, veuillez vous référer à la section statistiques.

NISSAN **MURANO**

67% COTE DU GUIDE

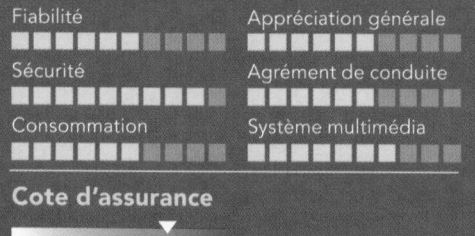

Prix: 30 998 $ à 44 598 $ (2017)
Catégorie: VUS
Garanties:
3 ans/60 000 km, 5 ans/100 000 km
Transport et prép.: 1 895 $
Ventes QC 2016: 2 641 unités
Ventes CAN 2016: 13 834 unités
Assemblage: Canton MS US

Fiabilité
■■■■■□□□□□
Sécurité
■■■■■■■□□□
Consommation
■■■■□□□□□□

Appréciation générale
■■■■■■■□□□
Agrément de conduite
■■■■■□□□□□
Système multimédia
■■■■■■■□□□

Cote d'assurance
$ $ $ $

Connectivité multimédia

Aucune

➕ Silhouette élégante • Équipement complet • Mécanique éprouvée • Silence de roulement • Toit panoramique impressionnant

➖ Direction engourdie • Performances moyennes • Seuil de chargement élevé • Suspension ferme avec roues de 20 pouces

Concurrents

Buick Enclave, Chevrolet Traverse, Ford Edge, GMC Acadia, Honda Pilot, Hyundai Santa Fe, Kia Sorento, Lincoln MKX, Mazda CX-9, Toyota Highlander

Design, luxe et confort

Denis Duquet

Lorsque le premier Murano a été dévoilé en 2003, ce fut pratiquement une révolution. En effet, pour l'une des premières fois, un VUS affichait des lignes pratiquement iconoclastes, se refusant à ressembler à un tout-terrain pur et dur pour adopter une carrosserie moderne et surtout, inédite. On a conservé la même philosophie pour l'habitacle, et ce fut un succès immédiat. À tel point que la silhouette originale a survécu pendant plusieurs années, avec quelques touches certainement, mais quand même en respectant les crédos visuels originaux.

Néanmoins, compte tenu de l'encombrement de cette catégorie et de la concurrence de plus en plus féroce, il était devenu plus que temps de revoir la silhouette et le véhicule dans son ensemble. Cela fait maintenant trois ans que le Murano de troisième génération est parmi nous et force est d'admettre qu'on a joué d'audace, comme au tout début de ce modèle.

La première chose qui nous frappe à la vue du Murano est son toit flottant incliné vers l'arrière et semblant ne reposer sur aucun pilier, en raison de la couleur noire des piliers B et C. Il faut souligner également des accents de chrome placés aux endroits stratégiques tandis que la section arrière élargie ajoute au dynamisme de l'ensemble. Cette approche esthétique est très réussie et donne une allure d'exclusivité au Murano.

On a également fait appel à la barre de chrome en forme de V, placée sur la calandre, et qui est utilisée sur la plupart des véhicules Nissan, tandis que les phares sont plus ou moins similaires à ceux de la 370Z. En fait, toujours pour accentuer l'impact visuel, les roues en alliage sont dotées de rayons inclinés vers l'arrière, qui donnent une impression de mouvement.

Les stylistes se sont montrés aussi inspirés en ce qui a trait à la planche de bord, qui ressemble davantage à celle d'un véhicule beaucoup plus luxueux. En plus, la qualité des matériaux est très bonne tandis que l'ergonomie ne commet pas les mêmes fautes irritantes que l'on retrouve sur plusieurs produits Nissan. Enfin, le Murano a été conçu afin d'accommoder deux adultes aux places arrière, dans un confort digne de mention. Et l'on n'a pas négligé la capacité du coffre qui est relativement spacieux. Cependant, le seuil de chargement est assez élevé.

BIEN ÉQUIPÉ

Le Murano remanié est offert avec un équipement de série passablement complet, allant du système de navigation par satellite en passant par la caméra de recul, la climatisation automatique, les sièges avant chauffants, un toit ouvrant, plusieurs systèmes de sécurité sophistiqués ainsi qu'une clé intelligente avec démarrage à bouton-poussoir. Bref, si vous ne désirez pas nécessairement avoir un véhicule doté d'un rouage intégral et de quelques autres accessoires de luxe, la livrée de base est en mesure de se défendre fort honorablement face à une concurrence très affûtée.

Naturellement, les modèles plus luxueux sont dotés d'un toit panoramique géant, du rouage intégral, d'éléments de sécurité active plus nombreux, sans oublier un hayon motorisé. La version Platinum est la plus complète et la plus onéreuse, mais elle se démarque par des roues de 20 pouces, un écran d'information de huit pouces ainsi que des sièges arrière chauffants, pour ne mentionner que quelques éléments.

LE CONFORT AVANT LES PERFORMANCES

Nul besoin d'être un grand expert de mise en marché pour réaliser que dès le début, le Murano a été développé dans le but de rencontrer les attentes des personnes désireuses de rouler au volant d'un VUS, bien sûr, tout en bénéficiant du luxe d'une berline et d'une tenue de route à l'avenant. Pour ce faire, on a choisi l'incontournable moteur V6 de 3,5 litres d'une puissance de 260 chevaux, dont la réputation n'est plus à faire.

Il est associé à une boîte automatique de type CVT, qui accomplit du bon travail. Disons, pour résumer et simplifier, que les performances sont correctes, mais l'agrément de conduite n'est pas extraordinaire en raison d'une tenue en virage moyenne, d'accélérations assez discrètes et d'un *feedback* de la route assez tiède. La direction est passablement engourdie tandis que la suspension ne peut contrôler avec brio le roulis dans les virages.

Bref, le Murano est un véhicule confortable, d'une rare élégance, propulsé par un moteur V6 reconnu pour son rendement et pour sa fiabilité, mais sa conduite peut décevoir. Il s'adresse aux gens préférant se faire dorloter quelque peu et ne rien manquer en matière d'équipement plutôt qu'à ceux qui veulent rouler de façon sportive.

NISSAN MURANO

Données principales

Emp. / lon. / lar. / haut.	2 825 / 4 888 / 1 916 / 1 689 mm
Coffre / réservoir	1 121 à 1 979 litres / 72 litres
Nbre coussins sécurité / ceintures	7 / 5
Suspension av. / arr.	ind., jambes force / ind., multibras
Pneus avant / arrière	P235/55R20 / P235/55R20
Poids / Capacité de remorquage	1 822 kg / 680 kg (1 500 lb)

Composantes mécaniques

Cylindrée, alim.	V6 3,5 litres atmos.
Puissance / Couple	260 ch / 240 lb-pi
Tr. base (opt) / Rouage base (opt)	CVT / TR (Int)
0-100 / 80-120 / V. max	7,5 s (est) / 6,0 s (est) / n.d.
100-0 km/h	n.d.
Type / ville / route / CO$_2$	Ord / 11,1 / 7,8 / 4 552 kg/an

« LE NISSAN **MURANO** EST D'UNE **ÉLÉGANCE** GRANDE ET D'UN **CONFORT** RELEVÉ, QUI MANQUE QUELQUE PEU D'INSPIRATION **AU CHAPITRE** DE L'AGRÉMENT DE CONDUITE. »

DU NOUVEAU EN 2018

Aucun changement majeur au moment de mettre sous presse. Ajout du freinage d'urgence autonome.

Photos : Nissan

Pour voir la liste complète des informations techniques, veuillez vous référer à la section statistiques.

NISSAN | **543**

NISSAN **PATHFINDER**

67% COTE DU GUIDE

Prix : 32 598 $ à 48 598 $ (2017)
Catégorie : VUS
Garanties :
3 ans/60 000 km, 5 ans/100 000 km
Transport et prép. : 1 895 $
Ventes QC 2016 : 1 639 unités
Ventes CAN 2016 : 9 670 unités
Assemblage : Smyrna TN US

Fiabilité	Appréciation générale
■■■■■□□□□□	■■■■■■■□□□
Sécurité	Agrément de conduite
■■■■■■■■□□	■■■■■■□□□□
Consommation	Système multimédia
■■■■■■□□□□	■■■■■■■□□□

Cote d'assurance

$ $ $ $

Connectivité multimédia

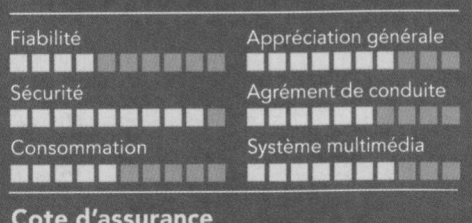

Aucune

➕ Encore parmi les plus frugaux en carburant • Habitacle bien pensé • Boîte CVT d'une rare efficacité • Bonne capacité de remorquage

➖ Version de base sous-équipée et avec les roues motrices avant seulement • Coffre moins généreux qu'ailleurs • Visibilité pauvre

Concurrents

Ford Explorer, Honda Pilot, Jeep Grand Cherokee, Mazda CX-9, Toyota 4Runner, Toyota Highlander

Seuls les fous ne changent pas d'avis

Nadine Filion

Seuls les fous ne changent pas d'avis et, en 2014, le Nissan Pathfinder est venu prouver l'adage en repensant sa philosophie. En devenant plus VUS que camion, et profitant d'une mise à jour technologique, cet utilitaire à trois rangées est devenu l'un des plus intéressants du marché.

Celui qui avait pourtant été le « truck » par excellence depuis son arrivée sur le marché en 1987 (oui, ça fait plus de 30 ans !) avait choisi de s'assagir à son dernier passage générationnel, il y a maintenant cinq ans. Silhouette embourgeoisée, déclinaison de base sans transmission intégrale, comportement routier à la « minivan »... imaginez : on a même osé la boîte automatique CVT.

Certains ont aimé cette 4e génération moins macho, d'autres pas. Bonne nouvelle : si vous êtes de cette dernière cohorte, vous pouvez mettre le VUS Nissan sur votre liste de magasinage, il n'a pas changé depuis 2014 !

ON REVIENT AU MACHO

D'abord, l'allure s'est masculinisée, notamment par la massive grille en V, signature proéminente de la famille. De quoi revenir à de la présence esthétique dans un paysage VUS qui a fini par (trop) se ressembler.

La mise à jour technologique est impressionnante. D'abord, les essentielles aides à la conduite sont d'une belle discrétion et ne donnent pas envie de les désactiver. La connectivité est faite pour les nuls, on aime la caméra de recul avec sa visualisation « à vol d'oiseau » et son alerte à la circulation transversale (nécessaire, pour manœuvrer sans embûche ce long tunnel de cinq mètres sur quatre roues). Oh ! et le régulateur de vitesse se fait intelligent.

Non seulement la modernité est au rendez-vous, mais elle s'apprivoise en un instant. Cela dit, à la planche de bord, les commandes sont restées... des commandes. Oui, oui, de vraies roulettes et de vrais *pitons*, non pas des touches électrostatiques ou quoi que ce soit d'autre risquant l'avant-garde, au détriment du bon sens. Visuellement, ça donne un style un brin vieux jeu, mais tellement plus pratique et, à la limite, sécuritaire.

Par ailleurs, le V6 de 3,5 litres est demeuré en poste, malgré la féroce tendance aux quatre cylindres turbo. Il nous plaisait avant, pour sa souplesse et sa douceur, c'est encore plus vrai depuis qu'on lui a refait le portrait avec l'injection directe et l'ajout de 24 poulains et 19 livres-pied (maintenant à 284 chevaux et à 259 livres-pied). Toujours jumelé à la boîte CVT, ce V6 révisé a su rester l'un des plus frugaux de la catégorie, mais il a aussi le bonheur de revenir à ses capacités de remorquage d'ancienne génération : à 2 722 kg (soit 6 000 lb), ça permet de tracter la roulotte à deux essieux.

Vous avez bien lu : c'est toujours une CVT qui négocie la puissance. Mais avant de pousser les hauts cris, sachez que depuis ses débuts dans le Pathfinder (et dans la berline Maxima), cette boîte a toujours fait un boulot transparent, énergique et instantané. De fait, elle est si raffinée qu'on n'a nul besoin de triturer le levier ou de manier des palettes au volant. Ce qui, de toute façon, serait impossible, puisque le mode manuel brille une fois de plus par son absence.

Surtout, la suspension (une traditionnelle multibras, mais nantie d'amortisseurs à double course) a tellement bien été revue qu'on n'a plus la sensation de conduire une fourgonnette. Et même sur ses giga-roues de 20 pouces, notre version huppée a nettement mieux réussi la conciliation confort et routes du Québec qu'auparavant, dans un comportement rehaussé par une direction agréable.

NE PARTEZ PAS SANS AWD
La version de base de l'utilitaire a beau s'afficher sous les 35 000 $ au moment d'écrire ces lignes, vous n'en voudrez pas, car il n'a pas le rouage intégral. De quoi torpiller la valeur de revente de votre «Path». D'autant que le dispositif 4x4-i se retrouve parmi les plus évolués du marché. En conditions normales, il permet le deux roues motrices (plus économe en carburant), mais un quart de tour de molette le fait passer au mode «sur demande» lorsque les conditions se corsent. C'est la tempête du siècle ? On verrouille la distribution 50-50 entre les essieux avant et arrière.

Le mot de la fin, on le réserve à l'habitacle : polyvalent, bien pensé, bien insonorisé, généreux... Cinq passagers assis à l'arrière trouvent leur confort, même à la 3e rangée, merci à l'un des dégagements les plus généreux de la catégorie, de même qu'au système EZ Flex, qui en libère suffisamment l'accès. Besoin de transporter mer et monde ? Euh... une fois les banquettes rabattues, l'aire de 2 260 litres accorde moins d'espace que les Honda Pilot, Ford Explorer et Toyota Highlander, mais plus que le Mazda CX-9.

Données principales

Emp. / lon. / lar. / haut.	2 900 / 5 042 / 1 961 / 1 768 mm
Coffre / réservoir	453 à 2 260 litres / 74 litres
Nbre coussins sécurité / ceintures	6 / 7
Suspension av. / arr.	ind., jambes force / ind., multibras
Pneus avant / arrière	P235/65R18 / P235/65R18
Poids / Capacité de remorquage	2 118 kg / 2 722 kg (6 000 lb)

Composantes mécaniques

Cylindrée, alim.	V6 3,5 litres atmos.
Puissance / Couple	284 ch / 259 lb-pi
Tr. base (opt) / Rouage base (opt)	CVT / Tr (Int)
0-100 / 80-120 / V. max	8,2 s (est) / 5,7 s (est) / n.d.
100-0 km/h	41,2 m (est)
Type / ville / route / CO$_2$	Ord / 11,6 / 8,5 / 4 904 kg/an

« UN RETOUR AUX SOURCES ET UNE MISE À JOUR TECHNOLOGIQUE PLACENT LE NISSAN PATHFINDER PARMI LES VUS SEPT PLACES LES PLUS INTÉRESSANTS DU MARCHÉ. »

DU NOUVEAU EN 2018
Aucun changement majeur au moment de mettre sous presse.

Pour voir la liste complète des informations techniques, veuillez vous référer à la section statistiques.

NISSAN | 545

NISSAN **QASHQAI**

79% COTE DU GUIDE

((SiriusXM))

Prix: 19 998 $ à 29 498 $ (2017)
Catégorie: VUS
Garanties:
3 ans/60 000 km, 5 ans/100 000 km
Transport et prép.: 1 850 $
Ventes QC 2016: 0
Ventes CAN 2016: 0
Assemblage: Kyūshū JP

Fiabilité	Appréciation générale
■■■■■■■□□□	■■■■■■■□□□
Sécurité	Agrément de conduite
■■■■■■■□□□	■■■■■□□□□□
Consommation	Système multimédia
■■■■■■■□□□	■■■■■□□□□□

Cote d'assurance

n.d.

Connectivité multimédia

Aucune

➕ Prix concurrentiels • Bon niveau d'équipement • Style dynamique • Bon volume de chargement • Boîte manuelle offerte

➖ Boîte CVT peu agréable • Son gabarit le rend moins pratique • Peu devenir assez dispendieux • Plancher de chargement élevé

Concurrents

Chevrolet Trax, Fiat 500X, Honda HR-V, Hyundai Kona, Jeep Renegade, Kia Soul, Mazda CX-3, MINI Countryman, Mitsubishi RVR, Nissan JUKE, Subaru Crosstrek, Toyota CHR

L'ordre établi sera sans doute modifié...

Sylvain Raymond

Qashqai, ce n'est certainement pas le nom le plus facile à retenir ou à écrire! Ce VUS, dont l'appellation est issue d'un regroupement de tribus situées principalement en Iran, s'amène dans l'arène afin de rivaliser dans le segment des VUS sous-compacts, un créneau qui connaît l'une des plus fortes croissances au pays. Est-ce que ce nouveau pugiliste a ce qu'il faut pour rivaliser avec les meilleurs? On croit que oui!

Il faut savoir que le Nissan Qashqai s'amène au pays avec une certaine expérience, lui qui est commercialisé en Europe depuis déjà dix ans. Il en a donc vu d'autres et ses composantes sont éprouvées. Les designers lui ont tout de même apporté une légère refonte esthétique afin de souligner son arrivée en Amérique du Nord. Ils lui ont insufflé un air de famille, surtout à la partie avant, et si l'on n'y prête pas une grande attention, on pourrait croire qu'il s'agit du Rogue, son grand frère. Est-ce qu'il lui ressemble trop, tout comme le Murano? On dirait trois moules identiques, de tailles différentes.

Pour vous situer, le Qashqai est plus court de 250 mm et 98 mm plus bas que le Rogue, alors que sa largeur est similaire. Il est tout de même légèrement plus gros que le JUKE, l'autre VUS sous-compact de Nissan, mais ils ne devraient pas se livrer concurrence, le JUKE étant un véhicule de moins grande diffusion en raison de son design plus éclaté. Par contre, tout comme pour le JUKE, Nissan a retenu quelques coloris de carrosserie plus explosifs, ce qui ajoute un peu de vie au Qashqai dans un environnement où les VUS nous semblent quelques fois bien monotones.

UN ESPACE DE CHARGEMENT ASSEZ GÉNÉREUX

À bord du Qashqai, on ressent encore l'influence de ses confrères; l'habitacle est similaire, voire identique à celui du Rogue, mais à plus petite échelle. L'ergonomie est excellente, l'instrumentation, bien en vue, et les différentes commandes, simples à comprendre et à manipuler. On dispose toutefois de peu d'espace de rangement à l'avant, un désavantage relativement commun chez les VUS de petit gabarit. À l'arrière, les passagers ont avantage à bien s'entendre, car l'espace n'est pas très généreux, au moins, la banquette surélevée permet une bonne vision vers l'avant.

Parmi les points positifs du Qashqai, notons l'espace de chargement à l'arrière, qui s'avère supérieur et plus fonctionnel que celui du Mazda CX-3, mais qui est légèrement inférieur à celui du Honda HR-V.

MANUELLE OU CVT

Ne cherchez pas longtemps des combinaisons de moteurs, il n'y en a pas! On a droit à un nouveau quatre cylindres importé d'Europe expressément pour le Qashqai. D'une cylindrée de 2,0 litres, il développe 141 chevaux et un couple de 147 lb-pi, une puissance comparable à ses principaux rivaux. Pour ce qui est de la boîte de vitesses, une manuelle à six rapports est proposée, mais elle n'est réservée qu'à la version à deux roues motrices, une combinaison qui, quoique plus abordable, s'avère moins intéressante, surtout pour un VUS.

Sinon, tout comme dans le cas du Honda HR-V, les versions équipées d'un rouage intégral disposent d'une boîte à variation continue (CVT), un type de boîte qui nous fait toujours grincer des dents. Ces boîtes sont moins dispendieuses et favorisent plus l'économie en carburant qu'une automatique conventionnelle, mais elles sont aussi moins agréables au quotidien. Lorsque l'on enfonce l'accélérateur, elles laissent révolutionner le moteur à haut régime tant que l'on ne relâche pas la pédale, ce qui apporte une sonorité pour le moins envahissante, dès que le moteur est à l'effort.

Sur la route, le Qashqai permet une bonne position de conduite, assez basse, telle une voiture. Si certains modèles ne permettent pas de descendre les sièges suffisamment, ce n'est pas le cas ici. Le joli volant, doté d'une partie inférieure plate comme sur un bolide de course, épouse bien la main et nous permet de ressentir un sentiment de contrôle certain.

En général, le Qashqai est un peu moins dynamique qu'un CX-3, mais il s'est avéré plus sportif que le Honda HR-V. Sa suspension offre un bon compromis entre confort et support, sa direction, elle, est moins précise si vous n'optez pas pour son mode sport, lequel est malheureusement bien caché dans les sous-menus de l'ordinateur de bord.

Il y a fort à parier que le Qashqai deviendra rapidement un modèle important pour Nissan, d'autant plus que son prix et ses niveaux d'équipement ont été dûment étudiés.

Données principales

Emp. / lon. / lar. / haut.	2 647 / 4 379 / 1 836 / 1 587 mm
Coffre / réservoir	648 à 1 730 litres / 60 litres
Nbre coussins sécurité / ceintures	6 / 5
Suspension av. / arr.	ind., jambes force / ind., multibras
Pneus avant / arrière	P225/45R19 / P225/45R19
Poids / Capacité de remorquage	1 530 kg / n.d.

Composantes mécaniques

Cylindrée, alim.	4L 2,0 litres atmos.
Puissance / Couple	141 ch / 147 lb-pi
Tr. base (opt) / Rouage base (opt)	(M6) CVT / Tr (Int)
0-100 / 80-120 / V. max	10,5 s (est) / n.d. / 182 km/h (est)
100-0 km/h	n.d.
Type / ville / route / CO$_2$	Ord / 10,0 / 8,1 / 3 740 (est) kg/an

« LE QASHQAI, **FRAÎCHEMENT ARRIVÉ D'EUROPE,** POURRAIT BIEN **CHANGER L'ORDRE** ÉTABLI DANS LE SEGMENT DES **VUS SOUS-COMPACTS. »**

DU NOUVEAU EN 2018

Nouveau modèle

Pour voir la liste complète des informations techniques, veuillez vous référer à la section statistiques.

NISSAN | **547**

NISSAN **ROGUE**

71 % COTE DU GUIDE

(((SiriusXM)))

Prix : 25 248 $ à 36 098 $ (2017)
Catégorie : VUS
Garanties :
3 ans/60 000 km, 5 ans/100 000 km
Transport et prép. : 1 795 $
Ventes QC 2016 : 10 631 unités
Ventes CAN 2016 : 40 055 unités
Assemblage : Smyrna TN US, Kyūshū JP

Fiabilité
■■■■■■■□□□

Appréciation générale
■■■■■■■□□□

Sécurité
■■■■■■■□□□

Agrément de conduite
■■■■■■□□□□

Consommation
■■■■■□□□□□

Système multimédia
■■■■■■■□□□

Cote d'assurance

$ $ $ $

Connectivité multimédia

Aucune

➕ Habitacle spacieux et pratique •
Équipement très complet
(SL Platine) • Caméra de marche
arrière efficace • Bonne fiabilité

➖ Conduite soporifique • Frein de
stationnement au pied encombrant •
Performances médiocres •
Accélérateur trop vif sur neige et glace

Concurrents
Chevrolet Equinox, Ford Escape, Honda CR-V,
Hyundai Tucson, Jeep Cherokee, Kia Sportage,
Mazda CX-5, Mitsubishi Outlander, Subaru
Forester, Toyota RAV4, VW Tiguan

Toutes les cases bien cochées, ou presque

Marc Lachapelle

Le Rogue, cet utilitaire compact rondouillard qui sillonne les routes de la province en nombre croissant depuis des années, est sûrement le chouchou chez Nissan. C'est la moindre des choses pour le modèle le plus populaire de la gamme, qui était à nouveau parmi le tiercé gagnant chez nous, l'an dernier, dans une catégorie furieusement populaire. Pas étonnant qu'il ait droit à toutes les attentions. En surface, à tout le moins.

La première refonte complète du Rogue a lancé le bal, en 2014. Cette année-là, ses ventes ont presque doublé et il s'est joint au peloton de tête de sa catégorie. Pour s'assurer que son étalon chez les utilitaires compacts ne perde rien de son élan, Nissan a été aux petits soins avec lui l'an dernier. Question qu'il ressemble également davantage à ses frangins plus costauds, le Murano surtout.

COMME LES GRANDS
À l'extérieur, on reconnaît d'ailleurs avant tout ce grand V chromé, dans la calandre. Avec des phares stylisés et des feux arrière à DEL, des moulures latérales avec bandes chromées, un pseudo-bouclier sous le pare-chocs arrière et de nouvelles jantes d'alliage, l'effet est réussi. Chose certaine, la silhouette du Rogue a pris un coup de jeune providentiel, face à ses rivaux les plus récents.

Même stratégie pour l'habitacle qui profite d'un nouveau volant à trois rayons dont la jante bien moulée est plate au bas, d'une console centrale redessinée et de matériaux et tissus nouveaux pour le tableau de bord et pour les sièges, accoudoirs, contre-portes et coffret central. Surpiqûres incluses.

Outre le hayon électrique optionnel que l'on peut ouvrir en agitant le pied sous le pare-chocs, on note le démarreur à distance — cette horreur anti-écologique — qui est hélas maintenant de série sur les versions SV et SL. Il y a heureusement aussi les sièges chauffants de série sur le modèle S — la solution écolo au même problème — et la mise en mémoire des réglages du siège et des rétroviseurs, une autre option utile.

Sur la version SL Platine, en sommet de gamme, on retrouve désormais un régulateur de vitesses adaptatif, le freinage d'urgence automatique avec détection des piétons, des phares aux DEL et un système de maintien de voie, en plus des systèmes de surveillance des angles morts, du trafic transversal et des « objets en mouvement » qu'elle possédait déjà.

Dommage, par contre, que l'on n'ait pas profité de cette révision pour déplacer les huit boutons qui sont enfouis — et trop bien cachés — sur la partie basse du tableau de bord, à gauche du volant. Ils permettent tout de même de contrôler, entre autres, le verrouillage du rouage à quatre roues motrices, le système antipatinage/antidérapage, le volant chauffant, les modes Sport ou Eco et l'ouverture du hayon électrique.

Sans parler de cette abomination qu'est une pédale du frein de stationnement qui vous poinçonne le tibia gauche lorsque vous posez la semelle sur le repose-pied. À une époque où le frein de stationnement électrique est une solution courante, efficace et moins encombrante, cet anachronisme est aussi insupportable qu'inacceptable.

VERTUS FAMILIALES CERTAINES

Sauf pour le confort et l'agrément au volant, cette pédale maudite n'empêche aucunement le Rogue d'être assez spacieux, confortable et pratique avec des baquets avant très corrects. Sa banquette arrière est accessible et l'espace y est généreux. Le dossier scindé est réglable en angle et l'assise plutôt haute, courte et ferme, avec un maintien latéral faible. Confort sur longues distances à démontrer. Si vous résistez aux strapontins optionnels en troisième rangée, dont le confort est strictement limité, vous aurez droit à un espace de chargement assez vaste qu'un panneau amovible se fixant à diverses positions vous permet d'organiser à votre guise. On peut aussi ranger l'écran rétractable sous le plancher.

En contraste avec la myriade de retouches décrites plus haut, les trains roulants et la mécanique du Rogue sont inchangés. Sa conduite est sans danger, mais banale avec un train avant et une direction vagues et inertes. Il roule aussi avec le même quatre cylindres de 2,5 litres que depuis son lancement, il y a plus de douze ans. La consommation est acceptable, mais les performances médiocres, avec un 0-100 km/h mesuré de 10,0 secondes.

Dommage que Nissan ait choisi de ne pas nous offrir le Rogue Hybride qui est disponible chez nos voisins américains. C'est ce modèle qui a permis au Toyota RAV4 de se hisser au premier rang de la catégorie, l'an dernier. Voilà possiblement l'argument qui pourrait convaincre les gourous du marketing de faire de même avec le Rogue. Chose certaine, il lui faut plus de nerf, d'aplomb et de caractère.

Données principales

Emp. / lon. / lar. / haut.	2706 / 4630 / 1840 / 1715 mm
Coffre / réservoir	1112 à 1982 litres / 55 litres
Nbre coussins sécurité / ceintures	6 / 5
Suspension av. / arr.	ind., jambes force / ind., multibras
Pneus avant / arrière	P225/65R17 / P225/65R17
Poids / Capacité de remorquage	1643 kg / 454 kg (1000 lb)

Composantes mécaniques

Cylindrée, alim.	4L 2,5 litres atmos.
Puissance / Couple	170 ch / 175 lb-pi
Tr. base (opt) / Rouage base (opt)	CVT / Tr (Int)
0-100 / 80-120 / V. max	10,7 s / 7,6 s / n.d.
100-0 km/h	42,6 m
Type / ville / route / CO$_2$	Ord / 9,2 / 7,0 / 3935 kg/an

> **« LE ROGUE** EST CERTAINEMENT **AU GOÛT DU JOUR,** DANS UNE CATÉGORIE ULTRAPOPULAIRE, MAIS IL NE SERA PEUT-ÊTRE **PAS À VOTRE GOÛT POUR LA CONDUITE. »**

DU NOUVEAU EN 2018

Aucun changement majeur au moment de mettre sous presse.

Pour voir la liste complète des informations techniques, veuillez vous référer à la section statistiques.

NISSAN | **549**

NISSAN **SENTRA**

67 % COTE DU GUIDE

Prix : 15 898 $ à 26 058 $ (2017)
Catégorie : Berline
Garanties :
3 ans/60 000 km, 5 ans/100 000 km
Transport et prép. : 1 700 $
Ventes QC 2016 : 5 014 unités
Ventes CAN 2016 : 14 281 unités
Assemblage : Aguascalientes MX

Fiabilité ■■■■■■■□□□

Appréciation générale ■■■■■■■□□□

Sécurité ■■■■■■■■□□

Agrément de conduite ■■■■■□□□□□

Consommation ■■■■■■■■□□

Système multimédia ■■■■■□□□□□

Cote d'assurance

$ ▼ $ $ $

Connectivité multimédia

Aucune

+ SR Turbo et NISMO abordables •
Freinage efficace (SR Turbo et NISMO) •
Boîte manuelle précise • Fiabilité et
durabilité (1,8 litre)

– Puissance anémique (1,8 litre) •
Conduite monotone (1,8 litre) • Essence
super (1,6 litre turbo) • Sonorité
quelconque (1,6 litre turbo)

Concurrents

Chevrolet Cruze, Ford Focus,
Honda Civic, Hyundai Elantra, Kia Forte,
Mazda3, Mitsubishi Lancer,
Subaru Impreza, Toyota Corolla

Faute avouée à
moitié pardonnée

Jean-François Guay

Pour rivaliser avec la Honda Civic Si et la Volkswagen Jetta GLI,
il fut une époque où Nissan possédait dans son arsenal la
Sentra SE-R Spec V. Cependant, lors de la refonte de 2013,
Nissan a supprimé haut et court cette compacte sportive de sa
gamme. Une décision qui avait déçu les amateurs de bombinettes.
Malgré les doléances des aficionados, Nissan avait toujours fait
la sourde oreille concernant le retour d'une Sentra survitaminée
Certes, les ventes de la SE-R étaient minimes. Toutefois, cette
version attirait les jeunes acheteurs chez les concessionnaires.

Pour compenser la disparition de la SE-R, Nissan a offert au cours des
dernières années la Sentra SR, une version pseudo sportive dont l'habit ne
faisait pas le moine. Conscient que son offre n'était pas assez étoffée,
Nissan a décidé de réparer son erreur du passé en lançant deux nouvelles
variantes à caractère sportif : la SR Turbo et la NISMO.

On se rappellera que la défunte SE-R était animée par un gros quatre cylindres
de 2,5 litres, lequel avait été emprunté à sa sœur Altima. Développant
177 chevaux avec la boîte automatique (SE-R) et 200 chevaux avec la boîte
manuelle (SE-R Spec V), ce moteur était plus ou moins adapté à une voiture
de taille compacte. Cette fois-ci, pour la SR Turbo et la NISMO, les ingénieurs
n'ont pas fait la même bévue en évitant d'aller piger dans les cartons de
l'Altima. Ils ont plutôt opté pour un quatre cylindres turbocompressé
à injection directe de 1,6 litre qui a déjà fait ses preuves dans le JUKE.
Forgé en alliage d'aluminium, ce moteur avec un taux de compression de
10,5 :1 est muni d'un système de distribution à variation continue et d'un
système de recirculation des gaz d'échappement.

UN MÊME MOTEUR POUR LES SR TURBO ET NISMO
Cette motorisation à turbocompresseur développe 188 chevaux et un couple
de 177 livres-pied. Ce qui est en deçà des 205 chevaux de la Civic Si et des
210 chevaux de la Jetta GLI. La puissance est dirigée aux roues avant par
le biais d'une boîte manuelle à six rapports ou d'une boîte Xtronic à variation

continue. Pour améliorer l'agrément de conduite, le système de contrôle intégré de la Xtronic simule des changements de rapport s'apparentant à une boîte automatique conventionnelle. Même si cette boîte procure une accélération et des reprises plus spontanées qu'une boîte CVT classique, le fonctionnement est loin d'être aussi excitant que la boîte DSG (automatique à double embrayage) de la Jetta GLI.

Somme toute, j'ai préféré manier la boîte manuelle dont l'étagement permet de mieux exploiter la puissance du moteur. Le levier de vitesses est précis et la pédale d'embrayage n'est ni trop molle ni trop ferme. Au chronomètre, tant la SR Turbo que la NISMO exécutent le 0-100 km/h en 7,5 secondes. Si l'on tient compte de l'échelle de prix de ces deux Sentra, soit plusieurs milliers de dollars de moins qu'une Civic Si ou une Jetta GLI, les performances sont intéressantes et honnêtes. Le seul bémol est la sonorité de l'échappement dont le crescendo manque de décibels. En effet, les «bombinettistes» préfèrent plus de vroum vroum!

Au niveau de l'apparence, la SR Turbo se distingue par des phares avant et des feux de freinage à DEL, des phares antibrouillards, un aileron arrière, un embout d'échappement chromé, des jantes en aluminium de 17 pouces, des étriers et des disques avant de plus grande dimension. Pour sa part, la NISMO dispose d'un aileron et d'un pare-chocs arrière spécialement conçus pour améliorer la portance, d'une mince bande décorative rouge dans le bas des panneaux de carrosserie, de rétroviseurs extérieurs noirs, de jantes de 18 pouces à 10 rayons, de plusieurs insignes et artifices signés NISMO. La tenue de route de la NISMO surpasse celle de la SR Turbo grâce à sa direction calibrée plus serrée, sa garde au sol abaissée de 10 mm et ses pneus Michelin Pilot Sport. Pour une adhérence supérieure, il est possible d'opter pour des pneus Bridgestone Potenza RE-71R.

Les performances des autres déclinaisons de la Sentra sont plus lugubres à cause de l'anémie du quatre cylindres de 1,8 litre qui développe 124 ou 130 chevaux selon la version. Il va sans dire que les principales caractéristiques de cette motorisation se résument en trois points : fiabilité, durabilité et faible consommation de carburant. Sur la route, la Sentra (sans moteur turbo) n'a pas la vivacité d'une Civic, d'une Mazda3 ou d'une Jetta. Son comportement routier se compare plus à une Toyota Corolla ou une Hyundai Elantra, la puissance en moins.

Quoi qu'on en dise, quoi qu'on pense, la Sentra demeure le deuxième véhicule le plus vendu par Nissan, derrière le Rogue. Pas moins de sept générations se sont succédé au cours des 35 dernières années. Ce qui en dit long sur les qualités premières que recherchent les acheteurs d'une voiture compacte : l'économie passe avant la performance.

Données principales

Emp. / lon. / lar. / haut.	2700 / 4637 / 1760 / 1495 mm
Coffre / réservoir	428 litres / 50 litres
Nbre coussins sécurité / ceintures	6 / 5
Suspension av. / arr.	ind., jambes force / semi-ind., poutre torsion
Pneus avant / arrière	P205/50R17 / P205/50R17
Poids / Capacité de remorquage	1394 kg / n.d.

Composantes mécaniques

SL, SV

Cylindrée, alim.	4L 1,8 litre atmos.
Puissance / Couple	124 ch / 125 lb-pi
Tr. base (opt) / Rouage base (opt)	CVT / Tr
0-100 / 80-120 / V. max	n.d. / n.d. / n.d.
100-0 km/h	43,6 m (est)
Type / ville / route / CO$_2$	Ord / 8,1 / 6,3 / 3353 kg/an

S

Cylindrée, alim.	4L 1,8 litre atmos.
Puissance / Couple	130 ch / 128 lb-pi
Tr. base (opt) / Rouage base (opt)	M6 (CVT) / Tr
0-100 / 80-120 / V. max	n.d. / n.d. / n.d.
100-0 km/h	41,1 m (est)
Type / ville / route / CO$_2$	Ord / 9,0 / 6,8 / 3685 kg/an

SR TURBO, NISMO

Cylindrée, alim.	4L 1,6 litre turbo
Puissance / Couple	188 ch / 177 lb-pi
Tr. base (opt) / Rouage base (opt)	M6 (CVT) / Tr
0-100 / 80-120 / V. max	7,5 s (est) / n.d. / n.d.
100-0 km/h	n.d.
Type / ville / route / CO$_2$	Ord / 9,1 / 7,3 / 3763 kg/an

DU NOUVEAU EN 2018

Aucun changement majeur au moment de mettre sous presse. Versions NISMO et SR Turbo ont été dévoilées au cours de la dernière année.

Photos : Nissan

Pour voir la liste complète des informations techniques, veuillez vous référer à la section statistiques.

NISSAN | 551

DIESEL

NISSAN **TITAN**

Prix: 35 498 $ à 76 500 $ (2017)
Catégorie: Camionnette
Garanties:
5 ans/160 000 km, 5 ans/160 000 km
Transport et prép.: 1 895 $
Ventes QC 2016: 442 unités
Ventes CAN 2016: 2 715 unités
Assemblage: Canton MS US

Fiabilité	Appréciation générale
■■■■■□□□□□	■■■■■■■□□□
Sécurité	Agrément de conduite
■■■■■■■□□□	■■■■■■■□□□
Consommation	Système multimédia
■■■□□□□□□□	■■■■■■■□□□

Cote d'assurance

n.d.

Connectivité multimédia

Aucune

➕ Moteur Cummins • Habitacles spacieux • Robustesse assurée • Bon choix de carrosseries et de groupes propulseurs

➖ Consommation d'essence plus élevée qu'indiqué • Gamme de prix grimpe rapidement • Peu d'options contrairement aux camionnettes américaines

Concurrents
Chevrolet Silverado, Ford F-150, GMC Sierra, Ram 1500, Toyota Tundra

72 % COTE DU GUIDE

Tous les ingrédients sont en place

Mathieu St-Pierre

Il faut admirer Nissan pour sa ténacité. Dans la catégorie extrêmement concurrentielle et conservatrice de la camionnette pleine grandeur, nul autre constructeur ne multiplie les efforts autant que Nissan. Le dernier Titan est une preuve irréfutable que la compagnie nippone a l'intention de laisser sa marque.

Les Titan et Titan XD n'ont rien à envier à leurs concurrents. Sauf que ces derniers sont toujours beaucoup plus populaires. Ceci n'a rien à voir avec la qualité ou les capacités de ces deux Titan, car ils sont puissants, solides, et dotés des toutes dernières technologies, mais bien avec le fait que ce sont des Nissan, et non des Ford, GM ou Ram. Toutefois, les consommateurs sont de plus en plus intéressés par le Titan, car les ventes dans certaines régions ont plus que triplé! Le fait demeure qu'il se vend toujours pas loin de 50 fois plus de F-150 que de Titan.

Alors, que doit faire Nissan? Surtout, ne pas lâcher prise. Il y a environ 20 ans, l'Altima figurait à peine au palmarès des ventes de berlines en Amérique du Nord. De nos jours, elle se situe régulièrement dans le top 5. Est-ce que Nissan peut s'attendre à des résultats similaires avec le Titan et détrôner un des «Big Three» dans le domaine des *pick-up*? Non, malheureusement pas, mais le Titan est tout de même impressionnant.

VOUS AVEZ LE CHOIX
La variété est nécessaire dans cette catégorie et Nissan en a pris note. Le Titan se décline donc en deux versions. Il y a le Titan, une camionnette d'une demi-tonne comme le Ford F-150, par exemple. Il y a aussi le Titan XD, un peu plus gros, qui se situe, en matière de dimensions, entre un F-150 et un F-250. Ces deux Titan peuvent être commandés avec une des trois configurations de cabine, autant de longueurs de boîtes et de moteurs.

Parlant de moteurs, le V8 Endurance de 5,6 litres offre des performances intéressantes dans les deux Titan, et une belle sonorité en accélération. Sa boîte automatique à sept rapports fait un excellent boulot en maintenant le moteur dans sa plage de puissance, permettant à cette camionnette de transporter et tirer des charges assez lourdes, jusqu'à 9 220 livres (4 182 kg) pour le Titan et jusqu'à 12 010 (5 448 kg) pour le XD.

Le V8 turbodiesel Cummins de 5,0 litres unique au Titan XD dispose d'un couple imposant et sa boîte automatique Aisin à six rapports font la différence. Peu importe le moteur qui se cache sous l'énorme capot du XD, on ne parle plus de performances, mais plutôt d'efficacité au nom des capacités de remorquage.

En cours d'année 2017, le Titan aura droit à un V6. Au moment de mettre sous presse, l'indice de consommation n'avait pas encore été divulgué par Nissan. Souhaitons qu'il soit plus raisonnable qu'avec le V8. Attendez-vous par contre à ce qu'il grimpe dès qu'il y aura une charge dans la boîte ou une remorque à l'arrière.

Ces deux Titan, quoique difficiles à différencier, adoptent un comportement différent. Le Titan XD possède une suspension calibrée pour les grosses charges et souffre d'une direction à billes qui oblige à de constantes corrections. En comparaison, le Titan est presque sportif puisqu'il jouit d'une direction à crémaillère plus précise. Les deux pourraient bénéficier d'un recalibrage de la pédale de frein qui s'avère spongieuse. Malgré cela, les disques ventilés aux quatre coins font un travail plus qu'adéquat. Le comportement routier, de façon générale, est tout de même très bon. Il se compare avantageusement à celui des camions GM qui sont sans doute les plus raffinés de la catégorie.

OUI, RAFFINÉS, SANS BLAGUE
L'habitacle des Titan semble utilitaire et dépourvu de luxe et confort, mais on s'y sent très à l'aise. Si c'est moins évident dans les déclinaisons S et SV, c'est une tout autre chose dans les versions cossues.

Les niveaux de finition sont égaux ou supérieurs à ceux de la concurrence et on peut dire la même chose au sujet de la technologie. Même dans un S à cabine simple, on retrouve un minimum de confort comme la climatisation. Les sièges sont larges et fournissent un support adéquat. En choisissant une version Platinum, on ajoute du cuir, des éléments chauffants partout et des garnitures similibois de bon goût.

L'insonorisation des Titan est remarquable. Les cabines sont montées sur des supports hydrauliques, les vitres sont laminées et j'en passe. En fait, l'habitacle est si bien isolé que le son du Cummins y pénètre à peine. La cabine double accueille aisément cinq personnes ou un bon volume d'articles. En fin de compte, les Titan répondent à la majorité des besoins des amateurs de camionnettes. Essayez-en un, nous sommes convaincus que vous serez impressionné !

NISSAN TITAN

Données principales

Emp. / lon. / lar. / haut.	3 550 / 5 804 / 2 050 / 1 929 mm
Boîte / réservoir	1 702 mm / 98 litres
Nbre coussins sécurité / ceintures	6 / 5
Suspension av. / arr.	ind., double triangulation / essieu rigide, ress. à lames
Pneus avant / arrière	P275/70R18 / P275/70R18
Poids / Capacité de remorquage	2 692 kg / 4 182 kg (9 210 lb)

Composantes mécaniques

TITAN

Cylindrée, alim.	V8 5,6 litres atmos.
Puissance / Couple	390 ch / 394 lb-pi
Tr. base (opt) / Rouage base (opt)	A7 / Prop 4x4
0-100 / 80-120 / V. max	n.d. / n.d. / n.d.
100-0 km/h	n.d.
Type / ville / route / CO$_2$	Ord / 15,0 / 11,2 / 6 240 kg/an

TITAN XD

Cylindrée, alim.	V8 5,0 litres turbo
Puissance / Couple	310 ch / 555 ch
Tr. base (opt) / Rouage base (opt)	A6 / Prop 4x4
0-100 / 80-120 / V. max	n.d. / n.d. / n.d.
100-0 km/h	n.d.
Type / ville / route / CO$_2$	Die / 14,9 / 11,3 / 7171 kg/an (est)

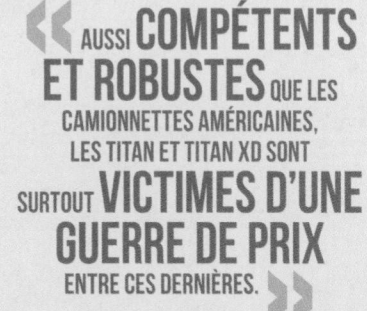

« AUSSI **COMPÉTENTS ET ROBUSTES** QUE LES CAMIONNETTES AMÉRICAINES, LES TITAN ET TITAN XD SONT SURTOUT **VICTIMES D'UNE GUERRE DE PRIX** ENTRE CES DERNIÈRES. **»**

DU NOUVEAU EN 2018

Moteur V6 sera offert en cours d'année 2017 (Titan).

Pour voir la liste complète des informations techniques, veuillez vous référer à la section statistiques.

NISSAN **VERSA NOTE**

75 % COTE DU GUIDE

((SiriusXM))

Prix: 14 498 $ à 19 748 $ (2017)
Catégorie: Hatchback
Garanties:
3 ans/60 000 km, 5 ans/100 000 km
Transport et prép.: 1 700 $
Ventes QC 2016: 2 895 unités
Ventes CAN 2016: 7 417 unités
Assemblage: Aguascalientes MX

Fiabilité	Appréciation générale
■■■■■■■□□□	■■■■■■■□□□
Sécurité	Agrément de conduite
■■■■■■■□□□	■■■■■□□□□□
Consommation	Système multimédia
■■■■■■■□□□	■■■■■□□□□□

Cote d'assurance

n.d.

Connectivité multimédia

Aucune

+ Vaste habitacle • Boîte Xtronic améliorée • Suspension confortable • Climatiseur de série

− Puissance du moteur un peu juste • Comportement routier ennuyant • Direction floue • Manque de sportivité (version SR)

Concurrents

Chevrolet Sonic, Ford Fiesta, Honda Fit, Hyundai Accent, Kia Rio, Toyota Yaris

Histoire de cannibalisme

Jean-François Guay

Pour faire face à la hausse appréhendée du coût de l'essence, la plupart des constructeurs ont prévu le coup en bonifiant leur offre de petites voitures. Or, la crise pétrolifère tant redoutée ne s'est pas produite — du moins pas encore, et ce, même si nous payons trop cher le litre d'essence compte tenu du prix du baril de pétrole. Conséquemment, les ventes de sous-compactes ne cessent de diminuer. De son côté, Nissan a mis les bouchées doubles en commercialisant la Versa Note et la citadine Micra. Un pari risqué puisque la Micra cannibalise le marché au détriment de sa grande sœur, en s'écoulant en deux fois plus d'exemplaires.

Pour tenter de conserver ses parts de marché face à une concurrence féroce, dont la Micra, la Versa Note a joué le tout pour le tout au cours de la dernière année en rajeunissant son apparence, en améliorant son groupe motopropulseur et en ajoutant une touche d'hospitalité à son habitacle. Cela dit, la Versa Note n'est pas la seule sous-compacte à livrer une lutte fratricide pour sa survie: la Chevrolet Sonic éprouve les mêmes ennuis à l'égard de la dernière génération de la Spark, qui est presque deux fois plus populaire qu'elle au chapitre des ventes.

Cette refonte a fait grand bien à la Versa Note, qui affichait quelques rides et manquait de dynamisme face à des rivales d'apparence plus joyeuse. En gros, les stylistes ont retouché la partie avant en insérant une jolie calandre en forme de V et des phares plus profilés, accentuant sa personnalité. Vues de l'arrière, toutes les livrées (S, SV et SL) sont dotées d'un carénage sportif qui était, auparavant, exclusif à la version SR, alors que les feux en forme de boomerang s'inspirent du JUKE et de la 370Z.

Encore plus surprenant est de constater que les stylistes ont accordé beaucoup de soin à parfaire l'aérodynamisme de la voiture — une attention habituellement réservée à des véhicules hybrides ou à caractère énergivore. Ainsi, la conception du toit et l'ajout d'éléments astucieux à la structure du plancher visent à mieux répartir le débit d'air autour de la carrosserie. En

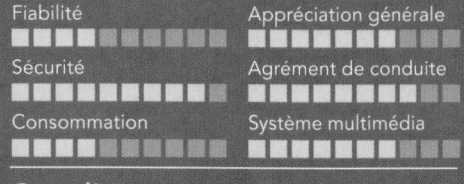

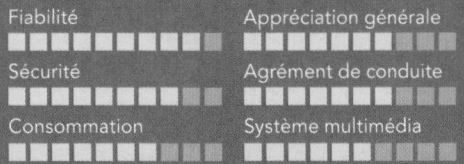

outre, les ingénieurs ont installé un volet de calandre actif à l'entrée du compartiment moteur, lequel se ferme lorsque la vitesse du véhicule dépasse 32 km/h afin de réduire la résistance au vent.

EN MANQUE DE CHEVAUX

Pour maintenir la consommation de carburant au minimum, la Versa Note confie ses déplacements à un quatre cylindres de 1,6 litre, qui développe 109 chevaux et un couple de 107 livres-pied, soit le même moteur que la Micra. Or, la puissance de cette motorisation paraît un peu juste dans la Versa Note qui pèse une cinquantaine de kilos de plus que la Micra. On s'accorde pour dire que Nissan aurait avantage à rehausser le nombre de chevaux pour mieux la faire paraître et justifier son prix plus élevé. Et si vous pensez que le quatre cylindres de 1,8 litre pourrait lui donner du lustre, oubliez ça puisque qu'il est l'apanage de la Sentra.

Malgré le manque de punch du moteur, les deux boîtes inscrites au catalogue, une manuelle à cinq rapports et une boîte Xtronic à variation continue, permettent de signer des temps d'accélération honnêtes, comparables à la concurrence.

Dans le but d'améliorer l'agrément de conduite, la boîte Xtronic a fait l'objet d'un perfectionnement pour imiter le fonctionnement d'une boîte automatique conventionnelle, en simulant des changements de rapports, lesquels procurent une impression d'accélération plus naturelle. Certes, les réactions de la boîte sont plus vives qu'auparavant, mais il n'y a pas lieu de pavoiser ni d'écrire à sa mère. Même si l'on critique le manque de vigueur de son moteur, la Versa Note fait preuve de talent sur la route. Confortable et silencieuse, on pourrait croire qu'il s'agit d'une compacte plutôt qu'une sous-compacte.

SPACIEUSE ET CONFORTABLE

La Versa Note est l'une des plus spacieuses de la catégorie. La hauteur et la largeur des portières permettent d'accéder volontiers aux places avant et arrière. À l'intérieur, le sentiment de grand espace est accentué par la position reculée du tableau de bord. Le coffre à bagage est vaste et la grande ouverture du hayon facilite le transport de gros objets. On peut juste maugréer contre le plancher du coffre qui n'est pas parfaitement plat lorsque les dossiers de la banquette sont rabattus.

Il fut une époque où la Versa était offerte en deux formats : hayon à cinq portes et berline. La mise au rancart de la berline, en 2015, a coïncidé avec l'arrivée de la Micra. Cette disparition a fait l'affaire de la Sentra, dont le rôle est maintenant mieux défini chez Nissan.

NISSAN VERSA NOTE

Données principales

Emp. / lon. / lar. / haut.	2 600 / 4157 / 1695 / 1537 mm
Coffre / réservoir	532 à 1084 litres / 41 litres
Nbre coussins sécurité / ceintures	6 / 5
Suspension av. / arr.	ind., jambes force / semi-ind., poutre torsion
Pneus avant / arrière	P185/65R15 / P185/65R15
Poids / Capacité de remorquage	1147 kg / n.d.

Composantes mécaniques

Cylindrée, alim.	4L 1,6 litre atmos.
Puissance / Couple	109 ch / 107 lb-pi
Tr. base (opt) / Rouage base (opt)	M5 (CVT) / Tr
0-100 / 80-120 / V. max	11,4 s / 8,3 s / n.d.
100-0 km/h	43,6 m
Type / ville / route / CO$_2$	Ord / 8,6 / 6,6 / 3206 kg/an

« POUR QUE LA **VERSA NOTE** SE DÉMARQUE DAVANTAGE DE LA **MICRA,** IL EST **URGENT** QUE NISSAN REHAUSSE LA PUISSANCE DU MOTEUR ET **RESSUSCITE** LA BERLINE. »

DU NOUVEAU EN 2018

Retouches esthétiques, boîte Xtronic avec passage de rapports D-Step, nouvelles couleurs, nouvelles roues, porte-gobelets plus larges.

Photos : Nissan

Pour voir la liste complète des informations techniques, veuillez vous référer à la section statistiques.

PAGANI **HUAYRA**

Prix: 1 400 000 $ à 2 400 000 $ (2017)
(estimé) (USD)
Catégorie: Coupé, Roadster
Garanties: n.d.
Transport et prép.: n.d.
Ventes QC 2016: n.d.
Ventes CAN 2016: n.d.
Assemblage: San Cesario sul Panaro IT

Fiabilité	Appréciation générale
n.d.	■■■■■■■■■□
Sécurité	Agrément de conduite
n.d.	■■■■■■■■□□
Consommation	Système multimédia
■■□□□□□□□□	■■■■■□□□□□

Cote d'assurance

n.d.

Connectivité multimédia

Aucune

➕ Exclusivité assurée • Puissance
foudroyante • Design et style percutants •
Qualité d'ensemble sans pareil

➖ Trop exclusive ? • Coffres un
peu petit • Entretien et coût
d'achat démesurés

Concurrents

Aston Martin Valkyrie, Bugatti Chiron,
Koenigsegg Regera

L'art de l'automobile

Mathieu St-Pierre

I existe une règle non écrite quand vient le temps de conceptua-
liser une supervoiture : elle doit être digne d'une affiche apposée
sur le mur d'une chambre ! Horacio Pagani, créateur et fondateur
de la marque qui porte son nom, est allé plus loin : ses voitures sont
de purs chefs-d'œuvre à regarder et à piloter.

Malgré l'incontestable succès de sa firme, M. Pagani continue de réinventer
la notion de l'art et de l'automobile avec la venue de son dernier-né, la
Huayra Roadster. Prenez tout le temps que vous voulez à admirer les images
ou même visionner les vidéos sur nos sites web, mais sachez que rien
n'équivaut à prendre place à bord.

Tout comme les constructeurs de supervoitures plus communes, tels que
Ferrari, Lamborghini et McLaren, une Pagani est une expérience, un phénomène
qui nous envahit au moment où l'on reçoit les clés. Plus encore, nous imprégner
des détails d'une Pagani donne des frissons et nous fait réaliser à quel point
ces voitures italo-argentines sont uniques. Ce sont de véritables sculptures d'art.

CENT HUAYRA ROADSTER

L'exclusivité a un prix et dans le cas de ce sublime roadster, on parle de
plus de 2,4 millions de dollars. Pensez-y un peu : Pagani empoche au-delà
de 240 millions de dollars en vendant (oui, car elles ont toutes déjà trouvé
preneur) un peu plus de 100 roadsters. D'après M. Pagani, à ce prix, c'est
presque une aubaine...

Selon lui, la Huayra Roadster s'est avérée le projet le plus complexe de sa
carrière. Sur une période de six ans (un an de moins que le coupé), la petite
compagnie aura réussi à créer une voiture «décapotable» moins lourde
que la version avec un toit fixe (qui était, soi-disant, le *supercar* le plus léger
au monde) et, à la fois, plus agressive et rapide.

Le résultat final est une Pagani Huayra Roadster qui n'a que très peu de
composantes en commun avec la voiture sur laquelle elle est basée. D'un

point de vue purement esthétique, la Roadster regorge de détails sensuels. Compléter une énumération nécessiterait les 40 prochaines pages de ce *Guide*, mais les emblèmes portant le nom Pagani sont situés à la base de l'unique essuie-glace, les carénages derrière les appuie-tête et le devant du bolide méritent chacun des regards admirateurs qu'ils reçoivent. On peut en dire autant pour l'habitacle. L'attention portée par les ingénieurs de la marque est inouïe. C'est à croire que Pagani emploie des artistes et des artisans qui n'acceptent rien de moins que la perfection. Ah oui, si vous vous demandez à quoi servent les «boutons» au centre des sièges, sachez qu'ils servent à l'ajustement manuel en hauteur de ces derniers.

V12 SIGNÉ AMG

L'allure des Huayra est sans doute leur attrait principal, mais on vous assure que M. Pagani ne connaîtrait pas un succès tel si sa voiture était mue par le moteur trois cylindres turbocompressé d'une Suzuki Forsa. C'est AMG qui se charge de produire le V12 biturbo de 5 980 cc (6,0 litres) de la Huayra. Dans la Roadster, il crache 764 chevaux, soit 64 chevaux de plus que le coupé, et 14 de plus que la BC, une version plus musclée de la Huayra «de base». D'ailleurs, les lettres BC représentent les initiales de Benny Caiola, un ami de Pagani et son premier client.

Ces 764 chevaux en font une automobile extrêmement rapide. Elle ne pèse que 30 kilos de plus que la BC, mais 70 de moins que le coupé. Les 1 280 kilos de la Roadster sont propulsés à 100 km/h en à peine trois secondes en comparaison aux 3,2 secondes du coupé. Dans tous les cas, la boîte séquentielle manuelle automatisée à sept rapports transmet la puissance aux roues arrière. La position centrale arrière du gros V12 assure une tenue de route impressionnante et, à l'instar de certains autres *supercars*, comme les McLaren, la Pagani se conduit facilement. La position de conduite avancée permet une visibilité vers l'avant peu obstruée et, comme l'on peut s'y attendre, toutes les commandes tombent parfaitement sous la main et le confort de roulement surprend.

L'ère de la voiture d'exception impossible à piloter sans se déboîter la colonne vertébrale est depuis quelque temps derrière nous. La légèreté de la voiture la rend habile et communicative, en particulier par le volant. Les énormes freins Brembo en carbone-céramique ont la vie facile, encore une fois grâce au poids peu élevé de la Pagani.

La Huayra est d'une exclusivité frustrante, mais ô combien désirable. Seulement 135 Zonda (devancières de la Huayra) furent fabriquées et l'on ne s'attend pas à ce que la compagnie assemble beaucoup plus de Huayra. Si jamais vous avez la chance d'en voir une sur la route, vous risquez de ne remarquer que les quatre embouts d'échappements — elles sont rapides ces petites autos italiennes...

Données principales

Emp. / lon. / lar. / haut.	**Coupé** - 2 795 / 4 605 / 2 036 / 1 169 mm
	Roadster - 2 795 / 4 605 / 2 036 / 1 169 mm
Coffre / réservoir	**Coupé** - n.d. litres / 85 litres
	Roadster - n.d. litres / 85 litres
Nbre coussins sécurité / ceintures	n.d. / 2
Suspension av. / arr.	ind., bras inégaux / ind., bras inégaux
Pneus avant / arrière	255/35ZR20 / P325/30ZR21
Poids / Capacité de remorquage	**Coupé** - 1 350 kg / n.d.
	Roadster - 1 280 kg / n.d.

Composantes mécaniques

COUPÉ

Cylindrée, alim.	V12 6,0 litres turbo
Puissance / Couple	700 ch / 738 lb-pi
Tr. base (opt) / Rouage base (opt)	A7 / Prop
0-100 / 80-120 / V. max	3,2 s (est) / n.d. / 360 km/h (est)
100-0 km/h	n.d.
Type / ville / route / CO$_2$	Sup / 23,5 / 16,8 / 9 400 (est) kg/an

ROADSTER

Cylindrée, alim.	V12 6,0 litres turbo
Puissance / Couple	764 ch / 738 lb-pi
Tr. base (opt) / Rouage base (opt)	A7 / Prop
0-100 / 80-120 / V. max	3,0 s (est) / n.d. / 360 km/h (est)
100-0 km/h	n.d.
Type / ville / route / CO$_2$	Sup / 23,5 / 16,8 / 9 400 (est) kg/an

PAGANI HUAYRA

UN JOUR, NOUS **VERRONS** UNE HUAYRA AU LOUVRE, À CÔTÉ DE LA **JOCONDE.** SINON, AU **MUSÉE NATIONAL** AIR AND SPACE AUX CÔTÉS D'UNE **NAVETTE SPATIALE.**

DU NOUVEAU EN 2018

Aucun changement majeur au moment de mettre sous presse. Version Roadster dévoilée au Salon de Genève 2017.

Photos : Pagani

Pour voir la liste complète des informations techniques, veuillez vous référer à la section statistiques.

PAGANI | 557

PORSCHE 718 CAYMAN

![Porsche logo] PORSCHE **718 BOXSTER/CAYMAN** | **87**% COTE DU GUIDE

 (((SiriusXM)))

Prix : 62 700 $ à 79 200 $
Catégorie : Coupé, Roadster
Garanties :
4 ans/80 000 km, 4 ans/80 000 km
Transport et prép. : 1 085 $
Ventes QC 2016 : 169 unités*
Ventes CAN 2016 : 690 unités**
Assemblage : Osnabrück DE

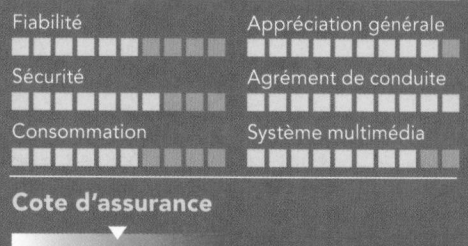

Fiabilité	Appréciation générale
Sécurité	Agrément de conduite
Consommation	Système multimédia

Cote d'assurance

$ $ $ $

Connectivité multimédia

Apple CarPlay

+ Silhouette raffinée •
Système multimédia • Couple élevé •
Comportement dynamique

– Sonorité du moteur
quatre cylindres • Visibilité réduite •
Peu de rangement •
Porte-gobelets mal foutus

Concurrents

Alfa Romeo 4C, Audi TT, Jaguar F-TYPE,
Lexus RC, Lotus Evora 400,
Mercedes-Benz SLC

Il faut bien être de son temps !

Jacques Deshaies

Porsche a finalement compris que la consommation d'essence avait également sensibilisé les mieux nantis de notre société. Longtemps, la rumeur voulait que le constructeur de Stuttgart ait payé toutes les pénalités commandées par le gouvernement américain pour ne pas respecter les normes de consommation. Que ce soit vrai ou non, ce qui est certain, c'est que la direction a décidé de rentrer dans le rang.

Pour en finir avec la question, la dénomination 718, qui vient se coller à la Boxster et à la Cayman, est tout simplement un hommage à la voiture de course présentée au Mans, en 1957. Comme elles empruntent la même base, elles porteront le chiffre 718 maintenant. Depuis le lancement de la Boxster, pour l'année-modèle 1997, les générations se sont succédé en 2005, en 2013 et en 2017. En 2007, la Cayman fait son entrée. Elle s'adresse aux purs et durs de la conduite sportive. Malgré ses qualités extraordinaires en matière de tenue de route, elle reste toujours aussi difficile à revendre sur le marché de l'occasion. Mais qu'à cela ne tienne, elle est encore offerte.

TRANSFORMÉES DISCRÈTEMENT

Les puristes feront la différence, sans hésitation, entre les générations, mais pour le commun des mortels, c'est plus compliqué. Pourtant, entre 2005 et 2018, pratiquement tous les panneaux de carrosserie ont été modifiés. Il suffit de placer côte à côte ces deux générations éloignées de la Boxster pour en découvrir toutes les subtilités esthétiques. Les angles de coins sont plus incisifs, les entrées d'air latérales sont mieux définies, tout comme l'imposant bouclier avant et ses entrées d'air. Les phares détonnent avec leurs quatre blocs qui sont devenus la signature actuelle des Porsche.

La partie arrière des deux 718 est beaucoup plus moderne avec ses feux effilés et une fine bande qui les relie. À l'intérieur, c'est le statu quo. La grande amélioration demeure tout de même le système multimédia, qui se veut plus convivial et mieux adapté à la réalité du marché. On a maintenant droit aux systèmes d'intégration Apple CarPlay et Android Auto. Bien entendu,

*Québec : 718 BOXSTER : 115 unités / 718 CAYMAN : 54 unités
**Canada : 718 BOXSTER : 345 unités / 718 CAYMAN : 345 unités

il existe une myriade d'options qui viendront agrémenter votre expérience, mais chez Porsche, ces accessoires se paient, et souvent à fort prix.

BYE-BYE LE SIX CYLINDRES!

Voilà une véritable révolution chez Porsche, qui installe maintenant des moteurs quatre cylindres dans ses deux modèles sport d'entrée de gamme. Le 2,0 litres turbo de 300 chevaux se retrouve dans les versions de base. Les versions S portent le moteur quatre cylindres de 2,5 litres, accompagné par un turbocompresseur à géométrie variable, pour une puissance accrue à 350 chevaux.

Vous pouvez y greffer une boîte manuelle à six rapports, mais la boîte PDK reste un atout. Cette automatique à double embrayage permet de mieux savourer les capacités exceptionnelles de la Boxster et de la Cayman sur routes sinueuses. Dès la prise de contact, vous remarquerez le changement drastique de la sonorité. Ce nouveau groupe motopropulseur émet un son plutôt rauque, qui laisse les puristes perplexes. Mais tout est une question d'habitude!

Si la puissance a augmenté de 25 chevaux (livrées de base et S) par rapport aux moteurs six cylindres utilisés précédemment, la consommation est très comparable. À peine un litre de moins aux 100 kilomètres dans les deux cas. Pourtant, ces deux 718 affichent des performances beaucoup plus probantes grâce au couple livré sur une large plage, ce qui vient faire toute la différence. Il suffit d'effectuer un test d'accélération entre 0 et 100 km/h pour découvrir tout le potentiel de cette nouvelle motorisation. Les temps passent de 5,8 à 4,7 secondes (4,2 avec l'optionnel Sport Chrono) dans le cas du 2,0 litres turbo, tandis que la version S et son 2,5 turbo propose 4,2 secondes comparativement aux 5,1 secondes affichées dans la génération précédente.

Sur la route ou sur la piste, les deux voitures affichent toutes les qualités dynamiques résultant d'un moteur positionné au centre de la caisse. De plus, ce nouveau châssis s'adapte, selon le mode de conduite choisi, par une garde au sol qui peut s'abaisser de 20 mm. D'ailleurs, vous pourrez opter pour l'un des trois modes de conduite, soit Normal, Sport et Sport Plus. La version S disposant du *pack Sport Chrono* offre un mode qui peut être personnalisé.

En conclusion, la Boxster et la Cayman sont deux sportives relativement abordables qui procurent un grand plaisir de conduite. Soulignons tout de même l'engouement pour la Boxster, qui offre le mode cabriolet. Il faut vraiment être un passionné de pilotage pour se payer la Cayman, qui ne se découvre pas.

Données principales

Emp. / lon. / lar. / haut.	**Coupé** - 2 475 / 4 379 / 1801 / 1284 mm
	Roadster - 2 475 / 4 379 / 1801 / 1280 mm
Coffre / réservoir	**Coupé** - 334 litres / 64 litres
	Roadster - 275 litres / 64 litres
Nbre coussins sécurité / ceintures	6 / 2
Suspension av. / arr.	ind., jambes force / ind., jambes force
Pneus avant / arrière	P235/45ZR18 / P265/45ZR18
Poids / Capacité de remorquage	**Coupé** - 1385 kg / n.d.
	Roadster - 1385 kg / n.d.

Composantes mécaniques

BOXSTER, CAYMAN

Cylindrée, alim.	H4 2,0 litres turbo
Puissance / Couple	300 ch / 280 lb-pi
Tr. base (opt) / Rouage base (opt)	M6 (A7) / Prop
0-100 / 80-120 / V. max	4,9 s (const) / n.d. / 275 km/h (const)
100-0 km/h	n.d.
Type / ville / route / CO_2	Sup / 11,0 / 8,3 / 3457 (est) kg/an

BOXSTER S, CAYMAN S

Cylindrée, alim.	H4 2,5 litres turbo
Puissance / Couple	350 ch / 310 lb-pi
Tr. base (opt) / Rouage base (opt)	M6 (A7) / Prop
0-100 / 80-120 / V. max	4,6 s (const) / n.d. / 285 km/h (const)
100-0 km/h	n.d.
Type / ville / route / CO_2	Sup / 12,1 / 9,0 / 4924 kg/an

> « LA **BOXSTER** ET LA **CAYMAN** PROFITENT DE LA CONFIGURATION IDÉALE POUR UNE VOITURE SPORT, UN **MOTEUR AU CENTRE** ET GARDE AU SOL RÉDUITE. »

DU NOUVEAU EN 2018

Aucun changement majeur au moment de mettre sous presse.

Photos: Michel Deslauriers, Porsche

PORSCHE 718 BOXSTER

PORSCHE CAYMAN

Pour voir la liste complète des informations techniques, veuillez vous référer à la section statistiques.

PORSCHE **911**

86% COTE DU GUIDE

Prix : 104 000 $ à 293 800 $
Catégorie : Cabriolet, Coupé
Garanties :
4 ans/80 000 km, 4 ans/80 000 km
Transport et prép. : 1 085 $
Ventes QC 2016 : 213 unités
Ventes CAN 2016 : 945 unités
Assemblage : Stuttgart DE

Fiabilité	Appréciation générale
■■■■■■□□□□	■■■■■■■■□□
Sécurité	Agrément de conduite
■■■■■■■□□□	■■■■■■■■■□
Consommation	Système multimédia
■■■■■□□□□□	■■■■■■■□□□

Cote d'assurance

$ $ $ $

Connectivité multimédia

Apple CarPlay

➕ Silhouette classique aux lignes modernes • Mécaniques et tenue de route exceptionnelles • Solidité, fiabilité, valeur de revente

➖ Prix en ascension constante, pour les options aussi • Roulement ferme • Bruit de roulement sur pavé rugueux • Museau bas (GTS)

Concurrents

Aston Martin Vantage, Audi R8, BMW Série 6, Chevrolet Corvette, Jaguar F-TYPE, Lamborghini Huracán, McLaren 720S, Mercedes-AMG GT, Nissan GT-R

L'étalon or des sportives

Marc Lachapelle

Quels que soient l'ampleur de sa gamme actuelle ou les chiffres de vente record de ses utilitaires sport, c'est toujours la série 911 qui est l'âme et le cœur de Porsche. Ce que cet ancien pur spécialiste des voitures sport n'a pas manqué de clamer, haut et fort, lorsque ses valeureux techniciens ont assemblé la millionième 911 à sa légendaire usine de Zuffenhausen, plus tôt cette année.

La série 911 compte actuellement vingt-deux variantes basées sur le type 991, qui représente la septième génération de la plus grande famille de sportives. Ce décompte inclut des versions cabriolet et coupé des séries Carrera et Carrera S, à propulsion, et Carrera 4 et 4S, à rouage intégral. Les Targa, avec leur toit rigide escamotable, sont offertes en versions Carrera 4 et 4S, donc uniquement avec un rouage intégral, tout comme les cabriolets et coupés Turbo et Turbo S. Cette dernière série s'est enrichie d'une version baptisée 911 Turbo S Exclusive Series, dont le prix actuel est de 293 800 $ et qui ne sera produite qu'à 500 exemplaires. La vingt-troisième variante arrive bientôt : une nouvelle mouture de la diabolique GT2 RS.

ÉDITIONS SPÉCIALES

Porsche a d'ailleurs le secret des modèles spéciaux, produits en nombre limité, qui deviennent immanquablement des pièces très prisées. Prenez la 911 R qui rendait hommage, l'an dernier, à la première 911 créée pour la course, en 1967. Ce coupé ultraléger à moteur atmosphérique fut produit à seulement 991 exemplaires (appréciez le clin d'œil) qui se sont vendus presque instantanément.

La GT3 est une autre nouveauté, propulsée par un six cylindres à plat atmosphérique de 4,0 litres et 500 chevaux (à 8 250 tr/min !) qu'elle a prêté à la 911 R, comme plusieurs des éléments mécaniques et de la carrosserie. Or, cette GT3 a bouclé la boucle nord du légendaire Nürburgring en 7 minutes 12, à quinze secondes du chrono de la 918 Spyder de 887 chevaux. C'est votre tout premier choix comme voiture de circuit, toutes catégories et tous critères confondus.

MERVEILLEUSES GTS

Cela dit, l'ajout récent le plus intéressant à la série 911, pour un plus grand nombre d'entre nous, est celui des cinq versions GTS. Ce quintet vient couronner, à nouveau, la famille des 911 Carrera en offrant plus de puissance, une tenue de route plus poussée et une présentation unique. Sa version du six cylindres à plat biturbo de 3,0 litres dont toutes les Carrera ont hérité l'an dernier produit 450 chevaux, alors que celui des Carrera 4 et 4 S livre jusqu'à 420 chevaux et que le compte est de 370 chevaux pour la Carrera à propulsion. Toutes sont offertes avec la boîte manuelle à sept rapports de série et la superbe PDK à double embrayage automatisé en option.

Le coupé GTS, comme toujours, est une merveille. Une GT3 pour pragmatiques, en plus discret, avec un aileron mobile qui se rétracte à basse vitesse et à l'arrêt. À moins que le pilote n'en décide autrement. Aux commandes, on retrouve les sensations des 911 les plus sportives, sans excès. La suspension et les pneus à taille ultrabasse de 245/35ZR20 à l'avant et 305/30ZR20 à l'arrière, montés sur des jantes noires à écrou central unique, vont forcément claquer sec sur les premières fentes rencontrées. Le bruit de roulement est proportionnel à la texture de la chaussée : plus rugueux, plus bruyant. La conduite n'a pourtant rien d'inconfortable, grâce à une carrosserie impeccablement solide et à des sièges bien sculptés, juste assez fermes. C'est une vraie sportive, tout simplement.

En virage, le coupé GTS reste plaqué au bitume, en équilibre et en souplesse, précis et stable à souhait. La direction transmet bien les sensations au volant à jante mince, drapée d'Alcantara, dont elle a hérité de la 918 Spyder. Son museau est assez bas, par contre. Il ne profite malheureusement pas du système qui le soulève pour franchir une entrée ou une bosse en évitant qu'il ne râpe l'asphalte ou le béton. Cependant, c'est une option de 2 960 $ sur la GT3.

Le nouvel embrayage à double disque, léger et progressif, rend la conduite urbaine facile avec une boîte manuelle à sept rapports, de série, raisonnablement précise et rapide. Dommage que la GTS ne possède pas, comme la GT3, un bouton qui permette d'activer ou de désactiver à volonté la compensation de régime (*rev matching*) au lieu de la souder aux modes de conduite Sport et Sport+ sélectionnés au volant. Il faut bien lui trouver un défaut.

Chose certaine, les 911 sont des bêtes merveilleuses et solides. Fiables en plus, imaginez. Elles sont évidemment chères et l'entretien après garantie n'est pas donné, mais la valeur est là. Sans le moindre doute.

Données principales

Emp. / lon. / lar. / haut.	Cabriolet - 2 450 / 4 528 / 1 880 / 1 288 mm
	Coupé - 2 450 / 4 528 / 1 880 / 1 284 mm
Coffre / réservoir	Cabriolet - 115 à 125 litres / 68 litres
	Coupé - 115 à 125 litres / 68 litres
Nbre coussins sécurité / ceintures	6 / 4
Suspension av. / arr.	ind., jambes force / ind., multibras
Pneus avant / arrière	P245/35R20 / P305/30R20
Poids / Capacité de remorquage	Cabriolet - 1 670 kg / n.d.
	Coupé - 1 600 kg / n.d.

Composantes mécaniques

CARRERA, CARRERA 4, TARGA, TARGA 4

Cylindrée, alim.	H6 3,0 litres turbo
Puissance / Couple	370 ch / 331 lb-pi
Tr. base (opt) / Rouage base (opt)	M7 (A7) / Prop (Int)
0-100 / 80-120 / V. max	4,7 s (const) / 5,9 s (const) / 289 km/h (const)
100-0 km/h	n.d.
Type / ville / route / CO$_2$	Sup / 11,8 / 8,1 / 4 566 kg/an

CARRERA 4S, TARGA 4S

Cylindrée, alim.	H6 3,0 litres turbo
Puissance / Couple	420 ch / 368 lb-pi
Tr. base (opt) / Rouage base (opt)	M7 (A7) / Int
0-100 / 80-120 / V. max	4,4 s (const) / 5,2 s (const) / 303 km/h (const)
100-0 km/h	n.d.
Type / ville / route / CO$_2$	Sup / 12,1 / 8,4 / 4 595 kg/an

GTS

H6 3,0 l - 450 ch/406 lb-pi - M7 - 0-100: 4,0 s (const) - 13,0/8,9 l/100 km

TURBO

H6 3,8 l - 540 ch/524 lb-pi - A7 - 0-100: 3,0 s (const) - 12,6/9,9 l/100 km

TURBO S

H6 3,8 l - 580 ch/553 lb-pi - A7 - 0-100: 3,0 s (const) - 12,6/9,9 l/100 km

TURBO S EXCLUSIVE

H6 3,8 l - 607 ch/553 lb-pi - A7 - 0-100: 2,9 s (const) - n.d. / n.d. l/100 km

R

H6 4,0 l - 500 ch/338 lb-pi - M6 - 0-100: 3,8 s (const) - n.d. / n.d. l/100 km

GT3

H6 4,0 l - 500 ch/339 lb-pi - M6 (A7) - 0-100: 3,9 s (const) - n.d. / n.d. l/100 km

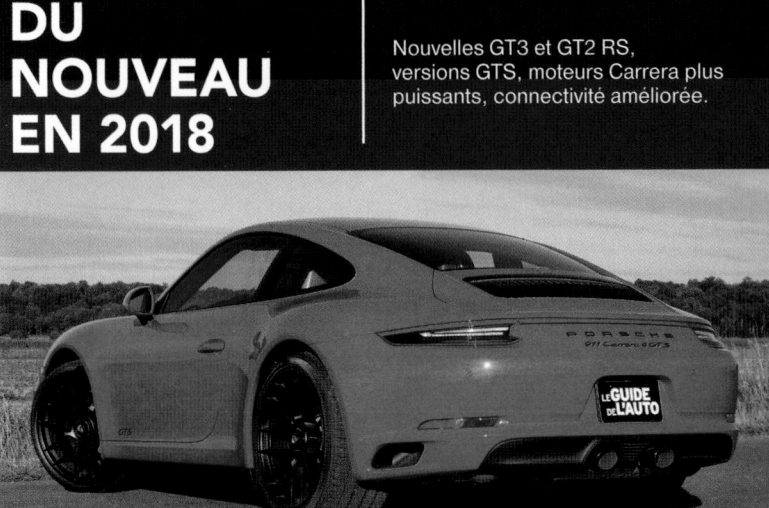

DU NOUVEAU EN 2018

Nouvelles GT3 et GT2 RS, versions GTS, moteurs Carrera plus puissants, connectivité améliorée.

Photos : Marc Lachapelle

Pour voir la liste complète des informations techniques, veuillez vous référer à la section statistiques.

PORSCHE **CAYENNE**

85% COTE DU GUIDE

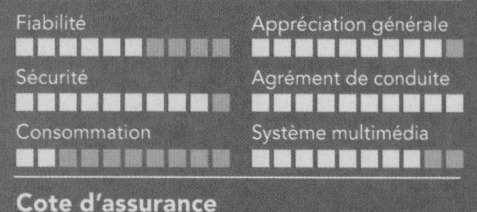

Prix: 69 600$ à 182 600$ (2017)
Catégorie: VUS
Garanties:
4 ans/80 000 km, 4 ans/80 000 km
Transport et prép.: 1 200$
Ventes QC 2016: 366 unités
Ventes CAN 2016: 2 325 unités
Assemblage: Leipzig DE

Fiabilité	Appréciation générale
■■■■■■■□□□	■■■■■■■□□□
Sécurité	Agrément de conduite
■■■■■■■■□□	■■■■■■■■□□
Consommation	Système multimédia
■■■□□□□□□□	■■■■■■■■□□

Cote d'assurance

$ ▼ $$$

Connectivité multimédia

Apple CarPlay

➕ Performances très relevées
(Turbo et Turbo S) • Confort et silence
de roulement • Finition superbe et
grande solidité

➖ Escalade vertigineuse du prix avec
les options • Freinage trop abrupt en
conduite normale • Boîte automatique
à huit rapports paresseuse

Concurrents
Acura MDX, Audi Q7, BMW X5,
BMW X6, Infiniti QX70, Land Rover
Range Rover Sport, Lexus RX,
Mercedes-Benz GLE, Volvo XC90

La brigade des utilitaires extrêmes

Marc Lachapelle

On a fait tellement de cas du rôle crucial qu'a joué l'utilitaire sport Cayenne dans la progression fulgurante de Porsche, ces quinze dernières années, pour la masse inouïe de capitaux qu'il a générés, qu'on en oublie qu'il est souvent aussi le meilleur de tous. Chacune de ses versions est, effectivement, la championne de sa spécialité ou de son créneau. À une exception près, mettons. Pas trop mauvais pour une série qui amorce une huitième année sous sa forme actuelle.

N'en déplaise aux puristes, c'est d'abord la réussite du Cayenne qui a permis à Porsche de tripler le nombre de séries qu'il produit et de multiplier ses ventes mondiales par cinq, depuis son apparition, en 2003. Le premier était massif, lourd et pas très joli, mais il s'est révélé solide et performant, en plus de porter un nom légendaire. La deuxième génération, présentée en 2011, était nettement plus élégante et ses deux cent cinquante kilos perdus ont fait merveille.

Porsche a multiplié les variantes de son premier utilitaire sport au fil des années, mais, dès le premier jour, le Cayenne Turbo s'est imposé comme le roi des utilitaires sport, en performance pure. Il le demeure, dans sa version Turbo S actuelle avec son V8 biturbo de 4,8 litres et 570 chevaux métriques. Ses chronos de 4,1 secondes pour le sprint 0-100 km/h et de 12,33 secondes pour le traditionnel quart de mille, avec une pointe de 183,9 km/h, sont toujours inégalés pour tout ce qui s'appelle un utilitaire.

UN PEU COMME KING KONG SUR QUATRE ROUES
Le Turbo S s'immobilise également sur une distance de 36,7 mètres en moyenne, en freinage d'urgence à 100 km/h. De quoi faire rougir bien des voitures sport. Il faut dire que le Turbo S est pourvu, de série, du système PCCB (*Porsche Ceramic Composite Brakes*) dont les immenses disques en carbone de 420 mm de diamètre à l'avant sont pincés par des étriers à dix pistons, rien de moins, alors que ses disques arrière de 370 mm, moins sollicités, se contentent d'étriers à quatre pistons.

Il s'agit, tant pour l'accélération que pour le freinage, de performances phénoménales pour un véhicule qui accuse plus de deux tonnes métriques ; plus exactement 2 235 kg. Et les énormes pneus de performance de taille 295/35R21 y sont évidemment pour quelque chose aussi. Le Turbo S profite, en plus, des barres antiroulis actives du système PDCC (*Porsche Dynamic Chassis Control*).

Là où les Turbo et Turbo S jouent la force brute, le Cayenne GTS y va plus en finesse et en précision, comme tous les modèles qui portent ce précieux sigle dans la gamme de Porsche. Tout en regrettant la sonorité et la vivacité fabuleuses du V8 atmosphérique de 4,8 litres qu'il a remplacé, en 2015, sous le capot du Cayenne GTS, il faut reconnaître au V6 biturbo actuel de 3,0 litres et 440 chevaux sa souplesse et sa meilleure frugalité, en plus d'un miaulement fort agréable en pleine accélération. Il boucle d'ailleurs le 0-100 en 5,1 secondes, bien mesurées.

Alors que le GTS a longtemps été LA référence incontournable en matière de comportement chez les utilitaires sport, il paraît maintenant même un peu pataud, au premier abord, en comparaison directe avec un Macan Turbo, plus compact et plus léger, sur les mêmes routes. Surtout s'il s'agit de la version Performance, qui profite du même moteur et des passages de rapports instantanés de la boîte PDK à double embrayage au lieu de la boîte automatique à huit rapports du Cayenne.

Le Cayenne GTS se rapproche toutefois de son fougueux frangin, en conduite, si on l'équipe des pneus de performance optionnels de taille 295/35, plus larges et plus bas, montés sur des jantes optionnelles de 21 pouces, qui lui permettent de tirer profit de sa carrosserie abaissée de 24 mm et de la suspension réglable PASM (*Porsche Active Suspension Management*). Il lui est déjà supérieur en finition, en espace, en confort et en raffinement. Pour le prix aussi.

VERT APRÈS-DEMAIN

Quant au Cayenne S E-Hybrid rechargeable, il a tous les airs d'un «trip d'ingénieurs», avec son incroyable complexité mécanique et technique, aux antipodes d'un Tesla Model X électrique, ou alors d'un Volvo XC90 T8, un grand VUS hybride rechargeable autrement efficace et raffiné. Le Cayenne a même quelque chose de caricatural, avec ses inscriptions et ses étriers de freins vert fluo. Les ingénieurs auraient-ils un sens de l'humour ? Chose certaine, Porsche s'y connaît en propulsion hybride, comme l'a prouvé magistralement son prototype 919 Hybrid, double vainqueur aux 24 Heures du Mans et Champion du monde d'endurance en titre.

On verra bientôt la troisième génération du Cayenne. Parions qu'il sera encore une fois plus léger, plus spacieux et plus efficace. Versions écolo incluses.

Données principales

Emp. / lon. / lar. / haut.	2 895 / 4 855 / 1 954 / 1 688 mm
Coffre / réservoir	580 à 1 780 litres / 100 litres
Nbre coussins sécurité / ceintures	6 / 5
Suspension av. / arr.	ind., pneumatique, double triangulation / ind., pneumatique, multibras
Pneus avant / arrière	P295/35R21 / P295/35R21
Poids / Capacité de remorquage	2 350 kg / 3 500 kg (7 710 lb)

Composantes mécaniques

S E-HYBRID

Cylindrée, alim.	V6 3,0 litres surcomp.
Puissance / Couple	333 ch / 325 lb-pi
Tr. base (opt) / Rouage base (opt)	A8 / Int
0-100 / 80-120 / V. max	6,0 s / 3,9 s / 243 km/h (const)
100-0 km/h	44,2 m
Type / ville / route / CO_2	Sup / 11,3 / 9,8 / 4 868 kg/an
Consommation combinée	5,0 Le/100 km

MOTEUR ÉLECTRIQUE

Puissance / Couple	95 ch (70 kW) / 229 lb-pi
Type de batterie	Lithium-ion (Li-ion)
Énergie	10,8 kWh
Temps de charge (120V / 240V)	n.d. / 2,3 h
Autonomie	36 km

TURBO S

Cylindrée, alim.	V8 4,8 litres turbo
Puissance / Couple	570 ch / 590 lb-pi
Tr. base (opt) / Rouage base (opt)	A8 / Int
0-100 / 80-120 / V. max	4,1 s (const) / 2,7 s (const) / 284 km/h (const)
100-0 km/h	36,7 m
Type / ville / route / CO_2	Sup / 16,6 / 11,2 / 6 493 kg/an

BASE, PLATINUM EDITION

V6 3,6 l - 300 ch/295 lb-pi - A8 - 0-100: 7,6 s (const) - 12,9/9,5 l/100 km

S

V6 3,6 l - 420 ch/406 lb-pi - A8 - 0-100: 5,5 s (const) - 13,9/9,7 l/100 km

GTS

V6 3,6 l - 440 ch/443 lb-pi - A8 - 0-100: 5,1 s - 14,4/10,4 l/100 km

Turbo

V8 4,8 l - 520 ch/553 lb-pi - A8 - 0-100: 4,5 s (const) - 16,6/11,2 l/100 km

DU NOUVEAU EN 2018

Pneus de performances d'été installés de série.

Pour voir la liste complète des informations techniques, veuillez vous référer à la section statistiques.

PORSCHE **MACAN**

88% COTE DU GUIDE

(((**SiriusXM**)))

Prix: 54 100 $ à 99 000 $
Catégorie: VUS
Garanties:
4 ans/80 000 km, 4 ans/80 000 km
Transport et prép.: 1 115 $
Ventes QC 2016: 692 unités
Ventes CAN 2016: 2 800 unités
Assemblage: Leipzig DE

Fiabilité	Appréciation générale
■■■■■■■□□□	■■■■■■■□□□
Sécurité	Agrément de conduite
■■■■■■■■□□	■■■■■■■□□□
Consommation	Système multimédia
■■■■□□□□□□	■■■■■■■□□□

Cote d'assurance

▼
$ $$$

Connectivité multimédia

Apple CarPlay

➕ Moteurs bien adaptés • Finition impeccable • Excellente tenue de route • Réglages propres à chaque modèle • Pneus d'été de série

➖ Accessoires coûteux • Places arrière un peu justes • Suspension ferme • Certaines commandes déconcertantes

Concurrents
Audi Q5, BMW X4,
Land Rover Discovery Sport,
Mercedes-Benz GLC

La tradition Porsche à son meilleur

Denis Duquet

Bien que les puristes aient de la difficulté à accepter le fait que Porsche soit devenu un important constructeur de VUS, ils doivent admettre que non seulement ces véhicules sont dans une classe à part, mais qu'ils ont permis — et permettent encore — à la marque allemande d'engranger des profits non négligeables qui servent à développer des voitures sport plus sophistiquées et disponibles dans une plus grande variété de modèles. Peu importe le véhicule, Porsche a toujours été en mesure de répondre aux attentes du marché et, après avoir connu un succès sans conteste avec le Cayenne, il s'est intéressé il y a une couple d'années à une catégorie appelée à connaître une diffusion de plus en plus grande, celle des VUS compacts de luxe.

Comme il est de mise chez Porsche, le catalogue des options contient une multitude de choix qui permettent de mieux adapter votre Macan à vos goûts et vos besoins. Toutefois, il faut sortir sa calculette avant de choisir les accessoires optionnels car ils font rapidement grimper le prix final. Quant à la gamme de prix des modèles 2018, le Macan se détaillera à près de 55 000 $ tandis qu'à l'autre bout du spectre, le Macan Turbo avec l'ensemble Performance frise les 100 000 $.

LA QUALITÉ PRIME
Les avis sont partagés quant à la silhouette du Macan. Elle n'est pas aussi anticonformiste que celle du Cayenne, mais elle se démarque de la concurrence par des lignes arrondies et un capot qui rappelle quelque peu les coupés sport de la marque. Peu importe les opinions, les lignes sont intemporelles et se bonifient au fil des ans, une qualité expliquant le fait que le Macan conserve sa valeur fort longtemps. Il en va ainsi de tous les véhicules Porsche.

La qualité de la fabrication, de l'assemblage et des pièces n'est pas étrangère non plus à la longévité des véhicules de Stuttgart. Cette qualité initiale est à la base de tout modèle Porsche et celle du Macan ne fait pas exception.

D'ailleurs, sa plate-forme est très rigide, ce qui a une influence positive sur le silence de roulement et la tenue de route.

Porsche s'est toujours distinguée par ses planches de bord qui ne suivent pas les règles établies et le Macan respecte cette tradition. Cette fois, ce sont les multiples commandes placées de chaque côté de la console centrale qui surprennent. Cette configuration, qui peut être déroutante de prime abord, se révèle rapidement très conviviale et très pratique. Soulignons au passage l'excellente position de conduite. Si les sièges avant sont confortables tout en offrant un support latéral remarquable, les grandes personnes se sentent quelque peu à l'étroit aux places arrière en raison d'un dégagement pour la tête assez juste.

PLUS SPORTIVE QUE PRATIQUE

Compte tenu de ses dimensions générales et un coffre de 500 litres, une fois les places arrière déployées, le Macan n'est pas nécessairement un VUS que l'on achète pour transporter beaucoup de bagages.

Plus court de 158 mm par rapport au Cayenne et pesant 270 kg de moins, le Macan adopte une conduite plus agile s'apparentant davantage aux voitures sport de la marque. La neutralité en virage est nettement supérieure à la moyenne des VUS et l'on se sent rassuré à son volant. Les performances sont dictées par un choix de moteurs, qui vont du quatre cylindres turbo 2,0 litres de 252 chevaux au V6 biturbo de 3,6 litres produisant 440 chevaux dans le Macan Turbo avec l'ensemble Performance.

D'autre part, les versions S et GTS se partagent le même V6 3,0 litres, le premier déployant 340 chevaux et le second 360 en raison d'une gestion électronique différente du moteur. Quel que soit la version choisie, la boîte de vitesses est une automatique à sept rapports et le rouage est intégral.

Bien entendu, les performances varient en fonction du moteur choisi. Malgré tout, même la version de base et son quatre cylindres autorisent des accélérations assez nerveuses. Il faut préciser que ce moteur n'est pas le même que le 2,0 litres turbo qui officie dans les 718 Boxster et Cayman. Dans leur cas, les quatre cylindres sont à plat alors que pour le Macan, il s'agit d'un moteur à cylindres en ligne. Ses performances sont respectables, mais elles n'ont rien de comparable avec celles de la version Turbo dont les 400 chevaux permettent de boucler le 0-100 km/h en moins de cinq secondes.

Toujours au chapitre des performances, tous les Macan seront vendus avec des pneus d'été et non pas des quatre saisons, un élément supplémentaire pour augmenter l'agrément de conduite et rendre cet utilitaire Porsche encore plus désirable.

PORSCHE MACAN

Données principales

Emp. / lon. / lar. / haut.	2 807 / 4 699 / 1970 / 1609 mm
Coffre / réservoir	500 à 1500 litres / 75 litres
Nbre coussins sécurité / ceintures	6 / 5
Suspension av. / arr.	ind., double triangulation / ind., multibras
Pneus avant / arrière	P235/55R19 / P255/50R19
Poids / Capacité de remorquage	1925 kg / 2 400 kg (5 290 lb)

Composantes mécaniques

S

Cylindrée, alim.	V6 3,0 litres turbo
Puissance / Couple	340 ch / 339 lb-pi
Tr. base (opt) / Rouage base (opt)	A7 / Int
0-100 / 80-120 / V. max	5,2 s / 4,6 s / 254 km/h (const)
100-0 km/h	38,1 m
Type / ville / route / CO₂	Sup / 13,7 / 10,3 / 5 698 kg/an

GTS

Cylindrée, alim.	V6 3,0 litres turbo
Puissance / Couple	360 ch / 369 lb-pi
Tr. base (opt) / Rouage base (opt)	A7 / Int
0-100 / 80-120 / V. max	5,2 s (const) / 3,4 s (const) / 256 km/h (const)
100-0 km/h	n.d.
Type / ville / route / CO₂	Sup / 13,8 / 10,3 / 5 624 kg/an

TURBO

Cylindrée, alim.	V6 3,6 litres turbo
Puissance / Couple	400 ch / 406 lb-pi
Tr. base (opt) / Rouage base (opt)	A7 / Int
0-100 / 80-120 / V. max	4,8 s (const) / 3,1 s (const) / 266 km/h (const)
100-0 km/h	n.d.
Type / ville / route / CO₂	Sup / 14,2 / 10,1 / 5 683 kg/an

TURBO PERFORMANCE

Cylindrée, alim.	V6 3,6 litres turbo
Puissance / Couple	440 ch / 442 lb-pi
Tr. base (opt) / Rouage base (opt)	A7 / Int
0-100 / 80-120 / V. max	4,4 s (const) / n.d. / 272 km/h (const)
100-0 km/h	n.d.
Type / ville / route / CO₂	Sup / 14,1 / 10,1 / 5 683 kg/an (set)

BASE

4L 2,0 l - 252 ch/273 lb-pi - A7 - 0-100: 6,7 s (const) - 11,6/9,3 l/100 km

DU NOUVEAU EN 2018

Système de gestion PCM avec navigation de série, pneus d'été de série.

Photos : Marc Lachapelle

Pour voir la liste complète des informations techniques, veuillez vous référer à la section statistiques.

PORSCHE | 565

PORSCHE **PANAMERA**

83% COTE DU GUIDE

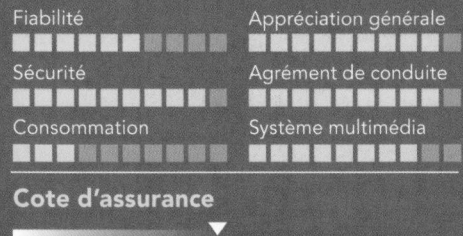

Prix: 97 300 $ à 221 700 $
Catégorie: Hatchback, familiale
Garanties:
4 ans/80 000 km, 4 ans/80 000 km
Transport et prép.: 1 200 $
Ventes QC 2016: 49 unités
Ventes CAN 2016: 300 unités
Assemblage: Leipzig DE

Fiabilité ■■■■■□□□□□
Appréciation générale ■■■■■■■■□□
Sécurité ■■■■■■■□□□
Agrément de conduite ■■■■■■■■□□
Consommation ■■■■□□□□□□
Système multimédia ■■■■■■■■□□

Cote d'assurance

$ ▽ $ $ $

Connectivité multimédia

Apple CarPlay

➕ Motorisations performantes •
Style réussi • Boîte à double embrayage
de série • Excellente tenue de route •
Design moderne de la planche de bord

➖ Prix très élevé • Coût des options •
Poids élevé (4 E-Hybrid) • Dynamique
perfectible (4 E-Hybrid) • Système
multimédia exige apprentissage

Concurrents
Aston Martin Rapide, Audi A8,
Bentley Flying Spur, BMW Série 7,
Jaguar XJ, Lexus LS,
Mercedes-Benz Classe S, Volvo S80

Nouveau départ

Gabriel Gélinas

L ancée l'an dernier, la Panamera de deuxième génération a fait l'objet d'une refonte en profondeur. Élaborée sur la nouvelle plate-forme MSB développée par le groupe Volkswagen (dont Porsche en fait partie), la Pan-am (le surnom de la Panamera!) conjugue toujours sport et polyvalence de belle façon, mais affiche maintenant un look aux proportions nettement mieux réussies.

Plus élancée, plus athlétique, l'actuelle Panamera reprend à son compte les codes stylistiques de la marque et assure une filiation directe avec la mythique 911 Carrera. Après les modèles 4S et Turbo, deux nouvelles variantes à motorisation hybride rechargeable, millésime 2018, se sont ajoutées à la gamme. Porsche a également choisi le dernier Salon de l'auto de Genève pour lancer la Panamera Sport Turismo à vocation plus familiale.

PERFORMANCE ET EFFICIENCE
Avec la Panamera 4 E-Hybrid, Porsche poursuit le développement de sa filière hybride en exploitant les percées technologiques réalisées avec la 918 Spyder. Au démarrage, la Panamera hybride priorise les électrons et sa batterie de 14,1 kWh lui confère un rayon d'action de 50 kilomètres en mode électrique. Avec la sélection du mode Auto-Hybrid, la voiture décide elle-même du type de motorisation selon le style de conduite adopté.

Malgré son poids de 2 170 kilos (2 250 pour la livrée Executive à empattement allongé), la Panamera 4 E-Hybrid éclipse le 0-100 km/h en 4,6 secondes grâce à la puissance combinée du V6 biturbo et du moteur électrique. Même si la Panamera 4 E-Hybrid est dotée de série de l'ensemble Sport Chrono Plus, qui permet de paramétrer son comportement, et de suspensions pneumatiques redoutablement efficaces, son poids très élevé pénalise la dynamique en virage.

C'est lors du freinage que l'on découvre le véritable talon d'Achille de la Pan-am 4 E-Hybrid, équipée à la fois du freinage régénératif permettant de recharger la batterie à chaque décélération et de freins mécaniques. Lorsque l'on freine fort en conduite sportive, les deux systèmes fonctionnent de concert et la décélération est rapide. Jusqu'ici, tout va bien. C'est plutôt en ville que ça se complique. En freinage à faible intensité, le système régénératif assure une décélération linéaire. Cependant, dès que la vitesse chute sous les 15 km/h, les freins mécaniques prennent le relais et la décélération devient juste un peu plus intense. Le résultat, c'est qu'il est très difficile d'immobiliser la voiture en souplesse et en douceur, ce qui est regrettable puisqu'il s'agit d'une voiture de luxe.

Malgré cet impair, la Panamera 4 E-Hybrid dispose d'un indéniable atout pour le Québec. Comme il s'agit d'une hybride rechargeable, elle est immatriculée avec une plaque « verte » qui donne accès à certaines voies réservées au covoiturage, même si le conducteur est seul à bord, ainsi qu'à des cases de stationnement gratuit réservées pour la recharge de véhicules électriques. L'autre Pan-Am hybride est la Turbo S E-Hybrid qui est animée par un V8 biturbo de 4,0 litres, jumelé au moteur électrique, qui ne développe rien de moins qu'une puissance et un couple combiné de 680 chevaux et de 626 livres-pied pour un 0-100 km/h annoncé en 3,4 secondes...

Présagé par un concept dévoilé au Mondial de l'automobile de Paris en 2012, le nouveau modèle Sport Turismo s'ajoute à la gamme Panamera pour 2018 avec sa configuration de type familiale, sa garde au sol surélevée, et sa banquette arrière qui offre trois places plutôt que les deux places de la berline. Quatre déclinaisons sont proposées comprenant la version 4 E-Hybrid et la très performante Turbo de 550 chevaux.

UNE GAMME COMPLÈTE

Tous les autres déclinaisons de la gamme Panamera sont également dotés de série du rouage intégral, à l'exception de la version de base qui est une simple propulsion animée par un V6 de 330 chevaux. Les 4S et Turbo sont plus en phase avec la philosophie de performance de la marque, mais la Turbo est un bolide dont la puissance est difficilement exploitable dans notre contexte nord-américain. Plus équilibrée, la 4S représente le meilleur choix pour assurer la synthèse entre dynamique et confort. Comme c'est toujours le cas chez Porsche, les tarifs exigés pour l'ajout d'options viennent rapidement gonfler la facture et le prix des versions pleinement équipées peut vite devenir stratosphérique.

Peu importe la déclinaison choisie, l'acheteur devra aussi prendre un certain temps pour apprivoiser la nouvelle interface inaugurée sur la Panamera. Exit la myriade de boutons du modèle antérieur, ils ont été remplacés par des commandes tactiles et de superbes écrans couleur avec menus déroulants.

Le style est réussi, les performances sont au rendez-vous, mais les tarifs exigés pour accéder à ce club sélect frisent parfois l'indécence.

Données principales

Emp. / lon. / lar. / haut.	**Hatchback** - 3100 / 5199 / 1937 / 1423 mm
	Familiale - 2 950 / 5 049 / 1937 / 1428 mm
Coffre / réservoir	**Hatchback** - 405 à 1483 litres / 90 litres
	Familiale - 520 à 1390 litres / 90 litres
Nbre coussins sécurité / ceintures	8 / 4
Suspension av. / arr.	ind., pneumatique, double triangulation / ind., pneumatique, multibras
Pneus avant / arrière	P265/45ZR19 / P295/40ZR19
Poids / Capacité de remorquage	**Hatchback** - 2 310 kg / n.d.
	Familiale - 2 035 kg / n.d.

Composantes mécaniques

4 E-HYBRID, 4 E-HYBRID EXECUTIVE

V6 2,9 l - 330 ch/331 lb-pi - A8 - 0-100: 4,7 s (const) - 10,4/8,0 l/100 km

Consommation combinée	4,6 Le/100 km

MOTEUR ÉLECTRIQUE

Puissance / Couple	136 ch (101 kW) / 295 lb-pi
Type de batterie	Lithium-ion (Li-ion)
Énergie	14,1 kWh
Temps de charge (120V / 240V)	n.d. / n.d.
Autonomie	50 km

TURBO S E-HYBRID

V8 4,0 l - 550 ch/567 lb-pi - A8 - 0-100: 3,4 s (const) - n.d./n.d. l/100 km

Consommation combinée	5,8 Le/100 km

MOTEUR ÉLECTRIQUE

Puissance / Couple	136 ch (101 kW) / 295 lb-pi
Type de batterie	n.d.
Énergie	14,0 kWh
Temps de charge (120V / 240V)	n.d. / n.d.
Autonomie	n.d.

TURBO

Cylindrée, alim.	V8 4,0 litres turbo
Puissance / Couple	550 ch / 567 lb-pi
Tr. base (opt) / Rouage base (opt)	A8 / Int
0-100 / 80-120 / V. max	3,9 s (const) / n.d. / 306 km/h (const)
100-0 km/h	n.d.
Type / ville / route / CO₂	Sup / 12,9 / 9,2 / 5 260 kg/an

4, 4 EXECUTIVE, 4 SPORT TURISMO, BASE

V6 3,0 l - 330 ch/331 lb-pi - A8 - 0-100: 5,5 s (const) - 12,0/8,0 l/100 km

4S, 4S EXECUTIVE, 4S SPORT TURISMO

V6 2,9 l - 440 ch/405 lb-pi - A8 - 0-100: 4,4 s (const) - 12,5/8,3 l/100 km

DU NOUVEAU EN 2018

Aucun changement majeur au moment de mettre sous presse. Nouvelles livrées 4 E-Hybrid ajoutées à la gamme.

Pour voir la liste complète des informations techniques, veuillez vous référer à la section statistiques.

PORSCHE | 567

RAM **1500 / 2500 / 3500**

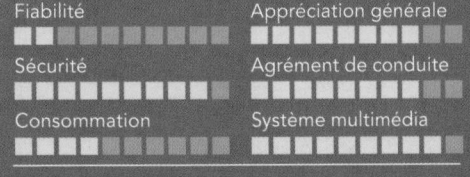

75 % COTE DU GUIDE

Prix : 31 395 $ à 77 490 $ (2017)
Catégorie : Camionnette
Garanties :
3 ans/60 000 km, 5 ans/100 000 km
Transport et prép. : 1 895 $
Ventes QC 2016 : 14 107 unités
Ventes CAN 2016 : 89 666 unités
Assemblage : Warren MI US, Saltillo MX

Fiabilité	Appréciation générale
Sécurité	Agrément de conduite
Consommation	Système multimédia

Cote d'assurance

$ $ $ $

Connectivité multimédia

Aucune

➕ Suspension pneumatique
améliore le confort • Tenue de route
convaincante • Bonne valeur de revente •
Capacités intéressantes

➖ Certaines options onéreuses •
Fiabilité à améliorer •
Moteur 5,7 énergivore •
Suspension de base ordinaire

Concurrents
Chevrolet Silverado 1500 / HD,
Ford Série F, GMC Sierra 1500 / HD,
Nissan Titan / XD, Toyota Tundra

De l'économie à l'opulence

Marc-André Gauthier

Quand on regarde les camionnettes japonaises, on ne peut qu'admirer la simplicité de l'offre. Un ou deux moteurs, quelques configurations de cabines et de boîtes, et c'est tout. Par-dessus le marché, vous avez les véhicules parmi les plus fiables du segment ! Toutefois, nous ne sommes pas ici pour parler de ces camionnettes, mais plutôt de la toute américaine gamme Ram.

Le Ram 1500 est l'un des véhicules les plus vendus en Amérique du Nord. Il fait partie de la Sainte Trinité des fourgonnettes américaines, avec le Ford F-150 et les Chevrolet Silverado / GMC Sierra. Ainsi, pour arriver à rejoindre le plus de consommateurs possible, il faut une offre abondante et originale. C'est justement là-dessus que joue Ram. Le *pick-up* 1500 est disponible en plusieurs versions, allant de l'« écologique » à celles mues par des V8.

UN RAM 1500 À VOTRE GOÛT
Pour le Ram 1500, on a le choix entre trois types de cabines ; soit simple, qui ne contient que deux ou trois places ; Quad, qui comprend une petite banquette à l'arrière ; et Crew, qui est un véritable palace offrant beaucoup d'espace, tant aux passagers avant qu'à ceux en arrière. Quoi qu'il en soit, peu importe l'habitat, le Ram est confortable ! Tout est placé logiquement, les commandes sont facilement accessibles. Si les versions de base arborent trop de plastique au goût de certains, dites-vous que les versions plus dispendieuses sont magnifiques, garnies de cuir de grande qualité et de boiseries.

Au centre de la planche de bord, on retrouve un grand écran multimédia de 3, 5 ou 8,4 pouces selon la version, affichant le système Uconnect de FCA, la référence incontestée en la matière. Non seulement il permet de régler la radio et contrôler la température des sièges, entre autres, il intègre Apple CarPlay et Android Auto et s'avère un charme à manipuler.

Trois longueurs de boîte sont proposées, 5 pi 7 po, 6 pi 4 po et 8 pieds. Notez que cette dernière n'est proposée qu'avec la cabine simple. Ces boîtes peuvent d'ailleurs être agrémentées de compartiments de rangement franchement pratiques appelés « RamBox ». Une option à considérer !

Après les boîtes, parlons des moteurs. Dans le cas du Ram 1500, on se retrouve devant trois choix, tous accouplés à une bonne boîte automatique à huit ou à six rapports. Il y a un V6 de 3,6 litres de 305 chevaux, capable de remorquer jusqu'à 7 600 livres (3 447 kg) (toutes les capacités de remorquages données dans cet article le sont avec l'équipement approprié), et un V8 HEMI de 5,7 litres de 395 chevaux, pouvant remorquer jusqu'à 10 420 livres (4 726 kg). Disparu en 2017 parce qu'il ne répondait pas aux normes environnementales, le V6 EcoDiesel pourrait, semble-t-il, revenir en 2018. Ce V6 de 3,0 litres pouvait (et pourra peut-être encore !) remorquer jusqu'à 9 210 livres (4 178 kg) et, au quotidien, il offre une consommation sur route de moins de 9 L/100 km, selon les données de Ram.

De tous les *pick-ups* de cette catégorie, le Ram est sans doute le plus intéressant à conduire, surtout si on l'équipe de la suspension pneumatique. Une option coûteuse, mais que vous ne regretterez pas. Pour ceux qui rêvent d'aventure, on vous propose une livrée Rebel. Grâce aux nombreuses améliorations liées aux suspensions et au châssis, elle vous permettra de vous aventurer sur les sentiers hors route avec style.

IL Y A LES 2500 ET 3500 AUSSI

Si le Ram 1500 en offre pour tous les goûts, ceux qui ont besoin de meilleures capacités peuvent se tourner vers des camionnettes des catégories 2500 et 3500. Le Ram 2500, disponible avec une boîte de 6 pi 4 po ou de 8 pieds, compte sur plusieurs moteurs pour faire le travail, passant par les V8 de 5,7 et de 6,4 litres, en plus du six cylindres diesel Cummins de 6,7 litres, doté d'un couple de 660 livres-pied (boîte manuelle) ou 800 livres-pied (automatique). Ainsi, vous pourrez remorquer, avec votre 2500, de 9 980 à 17 980 livres (4 527 et 8 156 kilos respectivement), selon la version choisie. Et que dire du Ram 2500 Power Wagon, une véritable machine à affronter les sentiers hors route, avec des différentiels dignes de Range Rover ! Le Ram 3500, de son côté, est disponible avec les V8 de 5,7 et de 6,4 litres, et trois versions du diesel Cummins de 6,7 litres, avec un couple variant entre 660 livres-pied à plus de 900 ! Ainsi, et selon l'équipement, c'est jusqu'à 31 210 livres (14 157 kg) qu'il sera possible de remorquer !

Qu'importent vos besoins, Ram a un produit pour vous, que vous vouliez une camionnette chromée avec un V6 économique, ou encore un gros monstre capable de traîner une maison.

RAM 1500 / 2500 / 3500

Données principales

Emp. / lon. / lar. / haut.	3797 / 6043 / 2018 / 1889 mm
Boîte / réservoir	1712 à 2497 mm / 121 litres
Nbre coussins sécurité / ceintures	6 / 6
Suspension av. / arr.	ind., bras inégaux / essieu rigide, multibras
Pneus avant / arrière	P275/60R20 / P275/60R20
Poids / Capacité de remorquage	2 568 kg / 4 459 kg (9 820 lb)

Composantes mécaniques

V6 3,0 LITRES

Cylindrée, alim.	V6 3,0 litres turbo
Puissance / Couple	240 ch / 420 lb-pi
Tr. base (opt) / Rouage base (opt)	A8 / Prop (4x4)
0-100 / 80-120 / V. max	7,4 s (est) / n.d. / n.d.
100-0 km/h	n.d.
Type / ville / route / CO$_2$	Dié / 11,6 / 8,4 / 5486 kg/an

V6 3,6 LITRES

Cylindrée, alim.	V6 3,6 litres atmos.
Puissance / Couple	305 ch / 269 lb-pi
Tr. base (opt) / Rouage base (opt)	A8 / Prop (4x4)
0-100 / 80-120 / V. max	n.d. / n.d. / n.d.
100-0 km/h	n.d.
Type / ville / route / CO$_2$	Ord / 13,9 / 9,6 / 5780 kg/an

V8 5,7 LITRES

Cylindrée, alim.	V8 5,7 litres atmos.
Puissance / Couple	395 ch / 410 lb-pi
Tr. base (opt) / Rouage base (opt)	A8 (A6) / Prop (4x4)
0-100 / 80-120 / V. max	n.d. / n.d. / n.d.
100-0 km/h	n.d.
Type / ville / route / CO$_2$	Ord / 15,7 / 11,0 / 6249 kg/an

DU NOUVEAU EN 2018

Nouvelle grille de calandre (1500 et HD), quelques changements dans les couleurs et les groupes d'option. Ajout de l'édition Limited Tungsten

Photos : Ram

RAM **PROMASTER CITY**

66 % COTE DU GUIDE

((SiriusXM))

Prix : 30 495 $ à 32 495 $ (2017)
Catégorie : Fourgonnette
Garanties :
3 ans/60 000 km, 5 ans/100 000 km
Transport et prép. : 1 895 $
Ventes QC 2016 : 304 unités
Ventes CAN 2016 : 1 819 unités
Assemblage : Baltimore MD US

Fiabilité	Appréciation générale
n.d.	■■■■■■□□□□
Sécurité	Agrément de conduite
■■■■■■□□□□	■■■■■□□□□□
Consommation	Système multimédia
■■■■■■■□□□	■■■□□□□□□□

Cote d'assurance

n.d.

Connectivité multimédia

Aucune

➕ Format pratique en milieu urbain •
Construction solide • Bons phares •
Sièges étonnamment confortables •
Rayon de braquage très court

➖ Style discutable • Moteur peu motivé
(même allège !) • Vocation familiale ténue •
Fiabilité inconnue • Aucun rouage
intégral proposé

Concurrents
Ford Transit Connect

Un peu d'Italie sur les chantiers de construction

Alain Morin

L'Italie a souvent donné à la planète les plus belles créations automobiles. Ferrari, Lamborghini, Alfa Romeo, pour ne nommer que celles-ci, ont, depuis leurs débuts, établi de nouveaux barèmes esthétiques. L'Italie nous a aussi donné la Fiat 500 L et le Ram ProMaster City... On ne peut pas être génial à tout coup.

Surpris de retrouver un véhicule utilitaire, un Ram, symbole de virilité américaine, sortir de la raffinée Italie ? C'est que depuis que Chrysler a été acheté par Fiat en 2014 (pour former FCA – Fiat Chrysler Automobiles), quelques modèles américains sont distribués en Europe et, à l'inverse, des modèles européens débarquent en Amérique. Comme le Fiat Doblo, baptisé ici Ram ProMaster City.

Faute d'espace, *Le Guide de l'auto* ne traite pas des véhicules purement utilitaires comme le Ram ProMaster, le grand frère du City. Toutefois, comme le ProMaster City possède une banquette à l'arrière, il nous fait plaisir de vous le présenter. Vous avez du matériel à déplacer ? Le ProMaster City ne donne pas sa place. Imaginez un vide de 2 880 litres — la version sans banquette (Cargo) peut engloutir jusqu'à 3 729 litres. C'est certes moins que le coffre d'une Dodge Grand Caravan, mais de visu on ne dirait pas. Le plancher est bas et parfaitement plat et les côtés sont dénudés, alors il faudra songer à faire faire des boîtes ou des tablettes sur mesure pour transporter votre matériel. En passant, nous ne voyons absolument pas pourquoi quelqu'un achèterait un tel véhicule s'il n'a pas une entreprise. Et encore, il est préférable qu'elle soit en milieu urbain !

ALLEZ, AU TRAVAIL !
Les portes arrière asymétriques ouvrent à 90 ou à 180 degrés sur un coffre avantagé par une ligne de toit très carrée, qui autorise le chargement de boîtes jusqu'au plafond sans perdre de précieux litres. Tout dans le ProMaster City respire le camion de travail. Les plastiques de l'habitacle sont durs, mais ils ne s'égratignent pas facilement. Cette année, la caméra

de recul, auparavant optionnelle, est offerte de série, voilà une sage décision étant donné que les manœuvres de recul, avec ce congélateur sur roues, sont toujours périlleuses, malgré des rétroviseurs de bonnes dimensions. Par contre, une fois la nuit venue, sa clarté est déficiente. Les espaces de rangement sont nombreux et pensés pour être utilisés par des ouvriers.

Comme ce véhicule est appelé à être conduit par des gens au physique pas toujours délicat durant de nombreuses heures quotidiennement, les sièges sont fabriqués en conséquence. Ils ne paient peut-être pas de mine et ils sont durs, mais ils s'avèrent étonnamment confortables. La banquette arrière est du même moule et satisfera des employés trop heureux d'avoir un transport gratuit plutôt que d'utiliser leur propre véhicule pour se rendre sur le chantier de construction.

UNE CATÉGORIE ÉMERGENTE

Avec le Ford Transit Connect, le Mercedes-Benz Metris et le Nissan NV, la fourgonnette est entrée dans une nouvelle ère, celle des véhicules commerciaux... sous-motorisés. Dans le ProMaster City, on retrouve un quatre cylindres de 2,4 litres développant 178 chevaux. Ce n'est pas le pactole, d'autant plus que le véhicule pèse près de 1 700 kilos, allège. Imaginez avec des matériaux de construction ou des outils dans la boîte! En passant, ladite boîte, version passagers, peut transporter jusqu'à 1 760 livres (798 kilos) et remorquer jusqu'à 1 967 livres (892 kilos). Une feuille de 4x8 entre à plat entre les puits de roues, mais les portes arrière doivent demeurer ouvertes.

La boîte automatique à neuf rapports entraîne les roues avant, et même si elle n'est pas parfaite, elle semble mieux programmée ici que dans certains autres produits FCA. Cet ensemble motopropulseur est responsable d'une consommation d'environ 10 l/100 km, sans charge. Cette moyenne, obtenue après une semaine d'essai, se veut assez fidèle à ce qu'annonce Ram (11,2 l/100 km en ville et 8,1 sur la route).

La conduite de cette boîte vide n'inspire évidemment aucune passion. Comme s'il fallait avoir du plaisir entre deux clients! Le centre de gravité élevé et la suspension plutôt flasque entraînent un roulis considérable dès qu'on pousse le moindrement en courbes. De leur côté, les flancs droits sont une véritable invitation aux bourrasques latérales, ce qui demande de fréquentes corrections du volant. Parlant du volant, la direction est légère et plus ou moins précise.

Comme nous le disions plus haut, une nouvelle catégorie de véhicules commerciaux urbains est en train d'émerger et le Ram ProMaster City en est un bel exemple (vous pouvez enlever l'adjectif bel si vous le désirez...)

Données principales

Emp. / lon. / lar. / haut.	3109 / 4740 / 1831 / 1880 mm
Coffre / réservoir	2 880 à 3 729 litres / 61 litres
Nbre coussins sécurité / ceintures	6 / 5
Suspension av. / arr.	ind., jambes force / ind., multibras
Pneus avant / arrière	P215/55R16 / P215/55R16
Poids / Capacité de remorquage	1 680 kg / 907 kg (2 000 lb)

Composantes mécaniques

Cylindrée, alim.	4L 2,4 litres atmos.
Puissance / Couple	178 ch / 174 lb·pi
Tr. base (opt) / Rouage base (opt)	A9 / Tr
0-100 / 80-120 / V. max	11,0 s / 9,1 s / n.d.
100-0 km/h	n.d.
Type / ville / route / CO$_2$	Ord / 11,2 / 8,1 / 4 510 kg/an

TOUT DANS LE PROMASTER CITY RESPIRE LE CAMION DE TRAVAIL, NOTAMMENT LES PLASTIQUES DE L'HABITACLE QUI SONT DURS, MAIS QUI NE S'ÉGRATIGNENT PAS FACILEMENT.

DU NOUVEAU EN 2018

Aucun changement majeur au moment de mettre sous presse. Caméra de recul maintenant de série.

Pour voir la liste complète des informations techniques, veuillez vous référer à la section statistiques.

ROLLS-ROYCE WRAITH

ROLLS-ROYCE **GHOST/WRAITH/DAWN** | **65**% COTE DU GUIDE

 (((SiriusXM)))

Prix: 348 635 $ à 440 000 $ (2017) (est.)
Catégorie: Berline, Cabriolet, Coupé
Garanties: 4 ans/illimité, 4 ans/illimité
Transport et prép.: 11 147 $
Ventes QC 2016: n.d.
Ventes CAN 2016: n.d.
Assemblage: Goodwood GB

Fiabilité
n.d.

Appréciation générale
■■■■■■■■□□

Sécurité
■■■■■■■■□□

Agrément de conduite
■■■■■■■■□□

Consommation
■■■□□□□□□□

Système multimédia
■■■■■■■■□□

Cote d'assurance

n.d.

Connectivité multimédia

Aucune

➕ Personnalisation extrême •
Groupe motopropulseur performant •
Confort souverain • Exclusivité assurée

➖ Prix stratosphérique •
Consommation très élevée •
Poids très élevé • Gabarit imposant

Concurrents

Ghost : Mercedez-Benz Classe S,
Bentley Flying Spur
Dawn : Mercedes-Benz Classe S Cabriolet,
Bentley Continental Cabriolet
Wraith : Bentley Continental GT,
Mercedes-Benz Classe S Coupé

L'opulence sur quatre roues

Gabriel Gélinas

Rien n'est impossible. Lorsqu'un richissime client a voulu créer une Ghost avec une peinture unique n'incorporant rien de moins que des diamants, la célèbre marque anglaise s'est mise au travail pour concevoir la Ghost Elegance. Une équipe de spécialistes a pris près de deux mois pour mettre au point la peinture Diamond Stardust composée, entre autres, de mille diamants broyés en poudre et ajoutés à une peinture. Cette dernière a été appliquée sur la partie supérieure de la carrosserie pour ensuite être recouverte d'une laque, afin de la rendre lisse au toucher. Bienvenue dans l'univers de tous les excès, là où la personnalisation ne connaît pas de limites.

J'ai pu admirer l'effet frappant de la Ghost Elegance au Salon de l'Auto de Genève, mais je ne l'ai pas conduite. J'ai pu toutefois me rabattre sur l'essai d'une Wraith conventionnelle, dont le prix était tout de même de 462 000 dollars. Le trio composé des Ghost, Wraith et Dawn partage la même plate-forme et le même V12 biturbo de 6,6 litres qui développe 563 chevaux sous le capot de la berline Ghost et du cabriolet Dawn, 593 dans la Dawn Black Badge, 603 dans la Ghost Black Badge, mais 624 chevaux dans le cas du coupé Wraith, dont le caractère est plus typé.

UN GABARIT HORS NORMES

Ce coupé à quatre places, qui fait dix-sept pieds en longueur et qui pèse plus de deux tonnes et demie, ne ressemble à aucune autre voiture sur la route. Sa silhouette inédite est le résultat d'une démarche qui conjugue le style typique de la marque, la calandre massive surplombée de la fameuse *Spirit of Ecstasy*, et un toit fuyant vers l'arrière qui évoque la sportivité. Comme sur tous les autres modèles de la marque, les insignes au centre des roues conservent toujours la position permettant de voir les lettres « RR » bien à la verticale lorsque le véhicule est en mouvement et à l'arrêt.

Les très longues portières sont à ouverture inversée, et l'on remarque que la Wraith est aussi attentionnée que les autres Rolls-Royce en s'apercevant que deux parapluies sont dissimulés dans les ailes avant en cas de besoin. Une fois monté à bord, il suffit d'appuyer sur un bouton, localisé à la base du pilier du pare-brise, pour commander la fermeture automatique des portières, hors d'atteinte pour le conducteur et le passager avant. Notre modèle d'essai était équipé en option d'un pavillon de toit constellé de mille diodes électroluminescentes imitant un ciel étoilé la nuit. Une belle touche.

La présentation de la planche de bord évoque un métissage entre le classique et le moderne. Ainsi, les commandes de chauffage/climatisation, particulières à la marque anglaise, sont composées de gros boutons rotatifs et l'ajustement de la température se fait avec quatre molettes. La concession à la modernité prend la forme d'une version du système de télématique iDrive de BMW, dont le graphisme a été adapté au style de la marque anglaise.

UN V12 BITURBO SIGNÉ BMW

En accélération franche, le V12 biturbo signé BMW livre une force d'accélération aussi linéaire que continue. Ce n'est qu'en consultant l'indicateur de vitesse qu'on s'aperçoit que l'on dépasse largement les limites permises, puisqu'un calme souverain règne à bord. Malgré son gabarit hors normes et son poids de près de deux tonnes et demie métriques, la Wraith atteint la barre des 100 km/h aussi rapidement qu'une Porsche Boxster, ce qui est absolument remarquable. La consommation l'est nettement moins, puisque la moyenne est de 17 l/100 km, soit une consommation supérieure à celle d'un très gros VUS.

Au volant de la Wraith, on constate l'efficacité de la boîte automatique à huit rapports qui est en lien avec le système de navigation de la voiture et qui tient compte de la topographie de la route sur laquelle on circule. À l'approche d'une enfilade de virages, la boîte de vitesses rétrograde automatiquement pour préparer la voiture à réaccélérer sur la prochaine ligne droite. Le confort est exceptionnel grâce à la suspension pneumatique, qui nous donne l'impression de flotter littéralement sur un nuage, et le silence de roulement est absolument remarquable.

La berline Ghost, le coupé Wraith et le cabriolet Dawn sont des voitures qui confèrent une exclusivité indéniable à l'acheteur puisque le concessionnaire montréalais de la marque ne vend que vingt-sept Rolls-Royce par année, tous modèles confondus. Conduire une telle voiture, dans un silence presque irréel, en fait une expérience hors du commun. Pour répondre à la demande de clients plus jeunes et branchés, la marque anglaise a aussi créé les variantes Black Badge au look sinistre, lesquelles sont animées par une version plus performante du V12 biturbo. C'est aussi la première fois que la *Spirit of Ecstasy* s'habille en noir sur une Rolls. Lord Vader, votre voiture est avancée...

Données principales		
Emp. / lon. / lar. / haut.	**Wraith** -	3 112 / 5 281 / 1 947 / 1 507 mm
	Ghost LWB -	3 465 / 5 569 / 1 948 / 1 550 mm
	Dawn -	3 112 / 5 285 / 1 947 / 1 502 mm
Coffre / réservoir	**Wraith** -	470 litres / 83 litres
	Ghost LWB -	490 litres / 82 litres
	Dawn -	244 litres / n.d.
Nbre coussins sécurité / ceintures		8 / 4
Suspension av. / arr.		ind., pneumatique, double triangulation / ind., pneumatique, multibras
Pneus avant / arrière		P255/45R20 / P285/40R20
Poids / Capacité de remorquage	**Wraith** -	2 440 kg / n.d.
	Ghost LWB -	2 570 kg / n.d.
	Dawn -	2 560 kg / n.d.

Composantes mécaniques	
DAWN	
Cylindrée, alim.	V12 6,6 litres turbo
Puissance / Couple	563 ch / 575 lb-pi
Puissance / Couple (Black Badge)	593 ch / 620 lb-pi
Tr. base (opt) / Rouage base (opt)	A8 / Prop
0-100 / 80-120 / V. max	5,3 s / 4,3 s / 250 km/h (const)
100-0 km/h	37,0 m
Type / ville / route / CO_2	Sup / 22,1 / 10,0 l/100 km / 7661 (est) kg/an
GHOST	
Cylindrée, alim.	V12 6,6 litres turbo
Puissance / Couple (SWB et LWB)	563 ch / 575 lb-pi
Puissance / Couple (Black Badge)	603 ch / 620 lb-pi
Tr. base (opt) / Rouage base (opt)	A8 / Prop
0-100 / 80-120 / V. max (SWB)	5,3 s (est) / n.d. / 250 km/h (const)
0-100 / 80-120 / V. max (LWB)	5,5 s (est) / n.d. / 250 km/h (const)
100-0 km/h	n.d.
Type / ville / route / CO_2 (SWB)	Sup / 17,1 / 10,5 l/100 km / 6540 kg/an (est)
Type / ville / route / CO_2 (LWB)	Sup / 17,3 / 10,5 l/100 km / 6540 kg/an (est)
WRAITH	
Cylindrée, alim.	V12 6,6 litres turbo
Puissance / Couple	624 ch / 642 lb-pi
Tr. base (opt) / Rouage base (opt)	A8 / Prop
0-100 / 80-120 / V. max	5,2 s / 2,7 s / 250 km/h
100-0 km/h	42,1 m
Type / ville / route / CO_2	Sup / 19,0 / 12,5 / 7395 kg/an

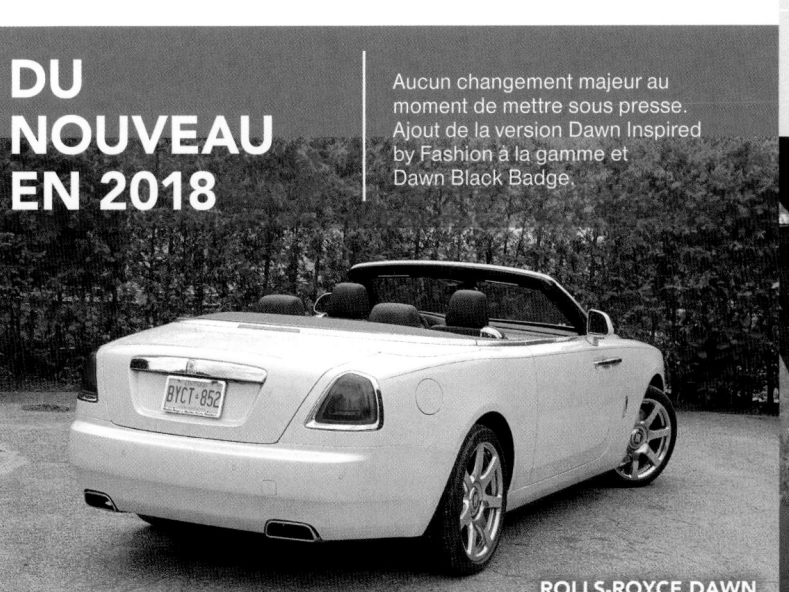

DU NOUVEAU EN 2018

Aucun changement majeur au moment de mettre sous presse. Ajout de la version Dawn Inspired by Fashion à la gamme et Dawn Black Badge.

ROLLS-ROYCE DAWN

ROLLS-ROYCE WRAITH

Pour voir la liste complète des informations techniques, veuillez vous référer à la section statistiques.

smart SMART **FORTWO**

Prix : 25 000 $ à 29 000 $ (2017) (estimé)
Catégorie : Cabriolet, Hatchback
Garanties :
4 ans/80 000 km, 4 ans/80 000 km
Transport et prép. : 817 $
Ventes QC 2016 : 106 unités
Ventes CAN 2016 : 1 875 unités
Assemblage : Hambach FR

Fiabilité	Appréciation générale
■■■■■□□□□□	■■■■■□□□□□

Sécurité	Agrément de conduite
■■■■■□□□□□	■■■■■■□□□□

Consommation	Système multimédia
■■■■■■■□□□	■■■■■□□□□□

Cote d'assurance

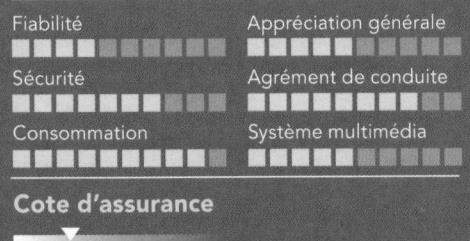

$ $ $ $

Connectivité multimédia

Aucune

➕ Feux verts • Style inimitable •
Vocation électrique naturelle •
Rayon de braquage très court •
Tenue de route amusante

➖ Autonomie semble moins élevée
que promise • Performances ordinaires •
Coffre peu logeable •
Version forfour pas offerte ici

Concurrents
BMW i3, Chevrolet Bolt EV, Ford Focus
Electric, Kia Soul EV, Nissan LEAF,
Volkswagen e-Golf

Les ions ont gagné

Alain Morin

L'histoire se passe alors que j'amène une smart à la maison pour la première fois. Nous sommes en 2005 ou 2006. Un passant arrête devant mon entrée de cour, médusé par autant de petitesse, et demande à ma fille, trop jeune pour s'embarrasser de détails techniques, s'il s'agit d'une électrique. « Non, c'est une smart. » « Je veux dire, c'est un moteur électrique... » « Non, c'est un moteur arrière. » Ah, ces perles d'enfant...

À ce moment, le moteur était un diesel (et il était, effectivement, à l'arrière). En 2008, la diminutive voiture était redessinée et passait à un moteur à essence. Puis, en 2015, le temps ayant fait son œuvre, une smart entièrement revue fit son apparition, gagnant de précieux centimètres en largeur.

Sauf que... En 2004, malgré des débuts fracassants où les concessionnaires Mercedes-Benz (smart est une marque de Mercedes-Benz, vous ne saviez pas ?) ne suffisaient pas à répondre à la demande, il n'a pas été long que le public s'est lassé. Et en dépit de la refonte de 2015, les ventes sont très décevantes. C'est comme si tous ceux qui avaient succombé à la passion — car la smart est une voiture passion, assurément pas une voiture logique — l'avaient vécu totalement puis étaient passés à autre chose.

Face à ce triste constat, que faire ? Faire de la smart ce que n'importe quel constructeur aurait fait depuis longtemps avec une voiture urbaine, soit la doter d'une motorisation électrique. Et pas juste sur quelques unités. Désormais, toutes les smart vendues au Canada seront électriques. On les appelle smart ED, pour *electric drive*.

UN PEU D'HISTOIRE...
Remarquez que l'idée d'une smart électrique ne date pas d'hier. Dès les tout débuts de son développement, en 1973, année marquée par une crise majeure du pétrole, une telle motorisation est prévue par Mercedes-Benz. Le projet est abandonné peu après. En 1981, il refait surface, cette fois avec un moteur à essence, mais il est aussi rejeté, les Américains n'étant pas

prêts pour une telle voiture. Sautons à 1988 où, pour la troisième fois, l'idée d'une très petite voiture urbaine réapparaît. Avec un moteur électrique. À un certain moment, on parlait même d'une smart dotée d'un moteur électrique dans chaque roue ! Cependant, l'expertise de Mercedes-Benz l'amena plutôt à commercialiser en 1998 une première smart mue par un moteur diesel. Au cours de ses trois premières générations, la smart a certes toujours reçu une motorisation électrique mais elle était vendue en très petites quantités, du moins au Canada.

La smart ED actuelle bénéficie des dernières avancées dans le domaine. Sa batterie, constituée de 96 cellules au lithium-ion qui totalisent 17,6 kWh permet de rouler jusqu'à 160 km sans être rechargée. Cependant, l'autonomie mesurée lors de nos essais, effectués par temps chaud de surcroît, était beaucoup moins reluisante... Soulignons que la batterie est garantie pour 8 ans ou 100 000 km. Sur une prise de courant domestique, il faut compter environ 13 heures pour la recharger à 80 %. Le moteur électrique loge toujours sous le plancher du coffre et comme il est de dimensions similaires à celui à essence, il ne réduit, ni n'augmente, la capacité du coffre, capacité quelque peu contraignante si vous devez partir en voyage pour une semaine.

Les différences visuelles entre la smart ED et l'ancienne smart à essence ne sont pas évidentes. Bien sûr, l'absence de pot d'échappement et la présence de quelques décalques « electric drive » devraient vous mettre la puce à l'oreille.

CONTEMPORAINE

Si vous avez déjà conduit une smart de troisième génération, la plus récente, vous ne serez pas dépaysé. Vous serez plutôt enchanté de constater que le bruit envahissant du moteur à essence (il était situé à environ un mètre des oreilles !) n'est plus. Curieusement, les 160 kilos de la batterie, refroidie à l'eau et montée sous les sièges, ont un effet bénéfique sur la tenue de route, en amenant le centre de gravité plus bas. Oh, les 81 chevaux de la smart ED n'en font pas un parangon de dynamisme, mais comme cette puissance et surtout le couple de 118 livres-pied déferlent — un bien grand mot... — dès que l'on appuie sur le champignon, on a l'impression d'aller vite. C'est déjà ça de pris. smart annonce un 0-100 km/h en 11,5 secondes. Chez AMG, la division performance de Mercedes-Benz, on la rit encore... De son côté, la direction m'est apparue un peu moins vive que dans la version à essence mais, au moins, le très court rayon de braquage est toujours aussi amusant. Virer sur un dix cennes, c'est ça ! La smart ED 2018 arrivera chez les concessionnaires à l'automne 2017. En prenant le virage électrique, la smart bénéficiera d'un intéressant crédit d'impôt, en plus d'un engouement sans précédent pour tout ce qui roule aux ions. Déjà populaire auprès des utilisateurs de partage automobile ailleurs dans le monde (car2go), la smart ED pourrait le devenir encore davantage !

Données principales		
Emp. / lon. / lar. / haut.	**Cabriolet** - 1873 / 2 695 / 1663 / 1552 mm	
	Hatchback - 1873 / 2 695 / 1663 / 1552 mm	
Coffre / réservoir	**Cabriolet** - 260 à 340 litres / n.d. litres	
	Hatchback - 260 à 340 litres / n.d. litres	
Nbre coussins sécurité / ceintures	5 / 2	
Suspension av. / arr.	ind., jambes force / De Dion	
Pneus avant / arrière	P155/60R15 / P175/55R15	
Poids / Capacité de remorquage	**Cabriolet** - 1 081 kg / n.d.	
	Hatchback - 1 072 kg / n.d.	

Composantes mécaniques	
Puissance / Couple	81 ch (60 kW) / 118 lb-pi
Tr. base (opt) / Rouage base (opt)	Rapport fixe / Prop
0-100 / 80-120 / V. max	11,5 s (const) / n.d. / 130 km/h (const)
100-0 km/h	n.d.
Consommation combinée	2,2 Le/100 km
Type de batterie	Lithium-ion (Li-ion)
Énergie	17,6 kWh
Temps de charge (120V / 240V)	16,5 h / 8,0 h
Autonomie	160 km

> « LA **BATTERIE** DE LA SMART ED EST CONSTITUÉE DE 96 CELLULES AU LITHIUM-ION QUI TOTALISENT **17,6 KWH** ET **L'AUTONOMIE** ANNONCÉE EST DE **160 KM.** »

DU NOUVEAU EN 2018

Version à essence abandonnée, seule la version électrique est maintenant offerte.

Photos : smart

Pour voir la liste complète des informations techniques, veuillez vous référer à la section statistiques.

SMART | **575**

TOYOTA 86

SUBARU **BRZ** / TOYOTA **86** | **72**% COTE DU GUIDE

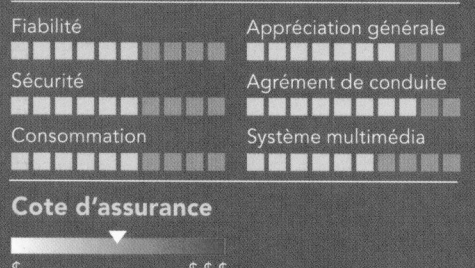

Prix : 27 995 $ à 29 995 $ (2017)
Catégorie : Coupé
Garanties :
3 ans/60 000 km, 5 ans/100 000 km
Transport et prép. : 1 765 $
Ventes QC 2016 : 171 unités*
Ventes CAN 2016 : 1837 unités**
Assemblage : Ōta JP

Fiabilité	Appréciation générale	
■■■■■■□□	■■■■■■■□□	
Sécurité	Agrément de conduite	
■■■■■□□□	■■■■■■■■□	
Consommation	Système multimédia	
■■■■■■□□	■■■■□□□□□	

Cote d'assurance

$ ▽ $ $ $

Connectivité multimédia

Android Auto (Subaru seulement)

+ Tenue de route exceptionnelle •
Look résolument sportif • Bonne économie
d'essence • Équipement de base
adéquat • Agilité et équilibre hors pair

– Places arrière étriquées •
Moteur manque un peu de punch •
Essence super recommandée •
Design intérieur sans éclat • Petit coffre

Concurrents
Chevrolet Camaro, Ford Mustang,
Honda Civic Si, Hyundai Veloster,
Nissan 370Z, Volkswagen Golf GTI

Un esprit sain dans un corps sain

Michel Deslauriers

On le sait tous, pour être en santé, il faut manger avec modération, boire avec modération et faire de l'exercice. On doit éviter la malbouffe, même si l'on n'a pas toujours les moyens de se payer des fruits et des légumes. En respectant cette philosophie, on peut arriver à conserver un poids optimal et se sentir bien dans sa peau.

Les Subaru BRZ et Toyota 86, cousines nées d'une collaboration entre les deux constructeurs pour partager les coûts de développement, sont des voitures sport qui pètent de santé et qui affichent une forme splendide. Cependant, il y a un prix à payer pour obtenir ces voitures, bien que ce ne soit pas démesuré.

L'AGILITÉ AVANT LA FORCE BRUTE

Les BRZ et 86 sont équipées d'un quatre cylindres à plat de 2,0 litres, mis au point par Subaru. Pas de turbocompression, mais un système d'injection directe fourni par Toyota. Ses 205 chevaux et son couple de 156 livres-pied sont relativement modestes, et ça, c'est avec la boîte manuelle à six rapports. Optez pour l'automatique optionnelle à six rapports, et la puissance tombe à 200 chevaux et 151 livres-pied.

Toutefois, ces coupés à propulsion n'affichent un poids que de 1 263 à 1 286 kilogrammes. Des poids plume, sans une once de gras sur leurs corps d'athlète. Lorsqu'ils sont équipés de la boîte manuelle, on peut accélérer de 0 à 100 km/h en 7,4 secondes, alors que l'on doit ajouter une seconde avec l'automatique.

Les deux cousines misent davantage sur la dynamique de conduite, l'agilité et le plaisir des sens au volant. Leur centre de gravité figure parmi les plus bas de l'industrie, et avec une suspension parfaitement calibrée ainsi qu'une direction d'une précision chirurgicale, la BRZ et la 86 adoptent un comportement routier exceptionnel.

*Québec   Subaru BRZ : 149 unités / Toyota 86 : 22 unités
**Canada   Subaru BRZ : 740 unités / Toyota 86 : 1097 unités

Sur route ou sur piste, ces voitures démontrent leur savoir-faire comme peu de voitures de 30 000 $ le peuvent. Les pilotes aguerris y trouveront leur compte, mais ce sont surtout les pilotes débutants ou modérément expérimentés qui pourront exploiter les BRZ et 86 sans se casser la margoulette.

En 2018, Subaru proposera la BRZ tS, dotée d'une suspension à réglage STI, des freins Brembo aux quatre roues, un immense aileron en fibre de carbone et un ensemble de jupes de bas de caisse. C'est également la première livrée de la BRZ à chausser des roues de 18 pouces. Toutefois, la puissance ne change pas.

REVENIR À LA BASE

La raison d'être des Subaru BRZ et Toyota 86, soit des sportives pures élémentaires, se reflète également dans la présentation de l'habitacle. Les plastiques sont quelquefois acceptables, quelquefois rudimentaires, alors que le design est relativement sobre. Après tout, Toyota y a contribué. En revanche, la position de conduite est idéale. Les pédales sont bien positionnées, tout comme le levier de vitesses. La boîte manuelle se manipule aisément, avec une course ferme, mais précise. Il y a deux places à l'arrière, minuscules évidemment, que des adultes pourront utiliser durant quelques minutes avant que la claustrophobie se manifeste.

L'équipement de série des BRZ et 86 comprend, entre autres, un climatiseur, une chaîne audio à huit haut-parleurs, des sièges en tissu, un pédalier en alliage, un volant gainé de cuir, des roues de 17 pouces, des phares à DEL et une caméra de recul. On note toutefois quelques différences. L'écran tactile est mesure 6,1 pouces dans la Subaru, et 7,0 pouces dans la Toyota. La version Sport-tech de la BRZ ajoute un climatiseur automatique bizone, une clé intelligente ainsi que des sièges en cuir chauffants, des caractéristiques disponibles dans des éditions à tirage limité de la 86, qui apparaissent de temps en temps.

Visuellement, les deux voitures arborent des calandres distinctes ainsi que des roues et des choix de couleurs différentes, alors que la Subaru est équipée de série d'un aileron en aluminium. Sur le plan mécanique et au chapitre de la conduite, c'est du pareil au même. La plus grosse différence, en fait, c'est que la BRZ est moins chère d'environ 1 500 $.

Bien sûr, pour le même prix et même moins, on peut se procurer des voitures à caractère sportif, telles que la Honda Civic Si, la Volkswagen Golf GTI et la Ford Focus ST. Certaines d'entre elles sont plus rapides grâce à leurs motorisations turbocompressées. Néanmoins, aucune d'entre elles ne peut offrir l'expérience de conduite des BRZ et 86. De véritables voitures sport, avec un esprit sain dans un corps sain.

Données principales

Emp. / lon. / lar. / haut.	2570 / 4235 / 1775 / 1320 mm
Coffre / réservoir	196 litres / 50 litres
Nbre coussins sécurité / ceintures	6 / 4
Suspension av. / arr.	ind., jambes force / ind., multibras
Pneus avant / arrière	P215/45R17 / P215/45R17
Poids / Capacité de remorquage	1282 kg / n.d.

Composantes mécaniques

BASE (AUTO)

Cylindrée, alim.	H4 2,0 litres atmos.
Puissance / Couple	200 ch / 151 lb-pi
Tr. base (opt) / Rouage base (opt)	A6 / Prop
0-100 / 80-120 / V. max	8,4 s (const) / 6,5 s (est) / 211 km/h (const)
100-0 km/h	40,8 m (est)
Type / ville / route / CO_2	Sup / 9,7 / 7,2 / 3 945 kg/an

BASE (MAN)

Cylindrée, alim.	H4 2,0 litres atmos.
Puissance / Couple	205 ch / 156 lb-pi
Tr. base (opt) / Rouage base (opt)	M6 / Prop
0-100 / 80-120 / V. max	7,4 s (const) / 5,5 s (est) / 216 km/h (const)
100-0 km/h	40,8 m (est)
Type / ville / route / CO_2	Sup / 11,1 / 8,0 / 4 464 kg/an

« LES **BRZ ET 86** NE SONT PAS DES MONSTRES **D'ACCÉLÉRATION**, MAIS ILS BRILLENT PAR LEUR SIMPLICITÉ ET **LEUR TENUE** DE ROUTE MAGISTRALE. »

DU NOUVEAU EN 2018

Aucun changement majeur au moment de mettre sous presse. Ajout de la BRZ tS au comportement routier plus affûté.

SUBARU BRZ

SUBARU BRZ

Pour voir la liste complète des informations techniques, veuillez vous référer à la section statistiques.

SUBARU | 577

SUBARU **CROSSTREK**

(((SiriusXM)))

Prix: 23 695 $ à 33 195 $
Catégorie: VUS
Garanties:
3 ans/60 000 km, 5 ans/100 000 km
Transport et prép.: 1 790 $
Ventes QC 2016: 3 451 unités
Ventes CAN 2016: 9 723 unités
Assemblage: Ōta JP

Fiabilité	Appréciation générale
Nouveau modèle	Nouveau modèle
Sécurité	Agrément de conduite
Nouveau modèle	Nouveau modèle
Consommation	Système multimédia
Nouveau modèle	Nouveau modèle

Cote d'assurance

$ $ $ $

Connectivité multimédia

Android Auto   Apple CarPlay

+ Structure très rigide • Très bon comportement routier • Boîte CVT efficace • Qualité des matériaux et de la finition intérieure • Dotation de série relevée

− Puissance un peu juste • Boîte manuelle franchement décevante • Pas de version hybride pour le Canada • Style ordinaire

Concurrents

Buick Encore, Chevrolet Trax, Fiat 500X, Honda HR-V, Hyundai Kona, Jeep Renegade, Kia Soul, Mazda CX-3, MINI Countryman, Nissan Qashqai

Une belle évolution

Gabriel Gélinas

Le nouveau Crosstrek est le deuxième véhicule de la marque à être élaboré sur la nouvelle plate-forme Subaru Global Platform (SGP) et, comme la génération précédente, cette version génétiquement modifiée d'une Impreza, avec une garde au sol surélevée et un look de baroudeur, devrait connaître un franc succès. Tout comme la récente Impreza, le Crosstrek 2018 gagne en raffinement pour ce qui est de la dynamique et de la présentation intérieure, et l'ajout d'une nouvelle livrée de base, appelé Commodité, permet d'accéder à un véhicule à rouage intégral à un prix comparable à celui de modèles concurrents à simple traction.

La récente plate-forme adoptée par le Crosstrek est beaucoup plus rigide que celle de l'ancienne génération, et la dynamique se trouve relevée d'un cran grâce à l'adoption de traverses en forme de « K », à l'avant du véhicule, et d'une barre antiroulis fixée directement au châssis à l'arrière. Deux mesures qui ont pour effet de réduire de beaucoup le roulis en virages et de rendre le véhicule plus stable lors de transitions à haute vitesse, comme une manœuvre d'évitement d'obstacle.

Cette rigidité accrue de la structure du véhicule bonifie la protection accordée aux occupants en cas d'impact. Sur ces deux aspects, le nouveau Crosstrek marque un progrès important par rapport à son prédécesseur. La tenue de route est bonne et le comportement routier du Crosstrek est toujours prévisible. La direction est empruntée à la sportive BRZ et elle s'avère tout aussi directe, ce qui permet d'inscrire le véhicule en virages, avec précision, et de bien sentir la route. De ce côté, le Crosstrek est aussi agréable à conduire qu'une voiture allemande.

PUISSANCE UN PEU JUSTE

Tout comme l'Impreza, le Crosstrek est animé par un moteur à quatre cylindres atmosphérique de 2,0 litres qui développe 152 chevaux et un couple de 145 livres-pied. Sur l'Impreza, la puissance s'avère déjà un peu juste et comme le Crosstrek est plus lourd, ça n'aide pas sa cause en accélération franche. Une fois en mouvement, le moteur s'acquitte raisonnablement bien de sa tâche en fait de reprises, grâce à une boîte automatique de type CVT particulièrement efficace.

De plus, le Crosstrek à boîte CVT est doté du système X-Mode, qui améliore l'adhérence sur surfaces meubles. Une boîte manuelle comptant six rapports, soit une de plus que celle de l'Impreza, est également disponible, mais elle est franchement décevante pour ce qui est de l'action du levier de vitesses et de la consommation, laquelle est plus élevée qu'avec la boîte automatique. On se met à rêver d'une livrée XT animée par le moteur de 2,0 litres turbocompressé de la WRX, mais ce n'est malheureusement pas dans les plans de la direction. Dommage.

PLUS SPACIEUX, PLUS ÉQUIPÉ

Le nouveau Crosstrek est plus spacieux, à l'avant comme à l'arrière, et la qualité des matériaux utilisés dans l'habitacle ainsi que la finition intérieure marquent un net progrès comparativement au modèle antérieur. Le système de télématique est plus évolué avec des écrans tactiles en couleur qui font de 6,5 à 8,0 pouces, selon les versions, et tous les Crosstrek sont équipés de série des fonctionnalités Apple CarPlay et Android Auto. On regrette toutefois que le système d'aide à la conduite EyeSight ne soit offert que sur les déclinaisons haut de gamme. Le volume de chargement est chiffré à 588 litres, avec tous les sièges en place, et à 1 565 litres avec les dossiers arrière rabaissés. D'ailleurs, il est possible de remiser le cache-bagages sous le plancher, en soulevant la partie arrière de celui-ci pour le fixer à deux points d'ancrage localisés sur le seuil de l'espace cargo, ce qui est particulièrement ingénieux.

2018 marquera en outre le retour d'une version hybride du Crosstrek, rechargeable cette fois-ci, et dont la seule et unique mission est de permettre à Subaru de répondre aux règles de conformité en vigueur là, et seulement là, où la réglementation exige qu'un constructeur offre des véhicules électriques. Cette version du Crosstrek sera donc vendue au compte-gouttes et sa diffusion sera forcément limitée à des endroits comme la Californie. Comme c'était le cas de l'ancien Crosstrek hybride, Subaru fera appel à la technologie développée par Toyota, jumelée à un moteur à essence Subaru.

Les véhicules Subaru sont reconnus pour leur très bonne valeur de revente et leurs qualités pratiques, mais ce ne sont pas les plus sexy sur le marché, le style étant largement relégué au second, voire au troisième plan. Le choix d'un Crosstrek demeure donc, encore et toujours, une affaire de raison plutôt que de passion. La nouvelle génération ne réinvente pas le genre, mais propose plutôt une évolution réussie.

Données principales

Emp. / lon. / lar. / haut.	2 665 / 4 465 / 1 800 / 1 615 mm
Coffre / réservoir	588 à 1 565 litres / 63 litres
Nbre coussins sécurité / ceintures	7 / 5
Suspension av. / arr.	ind., jambes force / ind., double triangulation
Pneus avant / arrière	P225/60R17 / P225/60R17
Poids / Capacité de remorquage	1 482 kg / 680 kg (1 500 lb)

Composantes mécaniques

Cylindrée, alim.	H4 2,0 litres atmos.
Puissance / Couple	152 ch / 145 lb-pi
Tr. base (opt) / Rouage base (opt)	M6 (CVT) / Int
0-100 / 80-120 / V. max	12,0 s (est) / 8,5 s (est) / n.d.
100-0 km/h	45,3m
Type / ville / route / CO_2	Ord / 10,5 / 8,1 / 4 400 kg/an

« VERSION **GÉNÉTIQUEMENT MODIFIÉE** D'UNE IMPREZA AVEC UN LOOK DE **BAROUDEUR**, LE NOUVEAU CROSSTREK N'EST **PAS SEXY,** MAIS IL EST **PRATIQUE.** »

DU NOUVEAU EN 2018

Nouveau modèle

Pour voir la liste complète des informations techniques, veuillez vous référer à la section statistiques.

SUBARU **FORESTER**

75% COTE DU GUIDE

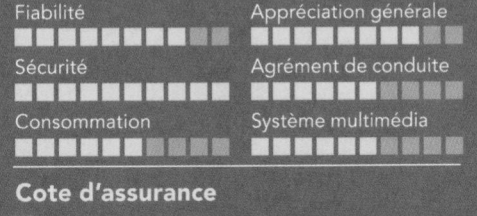

Prix: 25 995 $ à 39 495 $
Catégorie: VUS
Garanties:
3 ans/60 000 km, 5 ans/100 000 km
Transport et prép.: 1 790 $
Ventes QC 2016: 2 899 unités
Ventes CAN 2016: 13 798 unités
Assemblage: Ōta JP

Fiabilité
■■■■■■■□□□

Appréciation générale
■■■■■■■□□□

Sécurité
■■■■■■■■■□

Agrément de conduite
■■■■■■□□□□

Consommation
■■■■■■■□□□

Système multimédia
■■■■■■□□□□

Cote d'assurance

$ $ $ $

Connectivité multimédia

Aucune

➕ Habitacle spacieux• Excellente qualité de roulement sur toute surface (2.5i) • Qualités hivernales indiscutables • Visibilité sans reproche

➖ Roulement ferme (2.0XT) • Repose-pied étroit et limité en hauteur • Silhouette désespérément banale • Direction imprécise au centre

Concurrents
Chevrolet Equinox, Honda CR-V, Hyundai Tucson, Jeep Cherokee, Kia Sportage, Mazda CX-5, Mitsubishi Outlander, Nissan Rogue, Toyota RAV4, Volkswagen Tiguan

Un as qui cache trop bien son jeu

Marc Lachapelle

C e sont ses utilitaires qui ont permis à Subaru de connaître une progression constante et impressionnante, ces dernières années. Au cœur du trio de choc, entre un Crosstrek plus compact et un Outback plus grand, le Forester offre le meilleur amalgame de comportement, de confort, de performances et de qualités pratiques. Il a même les trophées pour le prouver. Pourtant, il ne connaît pas un succès proportionnel à celui des deux autres. Dans son cas, les apparences sont véritablement trompeuses.

Vingt ans déjà que le Forester promène son profil anguleux dans la catégorie des utilitaires sport compacts. Avec un succès appréciable, mais jamais aussi spectaculaire que celui de rivaux moins doués. Du moins pas pour les ventes. Parce qu'autrement, ses inconditionnels sont légion et les éloges ne manquent pas.

PROGRÈS DISCRETS, MAIS CONSTANTS

Chose certaine, il ne faut pas s'arrêter ni au look de la carrosserie ni à l'aspect de sa cabine pour l'évaluer. Parce qu'il faut se l'avouer, le Forester n'a jamais été le Brad Pitt ou le Roy Dupuis des utilitaires sport et n'a jamais pu prétendre à l'opulence avec son habitacle.

C'est quand même beaucoup mieux maintenant, parce que Subaru n'a jamais cessé de le mettre à jour et de le raffiner. L'an dernier seulement, les stylistes ont redessiné la calandre, les blocs optiques et les pare-chocs. À l'intérieur, on a changé le tissu des sièges, la finition des portières et le volant tout en soignant l'aspect et la texture des matériaux. Ce dont les Subaru ont longtemps eu grand besoin, malgré leur durabilité et leur solidité.

Le Forester est enfin aussi concurrentiel en matière d'interfaces, de technologies et d'applications en tous genres, que ce soit avec l'écran tactile de 7,0 pouces des versions Limited, en sommet de gamme, ou l'écran de 6,2 pouces des autres déclinaisons. Il a gardé aussi — ô merveille ! —

les trois grandes molettes qui permettent de régler la climatisation sans même les regarder.

Le groupe optionnel EyeSight, qui comprenait déjà une panoplie impressionnante de systèmes de sécurité étonnamment efficaces et perfectionnés à prix imbattable, s'est encore bonifié avec l'ajout du freinage automatique en marche arrière. Personne ne fait mieux, toutes marques confondues. Le Forester offre presque autant de volume de chargement que le grand Outback et il est à la fois plus agile et moins cher. À moins d'avoir besoin d'une banquette arrière pour grandes tailles, c'est un choix plus sensé. À l'inverse, le Crosstrek est plus vif en conduite, mais nettement moins spacieux et pratique. Pour le reste, les qualités intrinsèques des trois sont pareilles.

LE MEILLEUR LÀ OÙ ÇA COMPTE VRAIMENT

C'est d'ailleurs en conduite, sur la route et encore plus nettement sur un sentier le moindrement escarpé, que le Forester se démarque de ses rivaux. Pour cela, une garde au sol de 220 mm (8,7 po) qui ne compromet aucunement l'accès est un atout appréciable. Et si le roulement est plus ferme dans le 2,0XT, cela tient sans doute à ses pneus à taille plus basse et possiblement aussi au poids non suspendu additionnel de ses freins plus grands. La différence en performance entre le 2,5i à moteur atmosphérique de 170 chevaux et le 2,0XT turbocompressé de 250 chevaux est importante, avec un 0-100 km/h de 9,1 et 6,5 secondes respectivement. Leur capacité de remorquage est toutefois identique et le vénérable « boxer » de 2,5 litres se rachète avec sa cote d'émissions polluantes quasi nulle (PZEV). Il est toutefois grand temps que Subaru lui trouve un remplaçant tout aussi écolo, mais plus puissant et moderne.

Subaru devrait, par ailleurs, songer sérieusement à une version plus sportive du 2,0XT, dans l'esprit de la WRX dont il partage le moteur turbo et la boîte automatique à variation continue. Avec une carrosserie monochrome, des jantes noires (pourquoi pas), un volant sport en Alcantara, des sièges plus sculptés, une sonorité d'échappement plus grave et une suspension raffermie, elle attirerait à coup sûr un public plus large et plus jeune. Pour tout dire, le Forester a besoin d'une silhouette plus moderne et inspirée. Il aurait alors de meilleures chances qu'une fois conquis par ses formes, les acheteurs possibles en fassent l'essai et comprennent qu'ils ont entre les mains un des meilleurs utilitaires compacts qui soient.

Entre-temps, ceux qui ont saisi l'astuce continueront de filer sur les chemins ou les sentiers dans leur Forester avec ce sourire intrigant et discret du joueur qui tient des cartes gagnantes. Toujours un as ou deux dans sa main.

Données principales

Emp. / lon. / lar. / haut.	2 640 / 4 610 / 1 795 / 1 735 mm
Coffre / réservoir	892 à 2 115 litres / 60 litres
Nbre coussins sécurité / ceintures	7 / 5
Suspension av. / arr.	ind., jambes force / ind., double triangulation
Pneus avant / arrière	P225/60R17 / P225/60R17
Poids / Capacité de remorquage	1 668 kg / 680 kg (1 500 lb)

Composantes mécaniques

H4 2.5 LITRES

Cylindrée, alim.	H4 2,5 litres atmos.
Puissance / Couple	170 ch / 174 lb-pi
Tr. base (opt) / Rouage base (opt)	M6 (CVT) / Int
0-100 / 80-120 / V. max	9,1 s / 6,6 s / 196 km/h (est)
100-0 km/h	42,0 m
Type / ville / route / CO_2	Ord / 10,9 / 8,3 / 4 476 kg/an

H4 2.0XT

Cylindrée, alim.	H4 2,0 litres turbo
Puissance / Couple	250 ch / 258 lb-pi
Tr. base (opt) / Rouage base (opt)	CVT / Int
0-100 / 80-120 / V. max	6,5 s / 5,3 s / 221 km/h (est)
100-0 km/h	43,5 m
Type / ville / route / CO_2	Sup / 10,2 / 8,6 / 4 361 kg/an

« LE FORESTER A TOUS LES TALENTS SAUF CELUI D'ÊTRE **PHOTOGÉNIQUE** ET DE **FAIRE TOURNER LES TÊTES.** À QUAND UNE **VRAIE VERSION SPORT** POUR ÇA ? **»**

DU NOUVEAU EN 2018

Ancrages de sièges d'enfant améliorés, dégivreur d'essuie-glace avant, groupe EyeSight disponible (2,0XT et Limited), phares de route automatiques (Limited).

Photos : Subaru

Pour voir la liste complète des informations techniques, veuillez vous référer à la section statistiques.

SUBARU | 581

SUBARU **IMPREZA**

83 % COTE DU GUIDE

Prix : 19 995 $ à 30 995 $ (2017)
Catégorie : Berline, Hatchback
Garanties :
3 ans/60 000 km, 5 ans/100 000 km
Transport et prép. : 1 710 $
Ventes QC 2016 : 3 126 unités
Ventes CAN 2016 : 11 673 unités
Assemblage : Lafayette IN US

Fiabilité	Appréciation générale
■■■■■■□□□□	■■■■■■■□□□
Sécurité	Agrément de conduite
■■■■■■■□□□	■■■■■■■□□□
Consommation	Système multimédia
■■■■■■■□□□	■■■■■■■□□□

Cote d'assurance

$ ▼ $ $ $

Connectivité multimédia

Android Auto   Apple CarPlay

+ Châssis nettement plus rigide •
Direction rapide et précise • Très bon
comportement routier • Apple CarPlay
et Android Auto de série

– Puissance un peu juste • Boîte
manuelle à cinq rapports seulement •
Style générique • Insonorisation
améliorée, mais perfectible

Concurrents
Chevrolet Cruze, Ford Focus, Honda
Civic, Hyundai Elantra, Kia Forte, Mazda3,
Mitsubishi Lancer, Nissan Sentra,
Toyota Corolla, Volkswagen Golf,
Volkswagen Jetta

Montée en gamme

Gabriel Gélinas

S ubaru est reconnue pour proposer des modèles exceptionnellement bien adaptés à notre climat hivernal grâce au
rouage intégral à prise constante. Les véhicules de la
marque japonaise sont aussi appréciés pour leur côté rationnel
et leur bonne valeur de revente, même s'ils manquent parfois d'un
certain raffinement si on les compare à la concurrence directe.
Avec l'Impreza de cinquième génération apparue l'an dernier,
Subaru s'attaque justement à ce dernier aspect, en proposant une
voiture plus raffinée et plus dynamique. D'ailleurs, cette année, la
version « hors route » de l'Impreza, le Crosstrek, a droit au même
traitement, ce qui ne lui fera pas de tort lui non plus.

Cette Impreza est la première de la marque à être construite sur une toute
nouvelle plate-forme, qui servira aussi de base pour d'autres modèles
Subaru dans le futur. Cette structure plus moderne et très rigide permet
également à l'Impreza de bonifier la protection accordée aux passagers en
cas d'impact. Concernant le style, elle revêt une allure plutôt générique, ce
qui est peut-être une bonne chose, Subaru trouvant facilement le moyen
de se tirer dans le pied lorsqu'elle veut trop en faire dans le domaine du
design. Subaru devrait s'intéresser de plus près à ce que Peter Schreyer a
réussi à accomplir chez Kia, en quelques années seulement...

UN CARACTÈRE « ALLEMAND »
Dès les premiers tours de roue, on constate que l'Impreza adopte un
comportement routier bonifié. Grâce à sa structure plus rigide, elle dévoile
même un caractère « allemand », ce qui constitue un de ses points forts.
La tenue de route est grandement améliorée et la dynamique est relevée
d'un cran, surtout dans le cas des déclinaisons Sport et Sport-tech, qui sont
respectivement équipées de jantes en alliage de 17 et 18 pouces. De plus,
le rapport de la direction est identique à celui de la sportive BRZ, et l'Impreza
s'inscrit en virage avec beaucoup de rapidité et de précision, ce qui étonne
un peu compte tenu de sa vocation plus utilitaire.

Aussi, on note à l'avant la présence de traverses en forme de «K» qui ont pour effet de rigidifier grandement la structure et de permettre à la voiture d'accorder une meilleure protection aux occupants, en cas d'impact. À ce sujet, précisons que l'Impreza s'est mérité une cote de cinq étoiles lors de tests menés par la *National Highway Transport Safety Administration* (NHTSA) et la cote supérieure du *Insurance Institute for Highway Safety* (IIHS).

La compacte de Subaru, déclinée en versions berline et cinq portes, est animée par le moteur FB20 à quatre cylindres atmosphérique de 2,0 litres, qui prend vie avec le grondement typique des moteurs «boxer». Sur la route, on constate que la puissance est parfois un peu juste. Toutefois, la boîte automatique CVT lui permet de maintenir le rythme en simulant le comportement d'une boîte automatique à sept rapports.

Au sujet de la consommation, notre moyenne observée au volant de deux versions Sport-tech, une berline et une cinq portes équipées de la boîte CVT, s'est chiffrée à 9,0 litres aux 100 kilomètres. Une boîte manuelle est également au programme, mais celle-ci ne compte que cinq rapports. Voilà qui est carrément décevant, surtout quand on apprend que ce choix a été motivé par une question de coût, et qu'une boîte manuelle à six vitesses n'aurait augmenté le prix de la voiture que d'une centaine de dollars.

HABITABILITÉ BONIFIÉE

L'habitabilité des modèles de cinquième génération s'est aussi largement améliorée comparativement à la génération précédente. À l'avant, l'espace séparant les deux sièges a progressé de 21 millimètres, ce qui offre plus de dégagement aux occupants. La nouvelle plate-forme de l'Impreza accorde 25 millimètres supplémentaires pour les jambes des passagers arrière. De plus, l'ouverture du hayon est plus large, ce qui facilite le chargement.

La qualité de la finition intérieure a fait un pas de géant, mais il faut préciser que l'on partait de loin... On apprécie particulièrement le fait que le tableau de bord intègre un système multimédia efficace, conçu par l'équipementier Harman, avec écran couleur tactile de 6,5 ou de 8,0 pouces selon les versions. Aussi, la connectivité Apple CarPlay et Android Auto figure de série sur toutes les déclinaisons de la gamme, ce qui est génial.

Somme toute, l'Impreza permet à Subaru de rattraper la concurrence directe en ce qui a trait au raffinement et à la dynamique. Elle marque en outre des points avec ses tarifs attirants, permettant à la clientèle de se retrouver au volant d'une berline à rouage intégral pour un prix de base avoisinant les 20 000 $. Pour le style, par contre...

Données principales	
Emp. / lon. / lar. / haut.	**Berline** - 2 670 / 4 625 / 1 775 / 1 455 mm
	Hatchback - 2 670 / 4 460 / 1 775 / 1 480 mm
Coffre / réservoir	**Berline** - 348 litres / 50 litres
	Hatchback - 589 à 1 566 litres / 50 litres
Nbre coussins sécurité / ceintures	7 / 5
Suspension av. / arr.	ind., jambes force / ind., double triangulation
Pneus avant / arrière	P205/55R16 / P205/55R16
Poids / Capacité de remorquage	**Berline** - 1 543 kg / n.d.
	Hatchback - 1 455 kg / n.d.

Composantes mécaniques	
Cylindrée, alim.	H4 2,0 litres atmos.
Puissance / Couple	152 ch / 145 lb-pi
Tr. base (opt) / Rouage base (opt)	M5 (CVT) / Int
0-100 / 80-120 / V. max	11,1 s / 7,5 s / n.d.
100-0 km/h	42,3 m
Type / ville / route / CO_2	Ord / 10,0 / 7,5 / 4 083 kg/an

« AVEC LE **NOUVEAU MODÈLE** DE CINQUIÈME GÉNÉRATION, **SUBARU RATTRAPE** LE TEMPS PERDU EN PROPOSANT UNE IMPREZA **PLUS RAFFINÉE ET PLUS MODERNE.** »

DU NOUVEAU EN 2018

Aucun changement majeur au moment de mettre sous presse.

Photos : Subaru

SUBARU IMPREZA

SUBARU **LEGACY**

75 % COTE DU GUIDE

((SiriusXM))

Prix: 24 995 $ à 36 795 $
Catégorie: Berline
Garanties:
3 ans/60 000 km, 5 ans/100 000 km
Transport et prép.: 1 710 $
Ventes QC 2016: 1 038 unités
Ventes CAN 2016: 3 001 unités
Assemblage: Lafayette IN US

Fiabilité ■■■■■□□
Appréciation générale ■■■■■□□

Sécurité ■■■■■■■
Agrément de conduite ■■■■■□□

Consommation ■■■■■□□
Système multimédia ■■■■■□□

Cote d'assurance

$ ▼ $ $ $

Connectivité multimédia

Android Auto

Apple CarPlay

➕ Rouage intégral de série •
Raffinement et confort • Finition intérieure
appréciable • Consommation décente •
Espace de l'habitacle et du coffre

➖ Conduite peu excitante • Moteur
2,5 litres bruyant à haut régime • Design
extérieur générique • Ouverture du coffre
trop petite • Retrait de la boîte manuelle

Concurrents

Buick Regal, Chevrolet Malibu, Ford Fusion,
Honda Accord, Hyundai Sonata, Kia Optima,
Mazda6, Nissan Altima, Toyota Camry,
Volkswagen Golf, Volkswagen Passat

Conservatisme profitable

Michel Deslauriers

En introduisant la Legacy sur le marché des intermédiaires,
à la fin des années 1980, Subaru a tenté de faire sa marque
avec un produit différent, plus agile et plus sportif que celui
de la concurrence. Les amateurs de Subaru et la presse automobile
ont bien apprécié cette Legacy, autrefois disponible en berline et
en familiale.

Toutefois, la marque a fini par comprendre que dans la catégorie des
intermédiaires, les acheteurs n'aiment pas les voitures qui se démarquent
trop. On préfère le conservatisme au dynamisme, le beige et le gris aux
couleurs vives. Les deux dernières générations de la Legacy ont emboîté
le pas avec des dimensions plus généreuses et un style plus générique.
Et ça fonctionne, malgré la disparition de la familiale, jetée dans l'ombre
par le Subaru Outback devenu nettement plus populaire.

CONFORT ET RAFFINEMENT
La Legacy est la berline intermédiaire la moins vendue au Canada. Pourtant,
c'est une excellente routière, avec un habitacle bien insonorisé, une
suspension qui absorbe les imperfections de la route et des sièges très
confortables pour de longues distances. L'édition 2018 de la Legacy bénéficie
d'ailleurs d'une révision des freins et de la direction électrique.

Les places arrière sont spacieuses et l'ouverture des portes est grande
pour faciliter les entrées et sorties. Le coffre est également de bonne
dimension, mais son ouverture est plus petite que celles de la concurrence.
Un moteur six cylindres de 3,6 litres est disponible dans les versions plus
cossues de la Legacy, procurant des performances plus musclées grâce
à ses 256 chevaux. Il est plus doux que le quatre cylindres de base de 2,5 litres
et ses 175 chevaux, mais la presque totalité des acheteurs de berlines
intermédiaires optent pour moteur de base.

Par sa conception, le quatre cylindres à plat est un peu bruyant lors des
accélérations à plein régime, mais autrement, son grognement ne se

manifeste pas trop. D'ailleurs, pour 2018, la boîte automatique de type CVT a été améliorée, ainsi que le système de freinage. C'est la motorisation que nous choisirions dans la Legacy. Les fidèles de la marque lamenteront la disparition de la boîte manuelle à six rapports cette année. Par contre, peu d'acheteurs la choisissaient, et elle n'était disponible que dans les déclinaisons de base de toute façon. On le sait, l'attrait principal des véhicules Subaru, c'est leur transmission intégrale à prise constante qui a fait ses preuves depuis longtemps. Ce système rend la Legacy très sûre en conditions de conduite hivernales. Subaru a même réussi à atténuer la consommation d'essence plus élevée normalement associée à ce type de rouage. La dernière Legacy essayée, avec le moteur de 2,5 litres, a consommé une moyenne sous les 9,0 l/100 km.

DES AMÉLIORATIONS POUR 2018

La Legacy obtient cette année de nouveaux matériaux de plus grande qualité, alors que les versions plus luxueuses disposent maintenant de nouvelles coutures sur les sièges et les panneaux de portes ont été révisés. Les designers n'ont toutefois couru aucun risque en conservant une apparence sobre. L'instrumentation est claire et facile à utiliser, et les écrans tactiles de 6,5 et de 8,0 pouces sont plus gros que ceux des années précédentes. L'horloge numérique étant perdue dans l'affichage de la climatisation au bas de la planche de bord centrale, le constructeur a augmenté la taille des chiffres. Elle est encore difficile à lire.

La suite de systèmes de sécurité EyeSight fonctionne très bien sans être trop intrusive dans la conduite. Elle comprend le régulateur de vitesse adaptatif, l'avertissement et la prévention de sortie de voie ainsi que le freinage autonome d'urgence, tant vers l'avant qu'en marche arrière. La caméra de recul figure maintenant de série, et des phares adaptatifs sont disponibles en option. La seule autre berline intermédiaire proposant un rouage intégral, c'est la Ford Fusion, et c'est en option. La Legacy offre donc un avantage pour les résidents de la campagne qui apprécieront ce sentiment de sécurité additionnel, à un prix abordable, et c'est pourquoi l'on préfère les déclinaisons moins équipées de la berline.

Malgré sa carrière de plus de 25 ans, la Legacy n'arrive toujours pas à se tailler une place de choix dans son segment, alors que ses ventes progressent à pas de tortue. Une voiture donc parfaite pour l'hiver, mais en plein été, le plus grand atout de cette berline, son rouage intégral, est moins apparent, à moins d'attaquer les routes sinueuses à pleine vitesse et de bien profiter de l'adhérence accrue qu'il procure. Mais ça, ce n'est sûrement pas la tasse de thé des conducteurs de ce type de voiture. Bref, si vous craignez les tempêtes de neige et les routes glacées, jetez un œil sur la Legacy.

Données principales	
Emp. / lon. / lar. / haut.	2750 / 4796 / 1840 / 1500 mm
Coffre / réservoir	425 litres / 70 litres
Nbre coussins sécurité / ceintures	8 / 5
Suspension av. / arr.	ind., jambes force / ind., double triangulation
Pneus avant / arrière	P225/55R17 / P225/55R17
Poids / Capacité de remorquage	1676 kg / 453 kg (1000 lb)

Composantes mécaniques	
H4 2,5 LITRES	
Cylindrée, alim.	H4 2,5 litres atmos.
Puissance / Couple	175 ch / 174 lb·pi
Tr. base (opt) / Rouage base (opt)	CVT / Int
0-100 / 80-120 / V. max	10,0 s / 7,0 s / n.d.
100-0 km/h	43,3 m
Type / ville / route / CO_2	Ord / 9,3 / 7,0 / 3860 kg/an
H6 3,6	
Cylindrée, alim.	H6 3,6 litres atmos.
Puissance / Couple	256 ch / 247 lb·pi
Tr. base (opt) / Rouage base (opt)	CVT / Int
0-100 / 80-120 / V. max	7,2 s (est) / n.d. / n.d.
100-0 km/h	n.d.
Type / ville / route / CO_2	Ord / 11,9 / 8,3 / 4800 kg/an

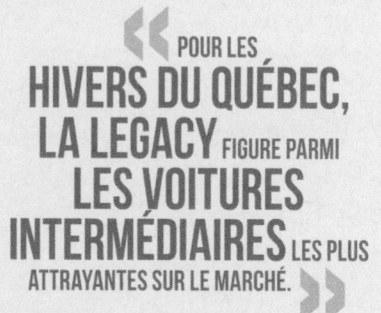

POUR LES
HIVERS DU QUÉBEC,
LA LEGACY FIGURE PARMI
LES VOITURES
INTERMÉDIAIRES LES PLUS
ATTRAYANTES SUR LE MARCHÉ.

DU NOUVEAU EN 2018

Légères retouches esthétiques, modifications apportées à la mécanique pour améliorer le silence de roulement et la conduite, écrans tactiles de plus grande dimension, caméra de recul maintenant de série, abandon de la boîte manuelle.

Photos : Subaru

Pour voir la liste complète des informations techniques, veuillez vous référer à la section statistiques.

SUBARU **OUTBACK**

78% COTE DU GUIDE

Prix: 29 495 $ à 42 495 $ (estimé)
Catégorie: Familiale
Garanties:
3 ans/60 000 km, 5 ans/100 000 km
Transport et prép.: 1 790 $
Ventes QC 2016: 3 898 unités
Ventes CAN 2016: 11 255 unités
Assemblage: Lafayette IN US

Fiabilité	Appréciation générale
■■■■■■■□□□	■■■■■■■□□□
Sécurité	Agrément de conduite
■■■■■■■■□□	■■■■■■□□□□
Consommation	Système multimédia
■■■■■■■□□□	■■■■■■■□□□

Cote d'assurance

$ $ $ $

Connectivité multimédia

Android Auto   Apple CarPlay

➕ Capacités hors routes relevées •
Espace de chargement intéressant •
Finition intérieure en progrès •
Consommation raisonnable (2,5 litres)

➖ Agrément de conduite ordinaire •
Prix élevé des versions supérieures •
Capacité de remorquage décevante •
Disparition de la boîte manuelle

Concurrents

Buick Enclave, Chevrolet Traverse,
Dodge Journey, Ford Flex, GMC Acadia,
Hyundai Santa Fe, Kia Sorento,
Mitsubishi Outlander, Nissan Murano

L'amoureuse du plein air

Michel Deslauriers

De toute son histoire, une des meilleures idées de Subaru aura été celle de créer l'Outback. Au milieu des années 90, sans VUS dans sa gamme et voyant une tendance s'amorcer, le constructeur a pris une chance en concoctant un pseudo-utilitaire basé sur la Legacy familiale, avec une suspension relevée et une allure plus aventurière.

Son succès fut instantané, au point où Subaru a jugé bon d'en faire un modèle à part entière en retirant son écusson Legacy, même si les deux véhicules partagent bon nombre de composants mécaniques et esthétiques. Subaru a même décidé d'abandonner la Legacy familiale chez nous, laissant toute la place à l'Outback.

LE CHOIX DES ANTI-VUS

Ceux qui n'aiment pas le gabarit des véhicules utilitaires, mais qui apprécient leur apparence plus robuste, seront servis en grande partie par l'Outback. D'abord, son volume de chargement est vaste, même avec les dossiers arrière relevés. En rabattant ceux-ci, on obtient une capacité de 2 075 litres, soit plus que dans la plupart des VUS compacts, mais moins que dans les VUS intermédiaires à cinq passagers, comme le Ford Edge et le Nissan Murano.

De surcroît, on peut fixer de gros objets sur le toit, comme des vélos, grâce aux très pratiques longerons de toit avec barres transversales dépliables. Ou encore, il est possible de tirer une remorque d'un poids maximal de 1 224 kilogrammes (2 700 livres), peu importe le choix de moteur.

Puisqu'on en parle, un quatre cylindres à plat de 2,5 litres figure comme motorisation de base dans l'Outback. Il produit 175 chevaux, une somme suffisante au quotidien, et qui permet une consommation raisonnable, malgré la présence du rouage intégral à prise constante. La boîte automatique à variation continue est désormais de série, puisque la manuelle à six rapports a été rayée du catalogue pour 2018. Cette dernière intéressait trop peu d'acheteurs pour justifier son existence, et de toute façon, la consommation du moteur, lorsque jumelé à celle-ci, était beaucoup plus élevée.

Ceux qui envisagent de s'acheter une Outback au lieu d'un VUS intermédiaire risqueront de préférer la puissance du six cylindres à plat de 3,6 litres. Avec ses 256 chevaux, ce dernier rend le véhicule beaucoup plus vif, bien que la consommation grimpe nécessairement d'environ deux litres aux 100 km comparativement au quatre cylindres. Par sa conception, ce n'est pas le six cylindres le plus raffiné du marché.

CONFORT ET TECHNOLOGIE

Pour 2018, Subaru a apporté quelques changements à la mécanique de l'Outback, question de rehausser le raffinement de sa conduite et le silence de roulement. Les amortisseurs, la direction, les freins et la courroie de la boîte automatique ont tous été revus, alors que les rétroviseurs sont plus aérodynamiques et les vitres latérales à l'avant sont mieux insonorisées.

L'habitacle de l'Outback propose beaucoup d'espace, autant à l'avant qu'à l'arrière. Un garnissage des sièges en tissu figure de série tandis que le cuir perforé est optionnel. Chaque version de l'Outback bénéficie de sièges avant chauffants, et les versions plus huppées disposent également de sièges arrière et d'un volant chauffants. Cette année, on retrouve aussi des coutures au tableau de bord et sur les panneaux de porte pour une apparence plus chic. Et chapeau à Subaru d'avoir pensé à installer une zone dégivrante sur le pare-brise pour éviter le gel des essuie-glaces l'hiver ; elle est offerte sur toutes les versions, sauf sur celle de base.

Et puisque la sécurité est un aspect important pour Subaru, le système EyeSight est toujours offert en option. Il comprend le régulateur de vitesse adaptatif, le freinage autonome d'urgence ainsi que l'avertissement et la prévention de sortie de voie. Une caméra de recul est maintenant proposée de série. L'Outback se trouve dans une position très favorable. Avec sa gamme de déclinaisons, ses dimensions et sa fourchette de prix, elle peut se mesurer à la fois aux VUS compacts et intermédiaires. Elle peut aussi se frotter aux autres familiales hautes sur pattes comme la Volkswagen Golf Alltrack, la Audi A4 allroad et la Volvo V60 Cross Country. Finalement, ce n'est pas surprenant que l'Outback soit si populaire au Québec.

Elle n'est toutefois pas parfaite. Sa capacité de remorquage est moins élevée que celle d'un vrai VUS, les versions les plus intéressantes sont les plus dispendieuses, et le choix du moteur de 3,6 litres — qui semble mieux adapté à la vocation de l'Outback — signifie une consommation plus importante. Quand même, pour les anti-VUS, il s'agit d'un véhicule intéressant, moins encombrant et tout aussi à la mode.

Données principales

Emp. / lon. / lar. / haut.	2745 / 4817 / 1840 / 1680 mm
Coffre / réservoir	1005 à 2075 litres / 70 litres
Nbre coussins sécurité / ceintures	8 / 5
Suspension av. / arr.	ind., jambes force / ind., double triangulation
Pneus avant / arrière	P225/60R18 / P225/60R18
Poids / Capacité de remorquage	1744 kg / 1224 kg (2700 lb)

Composantes mécaniques

H4 2,5 LITRES

Cylindrée, alim.	H4 2,5 litres atmos.
Puissance / Couple	175 ch / 174 lb-pi
Tr. base (opt) / Rouage base (opt)	CVT / Int
0-100 / 80-120 / V. max	10,8 s / 7,6 s / n.d.
100-0 km/h	42,6 m
Type / ville / route / CO_2	Ord / 9,4 / 7,3 / 3960 kg/an

H6 3,6 LITRES

Cylindrée, alim.	H6 3,6 litres atmos.
Puissance / Couple	256 ch / 247 lb-pi
Tr. base (opt) / Rouage base (opt)	CVT / Int
0-100 / 80-120 / V. max	7,4 s (est) / n.d. / n.d.
100-0 km/h	n.d.
Type / ville / route / CO_2	Ord / 12,0 / 8,7 / 4920 kg/an

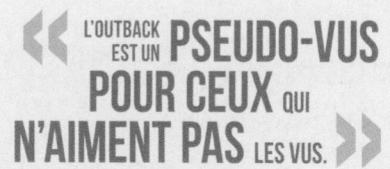

« L'OUTBACK **EST UN PSEUDO-VUS POUR CEUX** QUI **N'AIMENT PAS** LES VUS. »

DU NOUVEAU EN 2018

Légères retouches esthétiques, modifications apportées à la mécanique pour améliorer le silence de roulement et la conduite, écrans tactiles de plus grande dimension, caméra de recul maintenant de série, abandon de la boîte manuelle.

Photos : Subaru

Pour voir la liste complète des informations techniques, veuillez vous référer à la section statistiques.

SUBARU WRX STI

SUBARU **WRX / WRX STI**

78% COTE DU GUIDE

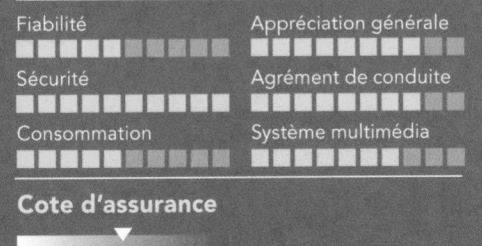

Prix : 29 995 $ à 48 000 $ (estimé)
Catégorie : Berline
Garanties :
3 ans/60 000 km, 5 ans/100 000 km
Transport et prép. : 1 765 $
Ventes QC 2016 : 1 356 unités
Ventes CAN 2016 : 4 217 unités
Assemblage : Ôta JP

Fiabilité	Appréciation générale
■■■■■□□□□□	■■■■■■■□□□
Sécurité	**Agrément de conduite**
■■■■■■■□□□	■■■■■■■□□□
Consommation	**Système multimédia**
■■■■■□□□□□	■■■■■■■□□□

Cote d'assurance

$ $ $ $

Connectivité multimédia

Aucune

➕ Performances de haut niveau •
Valeur impressionnante pour le prix
(WRX) • Freinage puissant •
Sièges Recaro disponibles

➖ Délai du turbo (STI) • Modèles en
fin de carrière • STI dépassée par la
WRX • Boîte manuelle capricieuse (STI)

Concurrents
WRX : Ford Focus ST, Honda Civic Si,
Volkswagen Golf GTI

WRX STI : Ford Focus RS,
Honda Civic Type R, Volkswagen Golf R

En attendant la relève

Mathieu St-Pierre

L es WRX et WRX STI ne datent que du millésime 2015, mais dans les trois dernières années, la concurrence est passée de nulle à extrême. Ainsi, les Ford Focus RS, Volkswagen Golf R et Honda Civic Type R projettent désormais une ombre inquiétante sur ces deux Subaru extrêmes. Et les gens de Subaru sont parfaitement au courant de la situation.

L'arrivée d'une toute nouvelle Impreza assemblée sur une plate-forme plus légère et rigide augure un excellent futur aux WRX et WRX STI, mais pour cette année, du moins, nous allons devoir mettre nos attentes de côté et apprécier deux voitures qui sont, somme toute, très rapides, peu importe les conditions de la route ou de la météo. La WRX en particulier, demeure une arme redoutable et abordable pour ceux qui cherchent les émotions fortes sur piste ou sur une surface recouverte de neige et de glace.

LES RETOUCHES
De l'extérieur, les modifications se limitent aux calandres maintenant plus agressives, dotées de prises d'air plus imposantes. La STI gagne de nouvelles jantes de 19 pouces tandis que la WRX, a droit à un nouveau design pour ses roues de 18 pouces.

Dans le but de rehausser le raffinement de ses deux sportives, Subaru a passé beaucoup de temps sur le bien-être des occupants. Les vitres latérales sont maintenant plus épaisses et les caoutchoucs plus importants des portes isolent mieux l'habitacle. On se sent justement mieux à bord grâce à de nouveaux matériaux, une plus belle finition sans oublier les écrans à haute définition plus grands qu'avant. L'effet engendré par ces retouches est immédiat, mais l'amélioration la plus marquante n'est pas visible. Elle a trait aux suspensions. Celles-ci ont été révisées dans le but d'améliorer le confort sans affecter la tenue de route. Il est vrai que la STI, en particulier, souffrait d'un roulement hypersec frôlant le désagréable. Sans parler d'une finesse aussi développée que celle de la Golf R, le progrès est net. La réduction des bruits provenant du vent et des pneus combinée à l'accroissement du débattement des amortisseurs améliore grandement l'expérience de conduite.

WRX > WRX STI

Le moteur turbocompressé de 2,0 litres de la WRX fait toute la différence. Le petit turbo à double entrée de gaz d'échappement lui permet de révolutionner à bas régime produisant son couple maximum de 258 lb-pi dès 2 000 tr/min. En comparaison, le 2,5 litres de la STI produit un couple de 290 lb-pi, mais à partir de 4 000 tr/min. Lors d'un départ arrêté, la WRX est plus rapide. De plus, la plage de puissance plus large de la WRX est permissive, permettant au conducteur d'éviter de rétrograder si le cœur n'y est pas.

Les boîtes manuelles des deux voitures requièrent une main ferme, et habile. La synchronisation de celle de la WRX a été revue ce qui rend le levier plus maniable. La course de ce même levier est plus rapprochée dans la STI, par contre, le pilote doit travailler car les changements de rapport demandent une chorégraphie de pieds bien exécutée. En ce qui a trait à la direction, la WRX bénéficie d'une assistance électrique plus linéaire et mieux dosée que la version hydraulique de la STI. L'avantage principal de cette dernière est son système de freinage Brembo, nouveau cette année. Les disques sont non seulement ventilés et les étriers à multiples pistons aux quatre coins, mais les plaquettes ont une surface de contact plus grande qui améliore le temps de réponse et qui résiste à l'évanouissement des freins.

Si l'on parle de WRX et STI, on ne peut pas passer sous silence la transmission intégrale. Le système de la WRX est parfaitement efficace, peu importe l'état de la chaussée. Il bénéficie de la vectorisation de couple et d'une prise constance. Au Circuit Mont-Tremblant l'été, comme à Mécaglisse l'hiver, vous allez vous prendre pour Antoine L'Estage, éminent pilote de rallye. La STI a l'avantage d'un différentiel central à commande entièrement électronique (DCCD), modulable par le pilote. Quoiqu'il soit plus efficace en 2018, le fait demeure que la majorité des propriétaires laissera le DCCD en mode automatique.

Subaru mise fort sur son système de sécurité actif EyeSight offert dans toutes les WRX et WRX STI. L'écran d'infodivertissement passe à sept pouces et inclut le Subaru STARLINK doté d'une compatibilité complète avec intégration de téléphone et de ports USB.

Les WRX et WRX STI sont loin d'être dépassées, mais vaut mieux jeter un coup d'œil du côté de Ford et Volkswagen pour être bien certain de son choix en 2018. Espérons que 2019 nous réservera une STI de plus de 325 chevaux.

Données principales

Emp. / lon. / lar. / haut.	2 650 / 4 595 / 1 795 / 1 475 mm
Coffre / réservoir	340 litres / 60 litres
Nbre coussins sécurité / ceintures	7 / 5
Suspension av. / arr.	ind., jambes force / ind., double triangulation
Pneus avant / arrière	P235/45R17 / P235/45R17
Poids / Capacité de remorquage	1596 kg / n.d.

Composantes mécaniques

WRX

Cylindrée, alim.	H4 2,0 litres turbo
Puissance / Couple	268 ch / 258 lb-pi
Tr. base (opt) / Rouage base (opt)	M6 (CVT) / Int
0-100 / 80-120 / V. max	6,0 s / 4,1 s / 240 km/h (const)
100-0 km/h	38,8 m
Type / ville / route / CO_2	Ord / 11,3 / 8,5 / 4 700 kg/an

STI

Cylindrée, alim.	H4 2,5 litres turbo
Puissance / Couple	305 ch / 290 lb-pi
Tr. base (opt) / Rouage base (opt)	M6 / Int
0-100 / 80-120 / V. max	5,4 s / 3,7 s / 251 km/h (const)
100-0 km/h	39,6 m
Type / ville / route / CO_2	Ord / 14,1 / 10,5 / 5 840 kg/an

> **« LA STI**, PARTICULIÈREMENT, **EST LA DERNIÈRE DE SON ESPÈCE**, SES COMPOSANTES MÉCANIQUES ET **SA CONDUITE** SORTENT DU PASSÉ. VOILÀ UN **FUTUR CLASSIQUE ! »**

DU NOUVEAU EN 2018

Habitacles revus, calandres redessinées, nouvelles jantes, suspensions recalibrées.

SUBARU WRX

SUBARU WRX STI

SUBARU WRX STI

Pour voir la liste complète des informations techniques, veuillez vous référer à la section statistiques.

SUBARU | **589**

TESLA **MODEL 3**

n.d.	COTE DU GUIDE

Prix : 43 000 $ (estimé)
Catégorie : Berline
Garanties :
4 ans/80 000 km, 4 ans/80 000 km
Transport et prép. : n.d.
Ventes QC 2016 : 0
Ventes CAN 2016 : 0
Assemblage : Fremont CA US

Fiabilité n.d.	Appréciation générale n.d.
Sécurité n.d.	Agrément de conduite n.d.
Consommation n.d.	Système multimédia n.d.

Cote d'assurance

n.d.

Connectivité multimédia

Aucune

➕ Bonnes performances prévues • Grande autonomie annoncée • Espace intérieur promis • Technologies de pointe incluses

➖ Fiabilité inconnue • Nombre restreint de boutiques • Service après-vente à prouver • Frais d'utilisation du réseau Supercharger

Concurrents
Chevrolet Bolt EV, Volkswagen e-Golf

Ça passe ou ça casse

Michel Deslauriers

L a tumultueuse aventure d'Elon Musk dans le domaine de l'automobile pourrait connaître un dénouement spectaculaire, ou pourrait se terminer abruptement, avec l'arrivée de la Tesla Model 3. Une voiture plus abordable, conçue pour ceux qui désirent rouler sans brûler une goutte d'essence et encourager l'élan de ce visionnaire.

Pour la commercialisation de la Model 3, sur laquelle plusieurs centaines de milliers de personnes ont donné une mise de fonds et attendent impatiemment leur berline, il a fallu tout repenser de A à Z. Après tout, ces acheteurs seront théoriquement moins riches que les propriétaires de Model S et de Model X, plus dépendants de leurs voitures et moins patients aussi.

DE NOMBREUX DÉFIS À RELEVER

Quel fournisseur externe aurait pu produire les batteries de ces voitures qui seraient non seulement fiables, mais acheminées à temps chez Tesla afin de ne pas retarder l'assemblage ? On a réglé la question en s'en occupant à l'interne, avec la collaboration de Panasonic. Tesla a construit une méga-usine dans le désert du Nevada, la Gigafactory, qui crachera un demi-million de batteries au lithium par année à partir de 2018. Grâce à des panneaux solaires et à un système géothermique, l'usine produira elle-même une partie de son énergie.

Non seulement la production de véhicules Tesla augmentera en flèche, mais il faudra aussi approvisionner les boutiques Tesla en pièces afin de garder ces Model 3 sur la route. La compagnie californienne sera-t-elle capable d'augmenter la cadence et de la maintenir ? Il semblerait que tout soit déjà planifié et que Tesla soit fin prêt à produire une voiture pour la masse, ce qui était l'objectif avoué de la compagnie dès sa fondation, en 2003. Les propriétaires des Model S et Model X profitent du réseau de recharge Supercharger, établi tant à travers les États-Unis et le Canada qu'en Europe et en Asie. On peut donc s'arrêter et faire le plein d'électrons gratuitement, sans trop se bousculer. Toutefois, avec la quantité de Model 3 prévue lors des prochaines années, Tesla a dû faire quelques changements à sa politique d'utilisation. En effet, les détenteurs de Model 3 devront payer pour leurs recharges.

LA VOITURE DU PEUPLE ENVIRONNEMENTALISTE

La Model 3 est plus petite que la Model S. Ses dimensions se comparent plus ou moins à celles d'une berline intermédiaire, comme la Honda Accord et la Toyota Camry. La Model 3 peut accueillir cinq personnes, et grâce à l'absence d'un moteur à combustion à l'avant, on a pu avancer l'habitacle plus près des roues avant, libérant ainsi de l'espace pour les jambes des passagers arrière. La voiture dispose de deux coffres, avant et arrière, pour un volume total de 396 litres.

En version de base, la Model 3 est équipée d'un rouage à propulsion, alors qu'une transmission intégrale est optionnelle. Le bloc de batteries dispose d'une capacité d'environ 60 kWh, assez pour propulser la voiture de 0 à 100 km/h en moins de six secondes et procurer une autonomie de 345 kilomètres. Outre la transmission intégrale, des versions plus performantes de la Tesla Model 3 verront le jour, au cours de l'année 2018, dotées d'une plus grande autonomie de surcroît. Comme l'a cité Elon Musk lors du dévoilement officiel de la Model 3: «Chez Tesla, on ne construit pas de voitures lentes!» Et lors de cette soirée du 31 mars 2016, on a promis un prix de départ de 35 000 $ US pour les États-Unis, avant les rabais gouvernementaux applicables. À ce prix, le système de conduite autonome Autopilot est inclus, tout comme une planche de bord épurée sur laquelle est installé un écran tactile d'environ 15 pouces. Il y aura moins de 100 configurations offertes pour la Model 3, alors que la Model S en propose plus de 1 500. Le PDSF (prix de détail suggéré par le fabricant) officiel pour le Canada n'a pas été confirmé au moment de mettre *Le Guide de l'auto 2018* sous presse. Toutefois, on peut présumer qu'il sera nez à nez avec celui de la Chevrolet Bolt EV.

Si la qualité d'assemblage et de finition de l'habitacle des Model S et Model X est loin de refléter leurs prix d'achat, nous sommes plus tolérants vis-à-vis celle de la Model 3, plus abordable. Et Tesla n'a pas pris de risques en équipant la voiture de portes conventionnelles, plutôt que les électriques en ailes de mouette du Model X, plutôt problématiques.

La Model 3 propulsera-t-elle Tesla vers de nouveaux sommets, lui permettant de devenir l'un des grands constructeurs automobiles du monde? Il est permis de croire que ce sera le cas, si la compagnie relève avec brio les nombreux défis qui l'attendent. De toute façon, les partisans de la marque, ces fidèles adeptes de la voiture électrique, ne laisseront pas tomber Musk et ses ambitions de freiner la pollution atmosphérique mondiale avec ses bagnoles électriques.

TESLA MODEL 3

Données principales	
Emp. / lon. / lar. / haut.	n.d. / n.d. / n.d. / n.d. mm
Coffre / réservoir	396 litres / n.d. litres
Nbre coussins sécurité / ceintures	n.d. / 5
Suspension av. / arr.	n.d. / n.d.
Pneus avant / arrière	n.d. / n.d.
Poids / Capacité de remorquage	n.d. / n.d.

Composantes mécaniques	
60	
Puissance / Couple	n.d. / n.d.
Tr. base (opt) / Rouage base (opt)	Rapport fixe / Prop
0-100 / 80-120 / V. max	6,0 s (est) / n.d. / n.d.
100-0 km/h	n.d.
Consommation équivalente	n.d.
Type de batterie	Lithium-ion (Li-ion)
Énergie	60 kWh (est)
Temps de charge (240V / 400 V)	n.d. / n.d.
Autonomie	345 km

« LA **VOITURE ÉLECTRIQUE** ACCESSIBLE SELON **TESLA**. **LE CONSTRUCTEUR** SAURA-T-IL **SUFFIRE À LA DEMANDE** ET ASSURER **UN BON SERVICE** APRÈS-VENTE? »

DU NOUVEAU EN 2018

Nouveau modèle.

Photos: Tesla

Pour voir la liste complète des informations techniques, veuillez vous référer à la section statistiques.

TESLA | **591**

TESLA **MODEL S**

84% COTE DU GUIDE

((**SiriusXM**))

Prix: 94 650 $ à 193 900 $ (2017)
Catégorie: Berline
Garanties:
4 ans/80 000 km, 4 ans/80 000 km
Transport et prép.: 1 300 $
Ventes QC 2016: n.d.
Ventes CAN 2016: n.d.
Assemblage: Fremont CA US

Fiabilité	Appréciation générale
■■■■■■■□□□	■■■■■■■■□□
Sécurité	Agrément de conduite
■■■■■■■■■□	■■■■■■■■□□
Consommation	Système multimédia
■■■■■■■□□□	■■■■■■■■□□

Cote d'assurance

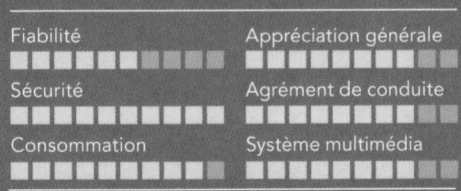

$ $ $ $

Connectivité multimédia

Aucune

➕ Look à couper le souffle • Habitacle au design superbe • Mises à jour fréquentes • Performances de haut niveau • Technologies avant-gardistes

➖ Finition moyenne • Qualité des matériaux décevante • Prix élevés • Options très coûteuses • Long délai de livraison

Concurrents
Aston Martin Rapide, Audi A8, BMW Série 7, Mercedes-Benz Classe S, Porsche Panamera

Mascotte de l'électrification

Marc-André Gauthier

Dès les débuts de l'automobile, on parle ici de la fin du XIXᵉ siècle, différents carburants (l'essence, la vapeur et l'électricité, entre autres) se livraient une bataille impitoyable. Et ce fut l'essence qui l'emporta, en partie parce que les grands capitaux déjà investis dans l'exploration pétrolière s'emparèrent de ce marché, qui allait rapidement devenir l'un des plus lucratifs au monde.

Difficile de concevoir que, plus de 100 ans plus tard, cette guerre soit de retour. Des voitures électriques, il en existe plusieurs sur le marché, et au cours des années qui viendront, des dizaines de nouveaux modèles verront le jour. Nous n'avons qu'à penser à Mercedes-Benz, à Jaguar et à Volvo, pour ne nommer que celles-là, qui souhaitent offrir une version électrique de chacun de leurs modèles.

Cela dit, la Tesla Model S, la grande berline de la marque californienne, passera à l'histoire comme ayant été la voiture électrique qui a prouvé au monde la viabilité de cette technologie.

CONDUIRE UNE MODEL S, C'EST SPÉCIAL

Ce qui nous frappe en premier, c'est le style de cette berline qui continue de fasciner les gens. Sans grille à l'avant, avec des courbes élégantes, on peut objectivement affirmer que la Tesla Model S est superbe. L'habitacle aussi est pas mal réussi. La planche de bord est dominée par un gros écran, entouré de formes qui semblent être sorties tout droit du cahier d'un designer à qui l'on aurait donné carte blanche.

Il faut toutefois souligner que l'habitacle de la Model S, bien qu'il en mette plein la vue, souffre d'une finition plutôt ordinaire. On devine la qualité moyenne des matériaux utilisés. Attention. Si vous êtes déjà montés dans ce modèle, et que vous le comparez à votre Corolla, oui, c'est vraiment mieux, mais il faut demeurer objectif. Si l'on compare sa finition avec celle d'une Mercedes-Benz Classe S, par exemple, cette dernière est nettement supérieure...

La Tesla Model S, c'est avant tout une expérience de conduite unique. Peu importe la version choisie, on bénéficie d'une motorisation électrique puissante, répondant plus rapidement aux commandes que n'importe quel moteur à essence se retrouvant sur le marché. La suspension pneumatique, offerte en option, s'avère l'une des meilleures de l'industrie, et la suspension classique, offerte sur les versions de base, convient parfaitement à maintenir cette lourde voiture bien en selle, sur la route.

Tesla offre en option un système autonome de Niveau 2 dit «Autopilot», qui permet à la Model S de se conduire sans intervention humaine, sur l'autoroute (mais avec supervision, s'entend). Plusieurs manufacturiers ont tenté de l'imiter avec des systèmes similaires, notamment Mercedes-Benz et sa Classe E, mais Tesla demeure reine et maître en la matière. On peut même acheter un ensemble qui lui permet d'être 100% autonome, cependant, nous prévient Tesla, le logiciel d'opération n'existe pas encore. Vous ne faites qu'acheter des caméras et des capteurs qui permettront à la voiture, d'ici quelques années, de se conduire toute seule. Là est la beauté de Tesla. On achète un véhicule, et son «cerveau» est constamment mis à jour, sans même devoir passer par le point de vente.

Par contre, ce bijou si confortable, silencieux et performant vient avec un prix. La version de base, dotée d'une batterie de 75 kWh de roues motrices arrière seulement, et permettant 450 km d'autonomie, vaut tout près de 100 000 $. La version 75D, équipée de la même batterie, mais de deux moteurs, l'un à l'avant et l'un à l'arrière, donc de quatre roues motrices, offre 466 km d'autonomie, et on se retrouve au-delà de la barrière psychologique des 100 000 $.

La 100D, elle, est munie de quatre roues motrices, d'une batterie de 100 kWh permettant une autonomie de 594 km, et elle vaut plus de 130 000 $. Finalement, il y a la version de performance P100D, qui offre 572 km d'autonomie, et sa puissance phénoménale permet le 0-100 km/h en 2,7 secondes, le tout pour plus de 190 000 $... Vient ensuite une myriade d'options coûteuses, comme, par exemple, l'ensemble Climat glacial, qui comprend les sièges, essuie-glaces et volant chauffants, qui fait monter le prix de 1 400 $...

La Tesla Model S a prouvé au monde entier que la voiture électrique était confortable, rapide, et aussi bonne, sinon meilleure, que celle à essence. On ne sait pas comment Tesla va survivre aux années qui viennent, mais une chose est certaine, dans chaque Jaguar et Porsche électriques qui se retrouveront sur nos routes dans cinq ou dix ans, on percevra l'inspiration de la Tesla Model S.

Données principales

Emp. / lon. / lar. / haut.	2 960 / 4 979 / 1 964 / 1 445 mm
Coffre / réservoir	804 à 1 645 litres / 0 litre
Nbre coussins sécurité / ceintures	8 / 5
Suspension av. / arr.	ind., pneumatique, double triangulation / ind., pneumatique, multibras
Pneus avant / arrière	P245/45R19 / P245/45R19
Poids / Capacité de remorquage	2 241 kg / non recommandé

Composantes mécaniques

75D, 100D

Puissance / Couple (moteur x2)	259 ch (193 kW) / 184 lb-pi
Tr. base (opt) / Rouage base (opt)	Rapport fixe / Int
0-100 / 80-120 / V. max	**75D** - 5,4 s (const) / n.d. / 225 km/h (const)
	100D - 4,4 s (const) / n.d. / 225 km/h (const)
Consommation équivalente	**75D** - 2,3 Le/100 km
	100D - 2,7 Le/100 km
Type de batterie	Lithium-ion (Li-ion)
Énergie	**75D** - 75,0 kWh
	100D - 100 kWh
Temps de charge (120V / 240V)	**75D** - 8,2 h / 1,2 h
	75D - 9,3 h / 1,6 h
Autonomie	**75D** - 466 km
	100D - 594 km

P100D

Puissance / Couple (Avant)	259 ch (193 kW) / 184 lb-pi
Puissance / Couple (arrière)	503 ch (375 kW) / 479 lb-pi
Tr. base (opt) / Rouage base (opt)	Rapport fixe / Int
0-100 / 80-120 / V. max	2,7 s (const) / n.d. / 250 km/h (const)
Consommation équivalente	2,7 Le/100 km
Type de batterie	Lithium-ion (Li-ion)
Énergie	100,0 kWh
Temps de charge (120V / 240V)	9,2 h. / 1,5 h
Autonomie	572 km

75

Puissance / Couple	382 ch (285 kW) / 285 lb-pi
0-100 / 80-120 / V. max	6,8 s (const) / n.d. / 225 km/h (const)
Consommation équivalente	2,4 Le/100 km
Temps de charge (120V / 240V)	8,1 h. / 1,1 h
Autonomie	450 km

DU NOUVEAU EN 2018

Aucun changement majeur au moment de mettre sous presse.

Photos : Tesla

Pour voir la liste complète des informations techniques, veuillez vous référer à la section statistiques.

TESLA **MODEL X**

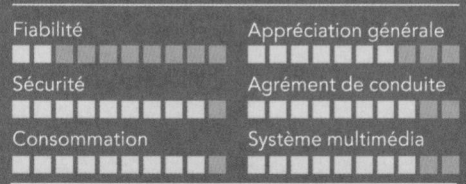

Prix: 111 950 $ à 199 800 $ (2017)
Catégorie: VUS
Garanties:
4 ans/80 000 km, 4 ans/80 000 km
Transport et prép.: 1 300 $
Ventes QC 2016: n.d.
Ventes CAN 2016: 1 032 unités
Assemblage: Fremont CA US

Fiabilité	Appréciation générale
■■□□□□□□□□	■■■■■■■□□□
Sécurité	Agrément de conduite
■■■■■■■■■□	■■■■■■■■□□
Consommation	Système multimédia
■■■■■■■■■■	■■■■■■□□□□

Cote d'assurance

n.d.

Connectivité multimédia

Aucune

➕ Performances et autonomie inégalées • Sécurité passive et active exceptionnelles • Technologies de pointe • Volume cargo impressionnant (5 places)

➖ Portières latérales problématiques • Sièges médians peu polyvalents (6 et 7 places) • Prix étourdissants • Impossible d'installer support ou coffre sur le toit

Concurrents
Jaguar I-PACE

Le baroudeur aux ailes de faucon

Marc Lachapelle

Le lancement du Model X, cet utilitaire sport électrique aux portières en «ailes de faucon», fut un de ces événements spectaculaires dont Tesla a le secret, réglé au quart de tour et animé par le grand vizir lui-même, Elon Musk. On aurait cru voir un *preacher* devant une foule de disciples en délire. Les lendemains furent difficiles. Et voilà que la concurrence se pointe, à l'horizon.

Le parcours du Model X fut certainement ardu. Les premières livraisons se firent d'abord attendre, ce qui n'a rien d'exceptionnel pour Tesla. Le temps que le jeune constructeur de Palo Alto, en pleine Silicon Valley, trouve le moyen de dompter, entre autres, ces immenses portières verticales électriques à double articulation qu'il compare aux ailes du rapace le plus rapide de la planète. Des mécanismes étonnants, qui sont toutefois complexes et difficiles à fiabiliser.

Le propre de ces portières est de se soulever en se maintenant près de la carrosserie, pour qu'on puisse accéder aux places arrière, même coincé entre deux autres véhicules. Risque fréquent dans les stationnements de centres commerciaux, entre autres. Il leur suffit d'un dégagement latéral de 30 cm pour se déployer et des capteurs s'en assurent, prêts à interrompre le mouvement de la portière à tout moment, si un obstacle est détecté. Ces capteurs dictent également l'angle d'ouverture, entre 20 et 45 degrés, selon les limites solides qu'ils ont repérées. Cela vaut aussi pour le dégagement en hauteur, pour le plafond en béton d'un stationnement intérieur, par exemple.

TOUJOURS LA FUITE EN AVANT

Quoi qu'il en soit, après les *mea culpa* répétés du PDG Musk au sujet de la surabondance d'éléments complexes dont le Model X a été affligé pour son lancement, Tesla a tranquillement et discrètement apporté des solutions aux ennuis causés par ces portières théoriquement magiques. Notamment par la mise à jour 8,0 du logiciel qui gère les multiples systèmes et accessoires électriques ou électroniques. Mise à jour qui s'effectue automatiquement, à l'heure souhaitée, par la connexion Internet du véhicule.

Le gigantesque pare-brise, qui se prolonge jusqu'au milieu du toit du Model X, ou presque, est un autre élément à la fois unique et controversé. Dépourvue de tout écran opaque, cette immense pièce de verre feuilleté est évidement teintée pour éviter que l'habitacle ne se transforme en rôtissoire et les passagers avant en... Bref, vous voyez ce qu'on veut dire. Ce méga pare-brise, qui offre une vue incomparable, est parfaitement conforme à la philosophie de Tesla, qui cherche constamment à surprendre et à ravir. En se moquant des critiques.

Le tableau de bord du Model X est toujours dominé par l'énorme écran vertical de 17 pouces qui rassemble la quasi-totalité des contrôles. Ils sont regroupés sur des menus à travers lesquels on parvient à naviguer sans trop de mal, après une période d'apprivoisement incontournable. Il serait sûrement possible de rendre le système plus convivial, sans ajouter des rangées de boutons.

On a fait grand cas, aussi, de l'impossibilité de replier les sièges en deuxième rangée dans ce Model X qui ne devrait pas être utilitaire que de nom. La banquette arrière de la version «standard» à cinq places se replie effectivement, en entier ou en sections asymétriques (60/40), pour former un plancher plat et libérer une soute cargo colossale. La configuration à six places ajoute 4 200 $ (5 000 $ avec une console) au prix de départ actuel, déjà substantiel, de 111 950 $ pour la version 75D, dont la batterie de 75 kWh promet une autonomie de 381 km. Et c'est 5 600 $ pour la version à sept places.

SPÉCIALISTE DE LA STRATOSPHÈRE

Parlons prix, encore, puisqu'il grimpe au rythme d'une fusée de SpaceX, une autre fabuleuse marotte de Monsieur Musk, à mesure qu'on grimpe sur les échelles de la puissance, de l'autonomie et des options. Pour la version 100D du Model X, avec batterie de 100 kWh et 475 km d'autonomie, il faut mettre 135 250 $ en partant, mais pour la P100D, avec son mode Ludicrous Speed, un chrono 0-100 promis de 3,1 secondes et la suspension à ressorts pneumatiques inclus, les enchères débutent à 199 800 $. Toutes options incluses, la note stupéfiante de 229 150 $ (avant le rabais encore applicable) comprend le groupe de remorquage, qui permet de tracter jusqu'à 2 250 kg (4 960 livres)

Nous parlons néanmoins ici d'un véhicule exotique à vocation familiale. Quels que soient le modèle, les options choisies et les cotes de sécurité. Voyons comment se débrouillera le Model X contre ses premiers rivaux sérieux, le Audi e-tron quattro et le Jaguar I-PACE, qui arrivent bientôt. Que la joute commence, enfin.

Données principales	
Emp. / lon. / lar. / haut.	2 965 / 5 052 / 2 017 / 1 684 mm
Coffre / réservoir	736 à 2 180 litres / n.d. litres
Nbre coussins sécurité / ceintures	12 / 7
Suspension av. / arr.	ind., pneumatique, double triangulation / ind., pneumatique, multibras
Pneus avant / arrière	P265/45R20 / P275/45R20
Poids / Capacité de remorquage	2 491 kg / 2 250 kg (4 960 lb)

Composantes mécaniques	
100D, 75D	
Puissance / Couple	259 ch (193 kW) / 184 lb-pi
Tr. base (opt) / Rouage base (opt)	Rapport fixe / Int
0-100 / 80-120 / V. max	**75D** - 6,2 s (const) / n.d. / 210 km/h (const)
	100D - 5,0 s (const) / n.d. / 250 km/h (const)
Consommation équivalente	**75D** - 2,5 Le/100 km
	100D - 2,7 Le/100 km
Type de batterie	Lithium-ion (Li-ion)
Énergie	**75D** - 75,0 kWh
	100D - 100,0 kWh
Temps de charge (240V / 400V)	**75D** - 7,9 h / 1,0 h
	100D - 9,7 h / 1,5 h
Autonomie	**75D** - 381 km
	100D - 475 km

P100D	
Puissance / Couple (Avant)	259 ch (193 kW) / 184 lb-pi
Puissance / Couple (Arrière)	503 ch (375 kW) / 479 lb-pi
Tr. base (opt) / Rouage base (opt)	Rapport fixe / Int
0-100 / 80-120 / V. max	3,1 s (const) / n.d. / 250 km/h (const)
100-0 km/h	n.d.
Consommation équivalente	2,7 Le/100km
Type de batterie	Lithium-ion (Li-ion)
Énergie	100,0 kWh
Temps de charge (240V / 400V)	9,5 h / 1,5 h (est)
Autonomie	465 km

DU NOUVEAU EN 2018

Aucun changement majeur au moment de mettre sous presse.

Photos : Tesla

Pour voir la liste complète des informations techniques, veuillez vous référer à la section statistiques.

TESLA | 595

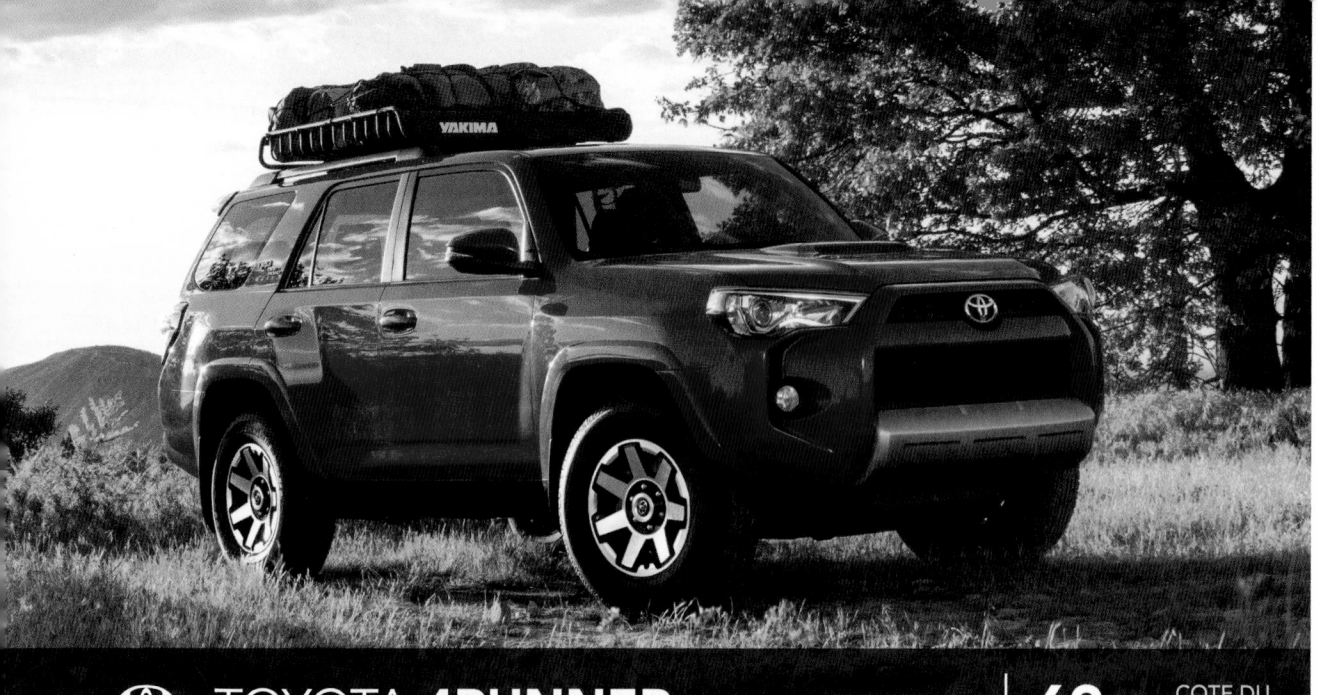

TOYOTA **4RUNNER**

69% COTE DU GUIDE

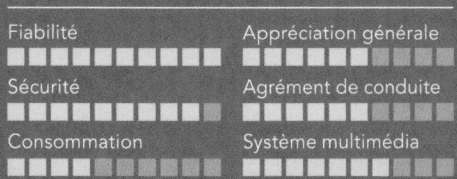

Prix: 44 800 $ à 52 195 $ (2017)
Catégorie: VUS
Garanties:
3 ans/60 000 km, 5 ans/100 000 km
Transport et prép.: 2 284 $
Ventes QC 2016: 1 050 unités
Ventes CAN 2016: 6 677 unités
Assemblage: Hamura JP

Fiabilité	Appréciation générale
■■■■■■■□□□	■■■■■■□□□□
Sécurité	Agrément de conduite
■■■■■■■□□□	■■■■■□□□□□
Consommation	Système multimédia
■■■■□□□□□□	■■■■■■□□□□

Cote d'assurance

$ $ $ $

Connectivité multimédia

Aucune

➕ Excellent en conduite hors route • L'ensemble TRD Pro est un must • Habitacle spacieux • Roulement meilleur qu'on ne le croirait

➖ Rayon de braquage énorme • Forte consommation d'essence • Groupe motopropulseur à moderniser • Roulis prononcé en virage

Concurrents
Ford Explorer, Jeep Grand Cherokee, Jeep Wrangler, Nissan Pathfinder

Le camion qui défie le temps

Mathieu St-Pierre

L e Toyota 4Runner est l'un des rares véhicules de conception ancienne encore sur le marché à qui l'on ne peut reprocher d'être vieux.

En fait, le 4Runner est le dernier véritable VUS offert au pays (non, je n'ai pas oublié le Jeep Wrangler, mais j'estime qu'il fait partie d'une classe à part). La carrosserie du 4Runner est montée sur un châssis autonome, le moteur aura été au poste pendant plus longtemps que tout le cycle de vie de la Matrix, et la conduite rappelle celle des camions d'autrefois. C'est pour toutes ces raisons que j'aime tant le 4Runner!

À peut-être une exception près, Toyota sait y faire en matière de camions. Le Tacoma est le roi des petits *pick-up*, le Land Cruiser (vendu seulement aux États-Unis) est le roi des véhicules de brousse et le 4Runner est le roi des VUS de format moyen. À mon avis, le Jeep Grand Cherokee vise la même clientèle, même s'il s'agit d'un véhicule beaucoup plus sophistiqué, et sujet à certains problèmes, tandis que le 4Runner continue inexorablement à rouler sa bosse.

CHOISISSEZ BIEN VOTRE NIVEAU DE DOTATION
Il serait tentant d'équiper son 4Runner de l'ensemble Limited et d'en faire un véhicule de luxe, comme on le ferait pour un Ford Edge, par exemple. Toutefois, ce ne serait pas une bonne idée. À la base, le 4Runner est un camion, rappelons-le, et c'est de la dotation TRD dont il a besoin.

L'écart de prix entre la version de base et celle avec ensemble TRD Pro n'est pas très élevé, mais il fait toute la différence. En ajoutant notamment une calandre spéciale, des pare-chocs avec des touches de noir et des pneus à crampons de 31,5 po montés sur de superbes roues noires de 17 pouces, on donne de la gueule à ce véhicule aux lignes carrées.

À l'intérieur, Toyota a fait du bon travail pour rafraîchir l'aménagement même si le design demeure légèrement vieillot. Personnellement, j'apprécie le style plutôt rectiligne, mais convivial, de l'habitacle. L'espace est généreux et dégagé, idéal pour cinq occupants de taille moyenne. Côté technologies de pointe, le 4Runner est bien équipé avec son écran tactile de 6,1 po avec connectivité Bluetooth, Gracenote, radio satellite et système de navigation.

FIDÈLE MOTEUR

Le V6 de 4,0 litres du 4Runner a vu le jour en 2003 lors de l'introduction de la quatrième génération, entièrement révisée à l'époque. Sa puissance a augmenté au fil des ans, mais le poids du véhicule a fait de même. La boîte automatique à cinq rapports n'a pas évolué depuis un bon moment, mais cela ne pose pas de problème puisqu'elle fonctionne toujours admirablement bien.

Avec son couple de 278 lb-pi, ce moteur est responsable de vives reprises, autorisant ainsi des dépassements sécuritaires. Par rapport à des moteurs concurrents reliés à des boîtes de vitesses avec presque deux fois plus de rapports, il affiche un délai de réponse mécanique quand on enfonce l'accélérateur, mais comme il s'agit ici d'un VUS et non d'une sportive Lexus GS F, on ne lui en tiendra pas rigueur. De toute façon, mieux vaut y aller mollo avec le pied droit si l'on veut maintenir la consommation d'essence dans des limites raisonnables.

Les 4Runner TRD possèdent ce qu'il faut pour s'attaquer aux chemins de terre, aux terrains rocheux et aux mares de boue. Ils sont équipés d'un levier 4RM au look très cool, d'un sélecteur tout-terrain avec fonction très basse vitesse et d'un différentiel arrière verrouillable. Les autres déclinaisons sont en mode 4RM à prise constante.

En se fiant à l'apparence et à la fiche technique du 4Runner TRD Pro, on s'attendrait à une qualité de roulement pitoyable. Les amortisseurs Bilstein à réservoir extérieur et les ressorts de suspension avant recalibrés, par exemple, suggèrent que ça pourrait cogner dur. Pourtant, ce n'est pas le cas, et c'est sans doute la caractéristique la plus surprenante de ce VUS.

Cela dit, le 4Runner fait de son mieux pour réduire les mouvements latéraux, mais les coussinets du châssis et les énormes pneus ballon engendrent un certain roulis. Sachez également que son rayon de braquage est élevé. Là où l'on peut faire un demi-tour en trois étapes, il en faudra cinq avec le 4Runner.

Le Toyota 4Runner TRD Pro 2018 n'a pas de véritable concurrence et il peut presque tout faire. Bien sûr, comme il est un peu haut, certaines personnes pourraient ne pas y monter facilement, mais ce désavantage est compensé par la capacité de remorquage de 2 268 kg (5 000 lb). Si c'est là votre genre de camion, achetez-le vite, car il s'agit probablement du dernier tour de piste de ce 4Runner de cinquième génération.

Données principales	
Emp. / lon. / lar. / haut.	2790 / 4859 / 1925 / 1780 mm
Coffre / réservoir	255 à 2540 litres / 87 litres
Nbre coussins sécurité / ceintures	8 / 5
Suspension av. / arr.	ind., double triangulation / essieu rigide, multibras
Pneus avant / arrière	P265/70R17 / P265/70R17
Poids / Capacité de remorquage	2184 kg / 2268 kg (5 000 lb)

Composantes mécaniques	
Cylindrée, alim.	V6 4,0 litres atmos.
Puissance / Couple	270 ch / 278 lb-pi
Tr. base (opt) / Rouage base (opt)	A5 / Int (4x4)
0-100 / 80-120 / V. max	8,6 s / 6,6 s / n.d.
100-0 km/h	44,2 m
Type / ville / route / CO$_2$	Ord / 14,3 / 12,0 / 6 200 kg/an

« DIRE NON À **L'ENSEMBLE** TRD PRO, **C'EST COMME** DIRE NON AU **BACON** AVEC VOS ŒUFS DU DIMANCHE MATIN. **PERSONNE** NE DEVRAIT **FAIRE ÇA.** »

DU NOUVEAU EN 2018

Aucun changement majeur au moment de mettre sous presse.

Pour voir la liste complète des informations techniques, veuillez vous référer à la section statistiques.

TOYOTA 4RUNNER

TOYOTA **AVALON**

77% COTE DU GUIDE

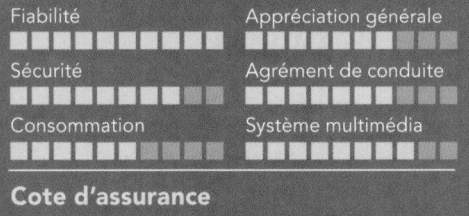

Prix: 40 350$ à 45 190$
Catégorie: Berline
Garanties:
3 ans/60 000 km, 5 ans/100 000 km
Transport et prép.: 2 189$
Ventes QC 2016: 123 unités
Ventes CAN 2016: 586 unités
Assemblage: Georgetown KY US

Fiabilité	Appréciation générale
Sécurité	Agrément de conduite
Consommation	Système multimédia

Cote d'assurance

$ $ $ $

Connectivité multimédia

Aucune

➕ Confort et silence de roulement •
Sièges douillets • Vaste habitacle •
Fiabilité et durabilité

➖ Mécanique dépassée • Moteur
hybride non offert au Canada • Conduite
ennuyeuse • Format encombrant en ville

Concurrents
Chevrolet Impala, Chrysler 300,
Dodge Charger, Ford Taurus,
Nissan Maxima

Faire la sieste

Jean-François Guay

On pourrait passer des heures, des jours, voire des années à décortiquer la personnalité des acheteurs de véhicules: qui achète quoi et pourquoi? Règle générale, on possède une camionnette pour travailler, une fourgonnette parce que l'on a des enfants, un cabriolet pour rouler sous le soleil et une Toyota Avalon pour le confort et la fiabilité.

A contrario, si l'on tombe dans la caricature — avec un brin de sarcasme —, on pourrait aussi dire qu'un propriétaire de camionnette est un cowboy, qu'un propriétaire de fourgonnette a fait une croix sur sa liberté, qu'un propriétaire de cabriolet ne se soucie pas du cancer de la peau tandis qu'un propriétaire d'Avalon adore faire la sieste. On a souvent dit que le comportement routier de cette grande berline se comparait à un somnifère. Or, l'Avalon a repris du poil de la bête depuis deux ans grâce à un design plus dynamique et une suspension mieux affûtée.

Toutefois, ne nous racontons pas d'histoire, l'Avalon ne s'est pas transformée en berline sport pour autant. Elle mise sur le conservatisme et le silence de roulement, alors que sa rivale japonaise de toujours, la Nissan Maxima, est un modèle sportif aux lignes extraverties. Du côté des modèles américains, les Chrysler 300, Dodge Charger et Ford Taurus offrent d'innombrables versions grâce à une vaste gamme de groupes motopropulseurs.

Reste que la principale rivale de l'Avalon est indubitablement la Buick LaCrosse, laquelle propose un confort aussi feutré. En revanche, la Buick s'avère plus évoluée que la Toyota en offrant, notamment, la transmission intégrale — un mécanisme que les berlines de luxe ne peuvent plus ignorer de nos jours.

VENTES À LA BAISSE

On peut se demander s'il y aura une suite à l'actuelle Avalon puisque les ventes sont en chute libre au pays. Au Québec, Toyota a vendu 123 unités en 2016. Ce qui est peu, très peu. Toutefois, l'Avalon peut se consoler en sachant que la Chrysler 300 a trouvé seulement 95 preneurs durant la même période tandis que la Buick LaCrosse s'est écoulée à 140 exemplaires.

Ce n'est un secret pour personne, le marché des grandes berlines est sur le déclin au détriment des VUS. Toutefois, il serait surprenant qu'un constructeur généraliste comme Toyota abandonne ce segment, surtout que ce genre de voiture a encore la cote aux États-Unis. La prochaine Avalon devrait bénéficier des mêmes technologies que la nouvelle Camry 2018, dont une nouvelle plate-forme plus rigide, un V6 à injection directe et une boîte automatique à huit rapports. Compte tenu du peu de visibilité de l'Avalon, les retouches esthétiques apportées à la carrosserie il y a deux ans sont presque passées inaperçues. Les plus fins observateurs auront remarqué que la calandre, les phares à DEL et les jantes fumées à multiples rayons ont insufflé un air de modernisme à la silhouette.

MÉCANIQUE ÉPROUVÉE

Sous le capot, le V6 de 3,5 litres n'est pas à la fine pointe de la technologie : on n'y trouve pas de système à injection directe ni de mécanisme à désactivation des cylindres. En contrepartie, ce moteur a le mérite d'être l'un des plus fiables et robustes de l'industrie. Le nec plus ultra demeure la motorisation hybride (la même que la Camry) qui est offerte uniquement aux États-Unis. Or, le nombre de ventes ne justifie pas la venue de l'Avalon Hybride chez nous. Toyota a plutôt choisi Lexus pour satisfaire à la demande des berlines de luxe hybrides au Canada avec les modèles ES 300h et GS 450h. Pour gérer les 268 chevaux du V6 de l'Avalon, la boîte automatique à six rapports est munie d'un mode séquentiel avec des palettes au volant. Pour un semblant de sportivité, il existe trois modes de conduite différents : Sport, Normal et Eco. Il va sans dire que la fonction la plus intéressante est le mode Eco qui permet d'améliorer le rendement énergétique.

Dans l'habitacle, le mobilier a acquis de l'élégance au cours des dernières années. Les matériaux composant le tableau de bord, la console, l'intérieur des portières, les sièges, le levier de vitesses sont nobles et se comparent à ceux de Lexus. La disposition des commandes ne respecte cependant pas toutes les règles ergonomiques. Toutefois, elles sont plus faciles à manipuler que celles de la concurrence dont la compréhension se perd parfois en conjectures.

Sur la route, le silence de roulement n'a pas son pareil. Au grand plaisir des passagers, la suspension lisse les imperfections de la chaussée avec finesse et volupté. Toutefois, cette aseptisation a un prix pour tout conducteur qui aime conduire car la connexion entre le volant, le châssis et les roues avant motrices paraît alambiquée. Attention de ne pas vous endormir !

Données principales

Emp. / lon. / lar. / haut.	2 820 / 4 960 / 1 835 / 1 460 mm
Coffre / réservoir	453 litres / 64 litres
Nbre coussins sécurité / ceintures	10 / 5
Suspension av. / arr.	ind., jambes force / ind., jambes force
Pneus avant / arrière	P225/45R18 / P225/45R18
Poids / Capacité de remorquage	1 625 kg / 455 kg (1 000 lb)

Composantes mécaniques

Cylindrée, alim.	V6 3,5 litres atmos.
Puissance / Couple	268 ch / 248 lb·pi
Tr. base (opt) / Rouage base (opt)	A6 / Tr
0-100 / 80-120 / V. max	7,2 s / 4,5 s / n.d.
100-0 km/h	42,5 m
Type / ville / route / CO_2	Ord / 11,4 / 7,7 / 4 457 kg/an

« REVUE IL Y A DEUX ANS, L'AVALON A REPRIS DU POIL DE LA BÊTE GRÂCE À UNE **SUSPENSION** MIEUX AFFÛTÉE. MAIS ON NE PARLE **TOUJOURS PAS** D'UNE **VOITURE SPORT. »**

DU NOUVEAU EN 2018

Aucun changement majeur au moment de mettre sous presse.

Photos : Toyota

TOYOTA **C-HR**

76% COTE DU GUIDE

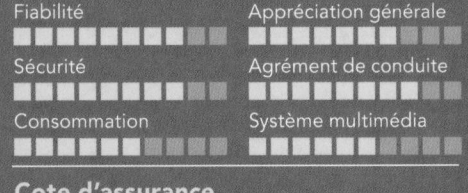

Prix : 24 690 $ à 26 290 $
Catégorie : VUS
Garanties :
3 ans/60 000 km, 5 ans/100 000 km
Transport et prép. : 2 284 $
Ventes QC 2016 : 0
Ventes CAN 2016 : 0
Assemblage : Sakarya TR

Fiabilité	Appréciation générale
■■■■■■□□□□	■■■■■■■□□□
Sécurité	Agrément de conduite
■■■■■■■□□□	■■■■■■■□□□
Consommation	Système multimédia
■■■■■■■□□□	■■■■■□□□□□

Cote d'assurance

n.d.

Connectivité multimédia

Aucune

➕ Style extraverti • Très bon comportement routier • Design moderne de l'habitacle • Fiabilité assurée • Choix de couleurs éclatées

➖ Absence de rouage intégral • Pas de navigation, radio satellite ou toit panoramique • Dégagement limité aux places arrière • Faible volume du coffre

Concurrents

Chevrolet Trax, Fiat 500X, Honda HR-V, Hyundai Kona, Jeep Renegade, Mazda CX-3, MINI Countryman, Mitsubishi RVR, Subaru Crosstrek

Diamant séduisant

Gabriel Gélinas

L e C-HR, désigné « Diamant séduisant » par Toyota, permet à la marque japonaise de jouer à fond la carte de l'audace. Avec son style extraverti qui émule celui du Nissan JUKE, sa partie arrière qui ressemble à celle de la Honda Civic *hatchback*, sa ligne de toit fuyante vers l'arrière « à la Range Rover Evoque », et la forme particulière de ses portières et de son vitrage, le C-HR n'a rien à voir avec les autres modèles de Toyota. Son style résistera-t-il à l'épreuve du temps ? Ça reste à voir. Une chose est certaine, Toyota se lance dans le marché des VUS de taille sous-compacte avec un modèle qui se démarque pour séduire la génération Y en quête d'un véhicule polyvalent.

Cette allure décalée trouve son écho dans l'habitacle avec une planche de bord au design asymétrique et des motifs en forme de diamant qui se retrouvent parsemés un peu partout, notamment dans le pavillon du toit, ce qui produit un certain effet. Le bloc d'instruments est de facture conventionnelle, et l'on note qu'il y a abondance de plastiques noirs dans cet habitacle. Curieusement, malgré le fait qu'il ait été conçu pour séduire une clientèle jeune et branchée, le C-HR n'offre ni Apple CarPlay, ni Android Auto. De plus, le système de navigation brille par son absence, tout comme la radio satellite ou le toit panoramique. Difficile de comprendre comment le C-HR va convaincre les milléniaux de monter à son bord avec des lacunes aussi évidentes.

PAS DE ROUAGE INTÉGRAL AU PROGRAMME

Malgré son style de VUS, le C-HR n'est livrable qu'en simple traction, le rouage intégral n'étant pas au programme. Voilà qui étonne compte tenu du fait que la plupart des véhicules concurrents offrent un rouage intégral en option. C'est le cas des Honda HR-V, Mazda CX-3, Jeep Renegade, Nissan JUKE et Quashqai, de même que le Chevrolet Trax. Que le C-HR n'ait pas de rouage intégral optionnel ne fait que réduire son bassin d'acheteurs potentiels.

Le C-HR a d'abord été conçu pour le marché européen où il est aussi disponible avec la motorisation hybride de la Prius de quatrième génération.

Malheureusement, cette version hybride ne sera pas offerte au Canada. Toyota étant le leader mondial de ce type de motorisation, on ne peut que regretter l'absence d'un C-HR hybride sur notre marché, d'autant plus que le Kia Niro, nouvellement arrivé dans le même créneau que le C-HR, est justement un véhicule hybride. Cherchez l'erreur...

Au final, on se retrouve avec un véhicule à traction, animé par une motorisation tout à fait conventionnelle composée d'un quatre cylindres atmosphérique de 2,0 litres et d'une boîte automatique à variation continue, communément appelée CVT. Notons au passage que le prix de la déclinaison XLE est fixé à 24 690 $, et celui de la version XLE Premium à 26 290 $, soit des tarifs plus élevés que ceux de certains véhicules concurrents à roues avant motrices.

Développant 144 chevaux et un couple de 139 livres-pied, le moteur du C-HR réalise des performances honnêtes, sans plus. Ce n'est pas que le C-HR soit sous-motorisé, c'est juste que les performances ne sont pas à la hauteur des attentes créées par le style très agressif de sa carrosserie.

UNE DYNAMIQUE SURPRENANTE

Si les performances, en accélération comme en reprise, laissent à désirer, largement à cause de la boîte CVT qui sape la sportivité, le C-HR brille par sa dynamique. Il est construit sur la très rigide plate-forme Toyota New Global Architecture (TNGA) qui sert également de base à la Prius de quatrième génération, et la robustesse de son architecture lui permet de faire preuve d'un comportement routier exemplaire. Les liaisons au sol sont assurées par des jambes de force MacPherson à l'avant et des doubles leviers triangulés à l'arrière, ainsi que des amortisseurs très progressifs, développés par l'équipementier SACHS.

Le résultat, c'est que le comportement routier du C-HR est franchement étonnant, les mouvements de la caisse étant toujours bien contrôlés, que ce soit en virage ou dans les transitions latérales rapides. Le roulement s'avère ferme, mais n'affecte pas le niveau de confort et le C-HR fait preuve d'un très bon comportement routier, malgré une direction légèrement surassistée.

Malgré son look déjanté, le C-HR est un produit Toyota qui sera assurément très fiable. Cependant, sa valeur de revente risque d'être inversement affectée par son style éclaté. On regrette l'absence du rouage intégral et de la motorisation hybride proposée sur d'autres marchés, ainsi que l'absence des fonctionnalités Apple CarPlay et Android Auto compte tenu de la clientèle visée. En conclusion, le C-HR manque d'atouts pour séduire et c'est dommage parce que l'on s'attendait à plus.

Données principales

Emp. / lon. / lar. / haut.	2640 / 4350 / 1797 / 1565 mm
Coffre / réservoir	538 à 1031 litres / 53 litres
Nbre coussins sécurité / ceintures	10 / 5
Suspension av. / arr.	ind., jambes force / ind., double triangulation
Pneus avant / arrière	P215/60R17 / P215/60R17
Poids / Capacité de remorquage	1497 kg / non recommandé

Composantes mécaniques

Cylindrée, alim.	4L 2,0 litres atmos.
Puissance / Couple	144 ch / 139 lb-pi
Tr. base (opt) / Rouage base (opt)	CVT / Tr
0-100 / 80-120 / V. max	n.d. / n.d. / n.d.
100-0 km/h	n.d.
Type / ville / route / CO_2	Ord / 8,7 / 7,5 / 3820 (est) kg/an

« MALGRÉ SON STYLE DE VUS, LE C-HR N'EST LIVRABLE QU'EN SIMPLE TRACTION AVANT, LE ROUAGE INTÉGRAL N'ÉTANT PAS AU PROGRAMME. »

DU NOUVEAU EN 2018

Nouveau modèle.

Photos : Toyota

Pour voir la liste complète des informations techniques, veuillez vous référer à la section statistiques.

TOYOTA | 601

TOYOTA **CAMRY**

((SiriusXM))

Prix : 26 390 $ à 40 990 $
Catégorie : Berline
Garanties :
3 ans/60 000 km, 5 ans/100 000 km
Transport et prép. : 1 955 $
Ventes QC 2016 : 3 538 unités
Ventes CAN 2016 : 15 683 unités
Assemblage : Georgetown KY US

Fiabilité	Appréciation générale
Nouveau modèle	■■■■■■■□□
Sécurité	Agrément de conduite
Nouveau modèle	■■■■■■■□□
Consommation	Système multimédia
Nouveau modèle	■■■■■■□□□

Cote d'assurance

$ $ $ $

Connectivité multimédia

Aucune

➕ Plate-forme solide • Confort de roulement • Motorisations efficaces • Maintenant un vrai coffre (hybride)

➖ Espace intérieur légèrement en baisse • Système multimédia toujours trop distrayant • Diamètre de braquage • Petit réservoir d'essence (hybride)

Concurrents

Buick Regal, Chevrolet Malibu, Ford Fusion, Honda Accord, Hyundai Sonata, Kia Optima, Mazda6, Nissan Altima, Subaru Legacy, Volkswagen Passat

Les fidèles suivront-ils ?

Michel Deslauriers

Les gens de Toyota ne pourraient être plus clairs. Pour la berline Camry 2018, on a décidé de viser une clientèle moins âgée avec un design qui détonne par rapport à l'édition 2017. En fait, par rapport aux sept générations qui l'ont précédé depuis son arrivée sur le marché en 1982 !

Au fil du temps, la berline intermédiaire de Toyota s'est attiré l'admiration des consommateurs nord-américains, au point de devenir la voiture la plus vendue au pays de l'Oncle Sam, titre qu'elle détient toujours au moment d'écrire ces lignes. Pourquoi donc changer une recette gagnante ? Peut-être une question d'image, mais aussi le constat que la clientèle vieillit, au point que Toyota prend le risque d'égarer quelques fidèles à la marque pour attirer des conducteurs plus jeunes.

TROP SPORTIVE ?

D'entrée de jeu, la Camry XSE est frappante. La voiture à l'essai, peinte en blanc, arborait un toit et des rétroviseurs noirs, une calandre noircie avec grillage à maillons ainsi que des jantes bicolores en alliage, mesurant 19 pouces — une dimension de roues jamais proposée auparavant sur une Camry. Afin de conférer une silhouette plus dynamique à l'édition 2018, la garde au sol est légèrement abaissée par rapport à la génération sortante, tout comme la ligne de toit. En comparant la fiche technique des deux, et malgré un empattement allongé de 50 mm, on se rend compte que la nouvelle Camry affiche moins d'espace pour la tête et pour les épaules, mais davantage de dégagement pour les jambes à l'avant. Dans tous les cas, on parle de quelques millimètres à peine.

Dix déclinaisons de la Camry sont proposées, y compris trois dotées de la motorisation hybride. Les plus sportives du lot sont évidemment les versions XSE, habillées d'un ensemble de jupes de bas de caisse, de pare-chocs plus dynamiques et des caractéristiques esthétiques mentionnés ci-haut. Les XSE sont disponibles avec le quatre cylindres ou le V6. Équipée de ce dernier, la Camry dispose même de quatre embouts d'échappement, ce qui horripilera probablement la clientèle typique actuelle. Elle sera sûrement tout aussi offusquée de la sellerie en cuir — optionnelle —, d'un rouge éclatant dans notre version XSE à l'essai. C'est joli, par contre.

Le nouveau quatre cylindres de 2,5 litres produit 203 ou 206 chevauxselon les versions. Non seulement il est plus puissant, mais moins énergivore aussi, avec une consommation mixte ville/route de 6,9 l/100 km. Quant au V6 de 3,5 litres de 301 chevaux, il est également nouveau. En apparence, la Camry XSE V6 joue la carte de la sportivité, mais son style extraverti n'en fait pas pour autant une berline de performance. Les décollages sont vifs, avec un 0-100 km/h calculé de 6,5 secondes, mais sont accompagnés d'un patinage des roues avant alors que le système de contrôle de traction semble dormir au gaz. Il faut dire que l'ancienne Camry V6 se comportait de la même façon. Faire crisser les pneus d'une Camry à un coin de rue, ce n'est pas chic. En revanche, c'est un moteur souple, silencieux qui permet des dépassements rapides et sa consommation n'est pas piquée des vers non plus avec une cote mixte de 9,0 l/100 km.

L'HYBRIDE, LA MIEUX ABOUTIE ?

N'ayez crainte, des déclinaisons beaucoup plus sobres de la Camry 2018 sont offertes, dont une nouvelle version L, peu équipée, mais qui affiche un prix plancher intéressant. Les versions LE, SE ainsi que XLE — la plus luxueuse — figurent également au sein de la gamme.

Nous n'avons pas essayé une Camry 2018 mue par le quatre cylindres de base, mais la version hybride, qui dispose du même moteur de 2,5 litres, est drôlement bien élaborée. La voiture utilise la plate-forme TNGA de Toyota, que l'on dit 30 % plus rigide que l'architecture de l'ancienne Camry. La version XLE hybride essayée était effectivement solide, très silencieuse, et la sonorité de sa motorisation, d'une puissance combinée de 208 chevaux, nous semble beaucoup plus raffinée qu'auparavant. La consommation mixte de 4,9 l/100 km représente une amélioration d'un litre par rapport à la version hybride de 2017. Grâce au nouvel emplacement des batteries, sous la banquette, le coffre de la version hybride dispose du même volume que dans la Camry «ordinaire», et les dossiers rabattables sont passablement plus utiles. Par contre, la taille du réservoir d'essence passe de 64 à 49 litres.

Les versions XSE sont peut-être un peu trop tape-à-l'œil pour la clientèle fidèle actuelle, mais pour le reste, la Toyota Camry 2018 s'est modernisée, avec une conduite plus divertissante, un style moins générique et une consommation nettement améliorée. Même si elle perd quelques fidèles, elle n'aura aucun problème à demeurer au sommet des ventes de son segment aux États-Unis, et à conserver sa place sur le podium au Canada.

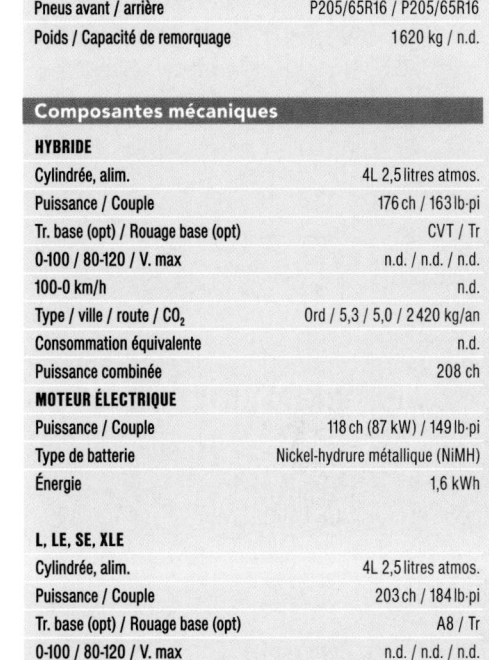

Données principales

Emp. / lon. / lar. / haut.	2 825 / 4 895 / 1 840 / 1 445 mm
Coffre / réservoir	399 à 428 litres / 61 litres
Nbre coussins sécurité / ceintures	10 / 5
Suspension av. / arr.	ind., jambes force / ind., multibras
Pneus avant / arrière	P205/65R16 / P205/65R16
Poids / Capacité de remorquage	1 620 kg / n.d.

Composantes mécaniques

HYBRIDE

Cylindrée, alim.	4L 2,5 litres atmos.
Puissance / Couple	176 ch / 163 lb-pi
Tr. base (opt) / Rouage base (opt)	CVT / Tr
0-100 / 80-120 / V. max	n.d. / n.d. / n.d.
100-0 km/h	n.d.
Type / ville / route / CO_2	Ord / 5,3 / 5,0 / 2 420 kg/an
Consommation équivalente	n.d.
Puissance combinée	208 ch

MOTEUR ÉLECTRIQUE

Puissance / Couple	118 ch (87 kW) / 149 lb-pi
Type de batterie	Nickel-hydrure métallique (NiMH)
Énergie	1,6 kWh

L, LE, SE, XLE

Cylindrée, alim.	4L 2,5 litres atmos.
Puissance / Couple	203 ch / 184 lb-pi
Tr. base (opt) / Rouage base (opt)	A8 / Tr
0-100 / 80-120 / V. max	n.d. / n.d. / n.d.
100-0 km/h	n.d.
Type / ville / route / CO_2	Ord / 8,4 / 6,0 / 3 420 kg/an

XSE

Cylindrée, alim.	4L 2,5 litres atmos.
Puissance / Couple	206 ch / 184 lb-pi
Tr. base (opt) / Rouage base (opt)	A8 / Tr
0-100 / 80-120 / V. max	n.d. / n.d. / n.d.
100-0 km/h	n.d.
Type / ville / route / CO_2	Ord / 8,5 / 6,1 / 3 480 kg/an

XLE V6, XSE V6

Cylindrée, alim.	V6 3,5 litres atmos.
Puissance / Couple	301 ch / 267 lb-pi
Tr. base (opt) / Rouage base (opt)	A8 / Tr
0-100 / 80-120 / V. max	6,5 s / n.d. / n.d.
100-0 km/h	n.d.
Type / ville / route / CO_2	Ord / 10,7 / 7,4 / 4 320 kg/an

DU NOUVEAU EN 2018

Nouveau modèle.

ÉCONOMIQUE

TOYOTA **COROLLA**

((SiriusXM))

77% COTE DU GUIDE

Prix: 16 390 $ à 25 490 $ (estimé)
Catégorie: Berline
Garanties:
3 ans/60 000 km, 5 ans/100 000 km
Transport et prép.: 1 855 $
Ventes QC 2016: 14 975 unités
Ventes CAN 2016: 45 626 unités
Assemblage: Cambridge ON CA

Fiabilité

Sécurité

Consommation

Appréciation générale

Agrément de conduite

Système multimédia

Cote d'assurance

$ $ $ $

Connectivité multimédia

Aucune

➕ Fiabilité honorable (et honorée) •
Conduite presque dynamique •
Simplicité bienvenue • Excellente valeur
de revente • Fabriquée au Canada

➖ Conduite pas encore assez dynamique •
Manque de puissance chronique • Boîtes
de vitesses plus ou moins bien adaptées •
Direction peu communicative

Concurrents

Chevrolet Cruze, Ford Focus, Honda Civic,
Hyundai Elantra, Kia Forte, Mazda3,
Mitsubishi Lancer, Nissan Sentra,
Subaru Impreza, Volkswagen Jetta

Encore et toujours la référence

Alain Morin

O n l'a affublée de tous les maux de la planète, surtout quand elle portait le beige, on l'a conspuée et en même temps, vénérée. La Toyota Corolla est, depuis ses débuts en Amérique en 1968, une référence. Non, LA référence.

D'abord, grâce à sa fiabilité légendaire. Il faut vraiment être malchanceux pour tomber sur un exemplaire ayant des problèmes mécaniques, nonobstant les récurrents problèmes de pompes à eau dans les années 90. Sans doute à cause de cette fiabilité, elle a attiré à elle des gens qui prisaient davantage le long terme plutôt que les escapades ô combien folles, mais ô combien coûteuses. La frivolité, très peu pour la Corolla.

UN RYTHME ENFIN MODERNE
Encore aujourd'hui, cette Toyota, maintes fois honorée par les associations de consommateurs, traîne une réputation de platitude qui, si elle lui seyait si bien il y a quelques années, alors que son évolution se déroulait au même rythme que le déplacement des Alpes, lui convient de moins en moins.

Premièrement, avec la génération actuelle, les stylistes de Toyota ont osé. Peut-être même un peu trop. Comme les goûts et les couleurs ne se discutent pas, je vous laisse libre d'apprécier, ou non, l'esthétisme de la Corolla. Dans l'habitacle, on retrouve un tableau de bord à la fois moderne et portant des commandes faciles à manipuler en conduisant. De plus, une fois la nuit venue, les jauges bleues sont du plus bel effet. Quant au style de ce tableau de bord, vous êtes les seuls juges.

Les sièges procurent un confort très correct, la visibilité tout le tour est étonnamment bonne (en réalité, elle est très mauvaise, mais comme la grande majorité des véhicules produits de nos jours ont une visibilité plus que pourrie, celle de la Corolla semble très bonne!). Toutefois, la lentille de la caméra de recul se salit dès la première pluie. Le coffre, l'un des moins logeables de la catégorie des compactes — il n'est dépassé en petitesse que par celui de la Mazda3 berline —, peut être agrandi en abaissant les dossiers de façon 60/40. Cependant, le fait que ces dossiers ne forment pas un fond plat avec le plancher du coffre réduit passablement la polyvalence.

Pour 2018, la Corolla présente une nouvelle version, la XLE qui inclut un bouton de démarrage, des roues de 16 pouces, le volant chauffant, un système audio et de navigation, des sièges recouverts de Softex (un cuir synthétique) et quelques autres gâteries. Le prix n'a pas été dévoilé. Au centre du tableau de bord de toutes les Corolla, on retrouve un écran tactile de 6,1 pouces par lequel sont gérés une foule de paramètres de connectivités, bien qu'AppleCar Play et Android Auto ne soient pas dans le décor. Chevrolet, à l'avant-garde technologique pourrait en montrer à Toyota. Qui, en revanche pourrait lui donner deux ou trois petits trucs pour éviter les pépins mécaniques.

ON S'EN VA AUX COURSES! (CHEZ IGA)

Avec son quatre cylindres 1,8 litre atmosphérique, la Corolla ne peut prétendre à la passion. Ce moteur fait un travail honnête, grognant uniquement en accélération franche, et est responsable d'une consommation d'essence très raisonnable. Assez curieusement, c'est dans la version LE ECO, celle qui émet le moins d'émissions toxiques, qu'il est le plus puissant avec 140 chevaux. Les autres n'ont droit qu'à 132 équidés. Pour mouvoir les roues avant, certaines versions reçoivent une boîte manuelle à six rapports alors que d'autres ont droit à une automatique CVT. Les livrées SE et XSE disposent même de palettes derrière le volant. La Lamborghini Aventador n'a qu'à bien se tenir...

La Corolla doit, encore, sa réputation de mauviette à des freins antiblocage ainsi qu'à un système de contrôle de la traction et de la stabilité latérale très prompts à intervenir, autoritaires et bruyants. La suspension, indépendante à l'avant et à poutre de torsion à l'arrière, privilégie le confort aux montées d'adrénaline et la direction pourrait être plus précise. Remarquez que côté dynamisme, la Corolla ne se retrouve plus au troisième sous-sol d'une mine de charbon et se compare désormais avec la moyenne de sa catégorie. Ceux qui désirent une Corolla plus hop la vie opteront pour la iM, autrefois offerte dans la défunte gamme Scion et dont nous traitons dans les pages suivantes.

La réputation de fiabilité de la Corolla n'est plus à faire. Elle tente maintenant de se donner une image un peu plus contemporaine et sa conduite reflète bien cette tendance. Reste à convaincre les acheteurs plus jeunes que le plaisir peut aussi se trouver dans une bonne valeur de revente. Je vais, de ce pas, en parler à mon jeune voisin qui travaille de nuit, dans l'espoir qu'il troque sa WRX STI modifiée à l'os et dotée d'un échappement de NASCAR contre une Corolla...

Données principales

Emp. / lon. / lar. / haut.	2700 / 4650 / 1776 / 1455 mm
Coffre / réservoir	369 litres / 50 litres
Nbre coussins sécurité / ceintures	8 / 5
Suspension av. / arr.	ind., jambes force / semi-ind., poutre torsion
Pneus avant / arrière	P205/55R16 / P205/55R16
Poids / Capacité de remorquage	1285 à 1320 kg / non recommandé

Composantes mécaniques

CE, LE, SE

Cylindrée, alim.	4L 1,8 litre atmos.
Puissance / Couple	132 ch / 128 lb-pi
Tr. base (opt) / Rouage base (opt)	M6 (CVT) / Tr
0-100 / 80-120 / V. max	10,5 s / 7,3 s / n.d.
100-0 km/h	44,6 m
Type / ville / route / CO_2	Ord / 8,4 / 6,5 / 3471 kg/an

LE ECO

Cylindrée, alim.	4L 1,8 litre atmos.
Puissance / Couple	140 ch / 126 lb-pi
Tr. base (opt) / Rouage base (opt)	CVT / Tr
0-100 / 80-120 / V. max	10,9 s / n.d. / n.d.
100-0 km/h	n.d.
Type / ville / route / CO_2	Ord / 7,8 / 5,9 / 3195 kg/an

« CHEVROLET, À L'AVANT-GARDE TECHNOLOGIQUE POURRAIT EN MONTRER À TOYOTA. ET TOYOTA POURRAIT LUI DONNER DEUX OU TROIS PETITS TRUCS POUR ÉVITER LES PÉPINS MÉCANIQUES... »

DU NOUVEAU EN 2018

Nouvelle version XLE,
nouvelles couleurs,
XSE gagne le volant chauffant.

Photos : Toyota

Pour voir la liste complète des informations techniques, veuillez vous référer à la section statistiques.

TOYOTA | 605

⊕ TOYOTA **COROLLA IM**

77% COTE DU GUIDE

Prix : 22 540 $ à 23 375 $ (2017)
Catégorie : Hatchback
Garanties :
3 ans/60 000 km, 5 ans/100 000 km
Transport et prép. : 2 025 $
Ventes QC 2016 : 846 unités
Ventes CAN 2016 : 2 569 unités
Assemblage : Toyota JP

Fiabilité	Appréciation générale
■■■■■■■□□□	■■■■■■■□□□
Sécurité	Agrément de conduite
■■■■■■■■□□	■■■■■□□□□□
Consommation	Système multimédia
■■■■■■■□□□	■■■■□□□□□□

Cote d'assurance

$ $ $ $

Connectivité multimédia

Aucune

➕ Style agréable • Consommation retenue • Une Corolla avec un grand coffre ! • Fiabilité reconnue • Confort étonnant

➖ Beaucoup moins sportive qu'espéré • Embrayage sans consistance (boîte manuelle) • Performances peu excitantes • Technologiquement démunie

Concurrents
Ford Focus, Mazda3, Mitsubishi Lancer, Subaru Impreza, Volkswagen Golf

Une Corolla qui aimerait bien faire le *party*

Alain Morin

I l y a deux ans, juste avant sa débandade, la marque Scion avait présenté une très intéressante compacte à hayon, la iM. Lorsque Toyota a décidé de « tirer sur la plogue » sur Scion, elle en a profité pour envoyer au paradis les dépassées Scion tC et xB. Restait le cas de la sportive FR-S et de la nouvelle iM. C'est ainsi que ces deux bagnoles se sont retrouvées sous le giron de Toyota, la FR-S devenant la 86, comme partout ailleurs dans le monde. La iM, elle, a été mariée à la Corolla...

La iM est, en fait, la Toyota Auris distribuée en Europe et au Japon. Entre la placide Corolla nord-américaine, dont nous traitons dans les pages précédentes, et la Corolla iM, on retrouve un monde de différences, ne serait-ce qu'au chapitre de la carrosserie. La première est une berline, la seconde est à hayon, ce qui ajoute à la polyvalence. La iM me semble mieux réussie visuellement. Par contre, si l'on se fie à la quantité croisée sur les routes, bien peu ont l'air de partager mon avis. En tout cas, une chose est sûre, certaines couleurs qui ajoutent du bonheur à la iM siéraient très mal à la Corolla, comme le vert printemps !

ET TOYOTA ESPÈRE ATTIRER LES JEUNES ?
Le tableau de bord des deux voitures se ressemble, mais sur celui de la iM se trouve un écran central de sept pouces, contre 6,1 pour la Corolla. C'est bien beau un écran de sept pouces, mais même s'il était de 72 pouces, le fait de ne pas offrir des technologies basiques, comme Apple CarPlay ou Android Auto, n'a rien pour attirer les jeunes, le public ciblé par la iM.

Cinq personnes peuvent prendre place à bord de cette Corolla à hayon. Quatre, si l'on est réaliste. Si, à l'avant, l'espace n'est pas problématique, les passagers arrière, eux, doivent compter sur le sens de l'empathie des gens assis devant. Et ils seront réduits à regarder des plastiques déprimants. Le coffre n'est pas le plus grand de la catégorie, formée par les Ford Focus, Mazda3 Sport et Subaru Impreza. Au moins, une fois les dossiers de la iM rabattus, le fond est plat et l'on retrouve des espaces de rangement bienvenus sous le plancher.

Sous le capot de la iM se trouve la même motorisation que dans la Corolla LE ECO, soit un quatre cylindres 1,8 litre doté de la technologie Valvematic. Curieusement, alors qu'il fait 140 chevaux dans la tristounette Corolla, il en fait trois de moins dans la iM, pourtant à vocation plus sportive. Toyota avance une consommation de 8,8 l/100 km en ville et 6,8 sur la route. Ces données sont plutôt décevantes.

D'office, une boîte manuelle à six rapports entraîne les roues avant. Son embrayage est mou et l'étagement des rapports, surtout le sixième, peu surmultiplié, pourrait être revu. Même si à 100 km/h, le moteur tourne trop vite (2 500 tr/min), on n'a pas l'impression qu'il va sortir du capot puisque la voiture est bien insonorisée. Une automatique de type CVT est offerte en option et, ma foi, elle s'avère très compétente. Je suis convaincu que plusieurs personnes ne sauront même pas qu'ils n'ont pas affaire à une boîte «normale»! Ne manquent que les palettes derrière le volant pour aller chercher les jeunes acheteurs...

LE PLAISIR EST DANS LA MODÉRATION

Quand le mot Corolla figure dans un nom, on ne peut pas prétendre à une sportivité de haut niveau. Il y a plusieurs années, on avait eu la regrettée Corolla XRS, sans oublier l'intéressante GT-S des années 80, mais outre ces timides incursions dans le monde du plaisir, c'est le néant. La iM reçoit tout de même quatre freins à disque, une suspension arrière indépendante et des roues de 17 pouces entourées des pneus les plus larges de la «gamme» Corolla, des 225/45R17. Tout ceci améliore certes son comportement routier, pas vilain du tout, avouons-le, mais elle n'est pas la reine du bitume pour autant.

D'ailleurs, un autocross (un parcours délimité par des cônes) aura tôt fait d'explorer les limites de la voiture qui adopte assez rapidement un comportement sous-vireur. De toute manière, les systèmes de contrôle de la traction et de la stabilité s'empressent de réprimander tout comportement malsain en intervenant de façon autoritaire et pas très discrète. Si l'on respecte les limites de la voiture, l'expérience au volant sera agréable, je vous le promets.

S'il y a une chose qu'il faut reprocher à la Corolla iM, c'est de faire de la fausse représentation. Son style, ses couleurs voyantes et la façon générale dont elle est présentée par Toyota font croire à une voiture sport. Or, elle est tout le contraire. Elle est confortable, plutôt silencieuse, économique et, en corollaire, pas très puissante. Au début, j'écrivais qu'il y avait un monde de différence entre la iM et la Corolla. À bien y penser, il n'y a pas tant de différences que ça...

Données principales	
Emp. / lon. / lar. / haut.	2 600 / 4 330 / 1 760 / 1 405 mm
Coffre / réservoir	588 à 1199 litres / 53 litres
Nbre coussins sécurité / ceintures	8 / 5
Suspension av. / arr.	ind., jambes force / ind., double triangulation
Pneus avant / arrière	P225/45R17 / P225/45R17
Poids / Capacité de remorquage	1375 kg / n.d.

Composantes mécaniques	
BASE, BASE (AUTO)	
Cylindrée, alim.	4L 1,8 litre atmos.
Puissance / Couple	137 ch / 126 lb-pi
Tr. base (opt) / Rouage base (opt)	M6 (CVT) / Tr
0-100 / 80-120 / V. max	10,8 s / 7,6 s / n.d.
100-0 km/h	44,8 m
Type / ville / route / CO_2	Ord / 8,8 / 6,8 / 3 445 kg/an

« LA **iM EST,** EN FAIT, LA **TOYOTA AURIS** DISTRIBUÉE EN EUROPE ET AU JAPON. LA PLACIDE **COROLLA** EST UNE BERLINE ET **LA iM,** UNE *HATCHBACK.* »

DU NOUVEAU EN 2018

Aucun changement majeur au moment de mettre sous presse.

Photos: Toyota

Pour voir la liste complète des informations techniques, veuillez vous référer à la section statistiques.

TOYOTA | **607**

TOYOTA **HIGHLANDER**

76% COTE DU GUIDE

(((SiriusXM)))

Prix: 35 500 $ à 55 990 $ (2017)
Catégorie: VUS
Garanties:
3 ans/60 000 km, 5 ans/100 000 km
Transport et prép.: 2 259 $
Ventes QC 2016: 1 767 unités
Ventes CAN 2016: 12 964 unités
Assemblage: Princeton IN US

Fiabilité
Sécurité
Consommation

Appréciation générale
Agrément de conduite
Système multimédia

Cote d'assurance

$ $ $ $

Connectivité multimédia

Aucune

➕ Fiabilité légendaire • Forte valeur de revente • Très confortable • Systèmes de sécurité de série • Bonne économie d'essence (version hybride)

➖ Options onéreuses • Système hybride dispendieux • Conduite monotone • Choix de couleurs limité • Look anonyme

Concurrents
Buick Enclave, Chevrolet Traverse, Ford Flex, GMC Acadia, Honda Pilot, Mazda CX-9, Nissan Murano

L'élève au fond de la classe

Marc-André Gauthier

Si le Highlander était un élève, il serait assis au fond de la classe. Il aurait de bonnes notes, remettrait tous ses devoirs à temps, mais il ne se ferait pas remarquer. Au moins, il ne dérangerait pas les autres. Son rêve serait de devenir comptable, ou quelque chose dans le genre.

Le Toyota Highlander, lancé en 2000 en tant que modèle 2001, en est rendu à sa 3e génération, lancée en 2013. Au Salon de l'auto de New York, en avril 2017, nous avons eu droit à une version redessinée. Ce nouveau design a un effet bénéfique sur le Highlander, autant à l'avant qu'à l'arrière. Il représente davantage les lignes qu'arboreront les Toyota au cours des prochaines années.

Conçu pour l'Amérique avant tout, il est ce que l'on pourrait appeler l'équivalent «multisegment» du Toyota 4Runner. Malgré tout, le Highlander est très populaire aux États-Unis, avec des ventes qui ont frôlé les 200 000 unités en 2016.

Si certains lui reprochent d'être ennuyeux à conduire, on ne peut qu'admirer la fiabilité légendaire de ce VUS intermédiaire à 7 ou 8 places, ce qui en fait un véhicule sur lequel toute la famille peut compter, année après année, et dont la valeur de revente est des plus intéressantes. Le Highlander n'est pas le plus spectaculaire, mais il représente une valeur sûre.

UN HABITACLE SPACIEUX COMME ON LES AIME
Les VUS intermédiaires attirent beaucoup d'acheteurs, principalement pour deux raisons. D'un côté, ils sont une possibilité pas trop dispendieuse pour les familles qui recherchent un véhicule logeable sans être une minifourgonnette. De l'autre côté, il plaît à ceux qui veulent un véhicule doté d'une position de conduite haute, confortable, sans aller dans les camions pleine grandeur qui, malgré des normes environnementales sévères, continuent de boire de l'essence comme s'il n'y avait pas de lendemain. Ainsi, le Highlander répond parfaitement aux besoins de ces deux groupes.

Le Highlander offre des sièges et des banquettes conçus pour la longue route, et son coffre généreux permet d'amener tout votre attirail. Lorsque tous les bancs sont abaissés, on peut installer un matelas! Cela dit, la troisième banquette, sur laquelle certains comptent, est loin d'être la plus logeable de sa catégorie. Si l'on compare le Highlander au nouveau Volkswagen Atlas, par exemple, on ne peut le recommander à quelqu'un qui a besoin d'un «vrai» véhicule 7 (ou 8) places. Il s'agit surtout de places convenant aux jeunes enfants ou pour dépanner.

Côté divertissement, le Highlander ne vient pas avec autant d'écrans et de jeux vidéo intégrés comme dans la Chrysler Pacifica. Par contre, le système Toyota Safety Sense, disponible sur toutes les versions, vous assure une certaine tranquillité d'esprit. Vous risquez moins de frapper un objet que vous n'avez pas vu, et en cas de collision à haute vitesse, le véhicule aura le temps de limiter les dégâts. De quoi protéger votre précieuse cargaison! À l'avant, on apprécie la grande console qui fournit beaucoup d'espaces de rangement. De son côté, le système multimédia, même si son interface graphique n'est pas très élaborée, est assez complet. La finition de l'habitacle, comme dans tous les produits Toyota, est de bonne qualité, mais les matériaux dans les versions de base font bon marché. Il faut couper quelque part, après tout.

CONFORT ET SIMPLICITÉ

Côté comportement routier, le Highlander ne cherche pas à vous impressionner. Il ne tente pas de vous faire croire que vous êtes dans une «voiture sport adaptée à la vie de tous les jours», comme d'autres compagnies s'essoufflent à le faire. À la place, vous avez un VUS des plus confortables, silencieux, et dont la tenue de route inspire un sentiment de confiance. Toyota ne vante jamais les performances de son système quatre roues motrices, mais il faut avouer que dans la neige, il fait un bon travail.

Mécaniquement parlant, on a le choix entre un V6 de 3,5 litres développant 295 chevaux, jumelé à une boîte automatique à huit rapports très correcte, et un groupe motopropulseur hybride de 306 chevaux, performant et économique. Malheureusement, ce dernier modèle n'est pas donné.

Si on le compare à ses rivaux, le Highlander est simple et sans prétention. On ne peut absolument rien lui reprocher. Il est relativement économique, avec à peine plus de 10 l/100 km de moyenne pour le V6, et 8,0 l/100 km pour la version hybride (selon Toyota), et sa suspension confortable nous fait oublier les nids-de-poule sans problème. Qui plus est, sa forte valeur de revente en fait un choix sensé, comme bien des produits Toyota, après tout. Au final, le Highlander est fiable et rationnel, comme un élève studieux devenu un bon comptable.

Données principales	
Emp. / lon. / lar. / haut.	2790 / 4855 / 1925 / 1730 mm
Coffre / réservoir	385 à 2370 litres / 73 litres
Nbre coussins sécurité / ceintures	8 / 8
Suspension av. / arr.	ind., jambes force / ind., double triangulation
Pneus avant / arrière	P245/55R19 / P245/55R19
Poids / Capacité de remorquage	2205 kg / 2268 kg (5000 lb)

Composantes mécaniques	
HYBRIDE	
Cylindrée, alim.	V6 3,5 litres atmos.
Puissance / Couple	292 ch / n.d.
Tr. base (opt) / Rouage base (opt)	CVT / Int
0-100 / 80-120 / V. max	n.d. / n.d. / n.d.
100-0 km/h	n.d.
Type / ville / route / CO_2	Ord / 8,1 / 8,5 / 3860 kg/an
Puissance combinée	306 ch
MOTEUR ÉLECTRIQUE	
Puissance / Couple	68 ch (50 kW) / 103 lb-pi
Type de batterie	Nickel-hydrure métallique (NiMH)
Énergie	4,5 kWh
LE, LIMITED, XLE	
Cylindrée, alim.	V6 3,5 litres atmos.
Puissance / Couple	295 ch / 263 lb-pi
Tr. base (opt) / Rouage base (opt)	A8 / TR (Int)
0-100 / 80-120 / V. max	7,9 s / 6,1 s / n.d.
100-0 km/h	42,2 m
Type / ville / route / CO_2	Ord / 11,8 / 8,7 / 4607 kg/an

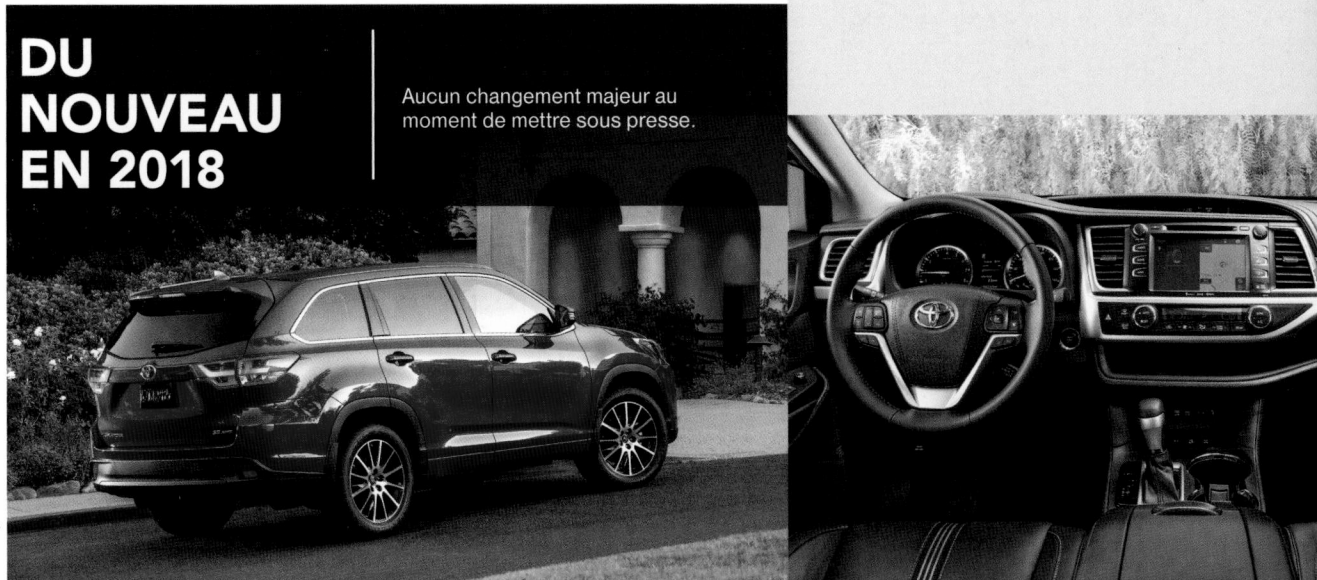

DU NOUVEAU EN 2018

Aucun changement majeur au moment de mettre sous presse.

Pour voir la liste complète des informations techniques, veuillez vous référer à la section statistiques.

TOYOTA | **609**

TOYOTA PRIUS

TOYOTA **PRIUS / PRIUS PRIME** | **81**% COTE DU GUIDE

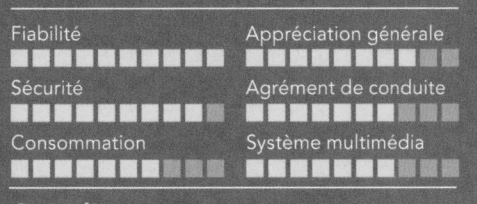

Prix: 27 190 $ à 38 565 $ (2017)
Catégorie: Hatchback
Garanties:
3 ans/60 000 km, 5 ans/100 000 km
Transport et prép.: 2 189 $
Ventes QC 2016: 859 unités
Ventes CAN 2016: 2 855 unités
Assemblage: Toyota JP

Fiabilité
■■■■■■■■□□

Sécurité
■■■■■■■■□□

Consommation
■■■■■■■□□□

Appréciation générale
■■■■■■■■□□

Agrément de conduite
■■■■■■□□□□

Système multimédia
■■■■■■■□□□

Cote d'assurance

$ $ $ $

Connectivité multimédia

Aucune

➕ Comportement routier plus incisif • Excellente fiabilité • Consommation impressionnante • Autonomie électrique intéressante • Habitacle fonctionnel

➖ Informations quelquefois difficiles à comprendre • Silhouette torturée • Plastiques blancs «à la Volt» agaçants • Manque quelque peu d'insonorisation

Concurrents
Prius : Hyundai Ioniq, Kia Niro
Prius Prime : Audi A3 e-tron, Chevrolet Volt, Ford C-MAX, Hyundai Ioniq PHEV, KIA Niro PHEV

Championne un jour, championne toujours...

Toute nouvelle en 2016, la 4ᵉ génération de la Toyota Prius est plus intéressante à conduire que ses prédécesseures. Certes, elle n'est pas une bombe de dynamisme pour autant, mais est-ce vraiment nécessaire qu'elle le soit ? Et il y a quelques mois, débarquait la Prius Prime, une version rechargeable. Voyons tout ça de plus près...

Les premières félicitations vont à la plate-forme TNGA, cette architecture qui permet l'installation des accumulateurs du système Hybrid Synergy Drive sous la banquette, non plus à mi-chemin dans le coffre, ce qui améliore grandement l'espace pour les bagages.

Pourtant, la Prius se fait... moins puissante. Son quatre cylindres, toujours de 1,8 litre et encore couplé aux organes électriques propulsant les roues avant, ne produit plus que 121 chevaux au total — en baisse de 13.

PARLONS CONSOMMATION
Extérieurement, la Toyota Prius a poussé plus avant le futurisme. Toutefois, cette silhouette torturée d'angles et de triangles, des phares avant au hayon retroussé, n'a rien d'harmonieux. (Le designer en chef, Shunsaku Kodama, dit s'être inspiré de... Lady Gaga!). Sauf qu'en s'inclinant de 70 mm plus avant, le museau a gagné en aérodynamisme — de 0,25 cx à 0,24 cx, c'est l'un des plus profilés de l'industrie. Voilà qui contribue à ce pour quoi on achète la Toyota Prius : elle est, encore et toujours, la «non branchée» la plus frugale, avec ses 4,4 l/100 km (ville) et 4,6 l/100 km (autoroute).

Sans traiter l'accélérateur avec diplomatie, favorisant même le mode Puissance, nous avons vu s'afficher 4,7 l/100 km !
Championne un jour, championne toujours...

Nadine Filion

ET LA TOYOTA PRIUS PRIME?

Quand on parle de la Prius, on ne parle plus que d'une seule voiture. Il y a certes la Prius qui fait l'objet de la première partie de ce texte, la Prius c (dont nous traiterons dans les prochaines pages, en même temps que la Prius v) et la nouvelle Prius Prime. Cette dernière reprend les moteurs thermique et électrique de la Prius, mais en y adjoignant une batterie beaucoup plus performante, livrant 8,8 kWh au lieu de 1,3 kWh. En plus, la Prime peut être rechargée (Plug-in Hybrid). Il en résulte une autonomie électrique beaucoup plus grande, soit 35 km. Lors de nos différents tests, nous avons toujours parcouru au moins cette distance. Et quand le profil de la route s'y est prêté, le moteur à essence n'est intervenu qu'après 56 kilomètres.

Toyota annonce une vitesse maximale de 135 km/h en mode électrique. Toyota annonce aussi une consommation moyenne de 4,3 l/100 km en ville et de 4,4 sur la route. Encore une fois, Toyota a été conservateur puisque lors de nos essais, notre moyenne s'est située entre 4,8 et 3,0 l/100 km, la pire consommation ayant été enregistrée en février 2017 dernier alors que les températures ont varié entre -5 et -18 °C. En passant, un freinage tout à fait normal en milieu urbain peut donner jusqu'à 0,2 km d'autonomie supplémentaire lorsque la batterie est encore chargée d'ions. Une fois complètement déchargée, même un long freinage à partir de 100 km/h ne semble pas engranger un iota d'ion.

La Prius Prime se distingue de la Prius par une carrosserie différente. Elle reprend les thèmes déjà vus sur la Prius, mais elle les amène un cran plus loin... comme si c'était possible. Pour améliorer l'aérodynamique, Toyota a dessiné un hayon incurvé. Même la vitre l'est. Le cadre intérieur de ce hayon est fabriqué en fibre de carbone. Allô le coût de remplacement d'un hayon après un impact!

Si la Prius Prime de base reçoit l'écran de sept pouces de la Prius, la Prius Prime dotée de l'ensemble Technologie a droit à un bel écran de 11,6 pouces qui ressemble à celui d'une Tesla. Sous l'écran, on retrouve le même petit levier de vitesse que dans la Prius. Son maniement en irrite certains et laisse les autres indifférents. À sa droite, il y a trois boutons qui gèrent différents modes de conduite et de flux électrique. Prière de s'asseoir quelques minutes avec le représentant des ventes pour bien comprendre leur interaction.

Le comportement routier des Prius et Prius Prime s'avère des plus dociles. Le contraire aurait été surprenant! En fait, le qualificatif prévisible serait sans doute mieux approprié. Gracieuseté d'un châssis très solide, la direction est vive et précise et la suspension ne talonne pas inutilement. J'irais même jusqu'à dire qu'elle est presque agréable à conduire...

Alain Morin

Données principales

Emp. / lon. / lar. / haut.	2700 / 4646 / 1760 / 1470 mm
Coffre / réservoir	561 à 697 litres / 43 litres
Nbre coussins sécurité / ceintures	8 / 4
Suspension av. / arr.	ind., jambes force / ind., multibras
Pneus avant / arrière	P195/65R15 / P195/65R15
Poids / Capacité de remorquage	1530 kg / n.d.

Composantes mécaniques

PRIUS PRIME

Cylindrée, alim.	4L 1,8 litre atmos.
Puissance / Couple	95 ch / 105 lb-pi
Tr. base (opt) / Rouage base (opt)	CVT / Tr
0-100 / 80-120 / V. max	10,0 s (est) / n.d. / n.d.
100-0 km/h	n.d.
Type / ville / route / CO_2	Ord / 4,3 / 4,4 / 980 kg/an
Consommation équivalente	1,8 Le/100 km
Puissance combinée	121 ch

MOTEUR ÉLECTRIQUE

Puissance / Couple	71 ch (52 kW) / n.d.
Type de batterie	Lithium-ion (Li-ion)
Énergie	8,8 kWh
Temps de charge (120V / 240V)	5,5 h / 2,2 h
Autonomie	35 km

PRIUS

Cylindrée, alim.	4L 1,8 litre atmos.
Puissance / Couple	95 ch / 105 lb-pi
Tr. base (opt) / Rouage base (opt)	CVT / Tr
0-100 / 80-120 / V. max	10,8 s / 8,2 s / n.d.
100-0 km/h	43,9 m
Type / ville / route / CO_2	Ord / 4,4 / 4,6 / 2 065 kg/an
Consommation combinée	n.d.

MOTEUR ÉLECTRIQUE

Puissance / Couple	71 ch (52 kW) / 120 lb-pi
Type de batterie	Lithium-ion (Li-ion)
Énergie	1,3 kWh
Temps de charge (120V / 240V)	n.d. / n.d.
Autonomie	n.d.

DU NOUVEAU EN 2018

Aucun changement connu au moment de mettre sous presse (Prius). Version rechargeable (Prime) a été commercialisée au printemps 2017.

TOYOTA PRIUS PRIME

TOYOTA PRIUS

Photos: Marc Lachapelle, Toyota

Pour voir la liste complète des informations techniques, veuillez vous référer à la section statistiques.

TOYOTA | 611

TOYOTA **PRIUS C / PRIUS V** | **75**% COTE DU GUIDE

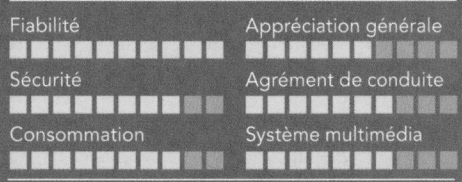

Prix: 21 975 $ à 34 975 $ (2017)
Catégorie: Hatchback
Garanties:
3 ans/60 000 km, 5 ans/100 000 km
Transport et prép.: 2 189$
Ventes QC 2016: 1 345 unités
Ventes CAN 2016: 3 135 unités
Assemblage: Iwata JP

Fiabilité

■■■■■■■■■□

Appréciation générale

■■■■■□□□□□

Sécurité

■■■■■■■■□□

Agrément de conduite

■■■■■□□□□□

Consommation

■■■■■■■■□□

Système multimédia

■■■■□□□□□□

Cote d'assurance

$ $ $ $

Connectivité multimédia

Aucune

+ Habitacle vaste (v) • Fiabilité de bon aloi • Consommation correcte (v) • Dimensions «urbaines» (c)

− Performances apathiques • Consommation décevante (c) • Plusieurs plastiques déprimants • Autonomie électrique trop faible • Prix de certaines versions élevé

Concurrents
Prius c : Ford Fiesta, Honda Fit, Hyundai Accent, Kia Rio, Nissan Versa Note
Prius v : Ford C-MAX, Kia Niro, Volkswagen Golf SportWagen

Les laissées-pour-compte

Alain Morin

Au début, il y avait la Prius. Puis, sont arrivées les Prius c et v (avec des minuscules, sans doute pour faire chic). Enfin, l'an dernier a vu apparaître la Prius Prime, une hybride rechargeable. Puisque cette dernière est nouvelle et rechargeable en plus, elle vole la vedette, d'autant plus que son style ne laisse personne indifférent! Ce qui est bien assez pour reléguer dans l'ombre des voitures qui ne méritent même pas une majuscule de la part de leur constructeur.

Toujours est-il que les Prius c et v poursuivent leur petit bonhomme de chemin sans faire trop de vagues. Et même si la c sera quelque peu rafraîchie pour 2018, il serait surprenant que les concessionnaires doivent engager plus de conseillers aux ventes pour répondre à la demande... Par contre, ces deux Prius souvent ignorées valent qu'on s'attarde à elles.

LA PRIUS DE VILLE
La Prius c (c pour city – ou ville, si vous préférez) est avec nous depuis 2012, en tant que modèle 2013, et n'a guère connu de changements depuis. Sauf cette année où elle a droit à un rafraîchissement esthétique. Sinon, c'est le statu quo. Construite sur la plate-forme qui sert aussi à la Yaris *hatchback*, la Prius c fait toujours appel à un quatre cylindres de 1,5 litre développant un gros 73 chevaux. Heureusement, un moteur électrique de 60 chevaux vient l'épauler. L'écurie totale qui s'en dégage compte 99 équidés. Malgré l'utilisation, assez inutile, du mode EV, qui permet de rouler sur une très courte distance en mode électrique seulement, et à une vitesse très, très réduite, la consommation n'est guère meilleure que celle de la Prius, pourtant plus lourde.

La Prius c est particulièrement à l'aise en milieu urbain alors que ses dimensions la rendent facile à garer. Or, il faut quelques fois sortir de la ville et là, l'expérience se gâte un peu. Les accélérations sont pénibles (en ville, elles le sont aussi) et accompagnées d'un grondement qui encourage le respect des lois. La conduite à haute vitesse demande des nerfs d'acier ou une grande inconscience. Les sièges sont relativement confortables,

les plastiques, souvent bas de gamme, surtout dans la version de base, plutôt dénudée. Juste un exemple parmi tant d'autres, le dossier de la banquette arrière de la Prius c de base se replie pour agrandir le coffre, mais d'un seul tenant. La livrée Technologie est moins chiche et sa banquette présente deux dossiers qui s'abaissent de façon 60/40.

LA PRIUS POUR ALLER EN VACANCES

De son côté, la Prius v (v pour *versatile* – ou polyvalente) est la plus grande de la famille Prius. En fait, il s'agit d'une familiale. Si la Prius est passée à une nouvelle génération en 2016 et que la Prime est apparue l'an passé, la v et la c, plutôt laissées-pour-compte, font toujours partie de la génération précédente. La Prius v, d'ailleurs, commence à accuser son âge.

Elle s'avère beaucoup plus logeable que les autres avec son coffre pouvant contenir entre 971 et 1 906 litres, soit davantage que la défunte et fort regrettée Matrix. En plus, sous le plancher de son coffre, on retrouve des bacs de rangement bien appréciés. À l'avant aussi, il y a beaucoup de rangements. Ce qui compense, légèrement, les plastiques tristes et les sièges arrière peu confortables. Parlant des sièges, ils sont recouverts de SofTex, un cuir artificiel que mon œil non initié aux subtilités de la fausse peau de vache a interprété comme étant de la cuirette. Avant d'en terminer avec les sièges, juste un petit mot pour vous aviser que les éléments chauffants des sièges avant sont particulièrement en forme et savent mettre le feu où vous savez en quelques minutes à peine.

La Prius v fait appel à un quatre cylindres de 1,8 litre, assisté d'un moteur électrique de 80 chevaux. L'ensemble donne 136 chevaux. Aucun d'entre eux ne peut aspirer à une participation dans un derby et le bouton PWR, pour Power — ou puissance en français — ne semble là que par parure. Un peu comme dans la c, le mode EV n'est utile que sur une très courte distance parcourue, à une vitesse très basse.

La consommation d'essence est très bonne et ordinaire. Très bonne quand on se fie à l'ordinateur de bord, prix Nobel du positivisme, et ordinaire quand on calcule à la main. Ainsi, lors de mes deux derniers essais d'une v, je pouvais choisir entre mes calculs, 6,8 et 7,1 l/100 km, ou ceux de l'ordi avec 5,7 et 6,2 respectivement.

Au moment d'écrire ce texte, début juillet 2017, Toyota a annoncé des changements esthétiques à la c et n'a rien divulgué au sujet de la v 2018. Il serait dommage qu'une marque comme Toyota, qui a fait de l'hybridation son cheval de bataille depuis si longtemps, laisse croupir deux excellentes, quoiqu'imparfaites, voitures.

Données principales

Emp. / lon. / lar. / haut.	Prius c - 2 550 / 4 030 / 1 695 / 1 490 mm
	Prius v - 2 780 / 4 630 / 1 775 / 1 575 mm
Coffre / réservoir	Prius c - 484 litres / 36 litres
	Prius v - 971 à 1 906 litres / 45 litres
Nbre coussins sécurité / ceintures	9 / 5
Suspension av. / arr.	ind., jambes force / semi-ind., poutre torsion
Pneus avant / arrière	Prius c - P175/65R15 / P175/65R15
	Prius v - P205/60R16 / P205/60R16
Poids / Capacité de remorquage	Prius c - 1 132 kg / non recommandé
	Prius v - 1 505 kg / non recommandé

Composantes mécaniques

PRIUS c

Cylindrée, alim.	4L 1,5 litre atmos.
Puissance / Couple	73 ch / 82 lb-pi
Tr. base (opt) / Rouage base (opt)	CVT / Tr
0-100 / 80-120 / V. max	11,7 s / 9,7 s / n.d.
100-0 km/h	40,9 m
Type / ville / route / CO_2	Ord / 4,9 / 5,5 / 2 400 kg/an
Puissance combinée	99 ch

MOTEUR ÉLECTRIQUE

Puissance / Couple	60 ch (44 kW) / 125 lb-pi
Type de batterie	Nickel-hydrure métallique (NiMH)
Énergie	19,3 kWh

PRIUS v

Cylindrée, alim.	4L 1,8 litre atmos.
Puissance / Couple	98 ch / 105 lb-pi
Tr. base (opt) / Rouage base (opt)	CVT / Tr
0-100 / 80-120 / V. max	11,6 s / 9,3 s / 165 km/h
100-0 km/h	44,6 m
Type / ville / route / CO_2	Ord / 5,5 / 6,0 / 2 634 kg/an
Puissance combinée	136 ch

MOTEUR ÉLECTRIQUE

Puissance / Couple	80 ch (60 kW) / 153 lb-pi
Type de batterie	Nickel-hydrure métallique (NiMH)
Énergie	1,3 kWh

DU NOUVEAU EN 2018

Quelques changements esthétiques pour la Prius c, aucun changement majeur au moment de mettre sous presse pour la v.

Photos : Toyota

TOYOTA PRIUS V

TOYOTA PRIUS C

Pour voir la liste complète des informations techniques, veuillez vous référer à la section statistiques.

TOYOTA **RAV4**

79% COTE DU GUIDE

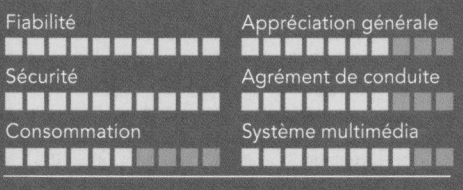

Prix : 27 445 $ à 41 810 $ (2017)
Catégorie : VUS
Garanties :
3 ans/60 000 km, 5 ans/100 000 km
Transport et prép. : 2 284 $
Ventes QC 2016 : 11 864 unités
Ventes CAN 2016 : 49 103 unités
Assemblage : Woodstock ON CA

Fiabilité
■■■■■■■■□□

Appréciation générale
■■■■■■■□□□

Sécurité
■■■■■■■■□□

Agrément de conduite
■■■■■■□□□□

Consommation
■■■■■□□□□□

Système multimédia
■■■■■■■□□□

Cote d'assurance

$ ▽ $ $ $

Connectivité multimédia

Aucune

+ Habitacle spacieux et pratique • Beaucoup de choix dans les versions • Confortable sur la route • Version hybride disponible • Fiabilité éprouvée

− Versions les plus huppées dispendieuses • Un seul moteur offert • Capacité de remorquage correcte sans plus • Version hybride non rechargeable

Concurrents
Chevrolet Equinox, Ford Escape, Honda CR-V, Hyundai Tucson, Jeep Cherokee, Kia Sportage, Mazda CX-5, Mitsubishi Outlander, Nissan Rogue, Volkswagen Tiguan

Toujours fidèle et serviable

Sylvain Raymond

Vous cherchez un VUS compact populaire au Québec ? Avec le Toyota RAV4, vous êtes à la bonne page puisqu'il est le plus vendu dans son segment, tout juste devant le Honda CR-V et le Ford Escape, ses deux principaux rivaux. Ce qui fait le succès du RAV4, c'est son aspect pratique, mais surtout, sa bonne réputation. Tel un ami sur qui l'on peut toujours compter, sa grande fiabilité fait qu'il sera toujours à vos côtés et vous tiendra éloigné du concessionnaire. Dommage pour vous si c'est un ami !

Légèrement retouché il y a deux ans, le RAV4 offre peu de changement pour 2018, si ce n'est que l'arrivée de la version Trail qui reçoit, de série, tout ce qu'il faut pour remorquer efficacement. On a ajouté au RAV4 un radiateur de plus grande capacité et des refroidisseurs supplémentaires pour l'huile à moteur et pour le liquide de transmission ainsi qu'un stabilisateur de remorque. Il est un peu plus à l'aise hors des sentiers battus grâce à sa garde au sol accrue, et plus sexy avec ses garnitures noires. Est-ce que cela lui permettra d'affronter certains véhicules très compétents en hors route, dont le Jeep Cherokee Trailhawk ?

UN RAV4 POUR TOUS LES GOÛTS

Si, chez la concurrence, les choix peuvent être simples, ce n'est pas le cas pour le RAV4. Il y a une version pour tous les goûts et surtout, pour tous les budgets. Les livrées deux roues motrices ? À éviter. Pourquoi s'acheter un VUS dont seules les roues avant sont motrices ? Une familiale ferait tout aussi bien l'affaire. Vaut mieux ajouter quelques dollars pour avoir un rouage intégral, vous ne le regretterez certainement pas. En plus, votre RAV4 sera plus facile à revendre dans quelques années.

Vous aimez les VUS de Porsche pour leur style sportif, mais ne désirez pas une seconde hypothèque ? Optez pour le RAV4 SE, il fera davantage tourner les têtes grâce à ses jantes de 18 pouces. Et si vous cherchez la Rolls-Royce des RAV4, tournez-vous vers le Limited, coûtant plus de 40 000 $ toutefois, c'est un peu dispendieux pour un véhicule compact de marque populaire.

N'attendez pas les offres de votre représentant pour ce qui est du moteur, cette fois, le choix à faire est fort simple. Toyota a éliminé le V6, il y a quelques années, pour ne conserver que le quatre cylindres de 2,5 litres. Avec ses 176 chevaux et son couple de 172 livres-pied, le rapport poids/puissance joue contre lui, mais il favorise au moins la consommation de carburant.

L'hybride demeure au catalogue. Ce RAV4 écolo compte sur un moteur quatre cylindres de 2,5 litres, mais cette fois, à cycle Atkinson. Puisque les roues avant sont mues par deux moteurs, un à essence l'autre électrique et que les roues arrière le sont par un moteur électrique de 194 chevaux, le RAV4 hybride est donc à rouage intégral. Il n'y a pas de prise pour recharger la batterie, ce n'est donc pas un hybride rechargeable, ce qui est dommage. En fait, cela lui nuit, car son prix est plus élevé que la version à essence, le rabais du gouvernement n'existe plus pour les hybrides (mais il demeure pour les hybrides rechargeables) et l'économie de carburant n'est pas toujours majeure.

SOBRIÉTÉ À BORD

L'habitacle est sobre, ce qui le rend fonctionnel et efficace. Grâce à ses dimensions, le RAV4 offre amplement d'espace à bord pour les passagers, en fait, il est le mieux nanti sur ce point. Même chose concernant l'espace de chargement, vous pourrez y engouffrer tout l'attirail nécessaire à la vie quotidienne d'une famille. Il remplace pratiquement une fourgonnette !

Sur la route, on aime son confort et surtout, la qualité de l'insonorisation. La suspension est calibrée de façon à bien absorber les imperfections de la chaussée — et Dieu sait qu'il y en a au Québec ! Si vous aimez la conduite dynamique et sportive, il vaut peut-être mieux regarder ailleurs, notamment du côté du Mazda CX-5.

La position de conduite est basse, donnant l'impression de conduire une automobile et non un VUS ; d'ailleurs, le RAV4 ne dispose pas du meilleur dégagement au sol de sa catégorie, quoique la version Trail soit mieux nantie à ce chapitre. La direction est précise, mais elle n'est pas comparable à celle de certains concurrents, et ce, même en activant le mode Sport. La boîte automatique à six rapports est très efficace, passant rapidement aux rapports supérieurs, réduisant ainsi la consommation et le bruit du moteur en accélération. La version SE ajoute des palonniers derrière le volant pour changer manuellement les rapports. Mais qui les utilise réellement ?

Le Toyota RAV4 n'est peut-être pas le plus éclatant, mais il dispose d'attributs que plusieurs apprécient, tout en demeurant très fiable. Voilà pourquoi on en retrouve autant sur nos routes !

Données principales	
Emp. / lon. / lar. / haut.	2 660 / 4 600 / 1 845 / 1 705 mm
Coffre / réservoir	1 010 à 2 080 litres / 60 litres
Nbre coussins sécurité / ceintures	8 / 5
Suspension av. / arr.	ind., jambes force / ind., double triangulation
Pneus avant / arrière	P235/55R18 / P235/55R18
Poids / Capacité de remorquage	1 775 kg / non recommandé

Composantes mécaniques	
HYBRIDE	
Cylindrée, alim.	4L 2,5 litres atmos.
Puissance / Couple	150 ch / 152 lb-pi
Tr. base (opt) / Rouage base (opt)	CVT / Int
0-100 / 80-120 / V. max	9,0 s / 6,0 s / n.d.
100-0 km/h	46,6 m
Type / ville / route / CO₂	Ord / 6,9 / 7,8 / 3 422 kg/an
Puissance combinée	194 ch (145 kW) / n.d.
MOTEUR ÉLECTRIQUE	
Puissance / Couple	67 ch (49 kW) / n.d.
Type de batterie	Nickel-hydrure métallique (NiMH)
Énergie	1,6 kWh
LE, XLE, SE, TRAIL	
Cylindrée, alim.	4L 2,5 litres atmos.
Puissance / Couple	176 ch / 172 lb-pi
Tr. base (opt) / Rouage base (opt)	A6 / Int (Tr)
0-100 / 80-120 / V. max	10,3 s / 7,6 s / n.d.
100-0 km/h	41,3 m
Type / ville / route / CO₂	Ord / 10,0 / 7,8 / 4 520 kg/an

Type / ville / route / CO_2

DU NOUVEAU EN 2018

Ajout de la version Trail.

Pour voir la liste complète des informations techniques, veuillez vous référer à la section statistiques.

TOYOTA | 615

TOYOTA RAV4

TOYOTA **SEQUOIA**

62 % COTE DU GUIDE

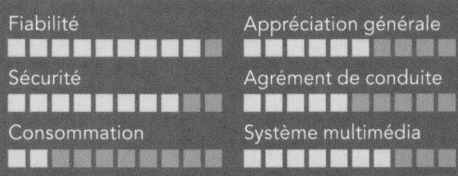

Prix : 56 890 $ à 71 760 $ (2017)
Catégorie : VUS
Garanties :
3 ans/60 000 km, 5 ans/100 000 km
Transport et prép. : 2 259 $
Ventes QC 2016 : 93 unités
Ventes CAN 2016 : 697 unités
Assemblage : Princeton IN US

Fiabilité
■■■■■■■□□□

Appréciation générale
■■■■■■■□□□

Sécurité
■■■■■■■□□□

Agrément de conduite
■■■■■□□□□□

Consommation
■■■□□□□□□□

Système multimédia
■■■■■□□□□□

Cote d'assurance

$ $ $ $

Connectivité multimédia

Aucune

➕ Habitacle aussi spacieux et luxueux que confortable • Capacités de remorquage élevées • Fiabilité rassurante • Solide en hors route

➖ Poids nettement exagéré • Consommation terrifiante • Comportement routier très moyen • Véhicule royalement dépassé par la concurrence

Concurrents
Chevrolet Tahoe, Dodge Durango, Ford Expedition, GMC Yukon, Nissan Armada

Un peu tard pour commencer à faire du sport...
Alain Morin

Aussi inébranlable que l'arbre dont Toyota s'est inspiré pour le baptiser, le Sequoia évolue au même rythme et il semble là pour les siècles à venir. Or, cette année, dans un moment de réveil inattendu, Toyota lui apporte quelques changements. Oh, rien pour troubler sa séculaire tranquillité, mais assez pour que l'on en fasse mention.

Il faut tout d'abord souligner que le Sequoia est gros. Très gros. Plus gros qu'un Ford Expedition, c'est tout dire. Après tout, il est dérivé de la camionnette Tundra, elle-même assez costaude, merci. Bien entendu, un si gros véhicule abhorre les centres-villes et ses stationnements souterrains, ses rues étroites et ses places de stationnement trop petites. Si vous n'avez pas de garage et que vous comptez vous servir de ce véhicule l'hiver, un petit conseil, munissez-vous d'un escabeau pour pouvoir le déneiger. Je ne parle pas du toit, je parle du pare-brise. Pour le toit, ça prend une échelle.

Comme on est en droit de s'y attendre, l'habitacle ne fait pas dans le petit. Tout semble surdimensionné, de l'immensité du pare-brise à la grosseur des boutons du tableau de bord en passant par la console centrale dans laquelle j'ai perdu mon cabanon. Ça avait pris une semaine pour le retrouver. Le coffre est de dimensions sidérales. L'espace pour les jambes, les coudes, les hanches, les oreilles est amplement suffisant, peu importe l'endroit où l'on s'assoit. Étonnamment, l'espace pour la tête, bien qu'il soit correct, n'est pas extraordinaire. Les sièges avant et à la seconde rangée sont façonnés de manière à accueillir les gabarits américains. Remarquez que ce n'est pas surprenant, c'est là que le Sequoia est le plus populaire. S'il ne s'en est vendu que 697 au Canada en 2016, il s'en est écoulé près de 13 000 du côté de Trump.

2 700 KILOS À FAIRE BOUGER... C'EST PAS DE LA TARTE
Pour mouvoir les 2 700 kilos du Sequoia, Toyota fait appel à son V8 5,7 litres qui engendre 381 chevaux à 5 600 tr/min et un couple de 401 livres-pied à 3 600 tr/min. C'est suffisant pour amener le pachyderme d'une position stationnaire à 100 km/h en 7,1 secondes seulement. J'ai entendu dire que

la NASA aurait refusé de développer un ordinateur pour calculer la consommation lors d'un 0-100 km/h, prétextant que cela dépassait ses compétences. Déjà que calculer la consommation moyenne sur une route descendante avec un vent de dos en roulant à la vitesse légale est un exercice troublant. On parle d'environ 15 l/100 km. En ville, attendez-vous à 19 ou 20. Et avec un peu de mauvaise foi, à 23.

La boîte de vitesses est une automatique à six rapports qui fonctionne avec une grande douceur. Un rouage 4x4 très efficace complète le tableau mécanique. Ce 4x4 possède une gamme basse qui lui permet de passer à peu près partout, étant bien davantage limité dans les sentiers étroits par ses dimensions gargantuesques que par les capacités de son rouage 4x4.

UN SEQUOIA SPORT... VRAIMENT ?

Comme nous le disions au début de cet essai, Toyota a osé apporter des changements à son Sequoia. Tout d'abord, l'ensemble de sécurité Safety Sense P a été ajouté (système précollision détectant les piétons, régulateur de vitesse dynamique, entre autres). La partie avant a été revue, alors que l'intérieur a été subtilement remis au goût du jour. La plus grande nouveauté réside en une toute nouvelle version, la TRD Sport. Basée sur le SR5, elle amène des roues en alliage noir de 20 pouces, une suspension sport TRD avec amortisseurs Bilstein, une barre antiroulis TRD, ainsi que quelques bonbons visuels.

Sur papier, cet ensemble, dont le prix n'a pas été dévoilé, est bien tentant. Or, au risque de péter votre balloune, je serais fort surpris qu'il fasse du Sequoia un modèle d'agilité. Certes, il risque d'améliorer le roulis en virage, le faisant sans doute passer d'extraordinairement exagéré à trop prononcé... Aucun mot n'a été consacré à la direction qui aurait pourtant mérité des améliorations, elle qui est un exemple de légèreté et d'absence de sensation tactile... Ni sur les sièges qui n'ont aucun talent pour retenir conducteur et passagers en virage. Bref, ce TRD Sport s'annonce trop cher pour ce qu'il va offrir. Souhaitons que je me trompe.

J'imagine davantage cet ensemble comme un chant du cygne. Le Sequoia est démodé à plus d'un point de vue. Certes, encore beaucoup de personnes l'apprécient, mais General Motors a entièrement revu ses grands VUS, Ford le fait cette année, Mercedes-Benz offre un GLS pas piqué des vers...

Bon, c'est bien beau rédiger l'essai d'un Sequoia mais, date de tombée oblige, je dois commencer tout de suite mon prochain essai... sur les Prius c et v. Ce qui devrait me racheter aux yeux des écologistes.

Données principales

Emp. / lon. / lar. / haut.	3100 / 5210 / 2030 / 1955 mm
Coffre / réservoir	540 à 3400 litres / 100 litres
Nbre coussins sécurité / ceintures	8 / 8
Suspension av. / arr.	ind., double triangulation / ind., double triangulation
Pneus avant / arrière	P275/65R18 / P275/65R18
Poids / Capacité de remorquage	2721 kg / 3220 kg (7090 lb)

Composantes mécaniques

Cylindrée, alim.	V8 5,7 litres atmos.
Puissance / Couple	381 ch / 401 lb·pi
Tr. base (opt) / Rouage base (opt)	A6 / 4x4
0-100 / 80-120 / V. max	7,1 s / 6,1 s / n.d.
100-0 km/h	42,9 m
Type / ville / route / CO_2	Ord / 18,7 / 13,8 / 7654 kg/an

« LE SEQUOIA DÉTESTE LES CENTRES-VILLES. ET LES CENTRES-VILLES LE LUI RENDENT BIEN AVEC LEURS RUES ÉTROITES ET LEURS PETITS ESPACES DE STATIONNEMENT. »

DU NOUVEAU EN 2018

Quelques changements apportés à l'avant et dans l'habitacle, Toyota Safety Sense P ajouté, nouvelle version TRD Sport. Quelques nouvelles couleurs.

Photos : Toyota

Pour voir la liste complète des informations techniques, veuillez vous référer à la section statistiques.

TOYOTA | 617

TOYOTA **SIENNA**

77% COTE DU GUIDE

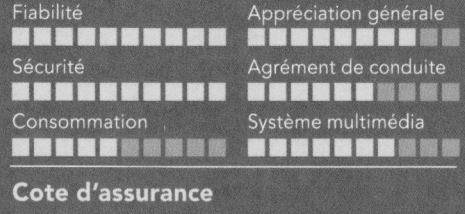

Prix : 33 690 $ à 51 715 $ (2017)
Catégorie : Fourgonnette
Garanties :
3 ans/60 000 km, 5 ans/100 000 km
Transport et prép. : 2 025 $
Ventes QC 2016 : 2 347 unités
Ventes CAN 2016 : 13 404 unités
Assemblage : Princeton IN US

Fiabilité
■■■■■■■■□□
Appréciation générale
■■■■■■■□□□
Sécurité
■■■■■■■■□□
Agrément de conduite
■■■■■■□□□□
Consommation
■■■■■□□□□□
Système multimédia
■■■■■■□□□□

Cote d'assurance

$ $ $ $

Connectivité multimédia

Aucune

➕ Fiabilité rassurante • Moteur
puissant • Rouage intégral disponible •
Excellente valeur de revente •
Habitabilité impressionnante

➖ Agrément de conduite moyen •
Dimensions encombrantes • Version
de base dépouillée • Effet de couple
dans le volant

Concurrents
Chrysler Pacifica, Dodge Grand Caravan,
Honda Odyssey, Kia Sedona

Toyota joue de prudence

Denis Duquet

Chez Toyota, on préfère l'évolution de ses modèles à la révolution. La nouvelle mouture de la Sienna en est un parfait exemple. Au lieu de tout transformer, on a choisi de rafraîchir la silhouette, d'étoffer les systèmes de sécurité et de réviser l'équipement. On a par ailleurs conservé le même moteur V6, introduit l'année précédente. Cette politique peut sembler trop timide aux yeux de certains, mais il ne faut pas oublier que le marché de la fourgonnette est relativement stable et qu'il cible une clientèle familiale, laquelle est davantage intéressée à la polyvalence et à l'habitabilité qu'aux avancées technologiques.

TIMIDE RESTYLAGE
Même si la silhouette d'une fourgonnette ne figure pas nécessairement parmi les priorités des acheteurs, il ne faut quand même pas ignorer cet élément. Puisque la Sienna commençait à prendre de l'âge sur le plan esthétique, les stylistes lui ont fait subir un restylage partiel, surtout axé sur la partie avant et sur le bas des parois latérales. La grille de calandre est dorénavant ultra étroite et constituée d'une languette chromée, en forme de V évasé, au centre duquel trône l'écusson Toyota. Il surplombe ainsi un très large pare-chocs agrémenté d'ouvertures longitudinales.

Par ailleurs, la version SE est dotée d'un pare-chocs avant parsemé d'ouvertures alvéolées, tandis que la grille de calandre possède également un grillage du même type. On a en outre placé un renflement dans le bas de la caisse, sur tous les modèles, afin de donner une allure plus sportive, d'après les affirmations du constructeur. Pourtant, sportivité et fourgonnette sont rarement associées.

On a profité de cette mise à jour pour installer de série le système multimédia Toyota Entune, plus sophistiqué. Parmi les améliorations qu'il apporte, soulignons la présence de cinq ports USB couvrant les trois rangées de sièges, d'une caméra de recul en plongée sur la version Limited et, sans oublier, d'un écran multifonctions. Le système Entune rend la Sienna plus attrayante qu'auparavant alors que c'était un véhicule d'un triste ennui technologiquement parlant.

Comme sur le modèle précédent, il est possible de commander cette fourgonnette en version sept ou huit places, selon que l'on commande des sièges capitaine sur la rangée médiane ou une banquette accommodant trois occupants. Il faut également souligner que l'accès aux places arrière est relativement facile en raison de la présence de rails coulissants permettant aux sièges de se déplacer vers l'avant, pour faciliter l'accès à bord.

SÉCURITÉ ACCRUE, CONDUITE PRÉVISIBLE

Chez Toyota, on insiste beaucoup sur la sécurité des véhicules et chaque nouvelle version bénéficie de systèmes de protection plus élaborés. Le nouveau Sienna ne fait pas exception à cette règle et possède dorénavant la suite Toyota Safety Sense P (TSS-P), un regroupement de technologies de sécurité qui permettent de conduire en toute quiétude. Les technologies offertes par le TSS-P comprennent le système précollision, l'avertissement de sortie de voie et les phares de route automatiques. Et il ne faut pas oublier un élément qui n'est pas nécessairement associé à la sécurité elle-même, mais force est d'admettre que le rouage intégral de cette fourgonnette la rend plus intéressante durant l'hiver. Soulignons au passage que cette Toyota est la seule fourgonnette sur le marché à proposer un rouage intégral. Celui-ci est offert en option et fait quand même augmenter la facture de façon significative.

Rien ne semble avoir été transformé en ce qui concerne la mécanique, et l'on retrouve donc, sous le capot, le même moteur V6 3,5 litres introduit l'an dernier. Sa puissance est de 295 chevaux et son couple, de 263 lb-pi. Il est couplé à une boîte automatique à huit rapports. Cette puissance est quand même importante pour un véhicule à vocation utilitaire et familiale. Il faut d'ailleurs moduler la pédale d'accélération, faute de quoi les roues avant patinent et un effet de couple dans le volant se fait sentir. Voilà autant de raisons pour s'intéresser à la transmission intégrale.

Ce moteur à injection directe consomme de façon raisonnable compte tenu du poids et de l'encombrement de ce véhicule, sans compter un coefficient de pénétration dans l'air assez élevé. Toutefois, il ne faut pas associer cette puissance à une conduite intéressante. En effet, la tenue de route est moyenne, sans plus, et tous virages abordés à vive allure se traduisent par un important roulis de caisse. Soulignons cependant que la suspension est confortable.

Malgré une conduite peu inspirante, la fiabilité de la marque et la possibilité de commander un modèle à transmission intégrale sont autant d'arguments prêchant en sa faveur.

Données principales	
Emp. / lon. / lar. / haut.	3 030 / 5 085 / 1 985 / 1 790 à 1 810 mm
Coffre / réservoir	1 100 à 4 250 litres / 79 litres
Nbre coussins sécurité / ceintures	8 / 7
Suspension av. / arr.	ind., jambes force / semi-ind., poutre torsion
Pneus avant / arrière	P235/55R18 / P255/55R18
Poids / Capacité de remorquage	2 155 kg / 1 588 kg (1 500 à 3 500 lb)

Composantes mécaniques	
Cylindrée, alim.	V6 3,5 litres atmos.
Puissance / Couple	295 ch / 263 lb-pi
Tr. base (opt) / Rouage base (opt)	A8 / Tr (Int)
0-100 / 80-120 / V. max	8,0 s (est) / 5,0 s (est) / n.d.
100-0 km/h	42,6 m (est)
Type / ville / route / CO_2	Ord / 12,5 / 8,9 / 5 005 kg/an

« L'ACHAT D'UNE **FOURGONNETTE** **EST UN ACTE** DE RAISON ET GRÂCE À SA **RÉPUTATION** DE **FIABILITÉ,** L'ACQUISITION D'UNE SIENNA L'EST **ENCORE PLUS.** »

DU NOUVEAU EN 2018

Partie avant modifiée, systèmes de sécurité TSS-P, système d'infodivertissement Entune.

Photos: Toyota

Pour voir la liste complète des informations techniques, veuillez vous référer à la section statistiques.

TOYOTA **TACOMA**

69% COTE DU GUIDE

(((**SiriusXM**)))

Prix: 29 660 $ à 50 100 $ (2017)
Catégorie: Camionnette
Garanties:
3 ans/60 000 km, 5 ans/100 000 km
Transport et prép.: 2 259 $
Ventes QC 2016: 2 230 unités
Ventes CAN 2016: 12 618 unités
Assemblage: San Antonio TX US

Fiabilité ■■■■■□□□□□
Appréciation générale ■■■■■■□□□□

Sécurité ■■■■■■■□□□
Agrément de conduite ■■■■■■□□□□

Consommation ■■■■□□□□□□
Système multimédia ■■■■□□□□□□

Cote d'assurance

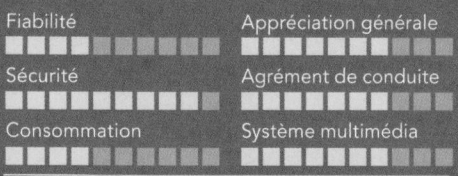

$ $ $ $

Connectivité multimédia

Aucune

➕ Allure robuste • Valeur de revente élevée • Capacités intéressantes • Versions TRD et TRD PRO habiles en sentier • Réputation de fiabilité

➖ Consommation élevée (V6) • Version TRD PRO très chère • Design intérieur discutable • Places arrière risibles (Cabine Accès) • Accès à bord difficile

Concurrents
Chevrolet Colorado, GMC Canyon, Honda Ridgeline, Nissan Frontier

Monsieur Robuste

Michel Deslauriers

Peu importe dans quelle région l'on se trouve, au Canada ou aux États-Unis, les camionnettes jouissent d'une popularité inouïe. Chez Ford, GM et FCA, ces véhicules représentent le pain et le beurre, alors que chez d'autres constructeurs comme Toyota, Honda et Nissan, elles sont des compléments à une gamme étoffée de VUS.

Nuançons ce propos en ce qui a trait à Toyota, qui vend tout de même un bon nombre de *pick-up*. Surtout le Tacoma, champion des poids légers au palmarès des ventes. Alors que la plupart de ses concurrents misent sur le raffinement et la polyvalence d'une camionnette avec la conduite d'un VUS, le Tacoma, lui, joue la carte de la robustesse.

INDESTRUCTIBLE, OU PRESQUE

La réputation de fiabilité des camions Toyota n'est plus à faire. À travers le monde, ils sillonnent les déserts, traversent les forêts et conquièrent les stationnements de centres commerciaux de banlieue sans montrer aucun signe de faiblesse. Toutefois, le Tacoma a été l'objet d'un recours collectif aux États-Unis et au Canada, car son châssis rouillait prématurément et a dû être remplacé.

Malgré cette tache au dossier, la popularité de cette camionnette persiste, puisque l'on apprécie son apparence musclée et bagarreuse. La version TRD Off Road ajoute des plaques de protection, des amortisseurs Bilstein et des contours d'ailes, alors que le TRD Sport affiche une bouche d'aération sur le capot. Le Tacoma TRD Pro, au sommet de la gamme, adopte un look résolument sinistre avec des jantes noires, une grille de calandre unique, une suspension à amortisseurs FOX et quelques garnitures exclusives.

Un quatre cylindres de 2,7 litres, produisant 159 chevaux, figure comme moteur de base. Cependant, il n'est offert qu'en versions à cabine Accès. Pour les travaux légers comme véhicule de livraison ou comme camionnette de loisirs, c'est une motorisation tout à fait convenable, permettant une capacité de remorquage de 1 588 kg (3 500 lb), identique à celle des jumeaux Chevrolet Colorado et GMC Canyon munis de leur moteur de 2,5 litres. Le V6 de 3,5 litres du Tacoma est intéressant à plusieurs points de vue. Il fonctionne sur un cycle Atkinson, une technique autrefois réservée aux motorisations hybrides. Le V6 développe 278 chevaux, permettant au Tacoma de réaliser de belles performances.

Côté consommation, c'est une autre histoire. Lors d'un récent essai du Tacoma, on a obtenu une moyenne de 14,5 l/100 km, mais il faut dire qu'il s'agissait d'une version TRD PRO, pourvue de pneus à crampons et possédant l'aérodynamisme d'un tracteur de ferme. En revanche, la capacité de remorquage atteint les 2 950 kg (6 500 lb), soit plus que celle du Honda Ridgeline, mais moins que celle des Colorado et Canyon à motorisation V6 ou quatre cylindres turbodiesel.

Et que dire du TRD Pro, conçue pour les aventures hors routes extrêmes avec sa suspension robuste, son différentiel arrière verrouillable et ses systèmes de retenue électroniques. Dans les sentiers et sur les surfaces escarpées, cette version du Tacoma démontre bien son talent. En route vers le travail ou l'épicerie, on a droit à un roulement sautillant, comme celui d'un bon vieux *pick-up*. Les éditions TRD Off Road et TRD Sport, moins chères, feront amplement l'affaire pour aller se salir une fois la fin de semaine venue.

Y A-T-IL DES STYLISTES DANS LA (MÊME) SALLE ?

Lors de la refonte du Tacoma il y a deux ans, on a redessiné l'habitacle, mais conservé la cabine extérieure de l'ancienne génération. Les proportions demeurent donc les mêmes, dans un temps où les rivaux ont pris du coffre. Toyota a modernisé l'aspect du tableau de bord, bien que l'on se demande si les stylistes du Tacoma travaillaient tous à partir de chez eux, sans se parler. Bref, l'assemblage solide y est, mais l'apparence est discutable avec une tripotée de textures et de formes. À l'arrière de la cabine Accès, on retrouve de vulgaires strapontins dépliables, à peine assez gros pour supporter le postérieur d'un adulte, avec un échantillon de tissu servant de dossier... Dans la version cabine Double, c'est loin d'être parfait, mais c'est mieux.

Même dans sa version la plus abordable, le Tacoma coûte environ le même prix qu'un Ford F-150 ou un Ram 1500. Ces derniers sont plus spacieux, pas tellement plus énergivores, plus confortables au quotidien et leurs capacités sont plus élevées. Le petit camion de Toyota surfe peut-être sur une réputation établie par ses aïeuls, mais il n'en demeure pas moins que les amateurs de *pick-up*, les vrais de vrais, seront parfaitement heureux à bord du Tacoma. Les autres devraient peut-être regarder chez la concurrence avant de prendre une décision.

Données principales	
Emp. / lon. / lar. / haut.	3 571 / 5 727 / 1 910 / 1 793 mm
Boîte / réservoir	1 536 à 1 872 mm / 80 litres
Nbre coussins sécurité / ceintures	8 / 4
Suspension av. / arr.	ind., double triangulation / essieu rigide, ress. à lames
Pneus avant / arrière	P245/75R16 / P245/75R16
Poids / Capacité de remorquage	1 984 kg / 2 950 kg (6 500 lb)

Composantes mécaniques	
4L 2,7 LITRES	
Cylindrée, alim.	4L 2,7 litres atmos.
Puissance / Couple	159 ch / 180 lb-pi
Tr. base (opt) / Rouage base (opt)	A6 (M5) / Prop (4x4)
0-100 / 80-120 / V. max	n.d. / n.d. / n.d.
100-0 km/h	n.d.
Type / ville / route / CO_2	Ord / 12,1 / 10,1 / 5 200 kg/an
V6 3,5 LITRES	
Cylindrée, alim.	V6 3,5 litres atmos.
Puissance / Couple	278 ch / 265 lb-pi
Tr. base (opt) / Rouage base (opt)	A6 (M6) / 4x4
0-100 / 80-120 / V. max	9,1 s / 6,3 s / n.d.
100-0 km/h	46,2 m
Type / ville / route / CO_2	Ord / 12,6 / 10,0 / 5 640 kg/an

❝ LE **TACOMA MISE** SUR SON LOOK **BAGARREUR** ET SA **RÉPUTATION** DE ROBUSTESSE POUR **MAINTENIR** SA POSITION DANS LE SEGMENT DES **PETITES CAMIONNETTES.** ❞

DU NOUVEAU EN 2018

Aucun changement majeur au moment de mettre sous presse.

Photos : Toyota

Pour voir la liste complète des informations techniques, veuillez vous référer à la section statistiques.

TOYOTA **TUNDRA**

73% COTE DU GUIDE

((SiriusXM))

Prix: 30 675 $ à 60 275 $ (2017)
Catégorie: Camionnette
Garanties:
3 ans/60 000 km, 5 ans/100 000 km
Transport et prép.: 2 259 $
Ventes QC 2016: 2 341 unités
Ventes CAN 2016: 11 364 unités
Assemblage: San Antonio TX US

Fiabilité

■■■■■■■■□□

Sécurité

■■■■■■■□□□

Consommation

■■■□□□□□□□

Appréciation générale

■■■■■■□□□□

Agrément de conduite

■■■■■■□□□□

Système multimédia

■■■□□□□□□□

Cote d'assurance

$ ▽ $ $ $

Connectivité multimédia

Aucune

➕ Fiabilité reconnue • V8 puissant et souple • Solide en hors route (TRD Pro) • Console centrale immense • Bonnes capacités de remorquage (5,7 litres)

➖ Manque de raffinement technique • Moteur 5,7 litres très gourmand • Direction peu communicative • Suspension arrière sautillante

Concurrents
Chevrolet Silverado, Ford F-150, GMC Sierra, Nissan Titan, Ram 1500

L'innovation, connaît pas...

Alain Morin

L e Toyota Tundra est gros. En fait, il ne l'est guère plus qu'un Ford F-150, mais il a l'air plus gros, ne serait-ce qu'à cause de sa partie avant qui est très massive et très haute. La délicatesse ne fait pas partie de ses gênes! Cependant, bien que les gens ayant besoin d'une camionnette apprécient un style viril, le Tundra n'est pas très recherché dans un marché pourtant très populaire. Il faut avouer que ce marché, il appartient aux trois Américains, Ford, General Motors et Ram. Pour les deux autres (Toyota et Nissan), il ne reste que des miettes et c'est Toyota qui en récolte le plus.

Le Tundra actuel a été dévoilé au Salon de Chicago, haut lieu du camion aux États-Unis, en février 2006. Au fil des années, Toyota lui a apporté plusieurs changements, les plus importants lui étant apportés en 2010, lorsqu'il a reçu un nouveau V8 4,6 litres. Depuis, outre de petites améliorations de détails ici et là, c'est pratiquement le statu quo. Pendant ce temps, le F-150 est passé à une carrosserie en aluminium, à des moteurs turbocompressés et à une boîte à dix rapports, Ram a un temps offert un moteur diesel et General Motors dispose maintenant d'une boîte à huit rapports.

TOUT EST GROS
Le Tundra, pour sa part, continue à être... gros. Il suffit de regarder le tableau de bord pour se rendre compte à quel point les designers ont misé sur le caractère rude du véhicule: les boutons sont gros et faciles à manipuler avec des gants, les sièges sont taillés pour les gabarits, disons... américains, la console centrale peut engloutir la place Ville-Marie et les espaces de rangement sont nombreux. Les sièges avant sont confortables malgré leur fermeté tandis qu'on est assis étonnamment carré sur la banquette arrière de la version CrewMax. Il y a pourtant suffisamment de place pour donner un peu d'angle au dossier. La banquette n'est pas plus confortable dans la version Cabine Double en plus de présenter moins de dégagement pour les jambes.

Deux moteurs peuvent mouvoir le Tundra. On retrouve tout d'abord un V8 de 4,6 litres, offert uniquement sur la version de base. Ses 310 chevaux sont corrects, sans plus. Et insuffisants lorsqu'ils doivent tirer une remorque (d'un maximum de 6 493 livres ou 2 945 kilos) en région montagneuse. D'ailleurs, cette version n'inclut pas de mode remorquage. L'autre moteur est beaucoup plus à l'aise. Il s'agit d'un V8 5,7 litres développant 381 chevaux à 5 600 tr/min et un couple de 401 livres-pied livré à 3 600 tr/min. Dans les deux cas, la boîte est une automatique à six rapports, la plupart des versions reçoivent un rouage 4x4 et la capacité de remorquage maximale est de 9 899 livres (4 490 kilos), selon la version.

En pleine accélération, le V8 5,7 litres livre une superbe montée des décibels... et une inquiétante baisse de l'aiguille de la jauge d'essence. Sur la grand-route, à vitesse légale, on peut espérer ne consommer que 13 l/100 km. En ville, on frôle allègrement les 20 l/100 km. Prévoyez une moyenne de 16,5 ou 17 l/100 km. Sans remorque, et la boîte vide... Sans doute qu'une boîte de vitesses plus moderne et dotée de deux ou trois rapports supplémentaires aiderait la cause du 5,7.

ENCORE PLUS DE VERSIONS SPÉCIALISÉES

Dans le dernier Tundra essayé, un TRD Pro d'une valeur de plus de 60 000 $, le volant était recouvert de... plastique. Le volant en cuir est réservé aux livrées Limited, Platinum et 1794, et il n'est pas chauffant. Quant à la suspension, elle est loin d'avoir le raffinement de celle d'un Chevrolet Silverado, par exemple, et, lorsqu'elle est vide, la boîte sautille passablement sur des routes en mauvais état.

Probablement pour compenser l'absence de technologies de pointe, Toyota ne cesse de concocter des versions spécialisées. Il y a la livrée chic 1794, puis la TRD Pro, qui ajoute une foule d'éléments permettant de joyeuses virées en hors route. Il faut entendre le « clok » viril émis par le boîter, quand on passe de la propulsion au mode 4x4, pour se sentir en confiance. Cette année, Toyota offre le TRD Sport qui amène au Tundra des amortisseurs Bilstein calibrés, pour une conduite plus sportive, et des barres antiroulis à l'avant et à l'arrière. L'immense VUS Sequoia, dérivé du Tundra, aura droit, lui aussi, à une version TRD Sport. Bien que nous n'ayons pas encore fait l'essai de cette nouvelle livrée, nous doutons qu'elle transforme le comportement routier du Tundra du tout au tout...

Toyota aura beau dévoiler d'innombrables versions luxueuses, sportives ou capables en hors route, il reste que la plupart des acheteurs de camionnettes doivent travailler avec leur véhicule. Les propriétaires du Tundra doivent composer avec un moteur ivrogne et un style qui date. Comme le faisait remarquer une méchante langue, le Tundra actuel affiche le raffinement d'un Ford F-150 d'il y a dix ans. Ce n'est pas moi qui l'ai dit...

Données principales

Emp. / lon. / lar. / haut.	4180 / 6 295 / 2 030 / 1 925 mm
Boîte / réservoir	1695 à 2 480 mm / 144 litres
Nbre coussins sécurité / ceintures	8 / 6
Suspension av. / arr.	ind., double triangulation / essieu rigide, ress. à lames
Pneus avant / arrière	P255/70R18 / P255/70R18
Poids / Capacité de remorquage	3 265 kg / 4760 kg (10 480 lb)

Composantes mécaniques

V8 4,6 LITRES

Cylindrée, alim.	V8 4,6 litres atmos.
Puissance / Couple	310 ch / 327 lb·pi
Tr. base (opt) / Rouage base (opt)	A6 / 4x4
0-100 / 80-120 / V. max	n.d. / n.d. / n.d.
100-0 km/h	n.d.
Type / ville / route / CO_2	Ord / 16,8 / 12,6 / 6760 kg/an

V8 5,7 LITRES

Cylindrée, alim.	V8 5,7 litres atmos.
Puissance / Couple	381 ch / 401 lb·pi
Tr. base (opt) / Rouage base (opt)	A6 / Prop (4x4)
0-100 / 80-120 / V. max	7,3 s / 6,2 s / n.d.
100-0 km/h	40,3 m
Type / ville / route / CO_2	Ord / 17,2 / 12,9 / 7 523 kg/an

« SANS DOUTE POUR COMPENSER L'ABSENCE DE TECHNOLOGIES DE POINTE, TOYOTA NE CESSE DE CONCOCTER DES VERSIONS SPÉCIALISÉES COMME LES TRD PRO ET TRD SPORT. »

DU NOUVEAU EN 2018

Version TRD Sport, ajout du Toyota Safety Sense (TSS-P), calandre à motif à treillis sur certaines versions, nouvelle calandre pour les versions Limited et 1794, quelques modifications esthétiques mineures.

Photos : Toyota

Pour voir la liste complète des informations techniques, veuillez vous référer à la section statistiques.

TOYOTA **YARIS**

76% COTE DU GUIDE

Prix : 15 390 $ à 20 525 $ (2017)
Catégorie : Berline, Hatchback
Garanties :
3 ans/60 000 km, 5 ans/100 000 km
Transport et prép. : 1 730 $
Ventes QC 2016 : 4 207 unités
Ventes CAN 2016 : 7 779 unités
Assemblage :
Salamanca MX, Valenciennes FR

Fiabilité	Appréciation générale
■■■■■■■□□□	■■■■■■■□□□
Sécurité	Agrément de conduite
■■■■■■■■□□	■■■■■■□□□□
Consommation	Système multimédia
■■■■■□□□□□	■■■■■■□□□□

Cote d'assurance

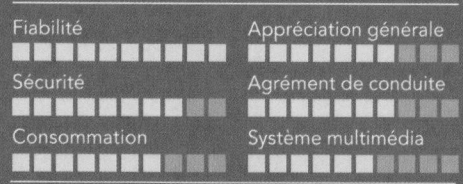

$ $ $ $

Connectivité multimédia

Aucune

➕ Nouveau look réussi (hayon) •
Habitacle spacieux (hayon) • Bon châssis
(berline) • Amusante à conduire (berline) •
Grande fiabilité (hayon)

➖ Fiabilité inconnue (berline) •
Économie d'essence décevante (hayon) •
Prix grimpent rapidement •
Système multimédia perfectible

Concurrents
Chevrolet Sonic, Ford Fiesta, Honda Fit,
Hyundai Accent, Kia Rio, Nissan Versa Note

D'ici et d'ailleurs

Marc-André Gauthier

C'est l'histoire d'un constructeur automobile — l'un des plus importants au monde, tant au chapitre du volume de production qu'à celui des revenus — qui avait un problème. Ses voitures étaient d'une grande qualité, les plus fiables de l'industrie, mais les gens les trouvaient ennuyantes à regarder et à conduire. Toyota, puisque c'est d'elle dont on parle, avait aussi une marque de luxe, Lexus, dont les produits étaient dispendieux et n'attiraient pas les jeunes. Il fallait donc créer une marque *cool* pour ces derniers.

C'est ainsi que la marque Scion est née. Mais elle a échoué, et après quelques années, Toyota a décidé de poursuive « dans la continuité de Scion ». La continuité, c'était de faire disparaître la marque le plus rapidement possible, en conservant toutefois des modèles qui avaient coûté une fortune à mettre en marché. Bonjour Toyota Corolla iM, 86 et C-HR.

Qu'importe. Au moment de sa disparition, Scion comptait aussi vendre une petite berline « sympatoche » aux États-Unis, la iA. Cette dernière était, en fait, une Mazda2 de nouvelle génération (et qui n'a pas été commercialisée au Canada malgré les promesses de Mazda) avec un logo Scion. Scion ayant disparu, Toyota la vend maintenant comme étant la Yaris iA chez nos voisins du Sud, mais Yaris berline chez nous. C'est ça l'internationalisation ! Ainsi, Toyota offre maintenant deux Yaris. Une à hayon, fabriquée par Toyota et qui connaît quelques changements cette année et la berline, ci-haut mentionnée.

LA YARIS À HAYON
Lors de sa refonte, en 2015, les ingénieurs ont injecté à la Yaris à hayon une petite dose de sportivité, question de lui insuffler une touche plus européenne. Sans en faire une voiture sportive, les améliorations apportées l'ont rendue plus agréable à conduire. De là à parler de dynamisme, il y a toutefois une marge ! Son quatre cylindres de 1,5 litre développe 106 chevaux.

Concernant les boîtes, on a le choix entre une manuelle à cinq rapports, et une automatique — plutôt archaïque — à quatre rapports.

Pour 2018, la Yaris à hayon affiche un look plus agressif, et désormais, toutes ses versions incluent le système de sécurité Toyota Safety Sense C, qui comprend, entre autres, le système d'avertissement précollision, l'alerte à la sortie de voie et les feux de route automatiques. L'habitacle est relativement spacieux, et cette Yaris fait preuve d'une certaine agilité en ville. Le moteur répond bien, mais son économie d'essence pourrait être meilleure.

LA YARIS D'UNE AUTRE MARQUE...

Comme mentionné précédemment, la Yaris berline est une Mazda2. Cette dernière n'est pas vendue ici, mais Toyota la commercialise en y apposant simplement ses badges. Elle a modifié le pare-chocs avant, pour donner à la voiture un style qu'on ne voit sur aucun autre produit Toyota. Sinon, tout est du Mazda. Le moteur, les boîtes de vitesses, le logiciel du système multimédia, absolument tout. Au point, en fait, où les garages Toyota ont dû s'équiper d'outils spéciaux juste pour réparer ce modèle.

La Yaris berline a, elle aussi, un moteur quatre cylindres de 1,5 litre de 106 chevaux, mais il est de conception Mazda. D'ailleurs, il peut être jumelé à une boîte manuelle ou automatique, dans les deux cas à six rapports, ce qui représente un net avantage par rapport à la version à hayon. Le groupe motopropulseur répond mieux ici que sur la variante à hayon, et le châssis, plus rigide, donne une conduite plus dynamique. C'est là qu'on peut voir la différence fondamentale entre Toyota et Mazda. La berline s'avère donc bien plus agréable à conduire que la version à hayon en raison d'un châssis plus rigide qui a de quoi donner quelques sourires à ceux qui aiment les sensations (un peu) fortes.

Malheureusement, étant fabriquée par Mazda, la berline ne comprend pas les systèmes de sécurité de Toyota, et, logiquement, on ne peut pas s'attendre à la même fiabilité que la version à hayon. Pour ceux qui désirent un peu de luxe, la livrée Premium amène, entre autres, un écran tactile de sept pouces, deux haut-parleurs de plus (pour un total de six) et des sièges avant chauffants.

Vous hésitez entre ces deux Yaris? Faites un peu d'introspection pour bien cerner vos besoins. Vous êtes pragmatique? Choisissez la version à hayon dont le coffre s'agrandit en baissant les dossiers de la banquette, de façon 40/60, svp. Pour vous, le plaisir passe avant tout? Il y a la berline. Bon, plaisir est peut-être un peu exagéré, mais on y retrouve, effectivement, un peu plus de plaisir que dans la version à hayon.

TOYOTA YARIS

Données principales

Emp. / lon. / lar. / haut.	**Berline** - 2 570 / 4 361 / 1 695 / 1 485 mm
	Hatchback - 2 510 / 3 950 / 1 695 / 1 510 mm
Coffre / réservoir	**Berline** - 382 litres / 44 litres
	Hatchback - 433 à 442 litres / 42 litres
Nbre coussins sécurité / ceintures	9 / 5
Suspension av. / arr.	ind., jambes force / semi-ind., poutre torsion
Pneus avant / arrière	P175/65R15 / P175/65R15
Poids / Capacité de remorquage	**Berline** - 1 096 kg / n.d.
	Hatchback - 1 030 kg / n.d.

Composantes mécaniques

HATCHBACK

Cylindrée, alim.	4L 1,5 litre atmos.
Puissance / Couple	106 ch / 103 lb·pi
Tr. base (opt) / Rouage base (opt)	M5 (A4) / Tr
0-100 / 80-120 / V. max	10,3 s / 8,5 s / n.d.
100-0 km/h	41,8 m
Type / ville / route / CO_2	Ord / 7,8 / 6,5 / 3 252 kg/an

BERLINE

Cylindrée, alim.	4L 1,5 litre atmos.
Puissance / Couple	106 ch / 103 lb·pi
Tr. base (opt) / Rouage base (opt)	M6 (A6) / Tr
0-100 / 80-120 / V. max	10,7 s / 8,8 s / n.d.
100-0 km/h	43,1 m
Type / ville / route / CO_2	Ord / 7,8 / 6,0 / 3 040 kg/an

« IL EXISTE **DEUX YARIS.** UNE À **HAYON,** POLYVALENTE, MAIS PROCURANT UN PLAISIR DE **CONDUITE MITIGÉ,** ET UNE **BERLINE** PLUS AGRÉABLE À PILOTER, MAIS **MOINS PRATIQUE.** »

DU NOUVEAU EN 2018

Aucun changement au moment de mettre sous presse (berline). Parties avant et arrière redessinées, système audio amélioré, sièges avant chauffants de série (hayon).

Photos : Toyota

Pour voir la liste complète des informations techniques, veuillez vous référer à la section statistiques.

VOLKSWAGEN **ATLAS**

69% COTE DU GUIDE

Prix : 35 690 $ à 52 540 $
Catégorie : VUS
Garanties :
4 ans/80 000 km, 5 ans/100 000 km
Transport et prép. : 1 795 $
Ventes QC 2016 : 0
Ventes CAN 2016 : 0
Assemblage : Chattanooga TN US

Fiabilité	Appréciation générale
Sécurité	Agrément de conduite
Consommation	Système multimédia

Cote d'assurance

n.d.

Connectivité multimédia

Android Auto   Apple CarPlay

+ Habitacle vaste et confortable •
Consommation relativement bonne (V6) •
Bon volume de chargement • Capacité
de remorquage intéressante

– Fiabilité inconnue • V6 manque un
peu de tonus à bas régime • Quelques
plastiques plutôt bas de gamme •
Direction peu enthousiaste

Concurrents

Chevrolet Traverse, Dodge Durango,
Ford Explorer, Honda Pilot, Hyundai
Santa Fe, Kia Sorento, Mazda CX-9,
Nissan Pathfinder, Toyota Highlander

Le Touareg peut aller se rhabiller !

Alain Morin

Dévoilé au Salon de Francfort en 2013, le concept CrossBlue vient de faire un petit. Ou plutôt un gros petit. Ce nouveau-né de l'industrie automobile, c'est le Volkswagen Atlas, un véhicule à six ou sept places, construit à l'usine de Chattanooga au Tennessee. Volkswagen y a même investi 900 millions (US, bien sûr) pour l'y produire.

Malgré ses dimensions peu discrètes, l'Atlas ne fait pas dans l'exubérance. Son style passe-partout ne se démarque pas dans la jungle automobile et seuls les renflements sur les côtés amènent un quelconque dynamisme. Il repose sur la plate-forme modulaire MQB, laquelle sert des véhicules aussi variés que la Volkswagen Golf de septième génération et le nouveau VUS Tiguan.

L'habitacle de l'Atlas est typique des produits Volkswagen, tant au chapitre de la présentation que de l'assemblage. Les matériaux sont généralement de belle qualité et les espaces de rangement pullulent, ce que les traîneux de mon espèce adorent. En revanche, il y a, au mieux, quatre ports USB. La version de base n'en offre qu'un seul.

Les gens avides de technologie seront heureux d'apprendre que le système multimédia de l'Atlas intègre l'Apple CarPlay, Android Auto et le MirrorLink. La version la plus huppée reçoit le Volkswagen Digital Cockpit, un ensemble de jauges numériques aux graphiques nets et bien disposés. Il s'agit, en fait, du Audi virtual cockpit.

Les sièges s'avèrent confortables, tant à l'avant qu'à la deuxième rangée. Ceux de la troisième rangée ne sont pas les pires de l'industrie, mais je ne partage pas tout à fait l'enthousiasme de Volkswagen qui la qualifie de « spacieuse et confortable »... Heureusement, son accès est facilité par la banquette de la deuxième rangée qui coulisse sur près de 200 mm. En option sur certains modèles, il est possible d'obtenir deux sièges capitaines pour la rangée médiane, ce qui fait de l'Atlas un véhicule à six places. Sept avec la banquette.

LE *DIESELGATE* ET SES RÉPERCUSSIONS

On l'a dit, l'Atlas est imposant. Pour le mouvoir, il faut un moteur à l'avenant. Ce moteur est un V6 3,6 litres développant 276 chevaux et un couple de 266 livres-pied. Une boîte automatique à huit rapports et le rouage intégral 4MOTION complètent le tableau. Les Américains auront droit à une version à roues avant motrices.

Malgré ses 276 chevaux, on sent que ce V6 manque un peu de souffle, surtout à bas régime. Je gagerais un petit 2 $ que le cahier de charge de l'Atlas mentionnait l'utilisation du V6 3,0 litres TDI, un moteur qui l'aurait parfaitement servi. Mais depuis le *Dieselgate*, « Volkswagen » et « diesel » ne vont plus dans la même phrase. Et chaque fois qu'ils sont dans la même phrase, ça coûte cher à Volkswagen... Heureusement, le trio V6/8 rapports/4MOTION travaille main dans la main.

Toujours est-il que la marque allemande parle d'une moyenne de 12,1 l/100 km et notre consommation, mesurée majoritairement sur des routes secondaires et autoroutes — et par beau temps —, a prouvé que ce chiffre est atteignable. Lorsqu'équipé en conséquence, l'Atlas peut remorquer jusqu'à 5 000 livres (2 268 kilos). Le rouage intégral 4MOTION fait de lui un véhicule à roues avant motrices. Cependant, jusqu'à 50 % du couple peut être transféré en un clin d'œil aux roues arrière ou à la roue qui possède la meilleure traction. Combiné aux différents systèmes du véhicule, le 4MOTION peut aussi appliquer les freins à une roue qui perdrait de la traction.

J'allais oublier de vous parler du quatre cylindres turbocompressé 2,0 litres de 235 chevaux lié uniquement aux roues avant. Puisque cette version n'arrivera chez les concessionnaires qu'à l'automne 2017, nous ne l'avons pas encore essayée. Or, comme l'Atlas doté du V6 nous a laissés sur notre faim en matière de performances, nous n'osons pas recommander le quatre cylindres les yeux fermés. En plus, je ne serais même pas surpris qu'il consomme presque autant que le V6. On verra.

TASSE-TOI, LE TOUAREG !

Sur la route, donc, l'Atlas s'avère confortable et sa tenue de route est assurée. Malgré son centre de gravité élevé et son poids élevé, le roulis est bien contrôlé. La direction n'a pas la précision et n'offre pas le retour d'information des autres produits « Volks », mais elle est sans doute la meilleure parmi les VUS intermédiaires. Enfin, en dépits de ses deux tonnes, il semble plus léger qu'il ne l'est en réalité.

Il ne fait aucun doute que ce nouveau Volkswagen connaîtra du succès, surtout aux États-Unis. Il remplacera avec brio le Touareg, du moins pour 2018. Et puis, avec un tout nouveau Tiguan à empattement allongé, en plus de l'Atlas, l'offre du constructeur dans le domaine du VUS est pratiquement complète. Il ne manque qu'un VUS sous-compact pour venir déloger la Golf Alltrack !

Données principales

Emp. / lon. / lar. / haut.	2 979 / 5 036 / 1989 / 1778 mm
Coffre / réservoir	583 à 2 741 litres / 70 litres
Nbre coussins sécurité / ceintures	7 / 7
Suspension av. / arr.	ind., double triangulation / ind., multibras
Pneus avant / arrière	P245/60R18 / P245/60R18
Poids / Capacité de remorquage	2250 kg / 2268 kg (5 000 lb)

Composantes mécaniques

COMFORTLINE, TRENDLINE

Cylindrée, alim.	4L 2,0 litres turbo
Puissance / Couple	235 ch / n.d.
Tr. base (opt) / Rouage base (opt)	A8 / Tr
0-100 / 80-120 / V. max	n.d. / n.d. / n.d.
100-0 km/h	n.d.
Type / ville / route / CO₂	Ord / n.d. / n.d. / n.d.

EXECLINE, HIGHLINE

Cylindrée, alim.	V6 3,6 litres atmos.
Puissance / Couple	276 ch / n.d.
Tr. base (opt) / Rouage base (opt)	A8 / Int
0-100 / 80-120 / V. max	9,3 s / 6,1 s / n.d.
100-0 km/h	43,0 m
Type / ville / route / CO₂	Ord / 13,7 / 10,1 / n.d.

« N'EÛT ÉTÉ **LE FAMEUX *DIESELGATE*,** L'ATLAS SERAIT SANS **AUCUN DOUTE** MÛ PAR LE V6 3,0 LITRES TDI DE **VOLKSWAGEN...** »

DU NOUVEAU EN 2018 | Nouveau modèle

Photos : Volkswagen

Pour voir la liste complète des informations techniques, veuillez vous référer à la section statistiques.

VOLKSWAGEN **BEETLE**

65% COTE DU GUIDE

((SiriusXm))

Prix: 19 990 $ à 32 890 $ (2017)
Catégorie: Cabriolet, Hatchback
Garanties:
4 ans/80 000 km, 5 ans/100 000 km
Transport et prép.: 1 795 $
Ventes QC 2016: 694 unités
Ventes CAN 2016: 2 402 unités
Assemblage: Puebla MX

Fiabilité	Appréciation générale
■■■□□□□□□□	■■■■■□□□□□
Sécurité	Agrément de conduite
■■■■■■■□□□	■■■■■■□□□□
Consommation	Système multimédia
■■■■■■□□□□	■■■■■□□□□□

Cote d'assurance

$ $ $ $

Connectivité multimédia

Android Auto   Apple CarPlay

+ Voiture toujours aussi amusante à regarder • Thèmes joyeux (Dune, Coast) • Agrément de conduite indéniable • Nouveau moteur prometteur

– Réputation de non-fiabilité tenace • Coffre microscopique (cabriolet) • Places arrière exiguës • Anti-dérapage qui ne se désactive pas

Concurrents
Fiat 500, Fiat 500c, MINI 3 portes, MINI Cabriolet, Volkswagen Golf

Une place éternelle au panthéon de l'automobile

Alain Morin

Près de 22 millions de Volkswagen Beetle de la première génération ont été construites, ce qui lui assure une place éternelle au panthéon de l'automobile. S'en est suivi un fort joli concept, dévoilé au Salon de Detroit en janvier 1994. Cinq années plus tard, le concept est devenu réalité et le monde entier est tombé sous le charme de la nouvelle coccinelle ou, si vous préférez, la New Beetle. Près de 20 ans se sont écoulés et la Beetle, qui ne fut New qu'un temps, attire moins les gens. Pourtant, elle a depuis longtemps perdu l'allure de caricature mobile de la version 1999, mais rien n'y fait. Ce n'est pas vraiment de sa faute, les coupés de format compact ont de moins en moins la cote.

BIENVENUE ET ADIEU
Jouant à fond la carte du passé, la Beetle réussit à maintenir ses prises d'air au-dessus de l'eau. L'an dernier, par exemple, elle a gagné deux versions, Dune et Pink. Cette dernière ne constituait pas un hommage à la chanteuse, mais arborait plutôt une peinture Fresh Fuschia Metallic, qui seyait plus à une dame qu'à un journaliste grisonnant. Cette voiture rosée ne revient pas en 2018. La version Dune me semble plus ludique et plus exclusive et est reconduite cette année, rappelant à plusieurs les fameux *dune buggies* des années 60 et 70. Plusieurs ne s'en rappellent pas même s'ils y étaient, mais c'est une autre histoire...

Du *dune buggy* d'antan, la Beetle Dune ne conserve pas grand-chose. Rien, en fait. Pour justifier un tant soit peu un nom qui réfère aux plages californiennes, à la liberté et au plaisir, la Dune voit sa garde au sol augmentée de dix millimètres et ses voies avant et arrière de 14. Et c'est tout. Si j'étais vous, je ne m'aventurerais pas trop hors des sentiers battus. Toujours dans le thème de la plage, une nouvelle version fait son apparition cette année. Il s'agit de la Coast, qui aura pour mission d'attirer les amateurs de plage. On a hâte de la voir, bien que nous soyons malheureux de constater qu'elle remplace la superbe Classic qui, durant quelques années, a été l'interprétation la plus fidèle de l'ancêtre.

UN NOUVEAU MOTEUR

La grande nouveauté, on ne la voit pas. Le quatre cylindres 1,8 turbo est remplacé par un tout nouveau 2,0 litres, turbo aussi. Nous n'avons pas eu le loisir d'en faire l'essai dans une Beetle, mais dans une Passat, il nous a fortement impressionnés, tant par sa puissance et son couple que par la façon très linéaire qu'ils sont livrés. Lors de nos essais, la consommation d'essence moyenne s'est soldée par moins de 7 l/100 km, ce qui est fort apprécié. Et c'était dans une Passat, plus lourde qu'une Beetle.

Sur la console centrale des versions de base, on retrouve une boîte manuelle à cinq rapports. Cependant, la majorité des gens optent pour l'automatique à six rapports pour activer les roues avant. Hé non! Même la Dune n'a pas droit au rouage intégral. Quand je vous disais de ne pas sortir des sentiers battus...

Malgré son apparence joyeuse, la Beetle procure une expérience de conduite dans les normes, et si vous avez déjà conduit une Jetta, vous avez déjà une bonne idée puisque les deux partagent la même plate-forme. Comme pour tout produit Volkswagen, l'accent a été mis sur l'agrément de conduite. La plate-forme rigide y est pour beaucoup, certes, mais la direction ne donne pas sa place, car elle est juste assez ferme et très précise. D'ailleurs, le boudin du volant de la Beetle est plutôt mince selon les standards modernes sauf qu'il rappelle, jusqu'à un certain point, les volants au boudin très petits d'antan. En virage, la caisse penche légèrement, mais sans exagération, et la tenue de cap est impressionnante, même à haute vitesse.

Pour le reste, on a affaire à la Beetle qu'on connaît depuis 2012 et qui se décline encore en livrées coupé et cabriolet. La visibilité vers l'avant est très bonne, mais pourrie vers l'arrière, surtout lorsque le toit du cabriolet est relevé. Les rétroviseurs extérieurs, de grandes dimensions, sauvent un peu la mise. Le coffre est extrêmement petit sur le coupé et microscopique sur le cabriolet. Parler de microns plutôt que de litres serait de mise... Les deux coffres à gants superposés offrent quasiment autant d'espace!

Beaucoup de rumeurs ont circulé sur l'Internet récemment et plusieurs prévoyaient une nouvelle Beetle pour 2018, alors que d'autres l'expédiaient au cimetière, tout simplement. Bien que Volkswagen Canada n'ait divulgué aucune information au sujet du futur («On ne commente pas les futurs produits» est une phrase qu'un journaliste automobile entend plus souvent que «Tiens, v'là les clés d'une Pagani. Ramène-la moi quand tu voudras. Pis je paye l'essence»), il a été confirmé que 2018 ne serait pas la dernière année de la Beetle. Tant mieux, on se revoit l'an prochain!

VOLKSWAGEN BEETLE

Données principales

Emp. / lon. / lar. / haut.	**Cabriolet** - 2 540 / 4 278 / 1 808 / 1 473 mm
	Hatchback - 2 537 / 4 278 / 1 808 / 1 486 mm
Coffre / réservoir	**Cabriolet** - 200 litres / 55 litres
	Hatchback - 436 à 847 litres / 55 litres
Nbre coussins sécurité / ceintures	4 / 4
Suspension av. / arr.	ind., jambes force / ind., multibras
Pneus avant / arrière	P215/60R16 / P215/60R16
Poids / Capacité de remorquage	**Cabriolet** - 1 488 kg / n.d.
	Hatchback - 1 403 kg / n.d.

Composantes mécaniques

Cylindrée, alim.	4L 2,0 litres turbo
Puissance / Couple	177 ch / 184 lb-pi
Tr. base (opt) / Rouage base (opt)	A6 / Tr
0-100 / 80-120 / V. max	n.d. / n.d. / n.d.
100-0 km/h	n.d.
Type / ville / route / CO_2	Sup / 9,4 / 6,3 (est) / 4 020 kg/an

« DU *DUNE BUGGY* D'ANTAN, LA BEETLE DUNE NE CONSERVE PAS GRAND-CHOSE. RIEN, EN FAIT. ET IL NE FAUT PAS TROP S'AVENTURER HORS DES SENTIERS BATTUS. »

DU NOUVEAU EN 2018

Nouveau moteur 2,0 litres turbo, version Coast ajoutée, versions Pink et Classic abandonnée.

VOLKSWAGEN **GOLF**

82% COTE DU GUIDE

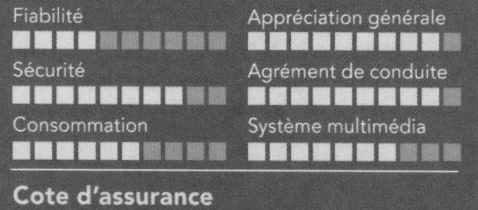

Prix: 19 195 $ à 42 095 $ (2017)
Catégorie: Familiale, Hatchback
Garanties:
4 ans /80 000 km, 5 ans /100 000 km
Transport et prép.: 1 795 $
Ventes QC 2016: 7 208 unités
Ventes CAN 2016: 2 453 unités
Assemblage:
Zwickau DE, Puebla MX, Dresden DE

Fiabilité
■■■■□□□□□□

Appréciation générale
■■■■■■■□□□

Sécurité
■■■■■■■■□□

Agrément de conduite
■■■■■■■□□□

Consommation
■■■■■□□□□□

Système multimédia
■■■■■■■■□□

Cote d'assurance

$ $ $ $

Connectivité multimédia

Android Auto   Apple CarPlay

➕ Gamme très étendue • Dynamique relevée (GTI, Golf R) • Qualité de finition intérieure • Agrément de conduite certifié

➖ Fiabilité perfectible • Prix élevés (Alltrack, Golf R) • Diffusion limitée (e-Golf) • Image de marque ternie par le *Dieselgate*

Concurrents

Ford Focus, Hyundai Elantra, Kia Forte, Mazda3, Mitsubishi Lancer, Subaru Impreza, Volkswagen Beetle

De tout pour tous

Gabriel Gélinas

Difficile de trouver une gamme plus pléthorique que celle de la Golf. De la simple *hatchback* de base à la sportive Golf R, en passant par la nouvelle familiale Alltrack et la e-Golf à motorisation électrique, Volkswagen fait flèche de tout bois avec la voiture qui est la plus emblématique de sa marque. Retouchées pour 2018, les Golf reçoivent des ailes avant reprofilées ainsi que des blocs optiques et des feux arrière redessinés, entre autres.

Chez Volkswagen, deux nouveaux véhicules retiennent l'attention pour l'année-modèle 2018, et ils sont aux antipodes. D'un côté, on découvre le VUS Atlas à sept places, et de l'autre, la e-Golf à motorisation électrique. Cette dernière arrive au pays avec deux ans de retard sur les États-Unis, mais avec une nouvelle batterie de plus grande capacité, qui autorise une autonomie plus convaincante que le modèle commercialisé chez nos voisins du Sud depuis 2015.

ELLE CARBURE AUX ÉLECTRONS

Son moteur électrique développe l'équivalent de 134 chevaux et un couple immédiat chiffré à 214 livres-pied, ce qui est mieux que chez les rivales directes, Nissan LEAF, Kia Soul EV et Hyundai Ioniq EV. Le sprint de 0-100 km/h est chiffré à 9,6 secondes. L'alimentation est assurée par une batterie lithium-ion de 35,8 kWh et la direction canadienne de Volkswagen annonce une autonomie de 201 kilomètres avec une pleine charge, ce qui est très conservateur. La recharge complète de la batterie s'opère en cinq heures, sur une borne de 240 volts, et une recharge à 80 % prend entre 30 et 45 minutes sur une borne de recharge rapide de niveau 3.

Chaussée de pneus à faible résistance au roulement, montés sur des jantes exclusives de 16 pouces, la e-Golf n'est pas aussi dynamique que ses sœurs à motorisation conventionnelle, mais procure un agrément de conduite supérieur à celui de ses concurrentes carburant aux électrons. Il y a un hic cependant, soit la faible diffusion de ce modèle, limitée à quelques centaines d'exemplaires pour l'ensemble du pays. Avis aux intéressés...

UNE ALLTRAK ÉQUIPÉE, MAIS CHÈRE

L'autre nouveauté de la gamme est la familiale Golf Alltrack à rouage intégral, qui n'est malheureusement proposée au Canada qu'avec une dotation complète d'équipement. Cette dotation de série regroupe sièges chauffants, système de chauffage/climatisation automatique, toit ouvrant panoramique, système multimédia avec écran couleur tactile et intégration des dispositifs Apple CarPlay et Android Auto, entre autres. Toutefois, cela élève son prix de base à plus de 35 000 $. Voici maintenant notre conseil. Si le concept d'une Golf de configuration familiale équipée d'un rouage intégral vous séduit, tournez-vous vers la Golf SportWagen 4MOTION, qui ne fait pas le plein d'équipement comme la Alltrack, mais dont le prix de départ avoisine les 28 000 $, ce qui représente une économie substantielle...

Les amateurs de performance se tourneront vers la GTI, qui a lancé la mode des voitures à la fois pratiques et performantes dès ses débuts, en 1976, ou encore vers la Golf R. Entre les deux, notre cœur balance. Oui, la Golf R est une sportive toutes saisons en raison de son rouage intégral, mais son prix est très élevé comparativement à la GTI, qui est plus abordable et tout aussi amusante à conduire.

Les deux prennent place au sommet de notre classement personnel, le choix étant dicté par l'importance que l'on accorde, ou non, à la présence d'un rouage intégral. Une chose est certaine, la Golf R est plus raffinée et plus agréable à vivre au quotidien que ses rivales directes que sont les Ford Focus RS et Subaru WRX STI.

Pour le reste, les Golf font preuve d'une belle qualité de finition intérieure et l'on apprécie au plus haut point certains petits détails qui font une différence au quotidien. À titre d'exemple, la caméra de recul qui est dissimulée sous l'écusson VW à l'arrière. Lorsqu'on enclenche la marche arrière, l'écusson pivote pour permettre à la lentille de la caméra de capter les images. Comme elle est rétractée dans le hayon du coffre lorsqu'elle n'est pas en usage, cette lentille de caméra est toujours propre et les images transmises sont donc toujours bien visibles. C'est simple et redoutablement efficace. Il suffisait d'y penser.

L'ombre au tableau demeure toutefois la fiabilité à long terme des modèles Golf qui demeure perfectible, tout comme celle des modèles Jetta et Beetle, d'ailleurs. Il est grand temps que Volkswagen améliore son score à ce chapitre. C'est bien beau le plaisir de conduire à l'européenne, mais lorsque l'on affronte des rivales plus fiables et parfois, aussi agréables à conduire, il faut relever son jeu d'un cran. La marque a fait des progrès avec ses autres modèles mais, curieusement, les Golf, Jetta et Beetle tirent encore de l'arrière. Dommage.

Données principales

Emp. / lon. / lar. / haut.	**Familiale** - 2 630 / 4 578 / 1799 / 1479 mm	
	Hatchback - 2 637 / 4 276 / 1790 / 1436 mm	
Coffre / réservoir	**Familiale** - 861 à 1883 litres / 50 litres	
	Hatchback - 341 à 1537 litres / 55 litres	
Nbre coussins sécurité / ceintures	6 / 5	
Suspension av. / arr.	ind., jambes force / ind., multibras	
Pneus avant / arrière	P235/35R19 / P235/35R19	
Poids / Capacité de remorquage	**Familiale** - 1552 kg / n.d.	
	Hatchback - 1553 kg / n.d.	

Composantes mécaniques

E-GOLF

Puissance / Couple	134 ch (99 kW) / 214 lb-pi
Tr. base (opt) / Rouage base (opt)	Rapport fixe / Tr
0-100 / 80-120 / V. max	9,6 s (const) / n.d. / 150 km/h (const)
100-0 km/h	n.d.
Consommation équivalente	2,0 Le/100 km
Type de batterie	Lithium-ion (Li-ion)
Énergie	35,8 kWh
Temps de charge (120V / 240V)	26,0 h / 5,0 h
Autonomie	201 km

R

Cylindrée, alim.	4L 2,0 litres turbo
Puissance / Couple	292 ch / 280 lb-pi
Tr. base (opt) / Rouage base (opt)	M6 (A7) / Int
0-100 / 80-120 / V. max	4,6 s (est) / 5,0 s (est) / 250 km/h (const)
100-0 km/h	37,6 m (est)
Type / ville / route / CO_2	Sup / 10,9 / 7,7 / 4 320 (est) kg/an

COMFORTLINE HIGHLINE, SPORTWAGEN TRENDLINE

4L 1,8 l - 170 ch/185 lb-pi - M5 - 0-100: 8,4 s (est) - 9,3/6,6 l/100 km

SPORTWAGEN ALLTRACK, SPORTWAGEN TRENDLINE 4MOTION

4L 1,8 l - 170 ch/199 lb-pi - A6 - 0-100: 8,5 s - 10,6/8,0 l/100 km

GTI

4L 2,0 l - 210 ch/258 lb-pi - M6 - 0-100: 6,8 s - 9,7/7,0 l/100 km

GTI PERFORMANCE

4L 2,0 l - 220 ch/258 lb-pi - A6 - 0-100: 6,8 s - 9,6/7,2 l/100 km

DU NOUVEAU EN 2018

Arrivée du modèle électrique e-Golf au cours de 2017, restylage de la carrosserie, nouvelle boîte à double embrayage à sept rapports (Golf R), nouveau système multimédia en option et couleurs spéciales sur commande (e-Golf et Golf R).

Photos : Michel Deslauriers, Volkswagen

Pour voir la liste complète des informations techniques, veuillez vous référer à la section statistiques.

VOLKSWAGEN | 631

VOLKSWAGEN **JETTA**

72% COTE DU GUIDE

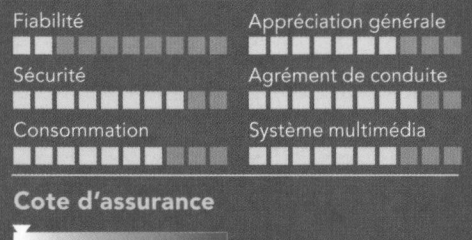

Prix: 20 000 $ à 28 500 $ (estimé)
Catégorie: Berline
Garanties:
4 ans/80 000 km, 5 ans/100 000 km
Transport et prép.: 1 795 $
Ventes QC 2016: 7 011 unités
Ventes CAN 2016: 20 954 unités
Assemblage: Puebla MX

Fiabilité	Appréciation générale
■■■□□□□□□□	■■■■■□□□□□
Sécurité	Agrément de conduite
■■■■■■■■□□	■■■■■■□□□□
Consommation	Système multimédia
■■■■■■■□□□	■■■■■■■□□□

Cote d'assurance

$ $ $ $

Connectivité multimédia

Android Auto   Apple CarPlay

➕ Comportement routier pimenté •
Habitacle sobre et de bon goût •
Intégration Apple CarPlay / Android
Auto facile • Motorisations sophistiquées

➖ 4MOTION absent • Toujours pas de
moteur TDI • Plus de version hybride •
Lignes extérieures vieillissantes

Concurrents

Chevrolet Cruze, Ford Focus, Honda Civic,
Hyundai Elantra, Kia Forte, Mazda3,
Mitsubishi Lancer, Nissan Sentra,
Subaru Impreza, Toyota Corolla

Dernier tour de piste

Nadine Filion

Savez-vous ce qui est bien avec la Volkswagen Jetta? C'est qu'importe la version de la berline compacte allemande choisie, le plaisir de conduire est au rendez-vous.

Bon, soyons honnêtes: des versions de Jetta, il y en a moins chez les concessionnaires. À cause du fameux *Dieselgate*, les TDI ne sont plus (jamais?) dans les salles d'exposition nord-américaines. Et très discrètement, la variante hybride à essence-électricité que nous aimions tant s'est éteinte durant l'été 2016. Cette année, on a également retiré les déclinaisons Trendline et Trendline+ en faveur d'une nouvelle version Sport.

Et toujours bien honnêtement, cette sixième mouture de VW Jetta, avec nous depuis l'année-modèle 2011, commence à avoir besoin d'une cure de rajeunissement, à l'extérieur du moins. Les lignes de carrosserie ont beau être élégantes et classiques, elles ont fait leur temps et sont devenues anonymement monotones — ou monotonement anonymes, à vous le choix. Courage: dès le printemps de 2018, nous aurons droit à une toute nouvelle génération de la Jetta.

Cela dit, actuellement, même dans ses conjugaisons les plus abordables, la berline offre les bons atouts. Pensez à l'un des coffres les plus vastes de la catégorie, aux places arrière parmi les plus généreuses de toutes les berlines compactes, ainsi qu'à un habitacle spacieux au design sobre, de bon goût et à la finition serrée.

CONDUITE PIMENTÉE
Surtout, la Jetta même la plus basique se livre à une conduite pimentée, stable et assurée, toujours parmi les plus intéressantes du marché. Pour ce, on remercie la direction électromécanique bien connectée et la suspension indépendante toute germanique (lire ferme), qui demeure néanmoins fort disciplinée sur les cahots québécois.

Certes, avec ses 150 chevaux issus de son quatre cylindres turbo de 1,4 litre à injection directe, la voiture — parmi les plus grandes de sa catégorie — pourrait vouloir vite s'essouffler, mais ce n'est pas le cas : elle exhibe un couple de 184 lb-pi et tant la boîte manuelle cinq rapports que l'automatique six rapports transigent le tout souplement, en toute linéarité. Et, merci mon Dieu, moyennant de l'essence ordinaire.

Contrairement aux concurrentes coréennes qui en jettent plein pour le même prix, l'équipement de la Jetta de base est succinct. La nouvelle Jetta Sport comprend tout de même quelques gâteries, y compris le climatiseur, mais aussi un système multimédia avec écran de 6,33 pouces et l'intégration Apple CarPlay et Android Auto. Cet écran est d'ailleurs trop petit et son maniement est fort déconcertant, pour ne pas dire déconcentrant.

PLUS HAUT AVEC LA HIGHLINE

Votre bourse peut se délier encore plus ? Peut-être voudrez-vous envisager la version Highline, qui fait croître la motorisation à 1,8 litre et la puissance à 170 chevaux, bien que le couple maximal soit inchangé par rapport à la motorisation de base. Et qui roule sur de très belles jantes de 17 pouces. Et malgré l'âge, elle a su se tenir technologiquement à la page, cette Jetta. Elle vous rajoute donc la climatisation bizone, le régulateur de vitesse intelligent et bon nombre de ces assistances à la conduite, les nouveaux essentiels de la sécurité autonome — pardon, de la sécurité automobile. Pour 2018, elle ajoute des garnitures chromées autour des fenêtres, sur les portes et sur le couvercle de coffre.

ADIEU BELLE GLI

Et la Jetta GLI dans tout ça ? D'ici à ce que la nouvelle génération de la Jetta se pointe le bout du nez, la GLI a été retirée de la gamme. Toutefois, sachez qu'elle faisait doubler la mise à plus ou moins 35 000 $.

Oh, on aimait cette mince ligne rouge qui courait sur la calandre, annonciatrice d'un relèvement de la puissance. Et de fait, le quatre cylindres turbo de 2,0 litres, déliait instantanément 210 poulains et un couple de 207 lb-pi. Par contre, on aurait bien voulu que pour le prix, le rouage 4MOTION, déjà existant dans la maisonnée, s'adjoigne à la proposition. Pour compenser, pour 2018, l'édition Wolfsburg de la Jetta reçoit de nouvelles roues, des pare-chocs plus stylisés ainsi qu'un toit, une calandre, un béquet arrière et des rétroviseurs peints en noir. Pour terminer la sixième génération de la berline, on joue la carte de la sportivité.

Bref, la gamme réduite de la Jetta demeure somme toute intéressante, mais peut-être voudrez-vous attendre la prochaine génération, qui devrait être dévoilée au cours de 2018...

Données principales

Emp. / lon. / lar. / haut.	2 651 / 4 628 / 1 778 / 1 453 mm
Coffre / réservoir	440 litres / 55 litres
Nbre coussins sécurité / ceintures	6 / 5
Suspension av. / arr.	ind., jambes force / ind., multibras
Pneus avant / arrière	P205/55R16 / P205/55R16
Poids / Capacité de remorquage	1393 kg / n.d.

Composantes mécaniques

SPORT, WOLFSBURG

Cylindrée, alim.	4L 1,4 litre turbo
Puissance / Couple	150 ch / 184 lb-pi
Tr. base (opt) / Rouage base (opt)	M5 (A6) / Tr
0-100 / 80-120 / V. max	9,6 s / 6,1 s / n.d.
100-0 km/h	44,6 m
Type / ville / route / CO₂	Ord / 8,3 / 5,9 / 3360 (est) kg/an

1.8 HIGHLINE (AUTO)

Cylindrée, alim.	4L 1,8 litre turbo
Puissance / Couple	170 ch / 184 lb-pi
Tr. base (opt) / Rouage base (opt)	A6 / Tr
0-100 / 80-120 / V. max	8,2 s / 5,0 s / n.d.
100-0 km/h	n.d.
Type / ville / route / CO₂	Ord / 9,4 / 6,8 / 3860 (est) kg/an

> **VOUS SAVEZ** CE QUI EST BIEN AVEC LA VOLKSWAGEN JETTA ? C'EST **QU'IMPORTE** LA VERSION CHOISIE, **LE PLAISIR** DE CONDUIRE EST AU **RENDEZ-VOUS.**

DU NOUVEAU EN 2018

Versions Trendline et Trendline+ remplacées par la Jetta Sport. Abandon de la Jetta GLI. Changements d'équipement des livrées Wolfsburg et Highline. Nouvelle génération attendue au printemps 2018 comme modèle 2019.

Photos : Volkswagen

Pour voir la liste complète des informations techniques, veuillez vous référer à la section statistiques.

VOLKSWAGEN | **633**

VOLKSWAGEN **PASSAT**

72% COTE DU GUIDE

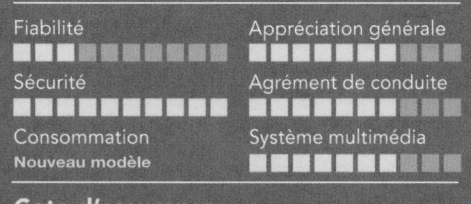

Prix: 25 745 $ à 35 745 $ (2017)
Catégorie: Berline
Garanties:
4 ans/80 000 km, 5 ans/100 000 km
Transport et prép.: 1 795 $
Ventes QC 2016: 1 143 unités
Ventes CAN 2016: 4 023 unités
Assemblage: Chattanooga TN US

Fiabilité	Appréciation générale
■■■■□□□□□□	■■■■■■□□□□
Sécurité	Agrément de conduite
■■■■■■■■■□	■■■■■■■□□□
Consommation	Système multimédia
Nouveau modèle	■■■■■■□□□□

Cote d'assurance

$ $ $ $

Connectivité multimédia

Android Auto   Apple CarPlay

➕ Moteur 2,0T souple et économique •
Tenue de route remarquable • Moteur
V6 puissant • Sièges très confortables

➖ Système multimédia vieillot • Les prix
grimpent rapidement • Consommation
d'essence du V6 • Fiabilité aléatoire

Concurrents

Buick Regal, Chevrolet Malibu, Ford
Fusion, Honda Accord, Hyundai Sonata,
Kia Optima, Mazda6, Nissan Altima,
Subaru Legacy, Toyota Camry

Elle mérite qu'on parle d'elle

Marc-André Gauthier

S'il y a un segment qui a souffert, ces dernières années, c'est bien celui des berlines intermédiaires. En effet, depuis que tout le monde a décidé que les VUS devenaient la norme, à part pour la Toyota Camry et la Honda Accord qui sont encore populaires, les temps sont durs pour ces grandes berlines.

Cette catégorie est pourtant peuplée de merveilleux produits. Les Coréens, offrent la Hyundai Sonata et la Kia Optima, tandis que les Américains ont la Chevrolet Malibu et la Ford Fusion qui continuent de représenter un excellent rapport qualité-prix. Mais bon, en ce moment, les gens préfèrent des véhicules utilitaires.

J'ai oublié de nommer une intermédiaire ? La Passat de Volkswagen, bien sûr! On ne parle presque jamais de cette voiture, on ne voit presque jamais de publicités la concernant, et pourtant, elle mériterait plus d'attention! Avec la Mazda6, elle est l'une des berlines intermédiaires qui assure la meilleure tenue de route. Avec un nouveau moteur 2,0 litres turbo qui se pointe le bout du nez, sortira-t-elle enfin de l'ombre?

PAS DE CHANGEMENTS ESTHÉTIQUES MAJEURS EN 2018

Alors que plusieurs de ses concurrentes se refont une beauté, la Passat, elle, demeure la même. Si vous aimez les détails, sachez que de nouvelles roues de 17 pouces sont proposées sur la version Comfortline, et que l'horloge analogique que l'on retrouvait sur la planche de bord a disparu. C'est tout. Sinon, on a retiré un peu de chrome sur la version de base, baptisée Trendline+, mais à moins d'être un fin connaisseur des Volkswagen Passat, vous ne remarquerez rien.

Pour ceux qui ne connaissent pas trop la Passat, voici ce qu'il y a à savoir... Son habitacle est particulièrement logeable. L'espace étant optimisé, vous aurez donc des places arrière offrant beaucoup de dégagement pour les jambes. Ce que peu de gens savent sur Volkswagen, c'est que ses sièges sont conçus par des spécialistes en posture. Plusieurs compagnies le font, bien entendu, mais chez Volkswagen, on s'intéresse surtout à la santé de votre dos, avant le confort! La planche de bord est très conservatrice. Fidèle à ses habitudes, Volkswagen propose un design minimaliste ainsi qu'un accès facile et intuitif aux principales commandes. Cela dit, le système multimédia commence à dater. Il est compatible avec Android Auto et Apple CarPlay, mais la nouvelle version que l'on retrouve dans le Tiguan 2018, et qui devrait éventuellement faire son chemin dans la Passat, est supérieure.

UN NOUVEAU 2,0T ÉPATANT

Le quatre cylindres de 1,8 litre turbocompressé est mort... en quelque sorte. On a augmenté sa cylindrée, on a greffé à l'ensemble le cycle Budack, l'équivalent Volkswagen du cycle Miller, et voilà un nouveau quatre cylindres turbocompressé de deux litres! Pour ceux que ça intéresse, le cycle Budack peut, selon les besoins, fermer les soupapes d'admission plus tôt durant la phase d'admission. Selon Volkswagen, ce mode de fonctionnement autoriserait une consommation moindre.

Ce nouveau 2,0 litres est une réussite totale. Il offre sept chevaux de plus que le 1,8T, pour un total de 177, et un couple inchangé à 184 livres-pied, bien que disponible à 100 % entre 1 450 et 4 200 tr/min. Autrement dit, en conduite urbaine, ce moteur est un véritable charme. Accouplé à une boîte automatique à six rapports, il déplace la voiture sans effort, vous donnant l'impression d'avoir plus de puissance que vous en avez réellement. Sur l'autoroute, à bonne vitesse, les accélérations ne sont pas si rapides, néanmoins on sent quand même que le moteur livre sa puissance de manière linéaire. Ce petit moteur a du cœur! D'ailleurs, on nous promet une moyenne bien en deçà de 8 l/100 km.

Pour ceux qui veulent plus de puissance, le V6 de 3,6 litres, développant 280 chevaux, est toujours offert. Ce moteur, tout comme le 2,0T, envoie sa puissance aux roues avant. Dans ce cas-ci, on obtient des accélérations plus spectaculaires, mais une consommation d'essence accrue. Comme le 2,0T se comporte bien, c'est à se demander si opter pour le V6 vaut encore la peine. Pour le reste, la Passat bénéficie d'une suspension confortable, d'un excellent châssis, et d'une direction précise qui, ensemble, réussissent à transformer chaque déplacement en un petit bonheur.

Assurément, la Passat mériterait que l'on parle davantage d'elle. Les irréductibles qui continuent d'acheter des berlines intermédiaires gagneraient à la considérer davantage. Raffinée, agréable à conduire et confortable, elle devrait se trouver sur votre liste d'essais à faire.

Données principales	
Emp. / lon. / lar. / haut.	2 803 / 4 875 / 1 834 / 1 472 mm
Coffre / réservoir	450 litres / 70 litres
Nbre coussins sécurité / ceintures	6 / 5
Suspension av. / arr.	ind., jambes force / ind., multibras
Pneus avant / arrière	P215/60R16 / P215/60R16
Poids / Capacité de remorquage	1 622 kg / n.d.

Composantes mécaniques	
COMFORTLINE, TRENDLINE+ 2.0	
Cylindrée, alim.	4L 2,0 litres turbo
Puissance / Couple	177 ch / 184 lb-pi
Tr. base (opt) / Rouage base (opt)	A6 / Tr
0-100 / 80-120 / V. max	8,0 s (est) / 6,2 s (est) / n.d.
100-0 km/h	n.d.
Type / ville / route / CO$_2$	Sup / 9,4 / 6,3 / 3682 (est) kg/an
HIGHLINE 3.6	
Cylindrée, alim.	V6 3,6 litres atmos.
Puissance / Couple	280 ch / 258 lb-pi
Tr. base (opt) / Rouage base (opt)	A6 / Tr
0-100 / 80-120 / V. max	6,5 s / 5,8 s / n.d.
100-0 km/h	n.d.
Type / ville / route / CO$_2$	Sup / 11,9 / 8,5 / 4770 kg/an

« RAFFINÉE, AGRÉABLE À CONDUIRE ET CONFORTABLE, LA PASSAT DEVRAIT SE TROUVER SUR VOTRE LISTE D'ESSAIS À FAIRE. ELLE MÉRITE QUE L'ON PARLE D'ELLE. »

DU NOUVEAU EN 2018

Nouveau moteur 2,0T, changements d'équipements.

Pour voir la liste complète des informations techniques, veuillez vous référer à la section statistiques.

VOLKSWAGEN | 635

VOLKSWAGEN **TIGUAN**

| **78**% | COTE DU GUIDE |

(((SiriusXM)))

Prix : 27 000 $ à 38 000 $ (estimé)
Catégorie : VUS
Garanties :
4 ans/80 000 km, 5 ans/100 000 km
Transport et prép. : 1 795 $
Ventes QC 2016 : 3 077 unités
Ventes CAN 2016 : 11 229 unités
Assemblage : Puebla MX

Fiabilité	Appréciation générale
Nouveau modèle	■■■■■■■■■□
Sécurité	Agrément de conduite
Nouveau modèle	■■■■■■■□□□
Consommation	Système multimédia
■■■■■□□□□□	■■■■■■□□□□

Cote d'assurance

$ $ $ $

Connectivité multimédia

Android Auto   Apple CarPlay

➕ Tenue de route épatante • Moteur réussi sur toute la ligne • Suspension confortable • Capacités hors routes remarquables • Sièges avant thérapeutiques

➖ Troisième rangée ridiculement petite • Fiabilité à confirmer • Pas donné… • Version allongée seulement • Coffre à gant petit

Concurrents

Chevrolet Equinox, Ford Escape, GMC Terrain, Honda CR-V, Hyundai Tucson, Kia Sportage, Mazda CX-5, Nissan Rogue, Subaru Forester, Toyota RAV4

Mettez du Tiguan dans votre vie

Marc-André Gauthier

Le Tiguan a toujours été un véhicule intéressant. Même quand il était technologiquement dépassé par ses concurrents, il continuait d'offrir des qualités uniques en ce qui concerne la tenue de route et la motorisation.

Avec la toute nouvelle génération du Tiguan qui nous arrive en 2018, on passe aux choses sérieuses. Il excelle à tous les points de vue et, dans l'ensemble, peu de véhicules de son segment ne peuvent sérieusement lui tenir tête. Et il y en a des excellents dans le lot, à commencer par le Honda CR-V et le Mazda CX-5.

TOUT COMMENCE PAR UN BEAU DESIGN
Les Américains, c'est connu, aiment ce qui est gros. *Think big*, comme on dit. Ce n'est pas pour rien que le véhicule le plus populaire ici est le Ford F-150 alors que ce titre revient à la Volkswagen Golf en Europe.

C'est sans doute pourquoi le Tiguan 2018 vendu au Canada et aux États-Unis est une version allongée de celui qui roule en Europe. Les quelque 21 centimètres supplémentaires permettent surtout l'ajout d'une troisième rangée de sièges optionnelle sur toutes les versions, en plus d'augmenter de 57 % la capacité de chargement sur la version à cinq passagers. Sinon, il ressemble beaucoup à la version européenne et se conduirait de la même manière. Le style reprend essentiellement les éléments visuels du Volkswagen Atlas, mais le Tiguan demeure plus arrondi, plus doux. D'ailleurs, il convient de mentionner que le Tiguan, tout comme l'Atlas, est construit sur la nouvelle plateforme MQB. Cette dernière sert aussi à une foule de modèles, allant de la Audi A3 à la Volkswagen Golf en passant par la Audi TT.

Dans l'habitacle, on remarque un design minimaliste, ce qui a toujours été le mot d'ordre chez Volkswagen, mais remis au goût du jour, intégrant un gros écran au centre de la planche de bord, qui, d'ailleurs, accueille la nouvelle version du système multimédia de Volkswagen. Il est facile à utiliser et compatible avec Apple CarPlay et Android Auto. Le conducteur profite et compatible avec Apple CarPlay et Android Auto. Le conducteur profite aussi, en option, de l'écran configurable Volkswagen Digital Cockpit, alors que tous les passagers apprécieront la chaîne audio haut de gamme Fender, livrable aussi. Bref, de tout pour plaire.

Vous saviez que plusieurs chiropraticiens au Québec recommandent l'achat de véhicules Volkswagen parce que leurs sièges seraient les meilleurs pour la posture? C'est ce que dit Volkswagen en tout cas. Et dans le Tiguan, ils ne font pas exception! On se sent supporté, dans le siège du conducteur, comme c'est rarement le cas dans d'autres véhicules. Même la banquette du milieu est bien. Quant à la banquette arrière... J'aimerais vous parler de son confort... mais je n'ai pas réussi à m'y asseoir. Autant l'Atlas surprend, avec des places arrière adéquates, autant celles du Tiguan déçoivent.

NOUVEAU MOTEUR SURPRENANT

Le Tiguan est de retour avec un quatre cylindres turbocompressé de 2,0 litres, mais ce moteur n'a rien à voir avec l'ancien 2.0T. Le nouveau est basé sur le 1.8T, disponible sur la Golf, notamment. Les pistons voyagent davantage, d'où la cylindrée augmentée à 2,0 litres. Le résultat est ici de 184 chevaux pour un couple de 221 livres-pied. Cela dit, le moteur a été conçu pour offrir beaucoup de chevaux à bas régime. Ainsi, dans la conduite de tous les jours, le Tiguan est un plaisir à conduire tant il semble se déplacer sans effort.

À ce moteur se joint une boîte automatique à huit rapports, qui remplace celle à six rapports. Volkswagen est célèbre pour ses boîtes à double embrayage, et pourtant, même si elle n'en bénéficie pas, la boîte du Tiguan semble afficher la même finesse. Elle travaille rapidement, et surtout, elle est compétente lorsque vient le temps de choisir le rapport pour enclencher. C'est en partie grâce à elle que le moteur du Tiguan est économique. Lors de nos essais, nous avons obtenu une moyenne en deçà de 8,5 l/100 km. Génial. Même s'il s'agissait d'essence super.

Petite surprise, le Tiguan est une bête hors route! Bien que personne n'ira jouer dans la boue avec son Tiguan, il faut souligner la quantité de technologies disponibles à cet effet. Ainsi, simplement en appuyant sur quelques boutons, on peut aller jouer dans le sable ou dans la boue et dévaler des falaises rocailleuses avec une agilité comparable à celle du nouveau Jeep Compass, justement le principal point de vente de ce dernier...

Sur une route pavée, le Tiguan est amusant à conduire, tient très bien la route, et ce, sans compromettre le confort. Il ne reste que la fiabilité à valider, et l'on pourrait bien avoir affaire au champion incontesté, et incontestable, du segment des VUS compacts.

Données principales

Emp. / lon. / lar. / haut.	2790 / 4701 / 1839 / 1658 mm
Coffre / réservoir	495 à 1780 litres / 60 litres
Nbre coussins sécurité / ceintures	6 / 7
Suspension av. / arr.	ind., jambes force / ind., multibras
Pneus avant / arrière	P215/65R17 / P215/65R17
Poids / Capacité de remorquage	1750 kg / 680 kg (1500 lb)

Composantes mécaniques

Cylindrée, alim.	4L 2,0 litres turbo
Puissance / Couple	184 ch / 221 lb-pi
Tr. base (opt) / Rouage base (opt)	A8 / Tr (Int)
0-100 / 80-120 / V. max	n.d. / n.d. / n.d.
100-0 km/h	n.d.
Type / ville / route / CO$_2$	Ord / 10,6 / 8,7 / 4760 (est) kg/an

‹‹ IL NE RESTE QUE LA FIABILITÉ À CONFIRMER, ET L'ON POURRAIT BIEN AVOIR AFFAIRE AU **CHAMPION INCONTESTÉ,** ET **INCONTESTABLE,** DU SEGMENT DES VUS **COMPACTS. ››**

VOLKSWAGEN TIGUAN

DU NOUVEAU EN 2018

Nouveau modèle

Photos : Volkswagen

Pour voir la liste complète des informations techniques, veuillez vous référer à la section statistiques.

VOLKSWAGEN | **637**

VOLVO S60

VOLVO **S60** / **V60**

(((**SiriusXM**)))

Prix : 47 350 $ à 69 000 $ (2017)
Catégorie : Berline, Familiale
Garanties :
4 ans/80 000 km, 4 ans/80 000 km
Transport et prép. : 2 015 $
Ventes QC 2016 : 378 unités
Ventes CAN 2016 : 1 284 unités
Assemblage : Gand BE

Fiabilité	Appréciation générale
■■■■■□□□□□	■■■■■■□□□□
Sécurité	Agrément de conduite
■■■■■■■■□□	■■■■■■□□□□
Consommation	Système multimédia
■■■■■■■□□□	■■■■□□□□□□

Cote d'assurance

$ $ $ $

Connectivité multimédia

Aucune

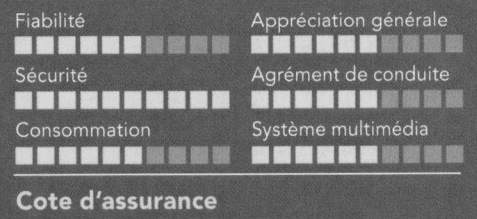

➕ Excellents groupes motopropulseurs •
Rouage intégral de série • Disponible
en format familial ! • Déclinaisons Polestar

➖ Design intérieur vieillot • Interface
un peu terne • Fiabilité imparfaite •
Suspension ferme (Polestar)

Concurrents

Acura TLX, Audi A4, BMW Série 3,
Cadillac ATS, Infiniti Q50, Lexus IS,
Lincoln MKZ, Mercedes-Benz Classe C

L'alternative intelligente

Mathieu St-Pierre

En 2011, l'arrivée des Volvo S60 et V60 de seconde génération
a marqué le retour de la marque suédoise, qui se réinvente
sans cesse depuis. Elle est même redevenue une marque
à envisager sérieusement lorsqu'on est à la recherche d'un
véhicule de luxe.

Même si les multisegments XC60 et XC90 ont pris le relais des S60 et V60
en tête des ventes chez Volvo, ces dernières demeurent plus attrayantes
que jamais, particulièrement en version familiale. Au fil des ans, le plaisir
de les piloter s'est accru, devenant même comparable, ou presque, à celui
de leurs concurrentes allemandes.

Aujourd'hui, Volvo n'a plus rien à envier à Audi, BMW ou Mercedes-Benz
en matière de notoriété. En fait, Volvo est même avantagée par le fait qu'elle
n'a pas à se conformer à une image établie depuis longtemps sauf, bien
sûr, en ce qui concerne la livraison de caractéristiques de sécurité de pointe.
Cela donne à la firme plus de latitude pour pousser le design, la technologie
et la conduite vers de nouveaux sommets.

PAS DE DOUTE, C'EST UNE VOLVO

Les fabricants d'automobiles dépensent de véritables fortunes pour créer
une signature visuelle spécifique. Tout comme Saab auparavant, Volvo a
toujours été fidèle à son originalité suédoise ; mieux encore, elle a maintenant
réussi à l'incorporer dans un véhicule de luxe très moderne, sensuel et attirant.

De près ou de loin, les S60 et V60 affichent la griffe unique à Volvo. Signe
des temps, la silhouette carrée a cédé sa place à des lignes à la fois fluides
et costaudes, qui affichent des proportions hautement réussies. Et je fais
ici référence à la S60 T5 AWD de base. Plus la ligne de toit s'allonge, plus
les choses s'améliorent. La V60 XC (Cross Country) s'avère l'alternative
parfaite aux VUM, avec sa carrosserie adaptée et sa garde au sol plus
élevée. Et au sommet, on retrouve les déclinaisons Polestar au look plus
mordant, avec des roues de 20 pouces et un fini bleu distinctif.

*Québec   S60 : 203 unités / V60 : 175 unités
**Canada   S60 : 657 unités / V60 : 627 unités

Avec son design à la fois inhabituel et familier, l'habitacle est distinctif également. L'ergonomie n'est toutefois pas son fort. Les boutons de la console centrale ont perdu leur utilité et ils seront probablement remplacés par un grand écran tactile comme dans la XC60 et les véhicules de la Série 90.

Les S60 et V60 sont dotées de sièges qui comptent parmi les meilleurs de l'industrie, d'un volant qui offre une bonne prise, d'élégants indicateurs et d'une excellente finition. Les places pour les passagers sont spacieuses et le coffre arrière de la familiale est énorme. Avons-nous souligné à quel point nous avons un faible pour la familiale ?

TURBO POUR TOUS

Les appellations T5, T6 et T8 de Volvo réfèrent à la puissance du moteur (et non pas au nombre de cylindres). Toutes les 60 sont propulsées par un quatre cylindres de 2,0 litres suralimenté par turbocompresseur, ou par turbo et compresseur mécanique, avec boîte automatique à huit rapports. Le T5 livre son couple maximal dès les 1 500 tr/min, ce qui permet une puissance constante et ininterrompue. Ce moteur ne livre pas des accélérations exceptionnelles, mais avec son couple toujours disponible et ses rapports de boîte bien calibrés, il a ce qu'il faut pour offrir de bonnes prestations.

Avec le T6, le couple maximal arrive un peu plus tard, mais on obtient en échange une puissance supplémentaire très satisfaisante. Pour plus de punch encore, il faut regarder du côté du Polestar. Comme dans le cas du T6, on sent bien que le couple maximal est livré moins rapidement, surtout en comparaison avec l'ancien six en ligne turbo. Toutefois, à partir de 3 000 tr/min, le moteur devient vite enjoué et il grimpe vers la zone rouge avec beaucoup plus d'entrain que l'ancien 3,0 litres.

Les S60 et V60 penchent plus vers le confort que vers la conduite dynamique. Avec le châssis Sport, la voiture est abaissée de 10 mm et le roulis est réduit. La Polestar bénéficie de plus de 70 modifications, mais les plus significatives se situent au niveau de la suspension. Les ressorts nettement plus fermes (en hausse de 80 %) et les amortisseurs Öhlins transforment les 60 en machines de course prêtes pour la piste. Dans les rues de la ville, par contre, le manque de souplesse de la suspension peut rendre la conduite très désagréable.

Les Volvo S60 et V60 2018 sont des voitures brillantes, car même si elles ont pris de l'âge en matière de design intérieur et extérieur (comparativement aux autres modèles du fabricant), elles ont beaucoup à offrir à l'automobiliste sélectif qui recherche une voiture de luxe autre qu'allemande. On attend tout de même leurs remplaçantes avec impatience.

Données principales		
Emp. / lon. / lar. / haut.	**S60**	- 2 776 / 4 635 / 1 899 / 1 484 mm
	V60	- 2 776 / 4 635 / 1 866 / 1 484 mm
Coffre / réservoir	**S60**	- 339 litres / 68 litres
	V60	- 430 à 1 240 litres / 68 litres
Nbre coussins sécurité / ceintures		6 / 5
Suspension av. / arr.		ind., jambes force / ind., multibras
Pneus avant / arrière	**S60**	- P235/40R18 / P235/40R18
	V60	- P235/40R18 / P235/40R18
Poids / Capacité de remorquage	**S60**	- 1 645 kg / non recommandé
	V60	- 1 665 kg / 1 588 kg (3 500 lb)

Composantes mécaniques	
T5	
Cylindrée, alim.	4L 2,0 litres turbo
Puissance / Couple	240 ch / 258 lb-pi
Tr. base (opt) / Rouage base (opt)	A8 / Int
0-100 / 80-120 / V. max	6,3 s (const) / n.d. / 230 km/h (const)
100-0 km/h	n.d.
Type / ville / route / CO$_2$	Ord / 10,7 / 7,8 / 4 400 kg/an
T6	
Cylindrée, alim.	4L 2,0 litres turbo et surcomp.
Puissance / Couple	302 ch / 295 lb-pi
Tr. base (opt) / Rouage base (opt)	A8 / Int
0-100 / 80-120 / V. max	5,9 s (const) / n.d. / 250 km/h (const)
100-0 km/h	n.d.
Type / ville / route / CO$_2$	Sup / 10,9 / 7,7 / 4 420 kg/an
T6 POLESTAR	
Cylindrée, alim.	4L 2,0 litres turbo et surcomp.
Puissance / Couple	367 ch / 347 lb-pi
Tr. base (opt) / Rouage base (opt)	A8 / Int
0-100 / 80-120 / V. max	4,7 s (const) / n.d. / 250 km/h (const)
100-0 km/h	n.d.
Type / ville / route / CO$_2$	Sup / 11,8 / 8,5 / 4 820 kg/an

DU NOUVEAU EN 2018

Rouage intégral de série.
Berline S60 Cross Country retirée.

VOLVO V60

VOLVO S60

Photos : Marc Lachapelle, Volvo

Pour voir la liste complète des informations techniques, veuillez vous référer à la section statistiques.

VOLVO | **639**

VOLVO S90

VOLVO **S90 / V90**

83 % COTE DU GUIDE

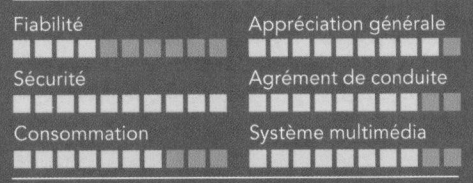

Prix : 56 900 $ à 66 050 $ (2017)
Catégorie : Berline
Garanties :
4 ans/80 000 km, 4 ans/80 000 km
Transport et prép. : 2 015 $
Ventes QC 2016 : 21 unités
Ventes CAN 2016 : 101 unités
Assemblage : Torslanda SE

Fiabilité	Appréciation générale
Sécurité	Agrément de conduite
Consommation	Système multimédia

Cote d'assurance

n.d.

Connectivité multimédia

Android Auto   Apple CarPlay

➕ Comportement agile, équilibré et stable • Groupes propulseurs modernes et raffinés • Confort et habitabilité impeccables • Sécurité toujours exemplaire

➖ Navigation sur l'écran tactile parfois mystérieuse • Roulement ferme sur chaussée ravagée (V90 CC) • Fiabilité générale encore à prouver

Concurrents
Audi A6, BMW Série 5, Cadillac CTS, Mercedes-Benz Classe E, Jaguar XF, Lexus GS

Les nouvelles reines de Suède

Marc Lachapelle

Depuis à peine plus d'une année, Volvo a lancé trois nouvelles voitures, construites sur l'architecture adaptable SPA, dont le XC90 fut le pionnier. Pendant que la S90 réintègre le constructeur suédois dans la course chez les berlines de luxe, la familiale V90 et cette merveilleuse créature qu'est la V90 Cross Country le relancent dans des segments où il a longtemps excellé. Si la fiabilité s'invite à la fête, comme on l'espère, on peut certainement parler d'une renaissance.

La V90 Cross Country lance la quatrième génération de sa lignée, la troisième ayant été défendue bravement par la XC70 pendant presque une décennie. La nouvelle marie à nouveau le raffinement d'une familiale et le côté plus robuste d'un utilitaire sport. Elle est, par exemple, plus agile en virage que son costaud de frère, le XC90, qui n'est certes pas le plus pataud des VUS. Sa direction est plus fine et elle transmet des sensations nettes, sans le moindre excès.

POUR LEURS VOCATIONS DIFFÉRENTES

En toute logique, la familiale V90 lui joue exactement le même tour. Sa direction apparaît immédiatement plus précise, son roulement moins ferme et sa conduite, plus gratifiante. La différence principale, entre les deux, est évidemment la garde au sol de 210 mm du Cross Country. C'est seulement 10 mm de moins qu'un Subaru Outback, mais quand même 65 mm de plus que la V90. Toutes les composantes de la suspension ont d'ailleurs été modifiées ou remplacées en conséquence.

Les pneus plus polyvalents de la V90 Cross Country ont également produit une distance moyenne nettement plus longue de 45,6 mètres en freinage d'urgence à 100 km/h, alors que la V90 a stoppé sur 38,9 mètres. Une différence substantielle. En accélération, par contre, elles font pratiquement jeu égal avec des chronos 0-100 km/h respectifs de 6,35 et 6,27 secondes.

Sans surprise, puisque la V90 Cross Country porte seulement une quarantaine de kilos de plus et les deux partagent le même quatre cylindres de 2,0 litres, suralimenté par turbo et surcompresseur que la version T6 de la S90. Un moteur souple et vivant, jumelé à une boîte automatique à huit rapports précise et douce, qui livre des accélérations et reprises toujours franches et immédiates.

APPELONS ÇA LE STYLE NÉO-SCANDINAVE

Les V90 et la S90 partagent aussi un habitacle dont le dessin épuré ainsi que le style moderne et original soufflent un vent de fraîcheur dans le monde du luxe automobile. les tableaux de bord et les commandes sont virtuellement identiques. L'écran tactile est placé à la verticale, au centre, et sa taille passe à 12,3 pouces, avec les groupes optionnels. On s'adapte assez rapidement au système Sensus, qui permet d'accéder aux menus en balayant de l'index, comme sur un téléphone. Certaines fonctions devraient néanmoins être plus facilement accessibles.

Les sièges sont fantastiques, comme pratiquement toujours chez Volvo. Les baquets avant de la V90 Cross Country sont très sculptés pour une voiture qui n'est pas une sportive. Ils sont enveloppés d'un cuir souple plus épais, de texture moins lisse, avec des surpiqûres plus fortes. Comme toutes ses devancières depuis 1997. Aux places arrière, la S90 est avantagée, puisqu'elle est désormais offerte sur un empattement allongé de 11,9 cm, dont 11,4 cm en espace additionnel pour les jambes. Elle en avait besoin, face aux nombreuses rivales aguerries qu'elle affronte dans sa catégorie.

Les phares pivotants de toutes les déclinaisons sont magnifiques, avec un faisceau puissant, uniforme et bien découpé, qui réagit instantanément au braquage du volant en pointant vers l'intérieur du virage. On apprécie également l'immense essuie-glace arrière des V90, qui balaie presque entièrement la lunette du hayon. Les rétroviseurs extérieurs de la V90 Cross Country sont, par contre, encore plus gros que ceux de la V90 et bloquent la vue, même du côté droit. Les rétros plus menus de la S90 sont mieux. La soute cargo des V90 est très bien finie et assez vaste, malgré la ligne profilée du toit. Une telle beauté a son prix. Le panneau qui se relève pour maintenir en place les sacs d'épicerie est très apprécié, tout comme, bien sûr, le dossier de la banquette arrière qui se replie en deux sections.

Pour être pragmatique et réaliste, la V90 Cross Country est possiblement la meilleure voiture pour rouler au Québec, toutes saisons et toutes catégories de luxe confondues. La familiale V90 est une joie pour les amateurs du genre et la berline S90 offre une alternative fraîche et moderne aux sempiternels ténors allemands. Espérons que ces nouvelles venues seront aussi fiables qu'elles sont belles et agréables.

Données principales

Emp. / lon. / lar. / haut.	2 941 / 4 963 / 1 890 / 1 443 mm
Coffre / réservoir	500 litres / 60 litres
Nbre coussins sécurité / ceintures	7 / 5
Suspension av. / arr.	ind., bras inégaux / ind., multibras
Pneus avant / arrière	P245/45R18 / P245/45R18
Poids / Capacité de remorquage	1 819 kg / 2 200 kg (4 850 lb)

Composantes mécaniques

Cylindrée, alim.	4L 2,0 litres turbo et surcomp.
Puissance / Couple	316 ch / 295 lb-pi
Tr. base (opt) / Rouage base (opt)	A8 / Int
0-100 / 80-120 / V. max	6,1 s / 4,3 s / 250 km/h (const)
100-0 km/h	39,0 m
Type / ville / route / CO$_2$	Sup / 10,8 / 7,6 / 4 380 kg/an

« CETTE **TRINITÉ** DE NOUVELLES VOLVO EST D'UNE **ÉLÉGANCE,** D'UNE MODERNITÉ ET D'UN ÉQUILIBRE **IMPRESSIONNANTS.** ON LES **ESPÈRE** TOUT **AUSSI FIABLES.** »

DU NOUVEAU EN 2018

Berline S90 à empattement long, avec version T8 hybride rechargeable, et version T5 à roues avant motrices désormais disponibles.

VOLVO V90

VOLVO V90

Photos : Volvo, Marc Lachapelle

VOLVO S90/V90

VOLVO **XC60**

78% COTE DU GUIDE

Prix: 45 900 $ à 71 150 $ (estimé)
Catégorie: VUS
Garanties:
4 ans/80 000 km, 4 ans/80 000 km
Transport et prép.: 2 015 $
Ventes QC 2016: 350 unités
Ventes CAN 2016: 1 526 unités
Assemblage: Torslanda SE

Fiabilité	Appréciation générale
Sécurité	Agrément de conduite
Consommation	Système multimédia

Cote d'assurance

$ $ $ $

Connectivité multimédia

Android Auto   Apple CarPlay

➕ Systèmes de sécurité de pointe •
Gamme complète • Rouage intégral
de série • Qualité de finition intérieure •
Très bon niveau de confort

➖ Prix élevés (Inscription T8) • Tarifs
des options • Dynamique en retrait par
rapport à certains concurrents •
Fiabilité perfectible

Concurrents
Acura RDX, Audi Q5, BMW X3,
Land Rover Range Rover Evoque,
Mercedes-Benz GLC, Porsche Macan,
Volvo XC70

L'éternité c'est long, surtout vers la fin

Gabriel Gélinas

« L'éternité c'est long, surtout vers la fin » est une citation attribuée au cinéaste américain Woody Allen, et elle trouve tout son sens dans le cas du XC60, lequel fait finalement l'objet d'une refonte complète après une longue carrière débutée en 2010 et au cours de laquelle il s'est vendu à plus d'un million d'exemplaires.

Côté style, le XC60 ajoute une touche de dynamisme au look épuré typique de la marque suédoise par l'adoption d'une partie avant plus agressive, de phares de jour en forme de marteau de Thor et de l'angle plus prononcé de son pare-brise. Tout comme les XC90, S90 et V90, le XC60 est élaboré sur la plate-forme Scalable Platform Architecture (SPA) et le nouveau modèle est plus long de 44 millimètres, plus large de 11 millimètres et moins haut de 55 millimètres que le modèle précédent, rendant ses proportions plus élégantes.

Comme il s'agit d'un Volvo, le XC60 inaugure de nouveaux dispositifs de sécurité, comme le système appelé « prévention de changement de voie sur la voie opposée », qui aide le conducteur à éviter une collision frontale décalée avec un véhicule circulant en sens inverse. Ce système, actif entre 60 et 140 kilomètres/heure, alerte le conducteur et déclenche l'assistance à la direction pour replacer le véhicule sur sa trajectoire et ainsi éviter la collision. Volvo propose également, en option, l'ensemble Convenience qui comprend le système Pilot Assist. Comme son nom l'indique, ce système « aide » le conducteur en contrôlant l'accélération, le freinage et la direction. Les ingénieurs de la marque précisent qu'il s'agit d'une fonction d'assistance, et non de conduite autonome, et que la voiture alertera l'automobiliste si ce dernier ne tient pas le volant en mains.

UN LOOK HAUT DE GAMME
L'habitacle du nouveau XC60 rappelle celui du XC90 puisque l'écran tactile, le volant, la console centrale ainsi que le bouton de démarrage et le sélecteur de mode de conduite, tous deux réalisés en aluminium cranté, sont identiques sur les deux VUS. Dès le premier coup d'œil, on remarque que

le look de l'habitacle fait nettement plus luxueux, ce qui permet au XC60 de combler le gouffre qui le séparait des ténors allemands du créneau à ce chapitre. Les livrées Inscription sont dotées de très belles appliques de bois Driftwood de couleur grise, avec une touche d'argent, dont la pièce reliant la console centrale à l'extrémité droite du côté passager est produite d'un seul morceau, ce qui témoigne d'un souci évident pour la qualité de la finition intérieure.

L'écran tactile en couleurs et le système multimédia Sensus, inauguré sur le XC90, reprennent du service dans le XC60 et les fonctionnalités Apple CarPlay et Android Auto sont de série sur les modèles vendus au Canada. Les places arrière offrent un excellent dégagement pour les jambes des passagers qui y prendront place et cela explique, en partie, pourquoi l'espace cargo est réduit de 50 litres par rapport aux rivaux directs. Un examen approfondi révèle l'existence de deux compartiments permettant d'y ranger des tablettes électroniques, une touche qui sera appréciée par les jeunes familles.

TROIS MOTEURS AU PROGRAMME

Les moteurs qui animent le XC60 sont les mêmes que ceux sous le capot du XC90 et ils sont tous jumelés à une boîte automatique à huit rapports ainsi qu'au rouage intégral, de série au Canada. Au volant de la version T6, équipée de la suspension pneumatique offerte en option, on s'aperçoit que le XC60 accélère avec un très bel aplomb malgré son poids plus élevé que celui de certains véhicules concurrents, le Audi Q5 notamment.

Le sélecteur de mode de conduite en compte quatre dont Dynamic, qui paramètre la réponse à la commande des gaz, ainsi que la direction et le freinage, afin d'assurer une conduite plus sportive. Malgré cela, il devient évident que le comportement routier du XC60 est plus axé sur le confort que sur la dynamique. La tenue de route est bonne, le comportement est sûr et prévisible, mais le XC60 ne vous invite pas vraiment à le conduire de façon sportive. Le bilan de fiabilité des modèles Volvo est à la hausse, comme en témoigne le classement de la marque suédoise, puisqu'elle se situe maintenant au-dessus de la moyenne, selon l'étude *Vehicle Dependability Study* (VDS) 2017 de la firme spécialisée J.D. Power and Associates, laquelle mesure la fiabilité des véhicules après trois ans d'usage; elle était classée sous la moyenne de l'industrie automobile au cours des années précédentes.

Au final, le XC60 est un pur produit Volvo. Sécurité, design et confort font partie de ses points forts, alors que la dynamique est un peu en retrait comparativement à certains véhicules concurrents, dont le Audi Q5 et le BMW X3.

Données principales

Emp. / lon. / lar. / haut.	2 865 / 4 688 / 1 902 / 1 658 mm
Coffre / réservoir	468 à 1 432 litres / 71 litres
Nbre coussins sécurité / ceintures	7 / 5
Suspension av. / arr.	ind., bras inégaux / ind., multibras
Pneus avant / arrière	P235/60R18 / P235/60R18
Poids / Capacité de remorquage	2 115 kg / 750 kg (1 650 lb)

Composantes mécaniques

T5 AWD

Cylindrée, alim.	4L 2,0 litres turbo
Puissance / Couple	254 ch / 258 lb-pi
Tr. base (opt) / Rouage base (opt)	A8 / Int
0-100 / 80-120 / V. max	6,8 s (const) / n.d. / 220 km/h (const)
100-0 km/h	36,0 m (const)
Type / ville / route / CO_2	Sup / 11,2 / 7,4 / 4 440 (est) kg/an

T6 AWD

Cylindrée, alim.	4L 2,0 litres turbo et surcomp.
Puissance / Couple	316 ch / 295 lb-pi
Tr. base (opt) / Rouage base (opt)	A8 / Int
0-100 / 80-120 / V. max	5,9 s (const) / n.d. / 230 km/h (const)
100-0 km/h	36,0 m (const)
Type / ville / route / CO_2	Sup / 11,6 / 7,9 / 4 640 (est) kg/an

T8 TWIN ENGINE AWD

Cylindrée, alim.	4L 2,0 litres turbo et surcomp.
Puissance / Couple	313 ch / 295 lb-pi
Tr. base (opt) / Rouage base (opt)	A8 / Int
0-100 / 80-120 / V. max	5,3 s (const) / n.d. / 230 km/h (const)
100-0 km/h	36,0 m (const)
Type / ville / route / CO_2	Sup / 10,1 / 7,3 / 4 140 (est) kg/an
Consommation équivalente	n.d.
Puissance combinée	400 ch

MOTEUR ÉLECTRIQUE

Puissance / Couple	87 ch (64 kW) / 177 lb-pi
Type de batterie	Lithium-ion (Li-ion)
Énergie	10,4 kWh
Temps de charge (120V / 240V)	n.d. / 2,5 h
Autonomie	43 km

DU NOUVEAU EN 2018

Nouveau modèle

Pour voir la liste complète des informations techniques, veuillez vous référer à la section statistiques.

VOLVO | 643

VOLVO **XC90**

| **77**% | COTE DU GUIDE |

Prix: 56 200 $ à 121 000 $ (2017)
Catégorie: VUS
Garanties:
4 ans/80 000 km, 4 ans/80 000 km
Transport et prép.: 2 015 $
Ventes QC 2016: 582 unités
Ventes CAN 2016: 2 951 unités
Assemblage: Torslanda SE

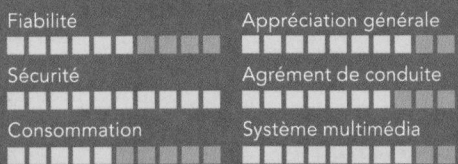

Fiabilité	Appréciation générale
■■■■■□□□□□	■■■■■■■□□□
Sécurité	Agrément de conduite
■■■■■■■■□□	■■■■■■■□□□
Consommation	Système multimédia
■■■■■□□□□□	■■■■■■■□□□

Cote d'assurance

$ ▼　　　　$ $ $

Connectivité multimédia

Android Auto　　Apple CarPlay

➕ Position de conduite et sièges exemplaires • Agiles et stables pour leur taille et leur poids • Roulement doux et silencieux • Performances étonnantes pour la cylindrée

➖ Roulement sautillant sur chaussée bosselée • Troisième banquette plutôt étriquée • Fiabilité encore à démontrer

Concurrents
Acura MDX, Audi Q7, BMW X5, Infiniti QX70, Jeep Grand Cherokee, Lexus RX, Mercedes-Benz GLE, Porsche Cayenne

Un vaisseau viking moderne et raffiné

Marc Lachapelle

Volvo a tenu, avec brio, le pari de concevoir un nouvel utilitaire sport de luxe à la fois chic, confortable, sûr et pratique. Tout en étant à la fine pointe de la technologie, ce deuxième XC90 est aussi original et unique que le premier, apparu douze ans plus tôt. Il offre enfin une alternative sérieuse à des rivaux qui semblent trop souvent sortis du même moule. Si le constructeur suédois peut maintenant le rendre aussi fiable qu'attrayant, il tient un numéro gagnant.

À une époque où utilitaires sport et multisegments sont rois, Volvo a été sage de concevoir sa nouvelle architecture modulable SPA (pour *Scalable Product Architecture*) avant tout pour ce nouveau XC90. Parce qu'il est, sans conteste, la pierre angulaire d'une gamme en pleine renaissance. Et si le plus grand et lourd du groupe affiche tout l'aplomb et l'équilibre espérés, on peut attendre le meilleur des suivants.

ÉLÉGANCE ET STYLE SCANDINAVE SUR QUATRE ROUES
Après l'étonnement que provoque immanquablement son profil carré, le XC90 a vite fait de charmer. Or, le talent des stylistes suédois n'a d'égal que celui de leurs collègues aérodynamiciens, puisque le coefficient de traînée de ce gaillard est de seulement 0,29, malgré sa silhouette anguleuse. Une bonne nouvelle à la fois pour la consommation et le silence de roulement. À l'intérieur, la séduction est immédiate, tellement le dessin épuré du tableau de bord et de la console est mis en valeur par la beauté, la qualité et l'agencement exquis des matériaux employés. C'est le retour triomphal du style scandinave, en version moderne, appuyé par le confort et le maintien exceptionnels des sièges, une longue tradition chez Volvo. Question de goût, bien sûr, mais le volant à deux tons que l'on retrouve dans les versions du XC90 dont l'habitacle est pâle a vraiment un air des années 50.

L'ergonomie des commandes et contrôles est très correcte, une fois maîtrisées les particularités du système Sensus, avec ses menus auxquels on accède en balayant l'écran tactile de 9,3 pouces du bout des doigts.

La position de conduite est sans reproche, mais on s'explique mal l'absence de réglages électriques pour le volant, surtout au prix corsé des versions les plus chères.

DU MUSCLE ET DU NERF AUSSI

S'il est franchement réjouissant que le XC90 joue la carte du luxe et de la classe plutôt que celle de la performance à tout prix, ça ne l'empêche aucunement de se débrouiller très honnêtement dans ce domaine. En version T6, il boucle par exemple le classique sprint 0-100 km/h en 6,9 secondes, poussé par son quatre cylindres de 2,0 litres, suralimenté à la fois par un turbo et un surcompresseur, d'une puissance de 316 chevaux. Si l'on passe à la version T8 à groupe propulseur hybride rechargeable, le moteur électrique — qui fait du XC90 T8 un quatre roues motrices en entraînant ses roues arrière — ajoute également 87 chevaux aux 313 que produit le même quatre cylindres thermique de 2,0 litres à injection directe. La puissance totale est alors de 400 chevaux et le T8 atteint 100 km/h en 5,9 secondes. Malgré un poids substantiel de 1 968 kg qui grimpe à 2 254 kg pour le T8.

Ce poids additionnel provient des moteurs électriques, de la batterie lithium-ion de 9 kWh (qui ajoute 113 kg à elle seule) et de toute la quincaillerie qui procure au T8 une autonomie électrique de près de 30 kilomètres, selon un essai printanier. C'est moins que les 43 km promis, mais nettement mieux que les 21 km de la cote officielle de Ressources naturelles Canada.

En conduite, les XC90 sont étonnamment agiles, stables et raffinés pour leur taille et leur poids. Y compris ce lourdaud de T8 qui m'a impressionné par son équilibre impeccable, ses réactions saines et l'efficacité remarquable de ses systèmes électroniques lors d'exercices menés sur des parcours sinueux tracés sur la glace vive. Ces qualités, combinées à un confort et une position de conduite sans faille, inspirent une grande confiance et permettent une conduite détendue, quelles que soient les conditions. Ce n'est que sur les routes bosselées que les lois de la physique rattrapent le XC90 T8 et ses frères. Avec tout ce poids à maîtriser, ils se mettent alors à sautiller et secouer vigoureusement leurs passagers, même avec la suspension à ressorts pneumatiques réglable optionnelle.

Résolument fidèle à ses principes et traditions, le constructeur suédois n'en a pas moins produit un véhicule utilitaire sport à groupe propulseur hybride capable d'affronter toutes les conditions imaginables avec autant d'aplomb que les meilleurs modèles conventionnels. Tout en consommant et en polluant moins. Un peu.

Il ne reste plus maintenant, aux XC90, qu'à prouver qu'ils sont également aussi fiables et durables que les meilleurs de leurs rivaux. Et ce dernier défi n'est surtout pas le moindre.

Données principales

Emp. / lon. / lar. / haut.	2 984 / 4 950 / 2 008 / 1775 mm
Coffre / réservoir	314 à 1 868 litres / 71 litres
Nbre coussins sécurité / ceintures	7 / 7
Suspension av. / arr.	ind., jambes force / ind., multibras
Pneus avant / arrière	P275/45R20 / P275/45R20
Poids / Capacité de remorquage	2 254 kg / 2 700 kg (5 950 lb)

Composantes mécaniques

T5

Cylindrée, alim.	4L 2,0 litres turbo
Puissance / Couple	250 ch / 258 lb-pi
Tr. base (opt) / Rouage base (opt)	A8 / Int
0-100 / 80-120 / V. max	8,2 s (const) / n.d. / 215 km/h (const)
100-0 km/h	n.d.
Type / ville / route / CO$_2$	Ord / 10,8 / 9,5 / 4780 kg/an

T8 EXCELLENCE

Cylindrée, alim.	4L 2,0 litres turbo et surcomp.
Puissance / Couple	313 ch / 295 lb-pi
Tr. base (opt) / Rouage base (opt)	A8 / Int
0-100 / 80-120 / V. max	5,9 s / n.d. / 210 km/h (const)
100-0 km/h	36,0 m (const)
Type / ville / route / CO$_2$	Sup / 10,0 / 8,8 / 4420 kg/an
Consommation équivalente	n.d.
Puissance combinée	400 ch / 472 lb-pi

MOTEUR ÉLECTRIQUE

Puissance / Couple	87 ch (64 kW) / 177 lb-pi
Type de batterie	Lithium-ion (Li-ion)
Énergie	9,2 kWh
Temps de charge (120V / 240V)	n.d. / 8,0 h
Autonomie	43 km

T6

Cylindrée, alim.	4L 2,0 litres turbo et surcomp.
Puissance / Couple	316 ch / 295 lb-pi
Tr. base (opt) / Rouage base (opt)	A8 / Int
0-100 / 80-120 / V. max	6,9 s / n.d. / 210 km/h (const)
100-0 km/h	36,0 m (const)
Type / ville / route / CO$_2$	Sup / 11,5 / 9,6 / 4980 kg/an

DU NOUVEAU EN 2018

Aucun changement majeur au moment de mettre sous presse.

Pour voir la liste complète des informations techniques, veuillez vous référer à la section statistiques.

VOLVO | 645

STATISTIQUES

LISTE DE PRIX

ACURA

ILX	29 690 $	x
ILX Premium	32 190 $	x
ILX Tech	33 690 $	x
ILX A-Spec	35 090 $	x
MDX	53 890 $	x
MDX Navi	57 390 $	x
MDX Tech	60 390 $	x
MDX Elite	65 990 $	x
MDX Elite 6 Passenger	65 990 $	x
MDX Sport Hybrid	69 990 $	x
NSX	189 900 $	x
RDX	42 390 $	
RDX Tech	45 390 $	
RDX Elite	47 390 $	
RLX Tech	65 490 $	x
RLX Elite	69 990 $	x
TLX	35 990 $	
TLX Tech	39 690 $	
TLX SH-AWD	40 990 $	
TLX A-Spec	42 190 $	
TLX Elite	43 290 $	
TLX Tech SH-AWD	44 890 $	
TLX Elite A-Spec	45 790 $	
TLX A-Spec SH-AWD	47 390 $	
TLX Elite SH-AWD	48 490 $	
TLX Elite A-Spec SH-AWD	50 990 $	

ALFA ROMEO

4C Coupe	66 495 $	x
4C Spider	78 495 $	x
Giulia	48 995 $	x
Giulia Ti	50 995 $	x
Giulia Quadrifoglio	87 995 $	x
Stelvio	52 995 $	
Stelvio Ti	54 995 $	
Stelvio Quadrifoglio	92 000 $ (est.)	

ASTON MARTIN

DB11 V8	235 000 $ (est.)	
DB11 V12	261 930 $	x
Rapide S	227 500 $ (est.)	
V12 Vantage	205 000 $ (est.)	
V12 Vantage Roadster	220 000 $ (est.)	
Vanquish	360 115 $	x
Vanquish Volante	381 715 $	x

AUDI

A3 Berline Komfort	32 800 $	x
A3 Berline Progressiv	35 900 $	x
A3 Berline quattro Komfort	37 600 $	x
A3 Berline quattro Progressiv	40 700 $	x
A3 Berline quattro Technik	45 100 $	x
A3 Cabriolet quattro Komfort	43 800 $	x
A3 Cabriolet quattro Progressiv	46 900 $	x
A3 Cabriolet quattro Technik	51 300 $	x
A3 Sportback e-tron Progressiv	40 900 $	x
A3 Sportback e-tron Technik	45 900 $	x
A4 allroad Komfort	47 600 $	x
A4 allroad Progressiv	51 500 $	x
A4 allroad Technik	55 300 $	x
A4 Komfort	38 500 $	x
A4 quattro Komfort	41 600 $	x
A4 Progressiv	42 300 $	x
A4 quattro Progressiv	45 400 $	x
A4 quattro Technik	49 000 $	x
A5 Cabriolet Progressiv	62 500 $	
A5 Cabriolet Technik	66 300 $	
A5 Coupé Komfort	46 350 $	
A5 Coupé Progressiv	50 050 $	
A5 Coupé Technik	53 850 $	
A5 Sportback Komfort	47 950 $	
A5 Sportback Progressiv	51 650 $	
A5 Sportback Technik	55 450 $	
A6 2.0 TFSI Progressiv	58 400 $	x
A6 3.0 TFSI Progressiv	65 250 $	x
A6 2.0 TFSI Technik	65 950 $	x
A6 3.0 TFSI Technik	72 950 $	x
A6 3.0 TFSI Competition	77 650 $	x
A7 Sportback Progressiv	75 950 $	x
A7 Sportback Technik	81 250 $	x
A7 Sportback Competition	85 900 $	x
A8 3.0 TFSI	86 150 $	x
A8 4.0 TFSI	104 600 $	x
A8L 4.0 TFSI	112 200 $	x
Q3 Komfort	34 900 $	
Q3 Komfort quattro	37 400 $	
Q3 Progressiv	37 700 $	
Q3 Progressiv quattro	40 200 $	
Q3 Technik	42 000 $	
Q3 Technik quattro	44 500 $	
Q5 Komfort	44 950 $	
Q5 Progressiv	49 950 $	
Q5 Technik	54 200 $	
Q7 2.0 TFSI Komfort	61 900 $	x
Q7 3.0 TFSI Komfort	65 900 $	x
Q7 2.0 TFSI Progressiv	67 100 $	x
Q7 3.0 TFSI Progressiv	71 100 $	x
Q7 3.0 TFSI Technik	74 200 $	x
R8 Coupé	184 000 $	x
R8 Coupé plus	213 900 $	x
R8 Spyder	198 100 $	x
RS 3	62 900 $	
RS 7 Sportback	120 400 $	x
RS 7 Sportback Performance	143 100 $	x
S3 Berline quattro Progressiv	46 600 $	x
S3 Berline quattro Technik	50 700 $	x
S4 Progressiv	58 000 $	
S4 Technik	62 100 $	
S5 Cabriolet Progressiv	72 500 $	
S5 Cabriolet Technik	76 600 $	
S5 Coupé Progressiv	61 500 $	
S5 Coupé Technik	65 600 $	
S5 Sportback Progressiv	61 500 $	
S5 Sportback Technik	65 600 $	
S6	90 850 $	x
S7 Sportback	97 250 $	x
S8 plus	135 500 $	x
SQ5 Progressiv	61 300 $	
SQ5 Technik	65 900 $	
TT Coupé	52 400 $	x
TT Roadster	56 400 $	x
TTS Coupé	62 700 $	x
TT RS Coupé	72 900 $	

BENTLEY

Bentayga Onyx	257 537 $	
Bentayga Activity	283 564 $	
Bentayga Signature	301 472 $	
Bentayga Black Edition	314 177 $	
Bentayga Mulliner	395 731 $	
Continental GT	260 000 $ (est.)	
Continental GT Convertible	285 000 $ (est.)	
Continental GT Speed	300 000 $ (est.)	
Continental GT Speed Convertible	325 000 $ (est.)	
Continental GT V8	240 000 $ (est.)	
Continental GT V8 Convertible	265 000 $ (est.)	
Continental GT V8 S	260 000 $ (est.)	
Continental GT V8 S Convertible	285 000 $ (est.)	
Continental Supersports	350 000 $ (est.)	
Continental Supersports Convertible	375 000 $ (est.)	
Flying Spur V8	255 000 $ (est.)	
Flying Spur V8 S	275 000 $ (est.)	
Flying Spur W12	280 000 $ (est.)	
Flying Spur W12 S	300 000 $ (est.)	
Mulsanne	414 244 $	
Mulsanne Extended Wheelbase	430 000 $ (est.)	
Mulsanne Speed	455 505 $	

BMW

i3	48 150 $	x
i3 avec prolongateur d'autonomie	52 750 $	x
i8	149 900 $	x
i8 Protonic Red Edition	163 600 $	x
i8 Roadster	165 000 $ (est.)	
Série 2 230i Coupé	38 600 $	x
Série 2 230i xDrive Coupé	40 750 $	x
Série 2 M240i Coupé	46 000 $	x
Série 2 230i xDrive Cabriolet	46 300 $	x
Série 2 M240i xDrive Coupé	49 750 $	x
Série 2 M240i Cabriolet	53 000 $	x
Série 2 M240i xDrive Cabriolet	56 750 $	x
Série 2 M2	64 400 $	x
Série 3 330i xDrive Berline	45 600 $	
Série 3 328d xDrive Berline	47 100 $	
Série 3 330i xDrive Touring	48 600 $	
Série 3 328d xDrive Touring	50 100 $	
Série 3 330e Berline	51 200 $	
Série 3 330i xDrive Gran Turismo	51 350 $	
Série 3 340i Berline	53 800 $	
Série 3 340i xDrive Berline	56 500 $	
Série 3 340i xDrive Gran Turismo	59 450 $	
Série 3 M3	77 050 $	x
Série 4 430i xDrive Coupé	51 450 $	
Série 4 430i xDrive Gran Coupé	51 450 $	
Série 4 440i Coupé	56 850 $	
Série 4 440i xDrive Coupé	57 550 $	
Série 4 440i xDrive Gran Coupé	57 550 $	
Série 4 430i xDrive Cabriolet	61 750 $	
Série 4 440i xDrive Cabriolet	71 050 $	
Série 4 M4 Coupé	77 300 $	
Série 4 M4 Cabriolet	86 800 $	
Série 5 530i xDrive	61 500 $	
Série 5 530e xDrive	66 000 $	x
Série 5 540i xDrive	69 000 $	x
Série 5 M550i xDrive	80 900 $	
Série 6 640i xDrive Gran Coupé	92 200 $	
Série 6 640i xDrive Gran Turismo	95 000 $ (est.)	
Série 6 650i xDrive Coupé	102 000 $	
Série 6 Alpina B6 Gran Coupé	102 000 $	
Série 6 650i xDrive Gran Coupé	103 400 $	
Série 6 650i xDrive Cabriolet	113 000 $	
Série 6 M6 Coupé	127 800 $	
Série 6 M6 Gran Coupé	131 800 $	
Série 6 M6 Cabriolet	132 300 $	
Série 7 740Le xDrive iPerformance	110 400 $	
Série 7 750i xDrive	116 500 $	
Série 7 750Li xDrive	120 500 $	
Série 7 Alpina B7	156 900 $	
Série 7 M760Li xDrive	162 200 $	
X1 xDrive28i	40 300 $	x
X3 xDrive28i	46 700 $	x
X3 xDrive35i	52 100 $	x
X4 xDrive28i	49 600 $	
X4 M40i	61 850 $	
X5 xDrive35i	68 500 $	x
X5 xDrive35d	70 000 $	x
X5 xDrive40e	74 950 $	x
X5 xDrive50i	82 800 $	x
X5 M	110 400 $	x
X6 xDrive35i	71 900 $	x
X6 xDrive50i	88 400 $	x
X6 M	112 700 $	x

BUGATTI

Chiron	3500 000 $ (est.)	

BUICK

Enclave Cuir	49 035 $	x
Enclave Cuir TI	52 035 $	x
Enclave Haut de gamme TI	56 535 $	x
Encore	23 395 $	x
Encore Privilégié	25 895 $	x
Encore Preferred TI	27 895 $	x
Encore Sport Touring	27 895 $	x
Encore Sport Touring TI	29 895 $	x
Encore Essence	31 195 $	x
Encore Essence TI	33 195 $	x
Encore Haut de gamme TI	34 395 $	x
Envision Privilégié	40 195 $	x
Envision Essence	43 895 $	x
Envision Haut de gamme I	46 355 $	x
Envision Haut de gamme II	49 765 $	x
LaCrosse	35 645 $	x
LaCrosse Privilégié	40 030 $	x
LaCrosse Essence	42 690 $	x
LaCrosse Haut de gamme	45 250 $	x
LaCrosse Haut de gamme TI	47 700 $	x
Regal Sportback	35 000 $ (est.)	
Regal Sportback Privilégié II	37 000 $ (est.)	
Regal Sportback Essence	39 000 $ (est.)	
Regal Sportback Essence TI	41 000 $ (est.)	
Regal Sportback GS TI	45 000 $ (est.)	

CADILLAC

ATS Berline 2.0T	37 595 $	x
ATS Berline 2.0T TI	40 320 $	x
ATS Berline 2.0T Luxe	41 895 $	x
ATS Berline 2.0T Luxe TI	44 620 $	x
ATS Berline 3.6 Haut de gamme Luxe	47 795 $	x
ATS Berline 3.6 Haut de gamme Luxe TI	50 520 $	x
ATS Berline 3.6 Haut de gamme Performance	52 095 $	x
ATS Coupé 2.0T	41 095 $	x
ATS Coupé 2.0T TI	43 295 $	x
ATS Coupé 2.0T Luxe	45 795 $	x
ATS Coupé 2.0T Luxe TI	47 995 $	x
ATS Coupé 3.6 Haut de gamme Luxe	50 595 $	x
ATS Coupé 3.6 Haut de gamme Luxe TI	52 795 $	x
ATS Coupé 3.6 Haut de gamme Performance	53 495 $	x
ATS-V Berline	65 995 $	x
ATS-V Coupé	68 295 $	x
CT6 2.0T	61 815 $	x
CT6 3.6 TI	64 140 $	x
CT6 2.0T Luxe	66 740 $	x
CT6 3.6 Luxe TI	69 050 $	x
CT6 3.6 Haut de gamme Luxe TI	72 305 $	x
CT6 3.0T Luxe TI	73 675 $	x
CT6 3.0T Haut de gamme Luxe TI	76 910 $	x
CT6 3.6 Platinum TI	95 190 $	x
CT6 3.0T Platinum TI	99 790 $	x
CT6 Plug-in Hybrid	85 995 $	x
CTS 2.0T	49 735 $	x
CTS 2.0T TI	52 360 $	x
CTS 2.0T Luxe	55 050 $	x
CTS 3.6 Luxe	57 385 $	x
CTS 2.0T Luxe TI	57 675 $	x
CTS 3.6 Luxe TI	59 405 $	x
CTS 3.6 Haut de gamme Luxe	64 205 $	x
CTS 3.6 Haut de gamme Luxe TI	66 225 $	x
CTS 3.6T V-Sport	77 270 $	x
CTS-V	93 010 $	x
Escalade	84 910 $	x
Escalade ESV	88 385 $	x
Escalade Luxe	91 375 $	x
Escalade ESV Luxe	94 850 $	x
Escalade Luxe Premium	96 290 $	x
Escalade ESV Luxe Premium	99 765 $	x
Escalade Platine	107 205 $	x
Escalade ESV Platine	110 680 $	x
XT5	45 100 $	x
XT5 Luxe	49 250 $	x
XT5 Luxe TI	52 220 $	x
XT5 Luxe Premium TI	59 930 $	x
XT5 Platine TI	68 695 $	x
XTS	50 835 $	x
XTS Luxe	54 695 $	x
XTS Luxe TI	56 545 $	x
XTS Luxe Premium	60 015 $	x
XTS Luxe Premium TI	61 950 $	x
XTS V-Sport Luxe TI	68 105 $	x
XTS Platine	70 160 $	x
XTS Platine TI	72 105 $	x
XTS V-Sport Platine TI	77 960 $	x

CHEVROLET

Bolt EV LT	42 795 $	x
Bolt EV Premier	47 795 $	x
Camaro 1LS	29 595 $	x
Camaro 1LT	31 145 $	x
Camaro 2LT	36 500 $	x
Camaro 1SS	43 500 $	x
Camaro 2SS	48 500 $	x
Camaro ZL1	69 500 $	x
Camaro Cabriolet 1LS	37 500 $	x
Camaro Cabriolet 1LT	39 050 $	x
Camaro Cabriolet 2LT	42 955 $	x
Camaro Cabriolet 1SS	49 955 $	x
Camaro Cabriolet 2SS	54 955 $	x
Camaro Cabriolet ZL1	75 955 $	x
City Express 1LS	26 595 $	x
City Express 1LT	28 025 $	x
Colorado all. caisse longue 2RM	22 130 $	x
Colorado WT all. caisse longue 2RM	25 135 $	x
Colorado WT multi. caisse courte 2RM	27 635 $	x
Colorado WT multi. caisse longue 2RM	29 510 $	x
Colorado LT all. caisse longue 2RM	29 655 $	x
Colorado WT all. caisse longue 4RM	30 235 $	x
Colorado LT multi. caisse courte 2RM	31 155 $	x
Colorado Z71 all. caisse longue 2RM	32 040 $	x
Colorado WT multi. caisse courte 2RM	33 010 $	x
Colorado LT multi. caisse longue 2RM	33 030 $	x
Colorado WT multi. caisse longue 4RM	33 360 $	x
Colorado Z71 multi. caisse courte 2RM	33 590 $	x
Colorado LT all. caisse longue 4RM	33 960 $	x
Colorado Z71 multi. caisse longue 2RM	35 115 $	x
Colorado Z71 all. caisse longue 4RM	36 345 $	x
Colorado LT multi. caisse courte 2RM	36 735 $	x
Colorado LT multi. caisse longue 4RM	37 085 $	x
Colorado Z71 multi. caisse courte 2RM	38 870 $	x
Colorado Z71 multi. caisse longue 4RM	39 220 $	x
Colorado ZR2 all. caisse longue 4RM	44 540 $	x
Colorado ZR2 multi. caisse courte 4RM	45 840 $	x
Corvette Stingray	64 795 $	x
Corvette Stingray Z51	70 545 $	x
Corvette Stingray Grand Sport	76 295 $	x
Corvette Z06 1LZ	93 145 $	x
Corvette Cabriolet Stingray	69 795 $	x
Corvette Cabriolet Stingray Z51	75 545 $	x
Corvette Cabriolet Grand Sport	81 295 $	x
Corvette Cabriolet Z06	98 045 $	x
Cruze à Hayon LT	20 895 $	x
Cruze à Hayon Premier	24 945 $	x
Cruze Berline L	16 295 $	x
Cruze Berline LS	19 145 $	x
Cruze Berline LT	20 145 $	x
Cruze Berline Premier	24 195 $	x
Cruze Berline LT Diesel	24 395 $	x
Equinox LS	25 445 $	
Equinox LS TI	27 845 $	
Equinox LT	28 445 $	
Equinox 1LT TI	30 845 $	
Equinox Premier	32 045 $	
Equinox 2LT TI	33 845 $	
Equinox Premier 1LZ TI	34 445 $	

NOTE: les prix identifiés avec un x sont les prix des modèles 2017. CES PRIX ÉTAIENT VALIDES À LA MI-JUILLET 2017. Il ne s'agit pas d'une liste exhaustive. Pour plus de renseignements veuillez contacter le concessionnaire.

648 | LE GUIDE DE L'AUTO 2018 www.guideautoweb.com

Equinox Premier 2LZ TI	37 445 $	
Express 2500 LS	43 565 $	x
Express 2500 LT	45 960 $	x
Express 3500 LS	42 550 $	x
Express 3500 LS Allongé	45 360 $	x
Express 3500 LT	44 400 $	x
Express 3500 LT Allongé	46 285 $	x
Impala LS	30 195 $	x
Impala LT	33 395 $	x
Impala Premier	41 395 $	x
Malibu L	22 045 $	x
Malibu LS	24 545 $	x
Malibu LT	25 545 $	x
Malibu hybride	29 150 $	x
Malibu Premier	32 345 $	x
Silverado 1500 WT classique 2RM	30 335 $	x
Silverado 1500 WT classique caisse longue 2RM	30 635 $	x
Silverado 1500 LS classique 2RM	33 110 $	x
Silverado 1500 LS classique caisse longue 2RM	33 410 $	x
Silverado 1500 WT classique 4RM	33 935 $	x
Silverado 1500 WT classique caisse longue 4RM	34 235 $	x
Silverado 1500 WT double 2RM	34 635 $	x
Silverado 1500 LT classique 2RM	35 305 $	x
Silverado 1500 LT classique caisse longue 2RM	35 605 $	x
Silverado 1500 LS classique 4RM	36 710 $	x
Silverado 1500 LS double 2RM	36 945 $	x
Silverado 1500 LS classique caisse longue 4RM	37 010 $	x
Silverado 1500 WT multiplace caisse courte 2RM	37 035 $	x
Silverado 1500 Custom double 2RM	37 220 $	x
Silverado 1500 WT double 4RM	38 535 $	x
Silverado 1500 WT multiplace 2RM	38 660 $	x
Silverado 1500 1LT classique 4RM	39 505 $	x
Silverado 1500 LT double 2RM	39 605 $	x
Silverado 1500 LS multiplace caisse courte 2RM	39 645 $	x
Silverado 1500 1LT classique caisse longue 4RM	39 805 $	x
Silverado 1500 WT multiplace caisse courte 4RM	40 835 $	x
Silverado 1500 LS double 4RM	40 945 $	x
Silverado 1500 Custom double 4RM	41 155 $	x
Silverado 1500 LS multiplace 2RM	41 270 $	x
Silverado 1500 2LT classique 4RM	41 815 $	x
Silverado 1500 2LT classique caisse longue 4RM	42 115 $	x
Silverado 1500 LT multiplace caisse courte 2RM	42 305 $	x
Silverado 1500 WT multiplace 4RM	42 460 $	x
Silverado 1500 LS multiplace caisse courte 4RM	43 345 $	x
Silverado 1500 LT double 4RM	43 805 $	x
Silverado 1500 LT multiplace 2RM	43 930 $	x
Silverado 1500 LS multiplace 4RM	44 970 $	x
Silverado 1500 LT multiplace caisse courte 4RM	46 405 $	x
Silverado 1500 LT multiplace 4RM	48 030 $	x
Silverado 1500 LTZ double 2RM	48 490 $	x
Silverado 1500 LTZ multiplace caisse courte 2RM	50 590 $	x
Silverado 1500 LTZ multiplace 2RM	50 790 $	x
Silverado 1500 LTZ double 4RM	52 625 $	x
Silverado 1500 LTZ multiplace caisse courte 4RM	54 925 $	x
Silverado 1500 LTZ multiplace 4RM	55 125 $	x
Silverado 1500 High Country multiplace caisse courte 4RM	63 605 $	x
Silverado 1500 High Country multiplace 4RM	63 805 $	x
Silverado 2500HD WT classique caisse longue 2RM	41 135 $	x
Silverado 2500HD WT classique caisse longue 4RM	44 735 $	x
Silverado 2500HD WT double 2RM	45 835 $	x
Silverado 2500HD LT classique caisse longue 2RM	45 975 $	x
Silverado 2500HD WT double caisse longue 2RM	46 035 $	x
Silverado 2500HD WT multi. 2RM	47 635 $	x
Silverado 2500HD WT multi. caisse longue 2RM	47 835 $	x
Silverado 2500HD WT double 4RM	49 435 $	x
Silverado 2500HD LT classique caisse longue 4RM	49 475 $	x
Silverado 2500HD WT double caisse longue 4RM	49 635 $	x
Silverado 2500HD LT double 2RM	49 975 $	x
Silverado 2500HD LT double caisse longue 2RM	50 175 $	x
Silverado 2500HD WT multi. 4RM	51 435 $	x
Silverado 2500HD WT multi. caisse longue 4RM	51 635 $	x
Silverado 2500HD LT multi. 2RM	52 360 $	x
Silverado 2500HD LT multi. caisse longue 2RM	52 560 $	x
Silverado 2500HD LT double 4RM	53 475 $	x
Silverado 2500HD LT double caisse longue 4RM	53 675 $	x
Silverado 2500HD LT multi. 4RM	55 860 $	x
Silverado 2500HD LT multi. caisse longue 4RM	56 060 $	x
Silverado 2500HD LTZ double 2RM	56 155 $	x
Silverado 2500HD LTZ double caisse longue 2RM	56 355 $	x
Silverado 2500HD LTZ multi. 2RM	58 940 $	x
Silverado 2500HD LTZ multi. caisse longue 2RM	59 140 $	x
Silverado 2500HD LTZ double 4RM	59 755 $	x
Silverado 2500HD LTZ double caisse longue 4RM	59 955 $	x
Silverado 2500HD LTZ multi. 4RM	62 540 $	x
Silverado 2500HD LTZ multi. caisse longue 4RM	62 740 $	x
Silverado 2500HD High Country multi. 4RM	70 640 $	x
Silverado 2500HD High Country multi. caisse longue 4RM	70 840 $	x
Silverado 3500HD WT classique caisse longue RAS 2RM	42 535 $	x
Silverado 3500HD WT classique caisse longue RAJ 2RM	43 535 $	x
Silverado 3500HD WT classique caisse longue RAS 4RM	46 135 $	x
Silverado 3500HD WT classique caisse longue RAJ 4RM	47 135 $	x
Silverado 3500HD WT double caisse longue RAS 2RM	47 445 $	x
Silverado 3500HD WT double caisse longue RAJ 2RM	48 440 $	x
Silverado 3500HD LT classique caisse longue RAJ 2RM	48 875 $	x
Silverado 3500HD LT classique caisse longue RAS 2RM	48 875 $	x
Silverado 3500HD WT multi. RAS 2RM	49 330 $	x
Silverado 3500HD WT multi. caisse longue RAS 2RM	49 530 $	x
Silverado 3500HD WT multi. caisse longue RAJ 2RM	50 525 $	x
Silverado 3500HD WT double caisse longue RAS 4RM	51 045 $	x
Silverado 3500HD WT double caisse longue RAJ 4RM	52 040 $	x
Silverado 3500HD LT classique caisse longue RAJ 4RM	52 475 $	x
Silverado 3500HD LT classique caisse longue RAS 4RM	52 475 $	x
Silverado 3500HD LT double caisse longue RAJ 2RM	52 770 $	x
Silverado 3500HD LT double caisse longue RAS 2RM	52 915 $	x
Silverado 3500HD WT multi. RAS 4RM	52 930 $	x
Silverado 3500HD WT multi. caisse longue RAS 4RM	53 130 $	x
Silverado 3500HD WT multi. caisse longue RAJ 4RM	54 125 $	x
Silverado 3500HD LT multi. RAS 2RM	55 300 $	x
Silverado 3500HD LT multi. caisse longue RAJ 2RM	55 355 $	x
Silverado 3500HD LT multi. caisse longue RAS 2RM	55 500 $	x
Silverado 3500HD LT double caisse longue RAJ 4RM	56 195 $	x
Silverado 3500HD LT double caisse longue RAS 4RM	56 340 $	x
Silverado 3500HD LTZ double caisse longue RAS 2RM	57 105 $	x
Silverado 3500HD LTZ double caisse longue RAJ 2RM	57 745 $	x
Silverado 3500HD LT multi. RAS 4RM	58 725 $	x
Silverado 3500HD LT multi. caisse longue RAJ 4RM	58 780 $	x
Silverado 3500HD LT multi. caisse longue RAS 4RM	58 925 $	x
Silverado 3500HD LTZ multi. RAS 2RM	60 070 $	x
Silverado 3500HD LTZ multi. caisse longue RAS 2RM	60 270 $	x
Silverado 3500HD LTZ double caisse longue RAS 4RM	60 705 $	x
Silverado 3500HD LTZ multi. caisse longue RAJ 2RM	60 910 $	x
Silverado 3500HD LTZ double caisse longue RAJ 4RM	61 345 $	x
Silverado 3500HD LTZ multi. RAS 4RM	63 670 $	x
Silverado 3500HD LTZ multi. caisse longue RAS 4RM	63 870 $	x
Silverado 3500HD LTZ multi. caisse longue RAJ 4RM	64 510 $	x
Silverado 3500HD High Country multi. RAS 4RM	71 025 $	x
Silverado 3500HD High Country multi. caisse longue RAS 4RM	71 225 $	x
Silverado 3500HD High Country multi. caisse longue RAJ 4RM	71 820 $	x
Sonic à Hayon LT	18 145 $	x
Sonic à Hayon Premier	22 095 $	x
Sonic Berline LT	18 595 $	x
Spark LS	9 995 $	x
Spark 1LT	14 195 $	x
Spark 2LT	18 195 $	x
Suburban LS 2RM	57 545 $	x
Suburban LS 4RM	60 845 $	x
Suburban LT 2RM	65 205 $	x
Suburban LT 4RM	68 505 $	x
Suburban Premier 4RM	76 425 $	x
Tahoe LS 2RM	54 520 $	x
Tahoe LS 4RM	57 820 $	x
Tahoe LT 2RM	62 180 $	x
Tahoe LT 4RM	65 480 $	x
Tahoe Premier 4RM	73 400 $	x
Traverse LS	34 730 $	x
Traverse LS TI	37 730 $	x
Traverse 1LT	38 185 $	x
Traverse 1LT TI	41 185 $	x
Traverse 2LT	41 835 $	x
Traverse 2LT TI	44 835 $	x
Traverse Premier TI	51 370 $	x
Trax LS	19 795 $	x
Trax LS TI	24 695 $	x
Trax LT	24 695 $	x
Trax LT TI	26 695 $	x
Trax Premier TI	32 095 $	x
Volt LT	38 790 $	x
Volt Premier	42 890 $	x

CHRYSLER

300 Touring	42 790 $	x
300 S	43 495 $	x
300 Limited	44 495 $	x
300 Touring TI	44 870 $	x
300 S TI	45 695 $	x
300 Platinum	46 495 $	x
300 Limited TI	46 695 $	x
300 Platinum TI	48 695 $	x
Pacifica L	35 000 $ (est.)	
Pacifica LX	37 995 $	x
Pacifica Touring	39 995 $	x
Pacifica Touring-L	43 995 $	x
Pacifica Touring-L Plus	46 995 $	x
Pacifica hybride Touring	50 995 $	x
Pacifica hybride Touring-L	52 495 $	x
Pacifica Limited	52 995 $	x
Pacifica hybride Limited	56 495 $	x

DODGE

Challenger SXT	32 595 $	x
Challenger SXT Plus	36 595 $	x
Challenger GT TI	38 795 $	x
Challenger R/T	40 695 $	x
Challenger R/T Shaker	43 695 $	x
Challenger T/A	46 195 $	x
Challenger R/T 392	49 695 $	x
Challenger Scat Pack Shaker HEMI 392	52 695 $	x
Challenger T/A 392	56 695 $	x
Challenger SRT 392	58 295 $	x
Challenger SRT Hellcat	77 245 $	x
Challenger SRT Demon	103 000 $ (est.)	
Charger SXT	36 095 $	x
Charger GT TI	38 295 $	x
Charger SXT Plus	39 195 $	x
Charger GT Plus TI	41 395 $	x
Charger SXT Plus Cuir	41 690 $	x
Charger R/T	43 195 $	x
Charger Daytona	46 695 $	x
Charger R/T 392	50 195 $	x
Charger SRT 392	56 795 $	x
Charger Daytona 392	57 195 $	x
Charger SRT Hellcat	77 745 $	x
Durango SXT	44 195 $	x
Durango GT	49 195 $	x
Durango R/T	56 495 $	x
Durango Citadel	57 195 $	x
Durango SRT	72 495 $	
Grand Caravan Ensemble Valeur Plus	30 495 $	x
Grand Caravan SE Plus	32 290 $	x
Grand Caravan SXT	37 095 $	x
Grand Caravan SXT Plus	38 595 $	x
Grand Caravan SXT Premium Plus	39 190 $	x
Grand Caravan Blacktop	39 990 $	x
Grand Caravan Crew	40 295 $	x
Grand Caravan Crew Plus	43 295 $	x
Grand Caravan GT	45 495 $	x
Journey Ensemble Valeur Plus	23 195 $	x
Journey SE Plus	26 495 $	x
Journey SXT	31 795 $	x
Journey Crossroad	33 995 $	x
Journey GT	37 195 $	x

FERRARI

California T	240 000 $ (est.)	
GTC4Lusso	360 000 $ (est.)	
GTC4Lusso T	325 000 $ (est.)	
488 GTB	307 000 $ (est.)	
488 Spider	340 000 $ (est.)	
812 Superfast	380 000 $ (est.)	

FIAT

124 Spider Classica	33 495 $	x
124 Spider Lusso	36 495 $	x
124 Spider Abarth	37 995 $	x
500 Pop	19 245 $	x
500 Lounge	24 245 $	x
500 Abarth	28 245 $	x
500 Cabrio Pop	23 245 $	x
500 Cabrio Lounge	27 945 $	x
500 Cabrio Abarth	32 245 $	x
500L Sport	25 245 $	x
500L Trekking	26 745 $	x
500L Lounge	28 245 $	x
500X Pop	23 245 $	x
500X Sport	27 745 $	x
500X Trekking	28 745 $	x
500X Sport TI	30 940 $	x
500X Lounge	31 740 $	x
500X Trekking TI	32 440 $	x
500X Lounge TI	33 940 $	x

FORD

C-MAX Hybride SE	27 328 $	x
C-MAX Energi SE	29 828 $	x
C-MAX Hybride Titanium	31 958 $	x
C-MAX Energi Titanium	34 458 $	x
EcoSport	20 000 $ (est.)	
EcoSport TI	24 000 $ (est.)	
Edge SE	33 199 $	x
Edge SE TI	35 199 $	x
Edge SEL	35 999 $	x
Edge SEL TI	37 999 $	x
Edge Titanium	39 999 $	x
Edge Titanium TI	41 999 $	x
Edge Sport	46 499 $	x
Escape S	25 099 $	x
Escape SE	27 599 $	x
Escape S TI	28 099 $	x
Escape SE TI	29 799 $	x
Escape Titanium	33 799 $	x
Escape Titanium TI	35 999 $	x
Expedition XLT	53 699 $	x
Expedition Limited	67 799 $	x
Expedition Platinum	69 799 $	x
Explorer	34 499 $	x
Explorer TI	37 499 $	x
Explorer XLT	38 699 $	x
Explorer XLT TI	41 699 $	x
Explorer Limited	49 399 $	x
Explorer Sport	52 999 $	x
Explorer Platinum	60 099 $	x
F-150 XL simple 2RM	29 999 $	x
F-150 XL simple caisse longue 2RM	30 299 $	x
F-150 XLT simple 2RM	34 299 $	x
F-150 XL simple 4RM	34 499 $	x
F-150 XLT simple caisse longue 2RM	34 599 $	x
F-150 XL simple caisse longue 4RM	34 799 $	x
F-150 XL double 2RM	36 099 $	x
F-150 XL double caisse longue 2RM	38 299 $	x
F-150 XLT double 2RM	38 599 $	x
F-150 XLT simple 4RM	38 799 $	x
F-150 XLT simple caisse longue 4RM	39 099 $	x
F-150 XLT SuperCrew caisse courte 2RM	40 099 $	x
F-150 XLT double caisse longue 2RM	40 199 $	x
F-150 XL double 4RM	40 599 $	x
F-150 XLT SuperCrew 2RM	41 399 $	x
F-150 XLT double 4RM	42 599 $	x
F-150 XL double caisse longue 4RM	43 299 $	x
F-150 XLT SuperCrew caisse courte 4RM	44 249 $	x
F-150 XLT double caisse longue 4RM	44 799 $	x
F-150 XLT SuperCrew 4RM	46 449 $	x
F-150 Lariat double 2RM	49 899 $	x
F-150 Lariat double caisse longue 2RM	49 899 $	x
F-150 Lariat SuperCrew 2RM	51 399 $	x
F-150 Lariat SuperCrew caisse courte 2RM	51 399 $	x
F-150 Lariat double 4RM	54 299 $	x
F-150 Lariat double caisse longue 4RM	54 799 $	x
F-150 Lariat SuperCrew caisse courte 4RM	56 599 $	x
F-150 Lariat SuperCrew 4RM	57 499 $	x
F-150 King Ranch SuperCrew 4RM	67 099 $	x
F-150 King Ranch SuperCrew caisse courte 4RM	67 099 $	x
F-150 Raptor double	68 399 $	x
F-150 Platinum SuperCrew 4RM	69 699 $	x
F-150 Platinum SuperCrew caisse courte 4RM	69 699 $	x
F-150 Raptor SuperCrew	70 399 $	x
F-150 Limited SuperCrew caisse courte 4RM	76 899 $	x
F-250 XL simple caisse longue 2RM	39 849 $	x
F-250 XL double 2RM	42 949 $	x
F-250 XL simple caisse longue 4RM	43 349 $	x
F-250 XL double caisse longue 2RM	43 549 $	x
F-250 XL SuperCrew 2RM	44 749 $	x
F-250 XL SuperCrew caisse longue 2RM	45 349 $	x
F-250 XLT simple caisse longue 2RM	45 849 $	x
F-250 XL double 4RM	46 449 $	x
F-250 XL double caisse longue 4RM	47 049 $	x
F-250 XL SuperCrew 4RM	48 249 $	x
F-250 XL SuperCrew caisse longue 4RM	48 849 $	x
F-250 XLT double 2RM	48 949 $	x
F-250 XLT simple caisse longue 4RM	49 349 $	x
F-250 XLT double caisse longue 2RM	49 549 $	x
F-250 XLT SuperCrew 2RM	50 749 $	x
F-250 XLT SuperCrew caisse longue 2RM	51 349 $	x
F-250 XLT double 4RM	52 449 $	x
F-250 XLT double caisse longue 4RM	53 049 $	x
F-250 XLT SuperCrew 4RM	54 249 $	x
F-250 XLT SuperCrew caisse longue 4RM	54 849 $	x
F-250 Lariat double 2RM	58 949 $	x
F-250 Lariat double caisse longue 2RM	59 549 $	x

LISTE DE PRIX

F-250 Lariat SuperCrew 2RM	60 749 $	x
F-250 Lariat SuperCrew caisse longue 2RM	61 349 $	x
F-250 Lariat double 4RM	62 449 $	x
F-250 Lariat double caisse longue 4RM	63 049 $	x
F-250 Lariat SuperCrew 4RM	64 249 $	x
F-250 Lariat SuperCrew caisse longue 4RM	64 849 $	x
F-250 King Ranch SuperCrew 2RM	67 249 $	x
F-250 King Ranch SuperCrew caisse longue 2RM	67 849 $	x
F-250 King Ranch SuperCrew 4RM	70 749 $	x
F-250 King Ranch SuperCrew caisse longue 4RM	71 349 $	x
F-250 Platinum SuperCrew 4RM	73 249 $	x
F-250 Platinum SuperCrew caisse longue 4RM	73 849 $	x
F-350 XLT simple caisse longue 2RM	41 849 $	x
F-350 XL double 2RM	44 949 $	x
F-350 XLT simple caisse longue 4RM	45 349 $	x
F-350 XL double caisse longue 2RM	45 549 $	x
F-350 XL SuperCrew 2RM	46 749 $	x
F-350 XL SuperCrew caisse longue 2RM	47 349 $	x
F-350 XL simple caisse longue 2RM	47 849 $	x
F-350 XL double 4RM	48 449 $	x
F-350 XL double caisse longue 4RM	49 049 $	x
F-350 XL SuperCrew 4RM	50 249 $	x
F-350 XL SuperCrew caisse longue 4RM	50 849 $	x
F-350 XLT double 2RM	50 949 $	x
F-350 XL simple caisse longue 4RM	51 349 $	x
F-350 XLT double caisse longue 2RM	51 549 $	x
F-350 XLT SuperCrew 2RM	52 749 $	x
F-350 XLT SuperCrew caisse longue 2RM	53 349 $	x
F-350 XLT double 4RM	54 449 $	x
F-350 XLT double caisse longue 4RM	55 049 $	x
F-350 XLT SuperCrew 4RM	56 249 $	x
F-350 XLT SuperCrew caisse longue 4RM	56 849 $	x
F-350 Lariat double 2RM	60 949 $	x
F-350 Lariat double caisse longue 2RM	61 549 $	x
F-350 Lariat SuperCrew 2RM	62 749 $	x
F-350 Lariat SuperCrew caisse longue 2RM	63 349 $	x
F-350 Lariat double 4RM	64 449 $	x
F-350 Lariat double caisse longue 4RM	65 049 $	x
F-350 Lariat SuperCrew 4RM	66 249 $	x
F-350 Lariat SuperCrew caisse longue 4RM	66 849 $	x
F-350 King Ranch SuperCrew 2RM	69 249 $	x
F-350 King Ranch SuperCrew caisse longue 2RM	69 849 $	x
F-350 King Ranch SuperCrew 4RM	72 749 $	x
F-350 King Ranch SuperCrew caisse longue 4RM	73 349 $	x
F-350 Platinum SuperCrew 4RM	75 249 $	x
F-350 Platinum SuperCrew caisse longue 4RM	75 849 $	x
F-450 XL SuperCrew caisse longue RAJ 4RM	65 599 $	x
F-450 XLT SuperCrew caisse longue RAJ 4RM	71 599 $	x
F-450 Lariat SuperCrew caisse longue RAJ 4RM	81 599 $	x
F-450 King Ranch SuperCrew caisse longue RAJ 4RM	88 099 $	x
F-450 Platinum SuperCrew caisse longue RAJ 4RM	90 599 $	x
Fiesta à Hayon S	16 348 $	x
Fiesta Berline S	16 348 $	x
Fiesta à Hayon SE	18 488 $	x
Fiesta Berline SE	18 488 $	x
Fiesta à Hayon Titanium	25 188 $	x
Fiesta Berline Titanium	25 188 $	x
Fiesta à Hayon ST	25 948 $	x
Flex SEL	28 899 $	x
Flex SE	31 899 $	x
Flex Limited TI	45 699 $	x
Focus Berline S	17 398 $	x
Focus Berline SE	20 098 $	x
Focus à Hayon SE	21 348 $	x
Focus à Hayon SEL	24 088 $	x
Focus Berline SEL	24 088 $	x
Focus à Hayon Titanium	26 908 $	x
Focus Berline Titanium	26 908 $	x
Focus Electric	31 998 $	x
Focus ST	33 698 $	x
Focus RS	48 418 $	x
Fusion S	23 688 $	x
Fusion SE	25 588 $	x
Fusion Hybride S	28 888 $	x
Fusion Hybride SE	29 588 $	x
Fusion Titanium	34 488 $	x
Fusion Hybride Titanium	34 988 $	x
Fusion Energi SE	35 088 $	x
Fusion Energi Titanium	37 288 $	x
Fusion Hybride Platinum	41 988 $	x
Fusion Platinum	42 288 $	x
Fusion Sport	42 288 $	x
Fusion Energi Platinum	45 088 $	x
GT	550 000 $ (est.)	
Mustang V6 Coupé	26 898 $	x
Mustang EcoBoost Coupé	29 898 $	x
Mustang V6 Décapotable	31 898 $	x
Mustang EcoBoost Premium Coupé	35 398 $	x
Mustang GT Coupé	38 898 $	x
Mustang EcoBoost Premium Décapotable	40 948 $	x
Mustang GT Premium Coupé	44 398 $	x
Mustang GT Premium Décapotable	49 948 $	x
Mustang Shelby GT350	74 178 $	x
Mustang Shelby GT350R	84 178 $	x
Taurus SE	31 498 $	x
Taurus SEL	39 198 $	x
Taurus Limited TI	47 398 $	x
Taurus SHO	52 098 $	x
Transit Connect Fourgonnette XL	29 099 $	x
Transit Connect Fourgonnette XLT	30 499 $	x
Transit Connect Fourgon de passagers XL	31 399 $	x
Transit Connect Fourgon de passagers XLT	33 299 $	x
Transit Connect Fourgon de passagers Titanium	37 799 $	x
Transit Fourgonnette	36 349 $	x
Transit Fourgonnette Longue	37 349 $	x
Transit Fourgon de passagers XL	41 849 $	x
Transit Fourgonnette Prolongée	42 999 $	x
Transit Fourgon de passagers XLT	44 349 $	x
Transit Fourgon de passagers XL Long	45 849 $	x
Transit Fourgon de passagers XLT Long	48 349 $	x
Transit Fourgon de passagers XL Prolongé	49 884 $	x
Transit Fourgon de passagers XLT Prolongé	52 384 $	x

GENESIS

G80 3.8 Luxe	55 000 $	
G80 3.8 Technologie	58 000 $	
G80 3.3T Sport	62 000 $	
G80 5.0 Ultime	65 000 $	
G90 3.3T	84 000 $	x
G90 5.0	87 000 $	x

GMC

Acadia SLE-1	34 995 $	x
Acadia SLE-1 TI	37 995 $	x
Acadia SLE-2	39 295 $	x
Acadia SLE-2 TI	42 295 $	x
Acadia SLT-1 TI	47 345 $	x
Acadia SLT-2 TI	50 345 $	x
Acadia Denali TI	54 795 $	x
Canyon SL allongée caisse longue 2RM	22 830 $	x
Canyon allongée caisse longue 2RM	25 835 $	x
Canyon multi. caisse courte 2RM	28 385 $	x
Canyon multi. caisse longue 2RM	30 260 $	x
Canyon allongée caisse longue 4RM	31 135 $	x
Canyon SLE allongée caisse longue 2RM	31 195 $	x
Canyon SLE multi. caisse courte 2RM	32 695 $	x
Canyon SLE multi. caisse longue 2RM	34 570 $	x
Canyon SLE allongée caisse longue 4RM	35 845 $	x
Canyon SLT multi. caisse courte 2RM	37 320 $	x
Canyon SLT multi. caisse longue 2RM	37 630 $	x
Canyon SLE multi. caisse courte 4RM	38 620 $	x
Canyon SLE multi. caisse longue 4RM	38 970 $	x
Canyon SLT multi. caisse courte 4RM	41 430 $	x
Canyon SLT multi. caisse longue 4RM	41 780 $	x
Canyon Denali multi. caisse courte 4RM	47 275 $	x
Canyon Denali multi. caisse longue 4RM	47 625 $	x
Savana 3500 LS	42 550 $	x
Savana 2500 LS	43 565 $	x
Savana 3500 LT	44 400 $	x
Savana 3500 LS Allongé	45 360 $	x
Savana 2500 LT	45 690 $	x
Savana 3500 LT Allongé	46 285 $	x
Sierra 1500 classique 2RM	30 970 $	x
Sierra 1500 classique caisse longue 2RM	31 270 $	x
Sierra 1500 classique 4RM	34 570 $	x
Sierra 1500 classique caisse longue 4RM	34 870 $	x
Sierra 1500 double 2RM	35 270 $	x
Sierra 1500 SLE classique 2RM	36 260 $	x
Sierra 1500 SLE classique caisse longue 2RM	36 560 $	x
Sierra 1500 multi. caisse courte 2RM	37 670 $	x
Sierra 1500 double 4RM	39 170 $	x
Sierra 1500 SLE double 2RM	40 560 $	x
Sierra 1500 SLE classique 4RM	40 870 $	x
Sierra 1500 SLE classique caisse longue 4RM	41 170 $	x
Sierra 1500 multi. caisse courte 4RM	41 470 $	x
Sierra 1500 multi. 4RM	43 095 $	x
Sierra 1500 SLE multi. caisse courte 2RM	43 260 $	x
Sierra 1500 SLE double 4RM	45 170 $	x
Sierra 1500 SLE multi. caisse courte 4RM	47 770 $	x
Sierra 1500 SLT double 2RM	49 070 $	x
Sierra 1500 SLE multi. 4RM	49 395 $	x
Sierra 1500 SLT multi. caisse courte 2RM	51 170 $	x
Sierra 1500 SLT double 4RM	53 270 $	x
Sierra 1500 SLT multi. caisse courte 4RM	55 570 $	x
Sierra 1500 SLT multi. 4RM	55 770 $	x
Sierra 1500 Denali multi. caisse courte 4RM	66 295 $	x
Sierra 1500 Denali multi. 4RM	66 495 $	x
Sierra 2500HD classique caisse longue 2RM	42 255 $	x
Sierra 2500HD classique caisse longue 4RM	45 855 $	x
Sierra 2500HD double 2RM	46 955 $	x
Sierra 2500HD double caisse longue 2RM	47 155 $	x
Sierra 2500HD SLE classique caisse longue 2RM	48 010 $	x
Sierra 2500HD multi. 2RM	48 755 $	x
Sierra 2500HD multi. caisse longue 2RM	48 955 $	x
Sierra 2500HD double 4RM	50 555 $	x
Sierra 2500HD double caisse longue 4RM	50 755 $	x
Sierra 2500HD SLE classique caisse longue 4RM	51 510 $	x
Sierra 2500HD SLE double 2RM	52 010 $	x
Sierra 2500HD SLE double caisse longue 2RM	52 210 $	x
Sierra 2500HD multi. 4RM	52 555 $	x
Sierra 2500HD multi. caisse longue 4RM	52 755 $	x
Sierra 2500HD SLE multi. 2RM	54 395 $	x
Sierra 2500HD SLE multi. caisse longue 2RM	54 595 $	x
Sierra 2500HD SLE double 4RM	55 510 $	x
Sierra 2500HD SLE double caisse longue 4RM	55 710 $	x
Sierra 2500HD SLT double 2RM	57 500 $	x
Sierra 2500HD SLT double caisse longue 2RM	57 700 $	x
Sierra 2500HD SLE multi. 4RM	57 895 $	x
Sierra 2500HD SLE multi. caisse longue 4RM	58 095 $	x
Sierra 2500HD SLT multi. 2RM	60 285 $	x
Sierra 2500HD SLT multi. caisse longue 2RM	60 485 $	x
Sierra 2500HD SLT double 4RM	61 100 $	x
Sierra 2500HD SLT double caisse longue 4RM	61 300 $	x
Sierra 2500HD SLT multi. 4RM	63 885 $	x
Sierra 2500HD SLT multi. caisse longue 4RM	64 085 $	x
Sierra 2500HD Denali multi. 4RM	74 350 $	x
Sierra 3500HD classique caisse longue RAS 2RM	43 655 $	x
Sierra 3500HD classique caisse longue RAJ 2RM	44 655 $	x
Sierra 3500HD classique caisse longue RAS 4RM	47 255 $	x
Sierra 3500HD classique caisse longue RAJ 4RM	48 255 $	x
Sierra 3500HD double caisse longue RAS 2RM	48 565 $	x
Sierra 3500HD double caisse longue RAJ 2RM	49 560 $	x
Sierra 3500HD SLE classique caisse longue RAS 2RM	49 870 $	x
Sierra 3500HD SLE classique caisse longue RAJ 2RM	50 310 $	x
Sierra 3500HD multi. RAS 2RM	50 450 $	x
Sierra 3500HD multi. caisse longue RAS 2RM	50 650 $	x
Sierra 3500HD multi. caisse longue RAJ 2RM	51 645 $	x
Sierra 3500HD double caisse longue RAS 4RM	52 165 $	x
Sierra 3500HD double caisse longue RAJ 4RM	53 160 $	x
Sierra 3500HD SLE classique caisse longue RAS 4RM	53 470 $	x
Sierra 3500HD SLE double caisse longue RAS 2RM	53 910 $	x
Sierra 3500HD SLE classique caisse longue RAJ 4RM	53 910 $	x
Sierra 3500HD multi. RAS 4RM	54 050 $	x
Sierra 3500HD SLE double caisse longue RAJ 2RM	54 205 $	x
Sierra 3500HD multi. caisse longue RAS 4RM	54 250 $	x
Sierra 3500HD multi. caisse longue RAJ 4RM	55 245 $	x
Sierra 3500HD SLE multi. RAS 2RM	56 295 $	x
Sierra 3500HD SLE multi. caisse longue RAS 2RM	56 495 $	x
Sierra 3500HD SLE multi. caisse longue RAJ 2RM	56 790 $	x
Sierra 3500HD SLE double caisse longue RAS 4RM	57 335 $	x
Sierra 3500HD SLE double caisse longue RAJ 4RM	57 630 $	x
Sierra 3500HD SLT double caisse longue RAS 2RM	58 010 $	x
Sierra 3500HD SLT double caisse longue RAJ 2RM	59 090 $	x
Sierra 3500HD SLE multi. RAS 4RM	59 720 $	x
Sierra 3500HD SLE multi. caisse longue RAS 4RM	59 920 $	x
Sierra 3500HD SLE multi. caisse longue RAJ 4RM	60 215 $	x
Sierra 3500HD SLT multi. RAS 2RM	61 415 $	x
Sierra 3500HD SLT double caisse longue RAS 4RM	61 610 $	x
Sierra 3500HD SLT multi. caisse longue RAS 2RM	61 615 $	x
Sierra 3500HD SLT multi. caisse longue RAJ 2RM	62 255 $	x
Sierra 3500HD SLT double caisse longue RAJ 4RM	62 690 $	x
Sierra 3500HD SLT multi. RAS 4RM	65 015 $	x
Sierra 3500HD SLT multi. caisse longue RAS 4RM	65 215 $	x
Sierra 3500HD SLT multi. caisse longue RAJ 4RM	65 855 $	x
Sierra 3500HD Denali multi. RAS 4RM	74 195 $	x
Sierra 3500HD Denali multi. caisse longue RAS 4RM	74 395 $	x
Sierra 3500HD Denali multi. caisse longue RAJ 4RM	74 470 $	x
Terrain SLE	30 195 $	
Terrain SLE Diesel	34 195 $	
Terrain SLE Diesel TI	36 595 $	
Terrain SLT TI	37 695 $	
Terrain SLT Diesel TI	38 195 $	
Terrain Denali TI	41 695 $	
Yukon SLE 2RM	55 725 $	x
Yukon SLE 4RM	59 025 $	x
Yukon SLT 2RM	65 940 $	x
Yukon SLT 4RM	69 240 $	x
Yukon Denali 4RM	79 165 $	x
Yukon XL SLE 2RM	58 850 $	x
Yukon XL SLE 4RM	62 150 $	x
Yukon XL SLT 2RM	69 065 $	x
Yukon XL SLT 4RM	72 365 $	x
Yukon XL Denali 4RM	82 290 $	x

HONDA

Accord Berline LX	24 690 $	x
Accord Berline Sport	27 190 $	x
Accord Berline SE	27 690 $	x
Accord Berline Sport Honda Sensing	29 490 $	x
Accord Berline EX-L	30 490 $	x
Accord Berline Hybrid	31 300 $	x
Accord Berline Touring	33 490 $	x
Accord Berline EX-L V6	33 990 $	x
Accord Berline Touring V6	36 490 $	x
Accord Berline Touring Hybrid	37 400 $	x
Accord Coupé EX	27 590 $	x
Accord Coupé EX Honda Sensing	29 890 $	x
Accord Coupé Touring	31 990 $	x
Accord Coupé Touring V6	36 290 $	x
Civic à Hayon LX	21 490 $	x
Civic à Hayon LX Honda Sensing	23 790 $	x
Civic à Hayon Sport	25 290 $	x
Civic à Hayon Sport Honda Sensing	27 590 $	x
Civic à Hayon Sport Touring	29 490 $	x
Civic à Hayon Type R	40 890 $	x
Civic Berline DX	16 490 $	x
Civic Berline LX	19 390 $	x
Civic Berline LX Honda Sensing	21 690 $	x
Civic Berline EX	23 890 $	x
Civic Berline EX-T	25 290 $	x
Civic Berline Touring	27 490 $	x
Civic Berline Si	28 490 $	x
Civic Coupé LX	19 790 $	x
Civic Coupé LX Honda Sensing	22 090 $	x
Civic Coupé EX-T	23 390 $	x
Civic Coupé EX-T Honda Sensing	25 690 $	x
Civic Coupé Touring	27 890 $	x
Civic Coupé Si	28 890 $	x
Clarity hybride rechargeable	40 000 $ (est.)	
CR-V LX-2WD	26 890 $	x
CR-V LX	29 690 $	x
CR-V EX	33 190 $	x
CR-V EX-L	35 490 $	x
CR-V Touring	38 290 $	x
Fit DX	15 050 $	x
Fit LX	17 850 $	x
Fit SE	18 550 $	x
Fit EX	21 050 $	x
Fit EX-L NAVI	23 150 $	x
HR-V LX-2WD	21 150 $	x
HR-V LX	24 750 $	x
HR-V EX-2WD	24 950 $	x
HR-V EX	27 250 $	x
HR-V EX-L NAVI	30 450 $	x
Odyssey LX	34 890 $	
Odyssey EX	38 090 $	
Odyssey EX-RES	39 590 $	
Odyssey EX-L NAVI	44 590 $	
Odyssey EX-L RES	44 590 $	
Odyssey Touring	50 290 $	
Pilot LX	40 090 $	x
Pilot EX	42 090 $	x
Pilot EX-L NAVI	45 890 $	x
Pilot EX-L RES	45 890 $	x
Pilot Touring	51 490 $	x
Ridgeline LX	36 790 $	x
Ridgeline Sport	39 790 $	x
Ridgeline EX-L	42 790 $	x
Ridgeline Touring	47 290 $	x
Ridgeline Black Edition	48 790 $	x

HYUNDAI

Accent 4 portes L	13 999 $	x
Accent 4 portes LE	16 549 $	x
Accent 4 portes GL	18 099 $	x
Accent 4 portes SE	18 699 $	x
Accent 4 portes GLS	19 999 $	x
Accent 5 portes L	13 999 $	x
Accent 5 portes LE	16 549 $	x
Accent 5 portes GL	16 849 $	x
Accent 5 portes SE	18 699 $	x
Accent 5 portes GLS	18 749 $	x
Elantra Berline L	15 999 $	x

ELLES
SONT
ENCORE
PLUS
ÉTONNANTES
EN
VRAI

19 AU 28 JANVIER
PALAIS DES CONGRÈS DE MONTRÉAL

EN 2018, VOYEZ TOUTES CES VOITURES À LA
75E ÉDITION DU SALON DE L'AUTO DE MONTRÉAL

SALON
DE **L'AUTO**

SALONAUTOMONTREAL.COM

LISTE **DE PRIX**

Elantra Berline LE	18 499$	x
Elantra Berline GL	20 349$	
Elantra Berline GLS	22 699$	x
Elantra Berline SE	23 999$	x
Elantra Berline Sport	24 999$	x
Elantra Berline Limited	26 249$	x
Elantra Berline Limited SE	27 099$	x
Elantra Berline Sport Tech	27 499$	x
Elantra Berline Limited Ultimate	28 799$	x
Elantra GT GL	19 999$	x
Elantra GT SE	22 299$	x
Elantra GT GLS Technologie	24 799$	x
Elantra GT Limited	26 249$	x
Ioniq Blue hybride	24 299$	x
Ioniq SE hybride	26 499$	x
Ioniq Limited hybride	29 749$	x
Ioniq Limited Ensemble Technologie	31 749$	x
Ioniq SE électrique	35 649$	x
Ioniq SE électrique Ensemble Climatique	36 849$	x
Ioniq Limited électrique	41 849$	x
Ioniq hybride rechargeable	33 000$ (est.)	
Kona	20 000$ (est.)	
Kona TI	24 000$ (est.)	
Santa Fe Sport 2.4L	28 599$	x
Santa Fe Sport 2.4L Premium	31 099$	x
Santa Fe Sport 2.4L Premium TI	33 099$	x
Santa Fe Sport 2.4L SE TI	34 899$	x
Santa Fe Sport 2.0T SE TI	37 299$	x
Santa Fe Sport 2.4L Luxe TI	37 899$	x
Santa Fe Sport 2.0T Limited TI	41 299$	x
Santa Fe Sport 2.0T Ultimate TI	44 599$	x
Santa Fe XL	32 199$	x
Santa Fe XL Premium TI	37 049$	x
Santa Fe XL Luxe TI	42 199$	x
Santa Fe XL Luxe TI avec six sièges	42 599$	x
Santa Fe XL Limited TI	44 399$	x
Santa Fe XL Limited TI avec six sièges	44 799$	x
Santa Fe XL Ultimate TI	48 099$	x
Sonata GL	24 799$	x
Sonata GLS	27 499$	x
Sonata hybride	29 649$	x
Sonata Sport Tech	30 649$	x
Sonata Limited hybride	33 799$	x
Sonata Limited	34 649$	x
Sonata Ultimate 2.0T	36 249$	x
Sonata Ultimate hybride	37 499$	x
Sonata Ultimate hybride rechargeable	43 999$	x
Tucson 2.0L	24 999$	x
Tucson 2.0L Premium	26 999$	x
Tucson 2.0L TI	26 999$	x
Tucson 2.0L SE	28 899$	x
Tucson 2.0L Premium TI	28 999$	x
Tuscon 2.0L SE TI	30 899$	x
Tucson 1.6T SE TI	32 999$	x
Tucson 2.0L Luxe TI	33 599$	x
Tucson 1.6T Limited TI	36 499$	x
Tucson 1.6T Ultimate TI	38 699$	x
Veloster	18 599$	x
Veloster Ensemble Technologie	24 249$	x
Veloster SE	20 199$	x
Veloster Turbo	27 199$	x
Veloster Turbo peinture matte	28 699$	x

INFINITI

Q50 2.0t TI	39 900$	x
Q50 2.0t TI Privilège	43 900$	x
Q50 3.0t TI	45 900$	x
Q50 3.0t Sport TI	48 600$	x
Q50 Red Sport 400 TI	52 600$	x
Q50 Hybride TI	56 400$	x
Q60 2.0t TI	45 990$	x
Q60 3.0t TI	52 990$	x
Q60 Red Sport 400 TI	60 990$	x
Q70 3.7 TI	57 300$	x
Q70 3.7 TI Privilège Édition Sélect	61 300$	x
Q70 3.7 Sport TI	63 200$	x
Q70L 3.7 TI	64 300$	x
Q70L 5.6 TI	68 800$	x
QX30	35 990$	x
QX30 TI	38 490$	x
QX30 Sport	46 490$	x
QX50 TI	38 900$	x
QX60 3.5 TI	47 890$	x
QX60 Hybride TI	58 390$	x
QX70 TI	53 990$	x
QX70 Sport TI	60 950$	x
QX70 Limited	62 950$	x
QX80 7 places	75 650$	x
QX80 8 places	75 650$	x
QX80 Limited	93 800$	x

JAGUAR

E-PACE	42 000$ (est.)	
F-PACE 25t Premium	50 250$	
F-PACE 20d Premium	51 250$	
F-PACE 30t Premium	52 750$	
F-PACE 25t Prestige	54 750$	
F-PACE 20d Prestige	55 750$	
F-PACE 30t Prestige	57 250$	
F-PACE 25t R-Sport	60 000$	
F-PACE 20d R-Sport	61 000$	
F-PACE 30t R-Sport	62 500$	
F-PACE 30t Portfolio	67 200$	
F-PACE S	68 500$	
F-TYPE Coupé 2.0L	68 500$	
F-TYPE Coupé V6	77 000$	
F-TYPE Coupé V6 R-Dynamic	88 000$	
F-TYPE Coupé V6 TI	90 000$	
F-TYPE Coupé V6 R-Dynamic TI	93 000$	
F-TYPE Coupé 400 Sport	97 500$	
F-TYPE Coupé 400 Sport TI	101 000$	
F-TYPE Coupé R	113 500$	
F-TYPE Coupé SVR	139 500$	
F-TYPE Décapotable 2.0L	71 500$	
F-TYPE Décapotable V6	80 000$	
F-TYPE Décapotable V6 R-Dynamic	91 000$	
F-TYPE Décapotable V6 TI	93 000$	
F-TYPE Décapotable V6 R-Dynamic TI	96 000$	
F-TYPE Décapotable 400 Sport	100 500$	
F-TYPE Décapotable 400 Sport TI	104 000$	
F-TYPE Décapotable R	116 500$	
F-TYPE Décapotable SVR	142 500$	
I-PACE	95 000$ (est.)	
XE 25t Premium	43 900$	
XE 20d Premium	45 900$	
XE 25t Prestige	48 200$	
XE 30t Premium	48 900$ (est.)	
XE 20d Prestige	50 200$	
XE 25t R-Sport	52 500$	
XE 30t Prestige	53 200$ (est.)	
XE 20d R-Sport	54 500$	
XE 30t R-Sport	57 500$ (est.)	
XE S	61 500$	
XE 30t Portfolio	64 685$ (est.)	
XE SV Project 8	135 000$ (est.)	
XF 25t Premium	58 900$	
XF 20d Premium	60 900$	
XF 30t Premium	62 400$ (est.)	
XF 25t Prestige	63 700$	
XF 20d Prestige	65 700$	
XF 25t R-Sport	67 000$	
XF 30t Prestige	67 200$ (est.)	
XF 20d R-Sport	69 000$	
XF 30t R-Sport	70 500$ (est.)	
XF S	74 500$	
XF 30t Portfolio	79 990$ (est.)	
XJ R-Sport AWD	93 000$	x
XJ Portfolio AWD	97 000$	x
XJL Portfolio AWD	100 000$	x
XJR	122 000$	x
XJR LWB	125 000$	x

JEEP

Cherokee Sport	27 695$	x
Cherokee Sport Altitude	29 590$	x
Cherokee Sport 4x4	29 895$	x
Cherokee North	31 395$	x
Cherokee Sport Altitude 4x4	31 790$	x
Cherokee North 4x4	33 595$	x
Cherokee Limited	34 895$	x
Cherokee High Altitude	35 690$	x
Cherokee Trailhawk	35 895$	x
Cherokee Limited 4x4	37 095$	x
Cherokee High Altitude 4x4	37 890$	x
Cherokee Trailhawk Cuir	38 890$	x
Cherokee Overland	40 395$	x
Cherokee Overland 4x4	44 345$	x
Compass Sport	24 900$	x
Compass Sport 4x4	27 400$	x
Compass North	28 395$	x
Compass North 4x4	29 400$	x
Compass Trailhawk	32 895$	x
Compass Limited	34 895$	x
Grand Cherokee Laredo	44 195$	x
Grand Cherokee Limited	52 495$	x
Grand Cherokee Trailhawk	57 495$	x
Grand Cherokee Overland	63 495$	x
Grand Cherokee Summit	68 495$	x
Grand Cherokee SRT	72 195$	x
Grand Cherokee Trackhawk	85 000$ (est.)	
Renegade Sport	21 745$	x
Renegade Sport 4x4	27 745$	x
Renegade North	27 945$	x
Renegade Altitude	28 640$	x
Renegade North 4x4	29 445$	x
Renegade Altitude 4x4	30 140$	x
Renegade Trailhawk	33 045$	x
Renegade Limited	34 145$	x
Wrangler Sport	28 695$	x
Wrangler Sport S	33 945$	x
Wrangler Unlimited Sport S	36 495$	x
Wrangler Willys Wheeler	36 845$	x
Wrangler Sahara	38 095$	x
Wrangler Unlimited Willys Wheeler	39 395$	x
Wrangler Unlimited Sahara	40 495$	x
Wrangler Rubicon	41 095$	x
Wrangler Unlimited Rubicon	43 495$	x

KARMA

Revero	169 000$	

KIA

Cadenza	36 295$	x
Cadenza Premium	41 495$	x
Cadenza Limited	45 795$	x
Forte LX	15 495$	x
Forte LX+	19 995$	x
Forte Koup EX	21 595$	x
Forte EX	21 795$	x
Forte EX+	22 995$	x
Forte Koup EX Toit Ouvrant	23 795$	x
Forte EX Luxe	24 595$	x
Forte SX	27 295$	x
Forte Koup SX Luxe	29 095$	x
Forte5 LX+	19 695$	x
Forte5 EX	22 395$	x
Forte5 EX Luxe	25 195$	x
Forte5 SX	29 895$	x
Niro L	24 995$	x
Niro EX	27 495$	x
Niro EX Premium	29 095$	x
Niro SX Tourisme	32 995$	x
Optima LX	23 995$	x
Optima LX+	25 995$	x
Optima EX Toit Ouvrant	29 895$	x
Optima LX hybride	29 995$	x
Optima EX Tech	32 195$	x
Optima EX hybride	33 895$	x
Optima SX Turbo	35 495$	x
Optima SXL Turbo	37 995$	x
Optima EX Premium hybride	39 395$	x
Optima EX hybride rechargeable	42 995$	x
Optima EX Premium hybride rechargeable	45 496$	x
Rio 5 portes LX	14 995$	x
Rio 5 portes LX+	16 595$	x
Rio 5 portes EX SE	18 395$	x
Rio 5 portes EX+	19 995$	x
Rio 5 portes SX	21 095$	x
Rio 5 portes SX avec Navigation	23 295$	x
Rio LX	14 595$	x
Rio LX+	16 195$	x
Rio EX SE	17 995$	x
Rio EX+	19 595$	x
Rio SX	20 695$	x
Rio SX avec Navigation	22 895$	x
Sedona L	27 995$	x
Sedona LX	30 595$	x
Sedona LX+	33 095$	x
Sedona SX+	36 695$	x
Sedona SXL	41 695$	x
Sedona SXL+	46 695$	x
Sorento LX	27 695$	x
Sorento LX TI	29 895$	x
Sorento LX Turbo	33 095$	x
Sorento LX V6	34 295$	x
Sorento EX Turbo	35 995$	x
Sorento EX V6	37 095$	x
Sorento EX+ V6	38 295$	x
Sorento SX Turbo	42 495$	x
Sorento SX V6	43 595$	x
Sorento SX+ V6	47 095$	x
Soul LX	17 395$	x
Soul EX	21 495$	x
Soul EX+	23 395$	x
Soul EX Premium	25 995$	x
Soul SX Turbo	25 995$	x
Soul EX Tech	28 095$	x
Soul SX Turbo Tech	29 995$	x
Soul EV	35 395$	x
Soul EV Luxe	38 395$	x
Soul EV Luxe Toit Ouvrant	39 295$	x
Sportage LX	24 895$	x
Sportage LX TI	27 195$	x
Sportage EX	27 995$	x
Sportage EX TI	29 995$	x
Sportage EX Premium TI	33 495$	x
Sportage EX Technologie TI	37 195$	x
Sportage SX Turbo TI	39 595$	x
Stinger	45 000$ (est.)	
Stinger TI	47 500$ (est.)	
Stinger GT	55 000$ (est.)	
Stinger GT TI	60 000$ (est.)	

KOENIGSEGG

Agera RS	2 500 000$ (est.)	
Regera	2 500 000$ (est.)	

LAMBORGHINI

Aventador S Coupé	488 895$	
Aventador S Roadster	538 895$	
Centenario	3 650 000$ (est.)	
Centenario Roadster	4 000 000$ (est.)	
Huracán Coupé	283 895$	
Huracán Coupé RWD	238 995$	
Huracán Performante	329 895$	
Huracán Spyder	309 895$	
Huracán Spyder RWD	263 995$	
Urus	225 000$ (est.)	

LAND ROVER

Discovery Sport SE	42 790$	x
Discovery Sport HSE	46 990$	x
Discovery Sport HSE Luxury	50 990$	x
Discovery V6 SE	61 500$	x
Discovery V6 HSE	68 500$	x
Discovery Td6 HSE	70 500$	x
Discovery V6 HSE Luxury	75 000$	x
Discovery Td6 HSE Luxury	77 000$	x
Discovery V6 First Edition	82 500$	x
Range Rover Evoque SE	49 990$	x
Range Rover Evoque HSE	57 490$	x
Range Rover Evoque HSE Dynamic	61 190$	x
Range Rover Evoque Autobiography	66 990$	x
Range Rover Sport V6 SE	77 000$	x
Range Rover Sport V6 HSE	82 500$	x
Range Rover Sport Td6 HSE	84 500$	x
Range Rover Sport V6 HSE Dynamic	92 500$	x
Range Rover Sport Supercharged	94 000$	x
Range Rover Sport Supercharged Dynamic	98 500$	x
Range Rover Sport Autobiography	109 500$	x
Range Rover Sport SVR	127 500$	x
Range Rover Td6 HSE	111 500$	x
Range Rover Supercharged	118 500$	x
Range Rover Supercharged empattement allongé	123 500$	x
Range Rover Autobiography	155 000$	x
Range Rover Autobiography empattement allongé	160 000$	x
Range Rover SVAutobiography Dynamic	195 000$	x
Range Rover SVAutobiography empattement allongé	225 000$	x
Range Rover Velar	62 000$	
Range Rover Velar R-Dynamic	67 400$	
Range Rover Velar First Edition	95 000$	

LEXUS

IS 200t	40 150$	x
IS 300 AWD	42 950$	x
IS 350 AWD	53 350$	x
RC 300 AWD	49 050$	x
RC 350 AWD	59 250$	x
RC F	85 400$	x
ES 350	43 300$	x
ES 300h	46 400$	x
GS 350 AWD	58 200$	x
GS 450h	76 400$	x
GS F	97 600$	x
LC 500	101 600$	
LC 500h	118 750$	
LS 500	120 000$ (est.)	
LS 500h	135 000$ (est.)	
NX 300	42 950$	x
NX 300h	54 350$	x
RX 350	55 900$	x
RX 450h	70 300$	x
GX 460	72 850$	x
LX 570	108 000$	x

LINCOLN

Continental Select	57 400$	x
Continental Reserve	60 900$	x
MKC Select	43 300$	x
MKC Reserve	48 300$	x
MKT Elite	55 100$	x
MKX Select	48 400$	x
MKX Reserve	52 500$	x
MKZ Select	42 300$	x
MKZ Select hybride	42 300$	x
MKZ Reserve	46 300$	x
MKZ Reserve hybride	46 300$	x
Navigator Select	78 600$	x
Navigator L Select	81 600$	x
Navigator Reserve	84 600$	x
Navigator L Reserve	87 600$	x

LOTUS

Evora 400	125 995$	

MASERATI

Ghibli	86 600$	x
Ghibli S Q4	95 800$	x
GranTurismo Sport	152 600$	x
GranTurismo MC	172 950$	x
GranTurismo MC Centennial Edition	189 900$	x
GranTurismo Convertible	167 450$	x
GranTurismo Convertible Sport	172 650$	x
GranTurismo Convertible MC	184 900$	x
GranTurismo Convertible MC Centennial Edition	199 900$	x
Levante	91 350$	x
Levante S	101 550$	x
Quattroporte S Q4	125 100$	x
Quattroporte GTS	168 500$	x

MAZDA

CX-3 GX	20 695$	x
CX-3 GS	22 695$	x
CX-3 GX TI	22 695$	x
CX-3 GS TI	24 695$	x
CX-3 GT	28 995$	x

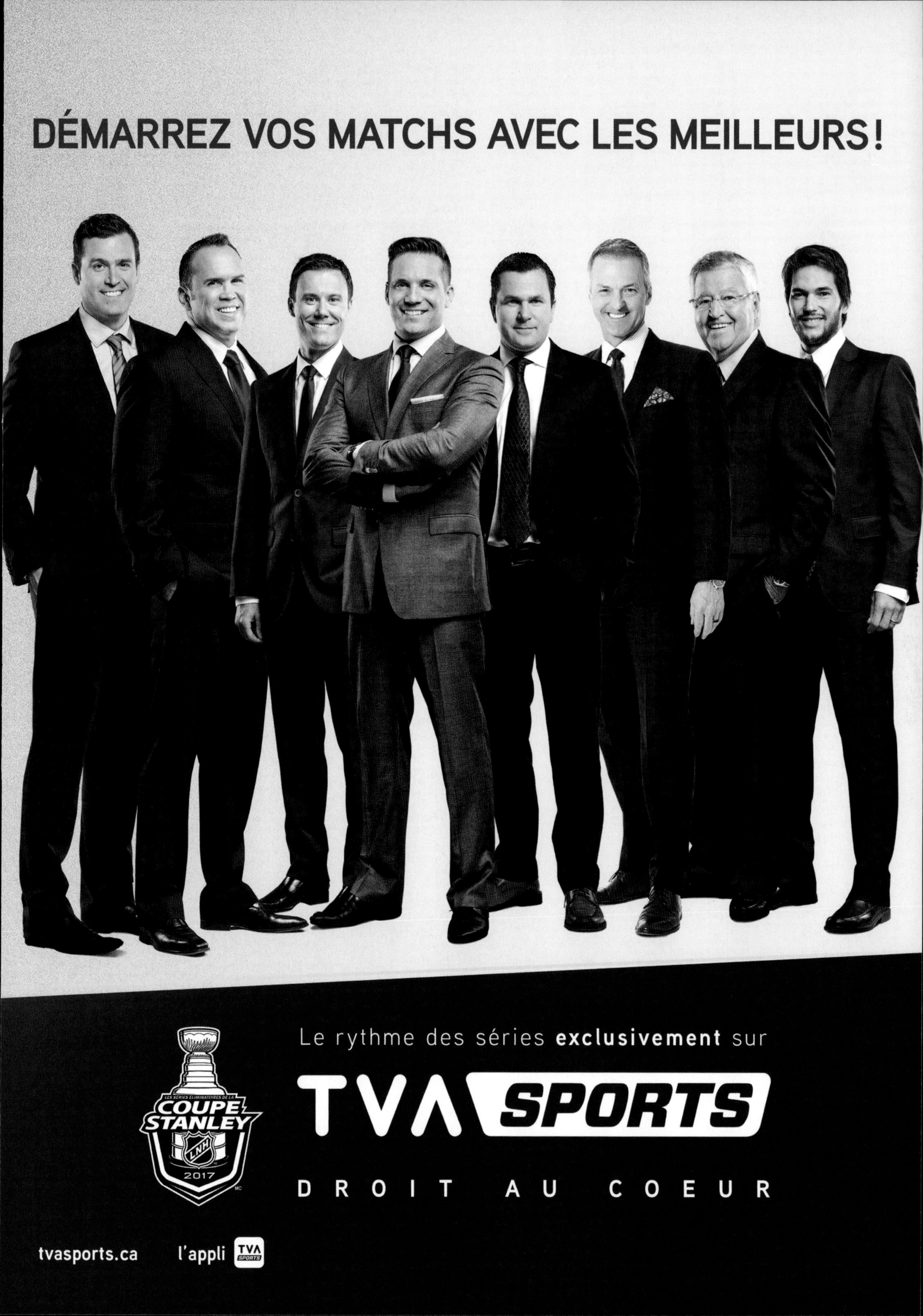

DÉMARREZ VOS MATCHS AVEC LES MEILLEURS!

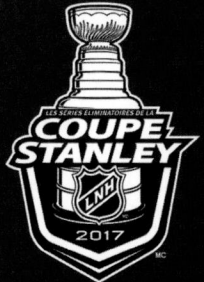

LISTE DE PRIX

CX-5 GX	24 900$	x
CX-5 GX TI	28 300$	x
CX-5 GS	29 100$	x
CX-5 GS TI	31 100$	x
CX-5 GT	34 700$	x
CX-9 GS	35 600$	x
CX-9 GS TI	38 100$	x
CX-9 GS-L	41 500$	x
CX-9 GT	45 500$	x
CX-9 Signature	50 100$	x
Mazda3 GX	15 900$	x
Mazda3 GS	20 300$	x
Mazda3 GT	24 000$	x
Mazda3 Sport GX	19 550$	x
Mazda3 Sport GS	21 300$	x
Mazda3 Sport GT	25 000$	x
Mazda6 GX	24 695$	x
Mazda6 GS	27 995$	x
Mazda6 GT	32 895$	x
MX-5 GX	31 900$	x
MX-5 GS	35 800$	x
MX-5 GT	39 200$	x
MX-5 RF GS	38 800$	x
MX-5 RF GT	42 200$	x

MCLAREN

720S	312 500$	
720S Luxury	324 980$	
720S Performance	324 980$	
570S	219 750$	x
570S Spider	247 500$	
570GT	236 400$	x
540C	196 500$	x

MERCEDES-BENZ

AMG GT C Coupé	140 000$	
AMG GT C Coupé Edition 50	150 000$	
AMG GT C Roadster	170 000$	
AMG GT C Roadster Edition 50	180 000$	
AMG GT R Coupé	200 000$	
B 250 Avantgarde Edition	35 900$	
B 250 4MATIC Avantgarde Edition	38 200$	
C 300 4MATIC Berline	44 700$	
C 300 4MATIC Cabriolet	57 100$	x
C 300 4MATIC Coupé	48 100$	x
C 300 4MATIC Familiale	46 000$	
AMG C 43 4MATIC Berline	56 600$	
AMG C 43 4MATIC Cabriolet	68 800$	x
AMG C 43 4MATIC Coupé	59 500$	x
AMG C 63 Berline	75 700$	
AMG C 63 Cabriolet	84 900$	x
AMG C 63 Coupé	77 100$	x
AMG C 63 S Berline	84 600$	
AMG C 63 S Cabriolet	93 600$	x
AMG C 63 S Coupé	85 800$	x
CLA 250	35 700$	x
CLA 250 4MATIC	37 900$	x
AMG CLA 45 4MATIC	52 300$	x
E 300 4MATIC Berline	62 300$	
E 400 4MATIC Berline	69 800$	
E 400 4MATIC Cabriolet	78 000$ (est.)	
E 400 4MATIC Coupé	70 000$ (est.)	
E 400 4MATIC Familiale	74 000$	
AMG E 43 4MATIC Berline	80 400$	
AMG E 63 S 4MATIC+ Berline	115 500$	
AMG E 63 S 4MATIC+ Familiale	118 500$	
G 550 4MATIC	128 100$	x
G 550 4x4-2	150 000$ (est.)	
AMG G 63	156 100$	x
AMG G 65	250 500$	x
GLA 250 4MATIC	38 500$	
AMG GLA 45 4MATIC	52 300$	
GLC 300 4MATIC	45 900$	
GLC 300 4MATIC Coupé	50 300$	
GLC 350e 4MATIC	60 000$ (est.)	
AMG GLC 43 4MATIC	62 200$	
AMG GLC 43 4MATIC Coupé	63 800$	
AMG GLC 63 S 4MATIC+	95 000$ (est.)	
AMG GLC 63 S 4MATIC+ Coupé	100 000$ (est.)	
GLE 400 4MATIC	63 800$	x
AMG GLE 43 4MATIC	71 400$	x
AMG GLE 43 4MATIC Coupé	78 000$	x
GLE 550 4MATIC	81 500$	x
GLE 550e 4MATIC	83 000$	x
AMG GLE 63 S 4MATIC	114 300$	x
AMG GLE 63 S 4MATIC Coupé	117 100$	x
GLS 450 4MATIC	82 900$	x
GLS 550 4MATIC	104 300$	x
AMG GLS 63 4MATIC	132 900$	x
Metris Passager	42 100$	x
Maybach S 600	232 400$	x
S 450 4MATIC Berline	106 400$	
S 560 4MATIC Berline empattement court	115 200$	
S 560 4MATIC Berline empattement long	124 400$	
AMG S 63 4MATIC+ Berline	163 500$	
AMG S 65 Berline	254 800$	
SL 450	105 900$	
SL 550	127 100$	
AMG SL 63	166 600$	
AMG SL 65	245 900$	
SLC 300	58 800$	x
AMG SLC 43	70 900$	x
Sprinter Passager	53 100$	x
Sprinter Passager 4x4	60 500$	x

MINI

3 Portes Cooper	21 990$	x
3 Portes Cooper S	26 240$	x
John Cooper Works 3 Portes	33 740$	x
5 Portes Cooper	23 240$	x
5 Portes Cooper S	27 490$	x
Cabriolet Cooper	28 490$	x
Cabriolet Cooper S	32 740$	x
John Cooper Works Cabriolet	40 240$	x
Clubman Cooper	25 490$	x
Clubman Cooper ALL4	27 490$	x
Clubman Cooper S	29 490$	x
Clubman Cooper S ALL4	30 490$	x
John Cooper Works Clubman	36 900$	x
Countryman Cooper	26 990$	x
Countryman Cooper ALL4	28 990$	x
Countryman Cooper S ALL4	31 990$	x
Countryman Cooper S E-Hybrid	35 000$ (est.)	
John Cooper Works Countryman	38 500$	x

MITSUBISHI

Lancer ES	17 998$	x
Lancer SE Limited	20 698$	x
Lancer ES AWC	21 498$	x
Lancer SE Black Edition	21 698$	x
Lancer GTS	23 298$	x
Lancer SE Limited AWC	24 198$	x
Lancer SE Black Edition AWC	25 198$	x
Lancer GTS AWC	26 298$	x
Lancer Sportback SE Limited	21 198$	x
Lancer Sportback GT	24 698$	x
Mirage ES	12 698$	x
Mirage ES Plus	13 998$	x
Mirage SE	17 398$	x
Mirage SEL	18 298$	x
Mirage G4 ES	14 498$	x
Mirage G4 SEL	18 298$	x
Outlander ES	26 698$	x
Outlander ES AWC	28 698$	x
Outlander SE AWC	31 998$	x
Outlander GT S-AWC	37 998$	x
RVR ES	19 998$	x
RVR SE	22 898$	x
RVR SE AWC	26 498$	x
RVR SE Limited AWC 2.0 L	27 298$	x
RVR SE Limited AWC 2.4 L	27 698$	x
RVR SE Black Edition AWC 2.4 L	28 698$	x
RVR GT AWC	29 898$	x

NISSAN

370Z Coupé	29 998$	x
370Z Coupé Tourisme	40 098$	x
370Z Coupé Tourisme Sport	44 098$	x
370Z Coupé NISMO	48 098$	x
370Z Roadster Tourisme	49 498$	x
370Z Roadster Tourisme Sport	53 598$	x
Altima 2.5	23 998$	x
Altima 2.5 S	25 858$	x
Altima 2.5 SV	27 108$	x
Altima 2.5 SR	27 858$	x
Altima 2.5 SL	32 358$	x
Altima 3.5 SL	35 758$	x
Armada SL	64 748$	x
Armada Platine	70 498$	x
Frontier King Cab S 4x2	23 648$	x
Frontier King Cab SV 4x2	25 098$	x
Frontier King Cab SV 4x4	28 448$	x
Frontier King Cab PRO-4X	31 438$	x
Frontier double SV 4x4	32 248$	x
Frontier double PRO-4X	36 588$	x
Frontier double SL 4x4	38 828$	x
GT-R Premium	125 000$	x
GT-R Track Edition	149 100$	x
JUKE SV	20 698$	x
JUKE SV TI	24 178$	x
JUKE NISMO TI	28 978$	x
JUKE SL TI	30 178$	x
LEAF S	33 998$	x
LEAF SV	37 398$	x
LEAF SL	40 548$	x
Maxima S	34 400$	x
Maxima SV	36 580$	x
Maxima SL	39 660$	x
Maxima SR	41 760$	x
Maxima Platine	43 960$	x
Micra S	9 988$	x
Micra SV	14 048$	x
Micra SR	16 188$	x
Murano S	30 998$	x
Murano SV TI	37 498$	x
Murano SL TI	41 048$	x
Murano Platine TI	44 598$	x
NV200 Cargo Compact S	24 998$	x
NV200 Cargo Compact SV	26 298$	x
NV1500 Cargo	34 688$	x
NV2500 HD Cargo	35 988$	x
NV3500 Cargo	39 498$	x
NV Tourisme HD	44 848$	x
Pathfinder S	32 598$	x
Pathfinder S TI	35 598$	x
Pathfinder SV	38 298$	x
Pathfinder SL	41 598$	x
Pathfinder Édition Minuit	48 598$	x
Pathfinder Platine	48 598$	x
Qashqai S	19 998$	x
Qashqai S TI	24 198$	x
Qashqai SV	24 598$	x
Qashqai SV TI	26 798$	x
Qashqai SL	29 498$	x
Qashqai SL TI	29 498$	x
Rogue S	25 248$	x
Rogue S TI	27 448$	x
Rogue SV	27 648$	x
Rogue SV TI	29 848$	x
Rogue SL Platine	36 098$	x
Sentra S	15 898$	x
Sentra SV	20 058$	x
Sentra SR Turbo	21 598$	x
Sentra NISMO	25 698$	x
Sentra SL	26 058$	x
Titan simple S 4x2	35 498$	x
Titan simple SV 4x4	42 150$	x
Titan double S 4x4	45 150$	x
Titan double SV 4x4	48 650$	x
Titan double PRO-4X	57 600$	x
Titan double SL 4x4	62 550$	x
Titan double Platine Réserve 4x4	66 300$	x
Titan XD simple S 4x2	37 250$	x
Titan XD simple S 4x4	40 250$	x
Titan XD simple SV 4x4	44 850$	x
Titan XD double S 4x4	46 750$	x
Titan XD simple S Diesel 4x4	47 750$	x
Titan XD double SV 4x4	51 350$	x
Titan XD simple SV Diesel 4x4	52 350$	x
Titan XD double S Diesel 4x4	54 250$	x
Titan XD double SV Diesel 4x4	58 850$	x
Titan XD double PRO-4X	60 300$	x
Titan XD double SL 4x4	65 250$	x
Titan XD double PRO-4X Diesel	67 800$	x
Titan XD double Platine 4x4	69 000$	x
Titan XD double SL Diesel 4x4	72 750$	x
Titan XD double Platine Diesel 4x4	76 500$	x
Versa Note S	14 498$	x
Versa Note SV	16 948$	x
Versa Note SR	19 198$	x
Versa Note SL	19 748$	x

PAGANI

Huayra	1800 000$ (est.)	
Huayra BC	2400 000$ (est.)	
Huayra Roadster	3100 000$ (est.)	

PORSCHE

718 Cayman	62 700$	
718 Boxster	65 100$	
718 Cayman S	76 800$	
718 Boxster S	79 200$	
911 Carrera	104 000$	
911 Carrera S	120 000$	
911 Carrera GTS	137 800$	
911 Carrera Cabriolet	118 100$	
911 Carrera S Cabriolet	134 100$	
911 Carrera GTS Cabriolet	151 900$	
911 Carrera 4	111 900$	
911 Carrera 4S	127 900$	
911 Carrera 4 GTS	145 700$	
911 Carrera 4 Cabriolet	126 000$	
911 Carrera 4S Cabriolet	141 900$	
911 Carrera 4 GTS Cabriolet	159 700$	
911 Targa 4	126 000$	
911 Targa 4S	141 900$	
911 Targa GTS	159 700$	
911 Turbo	184 200$	
911 Turbo Cabriolet	198 200$	
911 Turbo S	217 200$	
911 Turbo S Cabriolet	231 200$	
911 Turbo S Exclusive Series	293 800$	
911 R	211 000$	
911 GT2 RS	334 000$	
911 GT3	163 300$	
Cayenne	69 600$	
Cayenne Platinum Edition	76 000$	
Cayenne S	87 100$	
Cayenne S E-Hybrid	90 400$	
Cayenne S E-Hybrid Platinum Edition	93 100$	
Cayenne GTS	111 300$	
Cayenne Turbo	133 000$	
Cayenne Turbo S	182 600$	
Macan	54 100$	
Macan S	61 400$	
Macan GTS	76 000$	
Macan Turbo	87 200$	
Macan Turbo avec pack Performance	99 000$	
Panamera	97 300$	
Panamera 4	102 500$	
Panamera 4 Executive	110 200$	
Panamera 4 Sport Turismo	109 700$	
Panamera 4 E-Hybrid	113 400$	
Panamera 4 E-Hybrid Executive	118 600$	
Panamera 4 E-Hybrid Sport Turismo	118 600$	
Panamera 4S	114 300$	
Panamera 4S Executive	130 100$	
Panamera 4S Sport Turismo	124 500$	
Panamera Turbo	167 700$	
Panamera Turbo Executive	182 700$	
Panamera Turbo Sport Turismo	175 600$	
Panamera Turbo S E-Hybrid	209 800$	
Panamera Turbo S E-Hybrid Executive	221 700$	

RAM

1500 ST simple 4x2	31 395$	x
1500 SXT simple 4x2	32 395$	x
1500 ST simple caisse longue 4x2	35 395$	x
1500 SXT simple caisse longue 4x2	36 395$	x
1500 SLT simple 4x2	37 395$	x
1500 SLT simple caisse longue 4x2	37 795$	x
1500 ST simple 4x4	38 395$	x
1500 ST simple caisse longue 4x4	38 795$	x
1500 ST Quad 4x2	39 395$	x
1500 SXT simple 4x4	39 395$	x
1500 SXT simple caisse longue 4x4	39 795$	x
1500 SXT Quad 4x2	40 395$	x
1500 ST cab. équip. caisse courte 4x2	41 095$	x
1500 SLT simple 4x4	41 395$	x
1500 SLT simple caisse longue 4x4	41 795$	x
1500 SXT cab. équip. caisse courte 4x2	42 095$	x
1500 ST Quad 4x4	42 395$	x
1500 SLT Quad 4x2	42 495$	x
1500 Outdoorsman Quad 4x2	43 195$	x
1500 SXT Quad 4x4	43 395$	x
1500 Sport simple 4x2	43 395$	x
1500 SLT cab. équip. caisse courte 4x2	44 195$	x
1500 Outdoorsman cab. équip. caisse courte 4x2	44 895$	x
1500 ST cab. équip. caisse courte 4x4	45 095$	x
1500 ST cab. équip. 4x4	45 495$	x
1500 SXT cab. équip. caisse courte 4x4	46 095$	x
1500 Big Horn Quad 4x2	46 295$	x
1500 SXT cab. équip. 4x4	46 495$	x
1500 SLT Quad 4x4	46 495$	x
1500 Sport simple 4x4	47 395$	x
1500 Outdoorsman Quad 4x4	47 495$	x
1500 Big Horn cab. équip. caisse courte 4x2	47 995$	x
1500 SLT cab. équip. caisse courte 4x4	48 195$	x
1500 Sport Quad 4x2	48 495$	x
1500 Édition Night Quad 4x2	48 990$	x
1500 Outdoorsman cab. équip. caisse courte 4x4	49 195$	x
1500 SLT cab. équip. 4x4	49 595$	x
1500 Sport cab. équip. caisse courte 4x2	50 195$	x
1500 Big Horn Quad 4x4	50 495$	x
1500 Outdoorsman cab. équip. 4x4	50 595$	x
1500 Édition Night cab. équip. caisse courte 4x2	50 690$	x
1500 Big Horn cab. équip. caisse courte 4x4	52 195$	x
1500 Sport Quad 4x4	52 495$	x
1500 Laramie Quad 4x2	52 495$	x
1500 Big Horn cab. équip. 4x4	52 595$	x
1500 Édition Night Quad 4x4	52 990$	x
1500 Sport cab. équip. caisse courte 4x4	54 195$	x
1500 Laramie cab. équip. caisse courte 4x2	54 195$	x
1500 Sport cab. équip. 4x4	54 595$	x
1500 Édition Night cab. équip. caisse courte 4x4	54 690$	x
1500 Édition Night cab. équip. 4x4	55 090$	x
1500 Rebel cab. équip. caisse courte 4x4	55 195$	x
1500 Laramie Quad 4x4	56 495$	x
1500 Laramie cab. équip. caisse courte 4x4	58 195$	x
1500 Laramie cab. équip. 4x4	58 595$	x
1500 Laramie Longhorn cab. équip. caisse courte 4x2	59 195$	x
1500 Laramie Longhorn cab. équip. caisse courte 4x4	63 195$	x
1500 Laramie Limited cab. équip. caisse courte 4x2	63 195$	x
1500 Laramie Longhorn cab. équip. 4x4	63 595$	x
1500 Laramie Limited cab. équip. caisse courte 4x4	67 195$	x
1500 Laramie Limited cab. équip. 4x4	67 595$	x
2500 ST simple caisse longue 4x2	44 695$	x
2500 SLT simple caisse longue 4x2	46 695$	x
2500 ST simple caisse longue 4x4	48 195$	x
2500 ST cab. équip. 4x2	48 695$	x
2500 ST cab. équip. caisse longue 4x2	49 695$	x
2500 SLT simple caisse longue 4x4	50 195$	x
2500 SLT cab. équip. 4x2	50 695$	x
2500 SLT cab. équip. caisse longue 4x2	51 695$	x
2500 ST cab. équip. 4x4	52 195$	x
2500 SLT Mega 4x2	52 695$	x
2500 ST cab. équip. caisse longue 4x4	53 195$	x
2500 Édition Night cab. équip. 4x2	53 690$	x
2500 SLT cab. équip. 4x4	54 195$	x
2500 Édition Night cab. équip. caisse longue 4x2	54 690$	x
2500 SLT cab. équip. caisse longue 4x4	55 195$	x
2500 Outdoorsman cab. équip. 4x4	55 790$	x

2500 SLT Mega 4x4	56 195$	x
2500 Outdoorsman cab. équip. caisse longue 4x4	56 790$	x
2500 Édition Night cab. équip. 4x4	57 190$	x
2500 Édition Night cab. équip. caisse longue 4x4	58 190$	x
2500 Power Wagon	59 195$	x
2500 Laramie cab. équip. 4x2	60 995$	x
2500 Laramie cab. équip. caisse longue 4x2	61 995$	x
2500 Laramie Mega 4x2	62 995$	x
2500 Laramie cab. équip. 4x4	64 495$	x
2500 Laramie cab. équip. caisse longue 4x4	65 495$	x
2500 Laramie Longhorn cab. équip. 4x2	65 995$	x
2500 Laramie Mega 4x4	66 495$	x
2500 Laramie Longhorn cab. équip. caisse longue 4x2	66 995$	x
2500 Laramie Longhorn Mega 4x2	67 995$	x
2500 Laramie Limited cab. équip. caisse longue 4x2	68 795$	x
2500 Laramie Limited cab. équip. 4x2	68 990$	x
2500 Laramie Longhorn cab. équip. 4x4	69 495$	x
2500 Laramie Longhorn cab. équip. caisse longue 4x4	70 495$	x
2500 Laramie Limited Mega 4x2	70 990$	x
2500 Laramie Longhorn Mega 4x4	71 495$	x
2500 Laramie Limited cab. équip. caisse longue 4x4	72 295$	x
2500 Laramie Limited cab. équip. 4x4	72 490$	x
2500 Laramie Limited Mega 4x4	74 490$	x
3500 ST simple caisse longue 4x2	46 695$	x
3500 SLT simple caisse longue 4x2	48 695$	x
3500 ST cab. équip. 4x2	49 695$	x
3500 ST simple caisse longue 4x4	50 195$	x
3500 ST cab. équip. caisse longue 4x2	50 695$	x
3500 SLT cab. équip. 4x2	51 695$	x
3500 SLT simple caisse longue 4x4	52 195$	x
3500 SLT cab. équip. caisse longue 4x2	52 695$	x
3500 ST cab. équip. 4x4	53 195$	x
3500 ST cab. équip. caisse longue 4x4	54 195$	x
3500 Édition Night cab. équip. 4x2	54 690$	x
3500 SLT Mega 4x2	54 695$	x
3500 SLT cab. équip. 4x4	55 195$	x
3500 Édition Night cab. équip. caisse longue 4x2	55 690$	x
3500 SLT cab. équip. caisse longue 4x4	56 195$	x
3500 Édition Night cab. équip. 4x4	58 190$	x
3500 SLT Mega 4x4	58 195$	x
3500 Édition Night cab. équip. caisse longue 4x4	59 190$	x
3500 Laramie cab. équip. 4x2	61 995$	x
3500 Laramie cab. équip. caisse longue 4x2	62 995$	x
3500 Laramie Mega 4x2	64 995$	x
3500 Laramie cab. équip. 4x4	65 495$	x
3500 Laramie cab. équip. caisse longue 4x4	66 495$	x
3500 Laramie Longhorn cab. équip. 4x2	67 995$	x
3500 Laramie Mega 4x4	68 495$	x
3500 Laramie Longhorn cab. équip. caisse longue 4x2	68 995$	x
3500 Laramie Limited cab. équip. caisse longue 4x2	70 795$	x
3500 Laramie Limited cab. équip. 4x2	70 990$	x
3500 Laramie Longhorn Mega 4x2	70 995$	x
3500 Laramie Longhorn cab. équip. 4x4	71 495$	x
3500 Laramie Longhorn cab. équip. caisse longue 4x4	72 495$	x
3500 Laramie Limited Mega 4x2	73 990$	x
3500 Laramie Limited cab. équip. caisse longue 4x4	74 295$	x
3500 Laramie Limited cab. équip. 4x4	74 490$	x
3500 Laramie Longhorn Mega 4x4	74 495$	x
3500 Laramie Limited Mega 4x4	77 490$	x
ProMaster 1500 118 po	34 695$	x
ProMaster 1500 136 po	35 695$	x
ProMaster 1500 136 po toit élevé	37 695$	x
ProMaster 2500 136 po toit élevé	38 695$	x
ProMaster 2500 159 po toit élevé	39 695$	x
ProMaster 2500 Window Van 159 po toit élevé	40 695$	x
ProMaster 3500 159 po toit élevé	40 695$	x
ProMaster 3500 159 po toit élevé rallongé	41 695$	x
ProMaster 3500 Window Van 159 po toit élevé rallongé	42 695$	x
ProMaster City ST Fourgon Utilitaire	30 495$	x
ProMaster City SLT Fourgon Utilitaire	31 495$	x
ProMaster City ST Minibus	31 495$	x
ProMaster City SLT Minibus	32 495$	x

ROLLS-ROYCE

Dawn	388 900$	x
Dawn Inspired by Fasion	425 000$ (est.)	
Dawn Black Badge	440 000$ (est.)	
Ghost	348 625$	x
Ghost empattement allongé	387 350$	x
Ghost Black Badge	399 925$	x
Wraith	359 900$	x
Wraith Black Badge	411 200$	x

SMART

fortwo electric drive coupé	28 800$	
fortwo electric drive cabrio	31 800$	

SUBARU

BRZ	27 995$	
BRZ Sport-tech	29 995$	
BRZ tS	33 000$ (est.)	
Crosstrek Commodité	23 695$	
Crosstrek Tourisme	24 995$	
Crosstrek Sport	27 795$	
Crosstrek Sport avec ensemble EyeSight	30 595$	
Crosstrek Limited	31 695$	
Crosstrek Limited avec ensemble EyeSight	33 195$	
Forester 2.5i	25 995$	
Forester 2.5i Commodité	29 195$	
Forester 2.5i Tourisme	30 495$	
Forester 2.5i Tourisme avec ensemble EyeSight	33 295$	
Forester 2.0XT Tourisme	33 995$	
Forester 2.0XT Tourisme avec ensemble EyeSight	35 495$	
Forester 2.5i Limited	35 795$	
Forester Limited avec ensemble EyeSight	37 295$	
Forester 2.0XT Limited	37 995$	
Forester 2.0XT Limited avec ensemble EyeSight	39 495$	
Impreza 4 portes 2.0i Commodité	19 995$	x
Impreza 4 portes 2.0i Tourisme	21 895$	x
Impreza 4 portes 2.0i Sport	24 395$	x
Impreza 4 portes 2.0i Sport avec ensemble Technologie	27 195$	x
Impreza 4 portes 2.0i Sport-tech	28 595$	x
Impreza 4 portes 2.0i Sport-tech avec ensemble Technologie	30 095$	x
Impreza 5 portes 2.0i Commodité	20 895$	x
Impreza 5 portes 2.0i Tourisme	22 795$	x
Impreza 5 portes 2.0i Sport	25 295$	x
Impreza 5 portes 2.0i Sport avec ensemble Technologie	28 095$	x
Impreza 5 portes 2.0i Sport-tech	29 495$	x
Impreza 5 portes 2.0i Sport-tech avec ensemble Technologie	30 995$	x
Legacy 2.5i	24 995$	
Legacy 2.5i Tourisme	28 295$	
Legacy 2.5i Tourisme avec ensemble Technologie	29 795$	
Legacy 2.5i Sport avec ensemble Technologie	31 695$	
Legacy 2.5i Limited avec ensemble Technologie	33 795$	
Legacy 3.6R Limited avec ensemble Technologie	36 795$	
Outback 2.5i	29 495$ (est.)	
Outback 2.5i Tourisme	31 695$ (est.)	
Outback 2.5i Tourisme avec ensemble Technologie	34 495$ (est.)	
Outback 3.6R Tourisme	35 975$ (est.)	
Outback 2.5i Limited	36 995$ (est.)	
Outback 2.5i Limited avec ensemble Technologie	38 495$ (est.)	
Outback 2.5i Premier avec ensemble Technologie	39 495$ (est.)	
Outback 3.6R Limited	39 995$ (est.)	
Outback 3.6R Limited avec ensemble Technologie	41 495$ (est.)	
Outback 3.6R Premier avec ensemble Technologie	42 495$ (est.)	
WRX	29 995$	
WRX Sport	33 195$	
WRX Sport-tech	36 495$	
WRX Sport-tech avec ensemble EyeSight	38 795$	
WRX STI	39 495$	
WRX STI Sport	41 795$	
WRX STI Sport-tech	46 595$	
WRX STI Type RA	48 000$ (est.)	

TESLA

Model 3	43 000$ (est.)	
Model S 75	94 650$	
Model S 75D	101 750$	
Model S 100D	133 600$	
Model S P100D	193 900$	
Model X 75D	111 950$	
Model X 100D	135 200$	
Model X P100D	199 800$	

TOYOTA

86	29 580$	x
4Runner	44 800$	x
4Runner TRD Hors Route	46 720$	x
4Runner Limited	50 305$	x
4Runner TRD Pro	52 195$	x
Avalon Touring	40 350$	
Avalon Limited	45 190$	
Camry L	26 390$	
Camry LE	27 490$	
Camry SE	27 890$	
Camry LE hybride	31 290$	
Camry SE hybride	33 990$	
Camry XSE	34 890$	
Camry XLE	34 890$	
Camry XSE V6	39 690$	
Camry XLE V6	40 690$	
Camry XLE hybride	40 990$	
C-HR XLE	24 690$	
C-HR XLE Premium	26 290$	
Corolla CE	16 390$	x
Corolla SE	20 505$	x
Corolla LE	20 690$	x
Corolla LE Eco	21 190$	x
Corolla SE	21 490$	x
Corolla XSE	25 410$	x
Corolla XLE	25 490$ (est.)	
Corolla iM	22 540$	x
Highlander LE	35 500$	x
Highlander LE TI	37 995$	x
Highlander XLE TI	43 995$	x
Highlander SE TI	45 590$	x
Highlander XLE hybride TI	49 985$	x
Highlander Limited TI	49 995$	x
Highlander Limited hybride TI	55 990$	x
Prius c	21 975$	x
Prius c Technologie	26 890$	x
Prius	27 190$	x
Prius Technologie	29 825$	x
Prius Touring	30 425$	x
Prius Prime	32 990$	x
Prius Prime Technologie	38 565$	x
Prius v	28 990$	x
Prius v Technologie	34 975$	x
RAV4 LE	27 445$	x
RAV4 LE TI	29 710$	x
RAV4 XLE	30 800$	x
RAV4 XLE TI	32 950$	x
RAV4 LE+ hybride TI	34 455$	x
RAV4 SE TI	36 270$	x
RAV4 Limited TI	38 205$	x
RAV4 SE hybride TI	38 660$	x
RAV4 Limited hybride TI	41 810$	x
Sequoia SR5	56 890$	x
Sequoia Limited	63 495$	x
Sequoia Platinum	71 760$	x
Sienna	33 690$	x
Sienna LE	37 015$	x
Sienna LE TI	39 850$	x
Sienna SE	40 505$	x
Sienna XLE TI	44 400$	x
Sienna Limited	48 880$	x
Sienna XLE Limited TI	51 715$	x
Tacoma Accès 4x2	29 660$	x
Tacoma Accès 4x4	32 925$	x
Tacoma Accès V6 4x4	37 265$	x
Tacoma Accès V6 TRD Hors Route 4x4	39 120$	x
Tacoma double V6 TRD Sport 4x4	40 365$	x
Tacoma double V6 4x4	40 545$	x
Tacoma double V6 Limited 4x4	45 735$	x
Tacoma double V6 TRD Pro 4x4	50 100$	x
Tundra régulière caisse longue 5,7 L 4x2	30 675$	x
Tundra régulière caisse longue 5,7 L SR5 4x2	33 005$	x
Tundra régulière caisse longue 5,7 L 4x4	34 935$	x
Tundra régulière caisse longue SR5 5,7 L 4x4	37 265$	x
Tundra double 4,6 L 4x4	38 505$	x
Tundra double caisse longue 5,7 L 4x2	41 130$	x
Tundra double SR5 4,6 L 4x4	42 745$	x
Tundra double SR5 Plus 5,7 L 4x4	44 990$	x
Tundra double caisse longue 5,7 L 4x4	45 205$	x
Tundra CrewMax SR5 5,7 L 4x4	46 680$	x
Tundra double TRD Hors Route 5,7 L 4x4	47 695$	x
Tundra CrewMax TRD Hors Route 5,7 L 4x4	50 185$	x
Tundra double Limited 5,7 L 4x4	53 660$	x
Tundra CrewMax Limited 5,7 L 4x4	55 605$	x
Tundra double TRD Pro 5,7 L 4x4	57 770$	x
Tundra CrewMax Platinum 5,7 L 4x4	58 580$	x
Tundra CrewMax TRD Pro 5,7 L 4x4	60 275$	x
Yaris à Hayon CE 3 portes	15 390$	
Yaris à Hayon LE 5 portes	16 700$	
Yaris à Hayon SE 5 portes	18 350$	
Yaris Berline	17 315$	x
Yaris Berline Premium	20 525$	x

VOLKSWAGEN

Atlas Trendline	35 690$	
Atlas Comfortline	39 690$	
Atlas Trendline 3,6 L 4MOTION	39 790$	
Atlas Comfortline 3,6 L 4MOTION	43 790$	
Atlas Highline 4MOTION	48 990$	
Atlas Execline 4MOTION	52 540$	
Beetle Trendline	21 390$	x
Beetle Coast	26 000$ (est.)	
Beetle Dune	28 890$	x
Beetle décapotable Trendline	25 390$	x
Beetle décapotable Coast	30 000$ (est.)	
Beetle décapotable Dune	32 890$	x
Golf 3 Portes Trendline	19 195$	x
Golf 5 Portes Trendline	21 245$	x
Golf 5 Portes Comfortline	23 945$	x
Golf 5 Portes Highline	28 995$	x
Golf SportWagen Trendline	23 145$	x
Golf SportWagen Comfortline	25 845$	x
Golf SportWagen Trendline 4MOTION	26 045$	x
Golf SportWagen Comfortline 4MOTION	28 745$	x
Golf SportWagen Highline 4MOTION	33 795$	x
Golf Alltrack	35 295$	x
Golf GTI 3 Portes	29 495$	x
Golf GTI 3 Portes Autobahn	33 945$	x
Golf GTI 5 Portes Autobahn	34 845$	x
Golf GTI 5 Portes Performance	38 695$	x
Golf R	40 695$	x
Jetta Sport	20 000$ (est.)	
Jetta Série Wolfsburg	23 795$	x
Jetta Highline	28 495$	x
Passat Trendline+	25 745$	x
Passat Comfortline	30 745$	x
Passat Highline	35 745$	x
Tiguan Trendline	27 000$ (est.)	
Tiguan Trendline 4MOTION	30 000$ (est.)	
Tiguan Comfortline 4MOTION	34 000$ (est.)	
Tiguan Highline 4MOTION	38 000$ (est.)	

VOLVO

S60 Premier T6 TI	47 350$	x
S60 R-Design T6 TI	52 300$	x
S60 Special Edition T5 TI	52 350$	x
S60 Polestar	67 050$	x
S90 Momentum T6	56 900$	x
S90 Inscription T6	63 000$	x
V60 T5	40 600$	x
V60 Premier T5	43 100$	x
V60 Cross Country T5 TI	45 200$	x
V60 Cross Country Premier T5 TI	47 700$	x
V60 Premier T6 TI	48 200$	x
V60 Special Edition T5 TI	53 050$	x
V60 R-Design T6 TI	53 300$	x
V60 Polestar	69 000$	x
V90 Momentum T6	59 900$	x
V90 Cross Country T6	61 900$	x
V90 R-Design T6	64 450$	x
V90 Inscription T6	66 050$	x
XC40	40 000$ (est.)	
XC60 Momentum T5	45 900$	
XC60 Momentum T6	52 200$	
XC60 R-Design T5	55 450$	
XC60 Inscription T6	57 050$	
XC60 R-Design T6	69 550$	
XC60 Inscription T8	71 150$	
XC90 Momentum T5	56 200$	x
XC90 Momentum T6	61 900$	x
XC90 R-Design T6	66 500$	x
XC90 Inscription T6	68 150$	x
XC90 R-Design T8	78 450$	x
XC90 Inscription T8	80 050$	x
XC90 Excellence T8	121 000$	x

STATISTIQUES

MODÈLE	LONGUEUR (MM)	LARGEUR (MM)	HAUTEUR (MM)	EMPATTEMENT (MM)	POIDS (KG)	COFFRE MIN./MAX. (LITRES)	CAPACITÉ REMORQUAGE (KG)	DIAMÈTRE BRAQUAGE (M)	MOTEUR/ALIMENTATION	CYLINDRÉE (LITRES)/ALIMENTATION	PUISSANCE (CH)	CHEVAUX (À TR/MIN)	COUPLE (LB-PI)	LB-PI (À TR/MIN) (MINIMUM)	AUTONOMIE ÉLECTRIQUE (KM)	ÉNERGIE BATTERIES (KWH)
ACURA																
ILX A-SPEC	4620	1794	1412	2670	1424	348	N.D.	11,2	4L	2,4/ATM	201	6800	180	3600		
ILX BASE	4620	1794	1412	2670	1397	350	N.D.	11,2	4L	2,4/ATM	201	6800	180	3600		
MDX BASE	4984	2223*	1713	2820	1915	447/2575	1588	11,8	V6	3,5/ATM	290	6200	267	4500		
MDX SPORT HYBRID	4984	2223*	1713	2820		447/2575	0	11,8	V6	3,0/ATM	257	0	0	0		1,3
NSX BASE	4470	2217*	1214	2629	1725	110	N.D.	12,1	V6	3,5/TUR.	500	6500	406	2000		0
NSX BASE	4470	2217*	1214	2629	1725	110	N.D.	12,1	ÉLEC.		47	3000	109	500		0
NSX BASE	4470	2217*	1214	2629	1725	110	N.D.	12,1	ÉLEC.		36	4000	54	N.D.		0
RDX BASE TI	4685	1872	1678	2685	1781	739/2178	680	11,9	V6	3,5/ATM	279	6200	252	4900		
RDX ELITE TI	4685	1872	1678	2685	1797	739/2178	680	11,9	V6	3,5/ATM	279	6200	252	4900		
RDX TECHNOLOGIE TI	4685	1872	1678	2685	1793	739/2178	680	11,9	V6	3,5/ATM	279	6200	252	4900		
RLX ELITE SH-AWD	4982	1890	1465	2850	1964	328	N.D.	12,3	V6	3,5/ATM	310	6500	273	4700		1,3
TLX BASE	4832	2091*	1447	2775	1579	405	N.D.	11,5	4L	2,4/ATM	206	6800	182	4500		
TLX SH-AWD	4832	2091*	1447	2775	1700	405	N.D.	11,7	V6	3,5/ATM	290	6200	267	4500		
TLX TECHNOLOGIE	4832	2091*	1447	2775	1592	405	N.D.	11,5	4L	2,4/ATM	206	6800	182	4500		
ALFA ROMEO																
4C COUPÉ	3989	2090*	1183	2380	1118	105	N.D.	12,3	4L	1,7/TUR.	237	6000	258	2200		
4C SPIDER	3989	2090*	1185	2380	1128	105	N.D.	12,3	4L	1,7/TUR.	237	6000	258	2200		
GIULIA BASE	4643	2024*	1436	2820	1429	480	N.D.	10,8	4L	2,0/TUR.	280	5200	306	2000		
GIULIA Q4	4643	2024*	1450	2820	1530	480	N.D.	10,8	4L	2,0/TUR.	280	5200	306	2000		
GIULIA QUADRIFOGLIO	4643	2024*	1426	2820	1603	480	N.D.	10,8	V6	2,9/TUR.	505	6500	443	2500		
GIULIA TI	4643	2024*	1436	2820	1429	480	N.D.	10,8	4L	2,0/TUR.	280	5200	306	2000		
GIULIA TI TI	4643	2024*	1450	2820	1530	480	N.D.	10,8	4L	2,0/TUR.	280	5200	306	2000		
STELVIO BASE	4689	2163*	1676	2818	1660	479/1600	1361	11,7	4L	2,0/TUR.	280	5200	306	2000		
STELVIO TI	4689	2163*	1676	2818	1660	479/1600	1361	11,7	4L	2,0/TUR.	280	5200	306	2000		
ASTON MARTIN																
DB11 COUPÉ	4739	2060*	1279	2805	1770	270	N.D.	12,5	V12	5,2/TUR.	600	6500	516	1500		
RAPIDE S	5019	2061*	1360	2989	1990	223/792	N.D.	12,5	V12	6,0/ATM	552	6650	465	5500		
VANQUISH COUPÉ 2+0	4728	2067*	1294	2740	1739	187	N.D.	12,5	V12	6,0/ATM	568	6650	465	5500		
VANQUISH VOLANTE	4728	2067*	1294	2740	1844	187	N.D.	12,5	V12	6,0/ATM	568	6650	465	5500		
VANTAGE V12 COUPÉ S	4385	2022*	1250	2600	1665	300	N.D.	11,8	V12	6,0/ATM	565	6750	457	5500		
VANTAGE V12 ROADSTER S	4385	2022*	1250	2600	1745	300	N.D.	11,8	V12	6,0/ATM	565	6750	457	5500		
AUDI																
A3 KOM. 2.0 BERL.	4456	1960*	1416	2637	1440	348/642	N.D.	11,0	4L	2,0/TUR.	220	4450	258	1500		
A3 KOM. 2.0 BERL. QUAT.	4456	1960*	1416	2637	1525	283/544	N.D.	11,0	4L	2,0/TUR.	220	4500	258	1600		
A3 KOM. 2.0 CAB. QUAT.	4421	1960*	1409	2595	1625	279/320	N.D.	11,0	4L	2,0/TUR.	220	4500	258	1600		
A3 PROG. E-TRON SPORTBACK	4312	1966*	1424	2630	1640	386/955	N.D.	10,7	4L	1,4/TUR.	150	5000	184	1600	22	8,8
A3 RS3 BERL. QUAT.	4479	1960*	1397	2631	1590	315/770	NON REC.	11,0	5L	2,5/TUR.	394	5850	354	1700		
A3 S3 TEC. 2.0 BERL. QUAT.	4469	1960*	1392	2631	1565	283/544	N.D.	11,0	4L	2,0/TUR.	292	5400	280	1900		
A3 S3 PROG. 2.0 BERL. QUAT.	4469	1960*	1392	2631	1565	283/544	N.D.	11,0	4L	2,0/TUR.	292	5400	280	1900		
A3 ULTRA E-TRON SPORTBACK	4312	1966*	1424	2630	1640	386/955	N.D.	10,7	4L	1,4/TUR.	150	5000	184	1600	22	8,8
A4 KOM. 2.0 QUAT. MAN.	4726	2022*	1427	2820	1628	368/850	N.D.	11,6	4L	2,0/TUR.	252	5000	273	1600		
A4 KOM. 2.0 QUAT. S	4726	2022*	1427	2820	1645	368/850	N.D.	11,6	4L	2,0/TUR.	252	5000	273	1600		
A4 KOM. 2.0 S	4726	2022*	1427	2820	1565	368/850	N.D.	11,6	4L	2,0/TUR.	190	4200	236	1450		
A4 ALLROAD TEC. 2.0 QUAT. S	4750	2022*	1493	2818	1735	680/1510	750	11,6	4L	2,0/TUR.	252	5000	273	1600		
A4 S4 TEC. 3.0 QUAT. S	4745	2022*	1404	2825	1720	368/850	N.D.	11,6	V6	3,0/TUR.	354	5500	369	1370		
A4 S4 PROG. 3.0 QUAT. S	4745	2022*	1404	2825	1720	368/850	N.D.	11,6	V6	3,0/TUR.	354	5400	369	1370		
A5 CAB. 2.0 QUAT. PROG. S	4673	2029*	1383	2765	1810	320/380	N.D.	11,5	4L	2,0/TUR.	252	5000	273	1600		
A5 CAB. S5 3.0 QUAT. PROG.	4692	2029*	1382	2765	1920	320/380	N.D.	11,5	V6	3,0/TUR.	354	5400	369	1370		
A5 COUPÉ 2.0 QUAT. TEC. S	4673	2029*	1371	2765	1635	465	N.D.	11,5	4L	2,0/TUR.	252	5000	273	1600		
A5 COUPÉ 2.0 QUAT. PROG.	4673	2029*	1371	2765	1575	465	N.D.	11,5	4L	2,0/TUR.	252	5000	273	1600		
A5 COUPÉ S5 3.0 QUAT. TEC.	4692	2029*	1368	2765	1635	465	N.D.	11,5	V6	3,0/TUR.	354	5400	369	1370		
A5 COUPÉ S5 3.0 QUAT. PROG.	4692	2029*	1368	2765	1635	465	N.D.	11,5	V6	3,0/TUR.	354	5400	369	1370		
A5 RS 5 COUPÉ	4723	2029*	1360	2765	1730	465	N.D.	11,7	V6	3,0/TUR.	444	5700	443	1900		
A5 SPORTBACK 2.0 QUAT. TEC. S	4733	2029*	1386	2825	1680	480	N.D.	11,7	4L	2,0/TUR.	252	5000	273	1600		
A5 SPORTBACK S5 3.0 QUAT. TEC.	4752	2029*	1384	2825	1735	480	N.D.	11,7	V6	3,0/TUR.	354	5400	369	1370		
A6 2.0 QUAT. PROG.	4932	2086*	1455	2912	1725	399	N.D.	11,9	4L	2,0/TUR.	252	5000	273	1600		
A6 3.0 QUAT. TEC.	4932	2086*	1455	2912	1895	399	N.D.	11,9	V6	3,0/SURC	340	5500	325	2900		
A6 3.0 QUAT. COMPETITION	4932	2086*	1455	2912	1940	399	N.D.	11,9	V6	3,0/SURC	340	5500	325	2900		
A6 S6	4931	2086*	1430	2917	2035	399	N.D.	11,9	V8	4,0/TUR.	450	5800	406	1400		
A7 4.0 S7 QUAT.	4981	2139*	1398	2917	2070	535/1390	N.D.	11,9	V8	4,0/TUR.	450	5800	406	1400		
A7 4.0 RS7 QUAT.	5012	2139*	1419	2915	2030	535/1390	N.D.	11,9	V8	4,0/TUR.	560	5700	516	1750		
A7 4.0 RS7 QUAT. PERFORMANCE	5012	2139*	1419	2915	2060	535/1390	N.D.	11,9	V8	4,0/TUR.	605	6100	517	1750		
A7 QUAT. COMPETITION	4974	2139*	1420	2914	1945	535/1390	N.D.	11,9	V6	3,0/SURC	340	5500	325	2900		
A8 3.0 QUAT.	5135	2111*	1460	2992	1980	402	750	12,3	V6	3,0/SURC	333	5300	326	2900		
A8 4.0 QUAT.	5135	2111*	1460	2992	2075	402	750	12,3	V8	4,0/TUR.	450	5300	444	1500		
A8 L 4.0 QUAT.	5265	2111*	1471	3122	2120	402	750	12,3	V8	4,0/TUR.	450	5300	444	1500		
A8 S8 PLUS 4.0 QUAT.	5147	2111*	1458	2994	2125	402	750	12,3	V8	4,0/TUR.	605	6100	517	1750		
Q3 2.0 KOM.	4388	2019*	1608	2603	1585	473/1365	N.D.	11,8	4L	2,0/TUR.	200	5100	207	1700		
Q3 2.0 QUAT. KOM.	4388	2019*	1608	2603	1670	473/1365	N.D.	11,8	4L	2,0/TUR.	200	5100	207	1700		
Q5 2.0 QUAT. TEC.	4663	2140*	1659	2819	1835	610/1550	2400	11,7	4L	2,0/TUR.	252	5000	273	1600		
Q5 2.0 QUAT. KOM.	4663	2140*	1659	2819	1835	610/1550	2400	11,7	4L	2,0/TUR.	252	5000	273	1600		
Q5 SQ5 3.0 QUAT. TEC.	4671	2140*	1635	2824	1995	610/1550	N.D.	11,7	V6	3,0/TUR.	354	5400	369	1370		
Q7 2.0 QUAT. KOM.	5069	2212*	1740	2994	2130	419/2028	750	12,4	4L	2,0/TUR.	252	5000	273	1600		

MODÈLE	LONGUEUR (MM)	LARGEUR (MM)	HAUTEUR (MM)	EMPATTEMENT (MM)	POIDS (KG)	COFFRE MIN./MAX. (LITRES)	CAPACITÉ REMORQUAGE (KG)	DIAMÈTRE BRAQUAGE (M)	MOTEUR/ ALIMENTATION	CYLINDRÉE (LITRES)/ ALIMENTAION	PUISSANCE (CH)	CHEVAUX (À TR/MIN)	COUPLE (LB-PI)	LB-PI (À TR/MIN) (MINIMUM)	AUTONOMIE ÉLECTRIQUE (KM)	ÉNERGIE BATTERIES (KWH)
AUDI																
Q7 3.0 QUAT. PROG.	5069	2212*	1740	2994	2240	419/2028	3500	12,4	V6	3,0/SURC	333	5500	325	1750		
R8 V10 COUPÉ	4427	2037*	1240	2650	1695	227	NON REC.	11,2	V10	5,2/ATM	540	7800	398	6500		
R8 V10 PLUS COUPÉ	4427	2037*	1240	2650	1645	227	NON REC.	11,2	V10	5,2/ATM	610	8250	413	6500		
R8 V10 SPYDER	4427	2037*	1245	2650	1799	114	NON REC.	11,2	V10	5,2/ATM	540	7800	398	6500		
TT COUPÉ	4183	1966*	1351	2505	1435	305/712	N.D.	10,6	4L	2,0/TUR.	220	4500	258	1600		
TT ROADSTER	4183	1966*	1351	2505	1530	280	N.D.	10,6	4L	2,0/TUR.	220	4500	258	1600		
TT RS COUPÉ	4191	1966*	1344	2505	1515	305/712	N.D.	11,0	5L	2,5/TUR.	394	5850	354	1700		
TT S COUPÉ	4191	1966*	1341	2505	1480	305/712	N.D.	11,0	4L	2,0/TUR.	292	5400	280	1900		
BENTLEY																
BENTAYGA BASE	5140	2224*	1742	2995	2440	484/1774	N.D.	12,4	W12	6,0/TUR.	600	5000	664	1350		
BENTAYGA MULLINER	5140	2224*	1742	2995	2440	431/1774	N.D.	12,4	W12	6,0/TUR.	600	5000	664	1350		
CONTINENTAL GT	4806	2227*	1404	2746	2320	358	N.D.	11,3	W12	6,0/TUR.	582	6000	531	1700		
CONTINENTAL GT CONVERTIBLE	4806	2227*	1403	2746	2495	260	N.D.	11,3	W12	6,0/TUR.	582	6000	531	1700		
FLYING SPUR BASE	5295	2208*	1488	3065	2475	442	N.D.	12,1	W12	6,0/TUR.	616	6000	590	2000		
FLYING SPUR V8	5299	2208*	1488	3066	2425	442	N.D.	12,1	V8	4,0/TUR.	500	6000	487	1700		
MULSANNE BASE	5575	2208*	1521	3266	2711	443	N.D.	12,6	V8	6,8/TUR.	505	4200	752	1750		
MULSANNE SPEED	5575	2208*	1521	3266	2711	443	N.D.	12,6	V8	6,8/TUR.	530	4200	811	1750		
BMW																
I3 LOFT DESIGN	4008	2039*	1578	2570	1346	260/1100	NON REC.	9,9	ÉLEC.	N.D.	168	4800	184	N.D.	200	33,2
I8 BASE	4697	1942	1291	2800	1567	154	N.D.	12,3	3L	1,5/TUR.	228	5800	236	3700	24	7,1
SÉRIE 2 230I COUPÉ	4437	1984*	1418	2690	1519	390	N.D.	10,9	4L	2,0/TUR.	248	5200	258	1450		
SÉRIE 2 230I XDRIVE CABRIOLET	4437	1984*	1413	2690	1737	280/335	N.D.	11,3	4L	2,0/TUR.	248	5200	258	1450		
SÉRIE 2 230I XDRIVE COUPÉ	4437	1984*	1418	2690	1583	390	N.D.	11,3	4L	2,0/TUR.	248	5200	258	1450		
SÉRIE 2 M2 COUPÉ	4476	1984*	1410	2693	1593	390	NON REC.	11,7	6L	3,0/TUR.	365	6500	343	1400		
SÉRIE 2 M240I CABRIOLET	4437	1984*	1413	2690	1722	280/335	N.D.	10,9	6L	3,0/TUR.	335	5500	369	1520		
SÉRIE 2 M240I COUPÉ	4437	1984*	1418	2690	1591	390	N.D.	10,9	6L	3,0/TUR.	335	5500	369	1520		
SÉRIE 2 M240I XDRIVE CABRIOLET	4437	1984*	1413	2690	1793	280/335	N.D.	11,3	6L	3,0/TUR.	335	5500	369	1520		
SÉRIE 2 M240I XDRIVE COUPÉ	4437	1984*	1418	2690	1665	390	N.D.	11,3	6L	3,0/TUR.	335	5500	369	1520		
SÉRIE 3 328D BERLINE	4633	2031*	1429	2810	1596	480	N.D.	11,3	4L	2,0/TUR.	184	4000	280	1750		
SÉRIE 3 328D XDRIVE BERLINE	4643	2031*	1434	2810	1676	480	N.D.	11,7	4L	2,0/TUR.	184	4000	280	1750		
SÉRIE 3 328D XDRIVE TOURING	4643	2031*	1435	2810	1767	779/1600	N.D.	11,7	4L	2,0/TUR.	184	4000	280	1750		
SÉRIE 3 330E BERLINE	4633	2031*	1429	2810	1780	370	N.D.	11,3	4L	2,0/TUR.	184	5000	215	1350	21	7,6
SÉRIE 3 330I XDRIVE BERLINE	4643	2031*	1434	2810	1592	480	N.D.	11,7	4L	2,0/TUR.	248	5200	258	1450		
SÉRIE 3 330I XDRIVE G T	4824	2047*	1506	2920	1760	520/1600	N.D.	12,3	4L	2,0/TUR.	248	5200	258	1450		
SÉRIE 3 330I XDRIVE TOURING	4643	2031*	1435	2810	1735	779/1500	N.D.	11,7	4L	2,0/TUR.	248	5200	258	1450		
SÉRIE 3 340I BERLINE	4643	2031*	1429	2810	1676	480	N.D.	11,3	6L	3,0/TUR.	320	5500	330	1380		
SÉRIE 3 340I XDRIVE BERLINE	4643	2031*	1434	2810	1733	480	N.D.	11,7	6L	3,0/TUR.	320	5500	330	1380		
SÉRIE 3 340I XDRIVE G T	4824	2047*	1506	2920	1800	520/1600	N.D.	12,3	6L	3,0/TUR.	320	5500	330	1380		
SÉRIE 3 M3 BERLINE	4671	2037*	1424	2812	1595	480	N.D.	11,3	6L	3,0/TUR.	425	5500	406	1850		
SÉRIE 4 430I XDRIVE CABRIOLET	4638	2017*	1384	2810	1887	220/370	N.D.	11,8	4L	2,0/TUR.	248	5200	258	1450		
SÉRIE 4 430I XDRIVE COUPÉ	4638	2017*	1377	2810	1649	445	N.D.	11,8	4L	2,0/TUR.	248	5200	258	1450		
SÉRIE 4 430I XDRIVE G C	4638	1825	1389	2810	1696	480/1300	N.D.	11,8	4L	2,0/TUR.	248	5200	258	1450		
SÉRIE 4 440I COUPÉ	4638	2017*	1377	2810	1637	445	N.D.	11,3	6L	3,0/TUR.	320	5500	330	1380		
SÉRIE 4 440I XDRIVE CABRIOLET	4638	2017*	1384	2810	1937	220/370	N.D.	11,8	6L	3,0/TUR.	320	5500	330	1380		
SÉRIE 4 440I XDRIVE COUPÉ	4638	2017*	1377	2810	1703	445	N.D.	11,8	6L	3,0/TUR.	320	5500	330	1380		
SÉRIE 4 440I XDRIVE G C	4638	2017*	1383	2810	1763	480/1300	N.D.	11,8	6L	3,0/TUR.	320	5500	330	1380		
SÉRIE 4 M4 CABRIOLET	4671	2014*	1386	2812	1843	220/370	N.D.	12,2	6L	3,0/TUR.	425	5500	406	1850		
SÉRIE 4 M4 COUPÉ	4671	2014*	1383	2812	1497	445	N.D.	11,3	6L	3,0/TUR.	425	5500	406	1850		
SÉRIE 5 530E XDRIVE	4936	2126*	1483	2975	2064	410	N.D.	12,2	ÉLEC.	N.D.	111	3170	184	0	50	9,2
SÉRIE 5 530I XDRIVE	4935	2126*	1466	2975	1763	530	750	12,2	4L	2,0/TUR.	248	5200	258	1450		
SÉRIE 5 540I XDRIVE	4935	2126*	1466	2975	1827	530	750	12,2	6L	3,0/TUR.	335	5500	332	1380		
SÉRIE 5 M550I XDRIVE	4936	2126*	1467	2975	2058	530	N.D.	12,2	V8	4,4/TUR.	445	5500	480	2000		
SÉRIE 6 640I G C XDRIVE	5009	2090*	1392	2968	1964	460/1265	N.D.	12,0	6L	3,0/TUR.	320	5900	332	1300		
SÉRIE 6 640I GT XDRIVE	5091	1902	1540	3070	1910	610/1800	N.D.	12,5	6L	3,0/TUR.	335	5500	332	1380		
SÉRIE 6 650I G C XDRIVE	5009	2090*	1392	2968	2073	460/1265	N.D.	12,0	V8	4,4/TUR.	445	5500	479	2000		
SÉRIE 6 650I XDRIVE CABRIOLET	4896	2090*	1365	2855	2105	300/350	N.D.	11,7	V8	4,4/TUR.	445	5500	479	2000		
SÉRIE 6 650I XDRIVE COUPÉ	4896	2090*	1369	2855	2003	460	N.D.	11,7	V8	4,4/TUR.	445	5500	479	2000		
SÉRIE 6 B6 XDRIVE G C	5007	2090*	1398	2968	2105	460/1265	N.D.	12,0	V8	4,4/TUR.	600	6000	590	3500		
SÉRIE 6 M6 CABRIOLET	4903	2106*	1368	2851	2048	300/350	N.D.	12,1	V8	4,4/TUR.	560	6000	500	1500		
SÉRIE 6 M6 COUPÉ	4903	2106*	1374	2851	1928	460	N.D.	12,1	V8	4,4/TUR.	560	6000	500	1500		
SÉRIE 6 M6 G C	5016	2106*	1395	2964	2009	460/1265	N.D.	12,1	V8	4,4/TUR.	560	6000	500	1500		
SÉRIE 7 740LE XDRIVE	5248	2169*	1479	3210	2150	420	N.D.	12,9	ÉLEC.	N.D.	111	0	184	0	40	6,5
SÉRIE 7 750I XDRIVE	5108	2169*	1467	3070	2051	515	N.D.	12,5	V8	4,4/TUR.	445	5500	480	1800		
SÉRIE 7 750LI XDRIVE	5248	2169*	1479	3210	2097	515	N.D.	12,9	V8	4,4/TUR.	445	5500	480	1800		
SÉRIE 7 M760LI XDRIVE	5248	2169*	1479	3210	2326	515	N.D.	12,9	V12	6,6/TUR.	600	5500	590	1550		
X1 XDRIVE 28I	4455	2060*	1598	2670	1681	505/1550	N.D.	11,4	4L	2,0/TUR.	228	5000	258	1250		
X3 M40I	4716	2138*	1676	2864	1885	550/1600	2000	12,1	6L	3,0/TUR.	355	5800	343	1350		
X3 XDRIVE 30I	4716	2138*	1676	2864	1848	550/1600	2000	11,9	4L	2,0/TUR.	248	5200	258	1450		
X4 M40I	4671	2069*	1624	2810	1925	500/1400	750	11,9	6L	3,0/TUR.	355	5800	343	1350		
X5 M	4894	2184*	1717	2933	2386	650/1870	750	12,8	V8	4,4/TUR.	567	6000	553	2200		
X5 XDRIVE 35D	4908	2184*	1762	2933	2236	650/1870	750	12,7	6L	3,0/TUR.	255	4000	413	1500		
X5 XDRIVE 35I	4908	2184*	1762	2933	2173	650/1870	750	12,7	6L	3,0/TUR.	300	5800	300	1300		
X5 XDRIVE 40E	4886	2184*	1762	2933	2368	520/1720	N.D.	12,7	4L	2,0/TUR.	241	5000	258	1250	40	9,2
X5 XDRIVE 50I	4908	2184*	1762	2933	2336	650/1870	750	12,7	V8	4,4/TUR.	445	5500	479	2000		

MODÈLE	LONGUEUR (MM)	LARGEUR (MM)	HAUTEUR (MM)	EMPATTEMENT (MM)	POIDS (KG)	COFFRE MIN./ MAX. (LITRES)	CAPACITÉ REMORQUAGE (KG)	DIAMÈTRE BRAQUAGE (M)	MOTEUR / ALIMENTATION	CYLINDRÉE (LITRES) / ALIMENTATION	PUISSANCE (CH)	CHEVAUX (À TR/MIN)	COUPLE (LB-PI)	LB-PI (À TR/MIN)	AUTONOMIE ÉLECTRIQUE (KM)	ÉNERGIE BATTERIES (KWH)
BMW																
X6 M	4923	2170*	1689	2933	2352	550/1525	750	12,8	V8	4,4/TUR.	567	6000	553	2200		
X6 XDRIVE 35I	4923	2170*	1702	2933	2155	550/1525	750	12,8	6L	3,0/TUR.	300	5800	300	1300		
X6 XDRIVE 50I	4923	2170*	1702	2933	2345	550/1525	750	12,8	V8	4,4/TUR.	445	5500	480	2000		
*																
CHIRON W16 BASE	4544	2162*	1212	2711	1995	44	N.D.	0	W16	8,0/TUR.	1500	6700	1180	2000		
BUICK																
ENCLAVE ESSENCE TA	5189	2002	1775	3071	1977	668/2765	680	11,9	V6	3,6/ATM	302	6800	260	2800		
ENCLAVE ESSENCE TI	5189	2002	1775	3071	2077	668/2765	680	11,9	V6	3,6/ATM	302	6800	260	2800		
ENCLAVE HAUT DE GAMME TI	5189	2002	1775	3071	2077	668/2765	680	11,9	V6	3,6/ATM	302	6800	260	2800		
ENCORE BASE TA	4278	1774	1658	2555	1468	532/1371	NON REC.	11,2	4L	1,4/TUR.	138	4900	148	1850		
ENCORE BASE TI	4278	1774	1658	2555	1523	532/1371	NON REC.	11,2	4L	1,4/TUR.	138	4900	148	1850		
ENCORE SPORT TOURING TA	4278	1774	1658	2555	1468	532/1371	NON REC.	11,2	4L	1,4/TUR.	153	5600	177	1850		
ENCORE SPORT TOURING TI	4278	1774	1658	2555	1523	532/1371	NON REC.	11,2	4L	1,4/TUR.	153	5600	177	1850		
ENVISION HAUT DE GAMME I	4666	1839	1697	2740	1852	761/1622	680	12,0	4L	2,0/TUR.	252	5500	260	3000		
ENVISION HAUT DE GAMME II	4666	1839	1697	2740	1852	761/1622	680	12,0	4L	2,0/TUR.	252	5500	260	3000		
ENVISION PRIVILÉGIÉ	4666	1839	1697	2740	1782	761/1622	680	12,0	4L	2,5/ATM	197	6300	192	4400		
LACROSSE BASE	5017	1867	1460	2905	1632	425	454	11,6	V6	3,6/ATM	310	6800	268	5200		
LACROSSE EASSIST	5017	1867	1460	2905	1583	405	N.D.	11,6	4L	2,4/ATM	194	6300	254	4400		0,45
LACROSSE ESSENCE	5017	1867	1460	2905	1632	425	454	11,6	V6	3,6/ATM	310	6800	268	5200		
LACROSSE HAUT DE GAMME	5017	1867	1460	2905	1632	425	454	11,6	V6	3,6/ATM	310	6800	268	5200		
LACROSSE HAUT DE GAMME TI	5017	1867	1460	2905	1741	425	454	11,6	V6	3,6/ATM	310	6800	268	5200		
REGAL BASE	4899	2093*	1455	2829	1700	892/1719	N.D.	11,9	4L	2,0/TUR.	250	5300	260	2000		
REGAL PRIVILÉGIÉ II TI	4899	2093*	1455	2829	1762	892/1719	N.D.	11,9	4L	2,0/TUR.	250	5400	295	3000		
CADILLAC																
ATS 2.0 TURBO	4643	1806	1420	2776	1530	294	NON REC.	11,1	4L	2,0/TUR.	272	5500	295	3000		
ATS 2.0 TURBO COUPÉ	4663	1842	1399	2776	1550	295	NON REC.	11,1	4L	2,0/TUR.	272	5500	295	3000		
ATS 2.0 TURBO COUPÉ TI	4663	1842	1399	2776	1623	295	NON REC.	11,6	4L	2,0/TUR.	272	5500	295	3000		
ATS 2.0 TURBO TI	4643	1806	1420	2776	1607	294	NON REC.	11,6	4L	2,0/TUR.	272	5500	295	3000		
ATS 3.6 V6	4643	1806	1420	2776	1570	294	454	11,1	V6	3,6/ATM	335	6800	285	5300		
ATS 3.6 V6 COUPÉ	4663	1842	1399	2776	1605	295	454	11,1	V6	3,6/ATM	335	6800	285	5300		
ATS 3.6 V6 COUPÉ TI	4663	1842	1399	2776	1679	295	454	11,6	V6	3,6/ATM	335	6800	285	5300		
ATS 3.6 V6 TI	4643	1806	1420	2776	1646	294	454	11,6	V6	3,6/ATM	335	6800	285	5300		
ATS ATS-V BERLINE	4673	1811	1415	2776	1600	295	N.D.	11,7	V6	3,6/TUR.	464	5850	445	3500		
ATS ATS-V COUPÉ	4691	1841	1384	2776	1600	295	N.D.	11,6	V6	3,6/TUR.	464	5850	445	3500		
CT6 2.0L TURBO	5182	1880	1471	3109	1654	433	NON REC.	12,2	4L	2,0/TUR.	265	6500	295	3000		
CT6 3.0L LUXE BITURBO TI	5182	1880	1471	3109	1853	433	NON REC.	12,2	V6	3,0/TUR.	404	5700	400	2500		
CT6 3.0L PLATINUM BITURBO TI	5182	1880	1471	3109	1989	433	NON REC.	11,3	V6	3,0/TUR.	404	5700	400	2500		
CT6 3.6L PLATINUM TI	5182	1880	1471	3109	1933	433	454	11,3	V6	3,6/ATM	335	6800	284	5700		
CT6 3.6L TI	5182	1880	1471	3109	1833	433	454	12,2	V6	3,6/ATM	335	6800	284	5700		
CT6 HYBRIDE RECHARGEABLE	5184	1880	1473	3109	1800	300	NON REC.	12,2	4L	2,0/TUR.	265	6500	295	3000	50	18,4
CTS 2.0L TURBO	4966	1833	1454	2910	1640	388	N.D.	11,3	4L	2,0/TUR.	268	5600	295	3000		
CTS 2.0L TURBO TI	4966	1833	1454	2910	1711	388	NON REC.	11,9	4L	2,0/TUR.	268	5600	295	3000		
CTS 3.6L HAUT DE GAMME TI	4966	1833	1454	2910	1764	388	454	11,9	V6	3,6/ATM	333	6600	285	4800		
CTS 3.6L LUXE	4966	1833	1454	2910	1704	388	454	11,3	V6	3,6/ATM	333	6600	285	4800		
CTS CTS-V BERLINE	5019	1834	1453	2911	1878	388	NON REC.	12,3	V8	6,2/SURC	640	6400	630	3600		
CTS CTS-V SPORT BITURBO 3.6L	4966	1833	1454	2910	1793	388	454	11,5	V6	3,6/TUR.	420	5750	430	3500		
ESCALADE BASE	5179	2045	1890	2946	2649	430/2668	3674	11,9	V8	6,2/ATM	420	5600	460	4100		
ESCALADE ESV	5697	2045	1890	3302	2740	1113/3424	3583	13,1	V8	6,2/ATM	420	5600	460	4100		
XT5 BASE TA	4815	1903	1675	2857	1808	849/1784	1588	11,8	V6	3,6/ATM	310	6700	271	5000		
XT5 LUXE TA	4815	1903	1675	2857	1808	849/1784	1588	11,8	V6	3,6/ATM	310	6700	271	5000		
XT5 LUXE TI	4815	1903	1675	2857	1931	849/1784	1588	11,8	V6	3,6/ATM	310	6700	271	5000		
XT5 PLATINUM TI	4815	1903	1675	2857	1931	849/1784	1588	11,9	V6	3,6/ATM	310	6700	271	5000		
XTS COLLECTION LUXE TI	5131	1852	1501	2837	1912	509	454	11,8	V6	3,6/ATM	304	6800	264	5200		
XTS V-SPORT BITURBO	5131	1852	1501	2837	1912	509	454	11,8	V6	3,6/TUR.	410	6000	369	1900		
XTS V-SPORT BITURBO TI	5131	1852	1501	2837	1912	509	454	11,8	V6	3,6/TUR.	410	6000	369	1900		
CHEVROLET																
BOLT EV BASE	4166	1765	1594	2600	1625	478/1603	N.D.	10,8	ÉLEC.	N.D.	200	0	266	0	383	60
CAMARO LS	4783	1897	1349	2812	1521	258	N.D.	11,6	4L	2,0/TUR.	275	5600	295	3000		
CAMARO LS CABRIOLET	4783	1897	1344	2812	1654	206	N.D.	11,6	4L	2,0/TUR.	275	5600	295	3000		
CAMARO LT 2.0	4783	1897	1349	2812	1521	258	N.D.	11,6	4L	2,0/TUR.	275	5600	295	3000		
CAMARO LT 2.0 CABRIIOLET	4783	1897	1344	2812	1654	206	N.D.	11,6	4L	2,0/TUR.	275	5600	295	3000		
CAMARO LT V6	4783	1897	1349	2812	1558	258	N.D.	11,6	V6	3,6/ATM	335	6800	284	5300		
CAMARO LT V6 CABRIOLET	4783	1897	1344	2812	1682	206	N.D.	11,6	V6	3,6/ATM	335	6800	284	5300		
CAMARO SS	4783	1897	1349	2812	1671	258	N.D.	11,6	V8	6,2/ATM	455	6000	455	4400		
CAMARO SS CABRIOLET	4783	1897	1344	2812	1794	206	N.D.	11,6	V8	6,2/ATM	455	6000	455	4400		
CAMARO ZL1	4783	1905	1336	2812	1763	258	N.D.	11,7	V8	6,2/SURC	650	6000	650	3600		
CAMARO ZL1 CABRIOLET	4783	1905	1330	2812	1861	206	N.D.	11,7	V8	6,2/SURC	650	6000	650	3600		
COLORADO BASE 4X2 ALLONGÉE (6.2')	5403	1886	1788	3259	1808	1880**	1588	12,6	4L	2,5/ATM	200	6300	191	4400		
COLORADO LT 4X2 MULTI. PLACE (5.2')	5403	1886	1795	3259	1827	1568**	1588	12,6	4L	2,5/ATM	200	6300	191	4400		
COLORADO LT 4X4 MULTI. PLACE (6.2') DIESEL	5713	1886	1791	3569	2127	1880**	3447	13,6	4L	2,8/TUR.	181	3400	369	2000		
COLORADO WT 4X2 ALLONGÉE (6.2')	5403	1886	1788	3259	1808	1880**	1588	12,6	4L	2,5/ATM	200	6300	191	4400		
COLORADO WT 4X4 MULTI. PLACE (6.2')	5713	1886	1791	3569	2030	1880**	3175	13,6	V6	3,6/ATM	308	6500	275	4000		
COLORADO Z71 4X4 MULTI. PLACE (6.2')	5713	1886	1791	3569	2030	1880**	3175	13,6	V6	3,6/ATM	308	6500	275	4000		

*BUGATTI

MODÈLE	LONGUEUR (MM)	LARGEUR (MM)	HAUTEUR (MM)	EMPATTEMENT (MM)	POIDS (KG)	COFFRE MIN./MAX. (LITRES)	CAPACITÉ REMORQUAGE (KG)	DIAMÈTRE BRAQUAGE (M)	MOTEUR/ ALIMENTATION	CYLINDRÉE (LITRES)/ ALIMENTAION	PUISSANCE (CH)	CHEVAUX (À TR/MIN)	COUPLE (LB-PI)	LB-PI (À TR/MIN) (MIN(M)/(M))	AUTONOMIE ÉLECTRIQUE (KM)	ÉNERGIE BATTERIES (KWH)
CHEVROLET																
COLORADO Z71 4X4 MULTI. PLACE (6.2') DIESEL	5713	1886	1791	3569	2127	1880**	3447	13,6	4L	2,8/TUR.	181	3400	369	2000		
COLORADO ZR2 4X4 MULTI. PLACE (5.2')	5403	1886	1799	3259	2050	1568**	3175	12,6	V6	3,6/ATM	308	6500	275	4000		
CORVETTE GRAND SPORT CABRIOLET	4519	1966	1237	2710	1585	283	N.D.	11,5	V8	6,2/ATM	460	6000	465	4600		
CORVETTE GRAND SPORT COUPÉ	4519	1966	1234	2710	1558	425	N.D.	11,5	V8	6,2/ATM	460	6000	465	4600		
CORVETTE STINGRAY CABRIOLET	4492	1877	1243	2710	1525	283	N.D.	11,5	V8	6,2/ATM	455	6500	460	4500		
CORVETTE STINGRAY COUPÉ	4492	1877	1239	2710	1495	425	N.D.	11,5	V8	6,2/ATM	455	6500	460	4500		
CORVETTE STINGRAY Z51 CABRIOLET	4492	1877	1243	2710	1525	283	N.D.	11,5	V8	6,2/ATM	455	6500	460	4500		
CORVETTE STINGRAY Z51 COUPÉ	4492	1877	1239	2710	1496	425	N.D.	11,5	V8	6,2/ATM	455	6500	460	4500		
CORVETTE Z06 CABRIOLET	4492	1957	1235	2710	1628	283	N.D.	11,5	V8	6,2/SURC	650	6000	650	3600		
CORVETTE Z06 COUPÉ	4492	1929	1235	2710	1602	425	N.D.	11,5	V8	6,2/SURC	650	6000	650	3600		
CRUZE HAYON LT	4453	1791	1466	2700	1275	699/1336	N.D.	10,5	4L	1,4/TUR.	153	5600	177	2000		
CRUZE HAYON PREMIER	4453	1791	1466	2700	1300	699/1336	N.D.	10,5	4L	1,4/TUR.	153	5600	177	2000		
CRUZE LT	4666	1791	1458	2700	1315	394	N.D.	10,5	4L	1,4/TUR.	153	5600	177	2000		
CRUZE PREMIER	4666	1791	1458	2700	1364	394	N.D.	10,5	4L	1,4/TUR.	153	5600	177	2000		
EQUINOX DIESEL TA	4652	1843	1661	2725	1680	846/1798	680	11,4	4L	1,6/TUR.	137	3500	240	2000		
EQUINOX DIESEL TI	4652	1843	1661	2725	1740	846/1798	680	11,4	4L	1,6/TUR.	137	3500	240	2000		
EQUINOX LS TA	4652	1843	1661	2725	1509	846/1798	680	11,4	4L	1,5/TUR.	170	5600	203	2000		
EQUINOX LS TI	4652	1843	1661	2725	1580	846/1798	680	11,4	4L	1,5/TUR.	170	5600	203	2000		
EQUINOX LT TA	4652	1843	1661	2725	1509	846/1798	680	11,4	4L	1,5/TUR.	170	5600	203	2000		
EQUINOX LT TI	4652	1843	1661	2725	1580	846/1798	680	11,4	4L	1,5/TUR.	170	5600	203	2000		
EQUINOX PREMIER TA	4652	1843	1661	2725	1509	846/1798	1588	11,4	4L	2,0/TUR.	252	5500	260	2500		
EQUINOX PREMIER TI	4652	1843	1661	2725	1611	846/1798	1588	11,4	4L	2,0/TUR.	252	5500	260	2500		
IMPALA LS ECOTEC 2.5	5113	1854	1496	2837	1661	532	454	11,8	4L	2,5/ATM	197	6300	191	4400		
IMPALA LT V6	5113	1854	1496	2837	1723	532	454	11,8	V6	3,6/ATM	305	6800	264	5300		
IMPALA LTZ V6	5113	1854	1496	2837	1754	532	454	11,8	V6	3,6/ATM	305	6800	264	5300		
MALIBU HYBRIDE	4922	1854	1465	2829	1568	328	N.D.	11,5	4L	1,8/ATM	124	5000	129	4750		1,5
MALIBU L	4922	1854	1465	2829	1400	447	N.D.	11,5	4L	1,5/TUR.	160	5600	184	2000		
MALIBU LIMITED LS	4864	2028*	1463	2738	1571	462	454	11,4	4L	2,5/ATM	197	6300	191	4400		
MALIBU PREMIER	4922	1854	1465	2829	1536	447	N.D.	11,5	4L	2,0/TUR.	250	5300	258	1700		
SILVERADO HIGH COUNTRY 4X4 MULTI. (5.7')	5843	2032	1879	3645	2403	1761**	4136	14,4	V8	5,3/ATM	355	5600	383	4100		
SILVERADO HIGH COUNTRY 4X4 MULTI. (6.5')	6085	2032	1879	3886	2460	2003**	4136	14,8	V8	5,3/ATM	355	5600	383	4100		
SILVERADO LT 4X2 ALLONGÉE (6.5')	5843	2032	1876	3645	2258	2003**	2546	14,3	V6	4,3/ATM	285	5300	305	3900		
SILVERADO LT 4X4 CLASSIQUE (8.0')	5701	2032	1874	3378	2184	2483**	3364	13,4	V6	4,3/ATM	285	5300	305	3900		
SILVERADO LT 4X4 MULTI. (5.7')	5843	2032	1879	3645	2331	1761**	3182	14,4	V6	4,3/ATM	285	5300	305	3900		
SILVERADO LT 4X4 MULTI. (6.5')	6085	2032	1879	3886	2403	2003**	2773	14,8	V6	4,3/ATM	285	5300	305	3900		
SILVERADO LTZ 4X2 ALLONGÉE (6.5')	5843	2032	1876	3645	2301	2003**	2909	14,3	V8	5,3/ATM	355	5600	383	4100		
SILVERADO WT 4X2 ALLONGÉE (6.5')	5843	2032	1876	3645	2258	2003**	2546	14,3	V6	4,3/ATM	285	5300	305	3900		
SILVERADO WT 4X4 MULTI. (5.7')	5843	2032	1879	3645	2331	1761**	3182	14,4	V6	4,3/ATM	285	5300	305	3900		
SILVERADO WT 4X4 MULTI. (6.5')	6085	2032	1879	3886	2403	2003**	2773	14,8	V8	5,3/ATM	355	5600	383	4100		
SONIC LT BERLINE (AUTO)	4397	1735	1516	2525	1249	422	NON REC.	10,5	4L	1,8/ATM	138	6300	125	3800		
SONIC LT HATCHBACK	4039	1735	1516	2525	1237	538/1351	NON REC.	10,5	4L	1,8/ATM	138	6300	125	3800		
SONIC PREMIER HATCHBACK	4059	1735	1506	2525	1325	538/1351	NON REC.	11,0	4L	1,4/TUR.	138	4900	148	1850		
SPARK 2LT	3635	1595	1483	2385	1049	314/770	NON REC.	10,5	4L	1,4/ATM	98	6200	94	4400		
SPARK LS	3635	1595	1483	2385	1019	314/770	NON REC.	10,5	4L	1,4/ATM	98	6200	94	4400		
SPARK LT	3635	1595	1483	2385	1028	314/770	NON REC.	10,5	4L	1,4/ATM	98	6200	94	4400		
SUBURBAN 1500 LS 4X2	5700	2045	1890	3302	2534	1113/3446	2864	13,1	V8	5,3/ATM	355	5600	383	4100		
SUBURBAN 1500 LT 4X4	5700	2045	1890	3302	2635	1113/3446	2727	13,1	V8	5,3/ATM	355	5600	383	4100		
SUBURBAN 1500 PREMIER 4X4	5700	2045	1890	3302	2635	1113/3446	2727	13,1	V8	5,3/ATM	355	5600	383	4100		
TAHOE LS 4X2	5179	2045	1890	2946	2429	433/2681	3000	11,9	V8	5,3/ATM	355	5600	383	4100		
TAHOE LT 4X4	5179	2045	1890	2946	2554	433/2681	2909	11,9	V8	5,3/ATM	355	5600	383	4100		
TAHOE PREMIER 4X4	5179	2045	1890	2946	2554	433/2681	2909	11,9	V8	5,3/ATM	355	5600	383	4100		
TRAVERSE 1LT TA	5189	1996	1795	3071	1978	651/2789	680	11,9	V6	3,6/ATM	305	6800	260	2800		
TRAVERSE 1LT TI	5189	1996	1795	3071	2078	651/2789	680	11,9	V6	3,6/ATM	305	6800	260	2800		
TRAVERSE HIGH COUNTRY	5189	1996	1795	3071	2078	651/2789	680	11,9	V6	3,6/ATM	305	6800	260	2800		
TRAVERSE RS TA	5189	1996	1795	3071	1978	651/2789	N.D.	11,9	4L	2,0/TUR.	255	5500	295	3000		
TRAVERSE RS TI	5189	1996	1795	3071	2078	651/2789	N.D.	11,9	4L	2,0/TUR.	255	5500	295	3000		
TRAX LT	4247	2035*	1656	2555	1382	530/1371	NON REC.	10,8	4L	1,4/TUR.	138	4900	148	1850		
TRAX LT TI	4247	2035*	1656	2555	1455	530/1371	NON REC.	11,2	4L	1,4/TUR.	138	4900	148	1850		
TRAX PREMIER TI	4247	2035*	1656	2555	1455	530/1371	NON REC.	11,2	4L	1,4/TUR.	138	4900	148	1850		
VOLT LT	4582	1808	1433	2695	1607	300	NON REC.	11,1	4L	1,5/ATM	101	5600	N.D.	N.D.	85	18,4
CHRYSLER																
300 LIMITED	5044	1902	1485	3052	1828	462	454	11,9	V6	3,6/ATM	292	6350	260	4800		
300 LIMITED AWD	5044	1902	1504	3052	1921	462	454	11,9	V6	3,6/ATM	292	6350	260	4800		
300 S V6	5044	1902	1484	3052	1828	462	454	11,9	V6	3,6/ATM	292	6350	260	4800		
300 S V6 AWD	5044	1902	1485	3052	1921	462	454	11,9	V6	3,6/ATM	292	6350	260	4800		
300 TOURING	5044	1902	1485	3052	1828	462	454	11,9	V6	3,6/ATM	292	6350	260	4800		
300 TOURING AWD	5044	1902	1485	3052	1921	462	454	11,9	V6	3,6/ATM	292	6350	260	4800		
PACIFICA HYBRIDE PLATINUM	5176	2297*	1777	3089	2262	915/3979	NON REC.	12,1	V6	3,6/ATM	248	5800	230	4000	53	16
PACIFICA LIMITED	5176	2297*	1777	3089	1964	915/3979	1633	12,1	V6	3,6/ATM	287	6400	262	4000		

MODÈLE	LONGUEUR (MM)	LARGEUR (MM)	HAUTEUR (MM)	EMPATTEMENT (MM)	POIDS (KG)	COFFRE MIN./MAX. (LITRES)	CAPACITÉ REMORQUAGE (KG)	DIAMÈTRE BRAQUAGE (M)	MOTEUR/ALIMENTATION	CYLINDRÉE (LITRES)/ALIMENTATION	PUISSANCE (CH)	CHEVAUX (À TR/MIN)	COUPLE (LB-PI)	LB-PI (À TR/MIN)	AUTONOMIE ÉLECTRIQUE (KM)	ÉNERGIE BATTERIES (KWH)
DODGE																
CHALLENGER GT	5027	2179*	1460	2950	1866	459	N.D.	11,4	V6	3,6/ATM	305	6350	268	4800		
CHALLENGER HEMI SCAT PACK (AUTO)	5027	2179*	1460	2950	1920	459	NON REC.	11,8	V8	6,4/ATM	485	6100	475	4100		
CHALLENGER HEMI SCAT PACK (MAN)	5027	2179*	1460	2950	1923	459	NON REC.	11,8	V8	6,4/ATM	485	6100	475	4100		
CHALLENGER R/T (AUTO.)	5027	2179*	1460	2950	1894	459	454	11,4	V8	5,7/ATM	372	5200	400	4400		
CHALLENGER R/T (MAN.)	5027	2179*	1460	2950	1901	459	NON REC.	11,4	V8	5,7/ATM	375	5150	410	4300		
CHALLENGER SRT 392	5028	2179*	1419	2950	1944	459	NON REC.	11,4	V8	6,4/ATM	485	6100	475	4100		
CHALLENGER SRT DEMON	5016	2179*	1459	2950	1946	459	NON REC.	11,6	V8	6,2/SURC	808	6300	717	4500		
CHALLENGER SRT HELLCAT	5018	2179*	1416	2950	2021	459	NON REC.	11,7	V8	6,2/SURC	707	6200	650	4800		
CHALLENGER SXT	5027	2179*	1460	2950	1766	459	454	11,4	V6	3,6/ATM	305	6350	268	4800		
CHARGER HELLCAT	5100	1905	1480	3058	2075	467	NON REC.	11,6	V8	6,2/SURC	707	6200	650	4800		
CHARGER R/T	5040	1905	1479	3052	1934	467	454	11,4	V8	5,7/ATM	370	5250	395	4200		
CHARGER SE	5040	1905	1479	3052	1785	467	454	11,4	V6	3,6/ATM	292	6350	260	4800		
CHARGER SE AWD	5040	1905	1479	3052	1886	467	454	11,8	V6	3,6/ATM	292	6350	260	4800		
CHARGER SRT 392	5100	1905	1480	3058	2000	467	NON REC.	11,6	V8	6,4/ATM	485	6100	475	4100		
CHARGER SXT	5040	1905	1479	3052	1799	467	454	11,4	V6	3,6/ATM	292	6350	260	4800		
CHARGER SXT AWD	5040	1905	1479	3052	1900	467	454	11,8	V6	3,6/ATM	292	6350	260	4800		
DURANGO CITADEL	5110	2172*	1801	3042	2312	490/2393	2812	11,2	V6	3,6/ATM	295	6400	260	4000		
DURANGO GT	5110	2172*	1801	3042	2262	490/2393	2812	11,2	V6	3,6/ATM	293	6400	260	4000		
DURANGO R/T	5110	2172*	1827	3042	2418	490/2393	3265	11,2	V8	5,7/ATM	360	5150	390	4250		
DURANGO SRT	5110	2172*	1827	3042	2505	490/2393	3901	11,3	V8	6,4/ATM	475	6000	470	4300		
DURANGO SXT	5110	2172*	1801	3042	2262	490/2393	2812	11,2	V6	3,6/ATM	293	6400	260	4000		
GRAND CARAVAN CREW	5151	2247*	1725	3078	2050	934/4072	1633	12,0	V6	3,6/ATM	283	6350	260	4400		
GRAND CARAVAN GT	5151	2247*	1725	3078	2050	934/4072	1633	12,0	V6	3,6/ATM	283	6350	260	4400		
JOURNEY CROSSROAD TI	4888	2127*	1765	2890	1922	1122/1914	1134	11,9	V6	3,6/ATM	283	6350	260	4400		
JOURNEY ENSEMBLE VALEUR PLUS	4888	2127*	1693	2890	1732	1122/1914	454	11,7	4L	2,4/ATM	173	6000	166	4000		
JOURNEY GT TI	4888	2127*	1765	2890	1922	1122/1914	1134	11,9	V6	3,6/ATM	283	6350	260	4400		
FERRARI																
488 GTB	4568	1952	1213	2650	1475	230	N.D.		V8	3,9/TUR.	661	8000	561	3000		
488 SPIDER	4568	1952	1211	2650	1525	230	N.D.		V8	3,9/TUR.	661	8000	561	3000		
812 SUPERFAST	4657	1971	1276	2720	1630	300	N.D.		V12	6,5/ATM	800	8500	530	7000		
CALIFORNIA T	4570	1910	1322	2670	1730	240/340	N.D.		V8	3,9/TUR.	552	7500	557	4750		
F12 BERLINETTA	4618	1943	1273	2720	1633	320/500	N.D.		V12	6,3/ATM	731	8250	508	6000		
F12 TDF	4656	1961	1273	2720	1523	320	N.D.		V12	6,3/ATM	769	8500	519	6250		
GTC4LUSSO BASE	4922	1980	1383	2990	1920	450/800	N.D.		V12	6,3/ATM	690	8000	515	5750		
GTC4LUSSO T	4922	1980	1383	2990	1865	450/800	N.D.		V8	3,9/TUR.	600	7500	560	3000		
FIAT																
124 SPIDER ABARTH	4054	1740	1232	2309	1105	140	NON REC.	9,4	4L	1,4/TUR.	164	N.D.	184	N.D.		
124 SPIDER CLASSICA	4054	1740	1232	2309	1105	140	NON REC.	9,4	4L	1,4/TUR.	160	5500	183	2500		
124 SPIDER LUSSO	4054	1740	1232	2309	1123	140	NON REC.	9,4	4L	1,4/TUR.	160	5500	183	2500		
500 ABARTH	3667	1866*	1502	2300	1142	268/759	NON REC.	11,5	4L	1,4/TUR.	160	5500	170	2500		
500 ABARTH CABRIOLET	3667	1866*	1504	2300	1154	152/663	NON REC.	11,5	4L	1,4/TUR.	160	5500	170	2500		
500 LOUNGE (AUTO)	3547	1627	1519	2300	1112	269/759	NON REC.	9,3	4L	1,4/ATM	101	6500	97	4000		
500 POP	3547	1627	1519	2300	1074	269/759	NON REC.	9,3	4L	1,4/ATM	101	6500	97	4000		
500C LOUNGE (AUTO)	3547	1627	1519	2300	1139	153/663	NON REC.	9,3	4L	1,4/ATM	101	6500	97	4000		
500C POP	3547	1627	1519	2300	1099	153/663	NON REC.	9,3	4L	1,4/ATM	101	6500	97	4000		
500L LOUNGE	4249	2036*	1670	2612	1476	633/1927	NON REC.	10,7	4L	1,4/TUR.	160	5500	183	2500		
500L TREKKING	4270	2036*	1670	2612	1476	633/1927	NON REC.	10,7	4L	1,4/TUR.	160	5500	183	2500		
500X LOUNGE	4247	2024*	1602	2570	1346	524/1438	NON REC.	11,1	4L	2,4/ATM	180	6400	175	3900		
500X LOUNGE TI	4247	2024*	1618	2570	1456	524/1438	NON REC.	11,1	4L	2,4/ATM	180	6400	175	3900		
FORD																
C-MAX ENERGI SE	4410	2086*	1620	2648	1769	545/1211	N.D.	11,6	4L	2,0/ATM	141	6000	129	4000	33	7,6
C-MAX HYBRID SE	4410	2086*	1624	2648	1652	694/1489	N.D.	11,6	4L	2,0/ATM	141	6000	129	4000		1,4
ECOSPORT TITANIUM	4273	2057*	1693	2521	1450	375/1238	N.D.	10,6	4L	2,0/ATM	160	6500	146	4500		
EDGE SEL TA	4779	2179*	1742	2849	1778	1111/2078	682	11,8	4L	2,0/TUR.	245	5500	275	3000		
EDGE SEL TI	4779	2179*	1742	2849	1854	1111/2078	682	11,8	4L	2,0/TUR.	245	5500	275	3000		
EDGE SEL V6 TA	4779	2179*	1742	2849	1800	1111/2078	909	11,8	V6	3,5/ATM	280	6500	250	4000		
EDGE SEL V6 TI	4779	2179*	1742	2849	1860	1111/2078	909	11,8	V6	3,5/ATM	280	6500	250	4000		
EDGE SPORT TI	4779	2179*	1742	2849	1860	1111/2078	909	11,8	V6	2,7/TUR.	315	4750	350	2750		
ESCAPE S 2.5 TA	4524	2078*	1684	2690	1615	963/1926	680	11,7	4L	2,5/ATM	168	6000	170	4500		
ESCAPE SE 1.5 ECOBOOST TA	4524	2078*	1684	2690	1603	963/1926	907	11,7	4L	1,5/TUR.	179	6000	177	2500		
ESCAPE SE 1.5 ECOBOOST TI	4524	2078*	1684	2690	1672	963/1926	907	11,7	4L	1,5/TUR.	179	6000	177	2500		
ESCAPE TITANIUM 2.0 ECOBOOST TI	4524	2078*	1684	2690	1711	963/1926	1587	11,7	4L	2,0/TUR.	245	5500	275	3000		
EXPEDITION MAX LIMITED 4X4	5635	2373*	1936	3342	2668	972/3439	4127	13,9	V6	3,5/TUR.	375	5000	470	3500		
EXPEDITION XLT 4X4	5333	2373*	1941	3112	2562	546/2968	4173	12,8	V6	3,5/TUR.	375	5000	470	3500		
EXPLORER BASE ECOBOOST TI	5037	2292*	1803	2866	2078	1115/2314	908	12,0	4L	2,3/TUR.	280	5500	310	3000		
EXPLORER SPORT	5037	2292*	1803	2866	2223	595/2314	2267	12,2	V6	3,5/TUR.	365	5500	350	3500		
EXPLORER XLT ECOBOOST TA	5037	2292*	1803	2866	2004	1115/2314	908	11,9	4L	2,3/TUR.	280	5500	310	3000		
EXPLORER XLT V6 4WD	5037	2292*	1803	2866	2106	1115/2314	2267	12,0	V6	3,5/ATM	290	6500	255	4000		
EXPLORER XLT V6 TA	5037	2292*	1803	2866	2026	1115/2314	2267	11,9	V6	3,5/ATM	290	6500	255	4000		
F-150 KING RANCH 4X4 SUPER C. (5.5')	5890	2459*	1961	3683	2200	1676**	4082	14,4	V8	5,0/ATM	385	5750	387	3850		
F-150 KING RANCH 4X4 SUPER C. (6.5')	6190	2459*	1963	3983	2230	1981**	4037	15,4	V8	5,0/ATM	385	5750	387	3850		
F-150 LARIAT 4X2 DOUBLE (6.5')	5890	2459*	1918	3683	2032	1981**	3447	14,4	V6	2,7/TUR.	325	5750	375	3000		
F-150 LARIAT 4X2 DOUBLE (8.0')	6363	2459*	1918	4158	2096	2438**	3402	16,0	V6	2,7/TUR.	325	5750	375	3000		

MODÈLE	LONGUEUR (MM)	LARGEUR (MM)	HAUTEUR (MM)	EMPATTEMENT (MM)	POIDS (KG)	COFFRE MIN./MAX. (LITRES)	CAPACITÉ REMORQUAGE (KG)	DIAMÈTRE BRAQUAGE (M)	MOTEUR/ALIMENTATION	CYLINDRÉE (LITRES)/ALIMENTAION	PUISSANCE (CH)	CHEVAUX (À TR/MIN)	COUPLE (LB-PI)	LB-PI (À TR/MIN) (MIN IN M.M)	AUTONOMIE ÉLECTRIQUE (KM)	ÉNERGIE BATTERIES (KWH)
FORD																
F-150 PLATINUM 4X4 SUPER C. (6.5')	6190	2459*	1963	3983	2239	1981**	4037	15,4	V8	5,0/ATM	385	5750	387	3850		
F-150 RAPTOR 4X4 DOUBLE (5.5')	5589	2459*	1953	3409	2506	1981**	2721	14,4	V6	3,5/TUR.	450	5000	510	3500		
F-150 RAPTOR 4X4 SUPER C. (5.5')	5889	2459*	1994	3708	2584	1676**	3628	14,4	V6	3,5/TUR.	450	5000	510	3500		
F-150 XL ECOBOOST 4X4 DOUBLE (6.5')	5890	2459*	1961	3683	2169	1981**	3402	14,4	V6	2,7/TUR.	325	5750	375	3000		
F-150 XLT 4X2 DOUBLE (6.5')	5890	2459*	1918	3683	1993	1981**	2288	14,4	V6	3,3/ATM	282	N.D.	253	N.D.		
F-150 XLT 4X2 DOUBLE (8.0')	6363	2459*	1918	4158	2096	2438**	3402	16,0	V6	2,7/TUR.	325	5750	375	3000		
F-150 XLT 4X2 SIMPLE (6.5')	5316	2459*	1918	3109	1838	1981**	2268	12,8	V6	3,3/ATM	282	N.D.	253	N.D.		
F-150 XLT 4X4 SUPER C. (6.5')	6190	2459*	1963	3983	2220	1981**	4037	15,4	V8	5,0/ATM	385	5750	387	3850		
FIESTA S BERLINE	4406	1977*	1475	2489	1169	363	NON REC.	10,5	4L	1,6/ATM	120	6350	112	5000		
FIESTA SE HATCHBACK 1.0 ECOBOOST	4056	1977*	1476	2489	1151	423/720	N.D.	10,5	3L	1,0/TUR.	123	6000	125	3500		
FIESTA ST	4067	1977*	1454	2489	1244	285/720	NON REC.	10,8	4L	1,6/TUR.	197	6000	202	4200		
FIESTA TITANIUM BERLINE	4406	1977*	1475	2489	1169	363	NON REC.	10,5	4L	1,6/ATM	120	6350	112	5000		
FIESTA TITANIUM HATCHBACK	4056	1977*	1476	2489	1151	423/720	NON REC.	10,5	4L	1,6/ATM	120	6350	112	5000		
FLEX LIMITED TI	5126	2256	1727	2995	2108	566/2356	2041	12,4	V6	3,5/ATM	287	6500	254	4000		
FLEX LIMITED TI ECOBOOST	5126	2256*	1727	2995	2195	566/2356	2041	12,4	V6	3,5/TUR.	365	5500	350	3500		
FLEX SEL TA	5126	2256*	1727	2995	2018	566/2355	2041	12,4	V6	3,5/ATM	287	6500	254	4000		
FLEX SEL TI	5126	2256*	1727	2995	2108	566/2356	2041	12,4	V6	3,5/ATM	287	6500	254	4000		
FOCUS ÉLECTRIQUE	4391	2044*	1478	2648	1661	402/940	NON REC.	11,0	ÉLEC.	N.D.	143	0	184	0	185	33,5
FOCUS RS	4390	2044*	1472	2648	1599	562/1240	NON REC.	12,0	4L	2,3/TUR.	350	6000	350	3200		
FOCUS S BERLINE	4538	2044*	1466	2648	1331	374	NON REC.	11,0	4L	2,0/ATM	160	6500	146	4500		
FOCUS SE BERLINE 1.0 ECOBOOST	4538	2044*	1466	2648	1343	374	NON REC.	11,0	3L	1,0/TUR.	123	6000	125	3500		
FOCUS ST	4391	2044*	1471	2648	1462	660/1243	NON REC.	12,0	4L	2,0/TUR.	252	5500	270	2500		
FOCUS TITANIUM BERLINE	4538	2044*	1466	2648	1386	374	NON REC.	11,0	4L	2,0/ATM	160	6500	146	4500		
FOCUS TITANIUM HATCHBACK	4360	2044*	1466	2648	1380	660/1243	NON REC.	11,0	4L	2,0/ATM	160	6500	146	4500		
FUSION S	4869	2121*	1478	2850	1511	453	N.D.	11,4	4L	2,5/ATM	175	6000	175	4500		
FUSION S HYBRIDE	4872	2121*	1473	2850	1651	340	N.D.	11,4	4L	2,0/ATM	141	6000	129	4000		1,4
FUSION SE	4869	2121*	1478	2850	1511	453	N.D.	11,4	4L	2,5/ATM	175	6000	175	4500		
FUSION SE ENERGI	4872	2121*	1473	2850	1783	232	NON REC.	11,4	4L	2,0/ATM	141	6000	129	4000	35	7,6
FUSION SE HYBRIDE	4872	2121*	1473	2850	1651	340	NON REC.	11,4	4L	2,0/ATM	141	6000	129	4000		1,4
FUSION SE TA 1.5 ECOBOOST	4869	2121*	1478	2850	1563	453	N.D.	11,4	4L	1,5/TUR.	179	6000	177	2500		
FUSION SE TI	4869	2121*	1478	2850	1554	453	N.D.	11,4	4L	2,0/TUR.	245	5500	275	3000		
FUSION SPORT	4871	2121*	1478	2850	1600	453	N.D.	11,4	V6	2,7/TUR.	325	5500	380	3500		
FUSION TITANIUM AWD	4869	2121*	1478	2850	1554	453	N.D.	11,4	4L	2,0/ATM	245	5500	275	3000		
GT COUPÉ	4763	2238*	1110	2710	1385	11	NON REC.	12,2	V6	3,5/TUR.	647	6250	550	5900		
MUSTANG 2.3 TURBO CABRIOLET	4783	1915	1395	2720	1660	323	N.D.	11,5	4L	2,3/TUR.	310	5500	320	2500		
MUSTANG 2.3 TURBO COUPÉ	4783	1915	1382	2720	1605	382	N.D.	11,5	4L	2,3/TUR.	310	5500	320	2500		
MUSTANG GT 5.0 CABRIOLET	4783	1915	1395	2720	1740	323	N.D.	11,5	V8	5,0/ATM	435	6500	400	4250		
MUSTANG GT 5.0 COUPÉ	4783	1915	1382	2720	1684	382	N.D.	11,5	V8	5,0/ATM	435	6500	400	4250		
MUSTANG SHELBY GT350	4798	1928	1377	2720	1705	382	N.D.	12,3	V8	5,2/ATM	526	7500	429	4750		
MUSTANG SHELBY GT350R	4818	1928	1361	2720	1655	382	N.D.	12,3	V8	5,2/ATM	526	7500	429	4750		
TAURUS LIMITED TI	5154	2177*	1542	2868	1882	569	454	12,0	V6	3,5/ATM	288	6500	254	4000		
TAURUS SE ECOBOOST TA	5154	2177*	1542	2868	1754	569	454	12,0	4L	2,0/TUR.	240	5500	270	1750		
TAURUS SEL TI	5154	2177*	1542	2868	1882	569	454	12,0	V6	3,5/ATM	288	6500	254	4000		
TAURUS SHO TI	5154	2177*	1542	2868	1967	569	454	12,0	V6	3,5/TUR.	365	5500	350	3500		
TRANSIT CONNECT FOURGONNETTE XL	4818	2137*	1848	3062	1641	3698	907	12,5	4L	2,5/ATM	169	6000	171	4500		
GENESIS																
G80 3.8	4990	1890	1480	3010	2069	433	N.D.	11,4	V6	3,8/ATM	311	6000	293	5000		
G80 5	4990	1890	1480	3010	2143	433	N.D.	11,4	V8	5,0/ATM	420	6000	383	5000		
G90 3.3T	5205	1915*	1495	3160	2170	444	NON REC.	11,9	V6	3,3/TUR.	365	6000	376	1300		
G90 5	5205	1915*	1495	3160	2225	444	NON REC.	11,9	V8	5,0/ATM	420	6000	383	5000		
GMC																
ACADIA DENALI	4917	1915	1745	2857	1885	363/2237	1814	11,8	V6	3,6/ATM	310	6600	271	5000		
ACADIA SLE 2.5 TA	4917	1915	1676	2857	1794	363/2237	454	11,8	4L	2,5/ATM	193	6300	188	4400		
ACADIA SLE 2.5 TI	4917	1915	1676	2857	1885	363/2237	454	11,8	4L	2,5/ATM	193	6300	188	4400		
ACADIA SLT 3.6 TI	4917	1915	1676	2857	1885	363/2237	1814	11,8	V6	3,6/ATM	310	6600	271	5000		
ACADIA SLT ALL TERRAIN	4917	1915	1745	2857	1885	363/2237	1814	11,8	V6	3,6/ATM	310	6600	271	5000		
CANYON 4X2 ALLONGÉE (6.2')	5395	1886	1788	3258	1778	1880**	1588	12,6	4L	2,5/ATM	200	6300	191	4400		
CANYON 4X2 MULTI. (5.2')	5395	1886	1795	3258	1805	1575**	1588	12,6	4L	2,5/ATM	200	6300	191	4400		
CANYON 4X2 MULTI. (6.2')	5705	1886	1793	3569	1905	1880**	3175	13,6	V6	3,6/ATM	308	6800	275	4000		
CANYON 4X4 ALLONGÉE (6.2')	5395	1886	1785	3258	1860	1880**	1588	12,6	4L	2,5/ATM	200	6300	191	4400		
CANYON DENALI 4X4 MULTI. (6.2') DIE	5715	1885	1788	3569	2154	1880**	3493	13,6	4L	2,8/ATM	181	3400	369	2000		
CANYON DENALI 4X4 MULTI. (5.2') DIE	5395	1886	1794	3258	1882	1575**	3175	12,6	V6	3,6/ATM	308	6800	275	4000		
CANYON SLT 4X4 MULTI. (6.2')	5705	1886	1791	3569	2041	1880**	3175	13,6	V6	3,6/ATM	308	6800	275	4000		
CANYON SLT 4X4 MULTI. (6.2') DIE	5705	1886	1791	3569	2100	1880**	3447	13,6	4L	2,8/ATM	181	3400	369	2000		
SIERRA BASE 4X2 CLASSIQUE (6.5')	5221	2032	1879	3023	2055	2003**	2954	12,2	V6	4,3/ATM	285	5300	305	3900		
SIERRA BASE 4X2 CLASSIQUE (8.0')	5701	2032	1879	3378	2131	2483**	3046	13,4	V6	4,3/ATM	285	5300	305	3900		
SIERRA DENALI TI MULTI. (5.7')	5829	2032	1873	3645	2433	1761**	4182	14,4	V8	5,3/ATM	355	5600	383	4100		
SIERRA DENALI TI MULTI. (6.5')	6071	2032	1873	3886	2480	2003**	4136	14,8	V8	5,3/ATM	355	5600	383	4100		
SIERRA SLT 4X2 MULTI. (5.7')	5829	2032	1873	3645	2363	1761**	2909	14,3	V8	5,3/ATM	355	5600	383	4100		
SIERRA SLT 4X4 DOUBLE (6.5')	5829	2032	1876	3645	2408	2003**	2818	14,3	V8	5,3/ATM	355	5600	383	4100		
SIERRA SLT 4X4 MULTI. (5.7')	5829	2032	1875	3645	2433	1761**	2818	14,4	V6	4,3/ATM	285	5300	305	3900		
SIERRA SLT 4X4 MULTI. (6.5')	6071	2032	1875	3886	2480	2003**	2773	14,8	V8	5,3/ATM	355	5600	383	4100		
TERRAIN DENALI TI (2017)	4712	1850	1684	2857	1845	895/1810	680	12,2	4L	2,4/ATM	182	6700	172	4900		

	MODÈLE	LONGUEUR (MM)	LARGEUR (MM)	HAUTEUR (MM)	EMPATTEMENT (MM)	POIDS (KG)	COFFRE MIN./MAX. (LITRES)	CAPACITÉ REMORQUAGE (KG)	DIAMÈTRE BRAQUAGE (M)	MOTEUR/ALIMENTATION	CYLINDRÉE (LITRES)/ALIMENTATION	PUISSANCE (CH)	CHEVAUX (À TR/MIN)	COUPLE (LB-PI)	LB-PI (À TR/MIN) (MINIMUM)	AUTONOMIE ÉLECTRIQUE (KM)	ÉNERGIE BATTERIES (KWH)
GMC	TERRAIN DENALI TI (V6) (2017)	4712	1850	1684	2857	1927	895/1810	1588	13,0	V6	3,6/ATM	301	6500	272	4800		
	TERRAIN SLE TA (2017)	4712	1850	1684	2857	1720	895/1810	680	12,2	4L	2,4/ATM	182	6700	172	4900		
	TERRAIN SLT TI (2017)	4712	1850	1684	2857	1794	895/1810	680	12,2	4L	2,4/ATM	182	6700	172	4900		
	TERRAIN SLT TI (V6)	4712	1850	1684	2857	1883	895/18010	1588	13,0	V6	3,6/ATM	301	6500	272	4800		
	YUKON DENALI	5179	2045	1890	2946	2606	433/2682	3682	11,9	V8	6,2/ATM	420	5600	460	4100		
	YUKON SLE 4X2	5179	2045	1890	2946	2408	433/2682	3856	11,9	V8	5,3/ATM	355	5600	383	4100		
	YUKON SLT 4X4	5179	2045	1890	2946	2533	433/2682	3765	11,9	V8	5,3/ATM	355	5600	383	4100		
	YUKON XL 1500 DENALI	5697	2045	1890	3302	2713	1102/3430	3590	13,1	V8	6,2/ATM	420	5600	460	4100		
	YUKON XL 1500 SLE 4X2	5697	2045	1890	3302	2511	1102/3430	3765	13,1	V8	5,3/ATM	355	5600	383	4100		
	YUKON XL 1500 SLT 4X4	5697	2045	1890	3302	2637	1102/3430	3629	13,1	V8	5,3/ATM	355	5600	383	4100		
HONDA	ACCORD COUPÉ TOURING (2017)	4832	2085*	1436	2725	1497	379	N.D.	11,9	4L	2,4/ATM	185	6400	181	3900		
	ACCORD COUPÉ TOURING V6 (2017)	4832	2085*	1436	2725	1559	379	N.D.	11,9	V6	3,5/ATM	278	6200	251	5300		
	ACCORD EX COUPÉ (2017)	4832	2085*	1436	2725	1494	379	N.D.	11,9	4L	2,4/ATM	185	6400	181	3900		
	ACCORD EX COUPÉ HONDA SENSING (2017)	4832	2085*	1436	2725	1528	379	N.D.	11,9	4L	2,4/ATM	185	6400	181	3900		
	ACCORD EX-L BERLINE (2017)	4907	2084*	1465	2775	1530	439	N.D.	11,6	4L	2,4/ATM	185	6400	181	3900		
	ACCORD EX-L V6 BERLINE (2017)	4907	2084*	1465	2775	1609	439	N.D.	11,6	V6	3,5/ATM	278	6200	252	4900		
	ACCORD HYBRIDE (2017)	4882	1849	1460	2775	1617	360	N.D.	11,6	4L	2,0/ATM	141	6200	122	4500		1,3
	ACCORD LX BERLINE (2017)	4907	2051*	1465	2775	1466	447	N.D.	11,6	4L	2,4/ATM	185	6400	181	3900		
	ACCORD SE BERLINE (2017)	4907	2051*	1465	2775	1500	447	N.D.	11,6	4L	2,4/ATM	185	6400	181	3900		
	ACCORD SPORT (2017)	4907	2084*	1465	2775	1507	439	N.D.	12,1	4L	2,4/ATM	189	6400	182	3900		
	ACCORD TOURING (2017)	4907	2084*	1465	2775	1558	439	N.D.	12,1	4L	2,4/ATM	185	6400	181	3900		
	ACCORD TOURING V6 (2017)	4907	2084*	1465	2775	1643	439	N.D.	12,1	V6	3,5/ATM	278	6200	252	4900		
	CIVIC DX BERLINE	4631	2076*	1416	2700	1247	428	NON REC.	10,8	4L	2,0/ATM	158	6500	138	4200		
	CIVIC EX BERLINE	4631	2087*	1416	2700	1278	428	NON REC.	10,8	4L	2,0/ATM	158	6500	138	4200		
	CIVIC EX-T BERLINE	4631	2087*	1416	2700	1326	428	NON REC.	10,8	4L	1,5/TUR.	174	6000	162	1700		
	CIVIC EX-T COUPÉ	4492	2087*	1395	2700	1313	343	N.D.	10,8	4L	1,5/TUR.	174	6000	162	1700		
	CIVIC LX BERLINE	4631	2076*	1416	2700	1257	428	NON REC.	10,8	4L	2,0/ATM	158	6500	138	4200		
	CIVIC LX COUPÉ	4492	2076*	1395	2700	1251	343	N.D.	10,8	4L	2,0/ATM	158	6500	138	4200		
	CIVIC LX HAYON	4519	2076*	1434	2700	1287	728/1308	NON REC.	10,8	4L	1,5/TUR.	175	5500	167	1800		
	CIVIC LX HAYON (AUTO)	4519	2076*	1434	2700	1318	728/1308	NON REC.	10,8	4L	1,5/TUR.	174	6000	162	1700		
	CIVIC LX HONDA SENSING BERLINE	4631	2076*	1416	2700	1265	428	NON REC.	10,8	4L	2,0/ATM	158	6500	138	4200		
	CIVIC LX HONDA SENSING COUPÉ	4492	2076*	1395	2700	1257	343	N.D.	10,8	4L	2,0/ATM	158	6500	138	4200		
	CIVIC SI BERLINE	4645	2087*	1411	2700	1341	379	NON REC.	10,6	4L	1,5/TUR.	205	5700	192	2100		
	CIVIC SPORT HAYON	4519	2076*	1429	2700	1318	728/1308	NON REC.	11,4	4L	1,5/TUR.	180	5500	177	1900		
	CIVIC SPORT HONDA SENSING HAYON	4519	2076*	1429	2700	1349	728/1308	NON REC.	11,4	4L	1,5/TUR.	180	5500	162	1700		
	CIVIC SPORT TOURING HAYON	4519	2076*	1429	2700	1337	728/1308	NON REC.	11,4	4L	1,5/TUR.	180	5500	177	1900		
	CIVIC TOURING BERLINE	4631	2087*	1416	2700	1334	416	NON REC.	10,8	4L	1,5/TUR.	174	6000	162	1700		
	CIVIC TOURING COUPÉ	4492	2087*	1395	2700	1317	337	N.D.	10,8	4L	1,5/TUR.	174	6000	162	1700		
	CIVIC TYPE R	4557	2087*	1434	2700	1415	728/1308	NON REC.	12,0	4L	2,0/TUR.	306	6500	295	2500		
	CLARITY PHEV BASE	4895	1877	1478	2750	1900	300	N.D.	11,7	ÉLEC.		181	5000	232	0	68	17
	CR-V LX 2RM	4586	2065*	1679	2660	1502	1110/2146	N.D.	11,4	4L	1,5/TUR.	190	5600	179	2000		
	CR-V LX 4RM	4586	2107*	1689	2660	1557	1110/2146	N.D.	11,4	4L	1,5/TUR.	190	5600	179	2000		
	CR-V TOURING	4586	2107*	1689	2660	1617	1065/2146	N.D.	11,4	4L	1,5/TUR.	190	5600	179	2000		
	FIT DX	4064	1702	1524	2530	1133	470/1492	N.D.	10,4	4L	1,5/ATM	130	6600	114	4600		
	FIT EX (CVT)	4064	1702	1524	2530	1197	470/1492	N.D.	10,4	4L	1,5/ATM	130	6600	114	4600		
	HR-V EX	4294	1772	1605	2610	1407	657/1583	NON REC.	11,4	4L	1,8/ATM	141	6500	127	4300		
	HR-V EX-2WD	4294	1772	1605	2610	1332	688/1665	NON REC.	11,4	4L	1,8/ATM	141	6500	127	4300		
	ODYSSEY EX-L NAVI	5161	2345*	1767	3000	2038	929/3984	1360	12,1	V6	3,5/ATM	280	6000	262	4700		
	ODYSSEY LX	5161	2345*	1767	3000	2004	929/4103	1360	12,1	V6	3,5/ATM	280	6000	262	4700		
	ODYSSEY TOURING	5161	2345*	1767	3000	2086	929/3973	1587	12,1	V6	3,5/ATM	280	6000	262	4700		
	PILOT EX 4RM	4941	2296*	1773	2820	1946	524/3092	2268	11,5	V6	3,5/ATM	280	6000	262	4700		
	PILOT TOURING 4RM	4941	2296*	1773	2820	1975	510/3072	2268	12,0	V6	3,5/ATM	280	6000	262	4700		
	RIDGELINE EX-L	5335	2279*	1798	3180	2038	1625/207	2268	12,4	V6	3,5/ATM	280	6000	262	4700		
	RIDGELINE TOURING	5335	2279*	1798	3180	2054	1625/207	2268	12,4	V6	3,5/ATM	280	6000	262	4700		
HYUNDAI	ACCENT GL BERLINE	4385	1729	1450	2580	1165	387	N.D.	10,4	4L	1,6/ATM	132	N.D.	119	N.D.		
	ACCENT GL HATCHBACK	4185	1729	1450	2580	1139	616/1361	N.D.	10,4	4L	1,6/ATM	132	N.D.	119	N.D.		
	ELANTRA GL BERLINE	4570	1800	1435	2700	1275	407	NON REC.	10,6	4L	2,0/ATM	147	6200	132	4500		
	ELANTRA GT	4340	1795	1465	2650	1319	705/1560	N.D.	10,6	4L	2,0/ATM	162	6200	150	4700		
	ELANTRA GT SPORT	4340	1795	1465	2650	1370	705/1560	N.D.	10,6	4L	1,6/TUR.	201	6000	195	1750		
	ELANTRA LIMITED ULTIMATE BERLINE	4570	1860	1435	2700	1350	407	NON REC.	10,6	4L	2,0/ATM	147	6200	132	4500		
	ELANTRA SE BERLINE	4570	1800	1435	2700	1350	407	NON REC.	10,6	4L	2,0/ATM	147	6200	132	4500		
	ELANTRA SPORT	4570	1800	1435	2700	1410	407	NON REC.	10,6	4L	1,6/TUR.	201	6000	195	1750		
	ELANTRA SPORT TECH	4570	1800	1435	2700	1420	407	NON REC.	10,6	4L	1,6/TUR.	201	6000	195	1750		
	IONIQ ÉLECTRIQUE	4470	1821	1450	2700	1420	350/1410	N.D.	10,6	ÉLEC.	N.D.	118	0	215	0	200	28
	IONIQ HYBRIDE	4470	1821	1450	2700	1370	443/1505	N.D.	10,6	4L	1,6/ATM	104	5700	109	4000		1,56
	IONIQ HYBRIDE RECHARGEABLE	4470	1821	1450	2700	1470	336/1398	N.D.	10,6	4L	1,6/ATM	104	5700	109	4000	40	8,9
	KONA TA	4165	1800	1550	2600	1300	361/1143	N.D.	10,6	4L	2,0/ATM	147	6200	132	4500		
	KONA TI	4165	1800	1550	2600	1400	361/1143	N.D.	10,6	4L	1,6/TUR.	175	5500	195	1500		
	SANTA FE SPORT 2.0T LIMITED TI	4690	1880	1690	2700	1823	1003/2025	1587	10,9	4L	2,0/TUR.	265	6000	269	1750		
	SANTA FE SPORT 2.0T SE TI	4690	1880	1690	2700	1681	1003/2025	1587	10,9	4L	2,0/TUR.	265	6000	269	1750		
	SANTA FE SPORT 2.4 LUXURY TI	4690	1880	1690	2700	1782	1003/2025	1270	10,9	4L	2,4/ATM	190	6300	181	4250		
	SANTA FE SPORT 2.4 PREMIUM TA	4690	1880	1690	2700	1711	1003/2025	1270	10,9	4L	2,4/ATM	190	6300	181	4250		
	SANTA FE SPORT 2.4L TA	4690	1880	1690	2700	1569	1003/2025	1270	10,9	4L	2,4/ATM	190	6300	181	4250		

MODÈLE	LONGUEUR (MM)	LARGEUR (MM)	HAUTEUR (MM)	EMPATTEMENT (MM)	POIDS (KG)	COFFRE MIN./MAX. (LITRES)	CAPACITÉ REMORQUAGE (KG)	DIAMÈTRE BRAQUAGE (M)	MOTEUR/ALIMENTATION	CYLINDRÉE (LITRES)/ALIMENTAION	PUISSANCE (CH)	CHEVAUX (À TR/MIN)	COUPLE (LB-PI)	LB-PI (À TR/MIN) (MINIMUM)	AUTONOMIE ÉLECTRIQUE (KM)	ÉNERGIE BATTERIES (KWH)
HYUNDAI																
SANTA FE XL LIMITED TI	4905	1885	1700	2800	2014	383/2265	2268	11,2	V6	3,3/ATM	290	6400	252	5200		
SANTA FE XL TA	4905	1885	1700	2800	1826	383/2265	2268	11,2	V6	3,3/ATM	290	6400	252	5200		
SANTA FE XL ULTIMATE TI	4905	1885	1700	2800	2014	383/2265	2268	11,2	V6	3,3/ATM	290	6400	252	5200		
SONATA GL	4855	1865	1475	2805	1475	462	NON REC.	10,9	4L	2,4/ATM	185	6000	178	4000		
SONATA GLS	4855	1865	1475	2805	1572	462	NON REC.	10,9	4L	2,4/ATM	185	6000	178	4000		
SONATA HYBRIDE	4855	1865	1421	2805	1590	377	N.D.	10,9	4L	2,0/ATM	154	6000	140	5000		1,6
SONATA HYBRIDE RECHARGEABLE	4855	1865	1421	2805	1721	280	N.D.	10,9	4L	2,0/ATM	154	6000	140	5000	43	9,8
SONATA LIMITED	4855	1865	1475	2805	1572	462	NON REC.	10,9	4L	2,4/ATM	185	6000	178	4000		
SONATA SPORT	4855	1865	1475	2805	1640	462	NON REC.	10,9	4L	2,4/ATM	185	6000	178	4000		
SONATA ULTIMATE 2.0T	4855	1865	1475	2805	1640	462	NON REC.	10,9	4L	2,0/TUR.	245	6000	260	1350		
TUCSON 1.6T LIMITED TI	4475	1850	1650	2670	1587	877/1754	454	10,6	4L	1,6/TUR.	175	5500	195	1500		
TUCSON 1.6T ULTIMATE TI	4475	1850	1650	2670	1683	877/1754	454	10,6	4L	1,6/TUR.	175	5500	195	1500		
TUCSON 2.0 PREMIUM TA	4475	1850	1650	2670	1560	877/1754	454	10,6	4L	2,0/ATM	164	6200	151	4000		
TUCSON 2.0 PREMIUM TI	4475	1850	1650	2670	1583	877/1754	454	10,6	4L	2,0/ATM	164	6200	151	4000		
TUCSON 2.0 TA	4475	1850	1650	2670	1508	877/1754	454	10,6	4L	2,0/ATM	164	6200	151	4000		
VELOSTER BASE	4220	1790	1399	2650	1172	440	N.D.	10,4	4L	1,6/ATM	132	6300	120	4850		
VELOSTER TURBO	4220	1805	1399	2650	1270	440	N.D.	10,4	4L	1,6/TUR.	201	6000	195	1750		
VELOSTER TURBO (AUTO)	4220	1805	1399	2650	1310	440	N.D.	10,4	4L	1,6/TUR.	201	6000	195	1750		
INFINITI																
Q50 2.0T BERLINE TI	4783	1824	1453	2850	1744	382	N.D.	11,4	4L	2,0/TUR.	208	5500	258	1200		
Q50 3.0T BERLINE TI	4803	1824	1453	2850	1786	382	N.D.	11,4	V6	3,0/TUR.	300	6400	295	1600		
Q50 3.0T SPORT BERLINE TI	4803	1824	1453	2850	1835	382	N.D.	11,4	V6	3,0/TUR.	300	6400	295	1600		
Q50 HYBRIDE PREMIUM BERLINE TI	4800	1824	1453	2850	1857	266	N.D.	11,4	V6	3,5/ATM	302	6800	258	5000		0
Q50 RED SPORT 400 TI	4803	1824	1453	2850	1839	382	N.D.	11,4	V6	3,0/TUR.	400	6400	350	1600		
Q60 COUPÉ 2.0T PRIVILÈGE TI	4683	1850	1385	2850	1683	210	N.D.	11,0	4L	2,0/TUR.	208	5500	258	1200		
Q60 COUPÉ 2.0T TI	4683	1850	1385	2850	1683	210	N.D.	11,0	4L	2,0/TUR.	208	5500	258	1200		
Q60 COUPÉ 3.0 SPORT	4683	1850	1385	2850	1750	210	N.D.	11,0	V6	3,0/TUR.	400	6400	350	1600		
Q60 COUPÉ 3.0T RED SPORT 400 TI	4683	1850	1385	2850	1750	210	N.D.	11,0	V6	3,0/TUR.	400	6400	350	1600		
Q70 3.7 TI SPORT	4945	1845	1515	2900	1841	422	N.D.	11,4	V6	3,7/ATM	330	7000	270	5200		
Q70 L 5.6 TI	5131	1845	1515	3051	1978	422	N.D.	11,4	V8	5,6/ATM	416	6000	414	4400		
QX30 AWD	4425	2083*	1529	2700	1550	544	N.D.	11,4	4L	2,0/TUR.	208	5500	258	1200		
QX30 AWD PREMIUM	4425	2083*	1529	2700	1580	544	N.D.	11,4	4L	2,0/TUR.	208	5500	258	1200		
QX30 SPORT	4425	2083*	1476	2700	1529	544	N.D.	11,4	4L	2,0/TUR.	208	5500	258	1200		
QX50 TI	4744	1803	1614	2880	1831	527/1342	N.D.	11,8	V6	3,7/ATM	325	7000	267	5200		
QX60 3.5 TI	4989	1960	1742	2900	2049	447/2166	2268	11,8	V6	3,5/ATM	295	6400	270	4800		
QX60 HYBRIDE	4989	1960	1742	2900	2124	447/2166	1590	11,8	4L	2,5/SURC	230	5600	243	3600		0
QX70 TI	4859	1928	1680	2885	1989	702/1756	1588	11,2	V6	3,7/ATM	325	7000	267	5200		
QX80 5.6 (7 PASS.)	5305	2030	1925	3075	2560	470/2694	3864	12,7	V8	5,6/ATM	400	5800	413	4000		
QX80 5.6 (8 PASS.)	5305	2030	1925	3075	2672	470/2694	3864	12,7	V8	5,6/ATM	400	5800	413	4000		
JAGUAR																
F-PACE PREMIUM 20D	4731	2175*	1667	2874	1775	508/1600	2400	11,6	4L	2,0/TUR.	180	4000	317	1750		
F-PACE PREMIUM 25T	4731	2175*	1667	2874	1760	508/1600	2400	11,6	4L	2,0/TUR.	247	5500	269	1200		
F-PACE PREMIUM 30T	4731	2175*	1667	2874	1771	508/1600	2400	11,6	4L	2,0/TUR.	296	5500	295	1500		
F-PACE R-SPORT	4731	2175*	1667	2874	1820	508/1600	2400	11,6	4L	2,0/TUR.	296	5500	295	1500		
F-PACE S	4731	2175*	1667	2874	1861	508/1600	2400	11,6	V6	3,0/SURC	380	6500	332	4500		
F-TYPE 400 SPORT COUPÉ TI	4482	2042*	1311	2622	1678	408	N.D.	11,3	V6	3,0/SURC	400	6500	339	3500		
F-TYPE 400 SPORT DÉCAPOTABLE TI	4482	2042*	1308	2622	1698	207	N.D.	11,3	V8	4,2/SURC	400	6100	413	3500		
F-TYPE COUPÉ	4482	2042*	1311	2622	1571	408	N.D.	10,7	V6	3,0/SURC	340	6500	332	3500		
F-TYPE COUPÉ 2.0	4482	2042*	1311	2622	1527	408	N.D.	10,7	4L	2,0/TUR.	296	5500	295	1500		
F-TYPE DÉCAPOTABLE	4482	2042*	1308	2622	1591	207	N.D.	10,7	V6	3,0/SURC	340	6500	332	3500		
F-TYPE DÉCAPOTABLE 2.0	4482	2042*	1308	2622	1548	207	N.D.	10,7	4L	2,0/TUR.	296	5500	295	1500		
F-TYPE R COUPÉ	4482	2042*	1311	2622	1734	408	N.D.	11,3	V8	5,0/SURC	550	6500	502	3000		
F-TYPE R DÉCAPOTABLE	4482	2042*	1308	2622	1749	207	N.D.	11,3	V8	5,0/SURC	550	6500	502	3000		
F-TYPE R-DYNAMIC COUPÉ	4482	2042*	1311	2622	1587	408	N.D.	10,7	V6	3,0/SURC	380	6500	339	3500		
F-TYPE R-DYNAMIC COUPÉ TI	4482	2042*	1311	2622	1678	408	N.D.	11,3	V6	3,0/SURC	380	6500	339	3500		
F-TYPE R-DYNAMIC DÉCAPOTABLE	4482	2042*	1308	2622	1607	207	N.D.	10,7	V6	3,0/SURC	380	6500	339	3500		
F-TYPE R-DYNAMIC DÉCAPOTABLE TI	4482	2042*	1308	2622	1698	207	N.D.	11,3	V6	3,0/SURC	380	6500	339	3500		
F-TYPE SVR COUPÉ	4475	2042*	1311	2622	1709	408	N.D.	11,3	V8	5,0/SURC	575	6500	516	3500		
F-TYPE SVR DÉCAPOTABLE	4475	2042*	1308	2622	1724	207	N.D.	11,3	V8	5,0/SURC	575	6500	516	3500		
I-PACE BASE	4680	1890	1560	2990	0	530/558	N.D.	11,9	ÉLEC.	N.D.	200	0	258	0	386	90
XE PREMIUM 20D	4686	2075*	1425	2835	1615	450	N.D.	11,2	4L	2,0/TUR.	180	4000	317	1750		
XE PREMIUM 25T	4686	2075*	1425	2835	1594	450	N.D.	11,2	4L	2,0/TUR.	247	5500	269	1200		
XE PREMIUM 30T	4686	2075*	1425	2835	1594	450	N.D.	11,2	4L	2,0/TUR.	296	5500	295	1500		
XE R-SPORT	4686	2075*	1425	2835	1721	450	N.D.	11,2	V6	3,0/SURC	340	6500	332	3500		
XE S	4686	2075*	1425	2835	1721	450	N.D.	11,2	V6	3,0/SURC	380	6500	332	4500		
XE SV PROJECT 8	4713	2075*	1436	2835	1745	450	N.D.	11,3	V8	5,0/SURC	592	6500	516	3500		
XF PREMIUM 20D	4954	2091*	1457	2960	1701	505	N.D.	11,9	4L	2,0/TUR.	180	4000	317	1750		
XF PREMIUM 25T	4954	2091*	1457	2960	1685	505	N.D.	11,9	4L	2,0/TUR.	247	5500	269	1200		
XF PREMIUM 3.0	4954	2091*	1457	2960	1760	505	N.D.	11,6	V6	3,0/SURC	340	6500	332	3500		
XF PREMIUM 30T	4954	2091*	1457	2960	1685	505	N.D.	11,9	4L	2,0/TUR.	296	5500	295	1500		
XF PRESTIGE 3.0	4954	2091*	1457	2960	1760	505	N.D.	11,6	V6	3,0/SURC	340	6500	332	3500		
XF R-SPORT 2.0 DIESEL	4954	2091*	1457	2960	1701	505	N.D.	11,9	4L	2,0/TUR.	180	4000	317	1750		
XF R-SPORT 3.0	4954	2091*	1457	2960	1760	505	N.D.	11,9	V6	3,0/SURC	340	6500	332	3500		
XF S	4954	2091*	1457	2960	1760	505	N.D.	11,9	V6	3,0/SURC	380	6500	332	4500		

MODÈLE	LONGUEUR (MM)	LARGEUR (MM)	HAUTEUR (MM)	EMPATTEMENT (MM)	POIDS (KG)	COFFRE MIN./MAX. (LITRES)	CAPACITÉ REMORQUAGE (KG)	DIAMÈTRE BRAQUAGE (M)	MOTEUR/ALIMENTATION	CYLINDRÉE (LITRES)/ALIMENTATION	PUISSANCE (CH)	CHEVAUX (À TR/MIN)	COUPLE (LB-PI)	LB-PI À (TR/MIN MINIMUM)	AUTONOMIE ÉLECTRIQUE (M)	ÉNERGIE BATTERIES (KWH)
JAGUAR																
XJ L PORTFOLIO TI	5252	2105*	1457	3157	1884	520	N.D.	12,9	V6	3,0/SURC	340	6500	332	3500		
XJ PORTFOLIO TI	5127	2105*	1456	3032	1871	520	N.D.	12,4	V6	3,0/SURC	340	6500	332	3500		
XJ R	5127	2105*	1456	3032	1870	520	N.D.	12,4	V8	5,0/SURC	550	6500	502	3000		
XJ R (LWB)	5252	2105*	1457	3157	1880	520	N.D.	12,9	V8	5,0/SURC	550	6500	502	3000		
XJ R-SPORT	5127	2105*	1456	3032	1871	520	N.D.	12,4	V6	3,0/SURC	340	6500	332	3500		
JEEP																
CHEROKEE LIMITED TA	4624	1859	1670	2699	1658	697/1555	907	11,5	4L	2,4/ATM	184	6400	171	4600		
CHEROKEE LIMITED TI	4624	1859	1710	2700	1793	697/1555	907	11,6	4L	2,4/ATM	184	6400	171	4600		
CHEROKEE NORTH TI ACTIVE DRIVE	4624	1904	1723	2719	1827	697/1555	907	11,6	4L	2,4/ATM	184	6400	171	4600		
CHEROKEE NORTH TI V6 ACTIVE DRIVE	4624	1904	1723	2719	1863	697/1555	907	11,6	V6	3,2/ATM	271	6500	239	4400		
CHEROKEE OVERLAND TA	4624	1859	1670	2699	1658	697/1555	907	11,5	4L	2,4/ATM	184	6400	171	4600		
CHEROKEE OVERLAND V6 TI ACTIVE DRIVE	4624	1904	1723	2719	1863	697/1555	907	11,6	V6	3,2/ATM	271	6500	239	4400		
CHEROKEE TRAILHAWK TI	4624	1904	1723	2719	1863	697/1555	907	11,6	V6	3,2/ATM	271	6500	239	4400		
COMPASS LIMITED 2.4 4RM (AUTO)	4394	2033*	1647	2636	1509	770/1693	909	11,1	4L	2,4/ATM	180	6400	175	3900		
COMPASS NORTH 2.4 2RM (AUTO)	4394	2033*	1647	2636	1444	770/1693	NON REC.	11,1	4L	2,4/ATM	180	6400	175	3900		
COMPASS NORTH 2.4 2RM (MAN)	4394	2033*	1647	2636	1509	770/1693	N.D.	11,1	4L	2,4/ATM	180	6400	175	3900		
COMPASS NORTH 2.4 4RM (AUTO)	4394	2033*	1647	2636	1509	770/1693	909	11,1	4L	2,4/ATM	180	6400	175	3900		
COMPASS TRAILHAWK 2.4 4RM (AUTO)	4394	2033*	1647	2636	1648	770/1693	909	10,8	4L	2,4/ATM	180	6400	175	3900		
GRAND CHEROKEE OVERLAND D	4822	2154*	1779	2915	2446	1028/1934	3265	11,3	V6	3,0/TUR.	240	3600	420	2000		
GRAND CHEROKEE SRT	4822	2156*	1773	2915	2315	1028/1934	3266	11,3	V8	6,4/ATM	475	6000	470	4300		
GRAND CHEROKEE SUMMIT	4822	2154*	1779	2915	2247	1028/1934	2812	11,3	V6	3,6/ATM	290	6400	260	4800		
GRAND CHEROKEE SUMMIT V8	4822	2154*	1779	2915	2367	1028/1934	3266	11,3	V8	5,7/ATM	360	5150	390	4250		
GRAND CHEROKEE TRACKHAWK	4822	2156*	1778	2915	2433	1028/1934	3266	11,3	V8	6,2/SURC	707	6000	645	4800		
GRAND CHEROKEE TRAILHAWK	4822	2154*	1779	2915	2209	1028/1934	2812	11,3	V6	3,6/ATM	290	6400	260	4800		
RENEGADE LIMITED 4X4	4232	2023*	1719	2570	1519	525/1440	907	11,1	4L	2,4/ATM	180	6400	175	3900		
RENEGADE NORTH 4X2	4232	2023*	1689	2570	1381	525/1440	NON REC.	11,1	4L	1,4/TUR.	160	5500	184	2500		
RENEGADE SPORT 4X4	4232	2023*	1719	2570	1444	525/1440	NON REC.	11,1	4L	1,4/TUR.	160	5500	184	2500		
RENEGADE TRAILHAWK 4X4	4232	2023*	1739	2570	1621	525/1440	907	10,8	4L	2,4/ATM	180	6400	175	3900		
WRANGLER RUBICON	4173	1872	1842	2423	1862	362/1600	907	10,5	V6	3,6/ATM	285	6400	260	4800		
WRANGLER RUBICON UNLIMITED	4697	1877	1844	2946	1957	892/1999	1588	12,4	V6	3,6/ATM	285	6400	260	4800		
WRANGLER SAHARA	4173	1872	1842	2423	1792	362/1600	907	10,5	V6	3,6/ATM	285	6400	260	4800		
WRANGLER SAHARA UNLIMITED	4697	1877	1844	2946	1936	892/1999	1588	12,4	V6	3,6/ATM	285	6400	260	4800		
WRANGLER SPORT	4173	1872	1842	2423	1706	362/1600	907	10,5	V6	3,6/ATM	285	6400	260	4800		
WRANGLER SPORT S	4172	1872	1842	2423	1706	362/1600	907	10,5	V6	3,6/ATM	285	6400	260	4800		
WRANGLER SPORT S UNLIMITED	4697	1877	1844	2946	1848	892/1999	1588	12,4	V6	3,6/ATM	285	6400	260	4800		
WRANGLER WILLYS WHEELER	4173	1872	1842	2423	1709	362/1600	907	10,5	V6	3,6/ATM	285	6400	260	4800		
WRANGLER WILLYS WHEELER UNLIMITED	4697	1877	1844	2946	1852	892/1999	1588	12,4	V6	3,6/ATM	285	6400	260	4800		
*																
REVERO BASE	4998	2133*	1330	3160	2449	195	N.D.	12,3	4L	2,0/TUR.	235	0	0	0	80	21,4
KIA																
CADENZA PREMIUM	4970	1870	1470	2855	1691	452	N.D.	11,3	V6	3,3/ATM	290	6400	253	5200		
FORTE 5 LX+	4350	1780	1450	2700	1308	657	N.D.	10,6	4L	2,0/ATM	164	6200	151	4000		
FORTE 5 SX	4350	1780	1450	2700	1412	657	N.D.	10,6	4L	1,6/TUR.	201	6000	195	1500		
FORTE BERLINE EX	4560	1780	1430	2700	1374	421	N.D.	10,6	4L	2,0/ATM	164	6200	151	4000		
FORTE BERLINE LX	4560	1780	1430	2700	1328	421	N.D.	10,6	4L	2,0/ATM	147	6200	132	4500		
FORTE KOUP EX	4530	1780	1410	2700	1279	378	N.D.	10,6	4L	2,0/ATM	147	6200	132	4500		
FORTE KOUP SX LUXE	4530	1780	1410	2700	1353	378	N.D.	10,6	4L	1,6/TUR.	201	6000	195	1500		
NIRO EX	4355	1805	1545	2700	1437	548/1543	N.D.	10,6	4L	1,6/ATM	104	5700	109	4000		1,56
OPTIMA EX	4855	1860	1466	2805	1528	450	N.D.	10,9	4L	2,4/ATM	185	6000	178	4000		
OPTIMA HYBRIDE EX	4855	1860	1460	2805	1655	308	N.D.	10,9	4L	2,0/ATM	154	6000	140	5000		1,76
OPTIMA LX	4855	1860	1466	2805	1463	450	N.D.	10,9	4L	2,4/ATM	185	6000	178	4000		
OPTIMA PHEV EX	4855	1860	1460	2805	1720	280	N.D.	10,9	4L	2,0/ATM	154	6000	140	5000	47	9,8
OPTIMA SX TURBO	4855	1860	1466	2805	1588	450	N.D.	10,9	4L	2,0/TUR.	245	6000	260	1350		
RIO/RIO5 5 EX	4064	1725	1450	2581	1231	493/929	N.D.	10,2	4L	1,6/ATM	130	6300	119	4850		
RIO/RIO5 BERLINE EX	4384	1725	1450	2581	1231	388	N.D.	10,2	4L	1,6/ATM	130	6300	119	4850		
SEDONA L	5115	1985	1740	3060	2002	960/4022	1590	11,2	V6	3,3/ATM	276	6000	248	5200		
SEDONA SX	5115	1985	1755	3060	2052	960/4022	1590	11,2	V6	3,3/ATM	276	6000	248	5200		
SEDONA SXL	5115	1985	1755	3060	2127	960/4022	1590	11,2	V6	3,3/ATM	276	6000	248	5200		
SORENTO EX TURBO TI	4760	1890	1690	2780	1864	1099/2082	1591	11,2	4L	2,0/TUR.	240	6000	260	1450		
SORENTO LX	4760	1890	1690	2780	1684	1099/2082	909	11,0	4L	2,4/ATM	185	6000	178	4000		
SORENTO LX TI	4760	1890	1690	2780	1746	1099/2082	909	11,2	4L	2,4/ATM	185	6000	178	4000		
SORENTO LX+ TURBO	4760	1890	1690	2780	1804	1099/2082	1591	11,0	4L	2,0/TUR.	240	6000	260	1450		
SORENTO SX TURBO TI	4760	1890	1690	2780	1820	1099/2082	1591	11,2	4L	2,0/TUR.	240	6000	260	1450		
SORENTO SX V6 TI (7 PLACES)	4760	1890	1690	2780	1864	320/2066	2268	11,2	V6	3,3/ATM	290	6400	252	5200		
SOUL EV	4140	1800	1600	2570	1476	532/1402	N.D.	10,6	ÉLEC.	N.D.	109	0	210	0	169	30
SOUL EX	4140	1800	1600	2570	1346	532/1402	NON REC.	10,6	4L	2,0/ATM	161	6200	149	4700		
SOUL EX PREMIUM	4140	1800	1625	2570	1435	532/1402	NON REC.	10,6	4L	2,0/ATM	161	6200	149	4700		
SOUL SX TURBO	4140	1800	1600	2570	1397	532/1402	NON REC.	10,6	4L	1,6/TUR.	201	6000	195	1500		
SOUL SX TURBO TECH	4140	1800	1600	2570	1466	532/1402	NON REC.	10,6	4L	1,6/TUR.	201	6000	195	1500		
SPORTAGE EX TI	4480	1855	1645	2670	1696	798/1703	907	10,6	4L	2,4/ATM	181	6000	175	4000		
SPORTAGE LX	4480	1855	1635	2670	1631	798/1703	907	10,6	4L	2,4/ATM	181	6000	175	4000		
SPORTAGE LX TI	4480	1855	1635	2670	1696	798/1703	907	10,6	4L	2,4/ATM	181	6000	175	4000		
SPORTAGE SX TI	4480	1855	1645	2670	1813	798/1703	907	10,6	4L	2,0/TUR.	237	6000	260	1450		

*KARMA

MODÈLE	LONGUEUR (MM)	LARGEUR (MM)	HAUTEUR (MM)	EMPATTEMENT (MM)	POIDS (KG)	COFFRE MIN./MAX. (LITRES)	CAPACITÉ REMORQUAGE (KG)	DIAMÈTRE BRAQUAGE (M)	MOTEUR/ALIMENTATION	CYLINDRÉE (LITRES)/ALIMENTAION	PUISSANCE (CH)	CHEVAUX (À TR/MIN)	COUPLE (LB-PI)	LB-PI (À TR/MIN) (MINIMUM)	AUTONOMIE ÉLECTRIQUE (KM)	ÉNERGIE BATTERIES (KWH)
KIA																
STINGER GT	4830	1870	1400	2905	0	0	N.D.	11,3	V6	3,3/TUR.	365	6000	376	1300		
STINGER GT TI	4830	1870	1400	2905	0	0	N.D.	11,4	V6	3,3/TUR.	365	6000	376	1300		
*																
REGERA BASE	4560	2050	1110	2662	1628	150	N.D.	12,5	V8	5,0/TUR.	1100	7800	944	4100	35	9
LAMBORGHINI																
AVENTADOR LP 700-4 ROADSTER	4780	2265*	1136	2700	1625	140	N.D.	12,5	V12	6,5/ATM	700	8250	509	5500		
AVENTADOR LP 740-4S COUPÉ	4797	2265*	1136	2700	1575	140	N.D.	12,5	V12	6,5/ATM	740	8400	507	5500		
HURACÁN LP 580-2 COUPÉ	4459	2236*	1180	2620	1389	100	N.D.	11,5	V10	5,2/ATM	580	8000	398	6500		
HURACÁN LP 580-2 SPYDER	4459	2236*	1180	2620	1509	100	N.D.	11,5	V10	5,2/ATM	580	8000	398	6500		
HURACÁN LP 610-4 COUPÉ	4459	2236*	1165	2620	1422	100	N.D.	11,5	V10	5,2/ATM	610	8250	413	6500		
HURACÁN LP 610-4 SPYDER	4459	2236*	1180	2620	1542	100	N.D.	11,5	V10	5,2/ATM	610	8250	413	6500		
HURACÁN LP 640-4 PERFORMANTE	4506	2236*	1165	2620	1382	100	N.D.	11,5	V10	5,2/ATM	640	8000	443	6500		
URUS BASE	4990	1990	1660	0	2300	0	N.D.	0	V8	4,0/TUR.	650	N.D.	N.D.	N.D.		
LAND ROVER																
DISCOVERY FIRST EDITION	4970	2220*	1888	2923	2155	1231/2500	750	12,3	V6	3,0/SURC	340	6500	332	3500		
DISCOVERY HSE	4970	2220*	1888	2923	2155	1231/2500	750	12,3	V6	3,0/SURC	340	6500	332	3500		
DISCOVERY HSE LUXURY	4970	2220*	1888	2923	2223	258/2406	750	12,3	V6	3,0/SURC	340	6500	332	3500		
DISCOVERY HSE TD6	4970	2220*	1888	2923	2230	1231/2500	750	12,3	V6	3,0/TUR.	258	3750	443	1750		
DISCOVERY SE	4970	2220*	1888	2923	2155	1231/2500	750	12,3	V6	3,0/SURC	340	6500	332	3500		
DISCOVERY SPORT HSE	4589	2173*	1724	2741	1744	981/1698	2000	11,6	4L	2,0/TUR.	240	5800	250	1750		
DISCOVERY SPORT HSE LUXE	4589	2173*	1724	2741	1744	981/1698	2000	11,6	4L	2,0/TUR.	240	5800	250	1750		
DISCOVERY SPORT SE	4589	2173*	1724	2741	1744	981/1698	2000	11,6	4L	2,0/TUR.	240	5800	250	1750		
RANGE ROVER EVOQUE AUTOBIOGRAPHY	4355	2125*	1635	2660	1675	575/1445	750	11,3	4L	2,0/TUR.	240	5800	250	1750		
RANGE ROVER EVOQUE HSE	4355	2090*	1635	2660	1670	575/1445	750	11,3	4L	2,0/TUR.	240	5800	250	1750		
RANGE ROVER EVOQUE HSE DYNAMIC	4355	2090*	1635	2660	1670	575/1445	750	11,3	4L	2,0/TUR.	240	5800	250	1750		
RANGE ROVER EVOQUE HSE DYNAMIC CABRIOLET	4370	2085*	1609	2660	1936	251	750	11,3	4L	2,0/TUR.	240	5800	250	1750		
RANGE ROVER EVOQUE SE	4355	2090*	1635	2660	1658	575/1445	750	11,3	4L	2,0/TUR.	240	5800	250	1750		
RANGE ROVER HSE TD6	4999	2220*	1835	2922	2215	549/2030	3500	12,1	V6	3,0/TUR.	254	3750	440	1750		
RANGE ROVER SPORT HSE DYNAMIC V6	4856	2220*	1780	2923	2114	784/1761	3500	12,1	V6	3,0/SURC	380	6500	332	3500		
RANGE ROVER SPORT HSE TD6	4856	2220*	1780	2923	2136	784/1761	3500	12,1	V6	3,0/TUR.	254	3750	440	1750		
RANGE ROVER SPORT SE V6	4856	2220*	1780	2923	2114	784/1761	3500	12,1	V6	3,0/SURC	340	6500	332	3500		
RANGE ROVER SPORT SVR	4872	2220*	1780	2923	2335	784/1761	3000	12,1	V8	5,0/SURC	550	6000	502	3500		
RANGE ROVER SPORT V8 SURALIMENTÉ	4856	2220*	1780	2923	2310	784/1761	3500	12,1	V8	5,0/SURC	510	6000	461	2500		
RANGE ROVER SUPERCHARGED V8	4999	2220*	1840	2922	2330	549/2030	3500	12,3	V8	5,0/SURC	550	6000	502	3500		
RANGE ROVER SUPERCHARGED V8 (LONG)	5199	2220*	1840	3120	2523	549/2345	3500	13,0	V8	5,0/SURC	550	6000	502	3500		
RANGE ROVER VELAR FIRST EDITION	4803	2145*	1665	2874	1884	673/1731	2500	11,6	V6	3,0/SURC	380	6500	332	3500		
RANGE ROVER VELAR R-DYNAMIC HSE TD4	4803	2145*	1665	2874	1829	673/1731	2400	11,6	4L	2,0/TUR.	180	4000	317	1500		
RANGE ROVER VELAR R-DYNAMIC HSE V6	4803	2145*	1665	2874	1884	673/1731	2500	11,6	V6	3,0/SURC	380	6500	332	3500		
RANGE ROVER VELAR S TD4	4803	2145*	1665	2874	1829	673/1731	2400	11,6	4L	2,0/TUR.	180	4000	317	1500		
RANGE ROVER VELAR S V6	4803	2145*	1665	2874	1884	673/1731	2500	11,6	V6	3,0/SURC	380	6500	332	3500		
LEXUS																
ES 300H	4910	1806	1450	2819	1674	343	N.D.	11,4	ÉLEC.		67	0	0	0		1,3
ES 350	4910	1806	1450	2819	1623	430	N.D.	11,4	V6	3,5/ATM	268	6200	248	4700		
GS 350 TI	4880	1840	1470	2850	1765	520	N.D.	10,8	V6	3,5/ATM	311	6400	280	4800		
GS 450H	4880	1840	1455	2850	1865	450	N.D.	10,6	V6	3,5/ATM	286	6000	257	4500		1,9
GS F	4915	1845	1440	2850	1834	399	N.D.	11,2	V8	5,0/ATM	467	7100	388	4800		
GX 460	4880	1885	1885	2790	2332	692/1833	2948	12,6	V8	4,6/ATM	301	5500	329	3500		
IS 200T	4665	2027*	1430	2800	1629	306	N.D.	10,4	4L	2,0/TUR.	241	5800	258	1650		
IS 300 TI	4665	2027*	1430	2800	1699	306	N.D.	10,8	V6	3,5/ATM	255	6400	236	2000		
IS 350 TI	4665	2027*	1430	2800	1699	306	N.D.	10,8	V6	3,5/ATM	306	6400	277	4800		
LC 500	4760	1920	1345	2870	1935	172	N.D.	10,8	V8	5,0/ATM	471	7100	398	4800		
LC 500H	4760	1920	1345	2870	2130	130	N.D.	10,8	V6	3,5/ATM	295	6600	257	4900		0
LS 500H TI	5235	1900	1450	3125	2360	0	N.D.	12,6	V6	3,5/ATM	295	N.D.	258	N.D.		
LX 570	5080	1980	1910	2850	2680	259/1267	3175	12,8	V8	5,7/ATM	383	5600	403	3600		
NX 300 TI	4630	2131*	1645	2660	1755	500/1545	907	12,2	4L	2,0/TUR.	235	4800	258	1650		
NX 300H AWD	4630	2131*	1645	2660	1835	475/1520	680	12,2	4L	2,5/ATM	154	5700	152	4400		1,3
RC 300 AWD	4695	1840	1400	2730	1765	295	N.D.	11,4	V6	3,5/ATM	255	6400	236	2000		
RC 350 AWD	4695	1840	1400	2730	1769	295	N.D.	11,4	V6	3,5/ATM	307	6400	277	4800		
RC F	4705	1845	1390	2730	1795	287	N.D.	11,4	V8	5,0/ATM	467	7100	388	4800		
RX 350	4890	1895	1720	2790	2020	521/1594	1585	11,6	V6	3,5/ATM	295	6300	268	4700		
RX 450H	4890	1895	1720	2790	2150	510/1583	1585	11,6	V6	3,5/ATM	259	6000	247	4600		0
LINCOLN																
CONTINENTAL 2.7 TI	5115	2090*	1487	2994	1920	473	N.D.	N.D.	V6	2,7/TUR.	335	5500	380	3000		
CONTINENTAL 3.0 TI	5115	2090*	1487	2994	1920	473	N.D.	N.D.	V6	3,0/TUR.	400	5750	400	2750		
MKC 2.0 ECOBOOST TI	4552	2136*	1656	2690	1798	714/1504	907	11,6	4L	2,0/TUR.	240	5500	270	3000		
MKC 2.3 ECOBOOST TI	4552	2136*	1656	2690	1813	714/1504	907	11,6	4L	2,3/TUR.	285	5500	305	2750		
MKT TI ECOBOOST	5273	2177*	1712	2995	2246	507/2149	2041	12,7	V6	3,5/TUR.	365	5500	350	1500		
MKX 2.7 V6 TI	4827	2188*	1681	2849	1990	1055/1948	1588	12,0	V6	2,7/TUR.	335	5500	380	3000		

*KOENIGSEGG

MODÈLE	LONGUEUR (MM)	LARGEUR (MM)	HAUTEUR (MM)	EMPATTEMENT (MM)	POIDS (KG)	COFFRE MIN./MAX. (LITRES)	CAPACITÉ REMORQUAGE (KG)	DIAMÈTRE BRAQUAGE (M)	MOTEUR/ALIMENTATION	CYLINDRÉE (LITRES)/ALIMENTAION	PUISSANCE (CH)	CHEVAUX (À TR/MIN)	COUPLE (LB-PI)	LB-PI (À TR/MIN) (MINIMUM)	AUTONOMIE ÉLECTRIQUE (KM)	ÉNERGIE BATTERIES (KWH)
LINCOLN																
MKX 3.7 V6 TI	4827	2188*	1681	2849	1990	1055/1948	1588	12,0	V6	3,7/ATM	303	6500	278	4000		
MKZ 2.0 GTDI TI	4925	2116*	1476	2850	1750	436	454	11,6	4L	2,0/TUR.	245	5500	275	3000		
MKZ 3.0 GTDI TI	4925	2116*	1476	2850	1819	436	454	11,6	V6	3,0/TUR.	400	5750	400	2750		
MKZ HYBRIDE	4925	2116*	1476	2850	1740	314	NON REC.	11,6	4L	2,0/ATM	141	6000	129	4000		1,4
NAVIGATOR 4X4	5269	2231*	1984	3022	2759	514/2926	3946	11,9	V6	3,5/TUR.	450	5000	510	3500		
NAVIGATOR 4X4 L	5646	2231*	1981	3327	2862	1207/3629	3810	11,9	V6	3,5/TUR.	450	5000	510	3500		
* EVORA 400	4394	1978*	1229	2575	1415	160	N.D.	10,1	V6	3,5/SURC	400	7000	302	3500		
MASERATI																
GHIBLI BASE	4971	2128*	1461	2998	1810	500	N.D.	11,7	V6	3,0/TUR.	345	5250	369	1750		
GHIBLI S Q4	4971	2128*	1461	2998	1870	500	N.D.	11,7	V6	3,0/TUR.	404	5500	406	1750		
GRANTURISMO CONVERTIBLE MC	4933	2056*	1343	2942	1973	173	N.D.	10,7	V8	4,7/ATM	454	7000	384	4750		
GRANTURISMO CONVERTIBLE SPORT	4933	2056*	1343	2942	1980	173	N.D.	10,7	V8	4,7/ATM	454	7000	384	4750		
GRANTURISMO MC	4933	2056*	1343	2942	1973	173	N.D.	10,5	V8	4,7/ATM	454	7000	384	4750		
LEVANTE BASE	5003	2158*	1679	3004	2108	550	2700	11,7	V6	3,0/TUR.	345	5750	369	4500		
LEVANTE S	5003	2158*	1679	3004	2108	550	2700	11,7	V6	3,0/TUR.	424	5750	428	4500		
QUATTROPORTE GTS (V8)	5262	2128*	1481	3171	1900	530	N.D.	11,8	V8	3,8/TUR.	523	6500	524	2250		
QUATTROPORTE S Q4 (V6) TI	5262	2128*	1481	3171	1920	530	N.D.	11,8	V6	3,0/TUR.	404	5500	406	1750		
MAZDA																
CX-3 GS TA	4274	2049*	1542	2570	1275	452/1528	N.D.	10,6	4L	2,0/ATM	146	6000	146	2800		
CX-3 GS TI	4274	2049*	1542	2570	1339	452/1528	N.D.	10,6	4L	2,0/ATM	146	6000	146	2800		
CX-3 GT TI	4274	2049*	1547	2570	1339	408/1484	N.D.	10,6	4L	2,0/ATM	146	6000	146	2800		
CX-3 GX TA	4274	2049*	1542	2570	1275	452/1528	N.D.	10,6	4L	2,0/ATM	146	6000	146	2800		
CX-3 GX TI	4274	2049*	1542	2570	1339	452/1528	N.D.	10,6	4L	2,0/ATM	146	6000	146	2800		
CX-5 GS TA	4545	1840	1690	2700	1540	966/1852	N.D.	11,0	4L	2,5/ATM	187	6000	185	3250		
CX-5 GS TI	4545	1840	1690	2700	1590	966/1852	N.D.	11,0	4L	2,5/ATM	187	6000	185	3250		
CX-5 GT TI	4545	1840	1690	2700	1610	966/1852	N.D.	11,0	4L	2,5/ATM	187	6000	185	3250		
CX-5 GX TA	4545	1840	1690	2700	1510	966/1835	N.D.	11,0	4L	2,0/ATM	155	6000	150	4000		
CX-5 GX TI	4545	1840	1690	2700	1590	966/1835	N.D.	11,0	4L	2,5/ATM	187	6000	185	3250		
CX-9 GS TA	5065	2207*	1716	2930	1828	407/2017	1588	11,8	4L	2,5/ATM	227	5000	310	2000		
CX-9 GS-L TI	5065	2207*	1716	2930	1917	407/2017	1588	11,8	4L	2,5/TUR.	227	5000	310	2000		
CX-9 GT TI	5065	2207*	1716	2930	1917	407/2017	1588	11,8	4L	2,5/TUR.	227	5000	310	2000		
CX-9 SIGNATURE	5065	2207*	1716	2930	1917	407/2017	1588	11,8	4L	2,5/TUR.	227	5000	310	2000		
MAZDA3 BERLINE GS	4580	2053*	1455	2700	1299	350	N.D.	10,6	4L	2,0/ATM	155	6000	150	4000		
MAZDA3 BERLINE GT	4580	2053*	1455	2700	1359	350	N.D.	10,6	4L	2,5/ATM	184	5700	185	3250		
MAZDA3 BERLINE GX	4580	2053*	1455	2700	1291	350	N.D.	10,6	4L	2,0/ATM	155	6000	150	4000		
MAZDA3 SPORT GS	4460	2053*	1455	2700	1300	572/1334	N.D.	10,6	4L	2,0/ATM	155	6000	150	4000		
MAZDA3 SPORT GX	4460	2053*	1455	2700	1300	572/1334	N.D.	10,6	4L	2,0/ATM	155	6000	150	4000		
MAZDA6 GS	4895	1840	1450	2830	1444	419	N.D.	11,2	4L	2,5/ATM	184	5700	185	3250		
MAZDA6 GT	4895	1840	1450	2830	1444	419	N.D.	11,2	4L	2,5/ATM	184	5700	185	3250		
MAZDA6 GX	4895	1840	1450	2830	1444	419	N.D.	11,2	4L	2,5/ATM	184	5700	185	3250		
MX-5 GS	3914	1918*	1240	2309	1058	130	N.D.	9,4	4L	2,0/ATM	155	6000	148	4100		
MX-5 GT	3914	1918*	1240	2309	1078	130	N.D.	9,4	4L	2,0/ATM	155	6000	148	4100		
MX-5 GX	3914	1918*	1234	2309	1058	130	N.D.	9,4	4L	2,0/ATM	155	6000	148	4100		
MX-5 RF GS	3914	1918*	1245	2309	1114	127	N.D.	9,4	4L	2,0/ATM	155	6000	148	4100		
MX-5 RF GT	3914	1918*	1245	2309	1114	127	N.D.	9,4	4L	2,0/ATM	155	6000	148	4100		
MCLAREN																
540C COUPÉ	4530	2095	1202	2670	1438	150	N.D.	12,3	V8	3,8/TUR.	533	7500	398	3500		
570GT COUPÉ	4530	2095	1201	2670	1495	370	N.D.	12,3	V8	3,8/TUR.	562	7500	443	5000		
570S COUPÉ	4530	2095	1202	2670	1440	150	N.D.	12,3	V8	3,8/TUR.	562	7500	443	5000		
570S SPIDER	4530	1930*	1202	2670	1498	150	N.D.	12,3	V8	3,8/TUR.	562	7500	443	5000		
720S COUPÉ	4543	2161*	1196	2670	1419	150	N.D.	12,3	V8	4,0/TUR.	710	7500	568	5500		
MERCEDES-BENZ																
AMG GT C COUPÉ	4551	2075*	1288	2630	1694	350	N.D.	11,5	V8	4,0/TUR.	550	5750	502	1900		
AMG GT C ROADSTER	4551	2075*	1260	2630	1735	165	N.D.	11,5	V8	4,0/TUR.	550	5750	502	1900		
AMG GT R COUPÉ	4551	2075*	1284	2630	1630	350	N.D.	11,5	V8	4,0/TUR.	577	5250	516	1900		
CLASSE B B250	4393	2010*	1562	2699	1465	488/1547	NON REC.	11,0	4L	2,0/TUR.	208	5500	258	1250		
CLASSE B B250 4MATIC	4393	2010*	1562	2699	1505	488/1547	NON REC.	11,0	4L	2,0/TUR.	208	5500	258	1250		
CLASSE C 300 4MATIC BERLINE	4686	2020*	1447	2840	1625	480	N.D.	11,2	4L	2,0/TUR.	241	5500	273	1300		
CLASSE C 300 4MATIC CABRIOLET	4686	2016*	1409	2840	1805	285/360	N.D.	11,2	4L	2,0/TUR.	241	5500	273	1300		
CLASSE C 300 4MATIC COUPÉ	4686	2016*	1405	2840	1705	400	N.D.	11,2	4L	2,0/TUR.	241	5500	273	1300		
CLASSE C 300 4MATIC FAMILIALE	4702	2020*	1462	2840	1705	490/1510	N.D.	11,2	4L	2,0/TUR.	241	5500	273	1300		
CLASSE C AMG C43 4MATIC BERLINE	4702	2020*	1429	2840	1690	480	N.D.	11,7	V6	3,0/TUR.	362	5500	384	2500		
CLASSE C AMG C43 4MATIC CABRIOLET	4696	2016*	1408	2840	1914	285/360	N.D.	11,7	V6	3,0/TUR.	362	5500	384	2500		
CLASSE C AMG C43 4MATIC COUPÉ	4696	2016*	1405	2840	1800	400	N.D.	12,1	V6	3,0/TUR.	362	5500	384	2500		
CLASSE C AMG C63 BERLINE	4756	2020*	1426	2840	1715	435	N.D.	11,3	V8	4,0/TUR.	469	5500	479	1750		
CLASSE C AMG C63 CABRIOLET	4750	2016*	1403	2840	1908	285/360	N.D.	11,3	V8	4,0/TUR.	469	5500	479	1750		
CLASSE C AMG C63 COUPÉ	4750	2016*	1400	2840	1848	355	N.D.	11,3	V8	4,0/TUR.	469	5500	479	1750		
CLASSE C AMG C63S BERLINE	4756	2020*	1426	2840	1730	435	N.D.	11,3	V8	4,0/TUR.	503	5500	516	1750		
CLASSE C AMG C63S CABRIOLET	4750	2016*	1405	2840	1917	285/360	N.D.	11,3	V8	4,0/TUR.	503	5500	516	1750		
CLASSE C AMG C63S COUPÉ	4750	2016*	1402	2840	1858	355	N.D.	11,3	V8	4,0/TUR.	503	5500	516	1750		
CLA250	4630	2032*	1436	2699	1475	470	NON REC.	11,0	4L	2,0/TUR.	208	5500	258	1250		
CLA250 4MATIC	4640	2032*	1436	2699	1535	470	NON REC.	11,0	4L	2,0/TUR.	208	5500	258	1250		
CLA45 AMG 4MATIC	4669	2032*	1416	2699	1585	470	NON REC.	11,0	4L	2,0/TUR.	375	6000	350	2250		

MODÈLE	LONGUEUR (MM)	LARGEUR (MM)	HAUTEUR (MM)	EMPATTEMENT (MM)	POIDS (KG)	COFFRE MIN./MAX. (LITRES)	CAPACITÉ REMORQUAGE (KG)	DIAMÈTRE BRAQUAGE (M)	MOTEUR/ ALIMENTATION	CYLINDRÉE (LITRES)/ ALIMENTATION	PUISSANCE (CH)	CHEVAUX (À TR/MIN)	COUPLE (LB-PI)	LB-PI (À TR/MIN) (MINIMUM)	AUTONOMIE ÉLECTRIQUE (KM)	ÉNERGIE BATTERIES (KWH)
MERCEDES-BENZ																
CLS 550 4MATIC	4956	2075*	1419	2874	1940	520	N.D.	11,3	V8	4,7/TUR.	402	5000	443	1600		
CLS 63 AMG S-MODEL 4MATIC	4995	2075*	1416	2874	1870	520	N.D.	11,8	V8	5,5/TUR.	577	5500	590	2000		
CLASSE E 300 BERLINE 4MATIC	4923	2065*	1468	2939	1765	540	N.D.	11,6	4L	2,0/TUR.	241	5500	273	1300		
CLASSE E 400 BERLINE 4MATIC	4923	2065*	1468	2939	1845	540	N.D.	11,6	V6	3,0/TUR.	329	5250	354	1200		
CLASSE E 400 COUPÉ 4MATIC	4826	2055*	1430	2873	1845	425	N.D.	11,4	V6	3,0/TUR.	329	5250	354	1600		
CLASSE E 400 FAMILIALE 4MATIC	4933	2065*	1475	2939	1935	640/1820	N.D.	11,6	V6	3,0/TUR.	329	5250	354	1200		
CLASSE E AMG E43 4MATIC BERLINE	4942	2065*	1447	2939	1883	540	N.D.	12,5	V6	3,0/TUR.	396	6000	384	2500		
CLASSE E AMG E63 S 4MATIC BERLINE	4993	2065*	1460	2939	2048	540	N.D.	12,5	V8	4,0/TUR.	603	5750	627	2500		
CLASSE E AMG E63 S 4MATIC FAMILIALE	5005	2065*	1474	2939	2118	640/1820	N.D.	12,5	V8	4,0/TUR.	603	5750	627	2500		
CLASSE G AMG G63	4763	1855*	1938	2850	2550	480/2250	3182	13,6	V8	5,5/TUR.	563	5500	560	2000		
CLASSE G AMG G65	4763	1855*	1938	2850	2580	480/2250	3182	13,6	V12	6,0/TUR.	621	5000	738	2300		
CLASSE G G 550	4764	1867*	1954	2850	2595	660/2126	3182	13,6	V8	4,0/TUR.	416	5250	450	2250		
GLA 250 4MATIC	4417	2022*	1494	2699	1505	421/1235	N.D.	11,8	4L	2,0/TUR.	208	5500	258	1250		
GLA 45 AMG 4MATIC	4445	2022*	1479	2699	1585	421/1235	N.D.	11,8	4L	2,0/TUR.	375	6000	350	2250		
GLC 300 4MATIC	4656	2096*	1644	2874	1815	550/1600	1588	11,8	4L	2,0/TUR.	241	5500	273	1300		
GLC 300 4MATIC COUPÉ	4732	2096*	1602	2874	1835	500/1400	1588	11,8	4L	2,0/TUR.	241	5500	273	1300		
GLC 350E 4MATIC	4656	2096*	1644	2874	2025	395/1445	1588	11,8	4L	2,0/TUR.	208	5500	258	1250	34	8,8
GLC AMG 43 4MATIC	4661	2096*	1627	2874	1880	550/1600	1588	11,8	V6	3,0/TUR.	362	5500	384	2500		
GLC AMG 43 4MATIC COUPÉ	4727	2096*	1586	2874	1900	500/1400	1588	12,1	V6	3,0/TUR.	362	5500	384	2500		
GLE 400 4MATIC	4819	2141*	1796	2915	2235	690/2010	3265	11,8	V6	3,0/TUR.	329	5250	354	1600		
GLE 550 4MATIC	4819	2141*	1758	2915	2235	690/2010	3265	11,8	V8	4,7/TUR.	449	5250	516	1800		
GLE 550E 4MATIC	4819	2141*	1762	2915	2475	690/2010	2000	11,8	V6	3,0/TUR.	329	5250	354	1600	30	8,7
GLE AMG 43 4MATIC	4816	2141*	1762	2915	2262	690/2010	3265	11,8	V6	3,0/TUR.	362	5500	384	2500		
GLE AMG 63 S 4MATIC	4852	2141*	1761	2915	2370	690/2010	3265	11,8	V8	5,5/TUR.	577	5500	561	1750		
GLE AMG 63 S 4MATIC COUPÉ	4918	2129*	1718	2915	2350	650/1720	3265	11,8	V8	5,5/TUR.	577	5500	561	1750		
GLS 450 4MATIC	5130	2141*	1850	3075	2420	295/2300	3500	12,4	V6	3,0/TUR.	362	5250	369	1800		
GLS 550 4MATIC	5130	2141*	1850	3075	2530	295/2300	3500	12,4	V8	4,7/TUR.	449	5250	516	1800		
GLS 63 AMG 4MATIC	5162	2141*	1850	3075	2610	295/2300	3402	12,4	V8	5,5/TUR.	577	5500	561	1750		
CLASSE S 450 4MATIC BERLINE	5141	2130*	1496	3035	2095	464	N.D.	11,9	V6	3,0/TUR.	362	5250	369	1800		
CLASSE S 560 4MATIC BERLINE	5125	2130*	1496	3035	2175	530	N.D.	11,9	V8	4,0/TUR.	463	5250	516	2000		
CLASSE S 560 4MATIC BERLINE (LWB)	5255	2130*	1494	3165	2200	530	N.D.	12,3	V8	4,0/TUR.	463	5250	516	2000		
CLASSE S AMG S63 4MATIC BERL. (LWB)	5295	2130*	1499	3165	2192	510	N.D.	12,3	V8	4,0/TUR.	603	5500	664	2750		
CLASSE S AMG S65 BERLINE (LWB)	5246	2130*	1499	3165	2305	470	N.D.	12,3	V12	6,0/TUR.	621	5000	738	2300		
CLASSE SL 450	4631	2099*	1315	2585	1735	345/485	N.D.	11,0	V6	3,0/TUR.	362	5250	369	1800		
CLASSE SL 550	4631	2099*	1315	2585	1795	345/485	N.D.	11,0	V8	4,7/TUR.	449	5250	516	1800		
CLASSE SL 63	4640	2099*	1300	2584	1845	364/504	N.D.	11,1	V8	5,5/TUR.	577	5500	664	2250		
CLASSE SL 65	4640	2099*	1308	2584	1950	364/504	N.D.	11,1	V12	6,0/TUR.	621	4800	737	2300		
SLC 300	4133	2006*	1303	2430	1505	225/335	N.D.	10,5	4L	2,0/TUR.	241	5500	273	1300		
SLC 43	4143	2006*	1303	2430	1595	225/335	N.D.	10,5	V6	3,0/TUR.	362	5500	384	2500		
MAYBACH S650	5462	2130*	1498	3365	2335	500	N.D.	12,9	V12	6,0/TUR.	621	5000	738	2300		
METRIS COMBI	5141	2244*	1910	3200	2200	1060	2250	11,8	4L	2,0/TUR.	208	5500	258	1250		
MINI																
CABRIOLET JCW	3858	1727	1415	2495	1377	160/215	NON REC.	10,8	4L	2,0/TUR.	228	5200	236	1250		
CABRIOLET COOPER	3837	1727	1415	2495	1295	160/215	NON REC.	10,8	3L	1,5/TUR.	134	4400	162	1250		
CABRIOLET COOPER S	3858	1727	1415	2495	1354	160/215	NON REC.	10,8	4L	2,0/TUR.	189	5000	207	1350		
CLUBMAN JCW ALL4	4275	2022*	1441	2670	1565	360/1250	N.D.	11,3	4L	2,0/TUR.	228	5000	258	1450		
CLUBMAN COOPER	4260	2022*	1441	2670	1408	360/1250	N.D.	11,3	3L	1,5/TUR.	134	4400	162	1250		
CLUBMAN COOPER S	4260	2022*	1441	2670	1467	360/1250	N.D.	11,3	4L	2,0/TUR.	189	5000	207	1350		
CLUBMAN COOPER S ALL4	4260	2022*	1441	2670	1563	360/1250	N.D.	11,3	4L	2,0/TUR.	189	5000	207	1350		
COUNTRYMAN JCW ALL4 (MAN)	4314	2005*	1557	2670	1721	450/1390	N.D.	11,4	4L	2,0/TUR.	228	5000	258	1450		
COUNTRYMAN COOPER (AUTO)	4314	2005*	1557	2670	1599	450/1390	N.D.	11,4	3L	1,5/TUR.	134	4400	162	1250		
COUNTRYMAN COOPER (MAN)	4314	2005*	1557	2670	1572	450/1390	N.D.	11,4	3L	1,5/TUR.	134	4400	162	1250		
COUNTRYMAN COOPER ALL4 (AUTO)	4314	2005*	1557	2670	1682	450/1390	N.D.	11,4	3L	1,5/TUR.	134	4400	162	1250		
COUNTRYMAN COOPER S ALL4 (AUTO)	4314	2005*	1557	2670	1740	450/1390	N.D.	11,4	4L	2,0/TUR.	189	5000	207	1350		
COUNTRYMAN COOPER S ALL4 (MAN)	4314	2005*	1557	2670	1721	450/1390	N.D.	11,4	4L	2,0/TUR.	189	5000	207	1350		
COUNTRYMAN COOPER S E ALL4	4314	2005*	1559	2670	1735	405/1275	N.D.	11,4	3L	1,5/TUR.	134	4400	162	1250	40	7,6
HAYON JCW	3874	1727	1414	2495	1290	731	NON REC.	10,8	4L	2,0/TUR.	228	5200	236	1250		
HAYON 5-PORTES COOPER	3998	1727	1425	2567	1247	278/941	N.D.	11,0	3L	1,5/TUR.	134	4400	162	1250		
HAYON 5-PORTES COOPER S	4013	1727	1425	2567	1313	278/941	N.D.	11,0	4L	2,0/TUR.	189	5000	207	1350		
HAYON COOPER	3837	1727	1414	2495	1191	211/731	NON REC.	10,8	3L	1,5/TUR.	134	4400	162	1250		
HAYON COOPER S	3858	1727	1414	2495	1263	211/731	NON REC.	10,8	4L	2,0/TUR.	189	5000	207	1350		
MITSUBISHI																
ECLIPSE CROSS BASE	4405	1805	1685	2670	0	0	N.D.	0	4L	1,5/TUR.	161	N.D.	184	N.D.		
LANCER ES (2017)	4625	1760	1480	2635	1320	348	N.D.	10,0	4L	2,0/ATM	148	6000	145	4200		
LANCER ES AWC (2017)	4625	1760	1480	2635	1420	348	N.D.	10,0	4L	2,4/ATM	168	6000	167	4100		
LANCER GTS (2017)	4625	1760	1490	2635	1345	348	N.D.	10,0	4L	2,4/ATM	168	6000	167	4100		
LANCER GTS AWC (2017)	4625	1760	1490	2635	1420	348	N.D.	10,0	4L	2,4/ATM	168	6000	167	4100		
LANCER SPORTBACK GT (2017)	4640	1760	1505	2635	1355	391/1492	N.D.	10,0	4L	2,0/ATM	148	6000	145	4200		
LANCER SPORTBACK SE (2017)	4640	1760	1505	2635	1355	391/1492	N.D.	10,0	4L	2,0/ATM	148	6000	145	4200		
MIRAGE ES	3795	1665	1510	2450	915	487	N.D.	9,2	3L	1,2/ATM	78	6000	74	4000		
MIRAGE G4 ES	4305	1670	1505	2550	950	348	N.D.	9,6	3L	1,2/ATM	78	6000	74	4000		
MIRAGE G4 SEL	4305	1670	1505	2550	995	348	N.D.	9,6	3L	1,2/ATM	78	6000	74	4000		
MIRAGE SE	3795	1665	1510	2450	950	487	N.D.	9,2	3L	1,2/ATM	78	6000	74	4000		
MIRAGE SEL	3795	1665	1510	2450	960	487	N.D.	9,2	3L	1,2/ATM	78	6000	74	4000		

	MODÈLE	LONGUEUR (MM)	LARGEUR (MM)	HAUTEUR (MM)	EMPATTEMENT (MM)	POIDS (KG)	COFFRE MIN./MAX. (LITRES)	CAPACITÉ REMORQUAGE (KG)	DIAMÈTRE BRAQUAGE (M)	MOTEUR/ ALIMENTATION	CYLINDRÉE (LITRES)/ ALIMENTAION	PUISSANCE (CH)	CHEVAUX (À TR/MIN)	COUPLE (LB-PI)	LB-PI (À TR/MIN) (MINIMUM)	AUTONOMIE ÉLECTRIQUE (KM)	ÉNERGIE BATTERIES (KWH)
MITSUBISHI	OUTLANDER ES 2RM	4695	1810	1680	2670	1475	968/1792	682	10,6	4L	2,4/ATM	166	6000	162	4200		
	OUTLANDER ES AWC	4695	1810	1680	2670	1535	968/1792	682	10,6	4L	2,4/ATM	166	6000	162	4200		
	OUTLANDER GT S-AWC	4695	1810	1680	2670	1630	292/1792	1591	10,6	V6	3,0/ATM	224	6250	215	3750		
	OUTLANDER SE AWC	4695	1810	1680	2670	1595	292/1792	1591	10,6	V6	3,0/ATM	224	6250	215	3750		
	RVR ES TA	4355	1810	1645	2670	1375	614/1402	N.D.	10,6	4L	2,0/ATM	148	6000	145	4200		
	RVR SE TI	4355	1810	1645	2670	1475	614/1402	N.D.	10,6	4L	2,0/ATM	148	6000	145	4200		
NISSAN	ALTIMA 2.5 BERLINE	4874	1829	1468	2776	1450	436	N.D.	11,0	4L	2,5/ATM	182	6000	180	4000		
	ALTIMA 2.5 SV BERLINE	4874	1829	1468	2776	1466	436	N.D.	11,4	4L	2,5/ATM	182	6000	180	4000		
	ALTIMA 3.5 SL BERLINE	4874	1829	1470	2776	1571	436	N.D.	11,4	V6	3,5/ATM	270	6400	251	4400		
	ARMADA PLATINE	5306	2029	1925	3076	2705	470/2692	3864	12,6	V8	5,6/ATM	390	5800	394	4000		
	ARMADA SL	5306	2029	1925	3076	2684	470/2692	3864	12,6	V8	5,6/ATM	390	5800	394	4000		
	FRONTIER PRO-4X 4X4 CAB. DOUBLE	5220	1850	1877	3200	2093	1511**	2794	13,2	V6	4,0/ATM	261	5600	281	4000		
	FRONTIER PRO-4X 4X4 KING CAB	5220	1850	1770	3200	1999	1861**	2930	13,2	V6	4,0/ATM	261	5600	281	4000		
	FRONTIER S 4X2 KING CAB	5220	1850	1745	3200	1733	1861**	1701	13,2	4L	2,5/ATM	152	5200	171	4400		
	GT-R PREMIUM	4710	1895	1370	2780	1784	249	N.D.	11,2	V6	3,8/TUR.	565	6800	467	3300		
	JUKE NISMO TI	4160	1770	1570	2530	1460	297/1016	N.D.	11,2	4L	1,6/TUR.	188	5600	177	1600		
	JUKE SL TI	4125	1765	1570	2530	1452	297/1016	N.D.	11,1	4L	1,6/TUR.	188	5600	177	1600		
	JUKE SV TA	4125	1765	1570	2530	1324	297/1017	N.D.	11,1	4L	1,6/TUR.	188	5600	177	1600		
	LEAF SL	4445	1770	1550	2700	1538	668/850	N.D.	10,4	ÉLEC.	N.D.	107	2730	187	2730	172	30
	MAXIMA PLATINUM	4897	1860	1436	2775	1630	405	N.D.	11,6	V6	3,5/ATM	300	6400	261	4400		
	MAXIMA S	4897	1860	1436	2775	1581	405	N.D.	11,6	V6	3,5/ATM	300	6400	261	4400		
	MAXIMA SV	4897	1860	1436	2775	1583	405	N.D.	11,6	V6	3,5/ATM	300	6400	261	4400		
	MICRA S	3827	1665	1527	2450	1044	407/820	N.D.	9,3	4L	1,6/ATM	109	6000	107	4400		
	MICRA SR	3827	1665	1527	2450	1067	407/820	N.D.	9,3	4L	1,6/ATM	109	6000	107	4400		
	MICRA SV	3827	1665	1527	2450	1057	407/820	N.D.	9,3	4L	1,6/ATM	109	6000	107	4400		
	MURANO PLATINUM TI	4888	1916	1689	2825	1822	1121/1979	680	12,0	V6	3,5/ATM	260	6000	240	4400		
	MURANO SV TI	4888	1916	1689	2825	1787	1121/1979	680	11,6	V6	3,5/ATM	260	6000	240	4400		
	PATHFINDER PLATINE 4RM	5042	1961	1783	2900	2118	453/2260	2722	11,8	V6	3,5/ATM	284	6400	259	4800		
	PATHFINDER S 2RM	5042	1961	1768	2900	1951	453/2260	2722	11,8	V6	3,5/ATM	284	6400	259	4800		
	PATHFINDER SV 4RM	5042	1961	1783	2900	2021	453/2260	2722	11,8	V6	3,5/ATM	284	6400	259	4800		
	QASHQAI S TA (CVT)	4379	2070*	1587	2647	1470	648/1730	N.D.	11,3	4L	2,0/ATM	141	6000	147	4400		
	QASHQAI S TA (MAN)	4379	2070*	1587	2647	1430	648/1730	N.D.	11,3	4L	2,0/ATM	141	6000	147	4400		
	QASHQAI SL TI	4379	2070*	1608	2647	1530	648/1730	N.D.	11,3	4L	2,0/ATM	141	6000	147	4400		
	QASHQAI SV TI	4379	2070*	1608	2647	1530	648/1730	N.D.	11,3	4L	2,0/ATM	141	6000	147	4400		
	ROGUE S TA	4630	1840	1715	2706	1550	1112/1982	454	11,4	4L	2,5/ATM	170	6000	175	4400		
	ROGUE S TI	4630	1840	1715	2706	1610	1112/1982	454	11,4	4L	2,5/ATM	170	6000	175	4400		
	SENTRA S 1.8 (CVT)	4625	1760	1495	2700	1300	428	N.D.	10,6	4L	1,8/ATM	130	6000	128	3600		
	SENTRA S 1.8 (MAN)	4625	1760	1495	2700	1281	428	N.D.	10,6	4L	1,8/ATM	130	6000	128	3600		
	SENTRA SL 1.8 (CVT)	4625	1760	1495	2700	1334	428	N.D.	10,6	4L	1,8/ATM	124	6000	125	3600		
	SENTRA SR TURBO 1.6	4637	1760	1498	2700	1370	428	N.D.	10,6	4L	1,6/TUR.	188	6000	177	3600		
	SENTRA SV 1.8 (CVT)	4625	1760	1495	2700	1300	428	N.D.	10,6	4L	1,8/ATM	124	6000	125	3600		
	TITAN 4X4 5.6 CAB. DOUBLE (5.5')	5804	2050	1960	3550	2692	1702**	4182	14,6	V8	5,6/ATM	390	5800	394	4000		
	TITAN PRO-4X 5.6 CAB. DOUBLE (5.5')	5804	2050	1960	3550	2638	1702**	4182	14,6	V8	5,6/ATM	390	5800	394	4000		
	TITAN SL 4X4 5.6 CAB. DOUBLE (5.5')	5794	2020	1960	3550	2681	1702**	4182	14,6	V8	5,6/ATM	390	5800	394	4000		
	TITAN XD PLATINUM 4X4 5.0 CAB. DOUBLE	6166	2020	2002	3850	3393	1979**	5271	16,4	V8	5,0/TUR.	310	3200	555	1600		
	TITAN XD PLATINUM 4X4 5.6 CAB. DOUBLE	6166	2020	2002	3850	3077	1979**	4436	16,4	V8	5,6/ATM	390	5800	394	4000		
	TITAN XD PRO-4X 4X4 5.0 CAB. DOUBLE	6187	2049	1992	3850	3292	1979**	5339	16,4	V8	5,0/TUR.	310	3200	555	1600		
	TITAN XD PRO-4X 4X4 5.6 CAB. DOUBLE	6187	2049	1992	3850	2962	1979**	4867	16,4	V8	5,6/ATM	390	5800	394	4000		
	TITAN XD SV 4X4 5.0 CAB. DOUBLE	6166	2020	1980	3850	3244	1979**	5448	16,4	V8	5,0/TUR.	310	3200	555	1600		
	TITAN XD SV 4X4 5.6 CAB. DOUBLE	6166	2020	1981	3850	2928	1979**	4917	16,4	V8	5,6/ATM	390	5800	394	4000		
	VERSA NOTE S HAYON	4157	1695	1537	2600	1096	532/1084	N.D.	10,6	4L	1,6/ATM	109	6000	107	4400		
	VERSA NOTE SR HAYON	4157	1695	1537	2600	1129	532/1084	N.D.	10,6	4L	1,6/ATM	109	6000	107	4400		
	VERSA NOTE SV HAYON (CVT)	4157	1695	1537	2600	1145	532/1084	N.D.	10,6	4L	1,6/ATM	109	6000	107	4400		
	Z 370Z COUPÉ	4255	1845	1315	2550	1497	195	N.D.	10,0	V6	3,7/ATM	332	7000	270	5200		
	Z 370Z COUPÉ NISMO	4330	1870	1315	2550	1547	195	N.D.	10,4	V6	3,7/ATM	350	7400	276	5200		
	Z 370Z ROADSTER TOURISME	4246	1845	1326	2550	1584	119	N.D.	10,0	V6	3,7/ATM	332	7000	270	5200		
*	HUAYRA COUPÉ	4605	2356*	1169	2795	1350	0	N.D.	0	V12	6,0/TUR.	700	5800	738	2600		
	HUAYRA ROADSTER	4605	2356*	1169	2795	1280	0	N.D.	0	V12	6,0/TUR.	764	5500	738	2300		
PORSCHE	718 BOXSTER	4379	1994*	1281	2475	1335	275	N.D.	11,0	H4	2,0/TUR.	300	6500	280	1950		
	718 BOXSTER (PDK)	4379	1994*	1281	2475	1365	275	N.D.	11,0	H4	2,0/TUR.	300	6500	280	1950		
	718 BOXSTER S	4379	1994*	1280	2475	1355	275	N.D.	11,0	H4	2,5/TUR.	350	6500	310	1900		
	718 BOXSTER S (PDK)	4379	1994*	1280	2475	1385	275	N.D.	11,0	H4	2,5/TUR.	350	6500	310	1900		
	718 CAYMAN	4379	1994*	1286	2475	1335	334	N.D.	11,0	H4	2,0/TUR.	300	6500	280	1950		
	718 CAYMAN (PDK)	4379	1994*	1286	2475	1365	334	N.D.	11,0	H4	2,0/TUR.	300	6500	280	1950		
	718 CAYMAN S	4379	1994*	1284	2475	1355	334	N.D.	11,0	H4	2,5/TUR.	350	6500	310	1900		
	718 CAYMAN S (PDK)	4379	1994*	1284	2475	1385	334	N.D.	11,0	H4	2,5/TUR.	350	6500	310	1900		
	911 CARRERA 4	4499	1978*	1295	2450	1480	125	N.D.	11,2	H6	3,0/TUR.	370	6500	331	1700		
	911 CARRERA 4 CABRIOLET	4499	1978*	1290	2450	1550	125	N.D.	11,2	H6	3,0/TUR.	370	6500	331	1700		
	911 CARRERA 4 GTS	4528	1978*	1284	2450	1495	125	N.D.	11,1	H6	3,0/TUR.	450	6500	406	2150		
	911 CARRERA 4 GTS CABRIOLET	4528	1978*	1293	2450	1565	125	N.D.	11,1	H6	3,0/TUR.	450	6500	406	2150		
	911 CARRERA 4S	4499	1978*	1298	2450	1490	125	N.D.	11,2	H6	3,0/TUR.	420	6500	368	1700		

*PAGANI

MODÈLE	LONGUEUR (MM)	LARGEUR (MM)	HAUTEUR (MM)	EMPATTEMENT (MM)	POIDS (KG)	COFFRE MIN./ MAX. (LITRES)	CAPACITÉ REMORQUAGE (KG)	DIAMÈTRE BRAQUAGE (M)	MOTEUR/ ALIMENTATION	CYLINDRÉE (LITRES)/ ALIMENTAION	PUISSANCE (CH)	CHEVAUX (À TR/MIN)	COUPLE (LB-PI)	LB-PI (À TR/MIN) (MINIMUM)	AUTONOMIE ÉLECTRIQUE (KM)	ÉNERGIE BATTERIES (KWH)
PORSCHE																
911 CARRERA 4S CABRIOLET	4499	1978*	1293	2450	1560	125	N.D.	11,2	H6	3,0/TUR.	420	6500	368	1700		
911 CARRERA GTS	4528	1978*	1284	2450	1450	125	N.D.	11,1	H6	3,0/TUR.	450	6500	406	2150		
911 CARRERA GTS CABRIOLET	4528	1978*	1291	2450	1520	125	N.D.	11,1	H6	3,0/TUR.	450	6500	406	2150		
911 TARGA 4	4499	1978*	1288	2450	1570	125	N.D.	11,2	H6	3,0/TUR.	370	6500	331	1700		
911 TARGA 4 GTS	4528	1978*	1291	2450	1585	125	N.D.	11,1	H6	3,0/TUR.	450	6500	406	2150		
911 TARGA 4S	4499	1978*	1293	2450	1580	125	N.D.	11,2	H6	3,0/TUR.	420	6500	368	1700		
911 TURBO	4507	1978*	1297	2450	1595	115	N.D.	10,6	H6	3,8/TUR.	540	6400	524	2250		
911 TURBO CABRIOLET	4507	1978*	1294	2450	1665	115	N.D.	10,6	H6	3,8/TUR.	540	6400	524	2250		
911 TURBO S	4507	1978*	1297	2450	1600	115	N.D.	10,6	H6	3,8/TUR.	580	6750	553	2250		
911 TURBO S CABRIOLET	4507	1978*	1294	2450	1670	115	N.D.	10,6	H6	3,8/TUR.	580	6750	553	2250		
CAYENNE BASE	4855	2165*	1705	2895	2040	670/1780	3500	11,9	V6	3,6/ATM	300	6300	295	3000		
CAYENNE GTS	4855	2165*	1688	2895	2110	670/1705	3500	11,9	V6	3,6/TUR.	440	6000	443	1600		
CAYENNE S	4855	2165*	1705	2895	2085	670/1780	3500	11,9	V6	3,6/TUR.	420	6000	406	1350		
CAYENNE S E-HYBRID	4855	2165*	1705	2895	2350	580/1690	3500	11,9	V6	3,0/SURC	333	5500	325	3000	36	10,8
CAYENNE TURBO	4855	2165*	1702	2895	2185	670/1705	3500	11,9	V8	4,8/TUR.	520	6000	553	2250		
CAYENNE TURBO S	4855	2165*	1702	2895	2235	670/1705	3500	11,9	V8	4,8/TUR.	570	6000	590	2500		
MACAN BASE	4697	2098*	1624	2807	1770	500/1500	N.D.	11,8	4L	2,0/TUR.	252	5000	273	1600		
MACAN GTS	4692	2098*	1609	2807	1895	500/1500	2400	12,0	V6	3,0/TUR.	360	6000	369	1650		
MACAN S	4681	2098*	1624	2807	1865	500/1500	2400	11,8	V6	3,0/TUR.	340	5500	339	1450		
MACAN TURBO	4699	2098*	1624	2807	1925	500/1500	2400	12,0	V6	3,6/TUR.	400	6000	406	1350		
PANAMERA 4	5049	2165*	1423	2950	1850	495/1304	N.D.	11,9	V6	3,0/TUR.	330	5400	331	1340		
PANAMERA 4 E-HYBRID	5049	2165*	1423	2950	2170	405/1215	N.D.	11,9	V6	2,9/TUR.	330	5250	331	1750	50	14
PANAMERA 4 E-HYBRID EXECUTIVE	5199	2165*	1428	3100	2250	405/1391	N.D.	12,4	V6	2,9/TUR.	330	5250	331	1750	50	14
PANAMERA 4 EXECUTIVE	5199	2165*	1428	3100	1935	495/1483	N.D.	12,4	V6	3,0/TUR.	330	5400	331	1340		
PANAMERA 4 SPORT TURISMO	5049	2165*	1428	2950	1880	520/1390	N.D.	11,9	V6	3,0/TUR.	330	5400	331	1340		
PANAMERA 4S	5049	2165*	1423	2950	1870	495/1304	N.D.	11,9	V6	2,9/TUR.	440	5650	405	1750		
PANAMERA 4S EXECUTIVE	5199	2165*	1428	3100	1980	495/1483	N.D.	11,8	V6	2,9/TUR.	440	5650	405	1750		
PANAMERA 4S SPORT TURISMO	5049	2165*	1428	2950	1915	520/1390	N.D.	11,9	V6	2,9/TUR.	440	5650	405	1750		
PANAMERA BASE	5049	2165*	1423	2950	1815	495/1304	N.D.	11,9	V6	3,0/TUR.	330	5400	331	1340		
PANAMERA TURBO	5049	2165*	1427	2950	1995	495/1304	N.D.	11,9	V8	4,0/TUR.	550	5750	567	1960		
PANAMERA TURBO EXECUTIVE	5199	2165*	1432	3100	2100	495/1483	N.D.	11,8	V8	4,0/TUR.	550	5750	567	1960		
PANAMERA TURBO S E-HYBRID	5049	2165*	1427	2950	2310	405/1245	N.D.	11,9	V8	4,0/TUR.	550	5750	567	1960		14
PANAMERA TURBO SPORT TURISMO	5049	2165*	1432	2950	2035	520/1390	N.D.	11,9	V8	4,0/TUR.	550	5750	567	1960		
RAM																
1500 BIG HORN 4X2 CAB. ALLONGÉE (6.3')	5817	2017	1960	3569	2332	1939**	3715	13,7	V8	5,7/ATM	395	5600	410	3950		
1500 BIG HORN 4X2 CAB. DOUBLE (5.6')	5817	2018	1954	3569	2368	1712**	3660	13,7	V8	5,7/ATM	395	5600	410	3950		
1500 HFE 4X2 CAB. ALLONGÉE (6.3')	5817	2017	1960	3569	2432	1939**	3611	13,7	V6	3,0/TUR.	240	3600	420	2000		
1500 LARAMIE 4X4 CAB. ALLONGÉE (6.3')	5817	2017	1975	3569	2418	1939**	3629	13,8	V8	5,7/ATM	395	5600	410	3950		
1500 LARAMIE 4X4 CAB. DOUBLE (5.6')	5817	2018	1968	3569	2445	1712**	3624	13,8	V8	5,7/ATM	395	5600	410	3950		
1500 LARAMIE 4X4 CAB. DOUBLE (6.3')	6043	2018	1965	3797	2472	1939**	3529	13,8	V8	5,7/ATM	395	5600	410	3950		
1500 LARAMIE DIE. 4X2 CAB. DOUBLE (5.6')	5817	2018	1954	3569	2459	1712**	3565	13,7	V6	2,0/TUR.	240	3600	420	2000		
1500 LARAMIE DIE. 4X4 CAB. DOUBLE (5.6')	5817	2018	1968	3569	2554	1712**	3438	13,8	V6	3,0/TUR.	240	3600	420	2000		
1500 REBEL 4X4 CAB. DOUBLE (5.6')	5817	2017	1985	3569	2338	1712**	3270	13,8	V6	3,6/ATM	305	6400	269	4175		
1500 SLT 4X4 CAB. ALLONGÉE (6.3')	5817	2017	1975	3569	2313	1939**	2009	13,8	V6	3,6/ATM	305	6400	269	4175		
1500 SLT 4X4 CAB. DOUBLE (5.6')	5817	2018	1968	3569	2345	1712**	1910	13,8	V6	3,6/ATM	305	6400	269	4175		
1500 SLT 4X4 CAB. DOUBLE (6.3')	6043	2018	1965	3797	2472	1939**	3529	13,8	V8	5,7/ATM	395	5600	410	3950		
1500 SLT 4X4 CAB. SIMPLE (6.3')	5309	2017	1910	3061	2150	1939**	2155	12,1	V6	3,6/ATM	305	6400	269	4175		
1500 SLT 4X4 CAB. SIMPLE (8')	5867	2017	1906	3569	2227	2497**	2078	13,8	V6	3,6/ATM	305	6400	269	4175		
1500 SLT DIESEL 4X2 CAB. SIMPLE (8')	5867	2017	1889	3569	2351	2497**	3738	13,8	V6	3,0/TUR.	240	3600	420	2000		
PROMASTER CITY WAGON SLT	4740	1831	1880	3109	1680	2880	892	12,8	4L	2,4/ATM	178	6400	174	3800		
PROMASTER CITY WAGON ST	4740	1831	1880	3109	1680	2880	892	12,8	4L	2,4/ATM	178	6400	174	3800		
ROLLS-ROYCE																
DAWN BASE	5285	1947	1502	3112	2560	244/295	N.D.	12,7	V12	6,6/TUR.	563	5250	575	1500		
GHOST SERIES II ALLONGÉE	5569	1948	1550	3465	2570	490	N.D.	14,0	V12	6,6/TUR.	563	5250	575	1500		
GHOST SERIES II COURTE	5399	1948	1550	3295	2490	490	N.D.	13,4	V12	6,6/TUR.	563	5250	575	1500		
WRAITH BASE	5281	1947	1507	3112	2440	470	N.D.	12,7	V12	6,6/TUR.	624	5600	590	1500		
SMART																
FORTWO ELECTRIC DRIVE	2695	1663	1552	1873	995	260/340	N.D.	7,0	ÉLEC.	N.D.	81	0	118	0	160	17,6
FORTWO ELECTRIC DRIVE CABRIOLET	2695	1663	1552	1873	995	260/340	N.D.	8,8	ÉLEC.	N.D.	81	0	118	0	155	17,6
SUBARU																
BRZ BASE	4235	1775	1320	2570	1263	196	N.D.	10,8	H4	2,0/ATM	205	7000	156	6400		
BRZ BASE (AUTO)	4235	1775	1320	2570	1282	196	N.D.	10,8	H4	2,0/ATM	200	7000	151	6400		
BRZ SPORT-TECH	4235	1775	1320	2570	1267	196	N.D.	10,8	H4	2,0/ATM	205	7000	156	6400		
CROSSTREK COMODITÉ	4465	1800	1615	2665	1413	588/1565	680	10,8	H4	2,0/ATM	152	6000	145	4000		
CROSSTREK LIMITED	4465	1800	1615	2665	1482	588/1565	680	10,8	H4	2,0/ATM	152	6000	145	4000		
CROSSTREK SPORT	4465	1800	1615	2665	1446	588/1565	680	10,8	H4	2,0/ATM	152	6000	145	4000		
CROSSTREK TOURING	4465	1800	1615	2665	1428	588/1565	680	10,8	H4	2,0/ATM	152	6000	145	4000		
FORESTER 2.0XT LIMITED	4595	2046*	1735	2640	1668	892/1940	680	10,6	H4	2,0/TUR.	250	5600	258	2000		
FORESTER 2.5I LIMITED	4610	2046*	1735	2640	1578	892/1940	680	10,6	H4	2,5/ATM	170	5800	174	4000		
IMPREZA COMMODITÉ 5-PORTES	4460	1775	1480	2670	1354	589/1566	N.D.	10,6	H4	2,0/ATM	152	6000	145	4000		
IMPREZA COMMODITÉ BERLINE	4625	1775	1455	2670	1349	348	N.D.	10,6	H4	2,0/ATM	152	6000	145	4000		
IMPREZA SPORT 5-PORTES	4460	1775	1480	2670	1404	589/1566	N.D.	10,6	H4	2,0/ATM	152	6000	145	4000		
IMPREZA SPORT BERLINE	4625	1775	1455	2670	1398	348	N.D.	10,6	H4	2,0/ATM	152	6000	145	4000		
LEGACY 2.5I	4796	2066*	1500	2750	1576	425	453	11,2	H4	2,5/ATM	175	5800	174	4000		

MODÈLE	LONGUEUR (MM)	LARGEUR (MM)	HAUTEUR (MM)	EMPATTEMENT (MM)	POIDS (KG)	COFFRE MIN./MAX. (LITRES)	CAPACITÉ REMORQUAGE (KG)	DIAMÈTRE BRAQUAGE (M)	MOTEUR/ALIMENTATION	CYLINDRÉE (LITRES)/ALIMENTATION	PUISSANCE (CH)	CHEVAUX (À TR/MIN)	COUPLE (LB-PI)	LB-PI (À TR/MIN) (MINIMUM)	AUTONOMIE ÉLECTRIQUE (KM)	ÉNERGIE BATTERIES (KWH)
SUBARU																
LEGACY 2.5I LIMITED	4796	2080*	1500	2750	1598	425	453	11,2	H4	2,5/ATM	175	5800	174	4000		
LEGACY 2.5I PZEV	4796	2066*	1500	2750	1576	425	453	11,2	H4	2,5/ATM	175	5800	174	4000		
LEGACY 3.6R LIMITED	4796	2080*	1500	2750	1676	425	453	11,2	H6	3,6/ATM	256	6000	247	4400		
OUTBACK 2.5I	4817	2066*	1680	2745	1636	1005/2075	1224	10,8	H4	2,5/ATM	175	5800	174	4000		
OUTBACK 2.5I LIMITED	4817	2080*	1680	2745	1665	1005/2075	1224	10,8	H4	2,5/ATM	175	5800	174	4000		
OUTBACK 2.5I TOURISME	4817	2080*	1680	2745	1651	1005/2075	1224	10,8	H4	2,5/ATM	175	5800	174	4000		
OUTBACK 3.6R LIMITED	4817	2080*	1680	2745	1744	1005/2075	1224	10,8	H6	3,6/ATM	256	6000	247	4400		
WRX BERLINE	4595	2053*	1475	2650	1495	340	N.D.	10,8	H4	2,0/TUR.	268	5600	258	2000		
WRX BERLINE SPORT-TECH	4595	2053*	1475	2650	1543	340	N.D.	11,0	H4	2,0/TUR.	268	5600	258	2000		
WRX STI BERLINE	4595	2053*	1475	2650	1550	340	N.D.	11,0	H4	2,5/TUR.	305	6000	290	4000		
WRX STI BERLINE SPORT-TECH	4595	2053*	1475	2650	1596	340	N.D.	11,0	H4	2,5/TUR.	305	6000	290	4000		
TESLA																
MODEL 3 60	0	0	0	0	0	396	N.D.	N.D.		N.D.	N.D.	N.D.	N.D.	N.D.	345	60
MODEL S 100D	4979	2187*	1445	2960	2196	804/1645	NON REC.	12,4	ÉLEC.	N.D.	259	6100	184	0	594	100
MODEL S 75	4979	2187*	1445	2960	2027	894/1645	NON REC.	12,4	ÉLEC.	N.D.	382	6850	325	0	450	75
MODEL S 75D	4979	2187*	1445	2960	2108	804/1645	NON REC.	12,4	ÉLEC.	N.D.	259	6100	184	0	466	75
MODEL S P100D	4979	2187*	1445	2960	2241	804/1645	NON REC.	12,4	ÉLEC.	N.D.	503	5950	479	0	572	100
MODEL S P100D	4979	2187*	1445	2960	2241	804/1645	NON REC.	12,4	ÉLEC.	N.D.	259	6100	184	0	572	100
MODEL X 100D	5052	2272*	1684	2965	2491	736/2180	2250	12,4	ÉLEC.	N.D.	259	6100	184	0	475	100
MODEL X 75D	5052	2272*	1684	2965	2350	736/2180	2250	12,4	ÉLEC.	N.D.	259	6100	184	0	381	75
MODEL X P100D	5052	2272*	1684	2965	2441	736/2180	2250	12,4	ÉLEC.	N.D.	503	5950	479	0	465	100
MODEL X P100D	5052	2272*	1684	2965	2441	736/2180	2250	12,4	ÉLEC.	N.D.	259	6100	184	0	465	100
TOYOTA																
4RUNNER LIMITED 5 PLACES	4844	1925	1780	2790	2184	1337/2540	2268	11,4	V6	4,0/ATM	270	5600	278	4400		
4RUNNER LIMITED 7 PLACES	4844	1925	1780	2790	2184	255/2540	2268	11,4	V6	4,0/ATM	270	5600	278	4400		
4RUNNER STANDARD	4859	1925	1780	2790	2111	1337/2540	2268	11,4	V6	4,0/ATM	270	5600	278	4400		
4RUNNER TRD HORS-ROUTE	4859	1925	1780	2790	2159	1337/2540	2268	11,4	V6	4,0/ATM	270	5600	278	4400		
4RUNNER TRD PRO	4859	1925	1829	2790	2159	1337/2540	2268	11,4	V6	4,0/ATM	270	5600	278	4400		
86 BASE	4235	1775	1460	2570	1251	196	N.D.	11,4	H4	2,0/ATM	205	N.D.	N.D.	N.D.		
AVALON LIMITED	4960	2096*	1460	2820	1625	453	455	12,2	V6	3,5/ATM	268	6200	248	4700		
CAMRY HYBRIDE XLE	4880	1840	1445	2825	1620	428	N.D.	11,6	4L	2,5/ATM	176	5700	163	3600		1,6
CAMRY L	4880	1840	1445	2825	1470	399	N.D.	11,4	4L	2,5/ATM	203	6800	184	5200		
CAMRY SE	4895	1840	1445	2825	1515	428	N.D.	11,6	4L	2,5/ATM	203	6800	184	5200		
CAMRY XLE	4880	1840	1445	2825	1520	428	N.D.	11,6	4L	2,5/ATM	203	6800	184	5200		
CAMRY XLE V6	4880	1840	1445	2825	1610	428	N.D.	11,6	V6	3,5/ATM	301	6600	267	4700		
CAMRY XSE	4895	1840	1445	2825	1540	428	N.D.	11,6	4L	2,5/ATM	206	6800	184	5200		
CAMRY XSE V6	4895	1840	1445	2825	1620	428	N.D.	11,6	V6	3,5/ATM	301	6600	267	4700		
C-HR XLE	4350	1797	1565	2640	1497	538/1031	NON REC.	10,4	4L	2,0/ATM	144	6100	139	3800		
COROLLA CE	4650	1776	1455	2700	1285	369	NON REC.	10,8	4L	1,8/ATM	132	6000	128	4400		
COROLLA IM BASE	4330	1760	1405	2600	1335	588/1199	N.D.	11,4	4L	1,8/ATM	137	6100	126	4000		
COROLLA LE	4650	1776	1455	2700	1300	369	NON REC.	10,8	4L	1,8/ATM	132	6000	128	4400		
COROLLA LE ECO	4650	1776	1455	2700	1295	369	NON REC.	10,8	4L	1,8/ATM	140	6000	126	4000		
COROLLA SE	4650	1776	1455	2700	1305	369	NON REC.	10,8	4L	1,8/ATM	132	6000	128	4400		
HIGHLANDER 2RM LE	4855	1925	1730	2790	1925	390/2370	2268	11,8	V6	3,5/ATM	296	6600	263	4700		
HIGHLANDER 4RM LE	4855	1925	1730	2790	1995	390/2370	2268	11,8	V6	3,5/ATM	296	6600	263	4700		
HIGHLANDER 4RM LIMITED	4855	1925	1780	2790	2045	385/2339	2268	11,8	V6	3,5/ATM	296	6600	263	4700		
HIGHLANDER 4RM XLE	4855	1925	1780	2790	2035	390/2356	2268	11,8	V6	3,5/ATM	296	6600	263	4700		
HIGHLANDER HYBRIDE LIMITED	4855	1925	1780	2790	2205	385/2339	1588	11,8	ÉLEC.		68	0	103	0		4,5
PRIUS BASE	4540	1760	1470	2700	1390	697	N.D.	10,2	4L	1,8/ATM	95	5200	105	3600		1,3
PRIUS C BASE	4030	1695	1490	2550	1132	484	NON REC.	9,6	4L	1,5/ATM	73	4800	82	4000		19,3
PRIUS PRIME	4646	1760	1470	2700	1530	561	N.D.	10,2	4L	1,8/ATM	95	5200	105	3600	35	8,8
PRIUS V BASE	4630	1775	1575	2780	1505	971/1906	N.D.	11,0	4L	1,8/ATM	98	5200	105	4000		1,3
RAV4 2RM LE	4600	1845	1705	2660	1555	1090/2080	680	10,6	4L	2,5/ATM	176	6000	172	4100		
RAV4 2RM XLE	4600	1845	1705	2660	1570	1090/2080	680	10,6	4L	2,5/ATM	176	6000	172	4100		
RAV4 4RM HYBRIDE LE+	4600	1845	1705	2660	1765	1010/2000	795	10,6	4L	2,5/ATM	150	5700	152	4400		1,6
RAV4 4RM HYBRIDE LIMITED	4600	1845	1705	2660	1775	1010/2000	795	10,6	4L	2,5/ATM	150	5700	152	4400		1,6
RAV4 4RM HYBRIDE SE	4600	1845	1705	2660	1775	1010/2000	795	10,6	4L	2,5/ATM	150	5700	152	4400		1,6
RAV4 4RM LE	4600	1845	1705	2660	1610	1090/2080	680	10,6	4L	2,5/ATM	176	6000	172	4100		
RAV4 4RM LIMITED	4600	1845	1705	2660	1635	1090/2080	680	11,2	4L	2,5/ATM	176	6000	172	4100		
RAV4 4RM SE	4600	1845	1705	2660	1635	1090/2080	NON REC.	11,2	4L	2,5/ATM	176	6000	172	4100		
RAV4 4RM XLE	4600	1845	1705	2660	1625	1090/2080	680	10,6	4L	2,5/ATM	176	6000	172	4100		
SEQUOIA LIMITED V8 5.7L	5210	2030	1955	3100	2714	540/3400	3220	12,5	V8	5,7/ATM	381	5600	401	3600		
SEQUOIA PLATINUM V8 5.7L	5210	2030	1955	3100	2721	540/3400	3175	12,5	V8	5,7/ATM	381	5600	401	3600		
SEQUOIA SR5 5.7L V8	5210	2030	1955	3100	2707	540/3400	3220	12,5	V8	5,7/ATM	381	5600	401	3600		
SIENNA LIMITED	5085	1985	1795	3030	2095	1100/2470	1585	11,4	V6	3,5/ATM	296	6600	263	4700		
SIENNA SE V6 8 PLACES	5085	1985	1790	3030	2090	1100/2470	1585	11,4	V6	3,5/ATM	296	6600	263	4700		
SIENNA V6 7 PLACES	5085	1985	1795	3030	2010	1100/2470	454	11,4	V6	3,5/ATM	296	6600	263	4700		
SIENNA XLE AWD 7 PLACES	5085	1985	1810	3030	2155	1100/2470	454	11,4	V6	3,5/ATM	296	6600	263	4700		
TACOMA 4X2 CAB. ACCÈS (6 AUTO)	5392	1889	1793	3235	1775	1872**	1590	12,4	4L	2,7/ATM	159	5200	180	3800		
TACOMA 4X4 CAB. ACCÈS SR+ (5 MAN)	5392	1889	1793	3235	1873	1872**	1590	12,4	4L	2,7/ATM	159	5200	180	3800		
TACOMA 4X4 CAB. ACCÈS SR5	5392	1889	1793	3235	1884	1872**	1590	12,4	4L	2,7/ATM	159	5200	180	3800		
TACOMA 4X4 CAB. ACCÈS V6 SR5	5392	1889	1793	3235	1916	1872**	2950	12,4	V6	3,5/ATM	278	6000	265	4600		
TACOMA 4X4 CAB. ACCÈS V6 TRD HORS-ROUTE	5392	1910	1793	3235	1927	1872**	2950	12,4	V6	3,5/ATM	278	6000	265	4600		

MODÈLE	LONGUEUR (MM)	LARGEUR (MM)	HAUTEUR (MM)	EMPATTEMENT	POIDS (KG)	COFFRE MIN./MAX. (LITRES)	CAPACITÉ REMORQUAGE (KG)	DIAMÈTRE BRAQUAGE (M)	MOTEUR/ALIMENTATION	CYLINDRÉE (LITRES)/ALIMENTAION	PUISSANCE (CH)	CHEVAUX (À TR/MIN)	COUPLE (LB-PI)	LB-PI (À TR/MIN)	AUTONOMIE ÉLECTRIQUE (KM)	ÉNERGIE BATTERIES (KWH)
TOYOTA																
TACOMA 4X4 CAB. DBLE V6 TRD HORS-ROUTE	5727	1889	1793	3235	1975	1536**	2900	12,4	V6	3,5/ATM	278	6000	265	4600		
TACOMA 4X4 CAB. DBLE V6 TRD SPORT	5392	1910	1793	3235	1984	1536**	2900	12,4	V6	3,5/ATM	278	6000	265	4600		
TACOMA 4X4 CAB. DOUBLE V6 LIMITED	5727	1910	1793	3571	1975	1872**	2720	13,4	V6	3,5/ATM	278	6000	265	4600		
TACOMA 4X4 CAB. DOUBLE V6 SR5	5727	1889	1793	3571	1975	1872**	2900	13,4	V6	3,5/ATM	278	6000	265	4600		
TUNDRA 4X2 5.7L CAB. RÉGULIÈRE	5815	2030	1925	3700	2310	2480**	4760	13,4	V8	5,7/ATM	381	5600	401	3600		
TUNDRA 4X4 4.6L CAB. DOUBLE	5815	2030	1940	3700	2450	2000**	2945	13,4	V8	4,6/ATM	310	5600	327	3400		
TUNDRA 4X4 5.7L CAB. DOUBLE	5815	2030	1940	3700	2480	2000**	4490	13,4	V8	5,7/ATM	381	5600	401	3600		
TUNDRA 4X4 5.7L CAB. DOUBLE (LONG)	6295	2030	1935	4180	3265	2480**	4445	14,9	V8	5,7/ATM	381	5600	401	3600		
TUNDRA 4X4 5.7L CAB. RÉGULIÈRE (LONG)	5815	2030	1935	3700	2360	2480**	4625	13,4	V8	5,7/ATM	381	5600	401	3600		
TUNDRA 4X4 LIMITED 5.7L CAB. DOUBLE	5815	2030	1935	3700	2480	2000**	4490	13,4	V8	5,7/ATM	381	5600	401	3600		
TUNDRA 4X4 LIMITED 5.7L CREW MAX	5815	2030	1930	3700	2570	1695**	4345	13,4	V8	5,7/ATM	381	5600	401	3600		
TUNDRA 4X4 PLATINUM 5.7L CREW MAX	5815	2030	1930	3700	2575	1695**	4305	13,4	V8	5,7/ATM	381	5600	401	3600		
TUNDRA 4X4 SR5 5.7L CREWMAX	5815	2030	1930	3700	2555	1695**	4445	13,4	V8	5,7/ATM	381	5600	401	3600		
YARIS BERLINE	4361	1695	1485	2570	1082	382	N.D.	9,8	4L	1,5/ATM	106	6000	103	4000		
YARIS BERLINE PREMIUM	4361	1695	1485	2570	1096	382	N.D.	9,8	4L	1,5/ATM	106	6000	103	4000		
YARIS CE 3 PORTES HATCHBACK	3950	1695	1510	2510	1030	433	N.D.	9,6	4L	1,5/ATM	106	6000	103	4200		
YARIS LE 5 PORTES HATCHBACK	3950	1695	1510	2510	1030	442	N.D.	9,6	4L	1,5/ATM	106	6000	103	4200		
YARIS SE 5 PORTES HATCHBACK	3950	1695	1510	2510	1030	442	N.D.	11,0	4L	1,5/ATM	106	6000	103	4200		
VOLKSWAGEN																
ATLAS COMFORTLINE	5036	1978	1769	0	2000	0	N.D.	N.D.	4L	2,0/TUR.	235	N.D.	N.D.	N.D.		
ATLAS EXECLINE	5036	1978	1769	0	2250	0	2268	N.D.	V6	3,6/ATM	276	6200	266	2750		
BEETLE DUNE	4278	2021*	1502	2537	1403	436/847	N.D.	10,8	4L	2,0/TUR.	177	N.D.	184	1450		
BEETLE DUNE DÉCAPOTABLE	4278	2021*	1490	2540	1488	200	N.D.	10,8	4L	2,0/TUR.	177	N.D.	184	1450		
BEETLE TRENDLINE	4278	2021*	1486	2537	1337	436/847	N.D.	10,8	4L	2,0/TUR.	177	N.D.	184	1450		
BEETLE TRENDLINE DÉCAPOTABLE	4278	2021*	1473	2540	1455	200	N.D.	10,8	4L	2,0/TUR.	177	N.D.	184	1450		
GOLF COMFORTLINE 5-PORTES (AUTO)	4268	2027*	1443	2637	1345	490/1520	N.D.	10,9	4L	1,8/TUR.	170	4800	185	1600		
GOLF E-GOLF	4270	2027*	1450	2631	1553	341/1231	N.D.	10,9	ÉLEC.		134	0	214	0	201	35,8
GOLF GTI 3-PORTES	4268	2027*	1442	2631	1378	490/1520	N.D.	10,9	4L	2,0/TUR.	210	4300	258	1600		
GOLF GTI AUTOBAHN 5-PORTES	4268	2027*	1442	2631	1378	490/1520	N.D.	10,9	4L	2,0/TUR.	210	4300	258	1600		
GOLF GTI PERFORMANCE 5-PORTES (AUTO)	4268	2027*	1442	2631	1407	388/1537	N.D.	10,9	4L	2,0/TUR.	220	4500	258	1450		
GOLF HIGHLINE 5-PORTES	4268	2027*	1443	2637	1318	490/1520	N.D.	10,9	4L	1,8/TUR.	170	4800	185	1600		
GOLF R 5-PORTES	4276	2027*	1436	2630	1499	343/1233	N.D.	11,6	4L	2,0/TUR.	292	5400	280	1900		
GOLF R 5-PORTES (AUTO)	4276	2027*	1436	2630	1525	343/1233	N.D.	11,6	4L	2,0/TUR.	292	5400	280	1900		
GOLF SPORTWAGEN ALLTRACK	4578	2027*	1510	2630	1552	861/1883	N.D.	10,9	4L	1,8/TUR.	170	4560	199	1600		
GOLF SPORTWAGEN TRENDLINE	4562	2027*	1479	2630	1389	861/1883	N.D.	10,9	4L	1,8/TUR.	170	4800	185	1600		
GOLF SPORTWAGEN TRENDLINE 4MOTION	4578	2027*	1510	2630	1552	861/1883	N.D.	10,9	4L	1,8/TUR.	170	4560	199	1600		
GOLF TRENDLINE 3-PORTES	4268	2027*	1443	2637	1318	490/1520	N.D.	10,9	4L	1,8/TUR.	170	4800	185	1600		
GOLF TRENDLINE 5-PORTES	4268	2027*	1443	2637	1318	490/1520	N.D.	10,9	4L	1,8/TUR.	170	4800	185	1600		
JETTA 1.8 HIGHLINE (AUTO)	4628	1778	1453	2651	1393	440	N.D.	11,1	4L	1,8/TUR.	170	6200	184	1500		
JETTA SPORT	4628	1778	1453	2651	1334	440	N.D.	11,1	4L	1,4/TUR.	150	5000	184	1500		
JETTA WOLFSBURG	4628	1778	1453	2651	1379	440	N.D.	11,1	4L	1,4/TUR.	150	5000	184	1500		
PASSAT COMFORTLINE 2.0 TSI	4875	1834	1472	2803	1503	450	N.D.	11,1	4L	2,0/TUR.	177	N.D.	184	1450		
PASSAT HIGHLINE 3.6	4875	1834	1472	2803	1622	450	N.D.	11,1	V6	3,6/ATM	280	6200	258	2500		
PASSAT TRENDLINE+ 2.0 TSI	4875	1834	1472	2803	1503	450	N.D.	11,1	4L	2,0/TUR.	177	N.D.	184	1450		
TIGUAN 4MOTION COMFORTLINE	4701	2099*	1658	2790	1750	495/1780	680	11,9	4L	2,0/TUR.	184	4400	221	1600		
TIGUAN TRENDLINE	4701	2099*	1658	2790	1678	495/1780	680	11,9	4L	2,0/TUR.	184	4400	221	1600		
VOLVO																
S60 T5 DRIVE-E AWD	4635	2097*	1484	2776	1612	339	1588	11,3	4L	2,0/TUR.	240	5600	258	1500		
S60 T6 DRIVE-E AWD	4635	2097*	1484	2776	1645	339	1588	11,9	4L	2,0/TUR/SURC	302	5700	295	2100		
S60 T6 DRIVE-E AWD POLESTAR	4635	2097*	1484	2776	1645	339	NON REC.	11,9	4L	2,0/TUR/SURC	367	6000	347	3100		
S60 T6 DRIVE-E AWD R-DESIGN	4635	2097*	1484	2776	1645	339	1588	11,9	4L	2,0/TUR/SURC	302	5700	295	2100		
S90 T6 AWD	4963	2019*	1443	2941	1819	500	2200	11,4	4L	2,0/TUR/SURC	316	5700	295	2200		
V60 T5 DRIVE-E AWD	4635	2097*	1484	2776	1665	430/1240	1588	11,3	4L	2,0/TUR.	240	5600	258	1500		
V60 T6 DRIVE-E AWD	4635	2097*	1484	2776	1699	430/1240	1588	11,9	4L	2,0/TUR/SURC	302	5700	295	2100		
V60 T6 DRIVE-E AWD POLESTAR	4635	2097*	1484	2776	1690	430/1240	NON REC.	11,9	4L	2,0/TUR/SURC	367	6000	347	3100		
V60 T6 DRIVE-E AWD R-DESIGN	4635	2097*	1484	2776	1699	430/1240	1588	11,9	4L	2,0/TUR/SURC	302	5700	295	2100		
V90 CROSS-COUNTRY T6 AWD	4939	2052*	1543	2941	1868	560/1526	2200	11,6	4L	2,0/TUR/SURC	316	5700	295	2200		
V90 T6 AWD	4936	2019*	1475	2941	1826	560/1526	2200	11,6	4L	2,0/TUR/SURC	316	5700	295	2200		
XC60 T5 AWD	4688	2117*	1658	2865	1814	505/1432	750	11,4	4L	2,0/TUR.	254	5500	258	1500		
XC60 T6 AWD	4688	2117*	1658	2865	1868	505/1432	750	11,4	4L	2,0/TUR/SURC	320	5700	295	2200		
XC60 T8 TWIN ENGINE AWD	4688	2117*	1658	2865	2115	468/1395	750	11,4	4L	2,0/TUR/SURC	320	5700	295	2200	43	10,4
XC90 T5 DRIVE-E AWD	4950	2140*	1775	2984	1942	721/1866	2699	12,5	4L	2,0/TUR.	250	5500	258	1500		
XC90 T6 DRIVE-E AWD	4950	2140*	1775	2984	1968	314/1868	2700	12,5	4L	2,0/TUR/SURC	316	5700	295	2200		
XC90 T8 EXCELLENCE	4950	2140*	1776	2984	2254	431/1868	2400	12,5	4L	2,0/TUR/SURC	313	6000	295	2200	43	9,2
S60 T5 DRIVE-E AWD	4635	2097*	1484	2776	1612	339	1588	11,3	4L	2,0/TUR.	240	5600	258	1500		
S60 T6 DRIVE-E AWD	4635	2097*	1484	2776	1645	339	1588	11,9	4L	2,0/TUR/SURC	302	5700	295	2100		
S60 T6 DRIVE-E AWD R-DESIGN	4635	2097*	1484	2776	1645	339	1588	11,9	4L	2,0/TUR/SURC	302	5700	295	2100		
S90 T6 AWD	4963	2019*	1443	2941	1819	500	2200	11,4	4L	2,0/TUR/SURC	316	5700	295	2200		
S60 T6 DRIVE-E AWD POLESTAR	4635	2097*	1484	2776	1645	339	NON REC.	11,9	4L	2,0/TUR/SURC	367	6000	347	3100		

*Largeur incluant les rétroviseurs.

**Pour les camionnettes, nous indiquons la longueur de la boîte en mm.

ALAIN MORIN
LA CORVETTE
65 ANS DE SUCCÈS

AVANT-PROPOS

LE HASARD FAIT QUELQUEFOIS BIEN LES CHOSES !

En 2016, *Le Guide de l'auto* fêtait sa cinquantième parution. Pour l'occasion, nous nous sommes associés à des étudiants de l'École des métiers de l'équipement motorisé de Montréal afin de restaurer une Mustang 1967, année de la première édition du *Guide*. De fil en aiguille, constatant la popularité de cette icône américaine, nous avons décidé de lui consacrer quelques pages dans l'édition 2017. Ce que nous ne savions pas à ce moment-là, c'est que nous venions d'ouvrir une boîte de Pandore...

En 2018, le Salon International de l'Auto de Montréal célébrera son 75e anniversaire et Uni-Sélect, l'un des plus importants distributeurs de pièces d'automobiles en Amérique, son cinquantième. Pour souligner ces événements, ces deux entreprises québécoises se sont jointes au *Guide de l'auto* pour faire restaurer une Corvette 1968. Comme ces deux compagnies, la Corvette jouit d'un passé pour le moins fascinant. Alors pourquoi ne pas lui accorder quelques pages dans le *Guide* que vous tenez entre vos mains, comme nous l'avons fait pour la Mustang ?

La Mustang et la Corvette sont un peu le yin et le yang de l'industrie automobile américaine. Les deux ont leurs fidèles, qui vont rarement aux mêmes partys ! D'ailleurs, la guerre que se livrent Ford et Chevrolet dure depuis des lustres. Il faut remonter aux années 1920 pour trouver la source de ce conflit, alors que William S. Knudsen, haut stratège de la Ford Motor Company, quitte l'entreprise après une énième chicane avec Henry Ford et se lie à Chevrolet, où il devient son président. Sous la gouverne de Knudsen, les ventes de Chevrolet vont tellement bien qu'elles obligent le vieux Ford, illustre têtu, à abandonner son désuet Model T. En 1932, pour planter Chevrolet et son six cylindres, Ford dévoile un V8. Et c'était parti pour une guéguerre qui ne s'est jamais essoufflée.

La Mustang a toujours joué la carte de l'accessibilité ; la Corvette, celle de l'exclusivité. La première est au hamburger ce que la seconde est au filet mignon. Dès ses débuts, la Corvette était chère et différente de tout ce qui s'était construit aux États-Unis. Pourtant, comme la Mustang qui sera lancée plus d'une décennie plus tard, la première Corvette faisait appel à des éléments mécaniques provenant de voitures de production des plus banales.

Malgré tout, la Corvette − comme la Mustang − a traversé les époques pour devenir le monument qu'elle est aujourd'hui. Je vous invite à lire son histoire, rarement ennuyante... En montagnes russes, la plupart du temps !

En 1938, Harley Earl crée la Buick Y-Job, considérée comme la première voiture concept ; elle est encore impressionnante quatre-vingts ans plus tard !

DE LA Y-JOB AU MOTORAMA

La Corvette de Chevrolet est présentée au public le 17 janvier 1953. Le 30 juin, la première unité sort de la chaîne de production de l'usine de Flint, au Michigan. Voilà, tout est dit. Eh non, ça n'a pas été aussi simple que ça ! La période de gestation a été, en fait, beaucoup plus longue.

Au début des années 1920, Alfred P. Sloan, alors président de General Motors, entend parler d'une petite entreprise de Los Angeles qui modifie des voitures pour des vedettes de Hollywood. Le fils du propriétaire, Harley Earl, est un brillant styliste. Sloan l'engage pour tracer les lignes de la LaSalle, une voiture qui viendra s'insérer entre Buick et Cadillac. Le 27 juillet 1927, Earl devient directeur d'une toute nouvelle division chez GM, la Art and Colour Section. Son influence grandit peu à peu au sein de l'entreprise, de sorte qu'après quelques années, il obtient un poste à la direction de GM.

Après la Seconde Guerre mondiale, l'économie américaine connaît un essor sans précédent. Après plusieurs années de privations, les Américains ont soif de nouveauté. Les usines tournent à plein régime, les salaires augmentent et les gens redécouvrent la notion de plaisir. Les voitures sport recommencent à intéresser les consommateurs.

Celui qui a pensé à offrir aux Américains une vraie voiture sport américaine, Harley Earl.

JAGUAR COMME MODÈLE

Or, aucun constructeur d'automobiles américain n'offre un produit pouvant les satisfaire. Certes, il y a un certain Briggs Cunningham qui, entre 1951 et 1955, fabrique une voiture sport mue par un V8 Chrysler, mais la quantité est dérisoire. D'un autre côté, il y a la fabuleuse Jaguar XK120, une voiture anglaise hors de prix, qui attire l'œil de Harley Earl chaque fois qu'il se rend en Europe. L'Angleterre exporte aussi des MG, des Triumph 1800 et 2000 et de jolies Austin-Healy 100/4. Toutes ces voitures ont un point en commun : ce sont des biplaces.

Alfred P. Sloan crée le Transportation Unlimited Autorama en janvier 1949. Cet événement a lieu au chic Waldorf-Astoria de New York et présente les futures voitures de General Motors. En 1953, l'événement est rebaptisé Motorama et fera le tour des États-Unis. Le directeur général de Chevrolet, Tom Keating, désire présenter une voiture dont le public se souviendra. Il en fait part à Harley Earl, qui se met immédiatement à dessiner une petite voiture sport.

Un dessin, c'est bien, mais encore faut-il lui donner vie. Earl affecte deux designers à ce projet, temporairement baptisé Opel et qui, à l'automne 1952, prendra le nom d'EX-122 (General Motors désignait ses modèles expérimentaux par les lettres EX avant de leur donner un nom commercial). Bob McLean et Duane Bohnstedt prennent donc en main le design du futur *dream car*. Remarquez qu'à l'époque, on ne parlait pas encore de *concept car*, comme aujourd'hui. Leur modèle est la fameuse Jaguar XK120. C'est ainsi que la Corvette hérite du même empattement, soit 102 pouces (2591 millimètres) ! Par contre, les voies avant et arrière de l'américaine seront beaucoup plus larges. Harley Earl veut un V8 pour sa voiture de rêve, mais, à ce moment-là, seules Cadillac et Buick ont droit à cet honneur. Il devra se contenter d'un vieux six cylindres en ligne de 235 pouces cubes, pompeusement appelé Blue Flame.

Le 2 juin 1952, Earl montre une maquette d'argile pleine grandeur aux grands manitous de General Motors. Ed Cole, ingénieur-chef de Chevrolet, ainsi que le directeur général Tom Keating sont séduits par ce qu'ils voient. Cole autorise alors la fabrication d'une voiture qui devra être prête pour le Motorama de janvier 1953. Le temps presse.

QUESTION DE TEMPS ET D'ARGENT

Maurice Olley, un ingénieur reconnu pour son expérience tant avec les voitures américaines qu'avec les anglaises (Rolls-Royce, excusez du peu !), se lance dans la création de la voiture. Pour garder les coûts bas, il doit piger dans les stocks existants. C'est ainsi que la suspension, la direction, les freins et bien d'autres pièces proviennent de simples berlines Chevrolet, notamment l'increvable PowerGlide, une boîte automatique à deux rapports. Le temps de plus en plus pressant incite également les gens de Chevrolet à utiliser une carrosserie en fibre de verre. La confection des moules qui serviraient à fabriquer les pièces de métal prendrait trop de temps et coûterait trop cher.

Le nom Corvette est trouvé par Myron Scott, de l'agence de publicité Campbell-Ewald. Il se réfère au populaire bâtiment de guerre qui a si bien fait paraître la marine américaine durant la Seconde Guerre mondiale. Fait intéressant, ce nom a été utilisé pour la première fois dans les années 1670 par la marine française.

Au début des années 50, un vent de folie amène plusieurs voitures à deux places sur le marché américain. Ici, une collaboration anglo-américaine, la Nash-Healy.

01 La Jaguar XK120 a été dévoilée en 1948 au Salon de l'auto de Londres. Elle servira de modèle à la corvette 1953.

02 Avant d'être lié à une voiture, le nom corvette désignait un petit navire de guerre.

GÉNÉRATION 1
1953 À 1962

LE TEMPS DES INCERTITUDES

Cette Corvette 1954 restaurée appartient à Stéphane Dumaine de Roxton Pond en Estrie. Jugée par le NCRS (National Corvette Restorers Society), elle a reçu 99,4 points sur un total de 100. Elle a perdu 0,6 point parce qu'elle était... trop parfaite ! En effet, aucune Corvette de l'époque ne sortait de l'usine aussi bien assemblée.

Le 17 janvier 1953, pas moins de 45 000 personnes visitent le Motorama et voient la Corvette ainsi que 14 autres *dream cars*. La petite sportive blanche à deux places s'attire les commentaires les plus positifs. Bien des amateurs rêvent de la voir dans leur entrée...

La première Corvette qui sort de la chaîne de montage le 30 juin 1953 est identique à celle qui s'était retrouvée sous les feux de la rampe en janvier. Les plus perspicaces remarquent la seule petite différence : le nom Corvette, en script, n'est plus apposé au-dessus du pare-chocs avant et de la plaque d'immatriculation arrière.

La voiture est si belle que tout le monde en veut une ! Le hic, c'est qu'elle coûte 3 513 $ US, donc bien plus que les 1 800 $ prévus au début du projet Opel. Et Jaguar qui a baissé le prix de sa XK120 à 3 345 $... Keating joue de prudence et autorise la production de 300 Corvette, pas une de plus. Après avoir étudié la possibilité de fabriquer les carrosseries en acier, il est décidé, encore une fois, de faire plutôt appel à la fibre de verre. Molded Fiber Glass Company (MFG), une petite entreprise d'Ashtabula, en Ohio, a le mandat de produire les 300 carrosseries. Pour l'anecdote, soulignons que 225 de ces Corvette existent encore aujourd'hui et que c'est toujours la même entreprise qui fabrique la carrosserie des Corvette en 2018 !

Les 300 Corvette 1953 ont été construites dans des installations temporaires à Flint au Michigan. Les modèles 1954 jusqu'à 1981 seront assemblés à St-Louis au Missouri.

La Corvette a été la vedette incontestée du Motorama 1953.

Le 29 septembre, 50 journalistes automobiles prennent le volant de la Corvette à la piste d'essai de General Motors. Leurs commentaires sont élogieux; la revue *Motor Life*, par exemple, titre: «The Corvette is a beauty - and it goes!» (Traduction libre: La Corvette est aussi belle que bonne). Malgré ces bons mots, peu de gens signent un chèque pour l'acquérir.

Son coût élevé fait en effet réfléchir, notamment à cause du peu de raffinement offert pour ce prix. La voiture ne comporte pas de vitres latérales qui montent ou descendent, juste des vitres en plexiglas qu'il faut enlever ou remettre au besoin et qui n'ont aucune notion de ce qu'est l'imperméabilité. De plus, l'allure sportive de la Corvette se marie plutôt mal à la boîte de vitesse à deux rapports. Toutes les voitures sont blanches avec un intérieur rouge et un toit de toile noir. En tout, seulement 185 Corvette sont vendues en 1953. En réalité, le principal problème en est un d'image. Chevrolet n'a pu décider si sa nouvelle création était vraiment une

– noir, Sportsman Red et Pennant Blue –, alors que celle du toit devient marron clair (tan).

Le 1er janvier 1955, force est d'admettre que la Corvette est un échec, 1 100 unités restant invendues. Pour l'année modèle 1955, seulement 700 biplaces seront construits. Dans l'univers de Chevrolet, où la production est habituellement calculée en termes de milliers, voire de plusieurs dizaines ou même centaines de milliers d'exemplaires, la Corvette ne pèse pas lourd.

Pourtant, le modèle de 1955 reçoit enfin un V8. Ce moteur de 265 pouces cubes fait 195 chevaux et est associé, au choix, à une boîte manuelle à trois rapports ou à la vétuste automatique à deux rapports. Le système électrique passe de six à douze volts. Malgré ces améliorations et un prix plus avenant (2 774 $ pour le six cylindres; 2 909 $ pour le V8), ça sent la fin pour la belle petite sportive.

Dès le début, Harley Earl imagine plusieurs modèles basés sur la Corvette. Ici, une Corvette Impala montrée aux visiteurs du Motorama 1956.

Ce V8 *small block* de 265 pouces cubes sera plus tard amené à 283 pouces cubes, puis à 302, à 327, à 350, à 400 pouces cubes. Il restera en production jusqu'en 2006 !

voiture sport ou une boulevardière, ce qui fait qu'elle n'est ni l'une ni l'autre. Comme si ce n'était pas suffisant, la Corvette fait face à un problème de société. À cette époque, les voitures à deux places sont mal vues, puisqu'elles ne permettent pas la présence d'un chaperon pour veiller à la bonne morale...

Arrive en scène, par la porte arrière, un homme qui va prendre en main le destin de la Corvette. Zora Arkus-Duntov, né à Bruxelles le 25 décembre 1909, est un ingénieur belge fou de course automobile. À 44 ans, il se joint à l'équipe d'Ed Cole et travaille aussitôt sur le prototype de la Corvette, juste avant que les premières unités quittent la chaîne de montage. Duntov découvre une voiture difficile à piloter, l'avant ayant tendance à survirer, alors que l'arrière sous-vire.

En 1954, 3 640 Corvette sont construites, malgré des prévisions de 10 000 unités. Une importante campagne de publicité est organisée, entre autres dans le magazine *The New Yorker*, avec pour titre «First of the dream cars to come true». (Traduction libre: Le premier *dream car* à devenir réalité). Trois couleurs sont ajoutées à la carrosserie

Mais c'est sans compter sur Arkus-Duntov, qui s'est pris de passion pour la belle Chevrolet. Le 15 octobre 1954, il fait parvenir une lettre à Ed Cole et à Maurice Olley, dans laquelle il exprime combien le retrait de la Corvette signifierait l'admission d'un échec. Il mentionne aussi l'arrivée imminente de la Ford Thunderbird (elle arrivera effectivement en tant que modèle en 1955), une deux places prête à affronter la Corvette. Si Ford réussit là où GM a échoué, l'image de cette dernière pourrait être sérieusement entachée. Duntov mentionne aussi que la Corvette a un avantage sur la Thunderbird: sur le marché depuis un an, elle a permis à ses concepteurs d'apprendre plusieurs leçons. Et ces leçons, Ford ne les a pas encore reçues. Duntov, enfin, mentionne qu'une section spéciale, dédiée aux voitures à faible production, doit être mise sur pied.

Lorsqu'elle débarque sur le marché, la Thunderbird coûte moins cher (2 695 $), offre de vraies vitres latérales et une bonne protection contre la pluie. Pour les hautes instances de General Motors, l'abandon de la Corvette ne serait qu'une simple formalité, mais elles persistent et signent. Le désir de battre Ford pèse sans doute très lourd dans leur décision de poursuivre l'aventure !

Malgré des lignes très sportives, la première Corvette souffre d'une mécanique ordinaire,
dont une boîte de vitesses automatique à deux rapports seulement.

GM décide d'apporter plusieurs modifications d'importance à la version 1956. Si le tableau de bord ne change pratiquement pas, la carrosserie, elle, est toute nouvelle. La Corvette trouve lentement sa voie, devenant chaque année un peu plus sportive… tout en gagnant en luxe et en confort (et de vraies vitres latérales!). Cette année, pas de six cylindres, mais trois V8. Duntov inscrit quelques Corvette dans des courses du Sports Car Club of America (SCCA); elles connaissent plus ou moins de succès, mais leur participation apporte une expérience inestimable à l'entreprise. En même temps, Chevrolet se paie de la publicité dans les magazines *Road & Track* et *Hot Rod*.

Pour faire bonne mesure, Duntov fait pression auprès des autorités de General Motors pour avoir la permission de créer une Corvette capable d'une vitesse de pointe de 150 mph (241 km/h), ce qui fournirait une belle publicité au modèle 1957, sur le point d'être dévoilé. C'est effectivement surtout sur les pistes de course que la Corvette 1957 se fera remarquer, grâce à la très aérodynamique SS. L'année 1957 marque aussi l'arrivée d'un moteur fort prisé, le V8 de 283 pouces cubes, qui développe entre 230 et 270 chevaux dans la version à carburateur et entre 250 et 290 dans celle dotée de l'injection. Fait notable, 1 040 Corvette 1957 reçoivent l'injection de carburant (ces Corvette Fuelie valent aujourd'hui leur pesant d'or!). À partir du 9 avril 1957, il est aussi possible d'opter pour une boîte manuelle à quatre rapports.

En 1958, l'avenir de la Corvette semble assuré. Les changements apportés à la voiture sont nombreux et, surtout, bien visibles. Pour respecter la nouvelle réglementation, elle est passée de deux à quatre phares, comme la plupart des voitures américaines. De plus, elle est dotée d'un nouveau tableau de bord. Depuis 1956, quelques options «performance» sont également proposées (différentiel Positraction, suspension et freins de service intense, boîte manuelle à quatre rapports, etc.).

Pour la première fois de son histoire, en 1960, la Corvette dépasse les 10 000 unités (10 261 pour être exact). Cette belle remontée est-elle attribuable aux performances en course? Sans doute, même s'il est difficile d'être catégorique à ce propos.

Après la SS, le directeur du design Bill Mitchell, qui a remplacé Harley Earl, à la retraite depuis décembre 1958, demande à son dauphin Larry Shinoda de développer une nouvelle voiture de course. Résultat: la Sting Ray (nom de code XP-87), qui reprend la mécanique de la SS, du moins au début. Dès la première course de la saison, la Sting Ray obtient un très bon résultat en terminant quatrième. Néanmoins, deux problèmes font surface: le poids élevé de la voiture et des freins peu résistants.

Bien placées pour le départ des 24 Heures du Mans 1960, seulement deux Corvette sur quatre termineront la course. La voiture #3 se positionnera en huitième position au classement général, ce qui constitue un exploit!

Au fil des années, le style de la corvette change. Ici, un modèle 1960.

En adoptant une partie arrière *duck tail* dotée de quatre feux ronds, la Corvette 1961 annonce le style de la prochaine génération (1963). L'année suivante, son modèle 283 est alésé à 327 pouces cubes et crache entre 300 et 360 chevaux.

La première génération de Corvette connaît enfin une certaine sérénité commerciale. Cependant, à cause de son châssis emprunté il y a plus de dix ans à une berline, elle ne peut plus évoluer. En 1960, elle participe à ses premières 24 Heures du Mans, considérées comme l'épreuve ultime, toutes catégories et tous pays confondus. Malgré ses quelques succès en course, la Corvette n'a jamais été aussi réputée que les meilleures européennes.

Zora Arkus-Duntov et Ed Cole sont bien déterminés à changer cette perception !

01 La Sting Ray Racer de 1959 amène la Corvette à un niveau supérieur, malgré son poids encore trop élevé.

02 La Corvette doit sa survie à la Ford Thunderbird présentée à l'automne 1954 en tant que modèle 1955. Et à la lettre que Zora Arkus-Duntov fait parvenir à la direction de GM !

03 Si l'aérodynamisme de la Corvette de production est loin d'être optimal, celui de la version de course SS est nettement meilleur !

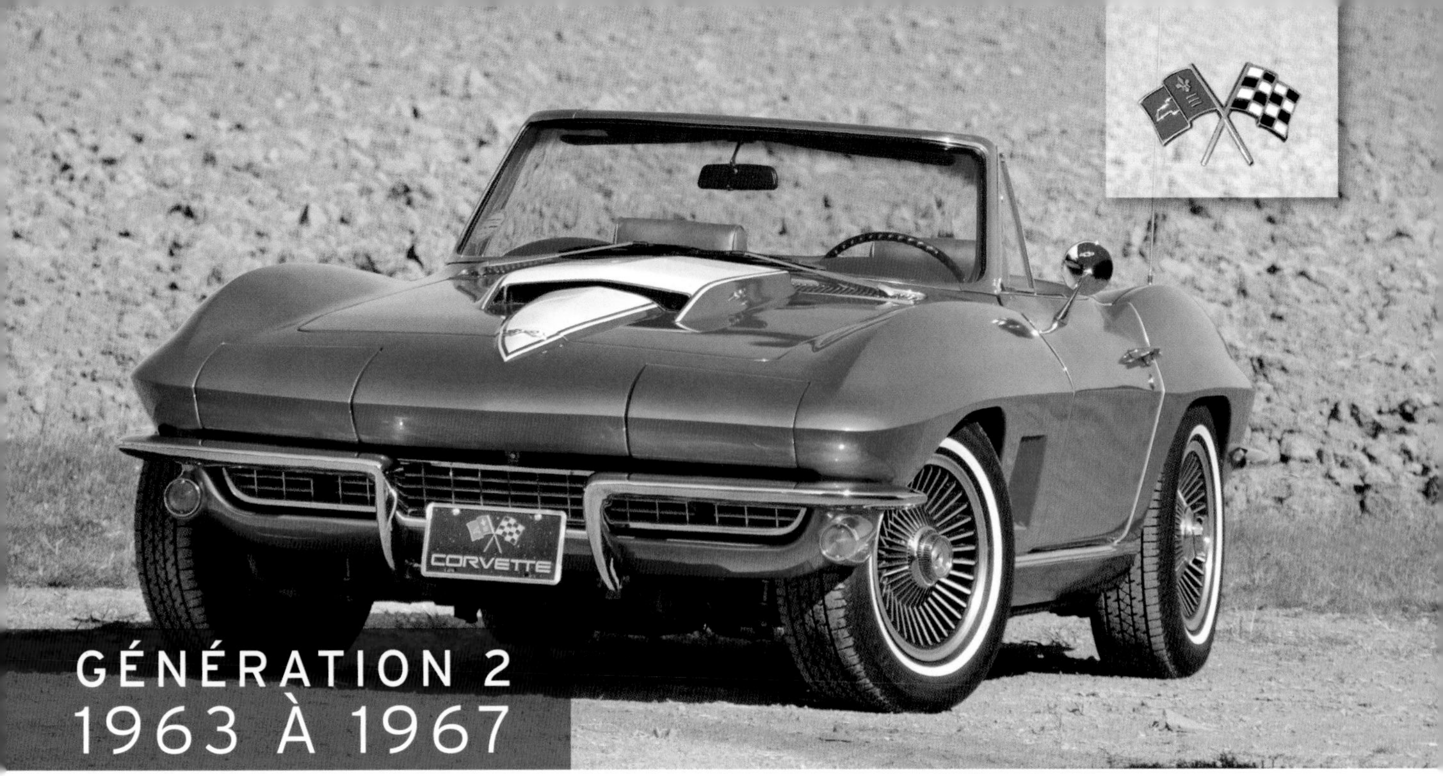

GÉNÉRATION 2
1963 À 1967

LA RECONNAISSANCE, ENFIN !

Lorsque Serge Gauthier s'est porté acquéreur de cette Corvette 1967, tout était à refaire. Quelques années plus tard, le résultat est impressionnant !

La Corvette de première génération (de 1953 à 1962) était rendue au bout du rouleau. Déjà qu'en 1953 la majorité de ses composantes mécaniques et structurelles provenaient de stocks existants... Avec le temps, Chevrolet avait réussi à trouver sa personnalité, plus sportive que luxueuse. Mais dans l'esprit de bien des amateurs de sport automobile, malgré une belle prestation aux 24 Heures du Mans en 1960, la Corvette n'avait pas réussi à gagner ses galons à l'échelle internationale.

Le modèle Sting Ray 1963 balaie ces réticences. Et comment! Le châssis est tout nouveau et fait preuve d'innovation. Cette Corvette de deuxième génération peut être commandée en version cabriolet comme avant ou, nouveauté, en version coupé. Pour la première fois, les phares sont cachés lorsqu'ils ne sont pas utilisés, ce qui améliore grandement l'aérodynamisme... Même s'il est encore très pauvre ! Cette nouvelle Corvette est le fruit de deux voitures très différentes, la Q-Corvette et la CERV-1.

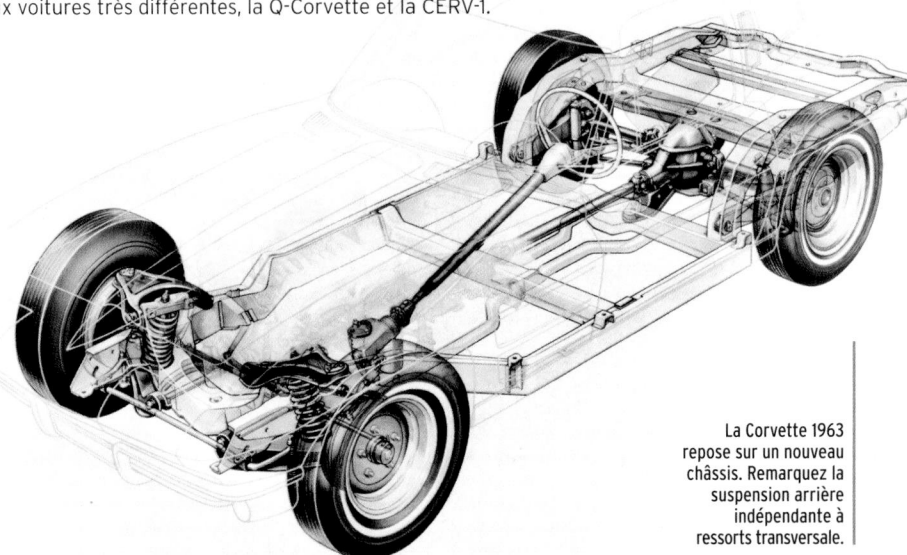

La Corvette 1963 repose sur un nouveau châssis. Remarquez la suspension arrière indépendante à ressorts transversale.

Selon les plans initiaux, une toute nouvelle Corvette devait apparaître pour l'année modèle 1960. Tôt en 1957, les ingénieurs et designers avaient commencé à travailler sur ce prototype. Comme c'est toujours le cas pour les projets spéciaux, on lui avait désigné un code particulier, XP-84 ou Q tout simplement. Châssis tubulaire, transmission placée à l'arrière, freins accolés au différentiel (inboard) et phares rétractables caractérisaient cette Q-Corvette. La ligne générale de la voiture était trouvée; la partie arrière augurait déjà celle de la prochaine génération. En 1958, une récession sévissant, General Motors enterre la Q-Corvette. Et le prototype qui devait être dévoilé en 1960.

En 1960, Zora Arkus-Duntov travaillait parallèlement sur un projet baptisé CERV-1 (Chevrolet Engineering Research Vehicle). Il s'agissait d'une monoplace de course servant à valider différentes approches techniques, comme un moteur central, une suspension arrière indépendante à ressorts transversaux et l'utilisation de divers matériaux dont l'aluminium, le magnésium et le chrome-molybdène. La Corvette 1963, souvent désignée C2 (Corvette de deuxième génération) hérite de plusieurs éléments de la Q, dont la ligne générale, ainsi que de quelques avancées techniques de la CERV-1. Surtout, elle inspire une fascination du public (de même que de Duntov!) pour une Corvette à moteur central.

La Corvette Sting Ray 1963 en met plein la vue! Ses lignes impressionnent, surtout celles du coupé. Le toit comporte une nervure qui court du pare-brise jusqu'à l'arrière sans interruption, sauf pour la trappe à essence, ce qui implique que la lunette arrière est divisée en son centre. Cette fioriture stylistique est toutefois mal reçue, en particulier par Zora Arkus-Duntov, car elle bloque la visibilité arrière. À ce moment, personne ne se doute que les Corvette 1963 coupés deviendront des voitures de collection extrêmement prisées, justement grâce à cette lunette arrière divisée! Quoi qu'il en soit, en 1964, la lunette sera d'un seul tenant. De son côté, le design du cadre des portes, dont la partie supérieure empiète allègrement sur le toit, facilite l'entrée et la sortie de la voiture, tout en lui donnant un petit look «course». La version décapotable n'est pas aussi spectaculaire, mais elle bénéficie des mêmes innovations techniques. Il est intéressant de noter qu'en 1963, 49,2 % des Corvette sont des coupés, tandis que 50,8 % sont des décapotables.

01 Zora Arkus-Duntov n'était pas que passionné par la Corvette. Il était aussi un ingénieur de haut niveau doublé d'un pilote de talent. La CERV-1 était pour lui une façon accélérée de développer une Corvette plus sportive.

02 Même si le projet Q a été abandonné par les autorités de GM, il a quand même prêté plusieurs éléments, surtout stylistiques, à la Corvette de deuxième génération.

Les Corvette 1963 Coupe sont facilement identifiables grâce à leur diviseur central arrière. Autrefois décriées, ces «Split window» valent aujourd'hui une fortune!

C'est cependant sous la carrosserie que se cachent les véritables perles. Tout d'abord, l'empattement est passé de 102 à 98 pouces, ce qui autorise une meilleure distribution du poids (47 % à l'avant, 53 % à l'arrière). La nouvelle suspension arrière transversale indépendante, plus légère que l'ancienne, aide grandement aussi. La direction est resserrée, alors que les freins, toujours à tambour, sont plus gros. Un seul moteur, un V8 de 327 pouces cubes, est offert et sa puissance varie de 250 à 360 chevaux. Il est marié d'office à une boîte manuelle à trois rapports ou, moyennant un supplément, à une manuelle à quatre rapports, de loin la préférée des acheteurs, ou encore à la sempiternelle automatique à deux rapports. Toutes ces améliorations font de la Corvette 1963 une voiture sport à part entière où la tenue de route, les performances et le confort sont à leur apogée.

C'est aussi en 1963 qu'apparaît l'option Z06... mais seulement sur 199 Corvette. En la choisissant, l'amateur de plaisirs routiers obtient le 327 le plus puissant (360 chevaux), la manuelle à quatre rapports, le différentiel Positraction, une suspension service intense (heavy duty) et d'autres gâteries. Il est aussi possible d'opter pour un plus gros réservoir d'essence ; aujourd'hui, ces *big tanks* sont fort recherchés.

1963, c'est aussi l'année où apparaît la Corvette GS, pour Grand Sport, une version allégée. Constatant les succès de Carroll Shelby et ses Cobra en piste, Duntov crée une véritable voiture de course. Il prévoit construire 125 GS pour la vente à des particuliers, ce qui lui permettrait de l'homologuer dans les séries Grand Touring internationales. Mais General Motors, qui, à ce moment, met un frein à toute velléité sportive, a vent du projet et le stoppe aussitôt. Seulement cinq voitures GS seront construites. On vous laisse imaginer leur prix aujourd'hui...

Comme de raison, des améliorations constantes sont apportées à la Corvette C2 au fil des ans. Par exemple, les freins à disque aux quatre coins deviennent enfin de série en 1965. Cette année-là, alors que la course à la puissance est bien entamée chez les quatre constructeurs américains, la Corvette gagne un nouveau moteur. Il s'agit d'un V8 de 396 pouces cubes développant la « modeste » écurie de 425 chevaux, une donnée très conservatrice puisque plusieurs estiment sa puissance réelle à plus de 450 chevaux. C'est la seule année où ce moteur sera offert ce qui, aujourd'hui, fait de ces Corvette des voitures très, très recherchées. C'est aussi la première fois qu'une Corvette est mue par un *big block*. Dès l'année suivante, le moteur atteindra 427 pouces cubes, livrant officiellement 450 chevaux, une puissance revue à la baisse en cours d'année, sans doute pour éviter d'attirer l'attention des assureurs ! Les 396 et 427 pouces cubes sont facilement identifiables puisque les capots qui les cachent arborent un renflement spécial. Précisons enfin que ces puissances, fournies en normes SAE, seront revues à la baisse en 1972 lorsque l'industrie passera à la norme DIN, qui est encore utilisée en 2017. Dans les faits, la puissance des moteurs est identique, même si le chiffre est plus bas.

La Corvette C2 ne dure que quelques années... Mais quelles années ! Elle a enfin gagné sa place parmi les voitures sport et son avenir est assuré. Elle est, pour bien des gens, la plus belle de toutes les Corvette jamais créées.

La Grand Sport est une pure machine de course. Beaucoup plus légère que la Corvette de route (le problème du poids est récurrent pour la Corvette), seulement cinq de ces GS deviendront réalité.

L'option Z06 ne fait pas d'une Corvette une voiture de course... Mais pas loin !

Entre la corvette C1 et C2, il y a un monde de différences !
Parmi les particularités de la C2, on remarque, entre autres,
les phares escamotables et un tableau de bord beaucoup plus moderne.

ON NE FAIT PAS DE CORVETTE SANS CASSER DES ŒUFS...

Même si l'on considère que les Corvette construites entre 1968 et 1982 sont de la troisième génération, on pourrait presque dire qu'elles font partie de la deuxième (de 1963 à 1967). En effet, le châssis et la mécanique de la Corvette offerte en 1968 sont les mêmes que ceux des modèles de 1967. Cependant, la carrosserie et l'habitacle sont tout nouveaux.

Les lignes de la Corvette C3 (troisième génération) proviennent du fabuleux concept Mako Shark II. Dérivé du Mako Shark (XP-755), dévoilé en 1961, le Mako Shark II (XP-830) apparaît au Salon de l'auto de New York en avril 1965. La Corvette 1968 qui en résulte en met plein la vue. Même Jacques Duval encense cette nouvelle ligne dans son *Guide de l'auto 1968*. Il déplore cependant l'étroitesse de l'habitacle, plus petit qu'avant malgré des dimensions extérieures supérieures et le poids trop élevé de la voiture.

Cette Corvette est bien née. Heureusement, car elle restera en production jusqu'en 1982, ce qui en fait la génération qui s'étend sur la plus longue période. Dès 1968, sa première année de production, elle bat des records de vente. Il faut dire que, même si le châssis et la mécanique sont inchangés, certaines améliorations ont porté leurs fruits ; par exemple, la boîte automatique PowerGlide à deux rapports a enfin été remplacée par une Turbo Hydra-Matic à trois rapports.

Les propriétaires de cette C3 1978, Christian et Claudine Desbiens, frères et sœurs, n'avaient jamais envisagé l'achat d'une Corvette. Leur frère Serge, lui, oui ! Environ 1 an après avoir acheté cette C3, il décède. Pas question pour Christian et Claudine de la laisser partir et ils la rachètent de la succession. Pour eux, cette Corvette est beaucoup plus qu'une simple Corvette.

La C3 marque aussi le début du toit en T. Les prototypes de la C3 avaient un toit de type Targa (lunette arrière fixe et partie du toit amovible au-dessus des occupants), comme sur la Porsche 911 Targa. Toutefois, la structure n'étant pas suffisamment solide, les designers n'ont eu d'autre choix que d'ajouter un renfort central, séparant ainsi la partie amovible en deux sections. Bingo, on assiste à la naissance du T-top ! Ce problème structurel, ajouté à l'annonce de nouvelles mesures de sécurité à venir, rayera bientôt le cabriolet de la carte. Quant à la vitre arrière, pratiquement verticale et enveloppée par de larges piliers B qui bloquent la vue vers l'arrière, elle est amovible. Dernière nouveauté, et pas la moindre, Zora Arkus-Duntov devient, finalement, l'ingénieur en chef de la Corvette. À partir de ce moment, il aura les coudées franches pour en faire une véritable voiture sport.

Si la Corvette 1968 est un monstre de puissance, que dire du modèle 1969, pratiquement identique en apparence, mais dont la version ZL-1 développe 435 chevaux ! Euh, 435 chevaux pour ne pas alerter les assureurs, mais environ 525 en réalité... Seulement deux de ces ZL-1 sont construites (certaines publications, plus rares, parlent de trois). Pensez à vendre vos deux reins, vos deux rétines, en fait votre corps au complet pour pouvoir vous en procurer une. La plupart des Corvette 1969 sont toutefois mues par le tout nouveau V8 de 350 pouces cubes, une énième itération du 265 pouces cubes apparu en 1955. Après une année d'absence, le nom Stingray refait surface, en un mot cette fois.

Le concept Mako Shark a visiblement inspiré le design de la Corvette de troisième génération. Il existe au moins trois versions de ce concept. Celle-ci est la première.

La dernière voit le jour en 1969 et s'appelle Manta Ray.

L'année modèle suivante voit apparaître une autre option qui fera école, la ZR1. Équipée, entre autres, d'une boîte de vitesses manuelle Muncie à quatre rapports rapprochés, de freins à haut rendement, d'un radiateur spécial en aluminium et d'une suspension plus sportive, cette ZR1 sera curieusement très peu publicisée par Chevrolet.

Duntov a beau avoir les coudées franches, la société le rappelle bientôt à l'ordre. En 1973, une crise majeure du pétrole secoue le monde, surtout les États-Unis, et le prix de l'or noir atteint des sommets jamais vus. En filigrane, les groupes environnementalistes se font de plus en plus entendre, le public est davantage conscientisé aux bienfaits de la sécurité et, en corollaire, les primes d'assurances augmentent de façon draconienne.

Dans la Corvette 1973, par exemple, le moteur le plus puissant (le V8 de 454 pouces cubes) ne fait que 275 chevaux DIN. Le pare-chocs avant est redessiné pour répondre aux nouvelles normes fédérales réclamant qu'il puisse subir un impact de 5 mph (8 km/h) sans dommages. Des renforts de métal sont installés dans les portières, ce qui augmente le poids, déjà pas très plume, de la voiture. L'année suivante, ce sera au tour du pare-chocs arrière de connaître le même traitement qu'à l'avant. En 1975, on retrouve uniquement le V8 de 350 pouces cubes, dont la puissance varie entre 165 et 205 chevaux DIN. C'est également cette année-là que les dernières Corvette décapotables sont offertes, pour ne revenir qu'en 1986.

Ensuite, la Corvette continue son petit bonhomme de chemin sans grands changements, sinon que ceux dictés par les tendances du moment. En 1978, elle fête son 25e anniversaire en gagnant une lunette arrière bombée, ce qui améliore la visibilité tout en augmentant l'espace de rangement. Par contre, cette vitre ne s'ouvre pas. Il faudra attendre 1982 avant que le mécanisme d'ouverture et les pentures soient suffisamment au point pour qu'ils trouvent leur chemin jusqu'aux lignes de production.

Jusqu'au 1er août 1981, la Corvette est construite à l'usine de St-Louis, au Missouri. Pendant deux mois toutefois, cette usine aura de la compétition. En effet, à partir du 1er juin de la même année, l'usine de Bowling Green, au Kentucky, est en exploitation. La Corvette 2018 y est encore construite d'ailleurs. Pour l'anecdote, mentionnons que le type de peinture des deux usines différait. St-Louis utilisait de la lacquer-paint (lacque acrylique) et Bowling Green, de la peinture *base-coat/clear-coat* (couche de base et couche transparente). De quoi donner de sérieux maux de tête aux carrossiers !

En 1982, au moment où elle quitte la scène, la Corvette C3, souvent appelée la génération Shark, n'est plus l'ombre de ce qu'elle était quinze années auparavant. Elle s'est pliée aux diktats de la sécurité, de l'environnement et de la consommation d'essence... La société a changé, elle aussi. Si, en 1979, la C3 battait un record de ventes, avec 53 807 unités vendues, la suite sera plus pénible. En 1982, seulement 25 407 Corvette trouvent preneur. Avouons-le, elle a de plus en plus de difficultés à suivre la parade avec son châssis conçu il y a plus de 20 ans.

Heureusement, la relève s'en vient !

01 La mode du T-top a été créée par nécessité bien plus que par coquetterie. En effet, le châssis de la Corvette était si peu rigide qu'un toit de type Targa aurait entraîné des bruits de caisse et laissé pénétrer l'eau dans l'habitacle !

02 Un jubilé d'argent souligné de bien discrète façon en 1978.

OFFICIAL PACE CAR
62nd ANNUAL INDIANAPOLIS 500 MILE RACE

MAY 28, 1978

Le corvette C3 a été construite de 1968 à 1982. Elle a donc amplement eu le temps de changer! En haut, on voit une Corvette 1971, dotée d'un V8 de 454 pouces cubes. son propriétaire, Marcel Gauthier, décédé depuis la session de photo en octobre 2016, en prenait un soin jaloux.

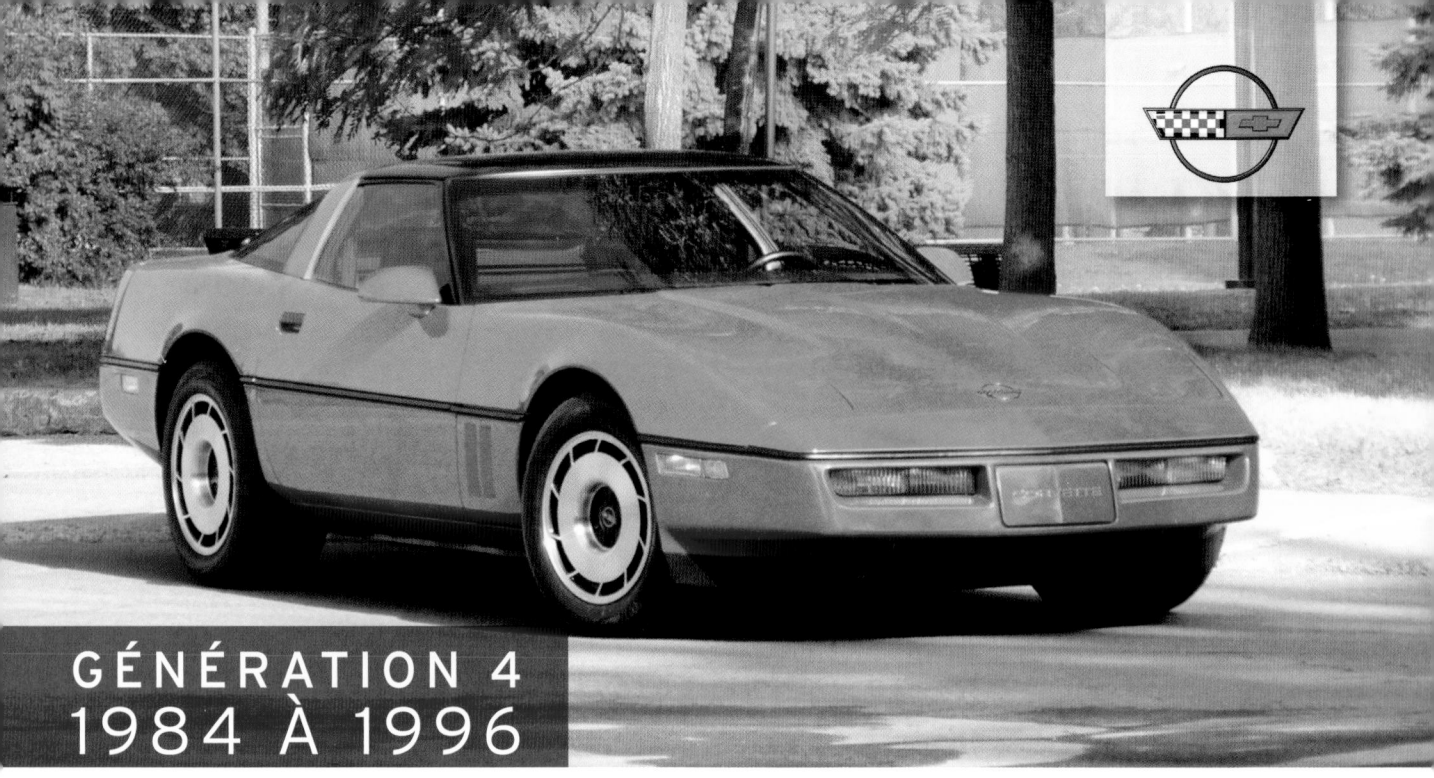

UN MERCI TOUT SPÉCIAL À PORSCHE

Francine Imbleau a acheté cette Corvette 1984 flambant neuve et ne s'en est jamais départie. Comme Francine dit, « un vrai amateur de Corvette, ne se départit jamais de sa Corvette ! »

Dès le milieu des années 1970, les ingénieurs et les designers de Chevrolet commencent à brasser des idées sur ce que devrait être la Corvette de quatrième génération (C4). Même s'il a pris sa retraite le 1er janvier 1975, Zora Arkus-Duntov suit de près l'évolution des discussions. Partisan de la Corvette à moteur central, il a créé, en 1969, le XP-882, vu pour la première fois au Salon de New York en 1970. Ce concept sert à valider plusieurs solutions techniques, allant du moteur central V8 (et même V6 !) aux quatre roues motrices.

En 1973, toujours au Salon de New York, on retrouve le XP-882 avec une carrosserie un peu modifiée et un moteur rotatif à quatre rotors. L'idée d'une Corvette à moteur central devient quasiment une obsession chez Chevrolet et parmi le public. Or, en 1977, Porsche, constructeur réputé s'il en est et spécialisé dans les voitures sport à moteur arrière, dévoile la 928, dotée d'un moteur V8 atmosphérique placé… à l'avant ! Chez Chevrolet, on commence à se dire qu'une telle configuration, qui a toujours été celle de la Corvette, n'est peut-être pas si mauvaise que ça…

Initialement, le remplacement de la C4 est prévu pour l'année-modèle 1982, mais le record de ventes de 1979 – 53 807 unités – ralentit un peu le processus. Pourquoi donc changer quelque chose qui fonctionne bien ? Le 22 avril 1980, les hautes instances de General Motors donnent leur aval pour la production de la future Corvette. On parle maintenant d'un lancement pour l'année-modèle 1983.

Cette nouvelle Corvette fait pratiquement table rase du passé. Elle est repensée par des gens relativement jeunes : les responsables de son développement n'étaient même pas à l'emploi de GM lorsque la première Corvette est apparue en 1953 ! En 1977, Jerry Palmer prend la relève de Bill Mitchell à la tête du Chevrolet Studio 3, qui est responsable du design de la Corvette et de la Camaro. De son côté, Dave McLellan est l'ingénieur en chef de la Corvette depuis le départ de Duntov et reprend là où ce dernier a laissé.

Le développement de la C4 se fait durant une période trouble où les constructeurs américains doivent se plier à de nouvelles (et futures!) normes de sécurité et environnementales. Malgré ces contraintes, tous les intervenants s'entendent pour que la prochaine Corvette soit une véritable sportive, capable d'en découdre avec les meilleures, peu importe leur pays d'origine. Grosse commande.

La Corvette C4 devait débuter en 1983, à son trentième anniversaire, mais les ingénieurs désirent mettre sur le marché une voiture parfaite, sans les innombrables défauts qui plombent habituellement les nouvelles voitures américaines. Bien que 43 Corvette soient construites pour l'année-modèle 1983, aucune n'est livrée à des clients. Toutes seront détruites, sauf une qui réside maintenant au National Corvette Museum de Bowling Green (Kentucky). Une de ces Corvette figure même sur *le Guide de l'auto 1983*, la décision de reporter la production ayant été prise après que *le Guide* a été mis en vente.

La C4, que le public découvre finalement le 25 mars 1983, a de quoi surprendre. Sa ligne, très moderne, est indéniablement celle d'une Corvette, mais elle est dotée d'un excellent coefficient aérodynamique de 0,34, 24 % plus efficace que la C3. Son tout nouveau châssis, fait de minces feuilles d'alliage léger à haute densité (HSLA), ne pèse que 351 livres (159 kilos) et s'avère suffisamment rigide pour que la version coupé puisse être transformée en Targa, c'est-à-dire sans l'utilisation d'un renfort central comme auparavant. D'ailleurs, pour 1984 et 1985, seul le coupé sera offert. La suspension est toute nouvelle et les pneus, des Goodyear 255/50VR16, sont très gros pour l'époque. Toutefois, le tableau de bord digital est critiqué même s'il respecte la tendance du moment. En 1990, on reviendra d'ailleurs à une configuration plus conventionnelle.

01 Si la Corvette de première génération doit sa survie à la Ford Thunderbird, la Corvette de quatrième génération a été fortement influencée par la Porsche 928.

02 Le concept XP-882, créé en 1969, donne de l'espoir aux partisans de la Corvette à moteur central. Ils seront déçus, encore une fois.

03 *Le Guide de l'auto 1983* a réalisé tout un scoop... Sans le savoir !

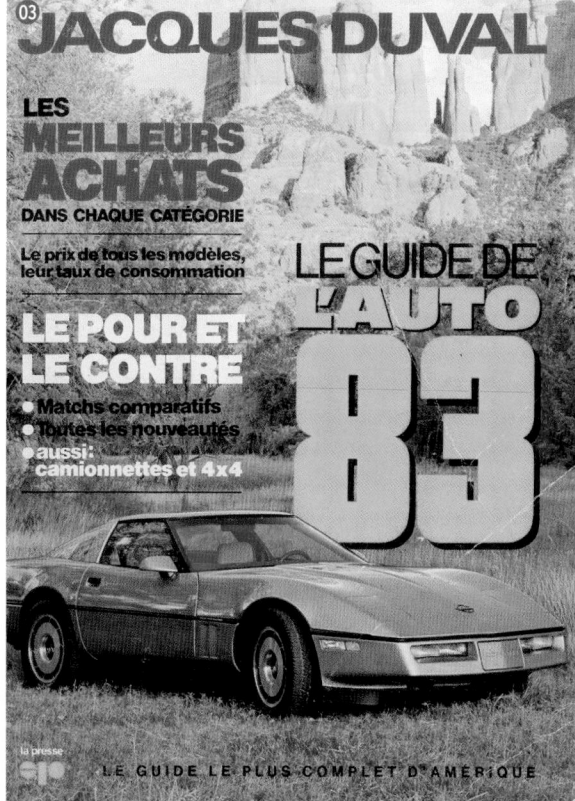

Côté moteur, Chevrolet est demeurée conservatrice en dotant sa nouvelle Corvette du V8 de 350 pouces cubes (5,7 litres) L-83, qui officiait dans le modèle 1982. Toutefois, il livre maintenant 205 chevaux au lieu des 200 d'avant. Même si cette puissance déçoit certains, ce moteur peut mieux s'exprimer dans la C4 car il est boulonné à un châssis nettement plus moderne et plus rigide. Dès 1985, il reçoit l'injection, ce qui augmente sa puissance à 230 chevaux. D'ailleurs, la revue Car & Driver décerne à cette Corvette le prix de la voiture américaine la plus rapide sur le marché grâce à sa vitesse de pointe de 150 mph (241 km/h). En janvier 1994, cet honneur reviendra à la Corvette ZR-1 1993, qui atteint 179 mph (288 km/h).

Une particularité: la C4 reçoit une boîte manuelle... automatisée! Construite par Doug Nash, cette manuelle à quatre rapports, contrôlée par ordinateur, autorise des changements de rapports très courts en deuxième, troisième et quatrième rapports. Cette astuce ne visait qu'à respecter les normes gouvernementales de consommation d'essence. Une boîte automatique à quatre rapports était aussi offerte.

Bonifiée chaque année, grâce à des améliorations techniques ou à l'ajout d'options, la Corvette poursuit paisiblement sur sa lancée, même si les ventes déclinent un peu chaque année, passant de 51 547 unités en 1984 à 21 536 à la fin de son cycle en 1996. Il faut dire que son prix passablement plus élevé que la moyenne, mais tout de même trois à quatre fois moindre que celui des Ferrari 328 et 348, la destine à un public averti.

En 1986, une version décapotable fait son apparition. Puis, en 1990, on note le retour d'une idole, la ZR-1, dont le moteur 350 pouces cubes LT5 développé conjointement avec Lotus déballe 375 chevaux. Cette ZR-1 est facilement reconnaissable grâce à son traitement esthétique particulier et à ses immenses pneus Goodyear 315/35ZR17. La ZR-1 demeure en production jusqu'en 1995; l'année suivante, elle est remplacée par la Grand Sport. Mais contrairement aux cinq Grand Sport construites en 1963, les 1 000 unités produites en 1996 ne sont pas plus légères que les modèles de production. Elles se distinguent surtout par leurs pneus plus larges (275/40ZR17 à l'avant et 315/35ZR17 à l'arrière contre 255/45ZR17 et 285/40ZR17 pour une Corvette de base).

La Corvette C4 marque une nette rupture avec les générations précédentes, tant au point de vue technique que sur le plan esthétique. Mais c'est surtout son orientation, résolument sportive, qui lui assurera un avenir resplendissant. Zora Arkus-Duntov, qui décède en 1996, peut partir en paix...

Les premières ZR1 ont été produites entre 1970 et 1972. Il faudra attendre 1990 avant le retour de cette grande sportive. Remarquez les ailes arrière élargies pour accommoder les pneus plus larges.

01 La Corvette C4 est une pure sportive. Elle peut même se permettre de tutoyer les Ferrari et les Lamborghini !

02 La Corvette apparue en 1984 a une particularité... Sa boite manuelle à quatre rapports possède une fonction permettant aux trois rapports supérieurs de passer en mode « overdrive ».

03 Le taleau de bord digital a été souvent critiqué. En 1990, Chevrolet revenait à une présentation plus conventionnelle.

04 Bien que le moteur soit demeuré le même que dans la génération précédente, sa présentation est maintenant beaucoup plus étudiée. Même les éléments de la suspension sont plus esthétiques !

LE DÉSESPOIR ET LA GLOIRE

Un des plus importants clubs de Corvette au Québec, sinon le plus important, le club Passion Corvette, est présidé par Denis Tremblay, propriétaire de cette superbe C5 2002.

Raconter l'histoire de la Corvette de cinquième génération (C5) revient à raconter l'histoire cent fois écrite d'hommes et de femmes qui, malgré l'adversité, et peut-être grâce à l'adversité, réussissent miraculeusement leur pari et deviennent des héros.

L'idée de la Corvette C5 débute en 1988. À ce moment, General Motors prévoit une mise en marché en 1993, pour coïncider avec le quarantième anniversaire de la populaire sportive. Sauf que rien ne fonctionne comme prévu. En 1990, à la suite de plusieurs décisions plus ou moins avisées de ses dirigeants, le géant américain est aux prises avec une sérieuse crise financière et il perdra des dizaines de milliards de dollars dans les années suivantes. Pour ajouter à la confusion, la direction de GM change, et les gens les plus haut placés sont souvent incompétents ou sont davantage des comptables que des « gars de chars ».

Même à l'intérieur du groupe chargé de créer la future Corvette, ce n'est pas rose. Dave McLellan, l'ingénieur en chef, prend sa retraite en 1992. Il est remplacé par Dave Hill, un homme heureusement très compétent. Mais il ne peut à lui seul résoudre les conflits qui existent entre ceux qui veulent une Corvette à moteur central et ceux qui désirent conserver le moteur à l'avant, surtout quand ces différends sont provoqués par des egos démesurés. Il ne peut pas non plus retenir tous les ingénieurs qui s'en vont à la suite d'une mise à pied ou qui partent en retraite anticipée à cause du manque de liquidités de General Motors.

McLellan doit aussi jongler avec l'invasion japonaise qui inonde le marché américain avec ses Mazda RX-7, Nissan 300ZX et Toyota Supra, toutes dans la catégorie de prix de la Corvette. Pire encore, ces japonaises présentent une qualité de fabrication très rigoureuse, à des lieues de celle des Corvette précédentes.

Dès 1988, trois équipes de designers sont mandatées pour trouver la ligne générale de la C5, mais les choses traînent. Ce n'est qu'en avril 1992 que le designer en chef de la Corvette, John Cafaro, accouche d'un croquis qui mènera au style final de la voiture. À cause des états financiers désastreux de General Motors, aucun budget n'est encore alloué pour le développement de la Corvette à la fin de 1992. Pourtant, il doit se poursuivre. En grappillant quelques dollars ici et là et en faisant preuve de créativité budgétaire, le directeur général de Chevrolet, Jim Perkins, réussit à trouver 1,2 million de dollars (un montant dérisoire compte tenu des sommes requises pour concevoir une voiture à partir de zéro) et crée un prototype (en 90 jours !) baptisé CERV IV. Doté d'une carrosserie C4 modifiée pour recevoir un coffre séparé, le CERV IV repose sur un châssis à poutre centrale (backbone), comme sur les Lotus et quelques autres sportives. Contrairement aux trois premiers CERV, le moteur est à l'avant. Quant à la boîte de vitesses, elle est accolée au train arrière pour une meilleure répartition du poids. À ce moment-là, le bloc V8 350 pouces cubes (5,7 litres) en aluminium, aussi connu sous le vocable Gen III, n'est depuis pas encore prêt ; c'est donc un moteur de C4 qui fait bouger le CERV IV.

Ce développement se fait clandestinement, puisque la direction de General Motors n'a pas encore approuvé les budgets pour la C5. Jack Smith, le président de GM, donne finalement son aval en juin 1993… l'année où la C5 aurait normalement dû arriver sur le marché ! Il convient toutefois de préciser que la C4 continue de bien se vendre et que les profits engrangés grâce à elle sont mirobolants. Pourquoi changer une recette gagnante ? L'histoire se répète…

Pour la première fois depuis ses débuts, la Corvette 1999 est offerte en version hard-top. Et à partir de 2001, ce hard-top ne sera proposé qu'en livrée Z06.

La Corvette n'est plus seule dans son créneau. Son prix la place en compétition directe avec les Porsche Boxster, BMW Z3 (photo) et Mercedes-Benz SLK. Ses aptitudes routières la placent plutôt dans la catégorie des Ferrari F355 !

En janvier 1994, un autre prototype, le CERV IVb, roule. Puis un autre, avec une carrosserie de C5. Puis un quatrième, chacun se rapprochant davantage de la C5 définitive, maintenant prévue pour une mise en marché en 1997. Le temps presse. L'équipe de Dave Hill se concentre d'abord à créer un coupé à toit Targa. La version décapotable suit ; on prévoit qu'elle sera prête pour l'année-modèle 1998. En 1999, ce sera au tour d'un coupé hard-top, doté d'un coffre séparé, de faire son apparition. Pour la première fois, la Corvette se décline en trois modèles !

La C5 est présentée d'abord à la presse spécialisée en novembre 1996, à Road Atlanta, puis au public le 6 janvier 1997, lors du Salon de Detroit. Face à cette Corvette entièrement nouvelle la critique est dithyrambique. Le prix de la C5 (environ 40 000 $US) la place en compétition directe avec les BMW Z3 et Mercedes-Benz SLK, et avec la Porsche Boxster sur le point d'être dévoilée. Cependant, en termes de tenue de route et de conduite, elle tient la dragée haute face aux Ferrari 456GT et 550 Maranello, Porsche 911, Aston Martin DB7 et compagnie. Un an plus tard, toujours au Salon de Detroit, la Corvette C5 recevra le titre de Voiture nord-américaine de l'année. Bien d'autres distinctions suivront !

Cette Corvette arbore un empattement plus long (96,2 à 104,5 pouces/244,3 à 265,4 cm) et des voies avant plus larges de 4,4 pouces (11,2 cm) à l'avant et de 2,9 pouces (7,4 cm) à l'arrière. Son moteur 5,7 litres LS1 développe la bagatelle de 345 chevaux et un couple de 350 livres-pied. Deux boîtes de vitesses sont proposées, une manuelle Getrag à six rapports et une automatique à quatre rapports. Cette dernière constitue le seul emprunt à la génération précédente. Tout le reste est nouveau.

En 1998, comme on l'a déjà mentionné, le cabriolet fait son apparition. Pour la première fois depuis 1962 (C1), une Corvette possède un coffre séparé de l'habitacle. Même si ce coffre contient à peine la moitié de celui du coupé, il est bien plus grand que celui de ses compétiteurs !

L'année suivante, le hard-top arrive. Cette Corvette présente un équipement un peu allégé, ce qui en fait la moins coûteuse des trois modèles. Moins d'équipement veut aussi dire moins de poids. On parle d'environ 80 livres (36 kilos) de moins, ce qui n'est pas rien. Le moteur est le même que pour le coupé et le cabriolet, mais seule la boîte manuelle est offerte. Attention, ce *hard-top* n'est pas un coupé modifié ! En fait, il s'approche davantage du cabriolet.

La Z06 revient en 2001, uniquement en modèle *hard-top*. Ce dernier était le moins dispendieux… Il devient ainsi le plus dispendieux ! La Z06, dotée du moteur 5,7 litres LS6, amène avec elle 385 chevaux, 40 de plus que la version régulière. Dès l'année suivante, la puissance sera portée à 405 équidés. Cette Z06 reçoit, entre autres, un échappement spécial en titane plus léger, des pneus Eagle F1 Supercar et une suspension FE4 plus sportive.

En 2003, la Corvette fête ses 50 ans ! Tous les modèles portent un emblème soulignant ce 50e anniversaire. La principale nouveauté concerne la suspension optionnelle magnétique, qui relève d'un cran une tenue de route déjà spectaculaire sans pénaliser le confort.

Si la génération C4 a assuré un avenir à la Corvette, la C5 lui donne ses lettres de noblesse. Désormais, la Corvette fait partie des grandes sportives de ce monde.

Le capot de la Corvette a toujours ouvert à contresens.
Le coffre de la C5, lui, n'est pas très grand…
Mais il est plus volumineux que celui des concurrentes !

01 Les bandes horizontales dans les feux arrière et de recul ne sont pas originales mais étaient disponibles sur le marché secondaire. Tout comme l'échappement Borla qui ajoute à la déjà envoûtante sonorité.

02 En 1998, la Corvette reçoit le « Active handling », un contrôle électronique de la stabilité. Pas une mauvaise idée dans une voiture de 345 chevaux.

03 Une Corvette bien de son temps, autant au chapitre du dessin que de l'équipement À gauche, du volant, dans la demi-lune, les commandes du système tête haute (HUD).

04 Les pneus avant de la version de base (245/45R17) sont remplacés par des 265/40R17 sur la Z06. À l'arrière, les 275/40R18 deviennent des 295/352R18.

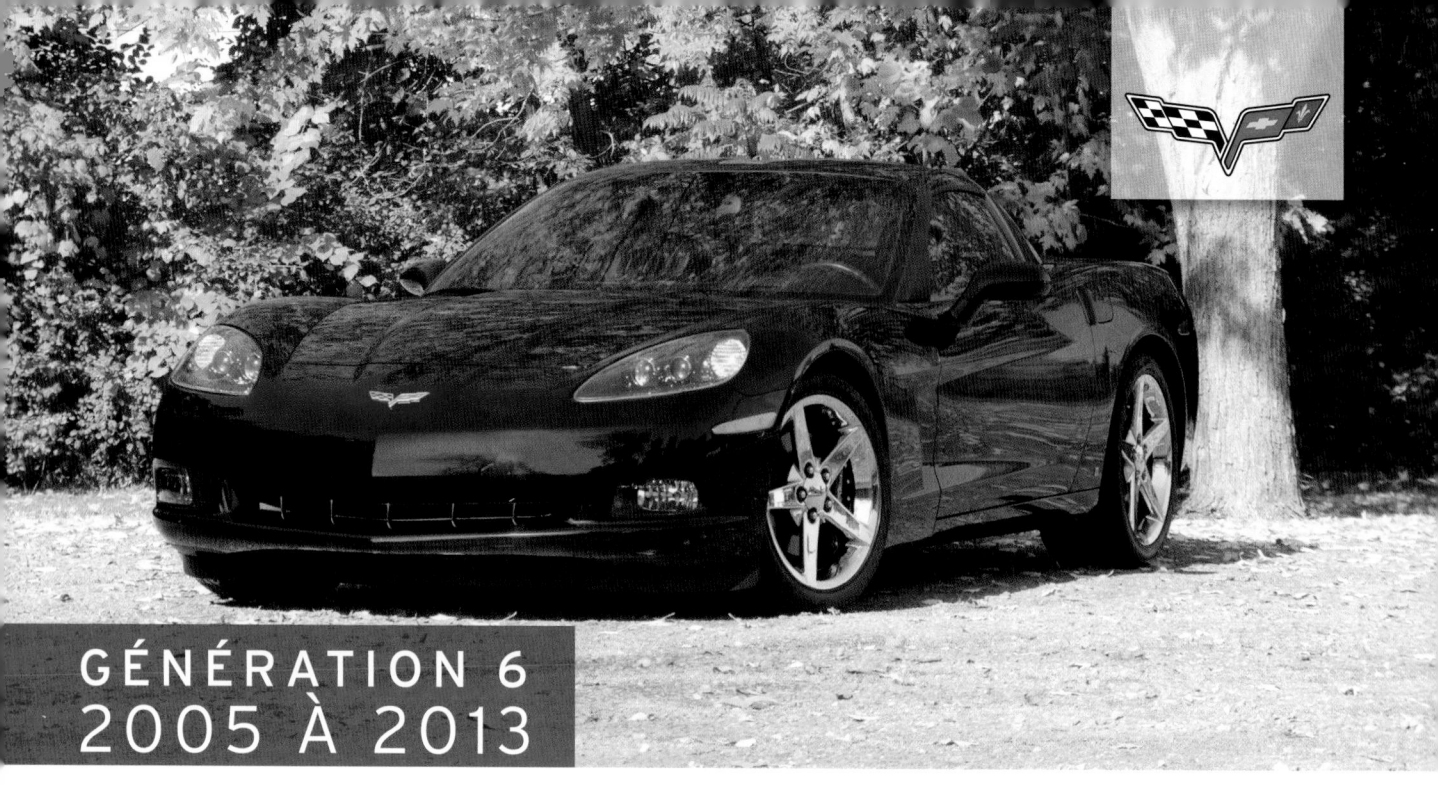

« THERE IS NO REPLACEMENT FOR DISPLACEMENT... »

Au moment où elle avait été introduite sur le marché en 1997, la Corvette de cinquième génération (C5) était, selon la presse spécialisée et tous les experts, la meilleure Corvette jamais créée, remportant nombre de victoires lors d'événements très prestigieux, dont les 24 Heures du Mans (C5-R, catégorie GT1). Les ingénieurs et les designers chargés de concocter la sixième génération ont donc un lourd mandat, celui de ne pas décevoir le public. Facile à dire, mais plus difficile à réaliser quand on vient de créer le produit parfait !

La C5 était une voiture entièrement nouvelle et la C6 constitue son évolution logique. Oui, mais toute une évolution ! Comme c'est devenu la norme avec la Corvette, le dévoilement de la nouvelle génération est repoussé de quelques années. Les plans initiaux prévoyaient un lancement en 2003, ce qui aurait coïncidé avec son cinquantième anniversaire. Mais les événements du 11 septembre 2001 ont entraîné un ralentissement économique et, par conséquent, ils ont retardé son développement. Il faudra donc attendre au Salon de Detroit, en janvier 2004, pour voir la Corvette 2005. Puis, il faudra patienter plusieurs mois avant que les premières C6 foulent le plancher des salles de démonstration.

Bien que la plateforme de la C6 soit celle de la C5, elle est passablement transformée. La voiture a perdu 5,1 pouces (13,0 cm) en longueur, mais son empattement compte 1,2 pouce (3 cm) de plus. Elle a gagné au passage un peu de légèreté. Le coupé est passé de 3 246 livres (1 472 kilos) à 3 179 livres (1 442 kilos), alors que la décapotable, qui avait 3 248 livres (1 473 kilos), a désormais 3 199 livres (1 451 kilos). Les pneus de la C6 sont plus imposants (245/40ZR18 à l'avant et 285/35ZR19 à l'arrière contre 245/45ZR17 et 275/40ZR18 l'année précédente), des dimensions sans doute commandées par l'utilisation de freins plus gros. Son moteur V8 6,0 litres LS2, une évolution du 5,7 litres LS1, développe 400 chevaux et autant de couple, ce qui fait paraître les 350 chevaux et 375 livres-pied de la C5 de base quasiment faiblards !

Marcel Gauthier était un gars de *char*; un vrai ! Ses deux Corvette (1971 voir page 19) et 2006 (photo) ne constituent qu'une très petite partie de tout ce qu'il a possédé, d'un Lincoln 1935 à un Plymouth GTX 1971, en passant par un Pontiac GTO 1966 et deux autres Corvette (1976 et 2002). L'espace nous manque pour nommer les autres !

Il en résulte une voiture éminemment puissante, mais aussi extrêmement agile et agréable à piloter à la limite, selon les bienheureux qui ont pu en faire l'essai sur un circuit. Poursuivant le travail de la C5, la C6 figure parmi les sportives les plus aguerries de la planète, ce qui inclut Porsche, mais aussi Ferrari et Lamborghini.

Fait à noter, pour la première fois, une Corvette partage son châssis avec une Cadillac, la XLR. En fait, le travail de développement a débuté avec cette dernière, qui est présentée au Salon de Detroit en janvier 2003, un an avant la C6. Les deux voitures sont construites à l'usine de Bowling Green (Kentucky). La spectaculaire XLR a toutefois une carrière moins longue que celle de la C6, puisqu'elle s'éteint en 2009, dernière année de production, même si les dernières unités trouveront preneur jusqu'en 2011.

Mais revenons à notre Corvette de sixième génération. Tom Peters, le designer en chef, devait trouver une ligne « Corvette », à la fois évolutionnaire et moderne. Il y est parvenu avec succès... même si plusieurs amateurs ne lui pardonnent pas d'être revenu à des phares apparents, comme l'étaient ceux de 1953 à 1962 ; depuis 1963, ils étaient en effet cachés. Quoi qu'il en soit, l'aérodynamique est réussie avec un excellent coefficient de friction de 0,286, parmi les plus bas de la production automobile du milieu de la première décennie des années 2000.

Un an après le lancement de la C6, la désuète boîte de vitesses automatique à quatre rapports cède sa place à une unité à six rapports. On note aussi le retour de la Z06 dotée d'un moteur V8 7,0 litres (LS7) dérivé de celui de la C5-R, développant la bagatelle de 505 chevaux et un couple de 470 livres-pied. Impossible de manquer cette Z06, avec sa carrosserie 3 pouces (7,6 cm) plus large que celle de la version régulière. Malgré ces pouces supplémentaires, le poids descend à 3 132 livres (1 421 kilos) grâce à l'utilisation intensive de la fibre de carbone et de l'aluminium pour le châssis. Quant aux pneus, ils prennent des dimensions spectaculaires (275/35ZR18 à l'avant et 325/30ZR19 à l'arrière).

En 2007, un honneur sans pareil est accordé au réputé pilote canadien Ron Fellows qui a remporté nombre de victoires au volant de diverses Corvette de course depuis 1998. Ainsi, 399 coupés de couleur *Artic White* constituent l'édition Ron Fellows (Z33). Ce dernier signe et numérote chacun de ces exemplaires. Seulement 33 sont destinés au marché canadien et 66 pour l'Europe.

01 Tout un honneur pour le pilote canadien Ron Fellows qui a droit à sa propre édition spéciale, basée sur la Z06. Il signe chacun des 399 exemplaires.

02 Puisqu'elles partagent la même plateforme, la même mécanique et la même chaîne de production, la Cadillac XLR peut être considérée comme une Corvette de luxe. Rarement toutefois on dira de la Corvette C6 qu'il s'agit d'une Cadillac sportive !

03 La plateforme de la Corvette C6 (et de la C5) utilise intensivement l'aluminium pour les Z06 et ZR1, réduisant ainsi le poids tout en améliorant la rigidité.

L'année suivante, le 6,0 litres de la C6 de base est retravaillé et devient un 6,2 litres (LS3) développant 430 chevaux (436 avec l'échappement optionnel). L'année 2008 marque aussi l'apparition d'une nouvelle édition, la 427 ; il s'agit en fait d'une Z06 commémorant les Corvette dotées d'un tel moteur (427 pouces cubes) de 1966 à 1969. Si l'on convertit 7,0 litres (le moteur des Z06), on arrive à 427 pouces cubes... comme dans le temps ! On construit 505 Corvette 427, 505 comme les 505 chevaux du 7,0 litres/427 pouces cubes !

L'été 2008 est béni pour les amateurs de Corvette, qui peuvent enfin se procurer la ZR1 2009. Dépassant allègrement la barrière des 120 000 $, cette ultime Corvette reçoit un moteur V8 6,2 litres surcompressé (LS9) de 638 chevaux et 604 livres-pied. La vitesse maximale est limitée à 210 mph (338 km/h). La tenue de route est à l'avenant... et Chevrolet offre un cours de pilotage à l'achat d'une ZR1. Sage précaution !

En 2010, on remarque le retour de la Grand Sport, tandis qu'en avril 2011, Chevrolet annonce une édition spéciale rappelant son centenaire (Centennial Edition) pour la Corvette 2012. En 2013, c'est au tour de la Corvette de célébrer un anniversaire important, son soixantième. Évidemment, une édition spéciale commémore l'événement.

Pour sa dernière année de production (2013), la C6 est plus en forme que jamais... même si, encore une fois, Chevrolet passe à côté de la cible que se sont fixée les amateurs : célébrer son soixantième anniversaire avec une nouvelle génération. Il faudra attendre l'an prochain !

01

01 En 2008 Chevrolet dévoile la 427. Il s'agit d'une édition spéciale construite à 505 exemplaires, signés par Wil Cooksey, le directeur de l'usine de Bowling Green depuis 15 ans. Ici, un modèle 2013. Notez qu'il n'y a pas eu de modèle 427 entre 2009 et 2012.

02 Dans *Le Guide de l'auto 2009*, le collègue Marc Lachapelle disait «...la ZR1 est tout sauf une Z06 gonflée aux stéroïdes. Elle est même plus douce, souple et raffinée en toute circonstance que sa sœur, avec une sonorité mécanique étonnamment mélodieuse pour un gros V8 à culbuteurs. »

03 Plus courte et efficace sur le plan de l'aérodynamique que la Corvette C5, La C6 est aussi plus légère grâce à une utilisation accrue de l'aluminium.

04 L'usine de Bowling Green, au Kentucky, a commencé à produire des Corvette en juin 1981. Elle emploie aujourd'hui plus de 1 000 personnes. Environ 50 000 touristes la visitent annuellement.

05 L'habitacle de la C6 est plus généreux qu'avant. Les sièges sont plus confortables et le design du tableau de bord s'est raffiné.

06 Avec un prix dépassant allègrement les 65 000 $ (CAn), la corvette n'est pas à la portée de toutes les bourses.

02

DANS UNE CLASSE À PART!

Dans un monde parfait, la Corvette de septième génération (C7) aurait fait son apparition en 2013. Évidemment, comme cela a été le cas pour toutes les générations précédentes, la création d'une nouvelle Corvette est une suite d'aventures, de déceptions et de tergiversations qui retardent sans cesse son dévoilement.

Pour la C7, les déboires commencent en 2008, soit pratiquement au début de son développement, alors que General Motors est embourbée dans un (autre) marasme financier. Sauf que, cette fois, il est de taille: le 1er juin 2009, le géant américain se place sous l'équivalent de notre protection de la Loi sur la faillite, le Chapter 11. La conception de la C7, que l'on prévoyait mettre sur le marché en 2011, année du centenaire de Chevrolet, est repoussée aux calendes grecques. Comme la Corvette offerte alors se vend très bien, le dévoilement de la génération suivante devient soudainement moins prioritaire...

Le travail sur la C7 a débuté en 2007 et personne ne sera surpris d'apprendre que les rumeurs envoyaient alors le moteur au centre de la voiture. (Le Chapter 11 viendra tout remettre en question.) À peu près au même moment (décembre 2007), le gouvernement américain passait son Energy Independence and Security Act, obligeant les constructeurs à avoir une moyenne corporative de consommation de 35 milles au gallon US (6,7 l/100 km) dès 2020. Nous parlons ici de la fameuse norme CAFE (Corporate Average Fuel Economy), laquelle fixe, pour une année-modèle, une moyenne de consommation à ne pas dépasser. Bien que des voitures construites en petites quantités comme la Corvette soient moins touchées par cette norme, il n'en fallait pas plus pour créer un climat de panique parmi les amateurs. Et s'il fallait que la Corvette passe à un V6? Une hérésie, rien de moins! Pour mélanger davantage les cartes, en 2009, au Salon de l'auto de Chicago, GM dévoile une Stingray Concept dotée d'une motorisation hybride...

Rien n'est jamais facile dans le petit monde de la Corvette! En 2008, Tom Wallace, qui avait chaussé les souliers de l'excellent Dave Hill en tant qu'ingénieur en chef deux années auparavant, est remplacé par Tadge Juechter, qui avait joué un rôle majeur dans le développement des C5 et C6. Les rumeurs, toujours elles, affirment que Wallace aurait quitté à la suite de divergences d'opinions à propos de la future C7. Une chose est sûre: la C7 doit être supérieure à la C6, une voiture adulée par la critique et ses propriétaires...

Ce modèle 2015 appartient à Normand Laberge, grand amateur de la Corvette depuis des décennies et directeur du club Passion Corvette. Ses connaissances sur la Corvette sont telles qu'il a été un précieux allié dans la rédaction de cette section du *Guide de l'auto 2018*.

Ce n'est que vers la fin de 2010 que la première série de prototypes est créée, afin de vérifier les proportions et certaines technologies de sécurité. Au début de 2011, d'autres prototypes commencent à rouler, utilisant la plateforme de la C6 avec des éléments de la C7. À la lueur de cette information, on peut facilement déduire qu'à ce moment, l'idée d'une C7 à moteur central est oubliée. À la fin de 2011, plusieurs prototypes C7 munis d'un châssis d'aluminium sont fonctionnels. Réservé uniquement à la Z06 et à la ZR1 de la génération précédente, ce matériau, à la fois plus léger et plus résistant que l'acier, sera utilisé pour la plateforme de toutes les Corvette de septième génération. Ces prototypes (86 en tout) servent non seulement à valider plusieurs technologies, mais aussi le processus de fabrication à l'usine de Bowling Green (Kentucky). D'ailleurs, GM, dont les finances se sont nettement améliorées, investit 131 millions (et crée 250 emplois) dans cette usine pour qu'elle puisse produire cette nouvelle Corvette.

La C7 passe plus de 700 heures dans une soufflerie, question d'obtenir le meilleur aérodynamisme possible. Quelque 2,4 millions de kilomètres (environ 60 fois le tour de la Terre!) sont parcourus au volant des prototypes. Ils sont poussés aux limites, démontés, remontés, scrutés et envoyés dans les déserts les plus arides et les régions les plus froides du globe afin que le constructeur puisse offrir la meilleure Corvette de tous les temps. À la fin de mars 2013, la période de tests est terminée. En avril, une vingtaine de C7 sont assemblées pour être expédiées aux différentes autorités, et ainsi recevoir les certifications nécessaires au chapitre de la sécurité et des émissions nocives. Ensuite, 300 autres sont construites et sont conduites par des employés de GM, qui ont pour mission de détecter tout problème, aussi insignifiant soit-il.

Cette voiture ne porte peut-être pas le nom de Corvette, mais il ne faut pas chercher longtemps pour voir le lien entre cette Stingray Concept et l'auguste sportive. Sauf pour la motorisation, hybride.

Un prototype C7 revêtu de son camouflage, question d'éviter les regards indiscrets. Ne vous méprenez pas... Il s'agit simplement d'une C7 virtuelle, créée pour le jeu Gran Turismo 5!

La Corvette C7 est dévoilée chez elle, au Salon de Detroit, le 13 janvier 2013. Le 17 janvier, le public peut la voir à New York, 60 ans jour pour jour après le dévoilement de la première Corvette qui avait eu lieu au Waldorf-Astoria. Ainsi, GM peut honorer dignement un anniversaire, chose inédite dans l'histoire de la Corvette! La voiture est bien reçue, même si la partie arrière fait un peu tiquer les amateurs. Imaginez, pour la première fois, les feux arrière ne sont pas ronds!

Technologiquement, la C7 représente un tour de force. Voici deux exemples parmi tant d'autres. Pour réduire la chaleur dégagée par l'échappement dans le tunnel séparant l'habitacle et formant la console centrale, General Motors a fait appel à un matériau appelé Aerogel. Ce matériau solide, développé par la NASA et considéré comme le plus léger jamais créé, isole la chaleur 39 fois mieux que la fibre de verre. De plus, les pneus, des Michelin Pilot Super Sport ZP, sont un mélange entre des PS2 et des PS Cup et sont dérivés de ceux utilisés lors des séries de course Le Mans et ALMS.

Dans sa version de base, le moteur V8 6,2 litres développe 455 chevaux et un couple de 460 livres-pied. Sa boîte de vitesses (manuelle à sept rapports ou, en option, automatique à six rapports) est toujours accolée au train arrière, ce qui assure un équilibre parfait des masses (50/50).

L'année 2015 marque le retour de la Z06, dont le moteur V8 6,2 litres surcompressé déballe 650 chevaux et autant de couple. Dans une voiture de 3 558 livres (1 614 kilos), le rapport poids/performance est l'un des meilleurs de la planète automobile et permet d'assassiner le 0-60 mph (0-96 km/h) en trois secondes pile. Oui, la Corvette Z06 fait partie de l'élite mondiale.

En 2017, après une absence de trois ans, on retrouve la Grand Sport qui se veut un beau compromis entre la Corvette de base et la Z06: elle possède le moteur de la première et les composantes du châssis de la seconde. Ainsi équipée, le 0-60 mph (0-96 km/h) se fait en 3,6 secondes, selon les tests de Chevrolet.

Au moment d'écrire ces lignes (mai 2017), la Corvette 2018 n'a pas encore été présentée. Une chose est sûre: elle est devenue ce que Zora a toujours voulu qu'elle soit, l'une des meilleures voitures sport au monde, sinon LA meilleure.

Les ingénieurs de Michelin et de Chevrolet ont travaillé ensemble pour concocter le pneu parfait pour la C7.

La fabuleuse Z06 lors de sa présentation à la presse, au Salon de l'auto de Detroit, en janvier 2014.

2015 CORVETTE Z06 CONV

01 Même cinq années plus tard, plusieurs amateurs n'ont pas encore digéré le fait que les feux arrière de la Corvette ne soient pas ronds !

02 Même s'il est définitivement contemporain, le tableau de bord de la C7 affiche toujours une demi-lune comme dans les C1, C2, C5 et C6.

03 Comme moteur de base, on a déjà vu pire. Ce V8 6,2 litres LT1 développe la bagatelle de 455 chevaux et un couple de 460 livres-pied. Respect.

04 À voiture exclusive, jantes exclusives !

LA CORVETTE ET QUELQUES HUMAINS

Pour créer une voiture et lui donner une carrière de 65 ans, il faut une foule de personnes dédiées à sa cause. Les nommer toutes relèverait de l'impossible. Réduire cette liste à cinq personnes l'est quasiment autant ! Nous avons donc sélectionné celles qui nous ont semblé les plus importantes.

01 Né en Californie, en 1893, Harley J. Earl devient, en 1927, le premier designer de General Motors. Fasciné par les voitures sport européennes, il croit fermement que l'Amérique peut faire aussi bien. La Corvette est née... du moins sur papier. Earl décède en 1969.

02 Flamboyant et sûr de lui, Bill Mitchell prend la relève de la section *Art & Color* (design) lorsque Harley Earl part à la retraite, en 1958. Entre autres choses, Mitchell est responsable, avec son élève Larry Shinoda, de la superbe ligne de la Corvette C2. Il décède en 1988, à l'âge de 76 ans.

03 Zora Arkus-Duntov est un brillant ingénieur belge, né en 1909 de parents russes. Il émigre aux États-Unis pendant la Seconde Guerre mondiale et se fait connaître grâce aux pièces de haute performance qu'il fabrique avec son frère Yura. Dès ses débuts pour General Motors en 1953, Zora se prend d'affection pour la Corvette. Comme il est aussi un excellent pilote de course, il fait rapidement de cette voiture une véritable machine de course. Il demeure son ingénieur en chef jusqu'à sa retraite, en 1975. Il décède en 1996.

04 L'éclectique Lawrence Kiyoshi (Larry) Shinoda, né en 1930, se passionne très tôt pour l'automobile. Son talent pour les arts l'amène au *Art Center of Design* de Los Angeles où... on lui montre la porte. Cette déconvenue ne l'empêche pas de faire son chemin chez General Motors. On lui doit, notamment, le concept Mako Shark ainsi que les Corvette 1963 et 1968. La Split Window 1963, c'est lui ! On le retrouve ensuite chez Ford (Mustang Boss 302 1969). Puis il crée sa propre entreprise-conseil. Il décède en 1997.

05 Malgré une très longue carrière, la Corvette n'a connu que cinq ingénieurs en chef. Cette prestigieuse tâche appartient aujourd'hui à Tadge Juetcher (avant, il y avait eu Zora Arkus-Duntov, de 1953 à 1975 ; David R. McLellan, de 1975 à 1992 ; Dave Hill, de 1992 à 2006 ; Tom Wallace, de 2006 à 2008). Juetcher commence à travailler sur la Corvette en 1993 – il a alors 36 ans – et gravit les échelons jusqu'au plus haut barreau.

QUAND LA CORVETTE MONTRE LA VOIE

L'histoire de la Corvette a toujours été liée à celle de la course automobile. Dès le milieu des années 1950, on commence à la voir rouler, avec plus ou moins de succès, faut-il avouer, sur différents circuits aux États-Unis. Avec les années, elle devient pourtant une redoutable adversaire, peu importe la série. Curieusement, il faut attendre 1978 pour qu'une Corvette soit associée aux 500 miles d'Indianapolis. Depuis ce temps, elle a été sa voiture de tête 14 fois ! Elle a aussi pris les devants lors de plusieurs autres événements. Voici quelques Corvette *Pace Car* qui ont marqué les 500 miles d'Indianapolis.

01 Dotée d'un équipement parfaitement original, outre les décalques, cette Corvette 1978 est pilotée par Jim Rathman, qui a déjà participé 14 fois aux 500 miles d'Indianapolis. 6502 répliques seront ensuite produites, une pour chaque concessionnaire Chevrolet en Amérique.

02 Pour sa deuxième participation à la célèbre course, la Corvette, édition 1986, est pilotée par Chuck Yeager. Pilote pour l'armée américaine, Yeager est le premier humain à franchir le mur du son. L'homme parfait pour contrôler une voiture rapide !

03 Si les premiers *Pace Cars* n'affichaient que de subtils décalques, la réalité est maintenant bien différente. Cette Corvette 1998 devait être pilotée par le golfeur Greg Norman, mais il est obligé de se retirer à la dernière minute à cause d'une intervention chirurgicale. Le pilote Parnelli Jones le remplace au pied levé (et pesant…).

04 En 2005, l'Indy 500 fait appel au général Colin Powell pour conduire la Corvette de tête. Aucune modification n'est apportée à la voiture… qui bénéficie déjà d'un moteur de 400 chevaux !

05 C'est un modèle Grand Sport qui est à la tête des 500 miles d'Indianapolis 2017. Agrémenté de l'ensemble Z07 (freins carbone-céramique et pneus haute performance 285/30ZR19 à l'avant et 335/25ZR20 à l'arrière), il est piloté par l'acteur Jeffrey Dean Morgan (*The Walking Dead*, *Grey's Anatomy*).

LA CORVETTE... AUTREMENT

Les multiples facettes de la Corvette font d'elle une voiture unique, dotée d'une personnalité qui se démarque. Après plus de 65 ans parmi nous, on peut dire qu'elle a un passé riche et complexe. Certains la détestent, d'autres la vénèrent. Chose certaine, elle a toujours su faire parler d'elle.

Parmi une pléthore de sujets, nous en avons choisi quatre qui, selon nous, ajoutent un petit quelque chose à la Corvette...

01 La Corvette est l'une des rares voitures à avoir droit à son propre musée. Le National Corvette Museum, situé à quelques mètres de l'usine de Bowling Green, dans l'État du Kentucky, a ouvert ses portes en septembre 1994. Le 12 février 2014, une partie du plancher du musée s'effondre à la suite de la création d'une doline, un phénomène géodésique qui, à cause de l'érosion, gruge le sol depuis des sources souterraines. Huit voitures sont englouties : la Corvette 1962, la ZR1 2009, la millionième Corvette 1992, la 1,5 millionième Corvette 2009, la Z06 Mallett Hammer 2001, la Corvette 40e anniversaire 1993, la ZR-1 Spyder 1993 et la PPG Pace Car 1984. Ces cinq dernières sont trop amochées pour être restaurées. Sur la photo, on voit l'extraction de la Corvette 1962.

02 Cette photo résume près de 60 années de course automobile au plus haut niveau. En juin 1960, Briggs Cunningham, pilote et constructeur d'automobiles, inscrit trois Corvette au 24 Heures du Mans. L'une d'entre elles termine huitième au classement général et première dans sa catégorie. Ensuite, les Corvette se font plutôt rares sur le circuit de la Sarthe... tout comme leurs succès. Retour en force en 2000 avec la C5.R, qui termine troisième. Par la suite, et jusqu'à aujourd'hui, la Corvette se classe souvent dans les 10 premières positions. Sur la photo, on voit une Corvette 1960 et une C6.R 2013.

03 La populaire série de films « Transformers » fait appel à une quantité et à une variété incroyables de véhicules. Évidemment, la Corvette y tient souvent un rôle important. Par exemple, dans les deux derniers films, *Age of Extinction* et *The Last Night*, on retrouve deux C7. En tout, pas moins de 15 Corvette ont été utilisées. Il ne s'agit ici que d'un film parmi des centaines. Le site imcdb.org a répertorié au moins 2 000 apparitions de Corvette à l'écran, qu'on pense, entre autres, à la série télé *Route 66* (de 1960 à 1964) ainsi qu'aux films *Stingray* (1978 et 1985) et *Corvette Summer* (1978).

04 Au fil des décennies, plusieurs petits constructeurs ont modifié des Corvette. L'un des plus réputés est Reeves Callaway. C'est en 1987 qu'il modifie sa première Corvette, la C4 Callaway Twin Turbo Corvette. Il s'occupe de la mécanique et demande à un jeune designer très talentueux de créer une carrosserie à l'avenant. Ce designer, c'est le Québécois Paul Deutschman. Ce dernier et Callaway collaborent très souvent ; l'une de leurs plus belles créations est cette C16 Speedster dévoilée à Peeble Beach, en août 2007. Elle se déplace grâce à un moteur V8 surcompressé à refroidisseur intermédiaire (intercooler) développant 700 chevaux. Son prix, 305 000 $ US (en 2007), la rend assez exclusive merci !

LA CORVETTE EN CHIFFRES

PRIX DE LA CORVETTE DE BASE

Seuls les prix US sont mentionnés puisque nous n'avons pas tous les prix canadiens.

1953 **3 498 $**	1963 **4 252 $**	1993 **34 595 $**
1958 **3 591 $**	1968 **4 663 $**	1998 **37 495 $**
	1973 **5 561 $**	2003 **43 895 $**
	1978 **9 351 $**	2008 **45 995 $**
	1984 **21 800 $**	2013 **49 600 $**
	1988 **29 489 $**	2017 **55 450 $**

POID (KG) DE LA CORVETTE DE BASE

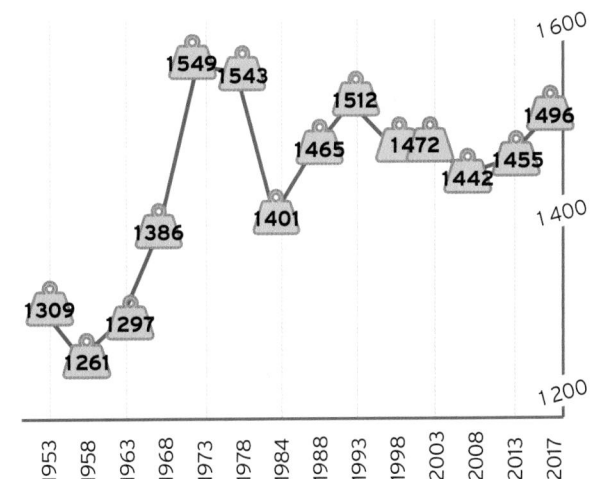

NOMBRE D'UNITÉS PRODUITES

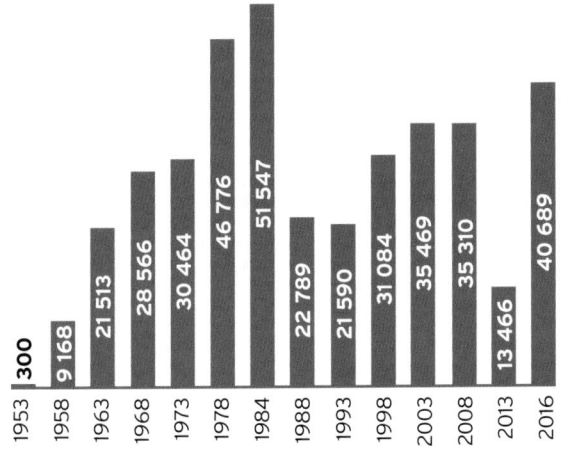

PUISSANCE DU MOTEUR DE BASE (CH)

À partir de 1972, la puissance est calculée selon la norme DIN, ce qui fait baisser les chiffres d'environ 20%... Même si la puissance est demeurée la même.

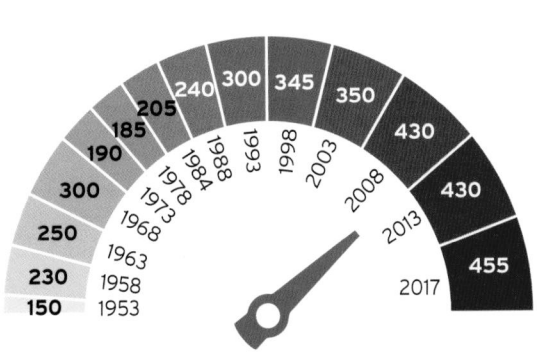

Les valeurs n'ont pas été ajustées. Pour des raisons d'espace, nous n'avons retenu que les valeurs aux cinq ans. Puisqu'il n'y a pas eu de modèle 1983, nous avons pris les données de 1984. Et Comme le modèle 2018 n'a pas encoré été annoncé au moment de la création de ces graphiques, nous avons utilisé les données de 2017.

LE PROJET CORVETTE 1968

Dans l'édition 2017 du *Guide de l'auto*, nous vous parlions du Projet Mustang. Il s'agissait d'une Mustang décapotable 1967 que des étudiants et des professeurs de l'École des métiers de l'équipement motorisé de Montréal (ÉMEMM) avaient restaurée. Elle avait ensuite fait l'objet d'un tirage permettant d'amasser la somme de 25 550 $, laquelle a été versée à diverses fondations pour la persévérance scolaire. L'expérience a été tellement enrichissante que nous avons décidé de récidiver !

Cette fois, c'est une Chevrolet Corvette 1968 que nous sauvons d'une mort éventuelle. Au moment où vous lisez ces lignes, cette restauration va bon train. La voiture fera également l'objet d'un tirage lors du Salon international de l'auto de Montréal, en janvier 2018. Encore une fois, les profits seront remis à des fondations qui ont à cœur le bien-être de nos jeunes.

Pour donner le maximum de visibilité à ce projet qui s'annonce fantastique, *Le Guide de l'auto* s'est associé à Uni-Sélect, l'un des plus importants distributeurs de pièces d'automobiles en Amérique et dont la maison mère est située à Boucherville. D'ailleurs, cette grande entreprise fêtera ses 50 ans en 2018. Elle a donc été créée en 1968... année où notre Corvette a aussi été fabriquée ! De son côté, le Salon International de l'Auto de Montréal nous accorde un emplacement de choix pour que le plus de personnes possible voient le résultat de notre travail.

Ce travail, il est effectué par l'ÉMEMM, bien sûr, et par Luc Langlois, qui a des dizaines de restaurations à son actif, dont plusieurs Corvette de troisième génération (de 1968 à 1982).

Voici, en images, l'histoire de cette restauration :

Notre Corvette 1968 au moment où elle arrive aux bureaux du Guide de l'auto. Elle a l'air en parfait état, non ? En réalité, c'est une « 20 pieds ». Dans le jargon de la voiture ancienne, cela veut dire qu'elle est belle à 20 pieds de distance. Plus on s'approche, par contre...

01 De nombreux petits problèmes plombent notre Corvette. Outre des vitres latérales et des toits amovibles qui ne ferment pas juste, on remarque un habitacle défraîchi et brisé à plusieurs endroits, un moteur remonté avec des pièces de performance, et on en passe !

02 La Corvette est d'abord transportée chez le restaurateur Luc Langlois (merci au CAA !), qui la vide de son contenu. C'est là qu'on découvre plusieurs autres pépins... Tout d'abord, Luc remarque qu'elle a déjà été victime d'une collision à l'arrière et que les réparations ont été faites sommairement. Les sièges proviennent d'une Corvette 1973 et une bonne partie du tableau de bord doit être changée car il a été charcuté pour pouvoir recevoir un système audio mal adapté.

03 Problème majeur... Avec le temps, l'eau s'est infiltrée entre le cadre du pare-brise et le renfort du toit. Ce problème est récurrent sur les Corvette C3. Il faudra changer ces pièces, car les réparer s'avère quasiment impossible.

04 Une fois la Corvette entièrement déshabillée, on constate que la fibre de verre est généralement en bon état et ne demandera que quelques réparations ici et là.

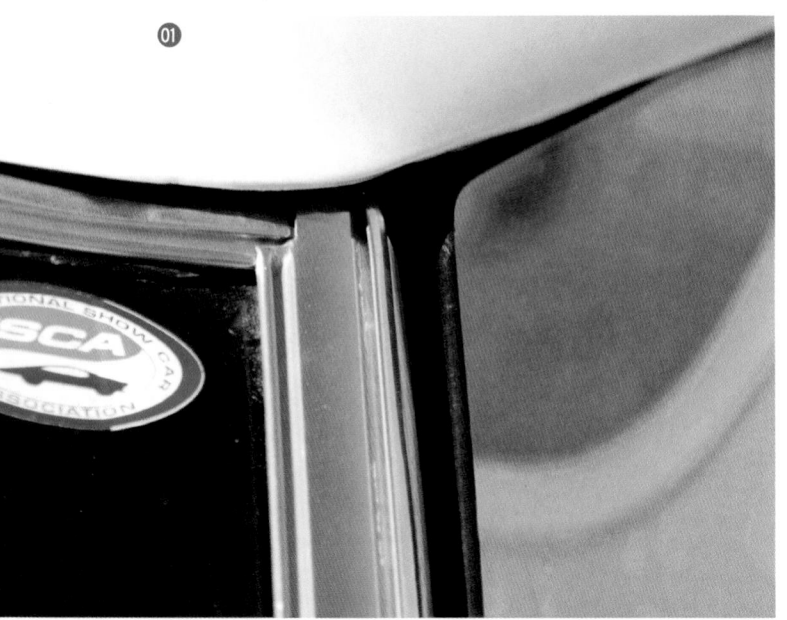

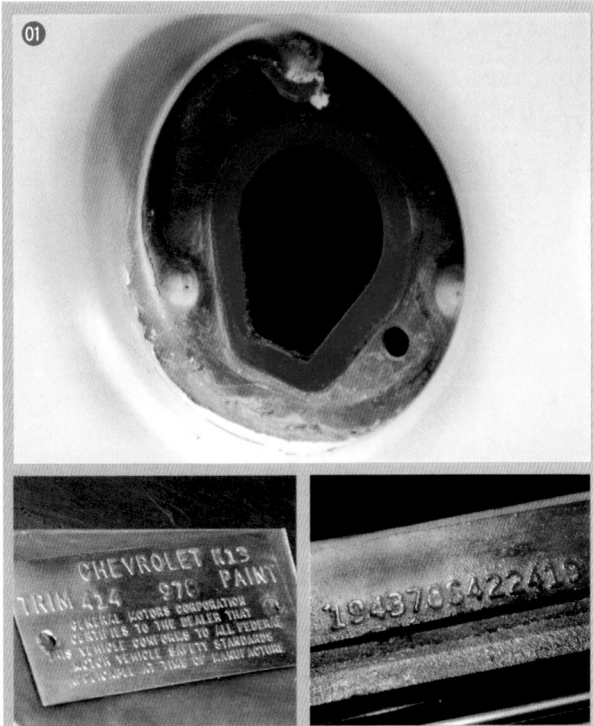

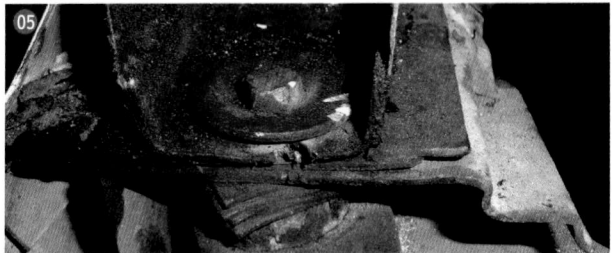

01 Notre Corvette est née en bleu international (978), comme en fait foi cette plaque d'identification. Cette dernière nous apprend également que la voiture a été fabriquée le 13 juin 1968 (code K13) et que l'habitacle était en vinyle bleu moyen (414). Tant qu'à y être, mentionnons que son numéro de série est 194378S422419.

Une fois ce numéro décortiqué, ça donne :
- 1 = Chevrolet
- 9 = Corvette
- 4 = V8
- 3 et 7 = Coupé (6 et 7 pour un cabriolet)
- 8 = 1968
- S = Usine de St-Louis au Missouri
- 422419 = Numéro de séquence.

Puisque le premier numéro de séquence pour l'année-modèle 1968 est 400001; cela veut dire que notre Corvette est la 22 419e à avoir été produite.

En tout, il y a eu 28 566 Corvette 1968, soit 9 936 coupés et 18 630 décapotables.

02 Une étape importante dans la restauration d'une voiture ancienne... le moment où la carrosserie et le châssis sont séparés. À l'ÉMEMM, on se sert d'un monte-voitures pour effectuer cette délicate opération. Normalement, les chaînes seraient fixées au support central du toit, mais celui de notre Corvette est trop détérioré pour soutenir le poids de la carrosserie; les élèves et les professeurs les ont donc ancrées au cadre des portes.

03 La console centrale ayant été modifiée (massacrée serait un terme plus juste) pour d'obscures raisons, nous avons dû la remplacer. Même si l'état de notre Corvette n'est pas problématique, le nombre d'accessoires à changer est ahurissant. Heureusement, on peut trouver facilement les pièces; même si elles sont plus chères que celles d'une Mustang de la même année, leur prix n'est pas exorbitant.

04 Surprise ! En séparant la carrosserie de la plateforme, nous découvrons la *Build Sheet* originale. Sur cette feuille, on retrouve toutes les informations nécessaires pour que les ouvriers installent les bonnes options et les bons accessoires sur la voiture. Cette feuille était habituellement collée sur le dessus du réservoir d'essence, et elle s'y trouve encore. Malheureusement, elle est trop abîmée pour être lisible. Malgré tout, elle permet d'authentifier la voiture, ce qui augmente sa valeur marchande.

Notre Corvette séparée en deux, alors qu'elle est exposée au Salon de l'Auto de Montréal, en janvier 2017.

Au moment où ce texte est écrit, en mai 2017, la Corvette est en morceaux. Et des morceaux pas encore peinturés ou terminés ! N'ayez crainte : lors du tirage au Salon de l'Auto de Montréal, en janvier 2018, notre Corvette 1968 sera parfaitement conforme à l'originale. Grâce aux fonds recueillis par la vente des billets, diverses fondations viendront en aide à des jeunes dans le besoin. Tout comme le Projet Mustang de l'an dernier, le Projet Corvette représente bien plus que la restauration d'une voiture ancienne. C'est un peu l'avenir !

05 La carrosserie de la Corvette est retenue par quelques boulons seulement. Puisque la fibre de verre est un matériau qui se déforme, des espaceurs sont installés lors de l'assemblage de chaque voiture. Ici, on en remarque quatre. Le restaurateur doit prendre bien soin de noter le nombre d'espaceurs pour chaque boulon, question de remettre la quantité appropriée lorsqu'il reconstruira la voiture.

06 Le comité directeur du Projet Corvette. De gauche à droite : Rachel Leduc, Jean Lemieux, Luc Langlois, Luc Champagne, Serge Gauthier, Roger Goudreau et Karine Phaneuf. Absent lors de la photo : Alain Morin.

07 Le V8 de notre Corvette a une cylindrée de 350 pouces cubes. Or ce moteur n'est apparu qu'en 1969 dans la Corvette. Auparavant, il s'agissait d'une cylindrée de 327 pouces cubes. Cependant, comme les 350 et 327 partagent le même bloc, il sera facile de ramener la cylindrée à 327 pouces cubes. Quoi qu'il en soit, ce moteur a été récemment refait et, étonnamment, bien refait. D'après notre expert, il n'aurait même pas parcouru 5 000 kilomètres depuis. Plusieurs pièces de performance Edelbrock ou Chevrolet seront changées pour des originales.

08 Une fois la carrosserie enlevée, il est bien plus facile de prélever les organes mécaniques de la voiture. Parlez-en aux élèves de l'ÉMEMM ! L'œil avisé aura tôt fait de remarquer que plusieurs pièces du moteur ne sont pas originales.

09 Le châssis est installé sur une table de mesures, un outil très dispendieux que bien des carrossiers aimeraient posséder ! Nous sommes heureux de constater qu'il n'a besoin d'aucune rectification. Seul le sous-cadre avant (*subframe*) devra être changé puisqu'il est bossé. Ensuite, le châssis passera au sablage au jet, puis recevra une peinture de type *powder coat*.

ET LE FUTUR ?

L a huitième génération de la Corvette aurait sans doute dû voir le jour en 2017 en tant que modèle 2018, mais il faudra attendre le Salon de l'auto de Détroit, en janvier 2018 pour voir de quoi elle aura l'air. À moins que l'Internet nous en révèle davantage avant...

En attendant, la Corvette 2018 ne décevra pas. Déjà, en mai 2017, Chevrolet annonçait l'édition Carbon 65, dotée de plusieurs pièces en... carbone (!). Seulement 650 unités seront fabriquées, dont à peine 150 pour l'exportation, ce qui comprend le Canada et le reste du monde.

Mais c'est surtout le retour de la ZR1 qui fait augmenter le rythme cardiaque des amateurs! Bien que General Motors n'ait pas encore dévoilé les détails techniques, plusieurs revues spécialisées parlent d'un V8 6,2 litres surcompressé développant au moins 750 chevaux. De quoi faire suer les propriétaires de Hellcat avec leurs petits 707 chevaux... Certaines photos de ZR1 camouflées montrent un énorme aileron arrière, un élément essentiel pour améliorer l'appui aérodynamique à haute vitesse. Car avec 750 chevaux, nul doute que la vitesse de pointe sera très élevée. La ZR1 2018 sera-t-elle la première Corvette à fracasser la barrière des 150 000 $?

Aussi spectaculaire soit-elle, la ZR1 2018 pourrait bien être éclipsée par la Corvette de huitième génération, C8. Et cette fois semble la bonne pour ceux qui n'ont jamais imaginé le moteur de la Corvette ailleurs qu'au centre, là où Zora Arkus-Duntov l'a toujours désiré. Ce changement d'architecture est aussi important que lorsque Porsche a décidé de faire passer sa 911 d'un moteur refroidi à l'air à un refroidi à l'eau (1998). Ou lorsque Lamborghini a décidé d'abandonner la boîte manuelle. Ces changements ne sont pas simplement techniques et ne sont pas dictés par un quelconque désir de plaire à une certaine clientèle. Ils marquent surtout une évolution des mentalités de la population et poussent les autres constructeurs à innover. Peut-être aussi que la C8 aura droit à une motorisation hybride, un peu comme la plus récente Acura NSX ou la Porsche 918...

Pour le moment (fin juin 2017), quelques informations ont commencé à circuler. Déjà, cette Corvette à moteur central a été aperçue durant des essais, bien camouflée. Elle conserverait l'empattement de la Corvette actuelle mais, architecture centrale oblige, serait plus large et plus basse. Certains sites spécialisés dans la Corvette prévoient que le moteur de base pourrait être le 6,2 atmosphérique de la Stingray actuelle mais dont la puissance serait quelque peu rehaussée. Pour les versions plus drastiques, GM serait en train de concocter un tout nouveau V8 à 32 soupapes qui déballerait au-delà de 550 chevaux et 500 livres-pied. Sans oublier le moteur hybride précité. D'ailleurs, General Motors aurait déjà acheté les droits du nom E-Ray, une contraction des noms Electric et Stingray...

Que sera la Corvette de 2035 ou de 2053, année de son centenaire? On ne sait évidemment pas. Peut-être aura-t-elle pris les traits d'un VUS... Après tout, Porsche, Lamborghini et même Rolls-Royce ont succombé à cette mode! On peut toutefois parier qu'elle sera toujours LA référence en matière de voiture sportive américaine.

ÉCRIRE SUR LA CORVETTE...

Raconter en 48 pages l'histoire d'une voiture sur le marché depuis près de 65 ans, cela relève de l'exploit, un exploit que j'ai tenté d'accomplir de mon mieux. J'ai cependant dû faire des choix déchirants. Certains me reprocheront de ne pas avoir accordé à quelques modèles tout l'espace qui leur était dû ou d'en avoir occulté d'autres. Soyez assuré que si j'en avais eu le loisir (et le temps!), j'aurais écrit un livre de 400 pages sur cette célèbre voiture. Et encore là, j'aurais sûrement dû faire d'autres choix, tout aussi déchirants.

Bien que seul mon nom figure au début de cette partie du *Guide de l'auto 2018*, j'ai été accompagné de plusieurs personnes tout au long de sa rédaction. **Normand Laberge**, directeur du club Corvette Passion, m'a épaté par ses extraordinaires connaissances à propos de la Corvette. Il a relu et corrigé mes textes, suggérant de brillants ajouts, remettant en question certains propos et contre-vérifiant mes assertions. Si une erreur s'est glissée, j'en prends l'entière responsabilité.

Il y a aussi eu **Karina Veilleux**, ma fidèle relectrice, qui, par ses commentaires, m'a souvent fait douter. Or, le doute est le meilleur ami du journaliste automobile (et du journaliste tout court!), celui qui l'oblige à se relire avec les yeux du lecteur. Merci à l'encyclopédique **Jean-Charles Lajeunesse**, dont les connaissances automobiles m'impressionneront toujours, qui a relu mes textes également. **Marie-France Rock**, **Leïla Coiteux-Clermont** ainsi que la gang de Groupe Homme ont été aussi de fidèles alliées.

Enfin, un grand merci à tous ces propriétaires de Corvette qui ont su trouver du temps pour une séance photo et pour répondre à mes innombrables questions. **Stéphane Dumaine** (C1 1954), **Yvan Leduc** (C1 1960), **Serge Gauthier** (C2 1967), **Marcel Gauthier** (C3 1971 et C6 2006), **Christian** et **Claudine Desbiens** (C3 1978), **Francine Imbleau** (C4 1984) et **Denis Tremblay** (C5 2002). Malheureusement, Marcel Gauthier nous a quittés depuis la séance photo en octobre dernier, à la suite d'un cancer fulgurant.

Chaque fois, j'ai pu apprécier les lignes des voitures, mais aussi – et surtout – la passion qui anime les gens qui les conduisent. Une automobile ne serait qu'une simple automobile sans ce lien indescriptible qui l'unit à son propriétaire. La Corvette n'est pas qu'une automobile. Elle est bien plus que ça.

Alain Morin
Alain Morin

C'est grâce à des gens comme Marcel Gauthier qu'une passion se transmet de génération en génération. Marcel est ici photographié avec sa Corvette 2006, absolument impeccable. Où que tu sois Marcel, nous te souhaitons tout plein de Corvette à conduire et à bichonner! Salut Marcel.